한국어의 한자 및 한문 표기 자료의 목록과 서지 3
-18세기-

한국어의 한자 및 한문 표기 자료의 목록과 서지 3

18세기

박형익

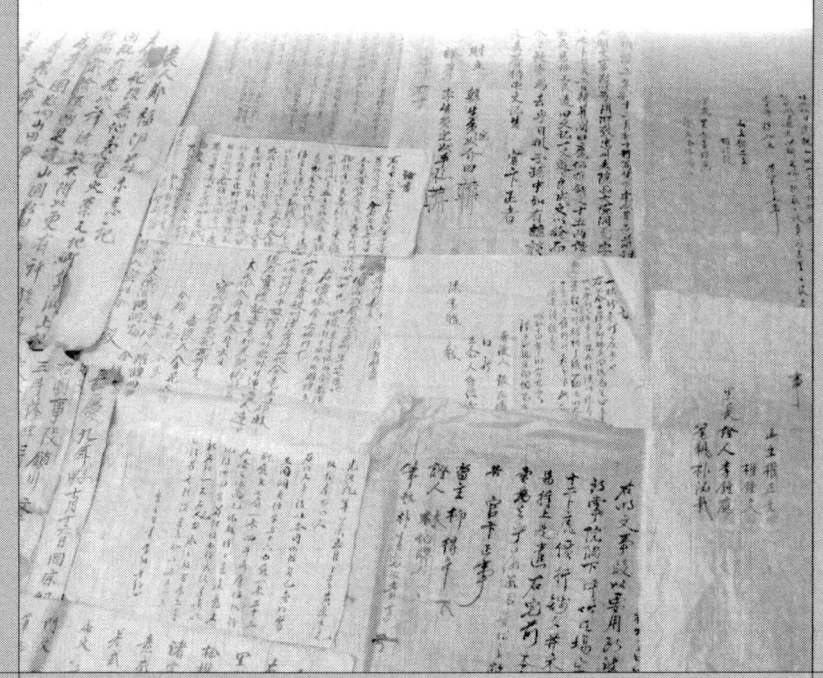

역락

18세기

- 1709년 6월 3일 「숙종실록보궐정오」 47권 기사: 영의정 최석정은 상소문에서 최립이 저술한 「주역구결」은 정자의 전(傳)과 주자의 본의대로 인용하지 않았지만 상소에다 갖추어 올려서 간행하게 되었다고 하였다.
- 1724년 영조 즉위
- 1776년 정조 즉위. 규장각 설치

1701년

<신사(辛巳), 숙종 27년, 강희 40년>

1701-01-17. **오재훈 등 화회문기**(吳載勳等和會文記),[1] 오재훈 등. <1장. 한자+이두. 조선 필사 이두 자료. 한국연구재단 기초학문자료센터 홈페이지 원문 이미지 보기. 하우봉 외(2005) 참고>

1701-01-17. **차노 태복 토지매매명문**(差奴太卜土地賣買明文), 김(金). <1장. 한자+이두. 조선 필사 이두 자료. 전남 구례군 토지면 오미리 문화 류씨 운조루 소장. 한국학중앙연구원 고문서자료관 홈페이지 원문 이미지와 텍스트 보기. 한국정신문화연구원 편(1998) 참고>

1701-01-27. **박계웅 토지매매명문**(朴戒雄土地賣買明文), 태복(太卜). <1장. 한자+이두. 조선 필사 이두 자료. 전남 구례군 토지면 오미리 문화 류씨 운조루 소장. 한국학중앙연구원 고문서자료관 홈페이지 원문 이미지와 텍스트 보기. 한국정신문화연구원 편(1998) 참고>

1701-01-00. **남여흠 산지 점유 관련 입지**(南汝欽山地占有關聯立旨), 영해 도호부(寧海都護府). <1장. 한자+이두. 조선 필사 이두 자료. 경북 영덕군 영해면 괴시리

---

[1] 한국연구재단 기초학문자료센터 홈페이지에서는 '1701년에 吳載勳 등 1남 2녀가 작성한 화회문기'로 표시하였다.

영양 남씨 괴시파 영감댁 구장. 한국국학진흥원 소장. 한국학자료센터 영남권역센터 홈페이지 원문 이미지와 텍스트 보기>

1701-02-09~1705-02-21(辛巳~乙酉).「종묘수개등록(宗廟修改謄錄)」第6, 예조(禮曹) 편(編). <1책. 104장. 필사본. 필사 시기 미상. 한자+이두. 조선 필사 이두 자료. 서울대학교 규장각 한국학연구원 홈페이지 원문 이미지 보기> <1658-01-27~1669-12-07(戊戌~己酉) 第2>

1701-02-15. **김수종 노비매매명문**(金守宗奴婢賣買明文), 김종규(金宗奎). <1장. 한자+이두. 조선 필사 이두 자료. 전북 부안군 우반 부안 김씨 구장. 전북 부안군 우동 세덕각 소장. 호남권 한국학자료센터 홈페이지 원문 이미지와 텍스트 보기. 박병호(1974ㄱ), 최승희(1989), 전경목(2001) 참고>

1701-02-16. **김종규 초사**(金宗奎招辭), 김종규. <1장. 한자+이두. 조선 필사 이두 자료. 전북 부안군 우반 부안 김씨 구장. 전북 부안군 우동 세덕각 소장. 호남권 한국학자료센터 홈페이지 & 한국학중앙연구원 고문서자료관 홈페이지 원문 이미지와 텍스트 보기. 박병호(1974ㄱ), 최승희(1989), 전경목(2001) 참고>

1701-02-16. **이자백·이정창 초사**(李自白·李貞昌招辭), 이자백·이정창. <1장. 한자+이두. 조선 필사 이두 자료. 전북 부안군 우반 부안 김씨 소장. 한국학중앙연구원 고문서자료관 홈페이지 원문 이미지와 텍스트 보기. 한국정신문화연구원 편(1983, 1998), 한국학중앙연구원 편(2017) 참고>

1701-02-27. **정이녕 처 청주 경씨 별급문기**(鄭以寧妻淸州慶氏別給文記), 정이녕 처 청주 경씨. <1장. 한자+이두. 조선 필사 이두 자료. 경기도 양주 사릉 해주 정씨 종가 소장. 한국학중앙연구원 고문서자료관 홈페이지 원문 이미지 보기>

1701-02-00. **김수종 소지**(金守宗所志), 김수종. <1장. 한자+이두. 조선 필사 이두 자료. 전북 부안군 우반 부안 김씨 구장. 전북 부안군 우동 세덕각 소장. 호남권 한국학자료센터 홈페이지 원문 이미지와 텍스트 보기. 박병호(1974ㄱ), 최승희(1989), 전경목(2001) 참고>

1701-02-00. **김수종 입안**(金守宗立案), 고창현(高敞縣). <1장. 점련문서. 한자+이두. 조선 필사 이두 자료. 전북 부안군 우반 부안 김씨 소장. 한국학중앙연구원 고문서자료관 홈페이지 원문 이미지와 텍스트 보기. 한국정신문화연구원 편(1983, 1998),

한국학중앙연구원 편(2017) 참고>

1701-03-01. **기담 토지매매명문**(奇憺土地賣買明文), 박숭원(朴崇遠). <1장. 한자+이두. 조선 필사 이두 자료. 전남 장성군 행주 기씨 금강 종가 소장. 호남권 한국학자료센터 홈페이지 원문 이미지와 텍스트 보기. 김재문(1986), 이재수(2003), 이수건 외(2004) 참고>

1701-03-20. **수노 덕남 노비매매명문**(首奴德男奴婢賣買明文), 수경(守庚). <1장. 한자+이두. 조선 필사 이두 자료. 경북 경주시 안강읍 옥산리 여주 이씨 독락당 소장. 한국학중앙연구원 고문서자료관 홈페이지 원문 이미지 보기. 한국정신문화연구원 편(2003) 참고>

1701-03-22. **충렬사 재임 서목**(忠烈祠齋任書目) 1, 충렬사. <1장. 한자+이두. 조선 필사 이두 자료. 경북 경주시 내남면 이조리 경주 최씨·용산서원 소장. 한국학중앙연구원 고문서자료관 홈페이지 원문 이미지 보기. 한국정신문화연구원 편(2000) 참고>

1701-03-25. **심 생원 노 선잉 토지매매명문**(沈生員奴先仍土地賣買明文),[2] 유인 서해상(儒人徐海相). <1장. 한자+이두. 조선 필사 이두 자료. 아산 선교 장흥 임씨 구장. 한국학중앙연구원 장서각 소장. 한국학중앙연구원 고문서자료관 홈페이지 원문 이미지 보기. 한국학중앙연구원 편(2008) 참고>

1701-03-29. **충렬사 재임 서목**(忠烈祠齋任書目) 2, 충렬사. <1장. 한자+이두. 조선 필사 이두 자료. 경북 경주시 내남면 이조리 경주 최씨·용산서원 소장. 한국학중앙연구원 고문서자료관 홈페이지 원문 이미지 보기. 한국정신문화연구원 편(2000) 참고>

1701-03-00. **김태중 소지**(金泰重所志) 1, 김태중. <1장. 한자+이두. 조선 필사 이두 자료. 안동 천전 의성 김씨 소장. 한국학중앙연구원 고문서자료관 홈페이지 원문 이미지 보기. 한국정신문화연구원 편(1990) 참고>

1701-03-00. **김태중 소지**(金泰重所志) 2, 김태중. <1장. 한자+이두. 조선 필사 이두

---

[2] 한국학중앙연구원 고문서자료관 홈페이지에서는 '1701년 토지매매명문(土地賣買明文)'으로 표시하였다.

자료. 안동 천전 의성 김씨 소장. 한국학중앙연구원 고문서자료관 홈페이지 원문 이미지 보기. 한국정신문화연구원 편(1990) 참고>

1701-03-00. **정 참판댁 노 차운 소지**(鄭參判宅奴次云所志), 차운. <1장. 한자+이두. 조선 필사 이두 자료. 경기도 양주 사릉 해주 정씨 종가 소장. 한국학중앙연구원 고문서자료관 홈페이지 원문 이미지 보기>

1701-04-02. **충렬사 재임 서목**(忠烈祠齋任書目) 3, 충렬사. <1장. 한자+이두. 조선 필사 이두 자료. 경북 경주시 내남면 이조리 경주 최씨·용산서원 소장. 한국학중앙연구원 고문서자료관 홈페이지 원문 이미지 보기. 한국정신문화연구원 편(2000) 참고>

1701-04-10. **김홍진 토지매매명문**(金弘振土地賣買明文), 최 조이(崔召史). <1장. 한자+이두. 조선 필사 이두 자료. 전북대학교 박물관 소장. 호남권 한국학자료센터 홈페이지 원문 이미지와 텍스트 보기. 박병호(1974ㄱ), 이재수(2003) 참고>

1701-04-00. **양좌동 사노 대선 소지**(良佐洞私奴大先所志), 대선. <1장. 한자+이두. 조선 필사 이두 자료. 경북 경주시 양동 경주 손씨 송첨 종택 소장. 한국학중앙연구원 고문서자료관 홈페이지 원문 이미지 보기. 한국정신문화연구원 편(1997) 참고>

1701-04-00. **윤덕희 조모 청송 심씨 분재기**(尹德熙祖母靑松沈氏分財記), 윤덕희 조모 청송 심씨. <1장. 한자+이두. 조선 필사 이두 자료. 해남 연동 해남 윤씨 녹우당 소장. 장서각 한국고문서자료관 홈페이지 & 한국학중앙연구원 한국학 디지털 아카이브 홈페이지 원문 이미지와 텍스트 보기. 한국정신문화연구원 편(1983, 1986), 안승준(1987), 최승희(1989), 전경목(2003), 문숙자(2004) 참고>

1701-04-00. **정 생원 댁 노 시망 소지**(鄭生員宅奴時望所志), 시망. <1장. 한자+이두. 조선 필사 이두 자료. 경기도 양주 사릉 해주 정씨 종가 소장. 한국학중앙연구원 고문서자료관 홈페이지 원문 이미지 보기>

1701-05-00 이후 기입 추정. 「고봉화상선요(**高峰和尙禪要**)」, 원나라 고봉(高峰) 저(著), 원나라 지정(持正) 록(錄), 원나라 홍교조(洪喬祖) 편(編), 경상도 문경: 희양산 봉암사(曦陽山鳳巖寺). <봉암사 개간본. 1책. 40장. 목판본. 본문에 생획토 기입. 불교 서적. 조선 묵서 구결 자료. 서울대학교 규장각 한국학연구원 '古1840-23'

소장.³ 서울대학교 규장각 한국학연구원 홈페이지 원문 보기> <이본: ① 1399-08-00(덕기사 개판본. 묵서 구결. 국립중앙도서관 & 서울대학교 규장각 한국학연구원 '古貴1840-23C' 소장) ② 1501-00-00(경상도 합천 가야산 봉서사 개판본. 묵서 구결 없음. 서울대학교 규장각 한국학연구원 소장) ③ 1525-00-00(경상도 문경 화산 심원암 개간본. 묵서 구결. 국립중앙도서관 소장) ④ 1536-03-00(영변 묘향산 외빙발 개판본. 묵서 구결. 국립중앙도서관 4종 소장) ⑤ 1537-05-00(금강산 표훈사 개판본. 묵서 구결. 국립중앙도서관 2종 소장) ⑥ 1565-00-00(쌍계사 개판본. 묵서 구결. 서울대학교 규장각 한국학연구원 소장) ⑦ 1571-03-00(서산 보원사 개간본. 묵서 구결. 국립중앙도서관 2종 소장) ⑧ 1604-00-00(하동 능인암 개간 이진 쌍계사. 묵서 구결 없음. 국립중앙도서관 소장) ⑨ 1606-08-00(영천 팔공산 본사 개판본. 묵서 구결. 국립중앙도서관 소장) ⑩ 1609-00-00(전라도 순천 조계산 송광사 개간본. 묵서 구결. 국립중앙도서관 4종 & 서울대학교 규장각 한국학연구원 소장) ⑪ 1633-02-00(안변 석왕사 개판본. 국립중앙도서관 소장. 원문 볼 수 없음) ⑫ 1634-00-00(전라도 장흥 천관산 천관사 개판본. 묵서 구결. 국립중앙도서관 소장) ⑬ 1635-04-00(전라도 태인 운주산 용장사 개간본. 묵서 구결. 국립중앙도서관 소장) ⑭ 1662-00-00(강원도 준양도호부 금강산 표훈사 개판본. 묵서 구결. 국립중앙도서관 2종 소장) ⑮ 1681-06-00(경상도 울산 원적산 운흥사 개간본. 묵서 구결. 국립중앙도서관 2종 & 서울대학교 규장각 한국학연구원 묵서 구결 없는 '古1840-23B' 소장) ⑯ 1686-05-00(낙안 금화산 징광사. 묵서 구결. 국립중앙도서관 & 서울대학교 규장각 한국학연구원 2종 소장) ⑰ 1701-05-00(문경 희양산(曦陽山) 봉암사(鳳巖寺) 개간본. 서울대학교 규장각 한국학연구원 '古1840-23' 소장) ⑱ 1731-05-00(서울대학교 규장각 한국학연구원 묵서 구결 있는 '古1840-23A' 소장 & 국립중앙도서관 홈페이지 묵서 구결 없는 원문 보기)>

1701-05-00 이후 기입 추정. 「대혜보각선사서(大慧普覺禪師書)」, 종고(宗杲) 저(著), 혜연(慧然) 록(錄), 황문창(黃文昌) 중편(重編), 경상도 문경(聞慶): 희양산(曦陽山) 봉암사(鳳巖寺) 개간(開刊). <봉암사 개간본. 1책. 102장. 목판본. '대혜보각선사서

---

3 서울대학교 규장각 한국학연구원 홈페이지에서는 '발행년도'를 '1686'으로 잘못 적었다.

장(大慧普覺禪師書狀)', '서장(書狀)', '대혜서장(大慧書狀)' '대혜서(大慧書)'라고도 한다. 송나라 대혜 종고(宗杲, 1089~1163)가 다른 사람과 주고받은 편지를 모았다. 본문에 생획토 기입. 승려 교육과정의 입문서. 불교 서적. 조선 묵서 구결 자료. 국립중앙도서관 홈페이지 원문 보기> <중국 원간본: 1166-08-00(송나라 경산 묘희암본(妙喜菴本))> <이본: ① 1387-00-00(고달산 불봉산본. 목은 이색 발문 수록) ② 1511-00-00(대광사본(大光寺本)) ③ 1531-00-00(송광사본) ④ 1566-00-00 (쌍계사본) ⑤ 1568-00-00(천관사본) ⑥ 1576-00-00(안심선원본(安心禪院) ⑦ 1604-00-00(능인암 간행 쌍계사(雙溪寺) 이진본(移鎭本)) ⑧ 1608-00-00(조계산 송광사(松廣寺) 중간본. 이진본의 복각본) ⑨ 1628-00-00(수청산 용복사본(龍腹寺本)) ⑩ 1630-00-00(평안도 백련산 영천사본(靈泉寺本). 평안도 총섭 회기(誨機) 발문 수록) ⑪ 1632-00-00(천관산 천관사본(天冠寺本)) ⑫ 1635-08-00(용장사본(龍藏寺本)) ⑬ 1642-06-00(구월산 월정사본(月精寺本)) ⑭ 1647-06-00(보현사본(普賢寺本)) ⑮ 1681-06-00(운흥사 개간본(雲興寺開刊本)) ⑯ 1686-05-00(낙안 금화산 징광사본(澄光寺本)) ⑰ 1701-05-00(봉암사본(鳳巖寺本))>

1701-05-00 이후 기입 추정. 「법집별행록절요병입사기(**法集別行錄節要幷入私記**)」, 종밀(宗密) 술(述) 지눌(知訥) 절요(切要), 정원(淨源) 분과(分科), 경상도 문경(聞慶): 희양산(義陽山) 봉암사(鳳巖寺). <봉암사 개간본(開刊本). 1책. 82장. 목판본. 본문에 생획토 기입. 불교 서적. 묵서 구결 자료. 일본 동양문고(東洋文庫) 소장. 고려대학교 해외한국학자료센터 홈페이지 원문 이미지 보기> <이본: ① 1209-00-00 이후 기입 추정(묵서 구결. 서울대학교 규장각 한국학연구원 소장) ② 1486-00-00(송광사 간본) ③ 1486-00-00(광주 무등산 규봉암 개판본) ④ 1537-00-00(경상도 진주 지리산 신흥사 개판. 계명대학교 동산도서관 소장) ⑤ 1570-05-00 이후 기입 추정(평안도 상원 대청산 해탈사 개판 심곡사 이유(移留). 묵서 생획토 구결과 묵서 한글 구결. 국립중앙도서관 소장) ⑥ 1570-00-00 이후 기입 추정(황해도 해주산 신광사 개판본. 묵서 구결. 국립중앙도서관 4종 소장) ⑦ 1574-05-00(전라도 진산 서대산 개간본. 동국대학교 중앙도서관, 연세대학교 학술문화처 도서관 소장) ⑧ 1578-00-00 이후 기입 추정(강원도 강릉 오대산 월정사 보판본(普板本). 묵서 구결. 서울대학교 규장각 한국학연구원 소장) ⑨ 1579-00-00 이후 기입 추정

(지리산 신흥사 개간본. 묵서 구결. 국립중앙도서관 소장) ⑩ 1588-07-00 이후 기입 추정(경상도 청도 호거산 운문사 개판본. 묵서 구결. 국립중앙도서관, 계명대학교 동산도서관, 고려대학교 중앙도서관, 영남대학교 도서관, 충남대학교 도서관 소장) ⑪ 1603-00-00(지리산 쌍계사본. 원광대학교 도서관 소장) ⑫ 1604-00-00 이후 기입 추정(지리산 능인암 개간 이진 쌍계사. 묵서 구결. 성암고서박물관 구장. 국립중앙도서관, 동국대학교 중앙도서관, 원광대학교 도서관, 전남대학교 도서관 소장) ⑬ 1608-09-00 이후 기입 추정(순천 조계산 송광사 중간본. 묵서 구결. 국립중앙도서관, 송광사 성보박물관, 고려대학교 중앙도서관, 성균관대학교 존경각, 전남대학교 도서관 소장) ⑭ 1618-00-00(계룡산 율사 개판본. 원광대학교 도서관 소장) ⑮ 1628-00-00 이후 기입 추정(삭녕 용복사 개판본. 묵서 구결. 국립중앙도서관, 서울대학교 규장각 한국학연구원, 동국대학교 경주캠퍼스 소장) ⑯ 1633-00-00(함경도 안변 설봉산 석왕사 개간본. 계명대학교 동산도서관, 고려대학교 중앙도서관 소장) ⑰ 1635-08-00 이후 기입 추정(전라도 태인 운주산 용장사 개간본. 묵서 구결. 국립중앙도서관, 서울대학교 규장각 한국학연구원, 송광사 성보박물관, 동국대학교 중앙도서관 소장) ⑱ 1647-07-00 이후 기입 추정(경상도 청송 보현산 보현사 중개간본. 묵서 구결. 국립중앙도서관, 성암고서박물관 구장, 계명대학교 동산도서관 소장) ⑲ 1662-00-00(금강산 표훈사 개판본. 계명대학교 동산도서관, 동국대학교 중앙도서관 소장) ⑳ 1680-05-00(묘향산 보현사 개간본. 국립중앙도서관 소장) ㉑ 1681-05-00(경상도 원적산 운흥사 개간본. 국립중앙도서관, 서울대학교 중앙도서관, 동국대학교 중앙도서관 & 경주캠퍼스 도서관 소장) ㉒ 1686-04-00 이후 기입 추정(전라도 낙안 금화산 징광사 개간본. 묵서 구결. 국립중앙도서관 3종, 동국대학교 중앙도서관, 송광사 성보박물관, 이화여자대학교 도서관, 전남대학교 도서관 소장) ㉓ 1701-05-00 이후 기입 추정(경상도 문경 희양산 봉암사 개간본. 묵서 구결. 일본 동양문고 소장. 고려대학교 해외한국학자료센터 홈페이지 원문 이미지 보기) ㉔ 1796-00-00(송광사 성보박물관 묵서 구결 없는 책 소장)>

1701-05-00 이후 기입 추정.「선가귀감(**禪家龜鑑**)」, 조계(曹溪) 퇴은(退隱) 술(述), 경상도 문경(聞慶): 희양산(曦陽山) 봉암사(鳳巖寺) 개간(開刊). <1책. 목판본. 본문에

생획토와 몇몇 한글 단어 기입. 책의 본문이 끝난 뒷부분에 '청량국사회답(淸凉國師誨答)'이 필사되어 있는데 여기에도 생획토가 묵서되어 있다. 불교 서적. 조선 묵서 구결 및 한글 자료. 국립중앙도서관 홈페이지 원문 이미지 보기>

1701-06-21. **유학 ■덕무 토지매매명문**(幼學■德茂土地賣買明文), 손시지(孫是智). <1장. 한자+이두. 조선 필사 이두 자료. 경북 경주시 양동 경주 손씨 송첨 종택 소장. 한국학중앙연구원 고문서자료관 홈페이지 원문 이미지 보기. 이수건(1979), 이수건 편저(1981), 영남대학교 인문과학연구소 편(1990), 정구복·안승준(1997), 한국정신문화연구원 편(1997) 참고>

1701-07-00. **정수명 소지**(鄭壽命所志), 정수명. <1장. 한자+이두. 조선 필사 이두 자료. 전남 구례군 토지면 오미리 문화 류씨 운조루 소장. 한국학중앙연구원 고문서자료관 홈페이지 원문 이미지와 텍스트 보기. 한국정신문화연구원 편(1998) 참고>

1701-08-14~1701-12-07. 「빈전도감의궤(殯殿都監儀軌)」,[4] 빈전도감 편(編). <1책. 212장. 필사본. 권수제는 '殯殿都監儀軌'. 한자+이두. 1701년 8월부터 12월까지 인현 왕후의 국장 때 빈전도감의 기록. 조선 필사 이두 자료. 서울대학교 규장각 한국학연구원 홈페이지 원문 이미지와 텍스트 보기>

1701-08-14~1702-12-09. 「인현왕후 국휼등록(仁顯王后國恤謄錄)」, 예조(禮曹) 계제사(稽制司) 편. <1책. 87장. 필사본. 한자+이두. 조선 필사 이두 자료. 한국학중앙연구원 장서각 한국학자료센터 홈페이지 & 한국학중앙연구원 한국학 디지털 아카이브 홈페이지 'K2-3002' 원문 이미지 보기. 한국정신문화연구원 편(2001) 참고>

1701-08-19~1701-12-13. 「혼전도감의궤(魂殿都監儀軌)」,[5] 혼전도감. <1책. 274장. 필사본. 표제는 '康熙四十年辛巳八月 日 仁顯王后 江華府上)魂殿都監儀軌'. 권수제 부분 결락. 한자+이두. 조선 필사 이두 자료. 서울대학교 규장각 한국학연구원

---

[4] 서울대학교 규장각 한국학연구원 홈페이지에서는 서명을 '仁顯王后殯殿都監儀軌 인현왕후빈전도감의궤'로 적었다.

[5] 서울대학교 규장각 한국학연구원 홈페이지에서는 서명을 '[仁顯王后]魂殿都監儀軌 [인현왕후]혼전도감의궤'로 적었다.

홈페이지 '奎13556의2' 원문 이미지와 텍스트 보기>

1701-08-25. **외삼촌 장희적 등 전급문기**(外三寸蔣熙績等傳給文記), 장희적. <1장. 한자+이두. 조선 필사 이두 자료. 경북 경주시 양동 경주 손씨 송첨 종택 소장. 한국학중앙연구원 고문서자료관 홈페이지 원문 이미지 보기. 한국정신문화연구원 편(1997) 참고>

1701-09-13. **박숭구 토지매매명문**(朴崇久土地賣買明文), 박숭원(朴崇遠). <1장. 한자+이두. 조선 필사 이두 자료. 전남 장성군 행주 기씨 금강 종가 소장. 호남권 한국학자료센터 홈페이지 원문 이미지와 텍스트 보기. 김재문(1986), 이재수(2003), 이수건 외(2004) 참고>

1701-09-28~1723-06-10. 「장희빈 상장등록(張禧嬪喪葬謄錄)」, 예조(禮曹) 편. <1책. 107장. 필사본. 한자+이두. 조선 필사 이두 자료. 한국학중앙연구원 장서각 소장. 한국학중앙연구원 한국학 디지털 아카이브 홈페이지 & 한국학중앙연구원 장서각 한국학자료센터 홈페이지 원문 이미지 보기>

1701-10-29. **성천복 토지매매명문**(成千卜土地賣買明文), 송봉익(宋鳳翼). <1장. 한자+이두. 조선 필사 이두 자료. 전남 구례군 토지면 오미리 문화 류씨 운조루 소장. 한국학중앙연구원 고문서자료관 홈페이지 원문 이미지와 텍스트 보기. 한국정신문화연구원 편(1998) 참고>

1701-11-00. **소지**(所志) <1장. 한자+이두. 조선 필사 이두 자료. 안동 하회 풍산 류씨 충효당 소장. 한국학중앙연구원 고문서자료관 홈페이지 원문 이미지와 텍스트 보기. 한국정신문화연구원 편(1994) 참고>

1701-12-13. **유학 이덕량 토지매매명문**(幼學李德良土地賣買明文), 숭립(崇立). <1장. 한자+이두. 조선 필사 이두 자료. 경북 경주시 양동 경주 손씨 송첨 종택 소장. 한국학중앙연구원 고문서자료관 홈페이지 원문 이미지 보기. 이수건(1979), 이수건 편저(1981), 영남대학교 인문과학연구소 편(1990), 정구복·안승준(1997), 한국정신문화연구원 편(1997) 참고>

1701-■■-04. **김진창 토지매매명문**(金振昌土地賣買明文), 김체룡(金體龍). <1장. 한자+이두. 조선 필사 이두 자료. 해남 연동 해남 윤씨 녹우당 소장. 한국학중앙연구원 장서각 한국고문서자료관 홈페이지 원문 이미지와 텍스트 보기. 박병호

(1974ㄱ), 한국정신문화연구원 편(1983, 1986), 김태영(1983), 최승희(1989) 참고>
1701-■■-■■. ■■룡 토지매매명문(■■龍土地賣買明文),[6] 사노 학생(私奴鶴生). <1장. 한자+이두. 조선 필사 이두 자료. 부안 우반 부안 김씨 소장. 한국학중앙연구원 고문서자료관 홈페이지 & 호남권 한국학자료센터 홈페이지 원문 이미지와 텍스트 보기. 박병호(1974ㄱ), 한국정신문화연구원 편(1983, 1998), 이재수(2003), 한국학중앙연구원 편(2017) 참고>
1701-00-00. 「국장도감도청의궤(國葬都監都廳儀軌)」,[7] <2책. 필사본. 표제는 '辛巳 江華府上 仁顯王后國葬都監儀軌'. 권수제는 '(康熙四十年十二月 日)國葬都監都廳儀軌'. 한자+이두. 조선 필사 이두 자료. 서울대학교 규장각 한국학연구원 홈페이지 '奎13555' 원문 이미지와 텍스트 보기>
1701-00-00. 「산릉도감의궤(山陵都監儀軌)」,[8] 산릉도감 편. <2권 2책. 158장+228장. 필사본. 상권의 표제는 '(康熙四十年辛巳十二月 日 肅宗二十七年)山陵都監儀軌(上)'. 권수제는 '(康熙四十年辛巳八月 日)山陵都監儀軌'. 한자+이두. 조선 필사 이두 자료. 한국학중앙연구원 디지털장서각 홈페이지 'K2-2327' 원문 이미지와 텍스트 보기>
1701-00-00. **이자백 초사**(李自白招辭), 이자백. <1장. 한자+이두. 조선 필사 이두 자료. 전북 부안군 우반 부안 김씨 구장. 전북 부안군 우동 세덕각 소장. 호남권 한국학자료센터 홈페이지 원문 이미지와 텍스트 보기. 박병호(1974ㄱ), 최승희(1989), 전경목(2001) 참고>
1701-00-00~1708-00-00. 「제례등록(祭禮謄錄)」 1~5, 예조(禮曹). <5책. 한자+이두. 조선 필사 이두 자료. 한국학중앙연구원 장서각 제1 & 제5 소장. 한국학중앙연구원 한국학 디지털 아카이브 홈페이지 제5 원문 이미지 보기>

---

6 호남권 한국학자료센터 홈페이지에서는 '사노(私奴) 학생(鶴生) 방매(放賣) 토지매매명문(土地賣買明文)'으로 표시하였다.
7 서울대학교 규장각 한국학연구원 홈페이지에서는 서명을 '[仁顯王后]國葬都監都廳儀軌 [인현왕후]국장도감도청의궤'로 적었다.
8 한국학중앙연구원 디지털장서각 홈페이지에서는 서명을 '[인현왕후명릉]산릉도감의궤[仁顯王后明陵]山陵都監儀軌'로 적었다.

1702년

<임오(壬午), 숙종 28년, 강희 41년>

1702-01-01~1702-12-22(肅宗 28년 壬午).「각릉수개등록(**各陵修改謄錄**)」第8(15), 예조(禮曹) 전향사(典享司) 편(編). <전21책. 1책. 121장. 필사본. 한자+이두. 조선 필사 이두 자료. 서울대학교 규장각 한국학연구원 홈페이지 원문 이미지 보기> <1636-05-02~1644-08-10(仁祖 14년 崇禎 9년 丙子~甲申) 第1(1)>

1702-01-00. **남여흠 산지 점유 관련 입지**(南汝欽山地占有關聯立旨), 영해 도호부(寧海都護府). <1장. 한자+이두. 조선 필사 이두 자료. 경북 영덕군 영해면 괴시리 영양 남씨 괴시파 영감댁 구장. 한국국학진흥원 소장. 한국학자료센터 영남권역센터 홈페이지 원문 이미지와 텍스트 보기>

1702-01-00. **양좌동 사노 대선 소지**(良佐洞私奴大先所志), 대선. <1장. 한자+이두. 조선 필사 이두 자료. 경북 경주시 양동 경주 손씨 송첨 종택 소장. 한국학중앙연구원 고문서자료관 홈페이지 참고>

1702-02-16. **산직 박일엽 토지매매명문**(山直朴日葉土地賣買明文), 김암회(金岩回). <1장. 한자+이두. 조선 필사 이두 자료. 경북 경주시 양동 경주 손씨 송첨 종택 소장. 한국학중앙연구원 고문서자료관 홈페이지 원문 이미지 보기. 이수건(1979), 이수건 편저(1981), 영남대학교 인문과학연구소 편(1990), 정구복·안승준(1997), 한국정신문화연구원 편(1997) 참고>

1702-02-22. **김억세 토지매매명문**(金億世土地賣買明文), 가원(可遠). <1장. 한자+이두. 조선 필사 이두 자료. 전남 구례군 토지면 오미리 문화 류씨 운조루 소장. 한국학중앙연구원 고문서자료관 홈페이지 원문 이미지와 텍스트 보기. 한국정신문화연구원 편(1998) 참고>

1702-02-00~1718-01-00(壬午~戊戌).「칙사등록(**勅使謄錄**)」, <1책. 62장. 필사본. 필사 시기 미상. 한자+이두. 조선 필사 이두 자료. 서울대학교 규장각 한국학연구원 홈페이지 원문 이미지 보기.「각사등록」80(의금부편)(국사편찬위원회 편, 1994) 영인>

1702-03-09. **박 참판댁 노 수생 토지매매명문**(朴參判宅奴守生土地賣買明文) 1, 끚남(蒾男). <1장. 한자+이두. 조선 필사 이두 자료. 부여 은산 함양 박씨 소장. 한국학중앙연구원 고문서자료관 홈페이지 원문 이미지 보기. 한국정신문화연구원 편(2000) 참고>

1702-03-20. **원이 배지**(元伊牌旨), 김(金). <1장. 한자+이두. 조선 필사 이두 자료. 남원·구례 삭녕 최씨 구장. 한국학중앙연구원 고문서자료관 홈페이지 원문 이미지 보기. 한국정신문화연구원 편(2004) 참고>

1702-03-00. **사노 사월 토지매매명문**(私奴士月土地賣買明文),[9] 박청민(朴淸敃). <1장. 한자+이두. 조선 필사 이두 자료. 창녕 조씨 지산 종택 구장. 한국국학진흥원 소장. 한국국학진흥원 유교넷 홈페이지 원문 이미지 보기>

1702-03-00. **양좌촌 거 호노 대선 소지**(良佐村居戶奴大先所志), 대선. <1장. 한자+이두. 조선 필사 이두 자료. 경북 경주시 양동 경주 손씨 송첨 종택 소장. 한국학중앙연구원 고문서자료관 홈페이지 원문 이미지 보기. 한국정신문화연구원 편(1997) 참고>

1702-04-07. **조업이 토지매매명문**(趙業伊土地賣買明文), 여 조이(余召史). <1장. 한자+이두. 조선 필사 이두 자료. 경북 안동시 주촌 진성 이씨 경류정 소장. 한국학중앙연구원 고문서자료관 홈페이지 원문 이미지와 텍스트 보기. 한국정신문화연구원 편(1999) 참고>

1702-04-13. **노 상룡 배지**(奴尙龍牌旨), 상전 한(上典韓). <1장. 한자+이두. 조선 필사 이두 자료. 해남 연동 해남 윤씨 녹우당 소장. 한국학중앙연구원 장서각 한국고문서자료관 홈페이지 원문 이미지와 텍스트 보기. 한국정신문화연구원 편(1986), 최승희(1989) 참고>

1702-04-13. **윤 이산댁 노 필경 노비매매명문**(尹尼山宅奴弼慶奴婢賣買明文), <1장. 한자+이두. 조선 필사 이두 자료. 해남 연동 해남 윤씨 녹우당 소장. 한국학중앙연구원 장서각 한국고문서자료관 홈페이지 원문 이미지와 텍스트 보기. 한국정신

---

[9] 한국국학진흥원 유교넷 홈페이지에서는 '창녕조씨 지산종택 [명문 81(전답매매문기)]'로 분류하여 '1702년 박청민이 논을 매도한 사실을 증명하는 전답매매문기'로 표시하였다.

문화연구원 편(1986), 최승희(1989) 참고>

1702-04-00. **노 상룡 초사**(奴尙龍招辭), 상룡. <1장. 한자+이두. 조선 필사 이두 자료. 해남 연동 해남 윤씨 녹우당 소장. 한국학중앙연구원 장서각 한국고문서자료관 홈페이지 원문 이미지와 텍스트 보기. 한국정신문화연구원 편(1986), 최승희(1989) 참고>

1702-04-00. **윤 이산댁 노 필경 소지**(尹尼山宅奴弼慶所志), 필경. <1장. 한자+이두. 조선 필사 이두 자료. 해남 연동 해남 윤씨 녹우당 소장. 한국학중앙연구원 장서각 한국고문서자료관 홈페이지 원문 이미지와 텍스트 보기. 한국정신문화연구원 편(1986), 최승희(1989) 참고>

1702-04-00. **윤 이산댁 노 필경 입안**(尹尼山宅奴弼慶立案), 장례원(掌隷院). <1장. 한자+이두. 조선 필사 이두 자료. 해남 연동 해남 윤씨 녹우당 소장. 한국학중앙연구원 장서각 한국고문서자료관 홈페이지 원문 이미지와 텍스트 보기. 한국정신문화연구원 편(1986), 최승희(1989) 참고>

1702-04-00. **차해평 초사**(車海平招辭), 차해평. <1장. 한자+이두. 조선 필사 이두 자료. 해남 연동 해남 윤씨 녹우당 소장. 한국학중앙연구원 장서각 한국고문서자료관 홈페이지 원문 이미지와 텍스트 보기. 한국정신문화연구원 편(1986), 최승희(1989) 참고>

1702-05-11. **남두명 입안**(南斗明立案),[10] 영해부(寧海府). <1장. 한자+이두. 조선 필사 이두 자료. 영양 남씨 난고 종택 구장. 한국국학진흥원 소장. 한국국학진흥원 유교넷 홈페이지 원문 이미지 보기>

1702-07-19. **박운핵 노비매매명문**(朴雲翮奴婢賣買明文), 임익신(林益莘). <1장. 한자+이두. 조선 필사 이두 자료. 경남 밀양 신호 밀성 박씨·덕남서원 소장. 한국학중앙연구원 고문서자료관 홈페이지 원문 이미지 보기. 한국정신문화연구원 편(2004) 참고>

1702-07-21. **충렬사 재임 서목**(忠烈祠齋任書目), 충렬사(忠烈祠). <1장. 한자+이두.

---

[10] 한국국학진흥원 유교넷 홈페이지에서는 '영양남씨 난고종택 강희 41년에 영해부에서 수급자미 상에게 보낸 입안(立案)'으로 표시하였다.

조선 필사 이두 자료. 경북 경주시 내남면 이조리 경주 최씨·용산서원 소장. 한국학중앙연구원 고문서자료관 홈페이지 원문 이미지 보기. 한국정신문화연구원 편(2000) 참고>

1702-07-22. **충렬사 완문**(忠烈祠完文) 1, 경주부(慶州府). <1장. 한자+이두. 조선 필사 이두 자료. 경북 경주시 내남면 이조리 경주 최씨·용산서원 소장. 한국학중앙연구원 고문서자료관 홈페이지 원문 이미지 보기. 한국정신문화연구원 편(2000) 참고>

1702-07-22. **충렬사 완문**(忠烈祠完文) 2, 경주부(慶州府). <1장. 한자+이두. 조선 필사 이두 자료. 경북 경주시 내남면 이조리 경주 최씨·용산서원 소장. 한국학중앙연구원 고문서자료관 홈페이지 원문 이미지 보기. 한국정신문화연구원 편(2000) 참고>

1702-08-09. **노 말남 배지**(奴㐋男牌旨), 상전 정(上典鄭). <1장. 한자+이두. 조선 필사 이두 자료. 부여 은산 함양 박씨 소장. 한국학중앙연구원 고문서자료관 홈페이지 원문 이미지 보기. 한국정신문화연구원 편(2000) 참고>

1702-09-20. **김태중 토지매매명문**(金泰重土地賣買明文),[11] 박모원(朴慕元)·박희원(朴希元). <1장. 한자+이두. 조선 필사 이두 자료. 안동 천전 의성 김씨 재산 종택 구장. 한국국학진흥원 소장. 한국국학진흥원 유교넷 홈페이지 원문 이미지 보기>

1702-11-21. **남우명 토지매매명문**(南㺀溟土地賣買明文), 유학 권갑(幼學權忡). <1장. 한자+이두. 조선 필사 이두 자료. 경북 예천군 용문면 대제리 안동 권씨 춘우재 고택 구장. 한국국학진흥원 소장. 한국학자료센터 영남권역센터 홈페이지 원문 이미지와 텍스트 보기. 김성갑(2013)[12] 참고>

1702-11-23. **김익명 토지매매명문**(金檍明土地賣買明文), 조위경(趙位京). <1장. 한자+이두. 조선 필사 이두 자료. 전남 구례군 토지면 오미리 문화 류씨 운조루 소장.

---

[11] 한국국학진흥원 유교넷 홈페이지에서는 '의성김씨 제산종택 1702년에 박희원과 김태중 사이에 작성된 전답매매문기(田畓賣買文記)'로 표시하였다.

[12] 한국학자료센터 영남권역센터 홈페이지에서는 '2026'으로 잘못 표시하였다.

한국학중앙연구원 고문서자료관 홈페이지 원문 이미지와 텍스트 보기. 한국정신문화연구원 편(1998) 참고>

1702-12-09. **이정설 토지매매명문**(李廷說土地賣買明文), 박세빈(朴世彬). <1장. 한자＋이두. 조선 필사 이두 자료. 부여 은산 함양 박씨 소장. 한국학중앙연구원 고문서자료관 홈페이지 원문 이미지 보기. 한국정신문화연구원 편(2000) 참고>

1702-12-15. **명선 토지매매명문**(命先土地賣買明文), 유망(柳望). <1장. 한자＋이두. 조선 필사 이두 자료. 안동 하회 풍산 류씨 충효당 소장. 한국학중앙연구원 고문서자료관 홈페이지 원문 이미지와 텍스트 보기. 한국정신문화연구원 편(1994) 참고>

1702-12-16. **용산서원 유사 김용탈 토지매매명문**(龍山書院有司金龍脫土地賣買明文), 김복련(金福連). <1장. 한자＋이두. 조선 필사 이두 자료. 경북 경주시 내남면 이조리 경주 최씨·용산서원 소장. 한국학중앙연구원 고문서자료관 홈페이지 원문 이미지 보기. 박병호(1974ㄱ), 한국정신문화연구원 편(2000), 이재수(2003), 김소은 (2004) 참고>

1702-■■-24. **박 참판댁 노 수생 토지매매명문**(朴參判宅奴守生土地賣買明文) 2, 끗남(㐣男). <1장. 한자＋이두. 조선 필사 이두 자료. 부여 은산 함양 박씨 소장. 한국학중앙연구원 고문서자료관 홈페이지 원문 이미지 보기. 한국정신문화연구원 편(2000) 참고>

1702-00-00. 「국장도감도청의궤(**國葬都監都廳儀軌**)」,[13] 국장도감 편. <2책. 335장＋286장. 개장한 상권의 표제는 '(辛巳 江華府上 仁顯王后)國葬都監儀軌(上)'. 권수제는 '(康熙四十年十二月 日)國葬都監都廳儀軌'. 한자＋이두. 조선 필사 이두 자료. 서울대학교 규장각 한국학연구원 의궤 종합정보 홈페이지 '奎13555', '奎14864' 원문 이미지 보기>

1702-00-00. 「국장도감도청의궤(**國葬都監都廳儀軌**)」,[14] 국장도감 편. <1책. 389장. 필사본. 표제는 '國葬都監儀軌(上)'. 권수제는 '(康熙四十年十二月 日)國葬都監都廳

---

13 서울대학교 규장각 한국학연구원 의궤 종합정보 홈페이지에서는 서명을 '인현왕후국장도감의궤 (仁顯王后國葬都監儀軌)'로 적었다.

14 국립중앙박물관 외규장각 의궤 홈페이지에서는 서명을 표제나 권수제와는 달리 '인현왕후국장도감의궤(상)(仁顯王后國葬都監儀軌(上))'으로 적었다.

儀軌'. 한자+이두. 조선 필사 이두 자료. 국립중앙박물관 외규장각 의궤 홈페이지 '외규086' 원문 이미지와 텍스트 보기>

1702-00-00.「국장도감이방의궤(**國葬都監二房儀軌**)」,[15] 국장도감 편. <1책. 358장. 필사본. 표제는 '國葬都監儀軌(下)'. 권수제는 '(康熙四十年十二月 日)國葬都監二房儀軌'. 한자+이두. 조선 필사 이두 자료. 국립중앙박물관 외규장각 의궤 홈페이지 '외규087' 원문 이미지와 텍스트 보기>

1702-00-00.「대전가례의궤(**大殿嘉禮儀軌**)」,[16] 가례도감 편. <1책. 223장. 필사본. 표제는 '嘉禮都監儀軌(上)'. 권수제는 '(康熙四十年壬午十月 日嘉禮都監)大殿嘉禮儀軌'. 한자+이두. 조선 필사 이두 자료. 국립중앙박물관 외규장각 의궤 홈페이지 '외규088' 원문 이미지와 텍스트 보기>

1702-00-00.「대전가례의궤(**大殿嘉禮儀軌**)」,[17] 가례도감 편. <1책. 63장. 필사본. 개장한 표지의 표제는 '嘉禮都監儀軌'. 권수제는 '(康熙四十一年壬午十月 日嘉禮都監)大殿嘉禮儀軌'. 한자+이두. 조선 필사 이두 자료. 한국학중앙연구원 디지털장서각 홈페이지 'K2-4754' 원문 이미지 보기>

1702-00-00.「대전가례의궤(**大殿嘉禮儀軌**)」,[18] 가례도감 편. <1책. 328장. 필사본. 표제는 '(壬午年 五臺山上)嘉禮都監儀軌'. 권수제는 '(康熙四十一年壬午十月 日嘉禮都監)大殿嘉禮儀軌'. 한자+이두. 조선 필사 이두 자료. 한자+이두. 조선 필사 이두 자료. 서울대학교 규장각 한국학연구원 의궤 종합정보 홈페이지 '奎13089' 원문 이미지 보기>

1702-00-00.「빈전도감의궤(**殯殿都監儀軌**)」,[19] 빈전도감 편. <1책. 212장. 필사본.

---

15 국립중앙박물관 외규장각 의궤 홈페이지에서는 서명을 표제나 권수제와는 달리 '인현왕후국장도감의궤(하)(仁顯王后國葬都監儀軌(下))'로 적었다.

16 국립중앙박물관 외규장각 의궤 홈페이지에서는 서명을 표제나 권수제와는 달리 '숙종인원왕후가례도감의궤(상)(肅宗仁元王后嘉禮都監儀軌(上))'으로 적었다.

17 한국학중앙연구원 디지털장서각 홈페이지에서는 서명을 '가례도감의궤(嘉禮都監儀軌)'로 적었다.

18 서울대학교 규장각 한국학연구원 의궤 종합정보 홈페이지에서는 서명을 '숙종인원왕후가례도감의궤(肅宗仁元王后嘉禮都監儀軌)'로 적었다.

19 서울대학교 규장각 한국학연구원 의궤 종합정보 홈페이지에서는 서명을 '인현왕후빈전도감의궤

앞부분 일부 결락. 개장한 표지의 표제는 '(康熙四十年辛巳八月 日 仁顯王后 江華府上)殯殿都監儀軌'. 권수제는 '殯殿都監儀軌'. 한자+이두. 조선 필사 이두 자료. 서울대학교 규장각 한국학연구원 의궤 종합정보 홈페이지 '奎13556의1' 원문 이미지 보기>

1702-00-00. 「빈전도감의궤(**殯殿都監儀軌**)」,[20] 빈전도감 편. <1책. 240장. 필사본. 원표지의 표제는 결락. 권수제는 '殯殿都監儀軌'. 한자+이두. 조선 필사 이두 자료. 국립중앙박물관 외규장각 의궤 홈페이지 '외규084' 원문 이미지와 텍스트 보기>

1702-00-00. 「산릉도감의궤(**山陵都監儀軌**)」,[21] 산릉도감 편. <1책. 156장. 필사본. 표제는 '(康熙四十年辛巳八月 日 仁顯王后)山陵都監儀軌'. 권수제는 '(康熙四十年辛巳八月 日)山陵都監儀軌'. 한자+이두. 1701년 8월 14일부터 1701년 12월 14일까지 왕후의 산릉을 조성한 과정을 기록. 조선 필사 이두 자료. 서울대학교 규장각 한국학연구원 의궤 종합정보 홈페이지 '奎14824' 원문 이미지 보기>

1702-00-00. 「산릉도감의궤(**山陵都監儀軌**)」,[22] 산릉도감 편. <1책. 191장. 필사본. 표제는 없다. 권수제는 '(康熙四十年辛巳八月 日)山陵都監儀軌'. 한자+이두. 조선 필사 이두 자료. 국립중앙박물관 외규장각 의궤 홈페이지 '외규082' 원문 이미지와 텍스트 보기>

1702-00-00. 「산릉도감의궤(**山陵都監儀軌**)」,[23] 산릉도감 편. <1책. 263장. 필사본. 표제는 '山陵都監儀軌'. 한자+이두. 조선 필사 이두 자료. 국립중앙박물관 외규장각 의궤 홈페이지 '외규083' 원문 이미지와 텍스트 보기>

(仁顯王后殯殿都監儀軌)'로 적었다.
[20] 국립중앙박물관 외규장각 의궤 홈페이지에서는 서명을 권수제와는 달리 '인현왕후빈전도감의궤(仁顯王后殯殿都監儀軌)'로 적었다.
[21] 서울대학교 규장각 한국학연구원 의궤 종합정보 홈페이지에서는 서명을 '인현왕후명릉산릉도감의궤(仁顯王后明陵山陵都監儀軌)'로 적었다.
[22] 국립중앙박물관 외규장각 의궤 홈페이지에서는 서명을 권수제와는 달리 '인현왕후명릉산릉도감의궤(상)(仁顯王后明陵山陵都監儀軌(上))'으로 적었다.
[23] 국립중앙박물관 외규장각 의궤 홈페이지에서는 서명을 권수제와는 달리 '인현왕후명릉산릉도감의궤(하)(仁顯王后明陵山陵都監儀軌(下))'로 적었다.

1702-00-00. 「선원보략교정청의궤(璿源譜略校正廳儀軌)」, 교정청 편. <1책. 93장. 필사본. 표제는 '校正廳 璿源譜略儀軌'. 권수제는 '(康熙三十九年庚辰 月 日)璿源譜略校正廳儀軌'. 한자+이두. 조선 필사 이두 자료. 서울대학교 규장각 한국학연구원 의궤 종합정보 홈페이지 '奎14007', '奎14012', '奎14013' 원문 이미지 보기>

1702-00-00. 「왕비가례등록(王妃嘉禮謄錄)」, 예조(禮曹) 편. <1책. 40장. 필사본. 한자+이두. 조선 필사 이두 자료. 한국학중앙연구원 장서각 소장. 한국학중앙연구원 장서각 한국학자료센터 홈페이지 & 한국학중앙연구원 한국학 디지털 아카이브 홈페이지 원문 이미지와 텍스트 보기>

1702-00-00. 「정재집(定齋集)」, 박태보(朴泰輔, 1654년~1689년) 저(著). <원집 9권+별집 5권+부록. 전7책. 목판본. 한자+이두. 서울대학교 규장각 한국학연구원 '奎5263' 소장. 한국고전종합DB 홈페이지 원문 이미지와 텍스트 보기> <1892-00-00(「정재후집(定齋後集)」>

1702-00-00. 「혼전도감의궤(魂殿都監儀軌)」,[24] 혼전도감 편. <1책. 289장. 필사본. 앞부분 일부 결락. 개장한 표지의 표제는 '(康熙四十年辛巳八月 日 仁顯王后 江華府上)魂殿都監儀軌'. 권수제는 '魂殿都監儀軌'. 한자+이두. 조선 필사 이두 자료. 서울대학교 규장각 한국학연구원 의궤 종합정보 홈페이지 '奎13556의2' 원문 이미지 보기>

1702-00-00. 「혼전도감의궤(魂殿都監儀軌)」,[25] 혼전도감 편. <1책. 294장. 필사본. 표제와 권수제는 '魂殿都監儀軌'. 한자+이두. 조선 필사 이두 자료. 국립중앙박물관 외규장각 의궤 홈페이지 '외규085' 원문 이미지와 텍스트 보기>

---

[24] 서울대학교 규장각 한국학연구원 의궤 종합정보 홈페이지에서는 서명을 '인현왕후혼전도감의궤(仁顯王后魂殿都監儀軌)'로 적었다.

[25] 국립중앙박물관 외규장각 의궤 홈페이지에서는 서명을 표제나 권수제와는 달리 '인현왕후혼전도감의궤(仁顯王后魂殿都監儀軌)'로 적었다.

1703년

<계미(癸未), 숙종 29년, 강희 42년>

1703-01-01~1703-08-28.「금계등록(**禁啓謄錄**)」, 의금부(義禁府) 편(編). <1책. 38장. 필사본. 한자+이두. 조선 필사 이두 자료. 서울대학교 규장각 한국학연구원 홈페이지 원문 이미지 보기.「각사등록」80(국사편찬위원회 영인, 1994)>

1703-01-07~1703-12-02(肅宗 29년).「각릉수개등록(**各陵修改謄錄**)」第9(16), 예조(禮曹) 전향사(典享司) 편(編). <전21책. 1책. 91장. 필사본. 필사 시기 미상. 한자+이두. 조선 필사 이두 자료. 서울대학교 규장각 한국학연구원 홈페이지 원문 이미지 보기> <1636-05-02~1644-08-10(仁祖 14년 崇禎 9년 丙子~甲申) 第1(1)>

1703-01-16. **충렬사 재임 서목**(忠烈祠齋任書目) 1, 충렬사. <1장. 한자+이두. 조선 필사 이두 자료. 경북 경주시 내남면 이조리 경주 최씨·용산서원 소장. 한국학중앙연구원 고문서자료관 홈페이지 원문 이미지 보기. 한국정신문화연구원 편(2000) 참고>

1703-01-17. **승 수규 토지매매명문**(僧守圭土地賣買明文), 장봉세(張鳳世). <1장. 한자+이두. 조선 필사 이두 자료. 전남 구례군 토지면 오미리 문화 류씨 운조루 소장. 한국학중앙연구원 고문서자료관 홈페이지 원문 이미지와 텍스트 보기. 한국정신문화연구원 편(1998) 참고>

1703-01-25. **손시식 토지매매명문**(孫是栻土地賣買明文), 이덕응(李德疑). <1장. 한자+이두. 조선 필사 이두 자료. 경북 경주시 양동 경주 손씨 송첨 종택 소장. 한국학중앙연구원 고문서자료관 홈페이지 원문 이미지 보기. 이수건(1979), 이수건 편저(1981), 영남대학교 인문과학연구소 편(1990), 정구복·안승준(1997), 한국정신문화연구원 편(1997) 참고>

1703-01-00~1703-12-28(癸未~癸未).「훈국등록(**訓局謄錄**)」第1, 훈련도감(訓鍊都監) 편(編). <1책. 150장. 필사본. 한자+이두. 조선 필사 이두 자료. 서울대학교 규장각 한국학연구원 홈페이지 낙질본(3책) 원문 이미지 보기> <1706-01-04~1706-12-21(第2), 1718-08-01~1718-12-20(第3)>

1703-02-06. **김홍진 토지매매명문**(金弘振土地賣買明文), 오 씨(吳氏) <1장. 한자+이두. 조선 필사 이두 자료. 전북대학교 박물관 소장. 호남권 한국학자료센터 홈페이지 원문 이미지와 텍스트 보기. 박병호(1974ㄱ), 이재수(2003) 참고>

1703-02-09. **박 참판댁 노 기민 토지매매명문**(朴參判宅奴己民土地賣買明文), 지영(支永). <1장. 한자+이두. 조선 필사 이두 자료. 부여 은산 함양 박씨 소장. 한국학중앙연구원 고문서자료관 홈페이지 원문 이미지 보기. 한국정신문화연구원 편(2000) 참고>

1703-02-27. **법린 토지매매명문**(法隣土地賣買明文), 김필홍(金必弘). <1장. 한자+이두. 조선 필사 이두 자료. 전남 구례군 토지면 오미리 문화 류씨 운조루 소장. 한국학중앙연구원 고문서자료관 홈페이지 원문 이미지와 텍스트 보기. 한국정신문화연구원 편(1998) 참고>

1703-02-29. **충렬사 재임 서목**(忠烈祠齋任書目) 2, 충렬사. <1장. 한자+이두. 조선 필사 이두 자료. 경북 경주시 내남면 이조리 경주 최씨·용산서원 소장. 한국학중앙연구원 고문서자료관 홈페이지 원문 이미지 보기. 한국정신문화연구원 편(2000) 참고>

1703-03-02. **황유승 토지매매명문**(黃有承土地賣買明文), 을축(乙丑)·돌룡(乭龍). <1장. 한자+이두. 조선 필사 이두 자료. 원주시 무릉박물관 소장. 한국학자료센터 강원권역센터 홈페이지 원문 이미지 보기. 박병호(1974ㄱ), 최승희(1989), 김소은(2004), 김성갑(2013) 참고>

1703-03-05. **남국시 토지매매명문**(南國蓍土地賣買明文),[26] 유학 주명■(幼學朱命■). <1장. 한자+이두. 조선 필사 이두 자료. 영양 남씨 난고 종택 구장. 한국국학진흥원 소장. 한국국학진흥원 유교넷 홈페이지 원문 이미지 보기>

1703-03-05. **안을종 토지매매명문**(安乙宗土地賣買明文), 송이명(宋以明). <1장. 한자+이두. 조선 필사 이두 자료. 전북대학교 박물관 소장. 호남권 한국학자료센터 홈페이지 원문 이미지와 텍스트 보기. 박병호(1974ㄱ), 이재수(2003) 참고>

---

26 한국국학진흥원 유교넷 홈페이지에서는 '영양남씨 난고종택 강희 42년에 전주 유학 주명O과 유학 남시시 사이에 작성된 명문(明文)(田畓賣買)[11045]'로 표시하였다.

1703-03-12. **오촌 질자 강위임 봉수문**(五寸姪子姜渭臨奉授文), 전주 오촌 숙부 강진익 등(田主五寸叔父姜震益等). <1장. 한자+이두. 조선 필사 이두 자료. 제주시 제주교육박물관 소장. 사이버 제주교육박물관 홈페이지 원문 이미지와 텍스트 보기>

1703-03-13. **김선백 가명문기**(金善白假名文記), 김정삼(金鼎三). <1장. 한자+이두. 조선 필사 이두 자료. 해남 연동 해남 윤씨 녹우당 소장. 한국학중앙연구원 장서각 한국고문서자료관 홈페이지 원문 이미지와 텍스트 보기. 한국정신문화연구원 편(1986), 최승희(1989) 참고>

1703-03-18. **양유성 토지매매명문**(梁有成土地賣買明文), 강필제(姜弼齊). <1장. 한자+이두. 조선 필사 이두 자료. 전북대학교 박물관 소장. 호남권 한국학자료센터 홈페이지 원문 이미지와 텍스트 보기. 최승희(1989), 정구복 외(1999), 이재수(2003) 참고>

1703-04-13. **최 진사 노 금동 토지매매명문**(崔進士奴金同土地賣買明文), 이상백(李尙伯). <1장. 한자+이두. 조선 필사 이두 자료. 경기도 용인시 오산 해주 오씨 추탄 종가 구장. 한국학중앙연구원 고문서자료관 홈페이지 원문 이미지와 텍스트 보기. 한국정신문화연구원 편(1998) 참고>

1703-04-13. **최 진사 댁 노 금동 토지매매명문**(崔進士宅奴金同土地賣買明文), 이명진(李明鎭). <1장. 한자+이두. 조선 필사 이두 자료. 경기도 용인시 오산 해주 오씨 추탄 종가 구장. 한국학중앙연구원 고문서자료관 홈페이지 원문 이미지와 텍스트 보기. 한국정신문화연구원 편(1998) 참고>

1703-04-15. **김순의 발괄**(金純義白活), 김순의. <1장. 한자+이두. 조선 필사 이두 자료. 안동 오천 광산 김씨 후조당 소장. 장서각 한국고문서자료관 홈페이지 원문 이미지와 텍스트 보기. 박병호(1974ㄱ), 한국정신문화연구원 편(1982) 참고>

1703-04-19. **이비룡 토지매매명문**(李飛龍土地賣買明文), 남상원(南尙元). <1장. 한자+이두. 조선 필사 이두 자료. 안동 하회 풍산 류씨 충효당 소장. 한국학중앙연구원 고문서자료관 홈페이지 원문 이미지와 텍스트 보기. 한국정신문화연구원 편(1994) 참고>

1703-05-00. **나두거 예조 입안**(羅斗居禮曹立案), 예조. <1장. 한자+이두. 조선 필사 이두 자료. 나주 신촌 나주 나씨 종가 구장. 광주광역시 이정옥 소장. 호남권

한국학자료센터 홈페이지 원문 이미지와 텍스트 보기. 최승희(1989), 정구복 외 (1999) 참고>

1703-06-00. **김세건 예조 입안**(金世鍵禮曹立案),²⁷ 예조. <1장. 한자+이두. 조선 필사 이두 자료. 의성 김씨 운천 종택 구장. 한국국학진흥원 유교넷 홈페이지 원문 이미지와 텍스트 보기>

1703-06-00. **김정하 계후 입안**(金挺河繼後立案), 예조(禮曹). <1장. 한자+이두. 조선 필사 이두 자료. 안동 천전 의성 김씨 재산 종택 소장. 한국학중앙연구원 장서각 한국고문서자료관 홈페이지 원문 이미지 보기. 한국정신문화연구원 편(1990) 참고>

1703-09-02. **박숭초 토지매매명문**(朴崇初土地賣買明文), 박숭후(朴崇厚). <1장. 한자+이두. 조선 필사 이두 자료. 전남 장성군 행주 기씨 금강 종가 소장. 호남권 한국학자료센터 홈페이지 원문 이미지와 텍스트 보기. 김재문(1986), 이재수(2003), 이수건 외(2004) 참고>

1703-09-17. **충렬사 토지매매명문**(忠烈祠土地賣買明文), 최의기(崔義基). <1장. 한자+이두. 조선 필사 이두 자료. 경북 경주시 내남면 이조리 경주 최씨·용산서원 소장. 한국학중앙연구원 고문서자료관 홈페이지 원문 이미지 보기. 박병호(1974ㄱ), 한국정신문화연구원 편(2000), 이재수(2003), 김소은(2004) 참고>

1703-09-18. **부 별급문기**(父別給文記), 부(父). <1장. 한자+이두. 조선 필사 이두 자료. 경북 경주시 양동 경주 손씨 송첨 종택 소장. 한국학중앙연구원 고문서자료관 홈페이지 원문 이미지 보기. 한국정신문화연구원 편(1997) 참고>

1703-10-20. **박 참판댁 노 동이 토지매매명문**(朴參判宅奴束伊土地賣買明文), 김소안(金小安). <1장. 한자+이두. 조선 필사 이두 자료. 부여 은산 함양 박씨 소장. 한국학중앙연구원 고문서자료관 홈페이지 원문 이미지 보기. 한국정신문화연구원 편(2000) 참고>

1703-10-25. **윤 진사 댁 노 필경 노비매매명문**(尹進士宅奴必敬奴婢賣買明文), 구을금

---

27 한국국학진흥원 유교넷 홈페이지에서는 '의성김씨 운천종택 1703년에 예조에서 종사랑 김세건에게 보낸 입안(立案)[01399]'로 표시하였다.

(仇乙金). <1장. 한자+이두. 조선 필사 이두 자료. 전남 해남 연동 해남 윤씨 녹우당 소장. 한국학중앙연구원 장서각 한국고문서자료관 홈페이지 원문 이미지와 텍스트 보기. 한국정신문화연구원 편(1986), 최승희(1989) 참고>

1703-10-25. **차노 구을금 배지**(差奴仇乙金牌旨), 송(宋). <1장. 한자+이두. 조선 필사 이두 자료. 전남 해남 연동 해남 윤씨 녹우당 소장. 한국학중앙연구원 장서각 한국고문서자료관 홈페이지 원문 이미지와 텍스트 보기. 한국정신문화연구원 편(1986), 최승희(1989) 참고>

1703-10-27. **박흥신 토지매매명문**(朴興新土地賣買明文), 이정열(李廷說). <1장. 한자+이두. 조선 필사 이두 자료. 부여 은산 함양 박씨 소장. 한국학중앙연구원 고문서자료관 홈페이지 원문 이미지 보기. 한국정신문화연구원 편(2000) 참고>

1703-10-27. **충렬사 유사 서목**(忠烈祠有司書目), 충렬사. <1장. 한자+이두. 조선 필사 이두 자료. 경북 경주시 내남면 이조리 경주 최씨·용산서원 소장. 한국학중앙연구원 고문서자료관 홈페이지 원문 이미지 보기. 한국정신문화연구원 편(2000) 참고>

1703-10-29. **김만구 등 초사**(金萬九等招辭),[28] 김만구 등. <1장. 필사본. 한자+이두. 조선 필사 이두 자료. 해남 연동 해남 윤씨 녹우당 소장. 한국학중앙연구원 장서각 한국고문서자료관 홈페이지 원문 이미지와 텍스트 보기. 한국정신문화연구원 편(1986), 최승희(1989) 참고>

1703-10-29. **노 구질금 초사**(奴仇叱金招辭), 구질금. <1장. 한자+이두. 조선 필사 이두 자료. 전남 해남 연동 해남 윤씨 녹우당 소장. 한국학중앙연구원 장서각 한국고문서자료관 홈페이지 원문 이미지와 텍스트 보기. 한국정신문화연구원 편(1986), 최승희(1989) 참고>

1703-10-00. **윤 진사 댁 노 필경 소지**(尹進士宅奴必敬所志), 필경. <1장. 한자+이두. 조선 필사 이두 자료. 전남 해남 연동 해남 윤씨 녹우당 소장. 한국학중앙연구원 장서각 한국고문서자료관 홈페이지 원문 이미지와 텍스트 보기. 한국정신문화연

---

28 한국학중앙연구원 장서각 한국고문서자료관 홈페이지에서는 '김만구(金萬九) 초사(招辭)'로 표시하였다.

구원 편(1986), 최승희(1989) 참고>

1703-10-00. **윤 진사 댁 노 필경 입안**(尹進士宅奴必敬立案), 강진현(康津縣). <1장. 한자+이두. 조선 필사 이두 자료. 전남 해남 연동 해남 윤씨 녹우당 소장. 한국학중앙연구원 장서각 한국고문서자료관 홈페이지 원문 이미지와 텍스트 보기. 한국정신문화연구원 편(1986), 최승희(1989) 참고>

1703-11-08. **충렬사 재임 서목**(忠烈祠齋任書目) 3, 충렬사. <1장. 한자+이두. 조선 필사 이두 자료. 경북 경주시 내남면 이조리 경주 최씨·용산서원 소장. 한국학중앙연구원 고문서자료관 홈페이지 원문 이미지 보기. 한국정신문화연구원 편(2000) 참고>

1703-11-19~1712-02-12.「연잉군 관례 등록(延礽君冠禮謄錄)」, 예조(禮曹) 편. <1책. 83장. 표제는 '王子嘉禮謄錄'. 필사본. 한자+이두. 한국학중앙연구원 장서각 소장. 한국학중앙연구원 한국학 디지털 아카이브 홈페이지 원문 이미지 보기>

1703-11-00. **황이중 예조 입안**(黃履中禮曹立案), 예조. <1장. 한자+이두. 조선 필사 이두 자료. 남원 대곡 장수 황씨 문중 소장. 호남권 한국학자료센터 홈페이지 원문 이미지와 텍스트 보기. 최승희(1989) 참고>

1703-12-07. **이상백 토지매매명문**(李尙伯土地賣買明文) 월룡(月龍). <1장. 점련문서. 한자+이두. 조선 필사 이두 자료. 경기도 용인시 오산 해주 오씨 추탄 종가 구장. 한국학중앙연구원 고문서자료관 홈페이지 원문 이미지와 텍스트 보기. 한국정신문화연구원 편(1998) 참고>

1703-12-09. **강여민 차정첩**(姜汝敏差定帖), 제주목(濟州牧). <1장. 한자+이두. 조선 필사 이두 자료. 제주 한림 강우석 소장. 호남권 한국학자료센터 홈페이지 원문 이미지와 텍스트 보기. 최승희(1989), 고창석(2000, 2002) 참고>

1703-12-09~1707-06-09(癸未~丁亥).「연잉군관례시등록초건(延礽君冠禮時謄錄草件)」전(全), 편자 미상. <1책. 10장. 필사본. 한자+이두. 조선 필사 이두 자료. 서울대학교 규장각 한국학연구원 홈페이지 낙질본(3책) 원문 이미지 보기>

1703-12-12. **강여민 전령**(姜汝敏傳令), 제주목(濟州牧). <1장. 한자+이두. 조선 필사 이두 자료. 제주 한림 강우석 소장. 호남권 한국학자료센터 홈페이지 원문 이미지와 텍스트 보기. 최승희(1989), 고창석(2000, 2002) 참고>

1703-12-13. **문방계 상유사 이 진사 댁 노 사봉 토지매매명문**(文房稧上有司李進士宅奴士奉土地賣買明文), 박세흥(朴世興). <1장. 한자+이두. 조선 필사 이두 자료. 칠곡 석전 광주 이씨 소장. 한국학중앙연구원 장서각 한국고문서자료관 홈페이지 원문 이미지 보기. 한국학중앙연구원 편(2009) 참고>

1703-12-13. **문방계 상유사 토지매매명문**(文房稧上有司土地賣買明文), 박정원(朴廷元). <1장. 한자+이두. 조선 필사 이두 자료. 칠곡 석전 광주 이씨 소장. 한국학중앙연구원 장서각 한국고문서자료관 홈페이지 원문 이미지 보기. 한국학중앙연구원 편(2009) 참고>

1703-12-20. **옥명 토지매매명문**(玉明土地賣買明文), 김두홍(金斗弘). <1장. 한자+이두. 조선 필사 이두 자료. 전남 구례군 토지면 오미리 문화 류씨 운조루 소장. 한국학중앙연구원 고문서자료관 홈페이지 원문 이미지와 텍스트 보기. 한국정신문화연구원 편(1998) 참고>

1703-12-27. **박 참판댁 노 수생 토지매매명문**(朴參判宅奴守生土地賣買明文), 무신(戊申). <1장. 한자+이두. 조선 필사 이두 자료. 부여 은산 함양 박씨 소장. 한국학중앙연구원 고문서자료관 홈페이지 원문 이미지 보기. 한국정신문화연구원 편(2000) 참고>

1703-00-00 이후 기입 추정. 「육조대사법보단경(**六祖大師法寶壇經**)」, 당나라 혜능(慧能) 저, 당나라 법해(法海) 집(集). <1책. 본문에 생획토 기입. 조선 묵서 구결 자료. 경남 고성 옥천사 보장각 소장. 한국학중앙연구원 고문서자료관 홈페이지 원문 이미지 보기>

1704년

<갑신(甲申), 숙종 30년, 강희 43년>

1704-01-01~1704-12-27(甲申)「갑신년전객사초일기(**甲申年典客司抄日記**)」15, 예조(禮曹) 전객사(典客司) 편(編). <1책(15/99). 99장. 표제는 '典客司日記'. 필사본. 한자+이두. 조선 필사 이두 자료. 서울대학교 규장각 한국학연구원 홈페이지 원문

이미지 보기> <1640-01-22~1641-12-23(1)>

1704-01-04~1705-11-04(肅宗 30년 甲申~乙酉).「각릉수개등록(**各陵修改謄錄**)」第 10(8), 예조(禮曹) 전향사(典享司) 편(編). <전21책. 1책. 123장. 필사본. 한자+이두. 조선 필사 이두 자료. 서울대학교 규장각 한국학연구원 홈페이지 원문 이미지 보기> <1636-05-02~1644-08-10(仁祖 14년 崇禎 9년 丙子~甲申) 第1(1)>

1704-01-11. **승 처익 토지매매명문**(僧處益土地賣買明文), 김필홍(金必弘). <1장. 한자+이두. 조선 필사 이두 자료. 전남 구례군 토지면 오미리 문화 류씨 운조루 소장. 한국학중앙연구원 고문서자료관 홈페이지 원문 이미지와 텍스트 보기. 한국정신문화연구원 편(1998) 참고>

1704-01-13. **유학 손시구 토지매매명문**(幼學孫是構土地賣買明文), 손시벌(孫是橃). <1장. 한자+이두. 조선 필사 이두 자료. 경북 경주시 양동 경주 손씨 송첨 종택 소장. 한국학중앙연구원 고문서자료관 홈페이지 원문 이미지 보기. 이수건(1979), 이수건 편저(1981), 영남대학교 인문과학연구소 편(1990), 정구복·안승준(1997), 한국정신문화연구원 편(1997) 참고>

1704-01-19. **김필신 토지매매명문**(金必信土地賣買明文), 끗례(㐎禮). <1장. 한자+이두. 조선 필사 이두 자료. 전남 해남 연동 해남 윤씨 녹우당 소장. 한국학중앙연구원 장서각 한국고문서자료관 홈페이지 원문 이미지와 텍스트 보기. 박병호(1974ㄱ), 김태영(1983), 한국정신문화연구원 편(1983, 1986), 최승희(1989) 참고>

1704-01-29. **문방계 상유사 이 진사 댁 노 사봉 토지매매명문**(文房禊上有司李進士宅奴士奉土地賣買明文) 1, 박취검(朴就儉). <1장. 한자+이두. 조선 필사 이두 자료. 칠곡 석전 광주 이씨 소장. 한국학중앙연구원 장서각 한국고문서자료관 홈페이지 원문 이미지 보기. 한국학중앙연구원 편(2009) 참고>

1704-01-00. **명선 의송**(命先議送), 명선. <1장. 한자+이두. 조선 필사 이두 자료. 안동 하회 풍산 류씨 충효당 소장. 한국학중앙연구원 고문서자료관 홈페이지 원문 이미지 보기. 한국정신문화연구원 편(1994) 참고>

1704-01-00. **사노 옥생 소지**(私奴玉生所志), 옥생. <1장. 한자+이두. 조선 필사 이두 자료. 경북 영덕군 창수면 인량리 재령 이씨 우계 종택 구장. 한국국학진흥원 소장. 한국학자료센터 영남권역센터 홈페이지 원문 이미지와 텍스트 보기>

1704-01-00. **화민 이지형·이재수 소지**(化民李之炯·李再秀所志), 이지형·이재수. <1장. 한자+이두. 조선 필사 이두 자료. 경북 영덕군 창수면 인량리 재령 이씨 우계 종택 구장. 한국국학진흥원 소장. 한국학자료센터 영남권역센터 홈페이지 원문 이미지와 텍스트 보기>

1704-02-08. **강세웅 차첩**(姜世隆差帖), 제주목(濟州牧). <1장. 한자+이두. 조선 필사 이두 자료. 제주 한림 강우석 소장. 호남권 한국학자료센터 홈페이지 원문 이미지와 텍스트 보기. 송철호(2008) 참고>

1704-02-15. **김수종 노비매매명문**(金守宗奴婢賣買明文), 김시만(金時萬). <1장. 한자+이두. 조선 필사 이두 자료. 부안 우반 부안 김씨 소장. 한국학중앙연구원 고문서자료관 홈페이지 원문 이미지와 텍스트 보기. 한국정신문화연구원 편(1983, 1998), 한국학중앙연구원 편(2017) 참고>

1704-02-16. **막례 토지매매명문**(莫禮土地賣買明文), 최 조이(崔召史). <1장. 한자+이두. 조선 필사 이두 자료. 전남 구례군 토지면 오미리 문화 류씨 운조루 소장. 한국학중앙연구원 고문서자료관 홈페이지 원문 이미지와 텍스트 보기. 한국정신문화연구원 편(1998) 참고>

1704-02-18. **김시만 초사**(金時萬招辭), 김시만. <1장. 한자+이두. 조선 필사 이두 자료. 부안 우반 부안 김씨 소장. 한국학중앙연구원 고문서자료관 홈페이지 원문 이미지와 텍스트 보기. 한국정신문화연구원 편(1983, 1998), 한국학중앙연구원 편(2017) 참고>

1704-02-18. **이웅창·이자백 초사**(李雄昌·李自白招辭), 이웅창·이자백. <1장. 한자+이두. 조선 필사 이두 자료. 부안 우반 부안 김씨 소장. 한국학중앙연구원 고문서자료관 홈페이지 원문 이미지와 텍스트 보기. 한국정신문화연구원 편(1983, 1998), 한국학중앙연구원 편(2017) 참고>

1704-02-22. **문방계 상유사 이 진사 댁 노 사봉 토지매매명문**(文房稧上有司李進士宅奴士奉土地賣買明文) 2, 이식명(李寔命). <1장. 한자+이두. 조선 필사 이두 자료. 칠곡 석전 광주 이씨 소장. 한국학중앙연구원 장서각 한국고문서자료관 홈페이지 원문 이미지 보기. 한국학중앙연구원 편(2009) 참고>

1704-02-00. **김수종 소지**(金守宗所志), 김수종. <1장. 한자+이두. 조선 필사 이두

자료. 부안 우반 부안 김씨 소장. 한국학중앙연구원 고문서자료관 홈페이지 원문 이미지와 텍스트 보기. 한국정신문화연구원 편(1983, 1998), 한국학중앙연구원 편(2017) 참고>

1704-02-00. **김수종 입안**(金守宗立案), 부안현(扶安縣). <1장. 한자+이두. 조선 필사 이두 자료. 부안 우반 부안 김씨 소장. 한국학중앙연구원 고문서자료관 홈페이지 원문 이미지와 텍스트 보기. 한국정신문화연구원 편(1983, 1998), 한국학중앙연구원 편(2017) 참고>

1704-03-14. **김홍진 토지매매명문**(金弘振土地賣買明文), 안을종(安乙宗). <1장. 한자+이두. 조선 필사 이두 자료. 전북대학교 박물관 소장. 호남권 한국학자료센터 홈페이지 원문 이미지와 텍스트 보기. 박병호(1974ㄱ), 이재수(2003) 참고>

1704-03-19. **황초백 토지매매명문**(黃初白土地賣買明文), 이 조이(李召史). <1장. 한자+이두. 조선 필사 이두 자료. 전남 구례군 토지면 오미리 문화 류씨 운조루 소장. 한국학중앙연구원 고문서자료관 홈페이지 원문 이미지와 텍스트 보기. 한국정신문화연구원 편(1998) 참고>

1704-04-00. **토지매매명문**(土地賣買明文), 손종봉(孫種捧). <1장. 한자+이두. 조선 필사 이두 자료. 전남 구례군 토지면 오미리 문화 류씨 운조루 소장. 한국학중앙연구원 고문서자료관 홈페이지 원문 이미지와 텍스트 보기. 한국정신문화연구원 편(1998) 참고>

1704-05-03~1709-12-24(甲申~己丑). 「표인영래차왜등록(漂人領來差倭謄錄)」 第9, 예조(禮曹) 전객사(典客司) 편(編). <1책(5/12). 107장. 내제는 '典客司類抄謄錄' 또는 '漂人謄錄'. 필사본. 필사 시기 미상. 한자+이두. 조선 필사 이두 자료. 서울대학교 규장각 한국학연구원 홈페이지 낙질본(第1, 2, 3, 5 없음) 원문 이미지 보기> <1686-04-13~1692-08-02(第4)>

1704-07-14. **차노 임금 배지**(差奴壬金牌旨), 이(李). <1장. 한자+이두. 조선 필사 이두 자료. 전남 해남 연동 해남 윤씨 녹우당 소장. 한국학중앙연구원 장서각 한국고문서자료관 홈페이지 원문 이미지와 텍스트 보기. 한국정신문화연구원 편(1983, 1986), 최승희(1989) 참고>

1704-08-09. **이명의 토지매매명문**(李明義土地賣買明文), 박의중(朴宜中). <1장. 한자

+이두. 조선 필사 이두 자료. 경남 밀양 신호 밀성 박씨·덕남서원 소장. 한국학중 앙연구원 고문서자료관 홈페이지 원문 이미지 보기. 한국정신문화연구원 편 (2004) 참고>

1704-08-09~1704-11-30.「단종실록 부록 찬집청의궤(端宗實錄附錄撰輯廳儀軌)」, 단 종실록 부록 찬집청. <1책. 62장. 필사본. 한자+이두. 조선 필사 이두 자료. 서울 대학교 규장각 한국학연구원 의궤 종합정보 홈페이지 원문 이미지 보기>

1704-08-15. **숙모 유 씨 별급문기**(叔母柳氏別給文記), 숙모 유 씨. <1장. 한자+이두. 조선 필사 이두 자료. 전남 영광군 입석 영월 신씨 소장. 한국학중앙연구원 고문서 자료관 홈페이지 원문 이미지와 텍스트 보기. 한국정신문화연구원 편(1996) 참 고>

1704-09-00. **김두찬 소지**(金斗燦所志), 김두찬. <1장. 한자+이두. 조선 필사 이두 자료. 서산 대교 경주 김씨 소장. 한국학중앙연구원 고문서자료관 홈페이지 원문 이미지 보기. 한국학중앙연구원 편(2007) 참고>

1704-11-20. **강세융 전령**(姜世隆傳令) 1, 제주목(濟州牧). <1장. 한자+이두. 조선 필 사 이두 자료. 제주 한림 강우석 소장. 호남권 한국학자료센터 홈페이지 원문 이미지와 텍스트 보기. 고창석(2000) 참고>

1704-11-20. **강세융 전령**(姜世隆傳令) 2, 제주목(濟州牧). <1장. 한자+이두. 조선 필 사 이두 자료. 제주 한림 강우석 소장. 호남권 한국학자료센터 홈페이지 원문 이미지와 텍스트 보기. 고창석(2000) 참고>

1704-11-20. **강여민 전령**(姜汝敏傳令), 제주목(濟州牧). <1장. 한자+이두. 조선 필사 이두 자료. 제주 한림 강우석 소장. 호남권 한국학자료센터 홈페이지 원문 이미지 와 텍스트 보기. 고창석(2000) 참고>

1704-11-22. **이중배 토지매매명문**(李重培土地賣買明文), 김대선(金大先). <1장. 한자 +이두. 조선 필사 이두 자료. 경북 경주시 양동 경주 손씨 송첨 종택 소장. 한국학 중앙연구원 고문서자료관 홈페이지 원문 이미지 보기. 이수건(1979), 이수건 편저 (1981), 영남대학교 인문과학연구소 편(1990), 정구복·안승준(1997), 한국정신문 화연구원 편(1997) 참고>

1704-12-20. **김상일 토지매매명문**(金尙鎰土地賣買明文), 이금아지(李今牙之). <1장.

한자+이두. 조선 필사 이두 자료. 칠곡 석전 광주 이씨 구장. 한국학중앙연구원 장서각 소장. 한국학중앙연구원 고문서자료관 홈페이지 원문 이미지 보기. 한국학중앙연구원 편(2009) 참고>

1704-12-23. **강세융 전령**(姜世隆傳令) 3, 제주목(濟州牧). <1장. 한자+이두. 조선 필사 이두 자료. 제주 한림 강우석 소장. 호남권 한국학자료센터 홈페이지 원문 이미지와 텍스트 보기. 고창석(2000) 참고>

1704-00-00. 「각영이정청등록(**各營釐整廳謄錄**)」, 이정청(釐整廳) 편(編). <1책. 88장. 필사본. 권말에 '釐整廳節目 甲申年'이 적혀 있다. 한자+이두. 조선 필사 이두 자료. 서울대학교 규장각 한국학연구원 의궤 종합정보 홈페이지 원문 이미지 보기>

1704-00-00. 「단종대왕실록부록찬집청의궤(**端宗大王實錄附錄撰輯廳儀軌**)」,[29] 찬집청 편. <1책. 62장. 필사본. 표제는 '端宗大王實錄附錄撰輯廳儀軌(禮曹上)'. 권수제는 '(康熙四十三年甲申九月 日)端宗大王實錄附錄撰輯廳儀軌'. 한자+이두. 조선 필사 이두 자료. 서울대학교 규장각 한국학연구원 의궤 종합정보 홈페이지 '奎 14153' 원문 이미지 보기>

1704-00-00 이후 기입 추정. 「불설우란분경소(**佛說盂蘭盆經疏**)」, 창원부(昌原府): 광로산(匡盧山) 만흥사(萬興寺) 중간(重刊). <2권 1책. '우란분경후발(盂蘭盆經後跋)' 1장+서진(西晉) 삼장법사(三藏法師) 축법호(竺法護) 역(譯) '불설우란분경(佛說盂蘭盆經)' 2장+종밀(宗密) 술(述) '불설우란분경소(佛說盂蘭盆經疏) 상(上)' 7장+종밀(宗密) 술(述) '불설우란분경소(佛說盂蘭盆經疏) 하(下)' 26장+'경소음석(經疏音釋)' 등 3장. 표제는 '盆蘭經'. 목판본. 본문에 생획토 기입. 조선 묵서 구결 자료. 국립중앙도서관 홈페이지 원문 이미지 보기>

---

29 서울대학교 규장각 한국학연구원 의궤 종합정보 홈페이지에서는 서명을 '단종실록부록찬집청의궤(端宗實錄附錄撰輯廳儀軌)'로 적었다.

1705년

<을유(乙酉), 숙종 31년, 강희 44년>

1705-01-04~1754-12-02(乙酉~甲戌). 「장빙등록(藏氷謄錄)」第4, 예조(禮曹) 편(編). <1책. 74장. 필사본. 한자+이두. 조선 필사 이두 자료. 서울대학교 규장각 한국학연구원 홈페이지 원문 이미지 보기> <1636-06-28~1664-12-05(丙子~甲辰) 第1>

1705-01-10. **구례 노 평립 토지매매명문**(求禮奴平立土地賣買明文), 오(吳). <1장. 한자+이두. 조선 필사 이두 자료. 전남 구례군 토지면 오미리 문화 류씨 운조루 소장. 한국학중앙연구원 고문서자료관 홈페이지 원문 이미지와 텍스트 보기. 한국정신문화연구원 편(1998) 참고>

1705-01-16. **유학 김우석 토지매매명문**(幼學金禹錫土地賣買明文), 김진백(金進白). <1장. 한자+이두. 조선 필사 이두 자료. 전남 구례군 토지면 오미리 문화 류씨 운조루 소장. 한국학중앙연구원 고문서자료관 홈페이지 원문 이미지와 텍스트 보기. 한국정신문화연구원 편(1998) 참고>

1705-02-02. **토지매매명문**(土地賣買明文), 이성 사촌 노 세학(異姓四寸奴世鶴). <1장. 매입자 이름을 적은 부분이 결락. 한자+이두. 조선 필사 이두 자료. 전남 해남 연동 해남 윤씨 녹우당 소장. 한국학중앙연구원 장서각 한국고문서자료관 홈페이지 원문 이미지 보기>

1705-02-11. **김홍진 토지매매명문**(金弘振土地賣買明文), 윤동하(尹東夏). <1장. 한자+이두. 조선 필사 이두 자료. 전북대학교 박물관 소장. 호남권 한국학자료센터 홈페이지 원문 이미지와 텍스트 보기. 박병호(1974ㄱ), 이재수(2003) 참고>

1705-02-12. **삼월 토지매매명문**(三月土地賣買明文), 세학(世鶴). <1장. 한자+이두. 조선 필사 이두 자료. 전남 해남 연동 해남 윤씨 녹우당 소장. 한국학중앙연구원 장서각 한국고문서자료관 홈페이지 원문 이미지와 텍스트 보기. 박병호(1974ㄱ), 김태영(1983), 한국정신문화연구원 편(1983, 1986), 최승희(1989) 참고>

1705-02-18. **이덕일 토지매매명문**(李德一土地賣買明文), 박세빈(朴世彬). <1장. 한자+이두. 조선 필사 이두 자료. 부여 은산 함양 박씨 소장. 한국학중앙연구원 고문

서자료관 홈페이지 원문 이미지 보기. 한국정신문화연구원 편(2000) 참고>

1705-02-24. **오 판서댁[30] 수노 토지매매명문**(吳判書宅首奴土地賣買明文), 해경(海瓊). <1장. 한자+이두. 조선 필사 이두 자료. 전남 구례군 토지면 오미리 문화 류씨 운조루 소장. 한국학중앙연구원 고문서자료관 홈페이지 원문 이미지와 텍스트 보기. 한국정신문화연구원 편(1998) 참고>

1705-02-25. **사노 인덕 노비매매명문**(私奴仁德奴婢賣買明文),[31] 찰방 홍여하(察訪洪汝河). <1장. 한자+이두. 조선 필사 이두 자료. 창녕 조씨 지산 종택 구장. 한국국학진흥원 소장. 한국국학진흥원 유교넷 홈페이지 원문 이미지 보기>

1705-02-25. **치일 토지매매명문**(致一土地賣買明文), 기선(己先). <1장. 한자+이두. 조선 필사 이두 자료. 전남 구례군 토지면 오미리 문화 류씨 운조루 소장. 한국학중앙연구원 고문서자료관 홈페이지 원문 이미지와 텍스트 보기. 한국정신문화연구원 편(1998) 참고>

1705-02-26~1716-06-06(乙酉~丙申). 「종묘수개등록(宗廟修改謄錄)」 第7, 예조(禮曹) 편(編). <1책. 136장. 필사본. 필사 시기 미상. 한자+이두. 이두 자료. 서울대학교 규장각 한국학연구원 홈페이지 원문 이미지 보기> <1658-01-27~1669-12-07(戊戌~己酉) 第2>

1705-02-28. **화엄사 주지승 늑준 토지매매명문**(華嚴寺住持僧勒俊土地賣買明文), 김억세(金億世). <1장. 한자+이두. 조선 필사 이두 자료. 전남 구례군 토지면 오미리 문화 류씨 운조루 소장. 한국학중앙연구원 고문서자료관 홈페이지 원문 이미지와 텍스트 보기. 한국정신문화연구원 편(1998) 참고>

1705-02-00. **유성화 의송**(柳聖和議送), 유성화. <1장. 한자+이두. 조선 필사 이두 자료. 안동 하회 풍산 류씨 충효당 소장. 한국학중앙연구원 고문서자료관 홈페이지 원문 이미지 보기. 한국정신문화연구원 편(1994) 참고>

1705-03-02. **산직 박일업 토지매매명문**(山直朴一業土地賣買明文), 김자흥(金自興).

---

[30] 판서(判書)는 조선 시대의 육조의 으뜸 벼슬이다(「표준국어대사전」).
[31] 한국국학진흥원 유교넷 홈페이지에서는 '창녕조씨 지산종택[명문 72(노비매매문기)]'로 분류하고 '1705년 홍여하가 노비를 매도한 사실을 증명하는 노비매매문기'로 표시하였다.

<1장. 한자+이두. 조선 필사 이두 자료. 경북 경주시 양동 경주 손씨 송첨 종택 소장. 한국학중앙연구원 고문서자료관 홈페이지 원문 이미지 보기. 이수건(1979), 이수건 편저(1981), 영남대학교 인문과학연구소 편(1990), 정구복·안승준(1997), 한국정신문화연구원 편(1997) 참고>

1705-03-03. **윤 진사 댁 노 월망 노비매매명문**(尹進士宅奴越望奴婢賣買明文), 임금(壬金). <1장. 한자+이두. 조선 필사 이두 자료. 전남 해남 연동 해남 윤씨 녹우당 소장. 한국학중앙연구원 장서각 한국고문서자료관 홈페이지 원문 이미지와 텍스트 보기. 한국정신문화연구원 편(1983, 1986), 최승희(1989) 참고>

1705-03-25. **이점 토지매매명문**(李點土地賣買明文), 문국명(文國命). <1장. 한자+이두. 조선 필사 이두 자료. 일본 경도대학(교토대학, 京都大學) 가와이문고(河合文庫) 소장. 고려대학교 해외한국학자료센터 홈페이지 원문 이미지와 텍스트 보기>

1705-03-29. **돌산 토지매매명문**(乭山土地賣買明文), 이비룡(李飛龍). <1장. 한자+이두. 조선 필사 이두 자료. 안동 하회 풍산 류씨 충효당 소장. 한국학중앙연구원 고문서자료관 홈페이지 원문 이미지와 텍스트 보기. 한국정신문화연구원 편(1994) 참고>

1705-03-00. **윤 진사 댁 노 을룡 소지**(尹進士宅奴乙龍所志), 을룡. <1장. 한자+이두. 조선 필사 이두 자료. 전남 해남 연동 해남 윤씨 녹우당 소장. 한국학중앙연구원 한국학 디지털 아카이브 홈페이지 원문 이미지 보기>

1705-04-11. **무용 초사**(武勇招辭), 무용. <1장. 한자+이두. 조선 필사 이두 자료. 부여 은산 함양 박씨 소장. 한국학중앙연구원 고문서자료관 홈페이지 원문 이미지 보기. 한국정신문화연구원 편(2000) 참고>

1705-04-11. **박진립·남차·애신 초사**(朴進立·南車·愛信招辭), 박진립·남차·애신. <1장. 한자+이두. 조선 필사 이두 자료. 부여 은산 함양 박씨 소장. 한국학중앙연구원 고문서자료관 홈페이지 원문 이미지 보기. 한국정신문화연구원 편(2000) 참고>

1705-04-11. **하윤우 분급문기**(河潤宇分給문기), 하윤우. <1장. 한자+이두. 조선 필사 이두 자료. 경남 진주시 단목 진양 하씨 창주 후손가 소장. 한국학중앙연구원

고문서자료관 홈페이지 원문 이미지 보기. 한국정신문화연구원 편(2000) 참고>

1705-04-13. **유학 임익삼 토지매매명문**(幼學林益三土地賣買明文), 권도경(權道經). <1장. 한자+이두. 조선 필사 이두 자료. 전남 해남 연동 해남 윤씨 녹우당 소장. 한국학중앙연구원 장서각 한국고문서자료관 홈페이지 원문 이미지와 텍스트 보기. 박병호(1974ㄱ), 김태영(1983), 한국정신문화연구원 편(1983, 1986), 최승희(1989) 참고>

1705-04-16~1705-06-07. 「금보개조도감의궤(**金寶改造都監儀軌**)」, 금보개조도감. <1책. 192장. 필사본. 한자+이두. 조선 필사 이두 자료. 서울대학교 규장각 한국학연구원 의궤 종합정보 홈페이지 원문 이미지 보기>

1705-04-00. **박경후 입안**(朴慶後立案), 한성부(漢城府). <1장. 한자+이두. 조선 필사 이두 자료. 부여 은산 함양 박씨 소장. 한국학중앙연구원 고문서자료관 홈페이지 원문 이미지 보기. 한국정신문화연구원 편(2000) 참고>

1705-윤4-29. **대노 월망 소지**(代奴越望所志), 월망. <1장. 한자+이두. 조선 필사 이두 자료. 전남 해남 연동 해남 윤씨 녹우당 소장. 한국학중앙연구원 장서각 한국고문서자료관 홈페이지 원문 이미지와 텍스트 보기. 한국정신문화연구원 편(1983, 1986), 최승희(1989) 참고>

1705-윤4-00. **노 임금 초사**(奴壬金招辭), 임금. <1장. 한자+이두. 조선 필사 이두 자료. 전남 해남 연동 해남 윤씨 녹우당 소장. 한국학중앙연구원 장서각 한국고문서자료관 홈페이지 원문 이미지와 텍스트 보기. 한국정신문화연구원 편(1983, 1986), 최승희(1989) 참고>

1705-윤4-00. **윤 진사 댁 노 월망 노비매매명문**(尹進士宅奴越望奴婢賣買明文), 이 생원 댁 노 임금(李生員宅奴壬金). <1장. 한자+이두. 조선 필사 이두 자료. 전남 해남 연동 해남 윤씨 녹우당 소장. 한국학중앙연구원 장서각 한국고문서자료관 홈페이지 원문 이미지와 텍스트 보기. 한국정신문화연구원 편(1983, 1986), 최승희(1989) 참고>

1705-윤4-00. **윤 진사 댁 노 월망 입안**(尹進士宅奴越望立案), 장례원(掌隷院). <1장. 한자+이두. 조선 필사 이두 자료. 전남 해남 연동 해남 윤씨 녹우당 소장. 한국학중앙연구원 장서각 한국고문서자료관 홈페이지 원문 이미지와 텍스트 보기. 한국

정신문화연구원 편(1983, 1986), 최승희(1989) 참고>

1705-05-12~1716-11-14(乙酉~丙申).「재판차왜등록(裁判差倭謄錄)」第3, 예조(禮曹) 전객사(典客司) 편(編). <1책(3/5). 148장. 필사본. 한자+이두. 조선 필사 이두 자료. 서울대학교 규장각 한국학연구원 홈페이지 원문 이미지 보기> <1683-11-22~1692-12-28(第1)>

1705-05-30. **김험산 토지매매명문**(金驗山土地賣買明文),[32] 김점남(金占男). <1장. 한자+이두. 조선 필사 이두 자료. 고성 이씨 탑동 종가 구장. 한국국학진흥원 소장. 한국국학진흥원 유교넷 홈페이지 원문 이미지 보기>

1705-06-01. **강여민 전령**(姜汝敏傳令), 제주목(濟州牧). <1장. 한자+이두. 조선 필사 이두 자료. 제주 한림 강우석 소장. 호남권 한국학자료센터 홈페이지 원문 이미지와 텍스트 보기. 최승희(1989), 고창석(2002) 참고>

1705-06-18~1705-08-19.「금보개조도감추보의궤(金寶改造都監追補儀軌)」, 금보개조도감. <1책. 100장. 필사본. 한자+이두. 조선 필사 이두 자료. 서울대학교 규장각 한국학연구원 의궤 종합정보 홈페이지 원문 이미지 보기>

1705-10-05. **정철석 토지매매명문**(鄭哲石土地賣買明文), 고각길(高各吉). <1장. 한자+이두. 조선 필사 이두 자료. 전남 구례군 토지면 오미리 문화 류씨 운조루 소장. 한국학중앙연구원 고문서자료관 홈페이지 원문 이미지와 텍스트 보기. 한국정신문화연구원 편(1998) 참고>

1705-10-14~1711-05-30(乙酉~辛卯).「과거등록(科擧謄錄)」第10, 예조(禮曹) 편(編). <1책. 106장. 필사본. 필사 시기 미상. 한자+이두. 이두 자료. 서울대학교 규장각 한국학연구원 홈페이지 원문 이미지 보기> <1651-04-27~1662-09-06(第2)>

1705-10-28. **김춘봉 토지매매명문**(金春奉土地賣買明文), 김 조이(金召史). <1장. 한자+이두. 조선 필사 이두 자료. 전남 구례군 토지면 오미리 문화 류씨 운조루 소장. 한국학중앙연구원 고문서자료관 홈페이지 원문 이미지와 텍스트 보기. 한국정신문화연구원 편(1998) 참고>

---

[32] 한국국학진흥원 유교넷 홈페이지에서는 '고성이씨 탑동종가[명문 127(전답매매문기)]'로 분류하고 '1705년 김점남이 김험산에게 땅을 매도한 사실을 증명하는 전답매매문기'로 표시하였다.

1705-11-00. **검어숭 배지**(儉於崇牌旨),[33] 권 모(權某). <1장. 한자+이두. 조선 필사 이두 자료. 안동시 도산서원 구장. 한국국학진흥원 소장. 한국국학진흥원 유교넷 홈페이지 원문 이미지와 텍스트 보기>

1705-12-05. **박각동 토지매매명문**(朴{加ㄱ}同土地賣買明文), 김 조이(金召史). <1장. 한자+이두. 조선 필사 이두 자료. 전남 구례군 토지면 오미리 문화 류씨 운조루 소장. 한국학중앙연구원 고문서자료관 홈페이지 원문 이미지와 텍스트 보기. 한국정신문화연구원 편(1998) 참고>

1705-12-07. **조시벽 등 화회문기**(趙是璧等和會文記),[34] 조시벽 등. <1장. 한자+이두. 조선 필사 이두 자료. 한양 조씨 하담 고택 구장. 한국국학진흥원 소장. 한국국학진흥원 유교넷 홈페이지 원문 이미지 보기>

1705-12-15. **박여미 토지매매명문**(朴汝美土地賣買明文), 이응양(李應養). <1장. 한자+이두. 조선 필사 이두 자료. 경북 경주시 내남면 이조리 경주 최씨·용산서원 소장. 한국학중앙연구원 고문서자료관 홈페이지 & 한국학중앙연구원 한국학 디지털 아카이브 홈페이지 원문 이미지 보기. 박병호(1974ㄱ), 한국정신문화연구원 편(2000), 이재수(2003), 김소은(2004) 참고>

1705-12-15. **장손 거병 별급문기**(長孫去病別給文記), 조부 권수원(祖父權壽元). <1장. 한자+이두. 조선 필사 이두 자료. 경북 예천군 용문면 대제리 안동 권씨 춘우재 고택 구장. 한국국학진흥원 소장. 한국학자료센터 영남권역센터 홈페이지 원문 이미지와 텍스트 보기. 문숙자(2010) 참고>

1705-12-15. **차손 권창일 별급문기**(次孫權昌一別給文記), 권수원(權壽元). <1장. 한자+이두. 조선 필사 이두 자료. 경북 예천군 용문면 대제리 안동 권씨 춘우재 고택 구장. 한국국학진흥원 소장. 한국학자료센터 영남권역센터 홈페이지 원문 이미지와 텍스트 보기. 문숙자(2010) 참고>

1705-12-21. **고태의 토지매매명문**(高太衣土地賣買明文), 양치은(梁致殷). <1장. 한자

---

[33] 한국국학진흥원 유교넷 홈페이지에서는 '1705년 권모가 검어숭에게 교부한 패지'로 표시하였다.

[34] 한국국학진흥원 유교넷 홈페이지에서는 '1705년 조시벽 등 5명에게 재산을 나누어준 내용을 기록한 분재기'로 잘못 표시하였다. 조시벽 등 5명에게 재산을 나누어 준 내용을 기록한 문서가 아니라 조시벽 등 5명이 재산을 나누어 가진 사실을 기록한 문서이다.

+이두. 조선 필사 이두 자료. 제주 장전리 진주 강씨 강태복가 소장. 호남권 한국학자료센터 홈페이지 원문 이미지와 텍스트 보기. 고창석(1997) 참고>

1705-12-21. **장자 권열 별급문기**(長子權悅別給文記), 권수원(權壽元). <1장. 한자+이두. 조선 필사 이두 자료. 경북 예천군 용문면 대제리 안동 권씨 춘우재 고택 구장. 한국국학진흥원 소장. 한국학자료센터 영남권역센터 홈페이지 원문 이미지와 텍스트 보기. 문숙자(2010) 참고>

1705-12-24. **박사현 토지매매명문**(朴師賢土地賣買明文), 권 씨(權氏). <1장. 한자+이두. 조선 필사 이두 자료. 경북 경주시 안강읍 옥산리 여주 이씨 독락당 소장. 한국학중앙연구원 고문서자료관 홈페이지 원문 이미지 보기. 한국정신문화연구원 편(2003) 참고>

1705-12-00. **권 씨 입안**(權氏立案), 진보현(眞寶縣). <1장. 한자+이두. 조선 필사 이두 자료. 안동 천전 의성 김씨 재산 종택 소장. 한국학중앙연구원 장서각 한국고문서자료관 홈페이지 원문 이미지와 텍스트 보기. 한국정신문화연구원 편(1990) 참고>

1705-12-00. **김복남 입안**(金福男立案),[35] 구례현(求禮縣). <1장. 한자+이두. 조선 필사 이두 자료. 전남 구례군 토지면 오미리 문화 류씨 운조루 소장. 한국학중앙연구원 고문서자료관 홈페이지 원문 이미지와 텍스트 보기. 한국정신문화연구원 편(1998) 참고>

1705-12-00. **노 일세 노비매매명문**(奴一世奴婢賣買明文),[36] 상전 권 씨(上典權氏). <1장. 한자+이두. 조선 필사 이두 자료. 노 일세를 본인 일세에게 파는 속량문기(贖良文記). 안동시 도산서원 구장. 한국국학진흥원 소장. 한국국학진흥원 유교넷 홈페이지 원문 이미지와 텍스트 보기>

1705-12-00. **노 일세 입안**(奴一世立案),[37] 장례원(掌隸院). <1장. 한자+이두. 조선 필

---

[35] 한국학중앙연구원 고문서자료관 홈페이지에서는 '입안(立案)'으로 표시하였다.
[36] 한국국학진흥원 유교넷 홈페이지에서는 '1705년 권씨가 일세를 매매하는 노비매매문기'로 표시하였다.
[37] 한국국학진흥원 유교넷 홈페이지에서는 '1705년 장례원에서 일세가 돈을 내고 속량한 사실을 공증하는 문서'로 표시하였다.

사 이두 자료. 안동시 도산서원 구장. 한국국학진흥원 소장. 한국국학진흥원 유교
넷 홈페이지 원문 이미지와 텍스트 보기>

1705-12-00. **하 씨가 입안**(河氏家立案), 예조(禮曹). <1장. 한자+이두. 조선 필사 이두 자료. 안동 송파 진주 하씨 하위지 후손가 소장. 한국학중앙연구원 고문서자료관 홈페이지 원문 이미지 보기. 한국정신문화연구원 편(2002) 참고>

1705-00-00. 「금보개조도감도청추보의궤(**金寶改造都監都廳追補儀軌**)」,[38] 금보개조도감 편. <1책. 100장. 필사본. 표제는 '(乙酉年 議政府上)金寶改造都監儀軌(下)'. 권수제는 '(康熙四十四年乙酉九月 日)金寶改造都監都廳追補儀軌'. 한자+이두. 조선 필사 이두 자료. 서울대학교 규장각 한국학연구원 의궤 종합정보 홈페이지 '奎14949', '奎14209', '奎14598' 원문 이미지 보기>

1705-00-00. 「금보개조도감도청추부의궤(**金寶改造都監都廳追附儀軌**)」,[39] 금보개조도감 편. <1책. 109장. 필사본. 표제는 '金寶改造都監儀軌(後)'. 권수제는 '(康熙四十四年乙酉九月 日)金寶改造都監都廳追附儀軌'. 한자+이두. 조선 필사 이두 자료. 국립중앙박물관 외규장각 의궤 홈페이지 '외규090' 원문 이미지와 텍스트 보기>

1705-00-00. 「금보개조도감도청의궤(**金寶改造都監都廳儀軌**)」,[40] 금보개조도감 편. <1책. 224장. 필사본. 표제는 '金寶改造都監儀軌(前)'. 목록제는 '(康熙四十四年乙酉六月 日)金寶改造都監都廳儀軌目錄'. 한자+이두. 조선 필사 이두 자료. 국립중앙박물관 외규장각 의궤 홈페이지 '외규089' 원문 이미지와 텍스트 보기>

1705-00-00. 「금보개조도감의궤(**金寶改造都監儀軌**)」, 금보개조도감 편. <1책. 192장. 필사본. 표제는 '(乙酉年 議政府上)金寶改造都監儀軌(上)'. 목록제는 '(康熙四十四年乙酉六月 日)金寶改造都監儀軌目錄'. 한자+이두. 조선 필사 이두 자료. 서울대학교 규장각 한국학연구원 의궤 종합정보 홈페이지 '奎14948', '奎14211' 원문

---

[38] 서울대학교 규장각 한국학연구원 의궤 종합정보 홈페이지에서는 서명을 '금보개조도감추보의궤(金寶改造都監追補儀軌)'로 적었다.

[39] 국립중앙박물관 외규장각 의궤 홈페이지에서는 서명을 표제나 권수제와는 달리 '금보개조도감추보의궤(金寶改造都監追補儀軌)'로 적었다.

[40] 국립중앙박물관 외규장각 의궤 홈페이지에서는 서명을 표제처럼 '금보개조도감의궤(金寶改造都監儀軌)'로 적었다.

이미지 보기>

1706년

<병술(丙戌), 숙종 32년, 강희 45년>

1706-01-04~1706-12-21(丙戌~丙戌).「훈국등록(訓局謄錄)」第2, 훈련도감(訓練都監) 편(編). <1책. 67장. 필사본. 필사 시기 미상. 한자+이두. 조선 필사 이두 자료. 서울대학교 규장각 한국학연구원 홈페이지 원문 이미지 보기> <1703-01-00~1703-12-28(第1)>

1706-01-17~1707-11-18(肅宗 32년 丙戌~丁亥).「각릉수개등록(各陵修改謄錄)」第11, 예조(禮曹) 전향사(典享司) 편(編). <전21책. 1책. 135장. 필사본. 필사 시기 미상. 한자+이두. 조선 필사 이두 자료. 서울대학교 규장각 한국학연구원 홈페이지 원문 이미지 보기>

1706-01-25. **승 옥명 토지매매명문**(僧玉明土地賣買明文), 김두홍(金斗弘). <1장. 한자+이두. 조선 필사 이두 자료. 전남 구례군 토지면 오미리 문화 류씨 운조루 소장. 한국학중앙연구원 고문서자료관 홈페이지 원문 이미지와 텍스트 보기. 한국정신문화연구원 편(1998) 참고>

1706-01-27. **하상서계 첨원 토지매매명문**(河上書契僉員土地賣買明文), 유기천(柳紀天). <1장. 한자+이두. 조선 필사 이두 자료. 안동 하회 풍산 류씨 충효당 소장. 한국학중앙연구원 고문서자료관 홈페이지 원문 이미지와 텍스트 보기. 한국정신문화연구원 편(1994) 참고>

1706-02-01. **이 생원 댁 노 수자 토지매매명문**(李生員宅奴수자土地賣買明文), 박응선. <1장. 한자+이두. 조선 필사 이두 자료. 하우봉 외(2005) 참고>

1706-02-13. **박 생원 댁 노비 상이 토지매매명문**(朴生員宅奴婢上伊土地賣買明文) 1, 공노양(孔老陽). <1장. 한자+이두. 조선 필사 이두 자료. 원주시 무릉박물관 소장. 한국학자료센터 강원권역센터 홈페이지 원문 이미지 보기. 최승희(1989), 전경목(2010), 박준호(2016) 참고>

1706-02-13. **박 생원 댁 노비 상이 토지매매명문**(朴生員宅奴婢上伊土地賣買明文) 2, 공노양(孔老陽). <1장. 한자+이두. 조선 필사 이두 자료. 원주시 무릉박물관 소장. 한국학자료센터 강원권역센터 홈페이지 원문 이미지 보기. 최승희(1989), 전경목(2010), 박준호(2016) 참고>

1706-02-16. **상좌 조의 토지매매명문**(上佐祖議土地賣買明文), 선명(善明). <1장. 한자+이두. 조선 필사 이두 자료. 전남 구례군 토지면 오미리 문화 류씨 운조루 소장. 한국학중앙연구원 고문서자료관 홈페이지 원문 이미지와 텍스트 보기. 한국정신문화연구원 편(1998) 참고>

1706-02-16. **윤 진사 댁 노 토지매매명문**(尹進士宅奴土地賣買明文),[41] 이학(李鶴). <1장. 한자+이두. 조선 필사 이두 자료. 전남 해남 연동 해남 윤씨 녹우당 소장. 한국학중앙연구원 장서각 한국고문서자료관 홈페이지 원문 이미지와 텍스트 보기. 박병호(1974ㄱ), 김태영(1983), 한국정신문화연구원 편(1983, 1986), 최승희(1989) 참고>

1706-02-27. **며느리 봉춘 분재기**(子婦春奉分財記), 부부 일생(夫父一生). <1장. 한자+이두. 조선 필사 이두 자료. 경북 예천군 용문면 대제리 안동 권씨 춘우재 고택 구장. 한국국학진흥원 소장. 한국학자료센터 영남권역센터 홈페이지 원문 이미지와 텍스트 보기. 김성갑(2013) 참고>

1706-02-27. **의인 이씨 분급문기**(宜人李氏分給文記), 계모 의인 이씨(繼母宜人李氏). <1장. 한자+이두. 조선 필사 이두 자료. 전남 나주 신촌 나주 나씨가 구장. 공주광역시 이정옥 소장. 호남권 한국학자료센터 홈페이지 원문 이미지와 텍스트 보기. 최승희(1989), 채현경(2011ㄱ) 참고>

1706-03-03. **이담명 7남매 화회문기**(李聃命七男妹和會文記), 이담명 7남매. <1장. 한자+이두. 조선 필사 이두 자료. 칠곡 석전 광주 이씨 소장. 한국학중앙연구원 고문서자료관 홈페이지 원문 이미지 보기. 한국학중앙연구원 편(2009) 참고>

1706-03-12. **이 생원 노 월상 토지매매명문**(李生員奴月上土地賣買明文), 막룡(莫龍).

---

[41] 한국학중앙연구원 장서각 한국고문서자료관 홈페이지에서는 '윤진사댁(尹進士宅) 토지매매명문(土地賣買明文)'으로 표시하였다.

<1장. 한자+이두. 조선 필사 이두 자료. 경북 안동시 법흥동 고성 이씨 탑동 종가 구장. 한국국학진흥원 소장. 한국학자료센터 영남권역센터 홈페이지 & 한국국학진흥원 유교넷 홈페이지 원문 이미지와 텍스트 보기. 박병호(1974ㄱ), 최승희(1989), 이재수(2003), 이수건 외(2004), 이욱(2010), 전경목(2010) 참고>

1706-03-29. **김홍식 토지매매명문**(金弘植土地賣買明文), 김상락(金象洛). <1장. 한자+이두. 조선 필사 이두 자료. 안동 천전 의성 김씨 재산 종택 소장. 한국학중앙연구원 장서각 한국고문서자료관 홈페이지 원문 이미지와 텍스트 보기. 한국정신문화연구원 편(1990) 참고>

1706-04-25. **숭 해명 토지매매명문**(僧海明土地賣買明文), 김갯동(金㐣同).[42] <1장. 한자+이두. 조선 필사 이두 자료. 전남 구례군 토지면 오미리 문화 류씨 운조루 소장. 한국학중앙연구원 고문서자료관 홈페이지 원문 이미지와 텍스트 보기. 한국정신문화연구원 편(1998) 참고>

1706-04-00. **박희문 소지**(朴喜文所志), 박희문. <1장. 한자+이두. 조선 필사 이두 자료. 경남 합천 용연서원 소장. 장서각 한국고문서자료관 홈페이지 원문 이미지 보기. 한국정신문화연구원 편(1996) 참고>

1706-05-03. **김정·반정윤 등 화회문기**(金廷·潘廷尹等和會文記), 김정·반정윤 등. <1장. 한자+이두. 조선 필사 이두 자료. 안동 천전 의성 김씨 재산 종택 소장. 한국학중앙연구원 장서각 한국고문서자료관 홈페이지 원문 이미지와 텍스트 보기. 한국정신문화연구원 편(1990) 참고>

1706-05-04. **양좌동 동민 완의**(良佐洞洞民完議), 양좌동 동민. <1장. 한자+이두. 조선 필사 이두 자료. 경북 경주시 양동 경주 손씨 송첨 종택 소장. 한국학중앙연구원 고문서자료관 홈페이지 원문 이미지 보기. 한국정신문화연구원 편(1999) 참고>

1706-05-26. **막내아들에게 주는 분재기**(末子에게 주는 分財記), 모 이 씨(母李氏). <1장. 한자+이두. 조선 필사 이두 자료. 경북 성주군 월항면 대산리 성산 이씨 응와 종택 구장. 한국국학진흥원 소장. 한국학자료센터 영남권역센터 홈페이지 원문

---

[42] 한국학중앙연구원 장서각 한국고문서자료관 홈페이지에서는 '김개질동(金㐤叱同)'으로 잘못 표시하였다.

이미지와 텍스트 보기>

1706-06-20. **박하상 토지매매명문**(朴夏相土地賣買明文), 유성범(柳聖範). <1장. 한자＋이두. 조선 필사 이두 자료. 영해 도곡 무안 박씨 무의공 종택 소장. 한국학중앙연구원 고문서자료관 홈페이지 원문 이미지 보기. 박병호(1974ㄱ), 이재수(2003), 한국학중앙연구원 편(2008) 참고>

1706-07-23~1715-10-09. 「**연령군관례등록**(延齡君冠禮謄錄)」제1, 예조(禮曹). <1책. 75장. 필사본. 한자＋이두. 조선 필사 이두 자료. 한국학중앙연구원 장서각 소장. 한국학중앙연구원 한국학 디지털 아카이브 홈페이지 원문 이미지 보기>

1706-08-06. **충렬사 재임 서목**(忠烈祠齋任書目), 충렬사. <1장. 한자＋이두. 조선 필사 이두 자료. 경북 경주시 내남면 이조리 경주 최씨·용산서원 소장. 한국학중앙연구원 고문서자료관 홈페이지 원문 이미지 보기. 한국정신문화연구원 편(2000) 참고>

1706-08-14. **안동 권씨 분재기**(安東權氏分財記), 안동 권씨. <1장. 한자＋이두 & 한글. 조선 필사 이두 & 한글 자료. 경북 김천 진주 강씨 학암 강석귀 종택 소장. 한국학중앙연구원 고문서자료관 홈페이지 원문 이미지 보기>

1706-09-00. **서후 풍헌 서목**(西後風憲書目), 서후 풍헌. <1장. 점련문서. 한자＋이두. 조선 필사 이두 자료. 경북 안동시 주촌 진성 이씨 경류정 소장. 한국학중앙연구원 고문서자료관 홈페이지 원문 이미지와 텍스트 보기. 한국정신문화연구원 편(1999) 참고>

1706-09-00. **윤 진사 댁 노 을룡 소지**(尹進士宅奴乙龍所志), 을룡. <1장. 한자＋이두. 조선 필사 이두 자료. 전남 해남 연동 해남 윤씨 녹우당 소장. 장서각 한국고문서자료관 홈페이지 원문 이미지와 텍스트 보기. 한국정신문화연구원 편(1983, 1986) 참고>

1706-09-00. **이성귀 등 소지**(李成歸等所志), 이성구(李成龜). <1장. 점련문서. 한자＋이두. 조선 필사 이두 자료. 경북 안동시 주촌 진성 이씨 경류정 구장. 서울역사박물관 소장. 한국학중앙연구원 장서각 한국고문서자료관 홈페이지 원문 이미지와 텍스트 보기. 한국정신문화연구원 편(1999) 참고>

1706-10-29. **노 만금 토지매매명문**(奴萬金土地賣買明文), 곽(郭). <1장. 한자＋이두.

조선 필사 이두 자료. 전남 구례군 토지면 오미리 문화 류씨 운조루 소장. 한국학중앙연구원 고문서자료관 홈페이지 원문 이미지와 텍스트 보기. 한국정신문화연구원 편(1998) 참고>

1706-11-13. **김춘봉 토지매매명문**(金春奉土地賣買明文), 만금(萬金). <1장. 한자+이두. 조선 필사 이두 자료. 전남 구례군 토지면 오미리 문화 류씨 운조루 소장. 한국학중앙연구원 고문서자료관 홈페이지 원문 이미지와 텍스트 보기. 한국정신문화연구원 편(1998) 참고>

1706-11-24. **임의 토지매매명문**(林薿土地賣買明文), 이세중(李世重). <1장. 한자+이두. 조선 필사 이두 자료. 전남 나주 회진 나주 임씨 창계 후손가 소장. 한국학중앙연구원 고문서자료관 홈페이지 원문 이미지 보기. 한국정신문화연구원 편(2003) 참고>

1706-12-04. **장봉익 토지매매명문**(張鵬翼土地賣買明文), 남수정(南秀貞). <1장. 한자+이두. 조선 필사 이두 자료. 원주시 무릉박물관 소장. 한국학자료센터 강원권역센터 홈페이지 원문 이미지 보기. 박병호(1974ㄱ), 최승희(1989), 김소은(2004), 김성갑(2013) 참고>

1706-12-10. **이세안 토지매매명문**(李世安土地賣買明文), 김순익(金順益). <1장. 한자+이두. 조선 필사 이두 자료. 전남 구례군 토지면 오미리 문화 류씨 운조루 소장. 한국학중앙연구원 고문서자료관 홈페이지 원문 이미지와 텍스트 보기. 한국정신문화연구원 편(1998) 참고>

1706-12-18. **산직 박일업 토지매매명문**(山直朴日業土地賣買明文), 오신명(吳信命). <1장. 한자+이두. 조선 필사 이두 자료. 경북 경주시 양동 경주 손씨 송첨 종택 소장. 한국학중앙연구원 고문서자료관 홈페이지 원문 이미지 보기. 이수건(1979), 이수건 편저(1981), 영남대학교 인문과학연구소 편(1990), 정구복·안승준(1997), 한국정신문화연구원 편(1997) 참고>

1706-12-19. **승 취담 토지매매명문**(僧取談土地賣買明文), 조승현(曹承賢). <1장. 한자+이두. 조선 필사 이두 자료. 일본 경도대학 가와이문고 소장. 고려대학교 해외한국학자료센터 홈페이지 원문 이미지와 텍스트 보기>

1706-00-00. 「종묘의궤(**宗廟儀軌**)」, 서문중(徐文重) 등 편, 종묘서(宗廟署) 편(編). <1

책. 193장. 필사본. 한자+이두. 조선 필사 이두 자료. 개장한 표지의 표제는 '肅宗 丙戌 宗廟儀軌'. 권수제는 확인할 수 없다. 한국학중앙연구원 디지털장서각 홈페이지 'K2-2194' 원문 이미지와 텍스트 보기>

1706-00-00. 「종묘의궤(**宗廟儀軌**)」, 이병모(李秉模) 등 편, 종묘서(宗廟署) 편(編). <3책. 1책 52장+2책 183장+3책 184장. 필사본. 개장한 표지의 표제는 1책 '宗廟儀軌(凡例 天)', 2책 '肅宗 丙戌宗廟儀軌 地', 3책 '(甲寅始 庚申至 正宗)宗廟儀軌'. 권수제는 1책에서 찾아볼 수 없으나 '宗廟儀軌凡例'와 '宗廟儀軌目錄'이 있다. 2책의 권수제는 '宗廟儀軌', 3책에는 권수제는 없으나 '宗廟儀軌續錄凡例'와 '宗廟儀軌續錄目錄'으로 시작한다. 따라서 3책의 서명은 '宗廟儀軌續錄'으로 본다. 한자+이두. 조선 필사 이두 자료. 한국학중앙연구원 디지털장서각 홈페이지 'K2-2195' 원문 이미지와 텍스트 보기>

1706-00-00. 「종묘의궤(**宗廟儀軌**)」 제1~제4, 종묘서(宗廟署) 편(編). <4책. 제1책 57장. 제2책 111장. 제3책 120장. 제4책 121장. 필사본. 표제는 '宗廟儀軌'. 한자+이두. 조선 필사 이두 자료. 서울대학교 규장각 한국학연구원 의궤 종합정보 홈페이지 '奎14220' 원문 이미지 보기>

1707년

<정해(丁亥), 숙종 33년, 강희 46년>

1707-01-08. **적 이계진 토지매매명문**(嫡李啓眞土地賣買明文), 첨득(添得). <1장. 한자+이두. 조선 필사 이두 자료. 경북 안동시 주촌 진성 이씨 경류정 구장. 서울역사박물관 소장. 한국학중앙연구원 장서각 한국고문서자료관 홈페이지 원문 이미지와 텍스트 보기. 한국정신문화연구원 편(1999) 참고>

1707-01-18. **김애길 토지매매명문**(金愛吉土地賣買明文), 천두점(千斗點). <1장. 한자+이두. 조선 필사 이두 자료. 전남 해남 연동 해남 윤씨 녹우당 소장. 한국학중앙연구원 장서각 한국고문서자료관 홈페이지 원문 이미지와 텍스트 보기. 박병호(1974ㄱ), 김태영(1983), 한국정신문화연구원 편(1983, 1986), 최승희(1989) 참고>

1707-01-20. **충렬사 수노 철석 토지매매명문**(忠烈祠首奴哲石土地賣買明文), 이응양 (以應養). <1장. 한자+이두. 조선 필사 이두 자료. 경북 경주시 내남면 이조리 경주 최씨·용산서원 소장. 한국학중앙연구원 고문서자료관 홈페이지 원문 이미지 보기. 박병호(1974ㄱ), 한국정신문화연구원 편(2000), 이재수(2003), 김소은(2004) 참고>

1707-01-28. **노 귀인 배지**(奴貴仁牌旨), 한(韓). <1장. 한자+이두. 조선 필사 이두 자료. 전남 해남 연동 해남 윤씨 녹우당 소장. 한국학중앙연구원 장서각 한국고문서자료관 홈페이지 원문 이미지와 텍스트 보기. 박병호(1974ㄱ), 김태영(1983), 한국정신문화연구원 편(1983, 1986), 최승희(1989) 참고>

1707-01-00. **안성흥·조정윤 등 소지**(安聖興·趙禎胤等所志), 안성흥·조정윤 등. <1장. 한자+이두. 조선 필사 이두 자료. 경남 함안 두릉 순흥 안씨 소장. 한국학중앙연구원 고문서자료관 홈페이지 원문 이미지 보기. 한국학중앙연구원 편(2006) 참고>

1707-01-00. **조경윤·안수현 등 의송**(趙慶胤·安受玹等議送), 조경윤·안수현 등. <1장. 한자+이두. 조선 필사 이두 자료. 경남 함안 두릉 순흥 안씨 소장. 한국학중앙연구원 고문서자료관 홈페이지 원문 이미지 보기. 한국학중앙연구원 편(2006) 참고>

1707-02-09. **서상문 토지매매명문**(徐尙文土地賣買明文), 김진하(金進夏). <1장. 한자+이두. 조선 필사 이두 자료. 전남 구례군 토지면 오미리 문화 류씨 운조루 소장. 한국학중앙연구원 고문서자료관 홈페이지 원문 이미지와 텍스트 보기. 한국정신문화연구원 편(1998) 참고>

1707-02-10. **성한 토지매매명문**(性恨土地賣買明文), 보정(寶淨). <1장. 한자+이두. 조선 필사 이두 자료. 전남 구례군 토지면 오미리 문화 류씨 운조루 소장. 한국학중앙연구원 고문서자료관 홈페이지 원문 이미지와 텍스트 보기. 한국정신문화연구원 편(1998) 참고>

1707-02-10. **이덕창 토지매매명문**(李德昌土地賣買明文) 1, 정 조이(鄭召史). <1장. 한자+이두. 조선 필사 이두 자료. 전남 구례군 토지면 오미리 문화 류씨 운조루 소장. 한국학중앙연구원 고문서자료관 홈페이지 원문 이미지와 텍스트 보기. 한

국정신문화연구원 편(1998) 참고>

1707-02-24. **명 조이 토지매매명문**(明召史土地賣買明文), 진생(震生). <1장. 한자+이두. 조선 필사 이두 자료. 전남 해남군 산이면 김해 김씨 노송사 소장. 한국학중앙연구원 장서각 한국고문서자료관 홈페이지 & 호남권 한국학자료센터 홈페이지 원문 이미지와 텍스트 보기. 한국정신문화연구원 편(1998), 조정곤(2013) 참고>

1707-02-28. **정월산 토지매매명문**(鄭月山土地賣買明文), 귀인(貴仁). <1장. 한자+이두. 조선 필사 이두 자료. 전남 해남 연동 해남 윤씨 녹우당 소장. 한국학중앙연구원 장서각 한국고문서자료관 홈페이지 원문 이미지와 텍스트 보기. 박병호(1974ㄱ), 김태영(1983), 한국정신문화연구원 편(1983, 1986), 최승희(1989) 참고>

1707-03-05. **강영발 토지매매명문**(姜英發土地賣買明文), 자필집 고경훈(自筆執高景勳). <1장. 한자+이두. 조선 필사 이두 자료. 제주시 제주교육박물관 소장. 사이버 제주교육박물관 홈페이지 원문 이미지와 텍스트 보기>

1707-03-06. **정수록 토지매매명문**(鄭秀錄土地賣買明文), 정 조이(鄭召史). <1장. 한자+이두. 조선 필사 이두 자료. 전남 구례군 토지면 오미리 문화 류씨 운조루 소장. 한국학중앙연구원 고문서자료관 홈페이지 원문 이미지와 텍스트 보기. 한국정신문화연구원 편(1998) 참고>

1707-03-10. **이덕창 토지매매명문**(李德唱土地賣買明文) 2, 치일(致一). <1장. 한자+이두. 조선 필사 이두 자료. 전남 구례군 토지면 오미리 문화 류씨 운조루 소장. 한국학중앙연구원 고문서자료관 홈페이지 원문 이미지와 텍스트 보기. 한국정신문화연구원 편(1998) 참고>

1707-03-10. **이선태 토지매매명문**(李瑄泰土地賣買明文), 명 조이(明召史). <1장. 한자+이두. 조선 필사 이두 자료. 전남 해남군 산이면 김해 김씨 노송사 소장. 한국학중앙연구원 장서각 한국고문서자료관 홈페이지 & 호남권 한국학자료센터 홈페이지 원문 이미지와 텍스트 보기. 한국정신문화연구원 편(1998), 조정곤(2013) 참고>

1707-03-10. **차수재 토지매매명문**(車壽栽土地賣買明文), 김성추(金成秋). <1장. 한자+이두. 조선 필사 이두 자료. 전남 순천 월등 목천 장씨가 구장. 전북대학교 박물관 소장. 호남권 한국학자료센터 홈페이지 원문 이미지와 텍스트 보기. 최승희

(1989), 정구복 외(1999), 이재수(2003) 참고>

1707-04-08. **강여민 전령**(姜汝敏傳令), 제주목(濟州牧). <1장. 한자+이두. 조선 필사 이두 자료. 제주 한림 강우석 소장. 호남권 한국학자료센터 홈페이지 원문 이미지와 텍스트 보기. 최승희(1989), 고창석(2002) 참고>

1707-04-12. **김 노 일선 수표**(金奴日善手標),[43] 일선. <1장. 한자+이두. 조선 필사 이두 자료. 경남 진주 운문 진양 하씨 소장. 한국학중앙연구원 고문서자료관 홈페이지 원문 이미지 보기. 한국정신문화연구원 편(2001) 참고>

1707-04-17. **신 생원 댁 노 오일 가대매매명문**(申生員宅奴五日家垈賣買明文), 해건(海建). <1장. 한자+이두. 조선 필사 이두 자료. 일본 경도대학 가와이문고 소장. 고려대학교 해외한국학자료센터 홈페이지 원문 이미지와 텍스트 보기>

1707-05-00. **노 해건 배지**(奴亥建牌旨),[44] 홍(洪). <1장. 한자+이두. 조선 필사 이두 자료. 일본 경도대학 가와이문고 소장. 고려대학교 해외한국학자료센터 홈페이지 원문 이미지와 텍스트 보기>

1707-07-00. **별고서원 소지**(別庫書員所志), 별고서원. <1장. 한자+이두. 조선 필사 이두 자료. 경북 경주시 내남면 이조리 경주 최씨·용산서원 소장. 한국학중앙연구원 고문서자료관 홈페이지 원문 이미지 보기. 한국정신문화연구원 편(2000) 참고>

1707-07-00 이후 기입 추정. 「선문염송설화(禪門拈頌說話)」, 고려 석(釋) 각운(覺雲) 저(著), 전라도 흥양(全羅道興陽): 팔영산 능가사(八影山楞伽寺). <능가사 개간본. 30권 10책. 표제는 '說話'이다. 본문에 생획토 기입. 불교 서적. 조선 묵서 구결 자료. 서울대학교 규장각 한국학연구원 홈페이지 원문 이미지 보기>

1707-08-24. **강세웅 차첩**(姜世隆差帖), 제주목(濟州牧). <1장. 한자+이두. 조선 필사 이두 자료. 제주 한림 강우석 소장. 호남권 한국학자료센터 홈페이지 원문 이미지와 텍스트 보기. 송철호(2008) 참고>

1707-08-29~1725-03-15(丁亥~乙巳). 「서원등록(書院謄錄)」 第6, 예조(禮曹) 편(編).

---

[43] 이 목록에서 처음으로 등장하는 수표이다. 수표는 사적으로 써주는 차용증 등의 서약서이다.
[44] 고려대학교 해외한국학자료센터 홈페이지에서는 '노(奴) 해건(亥建) 패지(牌旨)'로 표시하였다.

<1책. 97장. 필사본. 한자+이두. 조선 필사 이두 자료. 서울대학교 규장각 한국학연구원 홈페이지 원문 이미지 보기. 민창문화사(1990. 영인)> <1642-07-28~1678-11-04(壬午~戊午) 第1>

1707-08-00. **화민 신만상 등 소지**(化民辛萬祥等所志), 신만상 등. <1장. 한자+이두. 조선 필사 이두 자료. 전남 영광군 입석 영월 신씨 소장. 한국학중앙연구원 고문서자료관 홈페이지 원문 이미지와 텍스트 보기. 한국정신문화연구원 편(1996) 참고>

1707-09-00. 「전록통고(**典錄通考**)」, 최석정(崔錫鼎) 편. <14권 7책. 활자본. 무신자본. 한자+이두. 조선 인쇄 이두 자료. 통일 법전. 서울대학교 규장각 한국학연구원 홈페이지 '古5120-174', '奎1164', '奎5450' 원문 이미지 보기> <이본: 1724-00-00. 「증보전록통고(增補典錄通考)」(6책. 서울대학교 규장각 한국학연구원 홈페이지 '古5120-3' 원문 이미지 보기)>

1707-11-26. **호노 계학 토지매매명문**(戶奴戒鶴土地賣買明文), 시돌이(是㐘伊). <1장. 한자+이두. 조선 필사 이두 자료. 경남 밀양 신호 밀성 박씨·덕남서원 소장. 한국학중앙연구원 고문서자료관 홈페이지 원문 이미지 보기. 한국정신문화연구원 편(2004) 참고>

1707-11-27. **노 충경 토지매매명문**(奴忠敬土地賣買明文), 굿쇠(㖹金).[45] <1장. 한자+이두. 조선 필사 이두 자료. 전남 해남 연동 해남 윤씨 녹우당 소장. 한국학중앙연구원 장서각 한국고문서자료관 홈페이지 원문 이미지와 텍스트 보기. 박병호(1974ㄱ), 김태영(1983), 한국정신문화연구원 편(1983, 1986), 최승희(1989) 참고>

1707-11-27. **차노 굿쇠 배지**(差奴㖹金牌旨), 송(宋). <1장. 한자+이두. 조선 필사 이두 자료. 전남 해남 연동 해남 윤씨 녹우당 소장. 한국학중앙연구원 장서각 한국고문서자료관 홈페이지 원문 이미지와 텍스트 보기. 박병호(1974ㄱ), 한국정신문화연구원 편(1983, 1986), 최승희(1989) 참고>

1707-12-19. **장암 토지매매명문**(張岩土地賣買明文), 조현기(曹賢起). <1장. 한자+이

---

[45] 한국학중앙연구원 장서각 한국고문서자료관 홈페이지에서는 '굿쇠(仇叱金)'으로 잘못 표시하였다.

두. 조선 필사 이두 자료. 일본 경도대학 가와이문고 소장. 고려대학교 해외한국학 자료센터 홈페이지 원문 이미지와 텍스트 보기>

1707-12-23. **유학 심성도 토지매매명문**(幼學沈盛道土地賣買明文), 박량삼(朴良三). <1장. 한자+이두. 조선 필사 이두 자료. 아산 선교 장흥 임씨 구장. 한국학중앙연구원 장서각 소장. 한국학중앙연구원 장서각 한국고문서자료관 홈페이지 원문 이미지 보기. 한국학중앙연구원 편(2008) 참고>

1707-12-25. **조현기 토지매매명문**(曹賢起土地賣買明文), 취담(取談). <1장. 한자+이두. 조선 필사 이두 자료. 일본 경도대학 가와이문고 소장. 고려대학교 해외한국학 자료센터 홈페이지 원문 이미지와 텍스트 보기>

1707-12-26. **강세융 전령**(姜世隆傳令), 제주목(濟州牧). <1장. 한자+이두. 조선 필사 이두 자료. 제주 한림 강우석 소장. 호남권 한국학자료센터 홈페이지 원문 이미지와 텍스트 보기>

1707-12-00. **고두황 별급문기**(高斗煌별급문기), 고두황. <1장. 한자+이두. 조선 필사 이두 자료. 저북 부안 청호 효충사 소장. 호남권 한국학자료센터 홈페이지 원문 이미지와 텍스트 보기. 박병호(1974ㄱ), 최승희(1989), 정구복 외(1999) 참고>

1707-00-00. 「치종방(治腫方)」, 임언국(任彦國) 찬(撰). <목판본. '치종비방부언해'라고도 한다. 「치종비방(治腫秘方)」(임언국)에 「침구경험방(鍼灸經驗方)」(허임)의 치종에 관한 내용을 덧붙여 만든 책. 향약명. 미국 버클리대학 동아시아도서관 아사미문고 소장. 김두종(1966), 이규근(2001), 박상영 외(2010), 홍윤표(2012), 이은규(2014) 참고> <이본: 1559-00-00(1책. 필사본. 일본 궁내청 서릉부 소장. 한국학중앙연구원 디지털장서각 홈페이지 영인본 'K3-380' 원문 이미지 보기)>

1708년

<무자(戊子), 숙종 34년, 강희 47년>

1708-01-04~1709-12-26(肅宗 34년 戊子~己丑). 「각릉수개등록(**各陵修改謄錄**)」 第 12(10), 예조(禮曹) 전향사(典享司) 편(編). <전21책. 1책. 133장. 필사본. 한자+이

두. 이두 자료. 서울대학교 규장각 한국학연구원 홈페이지 원문 이미지 보기>
<1636-05-02~1644-08-10(仁祖 14년 崇禎 9년 丙子~甲申) 第1(1)>

1708-01-05. **별고서원 소지**(別庫書員所志), 별고서원. <1장. 한자+이두. 조선 필사 이두 자료. 경북 경주시 내남면 이조리 경주 최씨·용산서원 소장. 한국학중앙연구원 고문서자료관 홈페이지 원문 이미지 보기. 한국정신문화연구원 편(2000) 참고>

1708-01-06. **이 씨 분급문기**(李氏分給文記) 1, 이 씨. <1장. 한자+이두. 조선 필사 이두 자료. 칠곡 석전 광주 이씨 소장. 한국학중앙연구원 고문서자료관 홈페이지 원문 이미지 보기. 한국학중앙연구원 편(2009) 참고>

1708-01-12. **승 승명 토지매매명문**(僧昇明土地賣買明文), 김준적(金俊䢇). <1장. 한자+이두. 조선 필사 이두 자료. 전남 구례군 토지면 오미리 문화 류씨 운조루 소장. 한국학중앙연구원 고문서자료관 홈페이지 원문 이미지와 텍스트 보기. 한국정신문화연구원 편(1998) 참고>

1708-01-22. **김어음산[46] 토지매매명문**(金於音山土地賣買明文), 김선이(金先伊). <1장. 한자+이두. 조선 필사 이두 자료. 경북 경주시 양동 경주 손씨 송첨 종택 소장. 한국학중앙연구원 고문서자료관 홈페이지 원문 이미지 보기. 이수건(1979), 이수건 편저(1981), 영남대학교 인문과학연구소 편(1990), 정구복·안승준(1997), 한국정신문화연구원 편(1997) 참고>

1708-01-24. **승 옥명 토지매매명문**(僧玉明土地賣買明文), 김두홍(金斗弘). <1장. 한자+이두. 조선 필사 이두 자료. 전남 구례군 토지면 오미리 문화 류씨 운조루 소장. 한국학중앙연구원 고문서자료관 홈페이지 원문 이미지와 텍스트 보기. 한국정신문화연구원 편(1998) 참고>

1708-01-28. **수노 철석 토지매매명문**(首奴哲石土地賣買明文), 김종호(金宗好). <1장. 한자+이두. 조선 필사 이두 자료. 경북 경주시 내남면 이조리 경주 최씨·용산서

---

[46] 한국학중앙연구원 고문서자료관 홈페이지에서는 '金於音山'을 '김어음산'으로 읽었다. 인명에 '旕(억), 㫈(얼), 㫆(얼)'도 사용하였으므로 '音'을 'ㅁ'으로 읽어 '金於音山'을 '김엄산'으로 읽을 수도 있다.

원 소장. 한국학중앙연구원 고문서자료관 홈페이지 원문 이미지 보기. 박병호(1974ㄱ), 한국정신문화연구원 편(2000), 이재수(2003), 김소은(2004) 참고>

1708-01-00. **입안**(立案), 구례현(求禮縣). <1장. 한자+이두. 조선 필사 이두 자료. 전남 구례군 토지면 오미리 문화 류씨 운조루 소장. 한국학중앙연구원 고문서자료관 홈페이지 원문 이미지와 텍스트 보기. 한국정신문화연구원 편(1998) 참고>

1708-02-04. **이아남 토지매매명문**(李我男土地賣買明文), 김대진(金大進). <1장. 한자+이두. 조선 필사 이두 자료. 남원·구례 삭녕 최씨 구장. 한국학중앙연구원 장서각 소장. 한국학중앙연구원 고문서자료관 홈페이지 원문 이미지 보기. 한국정신문화연구원 편(2004) 참고>

1708-02-07. **충렬사 재임 서목**(忠烈祠齋任書目), 충렬사. <1장. 한자+이두. 조선 필사 이두 자료. 경북 경주시 내남면 이조리 경주 최씨·용산서원 소장. 한국학중앙연구원 고문서자료관 홈페이지 원문 이미지 보기. 한국정신문화연구원 편(2000) 참고>

1708-03-03. **적자질 이계진 토지매매명문**(嫡字姪李啓眞土地賣買明文), 첨득(添得). <1장. 한자+이두. 조선 필사 이두 자료. 경북 안동시 주촌 진성 이씨 경류정 구장. 서울역사박물관 소장. 한국학중앙연구원 장서각 한국고문서자료관 홈페이지 원문 이미지와 텍스트 보기. 한국정신문화연구원 편(1999) 참고>

1708-03-07. **노 업인 배지**(奴業仁牌旨),[47] 오(吳). <1장. 한자+이두. 조선 필사 이두 자료. 일본 경도대학 가와이문고 소장. 고려대학교 해외한국학자료센터 홈페이지 원문 이미지와 텍스트 보기>

1708-03-07. **유한필 초사**(柳漢弼招辭), 유한필. <1장. 한자+이두. 조선 필사 이두 자료. 안동 오천 광산 김씨 후조당 소장. 한국학중앙연구원 장서각 한국고문서자료관 홈페이지 원문 이미지와 텍스트 보기. 한국정신문화연구원 편(1982) 참고>

1708-03-07. **윤논억 토지매매명문**(尹論億土地賣買明文), 장암(張岩). <1장. 한자+이두. 조선 필사 이두 자료. 일본 경도대학 가와이문고 소장. 고려대학교 해외한국학

---

[47] 고려대학교 해외한국학자료센터 홈페이지에서는 '1708년 노(奴) 업인(業仁) 패지(牌旨)'로 표시하였다.

자료센터 홈페이지 원문 이미지와 텍스트 보기>

1708-03-09. **김필영 토지매매명문**(金必永土地賣買明文), 업인(業仁). <1장. 한자+이두. 조선 필사 이두 자료. 일본 경도대학 가와이문고 소장. 고려대학교 해외한국학자료센터 홈페이지 원문 이미지와 텍스트 보기>

1708-03-10. **윤 생원 댁 노 예상 토지매매명문**(尹生員宅奴禮上土地賣買明文), 김영달(金英達). <1장. 한자+이두. 조선 필사 이두 자료. 일본 경도대학 가와이문고 소장. 고려대학교 해외한국학자료센터 홈페이지 원문 이미지와 텍스트 보기>

1708-03-13. **이춘하 토지매매명문**(李春夏土地賣買明文) 1, 박계립(朴戒立) 등. <1장. 한자+이두. 조선 필사 이두 자료. 춘천시 김현식 소장. 한국학자료센터 강원권역센터 홈페이지 원문 이미지 보기. 최승희(1989), 전경목(2010), 김성갑(2013), 박준호(2016) 참고>

1708-03-14.[48] **첨득 토지매매명문**(添得土地賣買明文),[49] 이계진(李啓眞). <1장. 한자+이두. 조선 필사 이두 자료. 경북 안동시 주촌 진성 이씨 경류정 구장. 서울역사박물관 소장. 한국학중앙연구원 장서각 한국고문서자료관 홈페이지 원문 이미지와 텍스트 보기. 한국정신문화연구원 편(1999) 참고>

1708-03-18. **강세융 토지매매명문**(姜世隆土地賣買明文), 부선수(夫先守). <1장. 한자+이두. 조선 필사 이두 자료. 제주 한림 강우석 소장. 호남권 한국학자료센터 홈페이지 원문 이미지와 텍스트 보기. 고창석(2000) 참고>

1708-03-25. **권열 노비매매명문**(權悅奴婢賣買明文), 허용(許容)·조중서(曹重瑞). <1장. 점련문서. 한자+이두. 조선 필사 이두 자료. 경북 예천군 용문면 대제리 안동 권씨 춘우재 고택 구장. 한국국학진흥원 소장. 한국학자료센터 영남권역센터 홈페이지 원문 이미지와 텍스트 보기>

1708-03-26. **이춘하 토지매매명문**(李春夏土地賣買明文) 2, 김금이(金金伊). <1장. 한자+이두. 조선 필사 이두 자료. 춘천시 김현식 소장. 한국학자료센터 강원권역센

---

48 한국학중앙연구원 고문서자료관 홈페이지에서는 '1708년 / 무자1월21일'로 표시하였다.
49 한국학중앙연구원 고문서자료관 홈페이지에서는 '1708년 전답매득기(田畓賣得記)'로 표시하였다.

터 홈페이지 원문 이미지 보기. 최승희(1989), 전경목(2010), 김성갑(2013), 박준호(2016) 참고>

1708-03-00. **이영한 소지**(李榮漢所志), 이영한. <1장. 한자+이두. 조선 필사 이두 자료. 영광 함안 이씨 이기태 구장. 영광농업기술센터 소장. 호남권 한국학자료센터 홈페이지 원문 이미지와 텍스트 보기. 최승희(1989), 최연숙(2005) 참고>

1708-03-00.[50] **정이녕 처 청주 경씨 별급문기**(鄭以寧妻淸州慶氏別給文記), 정이녕 처 청주 경씨. <1장. 한자+이두. 조선 필사 이두 자료. 경기도 양주 사릉 해주 정씨 종가 소장. 한국학중앙연구원 고문서자료관 홈페이지 원문 이미지 보기>

1708-윤3-28. **노비주 허요·조중서 초사**(奴婢主許容·曹重瑞招辭), 허용·조중서. <1장. 한자+이두. 조선 필사 이두 자료. 경북 예천군 용문면 대제리 안동 권씨 춘우재 고택 구장. 한국국학진흥원 소장. 한국학자료센터 영남권역센터 홈페이지 원문 이미지와 텍스트 보기>

1708-윤3-00. **권열 노비매매사급입안**(權悅奴婢賣買斜給立案), 풍기군(豊基郡). <1장. 한자+이두. 조선 필사 이두 자료. 경북 예천군 용문면 대제리 안동 권씨 춘우재 고택 구장. 한국국학진흥원 소장. 한국학자료센터 영남권역센터 홈페이지 원문 이미지와 텍스트 보기>

1708-윤3-00. **권열 입안신청소지**(權悅立案申請所志), 권열. <1장. 한자+이두. 조선 필사 이두 자료. 경북 예천군 용문면 대제리 안동 권씨 춘우재 고택 구장. 한국국학진흥원 소장. 한국학자료센터 영남권역센터 홈페이지 원문 이미지와 텍스트 보기>

1708-04-00. **사릉 참봉 정운희 첩정**(思陵參奉鄭運熙牒呈), 정운희. <1장. 한자+이두. 조선 필사 이두 자료. 경기도 양주 사릉 해주 정씨 종가 소장. 한국학중앙연구원 고문서자료관 홈페이지 원문 이미지 보기>

1708-07-08. **정무선 토지매매명문**(鄭武先土地賣買明文), 정후종(鄭厚種). <1장. 한자

---

[50] 한국학중앙연구원 고문서자료관 홈페이지에서는 '1708년 / 康熙四十七年己丑三月 日'로 표시하였다. 원문에 '康熙四十七年 己丑 三月 日'로 적어 놓았기 때문이다. 강희 47년은 기축년이 아니라 무자년이다. 기축년은 1709년이므로 '康熙四十七年'과 '己丑' 둘 가운데 하나를 잘못 적은 것이다. 여기에서는 강희 47년 즉 1708년으로 표시하였다.

+이두. 조선 필사 이두 자료. 경북 상주시 모동면 수봉리 옥동서원 소장. 한국학자료센터 영남권역센터 홈페이지 원문 이미지와 텍스트 보기. 이수환(2001) 참고>

1708-07-24~1723-03-13(戊子~癸卯). 「조하등록(朝賀謄錄)」第3, 예조(禮曹) 편(編). <1책. 138장. 필사본. 한자+이두. 조선 필사 이두 자료. 서울대학교 규장각 한국학연구원 홈페이지 원문 이미지 보기> <1648-05-06~1677-03-10(戊子~丁巳) 第1>

1708-08-21. **강세융 전령**(姜丗隆傳令) 1, 제주목(濟州牧). <1장. 한자+이두. 조선 필사 이두 자료. 제주 한림 강우석 소장. 호남권 한국학자료센터 홈페이지 원문 이미지와 텍스트 보기>

1708-09-20. **장범석 토지매매명문**(張範錫土地賣買明文), 사노 오승(私奴五承). <1장. 한자+이두. 조선 필사 이두 자료. 원주시 무릉박물관 소장. 한국학자료센터 강원권역센터 홈페이지 원문 이미지 보기. 박병호(1974ㄱ), 최승희(1989), 김소은(2004), 김성갑(2013) 참고>

1708-09-00. **뇌찬 허급문기**(雷贊許給文記), 강귀영(姜貴永). <1장. 한자+이두. 조선 필사 이두 자료. 일본 경도대학 가와이문고 소장. 고려대학교 해외한국학자료센터 홈페이지 원문 이미지와 텍스트 보기>

1708-09-00. 「**도산서원 노비안 성책**(陶山書院奴婢案成冊)」,[51] 도산서원. <88쪽. 한자+이두. 조선 필사 이두 자료. 안동시 도산서원 구장. 한국국학진흥원 소장. 한국국학진흥원 유교넷 홈페이지 원문 이미지와 텍스트 보기>

1708-10-12. **장붕원 토지매매명문**(張鵬遠土地賣買明文) 1, 남두갑(南斗甲). <1장. 한자+이두. 조선 필사 이두 자료. 원주시 무릉박물관 소장. 한국학자료센터 강원권역센터 홈페이지 원문 이미지 보기. 박병호(1974ㄱ), 최승희(1989), 김소은(2004), 김성갑(2013) 참고>

1708-10-15. **박상현 노비매매명문**(朴尙玄奴婢賣買明文), 심 씨(沈氏). <1장. 한자+이

---

[51] 한국국학진흥원 유교넷 홈페이지에서는 '1708년 도산서원 원저, 가구, 무후, 추산, 감림, 서면, 의동, 영천 등에 거주하는 노비의 명단을 기록한 노비안'으로 표시하였다.

두. 조선 필사 이두 자료. 전남 해남 연동 해남 윤씨 녹우당 소장. 한국학중앙연구원 장서각 한국고문서자료관 홈페이지 원문 이미지와 텍스트 보기. 한국정신문화연구원 편(1983, 1986), 최승희(1989) 참고>

1708-10-29. **김순의 별급문기**(金純義別給文記) 1, 김순의. <1장. 한자+이두. 조선 필사 이두 자료. 안동 오천 광산 김씨 후조당 소장. 한국학중앙연구원 장서각 한국고문서자료관 홈페이지 원문 이미지와 텍스트 보기. 한국정신문화연구원 편(1982), 최승희(1989) 참고>

1708-10-29. **김순의 별급문기**(金純義別給文記) 2, 김순의. <1장. 한자+이두. 조선 필사 이두 자료. 안동 오천 광산 김씨 후조당 소장. 한국학중앙연구원 장서각 한국고문서자료관 홈페이지 원문 이미지와 텍스트 보기. 박병호(1974ㄱ), 한국정신문화연구원 편(1982) 참고>

1708-10-00. **남두갑 토지매매명문**(南斗甲土地賣買明文), 남두인(南斗寅). <1장. 한자+이두. 조선 필사 이두 자료. 원주시 무릉박물관 소장. 한국학자료센터 강원권역센터 홈페이지 원문 이미지 보기. 박병호(1974ㄱ), 최승희(1989), 김소은(2004), 김성갑(2013) 참고>

1708-10-00. **안성흥 의송**(安聖興議送), 안성흥. <1장. 한자+이두. 조선 필사 이두 자료. 경남 함안 두릉 순흥 안씨 소장. 한국학중앙연구원 고문서자료관 홈페이지 원문 이미지 보기. 한국학중앙연구원 편(2006) 참고>

1708-11-05. **백철 토지매매명문**(白哲土地賣買明文), 박은만(朴銀萬). <1장. 한자+이두. 조선 필사 이두 자료. 전남 해남 연동 해남 윤씨 녹우당 소장. 한국학중앙연구원 장서각 한국고문서자료관 홈페이지 원문 이미지와 텍스트 보기. 박병호(1974ㄱ), 김태영(1983), 한국정신문화연구원 편(1983, 1986), 최승희(1989) 참고>

1708-11-21. **사촌 매부 김■■ 토지매매명문**(四寸妹夫金■■土地賣買明文), 전주 강문안(田主姜文安). <1장. 한자+이두. 조선 필사 이두 자료. 제주시 제주교육박물관 소장. 사이버 제주교육박물관 홈페이지 원문 이미지와 텍스트 보기>

1708-11-24. **전곡 유사 이재백 토지매매명문**(典穀有司李再白土地賣買明文), 최옥선(崔玉先). <1장. 한자+이두. 조선 필사 이두 자료. 경북 경주시 양동 경주 손씨 송첨 종택 소장. 한국학중앙연구원 고문서자료관 홈페이지 원문 이미지 보기.

이수건(1979), 이수건 편저(1981), 영남대학교 인문과학연구소 편(1990), 정구복·안승준(1997), 한국정신문화연구원 편(1997) 참고>

1708-11-30. **이순점 토지매매명문**(李順占土地賣買明文), 임강쌍(林江双). <1장. 한자+이두. 조선 필사 이두 자료. 경북 경주시 내남면 이조리 경주 최씨·용산서원 소장. 한국학중앙연구원 고문서자료관 홈페이지 원문 이미지 보기. 박병호(1974ㄱ), 한국정신문화연구원 편(2000), 이재수(2003), 김소은(2004) 참고>

1708-12-01. **강세융 전령**(姜世隆傳令) 2, 제주목(濟州牧). <1장. 한자+이두. 조선 필사 이두 자료. 제주 한림 강우석 소장. 호남권 한국학자료센터 홈페이지 원문 이미지와 텍스트 보기. 고창석(2000) 참고>

1708-12-07. **김만겸 혜민서 약재 공인권 매매명문**(金萬兼惠民署藥材貢人權賣買明文) 1, 기욱(奇煜). <1장. 한자+이두. 조선 필사 이두 자료. 일본 경도대학 가와이문고 소장. 고려대학교 해외한국학자료센터 홈페이지 원문 이미지와 텍스트 보기>

1708-12-07. **김만겸 혜민서 약재 공인권 매매명문**(金萬兼惠民署藥材貢人權賣買明文) 2, 기항(奇炕). <1장. 한자+이두. 조선 필사 이두 자료. 일본 경도대학 가와이문고 소장. 고려대학교 해외한국학자료센터 홈페이지 원문 이미지와 텍스트 보기>

1708-12-11. **손태웅 토지매매명문**(孫泰雄土地賣買明文) 1, 손종각(孫宗恪). <1장. 한자+이두. 조선 필사 이두 자료. 경북 경주시 양동 경주 손씨 송첨 종택 소장. 한국학중앙연구원 고문서자료관 홈페이지 원문 이미지 보기. 이수건(1979), 이수건 편저(1981), 영남대학교 인문과학연구소 편(1990), 정구복·안승준(1997), 한국정신문화연구원 편(1997) 참고>

1708-12-11. **승 자정 토지매매명문**(僧自淨土地賣買明文), 뇌찬(雷贊). <1장. 한자+이두. 조선 필사 이두 자료. 일본 경도대학 가와이문고 소장. 고려대학교 해외한국학자료센터 홈페이지 원문 이미지와 텍스트 보기>

1708-12-13. **성하번 혜민서 약재 공인권 매매명문**(成夏蕃惠民署藥材貢人權賣買明文), 하영일(河永逸). <1장. 한자+이두. 조선 필사 이두 자료. 일본 경도대학 가와이문고 소장. 고려대학교 해외한국학자료센터 홈페이지 원문 이미지와 텍스트 보기>

1708-12-15. **장붕원 토지매매명문**(張鵬遠土地賣買明文) 2, 남두인(南斗寅). <1장. 한자+이두. 조선 필사 이두 자료. 원주시 무릉박물관 소장. 한국학자료센터 강원권

역센터 홈페이지 원문 이미지 보기. 박병호(1974ㄱ), 최승희(1989), 김소은(2004), 김성갑(2013) 참고>

1708-12-17. **김 생원 토지매매명문**(金生員土地賣買明文), 한(韓). <1장. 한자+이두. 조선 필사 이두 자료. 전북 장수군 화양 흥학당 소장. 호남권 한국학자료센터 홈페이지 원문 이미지와 텍스트 보기. 최승희(1989), 이재수(2003), 채현경(2011ㄱ)>

1708-12-17. **손시호 토지매매명문**(孫是豪土地賣買明文), 손태정(孫泰禎). <1장. 한자+이두. 조선 필사 이두 자료. 경북 경주시 양동 경주 손씨 송첨 종택 소장. 한국학중앙연구원 고문서자료관 홈페이지 원문 이미지 보기. 이수건(1979), 이수건 편저(1981), 영남대학교 인문과학연구소 편(1990), 정구복·안승준(1997), 한국정신문화연구원 편(1997) 참고>

1708-12-17. **손태웅 토지매매명문**(孫泰雄土地賣買明文) 2, 돌진(乭眞). <1장. 한자+이두. 조선 필사 이두 자료. 경북 경주시 양동 경주 손씨 송첨 종택 소장. 한국학중앙연구원 고문서자료관 홈페이지 원문 이미지 보기. 이수건(1979), 이수건 편저(1981), 영남대학교 인문과학연구소 편(1990), 정구복·안승준(1997), 한국정신문화연구원 편(1997) 참고>

1708-12-19. **승 탄오 토지매매명문**(僧坦悟土地賣買明文), 처익(處益). <1장. 한자+이두. 조선 필사 이두 자료. 전남 구례군 토지면 오미리 문화 류씨 운조루 소장. 한국학중앙연구원 고문서자료관 홈페이지 원문 이미지와 텍스트 보기. 한국정신문화연구원 편(1998) 참고>

1708-00-00. **김대 노비매매명문**(金岱奴婢賣買明文), 유한필(柳漢弼). <1장. 한자+이두. 조선 필사 이두 자료. 안동 오천 광산 김씨 후조당 소장. 한국학중앙연구원 장서각 한국고문서자료관 홈페이지 원문 이미지와 텍스트 보기. 박병호(1974ㄱ), 한국정신문화연구원 편(1982), 이재수(2003) 참고>

1708-00-00. **이 씨 분급문기**(李氏分給文記) 2, 이 씨. <1장. 한자+이두. 조선 필사 이두 자료. 칠곡 석전 광주 이씨 소장. 한국학중앙연구원 고문서자료관 홈페이지 원문 이미지 보기. 한국학중앙연구원 편(2009) 참고>

1709년

<기축(己丑), 숙종 35년, 강희 48년>

1709-01-02~1709-12-30(己丑). 「금영등록(**禁營謄錄**)」, 금위영(禁衛營) 편(編). <5/전 15책. 낙질본. 1책. 88장. 필사본. 표제는 '己丑年 康熙)禁營謄錄'. 한자+이두. 이두 자료. 서울대학교 규장각 한국학연구원 홈페이지 원문 이미지 보기> <1682-02-29~1682-10-09(1/15)>

1709-01-07. **임애지 토지매매명문**(任愛只土地賣買明文), 임득탈(任得脫). <1장. 한자+이두. 조선 필사 이두 자료. 원주시 무릉박물관 소장. 한국학자료센터 강원권역센터 홈페이지 원문 이미지 보기. 박병호(1974ㄱ), 최승희(1989), 김소은(2004), 김성갑(2013) 참고>

1709-01-13. **이수홍 토지매매명문**(李守弘土地賣買明文),[52] 유학 안월석(幼學安越石). <1장. 한자+이두. 조선 필사 이두 자료. 경북 안동시 도산면 의촌리 은졸재 고택 구장. 한국국학진흥원 소장. 한국학자료센터 영남권역센터 홈페이지 원문 이미지와 텍스트 보기>

1709-01-15. **별고서원 이예 소지**(別庫書員李禮所志), 이예. <1장. 한자+이두. 조선 필사 이두 자료. 경북 경주시 내남면 이조리 경주 최씨·용산서원 소장. 한국학중앙연구원 고문서자료관 홈페이지 원문 이미지 보기. 한국정신문화연구원 편(2000) 참고>

1709-01-15. **송흥적 토지매매명문**(宋興迪土地賣買明文), 이운재(李云才). <1장. 한자+이두. 조선 필사 이두 자료. 경북 경주시 내남면 이조리 경주 최씨·용산서원 소장. 한국학중앙연구원 고문서자료관 홈페이지 원문 이미지 보기. 박병호(1974ㄱ), 한국정신문화연구원 편(2000), 이재수(2003), 김소은(2004) 참고>

1709-01-16. **연곡사 중 토지매매명문**(燕谷寺衆土地賣買明文), 탄오(坦悟). <1장. 한자

---

[52] 한국학자료센터 영남권역센터 홈페이지에서는 '이수홍(李守弘) 토지명문(土地明文)'으로 표시하였다.

+이두. 조선 필사 이두 자료. 전남 구례군 토지면 오미리 문화 류씨 운조루 소장. 한국학중앙연구원 고문서자료관 홈페이지 원문 이미지와 텍스트 보기. 한국정신문화연구원 편(1998) 참고>

1709-01-19. **노 연백 토지매매명문**(奴連白土地賣買明文), 이신철(以信哲). <1장. 한자+이두. 조선 필사 이두 자료. 전남 해남 연동 해남 윤씨 녹우당 소장. 한국학중앙연구원 장서각 한국고문서자료관 홈페이지 원문 이미지와 텍스트 보기. 박병호(1974ㄱ), 김태영(1983), 한국정신문화연구원 편(1983, 1986), 최승희(1989) 참고>

1709-01-00. **과녀 소지**(寡女所志),[53] 과녀. <1장. 한자+이두. 조선 필사 이두 자료. 경북 경주시 내남면 이조리 경주 최씨·용산서원 소장. 한국학중앙연구원 고문서자료관 홈페이지 원문 이미지 보기. 한국정신문화연구원 편(2000) 참고>

1709-01-00. **김계심 소지**(金戒心所志),[54] 김계심. <1장. 한자+이두. 조선 필사 이두 자료. 경북 경주시 내남면 이조리 경주 최씨·용산서원 소장. 한국학중앙연구원 고문서자료관 홈페이지 원문 이미지 보기. 한국정신문화연구원 편(2000) 참고>

1709-01-00. **끝동 등 소지**(㖈同等所志), 끝동 등. <1장. 한자+이두. 조선 필사 이두 자료. 경북 경주시 내남면 이조리 경주 최씨·용산서원 소장. 한국학중앙연구원 고문서자료관 홈페이지 원문 이미지 보기. 한국정신문화연구원 편(2000) 참고>

1709-02-04. **비 애임 노비매매명문**(婢愛任奴婢賣買明文), 박상현(朴尙玄). <1장. 조선 필사 이두 자료. 전남 해남 연동 해남 윤씨 녹우당 소장. 한국학중앙연구원 장서각 한국고문서자료관 홈페이지 원문 이미지와 텍스트 보기. 한국정신문화연구원 편(1986) 참고>

1709-02-11. **김흥경 노비매매명문**(金興慶奴婢賣買明文), 김봉래(金鳳來). <1장. 한자+이두. 조선 필사 이두 자료. 서산 대교 경주 김씨 소장. 한국학중앙연구원 고문서자료관 홈페이지 원문 이미지 보기. 한국학중앙연구원 편(2007) 참고>

1709-02-18. **손억봉 토지매매명문**(孫億奉土地賣買明文), 수윤(水允). <1장. 한자+이

---

[53] 한국학중앙연구원 고문서자료관 홈페이지에서는 '소지(所志)'로 표시하였다.
[54] 한국학중앙연구원 고문서자료관 홈페이지에서는 '나장?서원(拿掌?書員) 김계심(金戒心) 소지(所志)'로 표시하였다.

두. 조선 필사 이두 자료. 전남 구례군 토지면 오미리 문화 류씨 운조루 소장. 한국학중앙연구원 고문서자료관 홈페이지 원문 이미지와 텍스트 보기. 한국정신문화연구원 편(1998) 참고>

1709-02-18~1711-03-01(己丑~辛卯). 「통신사등록(通信使謄錄)」 第5, 예조(禮曹) 편(編). <5책/전14책. 120장. 필사본. 필사 시기 미상. 한자+이두. 조선 필사 이두 자료. 조선에서 일본에 보낸 통신사에 관한 기록. 서울대학교 규장각 한국학연구원 홈페이지 원문 이미지 보기>

1709-02-25. **수노 철석 토지매매명문**(首奴哲石土地賣買明文), 김지상(金之上). <1장. 한자+이두. 조선 필사 이두 자료. 경북 경주시 내남면 이조리 경주 최씨·용산서원 소장. 한국학중앙연구원 고문서자료관 홈페이지 원문 이미지 보기. 박병호(1974ㄱ), 한국정신문화연구원 편(2000), 이재수(2003), 김소은(2004) 참고>

1709-02-00. **소지**(所志) <1장. 한자+이두. 조선 필사 이두 자료. 경북 경주시 내남면 이조리 경주 최씨·용산서원 소장. 한국학중앙연구원 고문서자료관 홈페이지 원문 이미지 보기. 한국정신문화연구원 편(2000) 참고>

1709-02-00. **용산서원 소지**(龍山書院所志), 용산서원. <1장. 문서 일부 결락. 한자+이두. 조선 필사 이두 자료. 경북 경주시 내남면 이조리 경주 최씨·용산서원 소장. 한국학중앙연구원 고문서자료관 홈페이지 원문 이미지 보기. 한국정신문화연구원 편(2000) 참고>

1709-03-24. **고 장손 학생 신시태 처 고 씨·차자 신정수 처 유 씨 화회문기**(故長孫學生辛始泰妻高氏·次子辛鼎受妻柳氏和會文記), 고 장손 학생 신시태 처 고 씨·차자 신정수 처 유 씨. <1장. 한자+이두. 조선 필사 이두 자료. 전남 영광군 입석 영월 신씨 소장. 한국학중앙연구원 고문서자료관 홈페이지 원문 이미지와 텍스트 보기. 한국정신문화연구원 편(1996) 참고>

1709-03-24. **고 장손 학생 신시태 처 고 씨·차자 학생 신정수 처 유 씨 화회문기**(故長孫學生辛始泰妻高氏·次子學生辛鼎受妻柳氏和會文記), 고 장손 학생 신시태 처 고 씨·차자 학생 신정수 처 유 씨. <1장. 한자+이두. 조선 필사 이두 자료. 전남 영광군 입석 영월 신씨 소장. 한국학중앙연구원 고문서자료관 홈페이지 원문 이미지와 텍스트 보기. 한국정신문화연구원 편(1996) 참고>

1709-03-25. **삼촌 숙모 유 씨 토지매매명문**(三寸叔母柳氏土地賣買明文), 고 씨(高氏). <1장. 한자+이두. 조선 필사 이두 자료. 전남 영광군 입석 영월 신씨 소장. 한국학중앙연구원 고문서자료관 홈페이지 원문 이미지와 텍스트 보기. 한국정신문화연구원 편(1996) 참고>

1709-03-25. **숙모 유 씨 분급문기**(叔母柳氏分給文記), 유 씨. <1장. 한자+이두. 조선 필사 이두 자료. 전남 영광군 입석 영월 신씨 소장. 한국학중앙연구원 고문서자료관 홈페이지 원문 이미지와 텍스트 보기. 한국정신문화연구원 편(1996) 참고>

1709-03-25. **심 생원 노 선잉 토지매매명문**(沈生員奴先仍土地賣買明文), 서해상(徐海相). <1장. 한자+이두. 조선 필사 이두 자료. 아산 선교 장흥 임씨 구장. 한국학중앙연구원 장서각 한국고문서자료관 홈페이지 원문 이미지 보기. 한국학중앙연구원 편(2008) 참고>

1709-03-00. **김월백 소지**(金月白所志),[55] 김월백. <1장. 조선 필사 이두 자료. 전남 해남 연동 해남 윤씨 녹우당 소장. 한국학중앙연구원 장서각 한국고문서자료관 홈페이지 원문 이미지와 텍스트 보기. 한국정신문화연구원 편(1986) 참고>

1709-03-00. **노비주 유학 박상현 소지**(奴婢主幼學朴尙玄所志),[56] 박상현. <1장. 조선 필사 이두 자료. 전남 해남 연동 해남 윤씨 녹우당 소장. 한국학중앙연구원 장서각 한국고문서자료관 홈페이지 원문 이미지와 텍스트 보기. 한국정신문화연구원 편(1986) 참고>

1709-03-00. **비 애임 소지**(婢愛任所志), 애임. <1장. 조선 필사 이두 자료. 전남 해남 연동 해남 윤씨 녹우당 소장. 한국학중앙연구원 장서각 한국고문서자료관 홈페이지 원문 이미지와 텍스트 보기. 한국정신문화연구원 편(1986) 참고>

1709-03-00. **비 애임 입안**(婢愛壬立案),[57] 진도현(珍島縣). <1장. 조선 필사 이두 자료.

---

55 한국학중앙연구원 장서각 한국고문서자료관 홈페이지에서는 '진도현(珍島縣) 초사(招辭)'로 표시하였다.

56 한국학중앙연구원 장서각 한국고문서자료관 홈페이지에서는 '진도현(珍島縣) 초사(招辭)'로 표시하였다.

57 한국학중앙연구원 장서각 한국고문서자료관 홈페이지에서는 '진도현(珍島縣) 입안(立案)'으로 표시하였다.

전남 해남 연동 해남 윤씨 녹우당 소장. 한국학중앙연구원 장서각 한국고문서자료관 홈페이지 원문 이미지와 텍스트 보기. 한국정신문화연구원 편(1986) 참고>

1709-03-00. **이계진 분급문기**(李啓眞分給文記), 이계진. <1장. 한자+이두. 조선 필사 이두 자료. 경북 안동시 주촌 진성 이씨 경류정 소장. 한국학중앙연구원 장서각 한국고문서자료관 홈페이지 원문 이미지와 텍스트 보기. 한국정신문화연구원 편(1999) 참고>

1709-04-02. **강세융 차첩**(姜世隆差帖), 제주목(濟州牧). <1장. 한자+이두. 조선 필사 이두 자료. 제주 한림 강우석 소장. 호남권 한국학자료센터 홈페이지 원문 이미지와 텍스트 보기. 송철호(2008) 참고>

1709-04-04. **권석 토지매매명문**(權石土地賣買明文), 권중현(權重賢). <1장. 한자+이두. 조선 필사 이두 자료. 경북 예천군 용문면 대제리 안동 권씨 춘우재 고택 구장. 한국국학진흥원 소장. 한국학자료센터 영남권역센터 홈페이지 원문 이미지와 텍스트 보기. 김성갑(2013) 참고>

1709-04-18. **노 칠백 토지매매명문**(奴柒百土地賣買明文), 승 처오(僧處吾). <1장. 한자+이두. 조선 필사 이두 자료. 전남 함평군 함평 이씨 이건풍 구장. 목포대학교 도서문화연구원 소장. 호남권 한국학자료센터 홈페이지 원문 이미지와 텍스트 보기. 최승희(1989) 참고>

1709-04-19. **하회 유 생원 댁 ■ ■■ 토지매매명문**(河回柳生員宅■■■土地賣買明文), 승 재신(僧再信). <1장. 한자+이두. 조선 필사 이두 자료. 안동 하회 풍산 류씨 충효당 소장. 한국학중앙연구원 고문서자료관 홈페이지 원문 이미지와 텍스트 보기. 한국정신문화연구원 편(1994) 참고>

1709-05-19. **김수종 토지매매명문**(金守宗土地賣買明文), 김형(金衡). <1장. 한자+이두. 조선 필사 이두 자료. 부안 우반 부안 김씨 소장. 한국학중앙연구원 고문서자료관 홈페이지 원문 이미지와 텍스트 보기. 한국정신문화연구원 편(1983, 1998), 한국학중앙연구원 편(2017) 참고>

1709-05-24. **강 지사댁[58] 노 명상 토지매매명문**(康知事宅奴命尙土地賣買明文), 영회

---

[58] 지사(知事)는 조선 시대에 중추원, 사간원, 의금부, 성균관, 춘추관 등에 속한 벼슬이다(「표준국어

(永會). <1장. 한자+이두. 조선 필사 이두 자료. 일본 경도대학 가와이문고 소장. 고려대학교 해외한국학자료센터 홈페이지 원문 이미지와 텍스트 보기>

1709-07-24. **김광계 형제 화회문기**(金光繼兄弟和會文記), 김근(金懃) 등. <1장. 한자+이두. 조선 필사 이두 자료. 안동 오천 광산 김씨 후조당 소장. 한국학중앙연구원 장서각 한국고문서자료관 홈페이지 원문 이미지와 텍스트 보기. 한국정신문화연구원 편(1982) 참고>

1709-08-00. **김삼중·김세중 소지**(金三重·金世重所志),[59] 김삼중·김세중. <1장. 한자+이두. 조선 필사 이두 자료. 안동 천전 의성 김씨 제산 종택 소장. 한국학중앙연구원 장서각 한국고문서자료관 홈페이지 원문 이미지 보기. 한국정신문화연구원 편(1989) 참고>

1709-09-04. **수 충청도 관찰사 겸 순찰사 관**(守忠淸道觀察使兼巡察使關), 수 충청도 관찰사 겸 순찰사. <1장. 한자+이두. 조선 필사 이두 자료. 광주 기곡 광주 안씨 순암 종가 소장. 한국고문서자료관 홈페이지 원문 이미지와 텍스트 보기. 한국정신문화연구원 편(1990) 참고>

1709-09-00. **윤 진사 댁 묘직 노 일립 소지**(尹進士宅墓直奴日立所志), 일립. <1장. 조선 필사 이두 자료. 전남 해남 연동 해남 윤씨 녹우당 소장. 한국학중앙연구원 장서각 한국고문서자료관 홈페이지 원문 이미지와 텍스트 보기. 한국정신문화연구원 편(1986) 참고>

1709-10-22. **사노 막남·사노 백량 등 초사**(私奴莫男·私奴白良等招辭), 사노 막남·사노 백량 등. <1장. 한자+이두. 조선 필사 이두 자료. 경북 영덕군 창수면 인량리 재령 이씨 우계 종택 구장. 한국국학진흥원 소장. 한국학자료센터 영남권역센터 홈페이지 원문 이미지와 텍스트 보기. 한국정신문화연구원 편(1997) 참고>

1709-10-22. **차노 허남 초사**(差奴許男招辭), 허남. <1장. 한자+이두. 조선 필사 이두 자료. 영해 인량 재령 이씨 충효당 구장. 한국국학진흥원 소장. 한국학중앙연구원

대사전」).

[59] 한국학중앙연구원 장서각 한국고문서자료관 홈페이지에서는 '김삼중(金三重) 소지(所志)'로 표시하였다.

고문서자료관 홈페이지 원문 이미지와 텍스트 보기. 한국정신문화연구원 편 (1997) 참고>

1709-10-00. **김집 소지**(金鏶所志), 김집. <1장. 점련문서. 한자+이두. 조선 필사 이두 자료. 안동 오천 광산 김씨 후조당 소장. 장서각 한국고문서자료관 홈페이지 원문 이미지와 텍스트 보기. 한국정신문화연구원 편(1982) 참고>

1709-10-00. **영해부사 입안**(寧海府使立案), 영해부(寧海府). <1장. 한자+이두. 조선 필사 이두 자료. 경북 영덕군 창수면 인량리 재령 이씨 우계 종택 구장. 한국국학진흥원 소장. 한국학자료센터 영남권역센터 홈페이지 원문 이미지와 텍스트 보기. 한국정신문화연구원 편(1997) 참고>

1709-11-04 **노 영회 배지**(奴永會牌旨),[60] 윤(尹). <1장. 한자+이두. 조선 필사 이두 자료. 일본 경도대학 가와이문고 소장. 고려대학교 해외한국학자료센터 홈페이지 원문 이미지와 텍스트 보기>

1709-11-05. **고두황 별급문기**(高斗煌別給文記), 고두황. <1장. 한자+이두. 조선 필사 이두 자료. 전북 부안 청호 효충사 소장. 호남권 한국학자료센터 홈페이지 원문 이미지와 텍스트 보기. 박병호(1974ㄱ), 최승희(1989), 정구복 외(1999) 참고>

1709-11-26. **권찬휘 토지매매명문**(權贊輝土地賣買明文), 임 조이(林召史). <1장. 한자+이두. 조선 필사 이두 자료. 경북 경주시 내남면 이조리 경주 최씨·용산서원 소장. 한국학중앙연구원 고문서자료관 홈페이지 원문 이미지 보기. 박병호(1974ㄱ), 한국정신문화연구원 편(2000), 이재수(2003), 김소은(2004) 참고>

1709-12-02. **충렬사 재임 서목**(忠烈祠齋任書目), 충렬사. <1장. 한자+이두. 조선 필사 이두 자료. 경북 경주시 내남면 이조리 경주 최씨·용산서원 소장. 한국학중앙연구원 고문서자료관 홈페이지 원문 이미지 보기. 한국정신문화연구원 편(2000) 참고>

1709-12-15. **원노 철석 토지매매명문**(院奴哲石土地賣買明文), 안세훈(安世訓). <1장. 한자+이두. 조선 필사 이두 자료. 경북 경주시 내남면 이조리 경주 최씨·용산서원 소장. 한국학중앙연구원 고문서자료관 홈페이지 원문 이미지 보기. 박병호

---

[60] 고려대학교 해외한국학자료센터 홈페이지에서는 '노(奴) 영회(永會) 패지(牌旨)'로 표시하였다.

(1974ㄱ), 한국정신문화연구원 편(2000), 이재수(2003), 김소은(2004) 참고>

1709-12-17. **장봉원 토지매매명문**(張鵬遠土地賣買明文), 황유승(黃有承). <1장. 한자 +이두. 조선 필사 이두 자료. 원주시 무릉박물관 소장. 한국학자료센터 강원권역 센터 홈페이지 원문 이미지 보기. 박병호(1974ㄱ), 최승희(1989), 김소은(2004), 김성갑(2013) 참고>

1709-12-23.[61] **숭렬사 재임 서목**(忠烈祠齋任書目), 숭렬사. <1장. 한자+이두. 조선 필사 이두 자료. 경북 경주시 내남면 이조리 경주 최씨·용산서원 소장. 한국학중 앙연구원 고문서자료관 홈페이지 원문 이미지 보기. 한국정신문화연구원 편 (2000) 참고>

1709-12-29. **류 생원 댁 노 정봉 토지매매명문**(柳生員宅奴鄭奉土地賣買明文),[62] 사노 돌산(私奴乭山). <1장. 한자+이두. 조선 필사 이두 자료. 안동 하회 풍산 류씨 충효당 구장. 한국국학진흥원 소장. 한국국학진흥원 유교넷 홈페이지 원문 이미지 보기>

1709-12-00. **신정수 처 유 씨 소지**(辛鼎受妻柳氏所志), 유 씨. <1장. 한자+이두. 조선 필사 이두 자료. 전남 영광군 입석 영월 신씨 소장. 한국학중앙연구원 고문서자료관 홈페이지 원문 이미지와 텍스트 보기. 한국정신문화연구원 편(1996) 참고>

1709-12-29. **정봉 토지매매명문**(鄭奉土地賣買明文), 돌산(乭山). <1장. 한자+이두. 조선 필사 이두 자료. 안동 하회 풍산 류씨 충효당 구장. 한국국학진흥원 소장. 한국국학진흥원 유교넷 홈페이지 원문 이미지 보기>

1709-■■-■■.[63] ■■■ **노비매매명문**(■■■奴婢賣買明文),[64] 김 서방 댁 차노 허남

---

61 한국학중앙연구원 장서각 한국고문서자료관 홈페이지에서는 '**을축**12월23일'로 잘못 표시하였다. '을축'이 아닌 '기축'이다.

62 한국국학진흥원 유교넷 홈페이지에서는 '풍산류씨 충효당[명문57(전답매매문기)]'로 분류하여 문서명을 '1709년(숙종35년) 12월 29일, 전주(田主) 사노 돌산(私奴乭山)이 류생원댁 노 정봉(柳生員乙奴鄭奉) 앞으로 발급한 매매명문(賣買明文)'으로 표시하였다.

63 한국학중앙연구원 장서각 한국고문서자료관 홈페이지에서는 '기축1월28일'로 적었지만 이 문서의 앞부분이 결락되어 작성 시기를 알 수 없다.

64 한국학중앙연구원 장서각 한국고문서자료관 홈페이지에서는 '차노(差奴) 허남(許男) 노비매매명문(奴婢賣買明文)'으로 표시하였으나 노비를 구입한 사람은 문서의 앞부분 떨어져나가 확인할

(金書房宅差奴許男). <1장. 한자+이두. 조선 필사 이두 자료. 영해 인량 재령 이씨 충효당 구장. 한국국학진흥원 소장. 한국학중앙연구원 고문서자료관 홈페이지 원문 이미지와 텍스트 보기. 한국정신문화연구원 편(1997) 참고>

1709-00-00 이후 기입 추정. 「석가여래행적송(釋迦如來行蹟頌)」 권1-2, 순천(順天): 선암사(仙岩寺). <2권 2책. 목판본. 본문에 생획토 기입. 조선 묵서 구결 자료. 국립중앙도서관 홈페이지 원문 이미지 보기>

1710년

<경인(庚寅), 숙종 36년, 강희 49년>

1710-01-06~1722-10-07(庚寅~壬寅). 「별차왜등록(別差倭謄錄)」 第8, 예조(禮曹) 전객사(典客司) 편(編). <6/17. 1책. 135장. 필사본. 필사 시기 미상. 한자+이두. 이두 자료. 서울대학교 규장각 한국학연구원 홈페이지 제6, 제11-16 낙질본 원문 이미지 보기. 한국향토문화전자대전 홈페이지 참고>

1710-01-16. **원노 철석 토지매매명문**(院奴哲石土地賣買明文), 송흥적(宋興迪). <1장. 한자+이두. 조선 필사 이두 자료. 경북 경주시 내남면 이조리 경주 최씨·용산서원 소장. 한국학중앙연구원 고문서자료관 홈페이지 원문 이미지 보기. 박병호(1974ㄱ), 한국정신문화연구원 편(2000), 이재수(2003), 김소은(2004) 참고>

1710-01-17. **차노 필신 배지**(差奴必信牌旨),[65] 윤(尹). <1장. 조선 필사 이두 자료. 전남 해남 연동 해남 윤씨 녹우당 소장. 장서각 한국고문서자료관 홈페이지 & 한국학중앙연구원 한국학 디지털 아카이브 홈페이지 원문 이미지와 텍스트 보기. 박병호(1974ㄱ), 한국정신문화연구원 편(1983, 1986), 최승희(1989) 참고>

1710-01-24. **대천동 고립 토지매매명문**(大川洞庫立土地賣買明文), 박귀상(朴貴上). <1장. 한자+이두. 조선 필사 이두 자료. 전남 구례군 토지면 오미리 문화 류씨

수 없다. 노비를 판 사람은 노비의 주인인 김 서방 댁의 차노 허남이다.

[65] 한국학중앙연구원 한국학 디지털 아카이브 홈페이지에서는 '패지(牌旨)'로 표시하였다.

운조루 소장. 한국학중앙연구원 고문서자료관 홈페이지 원문 이미지와 텍스트 보기. 한국정신문화연구원 편(1998) 참고>

1710-01-26~1710-12-10(肅宗 36년 庚寅). 「각릉수개등록(**各陵修改謄錄**)」第13(18), 예조(禮曹) 전향사(典享司) 편(編). <전21책. 1책. 96장. 필사본. 필사 시기 미상. 한자+이두. 이두 자료. 서울대학교 규장각 한국학연구원 홈페이지 원문 이미지 보기> <1636-05-02~1644-08-10(仁祖 14년 崇禎 9년 丙子~甲申) 第1(1)>

1710-01-28. **이만배 노비매매명문**(李萬培奴婢賣買明文), 서지견(徐至甄).[66] <1장. 한자+이두. 조선 필사 이두 자료. 영해 인량 재령 이씨 충효당 구장. 한국국학진흥원 소장. 한국학중앙연구원 고문서자료관 홈페이지 원문 이미지와 텍스트 보기. 한국정신문화연구원 편(1997) 참고>

1710-01-00. **숙모부 토지매매명문**(叔母夫土地賣買明文),[67] 조카 양사문(族下梁士文). <1장. 한자+이두. 조선 필사 이두 자료. 제주 장전리 진주 강씨 강태복가 소장. 호남권 한국학자료센터 홈페이지 원문 이미지와 텍스트 보기. 최승희(1989), 고창석(2002) 참고>

1710-01-00 이후 기입 추정. 「현행서방경(**現行西方經**)」, 원참(元旵) 록(錄), 칠불사(七佛寺) 개간(開刊). <1709년판의 개간본. 중각본. 1책. 52장. 표제는 '現行經'. 강희(康熙) 기축년(己丑年, 1709년)에 해동(海東) 석실사문(石室沙門) 명안(明眼)이 쓴 '중각현행경서(重刻現行經序)'와 간기(강희 49년(1710년) 경인(庚寅) 정월 개간 칠불사) 2장+명안(明眼) 집(集) '현행법회예참의식(現行法會禮懺儀式)' 8장+원참(元旵) 록(錄) '현행서방경(現行西方經)' 42장+시주질(施主秩)과 간기(강희 기축(1709년) 영남 강우(嶺南江右) 하동(河東) 쌍계사(雙溪寺) 개간) 1장 총53장. 한문본인데 10ㄱ에 범자(梵字)와 한글로 표기한 진언(眞言) 부분도 있다. 본문에 생획토 기입. 조선 묵서 구결 및 한글 자료. 국립중앙도서관 홈페이지(청구기호: 古1796-18) 원문 보기[68]>

---

66 한국학중앙연구원 장서각 한국고문서자료관 홈페이지 '기본정보'에서는 '서지표(徐至票瓦)'로 잘못 적었으나 '원문텍스트'에서는 '徐至甄'으로 적었다.

67 호남권 한국학자료센터 홈페이지에서는 '토지매매명문(土地賣買明文)'으로 표시하였다.

68 국립중앙도서관 홈페이지에는 '現行法會禮懺儀式'을 표제로 표시하고, 조선 명안(明眼) 집(集)으

1710-02-04. **별고 고직 명운 소지**(別庫庫直命云所志), 명운. <1장. 한자+이두. 조선 필사 이두 자료. 경북 경주시 내남면 이조리 경주 최씨·용산서원 소장. 한국학중앙연구원 고문서자료관 홈페이지 & 한국학중앙연구원 한국학 디지털 아카이브 홈페이지 원문 이미지 보기. 한국정신문화연구원 편(2000) 참고>

1710-02-19. **이학년 토지매매명문**(李鶴年土地賣買明文), 박경화(朴景華). <1장. 한자+이두. 조선 필사 이두 자료. 경북 경주시 안강읍 옥산리 여주 이씨 독락당 소장. 한국학중앙연구원 고문서자료관 홈페이지 원문 이미지 보기. 한국정신문화연구원 편(2003) 참고>

1710-03-01. **남면 내전리 목패 유사 서목**(南面柰前里木牌有司書目), 남면 내전리 목패 유사. <1장. 한자+이두. 조선 필사 이두 자료. 경북 경주시 내남면 이조리 경주 최씨·용산서원 소장. 한국학중앙연구원 고문서자료관 홈페이지 원문 이미지 보기. 한국정신문화연구원 편(2000) 참고>

1710-03-15. **고 생원 댁 노 석민 토지매매명문**(高生員宅石民土地賣買明文), 윤학(允學). <1장. 한자+이두. 조선 필사 이두 자료. 전남 구례군 토지면 오미리 문화 류씨 운조루 소장. 한국학중앙연구원 고문서자료관 홈페이지 원문 이미지와 텍스트 보기. 한국정신문화연구원 편(1998) 참고>

1710-03-15. **김명덕 토지매매명문**(金命德土地賣買明文), 김충립(金忠立). <1장. 한자+이두. 조선 필사 이두 자료. 경북 경주시 양동 경주 손씨 송첨 종택 소장. 한국학중앙연구원 고문서자료관 홈페이지 원문 이미지 보기. 이수건(1979), 이수건 편저(1981), 영남대학교 인문과학연구소 편(1990), 정구복·안승준(1997), 한국정신문화연구원 편(1997) 참고>

1710-03-16. **강 지사 댁 노 명상 사급 입안**(康知事宅奴命尙斜給立案), 한성부(漢城府). <1장. 한자+이두. 조선 필사 이두 자료. 일본 경도대학 가와이문고 소장. 고려대학교 해외한국학자료센터 홈페이지 원문 이미지와 텍스트 보기>

1710-03-16. **재주 윤 생원 노 영회 초사**(財主尹生員奴永會招辭), 영회. <1장. 한자+이

로 잘못 제시해 놓았다. 또 '주기사항'에서는 기축년을 1709년이 아닌 1909년으로 잘못 적어 놓았다.

두. 조선 필사 이두 자료. 일본 경도대학 가와이문고 소장. 고려대학교 해외한국학자료센터 홈페이지 원문 이미지와 텍스트 보기>

1710-03-16. **중인 염인창·필집 최필 초사**(證人廉仁昌·筆執崔佖招辭), 중인 염인창·필집 최필. <1장. 한자+이두. 조선 필사 이두 자료. 일본 경도대학 가와이문고 소장. 고려대학교 해외한국학자료센터 홈페이지 원문 이미지와 텍스트 보기>

1710-04-20. **충렬사 재임 서목**(忠烈祠齋任書目), 충렬사. <1장. 한자+이두. 조선 필사 이두 자료. 경북 경주시 내남면 이조리 경주 최씨·용산서원 소장. 한국학중앙연구원 고문서자료관 홈페이지 원문 이미지 보기. 한국정신문화연구원 편(2000) 참고>

1710-05-04. **모 김 씨 별급문기**(母金氏別給文記), 김 씨. <1장. 한자+이두. 조선 필사 이두 자료. 서산 대교 경주 김씨 소장. 한국학중앙연구원 고문서자료관 홈페이지 원문 이미지 보기. 한국학중앙연구원 편(2007) 참고>

1710-05-00. **노비주 유학 류석삼 초사**(奴婢主幼學柳錫三招辭), 류석삼. <1장. 한자+이두. 조선 필사 이두 자료. 경북 안동시 수곡 전주 류씨 수곡파 대야고택 구장. 한국국학진흥원 소장. 한국학자료센터 영남권역센터 홈페이지 원문 이미지와 텍스트 보기>

1710-05-00. **류영시 노비매매입안**(柳永時奴婢賣買立案), 진보현감(眞寶縣監). <1장. 한자+이두. 조선 필사 이두 자료. 경북 안동시 수곡 전주 류씨 수곡파 대야고택 구장. 한국국학진흥원 소장. 한국학자료센터 영남권역센터 홈페이지 원문 이미지와 텍스트 보기>

1710-05-00. **중인 유학 류한시 등 초사**(證人幼學柳翰時等招辭), 류한시 등. <1장. 한자+이두. 조선 필사 이두 자료. 경북 안동시 수곡 전주 류씨 수곡파 대야고택 구장. 한국국학진흥원 소장. 한국학자료센터 영남권역센터 홈페이지 원문 이미지와 텍스트 보기>

1710-07-03. **원노 철석 소지**(院奴哲石所志),[69] 철석. <1장. 한자+이두. 조선 필사 이두 자료. 경북 경주시 내남면 이조리 경주 최씨·용산서원 소장. 한국학중앙연구원

---

69 한국학중앙연구원 한국학 디지털 아카이브 홈페이지에서는 '소지[所志]'로 표시하였다.

한국학 디지털 아카이브 홈페이지 원문 이미지 보기>

1710-07-19. **김태운 혜민서 약재 공인권 매매명문**(金兌運惠民署藥材貢人權賣買明文), 성하번(成夏蕃). <1장. 한자+이두. 조선 필사 이두 자료. 일본 경도대학 가와이문고 소장. 고려대학교 해외한국학자료센터 홈페이지 원문 이미지와 텍스트 보기>

1710-07-00. **별고 서원 김계심 소지**(別庫書員金戒心所志),[70] 김계심. <1장. 한자+이두. 조선 필사 이두 자료. 경북 경주시 내남면 이조리 경주 최씨·용산서원 소장. 한국학중앙연구원 고문서자료관 홈페이지 원문 이미지 보기. 한국정신문화연구원 편(2000) 참고>

1710-07-00. **박성건 소지**(朴成建所志),[71] 박성건. <1장. 한자+이두. 조선 필사 이두 자료. 경북 경주시 내남면 이조리 경주 최씨·용산서원 소장. 한국학중앙연구원 고문서자료관 홈페이지 & 한국학중앙연구원 한국학 디지털 아카이브 홈페이지 원문 이미지 보기. 한국정신문화연구원 편(2000) 참고>

1710-윤7-01. **고직 김명원 소지**(庫直金命元所志), 김명원. <1장. 한자+이두. 조선 필사 이두 자료. 경북 경주시 내남면 이조리 경주 최씨·용산서원 소장. 한국학중앙연구원 한국학 디지털 아카이브 홈페이지 원문 이미지 보기>

1710-윤7-01. **동내 하인 언장무 기원 소지**(洞內下人彦將務己元所志), 기원. <1장. 한자+이두. 조선 필사 이두 자료. 경북 경주시 내남면 이조리 경주 최씨·용산서원 소장. 한국학중앙연구원 고문서자료관 홈페이지 원문 이미지 보기. 한국정신문화연구원 편(2000) 참고>

1710-윤7-01. **별고 고직 풍선 소지**(別庫庫直豊先所志), 풍선. <1장. 한자+이두. 조선 필사 이두 자료. 경북 경주시 내남면 이조리 경주 최씨·용산서원 소장. 한국학중앙연구원 고문서자료관 홈페이지 & 한국학중앙연구원 한국학 디지털 아카이브 홈페이지 원문 이미지 보기. 한국정신문화연구원 편(2000) 참고>

1710-윤7-01. **봉이 고직 이명원 소지**(鳳伊庫直李命元所志), 이명원. <1장. 한자+이두. 조선 필사 이두 자료. 경북 경주시 내남면 이조리 경주 최씨·용산서원 소장.

---

70 한국학중앙연구원 한국학 디지털 아카이브 홈페이지에서는 '소지[所志]'로 표시하였다.
71 한국학중앙연구원 고문서자료관 홈페이지에서는 '?건(?建) 소지(所志)'로 표시하였다.

한국학중앙연구원 고문서자료관 홈페이지 원문 이미지 보기. 한국정신문화연구원 편(2000) 참고>

1710-윤7-01. **원노 철석 소지**(院奴哲石所志),[72] 철석. <1장. 한자+이두. 조선 필사 이두 자료. 경북 경주시 내남면 이조리 경주 최씨·용산서원 소장. 한국학중앙연구원 고문서자료관 홈페이지 & 한국학중앙연구원 한국학 디지털 아카이브 홈페이지 원문 이미지 보기. 한국정신문화연구원 편(2000) 참고>

1710-윤7-02. **동내 하인 의길 소지**(洞內下人宜吉所志), 의길. <1장. 한자+이두. 조선 필사 이두 자료. 경북 경주시 내남면 이조리 경주 최씨·용산서원 소장. 한국학중앙연구원 고문서자료관 홈페이지 & 한국학중앙연구원 한국학 디지털 아카이브 홈페이지 원문 이미지 보기. 한국정신문화연구원 편(2000) 참고>

1710-윤7-02. **전 별고 서원 김계심 소지**(前別庫書員金戒心所志),[73] 김계심. <1장. 한자+이두. 조선 필사 이두 자료. 경북 경주시 내남면 이조리 경주 최씨·용산서원 소장. 한국학중앙연구원 고문서자료관 홈페이지 & 한국학중앙연구원 한국학 디지털 아카이브 홈페이지 원문 이미지 보기. 한국정신문화연구원 편(2000) 참고>

1710-윤7-03. **원노 철석 소지**(院奴哲石所志),[74] 철석. <1장. 한자+이두. 조선 필사 이두 자료. 경북 경주시 내남면 이조리 경주 최씨·용산서원 소장. 한국학중앙연구원 한국학 디지털 아카이브 홈페이지 원문 이미지 보기. 한국정신문화연구원 편(2000) 참고>

1710-윤7-18. **이선기 노비매매명문**(李善基奴婢賣買明文), 최만흥(崔晩興). <1장. 한자+이두. 조선 필사 이두 자료. 일본 경도대학 가와이문고 소장. 고려대학교 해외한국학자료센터 홈페이지 원문 이미지와 텍스트 보기>

1710-윤7-00. **별고 장무 득명 소지**(別庫掌務得命所志),[75] 득명. <1장. 한자+이두. 조선 필사 이두 자료. 경북 경주시 내남면 이조리 경주 최씨·용산서원 소장. 한국학중앙연구원 고문서자료관 홈페이지 & 한국학중앙연구원 한국학 디지털 아카이

---

72 한국학중앙연구원 한국학 디지털 아카이브 홈페이지에서는 '소지[所志]'로 표시하였다.
73 한국학중앙연구원 한국학 디지털 아카이브 홈페이지에서는 '소지[所志]'로 표시하였다.
74 한국학중앙연구원 한국학 디지털 아카이브 홈페이지에서는 '소지[所志]'로 표시하였다.
75 한국학중앙연구원 한국학 디지털 아카이브 홈페이지에서는 '소지[所志]'로 표시하였다.

브 홈페이지 원문 이미지 보기. 한국정신문화연구원 편(2000) 참고>

1710-08-12. **유학 유항서 토지매매명문**(幼學柳恒瑞土地賣買明文), 김중현(金重鉉). <1장. 한자+이두. 조선 필사 이두 자료. 경북 경주시 내남면 이조리 경주 최씨·용산서원 소장. 한국학중앙연구원 고문서자료관 홈페이지 원문 이미지 보기. 박병호(1974ㄱ), 한국정신문화연구원 편(2000), 이재수(2003), 김소은(2004) 참고>

1710-09-00. **이선기 입안 요청 소지**(李善基立案要請所志), 이선기. <1장. 한자+이두. 조선 필사 이두 자료. 일본 경도대학 가와이문고 소장. 고려대학교 해외한국학자료센터 홈페이지 원문 이미지와 텍스트 보기>

1710-10-02. **수노 철석 토지매매명문**(首奴哲石土地賣買明文), 권계상(權戒上). <1장. 한자+이두. 조선 필사 이두 자료. 경북 경주시 내남면 이조리 경주 최씨·용산서원 소장. 한국학중앙연구원 고문서자료관 홈페이지 원문 이미지 보기. 한국정신문화연구원 편(2000) 참고>

1710-10-09. **비주 최만흥 초사**(婢主崔晚興招辭),[76] 최만흥. <1장. 한자+이두. 조선 필사 이두 자료. 일본 경도대학 가와이문고 소장. 고려대학교 해외한국학자료센터 홈페이지 원문 이미지와 텍스트 보기>

1710-10-09. **이선기 노비 매매 사급 입안**(李善基奴婢賣買斜給立案), 서산군(瑞山郡). <1장. 한자+이두. 조선 필사 이두 자료. 일본 경도대학 가와이문고 소장. 고려대학교 해외한국학자료센터 홈페이지 원문 이미지와 텍스트 보기>

1710-10-09. **증인 최만욱·필집 안수익 초사**(證人崔萬郁·筆執安壽益招辭), 증인 최만욱·필집 안수익. <1장. 한자+이두. 조선 필사 이두 자료. 일본 경도대학 가와이문고 소장. 고려대학교 해외한국학자료센터 홈페이지 원문 이미지와 텍스트 보기>

1710-11-07. **임해룡 토지매매명문**(林海龍土地賣買明文), 임무복(林茂福). <1장. 조선 필사 이두 자료. 전남 해남 연동 해남 윤씨 녹우당 소장. 한국학중앙연구원 장서각 한국고문서자료관 홈페이지 원문 이미지와 텍스트 보기. 박병호(1974ㄱ), 김태영(1983), 한국정신문화연구원 편(1983, 1986), 최승희(1989) 참고>

1710-11-15. **호위 군관 고재건 토지매매명문**(扈衛軍官高載乾土地賣買明文), 차선(次

---

[76] 고려대학교 해외한국학자료센터 홈페이지에서는 '최홍만(崔晚興)'으로 잘못 적었다.

善). <1장. 한자+이두. 조선 필사 이두 자료. 일본 경도대학 가와이문고 소장. 고려대학교 해외한국학자료센터 홈페이지 원문 이미지와 텍스트 보기>

1710-11-21. **오수현 차정첩**(吳遂顯差定帖),[77] 이조(吏曹). <1장. 한자+이두. 조선 필사 이두 자료. 경기도 용인시 오산 해주 오씨 추탄 종가 구장. 한국학중앙연구원 장서각 소장. 한국학중앙연구원 고문서자료관 홈페이지 원문 이미지와 텍스트 보기. 한국정신문화연구원 편(1998) 참고>

1710-11-26. **장 생원 비 정화 토지매매명문**(張生員婢廷華土地賣買明文), 정철석(鄭哲石). <1장. 한자+이두. 조선 필사 이두 자료. 전남 구례군 토지면 오미리 문화 류씨 운조루 소장. 한국학중앙연구원 고문서자료관 홈페이지 원문 이미지와 텍스트 보기. 한국정신문화연구원 편(1998) 참고>

1710-11-00. **별고 고직 박성건 소지**(別庫庫直朴成建所志), 박성건. <1장. 한자+이두. 조선 필사 이두 자료. 경북 경주시 내남면 이조리 경주 최씨·용산서원 소장. 한국학중앙연구원 고문서자료관 홈페이지 & 한국학중앙연구원 한국학 디지털 아카이브 홈페이지 원문 이미지 보기. 한국정신문화연구원 편(2000) 참고>

1710-12-00. **이의담 소지**(李義聃所志),[78] 이의담. <1장. 한자+이두. 조선 필사 이두 자료. 경북 경주시 안강읍 옥산리 여주 이씨 독락당 소장. 한국학중앙연구원 고문서자료관 홈페이지 & 한국학중앙연구원 한국학 디지털 아카이브 홈페이지 원문 이미지 보기. 한국정신문화연구원 편(2003) 참고>

1710-■■-■■. **부 안건행 분급문기**(父安健行分給文記), 안건행. <1장. 한자+이두. 조선 필사 이두 자료. 광주 기곡 광주 안씨 순암 종가 소장. 한국고문서자료관 홈페이지 원문 이미지와 텍스트 보기. 한국정신문화연구원 편(1990) 참고>

1710-00-00. **기원 소지**(己元所持),[79] 기원. <1장. 한자+이두. 조선 필사 이두 자료. 경북 경주시 내남면 이조리 경주 최씨·용산서원 소장. 한국학중앙연구원 한국학 디지털 아카이브 홈페이지 원문 이미지 보기. 한국정신문화연구원 편(2000) 참

---

[77] 한국학중앙연구원 고문서자료관 홈페이지에서는 '이조(吏曹) 차정첩(差定帖)'으로 표시하였다.
[78] 한국학중앙연구원 한국학 디지털 아카이브 홈페이지에서는 '소지60[所志60]'로 표시하였다.
[79] 한국학중앙연구원 한국학 디지털 아카이브 홈페이지에서는 '소지[所志]'로 표시하였다.

1710-00-00 이후 기입 추정.「대승기신론소화기회편(大乘起信論疏華記會編)」, 성총(性聰) 편(編), 경상남도 하동: 쌍계사. <4권 4책. 목판본. 4책 전체 본문에 생획토 기입. 불교 서적. 조선 묵서 구결 자료. 국립중앙도서관 홈페이지 원문 이미지 보기[80]>

1711년

<신묘(辛卯), 숙종 37년, 강희 50년>

1711-01-02. **육 남매 화회문기**(六娚妹和會文記), 육 남매. <1장. 한자+이두. 조선 필사 이두 자료. 남원 둔덕 전주 이씨가 구장. 전북대학교 박물관 소장. 호남권 한국학자료센터 홈페이지 원문 이미지와 텍스트 보기. 전북대학교 박물관 편 (1990), 전경목(2003), 최연숙(2005) 참고>

1711-01-02~1711-12-26(辛卯).「의금부등록(義禁府謄錄)」, 의금부(義禁府) 편(編). <1 책(3/6). 111장. 필사본. 한자+이두. 조선 필사 이두 자료. 서울대학교 규장각 한국학연구원 홈페이지 원문 이미지 보기.「각사등록」 72(1-3)(국사편찬위원회, 1994) 영인> <1635-02-09~1635-12-14(1/6)>

1711-01-02~1712-12-12(肅宗 37년 辛卯~壬辰).「각릉수개등록(各陵修改謄錄)」第 14(11), 예조(禮曹) 전향사(典享司) 편(編). <전21책. 1책. 144장. 필사본. 한자+이 두. 조선 필사 이두 자료. 서울대학교 규장각 한국학연구원 홈페이지 원문 이미지 보기> <1636-05-02~1644-08-10(仁祖 14년 崇禎 9년 丙子~甲申) 第1(1)>

1711-01-22~1716-12-29(辛卯~丙申).「전객사방물등록(典客司方物謄錄)」第6, 예조 (禮曹) 전객사(典客司) 편(編). <1책. 183장. 전9책. 표제는 '三名日方物謄錄'. 필사본. 한자+이두. 조선 필사 이두 자료. 서울대학교 규장각 한국학연구원 홈페이지

80　국립중앙도서관 홈페이지 원문 보기「대승기신론소화기회편」에는 이 책이 1695년에 발행된 것으로 표시하고 있다. 이 해는 서(敍)를 쓴 강희(康熙) 34년 을해년이다.

원문 이미지 보기> <1637-02-29~1658-11-26(丁丑~戊戌) 第1>

1711-01-00. **강필성 소지**(姜弼星所志) 1,[81] 강필성. <1장. 한자+이두. 조선 필사 이두 자료. 제주 한림 강우석 소장. 호남권 한국학자료센터 홈페이지 원문 이미지와 텍스트 보기. 최승희(1989), 고창석(2000, 2002) 참고>

1711-02-10. **김홍진 토지매매명문**(金弘振土地賣買明文), 김희석(金希碩). <1장. 한자+이두. 조선 필사 이두 자료. 전북대학교 박물관 소장. 호남권 한국학자료센터 홈페이지 원문 이미지와 텍스트 보기. 정구복 외(1999), 이재수(2003) 참고>

1711-02-15. **황계남 토지매매명문**(黃戒男土地賣買明文), 황개금(黃介金). <1장. 한자+이두. 조선 필사 이두 자료. 전남 구례군 토지면 오미리 문화 류씨 운조루 소장. 한국학중앙연구원 고문서자료관 홈페이지 원문 이미지와 텍스트 보기. 한국정신문화연구원 편(1998) 참고>

1711-02-00. **김삼중 등 의송**(金三重等議送), 김상중 등. <1장. 한자+이두. 조선 필사 이두 자료. 안동 천전 의성 김씨 제산 종택 소장. 한국학중앙연구원 장서각 한국고문서자료관 홈페이지 원문 이미지 보기. 한국정신문화연구원 편(1989) 참고>

1711-02-00. **증인 역리 정진사 등 초사**(證人驛吏鄭進上等招辭), 정진사 등. <1장. 한자+이두. 조선 필사 이두 자료. 경북 경주시 안강읍 옥산리 여주 이씨 독락당 소장. 한국학중앙연구원 고문서자료관 홈페이지 원문 이미지와 텍스트 보기. 이수환(1982, 2001), 한국정신문화연구원 편(2003) 참고>

1711-03-03. **이익규 별급문기**(李益圭別給文記), 이익규. <1장. 한자+이두. 조선 필사 이두 자료. 경북 경주시 안강읍 옥산리 여주 이씨 독락당 소장. 한국학중앙연구원 고문서자료관 홈페이지 원문 이미지 보기. 한국정신문화연구원 편(2003) 참고>

1711-03-03~1712-05-20(辛卯~壬辰).「통신사등록(**通信使謄錄**)」第6, 예조(禮曹) 편(編). <전14책. 166장. 필사본. 필사 시기 미상. 한자+이두. 조선 필사 이두 자료. 조선에서 일본에 보낸 통신사에 관한 기록. 서울대학교 규장각 한국학연구원 홈페이지 12책 영본 원문 이미지 보기>

1711-03-10. **박의중 별급문기**(朴宜中別給文記), 박의중. <1장. 한자+이두. 조선 필사

---

81 호남권 한국학자료센터 홈페이지에서는 '강필성(姜弼星) 소지(所志)'로 표시하였다.

이두 자료. 경남 밀양 신호 밀성 박씨·덕남서원 소장. 한국학중앙연구원 고문서자료관 홈페이지 원문 이미지 보기. 최승희(1989), 문숙자(2000), 정구복(2003), 한국정신문화연구원 편(2004) 참고>

1711-03-23. **장붕대 염분매매명문**(張鵬大鹽盆賣買明文), 일련(日連). <1장. 한자+이두. 조선 필사 이두 자료. 원주시 무릉박물관 소장. 한국학자료센터 강원권역센터 홈페이지 원문 이미지 보기. 박병호(1974ㄱ), 최승희(1989), 김소은(2004), 김성갑(2013) 참고>

1711-04-05~1713-10-04(辛卯~癸巳). 「표인영래차왜등록(漂人領來差倭謄錄)」第10, 예조(禮曹) 전객사(典客司) 편(編). <1책(6/12). 107장. 내제는 '典客司類抄謄錄' 또는 '漂人謄錄'. 필사본. 필사 시기 미상. 한자+이두. 이두 자료. 서울대학교 규장각 한국학연구원 홈페이지 낙질본(第1, 2, 3, 5 없음) 원문 이미지 보기> <1686-04-13~1692-08-02(第4)>

1711-04-29. **장응정 토지매매명문**(張應丁土地賣買明文), 윤상룡(尹上龍). <1장. 한자+이두. 조선 필사 이두 자료. 경북 예천군 용문면 대제리 안동 권씨 춘우재 고택 구장. 한국국학진흥원 소장. 한국학자료센터 영남권역센터 홈페이지 원문 이미지와 텍스트 보기. 김성갑(2013) 참고>

1711-05-15~1712-02-25. 「동사일기(東槎日記)」, 임수간(任守幹, 1665년~1721년) 저(著). <불분권 2책. 필사본. 한자+이두. 일본 기행록. 국립중앙도서관 홈페이지 원문 이미지 보기. 한국고전종합DB 홈페이지 원문 이미지와 텍스트 보기>

1711-06-09. **김태중 별급문기**(金泰重別給文記), 김태중. <1장. 한자+이두. 조선 필사 이두 자료. 안동 천전 의성 김씨 제산 종택 소장. 한국학중앙연구원 장서각 한국고문서자료관 홈페이지 원문 이미지와 텍스트 보기. 한국정신문화연구원 편(1990) 참고>

1711-06-15. **이상건 도장문기**(李尙健導掌文記), 이상건. <1장. 한자+이두. 조선 필사 이두 자료. 안산 부곡 진주 류씨 경성당 소장. 한국학중앙연구원 장서각 한국고문서자료관 홈페이지 원문 이미지 보기. 한국정신문화연구원 편(2002) 참고>

1711-07-15. **이지현 별급문기**(李之炫別給文記), 이지현. <1장. 한자+이두. 조선 필사 이두 자료. 영해 인량 재령 이씨 충효당 구장. 한국국학진흥원 소장. 한국학중앙연

구원 고문서자료관 홈페이지 원문 이미지와 텍스트 보기. 한국정신문화연구원 편(1997) 참고>

1711-08-08. **박하상 노비매매명문**(朴夏相奴婢賣買明文), 이덕무(李德袤). <1장. 한자+이두. 조선 필사 이두 자료. 영해 도곡 무안 박씨 무의공 종택 소장. 한국학중앙연구원 고문서자료관 홈페이지 원문 이미지 보기. 박병호(1974ㄱ), 이재수(2003), 한국학중앙연구원 편(2008) 참고>

1711-08-13. **장붕원 토지매매명문**(張鵬遠土地賣買明文), 권지환(權祉奐). <1장. 한자+이두. 조선 필사 이두 자료. 원주시 무릉박물관 소장. 한국학자료센터 강원권역센터 홈페이지 원문 이미지 보기. 박병호(1974ㄱ), 최승희(1989), 김소은(2004), 김성갑(2013) 참고>

1711-08-26. **강적운 토지매매명문**(姜赤云土地賣買明文), 오경원(吳慶元). <1장. 한자+이두. 조선 필사 이두 자료. 일본 경도대학 가와이문고 소장. 고려대학교 해외한국학자료센터 홈페이지 원문 이미지와 텍스트 보기>

1711-10-15~1746-08-09(辛卯~丙寅).「과거등록(科擧謄錄)」제11, 예조(禮曹) 편(編). <1책. 104장. 필사본. 한자+이두. 이두 자료. 서울대학교 규장각 한국학연구원 홈페이지 원문 이미지 보기> <1651-04-27~1662-09-06(제2)>

1711-10-00. **강필성 소지**(姜弼星所志) 2,[82] 강필성. <1장. 한자+이두. 조선 필사 이두 자료. 제주 한림 강우석 소장. 호남권 한국학자료센터 홈페이지 원문 이미지와 텍스트 보기. 최승희(1989), 고창석(2000, 2002) 참고>

1711-11-11. **반노 오종 토지매매명문**(班奴五宗土地賣買明文), 기벽(己碧). <1장. 한자+이두. 조선 필사 이두 자료. 경북 예천군 용문면 대제리 안동 권씨 춘우재 고택 구장. 한국국학진흥원 소장. 한국학자료센터 영남권역센터 홈페이지 원문 이미지와 텍스트 보기. 김성갑(2013) 참고>

1711-11-29. **해남현 첩정**(海南縣牒呈), 해남현. <1장. 조선 필사 이두 자료. 전남 해남 연동 해남 윤씨 녹우당 소장. 한국학중앙연구원 장서각 한국고문서자료관 홈페이지 원문 이미지와 텍스트 보기. 한국정신문화연구원 편(1983, 1986), 정구복 외

---

[82] 호남권 한국학자료센터 홈페이지에서는 '강필성(姜弼星) 소지(所志) 1'로 표시하였다.

(1999) 참고>

1711-11-00. **강적운 입지**(姜赤云立旨), 홍주 관아(洪州官衙). <1장. 한자+이두. 조선 필사 이두 자료. 일본 경도대학 가와이문고 소장. 고려대학교 해외한국학자료센터 홈페이지 원문 이미지와 텍스트 보기>

1711-12-01. **노 김을이 등 초사**(奴金乙伊等招辭),[83] 김을이 등. <1장. 조선 필사 이두 자료. 전남 해남 연동 해남 윤씨 녹우당 소장. 한국학중앙연구원 장서각 한국고문서자료관 홈페이지 원문 이미지와 텍스트 보기. 한국정신문화연구원 편(1983, 1986)>

1711-12-12. **종중 묘위명문**(宗中墓位明文), 이학년(李鶴年). <1장. 한자+이두. 조선 필사 이두 자료. 경북 경주시 안강읍 옥산리 여주 이씨 독락당 소장. 한국학중앙연구원 고문서자료관 홈페이지 원문 이미지 보기. 한국정신문화연구원 편(2003) 참고>

1711-12-15. **하한명 노비매매명문**(河漢明奴婢賣買明文), 정세호(鄭世虎). <1장. 한자+이두. 조선 필사 이두 자료. 경남 진주 운문 진양 하씨 소장. 한국학중앙연구원 고문서자료관 홈페이지 원문 이미지 보기. 한국정신문화연구원 편(2001) 참고>

1711-12-18. **수남 토지매매명문**(守男土地賣買明文), 정봉(鄭奉). <1장. 한자+이두. 조선 필사 이두 자료. 안동 하회 풍산 류씨 충효당 소장. 한국학중앙연구원 장서각 한국고문서자료관 홈페이지 원문 이미지와 텍스트 보기. 한국정신문화연구원 편(1994) 참고>

1711-12-27. **김황간 댁 노 막룡 토지매매명문**(金黃澗宅奴莫龍土地賣買明文), 조현기(曹賢起). <1장. 한자+이두. 조선 필사 이두 자료. 일본 경도대학 가와이문고 소장. 고려대학교 해외한국학자료센터 홈페이지 원문 이미지와 텍스트 보기>

1711-12-00. **노 필신 입안**(奴必信立案), 전남 해남군(全南海南郡). <1장. 조선 필사 이두 자료. 전남 해남 연동 해남 윤씨 녹우당 소장. 한국학중앙연구원 장서각 한국고문서자료관 홈페이지 원문 이미지와 텍스트 보기. 한국정신문화연구원

---

[83] 한국학중앙연구원 장서각 한국고문서자료관 홈페이지에서는 '노(奴) 김을이(金乙伊) 초사(招辭)'로 표시하였다.

편(1983, 1986) 참고>

1711-00-00. 「삼국사기(三國史記)」, 김부식(金富軾) 찬(撰). <10책. 금속활자본. 현종실록자본. 목활자 혼입본. 조선 인쇄 이두 자료. 국립중앙도서관 '한貴古朝53-가12' 소장>

1711-00-00~1720-00-00 사이 추정.[84] **이선익 입안**(李善益立案), 경주부(慶州府). <1장. 한자+이두. 조선 필사 이두 자료. 경북 경주시 내남면 이조리 경주 최씨·용산서원 소장. 한국학중앙연구원 고문서자료관 홈페이지 & 한국학중앙연구원 한국학 디지털 아카이브 홈페이지 원문 이미지 보기. 한국정신문화연구원 편(2000) 참고>

1712년

<임진(壬辰), 숙종 38년, 강희 51년>

1712-01-10. **득란 토지매매명문**(得蘭土地賣買明文), 이필생(李弼生). <1장. 한자+이두. 조선 필사 이두 자료. 전남 장성군 행주 기씨 금강 종가 소장. 호남권 한국학자료센터 홈페이지 원문 이미지와 텍스트 보기. 김재문(1986), 이재수(2003), 이수건 외(2004) 참고>

1712-01-16. **승 수담 토지매매명문**(僧守淡土地賣買明文), 옥상(玉尙). <1장. 한자+이두. 조선 필사 이두 자료. 대전시 무수동 안동 권씨 유회당 종택 소장. 한국학중앙연구원 장서각 한국고문서자료관 홈페이지 원문 이미지 보기. 한국학중앙연구원 편(2007) 참고>

1712-01-17. **정봉 토지매매명문**(鄭奉土地賣買明文),[85] 일동(一同). <1장. 한자+이두.

---

[84] 문서의 앞부분이 결락되어 '康熙五'만 남아 있어 정확한 작성 시기를 확인할 수 없다. 강희 50년부터 59년 사이에 작성한 것으로 추정한다.

[85] 한국국학진흥원 유교넷 홈페이지에서는 '풍산류씨 충효당 [명문55(전답매매문기)]'로 분류하여 '1712년(숙종 38) 1월 17일, 전주(田主) 사노 일동(寺奴一童)이 류생원댁 노 정봉(柳生員宅奴鄭奉) 앞으로 발급한 매매명문(賣買明文)'으로 표시하였다.

조선 필사 이두 자료. 안동 하회 풍산 류씨 충효당 구장. 한국국학진흥원 소장. 한국학중앙연구원 장서각 한국고문서자료관 홈페이지 & 한국국학진흥원 유교넷 홈페이지 원문 이미지와 텍스트 보기. 한국정신문화연구원 편(1994) 참고>

1712-01-20~1724-04-28(壬辰~甲辰). 「충효등록(**忠孝謄錄**)」第6, 예조(禮曹) 편(編). <전8책. 1책. 120장. 필사본. 필사 시기 미상. 한자+이두. 이두 자료. 서울대학교 규장각 한국학연구원 홈페이지 第2 결본 원문 이미지 보기> <1638-03-16~1665-12-30(戊寅~乙巳) 第1>

1712-01-21. **노 낭성 배지**(奴郎成牌旨), 최(崔). <1장. 조선 필사 이두 자료. 전남 해남 연동 해남 윤씨 녹우당 소장. 한국학중앙연구원 장서각 한국고문서자료관 홈페이지 원문 이미지와 텍스트 보기. 박병호(1974ㄱ), 김태영(1983), 한국정신문화연구원 편(1983, 1986), 최승희(1989) 참고>

1712-01-22. **유성■ 토지매매명문**(柳聖■土地賣買明文), 안구(安球). <1장. 한자+이두. 조선 필사 이두 자료. 안동 하회 풍산 류씨 충효당 소장. 한국학중앙연구원 장서각 한국고문서자료관 홈페이지 원문 이미지와 텍스트 보기. 한국정신문화연구원 편(1994) 참고>

1712-01-00~1712-12-26(壬辰). 「의금부등록(**義禁府謄錄**)」, 의금부(義禁府) 편(編). <1책(4/6). 121장. 필사본. 표제는 '義禁府謄錄'. 한자+이두. 이두 자료. 서울대학교 규장각 한국학연구원 홈페이지 원문 이미지 보기. 「각사등록」73(4-6)(국사편찬위원회, 1994) 영인> <1635-02-09~1635-12-14(1/6)>

1712-02-04~1724-04-18(壬辰~甲辰). 「학교등록(**學校謄錄**)」第8, 예조(禮曹) 편(編). <1책. 88장. 필사본. 한자+이두. 조선 필사 이두 자료. 서울대학교 규장각 한국학연구원 홈페이지 7책 영본 원문 이미지와 텍스트 보기> <1629-04-13~1653-09-08(己巳~癸巳) 第1>

1712-02-10. **김홍진 토지매매명문**(金弘振土地賣買明文), 윤국창(尹國昌). <1장. 한자+이두. 조선 필사 이두 자료. 전북대학교 박물관 소장. 호남권 한국학자료센터 홈페이지 원문 이미지와 텍스트 보기. 정구복 외(1999), 이재수(2003) 참고>

1712-02-23 추정.[86] **장동 토지매매명문**(張同土地賣買明文), 이택선(李擇善). <1장. 한자+이두. 조선 필사 이두 자료. 경북 경주시 내남면 이조리 경주 최씨·용산서원

소장. 한국학중앙연구원 고문서자료관 홈페이지 원문 이미지 보기. 한국정신문화연구원 편(2000) 참고>

1712-02-00. **진주 강씨 문중 등장**(晋州姜氏門中等狀), 진주 강씨 문중. <1장. 한자+이두. 조선 필사 이두 자료. 제주 한림 강우석 소장. 호남권 한국학자료센터 홈페이지 원문 이미지와 텍스트 보기. 최승희(1989) 참고>

1712-03-07. **김여해 토지매매명문**(金呂海土地賣買明文), 낭성(郞成). <1장. 조선 필사 이두 자료. 전남 해남 연동 해남 윤씨 녹우당 소장. 한국학중앙연구원 장서각 한국고문서자료관 홈페이지 원문 이미지와 텍스트 보기. 박병호(1974ㄱ), 김태영(1983), 한국정신문화연구원 편(1983, 1986), 최승희(1989) 참고>

1712-03-10. **고세태 혜민서 약재 공인권 매매명문**(高世泰惠民署藥材貢人權賣買明文), 김태운(金兌運). <1장. 한자+이두. 조선 필사 이두 자료. 일본 경도대학 가와이문고 소장. 고려대학교 해외한국학자료센터 홈페이지 원문 이미지와 텍스트 보기>

1712-03-10. **류영시 처 팔 남매 분재기**(柳永時妻八男妹分財記), 부(父). <1장. 한자+이두. 조선 필사 이두 자료. 경북 안동시 수곡 전주 류씨 수곡파 대야고택 구장. 한국국학진흥원 소장. 한국학자료센터 영남권역센터 홈페이지 원문 이미지와 텍스트 보기>

1712-03-24. **삼월 토지매매명문**(三月土地賣買明文), 세학(世鶴). <1장. 조선 필사 이두 자료. 전남 해남 연동 해남 윤씨 녹우당 소장. 한국학중앙연구원 장서각 한국고문서자료관 홈페이지 원문 이미지와 텍스트 보기. 박병호(1974ㄱ), 김태영(1983), 한국정신문화연구원 편(1983, 1986), 최승희(1989) 참고>

1712-04-08. **재종질 손맹걸 토지매매명문**(再從姪孫孟杰土地賣買明文), 손시림(孫是林). <1장. 한자+이두. 조선 필사 이두 자료. 경북 경주시 양동 경주 손씨 송첨 종택 소장. 한국학중앙연구원 고문서자료관 홈페이지 원문 이미지 보기. 이수건(1979), 이수건 편저(1981), 영남대학교 인문과학연구소 편(1990), 정구복·안승준(1997), 한국정신문화연구원 편(1997) 참고>

1712-04-00. **정세호 초사**(鄭世虎招辭), 정세호. <1장. 점련문서. 한자+이두. 조선 필

사 이두 자료. 경남 진주 운문 진양 하씨 소장. 한국학중앙연구원 고문서자료관 홈페이지 원문 이미지 보기. 한국정신문화연구원 편(2001) 참고>

1712-04-00. **하한명 소지**(河漢明所志), 하한명. <1장. 한자+이두. 조선 필사 이두 자료. 경남 진주 운문 진양 하씨 소장. 한국학중앙연구원 고문서자료관 홈페이지 원문 이미지 보기. 한국정신문화연구원 편(2001) 참고>

1712-04-00. **하한명 입안**(河漢明立案), 진주목(晋州牧). <1장. 점련문서. 한자+이두. 조선 필사 이두 자료. 경남 진주 운문 진양 하씨 소장. 한국학중앙연구원 고문서자료관 홈페이지 원문 이미지 보기. 한국정신문화연구원 편(2001) 참고>

1712-05-10. **내시 김석명 토지매매명문**(內侍金碩鳴土地賣買明文), 김여흥(金麗興). <1장. 한자+이두. 조선 필사 이두 자료. 일본 경도대학 가와이문고 소장. 고려대학교 해외한국학자료센터 홈페이지 원문 이미지와 텍스트 보기>

1712-05-18. **내시 김석명 토지매매사급입안**(內侍金碩鳴土地賣買斜給立案), 한성부(漢城府). <1장. 한자+이두. 조선 필사 이두 자료. 일본 경도대학 가와이문고 소장. 고려대학교 해외한국학자료센터 홈페이지 원문 이미지와 텍스트 보기>

1712-05-18. **답주 내시 김여흥 함답**(畓主內侍金麗興緘答), 김여흥. <1장. 한자+이두. 조선 필사 이두 자료. 일본 경도대학 가와이문고 소장. 고려대학교 해외한국학자료센터 홈페이지 원문 이미지와 텍스트 보기>

1712-05-18. **증인 내시 김석빈 등 함답**(證人內侍金碩彬等緘答), 김석빈 등. <1장. 한자+이두. 조선 필사 이두 자료. 일본 경도대학 가와이문고 소장. 고려대학교 해외한국학자료센터 홈페이지 원문 이미지와 텍스트 보기>

1712-06-21. **손여택 등 분집 문기**(孫汝澤等分執文記), 손여택 등. <1장. 한자+이두. 조선 필사 이두 자료. 경북 경주시 양동 경주 손씨 송첨 종택 소장. 한국학중앙연구원 고문서자료관 홈페이지 원문 이미지 보기. 한국정신문화연구원 편(1997) 참고>

1712-06-25. **정지녕 처 전주 이씨 화회문기**(鄭志寧妻全州李氏和會文記), 정지녕. <1장. 한자+이두. 조선 필사 이두 자료. 경기도 양주 사릉 해주 정씨 종가 소장. 한국학중앙연구원 고문서자료관 홈페이지 원문 이미지 보기>

1712-08-27. **최제태 혜민서 약재 공인권 매매명문**(崔齊泰惠民署藥材貢人權賣買明文),

한시량(韓時良). <1장. 한자+이두. 조선 필사 이두 자료. 일본 경도대학 가와이문고 소장. 고려대학교 해외한국학자료센터 홈페이지 원문 이미지와 텍스트 보기>

1712-11-03~1713-03-30. 「노가재연행일기(老稼齋燕行日記)」, 김창업(金昌業) 편. <9권 6책. 필사본. 표제는 '稼齋燕行錄'. 연행일기. 서울대학교 규장각 한국학연구원 홈페이지 원문 이미지 보기> <이본: 1914-00-00(조선고서간행회 연활자본)>

1712-11-15. **김수담 토지매매명문**(金壽聃土地賣買明文), 김박답(金的䫉).[87] <1장. 한자+이두. 조선 필사 이두 자료. 전남 영암군 밀양 김씨 김상회 소장. 호남권 한국학자료센터 홈페이지 원문 이미지와 텍스트 보기. 최승희(1989) 참고>

1712-11-27. **광릉 참봉 해유첩정**(光陵參奉解由牒呈), 권경(權謺). <1장. 한자+이두. 조선 필사 이두 자료. 경기도 양주 사릉 해주 정씨 종가 소장. 한국학중앙연구원 고문서자료관 홈페이지 원문 이미지 보기>

1712-11-27. **오수현 차정첩**(吳遂顯差定帖),[88] 이조(吏曹). <1장. 한자+이두. 조선 필사 이두 자료. 경기도 용인시 오산 해주 오씨 추탄 종가 구장. 한국학중앙연구원 장서각 소장. 한국학중앙연구원 고문서자료관 홈페이지 원문 이미지와 텍스트 보기. 한국정신문화연구원 편(1998) 참고>

1712-12-13. **서돌시 토지매매명문**(徐㐞屎土地賣買明文), 수규(守圭). <1장. 한자+이두. 조선 필사 이두 자료. 전남 구례군 토지면 오미리 문화 류씨 운조루 소장. 한국학중앙연구원 고문서자료관 홈페이지 원문 이미지와 텍스트 보기. 한국정신문화연구원 편(1998) 참고>

1712-12-19. **김만겸 혜민서 약재 공인권 매매명문**(金萬兼惠民署藥材貢人權賣買明文) 1, 고세태(高世泰). <1장. 한자+이두. 조선 필사 이두 자료. 일본 경도대학 가와이문고 소장. 고려대학교 해외한국학자료센터 홈페이지 원문 이미지와 텍스트 보기>

1712-12-19. **김만겸 혜민서 약재 공인권 매매명문**(金萬兼惠民署藥材貢人權賣買明文) 2, 최제태(崔齊泰). <1장. 한자+이두. 조선 필사 이두 자료. 일본 경도대학 가와이

---

[87] 호남권 한국학자료센터 홈페이지에서는 '김운답(金{音+勻}䫉)'으로 표시하였다.
[88] 한국학중앙연구원 고문서자료관 홈페이지에서는 '이조(吏曹) 차정첩(差定帖)'으로 표시하였다.

문고 소장. 고려대학교 해외한국학자료센터 홈페이지 원문 이미지와 텍스트 보기>

1712-12-00~1713-04-08. 「영정수보등록(影幀修補謄錄)」, 예조(禮曹). <1책. 6장. 필사본. 표제는 '影幀修補都監儀軌'. 한자+이두. 조선 필사 이두 자료. 한국학중앙연구원 장서각 소장. 한국학중앙연구원 한국학 디지털 아카이브 홈페이지 원문 이미지 보기. 한국학중앙연구원 장서각 한국학자료센터 홈페이지 참고>

1712-00-00~1725-00-00 사이. 「악학편고(樂學便考)」, 이형상(李衡祥). <4권 3책. 필사본. 고려와 조선 시대의 속악과 악학 이론서. 고려 시가 '유림가(儒林歌)'와 '북전(北殿)'[89], 조선 시가 '만전춘(滿殿春)', 정몽주와 길재의 시조 등 수록. 이형상의 유고 10종 15책 필사본으로 경북 영천시 청통면 성내동 개인 소장. 보물 제652-2호> <영인본: 권영철 해제(1976, 형설출판사)>

1713년

<계사(癸巳), 숙종 39년, 강희 52년>

1713-01-02. **모 유 씨 별급문기**(母柳氏別給文記), 유 씨. <1장. 한자+이두. 조선 필사 이두 자료. 전남 영광군 입석 영월 신씨 소장. 한국학중앙연구원 고문서자료관 홈페이지 원문 이미지와 텍스트 보기. 한국정신문화연구원 편(1996) 참고>

1713-01-05. **김구안 토지매매명문**(金九安土地賣買明文), 조순일(趙順逸). <1장. 한자+이두. 조선 필사 이두 자료. 경북 경주시 양동 경주 손씨 송첨 종택 소장. 한국학중앙연구원 고문서자료관 홈페이지 원문 이미지 보기. 이수건(1979), 이수건 편저(1981), 영남대학교 인문과학연구소 편(1990), 정구복·안승준(1997), 한국정신문화연구원 편(1997) 참고>

1713-01-05~1713-03-09. 「숙종 인경왕후 인현왕후 인원왕후 존숭도감의궤(肅宗仁敬王后仁顯王后仁元王后尊崇都監儀軌)」, 한성부(漢城府): 존숭도감. <2책. 151장

---

[89] 한글로 표기한 것인데, 한자로 표기한 「악학궤범」의 가사와는 내용이 다르다.

+175장. 필사본. 한자+이두. 조선 필사 이두 자료. 서울대학교 규장각 한국학연구원 소장. 서울대학교 규장각 한국학연구원 의궤 종합정보 홈페이지 원문 이미지 보기>

1713-01-08. **기진식 토지매매명문**(奇震軾土地賣買明文), 강명생(姜命生). <1장. 한자+이두. 조선 필사 이두 자료. 전남 장성군 행주 기씨 금강 종가 소장. 호남권 한국학자료센터 홈페이지 원문 이미지와 텍스트 보기. 김재문(1986), 이재수(2003), 이수건 외(2004) 참고>

1713-01-21. **승 승묵 토지매매명문**(僧勝默土地賣買明文), 강영로(姜永老). <1장. 한자+이두. 조선 필사 이두 자료. 전남 구례군 토지면 오미리 문화 류씨 운조루 소장. 한국학중앙연구원 고문서자료관 홈페이지 원문 이미지와 텍스트 보기. 한국정신문화연구원 편(1998) 참고>

1713-02-10. **남성하 토지매매명문**(南成夏土地賣買明文), 김시위(金時位). <1장. 한자+이두. 조선 필사 이두 자료. 순천 월등 목천 장씨가 구장. 전북대학교 박물관 소장. 호남권 한국학자료센터 홈페이지 원문 이미지와 텍스트 보기. 최승희(1989), 정구복 외(1999), 이재수(2003) 참고>

1713-02-12. **삼촌 토지매매명문**(三寸土地賣買明文),[90] 노 부진(奴夫眞). <1장. 한자+이두. 조선 필사 이두 자료. 제주 장전리 진주 강씨 강태복가 소장. 호남권 한국학자료센터 홈페이지 원문 이미지와 텍스트 보기. 최승희(1989), 고창석(2002) 참고>

1713-02-14. **박임생 토지매매명문**(朴任生土地賣買明文), 최치화(崔致華). <1장. 한자+이두. 조선 필사 이두 자료. 전남 구례군 토지면 오미리 문화 류씨 운조루 소장. 한국학중앙연구원 고문서자료관 홈페이지 원문 이미지와 텍스트 보기. 한국정신문화연구원 편(1998) 참고>

1713-02-23. **동생 형 신선봉 토지매매명문**(同生兄申善奉土地賣買明文), 신인백(申仁伯). <1장. 한자+이두. 조선 필사 이두 자료. 영해 인량 재령 이씨 충효당 구장. 한국국학진흥원 소장. 한국학자료센터 영남권역센터 홈페이지 & 한국국학진흥

---

[90] 호남권 한국학자료센터 홈페이지에서는 '토지매매명문(土地賣買明文)'으로 표시하였다.

원 유교넷 홈페이지 원문 이미지와 텍스트 보기>

1713-03-09. **차봉 배지**(次奉牌旨), 이(李). <1장. 한자+이두. 조선 필사 이두 자료. 전남 장성군 행주 기씨 금강 종가 소장. 호남권 한국학자료센터 홈페이지 원문 이미지와 텍스트 보기. 김재문(1986), 이재수(2003), 이수건 외(2004) 참고>

1713-03-29. **명선 토지매매명문**(明鮮土地賣買明文), 차봉(次奉). <1장. 한자+이두. 조선 필사 이두 자료. 전남 장성군 행주 기씨 금강 종가 소장. 호남권 한국학자료센터 홈페이지 원문 이미지와 텍스트 보기. 김재문(1986), 이재수(2003), 이수건 외(2004) 참고>

1713-04-09~1713-05-00. 「숙종어용도사도감의궤(肅宗御容圖寫都監儀軌)」, 어용도사도감. <1책. 132장. 필사본. 한자+이두. 조선 필사 이두 자료. 서울대학교 규장각 한국학연구원 소장. 서울대학교 규장각 한국학연구원 의궤 종합정보 홈페이지 원문 이미지 보기>

1713-04-21. **양주목사 권 첩정**(楊州牧使權牒呈), 양주목(楊州牧). <1장. 첩련문서. 한자+이두. 조선 필사 이두 자료. 제천 한수 연안 이씨 소장. 한국학중앙연구원 장서각 한국고문서자료관 홈페이지 원문 이미지 보기. 한국정신문화연구원 편 (1991) 참고>

1713-04-00 이후 기입 추정. 「금강반야바라밀경(金剛般若波羅密經)」, 구마라집(鳩摩羅什) 조역(詔譯). <1643년(숭정 16년 계미년(癸未年)) 5월에 영광(靈光) 불덕산(佛德山) 봉정사(鳳停寺)에서 개간한 것을 1713년 계사년(癸巳年)[91] 4월에 김중삼(金重三) 등의 시주로 재인출하였다. 1책. 34장. 목판본. 본문에 생획토 기입. 묵서 구결 자료. 국립중앙도서관 홈페이지 원문 이미지 보기>

1713-05-24~1718-11-17(癸巳~戊戌). 「통신사등록(通信使謄錄)」 第7, 예조(禮曹) 편(編). <전14책. 1책. 136장. 필사본. 필사 시기 미상. 한자+이두. 조선 필사 이두 자료. 조선에서 일본에 보낸 통신사에 관한 기록. 서울대학교 규장각 한국학연구원 홈페이지 원문 이미지 보기>

---

[91] 숭정 기원후 52년(1679년, 기미년) 계사(癸巳) 사월로 인쇄되어 있는데, 여기에서는 계사년을 1713년(강희 52년)으로 보았다.

1713-05-00. **이수찬 댁 노 오남 소지**(李修撰宅奴五男所志), 오남. <1장. 한자+이두. 조선 필사 이두 자료. 한국학중앙연구원 장서각 소장. 한국학중앙연구원 장서각 한국고문서자료관 홈페이지 원문 이미지와 텍스트 보기. 한국정신문화연구원 편(1992) 참고>

1713-06-27. **이시성 남매 화회문기**(李時成男妹和會文記), 이시성 남매. <1장. 한자+이두. 조선 필사 이두 자료. 안동시 법흥 고성 이씨 임청각 구장. 한국학중앙연구원 장서각 한국고문서자료관 홈페이지 원문 이미지 보기. 한국정신문화연구원 편(2000) 참고>

1713-07-28~1720-12-25(癸巳~庚子).「칙사등록(勅使謄錄)」第6, 예조(禮曹) 편(編). <1책. 91장. 필사본. 한자+이두. 조선 필사 이두 자료. 서울대학교 규장각 한국학연구원 홈페이지 원문 이미지 보기> <1637-06-20~1643-12-14(丁丑~癸未) 第1>

1713-08-10 추정. **권급·권진 초사**(權汲·權璡招辭), 권급·권진. <1장. 한자+이두. 조선 필사 이두 자료. 안동 천전 의성 김씨 제산 종택 소장. 한국학중앙연구원 장서각 한국고문서자료관 홈페이지 원문 이미지와 텍스트 보기. 한국정신문화연구원 편(1990) 참고>

1713-10-10. **김독산 토지매매명문**(金禿山土地賣買明文), 박옥대(朴玉代). <1장. 한자+이두. 조선 필사 이두 자료. 전남 구례군 토지면 오미리 문화 류씨 운조루 소장. 한국학중앙연구원 고문서자료관 홈페이지 원문 이미지와 텍스트 보기. 한국정신문화연구원 편(1998) 참고>

1713-10-23. **기상로 토지매매명문**(奇相老土地賣買明文), 김익문(金益文). <1장. 한자+이두. 조선 필사 이두 자료. 전남 장성군 행주 기씨 금강 종가 소장. 호남권 한국학자료센터 홈페이지 원문 이미지와 텍스트 보기. 김재문(1986), 이재수(2003), 이수건 외(2004) 참고>

1713-10-24~1716-12-25(癸巳~丙申).「표인영래차왜등록(漂人領來差倭謄錄)」第11, 예조(禮曹) 전객사(典客司) 편(編). <1책(7/12). 117장. 권수제는 '典客司類抄謄錄' 또는 '漂人謄錄'. 필사본. 필사 시기 미상. 한자+이두. 조선 필사 이두 자료. 서울대학교 규장각 한국학연구원 홈페이지 낙질본(第1, 2, 3, 5 없음) 원문 이미지 보기> <1686-04-13~1692-08-02(第4)>

1713-10-00. **토지매매명문**(土地賣買明文), 박옥대(朴玉代). <1장. 한자+이두. 조선 필사 이두 자료. 전남 구례군 토지면 오미리 문화 류씨 운조루 소장. 한국학중앙연구원 고문서자료관 홈페이지 원문 이미지와 텍스트 보기. 한국정신문화연구원 편(1998) 참고>

1713-11-01. **김천중 토지매매명문**(金天重土地賣買明文), 남숙하(南叔夏). <1장. 한자+이두. 조선 필사 이두 자료. 안동 천전 의성 김씨 제산 종택 소장. 한국학중앙연구원 장서각 한국고문서자료관 홈페이지 원문 이미지와 텍스트 보기. 한국정신문화연구원 편(1990) 참고>

1713-11-03. **박진후 토지매매명문**(朴振後土地賣買明文), 양우신(梁禹臣). <1장. 한자+이두. 조선 필사 이두 자료. 제주 장전리 진주 강씨 강태복가 소장. 호남권 한국학자료센터 홈페이지 원문 이미지와 텍스트 보기. 최승희(1989), 고창석(2002) 참고>

1713-11-11. **이기명 토지매매명문**(李技明土地賣買明文), 민우안(閔友顔).[92] <1장. 한자+이두. 조선 필사 이두 자료. 일본 경도대학 가와이문고 소장. 고려대학교 해외한국학자료센터 홈페이지 원문 이미지와 텍스트 보기>

1713-11-28. **이업금 토지매매명문**(李業金土地賣買明文), 을축(乙丑). <1장. 조선 필사 이두 자료. 전남 해남 연동 해남 윤씨 녹우당 소장. 한국학중앙연구원 장서각 한국고문서자료관 홈페이지 원문 이미지와 텍스트 보기. 박병호(1974ㄱ), 김태영(1983), 한국정신문화연구원 편(1983, 1986), 최승희(1989) 참고>

1713-12-12. **전세웅 토지매매명문**(田世雄土地賣買明文), 권찬(權贊). <1장. 한자+이두. 조선 필사 이두 자료. 경북 안동시 수곡면 전주 류씨 삼산 종가 소장. 한국학자료센터 영남권역센터 홈페이지 원문 이미지와 텍스트 보기. 이재수(2003), 최승희(1989), 전경목(2010) 참고>

1713-12-25. **김영준 토지매매명문**(金永俊土地賣買明文), 송태선(宋泰善). <1장. 한자+이두. 조선 필사 이두 자료. 일본 경도대학 가와이문고 소장. 고려대학교 해외한국학자료센터 홈페이지 원문 이미지와 텍스트 보기>

---

[92] 고려대학교 해외한국학자료센터 홈페이지에서는 '민우**언**(閔友顔)'으로 표시하였다.

1713-12-29. **강시변 토지매매명문**(姜時變土地賣買明文), 전주 홍안수 등(田主洪安守 等). <1장. 한자+이두. 조선 필사 이두 자료. 제주시 제주교육박물관 소장. 사이버 제주교육박물관 홈페이지 원문 이미지와 텍스트 보기>

1713-00-00. 「어용도사도감의궤(**御容圖寫都監儀軌**)」,[93] 어용도사도감 편. <1책. 132 장. 필사본. 표제는 '(康熙五十二年癸巳四月 日 江華府上)御容圖寫都監儀軌'. 목록제는 '(康熙五十二年四月 日)御容圖寫都監儀軌目錄'. 한자+이두. 조선 필사 이두 자료. 서울대학교 규장각 한국학연구원 의궤 종합정보 홈페이지 '奎13995', '奎13996' 원문 이미지 보기>

1713-00-00. 「어용도사도감의궤(**御容圖寫都監儀軌**)」,[94] 어용도사도감 편. <1책. 134 장. 필사본. 표제는 '御容圖寫都監儀軌'. 목록제는 '(康熙五十二年四月 日)御容圖寫都監儀軌目錄'. 한자+이두. 조선 필사 이두 자료. 국립중앙박물관 외규장각 의궤 홈페이지 '외규093' 원문 이미지와 텍스트 보기>

1713-00-00. 「인명론(**因明論**)」 <1책. 각필 구절부(句切符) 절박사(節博士) 자료. 단국대학교 동양학연구소 소장. 남풍현(2014ㄴ: 491) 참고>

1713-00-00. 「일방의궤(**一房儀軌**)」,[95] 존숭도감 편. <1책. 200장. 필사본. 표제는 '尊崇都監儀軌(下)'. 권수제는 '(康熙五十二年三月 日)一房儀軌'. 한자+이두. 조선 필사 이두 자료. 국립중앙박물관 외규장각 의궤 홈페이지 '외규092' 원문 이미지와 텍스트 보기>

1713-00-00. 「존숭도감도청의궤(**尊崇都監都廳儀軌**)」,[96] 존숭도감 편. <2책. 151장 +175장. 필사본. 상권의 표제는 '(癸巳年 太白山上)尊崇都監儀軌(上)'. 권수제는 '(康熙五十二年三月 日)尊崇都監都廳儀軌'. 한자+이두. 조선 필사 이두 자료. 서울

---

[93] 서울대학교 규장각 한국학연구원 의궤 종합정보 홈페이지에서는 서명을 '숙종어용도사도감의궤(肅宗御容圖寫都監儀軌)'로 적었다.

[94] 국립중앙박물관 외규장각 의궤 홈페이지에서는 서명을 표제나 목록제와는 달리 '숙종어용도사도감의궤(肅宗御容圖寫都監儀軌)'로 적었다.

[95] 국립중앙박물관 외규장각 의궤 홈페이지에서는 서명을 표제나 목록제와는 달리 '숙종인경왕후인현왕후인원왕후존숭도감의궤(하)(肅宗仁敬王后仁顯王后仁元王后尊崇都監儀軌(下))'로 적었다.

[96] 서울대학교 규장각 한국학연구원 의궤 종합정보 홈페이지에서는 서명을 '숙종인경왕후인현왕후인원왕후존숭도감의궤(肅宗仁敬王后仁顯王后仁元王后尊崇都監儀軌)'로 적었다.

대학교 규장각 한국학연구원 의궤 종합정보 홈페이지 '奎13267', '奎13268', '奎14900' 원문 이미지 보기>

1713-00-00. 「존숭도감의궤(尊崇都監儀軌)」, 존숭도감 편. <1책. 176장. 필사본. 표제는 '(康熙五十二年癸巳正月 日 肅宗三十九年)尊崇都監儀軌'. 본문 내용은 '康熙五十二年三月 日一房儀軌', '康熙五十二年三月 日二房儀軌', '康熙五十二年三月 日三房儀軌'로 나누어져 있다. 한자+이두. 조선 필사 이두 자료. 한국학중앙연구원 디지털장서각 홈페이지 'K2-2835' 원문 이미지 보기>

1713-00-00. 「존숭도감의궤(尊崇都監儀軌)」,[97] 존숭도감 편. <1책. 140장. 필사본. 표제는 '尊崇都監儀軌(上)'. 목록제는 '(康熙五十二年三月 日)尊崇都監儀軌目錄'. 한자+이두. 조선 필사 이두 자료. 국립중앙박물관 외규장각 의궤 홈페이지 '외규091' 원문 이미지와 텍스트 보기>

1714년

<갑오(甲午), 숙종 40년, 강희 53년>

1714-01-06~1716-07-20(肅宗 40년 甲午~丙申). 「각릉수개등록(各陵修改謄錄)」 第15(19), 예조(禮曹) 전향사(典享司) 편(編). <전21책. 1책. 126장. 필사본. 필사 시기 미상. 한자+이두. 이두 자료. 서울대학교 규장각 한국학연구원 홈페이지 원문 이미지 보기> <1636-05-02~1644-08-10(仁祖 14년 崇禎 9년 丙子~甲申) 第1(1)>

1714-01-07. **강찬 소지**(姜酇所志), 강찬. <1장. 한자+이두. 조선 필사 이두 자료. 경북 봉화 법전 진주 강씨 고암 강임 후손가 소장. 한국학중앙연구원 고문서자료관 홈페이지 원문 이미지 보기>

1714-01-15. **노 뇌축 토지매매명문**(奴牢丑土地賣買明文), 임(林). <1장. 한자+이두. 조선 필사 이두 자료. 전남 나주시 회진 나주 임씨 창계 후손가 소장. 한국학중앙

---

[97] 국립중앙박물관 외규장각 의궤 홈페이지에서는 서명을 표제나 목록제와는 달리 '숙종인경왕후인현왕후인원왕후존숭도감의궤(상)(肅宗仁敬王后仁顯王后仁元王后尊崇都監儀軌(上))'으로 적었다.

연구원 고문서자료관 홈페이지 원문 이미지 보기. 한국정신문화연구원 편(2003) 참고>

1714-01-15. **노 석돌똥 배지**(奴石乭屎牌旨), 임(林). <1장. 한자+이두. 조선 필사 이두 자료. 전남 나주시 회진 나주 임씨 창계 후손가 소장. 한국학중앙연구원 고문서자료관 홈페이지 원문 이미지 보기. 한국정신문화연구원 편(2003) 참고>

1714-01-15. **이세안 토지매매명문**(李世安土地賣買明文), 김순형(金順亨). <1장. 한자+이두. 조선 필사 이두 자료. 전남 구례군 토지면 오미리 문화 류씨 운조루 소장. 한국학중앙연구원 고문서자료관 홈페이지 원문 이미지와 텍스트 보기. 한국정신문화연구원 편(1998) 참고>

1714-01-16. **김구안 토지매매명문**(金九安土地賣買明文), 조수현(趙守玄). <1장. 한자+이두. 조선 필사 이두 자료. 경북 경주시 양동 경주 손씨 송첨 종택 소장. 한국학중앙연구원 고문서자료관 홈페이지 원문 이미지 보기. 이수건(1979), 이수건 편저(1981), 영남대학교 인문과학연구소 편(1990), 정구복·안승준(1997), 한국정신문화연구원 편(1997) 참고>

1714-01-18. **사노 행립 토지매매명문**(私奴杏立土地賣買明文), 유항서(柳恒瑞). <1장. 한자+이두. 조선 필사 이두 자료. 경북 경주시 내남면 이조리 경주 최씨·용산서원 소장. 한국학중앙연구원 고문서자료관 홈페이지 원문 이미지 보기. 한국정신문화연구원 편(2000) 참고>

1714-01-26. **유학 신 씨 토지매매명문**(幼學申氏土地賣買明文), 류필기(柳必起). <1장. 조선 필사 이두 자료. 전남 해남 연동 해남 윤씨 녹우당 소장. 한국학중앙연구원 장서각 한국고문서자료관 홈페이지 원문 이미지와 텍스트 보기. 박병호(1974ㄱ), 김태영(1983), 한국정신문화연구원 편(1983, 1986), 최승희(1989) 참고>

1714-02-08. **승 용엄 토지매매명문**(僧龍嚴土地賣買明文), 서종달(徐宗達). <1장. 한자+이두. 조선 필사 이두 자료. 전남 구례군 토지면 오미리 문화 류씨 운조루 소장. 한국학중앙연구원 고문서자료관 홈페이지 원문 이미지와 텍스트 보기. 한국정신문화연구원 편(1998) 참고>

1714-02-10. **노 치명 배지**(奴致命牌旨), 상전 김 씨(上典金氏). <1장. 한자+이두. 조선 필사 이두 자료. 전북 부안 석동 류절재 소장. 호남권 한국학자료센터 홈페이지

원문 이미지와 텍스트 보기. 박병호(1974ㄱ), 최승희(1989), 정구복 외(1999) 참고>

1714-02-15. **김선흥 토지매매명문**(金善興土地賣買明文), 정태기(鄭泰基). <1장. 한자＋이두. 조선 필사 이두 자료. 전남 구례군 토지면 오미리 문화 류씨 운조루 소장. 한국학중앙연구원 고문서자료관 홈페이지 원문 이미지와 텍스트 보기. 한국정신문화연구원 편(1998) 참고>

1714-02-18. **조부 정지녕 별급문기**(祖父鄭志寧別給文記),[98] 정지영. <1장. 한자＋이두. 조선 필사 이두 자료. 경기도 양주 사릉 해주 정씨 종가 소장. 한국학중앙연구원 고문서자료관 홈페이지 원문 이미지 보기>

1714-02-29. **고여립 토지매매명문**(高汝立土地賣買明文), 진우찰(秦佑察). <1장. 한자＋이두. 조선 필사 이두 자료. 제주 장전리 진주 강씨 강태복가 소장. 호남권 한국학자료센터 홈페이지 원문 이미지와 텍스트 보기. 최승희(1989), 고창석(2002) 참고>

1714-02-29. **승 낭연 토지매매명문**(僧郎蓮土地賣買明文), 정걸이(鄭乞伊). <1장. 한자＋이두. 조선 필사 이두 자료. 전남 구례군 토지면 오미리 문화 류씨 운조루 소장. 한국학중앙연구원 고문서자료관 홈페이지 원문 이미지와 텍스트 보기. 한국정신문화연구원 편(1998) 참고>

1714-03-01. **권천웅 토지매매명문**(權天雄土地賣買明文), 권정몽(權丁夢). <1장. 한자＋이두. 조선 필사 이두 자료. 경북 안동시 주촌 진성 이씨 경류정 소장. 한국학중앙연구원 장서각 한국고문서자료관 홈페이지 원문 이미지 보기. 한국정신문화연구원 편(1999) 참고>

1714-03-06. **고세중 토지매매명문**(高世重土地賣買明文), 고계순(高繼順). <1장. 한자＋이두. 조선 필사 이두 자료. 제주 장전리 진주 강씨 강태복가 소장. 호남권 한국학자료센터 홈페이지 원문 이미지와 텍스트 보기. 최승희(1989), 고창석(2002) 참고>

1714-03-11. **윤 생원 댁 노 봉석 토지매매명문**(尹生員宅奴奉石土地賣買明文), 임무복

---

[98] 한국학중앙연구원 장서각 한국고문서자료관 홈페이지에서는 '조부(祖**부**)정**이**녕(鄭志寧) 별급문기(別給文記)'로 잘못 표시하였다.

(林茂福). <1장. 조선 필사 이두 자료. 전남 해남 연동 해남 윤씨 녹우당 소장. 한국학중앙연구원 장서각 한국고문서자료관 홈페이지 원문 이미지와 텍스트 보기. 박병호(1974ㄱ), 김태영(1983), 한국정신문화연구원 편(1983, 1986), 최승희(1989) 참고>

1714-03-15. **이유 처 나 씨 분재기**(李瀏妻羅氏分財記),[99] 이유 처 나 씨. <1장. 조선 필사 이두 자료. 전남 해남 영산사 소장. 호남권 한국학자료센터 홈페이지 원문 이미지 보기. 최승희(1989) 참고>

1714-03-26. **이덕률 토지매매명문**(李德律土地賣買明文), 김두필(金斗弼). <1장. 한자+이두. 조선 필사 이두 자료. 안동 하회 풍산 류씨 충효당 소장. 한국학중앙연구원 장서각 한국고문서자료관 홈페이지 원문 이미지와 텍스트 보기. 한국정신문화연구원 편(1994) 참고>

1714-03-■■. **김 생원 주댁 비 덕례 토지매매명문**(金生員主宅婢德礼土地賣買明文), 박치명(朴致命). <1장. 한자+이두. 조선 필사 이두 자료. 전북 부안 석동 류절재 소장. 호남권 한국학자료센터 홈페이지 원문 이미지와 텍스트 보기. 박병호(1974ㄱ), 최승희(1989), 정구복 외(1999) 참고>

1714-04-24. **삼월 토지매매명문**(三月土地賣買明文), 강소천(姜小千). <1장. 조선 필사 이두 자료. 전남 해남 연동 해남 윤씨 녹우당 소장. 한국학중앙연구원 장서각 한국고문서자료관 홈페이지 원문 이미지와 텍스트 보기. 박병호(1974ㄱ), 김태영(1983), 한국정신문화연구원 편(1983, 1986), 최승희(1989) 참고>

1714-05-07. **질 이수홍 토지매매명문**(姪李守弘土地賣買明文), 안월석(安越石). <1장. 한자+이두. 조선 필사 이두 자료. 경북 안동시 도산면 의촌리 은졸재 고택 구장. 한국국학진흥원 소장. 한국학자료센터 영남권역센터 홈페이지 원문 이미지와 텍스트 보기>

1714-06-17. **경리청 토지매매명문**(經理廳土地賣買明文), 안상(安尙). <1장. 조선 필사 이두 자료. 전남 해남 연동 해남 윤씨 녹우당 소장. 한국학중앙연구원 장서각

99　호남권 한국학자료센터 홈페이지에서는 '이유(李瀏) 며느리 김씨(金氏) 분재기(分財記)'로 표시하였다.

한국고문서자료관 홈페이지 원문 이미지와 텍스트 보기. 박병호(1974ㄱ), 김태영(1983), 한국정신문화연구원 편(1983, 1986), 최승희(1989) 참고>

1714-06-17. **서자 여석 별급문기**(庶子如石別給文記), 여석. <1장. 한자+이두. 조선 필사 이두 자료. 경북 예천군 용문면 대제리 안동 권씨 춘우재 고택 구장. 한국국학진흥원 소장. 한국학자료센터 영남권역센터 홈페이지 원문 이미지와 텍스트 보기. 문숙자(2010) 참고>

1714-07-01. **노 천웅 토지매매명문**(奴千雄土地賣買明文)1, 필신(必信). <1장. 조선 필사 이두 자료. 전남 해남 연동 해남 윤씨 녹우당 소장. 한국학중앙연구원 장서각 한국고문서자료관 홈페이지 원문 이미지와 텍스트 보기. 박병호(1974ㄱ), 김태영(1983), 한국정신문화연구원 편(1983, 1986), 최승희(1989) 참고>

1714-07-12. **김홍진 토지매매명문**(金弘振土地賣買明文), 강만영(姜萬英). <1장. 한자+이두. 조선 필사 이두 자료. 전북대학교 박물관 소장. 호남권 한국학자료센터 홈페이지 원문 이미지 보기. 박병호(1974ㄱ), 이재수(2003) 참고>

1714-07-■■. **노 천웅 토지매매명문**(奴千雄土地賣買明文)2, 필신(必信). <1장. 한자+이두. 조선 필사 이두 자료. 전남 해남 연동 해남 윤씨 녹우당 소장. 한국학중앙연구원 장서각 한국고문서자료관 홈페이지 원문 이미지와 텍스트 보기. 박병호(1974ㄱ), 김태영(1983), 한국정신문화연구원 편(1983, 1986), 최승희(1989) 참고>

1714-09-00. **위세린 의송**(魏世璘議送), 위세린. <1장. 한자+이두. 조선 필사 이두 자료. 장흥 방촌 존재 후손가 소장. 호남권 한국학자료센터 홈페이지 원문 이미지와 텍스트 보기. 최승희(1989), 전경목 외(2006) 참고>

1714-11-28. **윤 진사 주댁 노 청일 토지매매명문**(尹進士主宅奴靑日土地賣買明文),[100] 임해룡(林海龍). <1장. 한자+이두. 조선 필사 이두 자료. 전남 해남 연동 해남 윤씨 녹우당 소장. 한국학중앙연구원 장서각 한국고문서자료관 홈페이지 원문 이미지와 텍스트 보기. 박병호(1974ㄱ), 김태영(1983), 한국정신문화연구원 편(1983, 1986), 최승희(1989) 참고>

---

[100] 한국학중앙연구원 고문서자료관 홈페이지에서는 '윤진사님댁 노 청일(靑日) 토지매매명문(土地賣買明文)'으로 표시하였다.

1714-11-00. **신정수 처 유 씨 소지**(辛鼎受妻柳氏所志) 1, 신정수 처 유 씨. <1장. 한자 +이두. 조선 필사 이두 자료. 전남 영광군 입석 영월 신씨 소장. 한국학중앙연구원 고문서자료관 홈페이지 원문 이미지와 텍스트 보기. 한국정신문화연구원 편 (1996) 참고>

1714-12-10. **용효신 토지매매명문**(龍孝臣土地賣買明文), 채석인(蔡石仁). <1장. 한자 +이두. 조선 필사 이두 자료. 전북대학교 박물관 소장. 호남권 한국학자료센터 홈페이지 원문 이미지 보기. 박병호(1974ㄱ), 이재수(2003) 참고>

1714-12-16. **하수경 토지매매명문**(河壽鏡土地賣買明文), 서성우(徐聖宇). <1장. 한자 +이두. 조선 필사 이두 자료. 전남 구례군 토지면 오미리 문화 류씨 운조루 소장. 한국학중앙연구원 고문서자료관 홈페이지 원문 이미지와 텍스트 보기. 한국정신문화연구원 편(1998) 참고>

1714-12-00. **입안**(立案), 곡성현(谷城縣).[101] <1장. 한자+이두. 조선 필사 이두 자료. 전남 구례군 토지면 오미리 문화 류씨 운조루 소장. 한국학중앙연구원 고문서자료관 홈페이지 원문 이미지와 텍스트 보기. 한국정신문화연구원 편(1998) 참고>

1714-00-00. **신정수 처 유 씨 소지**(辛鼎受妻柳氏所志) 2, 신정수 처 유 씨. <1장. 한자 +이두. 조선 필사 이두 자료. 전남 영광군 입석 영월 신씨 소장. 한국학중앙연구원 고문서자료관 홈페이지 원문 이미지와 텍스트 보기. 한국정신문화연구원 편 (1996) 참고>

1714-00-00. 「**양전등록**(量田謄錄)」 <1책. 128장. 필사본. 한자+이두. 조선 필사 이두 자료. 서울대학교 규장각 한국학연구원 홈페이지 '經古333.335-Y17'의 원문 텍스트 보기>

1714-00-00. **진주 강씨 문중 등장**(晋州姜氏門中等狀) 1, 진주 강씨 문중. <1장. 한자+ 이두. 조선 필사 이두 자료. 제주 한림 강우석 소장. 호남권 한국학자료센터 홈페이지 원문 이미지와 텍스트 보기. 최승희(1989) 참고>

1714-00-00. **진주 강씨 문중 등장**(晋州姜氏門中等狀) 2, 진주 강씨 문중. <1장. 한자+

---

[101] 한국학중앙연구원 고문서자료관 홈페이지 '작성주체'에서는 '**용**성현(容城縣)'으로 표시하였다. '원문텍스트'에서는 '谷城縣'으로 적었다.

이두. 조선 필사 이두 자료. 제주 한림 강우석 소장. 호남권 한국학자료센터 홈페이지 원문 이미지와 텍스트 보기. 최승희(1989) 참고>

1714-00-00 이후 기입 추정. 「법화엄법계관문(法華嚴法界觀門)」, 당나라 두순(杜順) 저(著), 당나라 종밀(宗密) 주(注), 경상도 산음(山陰): 지리산 왕산사(王山寺) 개판(開板). <1책. 66장. 목판본. 본문에 생획토 기입. 묵서 구결 및 한글 자료 국립중앙도서관 홈페이지 원문 이미지 보기>

1714-00-00 이후 기입 추정. 「인명입정리논해(因明入正理論解)」, 진계(眞界) 집해(集解), 강우(江右) 산음(山陰): 지리산 왕산사(王山寺) 개판(開板). <1책. 95장. 표제는 '因明入正理論'. 목판본. 본문에 생획토 기입. 조선 묵서 구결 자료. 국립중앙도서관 홈페이지 원문 이미지 보기>

1715년

<을미(乙未), 숙종 41년, 강희 54>

1715-01-15. **재주 이원필 분재기**(財主李元弼分財記),[102] 이홍필(李弘弼). <1장. 한자+이두. 조선 필사 이두 자료. 영천 이씨 농암 종택 구장. 한국국학진흥원 소장. 한국국학진흥원 유교넷 홈페이지 원문 이미지와 텍스트 보기>

1715-01-25. **김세구 토지매매명문**(金世九土地賣買明文), 손억봉(孫億奉). <1장. 한자+이두. 조선 필사 이두 자료. 전남 구례군 토지면 오미리 문화 류씨 운조루 소장. 한국학중앙연구원 고문서자료관 홈페이지 원문 이미지와 텍스트 보기. 한국정신문화연구원 편(1998) 참고>

1715-02-11. **풍헌·약정 서목**(風憲約正書目),[103] 풍헌·약정. <1장. 한자+이두. 조선 필사 이두 자료. 전남 해남 연동 해남 윤씨 녹우당 소장. 한국학중앙연구원 장서각

---

[102] 한국국학진흥원 유교넷 홈페이지에서는 '영천이씨 농암종택 1715년에 재주 이원필 처 박 등이 수급자 미상에게 보낸 분재기'로 표시했다.

[103] 한국학중앙연구원 장서각 한국고문서자료관 홈페이지에서는 '약정(約正) 김(金) 서목(書目)'으로 표시하였고, 발급자는 '김(金), 윤(尹)'으로 적었다.

한국고문서자료관 홈페이지 원문 이미지와 텍스트 보기. 한국정신문화연구원 편(1983, 1986), 최승희(1989) 참고>

1715-02-00. **윤 진사 댁 노 청일 소지**(尹進士宅奴淸一所志) 1, 청일. <1장. 한자+이두. 조선 필사 이두 자료. 전남 해남 연동 해남 윤씨 녹우당 소장. 한국학중앙연구원 장서각 한국고문서자료관 홈페이지 원문 이미지와 텍스트 보기. 한국정신문화연구원 편(1983, 1986), 최승희(1989) 참고>

1715-03-07. **김사전 토지매매명문**(金士前土地賣買明文), 김선흥(金善興). <1장. 한자+이두. 조선 필사 이두 자료. 전남 구례군 토지면 오미리 문화 류씨 운조루 소장. 한국학중앙연구원 고문서자료관 홈페이지 원문 이미지와 텍스트 보기. 한국정신문화연구원 편(1998) 참고>

1715-03-15. **유서혁 토지매매명문**(柳瑞爀土地賣買明文), 임창노(林昌魯). <1장. 한자+이두. 조선 필사 이두 자료. 원주시 무릉박물관 소장. 한국학자료센터 강원권역센터 홈페이지 원문 이미지 보기. 박병호(1974ㄱ), 최승희(1989), 김소은(2004), 김성갑(2013) 참고>

1715-03-00. **윤 진사 댁 노 청일 소지**(尹進士宅奴淸一所志) 2, 청일. <1장. 한자+이두. 조선 필사 이두 자료. 전남 해남 연동 해남 윤씨 녹우당 소장. 한국학중앙연구원 장서각 한국고문서자료관 홈페이지 원문 이미지와 텍스트 보기. 한국정신문화연구원 편(1983, 1986), 최승희(1989) 참고>

1715-04-07. **여진 토지매매명문**(汝進土地賣買明文), 유학 한(幼學韓). <1장. 한자+이두. 조선 필사 이두 자료. 전남 영광군 입석 영월 신씨 소장. 한국학중앙연구원 고문서자료관 홈페이지 원문 이미지와 텍스트 보기. 한국정신문화연구원 편(1996) 참고>

1715-04-25. **숭렬사 재임 서목**(崇烈祠齋任書目), 숭렬사. <1장. 한자+이두. 조선 필사 이두 자료. 경북 경주시 내남면 이조리 경주 최씨·용산서원 소장. 한국학중앙연구원 고문서자료관 홈페이지 원문 이미지 보기. 한국정신문화연구원 편(2000) 참고>

1715-04-00. **윤두서 분재기**(尹斗緖分財記), 윤두서. <1장. 한자+이두. 조선 필사 이두 자료. 전남 해남 연동 해남 윤씨 녹우당 소장. 한국학중앙연구원 장서각 한국고

문서자료관 홈페이지 원문 이미지와 텍스트 보기. 한국정신문화연구원 편(1983, 1986), 안승준(1987), 최승희(1989), 전경목(2003), 문숙자(2004) 참고>

1715-05-02. **노 모언개 등 초사**(奴毛言介等招辭), 모언개 등. <1장. 한자+이두. 조선 필사 이두 자료. 전남 해남 연동 해남 윤씨 녹우당 소장. 한국학중앙연구원 장서각 한국고문서자료관 홈페이지 원문 이미지와 텍스트 보기. 한국정신문화연구원 편(1983, 1986), 최승희(1989) 참고>

1715-05-02. **윤 진사 댁 윤두서 입안**(尹進士宅尹斗緒立案), 해남현(海南縣). <1장. 점련문서. 한자+이두. 조선 필사 이두 자료. 전남 해남 연동 해남 윤씨 녹우당 소장. 한국학중앙연구원 장서각 한국고문서자료관 홈페이지 원문 이미지와 텍스트 보기. 한국정신문화연구원 편(1983, 1986), 최승희(1989) 참고>

1715-05-08. **고 고두황 자녀 화회문기**(故高斗煌子女和會文記), 고두황 자녀. <1장. 한자+이두. 조선 필사 이두 자료. 전북 부안 청호 효충사 소장. 호남권 한국학자료센터 홈페이지 원문 이미지와 텍스트 보기. 박병호(1974ㄱ), 최승희(1989), 정구복 외(1999) 참고>

1715-05-25. **윤 진사 댁 노 춘망 토지매매명문**(尹進士宅奴春望土地賣買明文), 일백(日白). <1장. 한자+이두. 조선 필사 이두 자료. 전남 해남 연동 해남 윤씨 녹우당 소장. 한국학중앙연구원 장서각 한국고문서자료관 홈페이지 원문 이미지와 텍스트 보기. 박병호(1974ㄱ), 김태영(1983), 한국정신문화연구원 편(1983, 1986), 최승희(1989) 참고>

1715-05-00. **강여민 차정첩**(姜汝敏差定帖), 제주목(濟州牧). <1장. 한자+이두. 조선 필사 이두 자료. 제주 한림 강우석 소장. 호남권 한국학자료센터 홈페이지 원문 이미지와 텍스트 보기. 고창석(2000) 참고>

1715-05-00. **노 일백 배지**(奴日白牌旨), 윤(尹). <1장. 한자+이두. 조선 필사 이두 자료. 전남 해남 연동 해남 윤씨 녹우당 소장. 한국학중앙연구원 장서각 한국고문서자료관 홈페이지 원문 이미지와 텍스트 보기. 박병호(1974ㄱ), 김태영(1983), 한국정신문화연구원 편(1983, 1986), 최승희(1989) 참고>

1715-06-19. **강위빈 토지매매명문**(姜渭賓土地賣買明文), 박 조이(朴召史). <1장. 한자+이두. 조선 필사 이두 자료. 전남 구례군 토지면 오미리 문화 류씨 운조루 소장.

한국학중앙연구원 고문서자료관 홈페이지 원문 이미지와 텍스트 보기. 한국정신문화연구원 편(1998) 참고>

1715-09-18. **김삼중 등 등장**(金三重等等狀), 김삼중 등. <1장. 한자+이두. 조선 필사 이두 자료. 안동 천전 의성 김씨 재산 종택 소장. 한국학중앙연구원 장서각 한국고문서자료관 홈페이지 원문 이미지 보기. 한국정신문화연구원 편(1989) 참고>

1715-12-26. **유학 전홍점 토지매매명문**(幼學田弘點土地賣買明文),[104] 사노 황유승(私奴黃有承). <1장. 한자+이두. 조선 필사 이두 자료. 원주시 무릉박물관 소장. 한국학자료센터 강원권역센터 홈페이지 원문 이미지 보기. 박병호(1974ㄱ), 최승희(1989), 김소은(2004), 김성갑(2013) 참고>

1716년

<병신(丙申), 숙종 42년, 강희 55년>

1716-01-02. **김민행 토지매매명문**(金敏行土地賣買明文), 중하(重夏). <1장. 한자+이두. 조선 필사 이두 자료. 안동 천전 의성 김씨 재산 종택 소장. 한국학중앙연구원 장서각 한국고문서자료관 홈페이지 원문 이미지와 텍스트 보기. 한국정신문화연구원 편(1990) 참고>

1716-01-13. **충렬서원 별고 토지매매명문**(忠烈書員別庫土地賣買明文), 최인훈(崔仁訓). <1장. 한자+이두. 조선 필사 이두 자료. 경북 경주시 내남면 이조리 경주 최씨·용산서원 소장. 한국학중앙연구원 고문서자료관 홈페이지 원문 이미지 보기. 박병호(1974ㄱ), 한국정신문화연구원 편(2000), 이재수(2003), 김소은(2004) 참고>

1716-01-16. **강필성 토지매매명문**(姜弼星土地賣買明文) 1, 양덕흥(梁德興). <1장. 한자+이두. 조선 필사 이두 자료. 제주 어도내산 진주 강씨가 구장. 제주 한림 강우

---

[104] 한국학자료센터 강원권역센터 홈페이지에서는 '1715년 전홍점(田弘點) 토지매매명문(土地賣買明文)'으로 표시하였다. 여기에서는 '유학(幼學)'과 '사노(私奴)'의 거래임을 밝히고자 하였다.

석 소장. 호남권 한국학자료센터 홈페이지 원문 이미지와 텍스트 보기. 최승희 (1989), 고창석(2000) 참고>

1716-01-16. **강필성 토지매매명문**(姜弼星土地賣買明文) 2, 양덕흥(梁德興). <1장. 한자+이두. 조선 필사 이두 자료. 제주 어도내산 진주 강씨가 구장. 제주 한림 강우석 소장. 호남권 한국학자료센터 홈페이지 원문 이미지와 텍스트 보기. 최승희 (1989), 고창석(2000) 참고>

1716-01-18. **이세화 토지매매명문**(李世華土地賣買明文),[105] 진강(進江). <1장. 한자+이두. 조선 필사 이두 자료. 경북 경주시 양동 경주 손씨 송첨 종택 소장. 한국학중앙연구원 고문서자료관 홈페이지 원문 이미지 보기>

1716-01-27. **승 승묵 토지매매명문**(僧勝默土地賣買明文), 홍태덕(洪泰悳). <1장. 한자+이두. 조선 필사 이두 자료. 전남 구례군 토지면 오미리 문화 류씨 운조루 소장. 한국학중앙연구원 고문서자료관 홈페이지 원문 이미지와 텍스트 보기. 한국정신문화연구원 편(1998) 참고>

1716-02-05. **김영준 토지매매명문**(金永俊土地賣買明文), 송태선(宋泰善). <1장. 한자+이두. 조선 필사 이두 자료. 일본 경도대학 가와이문고 소장. 고려대학교 해외한국학자료센터 홈페이지 원문 이미지와 텍스트 보기>

1716-02-06. **연각 현중 토지매매명문**(燕各玄中土地賣買明文),[106] 가선대부 석 명선(嘉善大夫釋明善). <1장. 한자+이두. 조선 필사 이두 자료. 전남 구례군 토지면 오미리 문화 류씨 운조루 소장. 한국학중앙연구원 고문서자료관 홈페이지 원문 이미지와 텍스트 보기. 한국정신문화연구원 편(1998) 참고>

1716-02-10. **강필성 토지매매명문**(姜弼星土地賣買明文) 3, 성취희(成就希). <1장. 한자+이두. 조선 필사 이두 자료. 제주 어도내산 진주 강씨가 구장. 제주 한림 강우석 소장. 호남권 한국학자료센터 홈페이지 원문 이미지와 텍스트 보기. 최승희 (1989), 고창석(2000, 2002) 참고>

---

105 한국학중앙연구원 장서각 한국고문서자료관 홈페이지에서는 '진강(進江) 토지매매명문(土地賣買明文)'으로 잘못 표시하였다.
106 한국학중앙연구원 고문서자료관 홈페이지에서는 '토지매매명문(土地賣買明文)'으로 표시하였다.

1716-02-15. **이재현 노비매매명문**(李再顯奴婢賣買明文), 이익령(李益岭). <1장. 한자
+이두. 조선 필사 이두 자료. 경북 성주군 월항면 대산리 성산 이씨 응와 종택
구장. 한국국학진흥원 소장. 한국학자료센터 영남권역센터 홈페이지 원문 이미지
와 텍스트 보기>

1716-02-16. **임보철 토지매매명문**(林甫哲土地賣買明文), 임학(林鶴). <1장. 한자+이
두. 조선 필사 이두 자료. 전남 해남 연동 해남 윤씨 녹우당 소장. 한국학중앙연구
원 장서각 한국고문서자료관 홈페이지 원문 이미지와 텍스트 보기. 박병호(1974
ㄱ), 김태영(1983), 한국정신문화연구원 편(1983, 1986), 최승희(1989) 참고>

1716-02-28. **승 극능 토지매매명문**(僧極能土地賣買明文), 김 씨(金氏). <1장. 한자+이
두. 조선 필사 이두 자료. 전남 구례군 토지면 오미리 문화 류씨 운조루 소장.
한국학중앙연구원 고문서자료관 홈페이지 원문 이미지와 텍스트 보기. 한국정신
문화연구원 편(1998) 참고>

1716-02-00. **비주 이익령 초사**(婢主李益岭招辭), 이익령. <1장. 한자+이두. 조선 필사
이두 자료. 경북 성주군 월항면 대산리 성산 이씨 응와 종택 구장. 한국국학진흥원
소장. 한국학자료센터 영남권역센터 홈페이지 원문 이미지와 텍스트 보기>

1716-02-00. **이재현 소지**(李再顯所志), 이재현. <1장. 한자+이두. 조선 필사 이두
자료. 경북 성주군 월항면 대산리 성산 이씨 응와 종택 구장. 한국국학진흥원
소장. 한국학자료센터 영남권역센터 홈페이지 원문 이미지와 텍스트 보기>

1716-03-07. **김상일 노비매매명문**(金尙一奴婢賣買明文), 도영창(都永昌). <1장. 한자
+이두. 조선 필사 이두 자료. 칠곡 석전 광주 이씨 소장. 한국학중앙연구원 고문
서자료관 홈페이지 원문 이미지 보기. 한국학중앙연구원 편(2009) 참고>

1716-03-08. **숭렬서원 완문**(崇烈書員完文), 경주부(慶州府). <1장. 한자+이두. 조선
필사 이두 자료. 경북 경주시 내남면 이조리 경주 최씨·용산서원 소장. 한국학중
앙연구원 고문서자료관 홈페이지 원문 이미지 보기. 한국정신문화연구원 편
(2000) 참고>

1716-03-14. **승 원철 토지매매명문**(僧元哲土地賣買明文), 애흥(愛興). <1장. 한자+이
두. 조선 필사 이두 자료. 전남 해남 연동 해남 윤씨 녹우당 소장. 한국학중앙연구
원 장서각 한국고문서자료관 홈페이지 원문 이미지와 텍스트 보기. 박병호(1974

ㄱ), 김태영(1983), 한국정신문화연구원 편(1983, 1986), 최승희(1989) 참고>

1716-03-28. **최정욱 노비매매명문**(崔廷郁奴婢賣買明文), 석산(石山). <1장. 한자+이두. 조선 필사 이두 자료. 경북 경주시 내남면 이조리 경주 최씨·용산서원 소장. 한국학중앙연구원 고문서자료관 홈페이지 원문 이미지 보기. 박병호(1974ㄱ), 한국정신문화연구원 편(2000), 최연숙(2005) 참고>

1716-03-00. **광주 이씨가 입안**(廣州李氏家立案), 관(官). <1장. 한자+이두. 조선 필사 이두 자료. 칠곡 석전 광주 이씨 소장. 한국학중앙연구원 고문서자료관 홈페이지 원문 이미지 보기. 한국학중앙연구원 편(2009) 참고>

1716-03-00. **김상일 소지**(金尙一所志), 김상일. <1장. 한자+이두. 조선 필사 이두 자료. 칠곡 석전 광주 이씨 소장. 한국학중앙연구원 고문서자료관 홈페이지 원문 이미지 보기. 한국학중앙연구원 편(2009) 참고>

1716-03-00. **노 애흥 배지**(奴愛興牌旨), 윤(尹). <1장. 한자+이두. 조선 필사 이두 자료. 전남 해남 연동 해남 윤씨 녹우당 소장. 한국학중앙연구원 장서각 한국고문서자료관 홈페이지 원문 이미지와 텍스트 보기. 박병호(1974ㄱ), 한국정신문화연구원 편(1983, 1986), 최승희(1989) 참고>

1716-03-00. **노주 유학 도영창 초사**(奴主幼學都永昌招辭), 도영창. <1장. 한자+이두. 조선 필사 이두 자료. 칠곡 석전 광주 이씨 소장. 한국학중앙연구원 고문서자료관 홈페이지 원문 이미지 보기. 한국학중앙연구원 편(2009) 참고>

1716-03-00. **이재현 입안**(李再顯立案), 경북 칠곡부(柒谷府). <1장. 한자+이두. 조선 필사 이두 자료. 경북 성주군 월항면 대산리 성산 이씨 응와 종택 구장. 한국국학진흥원 소장. 한국학자료센터 영남권역센터 홈페이지 원문 이미지와 텍스트 보기>

1716-03-00. **이지현 별급문기**(李之炫別給文記), 이지현. <1장. 한자+이두. 조선 필사 이두 자료. 영해 인량 재령 이씨 충효당 구장. 한국국학진흥원 소장. 한국학중앙연구원 고문서자료관 홈페이지 원문 이미지 보기. 한국정신문화연구원 편(1997) 참고>

1716-03-00. **최정욱 입안**(崔廷郁立案), 경주부(慶州府). <1장. 한자+이두. 조선 필사 이두 자료. 경북 경주시 내남면 이조리 경주 최씨·용산서원 소장. 한국학중앙연구

원 고문서자료관 홈페이지 원문 이미지 보기. 박병호(1974ㄱ), 한국정신문화연구원 편(2000), 최연숙(2005) 참고>

1716-윤3-00. **김 생원 노 석산 초사**(金生員奴石山招辭), 석산. <1장. 한자+이두. 조선 필사 이두 자료. 경북 경주시 내남면 이조리 경주 최씨·용산서원 소장. 한국학중앙연구원 고문서자료관 홈페이지 원문 이미지 보기. 박병호(1974ㄱ), 한국정신문화연구원 편(2000), 최연숙(2005) 참고>

1716-윤3-00. **성익겸 등 초사**(成益謙等招辭), 성익겸 등. <1장. 점련문서. 한자+이두. 조선 필사 이두 자료. 경북 경주시 내남면 이조리 경주 최씨·용산서원 소장. 한국학중앙연구원 고문서자료관 홈페이지 원문 이미지 보기. 박병호(1974ㄱ), 한국정신문화연구원 편(2000), 최연숙(2005) 참고>

1716-04-16. **풍헌 권 서목**(風憲權書目), 풍헌 권. <1장. 한자+이두. 조선 필사 이두 자료. 경북 안동시 주촌 진성 이씨 경류정 소장. 한국학중앙연구원 장서각 한국고문서자료관 홈페이지 원문 이미지와 텍스트 보기. 한국정신문화연구원 편(1999) 참고>

1716-04-17. **사노 을립 초사**(私奴乙立招辭), 을립. <1장. 한자+이두. 조선 필사 이두 자료. 경북 안동시 주촌 진성 이씨 경류정 소장. 한국학중앙연구원 장서각 한국고문서자료관 홈페이지 원문 이미지와 텍스트 보기. 한국정신문화연구원 편(1999) 참고>

1716-04-28. **숭렬사 재임 서목**(忠烈祠齋任書目), 숭렬사. <1장. 한자+이두. 조선 필사 이두 자료. 경북 경주시 내남면 이조리 경주 최씨·용산서원 소장. 한국학중앙연구원 고문서자료관 홈페이지 원문 이미지 보기. 한국정신문화연구원 편(2000) 참고>

1716-04-00. **이후천 등 소지**(李厚天等所志),[107] 이후천 등. <1장. 한자+이두. 조선 필사 이두 자료. 경북 안동시 주촌 진성 이씨 경류정 구장. 서울역사박물관 소장. 한국학중앙연구원 장서각 한국고문서자료관 홈페이지 원문 이미지와 텍스트 보

---

[107] 한국학중앙연구원 장서각 한국고문서자료관 홈페이지에서는 '우후천(厚天) 소지(所志)'로 표시하였다.

기. 한국정신문화연구원 편(1999) 참고>

1716-05-22. **이춘걸 등 초사**(李春杰等招辭), 이춘걸 등. <1장. 한자+이두. 조선 필사 이두 자료. 경북 경주시 내남면 이조리 경주 최씨·용산서원 소장. 한국학중앙연구원 고문서자료관 홈페이지 원문 이미지 보기. 한국정신문화연구원 편(2000) 참고>

1716-06-18. **숭렬서원 수노 노비매매명문**(崇烈書員首奴奴婢賣買明文), 김중호(金重豪). <1장. 한자+이두. 조선 필사 이두 자료. 경북 경주시 내남면 이조리 경주 최씨·용산서원 소장. 한국학중앙연구원 고문서자료관 홈페이지 원문 이미지 보기. 한국정신문화연구원 편(2000) 참고>

1716-07-26~1719-11-01(丙申~己亥).「각릉등록(各陵謄錄)」第28, 예조(禮曹) 전향사(典享司). <1책. 151장. 필사본. 한자+이두. 이두 자료. 서울대학교 규장각 한국학연구원 홈페이지 낙질본(第28-第32) 원문 이미지 보기> <1720-01-05~1723-11-26(第29), 1724-01-03~1727-12-18(第30), 1728-02-03~1731-12-08(第31), 1732-01-13~1735-03-05(第32)>

1716-07-00. **하한명 소지**(河漢明所志), 하한명. <1장. 한자+이두. 조선 필사 이두 자료. 경남 진주 운문 진양 하씨 소장. 한국학중앙연구원 고문서자료관 홈페이지 원문 이미지 보기. 한국정신문화연구원 편(2001) 참고>

1716-08-20. **하첩**(下帖),[108] 경주부(慶州府). <1장. 한자+이두. 조선 필사 이두 자료. 경북 경주시 내남면 이조리 경주 최씨·용산서원 소장. 한국학중앙연구원 고문서자료관 홈페이지 원문 이미지 보기. 한국정신문화연구원 편(2000) 참고>

1716-08-23. **강여민 전령**(姜汝㪺傳令) 1, 겸방어사(兼防禦使). <1장. 한자+이두. 조선 필사 이두 자료. 제주 어도내산 진주 강씨가 구장. 제주 한림 강우석 소장. 호남권 한국학자료센터 홈페이지 원문 이미지와 텍스트 보기. 최승희(1989), 고창석(2000), 한국학중앙연구원 편(2014) 참고>

1716-09-08. **승 현익 토지매매명문**(僧玄益土地賣買明文), 강적운(姜赤雲). <1장. 한자+이두. 조선 필사 이두 자료. 일본 경도대학 가와이문고 소장. 고려대학교 해외한

---

[108] 한국학중앙연구원 고문서자료관 홈페이지에서는 '경주부(慶州府) 하체(下帖)'으로 표시하였다.

국학자료센터 홈페이지 원문 이미지와 텍스트 보기>

1716-09-20. **최창녕 댁 노 후동 토지매매명문**(崔昌寧宅奴厚同土地賣買明文), 허맹(許孟). <1장. 한자+이두. 조선 필사 이두 자료. 경기도 용인시 오산 해주 오씨 추탄 종가 구장. 한국학중앙연구원 장서각 소장. 한국학중앙연구원 고문서자료관 홈페이지 원문 이미지와 텍스트 보기. 한국정신문화연구원 편(1998) 참고>

1716-10-24. **사비 지화 토지매매명문**(私婢智化土地賣買明文), 송순봉(宋順奉). <1장. 한자+이두. 조선 필사 이두 자료. 일본 경도대학 가와이문고 소장. 고려대학교 해외한국학자료센터 홈페이지 원문 이미지와 텍스트 보기>

1716-10-25. **가선 최규 토지매매명문**(嘉善崔奎土地賣買明文), 양우택(梁禹澤). <1장. 한자+이두. 조선 필사 이두 자료. 일본 경도대학 가와이문고 소장. 고려대학교 해외한국학자료센터 홈페이지 원문 이미지와 텍스트 보기>

1716-10-29. **조 씨 별급문기**(趙氏別給文記), 조 씨. <1장. 한자+이두. 조선 필사 이두 자료. 안동 천전 의성 김씨 제산 종택 소장. 한국학중앙연구원 장서각 한국고문서자료관 홈페이지 원문 이미지와 텍스트 보기. 한국정신문화연구원 편(1990) 참고>

1716-11-03. **기정해 토지매매명문**(奇挺海土地賣買明文), 기정건(奇挺乾). <1장. 한자+이두. 조선 필사 이두 자료. 전남 장성군 행주 기씨 금강 종가 소장. 호남권 한국학자료센터 홈페이지 원문 이미지와 텍스트 보기. 김재문(1986), 이재수(2003), 이수건 외(2004) 참고>

1716-11-19. **김건이 토지매매명문**(金建伊土地賣買明文), 유막내(柳莫乃). <1장. 한자+이두. 조선 필사 이두 자료. 서산 대교 경주 김씨 소장. 한국학중앙연구원 고문서자료관 홈페이지 원문 이미지 보기. 한국학중앙연구원 편(2007) 참고>

1716-11-21. **최영득 토지매매명문**(崔永得土地賣買明文), 노(奴) 대문(大文). <1장. 한자+이두. 조선 필사 이두 자료. 전남 구례군 토지면 오미리 문화 류씨 운조루 소장. 한국학중앙연구원 고문서자료관 홈페이지 원문 이미지와 텍스트 보기. 한국정신문화연구원 편(1998) 참고>

1716-11-22. **양세중 토지매매명문**(梁世重土地賣買明文), 김사만(金士萬). <1장. 한자+이두. 조선 필사 이두 자료. 전남 구례군 토지면 오미리 문화 류씨 운조루 소장.

한국학중앙연구원 고문서자료관 홈페이지 원문 이미지와 텍스트 보기. 한국정신문화연구원 편(1998) 참고>

1716-11-00. ■■■ 소지(■■■所志) <1장. 한자+이두. 조선 필사 이두 자료. 경북 경주시 내남면 이조리 경주 최씨·용산서원 소장. 한국학중앙연구원 고문서자료관 홈페이지 원문 이미지 보기. 한국정신문화연구원 편(2000) 참고>

1716-12-04. **정운련 토지매매명문**(鄭雲連土地賣買明文), 안감금(安甘金). <1장. 한자+이두. 조선 필사 이두 자료. 전남 장성군 행주 기씨 금강 종가 소장. 호남권 한국학자료센터 홈페이지 원문 이미지와 텍스트 보기. 김재문(1986), 이재수(2003), 이수건 외(2004) 참고>

1716-12-16. **강여민 전령**(姜汝敏傳令) 2, 겸방어사(兼防禦使). <1장. 한자+이두. 조선 필사 이두 자료. 제주 어도내산 진주 강씨가 구장. 제주 한림 강우석 소장. 호남권 한국학자료센터 홈페이지 원문 이미지와 텍스트 보기. 최승희(1989), 고창석(2000), 한국학중앙연구원 편(2014) 참고>

1716-12-17. **강여민 별급문기**(姜汝敏別給文記), 강여민. <1장. 한자+이두. 조선 필사 이두 자료. 제주 어도내산 진주 강씨가 구장. 제주 한림 강우석 소장. 호남권 한국학자료센터 홈페이지 원문 이미지와 텍스트 보기. 최승희(1989), 고창석(2000) 참고>

1716-12-17. **강여흥 별급문기**(姜汝興別給文記), 강여흥. <1장. 한자+이두. 조선 필사 이두 자료. 제주 어도내산 진주 강씨가 구장. 제주 한림 강우석 소장. 호남권 한국학자료센터 홈페이지 원문 이미지와 텍스트 보기. 고창석(2000, 2002), 한국학중앙연구원 편(2014) 참고>

1716-12-18. **강여민 노비매매명문**(姜汝敏奴婢賣買明文),[109] 차재보(車載寶). <1장. 한자+이두. 조선 필사 이두 자료. 제주 어도내산 진주 강씨가 구장. 제주 한림 강우석 소장. 호남권 한국학자료센터 홈페이지 원문 이미지와 텍스트 보기. 최승희(1989), 고창석(2000) 참고>

1716-12-28. **적장 손맹걸 토지매매명문**(嫡長孫孟杰土地賣買明文), 손선좌(孫善佐).

---

[109] 호남권 한국학자료센터 홈페이지에서는 '강여민(姜汝敏) 명문(明文)'으로 표시하였다.

<1장. 한자+이두. 조선 필사 이두 자료. 경북 경주시 양동 경주 손씨 송첨 종택 소장. 한국학중앙연구원 고문서자료관 홈페이지 원문 이미지 보기. 이수건(1979), 이수건 편저(1981), 영남대학교 인문과학연구소 편(1990), 정구복·안승준(1997), 한국정신문화연구원 편(1997) 참고>

1716-12-00. **김 첨사댁[110] 노 화골 입안**(金僉使宅奴禾骨立案), 해남현(海南縣). <1장. 한자+이두. 조선 필사 이두 자료. 전남 해남 연동 해남 윤씨 녹우당 소장. 한국학중앙연구원 장서각 한국고문서자료관 홈페이지 원문 이미지와 텍스트 보기. 정구복 외(1999) 참고>

1716-00-00. 「적상산성형지안(**赤裳山城形止案**)」, 종부시(宗簿寺) 편(編). <한자+이두. 필사본. 한국학중앙연구원 장서각 소장. 한국학중앙연구원 한국학 디지털 아카이브 홈페이지 원문 이미지 보기>

1717년

<정유(丁酉), 숙종 43년, 강희 56년>

1717-01-01. **유 생원 댁 노 춘봉 토지매매명문**(兪生員宅奴春奉土地賣買明文), 기화(己花). <1장. 한자+이두. 조선 필사 이두 자료. 전남 해남 연동 해남 윤씨 녹우당 소장. 한국학중앙연구원 장서각 한국고문서자료관 홈페이지 원문 이미지와 텍스트 보기. 박병호(1974ㄱ), 김태영(1983), 한국정신문화연구원 편(1983, 1986), 최승희(1989) 참고>

1717-01-05~1725-03-15(丁酉~乙巳). 「재판차왜등록(**裁判差倭謄錄**)」 第4, 예조(禮曹) 전객사(典客司) 편(編). <4/5. 1책. 85장. 필사본. 한자+이두. 조선 필사 이두 자료. 서울대학교 규장각 한국학연구원 홈페이지 원문 이미지와 텍스트 보기> <1683-11-22~1692-12-28(第1)>

1717-01-08. **강필성 송추문기**(姜弼星松楸文記), 성금(成今). <1장. 한자+이두. 조선

---

110 첨사(僉使)는 조선 시대에 각 진영에 둔 종3품 무관 벼슬이다(「표준국어대사전」).

필사 이두 자료. 제주 어도내산 진주 강씨가 구장. 제주 한림 강우석 소장. 호남권 한국학자료센터 홈페이지 원문 이미지와 텍스트 보기. 최승희(1989), 고창석(2000, 2002) 참고>

1717-01-15. **상림 토지매매명문**(尙琳土地賣買明文), 김용학(金龍鶴). <1장. 한자+이두. 조선 필사 이두 자료. 원주시 무릉박물관 소장. 한국학자료센터 강원권역센터 홈페이지 원문 이미지 보기. 최승희(1989), 전경목(2010), 채현경(2011ㄱ), 박준호(2016) 참고>

1717-01-17. **이해종 토지매매명문**(李海種土地賣買明文), 이시우(李時佑). <1장. 한자+이두. 조선 필사 이두 자료. 원주시 무릉박물관 소장. 한국학자료센터 강원권역센터 홈페이지 원문 이미지 보기. 박병호(1974ㄱ), 최승희(1989), 김소은(2004), 김성갑(2013) 참고>

1717-01-17~1720-12-27(丁酉~庚子). 「종사등록(宗社謄錄)」 8, 예조(禮曹) 전향사(典享司) 편(編). <1책. 75장. 필사본. 한자+이두. 이두 자료. 서울대학교 규장각 한국학연구원 홈페이지 낙질본(8, 13, 14) 원문 이미지 보기> <1743-02-04~1747-12-29(13), 1748-01-12~1750-12-25(14)>

1717-01-21. **박귀필 토지매매명문**(朴貴必土地賣買明文),[111] 이세화(李世華). <1장. 한자+이두. 조선 필사 이두 자료. 경북 경주시 양동 경주 손씨 송첨 종택 소장. 한국학중앙연구원 고문서자료관 홈페이지 원문 이미지 보기>

1717-01-28~1722-12-29(丁酉~壬寅). 「전객사방물등록(典客司方物謄錄)」 第7, 예조(禮曹) 전객사(典客司) 편(編). <1책. 285장. 전9책. 표제는 '方物謄錄'. 필사본. 한자+이두. 이두 자료. 서울대학교 규장각 한국학연구원 홈페이지 원문 이미지 보기> <1637-02-29~1658-11-26(丁丑~戊戌) 第1>

1717-01-00. **숭렬사 고직 소지**(崇烈祠庫直所志), 엇동(旕同). <1장. 한자+이두. 조선 필사 이두 자료. 경북 경주시 내남면 이조리 경주 최씨·용산서원 소장. 한국학중앙연구원 고문서자료관 홈페이지 원문 이미지 보기. 한국정신문화연구원 편

---

[111] 한국학중앙연구원 고문서자료관 홈페이지에서는 '이세화(李世華) 토지매매명문(土地賣買明文)'으로 표시하였다.

(2000) 참고>

1717-02-02. **숭렬사 재임 서목**(忠烈祠齋任書目) 1, 숭렬사. <1장. 한자+이두. 조선 필사 이두 자료. 경북 경주시 내남면 이조리 경주 최씨·용산서원 소장. 한국학중앙연구원 고문서자료관 홈페이지 원문 이미지 보기. 한국정신문화연구원 편(2000) 참고>

1717-02-10. **강여민 기와매매명문**(姜汝敏瓦賣買明文),[112] 옥희(玉姬). <1장. 한자+이두. 조선 필사 이두 자료. 제주 어도내산 진주 강씨가 구장. 제주 한림 강우석 소장. 호남권 한국학자료센터 홈페이지 원문 이미지와 텍스트 보기. 최승희(1989), 고창석(2002) 참고>

1717-02-17. **강선구 토지매매명문**(姜善龜土地賣買明文), 이유국(李有國). <1장. 한자+이두. 조선 필사 이두 자료. 전남 구례군 토지면 오미리 문화 류씨 운조루 소장. 한국학중앙연구원 고문서자료관 홈페이지 원문 이미지와 텍스트 보기. 한국정신문화연구원 편(1998) 참고>

1717-02-17. **윤고산 영감 묘직 노 정룡 토지매매명문**(尹孤山令監墓直奴正龍土地賣買明文), 승(僧) 원탄(元坦). <1장. 한자+이두. 조선 필사 이두 자료. 전남 해남 연동 해남 윤씨 녹우당 소장. 한국학중앙연구원 장서각 한국고문서자료관 홈페이지 원문 이미지와 텍스트 보기. 박병호(1974ㄱ), 김태영(1983), 한국정신문화연구원 편(1983, 1986), 최승희(1989) 참고>

1717-02-18. **이만이 토지매매명문**(李萬伊土地賣買明文), 김수생(金守生). <1장. 한자+이두. 조선 필사 이두 자료. 전남 영광군 입석 영월 신씨 소장. 한국학중앙연구원 고문서자료관 홈페이지 원문 이미지와 텍스트 보기. 한국정신문화연구원 편(1996) 참고>

1717-02-28. **기인 토지매매명문**(己仁土地賣買明文), 강선위(姜善偉). <1장. 한자+이두. 조선 필사 이두 자료. 전남 구례군 토지면 오미리 문화 류씨 운조루 소장. 한국학중앙연구원 고문서자료관 홈페이지 원문 이미지와 텍스트 보기. 한국정신문화연구원 편(1998) 참고>

---

[112] 호남권 한국학자료센터 홈페이지에서는 '강여민(姜汝敏) 명문(明文)'으로 표시하였다.

1717-02-29.[113] **유학 이원인 토지매매명문**(幼學李源仁土地賣買明文), 김해준(金海俊). <1장. 한자+이두. 조선 필사 이두 자료. 전남 구례군 토지면 오미리 문화 류씨 운조루 소장. 한국학중앙연구원 고문서자료관 홈페이지 원문 이미지와 텍스트 보기. 한국정신문화연구원 편(1998) 참고>

1717-02-00. **차노 선일 배지**(差奴先日牌旨), 홍(洪). <1장. 한자+이두. 조선 필사 이두 자료. 경북 안동시 주촌 진성 이씨 경류정 소장. 한국학중앙연구원 장서각 한국고문서자료관 홈페이지 원문 이미지와 텍스트 보기. 한국정신문화연구원 편(1999) 참고>

1717-03-03. **만석 토지매매명문**(萬石土地賣買明文), 월선(月先). <1장. 한자+이두. 조선 필사 이두 자료. 안동 하회 풍산 류씨 충효당 소장. 한국학중앙연구원 장서각 한국고문서자료관 홈페이지 원문 이미지와 텍스트 보기. 한국정신문화연구원 편(1994) 참고>

1717-03-06~1718-12-30(丁酉~戊戌). 「표인영래차왜등록(**漂人領來差倭謄錄**)」第12, 예조(禮曹) 전객사(典客司) 편(編). <1책(8/12). 141장. 권수제는 '典客司類抄謄錄' 또는 '漂人謄錄'. 필사본. 필사 시기 미상. 한자+이두. 이두 자료. 서울대학교 규장각 한국학연구원 홈페이지 낙질본(第1, 2, 3, 5 결본) 원문 이미지 보기> <1686-04-13~1692-08-02(第4)>

1717-03-10. **이 생원 댁 노 점봉 토지매매명문**(李生員宅奴占奉土地賣買明文), 정시태(鄭時泰). <1장. 한자+이두. 조선 필사 이두 자료. 전남 구례군 토지면 오미리 문화 류씨 운조루 소장. 한국학중앙연구원 고문서자료관 홈페이지 원문 이미지와 텍스트 보기. 한국정신문화연구원 편(1998) 참고>

1717-03-13. **김계정 토지매매명문**(金啓禎土地賣買明文), 최상택(崔尙澤). <1장. 한자+이두. 조선 필사 이두 자료. 원주시 무릉박물관 소장. 한국학자료센터 강원권역센터 홈페이지 원문 이미지 보기. 박병호(1974ㄱ), 최승희(1989), 김소은(2004), 김성갑(2013) 참고>

1717-03-20. **사노 일명 등 초사**(私奴一命等招辭),[114] 일명 등. <1장. 한자+이두. 조선

---

[113] 문서에는 '康熙伍拾陸年丁酉二月貳拾玖日'로 되어 있다.

필사 이두 자료. 경북 안동시 주촌 진성 이씨 경류정 소장. 한국학중앙연구원 장서각 한국고문서자료관 홈페이지 원문 이미지와 텍스트 보기. 한국정신문화연구원 편(1999) 참고>

1717-03-25. **김일명 토지매매명문**(金日命土地賣買明文), 고치(高致). <1장. 점련문서. 한자+이두. 조선 필사 이두 자료. 경북 안동시 주촌 진성 이씨 경류정 구장. 서울역사박물관 소장. 한국학중앙연구원 장서각 한국고문서자료관 홈페이지 원문 이미지와 텍스트 보기. 한국정신문화연구원 편(1999) 참고>

1717-03-26. **유 생원 댁 노 정봉 토지매매명문**(柳生員宅奴鄭奉土地賣買明文),[115] 진주(田主) 노(奴) 어이돌이(於伊乭伊). <1장. 한자+이두. 조선 필사 이두 자료. 안동 하회 풍산 류씨 충효당 소장. 한국학중앙연구원 장서각 한국고문서자료관 홈페이지 원문 이미지와 텍스트 보기. 한국정신문화연구원 편(1994) 참고>

1717-04-16. **유사순 토지매매명문**(柳師舜土地賣買明文), 유의건(柳宜健). <1장. 한자+이두. 조선 필사 이두 자료. 경북 상주시 우산 진주 정씨 우복 종택 소장. 한국학중앙연구원 고문서자료관 홈페이지 원문 이미지 보기. 한국학중앙연구원 편(2008) 참고>

1717-04-00. **안세휘 공인권 이록 요청 소지**(安世徽貢人權移錄要請所志), 안세휘. <1장. 한자+이두. 조선 필사 이두 자료. 일본 경도대학 가와이문고 소장. 고려대학교 해외한국학자료센터 홈페이지 원문 이미지와 텍스트 보기>

1717-05-08~1718-10-12(丁酉~戊戌).「과거 등록(**科擧謄錄**)」第12, 예조(禮曹) 편(編). <1책. 76장. 필사본. 필사 시기 미상. 한자+이두. 조선 필사 이두 자료. 서울대학교 규장각 한국학연구원 홈페이지 원문 이미지 보기> <1651-04-27~1662-09-06(第2)>

1717-05-00. **입안**(立案), 예조(禮曹). <1장. 한자+이두. 조선 필사 이두 자료. 전남 영광군 입석 영월 신씨 소장. 한국학중앙연구원 고문서자료관 홈페이지 원문

---

114 한국학중앙연구원 장서각 한국고문서자료관 홈페이지에서는 '초사(招辭)'로 표시하였다.
115 한국학중앙연구원 장서각 한국고문서자료관 홈페이지에서는 '정봉(鄭奉) 토지매매명문(土地賣買明文)'으로 표시하였다.

이미지와 텍스트 보기. 한국정신문화연구원 편(1996) 참고>

1717-06-00. **고 김이성 처 이 씨 입안**(故金履成妻李氏立案), 예조(禮曹). <1장. 한자+이두. 조선 필사 이두 자료. 전북 고창 고부 광산 김씨 소장. 한국학중앙연구원 고문서자료관 홈페이지 원문 이미지 보기. 한국학중앙연구원 편(2009) 참고>

1717-06-00. **광주 이씨가 입안**(廣州李氏家立案), 형조(刑曹). <1장. 한자+이두. 조선 필사 이두 자료. 칠곡 석전 광주 이씨 소장. 한국학중앙연구원 고문서자료관 홈페이지 원문 이미지 보기. 한국학중앙연구원 편(2009) 참고>

1717-07-18. **충렬사 재임 서목**(忠烈祠齋任書目) 2, 충렬사. <1장. 한자+이두. 조선 필사 이두 자료. 경북 경주시 내남면 이조리 경주 최씨·용산서원 소장. 한국학중앙연구원 고문서자료관 홈페이지 원문 이미지 보기. 한국정신문화연구원 편(2000) 참고>

1717-07-19~1717-10-23.「왕세자청정등록(**王世子聽政謄錄**)」, 예조(禮曹). <1책. 30장. 필사본. 한자+이두. 조선 필사 이두 자료. 한국학중앙연구원 장서각 소장. 한국학중앙연구원 장서각 한국학자료센터 홈페이지 & 한국학중앙연구원 한국학디지털 아카이브 홈페이지 원문 이미지 보기>

1717-07-25~1724-04-01(丁酉~甲辰).「왜인구청등록(**倭人求請謄錄**)」第8, 예조(禮曹) 전객사(典客司) 편(編). <1책(8/8). 48장. 필사본. 한자+이두. 이두 자료. 서울대학교 규장각 한국학연구원 홈페이지 원문 이미지 보기. 규장각 자료 총서 금호시리즈 대외관계편(서울대학교 규장각, 1992) 영인> <1637-03-13~1653-02-08(第1)>

1717-08-21. **강여민 차정첩**(姜汝敏差定帖), 제주목(濟州牧). <1장. 한자+이두. 조선 필사 이두 자료. 제주 어도내산 진주 강씨가 구장. 제주 한림 강우석 소장. 호남권 한국학자료센터 홈페이지 원문 이미지와 텍스트 보기. 최승희(1989), 고창석(2002) 참고>

1717-08-24~1718-08-19(丁酉~戊戌).「별계후등록(**別繼後謄錄**)」第8, 예조(禮曹) 편(編). <1책. 42장. 표제는 '**法外繼後謄錄**'. 필사본. 한자+이두. 조선 필사 이두 자료. 서울대학교 규장각 한국학연구원 홈페이지 낙질본 9책(1-6, 8, 11, 13) 원문 이미지 보기> <1637-윤4-20~1655-04-16(丁丑~乙未) 第1 참고>

1717-08-30. **충렬사 재임 서목**(忠烈祠齋任書目), 충렬사. <1장. 한자+이두. 조선 필사

이두 자료. 경북 경주시 내남면 이조리 경주 최씨·용산서원 소장. 한국학중앙연구원 고문서자료관 홈페이지 원문 이미지 보기. 한국정신문화연구원 편(2000) 참고>

1717-10-10. **이의발 토지매매명문**(李義發土地賣買明文), 귀구(貴拘). <1장. 한자+이두. 조선 필사 이두 자료. 원주시 무릉박물관 소장. 한국학자료센터 강원권역센터 홈페이지 원문 이미지 보기. 박병호(1974ㄱ), 최승희(1989), 김소은(2004), 김성갑(2013) 참고>

1717-10-22~1718-05-21(丁酉~강희 57년 /戊戌. 「강희 57년 4월 일 신사 청래 차왜 평윤지 접대 등록(康熙五十七年四月 日信使請來差倭平倫之接待謄錄)」, 이인복(李仁復). <1책. 32장. 「東萊府接待謄錄」(奎18108-v.3). 필사본. 표제는 '通信社請來差倭平倫之接待謄錄'. 한자+이두. 이두 자료. 서울대학교 규장각 한국학연구원 홈페이지 원문 이미지 보기. 「각사등록」 13(경상도편 3)(국사편찬위원회, 1984) 영인> <1653-11-17~1654-01-09(「東萊府接待謄錄」(奎18108-v.1))>

1717-11-27~1731-02-16. 「도재일기(燾哉日記)」, 이준(李濬, 1686년~1740년) 저(著). <1책. 필사본. 한자+이두. 국사편찬위원회 한국사데이터베이스 한국사료총서 홈페이지 원문 이미지와 텍스트 보기> <영인본: 「한국사료총서」 42(국사편찬위원회 편, 1999)>

1717-12-19. **김성건 토지매매명문**(金成建土地賣買明文), 김업산(金業山). <1장. 한자+이두. 조선 필사 이두 자료. 경북 경주시 양동 경주 손씨 송첨 종택 소장. 한국학중앙연구원 고문서자료관 홈페이지 원문 이미지 보기. 이수건(1979), 이수건 편저(1981), 영남대학교 인문과학연구소 편(1990), 정구복·안승준(1997), 한국정신문화연구원 편(1997) 참고>

1718년

<무술(戊戌), 숙종 44년, 강희 57년>

1718-01-13. **호노 애남 토지매매명문**(戶奴愛男土地賣買明文), 허춘복(許春福). <1장.

한자+이두. 조선 필사 이두 자료. 경북 경주시 양동 경주 손씨 송첨 종택 소장. 한국학중앙연구원 고문서자료관 홈페이지 원문 이미지 보기. 이수건(1979), 이수건 편저(1981), 영남대학교 인문과학연구소 편(1990), 정구복·안승준(1997), 한국정신문화연구원 편(1997) 참고>

1718-01-15. **강태화 토지매매명문**(姜泰華土地賣買明文), 강선구(姜善龜). <1장. 한자+이두. 조선 필사 이두 자료. 전남 구례군 토지면 오미리 문화 류씨 운조루 소장. 한국학중앙연구원 고문서자료관 홈페이지 원문 이미지와 텍스트 보기. 한국정신문화연구원 편(1998) 참고>

1718-01-15. **윤 진사 댁 노 춘망 노비매매명문**(尹進士宅奴春望奴婢賣買明文), 개금(介金). <1장. 점련문서. 한자+이두. 조선 필사 이두 자료. 전남 해남 연동 해남 윤씨 녹우당 소장. 한국학중앙연구원 장서각 한국고문서자료관 홈페이지 원문 이미지와 텍스트 보기. 한국정신문화연구원 편(1983, 1986), 최승희(1989) 참고>

1718-01-15. **이수담 칠 남매 화회문기**(李壽聃七男妹和會文記), 이수담 칠 남매. <1장. 한자+이두. 조선 필사 이두 자료. 경북 경주시 안강읍 옥산리 여주 이씨 독락당 소장. 한국학중앙연구원 고문서자료관 홈페이지 원문 이미지 보기. 한국정신문화연구원 편(2003) 참고>

1718-01-15. **토지매매명문**(土地賣買明文), 최성우(崔聖禹). <1장. 한자+이두. 조선 필사 이두 자료. 전남 구례군 토지면 오미리 문화 류씨 운조루 소장. 한국학중앙연구원 고문서자료관 홈페이지 원문 이미지와 텍스트 보기. 한국정신문화연구원 편(1998) 참고>

1718-01-16. **이 생원 노 개금 초사**(李生員奴介金招辭), 개금. <1장. 점련문서. 한자+이두. 조선 필사 이두 자료. 전남 해남 연동 해남 윤씨 녹우당 소장. 한국학중앙연구원 장서각 한국고문서자료관 홈페이지 원문 이미지와 텍스트 보기. 한국정신문화연구원 편(1983, 1986), 최승희(1989) 참고>

1718-01-16. **정화윤 초사**(鄭華潤招辭), 정화윤. <1장. 점련문서. 한자+이두. 조선 필사 이두 자료. 전남 해남 연동 해남 윤씨 녹우당 소장. 한국학중앙연구원 장서각 한국고문서자료관 홈페이지 원문 이미지와 텍스트 보기. 한국정신문화연구원 편(1983, 1986), 최승희(1989) 참고>

1718-01-00. **노 개금 배지**(奴介金牌旨), 이(李). <1장. 점련문서. 한자+이두. 조선 필사 이두 자료. 전남 해남 연동 해남 윤씨 녹우당 소장. 한국학중앙연구원 장서각 한국고문서자료관 홈페이지 원문 이미지와 텍스트 보기. 한국정신문화연구원 편(1983, 1986), 최승희(1989) 참고>

1718-01-00. **윤 진사 댁 노 춘망 소지**(尹進士宅奴春望所志), 춘망. <1장. 점련문서. 한자+이두. 조선 필사 이두 자료. 전남 해남 연동 해남 윤씨 녹우당 소장. 한국학중앙연구원 장서각 한국고문서자료관 홈페이지 원문 이미지와 텍스트 보기. 한국정신문화연구원 편(1983, 1986), 최승희(1989) 참고>

1718-01-00. **춘망 입안**(春望立案), 해남현(海南縣). <1장. 점련문서. 한자+이두. 조선 필사 이두 자료. 전남 해남 연동 해남 윤씨 녹우당 소장. 한국학중앙연구원 장서각 한국고문서자료관 홈페이지 원문 이미지와 텍스트 보기. 한국정신문화연구원 편(1983, 1986), 최승희(1989) 참고>

1718-01-00. **홍철명 토지매매명문**(洪哲命土地賣買明文), 전재련(全才蓮). <1장. 한자+이두. 조선 필사 이두 자료. 경북 안동시 수곡면 전주 류씨 삼산 종가 구장. 한국국학진흥원 소장. 한국학자료센터 영남권역센터 홈페이지 원문 이미지와 텍스트 보기>

1718-02-06. **노 검선 배지**(奴檢先牌旨), 이(李). <1장. 한자+이두. 조선 필사 이두 자료. 전남 해남 연동 해남 윤씨 녹우당 소장. 한국학중앙연구원 장서각 한국고문서자료관 홈페이지 원문 이미지와 텍스트 보기. 박병호(1974ㄱ), 김태영(1983), 한국정신문화연구원 편(1983, 1986), 최승희(1989) 참고>

1718-02-07. **강필성 토지매매명문**(姜弼星土地賣買明文), 김만식(金萬植). <1장. 한자+이두. 조선 필사 이두 자료. 제주 어도내산 진주 강씨가 구장. 제주 한림 강우석 소장. 호남권 한국학자료센터 홈페이지 원문 이미지와 텍스트 보기. 최승희(1989), 고창석(2000, 2002) 참고>

1718-02-07. **유학 박정태 토지매매명문**(幼學朴挺泰土地賣買明文), 장우선(張遇善). <1장. 한자+이두. 조선 필사 이두 자료. 전남 구례군 토지면 오미리 문화 류씨 운조루 소장. 한국학중앙연구원 고문서자료관 홈페이지 원문 이미지와 텍스트 보기. 한국정신문화연구원 편(1998) 참고>

1718-02-07. **윤 진사 댁 노 청일 토지매매명문**(尹進士宅奴淸日土地賣買明文), 검선(檢先). <1장. 한자+이두. 조선 필사 이두 자료. 전남 해남 연동 해남 윤씨 녹우당 소장. 한국학중앙연구원 장서각 한국고문서자료관 홈페이지 원문 이미지와 텍스트 보기. 박병호(1974ㄱ), 김태영(1983), 한국정신문화연구원 편(1983, 1986), 최승희(1989) 참고>

1718-02-07~1719-07-13. 「단의빈상장등록(端懿嬪喪葬謄錄)」, 계제사(稽制司). <2책. 필사본. 한자+이두. 조선 필사 이두 자료. 한국학중앙연구원 장서각 한국학자료센터 홈페이지 원문 이미지 보기>

1718-02-09~1719-03-11(戊戌~己亥). 「단의왕후국휼등록(端懿王后國恤謄錄)」, 편자 미상. <1책. 89장. 필사본. 권수제는 '端懿嬪戊戌二月初七日卒逝第四日成服四月十六日發靷十九日'. 한자+이두. 조선 필사 이두 자료. 서울대학교 규장각 한국학연구원 홈페이지 원문 이미지 보기>

1718-02-10~1718-04-22. 「단의빈묘소도감의궤(端懿嬪墓所都監儀軌)」, 묘소도감. <2권 2책. 395장. 필사본. 한자+이두. 조선 필사 이두 자료. 한국학중앙연구원 장서각 한국학자료센터 홈페이지 원문 이미지와 텍스트 보기>

1718-02-13. **강적운 토지매매명문**(姜積云土地賣買明文), 자정(自淨). <1장. 한자+이두. 조선 필사 이두 자료. 일본 경도대학 가와이문고 소장. 고려대학교 해외한국학자료센터 홈페이지 원문 이미지와 텍스트 보기>

1718-02-15. **이 생원 댁 노 장발 토지매매명문**(李生員宅奴長發土地賣買明文), 용엄(龍嚴). <1장. 한자+이두. 조선 필사 이두 자료. 전남 구례군 토지면 오미리 문화류씨 운조루 소장. 한국학중앙연구원 고문서자료관 홈페이지 원문 이미지와 텍스트 보기. 한국정신문화연구원 편(1998) 참고>

1718-02-17. **하령 토지매매명문**(下令土地賣買明文), 남순성(南順成). <1장. 한자+이두. 조선 필사 이두 자료. 원주시 무릉박물관 소장. 한국학자료센터 강원권역센터 홈페이지 원문 이미지 보기. 박병호(1974ㄱ), 최승희(1989), 김소은(2004), 김성갑(2013) 참고>

1718-02-22. **상전 주댁 수노 지철 토지매매명문**(上典主宅首奴智哲土地賣買明文), 비(婢) 논금(論今). <1장. 한자+이두. 조선 필사 이두 자료. 전남 해남 연동 해남

윤씨 녹우당 소장. 장서각 한국고문서자료관 홈페이지 원문 이미지와 텍스트 보기. 박병호(1974ㄱ), 김태영(1983), 한국정신문화연구원 편(1983, 1986), 최승희(1989) 참고>

1718-02-00. **안윤흥 계후입안**(安潤興繼後立案), 예조(禮曹). <1장. 한자+이두. 조선 필사 이두 자료. 경남 함안 두릉 순흥 안씨 소장. 한국학중앙연구원 고문서자료관 홈페이지 원문 이미지 보기. 한국학중앙연구원 편(2006) 참고>

1718-03-08. **정 생원 댁 노 순명 토지매매명문**(鄭生員宅奴順命土地賣買明文), 송태선(宋泰善). <1장. 한자+이두. 조선 필사 이두 자료. 일본 경도대학 가와이문고 소장. 고려대학교 해외한국학자료센터 홈페이지 원문 이미지와 텍스트 보기>

1718-03-09. **토지매매명문**(土地賣買明文), 박계필(朴戒必). <1장. 한자+이두. 조선 필사 이두 자료. 전남 구례군 토지면 오미리 문화 류씨 운조루 소장. 한국학중앙연구원 고문서자료관 홈페이지 원문 이미지와 텍스트 보기. 한국정신문화연구원 편(1998) 참고>

1718-03-10. **원노 철석 토지매매명문**(院奴哲石土地賣買明文) 1, 배춘상(裵春上). <1장. 한자+이두. 조선 필사 이두 자료. 경북 경주시 내남면 이조리 경주 최씨·용산서원 소장. 한국학중앙연구원 고문서자료관 홈페이지 원문 이미지 보기. 박병호(1974ㄱ), 한국정신문화연구원 편(2000), 이재수(2003), 김소은(2004) 참고>

1718-03-24. **문중 토지매매명문**(門中土地賣買明文) 1, 세함(世鋤). <1장. 한자+이두. 조선 필사 이두 자료. 안동 천전 의성 김씨 제산 종택 소장. 한국학중앙연구원 장서각 한국고문서자료관 홈페이지 원문 이미지와 텍스트 보기. 한국정신문화연구원 편(1990) 참고>

1718-03-24~1718-08-28. 「민회빈복위선시등록(愍懷嬪復位宣諡謄錄)」, 계제사(稽制司). <1책. 36장. 필사본. 한자+이두. 조선 필사 이두 자료. 한국학중앙연구원 장서각 소장. 장서각 한국학자료센터 홈페이지 & 한국학중앙연구원 한국학 디지털 아카이브 홈페이지 원문 이미지와 텍스트 보기>

1718-03-00. **최여천 계후입안**(崔與天繼後立案), 예조(禮曹). <1장. 한자+이두. 조선 필사 이두 자료. 남원·구례 삭녕 최씨 구장. 한국학중앙연구원 장서각 소장. 한국학중앙연구원 고문서자료관 홈페이지 원문 이미지 보기. 한국정신문화연구원

편(2004) 참고>

1718-04-06. **승 현익 토지매매명문**(僧玄益土地賣買明文), 강적운(姜積云). <1장. 한자+이두. 조선 필사 이두 자료. 일본 경도대학 가와이문고 소장. 고려대학교 해외한국학자료센터 홈페이지 원문 이미지와 텍스트 보기>

1718-04-08. **문중 토지매매명문**(門中土地賣買明文) 2, 세구(世{金+冓}). <1장. 한자+이두. 조선 필사 이두 자료. 안동 천전 의성 김씨 제산 종택 소장. 한국학중앙연구원 장서각 한국고문서자료관 홈페이지 원문 이미지와 텍스트 보기. 한국정신문화연구원 편(1990) 참고>

1718-04-15. **이득명 토지매매명문**(李得命土地賣買明文), 박한정(朴漢廷). <1장. 한자+이두. 조선 필사 이두 자료. 경북 경주시 내남면 이조리 경주 최씨·용산서원 소장. 한국학중앙연구원 고문서자료관 홈페이지 원문 이미지 보기. 박병호(1974ㄱ), 한국정신문화연구원 편(2000), 이재수(2003), 김소은(2004) 참고>

1718-05-22~1718-10-04. 「왕세자가례등록(王世子嘉禮謄錄)」, 예조. <1책. 46장. 필사본. 한자+이두. 조선 필사 이두 자료. 한국학중앙연구원 장서각 소장. 한국학중앙연구원 장서각 한국학자료센터 홈페이지 원문 이미지와 텍스트 보기>

1718-05-23. **김해준 토지매매명문**(金海准土地賣買明文), 하위포(河渭捕). <1장. 한자+이두. 조선 필사 이두 자료. 전남 구례군 토지면 오미리 문화 류씨 운조루 소장. 한국학중앙연구원 고문서자료관 홈페이지 원문 이미지와 텍스트 보기. 한국정신문화연구원 편(1998) 참고>

1718-05-00. **이 참판댁 노 말립 등 의송**(李參判宅奴末立等議送), 말립 등. <1장. 한자+이두. 조선 필사 이두 자료. 칠곡 석전 광주 이씨 구장. 한국학중앙연구원 장서각 소장. 한국학중앙연구원 고문서자료관 홈페이지 원문 이미지 보기. 한국학중앙연구원 편(2009) 참고>

1718-06-22. **노 삼선 토지매매명문**(奴三先土地賣買明文), 김일명(金一命). <1장. 점련문서. 한자+이두. 조선 필사 이두 자료. 경북 안동시 주촌 진성 이씨 경류정 구장. 서울역사박물관 소장. 한국학중앙연구원 장서각 한국고문서자료관 홈페이지 원문 이미지와 텍스트 보기. 한국정신문화연구원 편(1999) 참고>

1718-07-06. **정치상 별급문기**(鄭致相別給文記), 정치상. <1장. 한자+이두. 조선 필사

이두 자료. 양주 안흥 광주 정씨 소장. 한국학중앙연구원 고문서자료관 홈페이지 원문 이미지 보기. 한국정신문화연구원 편(2004) 참고>

1718-08-01~1718-12-20(戊戌).「훈국등록(訓局謄錄)」第3, 훈련도감(訓練都監) 편(編). <1책. 96장. 필사본. 한자+이두. 조선 필사 이두 자료. 서울대학교 규장각 한국학연구원 홈페이지 원문 이미지 보기> <1703-01-00~1703-12-28(第1)>

1718-08-00. **박하상·박정환·박정걸 등 소지**(朴夏相·朴廷煥·朴廷杰等所志), 박하상·박정환·박정걸 등. <1장. 한자+이두. 조선 필사 이두 자료. 영해 도곡 무안 박씨 무의공 종택 소장. 한국학중앙연구원 고문서자료관 홈페이지 원문 이미지 보기. 한국학중앙연구원 편(2008) 참고>

1718-윤8-14. **박두삼 토지매매명문**(朴斗三土地賣買明文), 송기산(宋起山). <1장. 한자+이두. 조선 필사 이두 자료. 일본 경도대학 가와이문고 소장. 고려대학교 해외한국학자료센터 홈페이지 원문 이미지와 텍스트 보기>

1718-윤8-27~1732-05-25(戊戌~壬子).「계후등록(繼後謄錄)」, 예조(禮曹) 편(編). <1책. 필사본. 표제는 '繼後謄錄'. 한자+이두. 조선 필사 이두 자료. 한국학중앙연구원 디지털장서각 홈페이지 원문 이미지 보기[116]> <1637-윤4-20~1655-04-16(丁丑~乙未) 第1 참고>

1718-09-22~1720-10-28(戊戌~庚子).「선원보략 교정청 등록(璿源譜略校正廳謄錄)」, 종부시(宗簿寺) 편(編). <1책. 50장. 필사본. 표제는 '己亥年 璿源譜略校正廳謄錄'. 한자+이두. 조선 필사 이두 자료. 서울대학교 규장각 한국학연구원 홈페이지 '奎13027' 원문 이미지 보기>

1718-10-12~1723-06-22(戊戌~癸卯).「과거등록(科擧謄錄)」第13, 예조(禮曹) 편(編). <1책. 109장. 필사본. 필사 시기 미상. 한자+이두. 조선 필사 이두 자료. 서울대학교 규장각 한국학연구원 홈페이지 원문 이미지 보기> <1651-04-27~1662-09-06 (第2)>

---

116 '해제(1)'에서는 서울대학교 규장각 한국학연구원 소장 「별계후등록」의 제7책과 제8책 사이에 해당하는 것으로 판단하였다. 그런데 기록된 내용의 시기를 보면 이 책은 서울대학교 규장각 한국학연구원 소장 「별계후등록」의 결본 제9책에 해당하는 것이다.

1718-10-14. **숭렬사 재임 서목**(崇烈祠齋任書目) 1, 숭렬사. <1장. 한자+이두. 조선 필사 이두 자료. 경북 경주시 내남면 이조리 경주 최씨·용산서원 소장. 한국학중앙연구원 고문서자료관 홈페이지 원문 이미지 보기. 한국정신문화연구원 편(2000) 참고>

1718-10-14. **숭렬사 재임 서목**(崇烈祠齋任書目) 2, 숭렬사. <1장. 한자+이두. 조선 필사 이두 자료. 경북 경주시 내남면 이조리 경주 최씨·용산서원 소장. 한국학중앙연구원 고문서자료관 홈페이지 원문 이미지 보기. 한국정신문화연구원 편(2000) 참고>

1718-10-24. **대야천리 풍헌 첩정**(大也川里風憲牒呈), 풍헌. <1장. 한자+이두. 조선 필사 이두 자료. 경남 진주시 단목 진양 하씨 단지 종택 소장. 한국학중앙연구원 고문서자료관 홈페이지 원문 이미지 보기. 한국정신문화연구원 편(2002) 참고>

1718-10-00. **하윤관 등 소지**(河潤寬等所志) 1, 하윤관 등. <1장. 한자+이두. 조선 필사 이두 자료. 경남 진주시 단목 진양 하씨 단지 종택 소장. 한국학중앙연구원 고문서자료관 홈페이지 원문 이미지 보기. 한국정신문화연구원 편(2002) 참고>

1718-10-00. **하윤관 등 소지**(河潤寬等所志) 2, 하윤관 등. <1장. 한자+이두. 조선 필사 이두 자료. 경남 진주시 단목 진양 하씨 단지 종택 소장. 한국학중앙연구원 고문서자료관 홈페이지 원문 이미지 보기. 한국정신문화연구원 편(2002) 참고>

1718-11-18~1720-07-07(戊戌~庚子). 「통신사등록(**通信使謄錄**)」 第8, 예조(禮曹) 편(編). <전14책. 119장. 필사본. 필사 시기 미상. 한자+이두. 조선 필사 이두 자료. 조선에서 일본에 보낸 통신사에 관한 기록. 서울대학교 규장각 한국학연구원 홈페이지 원문 이미지 보기>

1718-12-18. **이국방 토지매매명문**(李國芳土地賣買明文),[117] 신수명(申守明). <1장. 한자+이두. 조선 필사 이두 자료. 안동 권씨 이우당 종택 구장. 한국국학진흥원 소장. 한국국학진흥원 유교넷 홈페이지 원문 이미지 보기>

1718-12-27. **비 접례 토지매매명문**(婢接禮土地賣買明文), 송순봉(宋順奉). <1장. 한자

---

[117] 한국국학진흥원 유교넷 홈페이지에서는 '강희 57년(1718) 11월 신수명의 논을 이국방에게 매매한 문서'로 표시하였다.

+이두. 조선 필사 이두 자료. 일본 경도대학 가와이문고 소장. 고려대학교 해외한 국학자료센터 홈페이지 원문 이미지와 텍스트 보기>

1718-12-00. **입안**(立案) 1, 구례현(求禮縣). <1장. 한자+이두. 조선 필사 이두 자료. 전남 구례군 토지면 오미리 문화 류씨 운조루 소장. 한국학중앙연구원 고문서자 료관 홈페이지 원문 이미지와 텍스트 보기. 한국정신문화연구원 편(1998) 참고>

1718-12-00. **하윤관 등 의송**(河潤寬等議送) 하윤관 등. <1장. 한자+이두. 조선 필사 이두 자료. 경남 진주시 단목 진양 하씨 단지 종택 소장. 한국학중앙연구원 고문서 자료관 홈페이지 원문 이미지 보기. 한국정신문화연구원 편(2002) 참고>

1718-12-00. **한덕문 소지**(韓德文所志), 한덕문. <1장. 한자+이두. 조선 필사 이두 자료. 전남 구례군 토지면 오미리 문화 류씨 운조루 소장. 한국학중앙연구원 고문 서자료관 홈페이지 원문 이미지와 텍스트 보기. 한국정신문화연구원 편(1998) 참고>

1718-■■-■■. **원노 철석 토지매매명문**(院奴哲石土地賣買明文) 2, 김종회(金宗會). <1장. 한자+이두. 조선 필사 이두 자료. 경북 경주시 내남면 이조리 경주 최씨·용 산서원 소장. 한국학중앙연구원 고문서자료관 홈페이지 원문 이미지 보기. 박병 호(1974ㄱ), 한국정신문화연구원 편(2000), 이재수(2003), 김소은(2004) 참고>

1718-00-00.「가례도감 왕세자가례시도청의궤(**嘉禮都監 王世子嘉禮時都廳儀軌**)」,[118] 가례도감(嘉禮都監) 편(編). <1책. 316장. 필사본. 표제는 '(康熙五十七年戊戌九月 日 肅宗 四十四年)嘉禮都監儀軌'. 권수제는 '(康熙五十七年戊戌九月 日)嘉禮都監 王世子嘉禮 時都廳儀軌'. 한자+이두. 조선 필사 이두 자료. 한국학중앙연구원 디지털장서각 홈페이지 'K2-2593' 원문 이미지 보기>

1718-00-00.「가례도감 왕세자가례시도청의궤(**嘉禮都監 王世子嘉禮時都廳儀軌**)」,[119] 가례도감 편. <1책. 311장. 필사본. 표제는 '(戊戌年)嘉禮都監儀軌'. 권수제는 '(康 熙五十七年戊戌九月 日)嘉禮都監 王世子嘉禮時都廳儀軌'. 한자+이두. 서울대학교

---

[118] 한국학중앙연구원 디지털장서각 홈페이지에서는 서명을 '[경종선의왕후]가례도감의궤[景宗宣 懿王后]嘉禮都監儀軌]'로 적었다.

[119] 서울대학교 규장각 한국학연구원 홈페이지에서는 서명을 '[景宗宣懿后]嘉禮都監儀軌 [경종선의 후]가례도감의궤]'로 적었다.

규장각 한국학연구원 홈페이지 '奎13094' 원문 이미지와 텍스트 보기>

1718-00-00. 「단의빈 묘소도감의궤(端懿嬪墓所都監儀軌)」 <2책. 193장+203장. 목록제는 '端懿嬪墓所都監儀軌目錄'. 한자+이두. 한국학중앙연구원 디지털장서각 홈페이지 'K2-2312' 원문 이미지와 텍스트 보기>

1718-00-00. 「단의빈 묘소의궤(端懿嬪墓所儀軌)」,[120] 묘소도감 편. <1책. 213장. 필사본. 표제는 '端懿嬪墓所儀軌'. 권수제와 내제는 확인할 수 없다.[121] 한자+이두. 조선 필사 이두 자료. 국립중앙박물관 외규장각 의궤 홈페이지 '외규094' 원문 이미지와 텍스트 보기>

1718-00-00. 「단의빈 예장도감의궤(端懿嬪禮葬都監儀軌)」 하(下), 예장도감 편. <1책. 242장. 필사본. 한자+이두. 조선 필사 이두 자료. 서울대학교 규장각 한국학연구원 홈페이지 '奎13572' 원문 이미지 보기>

1718-00-00. 「단의왕후 국휼등록(端懿王后國恤謄錄)」, 편자 미상. <1책. 87장. 필사본. 한자+이두. 서울대학교 규장각 한국학연구원 홈페이지 '奎18175' 원문 이미지와 텍스트 보기>

1718-00-00. 「묘소도감의궤(墓所都監儀軌)」[122] 상·하, 묘소도감 편. <2권 2책. 193장+203장. 필사본. 표제는 확인할 수 없다. 권수제는 '(康熙五十七年戊戌二月 日)墓所都監儀軌'. 목록제는 '端懿嬪 墓誌都監儀軌目錄'. 한자+이두. 조선 필사 이두 자료. 한국학중앙연구원 디지털장서각 홈페이지 'K2-2312' 원문 이미지와 텍스트 보기>

1718-00-00. 「민회빈 봉묘도감의궤(愍懷嬪 封墓都監儀軌)」[123] 상·하, 봉묘도감 편. <2권 2책. 169장+164장. 필사본. 표제는 확인할 수 없다. 권수제는 없지만, 서근

---

120 국립중앙박물관 외규장각 의궤 홈페이지에서는 서명을 표제와는 달리 '단의빈묘소도감의궤(하)(端懿嬪墓所都監儀軌(下))'로 적었다.
121 국립중앙박물관 외규장각 의궤 홈페이지에서는 '원자료 내제'를 '三物所'로 적었다.
122 한국학중앙연구원 디지털장서각 홈페이지에서는 서명을 '[단의빈]묘소도감의궤[端懿嬪]墓所都監儀軌)'로 적었다.
123 한국학중앙연구원 디지털장서각 홈페이지에서는 서명을 '[민회빈]봉묘도감의궤[愍懷嬪]封墓都監儀軌)'로 적었다. 여기에서는 목록의 제목처럼 떼어 썼다.

제는 '墓所都監儀軌 昭顯世子嬪'. 목록제는 '愍懷嬪 封墓都監儀軌目錄'. 한자+이두. 조선 필사 이두 자료. 한국학중앙연구원 디지털장서각 홈페이지 'K2-2317' 원문 이미지와 텍스트 보기>

1718-00-00. 「복위선시도감의궤(復位宣諡都監儀軌)」,[124] 복위선시도감 편. <1책. 237장. 필사본. 표제는 '(康熙五十七年戊戌四月 日)昭顯世子嬪姜氏復位宣諡都監儀軌'. 권수제는 '(康熙五十七年四月 日)復位宣諡都監儀軌'. 한자+이두. 조선 필사 이두 자료. 서울대학교 규장각 한국학연구원 의궤 종합정보 홈페이지 '奎13494', '奎14928' 원문 이미지 보기>

1718-00-00. 「복위선시도감의궤(復位宣諡都監儀軌)」,[125] 복위선시도감 편. <1책. 115장. 필사본. 표제는 '(戊戌 議政府上 康熙五十七年)愍懷嬪復位宣諡都監儀軌'. 권수제는 '(康熙五十七年戊戌四月 日)復位宣諡都監儀軌'. 한자+이두. 조선 필사 이두 자료. 서울대학교 규장각 한국학연구원 의궤 종합정보 홈페이지 '奎14928', '奎13494' 원문 이미지 보기>

1718-00-00. 「복위선시도감의궤(復位宣諡都監儀軌)」,[126] 선시도감 편. <1책. 246장. 필사본. 표제는 결락. 권수제는 '(康熙五十七年四月 日)復位宣諡都監儀軌'. 한자+이두. 조선 필사 이두 자료. 국립중앙박물관 외규장각 의궤 홈페이지 '외규099' 원문 이미지와 텍스트 보기>

1718-00-00. 「빈궁도감의궤(殯宮都監儀軌)」,[127] 빈궁도감 편. <1책. 194장. 필사본. 표제는 '(康熙五十七年戊戌八月 日 端懿嬪 江華府上)殯宮都監儀軌'. 권수제는 '殯宮都監儀軌'. 한자+이두. 조선 필사 이두 자료. 서울대학교 규장각 한국학연구원 의궤 종합정보 홈페이지 '奎13575' 원문 이미지 보기>

---

[124] 서울대학교 규장각 한국학연구원 의궤 종합정보 홈페이지에서는 서명을 '민회빈복위선시도감의궤(愍懷嬪復位宣諡都監儀軌)'로 적었다.

[125] 서울대학교 규장각 한국학연구원 의궤 종합정보 홈페이지에서는 서명을 '민회빈복위선시도감의궤(愍懷嬪復位宣諡都監儀軌)'로 적었다.

[126] 국립중앙박물관 외규장각 의궤 홈페이지에서는 서명을 권수제와는 달리 '민회빈복위선시도감의궤(愍懷嬪復位宣諡都監儀軌)'로 적었다.

[127] 서울대학교 규장각 한국학연구원 의궤 종합정보 홈페이지에서는 서명을 '단의빈빈궁도감의궤(端懿嬪殯宮都監儀軌)'로 적었다.

1718-00-00. 「빈궁도감의궤(殯宮都監儀軌)」,[128] 빈궁도감 편. <1책. 200장. 필사본. 표제는 '端懿嬪殯宮儀軌'. 권수제는 '殯宮都監儀軌'. 한자+이두. 조선 필사 이두 자료. 국립중앙박물관 외규장각 의궤 홈페이지 '외규095' 원문 이미지와 텍스트 보기>

1718-00-00. 「예장도감도청의궤(禮葬都監都廳儀軌)」,[129] 상(上), 예장도감 편. <1책. 282장. 필사본. 표제는 '(康熙五十七年戊戌八月 日 端懿嬪 江華府上)禮葬都監儀軌'. 권수제는 '(康熙五十七年二月 日)禮葬都監都廳儀軌'. 한자+이두. 조선 필사 이두 자료. 서울대학교 규장각 한국학연구원 의궤 종합정보 홈페이지 '奎13573' 원문 이미지 보기>

1718-00-00. 「예장도감도청의궤(禮葬都監都廳儀軌)」,[130] 예장도감 편. <1책. 346장. 필사본. 표제는 '端懿嬪禮葬都監儀軌(上)'. 권수제는 '(康熙五十七年二月 日)禮葬都監都廳儀軌'. 한자+이두. 조선 필사 이두 자료. 국립중앙박물관 외규장각 의궤 홈페이지 '외규097' 원문 이미지와 텍스트 보기>

1718-00-00. 「예장도감이방의궤(禮葬都監二房儀軌)」,[131] 예장도감 편. <1책. 329장. 필사본. 표제는 '端懿嬪禮葬都監儀軌(下)'. 권수제는 '(康熙五十七年戊戌二月 日)禮葬都監二房儀軌'. 한자+이두. 조선 필사 이두 자료. 국립중앙박물관 외규장각 의궤 홈페이지 '외규098' 원문 이미지와 텍스트 보기>

1718-00-00. 「예장도감이방의궤(禮葬都監二房儀軌)」,[132] 상(上), 예장도감 편. <1책. 242장. 필사본. 표제는 '(康熙五十七年戊戌八月 日 端懿嬪 江華府上)禮葬都監儀軌'. 권수제

---

[128] 국립중앙박물관 외규장각 의궤 홈페이지에서는 서명을 표제와는 달리 '단의빈빈궁도감의궤(端懿嬪殯宮都監儀軌)'로 적었다.

[129] 서울대학교 규장각 한국학연구원 의궤 종합정보 홈페이지에서는 서명을 '단의빈예장도감의궤상(端懿嬪禮葬都監儀軌上)'으로 적었다.

[130] 국립중앙박물관 외규장각 의궤 홈페이지에서는 서명을 권수제와는 달리 '단의빈예장도감의궤(상)(端懿嬪禮葬都監儀軌(上))'으로 적었다.

[131] 국립중앙박물관 외규장각 의궤 홈페이지에서는 서명을 권수제와는 달리 '단의빈예장도감의궤(하)(端懿嬪禮葬都監儀軌(下))'로 적었다.

[132] 서울대학교 규장각 한국학연구원 의궤 종합정보 홈페이지에서는 서명을 '단의빈예장도감의궤하(端懿嬪禮葬都監儀軌下)'으로 적었다.

는 '(康熙五十七年戊戌 月 日)禮葬都監二房儀軌'. 한자+이두. 조선 필사 이두 자료. 서울대학교 규장각 한국학연구원 의궤 종합정보 홈페이지 '奎13572' 원문 이미지 보기>

1718-00-00. **입안**(立案) 2, 구례현(求禮縣). <1장. 한자+이두. 조선 필사 이두 자료. 전남 구례군 토지면 오미리 문화 류씨 운조루 소장. 한국학중앙연구원 고문서자료관 홈페이지 원문 이미지와 텍스트 보기. 한국정신문화연구원 편(1998) 참고>

1718-00-00. **진주 목사 전령**(晋州牧使傳令), 진주목. <1장. 한자+이두. 조선 필사 이두 자료. 경남 진주시 단목 진양 하씨 단지 종택 소장. 한국학중앙연구원 고문서자료관 홈페이지 원문 이미지 보기. 한국정신문화연구원 편(2002) 참고>

1718-00-00. 「혼궁도감의궤(**魂宮都監儀軌**)」,[133] 혼궁도감 편. <1책. 217장. 필사본. 표제는 '(康熙五十七年戊戌八月 日 端懿嬪 江華府上)魂宮都監儀軌'. 권수제는 '魂宮都監儀軌'. 한자+이두. 조선 필사 이두 자료. 서울대학교 규장각 한국학연구원 의궤 종합정보 홈페이지 '奎13574', '奎14849' 원문 이미지 보기>

1718-00-00. 「혼궁도감의궤(**魂宮都監儀軌**)」,[134] 혼전도감 편. <1책. 229장. 필사본. 표제는 '端懿嬪魂宮儀軌'. 권수제는 '魂宮都監儀軌'. 한자+이두. 조선 필사 이두 자료. 국립중앙박물관 외규장각 의궤 홈페이지 '외규096' 원문 이미지와 텍스트 보기>

1718-00-00~1732-00-00 추정. 「계후등록(**繼後謄錄**)」, 예조(禮曹) 편(編). <1책. 필사본. 한자+이두. 후사가 없는 사람에게 양자를 허가한 사실을 정리한 등록. 조선 필사 이두 자료. 한국학중앙연구원 디지털장서각 & 장서각 디지털 아카이브 홈페이지 원문 이미지 보기>

---

[133] 서울대학교 규장각 한국학연구원 의궤 종합정보 홈페이지에서는 서명을 '단의빈혼궁도감의궤(端懿嬪魂宮都監儀軌)'로 적었다.

[134] 국립중앙박물관 외규장각 의궤 홈페이지에서는 서명을 표제나 권수제와는 달리 '단의빈혼궁도감의궤(端懿嬪魂宮都監儀軌)'로 적었다.

1719년

<기해(己亥), 숙종 45년, 강희 58년>

1719-01-05~1723-11-12(己亥~癸卯). 「표인영래차왜등록(漂人領來差倭謄錄)」第13, 예조(禮曹) 전객사(典客司) 편(編). <1책(9/12). 115장. 권수제는 '典客司類抄謄錄' 또는 '漂人謄錄'. 필사본. 필사 시기 미상. 한자+이두. 조선 필사 이두 자료. 서울대학교 규장각 한국학연구원 홈페이지 낙질본(第1, 2, 3, 5 없음) 원문 이미지 보기> <1686-04-13~1692-08-02(第4)>

1719-01-19. **황팔인 토지매매명문**(黃八引土地賣買明文), 한덕문(韓德文). <1장. 한자+이두. 조선 필사 이두 자료. 전남 구례군 토지면 오미리 문화 류씨 운조루 소장. 한국학중앙연구원 고문서자료관 홈페이지 원문 이미지와 텍스트 보기. 한국정신문화연구원 편(1998) 참고>

1719-01-21. **숭렬사 재임 서목**(崇烈祠齋任書目) 1, 숭렬사. <1장. 한자+이두. 조선 필사 이두 자료. 경북 경주시 내남면 이조리 경주 최씨・용산서원 소장. 한국학중앙연구원 고문서자료관 홈페이지 원문 이미지 보기. 한국정신문화연구원 편(2000) 참고>

1719-01-21. **유승화 첩정**(柳聖和牒呈),[135] 관(官). <1장. 한자+이두. 조선 필사 이두 자료. 안동 하회 풍산 류씨 충효당 소장. 한국학중앙연구원 장서각 한국고문서자료관 홈페이지 원문 이미지와 텍스트 보기. 한국정신문화연구원 편(1994) 참고>

1719-01-21~1719-05-21(己亥). 「통신사호행차왜평진장접대등록(**通信使護行差倭平眞長接待謄錄**)」, 접위관도사 이(接慰官都事 李). <1책. 33장. 필사본. 표제는 '(己亥 五月 日)通信使護行差倭平眞長接待謄錄'. 한자+이두. 조선 필사 이두 자료. 서울대학교 규장각 한국학연구원 홈페이지 '奎18108-v.4「東萊府接待謄錄」4)' 원문 이미지 보기> <영인본: 「각사등록」 13(경상도편 3)(국사편찬위원회, 1984)> <1653-

---

[135] 한국학중앙연구원 장서각 한국고문서자료관 홈페이지에서는 '1719년 첩정(牒呈)'으로 표시하였다.

11-17~1654-01-09(「東萊府接待謄錄」(奎18108-v.1))>

1719-01-23. **숭렬사 재임 서목**(崇烈祠齋任書目) 2, 숭렬사. <1장. 한자+이두. 조선 필사 이두 자료. 경북 경주시 내남면 이조리 경주 최씨·용산서원 소장. 한국학중앙연구원 고문서자료관 홈페이지 원문 이미지 보기. 한국정신문화연구원 편(2000) 참고>

1719-01-29. **무안 수세군관 서목**(務安收稅軍官書目), 군관. <한자+이두. 조선 필사 이두 자료. 전남 해남 연동 해남 윤씨 녹우당 소장. 한국학중앙연구원 장서각 한국고문서자료관 홈페이지 원문 이미지와 텍스트 보기. 한국정신문화연구원 편(1983, 1986), 최승희(1989) 참고>

1719-01-29. **한자근노미 토지매매명문**(韓者斤老未土地賣買明文), 김우석(金禹錫). <1장. 한자+이두. 조선 필사 이두 자료. 전남 구례군 토지면 오미리 문화 류씨 운조루 소장. 한국학중앙연구원 고문서자료관 홈페이지 원문 이미지와 텍스트 보기. 한국정신문화연구원 편(1998) 참고>

1719-01-00. **정시필 입안**(鄭時必立案),[136] 구례현(求禮縣). <1장. 한자+이두. 조선 필사 이두 자료. 전남 구례군 토지면 오미리 문화 류씨 운조루 소장. 한국학중앙연구원 고문서자료관 홈페이지 원문 이미지와 텍스트 보기. 한국정신문화연구원 편(1998) 참고>

1719-01-00. **하윤관 등 소지**(河潤寬等所志), 하윤관 등. <1장. 한자+이두. 조선 필사 이두 자료. 경남 진주시 단목 진양 하씨 단지 종택 소장. 한국학중앙연구원 고문서자료관 홈페이지 원문 이미지 보기. 한국정신문화연구원 편(2002) 참고>

1719-02-02. **숭렬사 재임 서목**(崇烈祠齋任書目) 3, 숭렬사. <1장. 한자+이두. 조선 필사 이두 자료. 경북 경주시 내남면 이조리 경주 최씨·용산서원 소장. 한국학중앙연구원 고문서자료관 홈페이지 원문 이미지 보기. 한국정신문화연구원 편(2000) 참고>

1719-02-06. **전매철 토지매매명문**(全梅哲土地賣買明文), 승(僧) 응준(應俊) 등. <1장. 한자+이두. 조선 필사 이두 자료. 전남 해남 연동 해남 윤씨 녹우당 소장. 한국학

---

[136] 한국학중앙연구원 고문서자료관 홈페이지에서는 '입안(立案)'으로 표시하였다.

중앙연구원 장서각 한국고문서자료관 홈페이지 원문 이미지와 텍스트 보기. 박병호(1974ㄱ), 김태영(1983), 한국정신문화연구원 편(1983, 1986), 최승희(1989) 참고>

1719-02-07. **이성운 토지매매명문**(李成雲土地賣買明文),[137] 재주(財主) 문계종(文戒宗). <1장. 한자+이두. 조선 필사 이두 자료. 서울대학교 규장각 한국학연구원 홈페이지 원문 이미지와 텍스트 보기>

1719-02-09. **숭렬사 재임 서목**(崇烈祠齋任書目) 4, 숭렬사. <1장. 한자+이두. 조선 필사 이두 자료. 경북 경주시 내남면 이조리 경주 최씨·용산서원 소장. 한국학중앙연구원 고문서자료관 홈페이지 원문 이미지 보기. 한국정신문화연구원 편(2000) 참고>

1719-02-11. **손익재 토지매매명문**(孫益栽土地賣買明文), 김세운(金世雲). <1장. 한자+이두. 조선 필사 이두 자료. 경남 밀양 신호 밀성 박씨·덕남서원 소장. 한국학중앙연구원 고문서자료관 홈페이지 원문 이미지 보기. 한국정신문화연구원 장서각 편(2004) 참고>

1719-02-13. **박중엽 토지매매명문**(朴增曄土地賣買明文), 허신국(許身國). <1장. 한자+이두. 조선 필사 이두 자료. 경남 밀양 신호 밀성 박씨·덕남서원 소장. 한국학중앙연구원 고문서자료관 홈페이지 원문 이미지 보기. 한국정신문화연구원 편(2004) 참고>

1719-02-15. **박상원 토지매매명문**(朴尙元土地賣買明文), 권봉화(權鳳化). <1장. 한자+이두. 조선 필사 이두 자료. 경북 경주시 내남면 이조리 경주 최씨·용산서원 소장. 한국학중앙연구원 고문서자료관 홈페이지 원문 이미지 보기. 박병호(1974ㄱ), 한국정신문화연구원 편(2000), 이재수(2003), 김소은(2004) 참고>

1719-02-15. **최계걸 토지매매명문**(崔戒乞土地賣買明文), 하장(河章). <1장. 한자+이두. 조선 필사 이두 자료. 경북 경주시 안강읍 옥산리 여주 이씨 독락당 소장. 한국학중앙연구원 고문서자료관 홈페이지 원문 이미지 보기. 한국정신문화연구

---

[137] 서울대학교 규장각에서는 문서명을 '文界宗土地賣買明文'이라고 하였다. 문계종은 문서의 발급자이고, 이성운은 문서의 수취자이다.

최승희(1989) 참고>

1719-09-19. **노 사철 배지**(奴俟哲牌旨), 이(李). <1장. 점련문서. 한자+이두. 조선 필사 이두 자료. 전남 해남 연동 해남 윤씨 녹우당 소장. 한국학중앙연구원 장서각 한국고문서자료관 홈페이지 원문 이미지와 텍스트 보기. 한국정신문화연구원 편(1983, 1986), 최승희(1989) 참고>

1719-10-10. **이인학 토지매매명문**(李仁鶴土地賣買明文), 이사원(李思愿). <1장. 한자+이두. 조선 필사 이두 자료. 전남 해남 연동 해남 윤씨 녹우당 소장. 한국학중앙연구원 장서각 한국고문서자료관 홈페이지 원문 이미지와 텍스트 보기. 박병호(1974ㄱ), 김태영(1983), 한국정신문화연구원 편(1983, 1986), 최승희(1989) 참고>

1719-10-13. **곽 생원 노 태평 초사**(郭生員奴太平招辭), 태평. <1장. 한자+이두. 조선 필사 이두 자료. 전남 해남 연동 해남 윤씨 녹우당 소장. 한국학중앙연구원 장서각 한국고문서자료관 홈페이지 원문 이미지와 텍스트 보기. 한국정신문화연구원 편(1983, 1986), 최승희(1989) 참고>

1719-10-13. **사노 구리금 등 초사**(私奴九理金等招辭), 구리금 등. <1장. 점련문서. 한자+이두. 조선 필사 이두 자료. 전남 해남 연동 해남 윤씨 녹우당 소장. 한국학중앙연구원 장서각 한국고문서자료관 홈페이지 원문 이미지와 텍스트 보기. 한국정신문화연구원 편(1983, 1986), 최승희(1989) 참고>

1719-10-15. **안명철 토지매매명문**(安命喆土地賣買明文), 안중강(安重崗). <1장. 한자+이두. 조선 필사 이두 자료. 안동 갈전 순흥 안씨 소장. 한국학중앙연구원 고문서자료관 홈페이지 원문 이미지 보기. 한국정신문화연구원 편(1999) 참고>

1719-10-18. **숭렬사 수노 엇동 노비매매명문**(崇烈祠首奴旕同奴婢賣買明文), 김(金). <1장. 한자+이두. 조선 필사 이두 자료. 경북 경주시 내남면 이조리 경주 최씨·용산서원 소장. 한국학중앙연구원 고문서자료관 홈페이지 원문 이미지 보기. 한국정신문화연구원 편(2000) 참고>

1719-10-00. **이시춘·이시원 소지**(李時春·李時元所志), 이시춘·이시원. <1장. 한자+이두. 조선 필사 이두 자료. 경북 안동시 법흥동 고성 이씨 탑동 종가 구장. 한국국학진흥원 소장. 한국학자료센터 영남권역센터 홈페이지 원문 이미지와 텍스트 보기>

1719-11-09. **김신기 등 화회문기**(金信基等和會文記), 김신기 등. <1장. 한자+이두. 조선 필사 이두 자료. 안동 천전 의성 김씨 재산 종택 소장. 한국학중앙연구원 장서각 한국고문서자료관 홈페이지 원문 이미지와 텍스트 보기. 한국정신문화연구원 편(1990) 참고>

1719-12-01. **김이 토지매매명문**(金伊土地賣買明文), 말철(㐰哲). <1장. 한자+이두. 조선 필사 이두 자료. 안동 천전 의성 김씨 재산 종택 소장. 한국학중앙연구원 장서각 한국고문서자료관 홈페이지 원문 이미지와 텍스트 보기. 한국정신문화연구원 편(1990) 참고>

1719-12-17. **숙부인 백 씨 별급문기**(淑夫人白氏別給文記), 백 씨. <1장. 한자+이두. 조선 필사 이두 자료. 전북 부안 청호 효충사 소장. 호남권 한국학자료센터 홈페이지 원문 이미지와 텍스트 보기. 박병호(1974ㄱ), 최승희(1989), 정구복 외(1999) 참고>

1719-12-20. **배중화 토지매매명문**(裵重華土地賣買明文), 정만주(鄭萬柱). <1장. 한자+이두. 조선 필사 이두 자료. 전남 구례군 토지면 오미리 문화 류씨 운조루 소장. 한국학중앙연구원 고문서자료관 홈페이지 원문 이미지와 텍스트 보기. 한국정신문화연구원 편(1998) 참고>

1719-00-00. 「가례도감 왕세자가례시도청의궤(**嘉禮都監 王世子嘉禮時都廳儀軌**)」,[138] 가례도감 편. <1책. 311장. 필사본. 표제는 '(戊戌年)嘉禮都監儀軌'. 권수제는 '(康熙五十七年戊戌九月 日)嘉禮都監 王世子嘉禮時都廳儀軌'. 한자+이두. 조선 필사 이두 자료. 서울대학교 규장각 한국학연구원 의궤 종합정보 홈페이지 '奎13094', '奎13095', '奎13096' 원문 이미지 보기>

1719-00-00. 「가례도감 왕세자가례시도청의궤(**嘉禮都監王世子嘉禮時都廳儀軌**)」,[139] 가례도감 편. <1책. 247장. 필사본. 표제는 '嘉禮都監儀軌(上)'. 권수제는 '(康熙五十七年戊戌九月 日)嘉禮都監 王世子嘉禮時都廳儀軌'. 한자+이두. 조선 필사 이두 자

---

[138] 서울대학교 규장각 한국학연구원 의궤 종합정보 홈페이지에서는 서명을 '경종선의왕후가례도감의궤(景宗宣懿王后嘉禮都監儀軌)'로 적었다.

[139] 국립중앙박물관 외규장각 의궤 홈페이지에서는 서명을 표제나 권수제와는 달리 '경종선의왕후가례도감의궤(상)(景宗宣懿王后嘉禮都監儀軌(上))'으로 적었다.

료. 국립중앙박물관 외규장각 의궤 홈페이지 '외규102' 원문 이미지와 텍스트 보기>

1719-00-00. 「경종선의왕후가례도감의궤(景宗宣懿王后嘉禮都監儀軌)」, 가례도감 (嘉禮都監). <1책. 311장. 필사본. 한자+이두. 조선 필사 이두 자료. 서울대학교 규장각 한국학연구원 소장. 서울대학교 규장각 한국학연구원 의궤 종합정보 홈페이지 원문 이미지 보기>

1719-00-00. 「민회빈봉묘도감의궤(愍懷嬪封墓都監儀軌)」 1~2, 봉묘도감 편. <2책. 168장+162장. 필사본. 한자+이두. 서울대학교 규장각 한국학연구원 의궤 종합정보 홈페이지 원문 이미지 보기>

1719-00-00. 「민회빈봉묘도감의궤(愍懷嬪封墓都監儀軌)」 하(下), 봉묘도감 편. <1책. 168장. 필사본. 표제는 '愍懷嬪封墓都監儀軌(下)'. 권수제는 확인할 수 없다.[140] 한자+이두. 조선 필사 이두 자료. 국립중앙박물관 외규장각 의궤 홈페이지 '외규101' 원문 이미지와 텍스트 보기>

1719-00-00. 「봉묘도감의궤(封 墓都監儀軌)」,[141] 봉묘도감 편. <2책. 168장+162장. 필사본. 표제는 '(議政府上)愍懷嬪封墓都監儀軌(上)'. 권수제는 '(康熙五十七年戊戌八月二十九日)封 墓都監儀軌'. 한자+이두. 조선 필사 이두 자료. 서울대학교 규장각 한국학연구원 의궤 종합정보 홈페이지 '奎14837' 원문 이미지 보기>

1719-00-00. 「봉묘도감의궤(封 墓都監儀軌)」,[142] 봉묘도감 편. <1책. 170장. 필사본. 표제는 '愍懷嬪封墓都監儀軌(上)'. 권수제는 '(康熙五十七年戊戌八月二十九日)封 墓都監儀軌'. 한자+이두. 조선 필사 이두 자료. 국립중앙박물관 외규장각 의궤 홈페이지 '외규100' 원문 이미지와 텍스트 보기>

1719-00-00. 「이방의궤(二房儀軌)」,[143] 가례도감 편. <1책. 152장. 필사본. 표제는 '嘉

---

140 국립중앙박물관 외규장각 의궤 홈페이지에서는 '원자료 내제'를 '三物所'로 적었다.
141 서울대학교 규장각 한국학연구원 의궤 종합정보 홈페이지에서는 서명을 '민회빈봉묘도감의궤(愍懷嬪封墓都監儀軌)'로 적었다.
142 국립중앙박물관 외규장각 의궤 홈페이지에서는 서명을 표제처럼 붙여 썼다.
143 국립중앙박물관 외규장각 의궤 홈페이지에서는 서명을 표제나 권수제와는 달리 '경종선의왕후가례도감의궤(하)(景宗宣懿王后嘉禮都監儀軌(下))'로 적었다.

禮都監儀軌(下)'. 권수제는 '(康熙五十七年戊戌九月 日)二房儀軌'. 한자+이두. 조선 필사 이두 자료. 국립중앙박물관 외규장각 의궤 홈페이지 '외규103' 원문 이미지와 텍스트 보기>

1719-00-00. **조세명 등 화회문기**(趙世鳴等和會文記), 조세명 등. <1장. 한자+이두. 조선 필사 이두 자료. 안동 하회 풍산 류씨 충효당 소장. 장서각 한국고문서자료관 홈페이지 원문 이미지와 텍스트 보기. 한국정신문화연구원 편(1994) 참고>

1719-00-00. 「진연청의궤(**進宴廳儀軌**)」,[144] 의궤청(儀軌廳) 편. <2책. 58장+83장. 필사본. 상권의 표제는 '(肅宗朝 己亥進宴儀軌(一)'. 권수제는 '(康熙五十八年己亥九月 日)進宴廳儀軌'. 한자+이두. 조선 필사 이두 자료. 서울대학교 규장각 한국학연구원 의궤 종합정보 홈페이지 '奎14357', '奎14358' 원문 이미지 보기>

1720년

<경자(庚子), 숙종 46년, 강희 59년>

1720-01-05~1723-11-26(庚子~癸卯). 「각릉등록(**各陵謄錄**)」第29, 예조(禮曹) 전향사(典享司). <1책. 148장. 필사본. 한자+이두. 조선 필사 이두 자료. 서울대학교 규장각 한국학연구원 홈페이지 낙질본(第28-第32) 원문 이미지 보기> <1716-07-26~1719-11-01(第28)>

1720-01-12. **윤덕희 종중 명문**(尹德熙宗中明文), 윤덕희. <1장. 한자+이두. 조선 필사 이두 자료. 전남 해남 연동 해남 윤씨 녹우당 소장. 한국학중앙연구원 장서각 한국고문서자료관 홈페이지 원문 이미지와 텍스트 보기. 한국정신문화연구원 편(1983, 1986), 최승희(1989) 참고>

1720-01-13~1724-12-30(庚子~甲辰). 「각릉수개등록(**各陵修改謄錄**)」第16(3), 예조(禮曹) 전향사(典享司) 편(編). <전21책. 1책. 177장. 필사본. 한자+이두. 조선 필사

---

[144] 서울대학교 규장각 한국학연구원 의궤 종합정보 홈페이지에서는 서명을 '진연의궤(進宴儀軌)'로 적었다.

이두 자료. 서울대학교 규장각 한국학연구원 홈페이지 원문 이미지 보기>
<1636-05-02~1644-08-10(仁祖 14년 崇禎 9년 丙子~甲申) 第1(1)>

1720-01-18. **박증엽 숙질 화회문기**(朴增曄叔姪和會文記) 1,[145] 박증엽 숙질. <1장. 한자+이두. 조선 필사 이두 자료. 경남 밀양 신호 밀성 박씨·덕남서원 소장. 한국학중앙연구원 고문서자료관 홈페이지 원문 이미지 보기. 최승희(1989), 문숙자(2000), 정구복(2003), 한국정신문화연구원 편(2004) 참고>

1720-01-18. **박증엽 숙질 화회문기**(朴增曄叔姪和會文記) 2,[146] 박증엽 숙질. <1장. 한자+이두. 조선 필사 이두 자료. 경남 밀양 신호 밀성 박씨·덕남서원 소장. 한국학중앙연구원 고문서자료관 홈페이지 원문 이미지 보기. 최승희(1989), 문숙자(2000), 정구복(2003), 한국정신문화연구원 편(2004) 참고>

1720-01-24. **숭렬사 재임 서목**(崇烈祠齋任書目) 1, 숭렬사. <1장. 한자+이두. 조선 필사 이두 자료. 경북 경주시 내남면 이조리 경주 최씨·용산서원 소장. 한국학중앙연구원 고문서자료관 홈페이지 원문 이미지 보기. 한국정신문화연구원 편(2000) 참고>

1720-01-25. **김순형 토지매매명문**(金順亨土地賣買明文), 정선재(鄭善才). <1장. 한자+이두. 조선 필사 이두 자료. 전남 구례군 토지면 오미리 문화 류씨 운조루 소장. 한국학중앙연구원 고문서자료관 홈페이지 원문 이미지와 텍스트 보기. 한국정신문화연구원 편(1998) 참고>

1720-01-25. **임보철 토지매매명문**(林保哲土地賣買明文), 전매철(全梅哲). <1장. 한자+이두. 조선 필사 이두 자료. 전남 해남 연동 해남 윤씨 녹우당 소장. 한국학중앙연구원 장서각 한국고문서자료관 홈페이지 원문 이미지와 텍스트 보기. 박병호(1974ㄱ), 김태영(1983), 한국정신문화연구원 편(1983, 1986), 최승희(1989) 참고>

1720-01-26. **승 삼강 토지매매명문**(僧三綱土地賣買明文),[147] 최귀현(崔貴玄). <1장. 한

---

[145] 한국학중앙연구원 고문서자료관 홈페이지에서는 '박증엽(朴曾曄) 숙질(叔侄) 화회문기(和會文記)'로 표시하였다. '안내 정보'와 '상세 정보'에서는 '叔姪'로 적었다.

[146] 한국학중앙연구원 고문서자료관 홈페이지에서는 '박증엽(朴曾曄) 숙질(叔侄) 화회문기(和會文記)'로 표시하였다. '안내 정보'와 '상세 정보'에서는 '叔姪'로 적었다.

[147] 한국학중앙연구원 고문서자료관 홈페이지에서는 '승(僧) 삼(三?) 토지매매명문(土地賣買明文)'으

자+이두. 조선 필사 이두 자료. 전남 구례군 토지면 오미리 문화 류씨 운조루 소장. 한국학중앙연구원 고문서자료관 홈페이지 원문 이미지와 텍스트 보기. 한국정신문화연구원 편(1998) 참고>

1720-01-00. **유성화 소지**(柳聖和所志), 유성화. <1장. 한자+이두. 조선 필사 이두 자료. 안동 하회 풍산 류씨 충효당 소장. 한국학중앙연구원 장서각 한국고문서자료관 홈페이지 원문 이미지 보기. 한국정신문화연구원 편(1994) 참고>

1720-01-00. **유학 이사원 노 사남 소지**(幼學李思愿奴士男所志), 사남. <1장. 한자+이두. 조선 필사 이두 자료. 전남 해남 연동 해남 윤씨 녹우당 소장. 한국학중앙연구원 장서각 한국고문서자료관 홈페이지 원문 이미지와 텍스트 보기. 박병호(1974ㄱ), 한국정신문화연구원 편(1983, 1986), 최승희(1989) 참고>

1720-02-02. **이세침 노비매매명문**(李世琛奴婢賣買明文), 박사일(朴思一). <1장. 한자+이두. 조선 필사 이두 자료. 칠곡 석전 광주 이씨 구장. 한국학중앙연구원 장서각 소장. 한국학중앙연구원 고문서자료관 홈페이지 원문 이미지 보기. 한국학중앙연구원 편(2009) 참고>

1720-02-06. **노 임보철 토지매매명문**(奴林寶哲土地賣買明文), 박종도(朴宗道). <1장. 한자+이두. 조선 필사 이두 자료. 전남 해남 연동 해남 윤씨 녹우당 소장. 한국학중앙연구원 장서각 한국고문서자료관 홈페이지 원문 이미지와 텍스트 보기. 박병호(1974ㄱ), 김태영(1983), 한국정신문화연구원 편(1983, 1986), 최승희(1989) 참고>

1720-02-18. **이수담 처 이 씨 별급문기**(李壽聃妻李氏別給文記), 이수담 처 이 씨. <1장. 한자+이두. 조선 필사 이두 자료. 경북 경주시 안강읍 옥산리 여주 이씨 독락당 소장. 한국학중앙연구원 고문서자료관 홈페이지 원문 이미지 보기. 한국정신문화연구원 편(2003) 참고>

1720-02-27. **경상도 관찰사 관초**(慶尙道觀察使關草), 경상도 관찰사. <1장. 한자+이두. 조선 필사 이두 자료. 경북 경주시 내남면 이조리 경주 최씨·용산서원 소장. 한국학중앙연구원 고문서자료관 홈페이지 원문 이미지 보기. 한국정신문화연구

로 표시하였다.

원 편(2000) 참고>

1720-03-03. **박신연 염철매매명문**(朴信連鹽鐵賣買明文), 장세일(張世日). <1장. 한자＋이두. 조선 필사 이두 자료. 원주시 무릉박물관 소장. 한국학자료센터 강원권역센터 홈페이지 원문 이미지 보기. 최승희(1989), 김소은(2004), 김건우(2008) 참고>

1720-03-21. **정이녕 처 청주 경씨 별급문기**(鄭以寧妻淸州慶氏別給文記) 1, 정이녕 처 청주 경씨. <1장. 한자＋이두. 조선 필사 이두 자료. 경기도 양주 사릉 해주 정씨 종가 소장. 한국학중앙연구원 고문서자료관 홈페이지 원문 이미지 보기>

1720-04-03. **강위노 토지매매명문**(姜渭老土地賣買明文), 고상언(高尙㟓). <1장. 한자＋이두. 조선 필사 이두 자료. 제주 장전리 진주 강씨 강태복가 소장. 호남권 한국학자료센터 홈페이지 원문 이미지와 텍스트 보기. 최승희(1989), 고창석(2002) 참고>

1720-04-15. **숭렬사 수노 엇동 토지매매명문**(崇烈祠首奴旕同土地賣買明文), 공일이(孔日伊). <1장. 한자＋이두. 조선 필사 이두 자료. 경북 경주시 내남면 이조리 경주 최씨·용산서원 소장. 한국학중앙연구원 고문서자료관 홈페이지 원문 이미지 보기. 박병호(1974ㄱ), 한국정신문화연구원 편(2000), 이재수(2003), 김소은(2004) 참고>

1720-04-16. **사노 덕돌이 노비매매명문**(私奴德乭伊奴婢賣買明文) 1,[148] 유학 이달삼(幼學李達三). <1장. 한자＋이두. 조선 필사 이두 자료. 안동시 도산서원 구장. 한국국학진흥원 소장. 한국국학진흥원 유교넷 홈페이지 원문 이미지와 텍스트 보기>

1720-04-16. **사노 덕돌이 노비매매명문**(私奴德乭伊奴婢賣買明文) 2,[149] 유학 이달삼(幼學李達三). <1장. 점련문서. 한자＋이두. 조선 필사 이두 자료. 안동시 도산서원 구장. 한국국학진흥원 소장. 한국국학진흥원 유교넷 홈페이지 원문 이미지와 텍

---

[148] 한국국학진흥원 유교넷 홈페이지에서는 '1720년 이달삼이 덕돌이에게 금학 매매를 증명한 진술서'로 표시하였다.
[149] 한국국학진흥원 유교넷 홈페이지에서는 '1720년 이달삼이 덕돌이에게 금학과 후소생을 매매한다는 노비매매문기'로 표시하였다.

스트 보기>

1720-04-00. **이달삼 초사**(伊達三招辭),[150] 이달삼. <1장. 한자+이두. 조선 필사 이두 자료. 안동시 도산서원 구장. 한국국학진흥원 소장. 한국국학진흥원 유교넷 홈페이지 원문 이미지와 텍스트 보기>

1720-04-00. **사노 덕돌이 입안**(私奴德乭伊立案),[151] 의흥현(義興縣). <1장. 한자+이두. 조선 필사 이두 자료. 안동시 도산서원 구장. 한국국학진흥원 소장. 한국국학진흥원 유교넷 홈페이지 원문 이미지와 텍스트 보기>

1720-06-07. **윤 생원 댁 노 청일 토지매매명문**(尹生員宅奴淸日土地賣買明文), 임무복(林茂福). <1장. 한자+이두. 조선 필사 이두 자료. 전남 해남 연동 해남 윤씨 녹우당 소장. 한국학중앙연구원 장서각 한국고문서자료관 홈페이지 원문 이미지와 텍스트 보기. 박병호(1974ㄱ), 김태영(1983), 한국정신문화연구원 편(1983, 1986), 최승희(1989) 참고>

1720-06-08~1722-01-00. 「숙종대왕 국휼등록(肅宗大王國恤謄錄)」, 편자 미상. <1책. 98장. 필사본. 한자+이두. 서울대학교 규장각 한국학연구원 홈페이지 '奎18176' 원문 이미지와 텍스트 보기>

1720-06-13~1720-10-13. 「혼전도감의궤(魂殿都監儀軌)」,[152] 혼전도감 편(編). <1책. 249장. 필사본. 한자+이두. 조선 필사 이두 자료. 서울대학교 규장각 한국학연구원 홈페이지 '奎13550' 원문 이미지와 텍스트 보기>

1720-07-00~1736-11-22(庚子~丙辰). 「별등록(別謄錄)」 第3, 예조(禮曹) 전객사(典客司) 편(編). <1책(2/8). 112장. 전9책. 필사본. 한자+이두. 조선 필사 이두 자료. 서울대학교 규장각 한국학연구원 홈페이지 낙질본(第1 없음) 원문 이미지 보기. 규장각 자료 총서 금호시리즈(대외관계편)」(서울대학교 규장각, 1992) 영인>

---

[150] 한국국학진흥원 유교넷 홈페이지에서는 '1720년 이달삼이 덕돌이에게 금학을 매매하였음을 확인한 초사'로 표시하였다.

[151] 한국국학진흥원 유교넷 홈페이지에서는 '1720년 이달삼이 덕돌이에게 금학을 매매한 것을 의흥현에서 입증한 입안'으로 표시하였다.

[152] 서울대학교 규장각 한국학연구원 홈페이지에서는 서명을 '肅宗魂殿都監儀軌 숙종혼전도감의궤'로 적었다.

<1699-윤7-18~1718-07-19(제2)>

1720-08-10. **울산 겸임 기장현감 첩정**(蔚山兼任機張縣監牒呈), 기장현(機張縣). <1장. 한자+이두. 조선 필사 이두 자료. 경북 경주시 내남면 이조리 경주 최씨·용산서원 소장. 한국학중앙연구원 고문서자료관 홈페이지 원문 이미지 보기. 한국정신문화연구원 편(2000) 참고>

1720-08-25. **노 태평 배지**(奴太平牌旨), 곽(郭). <1장. 점련문서. 한자+이두. 조선 필사 이두 자료. 전남 해남 연동 해남 윤씨 녹우당 소장. 한국학중앙연구원 장서각 한국고문서자료관 홈페이지 원문 이미지와 텍스트 보기. 한국정신문화연구원 편(1983, 1986), 최승희(1989) 참고>

1720-09-02. **숭렬사 재임 서목**(崇烈祠齋任書目) 2, 숭렬사. <1장. 한자+이두. 조선 필사 이두 자료. 경북 경주시 내남면 이조리 경주 최씨·용산서원 소장. 한국학중앙연구원 고문서자료관 홈페이지 원문 이미지 보기. 한국정신문화연구원 편(2000) 참고>

1720-09-03. **정이녕 처 청주 경씨 별급문기**(鄭以寧妻淸州慶氏別給文記) 2, 정이녕 처 청주 경씨. <1장. 한자+이두. 조선 필사 이두 자료. 경기도 양주 사릉 해주 정씨 종가 소장. 한국학중앙연구원 고문서자료관 홈페이지 원문 이미지 보기>

1720-10-05. **모 유 씨 별급문기**(母柳氏別給文記) 1, 유 씨. <1장. 한자+이두. 조선 필사 이두 자료. 전남 영광군 입석 영월 신씨 소장. 한국학중앙연구원 고문서자료관 홈페이지 원문 이미지와 텍스트 보기. 한국정신문화연구원 편(1996) 참고>

1720-10-10. **노 순명 배지**(奴順命牌子), 정(鄭). <1장. 한자+이두. 조선 필사 이두 자료. 일본 경도대학 가와이문고 소장. 고려대학교 해외한국학자료센터 홈페이지 원문 이미지와 텍스트 보기>

1720-10-24. **숭렬사 재임 서목**(崇烈祠齋任書目) 3, 숭렬사. <1장. 한자+이두. 조선 필사 이두 자료. 경북 경주시 내남면 이조리 경주 최씨·용산서원 소장. 한국학중앙연구원 고문서자료관 홈페이지 원문 이미지 보기. 한국정신문화연구원 편(2000) 참고>

1720-10-00. **윤 생원 댁 노 춘망 소지**(尹生員宅奴春望所志), 춘망. <1장. 점련문서. 한자+이두. 조선 필사 이두 자료. 전남 해남 연동 해남 윤씨 녹우당 소장. 한국학

중앙연구원 장서각 한국고문서자료관 홈페이지 원문 이미지와 텍스트 보기. 한국정신문화연구원 편(1983, 1986), 최승희(1989) 참고>

1720-10-00. **윤 생원 댁 노 춘망 입안**(尹生員宅奴春望立案), 춘망. <1장. 점련문서. 한자+이두. 조선 필사 이두 자료. 전남 해남 연동 해남 윤씨 녹우당 소장. 한국학중앙연구원 장서각 한국고문서자료관 홈페이지 원문 이미지와 텍스트 보기. 한국정신문화연구원 편(1983, 1986), 최승희(1989) 참고>

1720-10-00. **이계담 등 소지**(李啓聃等所志), 이계담 등. <1장. 한자+이두. 조선 필사 이두 자료. 경북 경주시 안강읍 옥산리 여주 이씨 독락당 소장. 한국학중앙연구원 고문서자료관 홈페이지 원문 이미지 보기. 한국정신문화연구원 편(2003) 참고>

1720-11-02. **숭렬사 재임 서목**(崇烈祠齋任書目) 4, 숭렬사. <1장. 한자+이두. 조선 필사 이두 자료. 경북 경주시 내남면 이조리 경주 최씨·용산서원 소장. 한국학중앙연구원 고문서자료관 홈페이지 원문 이미지 보기. 한국정신문화연구원 편(2000) 참고>

1720-11-04. **문순일 토지매매명문**(文順逸土地賣買明文), 김복안(金福安). <1장. 한자+이두. 조선 필사 이두 자료. 제주 장전리 진주 강씨 강태복가 소장. 호남권 한국학자료센터 홈페이지 원문 이미지와 텍스트 보기. 최승희(1989), 고창석(2002) 참고>

1720-11-13. **모 유 씨 별급문기**(母柳氏別給文記) 2, 유 씨. <1장. 한자+이두. 조선 필사 이두 자료. 전남 영광군 입석 영월 신씨 소장. 한국학중앙연구원 고문서자료관 홈페이지 원문 이미지와 텍스트 보기. 한국정신문화연구원 편(1996) 참고>

1720-11-00. **하윤관 등 소지**(河潤寬等所志) 1, 하윤관. <1장. 한자+이두. 조선 필사 이두 자료. 경남 진주시 단목 진양 하씨 단지 종택 소장. 한국학중앙연구원 고문서자료관 홈페이지 원문 이미지 보기. 한국정신문화연구원 편(2002) 참고>

1720-12-01. **남노명 분재기**(南老明分財記),[153] 남노명. <1장. 한자+이두. 조선 필사 이두 자료. 영양 남씨 난고 종택 구장. 한국국학진흥원 소장. 한국국학진흥원

---

[153] 한국국학진흥원 유교넷 홈페이지에서는 문서명을 '영양남씨 난고종택 강희 59년에 남노명이 아들에게 보낸 분재기'로 표시하였다.

유교넷 홈페이지 원문 이미지 보기>

1720-12-23. **숭렬사 재임 서목**(崇烈祠齋任書目) 5, 숭렬사. <1장. 한자+이두. 조선 필사 이두 자료. 경북 경주시 내남면 이조리 경주 최씨·용산서원 소장. 한국학중앙연구원 고문서자료관 홈페이지 원문 이미지 보기. 한국정신문화연구원 편(2000) 참고>

1720-12-30. **충의위 김덕정 토지매매명문**(忠義衛金德鼎土地賣買明文), 순명(順命). <1장. 한자+이두. 조선 필사 이두 자료. 일본 경도대학 가와이문고 소장. 고려대학교 해외한국학자료센터 홈페이지 원문 이미지와 텍스트 보기>

1720-12-00. **이인배 별급문기**(李仁培別給文記), 이인배. <1장. 한자+이두. 조선 필사 이두 자료. 영해 인량 재령 이씨 충효당 구장. 한국국학진흥원 소장. 한국학중앙연구원 고문서자료관 홈페이지 원문 이미지와 텍스트 보기. 한국정신문화연구원 편(1997) 참고>

1720-12-00. **하윤관 등 소지**(河潤寬等所志) 2, 하윤관. <1장. 한자+이두. 조선 필사 이두 자료. 경남 진주시 단목 진양 하씨 단지 종택 소장. 한국학중앙연구원 고문서자료관 홈페이지 원문 이미지 보기. 한국정신문화연구원 편(2002) 참고>

1720-12-00. **하윤관 등 소지**(河潤寬等所志) 3, 하윤관. <1장. 한자+이두. 조선 필사 이두 자료. 경남 진주시 단목 진양 하씨 단지 종택 소장. 한국학중앙연구원 고문서자료관 홈페이지 원문 이미지 보기. 한국정신문화연구원 편(2002) 참고>

1720-■■-■5. **승 임학 토지매매명문**(僧任學土地賣買明文),[154] 강진엽(姜眞葉). <1장. 한자+이두. 조선 필사 이두 자료. 남원·구례 삭녕 최씨 구장. 한국학중앙연구원 장서각 소장. 한국학중앙연구원 고문서자료관 홈페이지 원문 이미지 보기. 한국정신문화연구원 편(2004) 참고>

1720-00-00. 「국장도감도청의궤(國葬都監都廳儀軌)」,[155] 국장도감 편(編). <2책. 필사본. 한자+이두. 서울대학교 규장각 한국학연구원 홈페이지 '奎13548' 원문 이

---

154 한국학중앙연구원 고문서자료관 홈페이지에서는 '토지매매명문(土地賣買明文)'으로 표시하였다.
155 서울대학교 규장각 한국학연구원 홈페이지에서는 서명을 '[肅宗]國葬都監都廳儀軌 [숙종]국장도감도청의궤'로 적었다.

미지와 텍스트 보기>

1720-00-00. 「묘법연화경(**妙法蓮華經**)」 95, 인도 구마라집(鳩摩羅什) 역(譯), 송나라 계환(戒環) 해(解), 삼각산 중흥사(三角山重興寺). <목판본. 본문에 생획토 기입. 불교 서적. 묵서 구결 자료. 한국학중앙연구원 장서각 한국고문서자료관 홈페이지 원문 이미지 보기>

1720-00-00. 「숙종대왕 국휼등록(**肅宗大王國恤謄錄**)」, 예조 계제사(禮曹稽制司). <1책. 104장. 필사본. 한자+이두. 조선 필사 이두 자료. 한국학중앙연구원 장서각 한국학자료센터 홈페이지 원문 이미지와 텍스트 보기. 한국정신문화연구원 편(2002) 참고>

1720-00-00. 「통문관지(**通文館志**)」, 김지남(金指南)·김경문(金慶門) 찬(撰), 이선방(李先芳) 외 공동 간행. <초간본. 8권 3책. 고활자본. 개주 갑인자본. 사역원의 내력, 중국과 일본의 외교에 관한 사항 등을 기록한 외교서. 서울대학교 규장각 한국학연구원 홈페이지 원문 이미지 보기> <이본: ① 1778-00-00(이담(李湛) 중간본. 10권 4책. 목판본) ② 1781-00-00(목판본) ③ 1796-00-00(10권 4책. 목판본) ④ 1803-00-00(11권 4책. 목판본) ⑤ 1852-00-00(목판본) ⑥ 1861-00-00(11권 5책. 목판본) ⑦ 1862-00-00(11권 5책. 목판본) ⑧ 1874-00-00(11권 5책. 목판본) ⑨ 1881-00-00(11권 5책. 목판본) ⑩ 1888-00-00(12권 6책. 목판본)> <영인본: 진서간행회(1901), 조선고서간행회(1913), 조선사편수회(1944)>

1720-00-00. 「효녕전진향등록(**孝寧殿進香謄錄**)」, 내수사(內需司). <1책. 37장. 필사본. 한자+이두. 조선 필사 이두 자료. 한국학중앙연구원 장서각 소장. 한국학중앙연구원 장서각 한국학자료센터 홈페이지 원문 이미지 보기. 한국정신문화연구원 편(2002) 참고>

1720-00-00 이후 기입 추정. 「묘법연화경(**妙法蓮華經**)」, 계환(戒環) 해(解). <1책. 목판본. 본문에 생획토 기입. 불교 서적. 묵서 구결 자료. 국립중앙도서관 홈페이지 원문 이미지 보기>

1721년

<신축(辛丑), 경종(景宗) 1년, 강희 60년>

1721-01-11~1724-01-09(辛丑~甲辰). 「칙사등록(**勅使謄錄**)」第7, 예조(禮曹) 편(編). <1책. 93장. 필사본. 필사 시기 미상. 한자+이두. 조선 필사 이두 자료. 서울대학교 규장각 한국학연구원 홈페이지 원문 이미지 보기> <1637-06-20~1643-12-14 (丁丑~癸未) 第1>

1721-01-14. **유학 장계한 토지매매명문**(幼學長啓漢土地賣買明文), 황팔인(黃八引). <1장. 한자+이두. 조선 필사 이두 자료. 전남 구례군 토지면 오미리 문화 류씨 운조루 소장. 한국학중앙연구원 고문서자료관 홈페이지 원문 이미지와 텍스트 보기. 한국정신문화연구원 편(1998) 참고>

1721-01-17. **김문 전준**(金璊傳准), 부안현(扶安縣). <1장. 한자+이두. 조선 필사 이두 자료. 부안 우반 부안 김씨 소장. 한국학중앙연구원 고문서자료관 홈페이지 & 호남권 한국학자료센터 홈페이지 원문 이미지와 텍스트 보기. 한국정신문화연구원 편(1983, 1998), 한국학중앙연구원 편(2017) 참고>

1721-01-18. **강여민 차정첩**(姜汝敏差定帖), 제주목(濟州牧). <1장. 한자+이두. 조선 필사 이두 자료. 제주 어도내산 진주 강씨가 구장. 제주 한림 강우석 소장. 호남권 한국학자료센터 홈페이지 원문 이미지와 텍스트 보기. 고창석(2002) 참고>

1721-01-23. **권 안동댁 토지매매명문**(權安東宅土地賣買明文), 곽(郭). <1장. 한자+이두. 조선 필사 이두 자료. 대전시 무수동 안동 권씨 유회당 종택 소장. 한국학중앙연구원 장서각 한국고문서자료관 홈페이지 원문 이미지 보기. 한국학중앙연구원 편(2007) 참고>

1721-01-23. **윤 생원 댁 노 춘망 노비매매명문**(尹生員宅奴春望奴婢賣買明文), 준철(俊哲). <1장. 점련문서. 한자+이두. 조선 필사 이두 자료. 전남 해남 연동 해남 윤씨 녹우당 소장. 장서각 한국고문서자료관 홈페이지 원문 이미지와 텍스트 보기. 한국정신문화연구원 편(1983, 1986), 최승희(1989) 참고>

1721-01-28~1721-05-16(辛丑). 「판적사신축등록(**版籍司辛丑謄錄**)」, 호조(戶曹) 판적

사(版籍司) 편(編). <1책. 111장. 필사본. 한자+이두. 조선 필사 이두 자료. 서울대학교 규장각 한국학연구원 홈페이지 원문 이미지 보기>

1721-02-08. **숭렬사 재임 서목**(崇烈祠齋任書目) 1, 숭렬사. <1장. 한자+이두. 조선 필사 이두 자료. 경북 경주시 내남면 이조리 경주 최씨·용산서원 소장. 한국학중앙연구원 고문서자료관 홈페이지 원문 이미지 보기. 한국정신문화연구원 편(2000) 참고>

1721-02-10. **숭렬사 재임 서목**(崇烈祠齋任書目) 2, 숭렬사. <1장. 한자+이두. 조선 필사 이두 자료. 경북 경주시 내남면 이조리 경주 최씨·용산서원 소장. 한국학중앙연구원 고문서자료관 홈페이지 원문 이미지 보기. 한국정신문화연구원 편(2000) 참고>

1721-02-10. **숭렬사 재임 서목**(崇烈祠齋任書目) 3, 숭렬사. <1장. 한자+이두. 조선 필사 이두 자료. 경북 경주시 내남면 이조리 경주 최씨·용산서원 소장. 한국학중앙연구원 고문서자료관 홈페이지 원문 이미지 보기. 한국정신문화연구원 편(2000) 참고>

1721-02-10. **숭렬사 재임 첩정**(崇烈祠齋任牒呈), 숭렬사. <1장. 한자+이두. 조선 필사 이두 자료. 경북 경주시 내남면 이조리 경주 최씨·용산서원 소장. 한국학중앙연구원 고문서자료관 홈페이지 원문 이미지 보기. 한국정신문화연구원 편(2000) 참고>

1721-02-12. **숭렬사 재임 서목**(崇烈祠齋任書目) 4, 숭렬사. <1장. 한자+이두. 조선 필사 이두 자료. 경북 경주시 내남면 이조리 경주 최씨·용산서원 소장. 한국학중앙연구원 고문서자료관 홈페이지 원문 이미지 보기. 한국정신문화연구원 편(2000) 참고>

1721-02-15. **유학 이희증 토지매매명문**(幼學李希曾土地賣買明文), 강태화(姜泰華). <1장. 한자+이두. 조선 필사 이두 자료. 전남 구례군 토지면 오미리 문화 류씨 운조루 소장. 한국학중앙연구원 고문서자료관 홈페이지 원문 이미지와 텍스트 보기. 한국정신문화연구원 편(1998) 참고>

1721-02-22. **숭렬사 원노 철석 토지매매명문**(崇烈祠院奴哲石土地賣買明文), 주남두(朱南斗). <1장. 한자+이두. 조선 필사 이두 자료. 경북 경주시 내남면 이조리

경주 최씨·용산서원 소장. 한국학중앙연구원 고문서자료관 홈페이지 원문 이미지 보기. 박병호(1974ㄱ), 한국정신문화연구원 편(2000), 이재수(2003), 김소은(2004) 참고>

1721-02-00. **서일원 소지**(徐日元所志), 서일원. <1장. 점련문서. 한자+이두. 조선 필사 이두 자료. 영해 인량 재령 이씨 충효당 소장. 한국학중앙연구원 고문서자료관 홈페이지 원문 이미지와 텍스트 보기. 한국정신문화연구원 편(1997) 참고>

1721-02-00. **입안**(立案), 신령현(新寧縣). <1장. 점련문서. 한자+이두. 조선 필사 이두 자료. 영해 인량 재령 이씨 충효당 소장. 한국학중앙연구원 고문서자료관 홈페이지 원문 이미지와 텍스트 보기. 한국정신문화연구원 편(1997) 참고>

1721-03-15. **부 유학 임 별급문기**(父幼學林別給文記), 부 유학 임. <1장. 한자+이두. 조선 필사 이두 자료. 전남 나주시 회진 나주 임씨 창계 후손가 소장. 한국학중앙연구원 고문서자료관 홈페이지 원문 이미지 보기. 한국정신문화연구원 편(2003) 참고>

1721-03-15. **양세중 토지매매명문**(梁世重土地賣買明文), 도시봉(陶時奉). <1장. 한자+이두. 조선 필사 이두 자료. 전남 구례군 토지면 오미리 문화 류씨 운조루 소장. 한국학중앙연구원 고문서자료관 홈페이지 원문 이미지와 텍스트 보기. 한국정신문화연구원 편(1998) 참고>

1721-03-20. **김복렴 토지매매명문**(金復濂土地賣買明文), 이진석(李晉錫). <1장. 한자+이두. 조선 필사 이두 자료. 안동 금계 의성 김씨 학봉 종가 소장. 한국학중앙연구원 고문서자료관 홈페이지 원문 이미지와 텍스트 보기. 한국정신문화연구원 편(1990) 참고>

1721-03-25. **신도비 유사 토지매매명문**(神道碑有司土地賣買明文), 김하구(金夏九). <1장. 한자+이두. 조선 필사 이두 자료. 경북 경주시 내남면 이조리 경주 최씨·용산서원 소장. 한국학중앙연구원 고문서자료관 홈페이지 원문 이미지 보기. 박병호(1974ㄱ), 한국정신문화연구원 편(2000), 이재수(2003), 김소은(2004) 참고>

1721-03-26~1722-09-19. 「연상담등록(練祥禫謄錄)」, 예조(禮曹) 편(編). <1책. 108장. 필사본. 한자+이두. 조선 필사 이두 자료. 한국학중앙연구원 장서각 한국학자료센터 홈페이지 'K2-2985' 원문 이미지와 텍스트 보기>

1721-03-27. **유학 이이신 노비매매명문**(幼學李爾紳奴婢賣買明文),[156] 유학 박세윤(幼學朴世胤). <1장. 점련문서. 한자+이두. 조선 필사 이두 자료. 경북 성주군 월항면 대산리 성산 이씨 응와 종택 구장. 한국국학진흥원 소장. 한국학자료센터 영남권역센터 홈페이지 원문 이미지와 텍스트 보기>

1721-03-00. **노비주 박세윤 초사**(奴婢主朴世胤招辭), 박세윤. <1장. 한자+이두. 조선 필사 이두 자료. 경북 성주군 월항면 대산리 성산 이씨 응와 종택 구장. 한국국학진흥원 소장. 한국학자료센터 영남권역센터 홈페이지 원문 이미지와 텍스트 보기>

1721-03-00.[157] **이이신 소지**(李爾紳所志), 이이신. <1장. 한자+이두. 조선 필사 이두 자료. 경북 성주군 월항면 대산리 성산 이씨 응와 종택 구장. 한국국학진흥원 소장. 한국학자료센터 영남권역센터 홈페이지 원문 이미지와 텍스트 보기>

1721-03-00. **이이신 입안**(李爾紳立案), 성주목(星州牧). <1장. 한자+이두. 조선 필사 이두 자료. 경북 성주군 월항면 대산리 성산 이씨 응와 종택 구장. 한국국학진흥원 소장. 한국학자료센터 영남권역센터 홈페이지 원문 이미지와 텍스트 보기>

1721-04-03. **강위노 토지매매명문**(姜渭老土地賣買明文), 고여립(高汝立). <1장. 한자+이두. 조선 필사 이두 자료. 제주 장전리 진주 강씨 강태복가 소장. 호남권 한국학자료센터 홈페이지 원문 이미지와 텍스트 보기. 최승희(1989), 고창석(2002) 참고>

1721-04-11. 「적상산성형지안(赤裳山城形止案)」, 종부시 편(宗簿寺編). <1책. 14장. 필사본. 한자+이두. 조선 필사 이두 자료. 한국학중앙연구원 장서각 소장. 한국학중앙연구원 한국학 디지털 아카이브 홈페이지 원문 이미지 보기>

1721-04-24. **부 화회문기**(父和會文記),[158] 부(父). <1장. 한자+이두. 조선 필사 이두

---

[156] 한국학자료센터 영남권역센터 홈페이지에서는 '이이신(李爾紳) 노비매매명문(奴婢賣買明文)'으로 표시하였다.

[157] 한국학자료센터 영남권역센터 홈페이지의 '안내정보'와 '상세정보'에서는 '1721년(경종 1) 4월'로 잘못 표시하였다.

[158] 한국국학진흥원 유교넷 홈페이지에서는 '고성이씨 팔회당 강희60년 4월에 바버지와 장자 사이에 작성된 명문(明文)[12432]'로 표시하였다.

자료. 고성 이씨 팔회당 구장. 한국국학진흥원 소장. 한국국학진흥원 유교넷 홈페이지 원문 이미지 보기>

1721-04-24. **윤은보 사 남매 분재기**(尹殷輔四男妹分財記), 윤은보 4남매. <1장. 한자+이두. 조선 필사 이두 자료. 전남 해남군 해남 윤씨 윤상현 구장. 무안 여흥 민씨 민종기 소장. 호남권 한국학자료센터 홈페이지 원문 이미지 보기. 최승희(1989) 참고>

1721-04-00. **이상진·이태현 등 소지**(李尙眞·李台賢等所志), 이상진·이태현 등. <1장. 점련문서. 한자+이두. 조선 필사 이두 자료. 경북 안동시 주촌 진성 이씨 경류정 구장. 서울역사박물관 소장. 한국학중앙연구원 장서각 한국고문서자료관 홈페이지 원문 이미지와 텍스트 보기. 한국정신문화연구원 편(1999) 참고>

1721-05-05. **제 이시항 허여명문**(弟李時沆許與明文),[159] 9촌 매 후백 등(九寸妹後白等). <1장. 한자+이두. 조선 필사 이두 자료. 고성 이씨 팔회당 구장. 한국국학진흥원 소장. 한국국학진흥원 유교넷 홈페이지 원문 이미지 보기>

1721-05-22. **여서 이시항 별급명문**(女壻李時沆別給文記),[160] 전사과 강철귀(前司果姜鐵龜). <1장. 한자+이두. 조선 필사 이두 자료. 고성 이씨 팔회당 구장. 한국국학진흥원 소장. 한국국학진흥원 유교넷 홈페이지 원문 이미지 보기>

1721-05-00. **사노 순발 등 소지**(私奴順發等所志), 사노 순발 등. <1장. 한자+이두. 조선 필사 이두 자료. 경북 경주시 내남면 이조리 경주 최씨·용산서원 소장. 한국학중앙연구원 고문서자료관 홈페이지 원문 이미지 보기. 한국정신문화연구원 편(2000) 참고>

1721-06-08. **권 씨 별급 문기**(權氏別給文記), 권 씨. <1장. 한자+이두. 조선 필사 이두 자료. 경북 경주시 양동 경주 손씨 송첨 종택 소장. 한국학중앙연구원 고문서자료관 홈페이지 원문 이미지 보기. 한국정신문화연구원 편(1997) 참고>

1721-06-08. **보인 서일원 초사**(保人徐日元招辭), 서일원. <1장. 점련문서. 한자+이두.

---

[159] 한국국학진흥원 유교넷 홈페이지에서는 '고성이씨 팔회당 강희60년 5월에 동성구촌매 후백과 제 이시항 사이에 작성된 명문(明文)[12434]'로 표시하였다.

[160] 한국국학진흥원 유교넷 홈페이지에서는 '고성이씨 팔회당 강희60년 5월에 전사과 강철귀와 사위 이시항 사이에 작성된 명문(明文)[12430]'으로 표시하였다.

조선 필사 이두 자료. 영해 인량 재령 이씨 충효당 소장. 한국학중앙연구원 고문서 자료관 홈페이지 원문 이미지와 텍스트 보기. 한국정신문화연구원 편(1997) 참고>

1721-06-10~1721-06-28. 「암행어사록(暗行御史錄)」1~2, 서만근(徐萬瑾). <2권 2책. 49장+59장. 필사본. 한자+이두. 조선 필사 이두 자료. 일본 경도대학 가와이문고 소장. 고려대학교 해외한국학자료센터 홈페이지 원문 이미지 보기>

1721-06-00. 「경국대전(經國大典)」권1-6, 최항(崔恒) 등 수명편(受命編), 교서관(校書館). <운각 주자 중인본(芸閣鑄字重印本). 6권 4책. 조선 인쇄 이두 자료. 일본 동양문고, 오사카 부립 나카노시마도서관, 미국 버클리대학교 동아시아도서관 소장. 고려대학교 해외한국학자료센터 홈페이지 버클리대학교 소장본 원문 이미지 보기> <이본: 1668-03-00(평양부 개간본)>

1721-07-00. **숭렬사 수노 엇동 소지**(崇烈祠首奴旕同所志), 엇동. <1장. 한자+이두. 조선 필사 이두 자료. 경북 경주시 내남면 이조리 경주 최씨·용산서원 소장. 한국학중앙연구원 고문서자료관 홈페이지 원문 이미지 보기. 한국정신문화연구원 편(2000) 참고>

1721-08-20~1727-12-12(辛丑~丁未). 「왕세제책례등록(王世弟冊禮謄錄)」, 예조(禮曹). <1책. 72장. 필사본. 한자+이두. 조선 필사 이두 자료. 한국학중앙연구원 장서각 소장. 한국학중앙연구원 장서각 한국학자료센터 홈페이지 원문 이미지와 텍스트 보기>

1721-09-09. **박흥신 허여문기**(朴興新許與文記), 박흥신. <1장. 한자+이두. 조선 필사 이두 자료. 부여 은산 함양 박씨 소장. 한국학중앙연구원 고문서자료관 홈페이지 원문 이미지 보기. 한국정신문화연구원 편(2000) 참고>

1721-09-00. **이주신 처 권 씨 입안**(李柱臣妻權氏立案), 예조(禮曹). <1장. 한자+이두. 조선 필사 이두 자료. 경북 성주 명곡 벽진 이씨 완석정 종택 소장. 한국학중앙연구원 고문서자료관 홈페이지 원문 이미지 보기. 한국학중앙연구원 편(2009) 참고>

1721-11-15. **장인 을상 토지매매명문**(匠人乙尙土地賣買明文),[161] 향리 권숭걸(鄕吏權崇傑). <1장. 한자+이두. 조선 필사 이두 자료. 경북 안동시 법흥동 고성 이씨

탑동 종가 구장. 한국국학진흥원 소장. 한국국학진흥원 유교넷 홈페이지 원문 이미지 보기>

1721-11-16. **숭렬사 수노 토지매매명문**(崇烈祠首奴土地賣買明文), 행립(呑立). <1장. 한자+이두. 조선 필사 이두 자료. 경북 경주시 내남면 이조리 경주 최씨·용산서원 소장. 한국학중앙연구원 고문서자료관 홈페이지 원문 이미지 보기. 박병호(1974ㄱ), 한국정신문화연구원 편(2000), 이재수(2003), 김소은(2004) 참고>

1721-12-07. **노 자룡 배지**(奴自龍牌旨), 윤(尹). <1장. 한자+이두. 조선 필사 이두 자료. 전남 해남 연동 해남 윤씨 녹우당 소장. 한국학중앙연구원 장서각 한국고문서자료관 홈페이지 원문 이미지와 텍스트 보기. 박병호(1974ㄱ), 김태영(1983), 한국정신문화연구원 편(1983, 1986), 최승희(1989) 참고>

1721-12-07. **오촌 숙주 권정추 토지매매명문**(五寸叔主權正樞土地賣買明文),[162] 오촌질(五寸姪) 권요(權燿). <1장. 한자+이두. 조선 필사 이두 자료. 예천 저곡 안동 권씨 춘우재 고택 구장. 한국국학진흥원 소장. 한국학자료센터 영남권역센터 홈페이지 원문 이미지와 텍스트 보기. 김성갑(2013) 참고>

1721-12-07. **윤 생원 댁 산직 노 정룡 토지매매명문**(尹生員宅山直奴丁龍土地賣買明文), 자룡(自龍). <1장. 점련문서. 한자+이두. 조선 필사 이두 자료. 전남 해남 연동 해남 윤씨 녹우당 소장. 한국학중앙연구원 장서각 한국고문서자료관 홈페이지 원문 이미지와 텍스트 보기. 박병호(1974ㄱ), 한국정신문화연구원 편(1983, 1986), 최승희(1989) 참고>

1721-12-10. **최경익 원납 명문**(崔慶益願納明文) 1, 최경익. <1장. 한자+이두. 조선 필사 이두 자료. 경북 경주시 내남면 이조리 경주 최씨·용산서원 소장. 한국학중앙연구원 고문서자료관 홈페이지 원문 이미지 보기. 한국정신문화연구원 편(2000) 참고>

---

161 한국국학진흥원 유교넷 홈페이지에서는 '고성이씨 탑동종가 [명문 259(전답매매문기)]로 분류하고, 문서명을 '1721년 권숭걸이 을상에게 땅을 매도한 사실을 증명하는 전답매매문기'로 표시하였다.

162 한국학자료센터 영남권역센터 홈페이지에서는 '권정추 토지매매명문(權正樞土地賣買明文)'으로 표시하였다.

1721-12-14. **숭렬사 재임 서목**(崇烈祠齋任書目) 5, 숭렬사. <1장. 한자+이두. 조선 필사 이두 자료. 경북 경주시 내남면 이조리 경주 최씨·용산서원 소장. 한국학중앙연구원 고문서자료관 홈페이지 원문 이미지 보기. 한국정신문화연구원 편(2000) 참고>

1721-12-18. **이 생원 댁 노 가팔리 토지매매명문**(李生員宅奴加八里土地賣買明文), 정수영(鄭水永). <1장. 한자+이두. 조선 필사 이두 자료. 전남 구례군 토지면 오미리 문화 류씨 운조루 소장. 한국학중앙연구원 고문서자료관 홈페이지 원문 이미지와 텍스트 보기. 한국정신문화연구원 편(1998) 참고>

1721-12-19. **정수영 토지매매명문**(鄭水永土地賣買明文), 정시태(鄭時泰). <1장. 한자+이두. 조선 필사 이두 자료. 전남 구례군 토지면 오미리 문화 류씨 운조루 소장. 한국학중앙연구원 고문서자료관 홈페이지 원문 이미지와 텍스트 보기. 한국정신문화연구원 편(1998) 참고>

1721-12-27. **최경익 원납 명문**(崔慶益願納明文) 2, 최경익. <1장. 한자+이두. 조선 필사 이두 자료. 경북 경주시 내남면 이조리 경주 최씨·용산서원 소장. 한국학중앙연구원 고문서자료관 홈페이지 원문 이미지 보기. 한국정신문화연구원 편(2000) 참고>

1721-12-00. **김 생원 댁 노 감쇠 소지**(金生員宅奴甘金所志),[163] 감쇠. <1장. 한자+이두. 조선 필사 이두 자료. 전북 부안군 우반 부안 김씨 구장. 전북 부안군 우동 세덕각 소장. 호남권 한국학자료센터 홈페이지 & 한국학중앙연구원 고문서자료관 홈페이지 원문 이미지와 텍스트 보기. 전경목(2001), 김은미(2007) 참고>

1721-00-00. 「국장도감도청의궤(國葬都監都廳儀軌)」[164] 상·하, 국장도감 편. <2책. 314장+382장. 필사본. 상권의 표제는 '(更子年 江華府上)國葬都監儀軌(上)'. 권수제는 '(康熙五十九年庚子十月 日)國葬都監都廳儀軌'. 한자+이두. 조선 필사 이두 자

---

[163] 호남권 한국학자료센터 홈페이지에서는 '김생원댁(金生員宅) 감쇠(甘金) 소지(所志)'로 표시하였다. 한국학중앙연구원 고문서자료관 홈페이지에서는 '김생원댁(金生員宅) 달금(甘金) 소지(所志)'로 표시하였다.

[164] 서울대학교 규장각 한국학연구원 의궤 종합 정보 홈페이지에서는 서명을 '숙종국장도감의궤(肅宗國葬都監儀軌)'로 적었다.

료. 서울대학교 규장각 한국학연구원 의궤 종합정보 홈페이지 '奎13548', '奎14862' 원문 이미지 보기>

1721-00-00.「국장도감도청의궤(**國葬都監都廳儀軌**)」[165] 상(上), 국장도감 편. <1책. 343장. 필사본. 표제는 '國葬都監儀軌(上)'. 권수제는 '(康熙五十九年庚子十月 日)國葬都監都廳儀軌'. 한자+이두. 조선 필사 이두 자료. 국립중앙박물관 외규장각 의궤 홈페이지 '외규108' 원문 이미지와 텍스트 보기>

1721-00-00.「국장도감이방의궤(**國葬都監二房儀軌**)」[166] 국장도감 편. <1책. 498장. 필사본. 표제는 '國葬都監儀軌(下)'. 권수제는 '(康熙五十九年庚子十月 日)國葬都監二房儀軌'. 한자+이두. 조선 필사 이두 자료. 국립중앙박물관 외규장각 의궤 홈페이지 '외규109' 원문 이미지와 텍스트 보기>

1721-00-00.「빈전도감의궤(**殯殿都監儀軌**)」[167] 빈전도감 편. <1책. 267장. 필사본. 표제와 권수제는 '殯殿都監儀軌'. 한자+이두. 조선 필사 이두 자료. 국립중앙박물관 외규장각 의궤 홈페이지 '외규106' 원문 이미지와 텍스트 보기>

1721-00-00.「빈전도감의궤(**殯殿都監儀軌**)」[168] 빈전도감 편. <1책. 259장. 필사본. 표제는 '(康熙五十九年庚子六月 日 江華府上)殯殿都監儀軌'. 권수제는 '殯殿都監儀軌'. 한자+이두. 조선 필사 이두 자료. 서울대학교 규장각 한국학연구원 의궤 종합정보 홈페이지 '奎13549', '奎14839' 원문 이미지 보기>

1721-00-00.「산릉도감의궤(**山陵都監儀軌**)」[169] 上·下, 산릉도감. <2책. 198장+198장. 필사본. 상(上)의 표제는 '(康熙五十九年庚子六月 日 景宗元年)山陵都監儀軌(上)'.

---

[165] 국립중앙박물관 외규장각 의궤 홈페이지에서는 서명을 표제나 권수제와는 달리 '숙종국장도감의궤(상)(肅宗國葬都監儀軌(上))'으로 적었다.

[166] 국립중앙박물관 외규장각 의궤 홈페이지에서는 서명을 표제나 권수제와는 달리 '숙종국장도감의궤(하)(肅宗國葬都監儀軌(下))'로 적었다.

[167] 국립중앙박물관 외규장각 의궤 홈페이지에서는 서명을 표제나 권수제와는 달리 '숙종빈전도감의궤(肅宗殯殿都監儀軌)'로 적었다.

[168] 서울대학교 규장각 한국학연구원 의궤 종합 정보 홈페이지에서는 서명을 '숙종빈전도감의궤(肅宗殯殿都監儀軌)'로 적었다.

[169] 한국학중앙연구원 디지털장서각 홈페이지에서는 서명을 '[숙종대왕명릉]산릉도감의궤[肅宗大王明陵]山陵都監儀軌)'로 적었다.

'明陵 山陵都監儀軌目錄'의 끝에 '(康熙五十九年庚子六月 日)山陵都監儀軌'를 찾아 볼 수 있다. 한자+이두. 조선 필사 이두 자료. 한국학중앙연구원 디지털장서각 홈페이지 원문 이미지와 텍스트 보기>

1721-00-00.「산릉도감의궤(**山陵都監儀軌**)」[170] 상(上), 산릉도감 편. <1책. 205장. 필사본. 표제는 '山陵都監儀軌(上)'. 권수제는 '(康熙五十九年庚子六月 日)山陵都監儀軌'. 한자+이두. 조선 필사 이두 자료. 국립중앙박물관 외규장각 의궤 홈페이지 '외규104' 원문 이미지와 텍스트 보기>

1721-00-00.「산릉도감의궤(**山陵都監儀軌**)」[171] 하(下), 산릉도감 편. <1책. 207장. 필사본. 원자료 표제는 결락. 권수제는 없다. 한자+이두. 조선 필사 이두 자료. 국립중앙박물관 외규장각 의궤 홈페이지 '외규105' 원문 이미지와 텍스트 보기>

1721-00-00. **삼절린 초사**(三切隣招辭), 삼절린. <1장. 점련문서. 한자+이두. 조선 필사 이두 자료. 영해 인량 재령 이씨 충효당 소장. 한국학중앙연구원 고문서자료관 홈페이지 원문 이미지와 텍스트 보기. 한국정신문화연구원 편(1997) 참고>

1721-00-00.[172]「선원보략교정청의궤(**璿源譜略校正廳儀軌**)」, 종부시 교정청(宗簿寺 校正廳) 편(編). <1책. 57장. 필사본. 표제는 '(肅宗 己亥年)璿源譜略校正廳儀軌'. 한자+이두. 1718년 9월 24일부터 1721년 1월 17일까지의 「선원보략」의 교정 과정을 기록한 의궤. 조선 필사 이두 자료. 한국학중앙연구원 디지털장서각 홈페이지 'K2-3841' 원문 이미지와 텍스트 보기>

1721-00-00.「선원보략교정청의궤(**璿源譜略校正廳儀軌**)」, 교정청 편. <1책. 58장. 필사본. 표제는 '(己亥)璿源譜略校正廳儀軌 (單)'. 한자+이두. 조선 필사 이두 자료. 서울대학교 규장각 한국학연구원 의궤 종합정보 홈페이지 '奎14014', '奎14015' 원문 이미지 보기>

---

[170] 국립중앙박물관 외규장각 의궤 홈페이지에서는 서명을 표재나 권수제와는 달리 '숙종명릉산릉도감의궤(상)(肅宗明陵山陵都監儀軌(上))'으로 적었다.

[171] 국립중앙박물관 외규장각 의궤 홈페이지에서는 서명을 표재나 권수제와는 달리 '숙종명릉산릉도감의궤(하)(肅宗明陵山陵都監儀軌(下))'로 적었다.

[172] 한국학중앙연구원 디지털장서각 홈페이지 '기본정보'의 '작성시기'에서는 '1718(숙종 44년)'으로 적었고, '기록시기'에서는 '1718~1721年(肅宗 44~景宗 卽位)'로 적어 놓았다.

1721-00-00. **증인 동성 육촌 형 유학 박세돈 등 초사**(證人同姓六寸兄幼學朴世敦等招辭), 유학 박세돈 등. <1장. 점련문서. 한자+이두. 조선 필사 이두 자료. 경북 성주군 월항면 대산리 성산 이씨 응와 종택 구장. 한국국학진흥원 소장. 한국학자료센터 영남권역센터 홈페이지 원문 이미지와 텍스트 보기>

1721-00-00. 「책례도감도청의궤(冊禮都監都廳儀軌)」,[173] 책례도감 편. <1책. 263장. 필사본. 표제는 '(辛丑年)王世弟冊禮都監儀軌 (江華府上)'. 권수제는 '(康熙六十年八月 日)冊禮都監都廳儀軌'. 한자+이두. 조선 필사 이두 자료. 서울대학교 규장각 한국학연구원 의궤 종합정보 홈페이지 '奎13099', '奎14093' 원문 이미지 보기>

1721-00-00. 「책례도감도청의궤(冊禮都監儀軌)」,[174] 책례도감 편. <1책. 138장. 필사본. 표제는 '冊禮都監儀軌(上)'. 권수제는 '(康熙六十年八月 日)冊禮都監都廳儀軌'. 한자+이두. 조선 필사 이두 자료. 국립중앙박물관 외규장각 의궤 홈페이지 '외규110' 원문 이미지와 텍스트 보기>

1721-00-00. 「혼전도감의궤(肅宗魂殿都監儀軌)」,[175] 혼전도감. <1책. 232장. 필사본. 표제는 '(康熙五十九年庚子六月 日 江華府上)魂殿都監儀軌'. 권수제는 '魂殿都監儀軌'. 한자+이두. 조선 필사 이두 자료. 서울대학교 규장각 한국학연구원 의궤 종합정보 홈페이지 '奎13550', '奎14856' 원문 이미지 보기>

1721-00-00. 「혼전도감의궤(魂殿都監儀軌)」,[176] 혼전도감 편. <1책. 262장. 필사본. 표제와 권수제는 '魂殿都監儀軌'. 한자+이두. 조선 필사 이두 자료. 국립중앙박물관 외규장각 의궤 홈페이지 '외규107' 원문 이미지와 텍스트 보기>

1721-00-00~1727-00-00. 「왕세제책례등록(王世弟冊禮謄錄)」 1, 예조(禮曹). <1책. 72장. 필사본. 한자+이두. 조선 필사 이두 자료. 한국학중앙연구원 장서각 소장.

---

173 서울대학교 규장각 한국학연구원 의궤 종합정보 홈페이지에서는 서명을 '영조왕세제책례도감의궤(英祖王世弟冊禮都監儀軌)'로 적었다.

174 국립중앙박물관 외규장각 의궤 홈페이지에서는 서명을 표제나 권수제와는 달리 '영조왕세제책례도감의궤(상)(英祖王世弟冊禮都監儀軌(上))'으로 적었다.

175 서울대학교 규장각 한국학연구원 의궤 종합 정보 홈페이지에서는 서명을 '숙종혼전도감의궤(肅宗魂殿都監儀軌)'로 적었다.

176 국립중앙박물관 외규장각 의궤 홈페이지에서는 서명을 표제나 권수제와는 달리 '숙종혼전도감의궤(肅宗魂殿都監儀軌)'로 적었다.

한국학중앙연구원 한국학 디지털 아카이브 홈페이지 원문 이미지 보기>

1721-00-00~1872-00-00. 「금위영포폄등록(禁衛營褒貶謄錄)」1~2, 금위영 편. <2책. 필사본. 한자+이두. 조선 필사 이두 자료. 한국학중앙연구원 장서각 소장. 한국학중앙연구원 한국학 디지털 아카이브 홈페이지 원문 이미지 보기>

1721-00-00 이후 기입 추정. 「금강반야바라밀경(金剛般若波羅密經)」, 구마라십(鳩摩羅什) 역(譯), 고성(固城): 운흥사(雲興寺). <운흥사 개판본. 1책. 56장. 본문에 생획토 기입. 불교 서적. 조선 필사 구결 자료. 일본 동경대학교 오구라문고 소장>

1721-00-00 이후 기입 추정. 「송고왕관세음경감응(誦高王觀世音經感應)」, 고성(固城): 와룡산(臥龍山) 운흥사(雲興寺) 개간(開刊). <5장. 목판본. 본문에 생획토 기입. 불교 서적. 조선 묵서 구결 자료. 국립중앙도서관 홈페이지 원문 이미지 보기>

1722년

<임인(壬寅), 경종 2년, 강희 61년>

1722-01-04. **숭렬사 재임 서목**(崇烈祠齋任書目) 1, 숭렬사. <1장. 한자+이두. 조선 필사 이두 자료. 경북 경주시 내남면 이조리 경주 최씨·용산서원 소장. 한국학중앙연구원 고문서자료관 홈페이지 원문 이미지 보기. 한국정신문화연구원 편(2000) 참고>

1722-01-07. **이 생원 노비 천금 토지매매명문**(李生員奴婢千金土地賣買明文), 임두삼(任斗三). <1장. 한자+이두. 조선 필사 이두 자료. 원주시 무릉박물관 소장. 한국학자료센터 강원권역센터 홈페이지 원문 이미지 보기. 박병호(1974ㄱ), 최승희(1989), 김소은(2004), 김성갑(2013) 참고>

1722-01-08. **권종석 토지매매명문**(權終石土地賣買明文), 사노 실현(私奴實玄). <1장. 한자+이두. 조선 필사 이두 자료. 경북 예천군 용문면 대제리 원동 권씨 춘우재 고택 구장. 한국국학진흥원 소장. 한국학자료센터 영남권역센터 홈페이지 원문 이미지와 텍스트 보기. 김성갑(2013) 참고>

1722-01-17. **이 생원 노 차사 토지매매명문**(李生員奴次私土地賣買明文), 권한표(權漢

標). <1장. 한자+이두. 조선 필사 이두 자료. 경북 안동시 법흥동 고성 이씨 탑동 종가 구장. 한국국학진흥원 소장. 한국학자료센터 영남권역센터 홈페이지 원문 이미지와 텍스트 보기>

1722-01-19~1727-07-07(壬寅~丁未). 「종묘수개등록(宗廟修改謄錄)」第9, 예조(禮曹) 편(編). <1책. 90장. 필사본. 한자+이두. 조선 필사 이두 자료. 서울대학교 규장각 한국학연구원 홈페이지 원문 이미지 보기> <1658-01-27~1669-12-07(戊戌~己酉) 第2>

1722-01-22. **권수이 토지매매명문**(權守伊土地賣買明文), 한인혜(韓印惠). <1장. 한자+이두. 조선 필사 이두 자료. 전남 구례군 토지면 오미리 문화 류씨 운조루 소장. 한국학중앙연구원 고문서자료관 홈페이지 원문 이미지와 텍스트 보기. 한국정신문화연구원 편(1998) 참고>

1722-01-25. **김동제 노비매매명문**(金東濟奴婢賣買明文),[177] 정여발(鄭汝發). <1장. 한자+이두. 조선 필사 이두 자료. 안동시 도산서원 구장. 한국국학진흥원 소장. 한국국학진흥원 유교넷 홈페이지 원문 이미지와 텍스트 보기>

1722-01-00(壬寅). 「숙종대왕국휼등록(肅宗大王國恤謄錄)」, 편자 미상. <1책. 101장. 필사본. 한자+이두. 조선 필사 이두 자료. 서울대학교 규장각 한국학연구원 홈페이지 원문 이미지 보기>

1722-02-07. **강필성 토지매매명문**(姜弼星土地賣買明文) 1, 고후윤(高厚允). <1장. 한자+이두. 조선 필사 이두 자료. 제주 어도내산 진주 강씨가 구장. 제주 한림 강우석 소장. 호남권 한국학자료센터 홈페이지 원문 이미지와 텍스트 보기. 최승희(1989), 고창석(2000) 참고>

1722-02-17. **강필성 토지매매명문**(姜弼星土地賣買明文) 2, 강취영(姜就英). <1장. 한자+이두. 조선 필사 이두 자료. 제주 어도내산 진주 강씨가 구장. 제주 한림 강우석 소장. 호남권 한국학자료센터 홈페이지 원문 이미지와 텍스트 보기. 최승희(1989), 고창석(2000) 참고>

---

[177] 한국국학진흥원 유교넷 홈페이지에서는 문서명을 '1722년 정여발이 김동제에게 난이를 매매한 노비매매문기'로 표시하였다.

1722-02-17. **강필성 토지매매명문**(姜弼星土地賣買明文) 3, 문근(文斤). <1장. 한자+이두. 조선 필사 이두 자료. 제주 어도내산 진주 강씨가 구장. 제주 한림 강우석 소장. 호남권 한국학자료센터 홈페이지 원문 이미지와 텍스트 보기. 고창석(2000) 참고>

1722-02-21. **노 정걸 배지**(奴鄭乞牌旨),[178] 상전(上典). <1장. 한자+이두. 조선 필사 이두 자료. 안동시 도산서원 구장. 한국국학진흥원 소장. 한국국학진흥원 유교넷 홈페이지 원문 이미지와 텍스트 보기>

1722-02-22. **유학 이원의 토지매매명문**(幼學李源義土地賣買明文), 하수경(河水鏡). <1장. 한자+이두. 조선 필사 이두 자료. 전남 구례군 토지면 오미리 문화 류씨 운조루 소장. 한국학중앙연구원 고문서자료관 홈페이지 원문 이미지와 텍스트 보기. 한국정신문화연구원 편(1998) 참고>

1722-02-25. **고이명 토지매매명문**(高以明土地賣買明文), 최성우(崔聖禹). <1장. 한자+이두. 조선 필사 이두 자료. 전남 구례군 토지면 오미리 문화 류씨 운조루 소장. 한국학중앙연구원 고문서자료관 홈페이지 원문 이미지와 텍스트 보기. 한국정신문화연구원 편(1998) 참고>

1722-02-00. **태수 손 입안**(太守孫立案), 안동부(安東府). <1장. 한자+이두. 조선 필사 이두 자료. 안동 금계 의성 김씨 학봉 종가 소장. 한국학중앙연구원 고문서자료관 홈페이지 원문 이미지와 텍스트 보기. 한국정신문화연구원 편(1990) 참고>

1722-03-01. **용효신 토지매매명문**(龍孝臣土地賣買明文), 용진문(龍震文). <1장. 한자+이두. 조선 필사 이두 자료. 전북대학교 박물관 소장. 호남권 한국학자료센터 홈페이지 원문 이미지와 텍스트 보기. 박병호(1974ㄱ), 이재수(2003) 참고>

1722-03-05. **호노 가팔리 토지매매명문**(戶奴加 八里土地賣買明文), 박지화(朴枝華). <1장. 한자+이두. 조선 필사 이두 자료. 전남 구례군 토지면 오미리 문화 류씨 운조루 소장. 한국학중앙연구원 고문서자료관 홈페이지 원문 이미지와 텍스트 보기. 한국정신문화연구원 편(1998) 참고>

---

[178] 한국국학진흥원 유교넷 홈페이지에서는 문서명을 '임인년 정걸에게 노비 매매를 위임하는 패지'로 표시하였다.

1722-03-13. **부 통덕랑 허여문기**(父通德郎許與文記), 부 통덕랑. <1장. 한자+이두. 조선 필사 이두 자료. 안동 천전 의성 김씨 제산 종택 소장. 한국학중앙연구원 장서각 한국고문서자료관 홈페이지 원문 이미지와 텍스트 보기. 한국정신문화연구원 편(1990) 참고>

1722-03-14. **점산 노비매매명문**(占山奴婢賣買明文), 노 정걸(奴鄭乬). <1장. 한자+이두. 조선 필사 이두 자료. 안동시 도산서원 구장. 한국국학진흥원 소장. 한국국학진흥원 유교넷 홈페이지 원문 이미지와 텍스트 보기>

1722-03-16. **권신재 시장문기**(權信載柴場文記), 김백창(金百昌). <1장. 한자+이두. 조선 필사 이두 자료. 전남 고창 읍내 안동 권씨가 소장. 호남권 한국학자료센터 홈페이지 원문 이미지와 텍스트 보기. 최승희(1989), 전북향토문화연구회 편(1993), 정구복 외(1999) 참고>

1722-03-00. **유학 안후겸 입안**(幼學安後謙立案), 예조(禮曹). <1장. 한자+이두. 조선 필사 이두 자료. 경기도 광주 기곡 광주 안씨 순암 종가 소장. 한국학중앙연구원 장서각 한국고문서자료관 홈페이지 원문 이미지와 텍스트 보기. 한국정신문화연구원 편(1990) 참고>

1722-04-26. **숭렬사 재임 서목**(崇烈祠齋任書目) 2, 숭렬사. <1장. 한자+이두. 조선 필사 이두 자료. 경북 경주시 내남면 이조리 경주 최씨·용산서원 소장. 한국학중앙연구원 고문서자료관 홈페이지 원문 이미지 보기. 한국정신문화연구원 편(2000) 참고>

1722-04-00. **이후천 등 소지**(李厚天等所志), 이후천 등. <1장. 점련문서. 한자+이두. 조선 필사 이두 자료. 경북 안동시 주촌 진성 이씨 경류정 구장. 서울역사박물관 소장. 한국학중앙연구원 장서각 한국고문서자료관 홈페이지 원문 이미지와 텍스트 보기. 한국정신문화연구원 편(1999) 참고>

1722-05-12. **김대 별급문기**(金岱別給文記), 김대. <1장. 한자+이두. 조선 필사 이두 자료. 경북 안동시 오천 광산 김씨 후조당 소장. 한국학중앙연구원 장서각 한국고문서자료관 홈페이지 원문 이미지와 텍스트 보기. 한국정신문화연구원 편(1982) 참고>

1722-07-10. **정치상 별급문기**(鄭致相別給文記), 정치상. <1장. 한자+이두. 조선 필사

이두 자료. 양주 안흥 광주 정씨 소장. 한국학중앙연구원 고문서자료관 홈페이지 원문 이미지 보기. 한국정신문화연구원 편(2004) 참고>

1722-07-22~1722-12-29. 「암환양어아명도서지사(岩丸樣御兒名圖書之事)」<한자+이두. 「대마도종가문서자료집」 1의 '분류기사대강(分類記事大綱) 7'에 수록. 국사편찬위원회 홈페이지 '대마도종가문서자료집' 원문 이미지 보기>

1722-07-28. **강위노 토지매매명문**(姜渭老土地賣買明文), 고지흥(高智興). <1장. 한자+이두. 조선 필사 이두 자료. 제주 장전리 진주 강씨 강태복가 소장. 호남권 한국학자료센터 홈페이지 원문 이미지와 텍스트 보기. 최승희(1989), 고창석(2002) 참고>

1722-08-16. **유학 이희증 토지매매명문**(幼學李希曾土地賣買明文), 이수익(李壽益). <1장. 한자+이두. 조선 필사 이두 자료. 전남 구례군 토지면 오미리 문화 류씨 운조루 소장. 한국학중앙연구원 고문서자료관 홈페이지 원문 이미지와 텍스트 보기. 한국정신문화연구원 편(1998) 참고>

1722-08-17. **숭렬사 재임 서목**(崇烈祠齋任書目) 3, 숭렬사. <1장. 한자+이두. 조선 필사 이두 자료. 경북 경주시 내남면 이조리 경주 최씨·용산서원 소장. 한국학중앙연구원 고문서자료관 홈페이지 원문 이미지 보기. 한국정신문화연구원 편(2000) 참고>

1722-11-08. **사노 오룡 토지매매명문**(私奴五龍土地賣買明文), 안 모(安某). <1장. 한자+이두. 조선 필사 이두 자료. 경북 안동시 주촌 진성 이씨 경류정 구장. 서울역사박물관 소장. 한국학중앙연구원 장서각 한국고문서자료관 홈페이지 원문 이미지와 텍스트 보기. 한국정신문화연구원 편(1999) 참고>

1722-11-15. **노 귀손 토지매매명문**(奴貴孫土地賣買明文), 윤(尹). <1장. 한자+이두. 조선 필사 이두 자료. 전남 구례군 토지면 오미리 문화 류씨 운조루 소장. 한국학중앙연구원 고문서자료관 홈페이지 원문 이미지와 텍스트 보기. 한국정신문화연구원 편(1998) 참고>

1722-11-15. **조세주 분급문기**(曺世周分給文記), 조세주. <1장. 한자+이두. 조선 필사 이두 자료. 밀양 오방 창녕 조씨 오봉서원 소장. 한국학중앙연구원 고문서자료관 홈페이지 원문 이미지 보기. 한국정신문화연구원 편(2004) 참고>

1722-11-30. **솔산 토지매매명문**(空山土地賣買明文), 귀백(貴白). <1장. 한자+이두. 조선 필사 이두 자료. 전북 임실군 오수 삼계강사 소장. 호남권 한국학자료센터 홈페이지 원문 이미지와 텍스트 보기. 박병호(1974ㄱ), 최승희(1989), 정구복 외 (1999) 참고>

1722-11-00. **이수겸 차정첩**(李守謙差定帖),[179] 이조 동부승지 신 정해(吏曹同副承旨臣 鄭楷). <1장. 한자+이두. 조선 필사 이두 자료. 진성 이씨 상계 종택 구장. 한국국학진흥원 소장. 한국국학진흥원 유교넷 홈페이지 원문 이미지 보기>

1722-12-03. **유학 김만일 토지매매명문**(幼學金萬鎰土地賣買明文), 고이명(高爾明). <1장. 한자+이두. 조선 필사 이두 자료. 전남 구례군 토지면 오미리 문화 류씨 운조루 소장. 한국학중앙연구원 고문서자료관 홈페이지 원문 이미지와 텍스트 보기. 한국정신문화연구원 편(1998) 참고>

1722-12-20. **승 청율 토지매매명문**(僧淸律土地賣買明文), 권천웅(權天雄). <1장. 한자+이두. 조선 필사 이두 자료. 경북 안동시 주촌 진성 이씨 경류정 소장. 한국학중앙연구원 장서각 한국고문서자료관 홈페이지 원문 이미지와 텍스트 보기. 한국정신문화연구원 편(1999) 참고>

1722-00-00. 「단의왕후혜릉석물추배도감의궤(端懿王后惠陵石物追排都監儀軌)」, 추배도감. <1책. 79장. 필사본. 한자+이두. 조선 필사 이두 자료. 서울대학교 규장각 한국학연구원 의궤 종합정보 홈페이지 원문 이미지 보기>

1722-00-00. 「별삼방의궤(別三房儀軌)」, 책례도감 편. <1책. 111장. 필사본. 표제는 '別三房儀軌'. 권수제는 '(康熙六十一年壬寅九月 日)別三房儀軌'. 한자+이두. 조선 필사 이두 자료. 국립중앙박물관 외규장각 의궤 홈페이지 '외규112' 원문 이미지와 텍스트 보기>

1722-00-00. 「부묘도감도청의궤(祔 廟都監都廳儀軌)」,[180] 부묘도감 편. <1책. 311장. 필사본. 표제는 '(康熙六十一年壬寅九月 日 景宗二年) 祔 廟都監儀軌(全)'. 권수제는 '(康熙六

---

[179] 한국국학진흥원 유교넷 홈페이지에서는 문서명을 '1722년 이수겸을 전설사별검(典設司別檢)에 임명한다는 차정첩'으로 표시하였다.

[180] 한국학중앙연구원 디지털장서각 홈페이지에서는 서명을 '[숙종대왕인경왕후]부묘도감의궤[肅宗大王仁敬王后]祔廟都監儀軌]'로 적었다.

十一年壬寅九月 日)祔 廟都監都廳儀軌'. 한자+이두. 조선 필사 이두 자료. 한국학중앙연구원 디지털장서각 홈페이지 'K2-2232' 원문 이미지와 텍스트 보기>

1722-00-00. 「부묘도감도청의궤(祔 廟都監都廳儀軌)」,[181] 부묘도감 편. <1책. 320장. 필사본. 개장한 표지의 표제는 '(壬寅八月 日 宗廟署 上)祔廟都監儀軌'. 권수제는 '(康熙六十一年壬寅九月 日)祔 廟都監都廳儀軌'. 한자+이두. 조선 필사 이두 자료. 한국학중앙연구원 디지털장서각 홈페이지 'K2-2233' 원문 이미지 보기>

1722-00-00. 「부묘도감도청의궤(祔 廟都監都廳儀軌)」,[182] 부묘도감 편. <1책. 329장. 필사본. 표제는 '(壬寅八月 日 太白山上)祔廟都監儀軌'. 권수제는 '(康熙六十一年壬寅九月 日)祔 廟都監都廳儀軌'. 한자+이두. 조선 필사 이두 자료. 서울대학교 규장각 한국학연구원 의궤 종합정보 홈페이지 '奎13551', '奎13552' 원문 이미지 보기>

1722-00-00. 「존숭도감도청의궤(尊崇都監都廳儀軌)」,[183] 존숭도감 편. <1책. 140장. 필사본. 표제는 '(壬寅九月 日 太白山上)尊崇都監儀軌'. 권수제는 '(康熙六十一年壬寅九月 日)尊崇都監都廳儀軌'. 한자+이두. 조선 필사 이두 자료. 서울대학교 규장각 한국학연구원 의궤 종합정보 홈페이지 '奎13277', '奎13278', '奎13279' 원문 이미지 보기>

1722-00-00. 「존숭도감도청의궤(尊崇都監都廳儀軌)」, 존숭도감 편. <1책. 271장. 필사본. 한자+이두. 조선 필사 이두 자료. 한국학중앙연구원 디지털장서각 홈페이지 'K2-2831' 원문 이미지 보기>

1722-00-00. 「존숭도감도청의궤(尊崇都監都廳儀軌)」,[184] 존숭도감 편. <1책. 180장. 필사본. 표제는 '尊崇都監儀軌'. 권수제는 '(康熙六十一年壬寅九月 日)尊崇都監都廳儀軌'. 한자+이두. 조선 필사 이두 자료. 국립중앙박물관 외규장각 의궤 홈페이지

---

181 한국학중앙연구원 디지털장서각 홈페이지에서는 서명을 '[숙종대왕인경왕후]부묘도감의궤([肅宗大王仁敬王后]祔廟都監儀軌)'로 적었다.

182 서울대학교 규장각 한국학연구원 의궤 종합정보 홈페이지에서는 서명을 '숙종인경왕후인현왕후부묘도감의궤(肅宗仁敬王后仁顯王后祔廟都監儀軌)'로 적었다.

183 서울대학교 규장각 한국학연구원 의궤 종합정보 홈페이지에서는 서명을 '인원왕후존숭도감의궤(仁元王后尊崇都監儀軌)'로 적었다.

184 국립중앙박물관 외규장각 의궤 홈페이지에서는 서명을 표제나 권수제와는 달리 '인원왕후존숭도감의궤(仁元王后尊崇都監儀軌)'로 적었다.

'외규114' 원문 이미지와 텍스트 보기>

1722-00-00. 「책례도감의궤(冊禮都監儀軌)」, 책례도감 편. <1책. 225장. 필사본. 표제는 '(康熙六十一年壬寅九月 日 景宗二年)冊禮都監儀軌(全)'. 권수제는 '(康熙六十一年壬寅九月 日)冊禮都監儀軌'. 한자+이두. 조선 필사 이두 자료. 한국학중앙연구원 디지털장서각 홈페이지 'K2-2719' 원문 이미지와 텍스트 보기>

1722-00-00. 「책례도감의궤(冊禮都監儀軌)」,[185] 책례도감 편. <1책. 216장. 필사본. 표제는 '(壬寅九月 日 太白山上)冊禮都監儀軌'. 권수제는 '(康熙六十一年壬寅九月 日)冊禮都監儀軌'. 한자+이두. 조선 필사 이두 자료. 서울대학교 규장각 한국학연구원 의궤 종합정보 홈페이지 '奎13097', '奎13098', '奎14905' 원문 이미지 보기>

1722-00-00. 「책례도감의궤(冊禮都監儀軌)」,[186] 책례도감 편. <1책. 309장. 필사본. 표제는 '冊禮都監儀軌'. 권수제는 '(康熙六十一年壬寅九月 日)冊禮都監儀軌'. 한자+이두. 조선 필사 이두 자료. 국립중앙박물관 외규장각 의궤 홈페이지 '외규113' 원문 이미지와 텍스트 보기>

1722-00-00. 「향약채취월령(鄕藥採取月令)」. 유효통(兪孝通)·노중례(盧重禮)·박윤덕(朴允德) 외 공찬. <원간본은 현전하지 않음. 일본인 犬梅塢 필사본. 1책. 한약재 149개를 채취하는 월별로 분류하였는데 해당 약재의 고유어 161개를 차자로 표기하였다. 중복된 약명을 1개로 계산하면 133개의 향명(향약명)이 수록되어 있다. 어휘 표기 자료. 의학서. 일본 동경 국회도서관 소장> <이본: ① 1431-00-00(원간본) ② 1931-00-00(1책. 8장. 경성제국대학 법문학부 조선문학연구실 등사, 일본 동경대학 오구라문고 소장. 서울대학교 규장각 복사본 소장. 고려대학교 해외한국학자료센터 홈페이지 원문 이미지 보기)>

1722-00-00. 「혜릉석물추배도감의궤(惠陵石物追排都監儀軌)」, 진배도감(進排都監) 편. <1책. 80장. 필사본. 한자+이두. 조선 필사 이두 자료. 한국학중앙연구원 장서각 소장. 한국학중앙연구원 한국학 디지털 아카이브 홈페이지 원문 이미지

---

[185] 서울대학교 규장각 한국학연구원 의궤 종합정보 홈페이지에서는 서명을 '단의왕후선의왕후책례도감의궤(端懿王后宣懿王后冊禮都監儀軌)'로 적었다.

[186] 국립중앙박물관 외규장각 의궤 홈페이지에서는 서명을 표제나 권수제와는 달리 '단의왕후선의왕후책례도감의궤(端懿王后宣懿王后冊禮都監儀軌)'로 적었다.

보기>

1722-00-00. 「혜릉석물추배도감의궤(惠陵石物追排都監儀軌)」,[187] 석물추배도감 편. <1책. 98장. 필사본. 표제의 앞부분은 결락되어 '排都監儀軌'만 확인할 수 있다. 권수제는 '(康熙六十一年壬寅六月十四日)惠陵石物追排都監儀軌'. 한자+이두. 조선 필사 이두 자료. 국립중앙박물관 외규장각 의궤 홈페이지 '외규111' 원문 이미지와 텍스트 보기>

1722-00-00 이후 추정. 「상시의주등록(上諡儀註謄錄)」, 예조(禮曹). <1책. 44장. 필사본. 한자+이두. 조선 필사 이두 자료. 한국학중앙연구원 장서각 소장. 한국학중앙연구원 장서각 한국학자료센터 홈페이지 원문 이미지와 텍스트 보기>

1723년

<계묘(癸卯), 경종 3년, 옹정(擁正) 1년>

1723-01-07. **용효신 토지매매명문**(龍孝臣土地賣買明文), 김원호(金元浩). <1장. 한자+이두. 조선 필사 이두 자료. 전북대학교 박물관 소장. 호남권 한국학자료센터 홈페이지 원문 이미지와 텍스트 보기. 박병호(1974ㄱ), 이재수(2003) 참고>

1723-01-16. **무철 토지매매명문**(武哲土地賣買明文), 박덕철(朴德哲). <1장. 한자+이두. 조선 필사 이두 자료. 안동 천전 의성 김씨 재산 종택 소장. 한국학중앙연구원 장서각 한국고문서자료관 홈페이지 원문 이미지와 텍스트 보기. 한국정신문화연구원 편(1990) 참고>

1723-02-01~1726-12-30(癸卯~丙午). 「전객사방물등록(典客司方物謄錄)」 第8, 예조(禮曹) 전객사(典客司) 편(編). <1책. 187장. 전9책. 표제는 '方物謄錄'. 필사본. 한자+이두. 조선 필사 이두 자료. 서울대학교 규장각 한국학연구원 홈페이지 원문 이미지 보기> <1637-02-29~1658-11-26(丁丑~戊戌) 第1>

---

[187] 국립중앙박물관 외규장각 의궤 홈페이지에서는 서명을 권수제와는 달리 '단의왕후혜릉석물추배도감의궤(端懿王后惠陵石物追排都監儀軌)'로 적었다.

1723-02-10. **박중엽 토지매매명문**(朴增曄土地賣買明文), 김순(金珣). <1장. 한자+이두. 조선 필사 이두 자료. 경남 밀양 신호 밀성 박씨·덕남서원 소장. 한국학중앙연구원 고문서자료관 홈페이지 원문 이미지 보기. 한국정신문화연구원 편(2004) 참고>

1723-02-14. **유학 조익화 토지매매명문**(幼學趙益華土地賣買明文), 배중화(裵重華). <1장. 한자+이두. 조선 필사 이두 자료. 전남 구례군 토지면 오미리 문화 류씨 운조루 소장. 한국학중앙연구원 고문서자료관 홈페이지 원문 이미지와 텍스트 보기. 한국정신문화연구원 편(1998) 참고>

1723-02-29. **원노 철석 토지매매명문**(院奴哲石土地賣買明文), 이필명(李弼命). <1장. 한자+이두. 조선 필사 이두 자료. 경북 경주시 내남면 이조리 경주 최씨·용산서원 소장. 한국학중앙연구원 고문서자료관 홈페이지 원문 이미지 보기. 박병호(1974ㄱ), 한국정신문화연구원 편(2000), 이재수(2003), 김소은(2004) 참고>

1723-02-00. **강여민 소지**(姜汝敏所志), 강여민. <1장. 한자+이두. 조선 필사 이두 자료. 제주 어도내산 진주 강씨가 구장. 제주 한림 강우석 소장. 호남권 한국학자료센터 홈페이지 원문 이미지와 텍스트 보기. 고창석(2000, 2002) 참고>

1723-02-00. **입안**(立案), 구례현(求禮縣). <1장. 한자+이두. 조선 필사 이두 자료. 전남 구례군 토지면 오미리 문화 류씨 운조루 소장. 한국학중앙연구원 고문서자료관 홈페이지 원문 이미지와 텍스트 보기. 한국정신문화연구원 편(1998) 참고>

1723-03-23. **강여민 토지매매명문**(姜汝敏土地賣買明文), 양우국(梁佑國). <1장. 한자+이두. 조선 필사 이두 자료. 제주 어도내산 진주 강씨가 구장. 제주 한림 강우석 소장. 호남권 한국학자료센터 홈페이지 원문 이미지와 텍스트 보기. 최승희(1989), 고창석(2002) 참고>

1723-03-23. **노 자룡 배지**(奴自龍牌旨), 윤(尹). <1장. 점련문서. 한자+이두. 조선 필사 이두 자료. 전남 해남 연동 해남 윤씨 녹우당 소장. 한국학중앙연구원 장서각 한국고문서자료관 홈페이지 원문 이미지 보기. 박병호(1974ㄱ), 김태영(1983), 한국정신문화연구원 편(1983, 1986), 최승희(1989) 참고>

1723-03-23. **윤 생원 댁 노 청일 토지매매명문**(尹生員宅奴靑日土地賣買明文), 자룡(自龍). <1장. 점련문서. 한자+이두. 조선 필사 이두 자료. 전남 해남 연동 해남

윤씨 녹우당 소장. 한국학중앙연구원 장서각 한국고문서자료관 홈페이지 원문 이미지와 텍스트 보기. 박병호(1974ㄱ), 김태영(1983), 한국정신문화연구원 편(1983, 1986), 최승희(1989) 참고>

1723-03-25. **보민 토지매매명문**(普敏土地賣買明文), 보신(普信). <1장. 한자+이두. 조선 필사 이두 자료. 전남 장성군 행주 기씨 금강 종가 소장. 호남권 한국학자료센터 홈페이지 원문 이미지와 텍스트 보기. 김재문(1986), 이재수(2003), 이수건 외(2004) 참고>

1723-04-11. **숭 조윤 토지매매명문**(僧照允土地賣買明文), 정월산(鄭月山). <1장. 한자+이두. 조선 필사 이두 자료. 전남 해남 연동 해남 윤씨 녹우당 소장. 한국학중앙연구원 장서각 한국고문서자료관 홈페이지 원문 이미지와 텍스트 보기. 박병호(1974ㄱ), 김태영(1983), 한국정신문화연구원 편(1983, 1986), 최승희(1989) 참고>

1723-05-17. **강여민 명문**(姜汝敏明文) 1, 김시영(金時英). <1장. 한자+이두. 조선 필사 이두 자료. 제주 어도내산 진주 강씨가 구장. 제주 한림 강우석 소장. 호남권 한국학자료센터 홈페이지 원문 이미지와 텍스트 보기. 고창석(2000) 참고>

1723-05-18. **강여민 명문**(姜汝敏明文) 2, 양이심(梁以深). <1장. 한자+이두. 조선 필사 이두 자료. 제주 어도내산 진주 강씨가 구장. 제주 한림 강우석 소장. 호남권 한국학자료센터 홈페이지 원문 이미지와 텍스트 보기. 고창석(2000) 참고>

1723-06-02. **숭렬사 재임 서목**(崇烈祠齋任書目), 숭렬사. <1장. 한자+이두. 조선 필사 이두 자료. 경북 경주시 내남면 이조리 경주 최씨·용산서원 소장. 한국학중앙연구원 고문서자료관 홈페이지 원문 이미지 보기. 한국정신문화연구원 편(2000) 참고>

1723-08-15~1732-06-09(癸卯~壬子). 「조하등록(**朝賀謄錄**)」第4, 예조(禮曹) 편(編). <1책. 57장. 필사본. 필사 시기 미상. 한자+이두. 조선 필사 이두 자료. 서울대학교 규장각 한국학연구원 홈페이지 원문 이미지 보기> <1648-05-06~1677-03-10 (戊子~丁巳) 第1>

1723-09-19 **재주 모 유 씨 분재기**(財主母柳氏分財記), 유 씨. <1장. 한자+이두. 조선 필사 이두 자료. 함양 안의 밀양 박씨 박명부 종가 소장. 한국학중앙연구원 고문서자료관 홈페이지 원문 이미지 보기>

1723-10-01. **최 생원 댁 노 세건 토지매매명문**(崔生員宅奴世建土地賣買明文), 김사홍(金祀弘). <1장. 한자+이두. 조선 필사 이두 자료. 경북 경주시 내남면 이조리 경주 최씨·용산서원 소장. 한국학중앙연구원 고문서자료관 홈페이지 원문 이미지 보기. 박병호(1974ㄱ), 한국정신문화연구원 편(2000), 이재수(2003), 김소은(2004) 참고>

1723-11-07. **나기견 토지매매명문**(羅起見土地賣買明文), 김성유(金聖緌). <1장. 한자+이두. 조선 필사 이두 자료. 전남 구례군 토지면 오미리 문화 류씨 운조루 소장. 한국학중앙연구원 고문서자료관 홈페이지 원문 이미지와 텍스트 보기. 한국정신문화연구원 편(1998) 참고>

1723-11-17~1848-12-29(옹정 원년 계묘~도광 28년 무신).[188] 「사변일기(事變日記)」, 승정원(承政院) 편(編). <71책. 필사본. 한자+이두.[189] 조선 필사 이두 자료. 한국학중앙연구원 장서각 소장. 한국학중앙연구원 한국학 디지털 아카이브 홈페이지 'K2-216' 원문 이미지와 텍스트 보기>

1723-11-18~1726-08-23(癸卯~丙午). 「표인영래차왜등록(漂人領來差倭謄錄)」 第14, 예조(禮曹) 전객사(典客司) 편(編). <1책(10/12). 115장. 권수제는 '典客司類抄謄錄' 또는 '漂人謄錄'. 필사본. 필사 시기 미상. 한자+이두. 이두 자료. 서울대학교 규장각 한국학연구원 홈페이지 낙질본(第1, 2, 3, 5 없음) 원문 이미지 보기> <1686-04-13~1692-08-02(第4)>

1723-11-27. **한종석 토지매매명문**(韓宗錫土地賣買明文), 박성(朴城). <1장. 한자+이두. 조선 필사 이두 자료. 전북 장수 화양 흥학당 소장. 호남권 한국학자료센터 홈페이지 원문 이미지와 텍스트 보기. 최승희(1989), 이재수(2003), 채현경(2011ㄱ) 참고>

1723-12-05. **노 유택 배지**(奴有宅牌旨) 1, 이(李). <1장. 한자+이두. 조선 필사 이두

---

[188] 한국학중앙연구원 한국학 디지털 아카이브 홈페이지에서는 간행년을 '1929년'으로 적었다. 이왕직 실록편찬실에서 필사한 책의 본문 마지막 '사기(寫記)'에는 '소화 4년 3월 11일 최성환(崔星煥)'과 '소화 4년 5월 7일 검사(檢査) 서만순(徐晩淳)'이 기록되어 있다.

[189] 한국학중앙연구원 한국학 디지털 아카이브 홈페이지 '서지'의 '언어'에서는 '한문'으로 잘못 적었다.

자료. 전남 해남 연동 해남 윤씨 녹우당 소장. 장서각 한국고문서자료관 홈페이지 원문 이미지와 텍스트 보기. 박병호(1974ㄱ), 김태영(1983), 한국정신문화연구원 편(1983, 1986), 최승희(1989) 참고>

1723-12-07. **노 유택 배지**(奴有宅牌旨) 2, 이(李). <1장. 한자+이두. 조선 필사 이두 자료. 전남 해남 연동 해남 윤씨 녹우당 소장. 한국학중앙연구원 장서각 한국고문서자료관 홈페이지 원문 이미지와 텍스트 보기. 박병호(1974ㄱ), 김태영(1983), 한국정신문화연구원 편(1983, 1986), 최승희(1989) 참고>

1723-12-21. **윤 생원 댁 노 지철 토지매매명문**(尹生員宅奴之哲土地賣買明文) 1, 유택(有宅). <1장. 한자+이두. 조선 필사 이두 자료. 전남 해남 연동 해남 윤씨 녹우당 소장. 한국학중앙연구원 장서각 한국고문서자료관 홈페이지 원문 이미지와 텍스트 보기. 박병호(1974ㄱ), 김태영(1983), 한국정신문화연구원 편(1983, 1986), 최승희(1989) 참고>

1723-12-22. **윤 생원 댁 노 지철 토지매매명문**(尹生員宅奴之哲土地賣買明文) 2, 유택(有宅). <1장. 한자+이두. 조선 필사 이두 자료. 전남 해남 연동 해남 윤씨 녹우당 소장. 한국학중앙연구원 장서각 한국고문서자료관 홈페이지 원문 이미지와 텍스트 보기. 박병호(1974ㄱ), 김태영(1983), 한국정신문화연구원 편(1983, 1986), 최승희(1989) 참고>

1723-00-00. 「선원보략수정시의궤(**璿源譜略修正時儀軌**)」 종부시(宗簿寺) 편(編). <1책. 80장. 한자+이두. 조선 필사 이두 자료. 한국학중앙연구원 장서각 소장. 한국학중앙연구원 장서각 한국학자료센터 홈페이지 원문 이미지 보기>

1724년

<갑진(甲辰), 경종 4년, 옹정 2년>

1724-01-03~1727-12-18(甲辰~丁未). 「각릉등록(**各陵謄錄**)」 제30, 예조(禮曹) 전향사(典享司). <1책. 142장. 필사본. 한자+이두. 이두 자료 서울대학교 규장각 한국학연구원 홈페이지 낙질본(第28-第32) 원문 이미지 보기> <1716-07-26~1719-11-

01(第28)>

1724-01-06. **강필성 차정첩**(姜弼聖差定帖), 제주목(濟州牧). <1장. 한자+이두. 조선 필사 이두 자료. 제주 어도내산 진주 강씨가 구장. 제주 한림 강우석 소장. 호남권 한국학자료센터 홈페이지 원문 이미지와 텍스트 보기. 고창석(2000) 참고>

1724-01-20. **승 채흡 토지매매명문**(僧采洽土地賣買明文), 윤순발(尹順發). <1장. 한자+이두. 조선 필사 이두 자료. 대구 동구 둔산동 경주 최씨 백불암 종중 구장. 안동대학교 박물관 소장. 한국학자료센터 영남권역센터 홈페이지 원문 이미지와 텍스트 보기. 박병호(1974ㄱ), 최승희(1989), 이재수(2003), 이수건 외(2004) 참고>

1724-01-23. **박문연 토지매매명문**(朴文延土地賣買明文), 노부허비(魯夫許非). <1장. 한자+이두. 조선 필사 이두 자료. 전북대학교 박물관 소장. 호남권 한국학자료센터 홈페이지 원문 이미지와 텍스트 보기. 최승희(1989), 정구복 외(1999), 이재수(2003) 참고>

1724-01-25. **숭렬사 재임 서목**(崇烈祠齋任書目), 숭렬사. <1장. 한자+이두. 조선 필사 이두 자료. 경북 경주시 내남면 이조리 경주 최씨·용산서원 소장. 한국학중앙연구원 고문서자료관 홈페이지 원문 이미지 보기. 한국정신문화연구원 편(2000) 참고>

1724-01-26. **노 진만 배지**(奴進萬牌旨), 조(趙). <1장. 한자+이두. 조선 필사 이두 자료. 전남 해남 연동 해남 윤씨 녹우당 소장. 장서각 한국고문서자료관 홈페이지 원문 이미지와 텍스트 보기. 박병호(1974ㄱ), 김태영(1983), 한국정신문화연구원 편(1983, 1986), 최승희(1989) 참고>

1724-01-26. **윤 생원 댁 노 청일 토지매매명문**(尹生員宅奴淸日土地賣買明文), 진만(進萬). <1장. 한자+이두. 조선 필사 이두 자료. 전남 해남 연동 해남 윤씨 녹우당 소장. 한국학중앙연구원 장서각 한국고문서자료관 홈페이지 원문 이미지와 텍스트 보기. 박병호(1974ㄱ), 김태영(1983), 한국정신문화연구원 편(1983, 1986), 최승희(1989) 참고>

1724-02-11. **질부 분재기**(侄婦分財記), 위군미(魏君美). <1장. 한자+이두. 조선 필사 이두 자료. 장흥 방촌 존재 후손가 소장. 호남권 한국학자료센터 홈페이지 원문 이미지와 텍스트 보기. 최승희(1989), 정구복 외(1999), 전경목 외(2006) 참고>

1724-02-12. **이■■ 토지매매명문**(李■■土地賣買明文), 강수인(姜守仁). <1장. 한자 +이두. 조선 필사 이두 자료. 경북 경주시 내남면 이조리 경주 최씨·용산서원 소장. 한국학중앙연구원 고문서자료관 홈페이지 원문 이미지 보기. 박병호(1974 ㄱ), 한국정신문화연구원 편(2000), 이재수(2003), 김소은(2004) 참고>

1724-02-13. **이 생원 호노 가팔리 토지매매명문**(李生員戶奴加八里土地賣買明文),[190] 한자근노미(韓者斤老未). <1장. 한자+이두. 조선 필사 이두 자료. 전남 구례군 토지면 오미리 문화 류씨 운조루 소장. 한국학중앙연구원 고문서자료관 홈페이지 원문 이미지와 텍스트 보기. 한국정신문화연구원 편(1998) 참고>

1724-02-15. **유성구 노비매매명문**(柳聖久奴婢賣買明文), 안인상(安麟祥). <1장. 한자 +이두. 조선 필사 이두 자료. 안동 하회 풍산 류씨 충효당 소장. 한국학중앙연구원 장서각 한국고문서자료관 홈페이지 원문 이미지 보기. 한국정신문화연구원 편(1994) 참고>

1724-02-17. **승 단식 토지매매명문**(僧短式土地賣買明文), 조윤(照允). <1장. 한자+이두. 조선 필사 이두 자료. 전남 해남 연동 해남 윤씨 녹우당 소장. 한국학중앙연구원 장서각 한국고문서자료관 홈페이지 원문 이미지와 텍스트 보기. 박병호(1974 ㄱ), 김태영(1983), 한국정신문화연구원 편(1983, 1986), 최승희(1989) 참고>

1724-02-24. **장매주 유 생원 토지매매명문**(長妹主柳生員土地賣買明文), 고만령(高萬齡). <1장. 한자+이두. 조선 필사 이두 자료. 전남 나주시 회진 나주 임씨 창계 후손가 소장. 한국학중앙연구원 고문서자료관 홈페이지 원문 이미지 보기. 한국정신문화연구원 편(2003) 참고>

1724-03-09. **최만 토지매매명문**(崔萬土地賣買明文), 광명(光明). <1장. 한자+이두. 조선 필사 이두 자료. 전남 해남 연동 해남 윤씨 녹우당 소장. 한국학중앙연구원 장서각 한국고문서자료관 홈페이지 원문 이미지와 텍스트 보기. 박병호(1974ㄱ), 김태영(1983), 한국정신문화연구원 편(1983, 1986), 최승희(1989) 참고>

1724-03-12. **배진남 토지매매명문**(裵進男土地賣買明文), 최수제(崔甾齊). <1장. 한자

---

[190] 한국학중앙연구원 고문서자료관 홈페이지에서는 '1724년 토지매매명문(土地賣買明文)'으로 표시하였다.

+이두. 조선 필사 이두 자료. 경북 경주시 내남면 이조리 경주 최씨·용산서원 소장. 한국학중앙연구원 고문서자료관 홈페이지 원문 이미지 보기. 박병호(1974 ㄱ), 한국정신문화연구원 편(2000), 이재수(2003), 김소은(2004) 참고>

1724-04-05. **김명인 토지매매명문**(金命仁土地賣買明文), 윤취상(尹就商). <1장. 점련 문서. 한자+이두. 조선 필사 이두 자료. 전북대학교 박물관 소장. 호남권 한국학 자료센터 홈페이지 원문 이미지와 텍스트 보기. 박병호(1974ㄱ), 이재수(2003) 참고>

1724-04-05~1734-06-26(甲辰~甲寅). 「치제등록(**致祭謄錄**)」 제1, 예조(禮曹) 편(編). <1책. 111장. 전3책. 필사본. 필사 시기 미상. 한자+이두. 조선 필사 이두 자료. 서울대학교 규장각 한국학연구원 홈페이지 원문 이미지 보기> <1756-04-26~ 1783-07-02(丙子~癸卯) 제2, 1795-04-03~1815-02-04(乙卯~乙亥) 제3>

1724-04-19. **이세침 별급문기**(李世琛別給文記), 이세침. <1장. 한자+이두. 조선 필사 이두 자료. 칠곡 석전 광주 이씨 구장. 한국학중앙연구원 장서각 소장. 한국학중앙 연구원 고문서자료관 홈페이지 원문 이미지 보기. 한국학중앙연구원 편(2009) 참고>

1724-04-00 이후 기입 추정. 「준제정업(**准提淨業**)」, 지파하라(地婆訶羅) 역(譯), 전라 좌도(全羅左道) 구례(求禮): 지리산(智異山) 화엄사(華嚴寺) 개간(開刊). <3권 1책. 본문 일부에 생획토 기입. 불교 서적. 조선 묵서 구결 자료. 국립중앙도서관 홈페 이지 원문 보기>

1724-05-13. **여서 안극권 별급문기**(女壻安克權別給文記),[191] 노비 주 처모 정 씨(奴婢 主妻母鄭氏). <1장. 한자+이두. 조선 필사 이두 자료. 전북 남원시 안터 순흥 안씨 사제당 종가 구장. 한국학중앙연구원 장서각 한국고문서자료관 홈페이지 원문 이미지 보기>

1724-05-15. **이희증 토지매매명문**(李希曾土地賣買明文), 나연견(羅延見). <1장. 한자 +이두. 조선 필사 이두 자료. 전남 구례군 토지면 오미리 문화 류씨 운조루 소장.

---

191 한국학중앙연구원 고문서자료관 홈페이지에서는 '1724년 서(壻) 안극권(安克權) 별급문기(別給文 記)'으로 표시하였다.

한국학중앙연구원 고문서자료관 홈페이지 원문 이미지와 텍스트 보기. 한국정신문화연구원 편(1998) 참고>

1724-05-29. **유학 이희용 토지매매명문**(幼學李希容土地賣買明文), 박정태(朴廷泰). <1장. 한자+이두. 조선 필사 이두 자료. 전남 구례군 토지면 오미리 문화 류씨 운조루 소장. 한국학중앙연구원 고문서자료관 홈페이지 원문 이미지와 텍스트 보기. 한국정신문화연구원 편(1998) 참고>

1724-05-00. **하진후 소지**(河鎭垕所志), 하진후. <1장. 한자+이두. 조선 필사 이두 자료. 경남 진주시 운문 진양 하씨 소장. 한국학중앙연구원 고문서자료관 홈페이지 원문 이미지 보기. 한국정신문화연구원 편(2001) 참고>

1724-06-16~1732-02-17(甲辰~壬子).「별차왜등록(**別差倭謄錄**)」第9, 예조(禮曹) 전객사(典客司) 편(編). <1책. 118장. 전17책. 필사본. 필사 시기 미상. 한자+이두. 조선 필사 이두 자료. 서울대학교 규장각 한국학연구원 홈페이지 제6, 제11-16 낙질본 원문 이미지 보기. 한국향토문화전자대전 홈페이지 참고>

1724-07-05. **노 삼룡 배지**(奴 三龍牌旨), 윤(尹). <1장. 점련문서. 한자+이두. 조선 필사 이두 자료. 전남 해남 연동 해남 윤씨 녹우당 소장. 한국학중앙연구원 장서각 한국고문서자료관 홈페이지 원문 이미지와 텍스트 보기. 한국정신문화연구원 편(1983, 1986), 최승희(1989) 참고>

1724-07-13. **반노 성금 초사**(班奴聖金招辭), 성금. <1장. 점련문서. 한자+이두. 조선 필사 이두 자료. 전남 해남 연동 해남 윤씨 녹우당 소장. 한국학중앙연구원 장서각 한국고문서자료관 홈페이지 원문 이미지와 텍스트 보기. 한국정신문화연구원 편(1983, 1986), 최승희(1989) 참고>

1724-07-13. **윤 서방 노 삼룡 초사**(尹書房奴三龍招辭), 삼룡. <1장. 점련문서. 한자+이두. 조선 필사 이두 자료. 전남 해남 연동 해남 윤씨 녹우당 소장. 한국학중앙연구원 장서각 한국고문서자료관 홈페이지 원문 이미지와 텍스트 보기. 한국정신문화연구원 편(1983, 1986), 최승희(1989) 참고>

1724-07-24~1745-11-10(甲辰~乙丑).「왜관수리등록(**倭館修理謄錄**)」단(單), 예조(禮曹) 편(編). <1책. 40장. 전3책. 필사본. 한자+이두. 조선 필사 이두 자료. 서울대학교 규장각 한국학연구원 소장. 서울대학교 규장각 한국학연구원 홈페이지 원문

이미지 보기>

1724-07-00. **윤 생원 댁 노 청일 소지**(尹生員宅奴淸日所志),[192] 청일. <1장. 점련문서. 한자+이두. 조선 필사 이두 자료. 전남 해남 연동 해남 윤씨 녹우당 소장. 한국학중앙연구원 장서각 한국고문서자료관 홈페이지 원문 이미지와 텍스트 보기. 한국정신문화연구원 편(1983, 1986), 최승희(1989) 참고>

1724-07-00. **윤 생원 댁 노 청일 입안**(尹生員宅奴淸日立案), 해남현(海南縣). <1장. 점련문서. 한자+이두. 조선 필사 이두 자료. 전남 해남 연동 해남 윤씨 녹우당 소장. 한국학중앙연구원 장서각 한국고문서자료관 홈페이지 원문 이미지와 텍스트 보기. 한국정신문화연구원 편(1983, 1986), 최승희(1989) 참고>

1724-08-20. **유학 오시해 토지매매명문**(幼學吳時楷土地賣買明文), 김수창(金壽昌). <1장. 한자+이두. 조선 필사 이두 자료. 전남 영광군 입석 영월 신씨 소장. 한국학중앙연구원 고문서자료관 홈페이지 원문 이미지와 텍스트 보기. 한국정신문화연구원 편(1996) 참고>

1724-08-25~1724-12-21. 「(경종의릉)산릉도감의궤(**景宗懿陵山陵都監儀軌**)」, 산릉도감. <2책. 필사본. 한자+이두. 조선 필사 이두 자료. 한국학중앙연구원 장서각 한국학자료센터 홈페이지 원문 이미지와 텍스트 보기>

1724-09-00. **하양향교 소지**(河陽鄕校所志), 하양향교. <1장. 한자+이두. 조선 필사 이두 자료. 경북 경산시 하양읍 교리 하양향교 소장. 한국학자료센터 영남권역센터 홈페이지 원문 이미지와 텍스트 보기. 영남대학교 민족문화연구소 편(1992) 참고>

1724-10-08. **정봉 토지매매명문**(鄭奉土地賣買明文), 백일업(白一業). <1장. 한자+이두. 조선 필사 이두 자료. 안동 하회 풍산 류씨 충효당 소장. 한국학중앙연구원 장서각 한국고문서자료관 홈페이지 원문 이미지와 텍스트 보기. 한국정신문화연구원 편(1994) 참고>

1724-10-12. **박상화 토지매매명문**(朴相華土地賣買明文), 박흡이(朴洽伊). <1장. 한자

---

[192] 한국학중앙연구원 고문서자료관 홈페이지에서는 '1724년 윤생원댁(尹生員宅) 노(奴) 청일(青日) 소지(所志)'로 잘못 표시하였다.

+이두. 조선 필사 이두 자료. 영해 인량 재령 이씨 충효당 구장. 한국국학진흥원 소장. 한국학중앙연구원 고문서자료관 홈페이지 원문 이미지와 텍스트 보기. 한국정신문화연구원 장서각 편(1997) 참고>

1724-10-21. **나천극 토지매매명문**(羅天極土地賣買明文), 김중호(金重瑚). <1장. 한자+이두. 조선 필사 이두 자료. 전북 부안 석동 류절재 소장. 호남권 한국학자료센터 홈페이지 원문 이미지와 텍스트 보기. 박병호(1974ㄱ), 최승희(1989), 정구복 외(1999) 참고>

1724-10-25. **노비 셰막 토지매매명문**(奴婢世幕土地賣買明文), 심영덕(沈永德). <1장. 한자+이두. 조선 필사 이두 자료. 원주시 무릉박물관 소장. 한국학자료센터 강원권역센터 홈페이지 원문 이미지 보기. 최승희(1989), 전경목(2010), 채현경(2011ㄱ), 박준호(2016) 참고>

1724-10-25. **노비 셰만 토지매매명문**(奴婢世萬土地賣買明文), 심애량(沈愛良). <1장. 한자+이두. 조선 필사 이두 자료. 원주시 무릉박물관 소장. 한국학자료센터 강원권역센터 홈페이지 원문 이미지 보기. 박병호(1974ㄱ), 최승희(1989), 김소은(2004), 김성갑(2013) 참고>

1724-10-00. **김경룡 입안**(金慶龍立案), 예조(禮曹). <1장. 한자+이두. 조선 필사 이두 자료. 안동 천전 의성 김씨 제산 종택 소장. 장서각 한국고문서자료관 홈페이지 원문 이미지와 텍스트 보기. 한국정신문화연구원 편(1990) 참고>

1724-10-00. **김백흠 입안**(金百欽立案),[193] 예조(禮曹). <1장. 한자+이두. 조선 필사 이두 자료. 경북 의성 김씨 지촌 종택 구장. 한국국학진흥원 소장. 한국국학진흥원 유교넷 홈페이지 원문 이미지와 텍스트 보기>

1724-12-25. **승 처평 토지매매명문**(僧處評土地賣買明文), 막금(莫今). <1장. 한자+이두. 조선 필사 이두 자료. 전남 구례군 토지면 오미리 문화 류씨 운조루 소장. 한국학중앙연구원 고문서자료관 홈페이지 원문 이미지와 텍스트 보기. 한국정신문화연구원 편(1998) 참고>

---

193 한국국학진흥원 유교넷 홈페이지에서는 문서명을 '의성김씨 지촌종택 1724년에 예조에서 김백흠에게 보낸 입안(立案)(繼後)-所志 첨부[06328]'로 표시하였다.

1724-12-28. **이수점 토지매매명문**(李守漸土地賣買明文), 이수빈(李守斌). <1장. 한자 +이두. 조선 필사 이두 자료. 전남 구례군 토지면 오미리 문화 류씨 운조루 소장. 한국학중앙연구원 고문서자료관 홈페이지 원문 이미지와 텍스트 보기. 한국정신문화연구원 편(1998) 참고>

1724-00-00. 「국장도감도청의궤(**國葬都監都廳儀軌**)」,[194] 국장도감 편(編). <2책. 필사본. 한자+이두. 서울대학교 규장각 한국학연구원 홈페이지 '奎13566' 원문 이미지와 텍스트 보기>

1724-00-00. 「분무원종공신녹권(**奮武原從功臣錄劵**)」, 분무녹훈도감(奮武錄勳都監) 편(編). <1책. 84장. 목활자본. 무신자본(戊申字本). 한자+이두. 조선 필사 이두 자료. 국립중앙도서관 홈페이지 원문 이미지 보기>

1724-00-00. 「선원보략수정시의궤(**璿源譜略修正時儀軌**)」,[195] 종부시 교정청(宗簿寺校正廳) 편(編). <1책. 81장. 필사본. 표제는 '(景宗 癸卯年)璿源譜略校正廳儀軌'. 권수제는 '(壬寅六月十六日)璿源譜略修正時儀軌'. 한자+이두. 조선 인쇄 이두 자료. 한국학중앙연구원 디지털장서각 홈페이지 'K2-3847' 원문 이미지와 텍스트 보기>

1724-00-00. 「선원보략 어첩수개시의궤(**璿源譜略 御 牒修改時儀軌**)」,[196] 교정청(校正廳) 편. <1책. 70장. 필사본. 표제는 '(癸卯年)璿源譜略校正廳儀軌'. 권수제는 '(壬寅六月十六日)璿源譜略 御 牒修改時儀軌'. 한자+이두. 조선 필사 이두 자료. 서울대학교 규장각 한국학연구원 의궤 종합정보 홈페이지 '奎14016' 원문 이미지 보기>

1724-00-00. 「양무원종공신녹권(**揚武原從功臣錄券**)」 1, 오명항(吳命恒) 등 봉명 편(等奉命編). <1책. 동활자본. 갑인자본. 한자+이두. 조선 인쇄 이두 자료. 한국학중앙연구원 한국학 디지털 아카이브 홈페이지 원문 이미지와 텍스트 보기>

1724-00-00~1776-00-00(영조 연간) 사이(또는 18세기) 추정. 「공거문초(**公車文抄**)」

---

[194] 서울대학교 규장각 한국학연구원 홈페이지에서는 서명을 '[景宗]國葬都監都廳儀軌 [경종]국장도감도청의궤'로 적었다.

[195] 한국학중앙연구원 디지털장서각 홈페이지에서는 서명을 '선원보략교정청의궤(璿源譜略校正廳儀軌)'로 적었다.

[196] 서울대학교 규장각 한국학연구원 의궤 종합정보 홈페이지에서는 서명을 '선원보략어첩수개시의궤(璿源譜略御牒修改時儀軌)'로 붙여 썼다.

<1책. 75장. 필사본. 표제는 '疏章'. 여러 소장(疏章)을 집록. 조선 필사 이두 자료. 서울대학교 규장각 한국학연구원 홈페이지 '奎1754' 원문 이미지 보기>

1724-00-00~1776-00-00(영조 연간) 사이 추정. 「삼국사기(三國史記)」, 김부식(金富軾, 1075년~1151년) 찬(撰). <4책. 금속활자본. 현종실록자본. 목활자 혼입본. 역사서. 조선 인쇄 이두 자료. 국립중앙도서관 홈페이지 '일산 古2130-6' 원문 이미지 보기> <이본: 1145-00-00(초간본. 50권 10책) 참고>

1724-00-00~1776-00-00(영조 연간) 사이 추정. 「소학강보(小學講譜)」, 편저자 미상. <2책. 목판본. 영조 어서 서문에 약체 구결 49자 목록이 있다. 「소학」 해설서. '訓義小學講譜'나 '小學大文合部'라고도 한다.> <이본: ① 간행 시기 미상(「훈의소학강보(訓義小學講譜)」. 2권 1책. 목판본. 본문에 묵서 구결 기입. 국립중앙도서관 홈페이지 '한古朝41-99' 원문 이미지 보기) ② 간행 시기 미상(「훈의소학강보(訓義小學講譜)」. 목판본. 상하 2책. 본문 상단에 인쇄 구결 두주본인데 하권의 본문에는 묵서 구결도 기입. 국립중앙도서관 홈페이지 '古1256-49-1-2' 원문 이미지 보기) ③ 간행 시기 미상(「훈의소학강보(訓義小學講譜)」. 목판본. 상하 2책. 한국학중앙연구원 한국학도서관 'PC2-172' 소장) ④ 간행 시기 미상(「훈의소학강보(訓義小學講譜)」. 목판본. 상하 2책. 국립중앙박물관 본문에 묵서 구결 기입본 소장) ⑤ 18세기 중반 이후 필사 추정(표제는 '小學大文合部'. 1책. 63장. 필사본. '御製小學後序'(홍봉조, 1744), '御製小學序(이덕성, 1694)', '御製小學小識'(임정) 그리고 '小學書題'라는 제목과 '宣政殿訓義'를 적은 다음 본문을 필사하였다. 마지막 장에는 '小學講譜下'를 적어 놓았다. 필사본. 본문에는 권점 기입. 본문의 상단에는 구결 두주. 한국학중앙연구원 디지털장서각 홈페이지 'PC2-173' 원문 이미지 보기)>

1724-00-00~1776-00-00(영조 연간 또는 간행 시기 미상) 사이 기입 추정. 「장자(莊子)」, 장주(莊周) 저(著), 송나라 임희일(林希逸) 구의(口義). <12권 5책. 금속활자본. 무신자본(戊申字本). 표제는 '南華經'. 본문에 생획토 기입. 도교서. 조선 필사 묵서 구결 자료. 국립중앙도서관 홈페이지 '古1264-40-1' 원문 이미지 보기> <이본: ① 1425-00-00(「장자권재구의(莊子鬳齋口義)」. 경자자본(庚子字本). 국립중앙도서관 소장) ② 1474-00-00(「장자권재구의(莊子鬳齋口義)」. 목판본. 국립중앙도서관

홈페이지 영본 2책(권4~권7, 권8~권10) 원문 이미지 보기)>

1724-00-00~1776-00-00(영조 연간) 이후 기입 추정.「고금역대표제주석십구사략통고(古今歷代標題註釋十九史略通攷)」권1, 증선지(曾先之) 편(編), 여진종해(余進宗海) 통고(通攷). <전8권 7책. 권1은 필사본. 본문에 생획토 기입. 조선 묵서 구결자료. 국립중앙도서관 홈페이지 원문 이미지 보기>

1724-00-00 이후 기입 추정.「보왕삼매염불직지(寶王三昧念佛直旨)」권상·권하, 명나라 묘협(妙叶) 집(集), 전라좌도 구례: 화엄사(華嚴寺). <개간본. 2권 1책. 목판본. 표제는 '念佛直旨'. 조선 묵서 구결 자료. 한국학중앙연구원 디지털장서각 홈페이지 본문에 생획토 기입본 원문 이미지 보기> <이본: 2권 2책. 국립중앙도서관 마이크로필름 'M古1-2000-34'「課誦」소장. 순천(順天) 조계산(曹溪山) 벽오도인(碧梧道人) 초형(初烱)>

1725년

<을사(乙巳), 영조 1년, 옹정 3년>

1725-01-04. **김은금 토지매매명문**(金銀金土地賣買明文),[197] 삼선(三先). <1장. 한자+이두. 조선 필사 이두 자료. 아산 선교 장흥 임씨 구장. 장서각 한국고문서자료관 홈페이지 원문 이미지 보기. 한국학중앙연구원 편(2008) 참고>

1725-01-05. **이갑증 노비매매명문**(李甲曾奴婢賣買明文), 이수(李燧). <1장. 한자+이두. 조선 필사 이두 자료. 남원 둔덕 전주 이씨가 구장. 전북대학교 박물관 소장. 호남권 한국학자료센터 홈페이지 원문 이미지와 텍스트 보기. 전북대학교 박물관 편(1990), 전경목(1993), 최연숙(2005) 참고>

1725-01-15. **손맹걸 노비매매명문**(孫孟杰奴婢賣買明文), 손후걸(孫後杰). <1장. 점련

---

[197] 한국학중앙연구원 장서각 한국고문서자료관 홈페이지에서는 '1756년 토지매매명문(土地賣買明文)'으로 표시하였다. '1725년 유학(幼學) 전석(田錫) 토지매매명문(土地賣買明文)'의 원문 이미지는 잘못 올려져 있다.

문서. 한자+이두. 조선 필사 이두 자료. 경북 경주시 양동 경주 손씨 송첨 종택 소장. 한국학중앙연구원 고문서자료관 홈페이지 원문 이미지 보기. 한국정신문화연구원 편(1997) 참고>

1725-01-15. **승 대운 토지매매명문**(僧大云土地賣買明文), 이순겸(李順謙). <1장. 한자+이두. 조선 필사 이두 자료. 경북 경주시 내남면 이조리 경주 최씨·용산서원 소장. 한국학중앙연구원 고문서자료관 홈페이지 원문 이미지 보기. 박병호(1974ㄱ), 한국정신문화연구원 편(2000), 이재수(2003), 김소은(2004) 참고>

1725-01-20. **이학년 토지매매명문**(李鶴年土地賣買明文), 이계담(李啓聃). <1장. 한자+이두. 조선 필사 이두 자료. 경북 경주시 안강읍 옥산리 여주 이씨 독락당 소장. 한국학중앙연구원 고문서자료관 홈페이지 원문 이미지 보기. 한국정신문화연구원 편(2003) 참고>

1725-01-24. **윤용학 토지매매명문**(尹龍鶴土地賣買明文) 1, 김금석(金今碩). <1장. 한자+이두. 조선 필사 이두 자료. 전북 부안군 우반 부안 김씨 구장. 전북 부안군 우동 세덕각 소장. 호남권 한국학자료센터 홈페이지 & 한국학중앙연구원 고문서자료관 홈페이지 원문 이미지와 텍스트 보기>

1725-01-26. **윤용학 토지매매명문**(尹龍鶴土地賣買明文) 2, 마적(馬赤). <1장. 한자+이두. 조선 필사 이두 자료. 전북 부안군 우반 부안 김씨 구장. 전북 부안군 우동 세덕각 소장. 한국학중앙연구원 고문서자료관 홈페이지 원문 이미지와 텍스트 보기>

1725-01-27. **손성걸 초사**(孫聖杰招辭), 손성걸. <1장. 점련문서. 한자+이두. 조선 필사 이두 자료. 경북 경주시 양동 경주 손씨 송첨 종택 소장. 한국학중앙연구원 고문서자료관 홈페이지 원문 이미지 보기. 한국정신문화연구원 편(1997) 참고>

1725-01-27. **손후걸 초사**(孫後杰招辭), 손후걸. <1장. 점련문서. 한자+이두. 조선 필사 이두 자료. 경북 경주시 양동 경주 손씨 송첨 종택 소장. 한국학중앙연구원 고문서자료관 홈페이지 원문 이미지 보기. 한국정신문화연구원 편(1997) 참고>

1725-01-00. **손맹걸 소지**(孫孟杰所志), 손맹걸. <1장. 점련문서. 한자+이두. 조선 필사 이두 자료. 경북 경주시 양동 경주 손씨 송첨 종택 소장. 한국학중앙연구원 고문서자료관 홈페이지 원문 이미지 보기. 한국정신문화연구원 편(1997) 참고>

1725-01-00. **손맹걸 입안**(孫孟杰立案), 기장현(機張縣). <1장. 점련문서. 한자+이두. 조선 필사 이두 자료. 경북 경주시 양동 경주 손씨 송첨 종택 소장. 한국학중앙연구원 고문서자료관 홈페이지 원문 이미지 보기. 한국정신문화연구원 편(1997) 참고>

1725-01-00. **입안**(立案),[198] 예안 현감(禮安縣監). <1장. 한자+이두. 조선 필사 이두 자료. 안동시 도산서원 구장. 한국국학진흥원 소장. 한국국학진흥원 유교넷 홈페이지 원문 이미지와 텍스트 보기>

1725-02-05. **김정오 초사**(金挺五招辭), 김정오. <1장. 한자+이두. 조선 필사 이두 자료. 전북 남원 둔덕 전주 이씨가 구장. 전북대학교 박물관 소장. 호남권 한국학자료센터 홈페이지 원문 이미지와 텍스트 보기. 전북대학교 박물관 편(1990), 전경목(1993), 최연숙(2005) 참고>

1725-02-05. **이갑증 입안**(李甲曾立案),[199] 옥과현(玉果縣). <1장. 한자+이두. 조선 필사 이두 자료. 전북 남원 둔덕 전주 이씨가 구장. 전북대학교 박물관 소장. 호남권 한국학자료센터 홈페이지 원문 이미지와 텍스트 보기. 전북대학교 박물관 편(1990), 전경목(1993), 최연숙(2005) 참고>

1725-02-05. **이수 초사**(李燧招辭), 이수. <1장. 한자+이두. 조선 필사 이두 자료. 남원 둔덕 전주 이씨가 구장. 전북대학교 박물관 소장. 호남권 한국학자료센터 홈페이지 원문 이미지와 텍스트 보기. 전북대학교 박물관 편(1990) 참고>

1725-02-07. **김재귀 토지매매명문**(金再貴土地賣買明文), 김두흥(金斗弘). <1장. 한자+이두. 조선 필사 이두 자료. 전남 구례군 토지면 오미리 문화 류씨 운조루 소장. 한국학중앙연구원 고문서자료관 홈페이지 원문 이미지와 텍스트 보기. 한국정신문화연구원 편(1998) 참고>

1725-02-16~1731-11-24(乙巳~辛亥). 「충효등록(忠孝謄錄)」 第7, 예조(禮曹) 편(編). <전8책. 1책. 86장. 필사본. 한자+이두. 조선 필사 이두 자료. 서울대학교 규장각

---

[198] 한국국학진흥원 유교넷 홈페이지에서는 문서명을 '1725년 예안 현감이 노비 매양에 관한 분쟁을 확인해 주는 입안'으로 표시하였다.
[199] 호남권 한국학자료센터 홈페이지에서는 '1725년 옥과현(玉果縣) 입안(立案)'으로 표시하였다.

한국학연구원 홈페이지 第2 결본 원문 이미지 보기> <1638-03-16~1665-12-30 (戊寅~乙巳) 第1>

1725-02-16~1731-12-23(乙巳~辛亥).「칙사등록(勅使謄錄)」第8, 예조(禮曹) 편(編). <1책. 90장. 필사본. 한자+이두. 조선 필사 이두 자료. 서울대학교 규장각 한국학연구원 홈페이지 원문 이미지 보기> <1637-06-20~1643-12-14(丁丑~癸未) 第1>

1725-02-25. **안창노 등 화회명문**(安昌老等和會明文), 안창노 등. <1장. 한자+이두. 조선 필사 이두 자료. 보성 옥암 죽산 안씨가 구장. 광주광역시 이정옥 소장. 호남권 한국학자료센터 홈페이지 원문 이미지와 텍스트 보기. 최승희(1989) 참고>

1725-02-00. **이태현 소지**(李台賢所志), 이태현. <1장. 한자+이두. 조선 필사 이두 자료. 경북 안동시 주촌 진성 이씨 경류정 구장. 서울역사박물관 소장. 한국학중앙연구원 장서각 한국고문서자료관 홈페이지 원문 이미지와 텍스트 보기. 한국정신문화연구원 편(1999) 참고>

1725-02-■■. **정운희 별급문기**(鄭運熙別給文記), 정운희. <1장. 한자+이두. 조선 필사 이두 자료. 경기도 양주 사릉 해주 정씨 종가 소장. 한국학중앙연구원 고문서자료관 홈페이지 원문 이미지 보기>

1725-03-08. **문후명 토지매매명문**(文厚明土地賣買明文), 고해익(高海翼). <1장. 한자+이두. 조선 필사 이두 자료. 전남 구례군 토지면 오미리 문화 류씨 운조루 소장. 한국학중앙연구원 고문서자료관 홈페이지 원문 이미지와 텍스트 보기. 한국정신문화연구원 편(1998) 참고>

1725-03-11. **김시백 토지매매명문**(金時伯土地賣買明文), 정낙(鄭樂). <1장. 한자+이두. 조선 필사 이두 자료. 전남 구례군 토지면 오미리 문화 류씨 운조루 소장. 한국학중앙연구원 고문서자료관 홈페이지 원문 이미지와 텍스트 보기. 한국정신문화연구원 편(1998) 참고>

1725-03-13~1725-12-21(乙巳).「을사 3월 13일 열성어필간진급경종대왕어필병풍등록(乙巳三月十三日 列聖御筆刊進及景宗大王御筆屏風謄錄)」, 종친부(宗親府) 편(編). <1책. 56장. 필사본. 한자+이두. 조선 필사 이두 자료. 서울대학교 규장각 한국학연구원 홈페이지 원문 이미지 보기>

1725-03-15. 승 개연 토지매매명문(僧開演土地賣買明文), 김만일(金萬鎰). <1장. 한자
+이두. 조선 필사 이두 자료. 전남 구례군 토지면 오미리 문화 류씨 운조루 소장.
한국학중앙연구원 고문서자료관 홈페이지 원문 이미지와 텍스트 보기. 한국정신
문화연구원 편(1998) 참고>

1725-03-23~1739-09-26(乙巳~己未). 「재판차왜등록(裁判差倭謄錄)」 第5, 예조(禮曹)
전객사(典客司) 편(編). <1책(5/5). 114장. 필사본. 필사 시기 미상. 한자+이두. 조선
필사 이두 자료. 서울대학교 규장각 한국학연구원 홈페이지 원문 이미지 보기>
<1683-11-22~1692-12-28(第1)>

1725-03-00. 김세현 소지(金世鉉所志), 김세현. <1장. 한자+이두. 조선 필사 이두
자료. 해남 노송 김해 김씨 소장. 한국학중앙연구원 장서각 한국고문서자료관
홈페이지 원문 이미지와 텍스트 보기. 한국정신문화연구원 편(1998) 참고>

1725-03-■■. 윤덕희 토지매매명문(尹德熙土地賣買明文), 이민석(李敏錫). <1장. 한
자+이두. 조선 필사 이두 자료. 전남 해남 연동 해남 윤씨 녹우당 소장. 한국학중
앙연구원 장서각 한국고문서자료관 홈페이지 원문 이미지와 텍스트 보기. 박병호
(1974ㄱ), 김태영(1983), 한국정신문화연구원 편(1983, 1986), 최승희(1989) 참고>

1725-04-01~1726-12-27(乙巳~丙午). 「각릉수개등록(各陵修改謄錄)」 第17(4), 예조
(禮曹) 전향사(典享司) 편(編). <전21책. 1책. 91장. 필사본. 한자+이두. 이두 자료.
서울대학교 규장각 한국학연구원 홈페이지 원문 이미지 보기>

1725-04-25. 유성화 토지매매명문(柳聖和土地賣買明文), 권한익(權漢翊). <1장. 한자
+이두. 조선 필사 이두 자료. 안동 하회 풍산 류씨 충효당 소장. 한국학중앙연구
원 장서각 한국고문서자료관 홈페이지 원문 이미지와 텍스트 보기. 한국정신문화
연구원 편(1994) 참고>

1725-05-08. 성학 토지매매명문(成鶴土地賣買明文), 김막성(金莫成). <1장. 한자+이
두. 조선 필사 이두 자료. 경북 안동시 주촌 진성 이씨 경류정 소장. 한국학중앙연
구원 장서각 한국고문서자료관 홈페이지 원문 이미지와 텍스트 보기. 한국정신문
화연구원 편(1999) 참고>

1725-06-05~1771-08-00. 「호위청등록(扈衛廳謄錄)」, 호위청 편(編). <1책. 필사본.
한자+이두. 조선 필사 이두 자료. 한국학중앙연구원 디지털장서각 홈페이지

'K2-3391' 원문 이미지와 텍스트 보기>

1725-07-17. **도순찰사 전령**(都巡察使傳令), 도순찰사. <1장. 한자+이두. 조선 필사 이두 자료. 아산 선교 장흥 임씨 구장. 한국학중앙연구원 장서각 소장. 한국학중앙연구원 장서각 한국고문서자료관 홈페이지 원문 이미지 보기. 한국학중앙연구원 편(2008) 참고>

1725-07-00. **강필성 소지**(姜弼星所志) 1, 강필성. <1장. 한자+이두. 조선 필사 이두 자료. 제주 어도내산 진주 강씨가 구장. 제주 한림 강우석 소장. 호남권 한국학자료센터 홈페이지 원문 이미지와 텍스트 보기. 박병호(1974ㄱ), 정구복(2002) 참고>

1725-07-00. **강필성 소지**(姜弼星所志) 2, 강필성. <1장. 한자+이두. 조선 필사 이두 자료. 제주 어도내산 진주 강씨가 구장. 제주 한림 강우석 소장. 호남권 한국학자료센터 홈페이지 원문 이미지와 텍스트 보기. 박병호(1974ㄱ), 정구복(2002) 참고>

1725-07-00. **이징신 차첩**(李徵臣差帖) 1, 이조(吏曹). <1장. 한자+이두. 조선 필사 이두 자료. 제천 한수 연안 이씨 소장. 한국학중앙연구원 장서각 한국고문서자료관 홈페이지 원문 이미지 보기. 한국정신문화연구원 편(2001) 참고>

1725-08-03. **조후준 등 초사**(趙後俊等招辭), 조후준 등. <1장. 한자+이두. 조선 필사 이두 자료. 제주 어도내산 진주 강씨가 구장. 제주 한림 강우석 소장. 호남권 한국학자료센터 홈페이지 원문 이미지와 텍스트 보기. 고창석(2000, 2002) 참고>

1725-08-27. **강위노 토지매매명문**(姜渭老土地賣買明文), 강중망(姜仲望). <1장. 한자+이두. 조선 필사 이두 자료. 제주 장전리 진주 강씨 강태복가 소장. 호남권 한국학자료센터 홈페이지 원문 이미지와 텍스트 보기. 최승희(1989), 고창석(2002) 참고>

1725-08-00. **강필성 입안**(姜弼星立案), 제주목(濟州牧). <1장. 한자+이두. 조선 필사 이두 자료. 제주 어도내산 진주 강씨가 구장. 제주 한림 강우석 소장. 호남권 한국학자료센터 홈페이지 원문 이미지와 텍스트 보기. 최연숙(2005) 참고>

1725-08-00. **남두원 소지**(南斗遠所志),[200] 남두원. <1장. 한자+이두. 조선 필사 이두 자료. 경북 영덕군 영해면 괴시리 영양 남씨 괴시파 영감댁 구장. 한국국학진흥원

소장. 한국학자료센터 영남권역센터 홈페이지 원문 이미지와 텍스트 보기>

1725-09-00. **이징신 차첩**(李徵臣差帖) 2, 이조(吏曹). <1장. 한자+이두. 조선 필사 이두 자료. 제천 한수 연안 이씨 소장. 장서각 한국고문서자료관 홈페이지 원문 이미지 보기. 한국정신문화연구원 편(2001) 참고>

1725-10-04. **유생■ 토지매매명문**(柳生■土地賣買明文), 최임술(崔壬戌). <1장. 한자+이두. 조선 필사 이두 자료. 안동 하회 풍산 류씨 충효당 소장. 한국학중앙연구원 장서각 한국고문서자료관 홈페이지 원문 이미지와 텍스트 보기. 한국정신문화연구원 편(1994) 참고>

1725-10-20. **이원식 토지매매명문**(李源植土地賣買明文), 이수점(李守漸). <1장. 한자+이두. 조선 필사 이두 자료. 전남 구례군 토지면 오미리 문화 류씨 운조루 소장. 한국학중앙연구원 고문서자료관 홈페이지 원문 이미지와 텍스트 보기. 한국정신문화연구원 편(1998) 참고>

1725-10-29. **양도선 토지매매명문**(梁導善土地賣買明文), 고종석(高宗碩). <1장. 한자+이두. 조선 필사 이두 자료. 제주 장전리 진주 강씨 강태복가 소장. 호남권 한국학자료센터 홈페이지 원문 이미지와 텍스트 보기. 최승희(1989), 고창석(2002) 참고>

1725-11-14. **강필성 토지매매명문**(姜弼星土地賣買明文), 강계적(姜繼積). <1장. 한자+이두. 조선 필사 이두 자료. 제주 어도내산 진주 강씨가 구장. 제주 한림 강우석 소장. 호남권 한국학자료센터 홈페이지 원문 이미지와 텍스트 보기. 고창석(2000) 참고>

1725-11-18. **남붕숙 등 허여문기**(南鵬翻等許與文記), 남붕숙 등. <1장. 한자+이두. 조선 필사 이두 자료. 밀양 사촌 의령 남씨 침류정 소장. 한국학중앙연구원 장서각 한국고문서자료관 홈페이지 원문 이미지 보기. 한국정신문화연구원 편(2004) 참고>

1725-12-13. **손응걸 토지매매명문**(孫應杰土地賣買明文), 장윤표(蔣允標). <1장. 한자

---

200 한국학자료센터 영남권역센터 홈페이지에서는 '1725년 남두원(南斗遠) 토지분쟁 관련 소지(所志)'로 표시하였다.

+이두. 조선 필사 이두 자료. 경북 경주시 양동 경주 손씨 송첨 종택 소장. 한국학 중앙연구원 고문서자료관 홈페이지 원문 이미지 보기. 이수건(1979), 이수건 편저 (1981), 영남대학교 인문과학연구소 편(1990), 정구복·안승준(1997), 한국정신문 화연구원 편(1997) 참고>

1725-12-15. **정두인 토지매매명문**(鄭斗仁土地賣買明文), 김후선(金厚善). <1장. 한자 +이두. 조선 필사 이두 자료. 일본 경도대학 가와이문고 소장. 고려대학교 해외한 국학자료센터 홈페이지 원문 이미지와 텍스트 보기>

1725-12-17. **윤 생원 댁 수노 청일 토지매매명문**(尹生員宅首奴青日土地賣買明文), 임 우백(林友栢). <1장. 한자+이두. 조선 필사 이두 자료. 전남 해남 연동 해남 윤씨 녹우당 소장. 한국학중앙연구원 장서각 한국고문서자료관 홈페이지 원문 이미지 와 텍스트 보기. 박병호(1974ㄱ), 김태영(1983), 한국정신문화연구원 편(1983, 1986), 최승희(1989) 참고>

1725-12-20. **유학 이원식 토지매매명문**(幼學李源植土地賣買明文), 이수잠(李守潛). <1장. 한자+이두. 조선 필사 이두 자료. 전남 구례군 토지면 오미리 문화 류씨 운조루 소장. 한국학중앙연구원 고문서자료관 홈페이지 원문 이미지와 텍스트 보기. 한국정신문화연구원 편(1998) 참고>

1725-12-21. **승 성기 토지매매명문**(僧性機土地賣買明文), 석명선(釋明善). <1장. 한자 +이두. 조선 필사 이두 자료. 전남 구례군 토지면 오미리 문화 류씨 운조루 소장. 한국학중앙연구원 고문서자료관 홈페이지 원문 이미지와 텍스트 보기. 한국정신 문화연구원 편(1998) 참고>

1725-12-25. **용효신 토지매매명문**(龍孝臣土地賣買明文), 최악금(崔惡金). <1장. 한자 +이두. 조선 필사 이두 자료. 전북대학교 박물관 소장. 호남권 한국학자료센터 홈페이지 원문 이미지와 텍스트 보기. 박병호(1974ㄱ), 최승희(1989), 이재수 (2003), 전경목 외(2006) 참고>

1725-12-27. **신도비 유사 최선기 토지매매명문**(神道碑有司崔宣基土地賣買明文), 최경 리(崔慶里). <1장. 한자+이두. 조선 필사 이두 자료. 경북 경주시 내남면 이조리 경주 최씨·용산서원 소장. 한국학중앙연구원 고문서자료관 홈페이지 원문 이미 지 보기. 박병호(1974ㄱ), 한국정신문화연구원 편(2000), 이재수(2003), 김소은

(2004) 참고>

1725-00-00. 「국장도감도청의궤(國葬都監都廳儀軌)」[201] 상(上), 국장도감 편. <1책. 332장. 필사본. 표제는 '國葬都監儀軌(上)'. 목록제는 '國葬都監儀軌目錄'. 권수제는 '(雍正二年甲辰十二月 日)國葬都監都廳儀軌'. 한자+이두. 조선 필사 이두 자료. 국립중앙박물관 외규장각 의궤 홈페이지 '외규118' 원문 이미지와 텍스트 보기>

1725-00-00. 「국장도감이방의궤(國葬都監二房儀軌)」[202] 국장도감 편. <1책. 450장. 필사본. 표제는 '國葬都監儀軌(下)'. 권수제는 '(雍正二年甲辰九月 日)國葬都監二房儀軌'. 한자+이두. 조선 필사 이두 자료. 국립중앙박물관 외규장각 의궤 홈페이지 '외규119' 원문 이미지와 텍스트 보기>

1725-00-00. 「국장도감의궤(國葬都監都廳儀軌)」[203] 국장도감 편. <2책. 285장+367장. 필사본. 상권의 표제는 '(甲辰年 江華上)國葬都監儀軌(上)'. 권수제는 '(雍正二年甲辰十二月 日)國葬都監都廳儀軌'. 한자+이두. 조선 필사 이두 자료. 서울대학교 규장각 한국학연구원 의궤 종합정보 홈페이지 '奎13566' 원문 이미지 보기>

1725-00-00. 「빈전도감의궤(殯殿都監儀軌)」[204] 빈전도감 편. <1책. 237장. 필사본. 표제는 '(雍正二年甲辰八月 日 江華府上)殯殿都監儀軌'. 권수제는 '殯殿都監儀軌'. 한자+이두. 조선 필사 이두 자료. 서울대학교 규장각 한국학연구원 의궤 종합정보 홈페이지 '奎13567', '奎14854' 원문 이미지 보기>

1725-00-00. 「산릉도감의궤(山陵都監儀軌)」[205] 상·하, 산릉도감 편. <2책. 217장+292장. 필사본. '懿陵 山陵都監儀軌目錄'의 끝에 '雍正二年甲辰八月 日 山陵都監

---

201 국립중앙박물관 외규장각 의궤 홈페이지에서는 서명을 표제나 권수제와는 달리 '경종국장도감의궤(상)(景宗國葬都監儀軌(上))'으로 적었다.
202 국립중앙박물관 외규장각 의궤 홈페이지에서는 서명을 표제나 권수제와는 달리 '경종국장도감의궤(하)(景宗國葬都監儀軌(下))'로 적었다.
203 서울대학교 규장각 한국학연구원 의궤 종합정보 홈페이지에서는 서명을 '경종국장도감의궤(景宗國葬都監儀軌)'로 적었다.
204 서울대학교 규장각 한국학연구원 의궤 종합정보 홈페이지에서는 서명을 '경종빈전도감의궤(景宗殯殿都監儀軌)'로 적었다.
205 한국학중앙연구원 디지털장서각 홈페이지에서는 서명을 '[경종의릉]산릉도감의궤([景宗懿陵]山陵都監儀軌)'로 적었다.

儀軌'가 적혀 있다. 한자+이두. 조선 필사 이두 자료. 한국학중앙연구원 디지털장서각 홈페이지 'K2-2329' 원문 이미지 보기>

1725-00-00. 「산릉도감의궤(山陵都監儀軌)」[206] 상(上), 산릉도감 편. <1책. 218장. 필사본. 원표지의 표제는 결락. 권수제는 '(雍正二年甲辰八月 日)山陵都監儀軌'. 한자+이두. 조선 필사 이두 자료. 국립중앙박물관 외규장각 의궤 홈페이지 '외규115' 원문 이미지와 텍스트 보기>

1725-00-00. 「산릉도감의궤(山陵都監儀軌)」[207] 하(下), 산릉도감 편. <1책. 314장. 필사본. 원표지의 표제는 결락. 권수제는 없다.[208] 한자+이두. 조선 필사 이두 자료. 국립중앙박물관 외규장각 의궤 홈페이지 '외규116' 원문 이미지와 텍스트 보기>

1725-00-00. 「선원보략개수시의궤(璿源譜略改修時儀軌)」,[209] 종부시(宗簿寺) 편(編). <1책. 98장. 필사본. 표제는 '(英宗 乙巳年)璿源譜略改修時儀軌'. 서근제는 '璿源譜略改修廳儀軌'. 권수제는 확인할 수 없다. 한자+이두. 조선 필사 이두 자료. 한국학중앙연구원 디지털장서각 홈페이지 'K2-3838' 원문 이미지와 텍스트 보기>

1725-00-00. 「선원보략개수시의궤(璿源譜略改修時儀軌)」, 종부시(宗簿寺) 편(編). <1책. 64장. 필사본. 표제는 '(乙巳年)璿源譜略改修時儀軌'. 한자+이두. 조선 필사 이두 자료. 서울대학교 규장각 한국학연구원 의궤 종합정보 홈페이지 '奎14017', '奎14018', '奎14019' 원문 이미지 보기>

1725-00-00. 「이방의궤(二房儀軌)」,[210] 책례도감 편. <1책. 164장. 필사본. 원표지의 표제는 결락. 권수제는 '(乙巳三月 日)二房儀軌'. 한자+이두. 조선 필사 이두 자료. 국립중앙박물관 외규장각 의궤 홈페이지 '외규121' 원문 이미지와 텍스트 보기>

---

[206] 국립중앙박물관 외규장각 의궤 홈페이지에서는 서명을 권수제와는 달리 '경종의릉산릉도감의궤(상)(景宗懿陵山陵都監儀軌(上))'으로 적었다.

[207] 국립중앙박물관 외규장각 의궤 홈페이지에서는 서명을 권수제와는 달리 '경종의릉산릉도감의궤(하)(景宗懿陵山陵都監儀軌(下))'으로 적었다.

[208] 국립중앙박물관 외규장각 의궤 홈페이지에서는 '원자료 내제'를 '三物所'로 잘못 적었다.

[209] 한국학중앙연구원 디지털장서각 홈페이지에서는 서명을 '선원보략개수청의궤(璿源譜略改修廳儀軌)'로 적었다.

[210] 국립중앙박물관 외규장각 의궤 홈페이지에서는 서명을 권수제와는 달리 '효장세자책례도감의궤(하)(孝章世子冊禮都監儀軌(下))'로 적었다.

1725-00-00. 「종묘개수도감의궤(宗廟改修都監儀軌)」 1-2, 종묘개수도감. <2책. 필사본. 한자+이두. 조선 필사 이두 자료. 문화재관리국 소장. 한국학중앙연구원 한국학 디지털 아카이브 홈페이지 원문 이미지 보기>

1725-00-00. 「책례도감도청의궤(冊禮都監都廳儀軌)」,[211] 책례도감 편. <1책. 75장. 필사본. 개장한 표지의 표제는 '冊禮都監儀軌'. 권수제는 '(雍正三年三月 日)冊禮都監都廳儀軌'. 한자+이두. 조선 필사 이두 자료. 한국학중앙연구원 디지털장서각 홈페이지 'K2-2720' 원문 이미지와 텍스트 보기>

1725-00-00. 「책례도감도청의궤(冊禮都監都廳儀軌)」,[212] 책례도감 편. <1책. 188장. 필사본. 표제는 '(議政府上 乙巳年)王世子冊禮都監儀軌'. 권수제는 '(雍正三年二月 日)冊禮都監都廳儀軌'. 한자+이두. 조선 필사 이두 자료. 서울대학교 규장각 한국학연구원 의궤 종합정보 홈페이지 '奎14909' 원문 이미지 보기>

1725-00-00. 「책례도감도청의궤(冊禮都監都廳儀軌)」,[213] 책례도감 편. <1책. 189장. 필사본. 표제는 확인할 수 없다. 권수제는 '(雍正三年二月 日)冊禮都監都廳儀軌'. 한자+이두. 조선 필사 이두 자료. 국립중앙박물관 외규장각 의궤 홈페이지 '외규122' 원문 이미지와 텍스트 보기>

1725-00-00. 「책례도감의궤(冊禮都監儀軌)」[214] 상(上), 책례도감 편. <1책. 106장. 필사본. 표제는 '冊禮都監儀軌(上)'. 권수제는 '(雍正三年三月 日)冊禮都監都廳儀軌'. 한자+이두. 조선 필사 이두 자료. 국립중앙박물관 외규장각 의궤 홈페이지 '외규120' 원문 이미지와 텍스트 보기>

1725-00-00. 「혼전도감의궤(魂殿都監儀軌)」,[215] 혼전도감 편. <1책. 228장. 필사본.

---

211 한국학중앙연구원 디지털장서각 홈페이지에서는 서명을 '책례도감의궤(冊禮都監儀軌)'로 적었다.
212 서울대학교 규장각 한국학연구원 의궤 종합정보 홈페이지에서는 서명을 '효장세자책례도감의궤(孝章世子冊禮都監儀軌)'로 적었다.
213 국립중앙박물관 외규장각 의궤 홈페이지에서는 서명을 권수제와는 달리 '효장세자책례도감의궤(孝章世子冊禮都監儀軌)'로 적었다.
214 국립중앙박물관 외규장각 의궤 홈페이지에서는 서명을 표제나 권수제와는 달리 '효장세자책례도감의궤(상)(孝章世子冊禮都監儀軌(上))'으로 적었다.
215 서울대학교 규장각 한국학연구원 의궤 종합정보 홈페이지에서는 서명을 '경종혼전도감의궤(景

표제는 '(雍正二年甲辰八月 日 江華府上)魂殿都監儀軌'. 권수제는 '魂殿都監儀軌'. 한자+이두. 조선 필사 이두 자료. 서울대학교 규장각 한국학연구원 의궤 종합정보 홈페이지 '奎13568', '奎14844' 원문 이미지 보기>

1725-00-00. 「혼전도감의궤(**魂殿都監儀軌**)」,[216] 혼전도감 편. <1책. 220장. 필사본. 표제와 권수제는 '魂殿都監儀軌'. 한자+이두. 조선 필사 이두 자료. 국립중앙박물관 외규장각 의궤 홈페이지 '외규115' 원문 이미지와 텍스트 보기>

1725-00-00~1771-00-00. 「호위청등록(**扈衛廳謄錄**)」, 호위청 편. <1책. 53장. 필사본. 한자+이두. 조선 필사 이두 자료. 한국학중앙연구원 한국학 디지털 아카이브 홈페이지 원문 이미지 보기>

1725-00-00~1800-00-00. 「의주등록(**儀註謄錄**)」 1, 예조(禮曹) 편. <1책. 129장. 필사본. 한자+이두. 조선 필사 이두 자료. 한국학중앙연구원 장서각 소장. 한국학중앙연구원 한국학 디지털 아카이브 홈페이지 원문 이미지 보기>

1725-00-00~1834-00-00. 「어영청영종진등록(**御營廳永宗鎭謄錄**)」, 어영청 편. <1책. 40장. 필사본. 한자+이두. 조선 필사 이두 자료. 한국학중앙연구원 장서각 소장. 한국학중앙연구원 한국학 디지털 아카이브 홈페이지 원문 이미지 보기>

1725-00-00~1858-00-00. 「총융청등록(**摠戎廳謄錄**)」 1-3, 총융청 편(編). <3책. 필사본. 한자+이두. 조선 필사 이두 자료. 한국학중앙연구원 장서각 소장. 한국학중앙연구원 한국학 디지털 아카이브 홈페이지 원문 이미지 보기>

1725-■■-08. **윤 생원 댁 노 청일 토지매매명문**(尹生員宅奴淸日土地賣買明文), 박만흥(朴萬興). <1장. 한자+이두. 조선 필사 이두 자료. 전남 해남 연동 해남 윤씨 녹우당 소장. 한국학중앙연구원 장서각 한국고문서자료관 홈페이지 원문 이미지와 텍스트 보기. 박병호(1974ㄱ), 김태영(1983), 한국정신문화연구원 편(1983, 1986), 최승희(1989) 참고>

1725-■■-18. **전태현 토지매매명문**(全泰賢土地賣買明文), 동인(洞人) 박천로(朴天老)

宗魂殿都監儀軌)'로 적었다.

[216] 국립중앙박물관 외규장각 의궤 홈페이지에서는 서명을 표제나 권수제와는 달리 '경종혼전도감의궤(景宗魂殿都監儀軌)'로 적었다.

외. <1장. 한자+이두. 조선 필사 이두 자료. 경북 상주시 모동면 수봉리 옥동서원 소장. 한국학자료센터 영남권역센터 홈페이지 원문 이미지와 텍스트 보기. 이수환(2001) 참고>

1726년

<병오(丙午), 영조 2년, 옹정 4년>

1726-01-19. **김명호 토지매매명문**(金命豪土地賣買明文), 황만영(黃萬英). <1장. 한자+이두. 조선 필사 이두 자료. 경북 경주시 내남면 이조리 경주 최씨·용산서원 소장. 한국학중앙연구원 고문서자료관 홈페이지 원문 이미지 보기. 박병호(1974ㄱ), 한국정신문화연구원 편(2000), 이재수(2003), 김소은(2004) 참고>

1726-01-20. **이희증 토지매매명문**(李希曾土地賣買明文), 김재구(金再具). <1장. 한자+이두. 조선 필사 이두 자료. 전남 구례군 토지면 오미리 문화 류씨 운조루 소장. 한국학중앙연구원 고문서자료관 홈페이지 원문 이미지와 텍스트 보기. 한국정신문화연구원 편(1998) 참고>

1726-01-29. **유학 전석 토지매매명문**(幼學田錫土地賣買明文), 민진태(閔鎭泰). <1장. 한자+이두. 조선 필사 이두 자료. 아산 선교 장흥 임씨 구장. 한국학중앙연구원 장서각 소장. 한국학중앙연구원 장서각 한국고문서자료관 홈페이지 원문 이미지 보기. 한국학중앙연구원 편(2008) 참고>

1726-01-31. **강위노 토지매매명문**(姜渭老土地賣買明文) 1, 양신찬(梁信贊). <1장. 한자+이두. 조선 필사 이두 자료. 제주 장전리 진주 강씨 강태복가 소장. 호남권한국학자료센터 홈페이지 원문 이미지와 텍스트 보기. 최승희(1989), 고창석(2002) 참고>

1726-01-00~1726-06-00(丙午). 「경종대왕어제첨간시등록(景宗大王御製添刊時謄錄)」, 종부시(宗簿寺) 편(編). <1책. 55장. 표제는 '御製添刊時儀軌'. 필사본. 한자+이두. 조선 필사 이두 자료. 서울대학교 규장각 한국학연구원 홈페이지 원문 이미지 보기>

1726-02-09. **강필성 토지매매명문**(姜弼星土地賣買明文) 1, 최상열(崔尙悅). <1장. 한자+이두. 조선 필사 이두 자료. 제주 어도내산 진주 강씨가 구장. 제주 한림 강우석 소장. 호남권 한국학자료센터 홈페이지 원문 이미지와 텍스트 보기. 최승희(1989), 고창석(2000) 참고>

1726-02-09. **장개봉 토지매매명문**(張介奉土地賣買明文) 1, 강건이(姜建伊). <1장. 한자+이두. 조선 필사 이두 자료. 경북 예천군 용문면 대제리 원동 권씨 춘우재 고택 구장. 한국국학진흥원 소장. 한국학자료센터 영남권역센터 홈페이지 원문 이미지와 텍스트 보기. 김성갑(2013) 참고>

1726-02-10. **손효저 토지매매명문**(孫孝著土地賣買明文), 손경걸(孫景杰). <1장. 한자+이두. 조선 필사 이두 자료. 경북 경주시 양동 경주 손씨 송첨 종택 소장. 한국학중앙연구원 고문서자료관 홈페이지 원문 이미지 보기. 이수건(1979), 이수건 편저(1981), 영남대학교 인문과학연구소 편(1990), 정구복·안승준(1997), 한국정신문화연구원 편(1997) 참고>

1726-02-11. **윤 생원 댁 노 우봉 토지매매명문**(尹生員宅奴友奉土地賣買明文), 종운(宗云). <1장. 한자+이두. 조선 필사 이두 자료. 전남 해남 연동 해남 윤씨 녹우당 소장. 한국학중앙연구원 장서각 한국고문서자료관 홈페이지 원문 이미지와 텍스트 보기. 박병호(1974ㄱ), 김태영(1983), 한국정신문화연구원 편(1983, 1986), 최승희(1989) 참고>

1726-02-12. **박증엽 토지매매명문**(朴增曄土地賣買明文), 박증욱(朴增旭). <1장. 한자+이두. 조선 필사 이두 자료. 경남 밀양 신호 밀성 박씨·덕남서원 소장. 한국학중앙연구원 고문서자료관 홈페이지 원문 이미지 보기. 한국정신문화연구원 편(2004) 참고>

1726-02-12. **비역 유사 최선기 토지매매명문**(碑役有司崔宣基土地賣買明文), 최달기(崔達基). <1장. 한자+이두. 조선 필사 이두 자료. 경북 경주시 내남면 이조리 경주 최씨·용산서원 소장. 한국학중앙연구원 고문서자료관 홈페이지 원문 이미지 보기. 박병호(1974ㄱ), 한국정신문화연구원 편(2000), 이재수(2003), 김소은(2004) 참고>

1726-02-16. **박태창 토지매매명문**(朴泰昌土地賣買明文), 전태현(全泰賢). <1장. 한자

+이두. 조선 필사 이두 자료. 경북 상주시 모동면 수봉리 옥동서원 소장. 한국학자료센터 영남권역센터 홈페이지 원문 이미지와 텍스트 보기. 이수환(2001) 참고>

1726-02-28. **장개봉 토지매매명문**(張介奉土地賣買明文) 2, 강건(姜建). <1장. 한자+이두. 조선 필사 이두 자료. 경북 예천군 용문면 대제리 원동 권씨 춘우재 고택 구장. 한국국학진흥원 소장. 한국학자료센터 영남권역센터 홈페이지 원문 이미지와 텍스트 보기. 김성갑(2013) 참고>

1726-02-00. **숭렬사 재임 서목**(崇烈祠齋任書目), 숭렬사. <1장. 한자+이두. 조선 필사 이두 자료. 경북 경주시 내남면 이조리 경주 최씨·용산서원 소장. 한국학중앙연구원 고문서자료관 홈페이지 원문 이미지 보기>

1726-02-00. **장순걸 입안**(張順杰立案), 밀양부사(密陽府使). <1장. 한자+이두. 조선 필사 이두 자료. 경남 밀양 사촌 의령 남씨 침류정 소장. 한국학중앙연구원 장서각 한국고문서자료관 홈페이지 원문 이미지 보기. 한국정신문화연구원 편(2004) 참고>

1726-02-00. **정 생원 노 험립 소지**(鄭生員奴驗立所志) 1, 험립. <1장. 한자+이두. 조선 필사 이두 자료. 경기도 양주 사릉 해주 정씨 종가 소장. 한국학중앙연구원 고문서자료관 홈페이지 원문 이미지 보기>

1726-02-00. **정 생원 노 험립 소지**(鄭生員奴驗立所志) 2, 험립. <1장. 한자+이두. 조선 필사 이두 자료. 경기도 양주 사릉 해주 정씨 종가 소장. 한국학중앙연구원 고문서자료관 홈페이지 원문 이미지 보기>

1726-03-04. **강위노 토지매매명문**(姜渭老土地賣買明文) 2, 처 숙모 김 소사(妻叔母金召史). <1장. 한자+이두. 조선 필사 이두 자료. 제주 장전리 진주 강씨 강태복가 소장. 호남권 한국학자료센터 홈페이지 원문 이미지와 텍스트 보기. 최승희(1989), 고창석(2002) 참고>

1726-03-13. **노돌동 토지매매명문**(魯乭同土地賣買明文), 양세중(梁世重). <1장. 한자+이두. 조선 필사 이두 자료. 전남 구례군 토지면 오미리 문화 류씨 운조루 소장. 한국학중앙연구원 고문서자료관 홈페이지 원문 이미지와 텍스트 보기. 한국정신문화연구원 편(1998) 참고>

1726-03-15. **강필성 토지매매명문**(姜弼星土地賣買明文) 2, 고차산(高次山). <1장. 한자+이두. 조선 필사 이두 자료. 제주 어도내산 진주 강씨가 구장. 제주 한림 강우석 소장. 호남권 한국학자료센터 홈페이지 원문 이미지와 텍스트 보기. 최승희(1989), 고창석(2000) 참고>

1726-03-24. **강필성 토지매매명문**(姜弼星土地賣買明文) 3, 고상걸(高尙傑). <1장. 한자+이두. 조선 필사 이두 자료. 제주 어도내산 진주 강씨가 구장. 제주 한림 강우석 소장. 호남권 한국학자료센터 홈페이지 원문 이미지와 텍스트 보기. 최승희(1989), 고창석(2000) 참고>

1726-03-26. **유학 윤이삼 토지매매명문**(幼學尹爾參土地賣買明文), 유 씨(柳氏). <1장. 한자+이두. 조선 필사 이두 자료. 전남 해남 연동 해남 윤씨 녹우당 소장. 장서각 한국고문서자료관 홈페이지 원문 이미지와 텍스트 보기. 박병호(1974ㄱ), 김태영(1983), 한국정신문화연구원 편(1983, 1986), 최승희(1989) 참고>

1726-03-31. **숭렬사 원노 철석 토지매매명문**(崇烈祠院奴哲石土地賣買明文), 배인숙(裵仁叔). <1장. 한자+이두. 조선 필사 이두 자료. 경북 경주시 내남면 이조리 경주 최씨·용산서원 소장. 한국학중앙연구원 고문서자료관 홈페이지 원문 이미지 보기. 박병호(1974ㄱ), 한국정신문화연구원 편(2000), 이재수(2003), 김소은(2004) 참고>

1726-03-00. **정 생원 노 험립 소지**(鄭生員奴驗立所志) 3, 험립. <1장. 한자+이두. 조선 필사 이두 자료. 경기도 양주 사릉 해주 정씨 종가 소장. 한국학중앙연구원 고문서자료관 홈페이지 원문 이미지 보기>

1726-04-05. **김유봉 토지매매명문**(金有奉土地賣買明文), 오상두(吳象斗). <1장. 한자+이두. 조선 필사 이두 자료. 전북 임실군 오수 삼계강사 소장. 호남권 한국학자료센터 홈페이지 원문 이미지와 텍스트 보기. 박병호(1974ㄱ), 최승희(1989), 정구복 외(1999) 참고>

1726-04-06. **강필성 토지매매명문**(姜弼星土地賣買明文) 4, 강득위(姜得渭). <1장. 한자+이두. 조선 필사 이두 자료. 제주 어도내산 진주 강씨가 구장. 제주 한림 강우석 소장. 호남권 한국학자료센터 홈페이지 원문 이미지와 텍스트 보기. 최승희(1989), 고창석(2000) 참고>

1726-04-13. **유성화 토지매매명문**(柳聖和土地賣買明文), 유성표(柳聖標). <1장. 한자 +이두. 조선 필사 이두 자료. 안동 하회 풍산 류씨 충효당 소장. 한국학중앙연구 원 장서각 한국고문서자료관 홈페이지 원문 이미지와 텍스트 보기. 한국정신문화 연구원 편(1994) 참고>

1726-04-18. **숭 성기 토지매매명문**(僧性機土地賣買明文), 옥민(玉旼). <1장. 한자+이 두. 조선 필사 이두 자료. 전남 구례군 토지면 오미리 문화 류씨 운조루 소장. 한국학중앙연구원 고문서자료관 홈페이지 원문 이미지와 텍스트 보기. 한국정신 문화연구원 편(1998) 참고>

1726-04-20. **김만겸 토지매매명문**(金萬兼土地賣買明文),[217] 취용(翠容). <1장. 한자+ 이두. 조선 필사 이두 자료. 경북 안동시 법흥동 고성 이씨 탑동 종가 구장. 한국국 학진흥원 소장. 한국국학진흥원 유교넷 홈페이지 원문 이미지 보기>

1726-04-21~1732-05-00(丙午~壬子). 「경종대왕실록등록(**景宗大王實錄謄錄**)」 상(上), 춘추관(春秋館)[218] 편(編). <1책. 149장. 1728년 4월부터 8월까지의 산절청 등록(刪 節廳謄錄)과 1726년 8월부터 1732년 5월까지의 실록청 등록(實錄廳謄錄)의 합본. 필사본. 한자+이두. 조선 필사 이두 자료. 서울대학교 규장각 한국학연구원 홈페 이지 원문 이미지 보기>

1726-04-27. **이시항 허여명문**(李時沆許與明文),[219] 동생 형(同生兄) 시춘(時春)·시강 (時綱)·시보(時輔). <1장. 한자+이두. 조선 필사 이두 자료. 경북 안동시 법흥동 고성 이씨 탑동 종가 구장. 한국국학진흥원 소장. 한국국학진흥원 유교넷 홈페이 지 원문 이미지 보기>

1726-06-22. **이학년 토지매매명문**(李鶴年土地賣買明文), 이원년(李黿年). <1장. 한자 +이두. 조선 필사 이두 자료. 경북 경주시 안강읍 옥산리 여주 이씨 독락당 소장. 한국학중앙연구원 고문서자료관 홈페이지 원문 이미지 보기. 한국정신문화연구

---

217 한국국학진흥원 유교넷 홈페이지에서는 문서명을 '1726년 취용이 김만겸에게 땅을 매도한 사실 을 증명하는 전답매매문기'로 표시하였다.
218 서울대학교 규장각 한국학연구원 홈페이지에서는 '實錄廳 실록청'에서 펴낸 것으로 표시하였다.
219 한국국학진흥원 유교넷 홈페이지에서는 문서명을 '고성이씨 팔회당 강희 60년 4월에 이시춘 등 과 이시항 사이에 작성된 명문(明文) [12433]'으로 표시하였다.

원 편(2003) 참고>

1726-06-29. **장순걸 노비매매명문**(張順杰奴婢賣買明文), 남봉숙(南鵬䎘). <1장. 한자+이두. 조선 필사 이두 자료. 밀양 사촌 의령 남씨 침류정 소장. 한국학중앙연구원 장서각 한국고문서자료관 홈페이지 원문 이미지 보기. 한국정신문화연구원 편(2004) 참고>

1726-08-30. **강여민 차정첩**(姜汝敏差定帖), 제주목(濟州牧). <1장. 한자+이두. 조선 필사 이두 자료. 제주 어도내산 진주 강씨가 구장. 제주 한림 강우석 소장. 호남권 한국학자료센터 홈페이지 원문 이미지와 텍스트 보기. 최승희(1989), 고창석(2000) 참고>

1726-09-11. **정부인 이 씨 별급문기**(貞夫人李氏別給文記), 정부인 이 씨. <1장. 한자+이두. 조선 필사 이두 자료. 칠곡 석전 광주 이씨 구장. 한국학중앙연구원 장서각 소장. 한국학중앙연구원 고문서자료관 홈페이지 원문 이미지 보기. 한국학중앙연구원 편(2009) 참고>

1726-09-21~1731-08-03(丙午~辛亥).「표인영래차왜등록(**漂人領來差倭謄錄**)」第15, 예조(禮曹) 전객사(典客司) 편(編). <1책(11/12). 110장. 권수제는 '典客司類抄謄錄' 또는 '漂人謄錄'. 필사본. 한자+이두. 조선 필사 이두 자료. 서울대학교 규장각 한국학연구원 홈페이지 낙질본(第1, 2, 3, 5 없음) 원문 이미지 보기> <1686-04-13~1692-08-02(第4)>

1726-09-26. **남봉숙 초사**(南鵬䎘招辭), 남봉숙. <1장. 한자+이두. 조선 필사 이두 자료. 밀양 사촌 의령 남씨 침류정 소장. 한국학중앙연구원 장서각 한국고문서자료관 홈페이지 원문 이미지 보기. 한국정신문화연구원 편(2004) 참고>

1726-09-26. **남봉원·남봉기 초사**(南鵬遠·南鵬起招辭), 남봉원·남봉기. <1장. 한자+이두. 조선 필사 이두 자료. 경남 밀양 사촌 의령 남씨 침류정 소장. 한국학중앙연구원 장서각 한국고문서자료관 홈페이지 원문 이미지 보기. 한국정신문화연구원 편(2004) 참고>

1726-09-00. **김극기 의송**(金克基議送), 김극기. <1장. 한자+이두. 조선 필사 이두 자료. 안동 천전 의성 김씨 제산 종택 소장. 한국학중앙연구원 장서각 한국고문서자료관 홈페이지 원문 이미지 보기. 한국정신문화연구원 편(1989) 참고>

1726-09-00. **장순걸 소지**(張順杰所志), 장순걸. <1장. 한자+이두. 조선 필사 이두 자료. 경남 밀양 사촌 의령 남씨 침류정 소장. 한국학중앙연구원 장서각 한국고문서자료관 홈페이지 원문 이미지 보기. 한국정신문화연구원 편(2004) 참고>

1726-10-20. **안창노 등 화회명문**(安昌老等和會明文), 안창노 등. <1장. 한자+이두. 조선 필사 이두 자료. 전남 보성 옥암 죽산 안씨가 구장. 광주광역시 이정옥 소장. 호남권 한국학자료센터 홈페이지 원문 이미지와 텍스트 보기. 최승희(1989) 참고>

1726-11-21. **권수원 별급문기**(權壽元別給文記),[220] 권수원. <1장. 한자+이두. 조선 필사 이두 자료. 경북 예천군 용문면 대제리 원동 권씨 춘우재 고택 구장. 한국국학진흥원 소장. 한국학자료센터 영남권역센터 홈페이지 원문 이미지와 텍스트 보기. 문숙자(2010) 참고>

1726-11-28. **진사 황상경 토지매매명문**(進士黃尙敬土地賣買明文), 채태윤(蔡泰胤). <1장. 한자+이두. 조선 필사 이두 자료. 부여·강화·영주 창원 황씨 소장. 한국학중앙연구원 장서각 한국고문서자료관 홈페이지 원문 이미지와 텍스트 보기. 한국정신문화연구원 편(1990) 참고>

1726-11-00~1735-12-07(丙午~乙卯). 「종부시등록(**宗簿寺謄錄**)」, 종부시(宗簿寺) 편(編). <1책. 40장. 필사본. 한자+이두. 조선 필사 이두 자료. 서울대학교 규장각 한국학연구원 의궤 종합정보 홈페이지 원문 이미지 보기>

1726-12-03. **박경지 계후입안**(朴敬祉繼後立案), 예조. <1장. 한자+이두. 조선 필사 이두 자료. 경북 봉화 꽃내 무안 박씨 화이당 박한 종가 소장. 한국학중앙연구원 장서각 한국고문서자료관 홈페이지 원문 이미지 보기>

1726-12-13. **차노 막쇠 배지**(差奴莫金牌旨), 상전(上典) 허(許). <1장. 한자+이두. 조선 필사 이두 자료. 경북 경주시 내남면 이조리 경주 최씨·용산서원 소장. 한국학중앙연구원 고문서자료관 홈페이지 원문 이미지 보기. 박병호(1974ㄱ), 한국정신문화연구원 편(2000), 최연숙(2005) 참고>

---

[220] 한국학자료센터 영남권역센터 홈페이지에서는 '1726년 장자(長子) 권원(權{忄+完}) 별급문기(別給文記)'로 표시하였다.

1726-■■-■■. 박■■ 토지매매명문(朴■■土地賣買明文), ■■■. <1장. 한자+이두. 조선 필사 이두 자료. 경북 안동시 갈전 순흥 안씨 소장. 한국학중앙연구원 장서각 한국고문서자료관 홈페이지 원문 이미지 보기. 한국정신문화연구원 편(1999) 참고>

1726-00-00.「경종대왕국휼등록(景宗大王國恤謄錄)」, 예조(禮曹). <1책. 184장. 필사본. 한자+이두. 조선 필사 이두 자료. 한국학중앙연구원 장서각 소장. 한국학중앙연구원 장서각 한국학자료센터 홈페이지 & 한국학 디지털 아카이브 홈페이지 원문 이미지와 텍스트 보기>

1726-00-00.「별삼방의궤(別三房儀軌)」, 책례도감 편. <1책. 107장. 필사본. 표제는 결락. 권수제는 '(雍正四年丙午十月 日)別三房儀軌'. 한자+이두. 조선 필사 이두 자료. 국립중앙박물관 외규장각 의궤 홈페이지 '외규127' 원문 이미지와 텍스트 보기>

1726-00-00.「부묘도감도청의궤(祔 廟都監都廳儀軌)」,[221] 부묘도감 편. <1책. 258장. 필사본. 표제는 '(丙午十月 日 江華府上)祔 廟都監儀軌'. 권수제는 '(雍正四年丙午十月 日)祔 廟都監都廳儀軌'. 한자+이두. 조선 필사 이두 자료. 서울대학교 규장각 한국학연구원 의궤 종합정보 홈페이지 '奎13571' 원문 이미지 보기>

1726-00-00.「부묘도감도청의궤(祔 廟都監都廳儀軌)」,[222] 부묘도감 편. <1책. 320장. 필사본. 원표지의 표제는 결락. 권수제는 '(雍正四年丙午十月 日)祔 廟都監都廳儀軌'. 한자+이두. 조선 필사 이두 자료. 국립중앙박물관 외규장각 의궤 홈페이지 '외규124' 원문 이미지와 텍스트 보기>

1726-00-00.「부묘도감도청의궤(祔 廟都監都廳儀軌)」,[223] 부묘도감 편. <1책. 257장. 필사본. 표제는 '(雍正四年丙午十月 日 英宗二年)祔 廟都監儀軌(全)'. 권수제는 '(雍正四年丙

---

[221] 서울대학교 규장각 한국학연구원 의궤 종합정보 홈페이지에서는 서명을 '경종단의왕후부묘도감의궤(景宗端懿王后祔廟都監儀軌)'로 적었다.

[222] 국립중앙박물관 외규장각 의궤 홈페이지에서는 서명을 권수제와는 달리 '경종단의왕후부묘도감의궤(景宗端懿王后祔廟都監儀軌)'로 적었다.

[223] 한국학중앙연구원 디지털장서각 홈페이지에서는 서명을 '[경종대왕단의왕후]부묘도감의궤([景宗大王端懿王后]祔廟都監儀軌)'로 적었다.

午十月 日)祔 廟都監都廳儀軌'. 한자+이두. 조선 필사 이두 자료. 한국학중앙연구원 디지털장서각 홈페이지 'K2-2234' 원문 이미지와 텍스트 보기>

1726-00-00.「존숭도감도청의궤(尊崇都監都廳儀軌)」,²²⁴ 존숭도감 편. <1책. 155장. 필사본. 표제는 '(丙午十月 日 太白山上)尊崇都監儀軌'. 권수제는 '(雍正四年丙午 月 日)尊崇都監都廳儀軌'. 한자+이두. 조선 필사 이두 자료. 서울대학교 규장각 한국학연구원 의궤 종합정보 홈페이지 '奎13280', '奎13281', '奎13282', '奎14898-2' 원문 이미지 보기>

1726-00-00.「존숭도감도청의궤(尊崇都監都廳儀軌)」, 존숭도감 편. <1책. 289장. 필사본. 권수제는 '(雍正四年丙午 月 日)尊崇都監都廳儀軌'. 한자+이두. 조선 필사 이두 자료. 한국학중앙연구원 디지털장서각 홈페이지 'K2-2836' 원문 이미지 보기>

1726-00-00.「존숭도감도청의궤(尊崇都監都廳儀軌)」,²²⁵ 존숭도감 편. <1책. 199장. 필사본. 표제는 확인할 수 없다. 권수제는 '(雍正四年丙午 月 日)尊崇都監都廳儀軌'. 한자+이두. 조선 필사 이두 자료. 국립중앙박물관 외규장각 의궤 홈페이지 '외규126' 원문 이미지와 텍스트 보기>

1726-00-00.「종묘개수도감의궤(宗廟改修都監儀軌)」, 개수도감 편. <2책. 246장+199장. 필사본. 권수제는 '(雍正三年乙巳十月 日)宗廟改修都監儀軌'. 한자+이두. 조선 필사 이두 자료. 한국학중앙연구원 디지털장서각 홈페이지 'K2-3585' 원문 이미지 보기>

1726-00-00.「종묘개수도감의궤(宗廟改修都監儀軌)」, 개수도감 편. <1책. 243장. 필사본. 개장한 표지의 표제는 '乙巳年 宗廟署上)宗廟改修都監儀軌'. 한자+이두. 조선 필사 이두 자료. 한국학중앙연구원 디지털장서각 홈페이지 'K2-3586' 원문 이미지 보기>

1726-00-00.「종묘개수도감의궤(宗廟改修都監儀軌)」, 개수도감 편. <2책. 251장+243

---

224 서울대학교 규장각 한국학연구원 의궤 종합정보 홈페이지에서는 서명을 '인원왕후선의왕후존숭도감의궤(仁元王后宣懿王后尊崇都監儀軌)'로 적었다.

225 국립중앙박물관 외규장각 의궤 홈페이지에서는 서명을 권수제와는 달리 '인원왕후선의왕후존숭도감의궤(仁元王后宣懿王后尊崇都監儀軌)'로 적었다.

장. 필사본. 상권의 표제는 '(江華府上)宗廟改修都監儀軌(上)'. 권수제는 '(雍正三年乙巳十月 日)宗廟改修都監儀軌'. 한자+이두. 조선 필사 이두 자료. 서울대학교 규장각 한국학연구원 의궤 종합정보 홈페이지 '奎14225' 원문 이미지 보기>

1726-00-00. 「종묘개수도감의궤(**宗廟改修都監儀軌**)」상(上), 종묘개수도감 편. <1책. 256장. 필사본. 표제는 '宗廟改修都監儀軌(上)'. 권수제는 '(雍正三年乙巳十月 日)宗廟改修都監儀軌'. 한자+이두. 조선 필사 이두 자료. 국립중앙박물관 외규장각 의궤 홈페이지 '외규123' 원문 이미지와 텍스트 보기>

1726-00-00. 「책례도감도청의궤(**冊禮都監都廳儀軌**)」, 책례도감 편. <1책. 156장. 필사본. 권수제는 '(雍正四年丙午十月 日)冊禮都監都廳儀軌'. 한자+이두. 조선 필사 이두 자료. 한국학중앙연구원 디지털장서각 홈페이지 'K2-2716' 원문 이미지와 텍스트 보기>

1726-00-00. 「책례도감도청의궤(**冊禮都監都廳儀軌**)」,[226] 책례도감 편. <1책. 156장. 필사본. 표제는 '(丙午十月 日 太白山上)冊禮都監儀軌'. 권수제는 '(雍正四年丙午十月 日)冊禮都監都廳儀軌'. 한자+이두. 조선 필사 이두 자료. 서울대학교 규장각 한국학연구원 의궤 종합정보 홈페이지 '奎13100' 원문 이미지 보기>

1727년

<정미(丁未), 영조 3년, 옹정 5년>

1727-01-01~1736-12-30(丁未~丙辰). 「전객사방물등록(**典客司方物謄錄**)」第9, 예조(禮曹) 전객사(典客司) 편(編). <1책. 301장. 전9책. 표제는 '方物謄錄'. 필사본. 한자+이두. 조선 필사 이두 자료. 서울대학교 규장각 한국학연구원 홈페이지 원문 이미지 보기> <1637-02-29~1658-11-26(丁丑~戊戌) 第1>

1727-01-02~1735-12-29. 「제례등록(**祭禮謄錄**)」, 예조(禮曹). <1책. 필사본. 한자+이

---

[226] 서울대학교 규장각 한국학연구원 의궤 종합정보 홈페이지에서는 서명을 '정성왕후책례도감의궤(貞聖王后冊禮都監儀軌)'로 적었다.

두. 조선 필사 이두 자료. 한국학중앙연구원 장서각 소장. 한국학중앙연구원 장서각 한국학자료센터 홈페이지 참고>

1727-01-15. **정운희 별급문기**(鄭運熙別給文記), 정운희. <1장. 한자+이두. 조선 필사 이두 자료. 경기도 양주 사릉 해주 정씨 종가 소장. 한국학중앙연구원 고문서자료관 홈페이지 원문 이미지 보기>

1727-01-20. **윤 생원님 댁 노 지철 토지매매명문**(尹生員主宅奴之哲土地賣買明文), 이인학(李仁鶴). <1장. 한자+이두. 조선 필사 이두 자료. 전남 해남 연동 해남 윤씨 녹우당 소장. 장서각 한국고문서자료관 홈페이지 원문 이미지와 텍스트 보기. 박병호(1974ㄱ), 김태영(1983), 한국정신문화연구원 편(1983, 1986), 최승희(1989) 참고>

1727-01-25. **장시주 가사매매명문**(蔣時冑家舍賣買明文), 이시담(李是聃). <1장. 한자+이두. 조선 필사 이두 자료. 경북 경주시 안강읍 옥산리 여주 이씨 독락당 소장. 한국학중앙연구원 고문서자료관 홈페이지 원문 이미지 보기. 한국정신문화연구원 편(2003) 참고>

1727-01-27. **수노 철석 노비매매명문**(首奴哲碩奴婢賣買明文), 막쇠(莫金). <1장. 점련문서. 한자+이두. 조선 필사 이두 자료. 경북 경주시 내남면 이조리 경주 최씨·용산서원 소장. 한국학중앙연구원 고문서자료관 홈페이지 원문 이미지 보기. 박병호(1974ㄱ), 한국정신문화연구원 편(2000), 최연숙(2005) 참고>

1727-02-15. **강필성 토지매매명문**(姜弼星土地賣買明文) 1, 문성도(文聖道). <1장. 한자+이두. 조선 필사 이두 자료. 제주 어도내산 진주 강씨가 구장. 제주 한림 강우석 소장. 호남권 한국학자료센터 홈페이지 원문 이미지와 텍스트 보기. 고창석(1997) 참고>

1727-02-17. **신도비 유사 최선기 토지매매명문**(神道碑有司崔宣基土地賣買明文), 이상겸(李詳謙). <1장. 한자+이두. 조선 필사 이두 자료. 경북 경주시 내남면 이조리 경주 최씨·용산서원 소장. 한국학중앙연구원 고문서자료관 홈페이지 원문 이미지 보기. 박병호(1974ㄱ), 한국정신문화연구원 편(2000), 이재수(2003), 김소은(2004) 참고>

1727-02-28. **주진선 등 초사**(朱進善等招辭), 주진선. <1장. 점련문서. 한자+이두. 조

선 필사 이두 자료. 경북 경주시 내남면 이조리 경주 최씨·용산서원 소장. 한국학중앙연구원 고문서자료관 홈페이지 원문 이미지 보기. 박병호(1974ㄱ), 한국정신문화연구원 편(2000), 최연숙(2005) 참고>

1727-02-28. **차노 막쇠 초사**(差奴莫金招辭), 막쇠. <1장. 점련문서. 한자+이두. 조선 필사 이두 자료. 경북 경주시 내남면 이조리 경주 최씨·용산서원 소장. 한국학중앙연구원 고문서자료관 홈페이지 원문 이미지 보기. 박병호(1974ㄱ), 한국정신문화연구원 편(2000), 최연숙(2005) 참고>

1727-02-29. **김해일 토지매매명문**(金海日土地賣買明文), 명연(明演) <1장. 한자+이두. 조선 필사 이두 자료. 전남 구례군 토지면 오미리 문화 류씨 운조루 소장. 한국학중앙연구원 고문서자료관 홈페이지 원문 이미지와 텍스트 보기. 한국정신문화연구원 편(1998) 참고>

1727-03-10. **김업 토지매매명문**(金業土地賣買明文), 오룡(五龍). <1장. 한자+이두. 조선 필사 이두 자료. 경북 안동시 주촌 진성 이씨 경류정 소장. 한국학중앙연구원 장서각 한국고문서자료관 홈페이지 원문 이미지와 텍스트 보기. 한국정신문화연구원 편(1999) 참고>

1727-03-11. **변용백 토지매매명문**(卞龍白土地賣買明文), 양세중(梁世重). <1장. 한자+이두. 조선 필사 이두 자료. 전남 구례군 토지면 오미리 문화 류씨 운조루 소장. 한국학중앙연구원 고문서자료관 홈페이지 원문 이미지와 텍스트 보기. 한국정신문화연구원 편(1998) 참고>

1727-03-12. **유학 이원석 토지매매명문**(幼學李源碩土地賣買明文) 1, 김후석(金厚錫). <1장. 한자+이두. 조선 필사 이두 자료. 전남 구례군 토지면 오미리 문화 류씨 운조루 소장. 한국학중앙연구원 고문서자료관 홈페이지 원문 이미지와 텍스트 보기. 한국정신문화연구원 편(1998) 참고>

1727-03-13. **최익대 토지매매명문**(崔益大土地賣買明文), 최세규(崔世奎). <1장. 한자+이두. 조선 필사 이두 자료. 전북 부안 석동 류절재 소장. 호남권 한국학자료센터 홈페이지 원문 이미지와 텍스트 보기. 박병호(1974ㄱ), 최승희(1989), 이재수(2003) 참고>

1727-03-14. **노주 이석원 초사**(奴主李碩遠招辭), 이석원. <1장. 한자+이두. 조선 필사

이두 자료. 경북 성주군 월항면 대산리 성산 이씨 응와 종택 구장. 한국국학진흥원 소장. 한국학자료센터 영남권역센터 홈페이지 원문 이미지와 텍스트 보기>

1727-03-14. **증인 이달심 초사**(證人李達心招辭), 이달심. <1장. 한자+이두. 조선 필사 이두 자료. 경북 성주군 월항면 대산리 성산 이씨 응와 종택 구장. 한국국학진흥원 소장. 한국학자료센터 영남권역센터 홈페이지 원문 이미지와 텍스트 보기>

1727-03-15. **동성 5촌숙 유학 이이신 노비매매명문**(同姓五寸叔幼學李爾紳奴婢賣買明文), 이석원(李碩遠). <1장. 한자+이두. 조선 필사 이두 자료. 경북 성주군 월항면 대산리 성산 이씨 응와 종택 구장. 한국국학진흥원 소장. 한국학자료센터 영남권역센터 홈페이지 원문 이미지와 텍스트 보기>

1727-03-19. **강필성 토지매매명문**(姜弼星土地賣買明文) 2, 고후윤(高後崙). <1장. 한자+이두. 조선 필사 이두 자료. 제주 어도내산 진주 강씨가 구장. 제주 한림 강우석 소장. 호남권 한국학자료센터 홈페이지 원문 이미지와 텍스트 보기. 오창명(2007) 참고>

1727-03-25. **노 연학 배지**(奴延鶴牌旨), 윤(尹). <1장. 한자+이두. 조선 필사 이두 자료. 전남 해남 연동 해남 윤씨 녹우당 소장. 한국학중앙연구원 장서각 한국고문서자료관 홈페이지 원문 이미지와 텍스트 보기. 박병호(1974ㄱ), 김태영(1983), 한국정신문화연구원 편(1983, 1986), 최승희(1989) 참고>

1727-03-28. **유학 지위하 토지매매명문**(幼學池位河土地賣買明文), 연학(延鶴). <1장. 한자+이두. 조선 필사 이두 자료. 전남 해남 연동 해남 윤씨 녹우당 소장. 장서각 한국고문서자료관 홈페이지 원문 이미지와 텍스트 보기. 박병호(1974ㄱ), 김태영(1983), 한국정신문화연구원 편(1983, 1986), 최승희(1989) 참고>

1727-03-00. **이이신 소지**(李爾紳所志), 이이신. <1장. 한자+이두. 조선 필사 이두 자료. 경북 성주군 월항면 대산리 성산 이씨 응와 종택 구장. 한국국학진흥원 소장. 한국학자료센터 영남권역센터 홈페이지 원문 이미지와 텍스트 보기>

1727-03-00. **이이신 입안**(李爾紳立案), 성주목(星州牧). <1장. 한자+이두. 조선 필사 이두 자료. 경북 성주군 월항면 대산리 성산 이씨 응와 종택 구장. 한국국학진흥원 소장. 한국학자료센터 영남권역센터 홈페이지 원문 이미지와 텍스트 보기>

1727-윤3-00. **하명상 초사**(河命祥招辭), 하명상. <1장. 점련문서. 한자+이두. 조선

필사 이두 자료. 경남 진주시 운문 진양 하씨 소장. 한국학중앙연구원 고문서자료관 홈페이지 원문 이미지 보기. 한국정신문화연구원 편(2001) 참고>

1727-04-15. **정복 별급문기**(廷福別給文記), 정복. <1장. 한자+이두. 조선 필사 이두 자료. 전남 구례군 토지면 오미리 문화 류씨 운조루 소장. 한국학중앙연구원 고문서자료관 홈페이지 원문 이미지와 텍스트 보기. 한국정신문화연구원 편(1998) 참고>

1727-04-18. **김해준 토지매매명문**(金海准土地賣買明文), 진범(進犯). <1장. 한자+이두. 조선 필사 이두 자료. 전남 구례군 토지면 오미리 문화 류씨 운조루 소장. 한국학중앙연구원 고문서자료관 홈페이지 원문 이미지와 텍스트 보기. 한국정신문화연구원 편(1998) 참고>

1727-04-00. **강필성 소지**(姜弼星所志), 강필성. <1장. 한자+이두. 조선 필사 이두 자료. 제주 어도내산 진주 강씨가 구장. 제주 한림 강우석 소장. 호남권 한국학자료센터 홈페이지 원문 이미지와 텍스트 보기. 박병호(1974ㄱ), 정구복(2002) 참고>

1727-04-00. **원수노 철석 소지**(院首奴哲碩所志), 철석. <1장. 한자+이두. 조선 필사 이두 자료. 경북 경주시 내남면 이조리 경주 최씨·용산서원 소장. 한국학중앙연구원 고문서자료관 홈페이지 원문 이미지 보기. 박병호(1974ㄱ), 한국정신문화연구원 편(2000), 최연숙(2005) 참고>

1727-05-13. **천방도감 서목**(川防都監書目), 천방도감. <1장. 한자+이두. 조선 필사 이두 자료. 안동 송파 진주 하씨 하위지 후손가 소장. 한국학중앙연구원 고문서자료관 홈페이지 원문 이미지 보기. 한국정신문화연구원 편(2002) 참고>

1727-06-25. **이후백 등 소지**(李後白等所志), 이후백 등. <1장. 한자+이두. 조선 필사 이두 자료. 안동시 법흥 고성 이씨 임청각 구장. 한국학중앙연구원 장서각 소장. 한국학중앙연구원 장서각 한국고문서자료관 홈페이지 원문 이미지 보기. 한국정신문화연구원 편(2000) 참고>

1727-09-13. **노 원일 배지**(奴遠日牌旨), 윤(尹). <1장. 점련문서. 한자+이두. 조선 필사 이두 자료. 전남 해남 연동 해남 윤씨 녹우당 소장. 한국학중앙연구원 장서각 한국고문서자료관 홈페이지 원문 이미지와 텍스트 보기. 한국정신문화연구원

편(1983, 1986), 최승희(1989) 참고>

1727-09-26. **구 박정걸 별급문기**(舅朴廷杰別給文記), 박정걸. <1장. 한자+이두. 조선 필사 이두 자료. 영해 도곡 무안 박씨 무의공 종택 소장. 한국학중앙연구원 고문서 자료관 홈페이지 원문 이미지 보기. 최승희(1989), 문숙자(2000), 정구복(2005), 한국학중앙연구원 편(2008) 참고>

1727-10-12~1728-01-16.「선원보략수개시의궤(璿源譜略修改時儀軌)」, 교정청(校正廳). <1책. 40장. 필사본. 표제는 '(丁未年 英宗朝三年)璿源譜略校正廳儀軌'. 서울대학교 규장각 한국학연구원 의궤 종합정보 홈페이지 원문 이미지와 텍스트 보기>

1727-10-20. **고■필 토지매매명문**(高■弼土地賣買明文), 임상원(林尙元). <1장. 한자+이두. 조선 필사 이두 자료. 경북 경주시 내남면 이조리 경주 최씨·용산서원 소장. 한국학중앙연구원 고문서자료관 홈페이지 원문 이미지 보기. 박병호(1974ㄱ), 한국정신문화연구원 편(2000), 이재수(2003), 김소은(2004) 참고>

1727-10-00. **이계담 소지**(李啓聃所志), 이계담. <1장. 한자+이두. 조선 필사 이두 자료. 경북 경주시 안강읍 옥산리 여주 이씨 독락당 소장. 한국학중앙연구원 고문서자료관 홈페이지 원문 이미지 보기. 한국정신문화연구원 편(2003) 참고>

1727-11-17. **강필성 노비매매명문**(姜弼星奴婢賣買明文), 문성두(文成斗). <1장. 한자+이두. 조선 필사 이두 자료. 제주 어도내산 진주 강씨가 구장. 제주 한림 강우석 소장. 호남권 한국학자료센터 홈페이지 원문 이미지와 텍스트 보기. 최승희(1989), 고창석(2000, 2002) 참고>

1727-11-18. **김대야악지 토지매매명문**(金大㖿惡只土地賣買明文), 이해정(李海淀). <1장. 한자+이두. 조선 필사 이두 자료. 원주시 무릉박물관 소장. 한국학자료센터 강원권역센터 홈페이지 원문 이미지 보기. 박병호(1974ㄱ), 최승희(1989), 김소은(2004), 김성갑(2013) 참고>

1727-11-25. **김세구 토지매매명문**(金世九土地賣買明文), 이업금(李業金). <1장. 한자+이두. 조선 필사 이두 자료. 전남 해남 연동 해남 윤씨 녹우당 소장. 한국학중앙연구원 장서각 한국고문서자료관 홈페이지 원문 이미지와 텍스트 보기. 박병호(1974ㄱ), 김태영(1983), 한국정신문화연구원 편(1983, 1986), 최승희(1989) 참고>

1727-11-00. **원고 이계담 다짐**(元告李啓聃侤音), 이계담. <1장. 한자+이두. 조선 필사

이두 자료. 경북 경주시 안강읍 옥산리 여주 이씨 독락당 소장. 한국학중앙연구원 고문서자료관 홈페이지 원문 이미지 보기. 한국정신문화연구원 편(2003) 참고>

1727-12-20. **유학 이원석 토지매매명문**(幼學李源碩土地賣買明文) 2, 전사과(前司果). <1장. 한자+이두. 조선 필사 이두 자료. 전남 구례군 토지면 오미리 문화 류씨 운조루 소장. 한국학중앙연구원 고문서자료관 홈페이지 원문 이미지와 텍스트 보기. 한국정신문화연구원 편(1998) 참고>

1727-■■-17. **강여민 차정첩**(姜汝敏差定帖), 제주목(濟州牧). <1장. 한자+이두. 조선 필사 이두 자료. 제주 어도내산 진주 강씨가 구장. 제주 한림 강우석 소장. 호남권 한국학자료센터 홈페이지 원문 이미지와 텍스트 보기. 최승희(1989), 고창석(2000, 2002) 참고>

1727-00-00. 「가례도감 왕세자가례시의궤(**嘉禮都監 王世子嘉禮時儀軌**)」,[227] 가례도감 편. <1책. 330장. 필사본. 표제는 '(丁未年 太白山上)嘉禮都監儀軌'. 권수제는 '(雍正五年丁未十月 日)嘉禮都監 王世子嘉禮時儀軌'. 한자+이두. 조선 필사 이두 자료. 서울대학교 규장각 한국학연구원 의궤 종합정보 홈페이지 '奎13105', '奎13107' 원문 이미지 보기>

1727-00-00. 「가례도감 왕세자가례시의궤(**嘉禮都監 王世子嘉禮時儀軌**)」,[228] 가례도감 편. <1책. 259장. 필사본. 표제는 '嘉禮都監儀軌'. 권수제는 '(雍正五年丁未十月 日)嘉禮都監 王世子嘉禮時儀軌'. 한자+이두. 조선 필사 이두 자료. 국립중앙박물관 외규장각 의궤 홈페이지 '외규128' 원문 이미지와 텍스트 보기>

1727-00-00. 「왕세자가례시의궤(**王世子嘉礼時儀軌**)」,[229] 가례도감 편. <1책. 331장. 필사본. 표제는 '嘉禮都監儀軌'. 권수제는 '王世子嘉礼時儀軌'. 서울대학교 규장각 한국학연구원 홈페이지 '奎13106' 원문 이미지 보기>

---

[227] 서울대학교 규장각 한국학연구원 의궤 종합정보 홈페이지에서는 서명을 '효장세자가례도감의궤(孝章世子嘉禮都監儀軌)'로 적었다.

[228] 국립중앙박물관 외규장각 의궤 홈페이지에서는 서명을 표제와 권수제와는 달리 '효장세자가례도감의궤(상)(孝章世子嘉禮都監儀軌(上))'으로 적었다.

[229] 서울대학교 규장각 한국학연구원 홈페이지에서는 서명을 '[眞宗孝純后]嘉禮都監儀軌 [진종효순후]가례도감의궤'로 적었다.

1727-00-00. 「이방(二房)」,[230] 가례도감 편. <1책. 167장. 필사본. 표제는 '嘉禮都監儀軌(下)'. 권수제는 '(雍正五年丁未十月 日)二房'. 한자+이두. 조선 필사 이두 자료. 국립중앙박물관 외규장각 의궤 홈페이지 '외규129' 원문 이미지와 텍스트 보기>

1727-00-00. 「책례도감도청의궤(冊禮都監都廳儀軌)」,[231] 책례도감 편. <1책. 207장. 필사본. 표제는 '冊禮都監儀軌'. 권수제는 '(雍正四年丙午十月 日)冊禮都監都廳儀軌'. 한자+이두. 조선 필사 이두 자료. 국립중앙박물관 외규장각 의궤 홈페이지 '외규125' 원문 이미지와 텍스트 보기>

1727-00-00 이후 기입 추정. 「오자직해(吳子直解)」, 주나라 오기(吳起) 찬(撰), 명나라 유인(劉寅) 해(解). <1책. 58장. 목판본. 본문에 구결 기입. 조선 묵서 구결 자료. 병서. 서울대학교 규장각 한국학연구원 홈페이지 '奎中1566'의 원문 이미지 보기>

1728년

<무신(戊申), 영조 4년, 옹정 6년>

1728-01-13~1728-02-17(戊申). 「진상별단등록(進上別單謄錄)」, 예조(禮曹) 편(編). <1책. 103장. 필사본. 한자+이두. 조선 필사 이두 자료. 서울대학교 규장각 한국학연구원 홈페이지 원문 이미지 보기>

1728-01-19. **수노 업쇠 토지매매명문**(首奴業金土地賣買明文), 김몽서(金夢瑞). <1장. 한자+이두. 조선 필사 이두 자료. 경북 경주시 양동 경주 손씨 송첨 종택 소장. 한국학중앙연구원 고문서자료관 홈페이지 원문 이미지 보기. 이수건(1979), 이수건 편저(1981), 영남대학교 인문과학연구소 편(1990), 정구복·안승준(1997), 한국정신문화연구원 편(1997) 참고>

---

230 국립중앙박물관 외규장각 의궤 홈페이지에서는 서명을 표제와 권수제와는 달리 '효장세자가례도감의궤(하)(孝章世子嘉禮都監儀軌(下))'로 적었다.
231 국립중앙박물관 외규장각 의궤 홈페이지에서는 서명을 표제와 권수제와는 달리 '정성왕후책례도감의궤(貞聖王后冊禮都監儀軌)'로 적었다.

1728-01-23~1735-12-14(戊申~乙卯).「종묘수개등록(宗廟修改謄錄)」第10, 예조(禮曹) 편(編). <1책. 106장. 필사본. 필사 시기 미상. 한자+이두. 조선 필사 이두 자료. 서울대학교 규장각 한국학연구원 홈페이지 원문 이미지 보기> <1658-01-27~1669-12-07(戊戌~己酉) 第2>

1728-01-28. **윤 생원님 댁 노 지철 토지매매명문**(尹生員主宅奴知哲土地賣買明文), 전도필(全道弼). <1장. 한자+이두. 조선 필사 이두 자료. 전남 해남 연동 해남 윤씨 녹우당 소장. 한국학중앙연구원 장서각 한국고문서자료관 홈페이지 원문 이미지와 텍스트 보기. 박병호(1974ㄱ), 김태영(1983), 한국정신문화연구원 편(1983, 1986), 최승희(1989) 참고>

1728-01-29. **노 명룡 배지**(奴命龍牌旨), 권(權). <1장. 한자+이두. 조선 필사 이두 자료. 경북 안동시 주촌 진성 이씨 경류정 소장. 한국학중앙연구원 장서각 한국고문서자료관 홈페이지 원문 이미지와 텍스트 보기. 한국정신문화연구원 편(1999) 참고>

1728-02-03~1731-12-08(戊申~辛亥).「각릉등록(各陵謄錄)」第31, 예조(禮曹) 전향사(典享司). <1책. 119장. 필사본. 한자+이두. 이두 자료. 서울대학교 규장각 한국학연구원 홈페이지 낙질본(第28-第32) 원문 이미지 보기> <1716-07-26~1719-11-01(第28)>

1728-02-06. **김상이 토지매매명문**(金尙伊土地賣買明文), 명룡(命龍). <1장. 한자+이두. 조선 필사 이두 자료. 경북 안동시 주촌 진성 이씨 경류정 소장. 한국학중앙연구원 장서각 한국고문서자료관 홈페이지 원문 이미지와 텍스트 보기. 한국정신문화연구원 편(1999) 참고>

1728-02-11. **승 각심 토지매매명문**(僧覺心土地賣買明文), 김희윤(金希尹). <1장. 한자+이두. 조선 필사 이두 자료. 경북 경주시 내남면 이조리 경주 최씨·용산서원 소장. 한국학중앙연구원 고문서자료관 홈페이지 원문 이미지 보기. 박병호(1974ㄱ), 한국정신문화연구원 편(2000), 이재수(2003), 김소은(2004) 참고>

1728-02-11. **승 철순 토지매매명문**(僧哲淳土地賣買明文), 김희윤(金希尹). <1장. 한자+이두. 조선 필사 이두 자료. 경북 경주시 내남면 이조리 경주 최씨·용산서원 소장. 한국학중앙연구원 고문서자료관 홈페이지 원문 이미지 보기. 박병호(1974

ㄱ), 한국정신문화연구원 편(2000), 이재수(2003), 김소은(2004) 참고>

1728-02-12. **박기봉 토지매매명문**(朴起奉土地賣買明文), 차성연(車聖延). <1장. 한자＋이두. 조선 필사 이두 자료. 순천 월등 목천 장씨가 구장. 전북대학교 박물관 소장. 호남권 한국학자료센터 홈페이지 원문 이미지와 텍스트 보기. 박병호(1974ㄱ), 이재수(2003) 참고>

1728-02-■■. **토지매매명문**(土地賣買明文), 이배성(李培聖). <1장. 한자＋이두. 조선 필사 이두 자료. 전남 구례군 토지면 오미리 문화 류씨 운조루 소장. 한국학중앙연구원 고문서자료관 홈페이지 원문 이미지와 텍스트 보기. 한국정신문화연구원 편(1998) 참고>

1728-02-00. **입안**(立案), 구례현(求禮縣). <1장. 한자＋이두. 조선 필사 이두 자료. 전남 구례군 토지면 오미리 문화 류씨 운조루 소장. 한국학중앙연구원 고문서자료관 홈페이지 원문 이미지와 텍스트 보기. 한국정신문화연구원 편(1998) 참고>

1728-03-10. **문덕호 처모 남양 홍씨 분재기**(文德昊妻母南陽洪氏分財記), 문덕호 처모 남양 홍씨. <1장. 한자＋이두. 조선 필사 이두 자료. 전남 해남 연동 해남 윤씨 녹우당 소장. 장서각 한국고문서자료관 홈페이지 원문 이미지와 텍스트 보기. 한국정신문화연구원 편(1983, 1986), 안승준(1987), 최승희(1989), 전경목(2003), 문숙자(2004) 참고>

1728-03-18. **노 추업 배지**(奴秋業牌旨), 윤(尹). <1장. 한자＋이두. 조선 필사 이두 자료. 전남 해남 연동 해남 윤씨 녹우당 소장. 한국학중앙연구원 장서각 한국고문서자료관 홈페이지 원문 이미지와 텍스트 보기. 박병호(1974ㄱ), 김태영(1983), 한국정신문화연구원 편(1983, 1986), 최승희(1989) 참고>

1728-03-18. **이일재 토지매매명문**(李日載土地賣買明文), 김순태(金順泰). <1장. 한자＋이두. 조선 필사 이두 자료. 전남 구례군 토지면 오미리 문화 류씨 운조루 소장. 한국학중앙연구원 고문서자료관 홈페이지 원문 이미지와 텍스트 보기. 한국정신문화연구원 편(1998) 참고>

1728-03-22. **김만기 토지매매명문**(金萬起土地賣買明文), 추업(秋業). <1장. 한자＋이두. 조선 필사 이두 자료. 전남 해남 연동 해남 윤씨 녹우당 소장. 한국학중앙연구원 장서각 한국고문서자료관 홈페이지 원문 이미지와 텍스트 보기. 박병호(1974

ㄱ), 김태영(1983), 한국정신문화연구원 편(1983, 1986), 최승희(1989) 참고>

1728-03-27. **기종상 토지매매명문**(奇宗相土地賣買明文), 이언방(李彦邦). <1장. 한자+이두. 조선 필사 이두 자료. 전남 장성군 행주 기씨 금강 종가 소장. 호남권 한국학자료센터 홈페이지 원문 이미지와 텍스트 보기. 김재문(1986), 이재수(2003), 이수건 외(2004) 참고>

1728-03-00. **입안**(立案), 경주부(慶州府). <1장. 한자+이두. 조선 필사 이두 자료. 경북 경주시 안강읍 옥산리 여주 이씨 독락당 소장. 한국학중앙연구원 고문서자료관 홈페이지 원문 이미지 보기. 한국정신문화연구원 편(2003) 참고>

1728-03-00. **■릉 참봉 첩정**(■陵參奉牒呈), ■릉 참봉. <1장. 한자+이두. 조선 필사 이두 자료. 안동 하회 풍산 류씨 충효당 소장. 한국학중앙연구원 장서각 한국고문서자료관 홈페이지 원문 이미지와 텍스트 보기. 한국정신문화연구원 편(1994) 참고>

1728-04-27~1729-11-00. 「분무녹훈도감의궤(奮武錄勳都監儀軌)」, 녹훈도감 편(編). <1책. 242장. 필사본. 한자+이두. 조선 필사 이두 자료. 서울대학교 규장각 한국학연구원 홈페이지 '奎14935' 원문 이미지 보기>

1728-05-10. **유학 이원석 토지매매명문**(幼學李源碩土地賣買明文), 강위형(姜渭亨). <1장. 한자+이두. 조선 필사 이두 자료. 전남 구례군 토지면 오미리 문화 류씨 운조루 소장. 한국학중앙연구원 고문서자료관 홈페이지 원문 이미지와 텍스트 보기. 한국정신문화연구원 편(1998) 참고>

1728-05-29. **정등망 초사**(鄭登望招辭), 정등망. <1장. 한자+이두. 조선 필사 이두 자료. 경남 진주시 운문 진양 하씨 소장. 한국학중앙연구원 고문서자료관 홈페이지 원문 이미지 보기. 한국정신문화연구원 편(2001) 참고>

1728-06-10. **정운희 별급 문기**(鄭運熙別給文記), 정운희. <1장. 한자+이두. 조선 필사 이두 자료. 경기도 양주 사릉 해주 정씨 종가 소장. 한국학중앙연구원 고문서자료관 홈페이지 원문 이미지 보기>

1728-07-19~1895-01-11(戊申~乙未). 「팔도도죄안(八道都罪案)」 제1~4, 의금부(義禁府) 편(編). <4책. 필사본. 제1의 표제는 '八道都罪案'. 제2~4의 표제는 '定配案'. 한자+이두. 조선 필사 이두 자료. 서울대학교 규장각 한국학연구원 홈페이지

원문 이미지 보기>

1728-07-22 이후 필사 추정. 「영조무신별등록(英祖戊申別謄錄)」, 비변사(備邊司) 편 (編). <5책. 필사본. 한자+이두. 조선 필사 이두 자료. 1728년 3월부터 7월까지의 무신 정변 진압에 공이 있는 사람들의 시상에 관한 기록. 서울대학교 규장각 한국학연구원 홈페이지 원문 이미지 보기. 「각사등록」 67-69(비변사편)(국사편찬위원회, 1993) 영인>

1728-07-00. **하 생원 댁 노 진한 소지**(河生員宅奴晉漢所志), 진한. <1장. 한자+이두. 조선 필사 이두 자료. 경남 진주시 운문 진양 하씨 소장. 한국학중앙연구원 고문서자료관 홈페이지 원문 이미지 보기. 한국정신문화연구원 편(2001) 참고>

1728-08-06 이후 기입 추정. 「신간증주삼략직해(新刊增註三略直解)」 1, 명나라 유인(劉寅) 해(解). <2권 1책. 45장. 필사본. 본문에 생획토 기입. 조선 묵서 구결 자료. 한국학중앙연구원 장서각 소장. 한국학중앙연구원 한국학 디지털 아카이브 홈페이지 원문 이미지 보기>

1728-09-09. **이학년 토지매매명문**(李鶴年土地賣買明文), 이계담(李啓聃). <1장. 한자+이두. 조선 필사 이두 자료. 경북 경주시 안강읍 옥산리 여주 이씨 독락당 소장. 한국학중앙연구원 고문서자료관 홈페이지 원문 이미지 보기. 한국정신문화연구원 편(2003) 참고>

1728-09-13. **노 덕룡 배지**(奴德龍牌旨), 상전(上典). <1장. 점련문서. 한자+이두. 조선 필사 이두 자료. 전남 해남 연동 해남 윤씨 녹우당 소장. 한국학중앙연구원 장서각 한국고문서자료관 홈페이지 원문 이미지와 텍스트 보기. 한국정신문화연구원 편(1983, 1986), 최승희(1989) 참고>

1728-09-14. **윤 생원 댁 노 춘망 노비매매명문**(尹生員宅奴春望奴婢賣買明文), 덕룡(德龍). <1장. 점련문서. 한자+이두. 조선 필사 이두 자료. 전남 해남 연동 해남 윤씨 녹우당 소장. 한국학중앙연구원 장서각 한국고문서자료관 홈페이지 원문 이미지와 텍스트 보기. 한국정신문화연구원 편(1983, 1986), 최승희(1989) 참고>

1728-09-29. **조여경 예조입안**(趙畬經禮曹立案), 예조(禮曹). <1장. 한자+이두. 조선 필사 이두 자료. 경북 상주 낙동 풍양 조씨 양진당 소장. 한국학중앙연구원 장서각 한국고문서자료관 홈페이지 원문 이미지 보기>

1728-09-00. **사노 은역 초사**(私奴銀亦招辭), 은역. <1장. 점련문서. 한자+이두. 조선 필사 이두 자료. 전남 해남 연동 해남 윤씨 녹우당 소장. 한국학중앙연구원 장서각 한국고문서자료관 홈페이지 원문 이미지와 텍스트 보기. 한국정신문화연구원 편(1983, 1986), 최승희(1989) 참고>

1728-09-00. **오 생원 댁 노 덕룡 초사**(吳生員宅奴德龍招辭), 덕룡. <1장. 점련문서. 한자+이두. 조선 필사 이두 자료. 전남 해남 연동 해남 윤씨 녹우당 소장. 한국학중앙연구원 장서각 한국고문서자료관 홈페이지 원문 이미지와 텍스트 보기. 한국정신문화연구원 편(1983, 1986), 최승희(1989) 참고>

1728-09-00. **윤 생원 댁 노 춘망 입안**(尹生員宅奴春望立案), 해남현(海南縣). <1장. 점련문서. 한자+이두. 조선 필사 이두 자료. 전남 해남 연동 해남 윤씨 녹우당 소장. 한국학중앙연구원 장서각 한국고문서자료관 홈페이지 원문 이미지와 텍스트 보기. 한국정신문화연구원 편(1983, 1986), 최승희(1989) 참고>

1728-10-12. **유 생원 댁 토지매매명문**(劉生員宅土地賣買明文), 방완석(方完石). <1장. 한자+이두. 조선 필사 이두 자료. 경북 예천군 감천면 강릉 유씨 벌방 종가 구장. 한국국학진흥원 소장. 한국학자료센터 영남권역센터 홈페이지 원문 이미지와 텍스트 보기. 김성갑(2013) 참고>

1728-10-■■. **유학 윤이훈 노비매매명문**(幼學尹以訓奴婢賣買明文),[232] 유학 하삼징(幼學河三澄). <1장. 점련문서. 한자+이두. 조선 필사 이두 자료. 전남 해남 연동 해남 윤씨 녹우당 소장. 한국학중앙연구원 장서각 한국고문서자료관 홈페이지 원문 이미지와 텍스트 보기. 한국정신문화연구원 편(1983, 1986), 최승희(1989) 참고>

1728-10-00. **사노 사금 초사**(私奴士金招辭), 사금. <1장. 점련문서. 한자+이두. 조선 필사 이두 자료. 전남 해남 연동 해남 윤씨 녹우당 소장. 한국학중앙연구원 장서각 한국고문서자료관 홈페이지 원문 이미지와 텍스트 보기. 한국정신문화연구원 편(1983, 1986), 최승희(1989) 참고>

---

[232] 한국학중앙연구원 장서각 한국고문서자료관 홈페이지에서는 '1728년 ■...■(■...■) 노비매매명문(奴婢賣買明文)'으로 표시하였다.

1728-10-00. **윤 생원 댁 노 원백 초사**(尹生員宅奴遠白招辭), 원백. <1장. 점련문서. 한자+이두. 조선 필사 이두 자료. 전남 해남 연동 해남 윤씨 녹우당 소장. 한국학중앙연구원 장서각 한국고문서자료관 홈페이지 원문 이미지와 텍스트 보기. 한국정신문화연구원 편(1983, 1986), 최승희(1989) 참고>

1728-10-00. **윤 생원 댁 노 청일 소지**(尹生員宅奴靑日所志), 청일. <1장. 점련문서. 한자+이두. 조선 필사 이두 자료. 전남 해남 연동 해남 윤씨 녹우당 소장. 한국학중앙연구원 장서각 한국고문서자료관 홈페이지 원문 이미지와 텍스트 보기. 한국정신문화연구원 편(1983, 1986), 최승희(1989) 참고>

1728-10-00. **윤 생원 댁 노 청일 입안**(尹生員宅奴靑日立案), 해남현(海南縣). <1장. 점련문서. 한자+이두. 조선 필사 이두 자료. 전남 해남 연동 해남 윤씨 녹우당 소장. 한국학중앙연구원 장서각 한국고문서자료관 홈페이지 원문 이미지와 텍스트 보기. 한국정신문화연구원 편(1983, 1986), 최승희(1989) 참고>

1728-11-07. **숭렬사 재임 서목**(崇烈祠齋任書目), 숭렬사. <1장. 한자+이두. 조선 필사 이두 자료. 경북 경주시 내남면 이조리 경주 최씨·용산서원 소장. 한국학중앙연구원 고문서자료관 홈페이지 원문 이미지 보기. 한국정신문화연구원 편(2000) 참고>

1728-11-10~1731-01-04. 「효장세자상례등록(**孝章世子喪禮謄錄**)」 1, 예조(禮曹). <1책. 96장. 필사본. 한자+이두. 조선 필사 이두 자료. 한국학중앙연구원 장서각 한국학자료센터 홈페이지 원문 이미지 보기>

1728-11-16. **연곡사 토지매매명문**(鷰谷寺土地賣買明文), 유명화(兪命華). <1장. 한자+이두. 조선 필사 이두 자료. 전남 구례군 토지면 오미리 문화 류씨 운조루 소장. 한국학중앙연구원 고문서자료관 홈페이지 원문 이미지와 텍스트 보기. 한국정신문화연구원 편(1998) 참고>

1728-11-16~1728-12-06. 「묘소도감의궤(**墓所都監儀軌**)」,[233] 묘소도감. <1책. 155장. 필사본. 한자+이두. 조선 필사 이두 자료. 서울대학교 규장각 한국학연구원 의궤

---

[233] 서울대학교 규장각 한국학연구원 의궤 종합 정보 홈페이지에서는 '효장세자묘소도감의궤(孝章世子墓所都監儀軌)'로 표시하였다.

종합정보 홈페이지 원문 이미지 보기>

1728-11-16~1729-01-27. 「빈궁도감의궤(殯宮都監儀軌)」 1~2, 빈궁도감. <1책. 198장. 필사본. 한자+이두. 조선 필사 이두 자료. 한국학중앙연구원 한국학 디지털 아카이브 홈페이지 원문 이미지와 텍스트 보기>

1728-11-16~1729-01-28. 「효장세자상례의궤(孝章世子喪禮儀軌)」, 장생전(長生殿). <1책. 59장. 필사본. 표제는 '戊申十一月 長生殿 孝章世子喪禮儀軌'. 한자+이두. 조선 필사 이두 자료. 전북 무주 적상산 사고 구장. 한국학중앙연구원 장서각 소장. 한국학중앙연구원 장서각 한국학자료센터 홈페이지 & 한국학 디지털 아카이브 홈페이지 원문 이미지와 텍스트 보기. 한국정신문화연구원 편(2002) 참고>

1728-11-16~1729-01-30. 「묘소도감의궤(墓所都監儀軌)」, 묘소도감. <2권 2책. 한자+이두. 조선 필사 이두 자료. 한국학중앙연구원 한국학 디지털 아카이브 홈페이지 원문 이미지와 텍스트 보기>

1728-11-16~1729-05-25(戊申~己酉). 「무신효장세자상변시등록(戊申 孝章世子 喪變時 謄錄)」, 시강원(侍講院) 편(編). <1책. 82장. 필사본. 한자+이두. 조선 필사 이두 자료. 서울대학교 규장각 한국학연구원 홈페이지 원문 이미지 보기>

1728-11-16~1731-01-04. 「효장세자상례등록(孝章世子喪禮謄錄)」 2, 전향사(典享司). <1책. 96장. 필사본. 한자+이두. 조선 필사 이두 자료. 한국학중앙연구원 장서각 소장. 한국학중앙연구원 한국학 디지털 아카이브 홈페이지 원문 이미지와 텍스트 보기>

1728-11-16~1731-01-25. 「효장세자상례등록(孝章世子喪禮謄錄)」 3, 예조(禮曹). <1책. 94장. 필사본. 한자+이두. 조선 필사 이두 자료. 한국학중앙연구원 장서각 소장. 한국학중앙연구원 장서각 한국학자료센터 홈페이지 원문 이미지와 텍스트 보기>

1728-11-17~1729-01-27. 「옹정 7년 정월 일 예장도감이방의궤(雍正七年正月日禮葬都監二房儀軌)」 하(下),[234] 예장도감. <표제는 '(雍正七年 戊申年 議政府 孝章世子)

---

[234] 서울대학교 규장각 한국학연구원 의궤 종합정보 홈페이지에서는 '효장세자예장도감의궤(孝章世子禮葬都監儀軌)'로 표시하였다.

禮葬都監儀軌(下)'. 한자+이두. 조선 필사 이두 자료. 서울대학교 규장각 한국학연구원 의궤 종합정보 홈페이지 1책 결본 원문 이미지 보기>

1728-11-17~1729-11-00. 「빈궁도감의궤(殯宮都監儀軌)」,[235] 빈궁도감. <1책. 206장. 필사본. 표제는 '(雍正六年戊申十一月 日 孝章世子 議政府 上)殯宮都監儀軌'. 한자+이두. 조선 필사 이두 자료. 서울대학교 규장각 한국학연구원 의궤 종합정보 홈페이지 원문 이미지 보기>

1728-11-20. **이 생원 댁 노 모이 토지매매명문**(李生員宅奴茅伊土地賣買明文),[236] 부옹(婦翁). <1장. 한자+이두. 조선 필사 이두 자료. 고성 이씨 팔회당 구장. 한국국학진흥원 소장. 한국국학진흥원 유교넷 홈페이지 원문 이미지와 텍스트 보기>

1728-11-27. **비 문천 등 초사**(婢文千等招辭), 문천 등. <1장. 한자+이두. 조선 필사 이두 자료. 제주 어도내산 진주 강씨가 구장. 제주 한림 강우석 소장. 호남권 한국학자료센터 홈페이지 원문 이미지와 텍스트 보기. 고창석(2000) 참고>

1728-11-00. **강필성 입안**(姜弼星立案), 제주목(濟州牧). <1장. 한자+이두. 조선 필사 이두 자료. 제주 어도내산 진주 강씨가 구장. 제주 한림 강우석 소장. 호남권 한국학자료센터 홈페이지 원문 이미지와 텍스트 보기. 최연숙(2005) 참고>

1728-12-16. **최승조 노비매매명문**(崔承祖奴婢賣買明文), 조서운(曹瑞雲). <1장. 한자+이두. 조선 필사 이두 자료. 경북 경주시 내남면 이조리 경주 최씨·용산서원 소장. 한국학중앙연구원 고문서자료관 홈페이지 원문 이미지 보기. 한국정신문화연구원 편(2000) 참고>

1728-12-■■. **하삼징 초사**(河三澄招辭), 하삼징. <1장. 점련문서. 한자+이두. 조선 필사 이두 자료. 전남 해남 연동 해남 윤씨 녹우당 소장. 한국학중앙연구원 장서각 한국고문서자료관 홈페이지 원문 이미지와 텍스트 보기. 한국정신문화연구원 편(1983, 1986), 최승희(1989) 참고>

1728-12-00. **윤이훈 입안**(尹以訓立案), 영암군(靈岩郡). <1장. 점련문서. 한자+이두.

---

[235] 서울대학교 규장각 한국학연구원 의궤 종합정보 홈페이지에서는 '효장세자빈궁도감의궤(孝章世子殯宮都監儀軌)'로 표시하였다.

[236] 한국국학진흥원 유교넷 홈페이지에서는 문서명을 '고성이씨 팔회당 옹정 6년 11월에 부옹과 이 생원댁노 모이 사이에 작성된 명문(明文)[12429]'으로 표시하였다.

조선 필사 이두 자료. 전남 해남 연동 해남 윤씨 녹우당 소장. 한국학중앙연구원 장서각 한국고문서자료관 홈페이지 원문 이미지와 텍스트 보기. 한국정신문화연구원 편(1983, 1986), 최승희(1989) 참고>

1728-12-00. **윤지도 초사**(尹志道招辭), 윤지도. <1장. 점련문서. 한자+이두. 조선 필사 이두 자료. 전남 해남 연동 해남 윤씨 녹우당 소장. 한국학중앙연구원 장서각 한국고문서자료관 홈페이지 원문 이미지와 텍스트 보기. 한국정신문화연구원 편(1983, 1986), 최승희(1989) 참고>

1728-00-00. 「묘소도감의궤(**墓所都監儀軌**)」,[237] 묘소도감 편. <1책. 168장. 필사본. 권수제는 '(雍正六年戊申十一月 日)墓所都監儀軌'. 한자+이두. 조선 필사 이두 자료. 한국학중앙연구원 디지털장서각 홈페이지 'K2-2313' 원문 이미지 보기>

1728-00-00. 「묘소도감의궤(**墓所都監儀軌**)」,[238] 묘소도감 편. <1책. 155장. 필사본. 권수제는 '(雍正六年戊申十一月 日)墓所都監儀軌'. 한자+이두. 조선 필사 이두 자료. 한국학중앙연구원 디지털장서각 홈페이지 'K2-2314' 원문 이미지와 텍스트 보기>

1728-00-00. 「분무원종공신녹권(**奮武原從功臣錄券**)」, 분무녹훈도감(奮武錄勳都監). <84장. 목활자본. 한자+이두. 조선 인쇄 이두 자료. 국립중앙도서관 홈페이지 원문 이미지 보기>

1728-00-00. 「빈궁도감의궤(**嬪宮都監儀軌**)」, 빈궁도감 편. <1책. 198장. 필사본. 표제와 권수제는 '嬪宮都監儀軌'. 한자+이두. 조선 필사 이두 자료. 한국학중앙연구원 디지털장서각 홈페이지 'K2-2951' 원문 이미지 보기>

1728-00-00. 「선원보략수개시의궤(**璿源譜略修改時儀軌**)」, 교정청 편. <1책. 40장. 필사본. 표제는 '(丁未年 英宗朝三年)璿源補刊校正廳儀軌'. 권수제는 '璿源譜略修改時儀軌'. 한자+이두. 조선 필사 이두 자료. 서울대학교 규장각 한국학연구원 홈페이지 '奎14020', '奎14021', '奎14022' 원문 이미지 보기>

---

[237] 한국학중앙연구원 디지털장서각 홈페이지에서는 서명을 '[효장세자]묘소도감의궤[孝章世子]墓所都監儀軌]'로 적었다.

[238] 한국학중앙연구원 디지털장서각 홈페이지에서는 서명을 '[효장세자]묘소도감의궤[孝章世子]墓所都監儀軌]'로 적었다.

1728-00-00. 「숙종실록(肅宗實錄)」, 실록청(實錄廳) 편. <65권 73책. 현종실록자본. 1674년 8월부터 1720년 6월까지 숙종 재위 기간의 역사. 어휘 표기 자료. 1997년에 유네스코 세계기록유산으로 등록. 국보 제151-1호. 서울대학교 규장각 한국학연구원 홈페이지 원문 이미지 보기>

1728-00-00. 「양무원종공신녹권(揚武原從功臣錄券)」, 양무녹훈도감(揚武錄勳都監) 편(編). <1책. 84장. 금속활자본. 무신자본. 한자+이두. 조선 인쇄 이두 자료. 국립중앙도서관 홈페이지 원문 이미지 보기>

1728-00-00~1886-00-00. 「연좌안(連坐案)」 제1~4, 의정부(議政府) 편(編). <4책. 필사본. 한자+이두. 인명 자료. 한국 한자와 이두 자료. 서울대학교 규장각 한국학연구원 홈페이지 원문 이미지 보기>

1729년

<기유(己酉), 영조 5년, 옹정 7년>

1729-01-10. **임담 토지매매명문**(林霮土地賣買明文), 김연갑(金延甲). <1장. 한자+이두. 조선 필사 이두 자료. 순천 월등 목천 장씨가 구장. 전북대학교 박물관 소장. 호남권 한국학자료센터 홈페이지 원문 이미지와 텍스트 보기. 박병호(1974ㄱ), 최승희(1989), 이재수(2003) 참고>

1729-01-11. **생원 이원석 토지매매명문**(生員李源碩土地賣買明文), 상일(尙日). <1장. 한자+이두. 조선 필사 이두 자료. 전남 구례군 토지면 오미리 문화 류씨 운조루 소장. 한국학중앙연구원 고문서자료관 홈페이지 원문 이미지와 텍스트 보기. 한국정신문화연구원 편(1998) 참고>

1729-01-12. **김해준 토지매매명문**(金海俊土地賣買明文), 낭식(朗湜). <1장. 한자+이두. 조선 필사 이두 자료. 전남 구례군 토지면 오미리 문화 류씨 운조루 소장. 한국학중앙연구원 고문서자료관 홈페이지 원문 이미지와 텍스트 보기. 한국정신문화연구원 편(1998) 참고>

1729-01-13. **박태상 토지매매명문**(朴泰相土地賣買明文), 임담(林霮). <1장. 한자+이

두. 조선 필사 이두 자료. 순천 월등 목천 장씨가 구장. 전북대학교 박물관 소장. 호남권 한국학자료센터 홈페이지 원문 이미지와 텍스트 보기. 박병호(1974ㄱ), 이재수(2003) 참고>

1729-01-00. **숭렬사 재임 서목**(崇烈祠齋任書目) 1, 숭렬사. <1장. 한자+이두. 조선 필사 이두 자료. 경북 경주시 내남면 이조리 경주 최씨·용산서원 소장. 한국학중앙연구원 고문서자료관 홈페이지 원문 이미지 보기. 한국정신문화연구원 편(2000) 참고>

1729-01-00. **이만주 등 초사**(李萬株等招辭), 이만주. <1장. 점련문서. 한자+이두. 조선 필사 이두 자료. 경북 경주시 내남면 이조리 경주 최씨·용산서원 소장. 한국학중앙연구원 고문서자료관 홈페이지 원문 이미지 보기. 박병호(1974ㄱ), 한국정신문화연구원 편(2000), 최연숙(2005) 참고>

1729-01-00. **조서운 초사**(曹瑞雲招辭), 조서운. <1장. 점련문서. 한자+이두. 조선 필사 이두 자료. 경북 경주시 내남면 이조리 경주 최씨·용산서원 소장. 한국학중앙연구원 고문서자료관 홈페이지 원문 이미지 보기. 박병호(1974ㄱ), 한국정신문화연구원 편(2000), 최연숙(2005) 참고>

1729-01-00. **최승조 소지**(崔承祖所志), 최승조. <1장. 점련문서. 한자+이두. 조선 필사 이두 자료. 경북 경주시 내남면 이조리 경주 최씨·용산서원 소장. 한국학중앙연구원 고문서자료관 홈페이지 원문 이미지 보기. 박병호(1974ㄱ), 한국정신문화연구원 편(2000), 최연숙(2005) 참고>

1729-01-00. **최승조 입안**(崔承祖立案), 밀양부(密陽府). <1장. 점련문서. 한자+이두. 조선 필사 이두 자료. 경북 경주시 내남면 이조리 경주 최씨·용산서원 소장. 한국학중앙연구원 고문서자료관 홈페이지 원문 이미지 보기. 박병호(1974ㄱ), 한국정신문화연구원 편(2000), 최연숙(2005) 참고>

1729-02-01. **노 검선 배지**(奴檢先牌旨), 윤(尹). <1장. 한자+이두. 조선 필사 이두 자료. 전남 해남 연동 해남 윤씨 녹우당 소장. 한국학중앙연구원 장서각 한국고문서자료관 홈페이지 원문 이미지와 텍스트 보기. 박병호(1974ㄱ), 김태영(1983), 한국정신문화연구원 편(1983, 1986), 최승희(1989) 참고>

1729-02-07. **비 순례 토지매매명문**(婢順禮土地賣買明文), 검선(檢先). <1장. 한자+이

두. 조선 필사 이두 자료. 전남 해남 연동 해남 윤씨 녹우당 소장. 한국학중앙연구원 장서각 한국고문서자료관 홈페이지 원문 이미지와 텍스트 보기. 박병호(1974ㄱ), 김태영(1983), 한국정신문화연구원 편(1983, 1986), 최승희(1989) 참고>

1729-02-15. **박천광 토지매매명문**(朴千光土地賣買明文), 접례(接禮). <1장. 한자+이두. 조선 필사 이두 자료. 일본 경도대학 가와이문고 소장. 고려대학교 해외한국학자료센터 홈페이지 원문 이미지와 텍스트 보기>

1729-02-20. **윤 생원 댁 노 신일 토지매매명문**(尹生員宅奴申日土地賣買明文), 천금(千金). <1장. 한자+이두. 조선 필사 이두 자료. 전남 해남 연동 해남 윤씨 녹우당 소장. 한국학중앙연구원 장서각 한국고문서자료관 홈페이지 원문 이미지와 텍스트 보기. 박병호(1974ㄱ), 김태영(1983), 한국정신문화연구원 편(1983, 1986), 최승희(1989) 참고>

1729-02-25. **유학 손굉걸 토지매매명문**(幼學孫宏杰土地賣買明文), 과부 나 씨(寡婦羅氏). <1장. 한자+이두. 조선 필사 이두 자료. 경북 경주시 양동 경주 손씨 송첨 종택 소장. 한국학중앙연구원 고문서자료관 홈페이지 원문 이미지 보기. 이수건(1979), 이수건 편저(1981), 영남대학교 인문과학연구소 편(1990), 정구복·안승준(1997), 한국정신문화연구원 편(1997) 참고>

1729-03-03. **윤 생원님 댁 노 지철 토지매매명문**(尹生員主宅之哲土地賣買明文), 전라도 해남현(全羅道海南縣). <1장. 한자+이두. 조선 필사 이두 자료. 전남 해남 연동 해남 윤씨 녹우당 소장. 한국학중앙연구원 장서각 한국고문서자료관 홈페이지 원문 이미지와 텍스트 보기. 박병호(1974ㄱ), 김태영(1983), 한국정신문화연구원 편(1983, 1986), 최승희(1989) 참고>

1729-03-24. **박득문 토지매매명문**(朴得文土地賣買明文), 토립(土立). <1장. 한자+이두. 조선 필사 이두 자료. 일본 경도대학 가와이문고 소장. 고려대학교 해외한국학자료센터 홈페이지 원문 이미지와 텍스트 보기>

1729-03-24 이후 필사 추정. 「영조무신역옥추안(英祖戊申逆獄推案)」, 국청(鞫廳) 편(編). <10책. 필사본. 표제는 '戊申逆獄推案'. 한자+이두. 1728년 무신란(戊申亂)에 관련된 추안. 조선 필사 이두 자료. 서울대학교 규장각 한국학연구원 홈페이지 원문 이미지 보기. 「각사등록」 75-77(의금부편)(국사편찬위원회, 1994) 영인>

1729-03-28. **양녀 시덕 소지**(養女時德所志), 시덕. <1장. 점련문서. 한자+이두. 조선 필사 이두 자료. 경북 경주시 내남면 이조리 경주 최씨·용산서원 소장. 한국학중앙연구원 고문서자료관 홈페이지 원문 이미지 보기. 한국정신문화연구원 편(2000) 참고>

1729-03-00. **노 후봉 배지**(奴厚奉牌旨), 윤(尹). <1장. 한자+이두. 조선 필사 이두 자료. 전남 해남 연동 해남 윤씨 녹우당 소장. 한국학중앙연구원 장서각 한국고문서자료관 홈페이지 원문 이미지와 텍스트 보기. 박병호(1974ㄱ), 김태영(1983), 한국정신문화연구원 편(1983, 1986), 최승희(1989) 참고>

1729-04-06. **동생제 가선대부 동지중추부사 임욱 화회문기**(同生弟嘉善大夫同知中樞府事任勖和會文記), 임욱. <1장. 한자+이두. 조선 필사 이두 자료. 아산 선교 장흥 임씨 구장. 한국학중앙연구원 장서각 소장. 한국학중앙연구원 장서각 한국고문서자료관 홈페이지 원문 이미지 보기. 한국학중앙연구원 편(2008) 참고>

1729-04-06. **임취대 처 이 씨 등 사 남매 화회문기**(任就大妻李氏等四男妹和會文記),[239] 임취대 처 이 씨 등 사 남매. <1장. 한자+이두. 조선 필사 이두 자료. 아산 선교 장흥 임씨 구장. 한국학중앙연구원 장서각 소장. 한국학중앙연구원 장서각 한국고문서자료관 홈페이지 원문 이미지 보기. 한국학중앙연구원 편(2008) 참고>

1729-04-25. **장손 부 이 씨 별급문기**(長孫婦李氏別給文記) 1, 이 씨. <1장. 한자+이두. 조선 필사 이두 자료. 경북 예천군 용문면 대제리 원동 권씨 춘우재 고택 구장. 한국국학진흥원 소장. 한국학자료센터 영남권역센터 홈페이지 원문 이미지와 텍스트 보기. 문숙자(2010) 참고>

1729-04-28. **용산서원 노 입안**(龍山書員奴立案), 영일현(迎日縣). <1장. 한자+이두. 조선 필사 이두 자료. 경북 경주시 내남면 이조리 경주 최씨·용산서원 소장. 한국학중앙연구원 고문서자료관 홈페이지 원문 이미지 보기. 박병호(1974ㄱ), 한국정신문화연구원 편(2000), 최연숙(2005) 참고>

1729-05-00. **김상형 입안**(金相亨立案), 예조(禮曹). <1장. 한자+이두. 조선 필사 이두

---

[239] 한국학중앙연구원 장서각 한국고문서자료관 홈페이지에서는 '1댁(1宅) 임취대(任就大) 처(妻) 이 씨(李氏), 3댁(3宅) 임재대(任載大) 등(等) 4남매(四男妹) 화회문기(和會文記)'로 표시하였다.

자료. 안동 천전 의성 김씨 재산 종택 소장. 한국학중앙연구원 장서각 한국고문서자료관 홈페이지 원문 이미지와 텍스트 보기. 한국정신문화연구원 편(1989) 참고>

1729-06-28. **비 시덕 등 속량문기**(婢時德等贖良文記), 김이균(金以鈞). <1장. 한자+이두. 조선 필사 이두 자료. 경북 경주시 내남면 이조리 경주 최씨·용산서원 소장. 한국학중앙연구원 고문서자료관 홈페이지 원문 이미지 보기. 박병호(1974ㄱ), 한국정신문화연구원 편(2000), 최연숙(2005) 참고>

1729-07-22. **관찰사 관**(觀察使關), 충청도 관찰사 겸 순찰사(忠淸道觀察使兼巡察使). <1장. 한자+이두. 조선 필사 이두 자료. 대전시 무수동 안동 권씨 유회당 종택 소장. 한국학중앙연구원 장서각 한국고문서자료관 홈페이지 원문 이미지 보기. 한국학중앙연구원 편(2007) 참고>

1729-윤7-00. **김상열 계후입안**(金相悅繼後立案), 예조(禮曹). <1장. 한자+이두. 조선 필사 이두 자료. 안동 천전 의성 김씨 재산 종택 소장. 한국학중앙연구원 장서각 한국고문서자료관 홈페이지 원문 이미지 보기. 한국정신문화연구원 편(1989) 참고>

1729-09-30. **돌이 토지매매명문**(乭伊土地賣買明文), 김순형(金順亨). <1장. 한자+이두. 조선 필사 이두 자료. 전남 구례군 토지면 오미리 문화 류씨 운조루 소장. 한국학중앙연구원 고문서자료관 홈페이지 원문 이미지와 텍스트 보기. 한국정신문화연구원 편(1998) 참고>

1729-10-20. **김원창 등 초사**(金元昌等招辭), 김원창 등. <1장. 한자+이두. 조선 필사 이두 자료. 경북 경주시 내남면 이조리 경주 최씨·용산서원 소장. 한국학중앙연구원 고문서자료관 홈페이지 원문 이미지 보기. 박병호(1974ㄱ), 한국정신문화연구원 편(2000), 최연숙(2005) 참고>

1729-10-20. **김이균 초사**(金以鈞招辭), 김이균. <1장. 한자+이두. 조선 필사 이두 자료. 경북 경주시 내남면 이조리 경주 최씨·용산서원 소장. 한국학중앙연구원 고문서자료관 홈페이지 원문 이미지 보기. 박병호(1974ㄱ), 한국정신문화연구원 편(2000), 최연숙(2005) 참고>

1729-10-20. **비 시덕 등 입안**(婢時德等立案), 언양현(彦陽縣). <1장. 점련문서. 한자+

이두. 조선 필사 이두 자료. 경북 경주시 내남면 이조리 경주 최씨·용산서원 소장. 한국학중앙연구원 고문서자료관 홈페이지 원문 이미지 보기. 박병호(1974ㄱ), 한국정신문화연구원 편(2000), 최연숙(2005) 참고>

1729-10-27. **김해일 토지매매명문**(金海日土地賣買明文), 문후명(文厚明). <1장. 한자＋이두. 조선 필사 이두 자료. 전남 구례군 토지면 오미리 문화 류씨 운조루 소장. 한국학중앙연구원 고문서자료관 홈페이지 원문 이미지와 텍스트 보기. 한국정신문화연구원 편(1998) 참고>

1729-11-10. **영양 향교 토지매매명문**(英陽鄕校土地賣買明文), 조 씨(趙氏). <1장. 한자＋이두. 조선 필사 이두 자료. 경북 영양군 일월면 도계리 영양향교 소장. 한국학자료센터 영남권역센터 홈페이지 원문 이미지와 텍스트 보기. 영남대학교 민족문화연구소 편(1992) 참고>

1729-11-17. **숭렬사 재임 서목**(崇烈祠齋任書目) 2, 숭렬사. <1장. 한자＋이두. 조선 필사 이두 자료. 경북 경주시 내남면 이조리 경주 최씨·용산서원 소장. 한국학중앙연구원 고문서자료관 홈페이지 원문 이미지 보기. 한국정신문화연구원 편(2000) 참고>

1729-11-24. **장손 부 이 씨 별급문기**(長孫婦李氏別給文記) 2, 이 씨. <1장. 한자＋이두. 조선 필사 이두 자료. 경북 예천군 용문면 대제리 원동 권씨 춘우재 고택 구장. 한국국학진흥원 소장. 한국학자료센터 영남권역센터 홈페이지 원문 이미지와 텍스트 보기. 문숙자(2010) 참고>

1729-11-27. **명길 토지매매명문**(命吉土地賣買明文), 오룡(五龍). <1장. 한자＋이두. 조선 필사 이두 자료. 경북 안동시 주촌 진성 이씨 경류정 소장. 한국학중앙연구원 장서각 한국고문서자료관 홈페이지 원문 이미지와 텍스트 보기. 한국정신문화연구원 편(1999) 참고>

1729-11-■■. **김경보 토지매매명문**(金敬輔土地賣買明文), 이용갑(李龍甲). <1장. 한자＋이두. 조선 필사 이두 자료. 대전시 무수동 안동 권씨 유회당 종택 소장. 한국학중앙연구원 장서각 한국고문서자료관 홈페이지 원문 이미지 보기. 한국학중앙연구원 편(2007) 참고>

1729-12-00. **이인재 토지매매명문**(李仁載土地賣買明文), 이인주(李仁周)·이인택(李仁

擇). <1장. 한자+이두. 조선 필사 이두 자료. 영해 인량 재령 이씨 우계 종택 구장. 한국국학진흥원 소장. 한국학자료센터 영남권역센터 홈페이지 원문 이미지와 텍스트 보기>

1729-00-00. **김경술 차첩**(金庚戌差帖), 비변사(備邊司). <1장. 한자+이두. 조선 필사 이두 자료. 무주 초리 김해 김씨가 소장. 호남권 한국학자료센터 홈페이지 원문 이미지와 텍스트 보기. 박병호(1974ㄱ), 최승희(1989) 참고>

1729-00-00. 「묘소도감의궤(墓所都監儀軌)」,[240] 묘소도감 편. <1책. 155장. 필사본. 표제는 '(孝章世子 雍正六年 議政府上)墓所都監儀軌(上)'. 권수제는 '(雍正六年戊申十一月 日)墓所都監儀軌'. 한자+이두. 조선 필사 이두 자료. 서울대학교 규장각 한국학연구원 의궤 종합정보 홈페이지 '奎14835' 원문 이미지 보기>

1729-00-00. 「분무녹훈도감의궤(奮武錄勳都監儀軌)」, 녹훈도감 편. <1책. 242장. 필사본. 한자+이두. 조선 필사 이두 자료. 서울대학교 규장각 한국학연구원 의궤 종합정보 홈페이지 '奎14935' 원문 이미지 보기>

1729-00-00. 「분무녹훈도감의궤(奮武錄勳都監儀軌)」 상(上), 녹훈도감 편. <1책. 257장. 필사본. 원표지의 표제는 결락되어 확인할 수 없다. 권수제는 '(雍正六年戊申三月 日)奮武錄勳都監儀軌(上)'. 한자+이두. 조선 필사 이두 자료. 국립중앙박물관 외규장각 의궤 홈페이지 '외규130' 원문 이미지와 텍스트 보기>

1729-00-00. 「분무녹훈도감의궤(奮武錄勳都監儀軌)」 하(下), 녹훈도감 편. <1책. 259장. 필사본. 원표지의 표제는 결락되어 확인할 수 없다. 권수제는 '(雍正六年戊申三月 日)奮武錄勳都監儀軌(下)'. 한자+이두. 조선 필사 이두 자료. 국립중앙박물관 외규장각 의궤 홈페이지 '외규131' 원문 이미지와 텍스트 보기>

1729-00-00. 「빈궁도감의궤(嬪宮都監儀軌)」,[241] 빈궁도감 편. <1책. 206장. 필사본. 표제는 '(雍正六年戊申十一月 日 孝章世子 議政府上)嬪宮都監儀軌'. 권수제는 '嬪宮都監儀軌'. 한자+이두. 조선 필사 이두 자료. 서울대학교 규장각 한국학연구원 의궤

---

[240] 서울대학교 규장각 한국학연구원 의궤 종합정보 홈페이지에서는 서명을 '효장세자묘소도감의궤(孝章世子墓所都監儀軌)'로 적었다.

[241] 서울대학교 규장각 한국학연구원 의궤 종합정보 홈페이지에서는 서명을 '효장세자빈궁도감의궤(孝章世子嬪宮都監儀軌)'로 적었다.

종합정보 홈페이지 '奎14857' 원문 이미지 보기>

1729-00-00.「서파집(西坡集)」, 오도일(吳道一) 저(著). <30권 15책. 목활자본. 예각인 서체자본. 한자+이두. 서울대학교 규장각 한국학연구원 소장. 한국학중앙연구원 디지털장서각 홈페이지 원문 이미지 보기> <영인본:「한국문집총간」152(민족문화추진회, 1995)>

1729-00-00. **소지**(所志) <1장. 한자+이두. 조선 필사 이두 자료. 안동 하회 풍산 류씨 충효당 소장. 한국학중앙연구원 장서각 한국고문서자료관 홈페이지 원문 이미지 보기. 한국정신문화연구원 편(1994) 참고>

1729-00-00.「소학제가집주(**小學諸家集註**)」, 선정전 훈의(宣政殿訓義). <6권 2책. 목판본. 영조 명찬(命撰). 표제는 '小學'. 주자(朱子)의 제자 유자징(劉子澄)이 주자의 지시에 따라 1187년에 편찬한「소학(小學)」에 이이(李珥)가 여러 설명을 인용하여 주석하였다. 생획토 구결에 한글음을 병기하여 일음(一音)에서 칠음(七音)까지 음절수별로 나열한 구결 목록 1장을 '소학 신간 범례(小學新刊凡例)' 뒤에 수록. 난외 좌우에 생획토 묵서 두주. 묵서 구결 자료. 국립중앙도서관 소장. 국립중앙도서관 홈페이지 원문 이미지 보기> <이본: 1694-00-00(개주 갑인자본. 국립중앙도서관 소장)>

1729-00-00.「예장도감이방의궤(**禮葬都監二房儀軌**)」[242] 하(下), 예장도감 편. <1책. 166장. 표제는 '(雍正七年 戊申年 議政府上)孝章世子禮葬都監儀軌(下)'. 권수제는 '(雍正七年正月 日)禮葬都監二房儀軌'. 한자+이두. 조선 필사 이두 자료. 서울대학교 규장각 한국학연구원 의궤 종합정보 홈페이지 '奎14875' 원문 이미지 보기>

1729-00-00. **하양향교 소지**(河陽鄕校所志), 하양향교. <1장. 한자+이두. 조선 필사 이두 자료. 경북 경산시 하양읍 교리 하양향교 소장. 한국학자료센터 영남권역센터 홈페이지 원문 이미지와 텍스트 보기. 영남대학교 민족문화연구소 편(1992) 참고>

1729-00-00.「효장세자상례의궤(**孝章世子喪禮儀軌**)」, 장생전(長生殿) 편(編). <1책.

---

[242] 서울대학교 규장각 한국학연구원 의궤 종합정보 홈페이지에서는 서명을 '효장세자예장도감의궤 (孝章世子禮葬都監儀軌)'로 적었다.

62장. 필사본. 표제는 '戊申十一月 長生殿孝章世子喪禮儀軌'. 목록과 권수제는 없다. 한자+이두. 조선 필사 이두 자료. 한국학중앙연구원 디지털장서각 홈페이지 'K2-3050' 원문 이미지와 텍스트 보기>

1729-00-00~1776-00-00 사이 추정. 「심경부주(心經附註)」, 진덕수(眞悳秀) 저(著). <1책. 필사본. 본문에 생획토 기입. 조선 묵서 구결 자료. 국립중앙도서관 홈페이지 원문 이미지 보기>

1730년

<경술(庚戌), 영조 6년, 옹정 8년>

1730-01-26. **윤용학 토지매매명문**(尹龍鶴土地賣買明文), 마적(馬赤). <1장. 한자+이두. 조선 필사 이두 자료. 전북 부안군 우반 부안 김씨 구장. 전북 부안군 우동 세덕각 소장. 호남권 한국학자료센터 홈페이지 원문 이미지와 텍스트 보기. 박병호(1974ㄱ), 이재수(2003) 참고>

1730-02-06. **최만 토지매매명문**(崔萬土地賣買明文), 김세구(金世九). <1장. 한자+이두. 조선 필사 이두 자료. 전남 해남 연동 해남 윤씨 녹우당 소장. 한국학중앙연구원 장서각 한국고문서자료관 홈페이지 원문 이미지와 텍스트 보기. 박병호(1974ㄱ), 김태영(1983), 한국정신문화연구원 편(1983, 1986), 최승희(1989) 참고>

1730-02-18. **이명복 토지매매명문**(李命福土地賣買明文), 권세표(權世標). <1장. 한자+이두. 조선 필사 이두 자료. 경북 안동시 주촌 진성 이씨 경류정 구장. 서울역사박물관 소장. 한국학중앙연구원 장서각 한국고문서자료관 홈페이지 원문 이미지와 텍스트 보기. 한국정신문화연구원 편(1999) 참고>

1730-02-29. **김용이 노비매매명문**(金龍伊奴婢賣買明文), 이순흥(李順興). <1장. 한자+이두. 조선 필사 이두 자료. 경북 성주군 월항면 대산리 성산 이씨 응와 종택 구장. 한국국학진흥원 소장. 한국학자료센터 영남권역센터 홈페이지 원문 이미지와 텍스트 보기>

1730-02-29. **노 백산 배지**(奴白山牌旨), 윤(尹). <1장. 점련문서군서(2장). 한자+이두.

조선 필사 이두 자료. 전남 해남 연동 해남 윤씨 녹우당 소장. 한국학중앙연구원 장서각 한국고문서자료관 홈페이지 원문 이미지와 텍스트 보기. 박병호(1974ㄱ), 김태영(1983), 한국정신문화연구원 편(1983, 1986), 최승희(1989) 참고>

1730-02-00. **김찬 방매 토지매매명문**(金巆放賣土地賣買明文), 김찬. <1장. 한자+이두. 조선 필사 이두 자료. 경북 안동시 오천 광산 김씨 후조당 소장. 한국학중앙연구원 장서각 한국고문서자료관 홈페이지 원문 이미지와 텍스트 보기. 한국정신문화연구원 편(1982) 참고>

1730-02-■■. **토지매매명문**(土地賣買明文), 김찬(金巆). <1장. 한자+이두. 조선 필사 이두 자료. 경북 안동시 오천 광산 김씨 후조당 소장. 한국학중앙연구원 장서각 한국고문서자료관 홈페이지 원문 이미지와 텍스트 보기. 한국정신문화연구원 편(1982) 참고>

1730-03-02. **윤 생원 댁 노 청일 토지매매명문**(尹生員宅奴靑日土地賣買明文), 백산(白山). <1장. 한자+이두. 조선 필사 이두 자료. 전남 해남 연동 해남 윤씨 녹우당 소장. 한국학중앙연구원 장서각 한국고문서자료관 홈페이지 원문 이미지와 텍스트 보기. 박병호(1974ㄱ), 김태영(1983), 한국정신문화연구원 편(1983, 1986), 최승희(1989) 참고>

1730-03-09. **김원채 토지매매명문**(金元采土地賣買明文), 김일(金逸). <1장. 한자+이두. 조선 필사 이두 자료. 전북 부안군 우반 부안 김씨 구장. 전북 부안군 우동 세덕각 소장. 한국학중앙연구원 장서각 한국고문서자료관 홈페이지 & 호남권 한국학자료센터 홈페이지 원문 이미지와 텍스트 보기. 박병호(1974ㄱ), 이재수(2003) 참고>

1730-03-12. **승 대운 토지매매명문**(僧大雲土地賣買明文), 최준학(崔俊鶴). <1장. 한자+이두. 조선 필사 이두 자료. 경북 경주시 내남면 이조리 경주 최씨·용산서원 소장. 한국학중앙연구원 고문서자료관 홈페이지 원문 이미지 보기. 박병호(1974ㄱ), 한국정신문화연구원 편(2000), 이재수(2003), 김소은(2004) 참고>

1730-03-21. **윤 생원님 댁 노 지철 토지매매명문**(尹生員主宅奴之哲土地賣買明文), 삼월(三月). <1장. 한자+이두. 조선 필사 이두 자료. 전남 해남 연동 해남 윤씨 녹우당 소장. 한국학중앙연구원 장서각 한국고문서자료관 홈페이지 원문 이미지

와 텍스트 보기. 박병호(1974ㄱ), 김태영(1983), 한국정신문화연구원 편(1983, 1986), 최승희(1989) 참고>

1730-04-15. **노 지철 토지매매명문**(奴智哲土地賣買明文), 김이봉(金伊奉). <1장. 한자 +이두. 조선 필사 이두 자료. 전남 해남 연동 해남 윤씨 녹우당 소장. 한국학중앙연구원 장서각 한국고문서자료관 홈페이지 원문 이미지와 텍스트 보기. 박병호(1974ㄱ), 김태영(1983), 한국정신문화연구원 편(1983, 1986), 최승희(1989) 참고>

1730-04-17. **이이삼 토지매매명문**(李二三土地賣買明文), 이정미(李丁未). <1장. 한자 +이두. 조선 필사 이두 자료. 전남 구례군 토지면 오미리 문화 류씨 운조루 소장. 한국학중앙연구원 고문서자료관 홈페이지 원문 이미지와 텍스트 보기. 한국정신문화연구원 편(1998) 참고>

1730-04-00. **김용이 소지**(金龍伊所志), 김용이. <1장. 한자+이두. 조선 필사 이두 자료. 경북 성주군 월항면 대산리 성산 이씨 응와 종택 구장. 한국국학진흥원 소장. 한국학자료센터 영남권역센터 홈페이지 원문 이미지와 텍스트 보기>

1730-04-00. **김용이 입안**(金龍伊立案), 대구도호부(大邱都護府). <1장. 한자+이두. 조선 필사 이두 자료. 경북 성주군 월항면 대산리 성산 이씨 응와 종택 구장. 한국국학진흥원 소장. 한국학자료센터 영남권역센터 홈페이지 원문 이미지와 텍스트 보기>

1730-04-00. **노 김이봉 배지**(奴金伊奉牌旨), 윤(尹). <1장. 한자+이두. 조선 필사 이두 자료. 전남 해남 연동 해남 윤씨 녹우당 소장. 장서각 한국고문서자료관 홈페이지 원문 이미지와 텍스트 보기. 박병호(1974ㄱ), 김태영(1983), 한국정신문화연구원 편(1983, 1986), 최승희(1989) 참고>

1730-04-00. **비주 이순흥 초사**(婢主李順興招辭), 이순흥. <1장. 한자+이두. 조선 필사 이두 자료. 경북 성주군 월항면 대산리 성산 이씨 응와 종택 구장. 한국국학진흥원 소장. 한국학자료센터 영남권역센터 홈페이지 원문 이미지와 텍스트 보기>

1730-04-00. **증인 성진철 등 초사**(證人成進哲等招辭), 성진철 등. <1장. 한자+이두. 조선 필사 이두 자료. 경북 성주군 월항면 대산리 성산 이씨 응와 종택 구장. 한국국학진흥원 소장. 한국학자료센터 영남권역센터 홈페이지 원문 이미지와 텍스트 보기>

1730-04-00.「지장보살본원경(地藏菩薩本願經)」, 법등(法燈) 역, 전라도 순천: 대흥사(大興寺). <대흥사 개간본. 3권 1책. 76장. 목판본. '지장경(地藏經)', '지장본원경(地藏本願經)'이라고도 한다. 대부분 정자 구결인데 약체자 구결(생획토)도 있다. 대자 한자+소자 구결. 한자 아래에 한글로 한자음 병기(25ㄱ~26ㄱ). 조선 인쇄 구결 자료. 인쇄 한글 자료. 불교 서적. 미국 버클리대학교 동아시아도서관 소장. 고려대학교 해외한국학자료센터 홈페이지 원문 이미지 보기> <이본: ① 1449-00-00(목판본. 일본 천리대학교 부속 천리도서관(天理大學校附屬天理圖書館) '183-イ405' 소장) ② 1462-00-00(간경도감(刊經都監) 중수본(重修本). 고려대학교 중앙도서관 소장) ③ 1469-00-00~1494-00-00(성종 연간) 사이(또는 건륭 연간(1735년~1796년)) 추정(무량사 개판본. 인쇄 구결 자료. 국립중앙도서관, 일본 동경대학 오구라문고 소장. 고려대학교 해외한국학자료센터 홈페이지 원문 이미지 보기) ④ 1474-05-00(서울 견성사(見性寺)(봉은사) 간행 초간본. 김수온 발문 수록. 고려대학교 중앙도서관 소장) ⑤ 1479-00-00(문천 견성사본. 송광사 성보박물관 소장) ⑥ 1485-04-00(견성사본. 초간본의 보각본(補刻本). 묵서 구결. 성암고서박물관 2종 구장, 호림박물관, 국립중앙도서관 소장) ⑦ 1498-00-00(필사본. 송광사 성보박물관 소장) ⑧ 1558-윤7-00(황해도 토산 학봉산 석두사 개판본. 국립중앙도서관, 고려대학교 중앙도서관, 동국대학교 중앙도서관 소장) ⑨ 1569-00-00(전라도 동복 무등산 안심사 개판본. 성암고서박물관 구장. 고려대학교 중앙도서관 소장) ⑩ 1571-00-00(전라도 장흥 지제산(支提山) 천관사 개간본. 계명대학교 동산도서관 소장) ⑪ 1612-00-00(순천 송광사본. 고려대학교 중앙도서관, 동국대학교 중앙도서관 소장) ⑫ 1616-00-00(전라도 광주 무등산 빙발암 개판본. 인쇄 구결. 국립중앙도서관, 서울대학교 규장각 한국학연구원, 전남대학교 도서관 소장) ⑬ 1621-00-00(황해도 토산 학봉산 석두사 개판본. 한양대학교 백남학술정보관 소장) ⑭ 1651-00-00(경상도 언양 고헌산 연고사 개간본. 성암고서박물관 구장) ⑮ 1652-00-00(충청도 충주 월악산 덕주사 개판본. 인쇄 구결. 일본 동경대학 오구라문고 소장. 고려대학교 해외한국학자료센터 홈페이지 원문 이미지 보기) ⑯ 1730-04-00(순천 대흥사 개간본. 인쇄 구결. 미국 버클리대학교 동아시아도서관 소장. 고려대학교 해외한국학자료센터 홈페이지 원문 이미지 보기) ⑰ 1797-06-

00(경상도 함양 벽송암 개판 이진 안의현 영각사. 인쇄 구결. 서울대학교 규장각 한국학연구원, 동국대학교 중앙도서관, 한양대학교 백남학술정보관, 일본 동경대학 오구라문고 소장) ⑱ 1879-04-00(경기 양주 천마산 보정사 개간 유판(留板). 묵서 구결. 서울대학교 규장각 한국학연구원 2종 소장>

1730-04-00 이후 기입 추정. 「지장보살본원경(地藏菩薩本願經)」 <1730년 간행본에 각필 절박사(節博士)가 있는 자료. 단국대학교 동양학연구소 소장. 남풍현(2014ㄴ: 491), 정재영 외 옮김(2016: 211, 214) 참고>

1730-05-11. **정옥숭 토지매매명문**(鄭玉崇土地賣買明文), 김상이(金尙伊). <1장. 한자+이두. 조선 필사 이두 자료. 경북 안동시 주촌 진성 이씨 경류정 소장. 한국학중앙연구원 장서각 한국고문서자료관 홈페이지 원문 이미지와 텍스트 보기. 한국정신문화연구원 편(1999) 참고>

1730-06-28~1732-08-10. 「선의왕후국휼등록(宣懿王后國恤謄錄)」, 예조 전향사(禮曹典享司) 편(編). <1책. 126장. 필사본. 한자+이두. 조선 필사 이두 자료. 한국학중앙연구원 장서각 소장. 한국학중앙연구원 장서각 한국학자료센터 홈페이지 & 한국학중앙연구원 한국학 디지털 아카이브 홈페이지 원문 이미지와 텍스트 보기>

1730-06-29~1730-09-28. 「선의왕후국휼등록(宣懿王后國恤謄錄)」, 예조 장생전(禮曹長生殿) 편(編). <1책. 30장. 필사본. 한자+이두. 조선 필사 이두 자료. 한국학중앙연구원 장서각 소장. 한국학중앙연구원 장서각 한국학자료센터 홈페이지 'K2-2962' 원문 이미지와 텍스트 보기>

1730-06-29~1730-10-09(庚戌). 「국장도감의궤(國葬都監儀軌)」[243] 上下, 국장도감. <2책. 300장+376장. 필사본. 표제는 '(庚戌十月日江華府上)宣懿王后國葬都監儀軌' 권수제는 '(雍正八年十月 日)國葬都監儀軌'. 한자+이두. 조선 필사 이두 자료. 서울대학교 규장각 한국학연구원 홈페이지 '奎13576' 원문 이미지와 텍스트 보기>

1730-06-29~1730-10-20. 「빈전도감의궤(殯殿都監儀軌)」,[244] 빈전도감. <1책. 194장.

---

[243] 서울대학교 규장각 한국학연구원 홈페이지에서는 서명을 '[宣懿王后]國葬都監儀軌 [선의왕후]국장도감의궤'로 적었다.

필사본. 표제는 '(雍正八年庚戌六月 日 宣懿王后 江華府上)殯殿都監儀軌'. 권수제는 '殯殿都監儀軌'. 한자+이두. 조선 필사 이두 자료. 서울대학교 규장각 한국학연구원 의궤 종합정보 홈페이지 '奎13577' 원문 이미지와 텍스트 보기>

1730-06-29~1730-10-21. 「의릉산릉도감의궤(懿陵山陵都監儀軌)」 1~2, 산릉도감. <2책. 필사본. 한자+이두. 조선 필사 이두 자료. 한국학중앙연구원 한국학 디지털 아카이브 홈페이지 원문 이미지와 텍스트 보기>

1730-06-29~1731-03-13(庚戌~辛亥).「산릉도감의궤(山陵都監儀軌)」 상·하, 산릉도감 편(編). <상하 2책. 288장+534장. 필사본. 표제는 '(議政府上 雍正八年)山陵都監儀軌'. 권수제는 '(雍正八年正庚戌六月 日)山陵都監儀軌'. 한자+이두. 조선 필사 이두 자료. 서울대학교 규장각 한국학연구원 홈페이지 '奎14823' 원문 이미지 보기>

1730-07-04~1730-10-11(庚戌).「혼전도감의궤(魂殿都監儀軌)」, 혼전도감. <1책. 279장. 필사본. 표제는 '(雍正八年庚戌六月 日 宣懿王后江華府上)魂殿都監儀軌'. 한자+이두. 조선 필사 이두 자료. 서울대학교 규장각 한국학연구원 의궤 종합정보 홈페이지 '奎13578' 원문 이미지 보기>

1730-07-04. **문계 토지매매명문**(門契土地賣買明文), 석산이(石山伊). <1장. 한자+이두. 조선 필사 이두 자료. 경북 예천군 용문면 대제리 원동 권씨 춘우재 고택 구장. 한국국학진흥원 소장. 한국학자료센터 영남권역센터 홈페이지 원문 이미지와 텍스트 보기. 김성갑(2013) 참고>

1730-07-20. **영양향교 토지매매명문**(英陽鄕校土地賣買明文), 조 씨(趙氏). <1장. 한자+이두. 조선 필사 이두 자료. 경북 영양군 일월면 도계리 영양향교 소장. 한국학자료센터 영남권역센터 홈페이지 원문 이미지와 텍스트 보기. 영남대학교 민족문화연구소 편(1992) 참고>

1730-08-16. **강필성 불망기**(姜弼星不忘記), 한승주(韓承疇). <1장. 한자+이두. 조선 필사 이두 자료. 제주 어도내산 진주 강씨가 구장. 제주 한림 강우석 소장. 호남권

---

244 서울대학교 규장각 한국학연구원 홈페이지에서는 서명을 '[宣懿王后]殯殿都監儀軌 [선의왕후]빈전도감의궤'로 적었다.

한국학자료센터 홈페이지 원문 이미지와 텍스트 보기>

1730-09-10. **이인배 별급문기**(李仁培別給文記), 이인배. <1장. 한자+이두. 조선 필사 이두 자료. 영해 인량 재령 이씨 우계 종택 구장. 한국국학진흥원 소장. 한국학중앙연구원 고문서자료관 홈페이지 원문 이미지와 텍스트 보기. 한국정신문화연구원 편(1997) 참고>

1730-11-17. **박건생 토지매매명문**(朴件生土地賣買明文), 박계필(朴戒必). <1장. 한자+이두. 조선 필사 이두 자료. 전남 구례군 토지면 오미리 문화 류씨 운조루 소장. 한국학중앙연구원 고문서자료관 홈페이지 원문 이미지와 텍스트 보기. 한국정신문화연구원 편(1998) 참고>

1730-11-22. **강필성 퇴송기**(姜弼星退訟記), 김시영(金時英). <1장. 한자+이두. 조선 필사 이두 자료. 제주 어도내산 진주 강씨가 구장. 제주 한림 강우석 소장. 호남권 한국학자료센터 홈페이지 원문 이미지와 텍스트 보기>

1730-11-■■. **원대종 토지매매명문**(元大宗土地賣買明文), 이윤철(李允哲). <1장. 한자+이두. 조선 필사 이두 자료. 영해 도곡 무안 박씨 무의공 종택 소장. 한국학중앙연구원 고문서자료관 홈페이지 원문 이미지 보기. 박병호(1974ㄱ), 이재수(2003), 한국학중앙연구원 편(2008) 참고>

1730-12-12. **권 생원 댁 노 점선 토지매매명문**(權生員宅奴占先土地賣買明文), 국현(國賢) 등(等). <1장. 한자+이두. 조선 필사 이두 자료. 경북 예천군 용문면 대제리 원동 권씨 춘우재 고택 구장. 한국국학진흥원 소장. 한국학자료센터 영남권역센터 홈페이지 원문 이미지와 텍스트 보기. 김성갑(2013) 참고>

1730-12-13. **차노 돌남이 배지**(差奴乭男伊牌旨),[245] 이(李). <1장. 한자+이두. 조선 필사 이두 자료. 일본 경도대학 가와이문고 소장. 고려대학교 해외한국학자료센터 홈페이지 원문 이미지와 텍스트 보기>

1730-12-13. **최 서방 댁 노 세득 토지매매명문**(崔書房宅奴世得土地賣買明文), 돌남이(乭男伊). <1장. 한자+이두. 조선 필사 이두 자료. 일본 경도대학 가와이문고 소장.

---

245 고려대학교 해외한국학자료센터 홈페이지에서는 '차노(差奴) 돌남이(乭男伊) 패지(牌旨)'로 표시하였다.

고려대학교 해외한국학자료센터 홈페이지 원문 이미지와 텍스트 보기>

1730-12-19. **변 첨지댁**[246] **노 귀재 토지매매명문**(卞僉知宅奴貴才土地賣買明文), 세준(世俊). <1장. 한자+이두. 조선 필사 이두 자료. 일본 경도대학 가와이문고 소장. 고려대학교 해외한국학자료센터 홈페이지 원문 이미지와 텍스트 보기>

1730-12-21. **승 선오 토지매매명문**(僧先悟土地賣買明文), 김의선(金義善). <1장. 한자+이두. 조선 필사 이두 자료. 서산 대교 경주 김씨 소장. 한국학중앙연구원 고문서자료관 홈페이지 원문 이미지 보기. 한국학중앙연구원 편(2007) 참고>

1730-12-24. **노익휘 토지매매명문**(魯益輝土地賣買明文), 한동식(韓東式). <1장. 한자+이두. 조선 필사 이두 자료. 전북 임실군 오수 삼계강사 소장. 호남권 한국학자료센터 홈페이지 원문 이미지와 텍스트 보기. 박병호(1974ㄱ), 최승희(1989), 정구복 외(1999) 참고>

1730-12-26. **이 생원 댁 노 가팔리 토지매매명문**(李生員宅奴加八里土地賣買明文), 개연(開演). <1장. 한자+이두. 조선 필사 이두 자료. 전남 구례군 토지면 오미리 문화 류씨 운조루 소장. 한국학중앙연구원 고문서자료관 홈페이지 원문 이미지와 텍스트 보기. 한국정신문화연구원 편(1998) 참고>

1730-■■-■■. **이세태 토지매매명문**(李世太土地賣買明文), 이상진(李尙進). <1장. 한자+이두. 조선 필사 이두 자료. 경북 경주시 내남면 이조리 경주 최씨·용산서원 소장. 한국학중앙연구원 고문서자료관 홈페이지 원문 이미지 보기. 박병호(1974ㄱ), 한국정신문화연구원 편(2000), 이재수(2003), 김소은(2004) 참고>

1730-00-00. 「산릉도감의궤(**山陵都監儀軌**)」,[247] 산릉도감 편. <2책. 145장+272장. 필사본. 표제는 '(雍正八年庚戌六月 日 英宗六年)山陵都監儀軌'. 권수제는 '(雍正八年庚戌六月 日)山陵都監儀軌'. 한자+이두. 조선 필사 이두 자료. 한국학중앙연구원 디지털장서각 홈페이지 'K2-2362' 원문 이미지와 텍스트 보기>

1730-00-00. **창성 전 부사 임욱 지만**(昌城前府使任勖遲晚), 임욱. <1장. 한자+이두.

---

246 첨지(僉知)는 조선 시대 중추부에 소속된 정3품 당상관이다.
247 한국학중앙연구원 디지털장서각 홈페이지에서는 서명을 '[선의왕후]의릉산릉도감의궤([宣懿王后]懿陵山陵都監儀軌)'로 적었다.

조선 필사 이두 자료. 아산 선교 장흥 임씨 구장. 한국학중앙연구원 장서각 한국고 문서자료관 홈페이지 원문 이미지 보기. 한국학중앙연구원 편(2008) 참고>

1731년

<신해(辛亥), 영조 7년, 옹정 9년>

1731-01-15. **유학 이원석 토지매매명문**(幼學李源碩土地賣買明文) 1, 김 조이(金召史). <1장. 한자+이두. 조선 필사 이두 자료. 전남 구례군 토지면 오미리 문화 류씨 운조루 소장. 한국학중앙연구원 고문서자료관 홈페이지 원문 이미지와 텍스트 보기. 한국정신문화연구원 편(1998) 참고>

1731-01-15. **이 생원 댁 노 잉질산 토지매매명문**(李生員宅奴芿叱山土地賣買明文), 탈인(脫忍). <1장. 한자+이두. 조선 필사 이두 자료. 전남 구례군 토지면 오미리 문화 류씨 운조루 소장. 한국학중앙연구원 고문서자료관 홈페이지 원문 이미지와 텍스트 보기. 한국정신문화연구원 편(1998) 참고>

1731-01-22. **강위구 토지매매명문**(姜渭龜土地賣買明文), 전주 비(田主婢). <1장. 한자+이두. 조선 필사 이두 자료. 제주 어도내산 진주 강씨가 구장. 제주 한림 강우석 소장. 호남권 한국학자료센터 홈페이지 원문 이미지와 텍스트 보기. 이재수(2003), 오창명(2007) 참고>

1731-02-08. **강위도 토지매매명문**(姜渭道土地賣買明文), 해립(海立). <1장. 한자+이두. 조선 필사 이두 자료. 제주 장전리 진주 강씨 강태복가 소장. 호남권 한국학자료센터 홈페이지 원문 이미지와 텍스트 보기. 최승희(1989), 고창석(2002) 참고>

1731-02-08. **숭렬서원 재임 서목**(崇烈書院齋任書目), 숭렬서원. <1장. 한자+이두. 조선 필사 이두 자료. 경북 경주시 내남면 이조리 경주 최씨·용산서원 소장. 한국학중앙연구원 고문서자료관 홈페이지 원문 이미지 보기. 한국정신문화연구원 편(2000) 참고>

1731-02-11. **양인 이암회 토지매매명문**(良人李岩回土地賣買明文), 유학 이동진(幼學李東振). <1장. 한자+이두. 조선 필사 이두 자료. 경북 봉화군 명호면 도천리

안동 김씨 해헌 고택 구장. 한국국학진흥원 소장. 한국학자료센터 영남권역센터 홈페이지 원문 이미지와 텍스트 보기. 박병호(1974ㄱ), 최승희(1989), 이재수(2003), 이수건 외(2004) 참고>

1731-02-16. **승인 학일 토지매매명문**(僧人學日 土地賣買明文),[248] 후읍종(厚邑種). <1장. 한자+이두. 조선 필사 이두 자료. 영양 남씨 난고 종택 구장. 한국국학진흥원 소장. 한국국학진흥원 유교넷 홈페이지 원문 이미지 보기>

1731-02-00. **금동어리 정군 석돌 소지**(金冬於里正軍石乭所志), 석돌. <1장. 한자+이두. 조선 필사 이두 자료. 경남 진주시 운문 진양 하씨 소장. 한국학중앙연구원 고문서자료관 홈페이지 원문 이미지 보기. 한국정신문화연구원 편(2001) 참고>

1731-02-00. **사산 감역관 송요화 정사**(四山監役官宋堯和呈辭), 송요화. <1장. 한자+이두. 조선 필사 이두 자료. 대전 회덕 은진 송씨 동춘당 후손가 구장. 대전시립박물관 소장. 한국학중앙연구원 고문서자료관 홈페이지 원문 이미지 보기. 한국학중앙연구원 편(2006) 참고>

1731-03-15. **유학 이원석 토지매매명문**(幼學李源碩土地賣買明文) 2, 김 조이(金召史). <1장. 한자+이두. 조선 필사 이두 자료. 전남 구례군 토지면 오미리 문화 류씨 운조루 소장. 한국학중앙연구원 고문서자료관 홈페이지 원문 이미지와 텍스트 보기. 한국정신문화연구원 편(1998) 참고>

1731-03-19~1753-12-16(辛亥~癸酉). 「별차왜등록(**別差倭謄錄**)」 第10, 예조(禮曹) 전객사(典客司) 편(編). <1책. 150장. 전17책. 필사본. 필사 시기 미상. 한자+이두. 조선 필사 이두 자료. 서울대학교 규장각 한국학연구원 홈페이지 제6, 제11-16 낙질본 원문 이미지 보기. 한국향토문화전자대전 홈페이지 참고>

1731-03-24. **장이항 토지매매명문**(張以恒土地賣買明文), 남용진(南龍振). <1장. 한자+이두. 조선 필사 이두 자료. 원주시 무릉박물관 소장. 한국학자료센터 강원권역센터 홈페이지 원문 이미지 보기. 박병호(1974ㄱ), 최승희(1989), 김소은(2004), 김성갑(2013) 참고>

---

[248] 한국국학진흥원 소장. 한국국학진흥원 유교넷 홈페이지에서는 문서명을 '영양남씨 난고종택 옹정 9년에 밭주인 후읍종과 승려 학일 사이에 작성된 토지매매문기[11058]'로 표시하였다.

1731-03-27. **이이신 노비매매명문**(李爾紳奴婢賣買明文), 이주후(李柱垕). <1장. 한자 +이두. 조선 필사 이두 자료. 경북 성주군 월항면 대산리 성산 이씨 응와 종택 구장. 한국국학진흥원 소장. 한국학자료센터 영남권역센터 홈페이지 원문 이미지 와 텍스트 보기>

1731-03-00. **강필성 소지**(姜弼星所志), 강필성. <1장. 한자+이두. 조선 필사 이두 자료. 제주 어도내산 진주 강씨가 구장. 제주 한림 강우석 소장. 호남권 한국학자 료센터 홈페이지 원문 이미지와 텍스트 보기. 박병호(1974ㄱ), 최승희(1989), 정구 복(2002) 참고>

1731-03-00~1731-09-00.「천릉도감도청의궤(遷陵都監都廳儀軌)」[249] 제1~제7, 천릉 도감 편(編). <7책/7책. 169장+200장+226장+240장+222장+180장+218장. 필사 본. 표제는 '(江華上)遷陵都監都廳儀軌'. 한자+이두. 조선 필사 이두 자료. 서울대학교 규장각 한국학연구원 의궤 종합정보 홈페이지 '奎14597-v.1-7' 원문 이미지 보 기>

1731-03-00~1731-09-00.「천릉도감도청의궤(遷陵都監都廳儀軌)」[250] 제1, 천릉도감 편(編). <1책/7책. 필사본. 제1의 표제는 '(雍正九年 議政府上)遷陵都監儀軌'. 한자 +이두. 조선 필사 이두 자료. 서울대학교 규장각 한국학연구원 의궤 종합정보 홈페이지 '奎14887' 제1, 제2, 제4, 제6, 제7 원문 이미지 보기>

1731-03-00~1731-09-00.「천릉도감일방의궤(遷陵都監一房儀軌)」[251] 제7, 천릉도감 편(編). <1책/7책. 224장. 필사본. 표제는 '(雍正九年 議政府上)遷陵都監儀軌'. 한자 +이두. 조선 필사 이두 자료. 서울대학교 규장각 한국학연구원 의궤 종합정보 홈페이지 '奎14886' 원문 이미지 보기>

1731-04-12. **박 생원 댁 호노 이만 토지매매명문**(朴生員宅戶奴李萬土地賣買明文), 원

---

[249] 서울대학교 규장각 한국학연구원 홈페이지에서는 서명을 '[仁祖長陵]遷陵都監都廳儀軌 [인조장 릉]천릉도감도청의궤'로 적었다.
[250] 서울대학교 규장각 한국학연구원 홈페이지에서는 서명을 '(仁祖長陵)遷陵都監都廳儀軌 (인조장 릉)천릉도감도청의궤'로 적었다.
[251] 서울대학교 규장각 한국학연구원 홈페이지에서는 서명을 '(仁祖長陵)遷陵都監都廳儀軌 (인조장 릉)천릉도감도청의궤'로 적었다.

대종(元大宗). <1장. 한자+이두. 조선 필사 이두 자료. 영해 도곡 무안 박씨 무의공 종택 소장. 한국학중앙연구원 고문서자료관 홈페이지 원문 이미지 보기. 박병호(1974ㄱ), 이재수(2003), 한국학중앙연구원 편(2008) 참고>

1731-04-26~1731-06-16. 「인조대왕천릉등록(仁祖大王遷陵謄錄)」, 천릉도감(遷陵都監) 편(編). <1책. 14장. 필사본. 한자+이두. 조선 필사 이두 자료. 1731(辛亥)년 4월 26일부터 6월 16일까지의 인조 장릉(長陵)의 이장 기록. 서울대학교 규장각 한국학연구원 홈페이지 원문 이미지 보기>

1731-04-28. **이학년 토지매매명문**(李鶴年土地賣買明文), 손삼걸(孫三杰). <1장. 한자+이두. 조선 필사 이두 자료. 경북 경주시 안강읍 옥산리 여주 이씨 독락당 소장. 한국학중앙연구원 고문서자료관 홈페이지 원문 이미지 보기. 한국정신문화연구원 편(2003) 참고>

1731-04-00. **비주 이주후 초사**(婢主李柱垕招辭), 이주후. <1장. 한자+이두. 조선 필사 이두 자료. 경북 성주군 월항면 대산리 성산 이씨 응와 종택 구장. 한국국학진흥원 소장. 한국학자료센터 영남권역센터 홈페이지 원문 이미지와 텍스트 보기>

1731-04-00. **이이신 소지**(李爾紳所志), 이이신. <1장. 한자+이두. 조선 필사 이두 자료. 경북 성주군 월항면 대산리 성산 이씨 응와 종택 구장. 한국국학진흥원 소장. 한국학자료센터 영남권역센터 홈페이지 원문 이미지와 텍스트 보기>

1731-04-00. **이이신 입안**(李爾紳立案), 성주목(星州牧). <1장. 한자+이두. 조선 필사 이두 자료. 경북 성주군 월항면 대산리 성산 이씨 응와 종택 구장. 한국국학진흥원 소장. 한국학자료센터 영남권역센터 홈페이지 원문 이미지와 텍스트 보기>

1731-04-00. **증인 유학 이석권 등 초사**(證人幼學李碩權等招辭), 이석권 등. <1장. 한자+이두. 조선 필사 이두 자료. 경북 성주군 월항면 대산리 성산 이씨 응와 종택 구장. 한국국학진흥원 소장. 한국학자료센터 영남권역센터 홈페이지 원문 이미지와 텍스트 보기>

1731-05-10~1731-09-30. 「천릉도감등록(遷陵都監謄錄)」 1, 천릉도감. <1책. 31장. 필사본. 한자+이두. 조선 필사 이두 자료. 한국학중앙연구원 장서각 소장. 한국학중앙연구원 한국학 디지털 아카이브 홈페이지 원문 이미지 보기>

1731-05-18. **재주 노 돌남 초사**(財主奴乭男招辭), 돌남. <1장. 한자+이두. 조선 필사

이두 자료. 일본 경도대학 가와이문고 소장. 고려대학교 해외한국학자료센터 홈페이지 원문 이미지와 텍스트 보기>

1731-05-18. **증인 이가금·류신립·필집 신두진 초사**(證人李加金·柳新立·筆執申斗珍招辭), 이가금·류신립·신두진. <1장. 한자+이두. 조선 필사 이두 자료. 일본 경도대학 가와이문고 소장. 고려대학교 해외한국학자료센터 홈페이지 원문 이미지와 텍스트 보기>

1731-05-18. **최 서방 댁 노 세득 사급입안**(崔書房宅奴世得斜給立案), 한성부(漢城府). <1장. 한자+이두. 조선 필사 이두 자료. 일본 경도대학 가와이문고 소장. 고려대학교 해외한국학자료센터 홈페이지 원문 이미지와 텍스트 보기>

1731-05-00. **최 서방 댁 노 세득 입안 요청 소지**(崔書房宅奴世得立案要請所志), 세득. <1장. 한자+이두. 조선 필사 이두 자료. 일본 경도대학 가와이문고 소장. 고려대학교 해외한국학자료센터 홈페이지 원문 이미지와 텍스트 보기>

1731-05-00 이후 기입 추정. 「고봉화상선요(**高峰和尙禪要**)」, 원나라 고봉(高峰) 저(著), 원나라 지정(持正) 록(錄), 원나라 홍교조(洪喬祖) 편(編), 평안북도: 묘향산 보현사(妙香山普賢寺). <보현사 개간본(開刊本). 1책. 53장. 목판본. 본문에 생획토 기입. 불교 서적. 조선 묵서 구결 자료. 서울대학교 규장각 한국학연구원 홈페이지 '古1840-23A'의 원문 이미지 보기> <이본: ① 1399-08-00(덕기사 개판본. 묵서 구결. 국립중앙도서관 & 서울대학교 규장각 한국학연구원 '古貴1840-23C' 소장) ② 1501-00-00(경상도 합천 가야산 봉서사 개판본. 묵서 구결 없음. 서울대학교 규장각 한국학연구원 소장) ③ 1525-00-00(경상도 문경 화산 심원암 개간본. 묵서 구결. 국립중앙도서관 소장) ④ 1536-03-00(영변 묘향산 외빙발 개판본. 묵서 구결. 국립중앙도서관 4종 소장) ⑤ 1537-05-00(금강산 표훈사 개판본. 묵서 구결. 국립중앙도서관 2종 소장) ⑥ 1565-00-00(쌍계사 개판본. 묵서 구결. 서울대학교 규장각 한국학연구원 소장) ⑦ 1571-03-00(서산 보원사 개간본. 묵서 구결. 국립중앙도서관 2종 소장) ⑧ 1604-00-00(하동 능인암 개간 이진 쌍계사. 묵서 구결 없음. 국립중앙도서관 소장) ⑨ 1606-08-00(영천 팔공산 본사 개판본. 묵서 구결. 국립중앙도서관 소장) ⑩ 1609-00-00(전라도 순천 조계산 송광사 개간본. 묵서 구결. 국립중앙도서관 4종 & 서울대학교 규장각 한국학연구원 소장) ⑪ 1633-02-00(안

변 석왕사 개판본. 국립중앙도서관 소장. 원문 볼 수 없음) ⑫ 1634-00-00(전라도 장흥 천관산 천관사 개판본. 묵서 구결. 국립중앙도서관 소장) ⑬ 1635-04-00(전라도 태인 운주산 용장사 개간본. 묵서 구결. 국립중앙도서관 소장) ⑭ 1662-00-00(강원도 준양도호부 금강산 표훈사 개판본. 묵서 구결. 국립중앙도서관 2종 소장) ⑮ 1681-06-00(경상도 울산 원적산 운흥사 개간본. 묵서 구결. 국립중앙도서관 2종 & 서울대학교 규장각 한국학연구원 묵서 구결 없는 '古1840-23B' 소장) ⑯ 1686-05-00(낙안 금화산 징광사. 묵서 구결. 국립중앙도서관 & 서울대학교 규장각 한국학연구원 2종 소장) ⑰ 1701-05-00(문경 희양산(曦陽山) 봉암사(鳳巖寺) 개간본. 서울대학교 규장각 한국학연구원 홈페이지 '古1840-23'의 원문 보기) ⑱ 1731-05-00(서울대학교 규장각 한국학연구원 묵서 구결 있는 '古1840-23A' 소장 & 국립중앙도서관 홈페이지 묵서 구결 없는 원문 보기)>

1731-07-04~1732-04-21(辛亥~壬子). 「지릉정자각개건의궤(智陵丁字閣改建儀軌)」, 의궤청(儀軌廳). <1책. 21장. 필사본. 한자+이두. 조선 필사 이두 자료. 한국학중앙연구원 장서각 소장. 한국학중앙연구원 한국학 디지털 아카이브 홈페이지 원문 이미지와 텍스트 보기>

1731-07-07. **노 만■ 등 초사**(奴萬■等招辭),[252] 노 만■ 등. <1장. 한자+이두. 조선 필사 이두 자료. 전북 부안군 우반 부안 김씨 구장. 전북 부안군 우동 세덕각 소장. 한국학중앙연구원 장서각 한국고문서자료관 홈페이지 원문 이미지와 텍스트 보기. 한국정신문화연구원 편(1983, 1998), 한국학중앙연구원 편(2017) 참고>

1731-07-07. **절린 사노 한남 초사**(切隣私奴韓男招辭), 한남. <1장. 점련문서. 한자+이두. 조선 필사 이두 자료. 전북 부안군 우반 부안 김씨 구장. 전북 부안군 우동 세덕각 소장. 장서각 한국고문서자료관 홈페이지 & 호남권 한국학자료센터 홈페이지 원문 이미지와 텍스트 보기. 한국정신문화연구원 편(1983, 1998), 한국학중앙연구원 편(2017) 참고>

---

[252] 한국학중앙연구원 장서각 한국고문서자료관 홈페이지에서는 '노(奴) 만익(萬[元+益]), 비아(婢兒) 꿋례(㖊禮) 초사(招辭)'로 표시하였다. 초사를 제출한 사람은 이 두 사람 이외에 1명이 더 있으나 원문이 결락되어 누구인지 알 수 없다.

1731-07-22.[253] **김투록지 토지매매명문**(金投彔只土地賣買明文),[254] 김변음산(金卞音山). <1장. 한자+이두. 조선 필사 이두 자료. 전북 부안군 우반 부안 김씨 구장. 전북 부안군 우동 세덕각 소장. 한국학중앙연구원 장서각 한국고문서자료관 홈페이지 & 호남권 한국학자료센터 홈페이지 원문 이미지와 텍스트 보기. 한국정신문화연구원 편(1983, 1998), 한국학중앙연구원 편(2017) 참고>

1731-07-00 추정. **김우정 소지**(金禹鼎所志), 김우정. <1장. 점련문서. 한자+이두. 조선 필사 이두 자료. 전북 부안군 우반 부안 김씨 구장. 전북 부안군 우동 세덕각 소장. 한국학중앙연구원 장서각 한국고문서자료관 홈페이지 원문 이미지와 텍스트 보기. 한국정신문화연구원 편(1983, 1998), 한국학중앙연구원 편(2017) 참고>

1731-08-06. **모 유 씨 별급문기**(母柳氏別給文記), 유 씨. <1장. 한자+이두. 조선 필사 이두 자료. 전남 영광군 입석 영월 신씨 소장. 한국학중앙연구원 고문서자료관 홈페이지 원문 이미지와 텍스트 보기. 한국정신문화연구원 편(1996) 참고>

1731-08-15. **김대 별급문기**(金岱別給文記) 1, 김대. <1장. 한자+이두. 조선 필사 이두 자료. 경북 안동시 오천 광산 김씨 후조당 소장. 한국학중앙연구원 장서각 한국고문서자료관 홈페이지 원문 이미지와 텍스트 보기. 박병호(1974ㄱ), 한국정신문화연구원 편(1982), 박준호(2002) 참고>

1731-08-18. **권중인 토지매매명문**(權重寅土地賣買明文), 이곤(李坤). <1장. 한자+이두. 조선 필사 이두 자료. 경북 예천군 용문면 대제리 원동 권씨 춘우재 고택 구장. 한국국학진흥원 소장. 한국학자료센터 영남권역센터 홈페이지 원문 이미지와 텍스트 보기. 김성갑(2013) 참고>

1731-08-00. **노비 매매에 대한 영양현 입안**(노비매매에 대한 영양현(英陽縣) 입안(立案)), 영양현. <1장. 한자+이두. 조선 필사 이두 자료. 경북 영양군 일월면 향교길 22-16 영양향교 소장. 한국학자료센터 영남권역센터 홈페이지 원문 이미지와 텍스트 보기. 이수건 편(1981), 최연숙(2005) 참고>

---

253 한국학중앙연구원 장서각 한국고문서자료관 홈페이지에서는 '옹정9년신해11월22일'로 잘못 표시하였다.

254 한국학중앙연구원 장서각 한국고문서자료관 홈페이지에서는 '1731년 김투록(金投彔) 토지매매명문(土地賣買明文)'으로 잘못 표시하였다.

1731-08-00. **조정이 초사**(曹丁伊招辭),[255] 조정이. <1장. 한자+이두. 조선 필사 이두 자료. 경북 영양군 일월면 향교길 22-16 영양향교 소장. 한국학자료센터 영남권역센터 홈페이지 원문 이미지와 텍스트 보기. 이수건 편(1981) 참고>

1731-09-02. **강위노 토지매매명문**(姜渭老土地賣買明文), 강연윤(姜連允). <1장. 한자+이두. 조선 필사 이두 자료. 제주 장전리 진주 강씨 강태복가 소장. 호남권 한국학자료센터 홈페이지 원문 이미지와 텍스트 보기. 최승희(1989), 고창석(2002) 참고>

1731-09-18. **이선익 토지매매명문**(李先益土地賣買明文), 우정량(禹丁良). <1장. 한자+이두. 조선 필사 이두 자료. 전남 구례군 토지면 오미리 문화 류씨 운조루 소장. 한국학중앙연구원 고문서자료관 홈페이지 원문 이미지와 텍스트 보기. 한국정신문화연구원 편(1998) 참고>

1731-10-15. **선오 토지매매명문**(先悟土地賣買明文), 김학지(金鶴只). <1장. 한자+이두. 조선 필사 이두 자료. 서산 대교 경주 김씨 소장. 한국학중앙연구원 고문서자료관 홈페이지 원문 이미지 보기. 한국학중앙연구원 편(2007) 참고>

1731-10-16. **김대 별급문기**(金岱別給文記) 2, 김대. <1장. 한자+이두. 조선 필사 이두 자료. 경북 안동시 오천 광산 김씨 후조당 소장. 한국학중앙연구원 장서각 한국고문서자료관 홈페이지 원문 이미지와 텍스트 보기. 박병호(1974ㄱ), 한국정신문화연구원 편(1982), 최승희(1989) 참고>

1731-10-20~1732-12-05.「화순옹주가례등록(和順翁主嘉禮謄錄)」, 예조(禮曹) 편(編). <1책. 86장. 필사본. 한자+이두. 조선 필사 이두 자료. 한국학중앙연구원 장서각 소장. 한국학중앙연구원 한국학 디지털 아카이브 홈페이지 원문 이미지와 텍스트 보기>

1731-11-15. **유문벽 토지매매명문**(柳文璧土地賣買明文), 양성린(梁聖麟). <1장. 한자+이두. 조선 필사 이두 자료. 전북 장수군 화양 흥학당 소장. 호남권 한국학자료

---

255 한국학자료센터 영남권역센터 홈페이지에서는 '신해(1731)년 비婢 한진(汗眞) 방매 초사(招辭)'로 표시하였다. 조정이(曹丁伊)가 개똥(介㖯)이에게 노비 한진(汗眞)이를 방매한 사실을 적은 '조정이 초사(曹丁伊招辭)'이다.

센터 홈페이지 원문 이미지와 텍스트 보기. 최승희(1989), 이재수(2003), 채현경(2011ㄱ) 참고>

1731-11-27. **변태익 토지매매명문**(卞泰翊土地賣買明文), 최수원(崔壽遠). <1장. 한자+이두. 조선 필사 이두 자료. 일본 경도대학 가와이문고 소장. 고려대학교 해외한국학자료센터 홈페이지 원문 이미지와 텍스트 보기>

1731-11-30. **관찰사 관**(觀察使關), 관찰사. <1장. 한자+이두. 조선 필사 이두 자료. 대전시 무수동 안동 권씨 유회당 종택 소장. 한국학중앙연구원 장서각 한국고문서자료관 홈페이지 원문 이미지 보기. 한국학중앙연구원 편(2007) 참고>

1731-11-30. **차노 염손 배지**(差奴念孫牌旨),[256] 장(張). <1장. 한자+이두. 조선 필사 이두 자료. 일본 경도대학 가와이문고 소장. 고려대학교 해외한국학자료센터 홈페이지 원문 이미지와 텍스트 보기>

1731-12-03. **변 첨지 노 귀재 토지매매사급입안**(卞僉知奴貴才土地賣買斜給立案), 한성부(漢城府). <1장. 한자+이두. 조선 필사 이두 자료. 일본 경도대학 가와이문고 소장. 고려대학교 해외한국학자료센터 홈페이지 원문 이미지와 텍스트 보기>

1731-12-03. **재주 장 내시 노 염손 초사**(財主張內侍奴念孫招辭), 염손. <1장. 한자+이두. 조선 필사 이두 자료. 일본 경도대학 가와이문고 소장. 고려대학교 해외한국학자료센터 홈페이지 원문 이미지와 텍스트 보기>

1731-12-19. **윤희원·윤형서 차첩**(尹希元·尹亨緖差帖), 해남관(海南官). <1장. 한자+이두. 조선 필사 이두 자료. 전남 해남 연동 해남 윤씨 녹우당 소장. 한국학중앙연구원 장서각 한국고문서자료관 홈페이지 원문 이미지와 텍스트 보기. 한국정신문화연구원 편(1983, 1986), 최승희(1989) 참고>

1731-12-00. **윤현서 소지**(尹顯緖所志), 윤현서. <1장. 한자+이두. 조선 필사 이두 자료. 전남 해남 연동 해남 윤씨 녹우당 소장. 한국학중앙연구원 장서각 한국고문서자료관 홈페이지 원문 이미지와 텍스트 보기. 한국정신문화연구원 편(1983, 1986), 최승희(1989) 참고>

---

[256] 고려대학교 해외한국학자료센터 홈페이지에서는 '차노(差奴) 염손(念孫) 패지(牌旨)'로 표시하였다.

1731-12-00. **이정 재태 소지**(里正再太所志), 재태. <1장. 한자+이두. 조선 필사 이두 자료. 전남 해남 연동 해남 윤씨 녹우당 소장. 한국학중앙연구원 장서각 한국고문서자료관 홈페이지 원문 이미지와 텍스트 보기. 한국정신문화연구원 편(1983, 1986), 최승희(1989) 참고>

1731-00-00. 「국장도감의궤(**國葬都監儀軌**)」,[257] 국장도감 편. <2책. 302장+374장. 필사본. 표제는 '(庚戌十月 日 江華府上 宣懿王后)國葬都監儀軌(上)'. 권수제는 '(雍正八年 十月 日)國葬都監儀軌'. 한자+이두. 조선 필사 이두 자료. 서울대학교 규장각 한국학연구원 의궤 종합정보 홈페이지 '奎13576', '奎14863' 원문 이미지 보기>

1731-00-00. 「국장도감의궤(**國葬都監儀軌**)」[258] 상(上), 국장도감 편. <1책. 324장. 필사본. 표제는 '國葬都監儀軌(上)'. 권수제는 '(雍正八年十月 日)國葬都監儀軌'. 한자+이두. 조선 필사 이두 자료. 국립중앙박물관 외규장각 의궤 홈페이지 '외규136' 원문 이미지와 텍스트 보기>

1731-00-00. 「국장도감의궤(**國葬都監儀軌**)」[259] 하(下), 국장도감 편. <1책. 425장. 필사본. 표제는 '國葬都監儀軌(下)'. 권수제는 '(雍正八年十月 日)國葬都監二房儀軌'. 한자+이두. 조선 필사 이두 자료. 국립중앙박물관 외규장각 의궤 홈페이지 '외규137' 원문 이미지와 텍스트 보기>

1731-00-00. 「빈전도감의궤(**殯殿都監儀軌**)」,[260] 빈전도감 편. <1책. 194장. 필사본. 표제는 '(雍正八年庚戌六月 日 宣懿王后 江華府上)殯殿都監儀軌'. 권수제는 '殯殿都監儀軌'. 한자+이두. 조선 필사 이두 자료. 서울대학교 규장각 한국학연구원 의궤 종합정보 홈페이지 '奎13577', '奎14853' 원문 이미지 보기>

1731-00-00. 「빈전도감의궤(**殯殿都監儀軌**)」,[261] 빈전도감 편. <1책. 205장. 필사본.

---

[257] 서울대학교 규장각 한국학연구원 의궤 종합정보 홈페이지에서는 서명을 '선의왕후국장도감의궤(宣懿王后國葬都監儀軌)'로 적었다.

[258] 국립중앙박물관 외규장각 의궤 홈페이지에서는 서명을 표제나 권수제와는 달리 '선의왕후국장도감의궤(상)(宣懿王后國葬都監儀軌(上))'으로 적었다.

[259] 국립중앙박물관 외규장각 의궤 홈페이지에서는 서명을 표제나 권수제와는 달리 '선의왕후국장도감의궤(하)(宣懿王后國葬都監儀軌(下))'로 적었다.

[260] 서울대학교 규장각 한국학연구원 의궤 종합정보 홈페이지에서는 서명을 '선의왕후빈전도감의궤(宣懿王后殯殿都監儀軌)'로 적었다.

표제와 권수제는 '殯殿都監儀軌'. 한자+이두. 조선 필사 이두 자료. 국립중앙박물관 외규장각 의궤 홈페이지 '외규134' 원문 이미지와 텍스트 보기>

1731-00-00.「산릉도감의궤(山陵都監儀軌)」,²⁶² 산릉도감 편. <2책. 142장+267장. 필사본. 상권의 표제는 '(議政府上 雍正八年)山陵都監儀軌(上)'. 권수제는 '(雍正八年庚戌六月 日)山陵都監儀軌'. 한자+이두. 조선 필사 이두 자료. 서울대학교 규장각 한국학연구원 의궤 종합정보 홈페이지 '奎14823' 원문 이미지 보기>

1731-00-00.「산릉도감의궤(山陵都監儀軌)」,²⁶³ 산릉도감 편. <1책. 159장. 필사본. 원표지의 표제는 결락. 권수제는 '(雍正八年庚戌六月 日)山陵都監儀軌'. 한자+이두. 조선 필사 이두 자료. 국립중앙박물관 외규장각 의궤 홈페이지 '외규132' 원문 이미지와 텍스트 보기>

1731-00-00.「산릉도감의궤(山陵都監儀軌)」,²⁶⁴ 산릉도감 편. <1책. 296장. 필사본. 원표지의 표제는 결락. 권수제는 없다.²⁶⁵ 한자+이두. 조선 필사 이두 자료. 국립중앙박물관 외규장각 의궤 홈페이지 '외규133' 원문 이미지와 텍스트 보기>

1731-00-00.「숙종대왕실록찬수청의궤(肅宗大王實錄纂修廳儀軌)」²⁶⁶ 상·하, 실록찬수청(實錄纂修廳) 편. <2책. 159장+153장. 필사본. 상권의 표제는 '(肅宗朝)實錄廳儀軌(上)'. 권수제는 '(康熙六十年辛丑四月 日)肅宗大王實錄纂修廳儀軌'. 한자+이두. 조선 필사 이두 자료. 서울대학교 규장각 한국학연구원 의궤 종합정보 홈페이지 '奎14165', '奎14166', '奎14167', '奎14168' 원문 이미지 보기>

---

261 국립중앙박물관 외규장각 의궤 홈페이지에서는 서명을 표제나 권수제와는 달리 '선의왕후빈전도감의궤(宣懿王后殯殿都監儀軌)'로 적었다.
262 서울대학교 규장각 한국학연구원 의궤 종합정보 홈페이지에서는 서명을 '선의왕후의릉산릉도감의궤(宣懿王后懿陵山陵都監儀軌)'로 적었다.
263 국립중앙박물관 외규장각 의궤 홈페이지에서는 서명을 권수제와는 달리 '선의왕후의릉산릉도가의궤(상)(宣懿王后懿陵山陵都監儀軌(上))'으로 적었다.
264 국립중앙박물관 외규장각 의궤 홈페이지에서는 서명을 권수제와는 달리 '선의왕후의릉산릉도가의궤(하)(宣懿王后懿陵山陵都監儀軌(下))'로 적었다.
265 국립중앙박물관 외규장각 의궤 홈페이지에서는 '원자료 내제'를 '三物所'로 잘못 적었다.
266 서울대학교 규장각 한국학연구원 의궤 종합정보 홈페이지에서는 서명을 권수제와는 달리 '숙종실록찬수의궤(肅宗實錄纂修廳儀軌)'로 적었다.

1731-00-00. **영양현 노비 매매 관련 초사**(英陽縣奴婢賣買關聯招辭), 안유방(安有邦). <1장. 한자+이두. 조선 필사 이두 자료. 경북 영양군 일월면 향교길 22-16 영양향교 소장. 한국학자료센터 영남권역센터 홈페이지 원문 이미지와 텍스트 보기. 이수건 편(1981), 최연숙(2005), 심영환(2008) 참고>

1731-00-00. 「장릉천릉시산릉도감의궤(**長陵遷陵時山陵都監儀軌**)」, 上·中·下, 산릉도감 편(編). <3책. 필사본. 개장한 표지의 표제는 '長陵遷陵時山陵都監儀軌'. 권수제는 '(雍正九年辛亥四月十八日)長陵遷陵時 山陵都監儀軌'. 한자+이두. 조선 필사 이두 자료. 한국학중앙연구원 디지털장서각 홈페이지 'K2-4803' 원문 이미지 보기>

1731-00-00. **증인 노 가금·필집 노한성 초사**(證人奴加金筆執盧漢聖招辭), 가금·노한성. <1장. 한자+이두. 조선 필사 이두 자료. 일본 경도대학 가와이문고 소장. 고려대학교 해외한국학자료센터 홈페이지 원문 이미지와 텍스트 보기>

1731-00-00. 「혼전도감의궤(**魂殿都監儀軌**)」,[267] 혼전도감 편. <1책. 279장. 필사본. 표제는 '(雍正八年庚戌六月 日 宣懿王后 江華府上)魂殿都監儀軌'. 권수제는 '魂殿都監儀軌'. 한자+이두. 조선 필사 이두 자료. 서울대학교 규장각 한국학연구원 의궤 종합정보 홈페이지 '奎13578' 원문 이미지 보기>

1731-00-00. 「혼전도감의궤(**魂殿都監儀軌**)」,[268] 혼전도감 편. <1책. 281장. 필사본. 표제와 권수제는 '魂殿都監儀軌'. 한자+이두. 조선 필사 이두 자료. 국립중앙박물관 외규장각 의궤 홈페이지 '외규135' 원문 이미지와 텍스트 보기>

1731-00-00. 「효장세자상례의주등록(**孝章世子喪禮儀註謄錄**)」, 예조(禮曹). <1책. 73장. 필사본. 한자+이두. 조선 필사 이두 자료. 한국학중앙연구원 장서각 한국학자료센터 홈페이지 참고>

1731-00-00~1750-00-00. 「제례등록(**祭禮謄錄**)」 1 & 9, 예조(禮曹) 편(編). <2책. 필사본. 한자+이두. 조선 필사 이두 자료. 한국학중앙연구원 한국학 디지털 아카이브

---

[267] 서울대학교 규장각 한국학연구원 의궤 종합정보 홈페이지에서는 서명을 '선의왕후혼전도감의궤(宣懿王后魂殿都監儀軌)'로 적었다.

[268] 국립중앙박물관 외규장각 의궤 홈페이지에서는 서명을 표지나 권수제와는 달리 '선의왕후혼전도감의궤(宣懿王后魂殿都監儀軌)'로 적었다.

홈페이지 원문 이미지 보기>

1732년

<임자(壬子), 영조 8년, 옹정 10년>

1732-01-07. **권완 육 남매 화회문기**(權悅六男妹和會文記), 권완 6남매. <1장. 한자+이두. 조선 필사 이두 자료. 경북 예천군 용문면 대제리 원동 권씨 춘우재 고택 구장. 한국국학진흥원 소장. 한국학자료센터 영남권역센터 홈페이지 원문 이미지와 텍스트 보기. 문숙자(2010) 참고>

1732-01-12. **승 ■■ 토지매매명문**(僧■■土地賣買明文), 박계상(朴戒上). <1장. 한자+이두. 조선 필사 이두 자료. 경북 경주시 양동 경주 손씨 송첨 종택 소장. 한국학중앙연구원 고문서자료관 홈페이지 원문 이미지 보기. 이수건(1979), 이수건 편저(1981), 영남대학교 인문과학연구소 편(1990), 정구복·안승준(1997), 한국정신문화연구원 편(1997) 참고>

1732-01-13~1735-03-05(壬子~乙卯).「각릉등록(各陵謄錄)」第32, 예조(禮曹) 전향사(典享司). <1책. 102장. 필사본. 한자+이두. 조선 필사 이두 자료. 서울대학교 규장각 한국학연구원 홈페이지 낙질본(第28-第32) 원문 이미지 보기> <1716-07-26~1719-11-01(第28)>

1732-01-20. **사명선 별급문기**(師明善別給文記) 사명선. <1장. 한자+이두. 조선 필사 이두 자료. 전남 구례군 토지면 오미리 문화 류씨 운조루 소장. 한국학중앙연구원 고문서자료관 홈페이지 원문 이미지와 텍스트 보기. 한국정신문화연구원 편(1998) 참고>

1732-01-22. **강필성 불망기**(姜弼星不忘記), 한수봉(韓秀鳳). <1장. 한자+이두. 조선 필사 이두 자료. 제주 어도내산 진주 강씨가 구장. 제주 한림 강우석 소장. 호남권 한국학자료센터 홈페이지 원문 이미지와 텍스트 보기. 고창석(2000) 참고>

1732-01-25. **권회 토지환납명문**(權恢土地還納明文), 권회. <1장. 한자+이두. 조선 필사 이두 자료. 경북 예천군 용문면 대제리 원동 권씨 춘우재 고택 구장. 한국국

학진흥원 소장. 한국학자료센터 영남권역센터 홈페이지 원문 이미지와 텍스트 보기. 김성갑(2013) 참고>

1732-01-00. **제만익 납속첩**(諸萬益納粟帖), 영조(英祖). <1장. 한자+이두. 조선 필사 이두 자료. 전남 목포 칠원 제씨 제갈현우 소장. 호남권 한국학자료센터 홈페이지 원문 이미지와 텍스트 보기. 최승희(1989) 참고>

1732-02-03~1733-11-16(壬子~癸丑).「표인영래차왜등록(漂人領來差倭謄錄)」第16, 예조(禮曹) 전객사(典客司) 편(編). <1책(12/12). 107장. 권수제는 '典客司類抄謄錄' 또는 '漂人謄錄'. 필사본. 필사 시기 미상. 한자+이두. 이두 자료. 서울대학교 규장각 한국학연구원 홈페이지 낙질본(第1, 2, 3, 5 없음) 원문 이미지 보기> <1686-04-13~1692-08-02(第4)>

1732-02-04~1741-01-07(壬子~辛酉).「충효등록(忠孝謄錄)」第8, 예조(禮曹) 편(編). <전8책. 1책. 99장. 필사본. 필사 시기 미상. 한자+이두. 이두 자료. 서울대학교 규장각 한국학연구원 홈페이지 第2 결본 원문 이미지 보기> <1638-03-16~1665-12-30(戊寅~乙巳) 第1>

1732-02-13. **승 옥민 토지매매명문**(僧玉敏土地賣買明文), 김석벽(金石甓). <1장. 점련 문서. 한자+이두. 조선 필사 이두 자료. 전북 부안군 우반 부안 김씨 구장. 전북 부안군 우동 세덕각 소장. 장서각 한국고문서자료관 홈페이지 원문 이미지와 텍스트 보기. 한국정신문화연구원 편(1983, 1998), 한국학중앙연구원 편(2017) 참고>

1732-02-13. **이 생원 댁 노 가팔리 토지매매명문**(李生員宅奴加八里土地賣買明文), 이원발(李元發). <1장. 한자+이두. 조선 필사 이두 자료. 전남 구례군 토지면 오미리 문화 류씨 운조루 소장. 한국학중앙연구원 고문서자료관 홈페이지 원문 이미지와 텍스트 보기. 한국정신문화연구원 편(1998) 참고>

1732-02-14. **노익명 토지매매명문**(盧益明土地賣買明文), 유학 박창수(幼學朴昌秀). <1장. 한자+이두. 조선 필사 이두 자료. 부여 은산 함양 박씨 소장. 한국학중앙연구원 고문서자료관 홈페이지 원문 이미지 보기. 한국정신문화연구원 편(2000) 참고>

1732-02-16. **신도비 유사 최선기 토지매매명문**(神道碑有司崔宣基土地賣買明文) 1, 각

심(覺心). <1장. 한자+이두. 조선 필사 이두 자료. 경북 경주시 내남면 이조리 경주 최씨·용산서원 소장. 한국학중앙연구원 고문서자료관 홈페이지 원문 이미지 보기. 박병호(1974ㄱ), 한국정신문화연구원 편(2000), 이재수(2003), 김소은 (2004) 참고>

1732-02-16. **신도비 유사 최선기 토지매매명문**(神道碑有司崔宣基土地賣買明文) 2, 철순(哲淳). <1장. 한자+이두. 조선 필사 이두 자료. 경북 경주시 내남면 이조리 경주 최씨·용산서원 소장. 한국학중앙연구원 고문서자료관 홈페이지 원문 이미지 보기. 박병호(1974ㄱ), 한국정신문화연구원 편(2000), 이재수(2003), 김소은 (2004) 참고>

1732-02-17. **박중엽 토지매매명문**(朴增曄土地賣買明文), 박운삼(朴雲參). <1장. 한자+이두. 조선 필사 이두 자료. 경남 밀양 신호 밀성 박씨·덕남서원 소장. 한국학중앙연구원 고문서자료관 홈페이지 원문 이미지 보기. 한국정신문화연구원 편 (2004) 참고>

1732-02-20. **김석중 토지매매명문**(金錫重土地賣買明文), 박찬성(朴贊晟). <1장. 한자+이두. 조선 필사 이두 자료. 경북 안동시 수곡면 전주 류씨 삼산 종가 구장. 한국국학진흥원 소장. 한국학자료센터 영남권역센터 홈페이지 원문 이미지와 텍스트 보기. 최승희(1989), 이재수(2003), 전경목(2010) 참고>

1732-02-20. **변동지 댁 노 귀재 토지매매명문**(卞同知宅奴貴才土地賣買明文) 1, 한상현(韓尙賢). <1장. 한자+이두. 조선 필사 이두 자료. 일본 경도대학 가와이문고 소장. 고려대학교 해외한국학자료센터 홈페이지 원문 이미지와 텍스트 보기>

1732-02-20. **하응운 분급문기**(河應運分給文記), 하응운. <1장. 한자+이두. 조선 필사 이두 자료. 경남 진주시 단목 진양 하씨 단지 종택 소장. 한국학중앙연구원 고문서 자료관 홈페이지 원문 이미지 보기. 한국정신문화연구원 편(2002) 참고>

1732-02-28. **신도비 유사 최선기 토지매매명문**(神道碑有司崔宣基土地賣買明文) 3, 김희윤(金希尹). <1장. 한자+이두. 조선 필사 이두 자료. 경북 경주시 내남면 이조리 경주 최씨·용산서원 소장. 한국학중앙연구원 고문서자료관 홈페이지 원문 이미지 보기. 박병호(1974ㄱ), 한국정신문화연구원 편(2000), 이재수(2003), 김소은 (2004) 참고>

1732-02-28. **양철원 토지매매명문**(梁哲元土地賣買明文), 업쇠(業金). <1장. 한자+이두. 조선 필사 이두 자료. 경북 경주시 양동 경주 손씨 송첨 종택 소장. 한국학중앙연구원 고문서자료관 홈페이지 원문 이미지 보기. 이수건(1979), 이수건 편저(1981), 영남대학교 인문과학연구소 편(1990), 정구복·안승준(1997), 한국정신문화연구원 편(1997) 참고>

1732-03-07. **과부 김 씨 토지매매명문**(寡婦金氏土地賣買明文), 김봉서 처 윤 씨(金鳳瑞 妻尹氏). <1장. 한자+이두. 조선 필사 이두 자료. 보성 능묵 장흥 임씨가 구장. 전북대학교 박물관 소장. 호남권 한국학자료센터 홈페이지 원문 이미지와 텍스트 보기. 최승희(1989), 이재수(2003) 참고>

1732-03-10~1754-10-22(壬子~甲戌). 「칙사등록(**勅使謄錄**)」第9, 예조(禮曹) 편(編). <1책. 164장. 필사본. 필사 시기 미상. 한자+이두. 조선 필사 이두 자료. 서울대학교 규장각 한국학연구원 홈페이지 원문 이미지 보기> <1637-06-20~1643-12-14 (丁丑~癸未) 第1>

1732-03-13. **박성봉 토지매매명문**(朴聖鳳土地賣買明文),[269] 이희원(李喜元). <1장. 한자+이두. 조선 필사 이두 자료. 전남 구례군 토지면 오미리 문화 류씨 운조루 소장. 한국학중앙연구원 고문서자료관 홈페이지 원문 이미지와 텍스트 보기. 한국정신문화연구원 편(1998) 참고>

1732-03-13. **비소 유사 최 토지매매명문**(碑所有司崔土地賣買明文), 최순기(崔純基). <1장. 한자+이두. 조선 필사 이두 자료. 경북 경주시 내남면 이조리 경주 최씨·용산서원 소장. 한국학중앙연구원 고문서자료관 홈페이지 원문 이미지 보기. 박병호(1974ㄱ), 한국정신문화연구원 편(2000), 이재수(2003), 김소은(2004) 참고>

1732-03-13. **조선봉 토지매매명문**(曹先奉土地賣買明文), 이배성(李培聖). <1장. 한자+이두. 조선 필사 이두 자료. 전남 구례군 토지면 오미리 문화 류씨 운조루 소장. 한국학중앙연구원 고문서자료관 홈페이지 원문 이미지와 텍스트 보기. 한국정신문화연구원 편(1998) 참고>

1732-03-15. **신도비 유사 최선기 토지매매명문**(神道碑有司崔宣基土地賣買明文) 4, 최

---

[269] 한국학중앙연구원 고문서자료관 홈페이지에서는 '토지매매명문(土地賣買明文)'으로 표시하였다.

경리(崔慶里). <1장. 한자+이두. 조선 필사 이두 자료. 경북 경주시 내남면 이조리 경주 최씨·용산서원 소장. 한국학중앙연구원 고문서자료관 홈페이지 원문 이미지 보기. 박병호(1974ㄱ), 한국정신문화연구원 편(2000), 이재수(2003), 김소은(2004) 참고>

1732-03-15. **조태영 토지매매명문**(曺太永土地賣買明文), 이자근노미(李者斤老味). <1장. 한자+이두. 조선 필사 이두 자료. 전남 구례군 토지면 오미리 문화 류씨 운조루 소장. 한국학중앙연구원 고문서자료관 홈페이지 원문 이미지와 텍스트 보기. 한국정신문화연구원 편(1998) 참고>

1732-03-16. **신도비 유사 최선기 토지매매명문**(神道碑有司崔宣基土地賣買明文) 5, 최달년(崔達年). <1장. 한자+이두. 조선 필사 이두 자료. 경북 경주시 내남면 이조리 경주 최씨·용산서원 소장. 한국학중앙연구원 고문서자료관 홈페이지 원문 이미지 보기. 박병호(1974ㄱ), 한국정신문화연구원 편(2000), 이재수(2003), 김소은(2004) 참고>

1732-03-19. **정축운 토지매매명문**(丁丑雲土地賣買明文), 박철양(朴喆良). <1장. 한자+이두. 조선 필사 이두 자료. 전남 해남 연동 해남 윤씨 녹우당 소장. 한국학중앙연구원 장서각 한국고문서자료관 홈페이지 원문 이미지와 텍스트 보기. 박병호(1974ㄱ), 김태영(1983), 한국정신문화연구원 편(1983, 1986), 최승희(1989) 참고>

1732-03-21. **노 손선 토지매매명문**(奴孫先土地賣買明文), 황우세(黃羽世). <1장. 한자+이두. 조선 필사 이두 자료. 전남 구례군 토지면 오미리 문화 류씨 운조루 소장. 한국학중앙연구원 고문서자료관 홈페이지 원문 이미지와 텍스트 보기. 한국정신문화연구원 편(1998) 참고>

1732-03-21. **신도비 유사 최선기 토지매매명문**(神道碑有司崔宣基土地賣買明文) 6, 여명찬(呂命讚). <1장. 한자+이두. 조선 필사 이두 자료. 경북 경주시 내남면 이조리 경주 최씨·용산서원 소장. 한국학중앙연구원 고문서자료관 홈페이지 원문 이미지 보기. 박병호(1974ㄱ), 한국정신문화연구원 편(2000), 이재수(2003), 김소은(2004) 참고>

1732-03-25. **비역도감 최선기 토지매매명문**(碑役都監崔宣基土地賣買明文), 정용(鄭鎔). <1장. 한자+이두. 조선 필사 이두 자료. 경북 경주시 내남면 이조리 경주

최씨·용산서원 소장. 한국학중앙연구원 고문서자료관 홈페이지 원문 이미지 보기. 박병호(1974ㄱ), 한국정신문화연구원 편(2000), 이재수(2003), 김소은(2004) 참고>

1732-03-25. **송백령 고목**(宋百齡告目), 송백령. <1장. 한자+이두. 조선 필사 이두 자료. 안동 하회 풍산 류씨 충효당 소장. 한국학중앙연구원 장서각 한국고문서자료관 홈페이지 원문 이미지와 텍스트 보기. 한국정신문화연구원 편(1994) 참고>

1732-03-26. **이 생원 댁 비 순옥 토지매매명문**(李生員宅婢順玉土地賣買明文), 송금이(宋金伊). <1장. 한자+이두. 조선 필사 이두 자료. 아산 선교 장흥 임씨 구장. 한국학중앙연구원 장서각 소장. 한국학중앙연구원 장서각 한국고문서자료관 홈페이지 원문 이미지 보기. 한국학중앙연구원 편(2008) 참고>

1732-03-26. **이■진 토지매매명문**(李■眞土地賣買明文), 정태춘(鄭泰春). <1장. 한자+이두. 조선 필사 이두 자료. 경북 안동시 주촌 진성 이씨 경류정 소장. 한국학중앙연구원 장서각 한국고문서자료관 홈페이지 원문 이미지와 텍스트 보기. 한국정신문화연구원 편(1999) 참고>

1732-04-07. **이■■ 토지매매명문**(李■■土地賣買明文), 백증화(白增華). <1장. 한자+이두. 조선 필사 이두 자료. 영해 인량 재령 이씨 우계 종택 구장. 한국국학진흥원 소장. 한국학중앙연구원 고문서자료관 홈페이지 원문 이미지와 텍스트 보기. 한국정신문화연구원 편(1997) 참고>

1732-04-13. **안필창 깃급문기**(安必昌衿給文記), 안필창. <1장. 한자+이두. 조선 필사 이두 자료. 경북 안동시 갈전 순흥 안씨 소장. 한국학중앙연구원 장서각 한국고문서자료관 홈페이지 원문 이미지 보기. 한국정신문화연구원 편(1999), 문숙자(2000), 박준호(2002) 참고>

1732-04-13. **차성덕 토지매매명문**(車聖德土地賣買明文), 곽명이(郭明伊). <1장. 한자+이두. 조선 필사 이두 자료. 순천 월등 목천 장씨가 구장. 전북대학교 박물관 소장. 호남권 한국학자료센터 홈페이지 원문 이미지와 텍스트 보기. 박병호(1974ㄱ), 이재수(2003) 참고>

1732-04-15. **신도비 유사 최선기 토지매매명문**(神道碑有司崔宣基土地賣買明文) 7, 정용(鄭鎔). <1장. 한자+이두. 조선 필사 이두 자료. 경북 경주시 내남면 이조리

경주 최씨·용산서원 소장. 한국학중앙연구원 고문서자료관 홈페이지 원문 이미지 보기. 박병호(1974ㄱ), 한국정신문화연구원 편(2000), 이재수(2003), 김소은(2004) 참고>

1732-04-20. **생원 최인관 토지매매명문**(生員崔寅寬土地賣買明文), 장명한(張鳴漢). <1장. 한자+이두. 조선 필사 이두 자료. 전남 구례군 토지면 오미리 문화 류씨 운조루 소장. 한국학중앙연구원 고문서자료관 홈페이지 원문 이미지와 텍스트 보기. 한국정신문화연구원 편(1998) 참고>

1732-04-24. **숭렬사 신도비 유사 최선기 토지매매명문**(崇烈祠神道碑有司崔宣基土地賣買明文), 이신중(李愼中). <1장. 한자+이두. 조선 필사 이두 자료. 경북 경주시 내남면 이조리 경주 최씨·용산서원 소장. 한국학중앙연구원 고문서자료관 홈페이지 원문 이미지 보기. 박병호(1974ㄱ), 한국정신문화연구원 편(2000), 이재수(2003), 김소은(2004) 참고>

1732-04-00. **남기형 유기아 수양입안요청소지**(南紀衡遺棄兒收養立案要請所志), 남기형. <1장. 한자+이두. 조선 필사 이두 자료. 경북 영덕군 영해면 괴시리 영양 남씨 괴시파 영감댁 구장. 한국국학진흥원 소장. 한국학자료센터 영남권역센터 홈페이지 원문 이미지와 텍스트 보기>

1732-05-06. **김용이 노비매매명문**(金龍伊奴婢賣買明文), 유학 최붕석(幼學崔鵬錫). <1장. 한자+이두. 조선 필사 이두 자료. 경북 성주군 월항면 대산리 성산 이씨 응와 종택 구장. 한국국학진흥원 소장. 한국학자료센터 영남권역센터 홈페이지 원문 이미지와 텍스트 보기>

1732-05-10. **용산서원 신도 유사 토지매매명문**(龍山書院神道有司土地賣買明文), 경구(慶龜)·경용(慶鏞). <1장. 한자+이두. 조선 필사 이두 자료. 경북 경주시 내남면 이조리 경주 최씨·용산서원 소장. 한국학중앙연구원 고문서자료관 홈페이지 원문 이미지 보기. 박병호(1974ㄱ), 한국정신문화연구원 편(2000), 이재수(2003), 김소은(2004) 참고>

1732-05-10. **유학 최선기 토지매매명문**(幼學崔宣基土地賣買明文), 김만화(金萬和). <1장. 한자+이두. 조선 필사 이두 자료. 경북 경주시 내남면 이조리 경주 최씨·용산서원 소장. 한국학중앙연구원 고문서자료관 홈페이지 원문 이미지 보기. 한국

정신문화연구원 편(2000) 참고>

1732-05-11. **문중 완의**(門中完議), 문중. <1장. 한자+이두. 조선 필사 이두 자료. 경북 안동시 갈전 순흥 안씨 소장. 한국학중앙연구원 장서각 한국고문서자료관 홈페이지 원문 이미지 보기. 한국정신문화연구원 편(1999) 참고>

1732-05-18. **노익명 토지매매명문**(盧益明土地賣買明文), 박용한(朴龍漢). <1장. 한자+이두. 조선 필사 이두 자료. 부여 은산 함양 박씨 소장. 한국학중앙연구원 고문서자료관 홈페이지 원문 이미지 보기. 한국정신문화연구원 편(2000) 참고>

1732-05-28. **승인 덕잠 토지매매명문**(僧人德岑土地賣買明文), 김완선(金完先). <1장. 한자+이두. 조선 필사 이두 자료. 경북 안동시 주촌 진성 이씨 경류정 구장. 서울역사박물관 소장. 한국학중앙연구원 장서각 한국고문서자료관 홈페이지 원문 이미지와 텍스트 보기. 한국정신문화연구원 편(1999) 참고>

1732-05-00. **노비주 유학 최붕석 초사**(奴婢主幼學崔鵬錫招辭), 최붕석. <1장. 한자+이두. 조선 필사 이두 자료. 경북 성주군 월항면 대산리 성산 이씨 응와 종택 구장. 한국국학진흥원 소장. 한국학자료센터 영남권역센터 홈페이지 원문 이미지와 텍스트 보기>

1732-05-00. **유학 이이신 소지**(幼學李爾紳所志), 이이신. <1장. 한자+이두. 조선 필사 이두 자료. 경북 성주군 월항면 대산리 성산 이씨 응와 종택 구장. 한국국학진흥원 소장. 한국학자료센터 영남권역센터 홈페이지 원문 이미지와 텍스트 보기>

1732-05-00. **이이신 입안**(李爾紳立案), 거창 도호부(居昌都護府). <1장. 한자+이두. 조선 필사 이두 자료. 경북 성주군 월항면 대산리 성산 이씨 응와 종택 구장. 한국국학진흥원 소장. 한국학자료센터 영남권역센터 홈페이지 원문 이미지와 텍스트 보기>

1732-05-00. **증인 유학 최시항 등 초사**(證人幼學崔是恒等招辭), 최시항 등. <1장. 한자+이두. 조선 필사 이두 자료. 경북 성주군 월항면 대산리 성산 이씨 응와 종택 구장. 한국국학진흥원 소장. 한국학자료센터 영남권역센터 홈페이지 원문 이미지와 텍스트 보기>

1732-06-17. **이수담 처 이 씨 화회문기**(李壽聃妻李氏和會文記), 이수담 처 이 씨. <1장. 한자+이두. 조선 필사 이두 자료. 경북 경주시 안강읍 옥산리 여주 이씨 독락

당 소장. 한국학중앙연구원 고문서자료관 홈페이지 원문 이미지 보기. 한국정신문화연구원 편(2003) 참고>

1732-06-24. **위문덕 노비매매명문**(魏文德奴婢賣買明文), 김경삼 처 홍 씨(金慶三妻洪氏). <1장. 한자+이두. 조선 필사 이두 자료. 전남 장흥군 존재 후손가 소장. 호남권 한국학자료센터 홈페이지 원문 이미지와 텍스트 보기. 최승희(1989), 정구복 외(1999), 전경목 외(2006) 참고>

1732-06-00~1732-08-00. 「부묘도감도청의궤(祔 廟都監都廳儀軌)」,[270] 부묘도감 편(編). <1책. 158장. 필사본. 표제는 '(壬子八月 日太白山上)祔 廟都監都廳儀軌'. 한자+이두. 조선 필사 이두 자료. 서울대학교 규장각 한국학연구원 홈페이지 '奎13579' 원문 이미지와 텍스트 보기>

1732-06-00~1732-08-00. 「부묘도감도청의궤(祔 廟都監都廳儀軌)」,[271] 부묘도감 편(編). <1책. 155장. 필사본. 표제는 '(壬子八月 日議政府上 雍正十年)祔 廟都監儀軌'. 한자+이두. 조선 필사 이두 자료. 서울대학교 규장각 한국학연구원 홈페이지 '奎14877' 원문 이미지와 텍스트 보기>

1732-06-00~1732-08-00. 「부묘도감도청의궤(祔 廟都監都廳儀軌)」,[272] 부묘도감 편(編). <1책. 154장. 필사본. 표제는 '(壬子八月 日五臺山上)祔 廟都監儀軌'. 한자+이두. 조선 필사 이두 자료. 서울대학교 규장각 한국학연구원 홈페이지 '奎13580' 원문 이미지 보기>

1732-07-23. **강필성 토지매매명문**(姜弼星土地賣買明文) 1, 전주 비 상금(田主婢上今). <1장. 한자+이두. 조선 필사 이두 자료. 제주 어도내산 진주 강씨가 구장. 제주 한림 강우석 소장. 호남권 한국학자료센터 홈페이지 원문 이미지와 텍스트 보기. 오창명(2007) 참고>

---

[270] 서울대학교 규장각 한국학연구원 홈페이지에서는 서명을 '[宣懿王后]祔廟都監都廳儀軌 [선의왕후]부묘도감도청의궤'로 적었다.

[271] 서울대학교 규장각 한국학연구원 홈페이지에서는 서명을 '[宣懿王后]祔廟都監都廳儀軌 [선의왕후]부묘도감도청의궤'로 적었다.

[272] 서울대학교 규장각 한국학연구원 홈페이지에서는 서명을 '[宣懿王后]祔廟都監都廳儀軌 [선의왕후]부묘도감도청의궤'로 적었다.

1732-08-10. 「부묘도감도청의궤(祔 廟都監都廳儀軌)」,²⁷³ 의궤청(儀軌廳) 편(編). <1책. 155장. 필사본. 표제는 '(雍正十年壬子)宣懿王后祔廟儀軌'. 권수제는 '(雍正十年壬子八月 日)祔 廟都監都廳儀軌'. 한자+이두. 조선 필사 이두 자료. 한국학중앙연구원 장서각 소장. 한국학중앙연구원 한국학 디지털 아카이브 홈페이지 'K2-2235' 원문 이미지와 텍스트 보기>

1732-08-10~1774-06-17. 「호위청등록(扈衛廳謄錄)」, 호위청 편(編). <불분권 2책. 필사본. 한자+이두. 조선 필사 이두 자료. 한국학중앙연구원 디지털장서각 홈페이지 'K2-3392' 원문 이미지와 텍스트 보기>

1732-09-00. **경상 우도 병영 첩정**(慶尙右道兵營牒呈), 경상 우도 병영. <1장. 첩련문서. 한자+이두. 조선 필사 이두 자료. 안동 하회 풍산 류씨 충효당 소장. 한국학중앙연구원 장서각 한국고문서자료관 홈페이지 원문 이미지 보기. 한국정신문화연구원 편(1994) 참고>

1732-10-17. **변동지 댁 노 귀재 토지매매명문**(卞同知宅奴貴才土地賣買明文) 2, 개부리(介夫里). <1장. 한자+이두. 조선 필사 이두 자료. 일본 경도대학 가와이문고 소장. 고려대학교 해외한국학자료센터 홈페이지 원문 이미지와 텍스트 보기>

1732-10-17. **변동지 댁 노 귀재 토지매매명문**(卞同知宅奴貴才土地賣買明文) 3, 수만(守萬). <1장. 한자+이두. 조선 필사 이두 자료. 일본 경도대학 가와이문고 소장. 고려대학교 해외한국학자료센터 홈페이지 원문 이미지와 텍스트 보기>

1732-10-17. **변동지 댁 노 귀재 토지매매명문**(卞同知宅奴貴才土地賣買明文) 4, 호찬(虎贊). <1장. 한자+이두. 조선 필사 이두 자료. 일본 경도대학 가와이문고 소장. 고려대학교 해외한국학자료센터 홈페이지 원문 이미지와 텍스트 보기>

1732-10-20. **손효근 토지매매명문**(孫孝根土地賣買明文), 정만이(鄭萬伊). <1장. 한자+이두. 조선 필사 이두 자료. 전남 구례군 토지면 오미리 문화 류씨 운조루 소장. 한국학중앙연구원 고문서자료관 홈페이지 원문 이미지와 텍스트 보기. 한국정신문화연구원 편(1998) 참고>

---

273 한국학중앙연구원 디지털장서각 홈페이지에서는 서명을 '[선의왕후]부묘도감의궤[宣懿王后]祔廟都監儀軌)'로 적었다.

1732-10-27. **노 소남 토지매매명문**(奴小男土地賣買明文), 장태문(張泰文). <1장. 한자＋이두. 조선 필사 이두 자료. 전남 장성군 행주 기씨 금강 종가 소장. 호남권 한국학자료센터 홈페이지 원문 이미지와 텍스트 보기. 김재문(1986), 이재수(2003), 이수건 외(2004) 참고>

1732-10-00. **노 개부리 배지**(奴介夫里牌旨),[274] 김(金). <1장. 한자＋이두. 조선 필사 이두 자료. 일본 경도대학 가와이문고 소장. 고려대학교 해외한국학자료센터 홈페이지 원문 이미지와 텍스트 보기>

1732-10-00. **노 수만 배지**(奴守萬牌旨),[275] 김(金). <1장. 한자＋이두. 조선 필사 이두 자료. 일본 경도대학 가와이문고 소장. 고려대학교 해외한국학자료센터 홈페이지 원문 이미지와 텍스트 보기>

1732-10-00. **노 호찬 배지**(奴虎贊牌旨),[276] 김(金). <1장. 한자＋이두. 조선 필사 이두 자료. 일본 경도대학 가와이문고 소장. 고려대학교 해외한국학자료센터 홈페이지 원문 이미지와 텍스트 보기>

1732-11-03. **장만공 토지매매명문**(張萬恭土地賣買明文), 이해정(李海淀). <1장. 한자＋이두. 조선 필사 이두 자료. 원주시 무릉박물관 소장. 한국학자료센터 강원권역센터 홈페이지 원문 이미지 보기. 박병호(1974ㄱ), 최승희(1989), 김소은(2004), 김성갑(2013) 참고>

1732-11-04. **박근태 소지**(朴根泰所志), 박근태. <1장. 한자＋이두. 조선 필사 이두 자료. 경북 경주시 내남면 이조리 경주 최씨·용산서원 소장. 한국학중앙연구원 고문서자료관 홈페이지 원문 이미지 보기. 한국정신문화연구원 편(2000) 참고>

1732-11-15. **전만명 토지매매명문**(田萬命土地賣買明文), 옥민(玉旼). <1장. 한자＋이두. 조선 필사 이두 자료. 전북 부안군 우반 부안 김씨 구장. 전북 부안군 우동 세덕각 소장. 한국학중앙연구원 장서각 한국고문서자료관 홈페이지 & 호남권 한국학자료센터 홈페이지 원문 이미지와 텍스트 보기. 한국정신문화연구원 편

---

[274] 고려대학교 해외한국학자료센터 홈페이지에서는 '노(奴) 개부리(介夫里) 패지(牌旨)'로 표시하였다.
[275] 고려대학교 해외한국학자료센터 홈페이지에서는 '노(奴) 수만(守萬) 패지(牌旨)'로 표시하였다.
[276] 고려대학교 해외한국학자료센터 홈페이지에서는 '노(奴) 호찬(虎贊) 패지(牌旨)'로 표시하였다.

(1983, 1998), 한국학중앙연구원 편(2017) 참고>

1732-11-■5. **김 생원 댁 노 달이 토지매매명문**(金生員宅奴達伊土地賣買明文), 김투욱(金投郁). <1장. 한자+이두. 조선 필사 이두 자료. 전북 부안군 우반 부안 김씨 구장. 전북 부안군 우동 세덕각 소장. 호남권 한국학자료센터 홈페이지 원문 이미지와 텍스트 보기. 박병호(1974ㄱ), 이재수(2003) 참고>

1732-11-28. **박정 토지매매명문**(朴汀土地賣買明文), 유정(柳淵). <1장. 한자+이두. 조선 필사 이두 자료. 안동 하회 풍산 류씨 충효당 소장. 한국학중앙연구원 장서각 한국고문서자료관 홈페이지 & 한국국학진흥원 유교넷 홈페이지 원문 이미지와 텍스트 보기. 한국정신문화연구원 편(1994) 참고>

1732-11-30. **변동지 댁 노 귀재 토지매매명문**(卞同知宅奴貴才土地賣買明文) 5, 수산(守山). <1장. 한자+이두. 조선 필사 이두 자료. 일본 경도대학 가와이문고 소장. 고려대학교 해외한국학자료센터 홈페이지 원문 이미지와 텍스트 보기>

1732-12-02. **박숭효 방매 토지매매명문**(朴崇孝放賣土地賣買明文), 박숭효. <1장. 한자+이두. 조선 필사 이두 자료. 전남 장성군 행주 기씨 금강 종가 소장. 호남권 한국학자료센터 홈페이지 원문 이미지와 텍스트 보기. 이재수(2003), 이수건 외(2004) 참고>

1732-12-05. **강필성 토지매매명문**(姜弼星土地賣買明文) 2, 전주 노자 문길(田主奴子文吉). <1장. 한자+이두. 조선 필사 이두 자료. 제주 어도내산 진주 강씨가 구장. 제주 한림 강우석 소장. 호남권 한국학자료센터 홈페이지 원문 이미지와 텍스트 보기. 고창석(1998, 2007) 참고>

1732-12-15. **노 달이 토지매매명문**(奴達伊土地賣買明文), 김투욱(金投郁). <1장. 한자+이두. 조선 필사 이두 자료. 전북 부안군 우반 부안 김씨 구장. 전북 부안군 우동 세덕각 소장. 한국학중앙연구원 장서각 한국고문서자료관 홈페이지 원문 이미지와 텍스트 보기. 한국정신문화연구원 편(1983, 1998), 한국학중앙연구원 편(2017) 참고>

1732-12-17. **권중인 토지매매명문**(權重寅土地賣買明文), 권중칭(權重稱). <1장. 한자+이두. 조선 필사 이두 자료. 경북 예천군 용문면 대제리 원동 권씨 춘우재 고택 구장. 한국국학진흥원 소장. 한국학자료센터 영남권역센터 홈페이지 원문 이미지

와 텍스트 보기. 김성갑(2013) 참고>

1732-■■-02. 윤취만 처 사 자매 분재기(尹就晚妻四姉妹分財記), 윤취만 처 사 자매. <1장. 한자+이두. 조선 필사 이두 자료. 전남 영암 밀양 김씨 김상회 소장. 호남권 한국학자료센터 홈페이지 원문 이미지와 텍스트 보기. 최승희(1989) 참고>

1732-■■-06. 신도비 도감 최선기 토지매매명문(神道碑都監崔宣基土地賣買明文), 이 헌천(李憲天). <1장. 한자+이두. 조선 필사 이두 자료. 경북 경주시 내남면 이조리 경주 최씨·용산서원 소장. 한국학중앙연구원 고문서자료관 홈페이지 원문 이미지 보기. 박병호(1974ㄱ), 한국정신문화연구원 편(2000), 이재수(2003), 김소은(2004) 참고>

1732-00-00. 「경종대왕실록등록(景宗大王實錄謄錄)」, 실록청 조문명(實錄廳趙文命). <1책. 149장. 필사본. 한자+이두. 조선 필사 이두 자료. 서울대학교 규장각 한국학연구원 소장. 서울대학교 규장각 한국학연구원 의궤 종합정보 홈페이지 원문 이미지 보기>

1732-00-00. 「경종대왕실록산절청등록(景宗大王實錄刪節廳謄錄)」,[277] 실록청(實錄廳) 편. <1책. 149장. 필사본. 표제는 '(春秋館上)景宗大王實錄謄錄'. 권수제는 '景宗大王實錄刪節廳謄錄'. 한자+이두. 조선 필사 이두 자료. 서울대학교 규장각 한국학연구원 홈페이지 '奎19357' 원문 이미지 보기>

1732-00-00. 「경종실록(景宗實錄)」 <15권 7책. 어휘 표기 자료. 1997년에 유네스코 세계기록유산으로 등록. 정족산, 태백산 소장>

1732-00-00. 「부묘도감도청의궤(祔 廟都監都廳儀軌)」,[278] 부묘도감 편. <1책. 156장. 필사본. 개장한 표지의 표제는 '(雍正十年壬子)宣懿王后祔廟儀軌'. 권수제는 '(雍正十年壬子八月)祔 廟都監都廳儀軌'. 한자+이두. 조선 필사 이두 자료. 한국학중앙연구원 디지털장서각 홈페이지 'K2-2235' 원문 이미지와 텍스트 보기>

1732-00-00. 「부묘도감도청의궤(祔 廟都監都廳儀軌)」,[279] 부묘도감 편. <1책. 153장.

---

277 서울대학교 규장각 한국학연구원 의궤 종합정보 홈페이지에서는 서명을 '경종대왕실록등록(景宗大王實錄謄錄)'으로 적었다.

278 한국학중앙연구원 디지털장서각 홈페이지에서는 서명을 '[선의왕후]부묘도감의궤[宣懿王后]祔 廟都監儀軌]'로 적었다.

필사본. 개장한 표지의 표제는 '(雍正十年壬子八月 日 英宗八年)祔 廟都監儀軌(全)'. 권수제는 '(雍正十年壬子八月 日)祔 廟都監都廳儀軌'. 한자+이두. 조선 필사 이두 자료. 한국학중앙연구원 디지털장서각 홈페이지 'K2-2236' 원문 이미지 보기>

1732-00-00.「부묘도감도청의궤(祔 廟都監都廳儀軌)」,[280] 부묘도감 편. <1책. 154장. 필사본. 표제는 '(壬子八月 日太白山上)祔 廟都監儀軌'. 권수제는 '(雍正十年壬子八月 日)祔 廟都監都廳儀軌'. 한자+이두. 조선 필사 이두 자료. 서울대학교 규장각 한국학연구원 의궤 종합정보 홈페이지 '奎13579', '奎13580', '奎14877' 원문 이미지 보기>

1732-00-00.「장릉천봉시 산릉도감의궤(長陵遷奉時 山陵都監儀軌)」[281] 상(上), 산릉도감 편. <1책. 323장. 필사본. 원표지의 표제는 결락. 목록제는 '長陵遷陵時 山陵悼歌儀軌目錄'. 권수제는 '(雍正九年辛亥四月十八日)長陵遷陵時 山陵都監儀軌'. 한자+이두. 조선 필사 이두 자료. 국립중앙박물관 외규장각 의궤 홈페이지 '외규138' 원문 이미지와 텍스트 보기>

1732-00-00.「장릉천봉시 산릉도감의궤(長陵遷奉時 山陵都監儀軌)」[282] 하(下), 산릉도감 편. <1책. 311장. 필사본. 원표지의 표제는 결락. 권수제는 없다.[283] 한자+이두. 조선 필사 이두 자료. 국립중앙박물관 외규장각 의궤 홈페이지 '외규139' 원문 이미지와 텍스트 보기>

1732-00-00.「지릉정자각개건의궤(智陵丁字閣改建儀軌)」, 예조(禮曹) 편(編). <1책. 20장. 필사본. 표제는 '智陵丁字閣改建儀軌'. 권수제는 없다. 한자+이두. 조선 필사 이두 자료. 한국학중앙연구원 디지털장서각 홈페이지 'K2-3593' 원문 이미지

---

279 한국학중앙연구원 디지털장서각 홈페이지에서는 서명을 '[선의왕후]부묘도감의궤[宣懿王后]祔廟都監儀軌)'로 적었다.
280 서울대학교 규장각 한국학연구원 의궤 종합정보 홈페이지에서는 서명을 '선의왕후부묘도감의궤(宣懿王后祔廟都監儀軌)'로 적었다.
281 국립중앙박물관 외규장각 의궤 홈페이지에서는 서명을 권수제와는 달리 '인조장릉천봉산릉도감의궤(상)(仁祖長陵遷奉山陵都監儀軌(上))'으로 적었다.
282 국립중앙박물관 외규장각 의궤 홈페이지에서는 서명을 권수제와는 달리 '인조장릉천봉산릉도감의궤(하)(仁祖長陵遷奉山陵都監儀軌(下))'로 적었다.
283 국립중앙박물관 외규장각 의궤 홈페이지에서는 '원자료 내제'를 '三物所'로 적었다.

와 텍스트 보기>

1732-00-00. 「천릉도감도청의궤(**遷陵都監都廳儀軌**)」[284] 제1~제7, 천릉도감 편. <7책. 169장+200장+225장+238장+222장+179장+216장. 필사본. 권1의 표제는 '(江華上)遷陵都監儀軌(辛亥 第一)'. 권수제는 '(雍正九年九月 日)遷陵都監都廳儀軌'. 한자+이두. 조선 필사 이두 자료. 서울대학교 규장각 한국학연구원 의궤 종합정보 홈페이지 '奎14597', '奎14886', '奎14887' 원문 이미지 보기>

1732-00-00. 「천릉도감도청의궤(**遷陵都監都廳儀軌**)」[285] 1~7, 천릉도감 편. <7책. 필사본. 표제는 '遷陵都監儀軌'. 권수제는 '(雍正九年九月 日)遷陵都監都廳儀軌'. 한자+이두. 조선 필사 이두 자료. 국립중앙박물관 외규장각 의궤 홈페이지 '외규 140~146' 원문 이미지와 텍스트 보기>

1733년

<계축(癸丑), 영조 9년, 옹정 11년>

1733-01-03~1736-08-14(癸丑~丙辰). 「별차왜등록(**別差倭謄錄**)」 第17, 예조(禮曹) 전객사(典客司) 편(編). <1책/17책. 127장. 필사본. 한자+이두. 이두 자료. 서울대학교 규장각한국학연구원 홈페이지 낙질본 원문 이미지 보기. 한국향토문화전자대전 홈페이지 참고>

1733-01-14. **김 조이 토지매매명문**(金召史土地賣買明文), 최봉제(崔鳳齊). <1장. 한자+이두. 조선 필사 이두 자료. 전남 구례군 토지면 오미리 문화 류씨 운조루 소장. 한국학중앙연구원 고문서자료관 홈페이지 원문 이미지와 텍스트 보기. 한국정신문화연구원 편(1998) 참고>

1733-01-14. **신세호 토지매매명문**(申世豪土地賣買明文), 박수환(朴受煥). <1장. 한자

---

[284] 서울대학교 규장각 한국학연구원 의궤 종합정보 홈페이지에서는 서명을 권수제와는 달리 '인조장릉천릉도감의궤(仁祖長陵遷陵都監儀軌)'로 적었다.

[285] 국립중앙박물관 외규장각 의궤 홈페이지에서는 서명을 표제나 권수제와는 달리 '인조장릉천릉도감의궤(仁祖長陵遷陵都監儀軌)'로 적었다.

+이두. 조선 필사 이두 자료. 전남 순천장류박물관 소장. 호남권 한국학자료센터 홈페이지 원문 이미지와 텍스트 보기. 최승희(1989), 전북향토문화연구회 편(1993), 정구복 외(1999) 참고>

1733-01-17. **과부 김 씨 토지매매명문**(寡婦金氏土地賣買明文), 김봉의(金鳳儀). <1장. 한자+이두. 조선 필사 이두 자료. 전남 보성군 능특 장흥 임씨가 구장. 전북대학교 박물관 소장. 호남권 한국학자료센터 홈페이지 원문 이미지와 텍스트 보기. 최승희(1989), 이재수(2003) 참고>

1733-01-21. **재찬 토지매매명문**(再讚土地賣買明文), 최치화(崔致華). <1장. 한자+이두. 조선 필사 이두 자료. 전남 구례군 토지면 오미리 문화 류씨 운조루 소장. 한국학중앙연구원 고문서자료관 홈페이지 원문 이미지와 텍스트 보기. 한국정신문화연구원 편(1998) 참고>

1733-01-25. **처남 김해준 토지매매명문**(妻男金海俊土地賣買明文), 손효근(孫孝根). <1장. 한자+이두. 조선 필사 이두 자료. 전남 구례군 토지면 오미리 문화 류씨 운조루 소장. 한국학중앙연구원 고문서자료관 홈페이지 원문 이미지와 텍스트 보기. 한국정신문화연구원 편(1998) 참고>

1733-01-26. **태화 토지매매명문**(太和土地賣買明文), 노하항(盧夏亢). <1장. 한자+이두. 조선 필사 이두 자료. 원주시 무릉박물관 소장. 한국학자료센터 강원권역센터 홈페이지 원문 이미지 보기. 최승희(1989), 전경목(2010), 채현경(2011ㄱ), 박준호(2016) 참고>

1733-01-00. **남국문 토지매매명문**(南國文土地賣買明文), 박시중(朴時中). <1장. 한자+이두. 조선 필사 이두 자료. 영해 인량 재령 이씨 우계 종택 구장. 한국국학진흥원 소장. 한국학중앙연구원 고문서자료관 홈페이지 원문 이미지와 텍스트 보기. 한국정신문화연구원 편(1997) 참고>

1733-02-06. **유 생원 노비 막석 토지매매명문**(柳生員奴婢莫石土地賣買明文), 장심(長心). <1장. 한자+이두. 조선 필사 이두 자료. 경북 안동시 수곡면 전주 류씨 삼산 종가 소장. 한국학자료센터 영남권역센터 홈페이지 원문 이미지와 텍스트 보기. 최승희(1989), 이재수(2003), 전경목(2010) 참고>

1733-02-09. **최만 토지매매명문**(崔萬土地賣買明文), 장동(長同). <1장. 한자+이두. 조

선 필사 이두 자료. 전남 해남 연동 해남 윤씨 녹우당 소장. 한국학중앙연구원 장서각 한국고문서자료관 홈페이지 원문 이미지와 텍스트 보기. 박병호(1974ㄱ), 김태영(1983), 한국정신문화연구원 편(1983, 1986), 최승희(1989) 참고>

1733-02-18. **윤 생원 댁 노 지철 토지매매명문**(尹生員宅奴之哲土地賣買明文), 장동(長同). <1장. 한자+이두. 조선 필사 이두 자료. 전남 해남 연동 해남 윤씨 녹우당 소장. 한국학중앙연구원 장서각 한국고문서자료관 홈페이지 원문 이미지와 텍스트 보기. 박병호(1974ㄱ), 김태영(1983), 한국정신문화연구원 편(1983, 1986), 최승희(1989) 참고>

1733-02-20. **유 진사 댁 막석 토지매매명문**(柳進士宅莫石土地賣買明文), 김립(金立). <1장. 한자+이두. 조선 필사 이두 자료. 경북 안동시 수곡면 전주 류씨 삼산 종가 소장. 한국학자료센터 영남권역센터 홈페이지 원문 이미지와 텍스트 보기. 최승희(1989), 이재수(2003), 전경목(2010) 참고>

1733-02-24. **강위노 토지매매명문**(姜渭老土地賣買明文) 1, 고여립(高汝立). <1장. 한자+이두. 조선 필사 이두 자료. 제주 장전리 진주 강씨 강태복가 소장. 호남권 한국학자료센터 홈페이지 원문 이미지와 텍스트 보기. 최승희(1989), 고창석(2002) 참고>

1733-02-25. **박조상 토지매매명문**(朴造尙土地賣買明文), 박지화(朴枝華). <1장. 한자+이두. 조선 필사 이두 자료. 전남 구례군 토지면 오미리 문화 류씨 운조루 소장. 한국학중앙연구원 고문서자료관 홈페이지 원문 이미지와 텍스트 보기. 한국정신문화연구원 편(1998) 참고>

1733-02-25. **안진철 토지매매명문**(安震喆土地賣買明文), 유성수(柳聖洙). <1장. 한자+이두. 조선 필사 이두 자료. 안동 하회 풍산 류씨 충효당 소장. 한국학중앙연구원 장서각 한국고문서자료관 홈페이지 원문 이미지와 텍스트 보기. 한국정신문화연구원 편(1994) 참고>

1733-02-28. **박시흥 토지매매명문**(朴時興土地賣買明文), 최천기(崔天起). <1장. 한자+이두. 조선 필사 이두 자료. 전북 부안군 우반 부안 김씨 구장. 전북 부안군 우동 세덕각 소장. 한국학중앙연구원 장서각 한국고문서자료관 홈페이지 원문 이미지와 텍스트 보기. 한국정신문화연구원 편(1983, 1998), 한국학중앙연구원

편(2017) 참고>

1733-02-00. **노 장동 배지**(奴長同牌旨) 1, 유(兪). <1장. 한자+이두. 조선 필사 이두 자료. 전남 해남 연동 해남 윤씨 녹우당 소장. 한국학중앙연구원 장서각 한국고문서자료관 홈페이지 원문 이미지와 텍스트 보기. 박병호(1974ㄱ), 김태영(1983), 한국정신문화연구원 편(1983, 1986), 최승희(1989) 참고>

1733-02-00. **노 장동 배지**(奴長同牌旨) 2, 유(兪). <1장. 한자+이두. 조선 필사 이두 자료. 전남 해남 연동 해남 윤씨 녹우당 소장. 한국학중앙연구원 장서각 한국고문서자료관 홈페이지 원문 이미지와 텍스트 보기. 박병호(1974ㄱ), 김태영(1983), 한국정신문화연구원 편(1983, 1986), 최승희(1989) 참고>

1733-02-00. **입안**(立案), 구례현(求禮縣). <1장. 한자+이두. 조선 필사 이두 자료. 전남 구례군 토지면 오미리 문화 류씨 운조루 소장. 한국학중앙연구원 고문서자료관 홈페이지 원문 이미지와 텍스트 보기. 한국정신문화연구원 편(1998) 참고>

1733-03-01. **숭렬사 재임 최경진 토지매매명문**(崇烈祠齋任崔慶振土地賣買明文), 이덕표(李德標). <1장. 한자+이두. 조선 필사 이두 자료. 경북 경주시 내남면 이조리 경주 최씨·용산서원 소장. 한국학중앙연구원 고문서자료관 홈페이지 원문 이미지 보기. 박병호(1974ㄱ), 한국정신문화연구원 편(2000), 이재수(2003), 김소은(2004) 참고>

1733-03-03. **이국태 토지매매명문**(李國泰土地賣買明文), 민창동(閔彰同). <1장. 한자+이두. 조선 필사 이두 자료. 전남 해남 연동 해남 윤씨 녹우당 소장. 한국학중앙연구원 장서각 한국고문서자료관 홈페이지 원문 이미지와 텍스트 보기. 박병호(1974ㄱ), 김태영(1983), 한국정신문화연구원 편(1983, 1986), 최승희(1989) 참고>

1733-03-05. **비역 유사 최선기 토지매매명문**(碑役有司崔宣基土地賣買明文), 최경진(崔慶振). <1장. 한자+이두. 조선 필사 이두 자료. 경북 경주시 내남면 이조리 경주 최씨·용산서원 소장. 한국학중앙연구원 고문서자료관 홈페이지 원문 이미지 보기. 박병호(1974ㄱ), 한국정신문화연구원 편(2000), 이재수(2003), 김소은(2004) 참고>

1733-03-19. **노익명 토지매매명문**(盧益明土地賣買明文), 유학 박용한(幼學朴龍漢). <1장. 한자+이두. 조선 필사 이두 자료. 부여 은산 함양 박씨 소장. 한국학중앙연

구원 고문서자료관 홈페이지 원문 이미지 보기. 한국정신문화연구원 편(2000) 참고>

1733-03-00. **강필성 소지**(姜弼星所志), 강필성. <1장. 한자+이두. 조선 필사 이두 자료. 제주 어도내산 진주 강씨가 구장. 제주 한림 강우석 소장. 호남권 한국학자 료센터 홈페이지 원문 이미지와 텍스트 보기. 박병호(1974ㄱ), 최승희(1989), 정구복(2002) 참고>

1733-03-00. **윤 진사 화회문기**(尹進士和會文記), 윤(尹). <1장. 한자+이두. 조선 필사 이두 자료. 전남 구례군 토지면 오미리 문화 류씨 운조루 소장. 한국학중앙연구원 고문서자료관 홈페이지 원문 이미지와 텍스트 보기. 한국정신문화연구원 편(1998) 참고>

1733-03-00. **이소 등 삼 남매 화회문기**(李炤等三男妹和會文記), 이소 등. <1장. 점련문서. 한자+이두. 조선 필사 이두 자료. 충남 공주 전주 이씨 숭선군파 종가 소장. 한국학중앙연구원 고문서자료관 홈페이지 원문 이미지 보기>

1733-06-02. **차노 업선 배지**(差奴業先牌旨),[286] 상전 신(上典申). <1장. 한자+이두. 조선 필사 이두 자료. 일본 경도대학 가와이문고 소장. 고려대학교 해외한국학자료센터 홈페이지 원문 이미지와 텍스트 보기>

1733-06-10. **김 서방 댁 노 유청 가대매매명문**(金書房宅奴有淸家垈賣買明文), 업선(業先). <1장. 한자+이두. 조선 필사 이두 자료. 일본 경도대학 가와이문고 소장. 고려대학교 해외한국학자료센터 홈페이지 원문 이미지와 텍스트 보기>

1733-06-15. **양진찬 토지매매명문**(梁振贊土地賣買明文), 양세찬(梁世贊). <1장. 한자+이두. 조선 필사 이두 자료. 제주 장전리 진주 강씨 강태복가 소장. 호남권 한국학자료센터 홈페이지 원문 이미지와 텍스트 보기. 최승희(1989), 고창석(2002) 참고>

1733-06-25. **이재욱 토지매매명문**(李再郁土地賣買明文), 김덕필(金德畢). <1장. 한자+이두. 조선 필사 이두 자료. 전남 구례군 토지면 오미리 문화 류씨 운조루 소장.

---

[286] 고려대학교 해외한국학자료센터 홈페이지에서는 '차노(差奴) 업선(業先) 패지(牌旨)'로 표시하였다.

한국학중앙연구원 고문서자료관 홈페이지 원문 이미지와 텍스트 보기. 한국정신문화연구원 편(1998) 참고>

1733-06-27. **재찬 토지매매명문**(再贊土地賣買明文) 2, 최치화(崔致華). <1장. 한자+이두. 조선 필사 이두 자료. 전남 구례군 토지면 오미리 문화 류씨 운조루 소장. 한국학중앙연구원 고문서자료관 홈페이지 원문 이미지와 텍스트 보기. 한국정신문화연구원 편(1998) 참고>

1733-07-22. **양보명 토지매매명문**(梁輔明土地賣買明文), 김태석(金泰碩). <1장. 한자+이두. 조선 필사 이두 자료. 제주 장전리 진주 강씨 강태복가 소장. 호남권 한국학자료센터 홈페이지 원문 이미지와 텍스트 보기. 최승희(1989), 고창석(2002) 참고>

1733-07-23. **강위노 토지매매명문**(姜渭老土地賣買明文) 2, 양보명(梁輔明). <1장. 한자+이두. 조선 필사 이두 자료. 제주 장전리 진주 강씨 강태복가 소장. 호남권 한국학자료센터 홈페이지 원문 이미지와 텍스트 보기. 최승희(1989), 고창석(2002) 참고>

1733-07-25. **김 서방 댁 노 유청 가대매매사급입안**(金書房宅奴有淸家垈賣買斜給立案), 한성부(漢城府). <1장. 한자+이두. 조선 필사 이두 자료. 일본 경도대학 가와이문고 소장. 고려대학교 해외한국학자료센터 홈페이지 원문 이미지와 텍스트 보기>

1733-07-25. **재주 신 생원 노 업선 초사**(財主申生員奴業先招辭), 업선. <1장. 한자+이두. 조선 필사 이두 자료. 일본 경도대학 가와이문고 소장. 고려대학교 해외한국학자료센터 홈페이지 원문 이미지와 텍스트 보기>

1733-07-25. **증인 김정희·이태성·필집 윤명대 초사**(證人金鼎熙·李泰成·筆執尹命大招辭), 증인 김정희·이태성·필집 윤명대. <1장. 한자+이두. 조선 필사 이두 자료. 일본 경도대학 가와이문고 소장. 고려대학교 해외한국학자료센터 홈페이지 원문 이미지와 텍스트 보기>

1733-07-00. **백두옥 등 소지**(白斗玉等所志), 백두옥 등. <1장. 한자+이두. 조선 필사 이두 자료. 영해 도곡 무안 박씨 무의공 종택 소장. 한국학중앙연구원 고문서자료관 홈페이지 원문 이미지 보기>

1733-08-16. **형수 이 씨 토지매매명문**(兄嫂李氏土地賣買明文), 이지담(李之聃). <1장. 한자+이두. 조선 필사 이두 자료. 경북 경주시 안강읍 옥산리 여주 이씨 독락당 소장. 한국학중앙연구원 고문서자료관 홈페이지 원문 이미지 보기. 한국정신문화연구원 편(2003) 참고>

1733-10-04. **강필성 노비매매명문**(姜弼星奴婢賣買明文), 허시창(許時昌). <1장. 한자+이두. 조선 필사 이두 자료. 제주 어도내산 진주 강씨가 구장. 제주 한림 강우석 소장. 호남권 한국학자료센터 홈페이지 원문 이미지와 텍스트 보기. 최승희(1989), 고창석(1998, 2007) 참고>

1733-10-07. **노하시 토지매매명문**(盧夏時土地賣買明文), 유 씨(柳氏). <1장. 한자+이두. 조선 필사 이두 자료. 원주시 무릉박물관 소장. 한국학자료센터 강원권역센터 홈페이지 원문 이미지 보기. 박병호(1974ㄱ), 최승희(1989), 김소은(2004), 김성갑(2013) 참고>

1733-10-24. **이순삼 토지매매명문**(李順三土地賣買明文), 박준업(朴俊業). <1장. 한자+이두. 조선 필사 이두 자료. 전북 장수 화양 흥학당 소장. 호남권 한국학자료센터 홈페이지 원문 이미지와 텍스트 보기. 최승희(1989), 이재수(2003), 채현경(2011ㄱ) 참고>

1733-10-31. **이만일 토지매매명문**(李萬日土地賣買明文), 정순생(鄭順生). <1장. 한자+이두. 조선 필사 이두 자료. 전남 구례군 토지면 오미리 문화 류씨 운조루 소장. 한국학중앙연구원 고문서자료관 홈페이지 원문 이미지와 텍스트 보기. 한국정신문화연구원 편(1998) 참고>

1733-10-00. **화민 신경침 등 소지**(化民辛景沈等所志), 신경침 등. <1장. 한자+이두. 조선 필사 이두 자료. 전남 영광군 입석 영월 신씨 소장. 한국학중앙연구원 고문서자료관 홈페이지 원문 이미지와 텍스트 보기. 한국정신문화연구원 편(1996) 참고>

1733-11-04. **노 대선 토지매매명문**(奴大先土地賣買明文), 유차명(柳次命). <1장. 한자+이두. 조선 필사 이두 자료. 경북 경주시 양동 경주 손씨 송첨 종택 소장. 한국학중앙연구원 고문서자료관 홈페이지 원문 이미지 보기. 이수건(1979), 이수건 편저(1981), 영남대학교 인문과학연구소 편(1990), 정구복・안승준(1997), 한국정신문

화연구원 편(1997) 참고>

1733-11-04. **대선 토지매매명문**(大先土地賣買明文), 법능(法能). <1장. 한자+이두. 조선 필사 이두 자료. 경북 경주시 양동 경주 손씨 송첨 종택 소장. 한국학중앙연구원 고문서자료관 홈페이지 원문 이미지 보기. 이수건(1979), 이수건 편저(1981), 영남대학교 인문과학연구소 편(1990), 정구복·안승준(1997), 한국정신문화연구원 편(1997) 참고>

1733-11-19. **숭렬서원 재임 서목**(崇烈書院齋任書目), 숭렬서원. <1장. 한자+이두. 조선 필사 이두 자료. 경북 경주시 내남면 이조리 경주 최씨·용산서원 소장. 한국학중앙연구원 고문서자료관 홈페이지 원문 이미지 보기>

1733-11-24. **세■■ 토지매매명문**(世■■土地賣買明文), 류(柳). <1장. 한자+이두. 조선 필사 이두 자료. 경북 안동시 수곡면 전주 류씨 수곡파 대야 고택 구장. 한국국학진흥원 소장. 한국학자료센터 영남권역센터 홈페이지 원문 이미지와 텍스트 보기>

1733-11-29. **김주극 토지매매명문**(金柱極土地賣買明文), 김주국(金柱國). <1장. 한자+이두. 조선 필사 이두 자료. 안동 금계 의성 김씨 학봉 종가 소장. 한국학중앙연구원 고문서자료관 홈페이지 원문 이미지와 텍스트 보기. 한국정신문화연구원 편(1990) 참고>

1733-11-00. **강 조이 소지**(姜召史所志), 강 조이. <1장. 한자+이두. 조선 필사 이두 자료. 경남 진주시 운문 진양 하씨 소장. 한국학중앙연구원 장서각 한국고문서자료관 홈페이지 원문 이미지 보기. 한국정신문화연구원 편(2001) 참고>

1733-11-00. **금동어리 호노 진쇠 소지**(金冬於里戶奴晉金所志), 진쇠. <1장. 점련문서. 한자+이두. 조선 필사 이두 자료. 경남 진주시 운문 진양 하씨 소장. 한국학중앙연구원 장서각 한국고문서자료관 홈페이지 원문 이미지 보기. 한국정신문화연구원 편(2001) 참고>

1733-12-11. **김말금 토지매매명문**(金末金土地賣買明文), 박석봉(朴碩奉). <1장. 한자+이두. 조선 필사 이두 자료. 순천 월등 목천 장씨가 구장. 전북대학교 박물관 소장. 호남권 한국학자료센터 홈페이지 원문 이미지와 텍스트 보기. 박병호(1974ㄱ), 최승희(1989), 이재수(2003) 참고>

1733-12-15. **김운희 토지매매명문**(金韻熙土地賣買明文), 박수(朴邃). <1장. 한자+이두. 조선 필사 이두 자료. 전남 영암 밀양 김씨 김상회 소장. 호남권 한국학자료센터 홈페이지 원문 이미지와 텍스트 보기. 최승희(1989) 참고>

1733-12-25. **김정서 혜민서 약재 공인권 매매명문**(金鼎瑞惠民署藥材貢人權賣買明文), 김인서(金麟瑞). <1장. 한자+이두. 조선 필사 이두 자료. 일본 경도대학 가와이문고 소장. 고려대학교 해외한국학자료센터 홈페이지 원문 이미지와 텍스트 보기>

1733-12-27. **가창재사위 토지매매명문**(可倉齋舍位土地賣買明文), 조업(趙業). <1장. 한자+이두. 조선 필사 이두 자료. 경북 안동시 주촌 진성 이씨 경류정 소장. 한국학중앙연구원 장서각 한국고문서자료관 홈페이지 원문 이미지와 텍스트 보기. 한국정신문화연구원 편(1999) 참고>

1733-12-00. **이만 소지**(李槾所志), 이만. <1장. 한자+이두. 조선 필사 이두 자료. 영해 인량 재령 이씨 충효당 소장. 한국학중앙연구원 고문서자료관 홈페이지 원문 이미지와 텍스트 보기. 한국학중앙연구원 편(2008) 참고>

1733-12-00. **하대륜 소지**(河大崙所志), 하대륜. <1장. 한자+이두. 조선 필사 이두 자료. 경남 진주시 운문 진양 하씨 소장. 한국학중앙연구원 장서각 한국고문서자료관 홈페이지 원문 이미지 보기. 한국정신문화연구원 편(2001) 참고>

1734년

<갑인(甲寅), 영조 10년, 옹정 12년>

1734-01-17. **강위구 처 오 씨 별급문기**(姜渭龜妻吳氏別給文記), 강여돈(姜汝敦). <1장. 한자+이두. 조선 필사 이두 자료. 제주 어도내산 진주 강씨가 구장. 제주 한림 강우석 소장. 호남권 한국학자료센터 홈페이지 원문 이미지와 텍스트 보기. 최승희(1989), 고창석(1998, 2007), 이재수(2003), 오창명(2007) 참고>

1734-01-20. **강강아 불망기**(姜江牙不忘記), 강강아. <1장. 한자+이두. 조선 필사 이두 자료. 경남 진주시 운문 진양 하씨 소장. 한국학중앙연구원 장서각 한국고문서자료관 홈페이지 원문 이미지 보기. 한국정신문화연구원 편(2001) 참고>

1734-01-24. **송흥도 토지매매명문**(宋興道土地賣買明文), 이손만(李孫萬). <1장. 한자+이두. 조선 필사 이두 자료. 남원·구례 삭녕 최씨 구장. 한국학중앙연구원 장서각 소장. 한국학중앙연구원 장서각 한국고문서자료관 홈페이지 원문 이미지 보기. 한국정신문화연구원 편(2004) 참고>

1734-01-28. **강위노 토지매매명문**(姜渭老土地賣買明文) 1, 김시진(金時進). <1장. 한자+이두. 조선 필사 이두 자료. 제주 장전리 진주 강씨 강태복가 소장. 호남권한국학자료센터 홈페이지 원문 이미지와 텍스트 보기. 최승희(1989), 고창석(2002) 참고>

1734-01-00. **금동어리 노 진쇠 소지**(金冬於里奴晉金所志), 진쇠. <1장. 한자+이두. 조선 필사 이두 자료. 경남 진주시 운문 진양 하씨 소장. 한국학중앙연구원 장서각 한국고문서자료관 홈페이지 원문 이미지 보기. 한국정신문화연구원 편(2001) 참고>

1734-02-06. **승 최성 토지매매명문**(僧崔晟土地賣買明文), 박 씨(朴氏). <1장. 한자+이두. 조선 필사 이두 자료. 전남 해남 연동 해남 윤씨 녹우당 소장. 한국학중앙연구원 장서각 한국고문서자료관 홈페이지 원문 이미지와 텍스트 보기. 박병호(1974ㄱ), 김태영(1983), 한국정신문화연구원 편(1983, 1986), 최승희(1989), 박준호(2004) 참고>

1734-02-07. **이돌이 노비매매명문**(李乭伊奴婢賣買明文), 이시달(李始達). <1장. 한자+이두. 조선 필사 이두 자료. 경북 성주군 월항면 대산리 성산 이씨 응와 종택 구장. 한국국학진흥원 소장. 한국학자료센터 영남권역센터 홈페이지 원문 이미지와 텍스트 보기>

1734-02-08. **노비주 이시달 초사**(奴婢主李時達招辭), 이시달. <1장. 한자+이두. 조선 필사 이두 자료. 경북 성주군 월항면 대산리 성산 이씨 응와 종택 구장. 한국국학진흥원 소장. 한국학자료센터 영남권역센터 홈페이지 원문 이미지와 텍스트 보기>

1734-02-09. **가창재사 토지매매명문**(可倉齋舍土地賣買明文), 청율(淸律). <1장. 한자+이두. 조선 필사 이두 자료. 경북 안동시 주촌 진성 이씨 경류정 소장. 한국학중앙연구원 장서각 한국고문서자료관 홈페이지 원문 이미지와 텍스트 보기. 한국정

신문화연구원 편(1999) 참고>

1734-02-16. **고 생원 댁 노 임선 토지매매명문**(高生員宅奴林先土地賣買明文), 득신(得申). <1장. 한자+이두. 조선 필사 이두 자료. 전북 부안 청호 효충사 소장. 호남권 한국학자료센터 홈페이지 원문 이미지와 텍스트 보기. 박병호(1974ㄱ), 최승희(1989), 이재수(2003) 참고>

1734-02-20. **강위노 토지매매명문**(姜渭老土地賣買明文) 2, 양치안(梁致安). <1장. 한자+이두. 조선 필사 이두 자료. 제주 장전리 진주 강씨 강태복가 소장. 호남권 한국학자료센터 홈페이지 원문 이미지와 텍스트 보기. 최승희(1989), 고창석(2002) 참고>

1734-02-20. **재사위 토지매매명문**(齋舍位土地賣買明文), 덕잠(德岑). <1장. 한자+이두. 조선 필사 이두 자료. 경북 안동시 주촌 진성 이씨 경류정 소장. 한국학중앙연구원 장서각 한국고문서자료관 홈페이지 원문 이미지와 텍스트 보기. 한국정신문화연구원 편(1999) 참고>

1734-02-24. **가창재위 토지매매명문**(可倉齋位土地賣買明文), 김중명(金重鳴). <1장. 한자+이두. 조선 필사 이두 자료. 경북 안동시 주촌 진성 이씨 경류정 소장. 한국학중앙연구원 장서각 한국고문서자료관 홈페이지 원문 이미지와 텍스트 보기. 한국정신문화연구원 편(1999) 참고>

1734-02-24. **김중천 토지매매명문**(金重天土地賣買明文), 김춘봉(金春奉). <1장. 한자+이두. 조선 필사 이두 자료. 전남 구례군 토지면 오미리 문화 류씨 운조루 소장. 한국학중앙연구원 고문서자료관 홈페이지 원문 이미지와 텍스트 보기. 한국정신문화연구원 편(1998) 참고>

1734-02-24. **이긋만 노비매매명문**(李㕟萬奴婢賣買明文), 이돌이(李乭伊). <1장. 한자+이두. 조선 필사 이두 자료. 경북 성주군 월항면 대산리 성산 이씨 응와 종택 구장. 한국국학진흥원 소장. 한국학자료센터 영남권역센터 홈페이지 원문 이미지와 텍스트 보기>

1734-02-28. **박시흥 토지매매명문**(朴時興土地賣買明文), 최천기(崔天起). <1장. 한자+이두. 조선 필사 이두 자료. 전북 부안군 우반 부안 김씨 구장. 전북 부안군 우동 세덕각 소장. 호남권 한국학자료센터 홈페이지 원문 이미지와 텍스트 보기.

박병호(1974ㄱ), 이재수(2003) 참고>

1734-02-00. **금동어 노 진쇠 소지**(金冬於奴晉金所志) 1, 진쇠. <1장. 한자+이두. 조선 필사 이두 자료. 경남 진주시 운문 진양 하씨 소장. 한국학중앙연구원 장서각 한국고문서자료관 홈페이지 원문 이미지 보기. 한국정신문화연구원 편(2001) 참고>

1734-02-00. **노비주 이돌이 초사**(奴婢主李乭伊招辭), 이돌이. <1장. 한자+이두. 조선 필사 이두 자료. 경북 성주군 월항면 대산리 성산 이씨 응와 종택 구장. 한국국학진흥원 소장. 한국학자료센터 영남권역센터 홈페이지 원문 이미지와 텍스트 보기>

1734-02-00. **이끗만 소지**(李㤽萬所志), 이끗만. <1장. 한자+이두. 조선 필사 이두 자료. 경북 성주군 월항면 대산리 성산 이씨 응와 종택 구장. 한국국학진흥원 소장. 한국학자료센터 영남권역센터 홈페이지 원문 이미지와 텍스트 보기>

1734-02-00. **이끗만 입안**(李㤽萬立案), 성주목(星州牧). <1장. 한자+이두. 조선 필사 이두 자료. 경북 성주군 월항면 대산리 성산 이씨 응와 종택 구장. 한국국학진흥원 소장. 한국학자료센터 영남권역센터 홈페이지 원문 이미지와 텍스트 보기>

1734-02-00. **이돌이 소지**(李乭伊所志), 이돌이. <1장. 한자+이두. 조선 필사 이두 자료. 경북 성주군 월항면 대산리 성산 이씨 응와 종택 구장. 한국국학진흥원 소장. 한국학자료센터 영남권역센터 홈페이지 원문 이미지와 텍스트 보기>

1734-02-00. **이돌이 입안**(李乭伊立案), 성주목(星州牧). <1장. 한자+이두. 조선 필사 이두 자료. 경북 성주군 월항면 대산리 성산 이씨 응와 종택 구장. 한국국학진흥원 소장. 한국학자료센터 영남권역센터 홈페이지 원문 이미지와 텍스트 보기>

1734-02-00. **증인 김백중 등 초사**(證人金伯重等招辭), 김백중 등. <1장. 한자+이두. 조선 필사 이두 자료. 경북 성주군 월항면 대산리 성산 이씨 응와 종택 구장. 한국국학진흥원 소장. 한국학자료센터 영남권역센터 홈페이지 원문 이미지와 텍스트 보기>

1734-03-06. **숭렬서원 재임 서목**(崇烈書院齋任書目), 숭렬서원. <1장. 한자+이두. 조선 필사 이두 자료. 경북 경주시 내남면 이조리 경주 최씨·용산서원 소장. 한국학중앙연구원 장서각 한국고문서자료관 홈페이지 원문 이미지 보기>

1734-03-16. **내수사 입안**(內需司立案), 내수사. <1장. 한자+이두. 조선 필사 이두 자료. 한국학중앙연구원 장서각 소장. 한국학중앙연구원 장서각 한국고문서자료관 홈페이지 원문 이미지 보기. 한국정신문화연구원 편(1992) 참고>

1734-03-00. **금동어 노 진쇠 소지 초**(金冬於奴晉金所志草), 진쇠. <1장. 한자+이두. 조선 필사 이두 자료. 경남 진주시 운문 진양 하씨 소장. 한국학중앙연구원 장서각 한국고문서자료관 홈페이지 원문 이미지 보기. 한국정신문화연구원 편(2001) 참고>

1734-04-01. **홍진석 토지매매명문**(洪進碩土地賣買明文), 조성(趙誠). <1장. 한자+이두. 조선 필사 이두 자료. 원주시 무릉박물관 소장. 한국학자료센터 강원권역센터 홈페이지 원문 이미지 보기. 박병호(1974ㄱ), 최승희(1989), 김소은(2004), 김성갑(2013) 참고>

1734-04-07. **노 소남 토지매매명문**(奴小男土地賣買明文), 강명생(姜明生). <1장. 한자+이두. 조선 필사 이두 자료. 전남 장성군 행주 기씨 금강 종가 소장. 호남권 한국학자료센터 홈페이지 원문 이미지와 텍스트 보기. 이재수(2003), 이수건 외(2004) 참고>

1734-04-00. **증인 배자망 등 초사**(證人裵自望等招辭), 배자망 등. <1장. 한자+이두. 조선 필사 이두 자료. 경북 성주군 월항면 대산리 성산 이씨 응와 종택 구장. 한국국학진흥원 소장. 한국학자료센터 영남권역센터 홈페이지 원문 이미지와 텍스트 보기>

1734-05-26. **승 재환 토지매매명문**(僧再還土地賣買明文), 이만일(李萬日). <1장. 한자+이두. 조선 필사 이두 자료. 전남 구례군 토지면 오미리 문화 류씨 운조루 소장. 한국학중앙연구원 고문서자료관 홈페이지 원문 이미지와 텍스트 보기. 한국정신문화연구원 편(1998) 참고>

1734-05-00. **금동어 노 진쇠 소지**(金冬於奴晉金所志) 2, 진쇠. <1장. 한자+이두. 조선 필사 이두 자료. 경남 진주시 운문 진양 하씨 소장. 한국학중앙연구원 장서각 한국고문서자료관 홈페이지 원문 이미지 보기. 한국정신문화연구원 편(2001) 참고>

1734-07-11~1735-02-02. 「선원보략수정시교정청의궤(璿源譜略修正時校正廳儀軌)」,

종부시(宗簿寺) 편(編). <1책. 162장. 필사본. 한자+이두. 조선 필사 이두 자료. 한국학중앙연구원 장서각 소장. 한국학중앙연구원 한국학 디지털 아카이브 홈페이지 원문 이미지와 텍스트 보기>

1734-07-11~1735-02-02. 「선원보략수정시교정청의궤(璿源譜略修正時校正廳儀軌)」,[287] 종부시 교정청(宗簿寺校正廳) 편(編). <1책. 164장. 표제는 '(乙卯年 赤裳山上件)璿源譜略修正時校正廳儀軌'. 권수제는 '(雍正十三年七月 日)璿源譜略修正時校正廳儀軌'. 한자+이두. 조선 필사 이두 자료. 한국학중앙연구원 디지털장서각 홈페이지 'K2-3845' 원문 이미지와 텍스트 보기>

1734-07-11~1735-윤4-13. 「선원보략수정시교정청의궤(璿源譜略修正時校正廳儀軌)」, 교정청. <1책. 137장. 필사본. 한자+이두. 조선 필사 이두 자료. 서울대학교 규장각 한국학연구원 의궤 종합정보 홈페이지 원문 이미지 보기>

1734-08-12. **이 생원 댁 노 도화 토지매매명문**(李生員宅奴道華土地賣買明文),[288] 박세기(朴世起). <1장. 한자+이두. 조선 필사 이두 자료. 충남 공주시 전주 이씨 숭선군파 종가 소장. 장서각 한국고문서자료관 홈페이지 원문 이미지 보기>

1734-08-20. **하대륜 노비매매명문**(河大崙奴婢賣買明文), 노주(奴主) 유학(幼學) ■■■. <1장. 한자+이두. 조선 필사 이두 자료. 경남 진주시 운문 진양 하씨 소장. 한국학중앙연구원 장서각 한국고문서자료관 홈페이지 원문 이미지 보기. 한국정신문화연구원 편(2001) 참고>

1734-09-30. **김형만 군기시화약공인권 매매명문**(金逈萬軍器寺火藥貢人權賣買明文), 김지남(金地南). <1장. 한자+이두. 조선 필사 이두 자료. 일본 경도대학 가와이문고 소장. 고려대학교 해외한국학자료센터 홈페이지 원문 이미지와 텍스트 보기>

1734-11-06. **송계연 토지매매명문**(宋繼延土地賣買明文), 송유성(宋有聖). <1장. 한자+이두. 조선 필사 이두 자료. 전북 장수 화양 홍학당 소장. 호남권 한국학자료센터 홈페이지 원문 이미지와 텍스트 보기. 최승희(1989), 이재수(2003), 채현경(2011

---

[287] 한국학중앙연구원 디지털장서각 홈페이지에서는 서명을 '선원보략교정청의궤(璿源譜略校正廳儀軌)'로 적었다.

[288] 한국학중앙연구원 장서각 한국고문서자료관 홈페이지에서는 '박세기(朴世起) 토지매매명문(土地賣買明文)'으로 표시하였다.

ㄱ) 참고>

1734-11-09. **김완서 혜민서 약재 공인권 매매명문**(金完瑞惠民署藥材貢人權賣買明文), 김 씨(金氏). <1장. 한자+이두. 조선 필사 이두 자료. 일본 경도대학 가와이문고 소장. 고려대학교 해외한국학자료센터 홈페이지 원문 이미지와 텍스트 보기>

1734-11-16. **이덕윤 토지매매명문**(李德潤土地賣買明文), 최만유(崔萬裕). <1장. 한자+이두. 조선 필사 이두 자료. 전북 부안군 우반 부안 김씨 소장. 한국학중앙연구원 장서각 한국고문서자료관 홈페이지 원문 이미지 보기. 한국정신문화연구원 편(1983, 1998), 한국학중앙연구원 편(2017) 참고>

1734-12-14. **호장 김 첩정**(戶長金牒呈), 호장 김. <1장. 한자+이두. 조선 필사 이두 자료. 제주 어도내산 진주 강씨가 구장. 제주 한림 강우석 소장. 호남권 한국학자료센터 홈페이지 원문 이미지와 텍스트 보기. 최승희(1989), 정구복(2002) 참고>

1734-12-24. **강필성 차정첩**(姜弼聖差定帖), 제주목(濟州牧). <1장. 한자+이두. 조선 필사 이두 자료. 제주 어도내산 진주 강씨가 구장. 제주 한림 강우석 소장. 호남권 한국학자료센터 홈페이지 원문 이미지와 텍스트 보기. 최승희(1989), 고창석(2000) 참고>

1734-12-00. **하남 소지**(下男所志), 하남. <1장. 한자+이두. 조선 필사 이두 자료. 경북 안동시 하회 풍산 류씨 충효당 소장. 한국학중앙연구원 장서각 한국고문서자료관 홈페이지 원문 이미지와 텍스트 보기. 한국정신문화연구원 편(1994) 참고>

1734-1■-■■. **김원채 방매 토지매매명문**(金元采放賣土地賣買明文), 김원채. <1장. 한자+이두. 조선 필사 이두 자료. 전북 부안 석동 류절재 소장. 호남권 한국학자료센터 홈페이지 원문 이미지와 텍스트 보기. 박병호(1974ㄱ), 최승희(1989), 정구복 외(1999) 참고>

1734-00-00. **안성흥·안달흥 등 소지**(安聖興·安達興等所志), 안성흥·안달흥 등. <1장. 한자+이두. 조선 필사 이두 자료. 경남 함안 두릉 순흥 안씨 소장. 한국학중앙연구원 장서각 한국고문서자료관 홈페이지 원문 이미지 보기. 한국학중앙연구원 편(2006) 참고>

1734-00-00~1737-00-00. **청산 현감 송요화 정사**(靑山縣監宋堯和呈辭), 송요화. <1장.

한자+이두. 조선 필사 이두 자료. 대전 회덕 은진 송씨 동춘당 후손가 구장. 대전 시립박물관 소장. 한국학중앙연구원 장서각 한국고문서자료관 홈페이지 원문 이미지 보기. 한국학중앙연구원 편(2006) 참고>

1735년

<을묘(乙卯), 영조 11년, 옹정 13년>

1735-01-20. **연곡사 토지매매명문**(燕谷寺土地賣買明文), 승명선(承明善). <1장. 한자+이두. 조선 필사 이두 자료. 전남 구례군 토지면 오미리 문화 류씨 운조루 소장. 장서각 한국고문서자료관 홈페이지 원문 이미지와 텍스트 보기. 한국정신문화연구원 편(1998) 참고>

1735-01-21~1744-01-13. 「왕세자책례등록(王世子冊禮謄錄)」, 예조(禮曹). <1책. 82장. 필사본. 한자+이두. 조선 필사 이두 자료. 한국학중앙연구원 장서각 한국학자료센터 홈페이지 원문 이미지와 텍스트 보기>

1735-01-24. **강삼봉 토지매매명문**(姜三奉土地賣買明文), 박임생(朴任生). <1장. 한자+이두. 조선 필사 이두 자료. 전남 구례군 토지면 오미리 문화 류씨 운조루 소장. 한국학중앙연구원 장서각 한국고문서자료관 홈페이지 원문 이미지와 텍스트 보기. 한국정신문화연구원 편(1998) 참고>

1735-01-00. **팔십 노부 허여문기**(八十老父許與文記), 팔십 노부. <1장. 한자+이두. 조선 필사 이두 자료. 안동 천전 의성 김씨 제산 종택 소장. 한국학중앙연구원 장서각 한국고문서자료관 홈페이지 원문 이미지와 텍스트 보기. 한국정신문화연구원 편(1990) 참고>

1735-02-02. **강위노 토지매매명문**(姜渭老土地賣買明文) 1, 강필주(姜弼周). <1장. 한자+이두. 조선 필사 이두 자료. 제주 장전리 진주 강씨 강태복가 소장. 호남권 한국학자료센터 홈페이지 원문 이미지와 텍스트 보기. 최승희(1989), 고창석(2002) 참고>

1735-02-12. **강위노 토지매매명문**(姜渭老土地賣買明文) 2, 박순후(朴順厚). <1장. 한

자+이두. 조선 필사 이두 자료. 제주 장전리 진주 강씨 강태복가 소장. 호남권 한국학자료센터 홈페이지 원문 이미지와 텍스트 보기. 최승희(1989), 고창석(2002) 참고>

1735-02-12. **여덕봉 토지매매명문**(呂德鳳土地賣買明文), 유재(有才). <1장. 한자+이두. 조선 필사 이두 자료. 전남 보성군 박실 제주 양씨가 구장. 원광대학교 박물관 소장. 호남권 한국학자료센터 홈페이지 원문 이미지와 텍스트 보기. 박병호(1974ㄱ), 이재수(2003) 참고>

1735-02-16. **세민 토지매매명문**(世敏土地賣買明文), 이선익(李先益). <1장. 한자+이두. 조선 필사 이두 자료. 전남 구례군 토지면 오미리 문화 류씨 운조루 소장. 한국학중앙연구원 장서각 한국고문서자료관 홈페이지 원문 이미지와 텍스트 보기. 한국정신문화연구원 편(1998) 참고>

1735-02-16. **이덕윤 토지매매명문**(李德潤土地賣買明文), 최만유(崔萬裕). <1장. 한자+이두. 조선 필사 이두 자료. 전북 부안군 우반 부안 김씨 구장. 전북 부안군 우동 세덕각 소장. 호남권 한국학자료센터 홈페이지 원문 이미지와 텍스트 보기. 박병호(1974ㄱ), 이재수(2003) 참고>

1735-02-29. **유학 진태 토지매매명문**(幼學鎭泰土地賣買明文), 변상대(邊尙大). <1장. 한자+이두. 조선 필사 이두 자료. 경북 안동시 주촌 진성 이씨 경류정 소장. 한국학중앙연구원 장서각 한국고문서자료관 홈페이지 원문 이미지와 텍스트 보기. 한국정신문화연구원 편(1999) 참고>

1735-02-00. **금동어 노 진쇠 소지**(金冬於老㖯金所志), 진쇠. <1장. 한자+이두. 조선 필사 이두 자료. 경남 진주시 운문 진양 하씨 소장. 한국학중앙연구원 장서각 한국고문서자료관 홈페이지 원문 이미지 보기. 한국정신문화연구원 편(2001) 참고>

1735-02-00~1735-04-00. 「현빈옥인조성도감의궤(**賢嬪玉印造成都監儀軌**)」, 옥인조성도감. <1책. 53장. 필사본. 한자+이두. 조선 필사 이두 자료. 서울대학교 규장각 한국학연구원 의궤 종합정보 홈페이지 원문 이미지 보기>

1735-03-07~1740-11-12(乙卯~庚申). 「각릉수개등록(**各陵修改謄錄**)」 第18(5),[289] 예조(禮曹) 전향사(典享司) 편(編). <전21책. 1책. 182장. 필사본. 한자+이두. 이두

자료. 서울대학교 규장각 한국학연구원 홈페이지 원문 이미지 보기>

1735-03-11. **정부인 이 씨 별급문기**(貞夫人李氏別給文記), 정부인 이 씨. <1장. 한자+이두. 조선 필사 이두 자료. 칠곡 석전 광주 이씨 소장. 한국학중앙연구원 장서각 한국고문서자료관 홈페이지 원문 이미지 보기. 한국학중앙연구원 편(2009) 참고>

1735-03-15. **강위노 토지매매명문**(姜渭老土地賣買明文) 3, 김시진(金時進). <1장. 한자+이두. 조선 필사 이두 자료. 제주 장전리 진주 강씨 강태복가 소장. 호남권 한국학자료센터 홈페이지 원문 이미지와 텍스트 보기. 최승희(1989), 고창석(2002) 참고>

1735-04-06. **강위노 토지매매명문**(姜渭老土地賣買明文) 4, 양우맹(梁遇孟). <1장. 한자+이두. 조선 필사 이두 자료. 제주 장전리 진주 강씨 강태복가 소장. 호남권 한국학자료센터 홈페이지 원문 이미지와 텍스트 보기. 최승희(1989), 고창석(2002) 참고>

1735-04-25. **엄한필 토지매매명문**(嚴漢弼土地賣買明文), 승묵(勝默). <1장. 한자+이두. 조선 필사 이두 자료. 전남 구례군 토지면 오미리 문화 류씨 운조루 소장. 한국학중앙연구원 장서각 한국고문서자료관 홈페이지 원문 이미지와 텍스트 보기. 한국정신문화연구원 편(1998) 참고>

1735-04-00 이후 기입 추정. 「불설대목련경(佛說大目連經)」, 법천(法天) 역(譯), 평안도: 묘향산(妙香山) 보현사(普賢寺) 개판(開板). <1책. 26장. 목판본. 본문에 생획토 기입. 불교 서적. 묵서 구결 자료. 국립중앙도서관 홈페이지 원문 이미지 보기>

1735-06-25. **정덕희 혜민서 약재 공인권 매매명문**(鄭德禧惠民署藥材貢人權賣買明文), 김정서(金鼎瑞). <1장. 한자+이두. 조선 필사 이두 자료. 일본 경도대학 가와이문고 소장. 고려대학교 해외한국학자료센터 홈페이지 원문 이미지와 텍스트 보기>

1735-08-02~1901-04-25(을묘~신축). 「영정모사도감의궤(影幀模寫都監儀軌)」, 영정모사도감 편(編). <3권 3책. 한자+이두. 조선 필사 이두 자료. 문화재관리국 소장.

---

289 표지에는 '第一'로 잘못 적혀 있다. 이 책들의 표지에는 권차가 정확하게 적혀 있지 않다. 또 대부분 지워져 확인할 수 없다.

한국학중앙연구원 한국학 디지털 아카이브 홈페이지 원문 이미지와 텍스트 보기>

1735-08-03~1735-09-00. 「세조영정모사도감의궤(世祖影幀摸寫都監儀軌)」, 영정모사도감 편(編). <1책. 134장. 필사본. 한자+이두. 조선 필사 이두 자료. 서울대학교 규장각 한국학연구원 의궤 종합 정보 홈페이지 원문 이미지 보기>

1735-08-11. **옥산서원 완의**(玉山書院完議), 옥산서원 당중(堂中). <1장. 한자+이두. 조선 필사 이두 자료. 경북 경주시 안강읍 옥산리 옥산서원 소장. 한국학자료센터 영남권역센터 홈페이지 원문 이미지와 텍스트 보기. 이수환(2001), 이병훈(2016) 참고>

1735-08-00. **황직산 댁 입안**(黃稷山宅立案), 강화부(江華府). <1장. 한자+이두. 조선 필사 이두 자료. 부여·강화·영주 창원 황씨 소장. 한국학중앙연구원 장서각 한국고문서자료관 홈페이지 원문 이미지 보기. 한국정신문화연구원 편(1990) 참고>

1735-09-00. **유학 화민 신구생 발괄**(幼學化民辛久生白活), 신구생. <1장. 한자+이두. 조선 필사 이두 자료. 전남 영광군 입석 영월 신씨 소장. 한국학중앙연구원 장서각 한국고문서자료관 홈페이지 원문 이미지와 텍스트 보기. 한국정신문화연구원 편(1996) 참고>

1735-10-03~1735-12-27(乙卯. 영조 11년). 「남원현 첩보 이문 성책(南原縣牒報移文成冊)」, 남원현(南原縣). <1책. 97장. 필사본. 한자+이두. 필사 이두 자료. 서울대학교 규장각 한국학연구원 홈페이지 '奎26030'의 원문 이미지 보기>

1735-10-11. **남면 풍헌 서목**(南面風憲書目), 남면 풍헌. <1장. 한자+이두. 조선 필사 이두 자료. 경북 경주시 내남면 이조리 경주 최씨·용산서원 소장. 한국학중앙연구원 장서각 한국고문서자료관 홈페이지 원문 이미지 보기. 한국정신문화연구원 편(2000) 참고>

1735-10-15. **구부 김 별급문기**(舅父金別給文記) 1, 구부 김. <1장. 한자+이두. 조선 필사 이두 자료. 전북 부안군 우반 부안 김씨 소장. 한국학중앙연구원 장서각 한국고문서자료관 홈페이지 원문 이미지와 텍스트 보기. 한국정신문화연구원 편(1983, 1998), 한국학중앙연구원 편(2017) 참고>

1735-10-15. **구부 김 별급문기**(舅父金別給文記) 2, 구부 김. <1장. 한자+이두. 조선

필사 이두 자료. 전북 부안군 우반 부안 김씨 소장. 한국학중앙연구원 장서각 한국고문서자료관 홈페이지 원문 이미지와 텍스트 보기. 한국정신문화연구원 편(1983, 1998), 한국학중앙연구원 편(2017) 참고>

1735-10-15. **김수종 분재기**(金守宗分財記) 1, 김수종. <1장. 한자+이두. 조선 필사 이두 자료. 전북 부안군 우반 부안 김씨 구장. 전북 부안군 우동 세덕각 소장. 호남권 한국학자료센터 홈페이지 원문 이미지와 텍스트 보기. 박병호(1974ㄱ), 최승희(1989), 전경목(2001) 참고>

1735-10-00. **김선행 소지**(金善行所志), 김선행. <1장. 한자+이두. 조선 필사 이두 자료. 안동 천전 의성 김씨 제산 종택 소장. 한국학중앙연구원 장서각 한국고문서자료관 홈페이지 원문 이미지 보기. 한국정신문화연구원 편(1989) 참고>

1735-11-01. **구부 김 별급문기**(舅父金別給文記) 3, 구부 김. <1장. 한자+이두. 조선 필사 이두 자료. 전북 부안군 우반 부안 김씨 소장. 한국학중앙연구원 장서각 한국고문서자료관 홈페이지 원문 이미지와 텍스트 보기. 한국정신문화연구원 편(1983, 1998), 한국학중앙연구원 편(2017) 참고>

1735-11-01. **김수종 분재기**(金守宗分財記) 2, 김수종. <1장. 한자+이두. 조선 필사 이두 자료. 전북 부안군 우반 부안 김씨 구장. 전북 부안군 우동 세덕각 소장. 호남권 한국학자료센터 홈페이지 원문 이미지와 텍스트 보기. 박병호(1974ㄱ), 최승희(1989), 전경목(2001) 참고>

1735-11-05. **노 명길 배지**(奴命吉牌旨), 상전 정(上典鄭). <1장. 한자+이두. 조선 필사 이두 자료. 경북 안동시 주촌 진성 이씨 경류정 소장. 한국학중앙연구원 장서각 한국고문서자료관 홈페이지 원문 이미지와 텍스트 보기. 한국정신문화연구원 편(1999) 참고>

1735-11-00. **이 생원 댁 노 순만 소지**(李生員宅奴順萬所志) 1, 순만. <1장. 점련문서. 한자+이두. 조선 필사 이두 자료. 칠곡 석전 광주 이씨 소장. 한국학중앙연구원 장서각 한국고문서자료관 홈페이지 원문 이미지 보기. 한국학중앙연구원 편(2009) 참고>

1735-12-12. **김여정 토지매매명문**(金汝鉎土地賣買明文),[290] 차영출(車永出). <1장. 한자+이두. 조선 필사 이두 자료. 제주시 일도 이동규 구장. 제주시 일도 2동 제주민

속자연사박물관 소장. 호남권 한국학자료센터 홈페이지 원문 이미지와 텍스트 보기. 고창석(1997, 1998) 참고>

1735-12-17. **호노 업쇠 토지매매명문**(戶奴業金土地賣買明文), 장순홍(張順弘). <1장. 한자+이두. 조선 필사 이두 자료. 경북 경주시 양동 경주 손씨 송첨 종택 소장. 한국학중앙연구원 장서각 한국고문서자료관 홈페이지 원문 이미지 보기. 이수건(1979), 이수건 편저(1981), 영남대학교 인문과학연구소 편(1990), 정구복·안승준(1997), 한국정신문화연구원 편(1997) 참고>

1735-12-19. **이용이 토지매매명문**(李龍伊土地賣買明文), 박 조이(朴召史). <1장. 한자+이두. 조선 필사 이두 자료. 전남 구례군 토지면 오미리 문화 류씨 운조루 소장. 한국학중앙연구원 장서각 한국고문서자료관 홈페이지 원문 이미지와 텍스트 보기. 한국정신문화연구원 편(1998) 참고>

1735-12-27. **김성구 토지매매명문**(金聖龜土地賣買明文), 김 조이(金召史). <1장. 한자+이두. 조선 필사 이두 자료. 해남 노송 김해 김씨 노송사 소장. 한국학중앙연구원 장서각 한국고문서자료관 홈페이지 & 호남권 한국학자료센터 홈페이지 원문 이미지와 텍스트 보기. 최승희(1989), 한국정신문화연구원 편(1998) 참고>

1735-12-00. **비망기**(備忘記), 허횡(許鑅). <1장. 한자+이두. 조선 필사 이두 자료. 칠곡 석전 광주 이씨 구장. 한국학중앙연구원 장서각 소장. 한국학중앙연구원 장서각 한국고문서자료관 홈페이지 원문 이미지 보기. 한국학중앙연구원 편(2009) 참고>

1735-12-00. **이 생원 댁 노 순만 소지**(李生員宅奴順萬所志) 2, 순만. <1장. 점련문서. 한자+이두. 조선 필사 이두 자료. 칠곡 석전 광주 이씨 소장. 한국학중앙연구원 장서각 한국고문서자료관 홈페이지 원문 이미지 보기. 한국학중앙연구원 편(2009) 참고>

1735-12-00. **이대중 노 순만 소지**(李大中奴順萬所志), 순만. <1장. 한자+이두. 조선 필사 이두 자료. 칠곡 석전 광주 이씨 구장. 한국학중앙연구원 장서각 소장. 한국학중앙연구원 장서각 한국고문서자료관 홈페이지 원문 이미지 보기. 한국학중앙

---

290 호남권 한국학자료센터 홈페이지에서는 '김여정(金汝鋌) 명문(明文)'으로 표시하였다.

연구원 편(2009) 참고>

1735-00-00. 「교정청등록(校正廳謄錄)」,²⁹¹ 교정청 편. <1책. 137장. 필사본. 표제는 '(乙卯年)璿源譜略修正時儀軌'. 권수제는 '校正廳謄錄'. 한자+이두. 조선 필사 이두 자료. 서울대학교 규장각 한국학연구원 의궤 종합정보 홈페이지 '奎14023', '奎14024', '奎14025' 원문 이미지 보기>

1735-00-00. 「영정모사도감도청의궤(影幀模寫都監都廳儀軌)」,²⁹² 영정모사도감 편. <1책. 134장. 필사본. 표제는 '(乙卯年 議政府上 雍正十三年)影幀模寫都監儀軌'. 권수제는 '(雍正十三年九月 日)影幀模寫都監都廳儀軌'. 한자+이두. 조선 필사 이두 자료. 서울대학교 규장각 한국학연구원 의궤 종합정보 홈페이지 '奎14922' 원문 이미지 보기>

1735-00-00. 「영정모사도감도청의궤(影幀模寫都監都廳儀軌)」,²⁹³ 영정모사도감 편. <1책. 155장. 필사본. 원표지의 표제는 결락. 권수제는 '(雍正十三年九月 日)影幀模寫都監都廳儀軌'. 한자+이두. 조선 필사 이두 자료. 국립중앙박물관 외규장각 의궤 홈페이지 '외규148' 원문 이미지와 텍스트 보기>

1735-00-00. 「옥인조성도감의궤(玉印造成都監儀軌)」,²⁹⁴ 옥인조성도감 편. <1책. 53장. 필사본. 표제는 '(乙卯年 議政府上 雍正十三年)玉印都監儀軌'. 권수제는 '(雍正十三年乙卯四月 日)玉印造成都監儀軌'. 한자+이두. 조선 필사 이두 자료. 서울대학교 규장각 한국학연구원 의궤 종합정보 홈페이지 '奎14947' 원문 이미지 보기>

1735-00-00. 「옥인조성도감의궤(玉印造成都監儀軌)」,²⁹⁵ 옥인조성도감 편. <1책. 72

---

291 서울대학교 규장각 한국학연구원 의궤 종합정보 홈페이지에서는 서명을 권수제나 표제와는 달리 '선원보략수정시의궤(璿源譜略修正時儀軌)'로 적었다.

292 서울대학교 규장각 한국학연구원 의궤 종합정보 홈페이지에서는 서명을 권수제나 표제와는 달리 '세조영정모사도감의궤(世祖影幀模寫都監儀軌)'로 적었다.

293 국립중앙박물관 외규장각 의궤 홈페이지에서는 서명을 권수제와는 달리 '세조영정모사도감의궤(世祖影幀模寫都監儀軌)'로 적었다.

294 서울대학교 규장각 한국학연구원 의궤 종합정보 홈페이지에서는 서명을 표제나 권수제와는 달리 '현빈옥인조성도감의궤(賢嬪玉印造成都監儀軌)'로 적었다.

295 국립중앙박물관 외규장각 의궤 홈페이지에서는 서명을 표제와 권수제와는 달리 '현빈옥인조성도감의궤(賢嬪玉印造成都監儀軌)'로 적었다.

장. 필사본. 표제는 '賢嬪宮玉印都監儀軌'. 권수제는 '(雍正十三年乙卯四月 日)玉印造成都監儀軌'. 한자+이두. 조선 필사 이두 자료. 국립중앙박물관 외규장각 의궤 홈페이지 '외규147' 원문 이미지와 텍스트 보기>

1736년

<병진(丙辰), 영조 12년, 건륭(乾隆) 1년>

1736-01-01~1736-03-00. 「사도세자책례도감의궤(思悼世子冊禮都監儀軌)」, 책례도감. <1책. 191장. 필사본. 한자+이두. 조선 필사 이두 자료. 서울대학교 규장각 한국학연구원 의궤 종합정보 홈페이지 원문 이미지 보기>

1736-01-23. **하응운 허여문기**(河應運許與文記), 하응운. <1장. 한자+이두. 조선 필사 이두 자료. 경남 진주시 단목 진양 하씨 창주 후손가 소장. 한국학중앙연구원 장서각 한국고문서자료관 홈페이지 원문 이미지 보기. 한국정신문화연구원 편(2002) 참고>

1736-01-28. **김백 배지**(金白牌旨), 이(李). <1장. 한자+이두. 조선 필사 이두 자료. 경북 안동시 주촌 진성 이씨 경류정 소장. 한국학중앙연구원 장서각 한국고문서자료관 홈페이지 원문 이미지와 텍스트 보기. 한국정신문화연구원 편(1999) 참고>

1736-02-10. **경선 토지매매명문**(景先土地賣買明文),[296] 답주 노 김백(畓主奴金白). <1장. 한자+이두. 조선 필사 이두 자료. 경북 안동시 주촌 진성 이씨 경류정 소장. 한국학중앙연구원 장서각 한국고문서자료관 홈페이지 원문 이미지와 텍스트 보기. 한국정신문화연구원 편(1999) 참고>

1736-02-17. **강필성 토지매매명문**(姜弼聖土地賣買明文), 문여상(文汝祥). <1장. 한자+이두. 조선 필사 이두 자료. 제주 어도내산 진주 강씨가 구장. 제주 한림 강우석

---

[296] 한국학중앙연구원 장서각 한국고문서자료관 홈페이지에서는 '노(奴) 김백(金白) 토지매매명문(土地賣買明文)'으로 표시하였다.

소장. 호남권 한국학자료센터 홈페이지 원문 이미지와 텍스트 보기. 최승희(1989), 고창석(2000, 2002) 참고>

1736-02-00. **윤덕희 댁 노 순동 소지**(尹德熙宅奴順同所志), 순동. <1장. 한자+이두. 조선 필사 이두 자료. 전남 해남 연동 해남 윤씨 녹우당 소장. 한국학중앙연구원 장서각 한국고문서자료관 홈페이지 원문 이미지와 텍스트 보기. 한국정신문화연구원 편(1983, 1986), 최승희(1989) 참고>

1736-03-15. **황정봉 토지매매명문**(黃丁奉土地賣買明文), 김똥우(金㖯右). <1장. 한자+이두. 조선 필사 이두 자료. 경북 예천군 감천면 벌방리 강릉 유씨 벌방 종가 구장. 한국국학진흥원 소장. 한국학자료센터 영남권역센터 홈페이지 원문 이미지와 텍스트 보기. 김성갑(2013) 참고>

1736-03-16~1736-07-17. 「선원보략개장의궤(璿源譜略改張儀軌)」, 종부시(宗簿寺). <1책. 29장. 필사본. 한자+이두. 조선 필사 이두 자료. 서울대학교 규장각 한국학연구원 & 한국학중앙연구원 장서각 소장. 서울대학교 규장각 한국학연구원 의궤 종합 정보 홈페이지 & 한국학중앙연구원 한국학 디지털 아카이브 홈페이지 원문 이미지와 텍스트 보기>

1736-03-25. **강위구 토지매매명문**(姜渭龜土地賣買明文) 1, 이희원(李希元). <1장. 한자+이두. 조선 필사 이두 자료. 제주 어도내산 진주 강씨가 구장. 제주 한림 강우석 소장. 호남권 한국학자료센터 홈페이지 원문 이미지와 텍스트 보기. 이재수(2003), 오창명(2007) 참고>

1736-03-26. **두절선 토지매매명문**(斗卩先土地賣買明文), 명길(命吉). <1장. 한자+이두. 조선 필사 이두 자료. 경북 안동시 주촌 진성 이씨 경류정 소장. 한국학중앙연구원 장서각 한국고문서자료관 홈페이지 원문 이미지와 텍스트 보기. 한국정신문화연구원 편(1999) 참고>

1736-04-07. **김수종 분재기**(金守宗分財記) 1, 김수종. <1장. 한자+이두. 조선 필사 이두 자료. 전북 부안군 우반 부안 김씨 구장. 전북 부안군 우동 세덕각 소장. 호남권 한국학자료센터 홈페이지 원문 이미지와 텍스트 보기. 박병호(1974ㄱ), 최승희(1989), 전경목(2001) 참고>

1736-04-07. **김수종 분재기**(金守宗分財記) 2, 김수종. <1장. 한자+이두. 조선 필사

이두 자료. 전북 부안군 우반 부안 김씨 구장. 전북 부안군 우동 세덕각 소장. 호남권 한국학자료센터 홈페이지 원문 이미지와 텍스트 보기. 박병호(1974ㄱ), 최승희(1989), 전경목(2001) 참고>

1736-04-07. **부 김 분급문기**(父金分給文記) 1, 부 김. <1장. 한자+이두. 조선 필사 이두 자료. 전북 부안군 우반 부안 김씨 소장. 한국학중앙연구원 장서각 한국고문서자료관 홈페이지 원문 이미지와 텍스트 보기. 한국정신문화연구원 편(1983, 1998), 한국학중앙연구원 편(2017) 참고>

1736-04-07. **부 김 분급문기**(父金分給文記) 2, 부 김. <1장. 한자+이두. 조선 필사 이두 자료. 전북 부안군 우반 부안 김씨 소장. 한국학중앙연구원 장서각 한국고문서자료관 홈페이지 원문 이미지와 텍스트 보기. 한국정신문화연구원 편(1983, 1998), 한국학중앙연구원 편(2017) 참고>

1736-04-07. **부 김 분급문기**(父金分給文記) 3, 부 김. <1장. 한자+이두. 조선 필사 이두 자료. 전북 부안군 우반 부안 김씨 소장. 한국학중앙연구원 장서각 한국고문서자료관 홈페이지 원문 이미지와 텍스트 보기. 한국정신문화연구원 편(1983, 1998), 한국학중앙연구원 편(2017) 참고>

1736-04-10. **김용서 혜민서 약재 공인권 매매명문**(金龍瑞惠民署藥材貢人權賣明文), 김완서(金完瑞). <1장. 한자+이두. 조선 필사 이두 자료. 일본 경도대학 가와이문고 소장. 고려대학교 해외한국학자료센터 홈페이지 원문 이미지와 텍스트 보기>

1736-04-11. **기성린 혜민서 약재 공인권 매매명문**(奇聖獜惠民署藥材貢人權賣明文), 김만희(金萬熺). <1장. 한자+이두. 조선 필사 이두 자료. 일본 경도대학 가와이문고 소장. 고려대학교 해외한국학자료센터 홈페이지 원문 이미지와 텍스트 보기>

1736-05-14. **이서규 등 화회문기**(李瑞圭等和會文記), 이서규 남매(男妹). <1장. 한자+이두. 조선 필사 이두 자료. 전북 남원 둔덕 전주 이씨가 구장. 전북대학교 박물관 소장. 전북대학교 박물관 편(1990), 전경목(1993), 최연숙(2005) 참고>

1736-05-15. **조창수 도장문기**(趙昌壽導掌文記), 이상건(李尙健). <1장. 한자+이두. 조선 필사 이두 자료. 안산 부곡 진주 류씨 경성당 소장. 한국학중앙연구원 장서각 한국고문서자료관 홈페이지 원문 이미지 보기. 한국정신문화연구원 편(2002) 참고>

1736-05-00. **김원익 등 소지**(金元益等所志), 김원익 등. <1장. 한자+이두. 조선 필사 이두 자료. 전남 영광군 입석 영월 신씨 소장. 한국학중앙연구원 장서각 한국고문서자료관 홈페이지 원문 이미지와 텍스트 보기. 한국정신문화연구원 편(1996) 참고>

1736-07-17. **강필성 차정첩**(姜弼聖差定帖), 제주목(濟州牧). <1장. 한자+이두. 조선 필사 이두 자료. 제주 어도내산 진주 강씨가 구장. 제주 한림 강우석 소장. 호남권 한국학자료센터 홈페이지 원문 이미지와 텍스트 보기. 최승희(1989), 고창석(2000, 2002) 참고>

1736-07-00. **소지**(所志) <1장. 한자+이두. 조선 필사 이두 자료. 경북 경주시 내남면 이조리 경주 최씨·용산서원 소장. 한국학중앙연구원 장서각 한국고문서자료관 홈페이지 원문 이미지 보기. 한국정신문화연구원 편(2000) 참고>

1736-08-12. **숭렬서원 재임 서목**(崇烈書院齋任書目), 숭렬서원. <1장. 한자+이두. 조선 필사 이두 자료. 경북 경주시 내남면 이조리 경주 최씨·용산서원 소장. 한국학중앙연구원 장서각 한국고문서자료관 홈페이지 원문 이미지 보기. 한국정신문화연구원 편(2000) 참고>

1736-08-16. **옥산서원 당중 완의**(玉山書院堂中完議), 옥산서원 당중. <1장. 한자+이두. 조선 필사 이두 자료. 경북 경주시 안강읍 옥산리 옥산서원 소장. 한국학자료센터 영남권역센터 홈페이지 원문 이미지와 텍스트 보기. 영남대학교 민족문화연구소 편(1992), 이수환(2001), 이병훈(2016) 참고>

1736-08-22. 「선원록봉안형지안(**璿源錄奉安形止案**)」, 정부시(宗簿寺) 편(編). <1책. 11장. 필사본. 한자+이두. 조선 필사 이두 자료. 한국학중앙연구원 장서각 소장. 한국학중앙연구원 한국학 디지털 아카이브 홈페이지 원문 이미지와 텍스트 보기>

1736-09-00. **유학 이시일 소지**(幼學李時一所志) 1, 이시일. <1장. 한자+이두. 조선 필사 이두 자료. 경북 안동시 법흥동 고성 이씨 탑동 종가 구장. 한국국학진흥원 소장. 한국학자료센터 영남권역센터 홈페이지 원문 이미지와 텍스트 보기>

1736-09-00. **이시춘·이시강·이시항 등 소지**(李時春·李時綱·李時沆等所志), 이시춘·이시강·이시항 등. <1장. 한자+이두. 조선 필사 이두 자료. 경북 안동시 법흥동

고성 이씨 탑동 종가 구장. 한국국학진흥원 소장. 한국학자료센터 영남권역센터 홈페이지 원문 이미지와 텍스트 보기>

1736-10-15. **첩정**(牒呈),²⁹⁷ 단성현(丹城縣). <1장. 점련문서. 한자+이두. 조선 필사 이두 자료. 경북 성주 명곡 벽진 이씨 완석정 종택 소장. 한국학중앙연구원 장서각 한국고문서자료관 홈페이지 원문 이미지 보기. 한국학중앙연구원 편(2009) 참고>

1736-10-00. **유학 이시일 의송**(幼學李時一議送), 이시일. <1장. 한자+이두. 조선 필사 이두 자료. 경북 안동시 법흥동 고성 이씨 탑동 종가 구장. 한국국학진흥원 소장. 한국학자료센터 영남권역센터 홈페이지 원문 이미지와 텍스트 보기>

1736-10-00. **청산현감 송요화 정사**(靑山縣監宋堯和呈辭), 송요화. <1장. 한자+이두. 조선 필사 이두 자료. 대전 회덕 은진 송씨 동춘당 후손가 구장. 대전시립박물관 소장. 한국학중앙연구원 장서각 한국고문서자료관 홈페이지 원문 이미지 보기. 한국학중앙연구원 편(2006) 참고>

1736-11-00. **진주 강씨 문중 등장**(晉州姜氏門中等狀), 진주 강씨 문중. <1장. 한자+이두. 조선 필사 이두 자료. 제주 어도내산 진주 강씨가 구장. 제주 한림 강우석 소장. 호남권 한국학자료센터 홈페이지 원문 이미지와 텍스트 보기. 최승희(1989) 참고>

1736-11-00~1743-08-08(丙辰~癸亥). 「별계후등록(別繼後謄錄)」 제11, 예조(禮曹) 편 (編). <1책. 115장. 표제는 '法外繼後謄錄'. 필사본. 필사 시기 미상. 한자+이두. 조선 필사 이두 자료. 서울대학교 규장각 한국학연구원 홈페이지 낙질본 9책(1-6, 8, 11, 13) 원문 이미지 보기> <1637-윤4-20~1655-04-16(丁丑~乙未) 제1 참고>

1736-12-11. **유명홍 토지매매명문**(劉命弘土地賣買明文), 부(父). <1장. 한자+이두. 조선 필사 이두 자료. 경북 예천군 감천면 강릉 유씨 벌방 종가 구장. 한국국학진흥원 소장. 한국학자료센터 영남권역센터 홈페이지 원문 이미지와 텍스트 보기. 김성갑(2013) 참고>

---

297 한국학중앙연구원 장서각 한국고문서자료관 홈페이지에서는 '단성현감(丹城縣監) 첩정(牒呈)'으로 표시하였다.

1736-12-16. **김중천 토지매매명문**(金重天土地賣買明文), 문덕창(文德昌). <1장. 한자+이두. 조선 필사 이두 자료. 전남 구례군 토지면 오미리 문화 류씨 운조루 소장. 한국학중앙연구원 장서각 한국고문서자료관 홈페이지 원문 이미지와 텍스트 보기. 한국정신문화연구원 편(1998) 참고>

1736-12-22. **강위구 토지매매명문**(姜渭龜土地賣買明文) 2, 비 공상(婢公上). <1장. 한자+이두. 조선 필사 이두 자료. 제주 어도내산 진주 강씨가 구장. 제주 한림 강우석 소장. 호남권 한국학자료센터 홈페이지 원문 이미지와 텍스트 보기. 이재수(2003), 오창명(2007) 참고>

1736-12-24. **김주국 노비매매명문**(金柱國奴婢賣買明文), 이유천(李惟天). <1장. 한자+이두. 조선 필사 이두 자료. 안동 금계 의성 김씨 학봉 종가 소장. 한국학중앙연구원 장서각 한국고문서자료관 홈페이지 원문 이미지와 텍스트 보기. 한국정신문화연구원 편(1990) 참고>

1736-12-00. **유학 이시일 소지**(幼學李時一所志) 2, 이시일. <1장. 한자+이두. 조선 필사 이두 자료. 경북 안동시 법흥동 고성 이씨 탑동 종가 구장. 한국국학진흥원 소장. 한국학자료센터 영남권역센터 홈페이지 원문 이미지와 텍스트 보기>

1736-12-00. **이시담 등 소지**(李是聃等所志), 이시담 등. <1장. 한자+이두. 조선 필사 이두 자료. 경북 경주시 안강읍 옥산리 여주 이씨 독락당 소장. 한국학중앙연구원 장서각 한국고문서자료관 홈페이지 원문 이미지 보기. 한국정신문화연구원 편(2003) 참고>

1736-■■-■■. **김박 토지매매명문**(金博土地賣買明文), 김방현(金邦賢). <1장. 한자+이두. 조선 필사 이두 자료. 전북 부안군 우반 부안 김씨 소장. 한국학중앙연구원 장서각 한국고문서자료관 홈페이지 원문 이미지와 텍스트 보기>

1736-00-00. 「사유재집(四留齋集)」, 이정암(李廷?, 1541년~1600년) 저, 이성룡(李聖龍) 간행. <초간본. 5책. 목판본. 한자+이두. 조선 인쇄 이두 자료. 한국고전번역원 홈페이지 원문 이미지와 텍스트 보기. 「한국문집총간」 51 영인.>

1736-00-00. 「선원보략개장의궤(璿源譜略改張儀軌)」, 종부시 교정청(宗簿寺校正廳) 편(編). <1책. 30장. 필사본. 표제는 '英宗 丙辰年 赤裳山城璿源譜略改張儀軌'. 권수제는 없다. 한자+이두. 조선 필사 이두 자료. 한국학중앙연구원 디지털장서각 홈페

이지 'K2-3839' 원문 이미지와 텍스트 보기>

1736-00-00. 「선원보략개장의궤(璿源譜略改張儀軌)」, 종부시(宗簿寺) 편(編). <1책. 29장. 필사본. 표제는 '(丙辰年 鼎足山城)璿源譜略改張儀軌'. 권수제는 없다. 한자+이두. 조선 필사 이두 자료. 서울대학교 규장각 한국학연구원 의궤 종합정보 홈페이지 '奎14026', '奎14027', '奎14028' 원문 이미지 보기>

1736-00-00. 「책례도감도청의궤(冊禮都監都廳儀軌)」,[298] 책례도감 편(編). <1책. 191장. 필사본. 권수제는 '(乾隆元年三月 日)冊禮都監都廳儀軌'. 한자+이두. 조선 필사 이두 자료. 서울대학교 규장각 한국학연구원 홈페이지 '奎13108' 원문 이미지와 텍스트 보기>

1736-00-00~1737-00-00(영조 12년~13년). 「남원현첩보이문성책(南原縣牒報移文成冊)」 <1책. 112장. 필사본. 한자+이두. 조선 필사 이두 자료. 서울대학교 규장각 한국학연구원 홈페이지 '奎25033' 원문 이미지 보기>

1737년

<정사(丁巳), 영조 13년, 건륭 2년>

1737-01-02~1744-05-27. 「상장등록(喪葬謄錄)」, 예조(禮曹). <1책/전3책. 필사본. 한자+이두. 조선 필사 이두 자료. 한국학중앙연구원 장서각 한국학자료센터 홈페이지 원문 이미지 보기>

1737-01-05. **최징검 토지매매명문**(崔徵儉土地賣買明文), 유응창(劉應昌). <1장. 한자+이두. 조선 필사 이두 자료. 전북 부안군 우반 부안 김씨 소장. 한국학중앙연구원 장서각 한국고문서자료관 홈페이지 & 호남권 한국학자료센터 홈페이지 원문 이미지와 텍스트 보기. 한국정신문화연구원 편(1983, 1998), 한국학중앙연구원 편(2017) 참고>

---

[298] 서울대학교 규장각 한국학연구원 홈페이지에서는 서명을 권수제와는 달리 '[莊祖世子受冊時]冊禮都監儀軌 「장조세자수책시」책례도감의궤'로 적었다.

1737-01-09~1738-11-03(丁巳~戊午).「표인영래등록(漂人領來謄錄)」第18, 예조(禮曹) 전객사(典客司) 편(編). <1책(5/7). 60장. 필사본. 한자+이두. 조선 필사 이두 자료. 서울대학교 규장각 한국학연구원 홈페이지 낙질본(第1, 2, 3, 5, 18~20) 원문 이미지 보기.「규장각 자료 총서 금호시리즈(대외관계편)」(서울대학교 규장각, 1993) 영인> <1641-09-24~1660-01-20(第1)>

1737-01-10. **김만세 토지매매명문**(金萬歲土地賣買明文), 덕림(德林). <1장. 한자+이두. 조선 필사 이두 자료. 경북 경주시 양동 경주 손씨 송첨 종택 소장. 한국학중앙연구원 장서각 한국고문서자료관 홈페이지 원문 이미지 보기. 이수건(1979), 이수건 편저(1981), 영남대학교 인문과학연구소 편(1990), 정구복·안승준(1997), 한국정신문화연구원 편(1997) 참고>

1737-01-15. **노 건리쇠 토지매매명문**(奴件里金土地賣買明文), 김만세(金萬世). <1장. 한자+이두. 조선 필사 이두 자료. 경북 경주시 양동 경주 손씨 송첨 종택 소장. 한국학중앙연구원 장서각 한국고문서자료관 홈페이지 원문 이미지 보기. 이수건(1979), 이수건 편저(1981), 영남대학교 인문과학연구소 편(1990), 정구복·안승준(1997), 한국정신문화연구원 편(1997) 참고>

1737-01-15. **이대중 노비매매명문**(李大中奴婢賣買明文), 구극남(具極南). <1장. 점련문서. 한자+이두. 조선 필사 이두 자료. 칠곡 석전 광주 이씨 소장. 한국학중앙연구원 장서각 한국고문서자료관 홈페이지 원문 이미지 보기. 한국학중앙연구원 편(2009) 참고>

1737-01-16. **광주 이씨가 입안**(廣州李氏家立案), 경상도 칠곡군(慶尙道七谷郡). <1장. 점련문서. 한자+이두. 조선 필사 이두 자료. 칠곡 석전 광주 이씨 소장. 한국학중앙연구원 장서각 한국고문서자료관 홈페이지 원문 이미지 보기. 한국학중앙연구원 편(2009) 참고>

1737-01-16. **유학 구극남 초사**(幼學具極南招辭), 구극남. <1장. 점련문서. 한자+이두. 조선 필사 이두 자료. 칠곡 석전 광주 이씨 소장. 한국학중앙연구원 장서각 한국고문서자료관 홈페이지 원문 이미지 보기. 한국학중앙연구원 편(2009) 참고>

1737-01-18. **김상이 토지매매명문**(金尙伊土地賣買明文), 이(李). <1장. 한자+이두. 조선 필사 이두 자료. 전남 구례군 토지면 오미리 문화 류씨 운조루 소장. 한국학중

앙연구원 장서각 한국고문서자료관 홈페이지 원문 이미지와 텍스트 보기. 한국정신문화연구원 편(1998) 참고>

1737-02-10. **손시송 토지매매명문**(孫是松土地賣買明文), 이만상(李萬尙). <1장. 한자+이두. 조선 필사 이두 자료. 경북 경주시 양동 경주 손씨 송첨 종택 소장. 한국학중앙연구원 장서각 한국고문서자료관 홈페이지 원문 이미지 보기. 이수건(1979), 이수건 편저(1981), 영남대학교 인문과학연구소 편(1990), 정구복·안승준(1997), 한국정신문화연구원 편(1997) 참고>

1737-03-07~1742-12-27(丁巳~壬戌). 「별등록(**別謄錄**)」 第4, 예조(禮曹) 전객사(典客司) 편(編). <1책/전9책. 106장. 필사본. 한자+이두. 조선 필사 이두 자료. 서울대학교 규장각 한국학연구원 홈페이지 낙질본(제1 없음) 원문 이미지 보기. 규장각 자료 총서 금호시리즈(대외관계편)」(서울대학교 규장각, 1992) 영인> <1699-윤7-18~1718-07-19(제2)>

1737-03-10. **김주국 토지매매명문**(金柱國土地賣買明文),[299] 김주극(金柱極). <1장. 한자+이두. 조선 필사 이두 자료. 안동 금계 의성 김씨 학봉 종가 소장. 한국학중앙연구원 장서각 한국고문서자료관 홈페이지 원문 이미지와 텍스트 보기. 한국정신문화연구원 편(1990) 참고>

1737-03-24. **정복실 토지매매명문**(鄭福實土地賣買明文), 이보(李莆). <1장. 한자+이두. 조선 필사 이두 자료. 경북 경주시 양동 경주 손씨 송첨 종택 소장. 한국학중앙연구원 장서각 한국고문서자료관 홈페이지 원문 이미지 보기. 이수건(1979), 이수건 편저(1981), 영남대학교 인문과학연구소 편(1990), 정구복·안승준(1997), 한국정신문화연구원 편(1997) 참고>

1737-03-24~1742-02-05(丁巳~壬戌). 「서원등록(**書院謄錄**)」 第8, 예조(禮曹) 편(編). <1책. 85장. 필사본. 한자+이두. 이두 자료. 서울대학교 규장각 한국학연구원 홈페이지 원문 이미지 보기> <영인본: 민창문화사(1990)> <1642-07-28~1678-11-04(壬午~戊午) 第1>

---

[299] 한국학중앙연구원 장서각 한국고문서자료관 홈페이지에서는 '김주**극**(金柱**極**) 토지매매명문(土地賣買明文)'으로 잘못 표시하였다. '원문 텍스트'에서도 '金柱**極**前明文'으로 잘못 적었다.

1737-03-00. **청산현감 송요화 정사**(靑山縣監宋堯和呈辭), 송요화. <1장. 한자+이두. 조선 필사 이두 자료. 대전 회덕 은진 송씨 동춘당 후손가 구장. 대전시립박물관 소장. 한국학중앙연구원 장서각 한국고문서자료관 홈페이지 원문 이미지 보기. 한국학중앙연구원 편(2006) 참고>

1737-04-00. **이선 배지**(二先牌旨),³⁰⁰ 완춘군 이수량(完春君李遂良). <1장. 한자+이두. 조선 필사 이두 자료. 전북 부안 청호 효충사 소장. 호남권 한국학자료센터 홈페이지 원문 이미지와 텍스트 보기. 박병호(1974ㄱ), 최승희(1989), 이재수(2003) 참고>

1737-06-10. **강필성 차정첩**(姜弼聖差定帖) 1, 제주목(濟州牧). <1장. 한자+이두. 조선 필사 이두 자료. 제주 어도내산 진주 강씨가 구장. 제주 한림 강우석 소장. 호남권 한국학자료센터 홈페이지 원문 이미지와 텍스트 보기. 고창석(1998, 2000) 참고>

1737-08-00~1744-05-17(丁巳~甲子).「조하등록(朝賀謄錄)」第5, 예조(禮曹) 편(編). <1책. 106장. 필사본. 한자+이두. 조선 필사 이두 자료. 서울대학교 규장각 한국학연구원 홈페이지 원문 이미지 보기> <1648-05-06~1677-03-10(戊子~丁巳) 第1>

1737-09-01. **남국시 처 류 씨 분재기**(南國蓍妻柳氏分財記),³⁰¹ 남국시 처 류 씨. <1장. 한자+이두. 조선 필사 이두 자료. 영양 남씨 난고 종택 구장. 한국국학진흥원 소장. 한국국학진흥원 유교넷 홈페이지 원문 이미지와 텍스트 보기>

1737-09-15. **이수담 처 이 씨 별급문기**(李壽聃妻李氏別給文記) 1, 이수담 처 이 씨. <1장. 한자+이두. 조선 필사 이두 자료. 경북 경주시 안강읍 옥산리 여주 이씨 독락당 소장. 한국학중앙연구원 장서각 한국고문서자료관 홈페이지 원문 이미지 보기. 한국정신문화연구원 편(2003) 참고>

1737-09-15. **이수담 처 이 씨 별급문기**(李壽聃妻李氏別給文記) 2, 이수담 처 이 씨. <1장. 한자+이두. 조선 필사 이두 자료. 경북 경주시 안강읍 옥산리 여주 이씨 독락당 소장. 한국학중앙연구원 장서각 한국고문서자료관 홈페이지 원문 이미지

---

300 호남권 한국학자료센터 홈페이지에서는 '완춘군(完春君) 이수량(李遂良) 패지(牌旨)'로 잘못 표시하였다.

301 한국국학진흥원 유교넷 홈페이지에서는 문서명을 '영양남씨 난고종택 건틀 2년에 남국시의 처 류 씨가 자녀 사남매에게 보낸 분재기(分財記)(許與文記)[11182]'로 표시하였다.

보기. 한국정신문화연구원 편(2003) 참고>

1737-09-00. **강필성 소지**(姜弼聖所志),[302] 강필성. <1장. 한자+이두. 조선 필사 이두 자료. 제주 어도내산 진주 강씨가 구장. 제주 한림 강우석 소장. 호남권 한국학자료센터 홈페이지 원문 이미지와 텍스트 보기. 박병호(1974ㄱ), 최승희(1989), 정구복(2002) 참고>

1737-윤9-11. **강필성 차정첩**(姜弼聖差定帖) 2, 제주목(濟州牧). <1장. 한자+이두. 조선 필사 이두 자료. 제주 어도내산 진주 강씨가 구장. 제주 한림 강우석 소장. 호남권 한국학자료센터 홈페이지 원문 이미지와 텍스트 보기. 고창석(2002) 참고>

1737-윤9-11. **호장 김의 첩정**(戶長金의牒呈), 호장 김. <1장. 한자+이두. 조선 필사 이두 자료. 제주 어도내산 진주 강씨가 구장. 제주 한림 강우석 소장. 호남권 한국학자료센터 홈페이지 원문 이미지와 텍스트 보기. 최승희(1989), 정구복(2002) 참고>

1737-10-20. **고 생원 댁 노 무재 토지매매명문**(高生員宅奴戊才土地賣買明文), 이선(二先). <1장. 한자+이두. 조선 필사 이두 자료. 전북 부안 청호 효충사 소장. 호남권 한국학자료센터 홈페이지 원문 이미지와 텍스트 보기. 박병호(1974ㄱ), 최승희(1989), 이재수(2003) 참고>

1737-11-01~1738-06-00. 「**화평옹주가례등록**(和平翁主嘉禮謄錄)」, 가례청(嘉禮廳). <1책. 71장. 필사본. 한자+이두. 조선 필사 이두 자료. 한국학중앙연구원 장서각 소장. 한국학중앙연구원 한국학 디지털 아카이브 홈페이지 원문 이미지와 텍스트 보기>

1737-11-16. **양인 ■■선 토지매매명문**(良人■■先土地賣買明文), 유학 류만두(幼學柳萬鈄). <1장. 한자+이두. 조선 필사 이두 자료. 경북 안동시 수곡면 전주 류씨 수곡파 대야 고택 구장. 한국국학진흥원 소장. 한국학자료센터 영남권역센터 홈페이지 원문 이미지와 텍스트 보기>

1737-11-2■. **박어둔 토지매매명문**(朴於屯土地賣買明文), 김서흥(金瑞興). <1장. 한자

---

[302] 호남권 한국학자료센터 홈페이지에서는 '강필성(姜弼星) 소지(所志)'로 잘못 표시하였다.

+이두. 조선 필사 이두 자료. 순천부 방답진 단양 우씨가 구장. 전북대학교 박물관 소장. 전북대학교 호남권 한국학자료센터 홈페이지 원문 이미지와 텍스트 보기>

1737-11-30. **김지안 토지매매명문**(金之安土地賣買明文), 박대선(朴大先). <1장. 한자+이두. 조선 필사 이두 자료. 경북 예천군 감천면 강릉 유씨 벌방 종가 구장. 한국국학진흥원 소장. 한국학자료센터 영남권역센터 홈페이지 원문 이미지와 텍스트 보기. 김성갑(2013) 참고>

1737-12-08. **허정 토지매매명문**(許挺土地賣買明文), 허쇠(許鐥). <1장. 한자+이두. 조선 필사 이두 자료. 경남 밀양 신호 밀성 박씨·덕남서원 소장. 한국학중앙연구원 고문서자료관 홈페이지 원문 이미지 보기. 한국정신문화연구원 편(2004) 참고>

1737-12-11. **승 조평 토지매매명문**(僧照平土地賣買明文), 정만추(鄭萬秋). <1장. 한자+이두. 조선 필사 이두 자료. 전남 해남 연동 해남 윤씨 녹우당 소장. 한국학중앙연구원 장서각 한국고문서자료관 홈페이지 원문 이미지와 텍스트 보기. 박병호(1974ㄱ), 한국정신문화연구원 편(1983, 1986) 참고>

1737-12-27. **동강서원 수노 운걸 토지매매명문**(東江書院首奴雲杰土地賣買明文), 정붓실(鄭㫾實). <1장. 한자+이두. 조선 필사 이두 자료. 경북 경주시 양동 경주 손씨 송첨 종택 소장. 한국학중앙연구원 장서각 한국고문서자료관 홈페이지 원문 이미지 보기. 이수건(1979), 이수건 편저(1981), 영남대학교 인문과학연구소 편(1990), 정구복·안승준(1997), 한국정신문화연구원 편(1997) 참고>

1737-00-00~1744-00-00. 「상장등록(**喪葬謄錄**)」, 예조(禮曹). <1책. 필사본. 한자+이두. 조선 필사 이두 자료. 한국학중앙연구원 장서각 소장. 한국학중앙연구원 한국학 디지털 아카이브 홈페이지 참고[303]>

1738년

<무오(戊午), 영조 14년, 건륭 3년>

---

[303] 원문 이미지와 기사를 찾아볼 수 없다.

1738-01-17. **유정 토지매매명문**(柳洲土地賣買明文),³⁰⁴ 유운(柳霆). <1장. 한자+이두. 조선 필사 이두 자료. 경북 안동시 하회 풍산 류씨 충효당 소장. 한국학중앙연구원 장서각 한국고문서자료관 홈페이지 & 한국국학진흥원 유교넷 홈페이지 원문 이미지와 텍스트 보기. 한국정신문화연구원 편(1994) 참고>

1738-01-25. **노 익산 토지매매명문**(奴益山土地賣買明文), 초성(草性). <1장. 한자+이두. 조선 필사 이두 자료. 전남 해남 연동 해남 윤씨 녹우당 소장. 한국학중앙연구원 장서각 한국고문서자료관 홈페이지 원문 이미지와 텍스트 보기. 박병호(1974ㄱ), 한국정신문화연구원 편(1986) 참고>

1738-02-02. **일송 토지매매명문**(日松土地賣買明文), 귀현(貴玄). <1장. 한자+이두. 조선 필사 이두 자료. 경북 안동시 법흥동 고성 이씨 탑동 종가 구장. 한국국학진흥원 소장. 한국학자료센터 영남권역센터 홈페이지 원문 이미지와 텍스트 보기>

1738-02-09. **얼자 여석 분재기**(孼子如石分財記), 권완(權垸). <1장. 한자+이두. 조선 필사 이두 자료. 경북 예천군 용문면 대제리 원동 권씨 춘우재 고택 구장. 한국국학진흥원 소장. 한국학자료센터 영남권역센터 홈페이지 원문 이미지와 텍스트 보기. 문숙자(2010) 참고>

1738-02-00. **이귀재 토지매매명문**(李貴才土地賣買明文), 각수(覺修). <1장. 한자+이두. 조선 필사 이두 자료. 부여 은산 함양 박씨 소장. 한국학중앙연구원 고문서자료관 홈페이지 원문 이미지 보기. 한국정신문화연구원 편(2000) 참고>

1738-03-17. **이이배 토지매매명문**(李以培土地賣買明文), 이이근(李以根). <1장. 한자+이두. 조선 필사 이두 자료. 전북대학교 박물관 소장. 전북대학교 호남권 한국학자료센터 홈페이지 원문 이미지와 텍스트 보기. 박병호(1974ㄱ), 이재수(2003), 최승희(1989), 박준호(2004), 전경목 외(2006) 참고>

1738-03-00. **진주 강씨 문중 등장**(晋州姜氏門中等狀), 진주 강씨 문중. <1장. 한자+이두. 조선 필사 이두 자료. 제주 어도내산 진주 강씨가 구장. 제주 한림 강우석

---

304 한국국학진흥원 유교넷 홈페이지에서는 원문 이미지만 볼 수 있는데, 문서명을 '1738년(영조 14) 1월 17일. 족제(族弟) 류정(柳洲)이 족형(族兄) 류운(柳霆) 앞으로 발급한 매매명문(賣買明文)'으로 표시하였다.

소장. 호남권 한국학자료센터 홈페이지 원문 이미지와 텍스트 보기. 최승희(1989), 전경목(1997) 참고>

1738-04-09~1744-02-17(戊午~甲子). 「과거등록(科擧謄錄)」 第16,[305] 예조(禮曹) 편(編). <1책. 124장. 필사본. 한자+이두. 이두 자료. 서울대학교 규장각 한국학연구원 홈페이지 원문 이미지 보기> <1651-04-27~1662-09-06(第2)>

1738-04-24. **현사침 혜민서 약재 공인권 매매명문**(玄思沈惠民署藥材貢人權賣買明文), 김용서(金龍瑞). <1장. 한자+이두. 조선 필사 이두 자료. 일본 경도대학 가와이문고 소장. 고려대학교 해외한국학자료센터 홈페이지 원문 이미지와 텍스트 보기>

1738-04-00. **강필성 소지**(姜弼聖所志) 1, 강필성. <1장. 한자+이두. 조선 필사 이두 자료. 제주 어도내산 진주 강씨가 구장. 제주 한림 강우석 소장. 호남권 한국학자료센터 홈페이지 원문 이미지와 텍스트 보기. 박병호(1974ㄱ), 최승희(1989), 정구복(2002) 참고>

1738-04-00. **입안**(立案),[306] 예조(禮曹). <1장. 한자+이두. 조선 필사 이두 자료. 영천 이씨 농암 종택 구장. 한국국학진흥원 소장. 한국국학진흥원 유교넷 홈페이지 원문 이미지와 텍스트 보기>

1738-06-00. **강필성 소지**(姜弼聖所志) 2, 강필성. <1장. 한자+이두. 조선 필사 이두 자료. 제주 어도내산 진주 강씨가 구장. 제주 한림 강우석 소장. 호남권 한국학자료센터 홈페이지 원문 이미지와 텍스트 보기. 박병호(1974ㄱ), 최승희(1989), 정구복(2002) 참고>

1738-06-00. **강필성 소지**(姜弼聖所志) 3, 강필성. <1장. 한자+이두. 조선 필사 이두 자료. 제주 어도내산 진주 강씨가 구장. 제주 한림 강우석 소장. 호남권 한국학자료센터 홈페이지 원문 이미지와 텍스트 보기. 박병호(1974ㄱ), 최승희(1989), 정구복(2002) 참고>

1738-07-22~1738-11-21. 「가림보초(嘉林報草)」 권1-2, 임천군(林川郡) 편(編). <2책.

---

[305] 책의 표지에는 권수가 표시되어 있지 않지만 갑자년으로 시작하므로 '第16'으로 추정하였다.
[306] 한국국학진흥원 유교넷 홈페이지에서는 문서명을 '영천이씨 농암종택 1738에 예조에서 수급자 미상에게 보낸 입안(立案)[13811]'로 표시하였다.

95장. 필사본. 한자+이두. 필사 이두 자료. 서울대학교 규장각 한국학연구원 홈페이지 원문 이미지 보기>

1738-10-04. **정운희 별급문기**(鄭運熙別給文記), 정운희. <1장. 한자+이두. 조선 필사 이두 자료. 경기도 양주 사릉 해주 정씨 종가 소장. 한국학중앙연구원 장서각 한국고문서자료관 홈페이지 원문 이미지 보기>

1738-11-06. **고자 운걸 토지매매명문**(庫子雲杰土地賣買明文) 1, 양철원(梁哲元). <1장. 한자+이두. 조선 필사 이두 자료. 경북 경주시 양동 경주 손씨 송첨 종택 소장. 장서각 한국고문서자료관 홈페이지 원문 이미지 보기. 이수건(1979), 이수건 편저(1981), 영남대학교 인문과학연구소 편(1990), 정구복·안승준(1997), 한국정신문화연구원 편(1997) 참고>

1738-11-14~1740-윤6-26. 「가림보초(**嘉林報草**)」 권2, 임천군(林川郡) 편(編). <1책. 필사본. 한자+이두. 조선 필사 이두 자료. 서울대학교 규장각 한국학연구원 홈페이지 원문 이미지 보기>

1738-11-16. **조선봉 토지매매명문**(曹先奉土地賣買明文), 노돌동(魯乭同). <1장. 한자+이두. 조선 필사 이두 자료. 전남 구례군 토지면 오미리 문화 류씨 운조루 소장. 한국학중앙연구원 장서각 한국고문서자료관 홈페이지 원문 이미지와 텍스트 보기. 한국정신문화연구원 편(1998) 참고>

1738-11-18. **금선종 토지매매명문**(金善宗土地賣買明文), 금숭선(金崇先). <1장. 한자+이두. 조선 필사 이두 자료. 경북 안동시 주촌 진성 이씨 경류정 소장. 한국학중앙연구원 장서각 한국고문서자료관 홈페이지 원문 이미지와 텍스트 보기. 한국정신문화연구원 편(1999) 참고>

1738-12-24. **고자 운걸 토지매매명문**(庫子雲杰土地賣買明文) 2, 양철원(梁哲元). <1장. 한자+이두. 조선 필사 이두 자료. 경북 경주시 양동 경주 손씨 송첨 종택 소장. 한국학중앙연구원 장서각 한국고문서자료관 홈페이지 원문 이미지 보기. 이수건(1979), 이수건 편저(1981), 영남대학교 인문과학연구소 편(1990), 정구복·안승준(1997), 한국정신문화연구원 편(1997) 참고>

1738-12-29. **황상추 토지매매명문**(黃上秋土地賣買明文), 정용발(鄭龍發). <1장. 한자+이두. 조선 필사 이두 자료. 경북 예천군 용문면 대제리 원동 권씨 춘우재 고택

구장. 한국국학진흥원 소장. 한국학자료센터 영남권역센터 홈페이지 원문 이미지와 텍스트 보기. 김성갑(2013) 참고>

1738-00-00~1791-00-00. 「이재난고(頤齋亂藁)」, 황윤석(黃胤錫, 1729년~1738년) 저(著). <57책. 한자+이두+한글. 일기. 전북 고창군 후손 황병관 소장. 한국학중앙연구원 디지털장서각 홈페이지 '911.008b국92ㅎc3'(47책) 원문 이미지와 텍스트 보기> <영인본: 「이재난고」 1~9(탈초본. 한국정신문화연구원 국학진흥연구사업추진위원회 편집, 1994-2003)>

1738-00-00 무렵. 「수교신보(受敎新補)」, 조현명 편(아사우미(麻生武龜) 소장). 서울대학교 규장각 한국학연구원 홈페이지 아사우미 보충본 2책 원문 이미지 보기) <이본: 1739-00-00(「신보수교집록(新補受敎輯錄)」, 조현명(趙顯命) 외 공편)>

1739년

<기미(己未), 영조 15년, 건륭 4년>

1739-01-14~1739-04-28. 「건륭 4년 기미 정월 14일 선농단 친경의궤(乾隆四年己未正月十四日 先農壇 親耕儀軌)」, 예조(禮曹). <1책. 104장. 필사본. 표제는 '(乾隆四年)親耕儀軌'. 한자+이두. 조선 필사 이두 자료. 서울대학교 규장각 한국학연구원 의궤 종합정보 홈페이지 원문 이미지 보기>

1739-01-19. **이수담 처 이 씨 깃급문기**(李壽聃妻李氏衿給文記), 이수담 처 이 씨. <1장. 한자+이두. 조선 필사 이두 자료. 경북 경주시 안강읍 옥산리 여주 이씨 독락당 소장. 한국학중앙연구원 장서각 한국고문서자료관 홈페이지 원문 이미지 보기. 한국정신문화연구원 편(2003) 참고>

1739-01-19. **이수담 처 이 씨 별급문기**(李壽聃妻李氏別給文記), 이수담 처 이 씨. <1장. 한자+이두. 조선 필사 이두 자료. 경북 경주시 안강읍 옥산리 여주 이씨 독락당 소장. 한국학중앙연구원 장서각 한국고문서자료관 홈페이지 원문 이미지 보기. 한국정신문화연구원 편(2003) 참고>

1739-01-20. **노 시선 배지**(奴是先牌旨), 권 씨(權氏). <1장. 한자+이두. 조선 필사

이두 자료. 경북 예천군 용문면 대제리 원동 권씨 춘우재 고택 구장. 한국국학진흥원 소장. 한국학자료센터 영남권역센터 홈페이지 원문 이미지와 텍스트 보기. 김성갑(2013) 참고>

1739-01-20. **이의식 처 박 씨 깃급문기**(李宜植妻朴氏衿給文記), 이의식 처 박 씨. <1장. 한자+이두. 조선 필사 이두 자료. 경북 경주시 안강읍 옥산리 여주 이씨 독락당 소장. 한국학중앙연구원 장서각 한국고문서자료관 홈페이지 원문 이미지 보기. 한국정신문화연구원 편(2003) 참고>

1739-01-21. **적동생 토지매매명문**(嫡同生土地賣買明文),[307] 권중석(權重石). <1장. 한자+이두. 조선 필사 이두 자료. 경북 예천군 용문면 대제리 원동 권씨 춘우재 고택 구장. 한국국학진흥원 소장. 한국학자료센터 영남권역센터 홈페이지 원문 이미지와 텍스트 보기. 김성갑(2013) 참고>

1739-01-25. **손성 노비매매명문**(孫誠奴婢賣買明文), 이원담(李愿聃). <1장. 한자+이두. 조선 필사 이두 자료. 경북 경주시 안강읍 옥산리 여주 이씨 독락당 소장. 한국학중앙연구원 장서각 한국고문서자료관 홈페이지 원문 이미지 보기. 한국정신문화연구원 편(2003) 참고>

1739-01-25. **이 생원 댁 노 천석 토지매매명문**(李生員宅奴千石土地賣買明文), 시선(是先). <1장. 한자+이두. 조선 필사 이두 자료. 경북 예천군 용문면 대제리 원동 권씨 춘우재 고택 구장. 한국국학진흥원 소장. 한국학자료센터 영남권역센터 홈페이지 원문 이미지와 텍스트 보기. 김성갑(2013) 참고>

1739-02-04. **승 ■■[308] 토지매매명문**(僧■■土地賣買明文), 김 조이(金召史). <1장. 점련문서. 한자+이두. 조선 필사 이두 자료. 전남 해남 연동 해남 윤씨 녹우당 소장. 한국학중앙연구원 장서각 한국고문서자료관 홈페이지 원문 이미지 보기. 박병호(1974ㄱ), 한국정신문화연구원 편(1986) 참고>

1739-02-15. **승 채욱 토지매매명문**(僧彩旭土地賣買明文) 1, 정흥성(鄭興成). <1장. 한

---

[307] 한국학자료센터 영남권역센터 홈페이지에서는 '권중석(權重石) 방매 토지매매명문'으로 표시하였다.
[308] 한국학중앙연구원 장서각 한국고문서자료관 홈페이지에서는 승려 '양일(兩日)'로 추정하였다.

자+이두. 조선 필사 이두 자료. 경북 안동시 주촌 진성 이씨 경류정 구장. 서울역사박물관 소장. 한국학중앙연구원 장서각 한국고문서자료관 홈페이지 원문 이미지와 텍스트 보기. 한국정신문화연구원 편(1999) 참고>

1739-02-15. **승 채욱 토지매매명문**(僧彩旭土地賣買明文) 2, 정흥성(鄭興成). <1장. 한자+이두. 조선 필사 이두 자료. 경북 안동시 주촌 진성 이씨 경류정 구장. 서울역사박물관 소장. 한국학중앙연구원 장서각 한국고문서자료관 홈페이지 원문 이미지와 텍스트 보기. 한국정신문화연구원 편(1999) 참고>

1739-02-16. **이원석 토지매매명문**(李源碩土地賣買明文), 이우형(李遇馨). <1장. 한자+이두. 조선 필사 이두 자료. 전남 구례군 토지면 오미리 문화 류씨 운조루 소장. 한국학중앙연구원 장서각 한국고문서자료관 홈페이지 원문 이미지와 텍스트 보기. 한국정신문화연구원 편(1998) 참고>

1739-02-21. **최 생원 댁 노 토지매매명문**(崔生員宅奴土地賣買明文), 양일(兩日). <1장. 한자+이두. 조선 필사 이두 자료. 전남 해남 연동 해남 윤씨 녹우당 소장. 한국학중앙연구원 장서각 한국고문서자료관 홈페이지 원문 이미지와 텍스트 보기. 박병호(1974ㄱ), 한국정신문화연구원 편(1986) 참고>

1739-02-00. **손시식 등 발괄**(孫是栻等白活), 손시식 등. <1장. 한자+이두. 조선 필사 이두 자료. 경북 경주시 양동 경주 손씨 송첨 종택 소장. 한국학중앙연구원 장서각 한국고문서자료관 홈페이지 원문 이미지 보기. 한국정신문화연구원 편(1997) 참고>

1739-02-00. **정부인 정 씨 입안**(貞夫人丁氏立案), 예조(禮曹). <1장. 한자+이두. 조선 필사 이두 자료. 아산 선교 장흥 임씨 구장. 한국학중앙연구원 장서각 소장. 한국학중앙연구원 장서각 한국고문서자료관 홈페이지 원문 이미지 보기. 한국학중앙연구원 편(2008) 참고>

1739-03-00~1739-05-00. 「**복위 부묘도감의궤**(復位 祔 廟都監儀軌)」,[309] 부묘도감 편. <1책. 309장. 필사본. 표제는 '(己未五月 日)復位 祔廟都監儀軌'. 한자+이두. 조선

---

[309] 서울대학교 규장각 한국학연구원 홈페이지에서는 서명을 '[端敬王后]復位祔廟都監儀軌 [단경왕후]복위부묘도감의궤'로 적었다.

필사 이두 자료. 서울대학교 규장각 한국학연구원 의궤 종합정보 홈페이지 '奎 14881' 원문 이미지 보기>

1739-03-00~1739-05-00. 「복위 부묘도감의궤(**復位 祔 廟都監儀軌**)」,[310] 부묘도감 편. <1책. 210장. 필사본. 표제는 '(己未五月 日江華上)復位 祔 廟都監儀軌'. 한자+이두. 조선 필사 이두 자료. 서울대학교 규장각 한국학연구원 의궤 종합정보 홈페이지 '奎13508' 원문 이미지 보기>

1739-03-00~1739-05-00. 「복위 부묘도감의궤(**復位 祔 廟都監儀軌**)」,[311] 부묘도감 편. <1책. 306장.[312] 필사본. 표제는 '(己未五月 日江華上)復位 祔 廟都監儀軌'. 한자+이두. 조선 필사 이두 자료. 서울대학교 규장각 한국학연구원 의궤 종합정보 홈페이지 '奎13507' 원문 이미지 보기>

1739-03-00~1739-05-00. 「복위 부묘도감의궤(**復位 祔 廟都監儀軌**)」,[313] 부묘도감 편. <1책. 304장.[314] 필사본. 표제는 '(己未五月 日五臺山上)復位 祔 廟都監儀軌'. 한자+이두. 조선 필사 이두 자료. 서울대학교 규장각 한국학연구원 의궤 종합정보 홈페이지 '奎13506' 원문 이미지 보기>

1739-03-11~1739-05-00. 「부묘도감의궤(**祔廟都監儀軌**)」,[315] 부묘도감 편. <1책. 313장. 필사본. 표제는 '(乾隆四年己未五月 日 英宗十五年)祔 廟都監儀軌'. 한자+이두. 조선 필사 이두 자료. 한국학중앙연구원 장서각 소장. 한국학중앙연구원 한국학 디지털 아카이브 & 디지털장서각 홈페이지 원문 이미지와 텍스트 보기>

1739-03-11~1739-05-00. 「단경왕후복위의궤(**端敬王后復位儀軌**)」, 의궤청(儀軌廳).

---

310 서울대학교 규장각 한국학연구원 홈페이지에서는 서명을 '[端敬王后]復位祔廟都監儀軌 [단경왕후]복위부묘도감의궤'로 적었다.
311 서울대학교 규장각 한국학연구원 홈페이지에서는 서명을 '[端敬王后]復位祔廟都監儀軌 [단경왕후]복위부묘도감의궤'로 적었다.
312 서울대학교 규장각 한국학연구원 홈페이지에서는 '책권수 1冊(210張)'으로 잘못 적었다.
313 서울대학교 규장각 한국학연구원 홈페이지에서는 서명을 '[端敬王后]復位祔廟都監儀軌 [단경왕후]복위부묘도감의궤'로 적었다.
314 서울대학교 규장각 한국학연구원 홈페이지에서는 '책권수 1冊(210張)'으로 잘못 적었다.
315 한국학중앙연구원 디지털장서각 홈페이지에서는 서명을 '[단경왕후복위]부묘도감의궤[端敬王后復位]祔廟都監儀軌'로 적었다.

<1책. 207장. 필사본. 표제는 '(乾隆四年己未端敬王后復位儀軌)'. 한자+이두. 조선 필사 이두 자료. 한국학중앙연구원 장서각 소장. 한국학중앙연구원 한국학 디지털 아카이브 홈페이지 원문 이미지와 텍스트 보기>

1739-03-11~1739-07-05. 「단경왕후복위등록(端敬王后復位謄錄)」, 예조(禮曹). <1책. 51장. 필사본. 한자+이두. 조선 필사 이두 자료. 한국학중앙연구원 장서각 소장. 한국학중앙연구원 장서각 한국학자료센터 홈페이지 'K2-2623' 원문 이미지와 텍스트 보기>

1739-03-19~1739-08-02. 「선원보략개수정시교정청의궤(璿源譜略改修正時校正廳儀軌)」, 종부시(宗簿寺) 편(編). <1책 67장. 필사본. 표제는 '(己未年 江華府)璿源譜略校正廳儀軌'. 한자+이두. 조선 필사 이두 자료. 서울대학교 규장각 한국학연구원 의궤 종합정보 홈페이지 '奎14030' 원문 이미지 보기>

1739-03-25~1739-07-10. 「온릉봉릉도감의궤(溫陵封陵都監儀軌)」,[316] 봉릉도감 편(編). <1책. 185장. 필사본. 표제는 '(己未年 議政府上 乾隆四年)溫陵都監儀軌'. 한자+이두. 조선 필사 이두 자료. 서울대학교 규장각 한국학연구원 의궤 종합정보 홈페이지 '奎14831' 원문 이미지 보기>

1739-03-25~1739-09-04. 「온릉봉릉도감의궤(溫陵封陵都監儀軌)」,[317] 봉릉도감 편. <1책. 358장. 필사본. 표제는 '(乾隆四年己未三月 日 英宗十五年)溫陵都監儀軌'. 한자+이두. 조선 필사 이두 자료. 한국학중앙연구원 장서각 소장. 한국학중앙연구원 한국학 디지털 아카이브 홈페이지 'K2-2351' 원문 이미지와 텍스트 보기>

1739-03-19. **지산재사 토지매매명문**(芝山齋舍土地賣買明文) 1, 박명주(朴命周). <1장. 한자+이두. 조선 필사 이두 자료. 영해 도곡 무안 박씨 무의공 종택 소장. 한국학중앙연구원 고문서자료관 홈페이지 원문 이미지 보기>

1739-03-19. **지산재사 토지매매명문**(芝山齋舍土地賣買明文) 2, 박희조(朴熙朝). <1장. 한자+이두. 조선 필사 이두 자료. 영해 도곡 무안 박씨 무의공 종택 소장. 한국학

---

[316] 한국학중앙연구원 디지털장서각 홈페이지에서는 서명을 '溫陵封陵都監儀軌 온릉봉릉도감의궤'로 적었다.

[317] 한국학중앙연구원 디지털장서각 홈페이지에서는 서명을 '온릉봉릉도감의궤(溫陵封陵都監儀軌)'로 적었다.

중앙연구원 고문서자료관 홈페이지 원문 이미지 보기>

1739-03-00. **손시림 등 소지**(孫是林等所志),³¹⁸ 손시림 등. <1장. 한자+이두. 조선 필사 이두 자료. 경북 경주시 양동 경주 손씨 송첨 종택 소장. 한국학중앙연구원 장서각 한국고문서자료관 홈페이지 원문 이미지 보기>

1739-04-10. **이희겸 토지매매명문**(李喜謙土地賣買明文), 박성봉(朴聖鳳). <1장. 한자+이두. 조선 필사 이두 자료. 전남 구례군 토지면 오미리 문화 류씨 운조루 소장. 장서각 한국고문서자료관 홈페이지 원문 이미지와 텍스트 보기. 한국정신문화연구원 편(1998) 참고>

1739-04-11. **외종 토지매매명문**(外宗土地賣買明文),³¹⁹ 사노 월명(私奴月命). <1장. 한자+이두. 조선 필사 이두 자료. 의성 김씨 지촌 종택 구장. 한국국학진흥원 소장. 한국국학진흥원 유교넷 홈페이지 원문 이미지 보기>

1739-05-00. **비 복정 배지**(婢卜丁牌旨), 윤(尹). <1장. 점련문서. 한자+이두. 조선 필사 이두 자료. 전남 해남 연동 해남 윤씨 녹우당 소장. 한국학중앙연구원 장서각 한국고문서자료관 홈페이지 원문 이미지 보기. 박병호(1974ㄱ), 한국정신문화연구원 편(1986), 이재수(2003), 김소은(2004) 참고>

1739-06-02. **김해준 토지매매명문**(金海俊土地賣買明文), 김수명(金守命). <1장. 한자+이두. 조선 필사 이두 자료. 전남 구례군 토지면 오미리 문화 류씨 운조루 소장. 한국학중앙연구원 장서각 한국고문서자료관 홈페이지 원문 이미지와 텍스트 보기. 한국정신문화연구원 편(1998) 참고>

1739-06-18~1743-12-21(己未~癸亥). 「표인영래등록(**漂人領來謄錄**)」 第19 예조(禮曹) 전객사(典客司) 편(編). <1책(6/7). 135장. 필사본. 한자+이두. 조선 필사 이두 자료. 서울대학교 규장각 한국학연구원 홈페이지 낙질본(第1, 2, 3, 5, 18~20) 원문 이미지 보기. 「규장각 자료 총서 금호시리즈(대외관계편)」(서울대학교 규장각, 1993) 영인> <1641-09-24~1660-01-20(第1)>

---

318 한국학중앙연구원 장서각 한국고문서자료관 홈페이지에서는 '손시림(孫是林) 등(等) 18명(名) 소지(所志)'로 표시하였다.

319 한국국학진흥원 유교넷 홈페이지에서는 문서명을 '의성김씨 지촌종택 1739년에 사노 월명과 외종 사이에 작성된 명문(明文)(田畓賣買文書)[06528]'로 표시하였다.

1739-06-25. **숭렬사 재임 서목**(崇烈祠齋任書目), 숭렬사. <1장. 한자+이두. 조선 필사 이두 자료. 경북 경주시 내남면 이조리 경주 최씨·용산서원 소장. 한국학중앙연구원 장서각 한국고문서자료관 홈페이지 원문 이미지 보기. 한국정신문화연구원 편(2000) 참고>

1739-08-08. **박 씨 토지매매명문**(朴氏土地賣買明文),[320] 김취년(金就碾). <1장. 한자+이두. 조선 필사 이두 자료. 제주 장전리 진주 강씨 강태복가 소장. 호남권 한국학자료센터 홈페이지 원문 이미지와 텍스트 보기. 고창석(1997, 1998) 참고>

1739-08-11. **재주 처 계모 전 씨 분재기**(財主妻繼母全氏分財記),[321] 재주 처 계모 전 씨. <1장. 한자+이두. 조선 필사 이두 자료. 전남 해남군 해남 윤씨 윤상현 구장. 무안 여흥 민씨 민종기 소장. 호남권 한국학자료센터 홈페이지 원문 이미지 보기. 최승희(1989) 참고>

1739-09-00. **윤덕희 분재기**(尹德熙分財記), 윤덕희. <1장. 한자+이두. 조선 필사 이두 자료. 전남 해남 연동 해남 윤씨 녹우당 소장. 한국학중앙연구원 장서각 한국고문서자료관 홈페이지 원문 이미지와 텍스트 보기. 한국정신문화연구원 편(1983, 1986), 안승준(1987), 최승희(1989), 전경목(2003), 문숙자(2004) 참고>

1739-10-15. **문무심 토지매매명문**(文武心土地賣買明文), 각선(覺襌). <1장. 한자+이두. 조선 필사 이두 자료. 경북 안동시 하회 풍산 류씨 충효당 소장. 한국학중앙연구원 장서각 한국고문서자료관 홈페이지 원문 이미지와 텍스트 보기. 한국정신문화연구원 편(1994) 참고>

1739-10-00. **김방 등 소지**(金垞等所志) 1,[322] 김방 등. <1장. 한자+이두. 조선 필사 이두 자료. 의성 김씨 함집당 종택 구장. 한국국학진흥원 소장. 한국국학진흥원 유교넷 홈페이지 원문 이미지 보기>

1739-10-00. **김방 등 소지**(金垞等所志) 2,[323] 김방 등. <1장. 한자+이두. 조선 필사

---

[320] 호남권 한국학자료센터 홈페이지에서는 '박씨역중(朴氏亦中) 토지매매명문(土地賣買明文)'으로 표시하였다.
[321] 호남권 한국학자료센터 홈페이지에서는 '전씨(全氏) 큰사위 분재기(分財記)'로 표시하였다.
[322] 한국국학진흥원 유교넷 홈페이지에서는 문서명을 '1739년 김방이 순흥성주에게 무덤의 이장건에 대해 올린 소지'로 표시하였다.

이두 자료. 의성 김씨 함집당 종택 구장. 한국국학진흥원 소장. 한국국학진흥원 유교넷 홈페이지 원문 이미지 보기>

1739-11-06. **종숙 거 별급문기**(從叔遽別給文記), 종숙 거. <1장. 한자+이두. 조선 필사 이두 자료. 전남 나주시 회진 나주 임씨 창계 후손가 소장. 한국학중앙연구원 고문서자료관 홈페이지 원문 이미지 보기. 한국정신문화연구원 편(2003) 참고>

1739-11-29. **박오룡 토지매매명문**(朴五龍土地賣買明文), 김자순(金自順). <1장. 한자+이두. 조선 필사 이두 자료. 전북 부안군 우반 부안 김씨 소장. 한국학중앙연구원 장서각 한국고문서자료관 홈페이지 & 호남권 한국학자료센터 홈페이지 원문 이미지와 텍스트 보기. 한국정신문화연구원 편(1983, 1998), 한국학중앙연구원 편(2017) 참고>

1739-12-17~1740-02-00. 「존숭도감도청의궤(尊崇都監都廳儀軌)」, 존숭도감 편. <1책. 213장. 필사본. 한자+이두. 조선 필사 이두 자료. 한국학중앙연구원 장서각 소장. 한국학중앙연구원 한국학 디지털 아카이브 홈페이지 원문 이미지와 텍스트 보기> <이본: 1919-01-00(개수(改修))>

1739-12-17~1740-00-00. 「인원왕후존숭도감의궤(仁元王后尊崇都監儀軌)」, 존숭도감 편. <1책. 212장. 필사본. 표제는 '庚申五月 日江華府上 尊崇都監儀軌'. 한자+이두. 조선 필사 이두 자료. 서울대학교 규장각 한국학연구원 의궤 종합정보 홈페이지 원문 이미지 보기>

1739-12-25. **재주 통덕랑 조부 별급문기**(財主通德郞祖父別給文記), 재주 통덕랑 조부. <1장. 한자+이두. 조선 필사 이두 자료. 아산 선교 장흥 임씨 구장. 한국학중앙연구원 장서각 소장. 장서각 한국고문서자료관 홈페이지 원문 이미지 보기. 한국학중앙연구원 편(2008) 참고>

1739-12-26. **최 첨사댁 노 막선 토지매매명문**(崔僉使宅奴莫先土地賣買明文), 감동(甘同). <1장. 한자+이두. 조선 필사 이두 자료. 경기도 용인시 오산 해주 오씨 추탄 종가 구장. 한국학중앙연구원 장서각 소장. 한국학중앙연구원 고문서자료관 홈페

---

323 한국국학진흥원 유교넷 홈페이지에서는 문서명을 '1739년 김방이 순흥성주에게 투장건에 대해 올린 소지'로 표시하였다.

이지 원문 이미지와 텍스트 보기. 한국정신문화연구원 편(1998) 참고>

1739-■■-24. **임진 토지매매명문**(林賮土地賣買明文), 김백윤(金白潤). <1장. 한자+이두. 조선 필사 이두 자료. 전북 부안 석동 류절재 소장. 호남권 한국학자료센터 홈페이지 원문 이미지와 텍스트 보기. 박병호(1974ㄱ), 최승희(1989), 정구복 외 (1999) 참고>

1739-■■-26. **권산 토지매매명문**(權山土地賣買明文), 경선(景先). <1장. 한자+이두. 조선 필사 이두 자료. 경북 안동시 주촌 진성 이씨 경류정 소장. 한국학중앙연구원 장서각 한국고문서자료관 홈페이지 원문 이미지와 텍스트 보기. 한국정신문화연구원 편(1999) 참고>

1739-00-00. 「단경왕후복위부묘의궤(**端敬王后復位祔廟儀軌**)」, 부묘도감(祔廟都監) 편(編). <1책. 50장. 필사본. 개장한 표지의 표제는 '(己卯年 稽制同上)端敬王后復位 祔廟'. 한자+이두. 조선 필사 이두 자료. 한국학중앙연구원 디지털장서각 홈페이지 'K2-2220' 원문 이미지 보기>

1739-00-00. 「단경왕후복위의궤(**端敬王后復位儀軌**)」, 예조(禮曹) 편(編). <1책. 307장. 필사본. 표제는 '(乾隆四年己未)端敬王后復位儀軌'. 권수제는 없다. 한자+이두. 조선 필사 이두 자료. 한국학중앙연구원 디지털장서각 홈페이지 'K2-2624' 원문 이미지와 텍스트 보기>

1739-00-00. 「복위부묘도감도청의궤(**復位祔廟都監都廳儀軌**)」,[324] 부묘도감 편. <1책. 302장. 필사본. 표제는 '(己未五月 日五臺山上)復位 祔 廟都監儀軌'. 권수제는 '(乾隆四年己未三月 日)復 位祔 廟都監都廳儀軌'. 한자+이두. 조선 필사 이두 자료. 서울대학교 규장각 한국학연구원 의궤 종합정보 홈페이지 '奎13506', '奎13507', '奎13508', '奎13509' 원문 이미지 보기>

1739-00-00. 「복위부묘도감도청의궤(**復 位祔 廟都監都廳儀軌**)」,[325] 상·하(上·下), 부묘도감 편. <2책. 212장+160장. 표제는 '端敬王后復 位祔 廟都監儀軌'. 권수제는

---

[324] 서울대학교 규장각 한국학연구원 의궤 종합정보 홈페이지에서는 서명을 표제나 권수제와는 달리 '단경왕후복위부묘도감의궤(端敬王后復位祔廟都監儀軌)'로 적었다.

[325] 국립중앙박물관 외규장각 의궤 홈페이지에서는 서명을 표제나 권수제와는 달리 '단경왕후복위부묘도감의궤(端敬王后復位祔廟都監儀軌)'로 붙여 썼다.

'(乾隆四年己未三月 日)復 位祔 廟都監都廳儀軌'. 한자+이두. 조선 필사 이두 자료. 국립중앙박물관 외규장각 의궤 홈페이지 '외규152~153' 원문 이미지와 텍스트 보기>

1739-00-00. 「부묘도감의궤(祔 廟都監儀軌)」,[326] 부묘도감(祔廟都監) 편(編). <1책. 312장. 필사본. 표제는 '(乾隆四年己卯五月 日 英宗十五年祔 廟都監儀軌 全'. 권수제는 없다. 한자+이두. 조선 필사 이두 자료. 한국학중앙연구원 디지털장서각 홈페이지 'K2-2242' 원문 이미지와 텍스트 보기>

1739-00-00. 「선원보략개수정시교정청의궤(璿源譜略改修正時校正廳儀軌)」, 교정청 편. <1책. 67장. 필사본. 표제는 '(己未年)璿源譜略校正廳儀軌'. 권수제는 '(乾隆四年 己未七月 日)璿源譜略改修正時校正廳儀軌'. 한자+이두. 조선 필사 이두 자료. 서울대학교 규장각 한국학연구원 의궤 종합정보 홈페이지 '奎14029', '奎14030' 원문 이미지 보기>

1739-00-00. 「신보수교집록(新補受教輯錄)」, 조현명(趙顯命) 외 공편. <2권 2책. 필사본. 「수교집록」 이후에 공포된 법령 가운데 시행할 법령만 추려 편찬한 법제서. 「속대전」 편찬의 기초 자료> <1738-00-00 무렵. 「수교신보(受教新補)」, 조현명 편(아사우미(麻生武龜) 소장). 서울대학교 규장각 한국학연구원 홈페이지 아사우미 보충본 2책 원문 이미지 보기)>

1739-00-00. 「온릉봉릉도감의궤(溫陵封 陵都監儀軌)」,[327] 봉릉도감 편. <1책. 185장. 필사본. 표제는 '(己未年 議政府上 乾隆四年)溫陵都監儀軌'. 권수제는 '(乾隆四年己未 三月 日)溫陵封 陵都監儀軌'. 한자+이두. 조선 필사 이두 자료. 서울대학교 규장각 한국학연구원 의궤 종합정보 홈페이지 '奎14831' 원문 이미지 보기>

1739-00-00. 「온릉봉릉도감의궤(溫陵封 陵都監儀軌)」, 봉릉도감 편. <1책. 360장. 필사본. 표제는 '(乾隆四年己未三月 日 英宗十五年)溫陵都監儀軌(全)'. 권수제는 '(乾隆四年 己未三月 日)溫陵封 陵都監儀軌'. 한자+이두. 조선 필사 이두 자료. 한국학중앙연

---

[326] 한국학중앙연구원 디지털장서각 홈페이지에서는 서명을 '[단경왕후복위]부묘도감의궤[端敬王 后復位]祔廟都監儀軌]'로 적었다.

[327] 서울대학교 규장각 한국학연구원 의궤 종합정보 홈페이지에서는 서명을 표제나 권수제와는 달리 '단경왕후온릉봉릉도감의궤(端敬王后溫陵封陵都監儀軌)'로 적었다.

구원 디지털장서각 홈페이지 'K2-2351' 원문 이미지와 텍스트 보기>

1739-00-00.「온릉봉릉도감의궤(溫陵封 陵都監儀軌)」,[328] 상·하(上·下), 봉릉도감 편. <2책. 192장+202장. 필사본. 상권과 하권의 표제지는 결락. 권수제는 '(乾隆四年己未三月日)溫陵封 陵都監儀軌'. 한자+이두. 조선 필사 이두 자료. 국립중앙박물관 외규장각 의궤 홈페이지 '외규150~151' 원문 이미지와 텍스트 보기>

1739-00-00. **이소 처 울산 박씨 계후 입안**(李炤妻蔚山朴氏繼後立案), 예조(禮曹). <1장. 한자+이두. 조선 필사 이두 자료. 충남 공주시 전주 이씨 숭선군파 종가 소장. 한국학중앙연구원 장서각 한국고문서자료관 홈페이지 원문 이미지 보기>

1739-00-00.「존숭도감도청의궤(尊崇都監都廳儀軌)」,[329] 존숭도감 편. <1책. 212장. 필사본. 표제는 '(庚申五月 日 江華府上)尊崇都監儀軌'. 권수제는 '(乾隆五年二月 日)尊崇都監都廳儀軌'. 한자+이두. 조선 필사 이두 자료. 서울대학교 규장각 한국학연구원 의궤 종합정보 홈페이지 '奎13283', '奎13284', '奎13285' 원문 이미지 보기>

1739-00-00.「친경의궤(先農壇 親耕儀軌)」, <1책. 104장. 필사본. 표제는 '(乾隆四年)親耕儀軌'. 권수제는 '(乾隆四年己未正月十四日 先農壇)親耕儀軌'. 한자+이두. 조선 필사 이두 자료. 서울대학교 규장각 한국학연구원 의궤 종합정보 홈페이지 '奎14937' '奎14537' 원문 이미지 보기>

1739-00-00.「친경의궤(親耕儀軌)」, 예조(禮曹) 편. <1책. 117장. 필사본. 표제지 결락. 권수제는 '(乾隆四年己未正月十四日 先農壇)親耕儀軌'. 한자+이두. 조선 필사 이두 자료. 국립중앙박물관 외규장각 의궤 홈페이지 '외규149' 원문 이미지와 텍스트 보기>

1739-00-00.「하빈잡저(河濱雜著)」, 신후담(愼後聃, 1702년~1761년). <전35책. 필사본. 하빈 신후담(1702년~1761년)의 시문집. 제주도 무속 등에 관하여 설명한 '금화만고(金華漫稿)', 속담집 '찰이록(察邇錄)과 동식물의 명칭, 속명, 이명(異名) 등을 기록한 '동식잡기(動植雜記)', 우리말 어휘를 차자로 표기하고 어원을 풀이한

---

[328] 국립중앙박물관 외규장각 의궤 홈페이지에서는 서명을 권수제와는 달리 '단경왕후온릉봉릉도감의궤(端敬王后溫陵封陵都監儀軌)'로 적었다.

[329] 서울대학교 규장각 한국학연구원 의궤 종합정보 홈페이지에서는 서명을 표제나 권수제와는 달리 '인원왕후존숭도감의궤(仁元王后尊崇都監儀軌)'로 적었다.

'해동방언(海東方言)'. 의성어 모음집인 '속설잡기(俗說雜記)'와 '중뢰통기(衆籟通記)' 등이 수록되어 있다. 속담집. 동식물 명칭 자료. 어원 자료. 의성어[330] 자료. 중국 한자와 차자로 표기한 어휘집. 서울대학교 규장각 한국학연구원 홈페이지 4책 영본 '奎古1263' 원문 이미지 보기. 김동준(2014) 참고> <영인본: ① 「하빈 선생 전집」 전9권(아세아문화사, 2006)>

1740년

<경신(庚申), 영조 16년, 건륭 5년>

1740-01-11. **이 생원 노 가팔리 토지매매명문**(李生員奴加八里土地賣買明文), 성기(性機) 개명(改名) 퇴철(退徹). <1장. 한자+이두. 조선 필사 이두 자료. 전남 구례군 토지면 오미리 문화 류씨 운조루 소장. 한국학중앙연구원 장서각 한국고문서자료관 홈페이지 원문 이미지와 텍스트 보기. 한국정신문화연구원 편(1998) 참고>

1740-01-19. **전천우 토지매매명문**(全天佑土地賣買明文), 탁수근(卓守根). <1장. 한자+이두. 조선 필사 이두 자료. 순천 월등 목천 장씨가 구장. 전북대학교 박물관 소장. 호남권 한국학자료센터 홈페이지 원문 이미지와 텍스트 보기. 박병호(1974ㄱ), 이재수(2003) 참고>

1740-01-28. **신초성 토지매매명문**(辛楚聖土地賣買明文), 김이재(金以載). <1장. 한자+이두. 조선 필사 이두 자료. 전남 구례군 토지면 오미리 문화 류씨 운조루 소장. 한국학중앙연구원 장서각 한국고문서자료관 홈페이지 원문 이미지와 텍스트 보기. 한국정신문화연구원 편(1998) 참고>

1740-02-07. **노 선생 토지매매명문**(奴善生土地賣買明文), 상전 노(上典盧). <1장. 한자+이두. 조선 필사 이두 자료. 전남 구례군 토지면 오미리 문화 류씨 운조루 소장.

---

[330] 瑟瑟(슬슬), 許許(허허), 何何(하하), 胡胡(호호), 劇劇(극극), 食食(식식) 등의 의성어를 '瑟瑟字 百官將朝時 政院吏人所唱之聲也', '許許大小聲也', '何何小聲也', '胡胡微笑聲也', '劇劇甚笑聲也', '食食癡人之笑聲也'와 같이 한자로 풀이하였다.

한국학중앙연구원 장서각 한국고문서자료관 홈페이지 원문 이미지와 텍스트 보기. 한국정신문화연구원 편(1998) 참고>

1740-02-11. **이수관 토지매매명문**(李守觀土地賣買明文), 노 씨(盧氏). <1장. 한자+이두. 조선 필사 이두 자료. 전남 구례군 토지면 오미리 문화 류씨 운조루 소장. 한국학중앙연구원 장서각 한국고문서자료관 홈페이지 원문 이미지와 텍스트 보기. 한국정신문화연구원 편(1998) 참고>

1740-02-25. **곽자근노미 토지매매명문**(郭者斤老未土地賣買明文), 박만석(朴萬碩). <1장. 한자+이두. 조선 필사 이두 자료. 순천 월등 목천 장씨가 구장. 전북대학교 박물관 소장. 호남권 한국학자료센터 홈페이지 원문 이미지와 텍스트 보기. 박병호(1974ㄱ), 이재수(2003) 참고>

1740-02-25~1740-07-21. 「**선원보략수정시종부시의궤**(璿源譜略修正時宗簿寺儀軌)」, 종부시 편. <1책. 45장. 필사본. 한자+이두. 조선 필사 이두 자료. 한국학중앙연구원 장서각 소장. 한국학중앙연구원 한국학 디지털 아카이브 홈페이지 원문 이미지와 텍스트 보기>

1740-02-25~1740-12-10. 「**선원보략수정종부시의궤**(璿源譜略修正宗簿寺儀軌)」, 종부시 편. <1책. 63장. 필사본. 한자+이두. 조선 필사 이두 자료. 서울대학교 규장각 한국학연구원 의궤 종합정보 홈페이지 원문 이미지 보기>

1740-02-00. **노 안선 배지**(奴安先牌旨), 소(蘇). <1장. 점련문서. 한자+이두. 조선 필사 이두 자료. 전남 해남 연동 해남 윤씨 녹우당 소장. 한국학중앙연구원 장서각 한국고문서자료관 홈페이지 원문 이미지와 텍스트 보기. 한국정신문화연구원 편(1986) 참고>

1740-03-01. **최지철 토지매매명문**(崔知哲土地賣買明文), 안선(安先). <1장. 점련문서. 한자+이두. 조선 필사 이두 자료. 전남 해남 연동 해남 윤씨 녹우당 소장. 한국학중앙연구원 장서각 한국고문서자료관 홈페이지 원문 이미지와 텍스트 보기. 한국정신문화연구원 편(1986) 참고>

1740-03-10. **강철연 토지매매명문**(姜哲連土地賣買明文), 강위서(姜渭瑞). <1장. 한자+이두. 조선 필사 이두 자료. 순천 월등 목천 장씨가 구장. 전북대학교 박물관 소장. 호남권 한국학자료센터 홈페이지 원문 이미지와 텍스트 보기. 박병호(1974

ㄱ), 최승희(1989), 이재수(2003) 참고>

1740-03-10. **숭선방 노 호랑 토지매매명문**(崇善房奴好郞土地賣買明文),[331] 이 생원 노 도업(李生員奴道業). <1장. 한자+이두. 조선 필사 이두 자료. 충남 공주시 전주 이씨 숭선군파 종가 소장. 한국학중앙연구원 장서각 한국고문서자료관 홈페이지 원문 이미지 보기>

1740-03-26. **승 조혜 토지매매명문**(僧照惠土地賣買明文), 복정(卜丁). <1장. 점련문서. 한자+이두. 조선 필사 이두 자료. 전남 해남 연동 해남 윤씨 녹우당 소장. 한국학중앙연구원 장서각 한국고문서자료관 홈페이지 원문 이미지 보기. 박병호(1974 ㄱ), 한국정신문화연구원 편(1986), 이재수(2003), 김소은(2004) 참고>

1740-03-00. **진주 강씨 문중 등장**(晉州姜氏門中等狀) 1, 진주 강씨 문중. <1장. 한자+이두. 조선 필사 이두 자료. 제주 어도내산 진주 강씨가 구장. 제주 한림 강우석 소장. 호남권 한국학자료센터 홈페이지 원문 이미지와 텍스트 보기. 최승희(1989), 전경목(1997) 참고>

1740-03-00. **진주 강씨 문중 등장**(晉州姜氏門中等狀) 2, 진주 강씨 문중. <1장. 한자+이두. 조선 필사 이두 자료. 제주 어도내산 진주 강씨가 구장. 제주 한림 강우석 소장. 호남권 한국학자료센터 홈페이지 원문 이미지와 텍스트 보기. 최승희(1989), 전경목(1997), 김경숙(2012) 참고>

1740-04-09. **강위구 노비매매명문**(姜渭龜奴婢賣買明文), 노주 홍 씨(奴主洪氏). <1장. 한자+이두. 조선 필사 이두 자료. 제주 어도내산 진주 강씨가 구장. 제주 한림 강우석 소장. 호남권 한국학자료센터 홈페이지 원문 이미지와 텍스트 보기. 이재수(2003), 오창명(2007) 참고>

1740-04-19. **숭렬서원 재임 서목**(崇烈書院齋任書目) 1, 숭렬사. <1장. 한자+이두. 조선 필사 이두 자료. 경북 경주시 내남면 이조리 경주 최씨·용산서원 소장. 한국학중앙연구원 장서각 한국고문서자료관 홈페이지 원문 이미지 보기. 한국정신문화연구원 편(2000) 참고>

---

[331] 한국학중앙연구원 장서각 한국고문서자료관 홈페이지에서는 '이생원 노 도업(李生員 奴 道業) 토지매매명문(土地賣買明文)'으로 표시하였다.

1740-04-20. **김흥재 토지매매명문**(金興載土地賣買明文), 김세구(金世九). <1장. 한자+이두. 조선 필사 이두 자료. 전남 구례군 토지면 오미리 문화 류씨 운조루 소장. 한국학중앙연구원 장서각 한국고문서자료관 홈페이지 원문 이미지와 텍스트 보기. 한국정신문화연구원 편(1998) 참고>

1740-04-28. **이수백 토지매매명문**(李水白土地賣買明文), 숙총(淑聰). <1장. 한자+이두. 조선 필사 이두 자료. 전남 구례군 토지면 오미리 문화 류씨 운조루 소장. 한국학중앙연구원 장서각 한국고문서자료관 홈페이지 원문 이미지와 텍스트 보기. 한국정신문화연구원 편(1998) 참고>

1740-05-15~1740-06-00(庚申). 「가상시호도감의궤(**加上 諡號都監儀軌**)」,[332] 시호도감 편. <1책. 145장. 필사본. 표제는 '(庚申六月 日 江華府上)加上 諡號都監儀軌'. 한자+이두. 조선 필사 이두 자료. 서울대학교 규장각 한국학연구원 의궤 종합정보 홈페이지 '奎13264' 원문 이미지 보기>

1740-05-19. **노 막선 입안**(奴莫先立案), 한성부(漢城府). <1장. 한자+이두. 조선 필사 이두 자료. 경기도 용인시 오산 해주 오씨 추탄 종가 구장. 한국학중앙연구원 장서각 한국고문서자료관 홈페이지 원문 이미지와 텍스트 보기. 한국정신문화연구원 편(1998) 참고>

1740-05-00 이후 기입 추정. 「금강반야바라밀경(**金剛般若波羅密經**)」, 구마라집(鳩摩羅什) 역(譯), 양주(楊洲): 천보산(天寶山) 불암사(佛巖寺) 개간(開刊). <목판본. 본문에 생획토 기입. 불교 서적. 조선 묵서 구결 자료. 본문 밖의 좌우에 한글. 국립중앙도서관 홈페이지 원문 이미지 보기>

1740-06-04. **강위구 토지매매명문**(姜渭龜土地賣買明文), 허시창(許時昌). <1장. 한자+이두. 조선 필사 이두 자료. 제주 어도내산 진주 강씨가 구장. 제주 한림 강우석 소장. 호남권 한국학자료센터 홈페이지 원문 이미지와 텍스트 보기. 이재수(2003), 오창명(2007) 참고>

1740-06-27. **숭렬서원 재임 서목**(崇烈書院齋任書目) 2, 숭렬사. <1장. 한자+이두.

---

[332] 서울대학교 규장각 한국학연구원 의궤 종합정보 홈페이지에서는 서명을 '효종가상시호도감의궤(孝宗加上諡號都監儀軌)'로 적었다.

조선 필사 이두 자료. 경북 경주시 내남면 이조리 경주 최씨·용산서원 소장. 한국학중앙연구원 장서각 한국고문서자료관 홈페이지 원문 이미지 보기. 한국정신문화연구원 편(2000) 참고>

1740-06-00~1740-07-24.「존숭도감일방의궤(尊崇都監一房儀軌)」,[333] 1~2, 존숭도감 편. <2책. 필사본. 한자+이두. 조선 필사 이두 자료. 한국학중앙연구원 장서각 소장본의 마지막 장에는 1918년 10월 일 개수(改修)라는 글이 적혀 있다. 한국학중앙연구원 한국학 디지털 아카이브 홈페이지 'K2-2837' 원문 이미지와 텍스트 보기>

1740-06-00~1740-00-00.「존숭도감의궤(尊崇都監儀軌)」[334] 상·하, 존숭도감 편. <2책. 142장+149장. 필사본. 표제는 '(庚申年 五臺山上)尊崇都監儀軌'. 한자+이두. 조선 필사 이두 자료. 서울대학교 규장각 한국학연구원 의궤 종합정보 홈페이지 '奎13286' 원문 이미지 보기>

1740-07-11. **이재창 토지매매명문**(李再昌土地賣買明文), 장처재(張處載). <1장. 한자+이두. 조선 필사 이두 자료. 전남 구례군 토지면 오미리 문화 류씨 운조루 소장. 한국학중앙연구원 장서각 한국고문서자료관 홈페이지 원문 이미지와 텍스트 보기. 한국정신문화연구원 편(1998) 참고>

1740-08-01. **정 생원 댁 흥만 토지매매명문**(鄭生員宅興萬土地賣買明文), 윤 생원 댁 노 기산(尹生員宅奴起山). <1장. 한자+이두. 조선 필사 이두 자료. 경기도 양주 사릉 해주 정씨 종가 소장. 한국학중앙연구원 장서각 한국고문서자료관 홈페이지 원문 이미지 보기>

1740-08-00. **김덕민 소지**(金德旻所志), 김덕민. <1장. 한자+이두. 조선 필사 이두 자료. 전남 영암 밀양 김씨 김상회 소장. 호남권 한국학자료센터 홈페이지 원문 이미지와 텍스트 보기. 최승희(1989) 참고>

1740-10-20. **노 소남 토지매매명문**(奴小男土地賣買明文), 태영(太英). <1장. 한자+이

---

[333] 한국학중앙연구원 디지털장서각 홈페이지에서는 서명을 '존숭도감의궤(尊崇都監儀軌)'로 적었다.

[334] 서울대학교 규장각 한국학연구원 의궤 종합정보 홈페이지에서는 서명을 '인원왕후영조정성왕후존숭도감의궤(仁元王后英祖貞聖王后尊崇都監儀軌)'로 적었다.

두. 조선 필사 이두 자료. 전남 장성군 행주 기씨 금강 종가 소장. 호남권 한국학자료센터 홈페이지 원문 이미지와 텍스트 보기. 김재문(1986), 이재수(2003), 이수건 외(2004) 참고>

1740-11-20. **어득수 토지매매명문**(魚得水土地賣買明文), 재주 최영양 노 감동(財主崔英陽奴甘同). <1장. 한자+이두. 조선 필사 이두 자료. 경기도 용인시 오산 해주 오씨 추탄 종가 구장. 한국학중앙연구원 장서각 소장. 한국학중앙연구원 장서각 한국고문서자료관 홈페이지 원문 이미지와 텍스트 보기. 한국정신문화연구원 편(1998) 참고>

1740-11-20. **■용■ 토지매매명문**(■庸■土地賣買明文),[335] 홍대적(洪大積). <1장. 한자+이두. 조선 필사 이두 자료. 전북대학교 박물관 소장. 호남권 한국학자료센터 홈페이지 원문 이미지와 텍스트 보기. 최승희(1989), 정구복 외(1999), 이재수(2003) 참고>

1740-12-10. **이원복 토지매매명문**(李元馥土地賣買明文),[336] 이여경(李餘慶). <1장. 한자+이두. 조선 필사 이두 자료. 고성 이씨 탑동 종가 구장. 한국국학진흥원 소장. 한국국학진흥원 유교넷 홈페이지 원문 이미지 보기>

1740-12-24. **유학 임■■ 토지매매명문**(幼學任■■土地賣買明文),[337] 유학 김봉기(幼學金鳳記). <1장. 한자+이두. 조선 필사 이두 자료. 보성 능묵 장흥 임씨가 구장. 전북대학교 박물관 소장. 호남권 한국학자료센터 홈페이지 원문 이미지와 텍스트 보기. 최승희(1989), 이재수(2003) 참고>

1740-12-26. **태봉 배지**(太奉牌旨), 김 생원(金生員). <1장. 점련문서. 한자+이두. 조선 필사 이두 자료. 전북 부안군 우반 부안 김씨 소장. 한국학중앙연구원 장서각 한국고문서자료관 홈페이지 & 호남권 한국학자료센터 홈페이지 원문 이미지와

---

[335] 호남권 한국학자료센터 홈페이지에서는 '홍대적(洪大積) 방매 토지매매문(土地賣買明文)'으로 표시하였다.

[336] 한국국학진흥원 유교넷 홈페이지에서는 문서명을 '1740년 이여경이 이원복에게 땅을 매도한 사실을 증명하는 전답매매문기'로 표시하였다.

[337] 호남권 한국학자료센터 홈페이지에서는 '김봉기(金鳳記) 방매(放賣) 토지매매명문(土地賣買明文)'으로 표시하였다.

텍스트 보기. 한국정신문화연구원 편(1983, 1998), 한국학중앙연구원 편(2017) 참고>

1740-■■-■■. **윤 생원 댁 노 기산 배지**(尹生員宅奴起山牌旨), 윤 생원. <1장. 한자+이두. 조선 필사 이두 자료. 경기도 양주 사릉 해주 정씨 종가 소장. 한국학중앙연구원 장서각 한국고문서자료관 홈페이지 참고>

1740-■■-■■. ■■■ **토지매매명문**(■■■土地賣買明文),[338] 윤 생원 댁 노 기산(尹生員宅奴起山). <1장. 한자+이두. 조선 필사 이두 자료. 경기도 양주 사릉 해주 정씨 종가 소장. 한국학중앙연구원 장서각 한국고문서자료관 홈페이지 참고>

1740-■■-■■. ■■■ **초사**(■■■招辭) <1장. 점련문서. 한자+이두. 조선 필사 이두 자료. 전북 부안군 우반 부안 김씨 소장. 한국학중앙연구원 장서각 한국고문서자료관 홈페이지 원문 이미지와 텍스트 보기. 한국정신문화연구원 편(1983, 1998), 한국학중앙연구원 편(2017) 참고>

1740-00-00. 「도청의궤(**都廳儀軌**)」,[339] 시호도감(諡號都監) 편(編). <1책. 145장. 필사본. 표제는 '(庚申六月 日 江華府上)加上 諡號都監儀軌'. 권수제는 '(庚申六月 日)都廳儀軌'. 한자+이두. 조선 필사 이두 자료. 서울대학교 규장각 한국학연구원 의궤 종합정보 홈페이지 '奎13264' 원문 이미지 보기>

1740-00-00. 「도청의궤(**都廳儀軌**)」,[340] 시호도감(諡號都監) 편. <1책. 169장. 필사본. 원표지의 표제지는 결락. 권수제는 '(庚申六月 日)都廳儀軌'. 한자+이두. 조선 필사 이두 자료. 국립중앙박물관 외규장각 의궤 홈페이지 '외규154' 원문 이미지와 텍스트 보기>

1740-00-00. 「선원보략수정시종부시의궤(**璿源譜略修正時宗簿寺儀軌**)」,[341] 종부시

---

338 한국학중앙연구원 장서각 한국고문서자료관 홈페이지에서는 '윤생원댁(尹生員宅) 노(奴) 기산(起山) 토지매매명문(土地賣買明文)'으로 표시하였다.

339 서울대학교 규장각 한국학연구원 의궤 종합정보 홈페이지에서는 서명을 표제나 권수제와는 달리 '효종가상시호도감의궤(孝宗加上諡號都監儀軌)'로 적었다.

340 국립중앙박물관 외규장각 의궤 홈페이지에서는 서명을 권수제와는 달리 '효종가상시호도감의궤(孝宗加上諡號都監儀軌)'로 적었다.

341 한국학중앙연구원 디지털장서각 홈페이지에서는 서명을 '선원보략수개의궤(璿源譜略修改儀軌)'로 적었다.

편. <1책. 46장. 필사본. 표제는 '(英宗 庚申年春秋合付 本寺 全羅道璿源譜略修改儀軌'. 권수제는 '(乾隆五年庚申二月卄五日)璿源譜略修正時宗簿寺儀軌'. 한자+이두. 조선 필사 이두 자료. 한국학중앙연구원 디지털장서각 홈페이지 'K2-3850' 원문 이미지와 텍스트 보기>

1740-00-00.「존숭도감도청의궤(尊崇都監都廳儀軌)」, 존숭도감 편. <1책. 214장. 필사본. 표제는 '(乾隆五年庚申五月 日 英宗十六年)尊崇都監都廳儀軌'. 권수제는 '(乾隆五年二月 日)尊崇都監都廳儀軌'. 한자+이두. 조선 필사 이두 자료. 한국학중앙연구원 디지털장서각 홈페이지 'K2-2832' 원문 이미지와 텍스트 보기>

1740-00-00.「존숭도감도청의궤(尊崇都監都廳儀軌)」,[342] 상·하, 존숭도감 편. <2책. 142장+148장. 필사본. 상권의 개장한 표지의 표제는 '(庚申年五臺山上)尊崇都監儀軌(上)'. 권수제는 '(乾隆五年閏六月 日)尊崇都監都廳儀軌'. 한자+이두. 조선 필사 이두 자료. 서울대학교 규장각 한국학연구원 의궤 종합정보 홈페이지 '奎13286' 원문 이미지 보기>

1740-00-00.「존숭도감도청의궤(尊崇都監都廳儀軌)」,[343] 상·하(上·, 下) 존숭도감 편. <2책. 154장+191장. 필사본. 표제는 '尊崇都監儀軌'. 권수제는 '(乾隆五年閏六月 日)尊崇都監都廳儀軌'. 한자+이두. 조선 필사 이두 자료. 국립중앙박물관 외규장각 의궤 홈페이지 '외규155~156' 원문 이미지와 텍스트 보기>

1740-00-00.「존숭도감의궤(尊崇都監儀軌)」, 존숭도감 편. <2책. 145장+148장. 필사본. 표제는 '(乾隆五年庚申七月 日 英宗十六年)尊崇都監都廳儀軌'. '(乾隆五年七月 日)尊崇都監儀軌目錄'이 있다. 한자+이두. 조선 필사 이두 자료. 한국학중앙연구원 디지털장서각 홈페이지 'K2-2837' 원문 이미지와 텍스트 보기>

1740-00-00.「종부시의궤(宗簿寺儀軌)」,[344] 종부시 편. <1책. 63장. 필사본. 개장한

---

342 서울대학교 규장각 한국학연구원 의궤 종합정보 홈페이지에서는 서명을 표제와 권수제와는 달리 '인원왕후영조정성왕후존숭도감의궤(仁元王后英祖貞聖王后尊崇都監儀軌)'로 적었다.

343 국립중앙박물관 외규장각 의궤 홈페이지에서는 서명을 '인원왕후영조정성왕후존숭도감의궤(상)(仁元王后英祖貞聖王后尊崇都監儀軌(上))'으로 적었다.

344 서울대학교 규장각 한국학연구원 의궤 종합정보 홈페이지에서는 서명을 표제나 권수제와는 달리 '선원보략수정종부시의궤(璿源譜略修正宗簿寺儀軌)'로 적었다.

표지의 표제는 '(庚申年 本寺儀軌)璿源譜略修正時'. 권수제는 '(乾隆五年庚申二月 日)宗簿寺儀軌'. 한자+이두. 조선 필사 이두 자료. 서울대학교 규장각 한국학연구 원 의궤 종합정보 홈페이지 '奎14031' 원문 이미지 보기>

1741년

<신유(辛酉), 영조 17년, 건륭 6년>

1741-01-07~1743-10-07(영조 17년 辛酉~癸亥). 「각릉수개등록(各陵修改謄錄)」第 19(2), 예조(禮曹) 전향사(典享司) 편(編). <전21책. 1책. 120장. 필사본. 한자+이두. 이두 자료. 서울대학교 규장각 한국학연구원 홈페이지 원문 이미지 보기> <1636-05-02~1644-08-10(仁祖 14년 崇禎 9년 丙子~甲申) 第1(1)>

1741-01-08. **이 생원 댁 노 가팔리 토지매매명문**(李生員宅奴加八里土地賣買明文), 권 세휘(權世輝). <1장. 한자+이두. 조선 필사 이두 자료. 전남 구례군 토지면 오미리 문화 류씨 운조루 소장. 한국학중앙연구원 장서각 한국고문서자료관 홈페이지 원문 이미지와 텍스트 보기. 한국정신문화연구원 편(1998) 참고>

1741-01-12. **손증걸 토지매매명문**(孫曾杰土地賣買明文), 손명구(孫命耈). <1장. 한자 +이두. 조선 필사 이두 자료. 경북 경주시 양동 경주 손씨 송첨 종택 소장. 한국학 중앙연구원 장서각 한국고문서자료관 홈페이지 원문 이미지 보기. 이수건(1979), 이수건 편저(1981), 영남대학교 인문과학연구소 편(1990), 정구복·안승준(1997), 한국정신문화연구원 편(1997) 참고>

1741-01-25. **박필원 토지매매명문**(朴弼元土地賣買明文), 계선(戒先). <1장. 한자+이 두. 조선 필사 이두 자료. 원주시 무릉박물관 소장. 한국학자료센터 강원권역센터 홈페이지 원문 이미지 보기>

1741-01-28. **남수성 노비매매명문**(南壽星奴婢賣買明文), 강우주(姜佑周). <1장. 한자 +이두. 조선 필사 이두 자료. 경남 밀양 사촌 의령 남씨 침류정 소장. 한국학중앙 연구원 장서각 한국고문서자료관 홈페이지 원문 이미지 보기. 한국정신문화연구 원 편(2004) 참고>

1741-01-00. **강우주 초사**(姜佑周招辭), 강우주. <1장. 한자+이두. 조선 필사 이두 자료. 경남 밀양 사촌 의령 남씨 침류정 소장. 한국학중앙연구원 장서각 한국고문서자료관 홈페이지 원문 이미지 보기. 한국정신문화연구원 편(2004) 참고>

1741-01-00. **남수성 입안**(南壽星立案), 청도군수(淸道郡守). <1장. 한자+이두. 조선 필사 이두 자료. 경남 밀양 사촌 의령 남씨 침류정 소장. 한국학중앙연구원 장서각 한국고문서자료관 홈페이지 원문 이미지 보기. 한국정신문화연구원 편(2004) 참고>

1741-01-00. **백운채·손서대 초사**(白雲彩·孫緒大招辭), 백운채·손서대. <1장. 한자+이두. 조선 필사 이두 자료. 경남 밀양 사촌 의령 남씨 침류정 소장. 한국학중앙연구원 장서각 한국고문서자료관 홈페이지 원문 이미지 보기. 한국정신문화연구원 편(2004) 참고>

1741-01-00~1741-12-28(辛酉). 「신유년 금영등록(**辛酉年 禁營謄錄**)」, 금위영(禁衛營) 편(編). <1책(6/15. 낙질본). 142장. 필사본. 한자+이두. 조선 필사 이두 자료. 서울대학교 규장각 한국학연구원 홈페이지 원문 이미지 보기> <1682-02-29~1682-10-09(1/15)>

1741-02-03. **김선금 입안**(金善今立案), 군수(郡守). <1장. 한자+이두. 조선 필사 이두 자료. 안동 천전 의성 김씨 재산 종택 소장. 한국학중앙연구원 장서각 한국고문서자료관 홈페이지 원문 이미지 보기. 한국정신문화연구원 편(1990) 참고>

1741-02-06. **정감금 토지매매명문**(鄭甘金土地賣買明文), 조평(照平). <1장. 한자+이두. 조선 필사 이두 자료. 전남 해남 연동 해남 윤씨 녹우당 소장. 한국학중앙연구원 장서각 한국고문서자료관 홈페이지 원문 이미지와 텍스트 보기. 박병호(1974ㄱ), 한국정신문화연구원 편(1986), 이재수(2003), 김소은(2004) 참고>

1741-02-11. **만송 토지매매명문**(萬宋土地賣買明文), 김북술(金北戌). <1장. 한자+이두. 조선 필사 이두 자료. 안동 천전 의성 김씨 재산 종택 소장. 한국학중앙연구원 장서각 한국고문서자료관 홈페이지 원문 이미지와 텍스트 보기. 한국정신문화연구원 편(1990) 참고>

1741-02-17. **준옥 토지매매명문**(俊郁土地賣買明文), 이 씨(李氏). <1장. 한자+이두. 조선 필사 이두 자료. 전남 영광군 입석 영월 신씨 소장. 한국학중앙연구원 장서각

한국고문서자료관 홈페이지 원문 이미지와 텍스트 보기. 한국정신문화연구원 편(1996) 참고>

1741-02-18. **서시찬 토지매매명문**(徐時贊土地賣買明文), 이재욱(李再旭). <1장. 한자+이두. 조선 필사 이두 자료. 전남 구례군 토지면 오미리 문화 류씨 운조루 소장. 한국학중앙연구원 장서각 한국고문서자료관 홈페이지 원문 이미지와 텍스트 보기. 한국정신문화연구원 편(1998) 참고>

1741-02-00. **이 생원 댁 노 점봉 소지**(李生員宅奴点奉所志), 점봉. <1장. 한자+이두. 조선 필사 이두 자료. 경북 칠곡 석전 광주 이씨 구장. 한국학중앙연구원 장서각 소장. 한국학중앙연구원 장서각 한국고문서자료관 홈페이지 원문 이미지 보기. 한국학중앙연구원 편(2009) 참고>

1741-02-00. **이수일 차첩**(李秀逸差帖), 이조(吏曹). <1장. 한자+이두. 조선 필사 이두 자료. 예산 한곡 한산 이씨 수당 고택 소장. 한국학중앙연구원 장서각 한국고문서자료관 홈페이지 원문 이미지 보기. 한국정신문화연구원 편(2002) 참고>

1741-03-07. **성남 토지매매명문**(聖男土地賣買明文), 오십산(五十山). <1장. 한자+이두. 조선 필사 이두 자료. 경북 안동시 주촌 진성 이씨 경류정 소장. 한국학중앙연구원 장서각 한국고문서자료관 홈페이지 원문 이미지와 텍스트 보기. 한국정신문화연구원 편(1999) 참고>

1741-03-09. **종조 토지매매명문**(從祖土地賣買明文), 이종혁(李宗赫). <1장. 한자+이두. 조선 필사 이두 자료. 전남 구례군 토지면 오미리 문화 류씨 운조루 소장. 한국학중앙연구원 장서각 한국고문서자료관 홈페이지 원문 이미지와 텍스트 보기. 한국정신문화연구원 편(1998) 참고>

1741-03-14. **이원석 토지매매명문**(李源碩土地賣買明文), 강택인(姜宅仁). <1장. 한자+이두. 조선 필사 이두 자료. 전남 구례군 토지면 오미리 문화 류씨 운조루 소장. 한국학중앙연구원 장서각 한국고문서자료관 홈페이지 원문 이미지와 텍스트 보기. 한국정신문화연구원 편(1998) 참고>

1741-03-18. **모 고 씨 별급문기**(母高氏別給文記), 모 고 씨. <1장. 한자+이두. 조선 필사 이두 자료. 전남 나주시 회진 나주 임씨 창계 후손가 소장. 한국학중앙연구원 고문서자료관 홈페이지 원문 이미지 보기. 한국정신문화연구원 편(2003) 참고>

1741-03-20. **유학 이원석 토지매매명문**(幼學李源石土地賣買明文), 모성훈(牟成薰). <1장. 한자+이두. 조선 필사 이두 자료. 전남 구례군 토지면 오미리 문화 류씨 운조루 소장. 한국학중앙연구원 장서각 한국고문서자료관 홈페이지 원문 이미지 와 텍스트 보기. 한국정신문화연구원 편(1998) 참고>

1741-03-00. **김성탁 소지**(金聖鐸所志), 김성탁. <1장. 한자+이두. 조선 필사 이두 자료. 안동 천전 의성 김씨 제산 종택 소장. 한국학중앙연구원 장서각 한국고문서 자료관 홈페이지 원문 이미지 보기. 한국정신문화연구원 편(1989) 참고>

1741-05-04. **위진기 토지매매명문**(魏振起土地賣買明文), 전주 임인발(田主林仁發). <1장. 한자+이두. 조선 필사 이두 자료. 제주시 제주교육박물관 소장. 사이버 제주교육박물관 홈페이지 원문 이미지와 텍스트 보기>

1741-05-16. **고성 이씨 문중 완의**(固城李氏門中完議), 고성 이씨 문중 8형제. <1장. 한자+이두. 조선 필사 이두 자료. 경북 안동시 법흥동 고성 이씨 탑동 종가 구장. 한국국학진흥원 소장. 한국학자료센터 영남권역센터 홈페이지 원문 이미지와 텍스트 보기>

1741-05-26. **신초성 토지매매명문**(辛楚成土地賣買明文), 최개남(崔介南). <1장. 한자 +이두. 조선 필사 이두 자료. 전남 구례군 토지면 오미리 문화 류씨 운조루 소장. 한국학중앙연구원 장서각 한국고문서자료관 홈페이지 원문 이미지와 텍스트 보 기. 한국정신문화연구원 편(1998) 참고>

1741-06-07. **김진경 토지매매명문**(金震慶土地賣買明文), 김수명(金守命). <1장. 한자 +이두. 조선 필사 이두 자료. 전남 구례군 토지면 오미리 문화 류씨 운조루 소장. 한국학중앙연구원 장서각 한국고문서자료관 홈페이지 원문 이미지와 텍스트 보 기. 한국정신문화연구원 편(1998) 참고>

1741-07-02. **숭렬사 재임 서목**(崇烈祠齋任書目), 숭렬사. <1장. 한자+이두. 조선 필사 이두 자료. 경북 경주시 내남면 이조리 경주 최씨·용산서원 소장. 한국학중앙연구 원 장서각 한국고문서자료관 홈페이지 원문 이미지 보기. 한국정신문화연구원 편(2000) 참고>

1741-07-24. **노 세창 배지**(奴世昌牌旨), 권(權). <1장. 한자+이두. 조선 필사 이두 자료. 아산 선교 장흥 임씨 구장. 한국학중앙연구원 장서각 한국고문서자료관

홈페이지 원문 이미지 보기. 한국학중앙연구원 편(2008) 참고>

1741-08-07. **임재대 전령**(任載大傳令) 1,[345] 순사(巡使). <1장. 한자+이두. 조선 필사 이두 자료. 아산 선교 장흥 임씨 구장. 한국학중앙연구원 장서각 한국고문서자료관 홈페이지 원문 이미지 보기. 한국학중앙연구원 편(2008) 참고>

1741-09-00. **입안**(立案), 장예원(掌隷院). <1장. 점련문서. 한자+이두. 조선 필사 이두 자료. 아산 선교 장흥 임씨 구장. 한국학중앙연구원 장서각 한국고문서자료관 홈페이지 원문 이미지 보기. 한국학중앙연구원 편(2008) 참고>

1741-09-00. **임재대 전령**(任載大傳令) 2,[346] 광주 방어사(廣州防禦使). <1장. 한자+이두. 조선 필사 이두 자료. 아산 선교 장흥 임씨 구장. 한국학중앙연구원 장서각 한국고문서자료관 홈페이지 원문 이미지 보기. 한국학중앙연구원 편(2008) 참고>

1741-10-15. **최개남 토지매매명문**(崔介南土地賣買明文), 변비백(卞飛白). <1장. 한자+이두. 조선 필사 이두 자료. 전남 구례군 토지면 오미리 문화 류씨 운조루 소장. 한국학중앙연구원 장서각 한국고문서자료관 홈페이지 원문 이미지와 텍스트 보기. 한국정신문화연구원 편(1998) 참고>

1741-10-00. **김선행 소지**(金善行所志), 김선행. <1장. 한자+이두. 조선 필사 이두 자료. 안동 천전 의성 김씨 제산 종택 소장. 한국학중앙연구원 장서각 한국고문서자료관 홈페이지 원문 이미지 보기. 한국정신문화연구원 편(1989) 참고>

1741-11-12. **장익봉 토지매매명문**(張翼鳳土地賣買明文), 강치주(姜致周). <1장. 한자+이두. 조선 필사 이두 자료. 전남 화순 내서 흥성 장씨가 구장. 광주광역시 이정옥 소장. 호남권 한국학자료센터 홈페이지 원문 이미지와 텍스트 보기. 최승희(1989), 정구복 외(1999) 참고>

1741-11-14. **강위노 토지매매명문**(姜渭老土地賣買明文) 1, 고처백(高處伯). <1장. 한자+이두. 조선 필사 이두 자료. 제주 장전리 진주 강씨 강태복가 소장. 호남권

---

[345] 한국학중앙연구원 장서각 한국고문서자료관 홈페이지에서는 '순사(巡使) 전령(傳令)'으로 표시하였다.

[346] 한국학중앙연구원 장서각 한국고문서자료관 홈페이지에서는 '광주방어사(廣州防禦使) 전령(傳令)'으로 표시하였다.

1741-11-14. **강위노 토지매매명문**(姜渭老土地賣買明文) 2, 강 조이(姜召史). <1장. 한자+이두. 조선 필사 이두 자료. 제주 장전리 진주 강씨 강태복가 소장. 호남권 한국학자료센터 홈페이지 원문 이미지와 텍스트 보기. 최승희(1989), 고창석(1998, 2002) 참고>

1741-11-25. **승 벽공 토지매매명문**(僧璧空土地賣買明文), 강덕인(姜德仁). <1장. 한자+이두. 조선 필사 이두 자료. 전남 구례군 토지면 오미리 문화 류씨 운조루 소장. 한국학중앙연구원 장서각 한국고문서자료관 홈페이지 원문 이미지와 텍스트 보기. 한국정신문화연구원 편(1998) 참고>

1741-12-12. **이세우 토지매매명문**(李世禹土地賣買明文), 이덕윤(李德潤). <1장. 한자+이두. 조선 필사 이두 자료. 전북 부안군 우반 부안 김씨 소장. 한국학중앙연구원 장서각 한국고문서자료관 홈페이지 원문 이미지와 텍스트 보기. 한국정신문화연구원 편(1983, 1998), 한국학중앙연구원 편(2017) 참고>

1741-■■-11. **임 생원 댁 노 막선 토지매매명문**(任生員宅奴莫先土地賣買明文), 송감됴(宋甘了).[347] <1장. 한자+이두. 조선 필사 이두 자료. 아산 선교 장흥 임씨 구장. 한국학중앙연구원 장서각 한국고문서자료관 홈페이지 원문 이미지 보기. 한국학중앙연구원 편(2008) 참고>

1741-■■-■■. **임가산 노 중태 노비매매명문**(任嘉山奴重太奴婢賣買明文), 세창(世昌). <1장. 점련문서. 한자+이두. 조선 필사 이두 자료. 아산 선교 장흥 임씨 구장. 한국학중앙연구원 장서각 한국고문서자료관 홈페이지 원문 이미지 보기. 한국학중앙연구원 편(2008) 참고>

1741-00-00. 「**종묘의궤속록**(宗廟儀軌續錄)」 1~2, 종묘서(宗廟署) 편. <2책. 68장+77장. 필사본. 표제는 '(辛酉 英宗)宗廟儀軌續錄(一)'. 한자+이두. 조선 필사 이두 자료. 서울대학교 규장각 한국학연구원 의궤 종합정보 홈페이지 '奎14221' 원문 이미지 보기>

---

[347] 한국학중앙연구원 장서각 한국고문서자료관 홈페이지에서는 발급인을 '송시정(宋時丁)'으로 적었다.

1742년

<임술(壬戌), 영조 18년, 건륭 7년>

1742-01-08. **강위노 토지매매명문**(姜渭老土地賣買明文), 장후창(張後昌). <1장. 한자+이두. 조선 필사 이두 자료. 제주 장전리 진주 강씨 강태복가 소장. 호남권 한국학자료센터 홈페이지 원문 이미지와 텍스트 보기. 고창석(1997, 1998) 참고>

1742-01-13. **강후주 토지매매명문**(姜厚周土地賣買明文), 전주 자필 김봉운(田主自筆金鳳雲). <1장. 한자+이두. 조선 필사 이두 자료. 제주시 제주교육박물관 소장. 사이버 제주교육박물관 홈페이지 원문 이미지와 텍스트 보기>

1742-01-22. **정옥구 댁 노 순만 토지매매명문**(鄭沃溝宅奴順萬土地賣買明文), 김수명(金守明). <1장. 한자+이두. 조선 필사 이두 자료. 전남 구례군 토지면 오미리 문화 류씨 운조루 소장. 한국학중앙연구원 장서각 한국고문서자료관 홈페이지 원문 이미지와 텍스트 보기. 한국정신문화연구원 편(1998) 참고>

1742-01-26. **오후 토지매매명문**(吳垕土地賣買明文), 양유성(梁有成). <1장. 한자+이두. 조선 필사 이두 자료. 순천 월등 목천 장씨가 구장. 전북대학교 박물관 소장. 호남권 한국학자료센터 홈페이지 원문 이미지와 텍스트 보기. 최승희(1989), 정구복 외(1999), 이재수(2003) 참고>

1742-02-11. **허육 토지매매명문**(許堉土地賣買明文), 양정(楊湞). <1장. 한자+이두. 조선 필사 이두 자료. 김포의령 남씨 서윤공 남두장 후손가 소장. 한국학중앙연구원 장서각 한국고문서자료관 홈페이지 원문 이미지 보기>

1742-03-04. **윤태명 토지매매명문**(尹太明土地賣買明文), 박필원(朴弼元). <1장. 한자+이두. 조선 필사 이두 자료. 강원도 횡성군 한얼문예박물관 소장. 한국학자료센터 강원권역센터 홈페이지 원문 이미지 보기. 최승희(1989), 전경목(2010), 채현경(2011ㄱ), 박준호(2016) 참고>

1742-04-23. **김진경 토지매매명문**(金震慶土地賣買明文), 순만(順萬). <1장. 한자+이두. 조선 필사 이두 자료. 전남 구례군 토지면 오미리 문화 류씨 운조루 소장. 한국학중앙연구원 장서각 한국고문서자료관 홈페이지 원문 이미지와 텍스트 보

기. 한국정신문화연구원 편(1998) 참고>

1742-04-00. **노 순만 토지매매명문**(奴順萬土地賣買明文), 정(鄭). <1장. 한자+이두. 조선 필사 이두 자료. 전남 구례군 토지면 오미리 문화 류씨 운조루 소장. 한국학중앙연구원 장서각 한국고문서자료관 홈페이지 원문 이미지와 텍스트 보기. 한국정신문화연구원 편(1998) 참고>

1742-04-00 이후 기입 추정.「대방광불화엄경입불사의해탈경계보현행원품(**大方廣佛華嚴經入不思議解脫境界普賢行願品**)」, 삼장반야(三藏般若) 조역(詔譯), 성주(星州): 성산(星山) 쌍계사(雙溪寺) 개간(開刊). <1책. 26장. 목판본. 표제는 '行願品'. 본문에 생획토 기입. 불교 서적. 조선 묵서 구결 자료. 국립중앙도서관 홈페이지 원문 이미지 보기>

1742-06-00. **송진산 댁 노 삼빈 소지**(宋珍山宅奴三彬所志), 삼빈. <1장. 한자+이두. 조선 필사 이두 자료. 대전 회덕 은진 송씨 동춘당 후손가 구장. 대전시립박물관 소장. 한국학중앙연구원 장서각 한국고문서자료관 홈페이지 원문 이미지 보기. 한국학중앙연구원 편(2006) 참고>

1742-08-22. **유학 이재창 토지매매명문**(幼學李再昌土地賣買明文), 김해준(金海俊). <1장. 한자+이두. 조선 필사 이두 자료. 전남 구례군 토지면 오미리 문화 류씨 운조루 소장. 한국학중앙연구원 장서각 한국고문서자료관 홈페이지 원문 이미지와 텍스트 보기. 한국정신문화연구원 편(1998) 참고>

1742-10-00. **이우익 입안**(李宇益立案), 예조(禮曹). <1장. 한자+이두. 조선 필사 이두 자료. 전북 익산 왕궁 이인승 소장. 호남권 한국학자료센터 홈페이지 원문 이미지와 텍스트 보기. 박병호(1974ㄱ), 최승희(1989), 정구복 외(1999) 참고>

1742-12-12. **이세우 토지매매명문**(李世禹土地賣買明文), 이덕윤(李德潤). <1장. 한자+이두. 조선 필사 이두 자료. 전북 부안군 우반 부안 김씨 구장. 전북 부안군 우동 세덕각 소장. 호남권 한국학자료센터 홈페이지 원문 이미지와 텍스트 보기. 박병호(1974ㄱ), 이재수(2003) 참고>

1742-12-12. **정명천 토지매매명문**(鄭命天土地賣買明文), 김수명(金水明). <1장. 한자+이두. 조선 필사 이두 자료. 전남 구례군 토지면 오미리 문화 류씨 운조루 소장. 한국학중앙연구원 장서각 한국고문서자료관 홈페이지 원문 이미지와 텍스트 보

기. 한국정신문화연구원 편(1998) 참고>

1742-12-13. **찬상 토지매매명문**(贊尚土地賣買明文), 권만정(權萬禎). <1장. 한자+이두. 조선 필사 이두 자료. 경북 안동시 법흥동 고성 이씨 탑동 종가 구장. 한국국학진흥원 소장. 한국학자료센터 영남권역센터 홈페이지 원문 이미지와 텍스트 보기. 박병호(1974ㄱ), 최승희(1989), 이재수(2003), 김성갑(2013) 참고>

1742-12-17. **이만이 토지매매명문**(李萬伊土地賣買明文), 어노랑(魚老郞). <1장. 한자+이두. 조선 필사 이두 자료. 대전시 무수동 안동 권씨 유회당 종택 소장. 한국학중앙연구원 장서각 한국고문서자료관 홈페이지 원문 이미지 보기. 한국학중앙연구원 편(2007) 참고>

1742-12-23. **박미산 토지매매명문**(朴美山土地賣買明文), 윤덕수(尹德守). <1장. 한자+이두. 조선 필사 이두 자료. 전남 해남 연동 해남 윤씨 녹우당 소장. 한국학중앙연구원 장서각 한국고문서자료관 홈페이지 원문 이미지와 텍스트 보기. 박병호(1974ㄱ), 한국정신문화연구원 편(1986), 이재수(2003), 김소은(2004) 참고>

1742-12-29. **강 씨 토지매매명문**(姜氏土地賣買明文), 이재윤(李才允). <1장. 한자+이두. 조선 필사 이두 자료. 제주 장전리 진주 강씨 강태복가 소장. 호남권 한국학자료센터 홈페이지 원문 이미지와 텍스트 보기. 고창석(2000, 2002) 참고>

1742-12-00. **김선행 소지**(金善行所志), 김선행. <1장. 한자+이두. 조선 필사 이두 자료. 안동 천전 의성 김씨 제산 종택 소장. 한국학중앙연구원 장서각 한국고문서자료관 홈페이지 원문 이미지 보기. 한국정신문화연구원 편(1989) 참고>

1742-■■-09. **이 씨 별급문기**(李氏別給文記), 이 씨. <1장. 한자+이두. 조선 필사 이두 자료. 안동 천전 의성 김씨 제산 종택 소장. 한국학중앙연구원 장서각 한국고문서자료관 홈페이지 원문 이미지 보기. 한국정신문화연구원 편(1989) 참고>

1742-■■-■■. **김방길 처 오 씨 소지**(金邦佶妻吳氏所志), 김방길 처 오 씨. <1장. 한자+이두. 조선 필사 이두 자료. 전북 부안군 우반 부안 김씨 구장. 전북 부안군 우동 세덕각 소장. 호남권 한국학자료센터 홈페이지 원문 이미지와 텍스트 보기. 전경목(2001), 전경목 외(2006) 참고>

1743년

<계해(癸亥), 영조 19년, 건륭 8년>

1743-01-05. **첩정**(牒呈), 충훈부(忠勳府). <1장. 한자+이두. 조선 필사 이두 자료. 경북 안동시 하회 풍산 류씨 충효당 소장. 한국학중앙연구원 장서각 한국고문서 자료관 홈페이지 원문 이미지와 텍스트 보기. 한국정신문화연구원 편(1994) 참고>

1743-01-10~1744-12-28(癸亥~甲子).「별등록(**別謄錄**)」第5, 예조(禮曹) 전객사(典客司) 편(編). <1책(4/8). 112장. 전9책. 필사본. 한자+이두. 조선 필사 이두 자료. 서울대학교 규장각 한국학연구원 홈페이지 낙질본(第1 없음) 원문 이미지 보기. 규장각 자료 총서 금호시리즈(대외관계편)」(서울대학교 규장각, 1992) 영인> <1699-윤7-18~1718-07-19(제2)>

1743-01-■■. **노 소남 토지매매명문**(奴小男土地賣買明文), 위형(偉泂). <1장. 한자+이두. 조선 필사 이두 자료. 전남 장성군 행주 기씨 금강 종가 소장. 호남권 한국학자료센터 홈페이지 원문 이미지와 텍스트 보기. 김재문(1986), 이재수(2003), 이수건 외(2004) 참고>

1743-02-04~1747-12-29(癸亥~丁卯).「종사등록(**宗社謄錄**)」13, 예조(禮曹) 전향사(典享司) 편(編). <1책. 132장. 필사본. 한자+이두. 조선 필사 이두 자료. 서울대학교 규장각 한국학연구원 홈페이지 낙질본(8, 13, 14) 원문 이미지 보기> <1717-01-17~1720-12-27(8), 1748-01-12~1750-12-25(14)>

1743-02-12. **조사룡 토지매매명문**(趙士龍土地賣買明文), 생이(生伊). <1장. 한자+이두. 조선 필사 이두 자료. 경북 안동시 주촌 진성 이씨 경류정 구장. 서울역사박물관 소장. 장서각 한국고문서자료관 홈페이지 원문 이미지와 텍스트 보기. 한국정신문화연구원 장서각 편(1999) 참고>

1743-02-20. **정세동 가사매매명문**(鄭世東家舍賣買明文), 조윤태(曹允泰). <1장. 한자+이두. 조선 필사 이두 자료. 전남 보성군 박실 제주 양씨가 구장. 원광대학교 박물관 소장. 호남권 한국학자료센터 홈페이지 원문 이미지와 텍스트 보기. 박병

호(1974ㄱ), 최승희(1989), 이재수(2003) 참고>

1743-02-21~1743-05-03. 「화협옹주가례등록(和協翁主嘉禮謄錄)」, 예조(禮曹). <1책. 69장. 필사본. 한자+이두. 조선 필사 이두 자료. 한국학중앙연구원 장서각 한국학자료센터 홈페이지 & 한국학중앙연구원 한국학 디지털 아카이브 홈페이지 원문 이미지와 텍스트 보기>

1743-02-21~1743-11-13. 「왕세자가례등록(王世子嘉禮謄錄)」, 예조(禮曹). <1책. 37장. 필사본. 한자+이두. 조선 필사 이두 자료. 한국학중앙연구원 장서각 한국학자료센터 홈페이지 원문 이미지와 텍스트 보기>

1743-02-24. **박한중 토지매매명문**(朴漢重土地賣買明文), 김세필(金世必). <1장. 한자+이두. 조선 필사 이두 자료. 전북 장수군 화양 흥학당 소장. 호남권 한국학자료센터 홈페이지 원문 이미지와 텍스트 보기. 최승희(1989), 이재수(2003), 채현경(2011ㄱ) 참고>

1743-02-30. **이희성 노비매매명문**(李喜誠奴婢賣買明文), 김우영(金宇楹). <1장. 한자+이두. 조선 필사 이두 자료. 경북 경주시 안강읍 옥산리 여주 이씨 독락당 소장. 한국학중앙연구원 장서각 한국고문서자료관 홈페이지 원문 이미지 보기. 한국정신문화연구원 편(2003) 참고>

1743-02-00. **유운 의송**(柳澐議送) 1, 유운. <1장. 한자+이두. 조선 필사 이두 자료. 경북 안동시 하회 풍산 류씨 충효당 소장. 한국학중앙연구원 장서각 한국고문서자료관 홈페이지 원문 이미지와 텍스트 보기. 한국정신문화연구원 편(1994) 참고>

1743-02-00. **유운 의송**(柳澐議送) 2, 유운. <1장. 한자+이두. 조선 필사 이두 자료. 경북 안동시 하회 풍산 류씨 충효당 소장. 한국학중앙연구원 장서각 한국고문서자료관 홈페이지 원문 이미지와 텍스트 보기. 한국정신문화연구원 편(1994) 참고>

1743-03-06. **유학 이재창 토지매매명문**(幼學李再昌土地賣買明文), 재찬(再贊). <1장. 한자+이두. 조선 필사 이두 자료. 전남 구례군 토지면 오미리 문화 류씨 운조루 소장. 한국학중앙연구원 장서각 한국고문서자료관 홈페이지 원문 이미지와 텍스트 보기. 한국정신문화연구원 편(1998) 참고>

1743-03-00. **이석화 등 소지**(李錫華等所志), 이석화 등. <1장. 한자+이두. 조선 필사 이두 자료. 경북 성주군 초전면 월곡 1리 벽진 이씨 명암 고택 구장. 한국국학진흥원 소장. 한국학자료센터 영남권역센터 홈페이지 원문 이미지와 텍스트 보기, 김성갑(2013) 참고>

1743-04-04. **서당계임 이만주 토지매매명문**(書堂契任李萬柱土地賣買明文), 황준상(黃俊裳). <1장. 한자+이두. 조선 필사 이두 자료. 경북 경주시 내남면 이조리 경주 최씨·용산서원 소장. 한국학중앙연구원 장서각 한국고문서자료관 홈페이지 원문 이미지 보기. 한국정신문화연구원 편(2000) 참고>

1743-04-13. **고자 계한 불망기**(庫子戒汗不忘記), 수영(水永). <1장. 한자+이두. 조선 필사 이두 자료. 경북 경주시 내남면 이조리 경주 최씨·용산서원 소장. 한국학중앙연구원 장서각 한국고문서자료관 홈페이지 원문 이미지 보기. 한국정신문화연구원 편(2000) 참고>

1743-04-00. **진산군수 송요화 정사**(珍山郡守宋堯和呈辭) 1, 송요화. <1장. 한자+이두. 조선 필사 이두 자료. 대전 회덕 은진 송씨 동춘당 후손가 구장. 대전시립박물관 소장. 한국학중앙연구원 장서각 한국고문서자료관 홈페이지 원문 이미지 보기. 한국학중앙연구원 편(2006) 참고>

1743-04-00. **진산군수 송요화 정사**(珍山郡守宋堯和呈辭) 2, 송요화. <1장. 한자+이두. 조선 필사 이두 자료. 대전 회덕 은진 송씨 동춘당 후손가 구장. 대전시립박물관 소장. 한국학중앙연구원 장서각 한국고문서자료관 홈페이지 원문 이미지 보기. 한국학중앙연구원 편(2006) 참고>

1743-윤4-00. **진산군수 송요화 정사**(珍山郡守宋堯和呈辭) 3, 송요화. <1장. 한자+이두. 조선 필사 이두 자료. 대전 회덕 은진 송씨 동춘당 후손가 구장. 대전시립박물관 소장. 한국학중앙연구원 장서각 한국고문서자료관 홈페이지 원문 이미지 보기. 한국학중앙연구원 편(2006) 참고>

1743-05-15. **이 생원 댁 노 가팔리 토지매매명문**(李生員宅奴加八里土地賣買明文), 김독산(金禿山). <1장. 한자+이두. 조선 필사 이두 자료. 전남 구례군 토지면 오미리 문화 류씨 운조루 소장. 한국학중앙연구원 장서각 한국고문서자료관 홈페이지 원문 이미지와 텍스트 보기. 한국정신문화연구원 편(1998) 참고>

1743-07-01. **김방길 처 오 씨 명문**(金邦佶妻吳氏明文),³⁴⁸ 문장 유학 김수관(門長幼學 金守寬). <1장. 한자+이두. 조선 필사 이두 자료. 전북 부안군 우반 부안 김씨 소장. 한국학중앙연구원 장서각 한국고문서자료관 홈페이지 원문 이미지와 텍스트 보기. 한국정신문화연구원 편(1983, 1998), 한국학중앙연구원 편(2017) 참고>

1743-08-19. **김귀재 토지매매명문**(金貴才土地賣買明文), 이시일(李時日). <1장. 한자+이두. 조선 필사 이두 자료. 남원·구례 삭녕 최씨 구장. 한국학중앙연구원 장서각 한국고문서자료관 홈페이지 원문 이미지 보기. 한국정신문화연구원 편(2004) 참고>

1743-08-00. **진산군수 송요화 정사**(珍山郡守宋堯和呈辭) 4, 송요화. <1장. 한자+이두. 조선 필사 이두 자료. 대전 회덕 은진 송씨 동춘당 후손가 구장. 대전시립박물관 소장. 한국학중앙연구원 장서각 한국고문서자료관 홈페이지 원문 이미지 보기. 한국학중앙연구원 편(2006) 참고>

1743-11-14. **강위도 토지매매명문**(姜渭道土地賣買明文), 문세준(文世俊). <1장. 한자+이두. 조선 필사 이두 자료. 제주 장전리 진주 강씨 강태복가 소장. 호남권 한국학자료센터 홈페이지 원문 이미지와 텍스트 보기. 최승희(1989), 고창석(2000) 참고>

1743-11-17. **이성수 노비매매명문**(李成樹奴婢賣買明文), 박순영(朴順永). <1장. 한자+이두. 조선 필사 이두 자료. 경북 경주시 안강읍 옥산리 여주 이씨 장산서원·치암 종택 구장. 한국학중앙연구원 장서각 한국고문서자료관 홈페이지 원문 이미지 보기. 한국정신문화연구원 편(2003) 참고>

1743-00-00. 「대사례의궤(**大射禮儀軌**)」, 예조(禮曹). <1책. 94장. 필사본. 표제는 '(癸亥年 議政府上)大射禮儀軌'. 한자+이두. 조선 필사 이두 자료. 서울대학교 규장각 한국학연구원 의궤 종합정보 홈페이지 '奎14941' 원문 이미지와 텍스트 보기>

---

348 한국학중앙연구원 장서각 한국고문서자료관 홈페이지에서는 '김현득을 김방길의 양자로 삼는 명문'으로 표시하였다.

1744년

<갑자(甲子), 영조 20년, 건륭 9년>

1744-01-14~1756-12-15(甲子~丙子). 「인신등록(印信謄錄)」 第4, 예조(禮曹) 편(編). <1책(전6책). 36장. 필사본. 한자+이두. 조선 필사 이두 자료. 서울대학교 규장각 한국학연구원 홈페이지 낙질본(제2, 제4) 원문 이미지 보기> <1679-01-04~1692-08-23(제2)>

1744-01-19. **정립 토지매매명문**(丁立土地賣買明文), 양석기(楊石己). <1장. 한자+이두. 조선 필사 이두 자료. 경북 안동시 주촌 진성 이씨 경류정 구장. 서울역사박물관 소장. 한국학중앙연구원 장서각 한국고문서자료관 홈페이지 원문 이미지와 텍스트 보기. 한국정신문화연구원 편(1999) 참고>

1744-01-20. **윤덕희 분재기**(尹德熙分財記), 윤덕희. <1장. 한자+이두. 조선 필사 이두 자료. 전남 해남 연동 해남 윤씨 녹우당 소장. 한국학중앙연구원 장서각 한국고문서자료관 홈페이지 원문 이미지와 텍스트 보기. 한국정신문화연구원 편(1983, 1986), 안승준(1987), 최승희(1989), 전경목(2003), 문숙자(2004) 참고>

1744-01-20. **윤창헌 명문**(尹昌憲明文), 윤창헌. <1장. 한자+이두. 조선 필사 이두 자료. 전남 해남군 해남 윤씨 윤상현 구장. 무안 여흥 민씨 민종기 소장. 호남권 한국학자료센터 홈페이지 원문 이미지 보기. 최승희(1989) 참고>

1744-01-20. **이대중 노비매매명문**(李大中奴婢賣買明文), 이종로(李宗老). <1장. 한자+이두. 조선 필사 이두 자료. 경북 칠곡 석전 광주 이씨 소장. 한국학중앙연구원 장서각 한국고문서자료관 홈페이지 원문 이미지 보기. 한국학중앙연구원 편(2009) 참고>

1744-01-20. **이의식 처 박 씨 별급문기**(李宜植妻朴氏別給文記), 이의식 처 박 씨. <1장. 한자+이두. 조선 필사 이두 자료. 경북 경주시 안강읍 옥산리 여주 이씨 장산서원·치암 종택 구장. 한국학중앙연구원 장서각 소장. 한국학중앙연구원 장서각 한국고문서자료관 홈페이지 원문 이미지 보기. 한국정신문화연구원 편(2003) 참고>

1744-02-06. **손경구 토지매매명문**(孫景九土地賣買明文), 손굉걸(孫宏杰). <1장. 한자 +이두. 조선 필사 이두 자료. 경북 경주시 양동 경주 손씨 송첨 종택 소장. 한국학 중앙연구원 장서각 한국고문서자료관 홈페이지 원문 이미지 보기. 이수건(1979), 이수건 편저(1981), 영남대학교 인문과학연구소 편(1990), 정구복·안승준(1997), 한국정신문화연구원 편(1997) 참고>

1744-02-09. **김항석 토지매매명문**(金恒錫土地賣買明文), 신만하(申晩夏). <1장. 한자 +이두. 조선 필사 이두 자료. 전남 해남 연동 해남 윤씨 녹우당 소장. 한국학중앙 연구원 장서각 한국고문서자료관 홈페이지 원문 이미지와 텍스트 보기. 박병호 (1974ㄱ), 한국정신문화연구원 편(1986), 이재수(2003), 김소은(2004) 참고>

1744-02-12~1749-12-12(甲子~己巳).「과거등록(**科擧謄錄**)」第17, 예조(禮曹) 편(編). <1책. 78장. 필사본. 한자+이두. 조선 필사 이두 자료. 서울대학교 규장각 한국학 연구원 홈페이지 원문 이미지 보기> <1651-04-27~1662-09-06(第2)>

1744-02-24. **고자 김담사리 토지매매명문**(庫子金談沙俚土地賣買明文), 김금선(金今先). <1장. 한자+이두. 조선 필사 이두 자료. 경북 경주시 양동 경주 손씨 송첨 종택 소장. 한국학중앙연구원 장서각 한국고문서자료관 홈페이지 원문 이미지 보기. 이수건(1979), 이수건 편저(1981), 영남대학교 인문과학연구소 편(1990), 정 구복·안승준(1997), 한국정신문화연구원 편(1997) 참고>

1744-02-00. **광주 이씨가 입안**(廣州李氏家立案), 칠곡부(漆谷府). <1장. 한자+이두. 조선 필사 이두 자료. 경북 칠곡 석전 광주 이씨 구장. 한국학중앙연구원 장서각 한국고문서자료관 홈페이지 원문 이미지 보기. 한국학중앙연구원 편(2009) 참 고>

1744-02-00. **진산군수 송요화 정사**(珍山郡守宋堯和呈辭) 1, 송요화. <1장. 한자+이 두. 조선 필사 이두 자료. 대전 회덕 은진 송씨 동춘당 후손가 구장. 대전시립박물 관 소장. 한국학중앙연구원 장서각 한국고문서자료관 홈페이지 원문 이미지 보 기. 한국학중앙연구원 편(2006) 참고>

1744-03-17. **동생 신휘 토지매매명문**(同生信輝土地賣買明文), 송흥도(宋興道). <1장. 한자+이두. 조선 필사 이두 자료. 남원·구례 삭녕 최씨 구장. 한국학중앙연구원 장서각 한국고문서자료관 홈페이지 원문 이미지 보기. 한국정신문화연구원 편

(2004) 참고>

1744-04-10. **윤 생원 노 선백 토지매매명문**(尹生員奴先白土地賣買明文), 조혜(照惠). <1장. 한자+이두. 조선 필사 이두 자료. 전남 해남 연동 해남 윤씨 녹우당 소장. 한국학중앙연구원 장서각 한국고문서자료관 홈페이지 원문 이미지와 텍스트 보기. 박병호(1974ㄱ), 한국정신문화연구원 편(1986), 이재수(2003), 김소은(2004) 참고>

1744-04-22. **김진행 노비매매명문**(金晉行奴婢賣買明文),[349] 김희운(金熙運). <1장. 한자+이두. 조선 필사 이두 자료. 의성 김씨 제산 종택 구장. 한국국학진흥원 소장. 한국국학진흥원 유교넷 홈페이지 원문 이미지와 텍스트 보기>

1744-윤4-07. **아들 진사 이홍직 별급 명문**(子進士李弘直別給明文), 재주 부 이(財主父李). <1장. 한자+이두. 조선 필사 이두 자료. 경북 안동시 법흥동 고성 이씨 탑동 종가 구장. 한국국학진흥원 소장. 한국학자료센터 영남권역센터 홈페이지 원문 이미지와 텍스트 보기>

1744-06-24. **노 차돌 배지**(奴次乭牌旨), 화천군 김협(花川君金浹). <1장. 한자+이두. 조선 필사 이두 자료. 전북 부안 청호 효충사 소장. 호남권 한국학자료센터 홈페이지 원문 이미지와 텍스트 보기. 박병호(1974ㄱ), 최승희(1989), 이재수(2003) 참고>

1744-06-00. **진산군수 송요화 정사**(珍山郡守宋堯和呈辭) 2, 송요화. <1장. 한자+이두. 조선 필사 이두 자료. 대전 회덕 은진 송씨 동춘당 후손가 구장. 대전시립박물관 소장. 장서각 한국고문서자료관 홈페이지 원문 이미지 보기. 한국학중앙연구원(2006) 참고>

1744-08-03. **최유 토지매매명문**(崔瑜土地賣買明文), 김진옥(金晉玉). <1장. 한자+이두. 조선 필사 이두 자료. 전북 임실군 오수 삼계강사 소장. 호남권 한국학자료센터 홈페이지 원문 이미지와 텍스트 보기. 박병호(1974ㄱ), 최승희(1989), 정구복 외(1999) 참고>

1744-08-24~1747-02-21(甲子~丁卯).「조하등록(**朝賀謄錄**)」第6, 예조(禮曹) 편(編).

---

[349] 한국국학진흥원 유교넷 홈페이지에서는 문서명을 '의성김씨 제산종택 1744년에 김희운과 김진행 사이에 작성된 노비매매문기(奴婢賣買文記)[05302]'로 표시하였다.

<1책. 68장. 필사본. 한자+이두. 조선 필사 이두 자료. 서울대학교 규장각 한국학연구원 홈페이지 원문 이미지 보기> <1648-05-06~1677-03-10(戊子~丁巳) 第1>

1744-09-27. **얼자 여석 분재기**(孼子如石分財記), 재주 부(財主父). <1장. 한자+이두. 조선 필사 이두 자료. 경북 예천군 용문면 대제리 원동 권씨 춘우재 고택 구장. 한국국학진흥원 소장. 한국학자료센터 영남권역센터 홈페이지 원문 이미지와 텍스트 보기. 문숙자(2010) 참고>

1744-09-28. **김덕윤 혜민서 약재 공인권 매매명문**(金德潤惠民署藥材貢人權賣買明文), 이몽규(李夢奎). <1장. 한자+이두. 조선 필사 이두 자료. 일본 경도대학 가와이문고 소장. 고려대학교 해외한국학자료센터 홈페이지 원문 이미지와 텍스트 보기>

1744-09-00. **병조 비 세애 종량입안**(兵曹婢世愛從良立案), 병조(兵曹). <1장. 한자+이두. 조선 필사 이두 자료. 일본 경도대학 가와이문고 소장. 고려대학교 해외한국학자료센터 홈페이지 원문 이미지와 텍스트 보기>

1744-09-00. **병조 비 업이 종량입안**(兵曹婢業伊從良立案), 병조(兵曹). <1장. 한자+이두. 조선 필사 이두 자료. 일본 경도대학 가와이문고 소장. 고려대학교 해외한국학자료센터 홈페이지 원문 이미지와 텍스트 보기>

1744-09-00. **병조 비 철애 종량입안**(兵曹婢哲愛從良立案), 병조(兵曹). <1장. 한자+이두. 조선 필사 이두 자료. 일본 경도대학 가와이문고 소장. 고려대학교 해외한국학자료센터 홈페이지 원문 이미지와 텍스트 보기>

1744-09-00. **이수일 차첩**(李秀逸差帖), 이조(吏曹). <1장. 한자+이두. 조선 필사 이두 자료. 예산 한곡 한산 이씨 수당 고택 소장. 한국학중앙연구원 장서각 한국고문서자료관 홈페이지 원문 이미지 보기. 한국정신문화연구원 편(2002) 참고>

1744-10-06. **김만정 토지매매명문**(金萬挺土地賣買明文), 원산(元山). <1장. 한자+이두. 조선 필사 이두 자료. 전북대학교 박물관 소장. 호남권 한국학자료센터 홈페이지 원문 이미지와 텍스트 보기. 박병호(1974ㄱ), 이재수(2003) 참고>

1744-10-11. **부 이대중 별급문기**(父李大中別給文記), 이대중. <1장. 한자+이두. 조선 필사 이두 자료. 경북 칠곡 석전 광주 이씨 구장. 한국학중앙연구원 장서각 소장. 한국학중앙연구원 장서각 한국고문서자료관 홈페이지 원문 이미지 보기. 한국학중앙연구원 편(2009) 참고>

1744-10-11. **임가산 노 세충 노비매매명문**(任嘉山奴世忠奴婢賣買明文), 철망(哲望). <1장. 한자+이두. 조선 필사 이두 자료. 아산 선교 장흥 임씨 구장. 한국학중앙연구원 장서각 한국고문서자료관 홈페이지 원문 이미지 보기. 한국학중앙연구원 편(2008) 참고>

1744-10-17. **고 생원 댁 노 무재 토지매매명문**(高生員宅奴戊才土地賣買明文), 차돌(次乭). <1장. 한자+이두. 조선 필사 이두 자료. 전북 부안 청호 효충사 소장. 호남권 한국학자료센터 홈페이지 원문 이미지와 텍스트 보기. 박병호(1974ㄱ), 최승희(1989), 이재수(2003) 참고>

1744-10-00~1745-05-00. 「인정전악기조성청의궤(**仁政殿樂器造成廳儀軌**)」,[350] 악기조성청 편. <1책. 102장. 필사본. 표제는 '(乙丑五月 日禮曹上)仁政殿樂器造成廳儀軌'. 권수제는 '(乾隆十年乙丑 月 日)殿庭樂器造成廳儀軌'. 한자+이두. 조선 필사 이두 자료. 서울대학교 규장각 한국학연구원 의궤 종합정보 홈페이지 '奎14264' 원문 이미지와 텍스트 보기>

1744-11-25. **조모 조 씨 별급문기**(祖母趙氏別給文記), 조모 조 씨. <1장. 한자+이두. 조선 필사 이두 자료. 영해 인량 재령 이씨 충효당 소장. 한국학중앙연구원 고문서자료관 홈페이지 원문 이미지와 텍스트 보기. 한국학중앙연구원 편(2008) 참고>

1744-11-00. **진산군수 송요화 정사**(珍山郡守宋堯和呈辭) 3, 송요화. <1장. 한자+이두. 조선 필사 이두 자료. 대전 회덕 은진 송씨 동춘당 후손가 구장. 대전시립박물관 소장. 한국학중앙연구원 장서각 한국고문서자료관 홈페이지 원문 이미지 보기. 한국학중앙연구원 편(2006) 참고>

1744-12-11. **권중인 토지매매명문**(權重寅土地賣買明文),[351] 권종석(權從石). <1장. 한자+이두. 조선 필사 이두 자료. 경북 예천군 용문면 대제리 원동 권씨 춘우재

---

[350] 서울대학교 규장각 한국학연구원 홈페이지에서는 '樂器造成廳儀軌 악기조성청의궤'로 적고, '간행년대 : 1745'로 표시하였다. 그리고 같은 서명인데 '간행년대 : 1777'과 '간행년대 : 1804'로 표시한 책도 있다. 하나는 「경모궁 악기조성청 의궤(景慕宮樂器造成廳儀軌)」(1776-09-00~1777-05-00)이고, 다른 하나는 「사직 악기조성청 의궤」((社稷樂器造成廳儀軌)(1803-11-00~1804-05-00)이다.

[351] 한국학자료센터 영남권역센터 홈페이지에서는 '권종석(權從石) 토지매매명문'으로 잘못 표시하였다.

고택 구장. 한국국학진흥원 소장. 한국학자료센터 영남권역센터 홈페이지 원문 이미지와 텍스트 보기. 김성갑(2013) 참고>

1744-00-00. 「가례도감 왕세자가례시도청의궤(嘉禮都監 王世子嘉禮時都廳儀軌)」,[352] 가례도감. <1책. 358장. 필사본. 표제는 '(甲子年 太白山上)嘉禮都監儀軌'. 권수제는 '(乾隆九年甲子正月 日)嘉禮都監 王世子嘉禮時都廳儀軌'. 한자+이두. 조선 필사 이두 자료. 서울대학교 규장각 한국학연구원 의궤 종합정보 홈페이지 '奎13109', '奎13110', '奎13111' 원문 이미지와 텍스트 보기>

1744-00-00. 「가례도감 왕세자가례시도청의궤(嘉禮都監 王世子嘉禮時都廳儀軌)」,[353] 상(上) 가례도감 편. <1책. 256장. 표제는 '嘉禮都監儀軌'. 권수제는 '(乾隆九年甲子正月 日)嘉禮都監 王世子嘉禮時都廳儀軌'. 한자+이두. 조선 필사 이두 자료. 국립중앙박물관 외규장각 의궤 홈페이지 '외규157' 원문 이미지와 텍스트 보기>

1744-00-00. 「명릉양릉상개수도감의궤(明陵兩 陵上改修都監儀軌)」,[354] 개수도감 편. <1책. 63장. 필사본. 표제는 '(乾隆九年甲子八月 日)明陵改修都監儀軌'. 권수제는 '(乾隆九年甲子七月 日)明陵兩 陵上改修都監儀軌'. 한자+이두. 조선 필사 이두 자료. 서울대학교 규장각 한국학연구원 의궤 종합정보 홈페이지 '奎13563', '奎13564', '奎13565' 원문 이미지 보기>

1744-00-00. 「명릉양릉상개수도감의궤(明陵兩 陵上改修都監儀軌)」,[355] 개수도감 편. <1책. 76장. 필사본. 표제는 '明陵陵上改修都監儀軌'. 권수제는 '(乾隆九年甲子七月 日)明陵兩 陵上改修都監儀軌'. 한자+이두. 조선 필사 이두 자료. 국립중앙박물관 외규장각 의궤 홈페이지 '외규158' 원문 이미지와 텍스트 보기>

1744-00-00. 「선원보략수정시 교정청의궤(璿源譜略修正時 校正廳儀軌)」,[356] 교정청

---

[352] 서울대학교 규장각 한국학연구원 의궤 종합정보 홈페이지에서는 서명을 표제나 권수제와는 달리 '思悼世子嘉禮都監儀軌'로 적었다.

[353] 국립중앙박물관 외규장각 의궤 홈페이지에서는 서명을 표제나 권수제와는 달리 '사도세자가례도감의궤(상)(思悼世子嘉禮都監儀軌(上))'으로 적었다.

[354] 서울대학교 규장각 한국학연구원 의궤 종합정보 홈페이지에서는 서명을 표제나 권수제와는 달리 '숙종인현왕후명릉개수도감의궤(肅宗仁顯王后明陵改修都監儀軌)'로 적었다.

[355] 국립중앙박물관 외규장각 의궤 홈페이지에서는 서명을 표제나 권수제와는 달리 '숙종인현왕후명릉개수도감의궤(肅宗仁顯王后明陵改修都監儀軌)'로 적었다.

편. <1책. 43장. 필사본. 표제는 '(英宗 甲子九月 校正廳 全羅道)璿源譜略修正儀軌'. 권수제는 '(乾隆九年甲子九月十日)璿源譜略修正時 校正廳儀軌'. 한자+이두. 조선 필사 이두 자료. 한국학중앙연구원 디지털장서각 홈페이지 'K2-3842' 원문 이미지와 텍스트 보기>

1744-00-00. 「선원보략수정시 교정청의궤(**璿源譜略修正時 校正廳儀軌**)」,[357] 교정청 편. <1책. 42장. 필사본. 표제는 '(甲子九月 校正廳 英祖朝)璿源譜略修正儀軌'. 권수제는 '(乾隆九年甲子九月十一日)璿源譜略修正時 校正廳儀軌'. 한자+이두. 조선 필사 이두 자료. 서울대학교 규장각 한국학연구원 의궤 종합정보 홈페이지 '奎14032', '奎14033 후반부', '奎 14034' 원문 이미지와 텍스트 보기>

1744-00-00. 「선원보략수정시종부시의궤(**璿源譜略修正時宗簿寺儀軌**)」,[358] 종부시 교정청(宗簿寺校正廳) 편. <1책. 59장. 필사본. 표제는 '(甲子春自本寺修正 秋說廳修正官上 英廟朝)璿源譜略修正儀軌'. 권수제는 '(乾隆九年甲子正月十五日)璿源譜略修正時 宗簿寺儀軌'. 한자+이두. 조선 필사 이두 자료. 서울대학교 규장각 한국학연구원 의궤 종합정보 홈페이지 '奎14033' 원문 이미지와 텍스트 보기>

1744-00-00. 「왕세자책봉등록(**王世子冊封謄錄**)」1, 예조(禮曹). <1책. 82장. 필사본. 표제는 '王世子冊禮謄錄'. 한자+이두. 조선 필사 이두 자료. 한국학중앙연구원 장서각 소장. 한국학중앙연구원 한국학 디지털 아카이브 홈페이지 원문 이미지 보기>

1744-00-00. 「제릉신도비영건청의궤(**齊陵神道碑營建廳儀軌**)」,[359] 제릉신도비영건청 편. <1책. 170장. 필사본. 표제는 '齊陵神道碑營建儀軌'. 권수제는 '(甲子八月 日)齊陵神道碑營建廳儀軌'. 한자+이두. 조선 필사 이두 자료. 국립중앙박물관 외

---

[356] 한국학중앙연구원 디지털장서각 홈페이지에서는 서명을 '선원보략교정청의궤(璿源譜略校正廳儀軌)'로 적었다.

[357] 서울대학교 규장각 한국학연구원 홈페이지에서는 서명을 '선원보략수정시 교정청의궤(璿源譜略修正時 校正廳儀軌)'로 붙여 썼다.

[358] 서울대학교 규장각 한국학연구원 의궤 종합정보 홈페이지에서는 서명을 표제나 권수제와는 달리 '선원보략수정시의궤(璿源譜略修正時儀軌)'로 적었다.

[359] 국립중앙박물관 외 규장각 의궤 홈페이지에서는 서명을 표제나 권수제와는 달리 '신의왕후제릉 신도비영건청의궤(神懿王后 齊陵神道碑營建廳儀軌)'로 적었다.

규장각 의궤 홈페이지 '외규159' 원문 이미지와 텍스트 보기>

1744-00-00. 「진연청의궤(進宴廳儀軌)」,[360] 의궤청(儀軌廳) 편. <1책. 138장. 필사본. 표제는 '(乾隆九年甲子九月 日)進宴廳儀軌(上)'. 권수제는 '(乾隆九年甲子九月 日)進宴廳儀軌'. 한자+이두. 조선 필사 이두 자료. 서울대학교 규장각 한국학연구원 의궤 종합정보 홈페이지 '奎14359', '奎14360' 원문 이미지와 텍스트 보기>

1744-00-00. 「춘관지(春官志)」, 이맹휴(李盟休) 편. <3권 3책. 필사본. 한자+이두. 예조 등록. 서울대학교 규장각 한국학연구원 홈페이지 원문 이미지 보기> <이본: 1781-00-00(이가환(李家煥) 외 증보)>

1744-00-00 무렵 추정. 「간송집(澗松集)」, 조임도(趙任道, 1585년~1664년) 저, 이광정(李光庭) 외 편집, 조홍엽(趙弘燁) 간행. <7권 4책. 목판본. 시문집. 조선 이두 자료. 한국고전종합DB 홈페이지 원문 보기. 서울대학교 규장각 한국학연구원, 고려대학교 도서관 소장> <이본: 1930-05-00(5권 2책. 목활자본)> <영인본: 「한국문집총간」 89(한국고전번역원, 1992)>

1744-00-00 이후 기입 추정. 「대방광불화엄경(大方廣佛華嚴經)」 <1책. 목판본. 본문에 생획토 기입. 불교 서적. 조선 묵서 구결 자료. 국립중앙도서관 홈페이지 원문 이미지 보기>

1745년

<을축(乙丑), 영조 21년, 건륭 10년>

1745-01-04. **권중일 토지매매명문**(權重一土地賣買明文), 권중인(權重寅). <1장. 한자+이두. 조선 필사 이두 자료. 예천 저곡 안동 권씨 춘우재 고택 구장. 한국국학진흥원 소장. 한국학자료센터 영남권역센터 홈페이지 원문 이미지와 텍스트 보기. 김성갑(2013) 참고>

---

[360] 서울대학교 규장각 한국학연구원 의궤 종합정보 홈페이지에서는 서명을 표제나 권수제와는 달리 '진연의궤(進宴儀軌)'로 적었다.

1745-01-07~1745-12-21(乙丑).「별등록(別謄錄)」第6, 예조(禮曹) 전객사(典客司) 편(編). <1책/전9책. 75장. 필사본. 한자+이두. 조선 필사 이두 자료. 서울대학교 규장각 한국학연구원 홈페이지 낙질본(第1 없음) 원문 이미지 보기> <영인본: 규장각 자료 총서 금호시리즈(대외관계편)」(서울대학교 규장각, 1992)> <1699-윤7-18~1718-07-19(제2)>

1745-01-11. **이무발 토지매매명문**(李戊發土地賣買明文), 김해준(金海俊). <1장. 한자+이두. 조선 필사 이두 자료. 전남 구례군 토지면 오미리 문화 류씨 운조루 소장. 한국학중앙연구원 장서각 한국고문서자료관 홈페이지 원문 이미지와 텍스트 보기. 한국정신문화연구원 편(1998) 참고>

1745-01-16. **이 씨 삼 남매 분재기**(李氏三男妹分財記), 재주 모 이 씨(財主母李氏). <1장. 한자+이두. 조선 필사 이두 자료. 전남 영암 밀양 김씨 김상회 소장. 호남권 한국학자료센터 홈페이지 원문 이미지와 텍스트 보기. 최승희(1989) 참고>

1745-01-24. **이 생원 댁 노 귀만 토지매매명문**(李生員宅奴貴萬土地賣買明文), 이용이(李龍伊). <1장. 한자+이두. 조선 필사 이두 자료. 전남 구례군 토지면 오미리 문화 류씨 운조루 소장. 한국학중앙연구원 장서각 한국고문서자료관 홈페이지 원문 이미지와 텍스트 보기. 한국정신문화연구원 편(1998) 참고>

1745-02-20. **유학 윤상동 토지매매명문**(幼學尹尙童土地賣買明文), 김유재(金有載). <1장. 한자+이두. 조선 필사 이두 자료. 전남 구례군 토지면 오미리 문화 류씨 운조루 소장. 한국학중앙연구원 장서각 한국고문서자료관 홈페이지 원문 이미지와 텍스트 보기. 한국정신문화연구원 편(1998) 참고>

1745-02-23. **유학 이주국 토지매매명문**(幼學李柱國土地賣買明文), 서시찬(徐時贊). <1장. 한자+이두. 조선 필사 이두 자료. 전남 구례군 토지면 오미리 문화 류씨 운조루 소장. 한국학중앙연구원 장서각 한국고문서자료관 홈페이지 원문 이미지와 텍스트 보기. 한국정신문화연구원 편(1998) 참고>

1745-02-00. **이희성 소지**(李喜誠所志), 이희성. <1장. 한자+이두. 조선 필사 이두 자료. 경북 경주시 안강읍 옥산리 여주 이씨 독락당 소장. 한국학중앙연구원 장서각 한국고문서자료관 홈페이지 원문 이미지 보기. 한국정신문화연구원 편(2003) 참고>

1745-03-11. **승 순일 토지매매명문**(僧順日土地賣買明文), 승 즉화(僧卽和). <1장. 한자+이두. 조선 필사 이두 자료. 경북 경주시 내남면 이조리 경주 최씨·용산서원 소장. 한국학중앙연구원 장서각 한국고문서자료관 홈페이지 원문 이미지 보기. 한국정신문화연구원 편(2000) 참고>

1745-03-15. **안동 권씨 허여문기**(安東權氏許與文記), 안동 권씨. <1장. 한자+이두. 조선 필사 이두 자료. 안동 금계 의성 김씨 학봉 종가 소장. 한국학중앙연구원 장서각 한국고문서자료관 홈페이지 원문 이미지와 텍스트 보기. 한국정신문화연구원 편(1990) 참고>

1745-03-21. **안한성 장흥고유둔지공인권 매매명문**(安漢成長興庫油芚紙貢人權賣買明文), 정환(鄭煥). <1장. 한자+이두. 조선 필사 이두 자료. 일본 경도대학 가와이문고 소장. 고려대학교 해외한국학자료센터 홈페이지 원문 이미지와 텍스트 보기>

1745-03-29. **나급 토지매매명문**(羅級土地賣買明文), 임명(林蓂). <1장. 한자+이두. 조선 필사 이두 자료. 전북 부안 석동 류절재 소장. 호남권 한국학자료센터 홈페이지 원문 이미지와 텍스트 보기. 박병호(1974ㄱ), 최승희(1989), 정구복 외(1999) 참고>

1745-04-03. **보평 제작자 토지매매명문**(洑坪諸作者土地賣買明文), 이하석(李夏碩). <1장. 한자+이두. 조선 필사 이두 자료. 전남 구례군 토지면 오미리 문화 류씨 운조루 소장. 한국학중앙연구원 장서각 한국고문서자료관 홈페이지 원문 이미지와 텍스트 보기. 한국정신문화연구원 편(1998) 참고>

1745-04-04. **이수림 초사**(李秀林招辭), 이수림. <1장. 점련문서. 한자+이두. 조선 필사 이두 자료. 경북 칠곡 석전 광주 이씨 구장. 한국학중앙연구원 장서각 한국고문서자료관 홈페이지 원문 이미지 보기. 한국학중앙연구원 편(2009) 참고>

1745-04-04. **이종로 초사**(李宗老招辭), 이종로. <1장. 점련문서. 한자+이두. 조선 필사 이두 자료. 경북 칠곡 석전 광주 이씨 구장. 한국학중앙연구원 장서각 한국고문서자료관 홈페이지 원문 이미지 보기. 한국학중앙연구원 편(2009) 참고>

1745-04-00. **김방길 처 오 씨 계후입안**(金邦佶妻吳氏繼後立案), 예조(禮曹). <1장. 한자+이두. 조선 필사 이두 자료. 전북 부안군 우반 부안 김씨 소장. 한국학중앙연구원 장서각 한국고문서자료관 홈페이지 원문 이미지와 텍스트 보기. 한국정신문화연구원 편(1983, 1998), 한국학중앙연구원 편(2017) 참고>

1745-04-00. **오 씨 입안**(吳氏立案), 예조(禮曹). <1장. 한자+이두. 조선 필사 이두 자료. 전북 부안군 우반 부안 김씨 소장. 호남권 한국학자료센터 홈페이지 원문 이미지와 텍스트 보기. 박병호(1974ㄱ), 최승희(1989), 전경목(2001) 참고>

1745-04-00. **이대중 소지**(李大中所志), 이대중. <1장. 점련문서. 한자+이두. 조선 필사 이두 자료. 경북 칠곡 석전 광주 이씨 구장. 한국학중앙연구원 장서각 한국고문서자료관 홈페이지 원문 이미지 보기. 한국학중앙연구원 편(2009) 참고>

1745-04-00. **이대중 입안**(李大中立案), 칠곡부(漆谷府). <1장. 점련문서. 한자+이두. 조선 필사 이두 자료. 경북 칠곡 석전 광주 이씨 구장. 한국학중앙연구원 장서각 한국고문서자료관 홈페이지 원문 이미지 보기. 한국학중앙연구원 편(2009) 참고>

1745-04-00. **이종악 소지**(李宗岳所志) 1, 이종악. <1장. 한자+이두. 조선 필사 이두 자료. 안동시 법흥 고성 이씨 임청각 구장. 한국학중앙연구원 장서각 소장. 한국학중앙연구원 장서각 한국고문서자료관 홈페이지 원문 이미지 보기. 한국정신문화연구원 편(2000) 참고>

1745-05-20. **전라도관찰사 정 첩정**(全羅道觀察使鄭牒呈) <1장. 한자+이두. 조선 필사 이두 자료. 대전 회덕 은진 송씨 동춘당 후손가 구장. 대전시립박물관 소장. 한국학중앙연구원 장서각 한국고문서자료관 홈페이지 원문 이미지 보기. 한국학중앙연구원 편(2006) 참고>

1745-05-25. **북면 집강 나 서목**(北面執綱羅書目), 북면 집강. <1장. 한자+이두. 조선 필사 이두 자료. 경남 함안 두릉 순흥 안씨 소장. 한국학중앙연구원 장서각 한국고문서자료관 홈페이지 원문 이미지 보기. 한국학중앙연구원 편(2006) 참고>

1745-05-29~1751-09-12(乙丑~辛未). 「표인영래등록(漂人領來謄錄)」第20, 예조(禮曹) 전객사(典客司) 편(編). <1책(7/7). 104장. 필사본. 한자+이두. 조선 필사 이두 자료. 서울대학교 규장각 한국학연구원 홈페이지 낙질본(第1, 2, 3, 5, 18~20) 원문 이미지 보기> <영인본:「규장각자료총서 금호시리즈(대외관계편)」(서울대학교 규장각, 1993)> <1641-09-24~1660-01-20(第1)>

1745-05-00. **이종악 소지**(李宗岳所志) 2, 이종악. <1장. 한자+이두. 조선 필사 이두 자료. 안동시 법흥 고성 이씨 임청각 구장. 한국학중앙연구원 장서각 한국고문서

자료관 홈페이지 원문 이미지 보기. 한국정신문화연구원 편(2000) 참고>

1745-06-26. **전첨정 변태희 토지매매명문**(前僉正卞泰禧土地賣買明文), 변태익(卞泰翊). <1장. 한자+이두. 조선 필사 이두 자료. 일본 경도대학 가와이문고 소장. 고려대학교 해외한국학자료센터 홈페이지 원문 이미지와 텍스트 보기>

1745-06-00. **이종악 소지**(李宗岳所志) 3, 이종악. <1장. 한자+이두. 조선 필사 이두 자료. 안동시 법흥 고성 이씨 임청각 구장. 한국학중앙연구원 장서각 소장. 한국학중앙연구원 장서각 한국고문서자료관 홈페이지 원문 이미지 보기. 한국정신문화연구원 편(2000) 참고>

1745-07-02. **변태희 사급입안**(卞泰禧斜給立案), 한성부(漢城府). <1장. 한자+이두. 조선 필사 이두 자료. 일본 경도대학 가와이문고 소장. 고려대학교 해외한국학자료센터 홈페이지 원문 이미지와 텍스트 보기>

1745-07-02. **변태희 입안요청소지**(卞泰禧立案要請所志), 변태희. <1장. 한자+이두. 조선 필사 이두 자료. 일본 경도대학 가와이문고 소장. 고려대학교 해외한국학자료센터 홈페이지 원문 이미지와 텍스트 보기>

1745-07-02. **변필화 토지매매사급입안**(卞必和土地賣買斜給立案), 한성부(漢城府). <1장. 한자+이두. 조선 필사 이두 자료. 일본 경도대학 가와이문고 소장. 고려대학교 해외한국학자료센터 홈페이지 원문 이미지와 텍스트 보기>

1745-07-02. **재주 고 변기화 처 정부인 김 씨 초사**(財主故卞箕和妻貞夫人金氏招辭), 재주 고 변기화 처 정부인 김 씨. <1장. 한자+이두. 조선 필사 이두 자료. 일본 경도대학 가와이문고 소장. 고려대학교 해외한국학자료센터 홈페이지 원문 이미지와 텍스트 보기>

1745-07-02. **재주 변태익 초사**(財主卞泰翊招辭), 변태익. <1장. 한자+이두. 조선 필사 이두 자료. 일본 경도대학 가와이문고 소장. 고려대학교 해외한국학자료센터 홈페이지 원문 이미지와 텍스트 보기>

1745-07-02. **증인 변만복·필집 김광현 등 초사**(證人卞萬福·筆執金光鉉等招辭), 증인 변만복·필집 김광현 등. <1장. 한자+이두. 조선 필사 이두 자료. 일본 경도대학 가와이문고 소장. 고려대학교 해외한국학자료센터 홈페이지 원문 이미지와 텍스트 보기>

1745-07-02. **증인 변태득·변태열·필집 김광현 초사**(證人卞泰得·卞泰說·筆執金光鉉招辭), 증인 변태득·변태열·필집 김광현. <1장. 한자+이두. 조선 필사 이두 자료. 일본 경도대학 가와이문고 소장. 고려대학교 해외한국학자료센터 홈페이지 원문 이미지와 텍스트 보기>

1945-07-16. **유학 이재창 토지매매명문**(幼學李再昌土地賣買明文), 장처원(張處元). <1장. 한자+이두. 조선 필사 이두 자료. 전남 구례군 토지면 오미리 문화 류씨 운조루 소장. 한국학중앙연구원 장서각 한국고문서자료관 홈페이지 원문 이미지와 텍스트 보기. 한국정신문화연구원 편(1998) 참고>

1745-08-24. **최정악 혜민서 약재 공인권 매매명문**(崔挺岳惠民署藥材貢人權賣買明文), 김광우(金光遇). <1장. 한자+이두. 조선 필사 이두 자료. 일본 경도대학 가와이문고 소장. 고려대학교 해외한국학자료센터 홈페이지 원문 이미지와 텍스트 보기>

1745-08-00. **숭렬사 재임 서목**(崇烈祠齋任書目), 숭렬사. <1장. 한자+이두. 조선 필사 이두 자료. 경북 경주시 내남면 이조리 경주 최씨·용산서원 소장. 한국학중앙연구원 장서각 한국고문서자료관 홈페이지 원문 이미지 보기. 한국정신문화연구원 편(2000) 참고>

1745-09-00. **이성량 등 소지**(李成樑等所志) 이성량 등. <1장. 한자+이두. 조선 필사 이두 자료. 경북 경주시 안강읍 옥산리 여주 이씨 독락당 소장. 한국학중앙연구원 장서각 한국고문서자료관 홈페이지 원문 이미지 보기. 한국정신문화연구원 편(2003) 참고>

1745-09-00. **이성상 등 소지**(李成相等所志), 이성상 등. <1장. 한자+이두. 조선 필사 이두 자료. 경북 경주시 안강읍 옥산리 여주 이씨 독락당 소장. 한국학중앙연구원 장서각 한국고문서자료관 홈페이지 원문 이미지 보기. 한국정신문화연구원 편(2003) 참고>

1745-10-00. **서유민 소지**(徐有敏所志), 서유민. <1장. 한자+이두. 조선 필사 이두 자료. 경북 경주시 안강읍 옥산리 여주 이씨 독락당 소장. 한국학중앙연구원 장서각 한국고문서자료관 홈페이지 원문 이미지 보기. 한국정신문화연구원 편(2003) 참고>

1745-11-08. **권중설 위답헌납명문**(權重卨位畓獻納明文), 권중설. <1장. 한자+이두.

조선 필사 이두 자료. 경북 예천군 용문면 대제리 원동 권씨 춘우재 고택 구장. 한국국학진흥원 소장. 한국학자료센터 영남권역센터 홈페이지 원문 이미지와 텍스트 보기. 김성갑(2013) 참고>

1745-11-15. **숭렬서원 재임 서목**(崇烈書院齋任書目), 숭렬서원. <1장. 한자+이두. 조선 필사 이두 자료. 경북 경주시 내남면 이조리 경주 최씨·용산서원 소장. 한국학중앙연구원 장서각 한국고문서자료관 홈페이지 원문 이미지 보기. 한국정신문화연구원 편(2000) 참고>

1745-11-19~1747-07-07(乙丑~丁卯).「통신사등록(通信使謄錄)」第9, 예조(禮曹) 편(編). <1책/전14책. 127장. 필사본. 필사 시기 미상. 한자+이두. 이두 자료. 조선에서 일본에 보낸 통신사에 관한 기록. 서울대학교 규장각 한국학연구원 홈페이지 원문 이미지 보기>

1745-11-28. **강성옹 토지매매명문**(姜聖翁土地賣買明文), 고원창(高元昌). <1장. 한자+이두. 조선 필사 이두 자료. 제주 장전리 진주 강씨 강태복가 소장. 호남권 한국학자료센터 홈페이지 원문 이미지와 텍스트 보기. 최승희(1989), 고창석(2000) 참고>

1745-11-28. **양의찬 토지매매명문**(梁義贊土地賣買明文), 문유석(文有石). <1장. 한자+이두. 조선 필사 이두 자료. 제주 장전리 진주 강씨 강태복가 소장. 호남권 한국학자료센터 홈페이지 원문 이미지와 텍스트 보기. 고창석(1998, 2000) 참고>

1745-12-03. **박미산 토지매매명문**(朴美山土地賣買明文), 윤덕수(尹德壽). <1장. 한자+이두. 조선 필사 이두 자료. 전남 해남 연동 해남 윤씨 녹우당 소장. 한국학중앙연구원 장서각 한국고문서자료관 홈페이지 원문 이미지와 텍스트 보기. 박병호(1974ㄱ), 한국정신문화연구원 편(1986), 이재수(2003), 김소은(2004) 참고>

1745-12-26. **김파회 토지매매명문**(金破回土地賣買明文), 김대옥(金大玉). <1장. 한자+이두. 조선 필사 이두 자료. 전남 보성 박실 제주 양씨가 구장. 원광대학교 박물관 소장. 호남권 한국학자료센터 홈페이지 원문 이미지와 텍스트 보기. 박병호(1974ㄱ) 참고>

1745-12-27. **전라도관찰사 이관**(全羅道觀察使移關), 전라도 관찰사. <1장. 점련문서. 한자+이두. 조선 필사 이두 자료. 대전 회덕 은진 송씨 동춘당 후손가 구장. 대전

시립박물관 소장. 한국학중앙연구원 장서각 한국고문서자료관 홈페이지 원문 이미지 보기. 한국학중앙연구원 편(2006) 참고>

1745-12-28. **이윤덕 초사**(李胤德招辭), 이윤덕. <1장. 한자+이두. 조선 필사 이두 자료. 남원·구례 삭녕 최씨 구장. 한국학중앙연구원 장서각 소장. 한국학중앙연구원 장서각 한국고문서자료관 홈페이지 원문 이미지 보기. 한국정신문화연구원 편(2004) 참고>

1745-12-28. **이윤덕 입안**(李胤德立案), 전남 화순현(全南和順縣). <1장. 한자+이두. 조선 필사 이두 자료. 남원·구례 삭녕 최씨 구장. 한국학중앙연구원 장서각 소장. 한국학중앙연구원 장서각 한국고문서자료관 홈페이지 원문 이미지 보기. 한국정신문화연구원 편(2004) 참고>

1745-12-00. **승 천축 토지매매명문**(僧天丑土地賣買明文), 안대탁(安大拆). <1장. 한자+이두. 조선 필사 이두 자료. 경북 예천군 용문면 대제리 원동 권씨 춘우재 고택 구장. 한국국학진흥원 소장. 한국학자료센터 영남권역센터 홈페이지 원문 이미지와 텍스트 보기. 김성갑(2013) 참고>

1745-12-00. **진산군수 이 첩정**(珍山郡守李牒呈) <1장. 점련문서. 한자+이두. 조선 필사 이두 자료. 대전 회덕 은진 송씨 동춘당 후손가 구장. 대전시립박물관 소장. 한국학중앙연구원 장서각 한국고문서자료관 홈페이지 원문 이미지 보기. 한국학중앙연구원 편(2006) 참고>

1745-00-00. 「영릉표석영건청의궤(英陵表石營建廳儀軌)」,[361] 영릉표석영건청 편. <1책. 110장. 필사본. 표제는 '英陵表石營建儀軌'. 권수제는 '(甲子十一月 日)英陵表石營建廳儀軌'. 한자+이두. 조선 필사 이두 자료. 국립중앙박물관 외규장각 의궤 홈페이지 '외규160' 원문 이미지와 텍스트 보기>

1745-00-00. 「전정악기조성청의궤(殿庭樂器造成廳儀軌)」,[362] 악기조성청 편. <1책.

---

[361] 국립중앙박물관 외규장각 의궤 홈페이지에서는 서명을 표제나 권수제와는 달리 '세종영릉표석영건청의궤(世宗英陵表石營建廳儀軌)'로 적었다.

[362] 서울대학교 규장각 한국학연구원 의궤 종합정보 홈페이지에서는 서명을 '인정전악기조성청의궤(仁政殿樂器造成廳儀軌)'로 적었다. 그리고 서울대학교 규장각 한국학연구원 홈페이지에서는 서명을 '樂器造成廳儀軌 악기조성청의궤'로 적었다.

102장. 필사본. 표제는 '(乙丑五月 日禮曹上)仁政殿樂器造成廳儀軌'. 권수제는 '(乾隆十年乙丑 月 日)殿庭樂器造成廳儀軌'. 한자+이두. 조선 필사 이두 자료. 서울대학교 규장각 한국학연구원 의궤 종합정보 홈페이지 '奎14264' 원문 이미지 보기>

1746년

<병인(丙寅), 영조 22년, 건륭 11년>

1746-01-03~1746-12-21(丙寅).「별등록(別謄錄)」第7, 예조(禮曹) 전객사(典客司) 편(編). <1책(6/8)/전9책. 103장. 필사본. 한자+이두. 이두 자료. 서울대학교 규장각 한국학연구원 홈페이지 낙질본(第1 없음) 원문 이미지 보기> <영인본: 규장각 자료 총서 금호시리즈(대외관계편)」(서울대학교 규장각, 1992)> <1699-윤7-18~1718-07-19(제2)>

1746-01-13. **윤취필 토지매매명문**(尹就筆土地賣買明文), 윤택삼(尹澤三). <1장. 한자+이두. 조선 필사 이두 자료. 일본 경도대학 가와이문고 소장. 고려대학교 해외한국학자료센터 홈페이지 원문 이미지와 텍스트 보기>

1746-01-16. **이희성 노비매매명문**(李希誠奴婢賣買明文), 최시태(崔是泰). <1장. 점련문서. 한자+이두. 조선 필사 이두 자료. 경북 경주시 안강읍 옥산리 여주 이씨 독락당 소장. 한국학중앙연구원 장서각 한국고문서자료관 홈페이지 원문 이미지 보기. 한국정신문화연구원 편(2003) 참고>

1746-01-00. **이성즙 초사**(李成楫招辭), 이성즙. <1장. 점련문서. 한자+이두. 조선 필사 이두 자료. 경북 경주시 안강읍 옥산리 여주 이씨 독락당 소장. 한국학중앙연구원 장서각 한국고문서자료관 홈페이지 원문 이미지 보기. 한국정신문화연구원 편(2003) 참고>

1746-01-00. **이희성 소지**(李希誠所志), 이희성. <1장. 점련문서. 한자+이두. 조선 필사 이두 자료. 경북 경주시 안강읍 옥산리 여주 이씨 독락당 소장. 한국학중앙연구원 장서각 한국고문서자료관 홈페이지 원문 이미지 보기. 한국정신문화연구원 편(2003) 참고>

1746-01-00. **이희성 입안**(李希誠立案), 영일현(迎日縣). <1장. 점련문서. 한자+이두. 조선 필사 이두 자료. 경북 경주시 안강읍 옥산리 여주 이씨 독락당 소장. 한국학중앙연구원 장서각 한국고문서자료관 홈페이지 원문 이미지 보기. 한국정신문화연구원 편(2003) 참고>

1746-01-00. **정광례 초사**(鄭光禮招辭), 정광례. <1장. 점련문서. 한자+이두. 조선 필사 이두 자료. 경북 경주시 안강읍 옥산리 여주 이씨 독락당 소장. 한국학중앙연구원 장서각 한국고문서자료관 홈페이지 원문 이미지 보기. 한국정신문화연구원 편(2003) 참고>

1746-01-00. **최시태 초사**(崔是泰招辭), 최시태. <1장. 점련문서. 한자+이두. 조선 필사 이두 자료. 경북 경주시 안강읍 옥산리 여주 이씨 독락당 소장. 한국학중앙연구원 장서각 한국고문서자료관 홈페이지 원문 이미지 보기. 한국정신문화연구원 편(2003) 참고>

1746-02-09. **승 정보 토지매매명문**(僧情宝土地賣買明文), 이 조이(李召史). <1장. 한자+이두. 조선 필사 이두 자료. 경북 예천군 용문면 대제리 원동 권씨 춘우재 고택 구장. 한국국학진흥원 소장. 한국학자료센터 영남권역센터 홈페이지 원문 이미지와 텍스트 보기. 김성갑(2013) 참고>

1746-02-09. **임재대 토지매매명문**(任載大土地賣買明文), 이언겸(李彦謙). <1장. 한자+이두. 조선 필사 이두 자료. 아산 선교 장흥 임씨 구장. 한국학중앙연구원 장서각 한국고문서자료관 홈페이지 원문 이미지 보기. 한국학중앙연구원 편(2008) 참고>

1746-02-17. **숭렬사 재임 서목**(崇烈祠齋任書目) 1, 숭렬사. <1장. 한자+이두. 조선 필사 이두 자료. 경북 경주시 내남면 이조리 경주 최씨·용산서원 소장. 한국학중앙연구원 장서각 한국고문서자료관 홈페이지 원문 이미지 보기. 한국정신문화연구원 편(2000) 참고>

1746-02-19. **숭렬사 재임 서목**(崇烈祠齋任書目) 2, 숭렬사. <1장. 한자+이두. 조선 필사 이두 자료. 경북 경주시 내남면 이조리 경주 최씨·용산서원 소장. 한국학중앙연구원 장서각 한국고문서자료관 홈페이지 원문 이미지 보기. 한국정신문화연구원 편(2000) 참고>

1746-02-24. **권중일 토지매매명문**(權重一土地賣買明文), 권중석(權重石). <1장. 한자 +이두. 조선 필사 이두 자료. 경북 예천군 용문면 대제리 원동 권씨 춘우재 고택 구장. 한국국학진흥원 소장. 한국학자료센터 영남권역센터 홈페이지 원문 이미지 와 텍스트 보기. 김성갑(2013) 참고>

1746-02-24. **숭렬사 재임 서목**(崇烈祠齋任書目) 3, 숭렬사. <1장. 한자+이두. 조선 필사 이두 자료. 경북 경주시 내남면 이조리 경주 최씨·용산서원 소장. 한국학중 앙연구원 장서각 한국고문서자료관 홈페이지 원문 이미지 보기. 한국정신문화연 구원 편(2000) 참고>

1746-02-27. **숭렬사 재임 서목**(崇烈祠齋任書目) 4, 숭렬사. <1장. 한자+이두. 조선 필사 이두 자료. 경북 경주시 내남면 이조리 경주 최씨·용산서원 소장. 한국학중 앙연구원 장서각 한국고문서자료관 홈페이지 원문 이미지 보기. 한국정신문화연 구원 편(2000) 참고>

1746-02-00. **장수추상 토지매매명문**(張收秋尙土地賣買明文), 정오금(鄭惡金). <1장. 한자+이두. 조선 필사 이두 자료. 제천 한수 연안 이씨 소장. 한국학중앙연구원 장서각 한국고문서자료관 홈페이지 원문 이미지 보기. 한국정신문화연구원 편 (2001) 참고>

1746-03-21. **노 유재 배지**(奴有才牌旨), 박(朴). <1장. 한자+이두. 조선 필사 이두 자료. 전남 해남 연동 해남 윤씨 녹우당 소장. 한국학중앙연구원 장서각 한국고문 서자료관 홈페이지 원문 이미지와 텍스트 보기. 박병호(1974ㄱ), 김태영(1983), 한국정신문화연구원 편(1983, 1986), 최승희(1989), 박준호(2004) 참고>

1746-03-23. **이 생원 댁 노 후필 토지매매명문**(李生員宅奴後必土地賣買明文), 유재(有 才). <1장. 한자+이두. 조선 필사 이두 자료. 전남 해남 연동 해남 윤씨 녹우당 소장. 한국학중앙연구원 장서각 한국고문서자료관 홈페이지 원문 이미지와 텍스 트 보기. 박병호(1974ㄱ), 김태영(1983), 한국정신문화연구원 편(1983, 1986), 최승 희(1989), 박준호(2004) 참고>

1746-03-29. **김순일 토지매매명문**(金順日土地賣買明文), 이선백(李先白). <1장. 한자 +이두. 조선 필사 이두 자료. 경북 경주시 내남면 이조리 경주 최씨·용산서원 소장. 한국학중앙연구원 장서각 한국고문서자료관 홈페이지 원문 이미지 보기.

박병호(1974ㄱ), 한국정신문화연구원 편(2000), 이재수(2003), 김소은(2004) 참고>

1746-03-00. **내수사 입안**(內需司立案) 1 <1장. 한자+이두. 조선 필사 이두 자료. 한국학중앙연구원 장서각 한국고문서자료관 홈페이지 원문 이미지와 텍스트 보기>

1746-04-07. **전군수 임재대 토지매매명문**(前郡守任載大土地賣買明文) 1, 이성세(李聖世). <1장. 한자+이두. 조선 필사 이두 자료. 아산 선교 장흥 임씨 구장. 한국학중앙연구원 장서각 한국고문서자료관 홈페이지 원문 이미지 보기. 한국학중앙연구원 편(2008) 참고>

1746-05-06. **전군수 임재대 토지매매명문**(前郡守任載大土地賣買明文) 2, 이호신(李虎臣). <1장. 한자+이두. 조선 필사 이두 자료. 아산 선교 장흥 임씨 구장. 한국학중앙연구원 장서각 한국고문서자료관 홈페이지 원문 이미지 보기. 한국학중앙연구원 편(2008) 참고>

1746-05-16~1747-11-00(丙寅~丁卯). 「개수일기등록(**改修日記謄錄**)」,[363] 춘추관(春秋館) 편(編). <1책. 116장. 필사본. 표제는 '(春秋館上 鼎足山城史庫上)日記廳謄錄'. 권수제는 '(乾隆十三年八月十一日)改修日記謄錄'. 한자+이두. 조선 필사 이두 자료. 서울대학교 규장각 한국학연구원 홈페이지 '奎12952' 원문 이미지 보기. 한국고전종합DB 홈페이지 원문 텍스트 보기>

1746-06-10. ■■■ **토지매매명문**(■■■土地賣買明文),[364] 노 세공(奴世公). <1장. 한자+이두. 조선 필사 이두 자료. 제주 장전리 진주 강씨 강태복가 소장. 호남권 한국학자료센터 홈페이지 원문 이미지와 텍스트 보기. 고창석(1998, 2002) 참고>

1746-06-00. **내수사 입안**(內需司立案) 2 <1장. 한자+이두. 조선 필사 이두 자료. 한국학중앙연구원 장서각 한국고문서자료관 홈페이지 원문 이미지와 텍스트 보기>

1746-07-00. **선산부사 송요화 정사**(善山府使宋堯和呈辭), 송요화. <1장. 한자+이두. 조선 필사 이두 자료. 대전 회덕 은진 송씨 동춘당 후손가 구장. 대전시립박물관 소장. 한국학중앙연구원 장서각 한국고문서자료관 홈페이지 원문 이미지 보기.

---

[363] 서울대학교 규장각 한국학연구원 홈페이지에서는 서명을 '日記廳謄錄 일기청등록'으로 적었다.
[364] 호남권 한국학자료센터 홈페이지에서는 '노(奴) 세공(世公) 토지매매명문(土地賣買明文)'으로 표시하였다.

한국학중앙연구원 편(2006) 참고>

1746-08-02. **권우준 토지매매명문**(權遇駿土地賣買明文), 김덕원(金德元). <1장. 한자+이두. 조선 필사 이두 자료. 경북 안동시 법흥동 고성 이씨 탑동 종가 구장. 한국국학진흥원 소장. 한국학자료센터 영남권역센터 홈페이지 원문 이미지와 텍스트 보기>

1746-09-02. **숭렬사 재임 서목**(崇烈祠齋任書目) 5, 숭렬사. <1장. 한자+이두. 조선 필사 이두 자료. 경북 경주시 내남면 이조리 경주 최씨·용산서원 소장. 한국학중앙연구원 장서각 한국고문서자료관 홈페이지 원문 이미지 보기. 한국정신문화연구원 편(2000) 참고>

1746-09-00. **경석 토지매매명문**(慶錫土地賣買明文), 부(父). <1장. 한자+이두. 조선 필사 이두 자료. 경북 경주시 내남면 이조리 경주 최씨·용산서원 소장. 한국학중앙연구원 장서각 한국고문서자료관 홈페이지 원문 이미지 보기. 박병호(1974ㄱ), 한국정신문화연구원 편(2000), 이재수(2003), 김소은(2004) 참고>

1746-09-00. **유종춘 의송**(柳宗春議送), 유종춘. <1장. 한자+이두. 조선 필사 이두 자료. 경북 안동시 하회 풍산 류씨 충효당 소장. 한국학중앙연구원 장서각 한국고문서자료관 홈페이지 원문 이미지와 텍스트 보기. 한국정신문화연구원 편(1994) 참고>

1746-10-16. **희창 토지매매명문**(喜昌土地賣買明文), 성재(成才). <1장. 한자+이두. 조선 필사 이두 자료. 전북 임실군 오수 삼계강사 소장. 호남권 한국학자료센터 홈페이지 원문 이미지와 텍스트 보기. 박병호(1974ㄱ), 최승희(1989), 정구복 외(1999) 참고>

1746-10-21. **이수풍 전령**(李遂豐傳令),[365] 도순사(都巡使). <1장. 한자+이두. 조선 필사 이두 자료. 경북 성주 명곡 벽진 이씨 완석정 종택 소장. 한국학중앙연구원 장서각 한국고문서자료관 홈페이지 원문 이미지 보기. 한국학중앙연구원 편(2009) 참고>

---

[365] 한국학중앙연구원 장서각 한국고문서자료관 홈페이지에서는 '도순사(都巡使) 전령(傳令)'으로 표시하였다.

1746-10-00. **손맹걸 등 의송**(孫孟杰等議送), 손맹걸 등. <1장. 한자+이두. 조선 필사 이두 자료. 경북 경주시 양동 경주 손씨 송첨 종택 소장. 한국학중앙연구원 장서각 한국고문서자료관 홈페이지 원문 이미지 보기>

1746-11-20. **박함 토지매매명문**(朴諴土地賣買明文), 박증수(朴增壽). <1장. 한자+이두. 조선 필사 이두 자료. 경남 밀양 신호 밀성 박씨·덕남서원 소장. 한국학중앙연구원 고문서자료관 홈페이지 원문 이미지 보기. 한국정신문화연구원 편(2004) 참고>

1746-11-26. **박태고 토지매매명문**(朴太古土地賣買明文), 이두응걸이(李斗應乞伊). <1장. 한자+이두. 조선 필사 이두 자료. 경북 예천군 용문면 대제리 원동 권씨 춘우재 고택 구장. 한국국학진흥원 소장. 한국학자료센터 영남권역센터 홈페이지 원문 이미지와 텍스트 보기. 김성갑(2013) 참고>

1746-11-29. **김자근노미 토지매매명문**(金者斤老昧土地賣買明文), 김석중(金錫重). <1장. 한자+이두. 조선 필사 이두 자료. 일본 경도대학 가와이문고 소장. 고려대학교 해외한국학자료센터 홈페이지 원문 이미지와 텍스트 보기>

1746-11-00. **손맹걸 등 소지**(孫孟杰等所志), 손맹걸 등. <1장. 한자+이두. 조선 필사 이두 자료. 경북 경주시 양동 경주 손씨 송첨 종택 소장. 한국학중앙연구원 장서각 한국고문서자료관 홈페이지 원문 이미지 보기>

1746-11-00. **용산서원 유사 최종해 노비매매명문**(龍山書院有司崔宗海奴婢賣買明文), 송경석(宋慶錫). <1장. 점련문서. 한자+이두. 조선 필사 이두 자료. 경북 경주시 내남면 이조리 경주 최씨·용산서원 소장. 한국학중앙연구원 장서각 한국고문서자료관 홈페이지 원문 이미지 보기. 박병호(1974ㄱ), 한국정신문화연구원 편(2000), 최연숙(2005) 참고>

1746-11-00. **윤덕훈 완의**(尹德熏完議), 윤덕훈. <1장. 한자+이두. 조선 필사 이두 자료. 전남 해남 연동 해남 윤씨 녹우당 소장. 한국학중앙연구원 장서각 한국고문서자료관 홈페이지 원문 이미지와 텍스트 보기, 한국정신문화연구원 편(1986) 참고>

1746-12-03. **박숙 등 소지**(朴潚等所志), 박숙 등. <1장. 한자+이두. 조선 필사 이두 자료. 영해 도곡 무안 박씨 무의공 종택 소장. 한국학중앙연구원 고문서자료관

홈페이지 원문 이미지 보기. 한국학중앙연구원 편(2008) 참고>

1746-12-13~1747-06-12(건륭 11년 丙寅~건륭 12년 丁卯). 「통신사청래대차왜평여항접대등록(通信使請來大差倭平如恒接待謄錄)」, 정한규(鄭漢奎). <1책. 52장. 「東萊府接待謄錄」(奎18108-v.5). 필사본. 표제는 '(丁卯六月 日)通信使請來差倭平如恒接待謄錄'. 한자+이두. 이두 자료. 서울대학교 규장각 한국학연구원 홈페이지 원문 이미지 보기> <영인본: 「각사등록」 13(경상도편 3)(국사편찬위원회, 1984)> <1653-11-17~1654-01-09(「東萊府接待謄錄」(奎18108-v.1))>

1746-12-00. **김취서 토지매매명문**(金就瑞土地賣買明文), 허육(許堉). <1장. 한자+이두. 조선 필사 이두 자료. 경기도 김포시 의령 남씨 서윤공 남두장 후손가 소장. 한국학중앙연구원 장서각 한국고문서자료관 홈페이지 원문 이미지 보기>

1746-■■-12. **금선종 토지매매명문**(琴善宗土地賣買明文), 술이(述伊). <1장. 한자+이두. 조선 필사 이두 자료. 경북 안동시 주촌 진성 이씨 경류정 소장. 한국학중앙연구원 장서각 한국고문서자료관 홈페이지 원문 이미지와 텍스트 보기. 한국정신문화연구원 편(1999) 참고>

1746-00-00. 「농가집성(**農家集成**)」, 신속(申洬). <중간본. 목판본. '농사직설, 금양잡록, 사시찬요초'의 3책을 개수하고 보완한 본문과 부록 '구황촬요'를 합철한 종합농업 지침서. 한문+한글 그리고 작물의 품종명에 이두와 한글 표기. 조선 인쇄 이두 자료. 국립중앙도서관 소장. 농촌진흥청 역(1972), 김영진(1982) 참고> <이본: 1655-00-00(초간본. 서울대학교 규장각 한국학연구원 홈페이지 원문 이미지 보기) 참고>

1746-00-00. 「삼계강사계안(三**溪講舍**契案)」 <132책+고문서 92장. 전북특별자치도 유형문화유산. 전북 임실군 삼계강사계회 소장. 국가유산청 국가유산포털 홈페이지 참고>

1746-00-00. 「상산록(**商山錄**)」 건(乾)·곤(坤), 상주군(尙州郡) 편(編). <2책. 필사본. 한자+이두. 조선 필사 이두 자료. 서울대학교 규장각 한국학연구원 홈페이지 원문 이미지 보기> <영인본: 「각사등록」 50(경상도 보유편 2)(국사편찬위원회, 1991)>

1746-00-00. 「속대전(**續大典**)」, 김재로(金在魯) 등 수명(受命) 편(編). <초간본. 목판

본. 한자+이두. 조선 인쇄 이두 자료. 「경국대전」에 없는 「대전속록(大典續錄)」, 「대전후속록(大典後續錄)」, 「수교집록(受敎輯錄)」을 육전의 원칙에 따라 분류하여 편집한 조선 후기 법전. 서울대학교 규장각 한국학연구원 홈페이지 영본(5책) '奎1926-v.1-5' & 6권 4책 '奎1150-v.1-4' 원문 이미지와 국사편찬위원회 입력 텍스트 보기> <영인본: 「규장각자료총서(법전편)」(서울대학교 규장각 편, 1998)>

1747년

<정묘(丁卯), 영조 23년, 건륭 12년>

1747-01-16. **노 수남 배지**(奴水男牌旨), 조(趙). <1장. 점련문서. 한자+이두. 조선 필사 이두 자료. 경북 칠곡 석전 광주 이씨 소장. 한국학중앙연구원 장서각 한국고문서자료관 홈페이지 원문 이미지 보기. 한국학중앙연구원 편(2009) 참고>

1747-01-17. **유충원 토지매매명문**(柳忠源土地賣買明文),[366] 유중휴(柳重休). <1장. 한자+이두. 조선 필사 이두 자료. 전주 유씨 근암 고택 구장. 한국국학진흥원 소장. 한국국학진흥원 유교넷 홈페이지 원문 이미지 보기>

1747-01-17. **이 참판 댁 노 예발 노비매매명문**(李參判宅奴禮發奴婢賣買明文), 수남(水男). <1장. 점련문서. 한자+이두. 조선 필사 이두 자료. 경북 칠곡 석전 광주 이씨 소장. 한국학중앙연구원 장서각 한국고문서자료관 홈페이지 원문 이미지 보기. 한국학중앙연구원 편(2009) 참고>

1747-01-21. **사노 봉채·김화발·유학 김재균 초사**(私奴鳳彩·金禾發·幼學金載均招辭), 사노 봉채·김화발·유학 김재균. <1장. 점련문서. 한자+이두. 조선 필사 이두 자료. 경북 칠곡 석전 광주 이씨 소장. 한국학중앙연구원 장서각 한국고문서자료관 홈페이지 원문 이미지 보기. 한국학중앙연구원 편(2009) 참고>

1747-01-21. **사노 수남 초사**(私奴水男招辭), 수남. <1장. 점련문서. 한자+이두. 조선

---

[366] 한국국학진흥원 유교넷 홈페이지에서는 문서명을 '1747년 유중휴가 살림 경영이 어려워 종숙 유충원에게 논을 판다는 전답명문(田畓明文)'으로 표시하였다.

필사 이두 자료. 경북 칠곡 석전 광주 이씨 소장. 한국학중앙연구원 장서각 한국고문서자료관 홈페이지 원문 이미지 보기. 한국학중앙연구원 편(2009) 참고>

1747-01-25. 「삼조수교(三朝受教)」, 편자 미상. <1책. 3장. 목판본. 한자+이두. 조선 인쇄 이두 자료. 서울대학교 규장각 한국학연구원 홈페이지 원문 이미지 보기>

1747-01-00. **광주 이씨가 입안**(廣州李氏家立案), 칠곡부(漆谷府). <1장. 점련문서. 한자+이두. 조선 필사 이두 자료. 경북 칠곡 석전 광주 이씨 구장. 한국학중앙연구원 장서각 한국고문서자료관 홈페이지 원문 이미지 보기. 한국학중앙연구원 편(2009) 참고>

1747-01-00. **용산서원 재임 최종해 입안**(龍山書院齋任崔宗海立案), 경주부(慶州府). <1장. 점련문서. 한자+이두. 조선 필사 이두 자료. 경북 경주시 내남면 이조리 경주 최씨·용산서원 소장. 한국학중앙연구원 장서각 한국고문서자료관 홈페이지 원문 이미지 보기. 한국정신문화연구원 편(2000) 참고>

1747-01-00. **이 참판 댁 노 예발 소지**(李參判宅奴禮發所志), 예발. <1장. 점련문서. 한자+이두. 조선 필사 이두 자료. 경북 칠곡 석전 광주 이씨 소장. 한국학중앙연구원 장서각 한국고문서자료관 홈페이지 원문 이미지 보기. 한국학중앙연구원 편(2009) 참고>

1747-03-16. **송경석 초사**(宋慶錫招辭), 송경석. <1장. 점련문서. 한자+이두. 조선 필사 이두 자료. 경북 경주시 내남면 이조리 경주 최씨·용산서원 소장. 한국학중앙연구원 장서각 한국고문서자료관 홈페이지 원문 이미지 보기. 한국정신문화연구원 편(2000) 참고>

1747-03-00. **신태기 입안**(辛兌基立案), 전남 영광군(全南靈光郡). <1장. 한자+이두. 조선 필사 이두 자료. 전남 영광군 입석 영월 신씨 소장. 한국학중앙연구원 장서각 한국고문서자료관 홈페이지 원문 이미지와 텍스트 보기. 한국정신문화연구원 편(1996) 참고>

1747-04-02. **강위노 토지매매명문**(姜渭老土地賣買明文), 김진견(金振堅). <1장. 한자+이두. 조선 필사 이두 자료. 제주 장전리 진주 강씨 강태복가 소장. 호남권 한국학자료센터 홈페이지 원문 이미지와 텍스트 보기. 최승희(1989), 고창석(2002) 참고>

1747-04-12~1867-10-00.³⁶⁷ 「어영청중순등록(御營廳中旬謄錄)」 1~2, 어영청. <2책. 필사본. 한자+이두. 조선 필사 이두 자료. 한국학중앙연구원 장서각 소장. 한국학중앙연구원 한국학 디지털 아카이브 홈페이지 원문 이미지와 텍스트 보기>

1747-04-17. **숭 삼익 토지매매명문**(僧三益土地賣買明文), 강삼봉(姜三奉). <1장. 한자+이두. 조선 필사 이두 자료. 전남 구례군 토지면 오미리 문화 류씨 운조루 소장. 한국학중앙연구원 장서각 한국고문서자료관 홈페이지 원문 이미지와 텍스트 보기. 한국정신문화연구원 편(1998) 참고>

1747-04-28. **이장 토지매매명문**(李丈土地賣買明文), 용이(龍伊). <1장. 한자+이두. 조선 필사 이두 자료. 경북 경주시 내남면 이조리 경주 최씨·용산서원 소장. 한국학중앙연구원 장서각 한국고문서자료관 홈페이지 원문 이미지 보기. 한국정신문화연구원 편(2000) 참고>

1747-04-00. **내수사 입안**(內需司立案), 내수사. <1장. 한자+이두. 조선 필사 이두 자료. 한국학중앙연구원 장서각 한국고문서자료관 홈페이지 원문 이미지 보기. 한국정신문화연구원 편(1992) 참고>

1747-04-00. **수노 용이 배지**(首奴龍伊牌旨), 용산서원(龍山書院). <1장. 한자+이두. 조선 필사 이두 자료. 경북 경주시 내남면 이조리 경주 최씨·용산서원 소장. 한국학중앙연구원 장서각 한국고문서자료관 홈페이지 원문 이미지 보기. 한국정신문화연구원 편(2000) 참고>

1747-05-00. **이강록 소지**(李岡祿所志), 이강록. <1장. 한자+이두. 조선 필사 이두 자료. 경북 성주 명곡 벽진 이씨 완석정 종택 소장. 한국학중앙연구원 장서각 한국고문서자료관 홈페이지 원문 이미지 보기. 한국학중앙연구원 편(2009) 참고>

1747-07-04. **김광우 혜민서 약재 공인권 매매명문**(金光遇惠民署藥材貢人權賣買明文), 현사침(玄思沈). <1장. 한자+이두. 조선 필사 이두 자료. 일본 경도대학 가와이문고 소장. 고려대학교 해외한국학자료센터 홈페이지 원문 이미지와 텍스트 보기>

---

367 한국학중앙연구원 한국학 디지털 아카이브 홈페이지에서는 '영조 23(1747) - 고종 4(1846)'으로 잘못 표시하였다.

1747-07-00. **선산부사 송요화 정사**(先山府使宋堯和呈辭) 1, 송요화. <1장. 한자+이두. 조선 필사 이두 자료. 대전 회덕 은진 송씨 동춘당 후손가 구장. 대전시립박물관 소장. 한국학중앙연구원 장서각 한국고문서자료관 홈페이지 원문 이미지 보기. 한국학중앙연구원 편(2006) 참고>

1747-07-00. **선산부사 송요화 정사**(先山府使宋堯和呈辭) 2, 송요화. <1장. 한자+이두. 조선 필사 이두 자료. 대전 회덕 은진 송씨 동춘당 후손가 구장. 대전시립박물관 소장. 한국학중앙연구원 장서각 한국고문서자료관 홈페이지 원문 이미지 보기. 한국학중앙연구원 편(2006) 참고>

1747-09-29. **최정악 혜민서 약재 공인권 매매명문**(崔挺岳惠民署藥材貢人權賣買明文), 김광우(金光遇). <1장. 한자+이두. 조선 필사 이두 자료. 일본 경도대학 가와이문고 소장. 고려대학교 해외한국학자료센터 홈페이지 원문 이미지와 텍스트 보기>

1747-10-18. **안창노 등 화회명문**(安昌老等和會明文), 안창노 등. <1장. 한자+이두. 조선 필사 이두 자료. 전남 보성 옥암 죽산 안씨가 구장. 광주광역시 이정옥 소장. 호남권 한국학자료센터 홈페이지 원문 이미지와 텍스트 보기. 최승희(1989) 참고>

1747-11-00. **이연덕 노 만섬 소지**(李延德奴萬暹所志), 만섬. <1장. 한자+이두. 조선 필사 이두 자료. 전북 익산 왕궁 이인승 소장. 호남권 한국학자료센터 홈페이지 원문 이미지와 텍스트 보기. 박병호(1974ㄱ), 최승희(1989), 정구복 외(1999) 참고>

1747-11-00. **이성즙 소지**(李成楫所志) 1, 이성즙. <1장. 한자+이두. 조선 필사 이두 자료. 경북 경주시 안강읍 옥산리 여주 이씨 독락당 소장. 한국학중앙연구원 장서각 한국고문서자료관 홈페이지 원문 이미지 보기. 한국정신문화연구원 편(2003) 참고>

1747-12-28. **최우천 토지매매명문**(崔佑天土地賣買明文), 최수관(崔守寬). <1장. 한자+이두. 조선 필사 이두 자료. 전남 구례군 토지면 오미리 문화 류씨 운조루 소장. 한국학중앙연구원 장서각 한국고문서자료관 홈페이지 원문 이미지와 텍스트 보기. 한국정신문화연구원 편(1998) 참고>

1747-12-00. **서이필 소지**(徐以必所志), 서이필. <1장. 한자+이두. 조선 필사 이두 자료. 경북 경주시 내남면 이조리 경주 최씨·용산서원 소장. 한국학중앙연구원

장서각 한국고문서자료관 홈페이지 원문 이미지 보기. 한국정신문화연구원 편(2000) 참고>

1747-00-00. 「목릉 휘릉 혜릉표석영건청의궤(穆陵 徽陵 惠陵表石營建廳儀軌)」,[368] 목릉 휘릉 혜릉표석영건청 편. <1책. 134장. 필사본. 표제는 '穆陵 徽陵 惠陵表石營建廳儀軌'. 권수제는 '(丙寅十一月 日)穆陵 徽陵 惠陵表石營建廳儀軌'. 한자+이두. 조선 필사 이두 자료. 국립중앙박물관 외규장각 의궤 홈페이지 '외규161' 원문 이미지와 텍스트 보기>

1747-00-00. 「선원보략수정시교정청의궤(璿源譜略修正時校正廳儀軌)」,[369] 종부시교정청(宗簿寺校正廳) 편. <1책. 44장. 필사본. 표제는 '(英宗 丁卯年校正廳 全羅道)璿源譜略修正儀軌'. 권수제는 '(乾隆十二年丁卯二月二十日)璿源譜略修正時校正廳儀軌'. 한자+이두. 조선 필사 이두 자료. 한국학중앙연구원 디지털장서각 홈페이지 'K2-3846' 원문 이미지와 텍스트 보기>

1747-00-00. 「선원보략수정시교정청의궤(璿源譜略修正時校正廳儀軌)」, 교정청 편. <1책. 40장. 필사본. 표제는 '(丁卯年校正廳 英廟朝)璿源譜略修正儀軌'. 권수제는 '(乾隆十二年丁卯二月二十日)璿源譜略修正時校正廳儀軌'. 한자+이두. 조선 필사 이두 자료. 서울대학교 규장각 한국학연구원 의궤 종합정보 홈페이지 '奎14035', '奎14036' 원문 이미지 보기>

1747-00-00. **신시갑 처 김 씨 소지**(辛始甲妻金氏所志), 신시갑 처 김 씨. <1장. 한자+이두. 조선 필사 이두 자료. 전남 영광군 입석 영월 신씨 소장. 한국학중앙연구원 장서각 한국고문서자료관 홈페이지 원문 이미지와 텍스트 보기. 한국정신문화연구원 편(1996) 참고>

1747-00-00. **이성즙 소지**(李成楫所志) 2, 이성즙. <1장. 한자+이두. 조선 필사 이두 자료. 경북 경주시 안강읍 옥산리 여주 이씨 독락당 소장. 한국학중앙연구원 장서각 한국고문서자료관 홈페이지 원문 이미지 보기. 한국정신문화연구원 편(2003)

---

[368] 국립중앙박물관 외규장각 의궤 홈페이지에서는 서명을 표제나 권수제와는 달리 '목릉휘릉혜릉표석영건청의궤(穆陵徽陵惠陵表石營建廳儀軌)'로 붙여 썼다.

[369] 한국학중앙연구원 디지털장서각 홈페이지에서는 서명을 '선원보략교정청의궤(璿源譜略校正廳儀軌)'로 적었다.

참고>

1747-00-00.「존숭도감도청의궤(尊崇都監都廳儀軌)」,[370] 존숭도감 편. <1책. 235장. 필사본. 표제는 '(丁卯二月 日太白山上)尊崇都監都廳儀軌'. 권수제는 '(乾隆十二年二月 日)尊崇都監都廳儀軌'. 한자+이두. 조선 필사 이두 자료. 서울대학교 규장각 한국학연구원 의궤 종합정보 홈페이지 '奎13288', '奎13289' 원문 이미지와 텍스트 보기>

1747-00-00.「존숭도감의궤(尊崇都監儀軌)」, <1책. 237장. 필사본. 표제는 '(乾隆十二年 丁卯二月 日 英宗二十三年)尊崇都監儀軌'. '(乾隆十二年二月 日)尊崇都監儀軌目錄'이 있다. 한자+이두. 조선 필사 이두 자료. 한국학중앙연구원 디지털장서각 홈페이지 'K2-2839' 원문 이미지와 텍스트 보기>

1747-00-00.「존숭도감도청의궤(尊崇都監都廳儀軌)」,[371] 상·하(上·下), 존숭도감 편. <2책. 140장+153장. 필사본. 표제는 '尊崇都監儀軌'. 권수제는 '(乾隆十二年二月 日)尊崇都監都廳儀軌'. 한자+이두. 조선 필사 이두 자료. 국립중앙박물관 외규장각 의궤 홈페이지 '외규162~163' 원문 이미지와 텍스트 보기>

1747-00-00.「통신사등록(通信使謄錄)」第10, 예조(禮曹) 편(編). <1책/전14책. 93장. 필사본. 한자+이두. 이두 자료. 1747년 7월 10일부터 1747년 12월 29일까지 조선에서 일본에 보낸 통신사에 관한 기록. 서울대학교 규장각 한국학연구원 홈페이지 원문 이미지 보기>

1747-01-01~1755-09-12(丁卯~乙亥).「조하등록(朝賀謄錄)」第7, 예조(禮曹) 편(編). <1책. 109장. 필사본. 필사 시기 미상. 한자+이두. 조선 필사 이두 자료. 서울대학교 규장각 한국학연구원 홈페이지 원문 이미지 보기> <1648-05-06~1677-03-10(戊子~丁巳) 第1>

1747-01-12~1750-12-17(丁卯~庚午).「별등록(別謄錄)」第8, 예조(禮曹) 전객사(典客司) 편(編). <1책(7/8)/전9책. 141장. 필사본. 한자+이두. 조선 필사 이두 자료. 서울

---

[370] 서울대학교 규장각 한국학연구원 의궤 종합정보 홈페이지에서는 서명을 표제나 권수제와는 달리 '인원왕후존숭도감의궤(仁元王后尊崇都監儀軌)'로 적었다.

[371] 국립중앙박물관 외규장각 의궤 홈페이지에서는 서명을 표제나 권수제와는 달리 '인원왕후존숭도감의궤(仁元王后尊崇都監儀軌)'로 적었다.

대학교 규장각 한국학연구원 홈페이지 낙질본(第1 없음) 원문 이미지 보기> <영인본: 규장각 자료 총서 금호시리즈(대외관계편)」(서울대학교 규장각, 1992)> <1699-윤7-18~1718-07-19(제2)>

1748년

<무진(戊辰), 영조 24년, 건륭 13년>

1748-01-04. **최정악 혜민서 약재 공인권 매매명문**(崔挺岳惠民署藥材貢人權賣買明文), 홍하택(洪夏澤). <1장. 한자+이두. 조선 필사 이두 자료. 일본 경도대학 가와이문고 소장. 고려대학교 해외한국학자료센터 홈페이지 원문 이미지와 텍스트 보기>

1748-01-04~1748-11-25(戊辰~戊辰). 「통신사등록(**通信使謄錄**)」 第11, 예조(禮曹) 편(編). <1책/전14책. 115장. 필사본. 필사 시기 미상. 한자+이두. 조선 필사 이두 자료. 조선에서 일본에 보낸 통신사에 관한 기록. 서울대학교 규장각 한국학연구원 홈페이지 원문 이미지 보기>

1748-01-08~1753-11-05(戊辰~癸酉). 「별계후등록(**別繼後謄錄**)」 第13, 예조(禮曹) 편(編). <1책. 75장. 표제는 '法外繼後謄錄'. 필사본. 필사 시기 미상. 한자+이두. 조선 필사 이두 자료. 서울대학교 규장각 한국학연구원 홈페이지 낙질본 9책(1-6, 8, 11, 13) 원문 이미지 보기> <1637-윤4-20~1655-04-16(丁丑~乙未) 第1 참고>

1748-01-12~1750-12-25(戊辰~庚午). 「종사등록(**宗社謄錄**)」 14, 예조(禮曹) 전향사(典享司) 편(編). <1책. 103장. 필사본. 한자+이두. 조선 필사 이두 자료. 서울대학교 규장각 한국학연구원 홈페이지 낙질본(8, 13, 14) 원문 이미지 보기> <1717-01-17~1720-12-27(8), 1743-02-04~1747-12-29(13)>

1748-01-14. **위명웅 등 허여문기**(魏命雄等許與文記),[372] 위명웅 등. <1장. 한자+이두. 조선 필사 이두 자료. 전남 장흥 방촌 존재 후손가 소장. 호남권 한국학자료센터 홈페이지 원문 이미지 보기. 최승희(1989), 정구복 외(1999), 전경목 외(2006) 참

---

[372] 호남권 한국학자료센터 홈페이지에서는 '위명희(魏命熙) 허여문기(許與文記)'로 표시하였다.

고>

1748-01-15. **용산서원 첩정**(龍山書院牒呈), 용산서원. <1장. 한자+이두. 조선 필사 이두 자료. 경북 경주시 내남면 이조리 경주 최씨·용산서원 소장. 한국학중앙연구원 장서각 한국고문서자료관 홈페이지 원문 이미지 보기. 한국정신문화연구원 편(2000) 참고>

1748-01-15. **하윤관 별급문기**(河潤寬別給文記), 하윤관. <1장. 한자+이두. 조선 필사 이두 자료. 경남 진주시 단목 진양 하씨 단지 종택 소장. 한국학중앙연구원 장서각 한국고문서자료관 홈페이지 원문 이미지 보기. 최재석(1972), 문숙자(2000), 박준호(2002), 한국정신문화연구원 편(2002) 참고>

1748-01-16. **노 세명 토지매매명문**(奴世明土地賣買明文), 세돌이(世乭伊). <1장. 한자+이두. 조선 필사 이두 자료. 전남 해남 연동 해남 윤씨 녹우당 소장. 한국학중앙연구원 장서각 한국고문서자료관 홈페이지 원문 이미지와 텍스트 보기. 박병호(1974ㄱ), 한국정신문화연구원 편(1986), 이재수(2003), 김소은(2004) 참고>

1748-01-20. **이 생원 댁 노 가팔리 토지매매명문**(李生員宅奴加八里土地賣買明文), 김태후(金太厚). <1장. 한자+이두. 조선 필사 이두 자료. 전남 구례군 토지면 오미리 문화 류씨 운조루 소장. 한국학중앙연구원 장서각 한국고문서자료관 홈페이지 원문 이미지와 텍스트 보기. 한국정신문화연구원 편(1998) 참고>

1748-01-24. **강태선 토지매매명문**(姜泰先土地賣買明文), 김귀석(金貴碩). <1장. 한자+이두. 조선 필사 이두 자료. 전남 구례군 토지면 오미리 문화 류씨 운조루 소장. 한국학중앙연구원 장서각 한국고문서자료관 홈페이지 원문 이미지와 텍스트 보기. 한국정신문화연구원 편(1998) 참고>

1748-01-00~1748-12-00(戊辰).「무진년금영등록(**戊辰年 禁營謄錄**)」, 금위영(禁衛營) 편(編). <1책(7/15. 낙질본). 148장. 필사본. 한자+이두. 조선 필사 이두 자료. 서울대학교 규장각 한국학연구원 홈페이지 원문 이미지 보기> <1682-02-29~1682-10-09(1/15)>

1748-02-03. **이원숙 등 토지분집명문**(李元淑等土地分執明文), 이원숙 등. <1장. 한자+이두. 조선 필사 이두 자료. 경북 안동시 법흥동 고성 이씨 탑동 종가 구장. 한국국학진흥원 소장. 한국학자료센터 영남권역센터 홈페이지 원문 이미지와

텍스트 보기. 박병호(1974ㄱ), 최승희(1989), 이재수(2003), 김성갑(2013) 참고>

1748-02-04. **이윤경 토지매매명문**(李胤慶土地賣買明文), 이원숙(李元淑). <1장. 한자+이두. 조선 필사 이두 자료. 경북 안동시 법흥동 고성 이씨 탑동 종가 구장. 한국국학진흥원 소장. 한국학자료센터 영남권역센터 홈페이지 & 한국국학진흥원 유교넷 홈페이지 원문 이미지와 텍스트 보기. 박병호(1974ㄱ), 최승희(1989), 이재수(2003), 이수건 외(2004) 참고>

1748-02-22. **숭 순일 토지매매명문**(僧順日土地賣買明文), 서이필(徐以必). <1장. 한자+이두. 조선 필사 이두 자료. 경북 경주시 내남면 이조리 경주 최씨·용산서원 소장. 한국학중앙연구원 장서각 한국고문서자료관 홈페이지 원문 이미지 보기. 한국정신문화연구원 편(2000) 참고>

1748-02-■■. **강위노 토지매매명문**(姜渭老土地賣買明文), 양귀성(梁貴成). <1장. 한자+이두. 조선 필사 이두 자료. 제주 장전리 진주 강씨 강태복가 소장. 호남권 한국학자료센터 홈페이지 원문 이미지와 텍스트 보기. 고창석(1998, 2000) 참고>

1748-02-■■. **이윤경 등 토지 분집 명문**(李胤慶土地分執明文), 이윤경 등. <1장. 한자+이두. 조선 필사 이두 자료. 경북 안동시 법흥동 고성 이씨 탑동 종가 구장. 한국국학진흥원 소장. 한국학자료센터 영남권역센터 홈페이지 원문 이미지와 텍스트 보기. 박병호(1974ㄱ), 최승희(1989), 이재수(2003), 김성갑(2013) 참고>

1748-03-10. **최 생원 댁 노 희선 토지매매명문**(崔生員宅奴喜善土地賣買明文), 삼광(三洭). <1장. 한자+이두. 조선 필사 이두 자료. 전남 구례군 토지면 오미리 문화 류씨 운조루 소장. 한국학중앙연구원 장서각 한국고문서자료관 홈페이지 원문 이미지와 텍스트 보기. 한국정신문화연구원 편(1998) 참고>

1748-03-12. **달연 토지매매명문**(達演土地賣買明文), 총민(摠敏). <1장. 한자+이두. 조선 필사 이두 자료. 전남 구례군 토지면 오미리 문화 류씨 운조루 소장. 한국학중앙연구원 장서각 한국고문서자료관 홈페이지 원문 이미지와 텍스트 보기. 한국정신문화연구원 편(1998) 참고>

1748-03-15. **김성중 토지매매명문**(金聖仲土地賣買明文), 김귀인(金貴仁). <1장. 한자+이두. 조선 필사 이두 자료. 영해 인량 재령 이씨 충효당 소장. 한국학중앙연구원 장서각 한국고문서자료관 홈페이지 원문 이미지와 텍스트 보기. 한국정신문화

연구원 편(1997) 참고>

1748-03-26. **김해준 토지매매명문**(金海准土地賣買明文), 김부담(金夫談). <1장. 한자＋이두. 조선 필사 이두 자료. 전남 구례군 토지면 오미리 문화 류씨 운조루 소장. 한국학중앙연구원 장서각 한국고문서자료관 홈페이지 원문 이미지와 텍스트 보기. 한국정신문화연구원 편(1998) 참고>

1748-03-00. **이연덕 노 만섬 소지**(李延德奴萬暹所志), 만섬. <1장. 한자＋이두. 조선 필사 이두 자료. 전북 익산 왕궁 이인승 소장. 호남권 한국학자료센터 홈페이지 원문 이미지와 텍스트 보기. 박병호(1974ㄱ), 최승희(1989), 정구복 외(1999) 참고>

1748-04-00. **안극겸 입안**(安克謙立案), 신■현(新■縣). <1장. 한자＋이두. 조선 필사 이두 자료. 전북 남원 안터 순흥 안씨 사제당 종가 구장. 한국학중앙연구원 장서각 한국고문서자료관 홈페이지 원문 이미지 보기. 한국학중앙연구원 편(2010) 참고>

1748-04-00. **이동연 외 106명 발괄**(李東淵外106名白活), 이동연 외. <1장. 한자＋이두. 조선 필사 이두 자료. 경북 칠곡 석전 광주 이씨 소장. 한국학중앙연구원 장서각 한국고문서자료관 홈페이지 원문 이미지 보기. 한국학중앙연구원 편(2009) 참고>

1748-04-00. **진주 강씨 문중 등장**(晋州姜氏門中等狀), 진주 강씨 문중. <1장. 한자＋이두. 조선 필사 이두 자료. 제주 어도내산 진주 강씨가 구장. 제주 한림 강우석 소장. 호남권 한국학자료센터 홈페이지 원문 이미지와 텍스트 보기. 최승희(1989), 김경숙(2012) 참고>

1748-05-06. 「남별전등록(**南別殿謄錄**)」,[373] 예조(禮曹). <1책. 23장. 필사본. 한자＋이두. 조선 필사 이두 자료. 한국학중앙연구원 장서각 한국학자료센터 홈페이지 참고>

1748-05-00. **송요화 호노 시상 정사**(宋堯和戶奴是尙呈辭) 1, 시상. <1장. 한자＋이두. 조선 필사 이두 자료. 대전 회덕 은진 송씨 동춘당 후손가 구장. 대전시립박물관 소장. 장서각 한국고문서자료관 홈페이지 원문 이미지 보기. 한국학중앙연구원

---

[373] 1742년 12월에 숙종 28년(1702년)에 작성한 등록을 개정하여 작성하였다.

편(2006) 참고>

1748-05-00. **송요화 호노 시상 정사**(宋堯和戶奴是尙呈辭) 2, 시상. <1장. 한자+이두. 조선 필사 이두 자료. 대전 회덕 은진 송씨 동춘당 후손가 구장. 대전시립박물관 소장. 한국학중앙연구원 장서각 한국고문서자료관 홈페이지 원문 이미지 보기. 한국학중앙연구원 편(2006) 참고>

1748-06-16. **계중 토지매매명문**(契中土地賣買明文), 정명천(鄭命天). <1장. 한자+이두. 조선 필사 이두 자료. 전남 구례군 토지면 오미리 문화 류씨 운조루 소장. 한국학중앙연구원 장서각 한국고문서자료관 홈페이지 원문 이미지와 텍스트 보기. 한국정신문화연구원 편(1998) 참고>

1748-06-00. **송요화 호노 시상 정사**(宋堯和戶奴是尙呈辭) 3, 시상. <1장. 한자+이두. 조선 필사 이두 자료. 대전 회덕 은진 송씨 동춘당 후손가 구장. 대전시립박물관 소장. 한국학중앙연구원 장서각 한국고문서자료관 홈페이지 원문 이미지 보기. 한국학중앙연구원 편(2006) 참고>

1748-06-00. **송요화 호노 시상 정사**(宋堯和戶奴是尙呈辭) 4, 시상. <1장. 한자+이두. 조선 필사 이두 자료. 대전 회덕 은진 송씨 동춘당 후손가 구장. 대전시립박물관 소장. 한국학중앙연구원 장서각 한국고문서자료관 홈페이지 원문 이미지 보기. 한국학중앙연구원 편(2006) 참고>

1748-06-00. **송요화 호노 시상 정사**(宋堯和戶奴是尙呈辭) 5, 시상. <1장. 한자+이두. 조선 필사 이두 자료. 대전 회덕 은진 송씨 동춘당 후손가 구장. 대전시립박물관 소장. 한국학중앙연구원 장서각 한국고문서자료관 홈페이지 원문 이미지 보기. 한국학중앙연구원 편(2006) 참고>

1748-07-20. **강후경 토지매매명문**(姜後慶土地賣買明文), 전주 위진기(田主魏振起). <1장. 한자+이두. 조선 필사 이두 자료. 제주시 제주교육박물관 소장. 사이버 제주교육박물관 홈페이지 원문 이미지와 텍스트 보기>

1748-07-21. **재종제 이■■ 토지매매명문**(再從弟李土地賣買明文),[374] 이세경(李世慶).

---

[374] 한국학자료센터 영남권역센터 홈페이지에서는 '이세경(李世慶) 토지매매명문(土地賣買明文)'으로 표시하였다.

<1장. 한자+이두. 조선 필사 이두 자료. 경북 안동시 법흥동 고성 이씨 탑동 종가 구장. 한국국학진흥원 소장. 한국학자료센터 영남권역센터 홈페이지 원문 이미지와 텍스트 보기. 박병호(1974ㄱ), 최승희(1989), 이재수(2003), 김성갑(2013) 참고>

1748-07-00. **송요화 호노 시상 정사**(宋堯和戶奴是尙呈辭) 6, 시상. <1장. 한자+이두. 조선 필사 이두 자료. 대전 회덕 은진 송씨 동춘당 후손가 구장. 대전시립박물관 소장. 한국학중앙연구원 장서각 한국고문서자료관 홈페이지 원문 이미지 보기. 한국학중앙연구원 편(2006) 참고>

1748-07-00. **송요화 호노 시상 정사**(宋堯和戶奴是尙呈辭) 7, 시상. <1장. 한자+이두. 조선 필사 이두 자료. 대전 회덕 은진 송씨 동춘당 후손가 구장. 대전시립박물관 소장. 한국학중앙연구원 장서각 한국고문서자료관 홈페이지 원문 이미지 보기. 한국학중앙연구원 편(2006) 참고>

1748-08-00. **송선산 댁 노 시건 소지**(宋善山宅奴時建所志), 시건. <1장. 한자+이두. 조선 필사 이두 자료. 대전 회덕 은진 송씨 동춘당 후손가 구장. 대전시립박물관 소장. 한국학중앙연구원 장서각 한국고문서자료관 홈페이지 원문 이미지 보기. 한국학중앙연구원 편(2006) 참고>

1748-10-18. **김자근노미 토지매매명문**(金者斤老味土地賣買明文), 김석중(金錫重). <1장. 한자+이두. 조선 필사 이두 자료. 일본 경도대학 가와이문고 소장. 고려대학교 해외한국학자료센터 홈페이지 원문 이미지와 텍스트 보기>

1748-10-20. **왕두휘 군기시약환공인권 매매명문**(王斗輝軍器寺藥丸貢人權賣買明文), 왕두서(王斗瑞). <1장. 한자+이두. 조선 필사 이두 자료. 일본 경도대학 가와이문고 소장. 고려대학교 해외한국학자료센터 홈페이지 원문 이미지와 텍스트 보기>

1748-10-20. **왕두휘 군기시화약공인권 매매명문**(王斗輝軍器寺火藥貢人權賣買明文) 1, 윤필은(尹弼殷). <1장. 한자+이두. 조선 필사 이두 자료. 일본 경도대학 가와이문고 소장. 고려대학교 해외한국학자료센터 홈페이지 원문 이미지와 텍스트 보기>

1748-10-20. **이대중 별급문기**(李大中別給文記), 이대중. <1장. 한자+이두. 조선 필사 이두 자료. 경북 칠곡 석전 광주 이씨 소장. 한국학중앙연구원 장서각 한국고문서

자료관 홈페이지 원문 이미지 보기. 한국학중앙연구원 편(2009) 참고>

1748-10-00. **송요화 호노 시상 정사**(宋堯和戶奴是尙呈辭) 8, 시상. <1장. 한자+이두. 조선 필사 이두 자료. 대전 회덕 은진 송씨 동춘당 후손가 구장. 대전시립박물관 소장. 한국학중앙연구원 장서각 한국고문서자료관 홈페이지 원문 이미지 보기. 한국학중앙연구원 편(2006) 참고>

1748-11-10. **김영 부사댁 노 정운 토지매매명문**(金領府使宅奴廷雲土地賣買明文), 계철(戒哲). <1장. 한자+이두. 조선 필사 이두 자료. 서산 대교 경주 김씨 소장. 한국학중앙연구원 고문서자료관 홈페이지 원문 이미지 보기. 한국학중앙연구원 편(2007) 참고>

1748-11-24. **박돌걸 토지매매명문**(朴乭傑土地賣買明文),[375] 김태윤(金台潤). <1장. 한자+이두. 조선 필사 이두 자료. 고성 이씨 탑동 종가 구장. 한국국학진흥원 소장. 한국국학진흥원 유교넷 홈페이지 원문 이미지 보기>

1748-12-08. **이희성 토지매매명문**(李希誠土地賣買明文), 이희심(李希諶). <1장. 한자+이두. 조선 필사 이두 자료. 경북 경주시 안강읍 옥산리 여주 이씨 독락당 소장. 한국학중앙연구원 장서각 한국고문서자료관 홈페이지 원문 이미지 보기. 한국정신문화연구원 편(2003) 참고>

1748-12-22. **왕두휘 군기시화약공인권 매매명문**(王斗輝軍器寺火藥貢人權賣買明文) 2, 윤필은(尹弼殷). <1장. 한자+이두. 조선 필사 이두 자료. 일본 경도대학 가와이 문고 소장. 고려대학교 해외한국학자료센터 홈페이지 원문 이미지와 텍스트 보기>

1748-00-00. 「선원보략수정시교정청의궤(璿源譜略修正時校正廳儀軌)」,[376] 교정청 편. <1책. 26장. 필사본. 표제는 '(戊辰年校正廳)全羅道 璿源譜略修正儀軌'. 권수제는 '(乾隆十三年二月二十八日)璿源譜略修正時校正廳儀軌'. 한자+이두. 조선 필사 이두 자료. 한국학중앙연구원 디지털장서각 홈페이지 'K2-3854' 원문 이미지와

---

[375] 한국국학진흥원 유교넷 홈페이지에서는 문서명을 '1748년 김태윤이 박돌걸에게 땅을 매도한 사실을 증명하는 전답매매문기'로 표시하였다.

[376] 한국학중앙연구원 디지털장서각 홈페이지에서는 서명을 '선원보략수정의궤(璿源譜略修正儀軌)'로 적었다.

텍스트 보기>

1748-00-00. 「선원보략수정시교정청의궤(璿源譜略修正時校正廳儀軌)」, 교정청 편. <1책. 26장. 필사본. 표제는 '(戊辰年校正廳 英宗二十四年)璿源譜略修正儀軌'. 권수제는 '(乾隆十三年二月二十八日)璿源譜略修正時校正廳儀軌'. 한자+이두. 조선 필사 이두 자료. 서울대학교 규장각 한국학연구원 의궤 종합정보 홈페이지 '奎14037' 원문 이미지와 텍스트 보기>

1748-00-00. 「영정모사도감의궤(影幀模寫都監儀軌)」,[377] 영정모사도감 편. <1책. 182장. 필사본. 표제는 '(禮曹上 戊辰 乾隆十三年)影幀模寫都監儀軌'. 권수제는 '(乾隆十三年二月 日)影幀模寫都監儀軌'. 한자+이두. 조선 필사 이두 자료. 서울대학교 규장각 한국학연구원 의궤 종합정보 홈페이지 '奎13997' 원문 이미지와 텍스트 보기>

1748-00-00.[378] 「영희전별등록(永禧殿別謄錄)」, 예조(禮曹) 편. <1책. 86장. 필사본. 한자+이두. 1586년부터 1699년 7월 16일까지[379] 영희전의 유래, 증축, 어진의 봉안 등에 관해 기록한 등록. 조선 이두 자료. 한국학중앙연구원 장서각 원문 이미지와 텍스트 보기. 한국정신문화연구원 국학진흥사업추진위원회 편(2002) 참고>

1748-00-00. 「제례등록(祭禮謄錄)」, 예조(禮曹). <5책. 필사본. 한자+이두. 조선 필사 이두 자료. 1637년부터 1748년까지 예조의 계제사와 전향사에서 국가 제사의 거행에 관한 논의를 기록한 등록. 한국학중앙연구원 장서각 한국학자료센터 홈페

---

[377] 서울대학교 규장각 한국학연구원 의궤 종합정보 홈페이지에서는 서명을 표제나 권수제와는 달리 '숙종영정모사도감의궤(肅宗影幀模寫都監儀軌)'로 적었다.

[378] 한국학중앙연구원 장서각에 소장되어 있는 이 책(청구기호 K2-2467)의 작성 시기는 디지털장서각 홈페이지 장서각의 '기본정보'(집필자 김혁)와 장서각자료센터의 '기본정보'에서는 1748(영조 24년)으로 표시하였다. 그리고 장서각자료센터의 '상세정보'에서 김혁과 김방울은 선조 19년인 1586년부터 숙종 25년인 1699년까지 영희전과 관련된 기록들을 취합하여 영조 24년인 1748년에 예조에서 편찬한 등록으로 집필하였다. 그런데 디지털장서각 홈페이지 디지털 아카이브의 '서지정보'에서는 '간행년(왕력) 1699'로 적었고, 장서각 전자도서관 '상세정보'에서는 '肅宗 25년(1669년)寫'로 적었다.

[379] 디지털장서각 홈페이지 '디지털 아카이브'의 '전관수 해제'에서는 '만력 14년(**1686**) 8월 12일'로 잘못 적었다. 만력 14년은 1586년이다.

이지 참고>

1748-00-00. 「진전중수도감도청의궤(眞殿重修都監都廳儀軌)」,³⁸⁰ 중수도감 편. <1책. 291장. 필사본. 표제는 '(乾隆十三年 戊辰年 議政府上)眞殿重修都監儀軌'. 권수제는 '(乾隆十三年戊辰二月 日)眞殿重修都監都廳儀軌'. 한자+이두. 조선 필사 이두 자료. 서울대학교 규장각 한국학연구원 의궤 종합정보 홈페이지 '奎14913' 원문 이미지와 텍스트 보기>

1748-00-00. 「진전중수도감도청의궤(眞殿重修都監都廳儀軌)」,³⁸¹ 진전중수도감 편. <1책. 276장. 필사본. 개장한 표지의 표제는 '眞殿重修都監儀軌'. 권수제는 '(乾隆十三年戊辰正月 日)眞殿重修都監都廳儀軌'. 한자+이두. 조선 필사 이두 자료. 한국학중앙연구원 디지털장서각 홈페이지 'K2-3595' 원문 이미지와 텍스트 보기>

1748-00-00. 「진전중수도감도청의궤(眞殿重修都監都廳儀軌)」³⁸² 상·중(上·中), 진전중수도감 편. <2책. 93장+101장. 필사본. 표제는 '眞殿重修都監儀軌'. 권수제는 '(乾隆十三年戊辰正月 日)眞殿重修都監都廳儀軌'. 한자+이두. 조선 필사 이두 자료. 국립중앙박물관 외규장각 의궤 홈페이지 '외규164~165' 원문 이미지와 텍스트 보기>

1749년

<기사(己巳), 영조 25년, 건륭 14년>

1749-01-06. **남정위 토지매매명문**(南丁位土地賣買明文), 신휘(信輝). <1장. 한자+이두. 조선 필사 이두 자료. 남원·구례 삭녕 최씨 구장. 한국학중앙연구원 장서각 소장. 한국학중앙연구원 장서각 한국고문서자료관 홈페이지 원문 이미지 보기.

---

380 서울대학교 규장각 한국학연구원 의궤 종합정보 홈페이지에서는 서명을 권수제와는 달리 '진전중수도감의궤(眞殿重修都監儀軌)'로 적었다.
381 한국학중앙연구원 디지털장서각 홈페이지에서는 서명을 '진전중수도감의궤(眞殿重修都監儀軌)'로 적었다.
382 국립중앙박물관 외규장각 의궤 홈페이지에서는 서명을 표제와 동일하게 적었다.

한국정신문화연구원 편(2004) 참고>

1749-01-08. **가소리 배지**(加所里牌旨), 최(崔). <1장. 한자+이두. 조선 필사 이두 자료. 남원·구례 삭녕 최씨 구장. 한국학중앙연구원 장서각 한국고문서자료관 홈페이지 원문 이미지 보기. 한국정신문화연구원 편(2004) 참고>

1749-01-15. **노세양 토지매매명문**(盧世良土地賣買明文), 김취서(金就瑞). <1장. 한자+이두. 조선 필사 이두 자료. 경기도 김포시 의령 남씨 서윤공 남두장 후손가 소장. 한국학중앙연구원 장서각 한국고문서자료관 홈페이지 원문 이미지 보기>

1749-01-00. 「경상도 문경현 조령산성 절목 성책(慶尙道聞慶縣鳥嶺山城節目成冊)」, 경상감영(慶尙監營) 편(編). <1책. 4장. 필사본. 한자+이두. 조선 필사 이두 자료. 서울대학교 규장각 한국학연구원 홈페이지 '奎17209' 원문 이미지 보기>

1749-02-03. **김운장 토지매매명문**(金韻章土地賣買明文), 정중태(鄭重泰). <1장. 한자+이두. 조선 필사 이두 자료. 전남 영암 밀양 김씨 김상회 소장. 호남권 한국학자료센터 홈페이지 원문 이미지와 텍스트 보기. 최승희(1989) 참고>

1749-02-11. **이대중 노 갓등 원정**(李大中奴㪼同原情), 갓동. <1장. 한자+이두. 조선 필사 이두 자료. 경북 칠곡 석전 광주 이씨 소장. 한국학중앙연구원 장서각 한국고문서자료관 홈페이지 원문 이미지 보기. 한국학중앙연구원 편(2009) 참고>

1749-02-15. **동유사 김치삼 토지매매명문**(洞有司金致三土地賣買明文), 가소리(加所里). <1장. 한자+이두. 조선 필사 이두 자료. 남원·구례 삭녕 최씨 구장. 한국학중앙연구원 장서각 소장. 한국학중앙연구원 장서각 한국고문서자료관 홈페이지 원문 이미지 보기. 한국정신문화연구원 편(2004) 참고>

1749-02-15. **박영환 토지매매명문**(朴英煥土地賣買明文), 박경발(朴慶潑). <1장. 한자+이두. 조선 필사 이두 자료. 전북대학교 박물관 소장. 호남권 한국학자료센터 홈페이지 원문 이미지와 텍스트 보기. 박병호(1974ㄱ), 이재수(2003) 참고>

1749-02-17. **용산서원 재임 서목**(龍山書院齋任書目) 1, 용산서원. <1장. 한자+이두. 조선 필사 이두 자료. 경북 경주시 내남면 이조리 경주 최씨·용산서원 소장. 한국학중앙연구원 장서각 한국고문서자료관 홈페이지 원문 이미지 보기. 한국정신문화연구원 편(2000) 참고>

1749-02-25. **유학 신광호 토지매매명문**(幼學申光虎土地賣買明文), 장처원(張處元).

<1장. 한자+이두. 조선 필사 이두 자료. 전남 구례군 토지면 오미리 문화 류씨 운조루 소장. 한국학중앙연구원 장서각 한국고문서자료관 홈페이지 원문 이미지와 텍스트 보기. 한국정신문화연구원 편(1998) 참고>

1749-02-29. **박함 토지매매명문**(朴諴土地賣買明文) 1, 허수(許燧). <1장. 한자+이두. 조선 필사 이두 자료. 경남 밀양 신호 밀성 박씨·덕남서원 소장. 한국학중앙연구원 장서각 한국고문서자료관 홈페이지 원문 이미지 보기. 한국정신문화연구원 편(2004) 참고>

1749-02-00. **송 호노 수복 정사**(宋戶奴壽福呈辭), 수복. <1장. 한자+이두. 조선 필사 이두 자료. 대전 회덕 은진 송씨 동춘당 후손가 구장. 대전시립박물관 소장. 한국학중앙연구원 장서각 한국고문서자료관 홈페이지 원문 이미지 보기. 한국학중앙연구원 편(2006) 참고>

1749-02-00. **안지평 댁 노 삼남 소지**(安持平宅奴三男所志), 삼남. <1장. 한자+이두. 조선 필사 이두 자료. 전북 남원 안터 순흥 안씨 사제당 종가 구장. 한국학중앙연구원 장서각 한국고문서자료관 홈페이지 원문 이미지 보기. 한국학중앙연구원 편(2010) 참고>

1749-03-10. **유학 김우신 토지매매명문**(幼學金禹伸土地賣買明文), 정택룡(鄭澤龍). <1장. 한자+이두. 조선 필사 이두 자료. 전남 구례군 토지면 오미리 문화 류씨 운조루 소장. 한국학중앙연구원 장서각 한국고문서자료관 홈페이지 원문 이미지와 텍스트 보기. 한국정신문화연구원 편(1998) 참고>

1749-03-16. **보식 토지매매명문**(宝湜土地賣買明文), 우창재(禹昌才). <1장. 한자+이두. 조선 필사 이두 자료. 전남 구례군 토지면 오미리 문화 류씨 운조루 소장. 한국학중앙연구원 장서각 한국고문서자료관 홈페이지 원문 이미지와 텍스트 보기. 한국정신문화연구원 편(1998) 참고>

1749-03-19. **노 치만 토지매매명문**(奴治萬土地賣買明文), 김상탁(金尚鐸). <1장. 한자+이두. 조선 필사 이두 자료. 전남 장성군 행주 기씨 금강 종가 소장. 호남권 한국학자료센터 홈페이지 원문 이미지와 텍스트 보기. 이재수(2003), 이수건 외(2004) 참고>

1749-03-1■. **이종환 토지매매명문**(李宗煥土地賣買明文), 이동환(李東煥). <1장. 한자

+이두. 조선 필사 이두 자료. 전북 남원 둔덕 전주 이씨가 구장. 전북대학교 박물관 소장. 호남권 한국학자료센터 홈페이지 원문 이미지와 텍스트 보기. 전북대학교 박물관 편(1990), 이재수(2003) 참고>

1749-03-20. **유덕항 토지매매명문**(兪德恒土地賣買明文), 윤취은(尹就殷). <1장. 한자+이두. 조선 필사 이두 자료. 영해 인량 재령 이씨 충효당 소장. 한국학중앙연구원 장서각 한국고문서자료관 홈페이지 원문 이미지와 텍스트 보기. 한국정신문화연구원 편(1997) 참고>

1749-03-23. **용산서원 재임 서목**(龍山書院齋任書目) 2, 용산서원. <1장. 한자+이두. 조선 필사 이두 자료. 경북 경주시 내남면 이조리 경주 최씨·용산서원 소장. 한국학중앙연구원 장서각 한국고문서자료관 홈페이지 원문 이미지 보기. 한국정신문화연구원 편(2000) 참고>

1749-04-02. **용산서원 재임 서목**(龍山書院齋任書目) 3, 용산서원. <1장. 한자+이두. 조선 필사 이두 자료. 경북 경주시 내남면 이조리 경주 최씨·용산서원 소장. 한국학중앙연구원 장서각 한국고문서자료관 홈페이지 원문 이미지 보기. 한국정신문화연구원 편(2000) 참고>

1749-04-16. **박함 토지매매명문**(朴諴土地賣買明文) 2, 허소(許燒). <1장. 한자+이두. 조선 필사 이두 자료. 경남 밀양 신호 밀성 박씨·덕남서원 소장. 한국학중앙연구원 장서각 한국고문서자료관 홈페이지 원문 이미지 보기. 한국정신문화연구원 편(2004) 참고>

1749-04-16. **용산서원 재임 서목**(龍山書院齋任書目) 4, 용산서원. <1장. 한자+이두. 조선 필사 이두 자료. 경북 경주시 내남면 이조리 경주 최씨·용산서원 소장. 한국학중앙연구원 장서각 한국고문서자료관 홈페이지 원문 이미지 보기. 한국정신문화연구원 편(2000) 참고>

1749-05-20. **유학 정환 토지매매명문**(幼學鄭桓土地賣買明文), 김정매(金鼎梅). <1장. 한자+이두. 조선 필사 이두 자료. 전남 구례군 토지면 오미리 문화 류씨 운조루 소장. 한국학중앙연구원 장서각 한국고문서자료관 홈페이지 원문 이미지와 텍스트 보기. 한국정신문화연구원 편(1998) 참고>

1749-06-02. **강위노 토지매매명문**(姜渭老土地賣買明文) 1, 양의찬(梁義贊). <1장. 한

자+이두. 조선 필사 이두 자료. 제주 장전리 진주 강씨 강태복가 소장. 호남권 한국학자료센터 홈페이지 원문 이미지와 텍스트 보기. 고창석(1998, 2000) 참고>

1749-07-10. **첩정**(牒呈) <1장. 한자+이두. 조선 필사 이두 자료. 예산 한곡 한산 이씨 수당 고택 소장. 한국학중앙연구원 장서각 한국고문서자료관 홈페이지 원문 이미지 보기. 한국정신문화연구원 편(2002) 참고>

1749-07-21. **관찰사 관**(觀察使關), 경상도 관찰사 겸 순찰사(慶尙道觀察使兼巡察使). <1장. 한자+이두. 조선 필사 이두 자료. 예산 한곡 한산 이씨 수당 고택 소장. 한국학중앙연구원 장서각 한국고문서자료관 홈페이지 원문 이미지 보기. 한국정신문화연구원 편(2002) 참고>

1749-07-00. **송 호노 시상 정사**(宋戶奴時尙呈辭), 시상. <1장. 한자+이두. 조선 필사 이두 자료. 대전 회덕 은진 송씨 동춘당 후손가 구장. 대전시립박물관 소장. 한국학중앙연구원 장서각 한국고문서자료관 홈페이지 원문 이미지 보기. 한국학중앙연구원 편(2006) 참고>

1749-07-■■. **노 기례 토지매매명문**(奴起禮土地賣買明文), 박오룡(朴五龍). <1장. 한자+이두. 조선 필사 이두 자료. 전북 부안군 우반 부안 김씨 소장. 한국학중앙연구원 장서각 한국고문서자료관 홈페이지 원문 이미지 보기. 한국정신문화연구원 편(1983, 1998), 한국학중앙연구원 편(2017) 참고>

1749-08-11. **용산서원 재임 서목**(龍山書院齋任書目) 5, 용산서원. <1장. 한자+이두. 조선 필사 이두 자료. 경북 경주시 내남면 이조리 경주 최씨·용산서원 소장. 한국학중앙연구원 장서각 한국고문서자료관 홈페이지 원문 이미지 보기. 한국정신문화연구원 편(2000) 참고>

1749-08-00. **이수일 이관**(李秀逸移關), 병조(兵曹). <1장. 한자+이두. 조선 필사 이두 자료. 예산 한곡 한산 이씨 수당 고택 소장. 한국학중앙연구원 장서각 한국고문서자료관 홈페이지 원문 이미지 보기. 한국정신문화연구원 편(2002) 참고>

1749-09-00. **정진잠 댁 노 차운 소지**(鄭鎭岑宅奴次云所志) 1, 차운. <1장. 한자+이두. 조선 필사 이두 자료. 경기도 양주 사릉 해주 정씨 종가 소장. 한국학중앙연구원 장서각 한국고문서자료관 홈페이지 이미지 보기>

1749-09-00. **정진잠 댁 노 차운 소지**(鄭鎭岑宅奴次云所志) 2, 차운. <1장. 한자+이두.

조선 필사 이두 자료. 경기도 양주 사릉 해주 정씨 종가 소장. 한국학중앙연구원 장서각 한국고문서자료관 홈페이지 이미지 보기>

1749-09-00. **정진잠 댁 노 차운 소지**(鄭鎭岑宅奴次云所志) 3, 차운. <1장. 한자+이두. 조선 필사 이두 자료. 경기도 양주 사릉 해주 정씨 종가 소장. 한국학중앙연구원 장서각 한국고문서자료관 홈페이지 이미지 보기>

1749-09-00. **정진잠 댁 노 차운 소지**(鄭鎭岑宅奴次云所志) 4, 차운. <1장. 한자+이두. 조선 필사 이두 자료. 경기도 양주 사릉 해주 정씨 종가 소장. 한국학중앙연구원 장서각 한국고문서자료관 홈페이지 이미지 보기>

1749-11-02. **용산서원 재임 서목**(龍山書院齋任書目) 6, 용산서원. <1장. 한자+이두. 조선 필사 이두 자료. 경북 경주시 내남면 이조리 경주 최씨·용산서원 소장. 한국학중앙연구원 장서각 한국고문서자료관 홈페이지 원문 이미지 보기. 한국정신문화연구원 편(2000) 참고>

1749-11-19. **처모 김 씨 분재기**(妻母金氏分財記),[383] 처모 김 씨. <1장. 한자+이두. 조선 필사 이두 자료. 영암 미암 창녕 조씨 대호 후손가 소장. 호남권 한국학자료센터 홈페이지 원문 이미지 보기. 최승희(1989) 참고>

1749-11-27. **김영 부사댁 노 정운 토지매매명문**(金領府使宅奴丁云土地賣買明文), 부개(不介). <1장. 한자+이두. 조선 필사 이두 자료. 서산 대교 경주 김씨 소장. 한국정신문화연구원 장서각 한국고문서자료관 홈페이지 원문 이미지 보기. 한국학중앙연구원 편(2007) 참고>

1749-11-00. **노 상돌 배지**(奴尙乭牌旨), 임(任). <1장. 한자+이두. 조선 필사 이두 자료. 아산 선교 장흥 임씨 구장. 한국학중앙연구원 장서각 소장. 한국학중앙연구원 장서각 한국고문서자료관 홈페이지 원문 이미지 보기. 한국학중앙연구원 편(2008) 참고>

1749-11-00. **이희성 소지**(李希誠所志), 이희성. <1장. 한자+이두. 조선 필사 이두 자료. 경북 경주시 안강읍 옥산리 여주 이씨 독락당 소장. 한국학중앙연구원 장서각 한국고문서자료관 홈페이지 원문 이미지 보기. 한국정신문화연구원 편(2003)

---

[383] 호남권 한국학자료센터 홈페이지에서는 '김씨(金氏) 작은사위 분재기(分財記)'로 표시하였다.

참고>

1749-11-00. **최손이 토지매매명문**(崔孫伊土地賣買明文0, 상돌(尚乭). <1장. 한자+이두. 조선 필사 이두 자료. 아산 선교 장흥 임씨 구장. 한국학중앙연구원 장서각 한국고문서자료관 홈페이지 원문 이미지 보기. 한국학중앙연구원 편(2008) 참고>

1749-11-00. **화민 최경두 소지**(化民崔慶斗所志), 최경두. <1장. 한자+이두. 조선 필사 이두 자료. 경북 경주시 내남면 이조리 경주 최씨·용산서원 소장. 한국정신문화연구원 장서각 한국고문서자료관 홈페이지 원문 이미지 보기. 한국정신문화연구원 편(2000) 참고>

1749-12-15. **이국만 토지매매명문**(李國萬土地賣買明文), 거자자미(車自者未). <1장. 한자+이두. 조선 필사 이두 자료. 경북 경주시 내남면 이조리 경주 최씨·용산서원 소장. 한국정신문화연구원 장서각 한국고문서자료관 홈페이지 원문 이미지 보기. 한국정신문화연구원 편(2000) 참고>

1749-12-18. **강위노 토지매매명문**(姜渭老土地賣買明文) 2, 양 조이(梁召史). <1장. 한자+이두. 조선 필사 이두 자료. 제주 장전리 진주 강씨 강태복가 소장. 호남권 한국학자료센터 홈페이지 원문 이미지와 텍스트 보기. 고창석(1998, 2000) 참고>

1749-12-20. **최도춘 토지매매명문**(崔道春土地賣買明文), 유학(幼學) ■■■. <1장. 한자+이두. 조선 필사 이두 자료. 전북 부안 석동 류절재 소장. 호남권 한국학자료센터 홈페이지 원문 이미지와 텍스트 보기. 박병호(1974ㄱ), 최승희(1989), 정구복 외(1999) 참고>

1749-■■-■■. **곽만기·반노 순녀 초사**(郭萬氣·班奴順女招辭), 곽만기·순녀. <1장. 한자+이두. 조선 필사 이두 자료. 대전시 무수동 안동 권씨 유회당 종택 소장. 한국학중앙연구원 장서각 한국고문서자료관 홈페이지 원문 이미지 보기. 한국학중앙연구원 편(2007) 참고>

1749-■■-■■. **송 생원 노 천세 초사**(宋生員奴千世招辭), 천세. <1장. 점련문서. 한자+이두. 조선 필사 이두 자료. 대전시 무수동 안동 권씨 유회당 종택 소장. 한국학중앙연구원 장서각 한국고문서자료관 홈페이지 원문 이미지 보기. 한국학중앙연구원 편(2007) 참고>

1749-00-00. 「대보단증수소의궤(大報壇增修所儀軌)」, 증수소 편. <1책. 271장. 필사본. 표제는 '(己巳四月 日 禮曹上)大報壇增修所儀軌'. 권수제는 '(己巳四月 日)大報壇增修所儀軌'. 한자+이두. 조선 필사 이두 자료. 서울대학교 규장각 한국학연구원 의궤 종합정보 홈페이지 '奎14315' 원문 이미지와 텍스트 보기>

1749-00-00. **서이필 소지**(徐以必所志), 서이필. <1장. 한자+이두. 조선 필사 이두 자료. 경북 경주시 내남면 이조리 경주 최씨·용산서원 소장. 한국학중앙연구원 장서각 한국고문서자료관 홈페이지 원문 이미지 보기. 한국정신문화연구원 편(2000) 참고>

1749-00-00. 「화완옹주가례등록(和緩翁主嘉禮謄錄)」, 예조(禮曹). <1책. 58장. 필사본. 한자+이두. 조선 필사 이두 자료. 한국학중앙연구원 장서각 소장. 한국학중앙연구원 한국학 디지털 아카이브 홈페이지 원문 이미지와 텍스트 보기>

1749-00-00 이후 기입 추정. 「어제정훈(御製政訓)」, 영조(英祖) 찬(撰). <1책. 무신자본. 본문에 묵서 생획자 구결 기입. 서울대학교 규장각 한국학연구원 홈페이지 원문 이미지 보기>

1750년

<경오(庚午), 영조 26년, 건륭 15년>

1750-01-04. **명이 토지매매명문**(命伊土地賣買明文), 수만(壽萬). <1장. 한자+이두. 조선 필사 이두 자료. 경북 안동시 주촌 진성 이씨 경류정 구장. 서울역사박물관 소장. 한국학중앙연구원 장서각 한국고문서자료관 홈페이지 원문 이미지와 텍스트 보기. 한국정신문화연구원 편(1999) 참고>

1750-01-06~1754-윤4-18(庚午~甲戌). 「과거등록(科擧謄錄)」 第18, 예조(禮曹) 편(編). <1책. 109장. 필사본. 한자+이두. 조선 필사 이두 자료. 서울대학교 규장각 한국학연구원 홈페이지 원문 이미지 보기> <1651-04-27~1662-09-06(第2)>

1750-01-22. **최말선 토지매매명문**(崔㐥先土地賣買明文), 돌만(乭曼). <1장. 한자+이두. 조선 필사 이두 자료. 경북 안동시 수곡면 전주 류씨 삼산 종가 구장. 한국국학

진흥원 소장. 한국학자료센터 영남권역센터 홈페이지 원문 이미지와 텍스트 보기. 최승희(1989), 이재수(2003), 전경목(2010) 참고>

1750-01-29. **손애금 토지매매명문**(孫愛金土地賣買明文), 이안동(李安東). <1장. 한자+이두. 조선 필사 이두 자료. 남원·구례 삭녕 최씨 구장. 한국학중앙연구원 장서각 한국고문서자료관 홈페이지 원문 이미지 보기. 한국정신문화연구원 편(2004) 참고>

1750-01-00. **송 호노 수복 정사**(宋戶奴守福呈辭) 1, 수복. <1장. 한자+이두. 조선 필사 이두 자료. 대전 회덕 은진 송씨 동춘당 후손가 구장. 대전시립박물관 소장. 한국학중앙연구원 장서각 한국고문서자료관 홈페이지 원문 이미지 보기. 한국학중앙연구원 편(2006) 참고>

1750-02-09. **유진휴 토지매매명문**(柳震休土地賣買明文), 김방언(金邦彦). <1장. 한자+이두. 조선 필사 이두 자료. 경북 안동시 수곡면 전주 류씨 삼산 종가 소장. 한국학자료센터 영남권역센터 홈페이지 원문 이미지와 텍스트 보기. 최승희(1989), 이재수(2003), 전경목(2010) 참고>

1750-02-13. **최정악 혜민서 약재 공인권 매매명문**(崔挺岳惠民署藥材貢人權賣買明文), 기성린(奇聖麟). <1장. 한자+이두. 조선 필사 이두 자료. 일본 경도대학 가와이문고 소장. 고려대학교 해외한국학자료센터 홈페이지 원문 이미지와 텍스트 보기>

1750-02-19. **김치종 토지매매명문**(金致宗土地賣買明文),[384] 권일귀(權日貴). <1장. 한자+이두. 조선 필사 이두 자료. 고성 이씨 탑동 종가 구장. 한국국학진흥원 소장. 한국국학진흥원 유교넷 홈페이지 원문 이미지 보기>

1750-02-■■. **황중호 토지매매명문**(黃重好土地賣買明文), 정원정(鄭元正). <1장. 한자+이두. 조선 필사 이두 자료. 경북 경주시 내남면 이조리 경주 최씨·용산서원 소장. 한국학중앙연구원 장서각 한국고문서자료관 홈페이지 원문 이미지 보기. 한국정신문화연구원 편(2000) 참고>

1750-03-11. **정단금 토지매매명문**(鄭丹金土地賣買明文), 이도수(李都守). <1장. 한자

---

[384] 한국국학진흥원 유교넷 홈페이지에서는 문서명을 '1750년 권일귀가 김치종에게 땅을 매도한 사실을 증명하는 전답매매문기'로 표시하였다.

+이두. 조선 필사 이두 자료. 전남 해남 연동 해남 윤씨 녹우당 소장. 한국학중앙 연구원 장서각 한국고문서자료관 홈페이지 원문 이미지와 텍스트 보기. 박병호 (1974ㄱ), 한국정신문화연구원 편(1986), 이재수(2003), 김소은(2004) 참고>

1750-03-17. **승 성탄 토지매매명문**(僧成坦土地賣買明文), 강위창(姜渭昌). <1장. 한자 +이두. 조선 필사 이두 자료. 전남 구례군 토지면 오미리 문화 류씨 운조루 소장. 한국학중앙연구원 장서각 한국고문서자료관 홈페이지 원문 이미지와 텍스트 보 기. 한국정신문화연구원 편(1998) 참고>

1750-03-00. **곽 생원 댁 노 토지매매명문**(郭生員宅奴土地賣買明文), 이귀재(李貴才). <1장. 한자+이두. 조선 필사 이두 자료. 부여 은산 함양 박씨 소장. 한국학중앙연 구원 고문서자료관 홈페이지 원문 이미지 보기. 한국정신문화연구원 편(2000) 참고>

1750-04-20. **승 광학 토지매매명문**(僧廣學土地賣買明文), 극성(克性). <1장. 한자+이 두. 조선 필사 이두 자료. 전남 구례군 토지면 오미리 문화 류씨 운조루 소장. 한국학중앙연구원 장서각 한국고문서자료관 홈페이지 원문 이미지와 텍스트 보 기. 한국정신문화연구원 편(1998) 참고>

1750-04-22. **한흥서 장흥고공상지공인권 매매명문**(韓興瑞長興庫供上紙貢人權賣買明 文), 안세휘(安世徽). <1장. 한자+이두. 조선 필사 이두 자료. 일본 경도대학 가와 이문고 소장. 고려대학교 해외한국학자료센터 홈페이지 원문 이미지와 텍스트 보기>

1750-04-27. **이시영 허여문기**(李昰榮許與文記), 이희백(李喜白). <1장. 한자+이두. 조 선 필사 이두 자료. 원주시 무릉박물관 소장. 한국학자료센터 강원권역센터 홈페 이지 원문 이미지 보기>

1750-04-00. **김 조이 소지**(金召史所志), 김 조이. <1장. 한자+이두. 조선 필사 이두 자료. 경북 경주시 안강읍 옥산리 여주 이씨 독락당 소장. 한국학중앙연구원 장서 각 한국고문서자료관 홈페이지 원문 이미지 보기. 한국정신문화연구원 편(2003) 참고>

1750-05-04. **용산서원 재임 서목**(龍山書院齋任書目), 용산서원. <1장. 한자+이두. 조선 필사 이두 자료. 경북 경주시 내남면 이조리 경주 최씨·용산서원 소장. 한국

학중앙연구원 장서각 한국고문서자료관 홈페이지 원문 이미지 보기. 한국정신문화연구원 편(2000) 참고>

1750-05-00. **고윤명 소지**(高允明所志), 고윤명. <1장. 한자+이두. 조선 필사 이두 자료. 전북 부안 청호 효충사 소장. 호남권 한국학자료센터 홈페이지 원문 이미지와 텍스트 보기. 박병호(1974ㄱ), 정구복 외(1999) 참고>

1750-06-07. **유학 한종장 토지매매명문**(幼學韓宗璋土地賣買明文), 김헌경(金憲慶). <1장. 한자+이두. 조선 필사 이두 자료. 일본 경도대학 가와이문고 소장. 고려대학교 해외한국학자료센터 홈페이지 원문 이미지와 텍스트 보기>

1750-07-1■. **비 기례 토지매매명문**(婢起禮土地賣買明文), 박오룡(朴五龍). <1장. 한자+이두. 조선 필사 이두 자료. 전북 부안군 우반 부안 김씨 구장. 전북 부안군 우동 세덕각 소장. 호남권 한국학자료센터 홈페이지 원문 이미지와 텍스트 보기. 박병호(1974ㄱ), 이재수(2003) 참고>

1750-07-00. **김만련 토지매매명문**(金萬鍊土地賣買明文), 정세태(鄭世泰). <1장. 한자+이두. 조선 필사 이두 자료. 일본 경도대학 가와이문고 소장. 고려대학교 해외한국학자료센터 홈페이지 원문 이미지와 텍스트 보기>

1750-09-00. **송 호노 수복 정사**(宋戶奴守福呈辭) 2, 수복. <1장. 한자+이두. 조선 필사 이두 자료. 대전 회덕 은진 송씨 동춘당 후손가 구장. 대전시립박물관 소장. 한국학중앙연구원 장서각 한국고문서자료관 홈페이지 원문 이미지 보기. 한국학중앙연구원 편(2006) 참고>

1750-11-25. **김 생원 댁 노 도걸 토지매매명문**(金生員宅奴道乞土地賣買明文),[385] 조재명(趙再明)·조재순(趙再順). <1장. 한자+이두. 조선 필사 이두 자료. 예천 임씨 금양파 금포 고택 구장. 한국국학진흥원 소장. 한국국학진흥원 유교넷 홈페이지 원문 이미지 보기>

1750-11-25. **최수천 장흥고공상지공인권 매매명문**(崔壽天長興庫供上紙貢人權賣買明文), 한흥서(韓興瑞). <1장. 한자+이두. 조선 필사 이두 자료. 일본 경도대학 가와

---

[385] 한국국학진흥원 유교넷 홈페이지에서는 문서명을 '1750년 조재명 등 2명이 도걸에게 논을 팔았음을 증명하는 전답매매문기'로 표시하였다.

이문고 소장. 고려대학교 해외한국학자료센터 홈페이지 원문 이미지와 텍스트 보기>

1750-11-27. **강덕옹 토지매매명문**(姜德翁土地賣買明文), 김상백(金尙白). <1장. 한자+이두. 조선 필사 이두 자료. 제주 장전리 진주 강씨 강태복가 소장. 호남권 한국학자료센터 홈페이지 원문 이미지와 텍스트 보기. 고창석(1997, 2002) 참고>

1750-12-06. **노 배이 토지매매명문**(奴盃伊土地賣買明文), 김상이(金相伊). <1장. 한자+이두. 조선 필사 이두 자료. 전남 구례군 토지면 오미리 문화 류씨 운조루 소장. 한국학중앙연구원 장서각 한국고문서자료관 홈페이지 원문 이미지와 텍스트 보기. 한국정신문화연구원 편(1998) 참고>

1750-12-12. **이주국 토지매매명문**(李柱國土地賣買明文), 이수천(李守天). <1장. 한자+이두. 조선 필사 이두 자료. 전남 구례군 토지면 오미리 문화 류씨 운조루 소장. 한국학중앙연구원 장서각 한국고문서자료관 홈페이지 원문 이미지와 텍스트 보기. 한국정신문화연구원 편(1998) 참고>

1751년

<신미(辛未), 영조 27년, 건륭 16년>

1751-01-13~1779-08-00(辛未~己亥). 「각릉수개등록(各陵修改謄錄)」 제20(6), 예조(禮曹) 전향사(典享司) 편(編). <전21책. 1책. 130장. 필사본. 한자+이두. 조선 필사 이두 자료. 서울대학교 규장각 한국학연구원 홈페이지 원문 이미지 보기> <1636-05-02~1644-08-10(仁祖 14년 崇禎 9년 丙子~甲申) 제1(1)>

1751-01-15~1753-12-28(辛未~癸酉). 「별등록(別謄錄)」 제9, 예조(禮曹) 전객사(典客司) 편(編). <1책(8/8)/전9책. 93장. 필사본. 한자+이두. 조선 필사 이두 자료. 서울대학교 규장각 한국학연구원 홈페이지 낙질본(제1 없음) 원문 이미지 보기> <영인본: 규장각 자료 총서 금호시리즈(대외관계편)」(서울대학교 규장각, 1992)> <1699-윤7-18~1718-07-19(제2)>

1751-01-20. **남철신 토지매매명문**(南喆臣土地賣買明文), 남유신(南有臣). <1장. 한자

+이두. 조선 필사 이두 자료. 경기도 김포시 의령 남씨 서윤공 남두장 후손가 소장. 한국학중앙연구원 장서각 한국고문서자료관 홈페이지 원문 이미지 보기>

1751-01-20. **노 한동 배지**(奴汗同牌旨), 변(邊). <1장. 한자+이두. 조선 필사 이두 자료. 경북 안동시 주촌 진성 이씨 경류정 소장. 한국학중앙연구원 장서각 한국고문서자료관 홈페이지 원문 이미지와 텍스트 보기. 한국정신문화연구원 편(1999) 참고>

1751-01-28. **박을필 토지매매명문**(朴乙必土地賣買明文), 전주 변 노 한동(田主邊奴汗同).[386] <1장. 한자+이두. 조선 필사 이두 자료. 경북 안동시 주촌 진성 이씨 경류정 소장. 한국학중앙연구원 장서각 한국고문서자료관 홈페이지 원문 이미지와 텍스트 보기. 한국정신문화연구원 편(1999) 참고>

1751-01-29. **노 계남 토지매매명문**(奴季男土地賣買明文), 차돌(次乭). <1장. 한자+이두. 조선 필사 이두 자료. 경기도 용인시 오산 해주 오씨 추탄 종가 구장. 한국학중앙연구원 장서각 한국고문서자료관 홈페이지 원문 이미지와 텍스트 보기. 한국정신문화연구원 편(1998) 참고>

1751-02-06. **유학 김광해 토지매매명문**(幼學金光海土地賣買明文), 김덕추(金德秋). <1장. 한자+이두. 조선 필사 이두 자료. 전남 구례군 토지면 오미리 문화 류씨 운조루 소장. 한국학중앙연구원 장서각 한국고문서자료관 홈페이지 원문 이미지와 텍스트 보기. 한국정신문화연구원 편(1998) 참고>

1751-02-14. **윤 도사댁 수노 특 토지매매명문**(尹都使宅首奴特土地賣買明文), 박미산(朴未山). <1장. 한자+이두. 조선 필사 이두 자료. 전남 해남 연동 해남 윤씨 녹우당 소장. 한국학중앙연구원 장서각 한국고문서자료관 홈페이지 원문 이미지와 텍스트 보기. 박병호(1974ㄱ), 한국정신문화연구원 편(1986), 이재수(2003), 김소은(2004) 참고>

1751-02-15. **송인충 토지매매명문**(宋釰忠土地賣買明文), 삼선(三先). <1장. 한자+이

---

[386] 한국학중앙연구원 장서각 한국고문서자료관 홈페이지에서는 문서의 발급자를 '간동(汗同)' 또는 '한목(汗目)'으로 표시하였다. 게다가 문서의 수취인도 '박을필(朴乙必)' 또는 '박을미(朴乙美)'로 혼용하여 잘못 표시하였다.

두. 조선 필사 이두 자료. 아산 선교 장흥 임씨 구장. 한국학중앙연구원 장서각 소장. 한국학중앙연구원 장서각 한국고문서자료관 홈페이지 원문 이미지 보기. 한국학중앙연구원 편(2008) 참고>

1751-02-15. **이 생원 댁 노 가팔리 토지매매명문**(李生員宅奴加八里土地賣買明文), 서시찬(徐時贊). <1장. 한자+이두. 조선 필사 이두 자료. 전남 구례군 토지면 오미리 문화 류씨 운조루 소장. 한국학중앙연구원 장서각 한국고문서자료관 홈페이지 원문 이미지와 텍스트 보기. 한국정신문화연구원 편(1998) 참고>

1751-02-19. **향교 수노 일벽 배지**(鄕校首奴日碧牌旨)[387] 1, 영양향교(英陽鄕校). <1장. 한자+이두. 조선 필사 이두 자료. 경북 영양군 일월면 향교길 22-16 영양향교 소장. 한국학자료센터 영남권역센터 홈페이지 원문 이미지와 텍스트 보기>

1751-02-21. **윤 도사댁 노 명금 토지매매명문**(尹都事宅奴命金土地賣買明文), 두업(斗業). <1장. 점련문서. 한자+이두. 조선 필사 이두 자료. 전남 해남 연동 해남 윤씨 녹우당 소장. 한국학중앙연구원 장서각 한국고문서자료관 홈페이지 원문 이미지와 텍스트 보기. 박병호(1974ㄱ), 한국정신문화연구원 편(1986), 이재수(2003), 김소은(2004) 참고>

1751-02-22. **노 병남 토지매매명문**(奴丙男土地賣買明文), 박을필(朴乙必). <1장. 한자+이두. 조선 필사 이두 자료. 경북 안동시 주촌 진성 이씨 경류정 구장. 서울역사박물관 소장. 장서각 한국고문서자료관 홈페이지 원문 이미지와 텍스트 보기. 한국정신문화연구원 편(1999) 참고>

1751-02-23. **이몽채 토지매매명문**(李夢捼土地賣買明文), 사눌(師訥). <1장. 한자+이두. 조선 필사 이두 자료. 전남 함평군 함평 이씨 이건풍 구장. 목포대학교 도서문화연구원 소장. 호남권 한국학자료센터 홈페이지 원문 이미지와 텍스트 보기. 최승희(1989) 참고>

1751-02-29. **양종혁 토지매매명문**(梁宗赫土地賣買明文), 최유(崔瑜). <1장. 한자+이두. 조선 필사 이두 자료. 전북 임실군 오수 삼계강사 소장. 호남권 한국학자료센터 홈페이지 원문 이미지와 텍스트 보기. 박병호(1974ㄱ), 최승희(1989), 정구복

---

[387] 한국학자료센터 영남권역센터 홈페이지에서는 '영양향교(英陽鄕校) 배지(牌旨)'로 표시하였다.

외(1999) 참고>

1751-02-00. **노 두업 배지**(奴斗業牌旨), 윤(キ). <1장. 한자+이두. 조선 필사 이두 자료. 전남 해남 연동 해남 윤씨 녹우당 소장. 한국학중앙연구원 장서각 한국고문 서자료관 홈페이지 원문 이미지와 텍스트 보기. 박병호(1974ㄱ), 한국정신문화연 구원 편(1986), 이재수(2003), 김소은(2004) 참고>

1751-03-02. **홍웅이 토지매매명문**(洪雄伊土地賣買明文), 고태정(高泰禎). <1장. 한자 +이두. 조선 필사 이두 자료. 경북 경주시 내남면 이조리 경주 최씨·용산서원 소장. 한국학중앙연구원 장서각 한국고문서자료관 홈페이지 원문 이미지 보기. 한국정신문화연구원 편(2000) 참고>

1751-03-04. **용산서원 재임 서목**(龍山書院齋任書目) 1, 용산서원. <1장. 한자+이두. 조선 필사 이두 자료. 경북 경주시 내남면 이조리 경주 최씨·용산서원 소장. 한국 학중앙연구원 장서각 한국고문서자료관 홈페이지 원문 이미지 보기. 한국정신문 화연구원 편(2000) 참고>

1751-03-10. **이주익 토지매매명문**(李周翼土地賣買明文),[388] 답주 유학 김학삼(畓主幼 學金學三). <1장. 한자+이두. 조선 필사 이두 자료. 경북 안동시 주촌 진성 이씨 경류정 구장. 서울역사박물관 소장. 한국학중앙연구원 장서각 한국고문서자료관 홈페이지 원문 이미지와 텍스트 보기. 한국정신문화연구원 편(1999) 참고>

1751-03-15. **김세성 토지매매명문**(金世聲土地賣買明文), 박근후(朴根厚). <1장. 한자 +이두. 조선 필사 이두 자료. 전북 부안군 우반 부안 김씨 구장. 전북 부안군 우동 세덕각 소장. 호남권 한국학자료센터 홈페이지 & 한국학중앙연구원 장서각 한국고문서자료관 홈페이지 원문 이미지와 텍스트 보기. 박병호(1974ㄱ), 한국정 신문화연구원 편(1983, 1998), 이재수(2003), 한국학중앙연구원 편(2017) 참고>

1751-03-15. **매형 안응서 노비매매명문**(妹兄安應瑞奴婢賣買明文), 여과(呂果). <1장. 한자+이두. 조선 필사 이두 자료. 경남 함안 두릉 순흥 안씨 소장. 한국학중앙연 구원 장서각 한국고문서자료관 홈페이지 원문 이미지 보기. 한국학중앙연구원

---

[388] 한국학중앙연구원 장서각 한국고문서자료관 홈페이지에서는 '이주익(李周翼), 김일갑(金一甲) 등 토지매매명문(土地賣買明文)'으로 표시하였다.

편(2006) 참고>

1751-03-20. **김선준·김재창 초사**(金善準·金再昌招辭), 김선준·김재창. <1장. 점련문서. 한자+이두. 조선 필사 이두 자료. 경북 칠곡 석전 광주 이씨 소장. 한국학중앙연구원 장서각 한국고문서자료관 홈페이지 원문 이미지 보기. 한국학중앙연구원 편(2009) 참고>

1751-03-20. **김준통 노비매매명문**(金準通奴婢賣買明文), 돌천(乭千). <1장. 점련문서. 한자+이두. 조선 필사 이두 자료. 경북 칠곡 석전 광주 이씨 소장. 한국학중앙연구원 장서각 한국고문서자료관 홈페이지 원문 이미지 보기. 한국학중앙연구원 편(2009) 참고>

1751-03-20. **노 돌천 배지**(奴乭千牌旨), 이(李). <1장. 점련문서. 한자+이두. 조선 필사 이두 자료. 경북 칠곡 석전 광주 이씨 소장. 한국학중앙연구원 장서각 한국고문서자료관 홈페이지 원문 이미지 보기. 한국학중앙연구원 편(2009) 참고>

1751-03-20. **이 생원 댁 수노 돌천 초사**(李生員宅首奴乭千招辭), 돌천. <1장. 점련문서. 한자+이두. 조선 필사 이두 자료. 경북 칠곡 석전 광주 이씨 소장. 한국학중앙연구원 장서각 한국고문서자료관 홈페이지 원문 이미지 보기. 한국학중앙연구원 편(2009) 참고>

1751-03-25. **승 성탄 토지매매명문**(僧成坦土地賣買明文), 달연(達演). <1장. 한자+이두. 조선 필사 이두 자료. 전남 구례군 토지면 오미리 문화 류씨 운조루 소장. 한국학중앙연구원 장서각 한국고문서자료관 홈페이지 원문 이미지와 텍스트 보기. 한국정신문화연구원 편(1998) 참고>

1751-03-30. **이춘신 토지매매명문**(李春信土地賣買明文),[389] 영양향교 수노 일벽(英陽鄕校首奴一碧). <1장. 한자+이두. 조선 필사 이두 자료. 경북 영양군 일월면 향교길 22-16 영양향교 소장. 한국학자료센터 영남권역센터 홈페이지 원문 이미지와 텍스트 보기>

---

[389] 한국학자료센터 영남권역센터 홈페이지에서는 '영양향교(英陽鄕校) 토지매매명문(土地賣買明文)'으로 표시하였다. 문서 발급자는 토지 매도인 영양향교 수노 일벽이고, 문서 수급자는 토지 매수인 이춘신이다.

1751-03-00. **김준통 입안**(金準通立案), 선산관(善山官). <1장. 점련문서. 한자+이두. 조선 필사 이두 자료. 경북 칠곡 석전 광주 이씨 소장. 한국학중앙연구원 장서각 한국고문서자료관 홈페이지 원문 이미지 보기. 한국학중앙연구원 편(2009) 참고>

1751-03-00. **송 호노 수복 정사**(宋戶奴壽福呈辭), 수복. <1장. 한자+이두. 조선 필사 이두 자료. 대전 회덕 은진 송씨 동춘당 후손가 구장. 대전시립박물관 소장. 한국학중앙연구원 장서각 한국고문서자료관 홈페이지 원문 이미지 보기. 한국학중앙연구원 편(2006) 참고>

1751-03-00. **안응서 소지**(安應瑞所志), 안응서. <1장. 한자+이두. 조선 필사 이두 자료. 경남 함안 누릉 순흥 안씨 소장. 한국학중앙연구원 장서각 한국고문서자료관 홈페이지 원문 이미지 보기. 한국학중앙연구원 편(2006) 참고>

1751-04-19. **향교 수노 일벽 배지**(鄕校首奴日碧牌旨)[390] 2, 영양향교(英陽鄕校). <1장. 한자+이두. 조선 필사 이두 자료. 경북 영양군 일월면 향교길 22-16 영양향교 소장. 한국학자료센터 영남권역센터 홈페이지 원문 이미지와 텍스트 보기>

1751-04-30. **유 생원 댁 노비 천술 토지매매명문**(柳生員宅奴婢千戌土地賣買明文), 김석중(金錫重). <1장. 한자+이두. 조선 필사 이두 자료. 대구 수성구 만촌동 전주 류씨 종가 소장. 한국학자료센터 영남권역센터 홈페이지 원문 이미지와 텍스트 보기. 최승희(1989), 이재수(2003), 전경목(2010) 참고>

1751-04-00. **김준통 소지**(金準通所志), 김준통. <1장. 점련문서. 한자+이두. 조선 필사 이두 자료. 경북 칠곡 석전 광주 이씨 소장. 한국학중앙연구원 장서각 한국고문서자료관 홈페이지 원문 이미지 보기. 한국학중앙연구원 편(2009) 참고>

1751-04-00~1885-01-00(辛未~乙酉). 「금영진선등록(**禁營津船謄錄**)」, 금위영(禁衛營) 편(編). <1책. 72장. 필사본. 한자+이두. 조선 필사 이두 자료. 서울대학교 규장각 한국학연구원 홈페이지 원문 이미지 보기>

1751-05-02. **위문덕 토지매매명문**(魏文德土地賣買明文), 위사상(魏師相). <1장. 한자+이두. 조선 필사 이두 자료. 전남 장흥 방촌 존재 후손가 소장. 호남권 한국학자

---

[390] 한국학자료센터 영남권역센터 홈페이지에서는 '영양향교(英陽鄕校) 배지(牌旨)'로 표시하였다.

료센터 홈페이지 원문 이미지 보기. 최승희(1989), 정구복 외(1999), 전경목 외(2006) 참고>

1751-06-21. **내시 최봉좌 토지매매명문**(內侍崔鳳佐土地賣買明文), 손효채(孫孝采). <1장. 한자+이두. 조선 필사 이두 자료. 일본 경도대학 가와이문고 소장. 고려대학교 해외한국학자료센터 홈페이지 원문 이미지와 텍스트 보기>

1751-06-22. **김철고 토지매매명문**(金哲固土地賣買明文),[391] 영양향교 수노 만시(英陽鄕校首奴萬是). <1장. 한자+이두. 조선 필사 이두 자료. 경북 영양군 일월면 향교길 22-16 영양향교 소장. 한국학자료센터 영남권역센터 홈페이지 원문 이미지와 텍스트 보기>

1751-08-12. **노 몽치 배지**(奴夢治牌旨), 고(高). <1장. 한자+이두. 조선 필사 이두 자료. 전북 남원 안터 순흥 안씨 사제당 종가 구장. 한국학중앙연구원 장서각 한국고문서자료관 홈페이지 원문 이미지 보기. 한국학중앙연구원 편(2010) 참고>

1751-08-24. **안 목사 노 옥남 노비매매명문**(安牧使奴玉男奴婢賣買明文), 몽치(夢致). <1장. 한자+이두. 조선 필사 이두 자료. 전북 남원 안터 순흥 안씨 사제당 종가 구장. 한국학중앙연구원 장서각 한국고문서자료관 홈페이지 원문 이미지 보기. 한국학중앙연구원 편(2010) 참고>

1751-09-02. **용산서원 재임 서목**(龍山書院齋任書目) 2, 용산서원. <1장. 한자+이두. 조선 필사 이두 자료. 경북 경주시 내남면 이조리 경주 최씨·용산서원 소장. 한국학중앙연구원 장서각 한국고문서자료관 홈페이지 원문 이미지 보기. 한국정신문화연구원 편(2000) 참고>

1751-09-06. **박재후 불망기**(朴再垕不忘記), 조윤수(曺潤洙). <1장. 한자+이두. 조선 필사 이두 자료. 영암 미암 창녕 조씨 태호 후손가 소장. 호남권 한국학자료센터 홈페이지 원문 이미지 보기. 최승희(1989) 참고>

---

[391] 한국학자료센터 영남권역센터 홈페이지에서는 '영양향교(英陽鄕校) 토지매매명문(土地賣買明文)'으로 표시하였다. 문서 발급자인 토지 매도자는 영양향교 수노 만시이고, 문서 수급자인 토지 매수자는 김철고이다.

1751-09-08. **김시섭 토지매매명문**(金時燮土地賣買明文), 김약일(金若鎰). <1장. 한자+이두. 조선 필사 이두 자료. 경북 안동시 오천 광산 김씨 후조당 소장. 한국학중앙연구원 장서각 한국고문서자료관 홈페이지 원문 이미지와 텍스트 보기. 박병호(1974ㄱ), 한국정신문화연구원 편(1982) 참고>

1751-09-16. **고 생원 노 몽치 초사**(高生員奴夢致招辭), 몽치. <1장. 한자+이두. 조선 필사 이두 자료. 전북 남원 안터 순흥 안씨 사제당 종가 구장. 한국학중앙연구원 장서각 한국고문서자료관 홈페이지 원문 이미지 보기. 한국학중앙연구원 편(2010) 참고>

1751-09-00. **안 목사 댁 노 옥남 입안**(安牧使宅奴玉男立案), 구례현(求禮縣). <1장. 한자+이두. 조선 필사 이두 자료. 전북 남원 안터 순흥 안씨 사제당 종가 구장. 한국학중앙연구원 장서각 소장. 한국학중앙연구원 장서각 한국고문서자료관 홈페이지 원문 이미지 보기. 한국학중앙연구원 편(2010) 참고>

1751-09-00. **안극효 노 옥남 소지**(安克孝奴玉男所志), 옥남. <1장. 한자+이두. 조선 필사 이두 자료. 전북 남원 안터 순흥 안씨 사제당 종가 구장. 한국학중앙연구원 장서각 한국고문서자료관 홈페이지 원문 이미지 보기. 한국학중앙연구원 편(2010) 참고>

1751-10-01(건륭 16년 신미). **유학 채기상 노비매매명문**(幼學蔡祈祥奴婢賣買明文), 노비주(奴婢主) 유학 조중오(幼學趙重五). <1장. 한자+이두. 조선 필사 이두 자료. 개인 소장>

1751-11-14~1752-01-00(辛未~壬申). 「현빈궁상등록(**賢嬪宮喪謄錄**)」, 편자 미상. <1책. 40장. 필사본. 한자+이두. 조선 필사 이두 자료. 서울대학교 규장각 한국학연구원 홈페이지 원문 이미지 보기>

1751-11-14~1752-11-09(辛未~壬申). 「현빈궁상등록(**賢嬪宮喪謄錄**)」, 편자 미상. <1책. 73장. 필사본. 한자+이두. 조선 필사 이두 자료. 한국학중앙연구원 장서각 한국학자료센터 홈페이지 원문 이미지 보기>

1751-11-14~1752-00-00. 「현빈빈궁혼궁도감의궤(**賢嬪殯宮魂宮都監儀軌**)」 상(上)·하(下), 빈궁혼궁도감. <2책. 144장+16장. 필사본. 표제는 '(乾隆十六年辛未十一月日 孝純賢嬪 議政府上)殯宮魂宮兩都監儀軌'. 한자+이두. 조선 필사 이두 자료. 서

울대학교 규장각 한국학연구원 홈페이지 원문 이미지와 텍스트 보기>

1751-11-00~1752-00-00. 「예장도감이방의궤(禮葬都監二房儀軌)」,[392] 예장도감 편(編). <1책. 94장. 영본. 필사본. 표제는 '(辛未年 議政府上)孝純賢嬪禮葬都監儀軌'. 권수제는 '(乾隆十六年辛未十一月 日)禮葬都監二房儀軌'. 한자+이두. 조선 필사 이두 자료. 서울대학교 규장각 한국학연구원 홈페이지 '奎14874' 원문 이미지와 텍스트 보기>

1751-11-27. **도화음길 토지매매명문**(都禾音吉土地賣買明文), 도화음길. <1장. 한자+이두. 조선 필사 이두 자료. 경북 경주시 양동 경주 손씨 송첨 종택 소장. 한국학중앙연구원 장서각 한국고문서자료관 홈페이지 원문 이미지 보기>

1751-11-00. **하명상 전령**(河命祥傳令),[393] 절도사(節度使). <1장. 한자+이두. 조선 필사 이두 자료. 경남 진주시 운문 진양 하씨 소장. 한국학중앙연구원 장서각 한국고문서자료관 홈페이지 원문 이미지 보기. 한국정신문화연구원 편(2001) 참고>

1751-12-15. **박사순 노비매매명문**(朴思淳奴婢賣買明文), 이석문(李碩文). <1장. 한자+이두. 조선 필사 이두 자료. 경북 성주군 월항면 대산리 성산 이씨 응와 종택 구장. 한국국학진흥원 소장. 한국학자료센터 영남권역센터 홈페이지 원문 이미지와 텍스트 보기>

1751-12-27. **박사순 소지**(朴思淳所志), 박사순. <1장. 한자+이두. 조선 필사 이두 자료. 경북 성주군 월항면 대산리 성산 이씨 응와 종택 구장. 한국국학진흥원 소장. 한국학자료센터 영남권역센터 홈페이지 원문 이미지와 텍스트 보기>

1751-12-00. **노비주 이석문 초사**(奴婢主李碩文招辭), 이석문. <1장. 한자+이두. 조선 필사 이두 자료. 경북 성주군 월항면 대산리 성산 이씨 응와 종택 구장. 한국국학진흥원 소장. 한국학자료센터 영남권역센터 홈페이지 원문 이미지와 텍스트 보기>

1751-12-00. **박사순 입안**(朴思淳立案), 성주목(星州牧). <1장. 한자+이두. 조선 필사

---

[392] 서울대학교 규장각 한국학연구원 홈페이지에서는 서명을 '[孝純賢嬪]禮葬都監儀軌 [효순현빈]예장도감의궤'로 적었다.

[393] 한국학중앙연구원 장서각 한국고문서자료관 홈페이지에서는 '절도사(節度使) 전령(傳令)'으로 표시하였다.

이두 자료. 경북 성주군 월항면 대산리 성산 이씨 응와 종택 구장. 한국국학진흥원 소장. 한국학자료센터 영남권역센터 홈페이지 원문 이미지와 텍스트 보기>

1751-12-00. **증인 이도후 등 초사**(證人李道垕等招辭), 이도후 등. <1장. 한자+이두. 조선 필사 이두 자료. 경북 성주군 월항면 대산리 성산 이씨 응와 종택 구장. 한국국학진흥원 소장. 한국학자료센터 영남권역센터 홈페이지 원문 이미지와 텍스트 보기>

1751-00-00. **비주 여과 초사**(婢主呂果招辭), 여과. <1장. 한자+이두. 조선 필사 이두 자료. 경남 함안 두릉 순흥 안씨 소장. 한국학중앙연구원 장서각 한국고문서자료관 홈페이지 원문 이미지 보기. 한국학중앙연구원 편(2006) 참고>

1751-00-00. 「선원보략수정시종부시의궤(璿源譜略修正時宗簿寺儀軌)」, 종부시 편. <1책. 39장. 필사본. 한자+이두. 조선 필사 이두 자료. 서울대학교 규장각 한국학연구원 의궤 종합정보 홈페이지 '奎14039', 원문 이미지와 텍스트 보기>

1751-00-00. 「선원보략수정시종부시의궤(璿源譜略修正時宗簿寺儀軌)」, 종부시 편. <1책. 55장. 필사본. 표제는 '辛未自本寺修正 五臺山上璿源譜略儀軌'. 권수제는 '(乾隆十六年辛未正月十四日)璿源譜略修正時宗簿寺儀軌' 한자+이두. 조선 필사 이두 자료. 서울대학교 규장각 한국학연구원 의궤 종합정보 홈페이지 '奎14041' 원문 이미지와 텍스트 보기>

1751-00-00. **안응서 입안**(安應瑞立案), 진주목(晉州牧). <1장. 점련문서. 한자+이두. 조선 필사 이두 자료. 경남 함안 두릉 순흥 안씨 소장. 한국학중앙연구원 장서각 한국고문서자료관 홈페이지 원문 이미지 보기. 한국학중앙연구원 편(2006) 참고>

1751-00-00. 「어제수성윤음(御製守城綸音)」, 영조(英祖). <1책. 목판본. 한자+이두. 조선 인쇄 이두 자료. 미국 버클리대학교 동아시아도서관 소장. 고려대학교 해외한국학자료센터 홈페이지 원문 이미지 보기>

1751-00-00. 「존숭도감도청의궤(尊崇都監都廳儀軌)」,[394] 존숭도감 편. <1책. 149장.

---

[394] 한국학중앙연구원 디지털장서각 홈페이지에서는 서명을 '존숭도감의궤(尊崇都監儀軌)'로 적었다.

필사본. 표제는 '(乾隆十六年辛未二月 日 英宗二十七年)尊崇都監儀軌'. 권수제는 '(乾隆十六年二月 日)尊崇都監都廳儀軌'. 대정 7년 11월 개수(改修). 한자+이두. 조선 필사 이두 자료. 한국학중앙연구원 디지털장서각 홈페이지 'K2-2838' 원문 이미지와 텍스트 보기>

1751-00-00. 「존숭도감도청의궤(**尊崇都監都廳儀軌**)」,[395] 존숭도감 편. <1책. 153장. 필사본. 표제는 '(辛未二月 日 太白山上)尊崇都監儀軌'. 권수제는 '(乾隆十六年二月 日)尊崇都監都廳儀軌'. 한자+이두. 조선 필사 이두 자료. 서울대학교 규장각 한국학연구원 의궤 종합정보 홈페이지 '奎13290' 원문 이미지와 텍스트 보기>

1751-00-00. 「존숭도감도청의궤(**尊崇都監都廳儀軌**)」,[396] 존숭도감 편. <1책. 181장. 표제는 '尊崇都監儀軌'. 권수제는 '(乾隆十六年二月 日)尊崇都監都廳儀軌'. 한자+이두. 조선 필사 이두 자료. 국립중앙박물관 외규장각 의궤 홈페이지 '외규166' 원문 이미지와 텍스트 보기>

1751-00-00. 「책례도감도청의궤(**冊禮都監都廳儀軌**)」,[397] 책례도감 편. <1책. 157장. 필사본. 표제는 '英祖世孫(琔)冊禮儀軌'. 권수제는 '(乾隆十六年四月 日)冊禮都監都廳儀軌'. 한자+이두. 조선 필사 이두 자료. 서울대학교 규장각 한국학연구원 의궤 종합정보 홈페이지 '奎13199' 원문 이미지 보기>

1751-00-00. 「책례도감도청의궤(**冊禮都監都廳儀軌**)」,[398] 책례도감 편. <1책. 221장. 필사본. 표제는 '王世孫冊禮都監儀軌'. 권수제는 '(乾隆十六年四月 日)冊禮都監都廳儀軌'. 한자+이두. 조선 필사 이두 자료. 국립중앙박물관 외규장각 의궤 홈페이지 '외규167' 원문 이미지와 텍스트 보기>

1751-00-00. **하정황 소지**(河挺黃所志), 하정황. <1장. 한자+이두. 조선 필사 이두

---

[395] 서울대학교 규장각 한국학연구원 의궤 종합정보 홈페이지에서는 서명을 표제와 권수제와는 달리 '인원왕후존숭도감의궤(仁元王后尊崇都監儀軌)'로 적었다.

[396] 국립중앙박물관 외규장각 의궤 홈페이지에서는 서명을 표제나 권수제와는 달리 '인원왕후존숭도감의궤(仁元王后尊崇都監儀軌)'로 적었다.

[397] 서울대학교 규장각 한국학연구원 의궤 종합정보 홈페이지에서는 서명을 표제와 권수제와는 달리 '의소세손책례도감의궤(懿昭世孫冊禮都監儀軌)'로 적었다.

[398] 국립중앙박물관 외규장각 의궤 홈페이지에서는 서명을 표제나 권수제와는 달리 '의소세손책례도감의궤(懿昭世孫冊禮都監儀軌)'로 적었다.

자료. 경남 진주시 운문 진양 하씨 소장. 한국학중앙연구원 장서각 한국고문서자료관 홈페이지 원문 이미지 보기. 한국정신문화연구원 편(2001) 참고>

1751-00-00. 「현빈궁상등록(賢殯宮喪謄錄)」, 예조(禮曹). <1책. 53장. 필사본. 한자+이두. 조선 필사 이두 자료. 한국학중앙연구원 장서각 소장. 한국학중앙연구원 한국학 디지털 아카이브 홈페이지 원문 이미지와 텍스트 보기>

1751-00-00 이후(또는 1829년, 1830년) 추정. 「이두편람(吏讀便覽)」, 편저자 미상. <이두와 이문 어휘를 모아서 편집한 책. 안병희(2001ㄱ), 장경준(2012), 오창명(2017) 참고> <이본: ① 일본 동양문고 소장본 ② 일본 고마자와대학(駒澤大學) 탁족문고(濯足文庫) 소장본 ③ 서울대학교 중앙도서관 소장본 ④ 전주고 사본(「이두자료선집」에 수록)>

1752년

<임신(壬申), 영조 28년, 건륭 17년>

1752-01-02. **이홍직 토지매매명문**(李弘直土地賣買明文),[399] 이세경(李世慶). <1장. 한자+이두. 조선 필사 이두 자료. 경북 안동시 법흥동 고성 이씨 탑동 종가 구장. 한국국학진흥원 소장. 한국국학진흥원 유교넷 홈페이지 원문 이미지 보기>

1752-01-06. **이홍직 토지매매명문**(李弘直土地賣買明文), 이세경(李世慶). <1장. 한자+이두. 조선 필사 이두 자료. 경북 안동시 법흥동 고성 이씨 탑동 종가 구장. 한국국학진흥원 소장. 한국학자료센터 영남권역센터 홈페이지 원문 이미지와 텍스트 보기. 박병호(1974ㄱ), 최승희(1989), 이재수(2003), 이수건 외(2004) 참고>

1752-01-15. **용산서원 토지매매명문**(龍山書院土地賣買明文), 최경집(崔慶集). <1장. 한자+이두. 조선 필사 이두 자료. 경북 경주시 내남면 이조리 경주 최씨·용산서원 소장. 한국학중앙연구원 장서각 한국고문서자료관 홈페이지 원문 이미지 보

---

[399] 한국국학진흥원 유교넷 홈페이지에서는 문서명을 '1752년 이세경이 이홍식에게 땅을 매도한 사실을 증명하는 전답매매문기'로 표시하였다.

기. 박병호(1974ㄱ), 한국정신문화연구원 편(2000), 이재수(2003), 김소은(2004) 참고>

1752-01-17. **권 생원 댁 노 태정 토지매매명문**(權生員宅奴太丁土地賣買明文), 권아지(權阿只). <1장. 한자+이두. 조선 필사 이두 자료. 경북 예천군 용문면 대제리 원동 권씨 춘우재 고택 구장. 한국국학진흥원 소장. 한국학자료센터 영남권역센터 홈페이지 원문 이미지와 텍스트 보기. 김성갑(2013) 참고>

1752-01-00. **서원 수노 명삼 소지**(書院首奴命三所志), 명삼. <1장. 한자+이두. 조선 필사 이두 자료. 경북 경주시 내남면 이조리 경주 최씨·용산서원 소장. 한국학중앙연구원 장서각 한국고문서자료관 홈페이지 원문 이미지 보기>

1752-02-14. **심구 토지매매명문**(沈玖土地賣買明文), 이유(李柔). <1장. 한자+이두. 조선 필사 이두 자료. 경북 봉화군 명호면 도천리 안동 김씨 해헌 고택 구장. 한국국학진흥원 소장. 한국학자료센터 영남권역센터 홈페이지 원문 이미지와 텍스트 보기. 박병호(1974ㄱ), 최승희(1989), 이재수(2003), 이수건 외(2004) 참고>

1752-02-15. **유학 이우인 토지매매명문**(幼學李宇寅土地賣買明文), 서이문(徐以文). <1장. 한자+이두. 조선 필사 이두 자료. 전남 구례군 토지면 오미리 문화 류씨 운조루 소장. 한국학중앙연구원 장서각 한국고문서자료관 홈페이지 원문 이미지와 텍스트 보기. 한국정신문화연구원 편(1998) 참고>

1752-02-16. **육기 토지매매명문**(六奇土地賣買明文), 오태복(吳泰復). <1장. 한자+이두. 조선 필사 이두 자료. 순천 월등 목천 장씨가 구장. 전북대학교 박물관 소장. 호남권 한국학자료센터 홈페이지 원문 이미지와 텍스트 보기. 박병호(1974ㄱ), 이재수(2003) 참고>

1752-02-16. **호노 귀재 토지매매명문**(戶奴貴才土地賣買明文), 김흥재(金興載). <1장. 한자+이두. 조선 필사 이두 자료. 전남 구례군 토지면 오미리 문화 류씨 운조루 소장. 한국학중앙연구원 장서각 한국고문서자료관 홈페이지 원문 이미지와 텍스트 보기. 한국정신문화연구원 편(1998) 참고>

1752-02-19. **유학 이주국 토지매매명문**(幼學李柱國土地賣買明文), 이종성(李宗星). <1장. 한자+이두. 조선 필사 이두 자료. 전남 구례군 토지면 오미리 문화 류씨 운조루 소장. 한국학중앙연구원 장서각 한국고문서자료관 홈페이지 원문 이미지

와 텍스트 보기. 한국정신문화연구원 편(1998) 참고>

1752-02-22. **권중위 토지매매명문**(權重威土地賣買明文), 이소(李鯀). <1장. 한자+이두. 조선 필사 이두 자료. 경북 예천군 용문면 대제리 원동 권씨 춘우재 고택 구장. 한국국학진흥원 소장. 한국학자료센터 영남권역센터 홈페이지 원문 이미지와 텍스트 보기. 김성갑(2013) 참고>

1752-02-22. **호노 원백 토지매매명문**(戶奴元百土地賣買明文0, 허형(許炯). <1장. 한자+이두. 조선 필사 이두 자료. 경남 밀양 신호 밀성 박씨·덕남서원 소장. 한국학중앙연구원 장서각 한국고문서자료관 홈페이지 원문 이미지 보기. 한국정신문화연구원 편(2004) 참고>

1752-02-00~1752-05-00.「**존숭도감의궤**(尊崇都監儀軌)」[400] 상·하, 존숭도감 편. <2책. 129장+145장. 필사본. 표제는 '壬申年 太白山上尊崇都監儀軌'. 한자+이두. 조선 필사 이두 자료. 서울대학교 규장각 한국학연구원 의궤 종합정보 홈페이지 '奎13292' 원문 이미지 보기.>

1752-03-15. **승 벽수 토지매매명문**(僧碧守土地賣買明文), 강 조이(姜召史). <1장. 한자+이두. 조선 필사 이두 자료. 전남 구례군 토지면 오미리 문화 류씨 운조루 소장. 한국학중앙연구원 장서각 한국고문서자료관 홈페이지 원문 이미지와 텍스트 보기. 한국정신문화연구원 편(1998) 참고>

1752-03-15. **유감 토지매매명문**(有鑑土地賣買明文), 노응상(盧應祥). <1장. 한자+이두. 조선 필사 이두 자료. 원주시 무릉박물관 소장. 한국학자료센터 강원권역센터 홈페이지 원문 이미지 보기. 최승희(1989), 전경목(2010), 채현경(2011ㄱ), 박준호(2016) 참고>

1752-03-18. **정 생원 노 어둔 토지매매명문**(鄭生員奴於屯土地賣買明文), 전주 심 생원 댁 노 세룡(出主沈生員宅奴世龍). <1장. 한자+이두. 조선 필사 이두 자료. 경북 영양군 영양읍 삼지리 한양 조씨 하담 고택 구장. 한국국학진흥원 소장. 한국학자료센터 영남권역센터 홈페이지 원문 이미지와 텍스트 보기. 박병호(1974ㄱ), 최승

---

[400] 서울대학교 규장각 한국학연구원 의궤 종합정보 홈페이지에서는 서명을 '인원왕후영조정성왕후존숭도감의궤(仁元王后英祖貞聖王后尊崇都監儀軌)'로 적었다.

희(1989), 이재수(2003), 이수건 외(2004) 참고>

1752-03-20. **김석지 토지매매명문**(金碩只土地賣買明文), 장원귀(張元貴). <1장. 한자+이두. 조선 필사 이두 자료. 전남 구례군 토지면 오미리 문화 류씨 운조루 소장. 한국학중앙연구원 장서각 한국고문서자료관 홈페이지 원문 이미지와 텍스트 보기. 한국정신문화연구원 편(1998) 참고>

1752-04-10. **남철신 토지매매명문**(南喆臣土地賣買明文), 남유신(南有臣). <1장. 한자+이두. 조선 필사 이두 자료. 경기도 김포시 의령 남씨 서윤공 남두장 후손가 소장. 한국학중앙연구원 장서각 한국고문서자료관 홈페이지 원문 이미지 보기>

1752-05-05. **오도헌 토지매매명문**(吳道憲土地賣買明文), 김신우(金信宇). <1장. 한자+이두. 조선 필사 이두 자료. 제주시 일도 이동규 구장. 제주시 일도 2동 제주민속자연사박물관 소장. 호남권 한국학자료센터 홈페이지 원문 이미지와 텍스트 보기. 고창석(1997, 1998) 참고>

1752-05-00. **화민 이주원 입지**(化民李周遠立旨),[401] 영해부(寧海部). <1장. 한자+이두. 조선 필사 이두 자료. 영해 인량 재령 이씨 충효당 소장. 한국학중앙연구원 장서각 한국고문서자료관 홈페이지 원문 이미지와 텍스트 보기. 한국학중앙연구원 편(2008) 참고>

1752-07-11. **장련현감 임재대 전령**(張連縣監任載大傳令),[402] 대장(大將). <1장. 한자+이두. 조선 필사 이두 자료. 아산 선교 장흥 임씨 구장. 한국학중앙연구원 장서각 소장. 한국학중앙연구원 장서각 한국고문서자료관 홈페이지 원문 이미지 보기. 한국학중앙연구원 편(2008) 참고>

1752-07-12 **양인 김덕필 불망기**(良人金德必不忘記), 김덕필. <1장. 한자+이두. 조선 필사 이두 자료. 경북 경주시 양동 경주 손씨 송첨 종택 소장. 한국학중앙연구원 장서각 한국고문서자료관 홈페이지 원문 이미지 보기. 한국정신문화연구원 편(1997) 참고>

---

401 한국학중앙연구원 장서각 한국고문서자료관 홈페이지에서는 '영해부사(寧海府使) 입지(立旨)'로 표시하였다.

402 한국학중앙연구원 장서각 한국고문서자료관 홈페이지에서는 '대장(大將) 전령(傳令)'으로 표시하였다.

1752-07-12. **양좌동 동민 완의**(良佐洞洞民完議), 양좌동 동민. <1장. 점련문서. 한자+이두. 조선 필사 이두 자료. 경북 경주시 양동 경주 손씨 송첨 종택 소장. 한국학중앙연구원 장서각 한국고문서자료관 홈페이지 원문 이미지 보기. 한국정신문화연구원 편(1997) 참고>

1752-07-28. **윤계주 토지매매명문**(尹戒周土地賣買明文), 윤논억(尹論億). <1장. 한자+이두. 조선 필사 이두 자료. 일본 경도대학 가와이문고 소장. 고려대학교 해외한국학자료센터 홈페이지 원문 이미지와 텍스트 보기>

1752-07-00. **이종악 소지**(李宗岳所志), 이종악. <1장. 한자+이두. 조선 필사 이두 자료. 경북 안동시 법흥동 고성 이씨 임청각 구장. 한국학중앙연구원 장서각 소장. 한국학중앙연구원 장서각 한국고문서자료관 홈페이지 원문 이미지 보기. 한국정신문화연구원 편(2000) 참고>

1752-08-29. **유학 이용서 노비매매명문**(幼學李龍瑞奴婢賣買明文), 권아지(權阿只). <1장. 점련문서. 한자+이두. 조선 필사 이두 자료. 경북 안동시 주촌 진성 이씨 경류정 소장. 한국학중앙연구원 장서각 한국고문서자료관 홈페이지 원문 이미지와 텍스트 보기. 한국정신문화연구원 편(1999) 참고>

1752-10-30. **조윤복 가사매매명문**(曹允復家舍賣買明文), 정언택(鄭彥澤). <1장. 한자+이두. 조선 필사 이두 자료. 전남 보성 박실 제주 양씨가 구장. 원광대학교 박물관 소장. 호남권 한국학자료센터 홈페이지 원문 이미지와 텍스트 보기. 박병호(1974ㄱ), 최승희(1989), 이재수(2003) 참고>

1752-10-00. **하대발 소지**(河大發所志), 하대발. <1장. 한자+이두. 조선 필사 이두 자료. 경남 진주시 운문 진양 하씨 소장. 한국학중앙연구원 장서각 한국고문서자료관 홈페이지 원문 이미지 보기. 한국정신문화연구원 편(2001) 참고>

1752-10-00. **하명상 소지**(河命祥所志), 하명상. <1장. 한자+이두. 조선 필사 이두 자료. 경남 진주시 운문 진양 하씨 소장. 한국학중앙연구원 장서각 한국고문서자료관 홈페이지 원문 이미지 보기. 한국정신문화연구원 편(2001) 참고>

1752-10-00. **하명수 소지**(河命受所志), 하명수. <1장. 한자+이두. 조선 필사 이두 자료. 경남 진주시 운문 진양 하씨 소장. 한국학중앙연구원 장서각 한국고문서자료관 홈페이지 원문 이미지 보기. 한국정신문화연구원 편(2001) 참고>

1752-11-15. **유학 정승조 토지매매명문**(幼學鄭昇朝土地賣買明文), 이원석(李源碩). <1장. 한자+이두. 조선 필사 이두 자료. 전남 구례군 토지면 오미리 문화 류씨 운조루 소장. 한국학중앙연구원 장서각 한국고문서자료관 홈페이지 원문 이미지 와 텍스트 보기. 한국정신문화연구원 편(1998) 참고>

1752-11-00. **노 세돌 배지**(奴世乭牌旨), 윤(尹). <1장. 점련문서. 한자+이두. 조선 필사 이두 자료. 전남 해남 연동 해남 윤씨 녹우당 소장. 한국학중앙연구원 장서각 한국고문서자료관 홈페이지 원문 이미지와 텍스트 보기. 박병호(1974ㄱ), 한국정신문화연구원 편(1986), 이재수(2003), 김소은(2004) 참고>

1752-11-00. **홍천현감 송익흠 정사**(洪川縣監宋益欽呈辭) 1, 송익흠. <1장. 한자+이두. 조선 필사 이두 자료. 대전 회덕 은진 송씨 동춘당 후손가 구장. 대전시립박물관 소장. 한국학중앙연구원 장서각 한국고문서자료관 홈페이지 원문 이미지 보기. 한국학중앙연구원 편(2006) 참고>

1752-11-00. **홍천현감 송익흠 정사**(洪川縣監宋益欽呈辭) 2, 송익흠. <1장. 한자+이두. 조선 필사 이두 자료. 대전 회덕 은진 송씨 동춘당 후손가 구장. 대전시립박물관 소장. 한국학중앙연구원 장서각 한국고문서자료관 홈페이지 원문 이미지 보기. 한국학중앙연구원 편(2006) 참고>

1752-11-00. **홍천현감 송익흠 정사**(洪川縣監宋益欽呈辭) 3, 송익흠. <1장. 한자+이두. 조선 필사 이두 자료. 대전 회덕 은진 송씨 동춘당 후손가 구장. 대전시립박물관 소장. 한국학중앙연구원 장서각 한국고문서자료관 홈페이지 원문 이미지 보기. 한국학중앙연구원 편(2006) 참고>

1752-11-■■. **■■■ 토지매매명문**(■■■土地賣買明文),[403] 김종삼(金從三). <1장. 한자+이두. 조선 필사 이두 자료. 경북 안동시 법흥동 고성 이씨 탑동 종가 구장. 한국국학진흥원 소장. 한국학자료센터 영남권역센터 홈페이지 원문 이미지와 텍스트 보기. 박병호(1974ㄱ), 최승희(1989), 이재수(2003), 김성갑(2013) 참고>

---

[403] 한국학자료센터 영남권역센터 홈페이지에서는 '김종삼(金從三) 토지매매명문(土地賣買明文)'으로 표시하였다. 김종삼은 토지를 매도자로 이 문서를 작성하였다. 매수자는 문서 일부가 결락되어 확인할 수 없다.

1752-12-03. **김명관 토지매매명문**(金命觀土地賣買明文), 김명인(金命仁). <1장. 한자+이두. 조선 필사 이두 자료. 전북대학교 박물관 소장. 박병호(1974ㄱ), 이재수 (2003) 참고>

1752-12-15. **모 조 씨 별급 문기**(母趙氏別給文記) 1, 모 조 씨. <1장. 한자+이두. 조선 필사 이두 자료. 경북 칠곡 석전 광주 이씨 소장. 한국학중앙연구원 장서각 한국고문서자료관 홈페이지 원문 이미지 보기. 한국학중앙연구원 편(2009) 참고>

1752-12-15. **조부 이대중 별급문기**(祖父李大中別給文記), 이대중. <1장. 한자+이두. 조선 필사 이두 자료. 경북 칠곡 석전 광주 이씨 소장. 한국학중앙연구원 장서각 한국고문서자료관 홈페이지 원문 이미지 보기. 한국학중앙연구원 편(2009) 참고>

1752-12-24. **김주국 토지매매명문**(金柱國土地賣買明文), 김기체(金起滯). <1장. 한자+이두. 조선 필사 이두 자료. 안동 금계 의성 김씨 학봉 종가 소장. 한국학중앙연구원 장서각 한국고문서자료관 홈페이지 원문 이미지와 텍스트 보기. 한국정신문화연구원 편(1990) 참고>

1752-12-25. **황산도 찰방 관**(黃山道察訪關), 경주부(慶州府). <1장. 한자+이두. 조선 필사 이두 자료. 경북 경주시 내남면 이조리 경주 최씨·용산서원 소장. 한국학중앙연구원 장서각 한국고문서자료관 홈페이지 원문 이미지 보기. 한국정신문화연구원 편(2000) 참고>

1752-00-00. 「균역청사목(**均役廳事目**)」, 균역청(均役廳) 편(編). <1책. 60장. 무신자본. 한자+이두. 조선 인쇄 이두 자료. 서울대학교 규장각 한국학연구원 홈페이지 원문 이미지 보기>

1752-00-00. **모 조 씨 별급문기**(母趙氏別給文記) 2, 모 조 씨. <1장. 한자+이두. 조선 필사 이두 자료. 경북 칠곡 석전 광주 이씨 소장. 한국학중앙연구원 장서각 한국고문서자료관 홈페이지 원문 이미지 보기. 한국학중앙연구원 편(2009) 참고>

1752-00-00. 「묘소도감의궤(**墓所都監儀軌**)」[404] 상(上)·하(下), 묘소도감 편. <2책. 144

---

[404] 서울대학교 규장각 한국학연구원 의궤 종합정보 홈페이지에서는 서명을 표제나 권수제와는 달

장+62장. 필사본. 상권의 표제는 '(辛未年 議政府上)孝純賢嬪墓所都監儀軌(上)'. 권수제는 '(乾隆十六年辛未十一月 日)墓所都監儀軌'. 한자+이두. 조선 필사 이두 자료. 서울대학교 규장각 한국학연구원 의궤 종합정보 홈페이지 '奎14836' 원문 이미지 보기>

1752-00-00. 「묘소도감의궤(墓所都監儀軌)」[405] 상·하(上·下), 묘소도감 편. <1책. 145장+195장. 필사본. 표제는 원표지의 표제지 결락. 권수제는 '(乾隆十六年辛未十一月 日)墓所都監儀軌'. 한자+이두. 조선 필사 이두 자료. 국립중앙박물관 외규장각 의궤 홈페이지 '외규168~169' 원문 이미지와 텍스트 보기>

1752-00-00. 「묘소도감의궤(墓所都監儀軌)」[406] 하(下), 묘소도감 편. <1책. 197장. 필사본. 표제는 '孝純賢嬪墓所儀軌'. 한자+이두. 조선 필사 이두 자료. 국립중앙박물관 외규장각 의궤 홈페이지 '외규170' 원문 이미지와 텍스트 보기>

1752-00-00. 「묘소도감의궤(墓所都監儀軌)」[407] 상·하(上·下), 묘소도감 편. <2책. 111장+204장. 필사본. 표제는 '懿昭世孫墓所都監儀軌'. 권수제는 '(乾隆十七年壬申三月 日)墓所都監儀軌'. 한자+이두. 조선 필사 이두 자료. 국립중앙박물관 외규장각 의궤 홈페이지 '외규177~178' 원문 이미지와 텍스트 보기>

1752-00-00. 「상방정례(尙方定例)」, 상의원(尙衣院) 편. <3책. 무신자본. 서울대학교 규장각 한국학연구원 홈페이지 원문 이미지 보기>

1752-00-00. 「선원보략수정시종부시의궤(璿源譜略修正時宗簿寺儀軌)」,[408] 종부시 편. <1책. 28장. 필사본. 표제는 '(英宗 壬申年)璿源譜略修正儀軌'. 권수제는 '(乾隆十七年壬申六月 日)璿源譜略修正時宗簿寺儀軌'. 한자+이두. 조선 필사 이두 자료. 한국학중앙연구원 디지털장서각 홈페이지 'K2-3851' 원문 이미지와 텍스트 보기>

리 '현빈묘소도감의궤(賢嬪墓所都監儀軌)'로 적었다.
405 국립중앙박물관 외규장각 의궤 홈페이지에서는 서명을 권수제와는 달리 '효순현빈묘소도감의궤(孝純賢嬪墓所都監儀軌)'로 적었다.
406 국립중앙박물관 외규장각 의궤 홈페이지에서는 서명을 표제와 동일하게 적었다.
407 국립중앙박물관 외규장각 의궤 홈페이지에서는 서명을 권수제와는 달리 '의소세손묘소도감의궤(孝純賢嬪墓所都監儀軌)'로 적었다.
408 한국학중앙연구원 디지털장서각 홈페이지에서는 서명을 '선원보략수개의궤(璿源譜略修改儀軌)'로 적었다.

1752-00-00.「선원보략수정시종부시의궤(璿源譜略修正時宗簿寺儀軌)」, 종부시 편. <1책. 34장. 필사본. 표제는 '(壬申年六月 日 太白山)璿源譜略修正儀軌'. 권수제는 '(乾隆十七年壬申六月 日)璿源譜略修正時宗簿寺儀軌'. 한자+이두. 조선 필사 이두 자료. 서울대학교 규장각 한국학연구원 홈페이지 '奎14043' 원문 이미지와 텍스트 보기>

1752-00-00.「예장도감도청의궤(禮葬都監都廳儀軌)」[409] 상·하(上·下), 예장도감 편. <2책. 289장+344장. 필사본. 원표지의 표제지는 결락. 권수제는 '(乾隆十六年辛未十一月 日)禮葬都監都廳儀軌'. 한자+이두. 조선 필사 이두 자료. 국립중앙박물관 외규장각 의궤 홈페이지 '외규173~174' 원문 이미지와 텍스트 보기>

1752-00-00.「예장도감도청의궤(禮葬都監都廳儀軌)」[410] 상·하(上·下), 예장도감 편. <2책. 207장+270장. 필사본. 표제는 '懿昭世孫禮葬都監儀軌'. 권수제는 '(乾隆十七年壬申三月 日)禮葬都監都廳儀軌'. 한자+이두. 조선 필사 이두 자료. 국립중앙박물관 외규장각 의궤 홈페이지 '외규181~182' 원문 이미지와 텍스트 보기>

1752-00-00.「예장도감이방의궤(禮葬都監二房儀軌)」,[411] 예장도감 편. <1책. 94장. 필사본. 표제는 '(辛未年 議政府上)孝純賢嬪禮葬都監儀軌'. 권수제는 '(乾隆十六年辛未十一月 日)禮葬都監二房儀軌'. 한자+이두. 조선 필사 이두 자료. 서울대학교 규장각 한국학연구원 홈페이지 '奎14874' 원문 이미지 보기>

1752-00-00.「의소묘영건청의궤(懿昭廟營建廳儀軌)」, 영건청(營建廳) 편. <1책. 101장. 필사본. 표제는 '懿昭世孫懿昭廟營建廳儀軌'. 권수제는 '(乾隆十七年壬申七月 日)懿昭廟營建廳儀軌', 한자+이두. 조선 필사 이두 자료. 서울대학교 규장각 한국학연구원 홈페이지 '奎14259' 원문 이미지와 텍스트 보기>

1752-00-00.「의소세손궁예장의궤(懿昭世孫宮禮葬儀軌)」 <1책. 31장. 필사본. 개장한 표지의 표제와 권수제는 '懿昭世孫宮禮葬儀軌'. 한자+이두. 어휘 표기. 조선

---

409 국립중앙박물관 외규장각 의궤 홈페이지에서는 서명을 권수제와는 달리 '효순현빈예장도감의궤(孝純賢嬪禮葬都監儀軌)'로 적었다.
410 국립중앙박물관 외규장각 의궤 홈페이지에서는 서명을 표제와 동일하게 적었다.
411 서울대학교 규장각 한국학연구원 의궤 종합정보 홈페이지에서는 서명을 표제나 권수제와는 달리 '현빈예장도감의궤(賢嬪禮葬都監儀軌)'로 적었다.

필사 이두 자료. 한국학중앙연구원 디지털장서각 홈페이지 'K2-2994' 원문 이미지 보기>

1752-00-00. 「의소세손빈궁혼궁양도감의궤(懿昭世孫殯宮魂宮兩都監儀軌)」[412] 상(上)·하(下), 빈궁혼궁도감 편. <2책. 151장+104장. 필사본. 상권의 표제는 '(乾隆十七年壬申八月 日)懿昭世孫 (議政府上) 殯宮魂宮兩都監儀軌(上)'. 권수제는 '懿昭世孫殯宮魂宮兩都監儀軌'. 한자+이두. 조선 필사 이두 자료. 서울대학교 규장각 한국학연구원 의궤 종합정보 홈페이지 '奎14838' 원문 이미지와 텍스트 보기>

1752-00-00. 「의소세손빈궁혼궁양도감의궤(懿昭世孫殯宮魂宮兩都監儀軌)」[413] 상·하(上·下), 빈궁도감·혼궁도감 편. <2책. 158장+131장. 필사본. 표제는 '懿昭世孫殯宮魂宮兩都監儀軌'. 권수제는 '懿昭世孫殯宮魂宮兩都監儀軌'. 한자+이두. 조선 필사 이두 자료. 국립중앙박물관 외규장각 의궤 홈페이지 '외규179~180' 원문 이미지와 텍스트 보기>

1752-00-00. 「존숭도감도청의궤(尊崇都監都廳儀軌)」[414] 존숭도감 편. <2책. 129장+142장. 필사본. 표제는 '(壬申年 太白山上)尊崇都監儀軌'. 권수제는 '(乾隆十七年二月 日)尊崇都監都廳儀軌'. 한자+이두. 조선 필사 이두 자료. 서울대학교 규장각 한국학연구원 홈페이지 '奎13292' 원문 이미지와 텍스트 보기>

1752-00-00. 「존숭도감도청의궤(尊崇都監都廳儀軌)」[415] 상·하(上·下), 존숭도감 편. <2책. 129장+191장. 필사본. 표제는 '尊崇都監儀軌'. 권수제는 '(乾隆十七年二月 日)尊崇都監都廳儀軌'. 한자+이두. 조선 필사 이두 자료. 국립중앙박물관 외규장각 의궤 홈페이지 '외규175~176' 원문 이미지와 텍스트 보기>

1752-00-00. 「존숭도감의궤(尊崇都監儀軌)」, 존숭도감 편. <2책. 130장+147장. 필사

---

[412] 서울대학교 규장각 한국학연구원 의궤 종합정보 홈페이지에서는 서명을 표제나 권수제와는 달리 '의소세손빈궁혼궁도감의궤(懿昭世孫殯宮魂宮都監儀軌)'로 적었다.

[413] 국립중앙박물관 외규장각 의궤 홈페이지에서는 서명을 표제나 권수제와는 달리 '의소세손빈궁혼궁도감의궤(懿昭世孫殯宮魂宮都監儀軌)'로 적었다.

[414] 서울대학교 규장각 한국학연구원 의궤 종합정보 홈페이지에서는 서명을 표제나 권수제와는 달리 '인원왕후영조정성왕후존숭도감의궤(仁元王后英祖貞聖王后尊崇都監儀軌)'로 적었다.

[415] 국립중앙박물관 외규장각 의궤 홈페이지에서는 서명을 표제나 권수제와는 달리 '인원왕후영조정성왕후존숭도감의궤(仁元王后英祖貞聖王后尊崇都監儀軌)'로 적었다.

본. 표제는 '(乾隆十七年二月 日 英宗二十八年)尊崇都監儀軌'. 한자+이두. 조선 필사 이두 자료. 한국학중앙연구원 디지털장서각 홈페이지 'K2-2840' 원문 이미지와 텍스트 보기>

1752-00-00. 「효순현빈빈궁혼궁양도감의궤(孝純賢嬪殯宮魂宮兩都監儀軌)」,[416] 빈궁혼궁도감 편. <2책. 144장+196장. 필사본. 상권의 표제는 '(乾隆十六年辛未十一月 日)孝純賢嬪 (議政府上) 殯宮魂宮兩都監儀軌(上)'. 권수제는 '孝純賢嬪殯宮魂宮兩都監儀軌'. 한자+이두. 조선 필사 이두 자료. 서울대학교 규장각 한국학연구원 의궤 종합정보 홈페이지 '奎14848' 원문 이미지 보기>

1752-00-00. 「효순현빈빈궁혼궁양도감의궤(孝純賢嬪殯宮魂宮兩都監儀軌)」[417] 상·하(上·下), 빈궁도감·혼궁도감 편. <2책. 146장+197장. 필사본. 원표지의 표제는 결락. 권수제는 '孝純賢嬪殯宮魂宮兩都監儀軌'. 한자+이두. 조선 필사 이두 자료. 국립중앙박물관 외규장각 의궤 홈페이지 '외규171~172' 원문 이미지와 텍스트 보기>

1753년

<계유(癸酉), 영조 29년, 건륭 18년>

1753-01-00. **윤탁 소지**(尹托所志), 윤탁. <1장. 점련문서. 한자+이두. 조선 필사 이두 자료. 전남 해남 연동 해남 윤씨 녹우당 소장. 한국학중앙연구원 장서각 한국고문서자료관 홈페이지 원문 이미지와 텍스트 보기. 한국정신문화연구원 편(1986), 최승희(1989), 김경숙(2002) 참고>

1753-01-00. **이경명 차첩**(李景溟差帖), 이조(吏曹). <1장. 한자+이두. 조선 필사 이두 자료. 예산 한곡 한산 이씨 수당 고택 소장. 한국학중앙연구원 장서각 한국고문서

---

[416] 서울대학교 규장각 한국학연구원 의궤 종합정보 홈페이지에서는 서명을 표제나 권수제와는 달리 '현빈빈궁혼궁도감의궤(賢嬪殯宮魂宮都監儀軌)'로 적었다.

[417] 국립중앙박물관 외규장각 의궤 홈페이지에서는 서명을 권수제와는 달리 '효순현빈빈궁혼궁도감의궤(孝純賢嬪殯宮魂宮都監儀軌)'로 적었다.

자료관 홈페이지 원문 이미지 보기. 한국정신문화연구원 편(2002) 참고>

1753-01-00. **하명상 입안**(河命祥立案), 예조(禮曹). <1장. 한자+이두. 조선 필사 이두 자료. 경남 진주시 운문 진양 하씨 소장. 한국학중앙연구원 장서각 한국고문서자료관 홈페이지 원문 이미지 보기. 한국정신문화연구원 편(2001) 참고>

1753-02-04. **사촌 종질 증필 토지매매명문**(四寸從姪增芯土地賣買明文), 이주익(李周翼). <1장. 한자+이두. 조선 필사 이두 자료. 경북 안동시 주촌 진성 이씨 경류정 구장. 서울역사박물관 소장. 한국학중앙연구원 장서각 한국고문서자료관 홈페이지 원문 이미지와 텍스트 보기. 한국정신문화연구원 편(1999) 참고>

1753-02-10. **옥산서원 완의**(玉山書院完議), 옥산서원 당중(堂中). <1장. 한자+이두. 조선 필사 이두 자료. 경북 경주시 안강읍 옥산서원 소장. 한국학자료센터 영남권역센터 홈페이지 원문 이미지와 텍스트 보기. 이병훈(2016) 참고>

1753-02-12. **벽남 토지매매명문**(碧男土地賣買明文), 정옥숭(鄭玉崇). <1장. 한자+이두. 조선 필사 이두 자료. 경북 안동시 주촌 진성 이씨 경류정 구장. 서울역사박물관 소장. 한국학중앙연구원 장서각 한국고문서자료관 홈페이지 원문 이미지와 텍스트 보기. 한국정신문화연구원 편(1999) 참고>

1753-02-15. **최익담 토지매매명문**(崔益淡土地賣買明文), 김학창(金鶴昌). <1장. 한자+이두. 조선 필사 이두 자료. 남원·구례 삭녕 최씨 구장. 한국학중앙연구원 장서각 소장. 한국학중앙연구원 장서각 한국고문서자료관 홈페이지 원문 이미지 보기. 한국정신문화연구원 편(2004) 참고>

1753-02-16. **김상백 토지매매명문**(金尙白土地賣買明文), 양인혁(梁仁赫). <1장. 한자+이두. 조선 필사 이두 자료. 제주 장전리 진주 강씨 강태복가 소장. 호남권 한국학자료센터 홈페이지 원문 이미지와 텍스트 보기. 고창석(1998, 2000) 참고>

1753-02-20. **최덕항 토지매매명문**(崔德恒土地賣買明文), 광학(廣學). <1장. 한자+이두. 조선 필사 이두 자료. 전남 구례군 토지면 오미리 문화 류씨 운조루 소장. 한국학중앙연구원 장서각 한국고문서자료관 홈페이지 원문 이미지와 텍스트 보기. 한국정신문화연구원 편(1998) 참고>

1753-02-22. **홍용선 토지매매명문**(洪龍善土地賣買明文), 홍웅태(洪雄泰). <1장. 한자+이두. 조선 필사 이두 자료. 경북 경주시 내남면 이조리 경주 최씨·용산서원

소장. 한국학중앙연구원 장서각 한국고문서자료관 홈페이지 원문 이미지 보기. 한국정신문화연구원 편(2000) 참고>

1753-02-25. **노 성유일 토지매매명문**(奴成有一土地賣買明文),[418] 전주 노 성재(田主奴 成才). <1장. 한자+이두. 조선 필사 이두 자료. 아산 선교 장흥 임씨 구장. 한국학중앙연구원 장서각 한국고문서자료관 홈페이지 원문 이미지 보기. 한국학중앙연구원 편(2008) 참고>

1753-02-25. **임가산 댁 노 성직 토지매매명문**(任嘉山宅奴誠直土地賣買明文), 성재(成才). <1장. 한자+이두. 조선 필사 이두 자료. 아산 선교 장흥 임씨 구장. 한국학중앙연구원 장서각 한국고문서자료관 홈페이지 원문 이미지 보기. 한국학중앙연구원 편(2008) 참고>

1753-02-30. **은적암 사중 헌납 문기**(隱寂菴寺中獻納文記), 박어둔(朴於屯). <1장. 한자+이두. 조선 필사 이두 자료. 순천부 방답진 동문려 구장. 전북대학교 박물관 소장. 호남권 한국학자료센터 홈페이지 원문 이미지와 텍스트 보기>

1753-02-00. **유학 손현구 토지매매명문**(幼學孫賢九土地賣買明文), 장동섭(蔣東燮). <1장. 점련문서. 한자+이두. 조선 필사 이두 자료. 경북 경주시 양동 경주 손씨 송첨 종택 소장. 한국학중앙연구원 장서각 한국고문서자료관 홈페이지 원문 이미지 보기. 이수건(1979), 이수건 편(1981), 영남대학교 인문과학연구소 편(1990), 정구복·안승준(1997), 한국정신문화연구원 편(1997) 참고>

1753-03-15. **최 생원 댁 노 순남 토지매매명문**(崔生員宅奴順男土地賣買明文), 손애금(孫愛金). <1장. 한자+이두. 조선 필사 이두 자료. 남원·구례 삭녕 최씨 구장. 한국학중앙연구원 장서각 한국고문서자료관 홈페이지 원문 이미지 보기. 한국정신문화연구원 편(2004) 참고>

1753-03-18. **김재구 토지매매명문**(金再九土地賣買明文), 강태선 처(姜太善妻). <1장. 한자+이두. 조선 필사 이두 자료. 전남 구례군 토지면 오미리 문화 류씨 운조루 소장. 한국학중앙연구원 장서각 한국고문서자료관 홈페이지 원문 이미지와 텍스

---

[418] 한국학중앙연구원 장서각 한국고문서자료관 홈페이지에서는 '노(奴) 성재(成才) 배지(牌旨)'로 잘못 표시하였다.

트 보기. 한국정신문화연구원 편(1998) 참고>

1753-03-20. **변광진 혜민서 약재 공인권 매매명문**(卞光晉惠民署藥材貢人權賣買明文), 정광석(鄭光錫). <1장. 한자+이두. 조선 필사 이두 자료. 일본 경도대학 가와이문고 소장. 고려대학교 해외한국학자료센터 홈페이지 원문 이미지와 텍스트 보기>

1753-03-23. **윤이사 토지매매명문**(尹爾師土地賣買明文), 김항석(金恒錫). <1장. 한자+이두. 조선 필사 이두 자료. 전남 해남 연동 해남 윤씨 녹우당 소장. 한국학중앙연구원 장서각 한국고문서자료관 홈페이지 원문 이미지와 텍스트 보기. 박병호(1974ㄱ), 한국정신문화연구원 편(1986), 이재수(2003), 김소은(2004) 참고>

1753-03-27. **유진휴 토지매매명문**(柳震休土地賣買明文), 박정래(朴鼎來). <1장. 한자+이두. 조선 필사 이두 자료. 경북 안동시 수곡면 전주 류씨 삼산 종가 구장. 대구 수성구 만촌동 전주 류씨 종가 소장. 한국학자료센터 영남권역센터 홈페이지 원문 이미지와 텍스트 보기>

1753-03-28~1774-04-23(乾隆 18년 癸酉~甲午).「친림전강등록(**親臨殿講謄錄**)」, 종부시(宗簿寺) 편(編) <1책. 36장. 필사본. 한자+이두. 조선 필사 이두 자료. 서울대학교 규장각 한국학연구원 홈페이지 원문 이미지 보기>

1753-03-00. **안 진주댁 노 간상 소지**(安晉州宅奴干上所志), 간상. <1장. 한자+이두. 조선 필사 이두 자료. 전북 남원 안터 순흥 안씨 사제당 종가 구장. 한국학중앙연구원 장서각 한국고문서자료관 홈페이지 원문 이미지 보기. 한국학중앙연구원 편(2010) 참고>

1753-03-00 이후 기입 추정.「대방광불화엄경입불사의해탈경계보현행원품(**大方廣佛華嚴經入不思議解脫境界普賢行願品**)」, 삼장반야(三藏般若) 조역(詔譯), 전라도 해남(海南): 두륜산(頭輪山) 대둔사(大芚寺) 개판(開板). <1책. 24장. 목판본. 한문 그리고 한자+한글. 본문에 생획토 기입. 조선 묵서 구결 및 한글 자료. 국립중앙도서관 홈페이지 원문 이미지 보기>

1753-04-06. **용산서원 재임 서목**(龍山書院齋任書目) 1, 용산서원. <1장. 한자+이두. 조선 필사 이두 자료. 경북 경주시 내남면 이조리 경주 최씨·용산서원 소장. 한국학중앙연구원 장서각 한국고문서자료관 홈페이지 원문 이미지 보기. 한국정신문화연구원 편(2000) 참고>

1753-04-21. **이갑증 노비매매명문**(李甲曾奴婢賣買明文), 조창록(曹昌祿). <1장. 한자+이두. 조선 필사 이두 자료. 전북 남원 둔덕 전주 이씨가 구장. 전북대학교 박물관 소장. 호남권 한국학자료센터 홈페이지 원문 이미지와 텍스트 보기. 전북대학교 박물관 편(1990), 전경목(1993), 최연숙(2005) 참고>

1753-04-24. **노 ■■ 배지**(奴■■牌旨),[419] 상전 이 씨(上典李氏). <1장. 한자+이두. 조선 필사 이두 자료. 전북 부안군 우반 부안 김씨 구장. 전북 부안군 우동 세덕각 소장. 호남권 한국학자료센터 홈페이지 원문 이미지와 텍스트 보기. 박병호(1974ㄱ), 최승희(1989), 전경목(2001) 참고>

1753-04-00. **이희성 소지**(李喜誠所志) 1, 이희성. <1장. 한자+이두. 조선 필사 이두 자료. 경북 경주시 안강읍 옥산리 여주 이씨 독락당 소장. 한국학중앙연구원 장서각 한국고문서자료관 홈페이지 원문 이미지 보기. 한국정신문화연구원 편(2003) 참고>

1753-05-09. **하명상 등급**(河命祥謄給) 1, 호조(戶曹). <1장. 한자+이두. 조선 필사 이두 자료. 경남 진주시 운문 진양 하씨 소장. 한국학중앙연구원 장서각 한국고문서자료관 홈페이지 원문 이미지 보기. 한국정신문화연구원 편(2001) 참고>

1753-06-10. **이갑증 소지**(李甲曾所志), 이갑증. <1장. 한자+이두. 조선 필사 이두 자료. 전북 남원 둔덕 전주 이씨가 구장. 전북대학교 박물관 소장. 호남권 한국학자료센터 홈페이지 원문 이미지와 텍스트 보기. 전북대학교 박물관 편(1990), 전경목(1993), 최연숙(2005) 참고>

1753-06-10. **이갑증 입안**(李甲曾立案),[420] 남원부(南原府). <1장. 한자+이두. 조선 필사 이두 자료. 전북 남원 둔덕 전주 이씨가 구장. 전북대학교 박물관 소장. 호남권 한국학자료센터 홈페이지 원문 이미지와 텍스트 보기. 전북대학교 박물관 편(1990), 전경목(1993), 최연숙(2005) 참고>

1753-06-10. **조창록 등 초사**(曹昌祿等招辭), 조창록 등. <1장. 한자+이두. 조선 필사

---

[419] 호남권 한국학자료센터 홈페이지에서는 '이씨(李氏) 패지(牌旨)'로 표시하였다. 이 씨는 문서 발급자이고, 이 씨의 노비 기례에게 위임하는 배지이다. 문서의 일부가 결락되었다.

[420] 호남권 한국학자료센터 홈페이지에서는 '남원부(南原府) 입안(立案)'으로 표시하였다.

이두 자료. 전북 남원 둔덕 전주 이씨가 구장. 전북대학교 박물관 소장. 호남권 한국학자료센터 홈페이지 원문 이미지와 텍스트 보기. 전북대학교 박물관 편(1990), 전경목(1993), 최연숙(2005) 참고>

1753-06-27~1753-12-30.「상시봉원도감의궤(上諡封園都監儀軌)」1~2, 의궤청(儀軌廳). <2책. 필사본. 한자+이두. 조선 필사 이두 자료. 한국학중앙연구원 장서각 소장. 한국학중앙연구원 한국학 디지털 아카이브 홈페이지 원문 이미지와 텍스트 보기>

1753-06-00. **하명상 등급**(河命祥謄給) 2, 호조(戶曹). <1장. 한자+이두. 조선 필사 이두 자료. 경남 진주시 운문 진양 하씨 소장. 한국학중앙연구원 장서각 한국고문서자료관 홈페이지 원문 이미지 보기. 한국정신문화연구원 편(2001) 참고>

1753-07-01. **용산서원 완문**(龍山書院完文), 토포사(討捕使). <1장. 한자+이두. 조선 필사 이두 자료. 경북 경주시 내남면 이조리 경주 최씨·용산서원 소장. 한국학중앙연구원 장서각 한국고문서자료관 홈페이지 원문 이미지 보기. 한국정신문화연구원 편(2000) 참고>

1753-07-28. **최종림 토지매매명문**(崔宗林土地賣買明文), 이태동(李泰東). <1장. 한자+이두. 조선 필사 이두 자료. 경북 경주시 내남면 이조리 경주 최씨·용산서원 소장. 한국학중앙연구원 장서각 한국고문서자료관 홈페이지 원문 이미지 보기. 한국정신문화연구원 편(2000) 참고>

1753-08-09. **전라도 병마절도사 첩정**(全羅道兵馬節度使牒呈), 절도사 신(申). <1장. 한자+이두. 조선 필사 이두 자료. 해남 덕정 장흥 임씨가 소장. 호남권 한국학자료센터 홈페이지 원문 이미지 보기. 최승희(1989), 정구복 외(1999), 전경목 외(2006) 참고>

1753-08-00. **왕두휘 군기시약환공인권 첩문**(王斗輝軍器寺藥丸貢人權帖文), 군기시. <1장. 한자+이두. 조선 필사 이두 자료. 일본 경도대학 가와이문고 소장. 고려대학교 해외한국학자료센터 홈페이지 원문 이미지와 텍스트 보기>

1753-08-00.「육상궁상시책인의(毓祥宮上諡冊印儀)」, 예조(禮曹). <1책. 19장. 필사본. 한자+이두. 조선 필사 이두 자료. 한국학중앙연구원 장서각 한국자료센터 홈페이지 참고>

1753-09-07. **용산서원 재임 서목**(龍山書院齋任書目) 2, 용산서원. <1장. 한자+이두. 조선 필사 이두 자료. 경북 경주시 내남면 이조리 경주 최씨·용산서원 소장. 한국학중앙연구원 장서각 한국고문서자료관 홈페이지 원문 이미지 보기. 한국정신문화연구원 편(2000) 참고>

1753-09-00. **임홍덕 해유문서**(任弘德解由文書), 병조(兵曹). <1장. 한자+이두. 조선 필사 이두 자료. 해남 덕정 장흥 임씨가 소장. 호남권 한국학자료센터 홈페이지 원문 이미지 보기. 최승희(1989), 정구복 외(1999) 참고>

1753-09-00. **하명상 등급**(河命祥謄給) 3, 호조(戶曹). <1장. 한자+이두. 조선 필사 이두 자료. 경남 진주시 운문 진양 하씨 소장. 한국학중앙연구원 장서각 한국고문서자료관 홈페이지 원문 이미지 보기. 한국정신문화연구원 편(2001) 참고>

1753-09-■■. **김덕문 토지매매명문**(金德文土地賣買明文), 진복운(秦復運). <1장. 한자+이두. 조선 필사 이두 자료. 영해 도곡 무안 박씨 무의공 종택 소장. 한국학중앙연구원 고문서자료관 홈페이지 원문 이미지 보기. 한국학중앙연구원 편(2008) 참고>

1753-10-01. **용산서원 재임 서목**(龍山書院齋任書目) 3, 용산서원. <1장. 한자+이두. 조선 필사 이두 자료. 경북 경주시 내남면 이조리 경주 최씨·용산서원 소장. 한국학중앙연구원 장서각 한국고문서자료관 홈페이지 원문 이미지 보기. 한국정신문화연구원 편(2000) 참고>

1753-10-15. **용산서원 재임 서목**(龍山書院齋任書目) 4, 용산서원. <1장. 한자+이두. 조선 필사 이두 자료. 경북 경주시 내남면 이조리 경주 최씨·용산서원 소장. 한국학중앙연구원 장서각 한국고문서자료관 홈페이지 원문 이미지 보기. 한국정신문화연구원 편(2000) 참고>

1753-10-24. **이소 초사**(李熽招辭),[421] 이소. <1장. 한자+이두. 조선 필사 이두 자료. 전북 남원 둔덕 전주 이씨가 구장. 전북대학교 박물관 소장. 호남권 한국학자료센터 홈페이지 원문 이미지와 텍스트 보기. 박병호(1974ㄱ), 최승희(1989), 정구복 외(1999) 참고>

---

[421] 호남권 한국학자료센터 홈페이지에서는 '이소(李熽) 초사(招辭) 및 점련 문서'로 표시하였다.

1753-10-00. **박명주 등 소지**(朴命周等所志), 박명주 등. <1장. 한자+이두. 조선 필사 이두 자료. 영해 도곡 무안 박씨 무의공 종택 소장. 한국학중앙연구원 고문서자료관 홈페이지 원문 이미지 보기. 한국학중앙연구원 편(2008) 참고>

1753-10-00. **이희성 소지**(李喜誠所志) 2, 이희성. <1장. 한자+이두. 조선 필사 이두 자료. 경북 경주시 안강읍 옥산리 여주 이씨 독락당 소장. 한국학중앙연구원 장서각 한국고문서자료관 홈페이지 원문 이미지 보기. 한국정신문화연구원 편(2003) 참고>

1753-12-06. **김세흥 토지매매명문**(金世興土地賣買明文), 이세우(李世禹). <1장. 한자+이두. 조선 필사 이두 자료. 전북 부안군 우반 부안 김씨 구장. 전북 부안군 우동 세덕각 소장. 호남권 한국학자료센터 홈페이지 & 한국학중앙연구원 장서각 한국고문서자료관 홈페이지 원문 이미지와 텍스트 보기. 박병호(1974ㄱ), 한국정신문화연구원 편(1983, 1998), 이재수(2003), 한국학중앙연구원 편(2017) 참고>

1753-12-22.[422] **권방·김원구 초사**(權方·金元龜招辭), 권방·김원구. <1장. 점련문서. 한자+이두. 조선 필사 이두 자료. 경북 안동시 주촌 진성 이씨 경류정 소장. 한국학중앙연구원 장서각 한국고문서자료관 홈페이지 원문 이미지와 텍스트 보기. 한국정신문화연구원 편(1999) 참고>

1753-12-22.[423] **권아지 초사**(權阿只招辭), 권아지. <1장. 점련문서. 한자+이두. 조선 필사 이두 자료. 경북 안동시 주촌 진성 이씨 경류정 소장. 한국학중앙연구원 장서각 한국고문서자료관 홈페이지 원문 이미지와 텍스트 보기. 한국정신문화연구원 편(1999) 참고>

1753-12-00. **이용서 소지**(李龍瑞所志), 이용서 <1장. 점련문서. 한자+이두. 조선 필사 이두 자료. 경북 안동시 주촌 진성 이씨 경류정 소장. 한국학중앙연구원 장서각 한국고문서자료관 홈페이지 원문 이미지와 텍스트 보기. 한국정신문화연구원 편(1999) 참고>

---

[422] 한국학중앙연구원 장서각 한국고문서자료관 홈페이지에서는 '1752년 권방(權方), 김원구(金元龜) 초사(招辭)'로 잘못 표시하였다.

[423] 한국학중앙연구원 장서각 한국고문서자료관 홈페이지에서는 '1752년 권아기(權阿只) 초사(招辭)'로 잘못 표시하였다.

1753-12-22.[424] **이용서 입안**(李龍瑞立案), 영양현(英陽縣). <1장. 점련문서. 한자+이두. 조선 필사 이두 자료. 경북 안동시 주촌 진성 이씨 경류정 소장. 한국학중앙연구원 장서각 한국고문서자료관 홈페이지 원문 이미지와 텍스트 보기. 한국정신문화연구원 편(1999) 참고>

1753-12-00~1757-08-00(癸酉~丁丑). 「송도설진계록(**松都設賑啓錄**)」, 비변사(備邊司) 편(編). <1책. 29장. 필사본. 한자+이두. 조선 필사 조선 필사 이두 자료. 서울대학교 규장각 한국학연구원 홈페이지 원문 이미지 보기> <영인본: 「각사등록」 4(경기도편)(국사편찬위원회 편, 1982)>

1753-00-00. 「가상존호도감의궤(加上 **尊號都監儀軌**)」,[425] 상·하, 존호도감 편. <2책. 249장+379장. 필사본. '乾隆十八年癸酉十一月 日 加上 尊號都監儀軌 目錄'이 있다. 한자+이두. 조선 필사 이두 자료. 한국학중앙연구원 디지털장서각 홈페이지 'K2-2790' 원문 이미지 보기>

1753-00-00. 「가상존호도감책보도식(加上 **尊號都監. 冊寶圖式**)」,[426] 가상존호도감 편. <1책. 17장. 필사본. 표제는 '加上尊號都監冊寶圖式'. 권수제는 '(乾隆十八年癸酉十一月 日)加上 尊號都監. 冊寶圖式'. 한자+이두. 조선 필사 이두 자료. 국립중앙박물관 외규장각 의궤 홈페이지 '외규185' 원문 이미지와 텍스트 보기>

1753-00-00. 「상시봉원도감의궤(**上 諡封 園都監儀軌**)」,[427] 상·하, 국장도감(國葬都監) 편(編). <2책. 152장+172장. 필사본. 상권의 표제는 '上 諡封 園都監儀軌(上)'. '(乾隆十八年癸酉七月初一日)上 諡封 園都監儀軌 座目'이 있다. 한자+이두. 조선 필사 이두 자료. 한국학중앙연구원 디지털장서각 홈페이지 'K2-3069' 원문 이미지와

---

424 한국학중앙연구원 장서각 한국고문서자료관 홈페이지에서는 '1752년 이용서(李龍瑞) 입안(立案)'으로 잘못 표시하였다.

425 한국학중앙연구원 디지털장서각 홈페이지에서는 서명을 '가상존호도감의궤(加上尊號都監儀軌)'로 붙여 썼다. 원문의 목록 명칭에서는 '加上'과 '尊號都監儀軌'를 행을 바꾸어 적었다.

426 국립중앙박물관 외규장각 의궤 홈페이지에서는 서명을 표제나 권수제와는 달리 '숙종인경왕후인현왕후인원왕후가상존호도감책보도식(肅宗仁敬王后仁顯王后仁元王后加上尊號都監冊寶圖式)'으로 적었다.

427 한국학중앙연구원 디지털장서각 홈페이지에서는 서명을 '상시봉원도감의궤(上諡封園都監儀軌)'로 붙여 썼다. 원문의 표제에서는 '上 諡封 園都監儀軌上'으로 떼어 썼다.

텍스트 보기>

1753-00-00. 「선원보략수정시교정청의궤(璿源譜略修正時校正廳儀軌)」,[428] 종부시 교정청(宗簿寺校正廳) 편(編). <1책. 35장. 필사본. 표제는 '(英宗 癸酉年校正廳)璿源譜略儀軌'. 권수제는 '(乾隆十八年癸酉)璿源譜略修正時校正廳儀軌'. 한자+이두. 조선 필사 이두 자료. 한국학중앙연구원 디지털장서각 홈페이지 'K2-3843' 원문 이미지와 텍스트 보기>

1753-00-00. 「선원보략수정시교정청의궤(璿源譜略修正時校正廳儀軌)」, 교정청 편. <1책. 36장. 필사본. 표제는 '(癸酉年校正廳)璿源譜略儀軌'. 권수제는 '(乾隆十八年癸酉)璿源譜略修正時校正廳儀軌'. 한자+이두. 조선 필사 이두 자료. 서울대학교 규장각 한국학연구원 의궤 종합정보 홈페이지 '奎14046' 원문 이미지와 텍스트 보기>

1753-00-00. 「상시봉원도감의궤(上諡封 園都監儀軌)」,[429] 상(上)·하(下), 상시봉원도감 편. <2책. 148장+144장. 필사본. 상권의 표제는 '(乾隆十八年 月 日 議政府上 癸酉)上諡封園都監儀軌(上)'. 권수제는 '(乾隆十八年癸酉七月初一日)上 諡封 園都監儀軌'. 한자+이두. 조선 필사 이두 자료. 서울대학교 규장각 한국학연구원 의궤 종합정보 홈페이지 '奎14925', '奎14926' 원문 이미지와 텍스트 보기>

1753-00-00. 「시폐(市弊)」 2~3, 비변사(備邊司) 편(編). <낙질본 2책. 필사본. 한자+이두. 조선 필사 이두 자료. 서울대학교 규장각 한국학연구원 홈페이지 원문 이미지 보기>

1753-00-00. **안극효 계후입안**(安克孝繼後立案) <1장. 한자+이두. 조선 필사 이두 자료. 전북 남원 안티 순흥 안씨 사제당 종가 구장. 한국학중앙연구원 장서각 한국고문서자료관 홈페이지 원문 이미지 보기. 한국학중앙연구원 편(2010) 참고>

1753-00-00. 「육상궁상책인의(毓祥宮上冊印儀)」, 이철보 등 편(李喆輔等編). <1책.

---

[428] 한국학중앙연구원 디지털장서각 홈페이지에서는 서명을 '선원보략교정청의궤(璿源譜略校正廳儀軌)'로 적었다.

[429] 서울대학교 규장각 한국학연구원 의궤 종합정보 홈페이지에서는 상권의 서명을 표제나 권수제와는 달리 '숙빈상시봉원도감의궤상(淑嬪上諡封園都監儀軌上)'으로 적었다.

22장. 필사본. 한자+이두. 조선 필사 이두 자료. 한국학중앙연구원 장서각 소장. 한국학중앙연구원 한국학 디지털 아카이브 홈페이지 & 한국학중앙연구원 장서각 한국학자료센터 홈페이지 원문 이미지와 텍스트 보기>

1753-00-00. 「의소묘영건청의궤(懿昭廟營建廳儀軌)」, 의소묘영건청 편. <1책. 103장. 필사본. 표제지는 결락. 권수제는 '(乾隆十七年壬申七月 日)懿昭廟營建廳儀軌'. 한자+이두. 조선 필사 이두 자료. 국립중앙박물관 외규장각 의궤 홈페이지 '외규183' 원문 이미지와 텍스트 보기>

1753-00-00. 「화유옹주가례등록(和柔翁主嘉禮謄錄)」, 예조(禮曹). <1책. 40장. 필사본. 한자+이두. 조선 필사 이두 자료. 한국학중앙연구원 장서각 소장. 한국학중앙연구원 한국학 디지털 아카이브 홈페이지 & 한국학중앙연구원 장서각 한국학자료센터 홈페이지 원문 이미지와 텍스트 보기>

1753-00-00. 「휘릉 태릉 효릉 강릉 장릉 표석영건청의궤(徽陵 泰陵 孝陵 康陵 章陵表石營建廳儀軌)」,[430] 휘릉 태릉 효릉 강릉 장릉표석영건청 편. <1책. 164장. 필사본. 표제는 '五陵表石營建廳儀軌'. 권수제는 '(癸酉正月 日)徽陵 泰陵 孝陵 康陵 章陵表石營建廳儀軌'. 한자+이두. 조선 필사 이두 자료. 국립중앙박물관 외규장각 의궤 홈페이지 '외규184' 원문 이미지와 텍스트 보기>

1753-00-00 이후 기입 추정. 「근사록(近思錄)」, 주희(朱熹)·여조겸(呂祖謙) 공편(共編). <14권 2책. 목판본. 권1 본문 앞부분 일부에 생획토 기입. 조선 묵서 구결 자료. 국립중앙도서관 홈페이지 원문 이미지 보기>

1753-00-00 이후 기입 추정. 「소학(小學)」, 주희(朱熹) 편(編), 홍계희(洪啓禧) 근서(謹書), 광주부(廣州府): 간행자 미상. <6권 1책. 목판본. 본문에 생획토 기입. 조선 묵서 구결 자료. 국립중앙도서관 홈페이지 원문 이미지 보기>

---

[430] 국립중앙박물관 외규장각 의궤 홈페이지에서는 서명을 권수제와는 달리 '휘릉태릉효릉강릉장릉표석영건청의궤(徽陵泰陵孝陵康陵章陵表石營建廳儀軌)'로 붙여 썼다.

1754년

<갑술(甲戌), 영조 30년, 건륭 19년>

1754-01-06. **권중신 토지매매명문**(權重臣土地賣買明文), 권중인(權重寅). <1장. 한자+이두. 조선 필사 이두 자료. 경북 예천군 용문면 대제리 원동 권씨 춘우재 고택 구장. 한국국학진흥원 소장. 한국학자료센터 영남권역센터 홈페이지 원문 이미지와 텍스트 보기. 김성갑(2013) 참고>

1754-01-06. **용산서원 재임 서목**(龍山書院齋任書目) 1, 용산서원. <1장. 한자+이두. 조선 필사 이두 자료. 경북 경주시 내남면 이조리 경주 최씨·용산서원 소장. 한국학중앙연구원 장서각 한국고문서자료관 홈페이지 원문 이미지 보기. 한국정신문화연구원 편(2000) 참고>

1754-01-08. **이정휘 가사매매명문**(李廷彙家舍賣買明文), 조윤복(曹允復). <1장. 한자+이두. 조선 필사 이두 자료. 전남 보성 박실 제주 양씨가 구장. 원광대학교 박물관 소장. 호남권 한국학자료센터 홈페이지 원문 이미지와 텍스트 보기. 박병호(1974ㄱ), 최승희(1989), 이재수(2003) 참고>

1754-01-10. **우명복 토지매매명문**(禹命福土地賣買明文), 정 생원 댁 노 정흥만(鄭生員宅奴鄭興萬). <1장. 한자+이두. 조선 필사 이두 자료. 경기도 양주 사릉 해주 정씨 종가 소장. 한국학중앙연구원 장서각 한국고문서자료관 홈페이지 이미지 보기>

1754-01-11. **생원 신 토지매매명문**(生員辛土地賣買明文), 박득동(朴특東). <1장. 한자+이두. 조선 필사 이두 자료. 전남 영광군 입석 영월 신씨 소장. 한국학중앙연구원 장서각 한국고문서자료관 홈페이지 원문 이미지와 텍스트 보기. 한국정신문화연구원 편(1996) 참고>

1754-01-16. **문규보 토지매매명문**(文奎補土地賣買明文), 박용구(朴龍九). <1장. 한자+이두. 조선 필사 이두 자료. 경남 합천 용연서원 소장. 한국학중앙연구원 장서각 한국고문서자료관 홈페이지 원문 이미지 보기. 한국정신문화연구원 편(1996) 참고>

1754-01-16. **박 씨 별급문기**(朴氏別給文記), 박 씨. <1장. 한자+이두. 조선 필사 이두 자료. 경북 경주시 안강읍 옥산리 여주 이씨 독락당 소장. 한국학중앙연구원 장서각 한국고문서자료관 홈페이지 원문 이미지 보기. 한국정신문화연구원 편(2003) 참고>

1754-01-16. **정오룡 토지매매명문**(鄭午龍土地賣買明文), 권신령(權辛齡). <1장. 한자+이두. 조선 필사 이두 자료. 영해 인량 재령 이씨 충효당 소장. 한국학중앙연구원 장서각 한국고문서자료관 홈페이지 원문 이미지와 텍스트 보기. 한국학중앙연구원 편(2008) 참고>

1754-02-00. **이정록 입안**(李鼎祿立案), 칠곡부(漆谷府). <1장. 점련문서. 한자+이두. 조선 필사 이두 자료. 경북 성주 명곡 벽진 이씨 완석정 종택 소장. 한국학중앙연구원 장서각 한국고문서자료관 홈페이지 원문 이미지 보기. 한국학중앙연구원 편(2009) 참고>

1754-03-03. **노 금선 토지매매명문**(奴今先土地賣買明文), 김시영(金時永). <1장. 한자+이두. 조선 필사 이두 자료. 제주 장전리 진주 강씨 강태복가 소장. 호남권 한국학자료센터 홈페이지 원문 이미지와 텍스트 보기. 고창석(1998, 2000) 참고>

1754-03-05. **촉현 토지매매명문**(燭賢土地賣買明文), 이태명(李太命). <1장. 한자+이두. 조선 필사 이두 자료. 순천 월등 목천 장씨가 구장. 전북대학교 박물관 소장. 호남권 한국학자료센터 홈페이지 원문 이미지와 텍스트 보기. 최승희(1989), 정구복 외(1999), 이재수(2003) 참고>

1754-03-17. **남 생원 토지매매명문**(南生員土地賣買明文), 손험석(孫驗碩). <1장. 한자+이두. 조선 필사 이두 자료. 경남 밀양 사촌 의령 남씨 침류정 소장. 한국학중앙연구원 장서각 한국고문서자료관 홈페이지 원문 이미지 보기. 한국정신문화연구원 편(2004) 참고>

1754-03-17. **유 교리 댁 노비 천술 토지매매명문**(柳校理宅奴婢千戌土地賣買明文), 양인 후읍(良人厚邑). <1장. 한자+이두. 조선 필사 이두 자료. 경북 안동시 수곡면 전주 류씨 삼산 종가 구장. 대구 수성구 만촌동 전주 류씨 종가 소장. 한국학자료센터 영남권역센터 홈페이지 원문 이미지와 텍스트 보기. 최승희(1989), 이재수(2003), 전경목(2010) 참고>

1754-03-20. **한천흥 토지매매명문**(韓天興土地賣買明文), 차돌(次乭). <1장. 한자+이두. 조선 필사 이두 자료. 경기도 용인시 오산 해주 오씨 추탄 종가 구장. 한국학중앙연구원 장서각 한국고문서자료관 홈페이지 원문 이미지와 텍스트 보기. 한국정신문화연구원 편(1998) 참고>

1754-03-00. **용산서원 소지**(龍山書院所志), 용산서원. <1장. 한자+이두. 조선 필사 이두 자료. 경북 경주시 내남면 이조리 경주 최씨·용산서원 소장. 한국학중앙연구원 장서각 한국고문서자료관 홈페이지 원문 이미지 보기. 한국정신문화연구원 편(2000) 참고>

1754-04-12. **양좌동 동민 완의**(良佐洞洞民完議), 양좌동 동민. <1장. 점련문서. 한자+이두. 조선 필사 이두 자료. 경북 경주시 양동 경주 손씨 송첨 종택 소장. 한국학중앙연구원 장서각 한국고문서자료관 홈페이지 원문 이미지 보기>

1754-04-21. **신경룡 토지매매명문**(辛慶龍土地賣買明文) 신명응(辛命凝). <1장. 한자+이두. 조선 필사 이두 자료. 전남 영광군 입석 영월 신씨 소장. 한국학중앙연구원 장서각 한국고문서자료관 홈페이지 원문 이미지와 텍스트 보기. 한국정신문화연구원 편(1996) 참고>

1754-04-26. **정수대 토지매매명문**(鄭秀大土地賣買明文), 윤이승(尹爾昇). <1장. 한자+이두. 조선 필사 이두 자료. 전남 해남 연동 해남 윤씨 녹우당 소장. 한국학중앙연구원 장서각 한국고문서자료관 홈페이지 원문 이미지와 텍스트 보기. 박병호(1974ㄱ), 한국정신문화연구원 편(1986), 이재수(2003), 김소은(2004) 참고>

1754-04-00. **이 판서댁 노 을태 소지**(李判書宅奴乙太所志), 을태. <1장. 한자+이두. 조선 필사 이두 자료. 경북 칠곡 석전 광주 이씨 소장. 한국학중앙연구원 장서각 한국고문서자료관 홈페이지 원문 이미지 보기. 한국학중앙연구원 편(2009) 참고>

1754-05-17. **이갑증 노비매매명문**(李甲曾奴婢賣買明文), 남궁최(南宮最). <1장. 한자+이두. 조선 필사 이두 자료. 전북 남원 둔덕 전주 이씨가 구장. 전북대학교 박물관 소장. 호남권 한국학자료센터 홈페이지 원문 이미지와 텍스트 보기. 전북대학교 박물관 편(1990), 전경목(1993), 최연숙(2005) 참고>

1754-06-13. **유학 이원명 토지매매명문**(幼學李源明土地賣買明文), 정환(鄭桓). <1장.

한자+이두. 조선 필사 이두 자료. 전남 구례군 토지면 오미리 문화 류씨 운조루 소장. 한국학중앙연구원 장서각 한국고문서자료관 홈페이지 원문 이미지와 텍스트 보기. 한국정신문화연구원 편(1998) 참고>

1754-07-06. **용산서원 재임 서목**(龍山書院齋任書目) 2, 용산서원. <1장. 한자+이두. 조선 필사 이두 자료. 경북 경주시 내남면 이조리 경주 최씨·용산서원 소장. 한국학중앙연구원 장서각 한국고문서자료관 홈페이지 원문 이미지 보기. 한국정신문화연구원 편(2000) 참고>

1754-07-09. **용산서원 재임 서목**(龍山書院齋任書目) 3, 용산서원. <1장. 한자+이두. 조선 필사 이두 자료. 경북 경주시 내남면 이조리 경주 최씨·용산서원 소장. 한국학중앙연구원 장서각 한국고문서자료관 홈페이지 원문 이미지 보기. 한국정신문화연구원 편(2000) 참고>

1754-07-15. **용산서원 재임 서목**(龍山書院齋任書目) 4, 용산서원. <1장. 한자+이두. 조선 필사 이두 자료. 경북 경주시 내남면 이조리 경주 최씨·용산서원 소장. 한국학중앙연구원 장서각 한국고문서자료관 홈페이지 원문 이미지 보기. 한국정신문화연구원 편(2000) 참고>

1754-07-20. **용산서원 재임 서목**(龍山書院齋任書目) 5, 용산서원. <1장. 한자+이두. 조선 필사 이두 자료. 경북 경주시 내남면 이조리 경주 최씨·용산서원 소장. 한국학중앙연구원 장서각 한국고문서자료관 홈페이지 원문 이미지 보기. 한국정신문화연구원 편(2000) 참고>

1754-07-24. **용산서원 재임 서목**(龍山書院齋任書目) 6, 용산서원. <1장. 한자+이두. 조선 필사 이두 자료. 경북 경주시 내남면 이조리 경주 최씨·용산서원 소장. 한국학중앙연구원 장서각 한국고문서자료관 홈페이지 원문 이미지 보기. 한국정신문화연구원 편(2000) 참고>

1754-07-00. **조석우 차정첩**(趙錫愚差定帖), 이조(吏曹). <1장. 한자+이두. 조선 필사 이두 자료. 한국국학진흥원 소장. 한국학자료센터 영남권역센터 홈페이지 원문 이미지와 텍스트 보기>

1754-08-06. **용산서원 재임 서목**(龍山書院齋任書目) 7, 용산서원. <1장. 한자+이두. 조선 필사 이두 자료. 경북 경주시 내남면 이조리 경주 최씨·용산서원 소장. 한국

학중앙연구원 장서각 한국고문서자료관 홈페이지 원문 이미지 보기. 한국정신문화연구원 편(2000) 참고>

1754-08-12. **용산서원 재임 서목**(龍山書院齋任書目) 8, 용산서원. <1장. 한자+이두. 조선 필사 이두 자료. 경북 경주시 내남면 이조리 경주 최씨·용산서원 소장. 한국학중앙연구원 장서각 한국고문서자료관 홈페이지 원문 이미지 보기. 한국정신문화연구원 편(2000) 참고>

1754-08-20. **기종상 분재기**(奇宗相分財記), 기종상. <1장. 한자+이두. 조선 필사 이두 자료. 전남 장성군 행주 기씨 금강 종가 소장. 호남권 한국학자료센터 홈페이지 원문 이미지와 텍스트 보기>

1754-08-00. **노 돌복 배자**[431](奴乭卜牌字), 상전(上典) 권(權). <1장. 한자+이두. 상전 권이 돌복에게 현재 서울특별시 성북구 석관동인 동십리(東十里) 돌곶(乭串)의 토지를 판매하도록 지시한 내용. 조선 필사 이두 자료. 일본 경도대학 가와이문고 소장. 고려대학교 해외한국학자료센터 홈페이지 원문 이미지와 텍스트 보기>

1754-08-00(또는 1814-08-00) 추정. **집강 류·정 품목**(執綱柳·鄭稟目)[432] 1, 집강 류·정. <1장. 한자+이두. 조선 필사 이두 자료. 전남 나주시 회진 나주 임씨 창계 후손가 소장. 한국학중앙연구원 장서각 한국고문서자료관 홈페이지 원문 이미지 보기. 최승희(1989), 한국정신문화연구원 편(2003) 참고>

1754-09-00. **김경한 소지**(金經漢所志), 김경한. <1장. 한자+이두. 조선 필사 이두 자료. 안동 천전 의성 김씨 재산 종택 소장. 한국학중앙연구원 장서각 한국고문서자료관 홈페이지 원문 이미지 보기. 한국정신문화연구원 편(1989) 참고>

1754-09-00. **용산서원 노 계한 소지**(龍山書院奴戒漢所志), 계한. <1장. 한자+이두. 조선 필사 이두 자료. 경북 경주시 내남면 이조리 경주 최씨·용산서원 소장. 한국학중앙연구원 장서각 한국고문서자료관 홈페이지 원문 이미지 보기. 한국정신문

---

[431] 배자(牌字)는 상전이 자신의 토지 등을 매매할 때에 노비 등의 대리인에게 써주는 위임장이다. 배자(牌字)는 배지(牌旨), 배자(牌子)라고도 한다. 고려대학교 해외한국학자료센터 홈페이지에서는 문서명을 '1754년 노(奴) 돌복(乭卜) 패자(牌子)'로 적었다.

[432] 이 목록에서 처음 등장하는 품목이다. 품목은 서원이나 향교 또는 지방의 하급 행정 기관에서 수령에게 보내는 문서이다.

화연구원 편(2000) 참고>

1754-09-00(또는 1814-09-00) 추정. **장의 류·색장 정 품목**(掌議柳·色掌鄭稟目), 장의 류·색장 정. <1장. 한자+이두. 조선 필사 이두 자료. 전남 나주시 회진 나주 임씨 창계 후손가 소장. 한국학중앙연구원 장서각 한국고문서자료관 홈페이지 원문 이미지 보기. 최승희(1989), 한국정신문화연구원 편(2003) 참고>

1754-09-00(또는 1814-09-00) 추정. **집강 류·정 품목**(執綱柳·鄭稟目) 2, 집강 류·정. <1장. 한자+이두. 조선 필사 이두 자료. 전남 나주시 회진 나주 임씨 창계 후손가 소장. 한국학중앙연구원 장서각 한국고문서자료관 홈페이지 원문 이미지 보기. 최승희(1989), 한국정신문화연구원 편(2003) 참고>

1754-10-13. **용산서원 재임 서목**(龍山書院齋任書目) 9, 용산서원. <1장. 한자+이두. 조선 필사 이두 자료. 경북 경주시 내남면 이조리 경주 최씨·용산서원 소장. 한국학중앙연구원 장서각 한국고문서자료관 홈페이지 원문 이미지 보기. 한국정신문화연구원 편(2000) 참고>

1754-10-14. **용산서원 재임 서목**(龍山書院齋任書目) 10, 용산서원. <1장. 한자+이두. 조선 필사 이두 자료. 경북 경주시 내남면 이조리 경주 최씨·용산서원 소장. 한국학중앙연구원 장서각 한국고문서자료관 홈페이지 원문 이미지 보기. 한국정신문화연구원 편(2000) 참고>

1754-10-16. **손시검 토지매매명문**(孫是儉土地賣買明文), 신 씨(辛氏). <1장. 점련문서. 한자+이두. 조선 필사 이두 자료. 경북 경주시 양동 경주 손씨 송첨 종택 소장. 한국학중앙연구원 장서각 한국고문서자료관 홈페이지 원문 이미지 보기. 이수건(1979), 이수건 편(1981), 영남대학교 인문과학연구소 편(1990), 정구복·안승준(1997), 한국정신문화연구원 편(1997) 참고>

1754-10-17. **용산서원 재임 서목**(龍山書院齋任書目) 11, 용산서원. <1장. 한자+이두. 조선 필사 이두 자료. 경북 경주시 내남면 이조리 경주 최씨·용산서원 소장. 한국학중앙연구원 장서각 한국고문서자료관 홈페이지 원문 이미지 보기. 한국정신문화연구원 편(2000) 참고>

1754-10-26. **용산서원 재임 서목**(龍山書院齋任書目) 12, 용산서원. <1장. 한자+이두. 조선 필사 이두 자료. 경북 경주시 내남면 이조리 경주 최씨·용산서원 소장. 한국

학중앙연구원 장서각 한국고문서자료관 홈페이지 원문 이미지 보기. 한국정신문화연구원 편(2000) 참고>

1754-10-00. **속오군 김립 등 등장**(束伍軍金立等等狀) 1, 김립 등. <1장. 한자+이두. 조선 필사 이두 자료. 경남 함안 두릉 순흥 안씨 소장. 한국학중앙연구원 장서각 한국고문서자료관 홈페이지 원문 이미지 보기. 한국학중앙연구원 편(2006) 참고>

1754-10-00. **속오군 김립 등 등장**(束伍軍金立等等狀) 2, 김립 등. <1장. 한자+이두. 조선 필사 이두 자료. 경남 함안 두릉 순흥 안씨 소장. 한국학중앙연구원 장서각 한국고문서자료관 홈페이지 원문 이미지 보기. 한국학중앙연구원 편(2006) 참고>

1754-11-25. **김지환 토지매매명문**(金之煥土地賣買明文), 벽수(碧守). <1장. 한자+이두. 조선 필사 이두 자료. 전남 구례군 토지면 오미리 문화 류씨 운조루 소장. 한국학중앙연구원 장서각 한국고문서자료관 홈페이지 원문 이미지와 텍스트 보기. 한국정신문화연구원 편(1998) 참고>

1754-11-00. **내수사 입안**(內需司立案), 내수사. <1장. 한자+이두. 조선 필사 이두 자료. 한국학중앙연구원 장서각 한국고문서자료관 홈페이지 원문 이미지 보기>

1754-12-02. **권 생원 댁 노 삼례 토지매매명문**(權生員宅奴三禮土地賣買明文), 권덕봉(權德奉). <1장. 한자+이두. 조선 필사 이두 자료. 경북 예천군 용문면 대제리 원동 권씨 춘우재 고택 구장. 한국국학진흥원 소장. 한국학자료센터 영남권역센터 홈페이지 원문 이미지와 텍스트 보기. 김성갑(2013) 참고>

1754-12-07. **최 생원 노 현지 가사매매명문**(崔生員奴玄之家舍賣買明文), 이세권(李世權). <1장. 한자+이두. 조선 필사 이두 자료. 전북 부안 석동 류절재 소장. 호남권 한국학자료센터 홈페이지 원문 이미지와 텍스트 보기. 박병호(1974ㄱ), 최승희(1989), 이재수(2003) 참고>

1754-12-13. **이정록 노비매매명문**(李鼎祿奴婢賣買明文), 왕응신(王應臣). <1장. 점련 문서. 한자+이두. 조선 필사 이두 자료. 경북 성주 명곡 벽진 이씨 완석정 종택 소장. 한국학중앙연구원 장서각 한국고문서자료관 홈페이지 원문 이미지 보기. 한국학중앙연구원 편(2009) 참고>

1754-12-26. **김성애 토지매매명문**(金成愛土地賣買明文), 김희창(金喜昌). <1장. 한자+이두. 조선 필사 이두 자료. 전북 임실군 오수 삼계강사 소장. 호남권 한국학자료센터 홈페이지 원문 이미지와 텍스트 보기. 박병호(1974ㄱ), 최승희(1989), 정구복 외(1999) 참고>

1754-12-26. **손덕삼 토지매매명문**(孫德三土地賣買明文), 귀복(貴卜). <1장. 한자+이두. 조선 필사 이두 자료. 안동 천전 의성 김씨 제산 종택 소장. 한국학중앙연구원 장서각 한국고문서자료관 홈페이지 원문 이미지 보기. 한국정신문화연구원 편(1990) 참고>

1754-00-00. 「가상존호도감의궤(**加上 尊號都監儀軌**)」[433] 상(上)·하(下), 존호도감 편. <2책. 126장+189장. 필사본. 상권의 표제는 '(癸酉十一月 日太白山上)加上 尊號都監儀軌(上)'. 권수제는 '(乾隆十八年癸酉十一月 日)加上 尊號都監儀軌'. 한자+이두. 조선 필사 이두 자료. 서울대학교 규장각 한국학연구원 의궤 종합정보 홈페이지 원문 이미지 보기>

1754-00-00. 「가상존호도감의궤(**加上 尊號都監儀軌**)」[434] 상·하(上·下), 가상존호감 편. <2책. 131장+237장. 필사본. 표제는 '加上 尊號都監儀軌'. 권수제는 '(乾隆十八年癸酉十一月 日)加上 尊號都監儀軌'. 한자+이두. 조선 필사 이두 자료. 국립중앙박물관 외규장각 의궤 홈페이지 '외규186~187' 원문 이미지와 텍스트 보기>

1754-00-00. **노 어인노미 배지**(奴於仁老味牌旨), 민(閔). <1장. 점련문서. 한자+이두. 조선 필사 이두 자료. 경북 칠곡 석전 광주 이씨 소장. 한국학중앙연구원 장서각 한국고문서자료관 홈페이지 원문 이미지 보기. 한국학중앙연구원 편(2009) 참고>

1754-00-00. 「선원보략수정시교정청의궤(**璿源譜略修正時校正廳儀軌**)」,[435] 종부시

---

[433] 서울대학교 규장각 한국학연구원 의궤 종합정보 홈페이지에서는 서명을 표제나 권수제와는 달리 '숙종인경왕후인현왕후인원왕후가상존호도감의궤(肅宗仁敬王后仁顯王后仁元王后加上尊號都監儀軌)'로 적었다.

[434] 국립중앙박물관 외규장각 의궤 홈페이지에서는 서명을 표제나 권수제와는 달리 '숙종인경왕후인현왕후인원왕후가상존호도감의궤(肅宗仁敬王后仁顯王后仁元王后加上尊號都監儀軌)'로 적었다.

교정청(宗簿寺校正廳) 편(編). <1책. 27장. 필사본. 표제는 '(英宗 甲戌年校正廳)璿源譜略儀軌'. 권수제는 '(乾隆十九年)璿源譜略修正時校正廳儀軌'. 한자+이두. 조선 필사 이두 자료. 한국학중앙연구원 디지털장서각 홈페이지 'K2-3844' 원문 이미지와 텍스트 보기>

1754-00-00. 「선원보략수정시교정청의궤(璿源譜略修正時校正廳儀軌)」, 교정청 편. <1책. 27장. 필사본. 표제는 '(甲戌年 校正廳)璿源譜略儀軌'. 권수제는 '(乾隆十九年)璿源譜略修正時校正廳儀軌'. 한자+이두. 조선 필사 이두 자료. 서울대학교 규장각한국학연구원 의궤 종합정보 홈페이지 '奎14049' 원문 이미지와 텍스트 보기>

1754-00-00. **순창 성황대신 사적 현판명**(淳昌城隍大神事跡懸板銘) <'순창 성황당 현판명(淳昌城隍堂懸板銘)'이라고도 한다. 현판의 제목은 '城隍大神事跡'이다. 성황당과 그 신의 전통성을 기록한 것이다. 현판에는 이두문으로 작성된 두 첩문(帖文)이 전사되어 있다.[436] 순창 옥천향토문화연구소 소장. 남풍현(1995ㄹ, 2000ㄱ: 593-623) 참고>

1755년

<을해(乙亥), 영조 31년, 건륭 20년>

1755-01-04. **김은금 토지매매명문**(金銀金土地賣買明文), 삼선(三先). <1장. 한자+이두. 조선 필사 이두 자료. 아산 선교 장흥 임씨 구장. 한국학중앙연구원 장서각 소장. 한국학중앙연구원 장서각 한국고문서자료관 홈페이지 원문 이미지 보기. 한국학중앙연구원 편(2008) 참고>

---

435 한국학중앙연구원 디지털장서각 홈페이지에서는 서명을 '선원보략교정청의궤(璿源譜略校正廳儀軌)'로 적었다.

436 현판은 1563년에 이 지방의 호장과 서리들이 처음으로 제작하였는데, 1633년에 개각하여 만들었고, 1743년에 현판을 개각하여 다시 제작하였다. 1743년에 제작한 현판의 하단에는 1754년과 1823년에 각각 별도로 추가하여 기록한 부분이 있다. 그리고 1281년 첩문과 1297년의 첩문이 전사되어 있다. 이두문으로 적은 두 첩문은 개각할 때에 변질되었을 가능성도 배제할 수 없지만, 첩문이 이두로 쓰여 진다는 사실을 이 현판은 처음으로 알려준다(남풍현, 1995ㄹ, 2000ㄱ: 621-622).

1755-01-11. **곽자근노**[437] **토지매매명문**(郭者斤老土地賣買明文), 차우룡(車遇龍). <1장. 한자+이두. 조선 필사 이두 자료. 순천 월등 목천 장씨가 구장. 전북대학교 박물관 소장. 호남권 한국학자료센터 홈페이지 원문 이미지와 텍스트 보기. 박병호(1974ㄱ), 이재수(2003) 참고>

1755-01-16. **김중서 혜민서 약재 공인권 매매명문**(金重瑞惠民署藥材貢人權賣買明文), 변광진(卞光晉). <1장. 한자+이두. 조선 필사 이두 자료. 일본 경도대학 가와이문고 소장. 고려대학교 해외한국학자료센터 홈페이지 원문 이미지와 텍스트 보기>

1755-01-29. **유학 이기 토지매매명문**(幼學李期土地賣買明文), 손필후(孫必厚). <1장. 한자+이두. 조선 필사 이두 자료. 전남 구례군 토지면 오미리 문화 류씨 운조루 소장. 한국학중앙연구원 장서각 한국고문서자료관 홈페이지 원문 이미지와 텍스트 보기. 한국정신문화연구원 편(1998) 참고>

1755-01-30. **이 생원 댁 노 천태 노비매매명문**(李生員宅奴千太奴婢賣買明文), 어인노미(於仁老味). <1장. 점련문서. 한자+이두. 조선 필사 이두 자료. 경북 칠곡 석전 광주 이씨 소장. 한국학중앙연구원 장서각 한국고문서자료관 홈페이지 원문 이미지 보기. 한국학중앙연구원 편(2009) 참고>

1755-01-00. **무신 부적 속오군 김립 등 등장**(戊申赴敵束伍軍金立等等狀), 김립. <1장. 한자+이두. 조선 필사 이두 자료. 경남 함안 두릉 순흥 안씨 소장. 한국학중앙연구원 장서각 한국고문서자료관 홈페이지 원문 이미지 보기. 한국학중앙연구원 편(2006) 참고>

1755-02-04. **김만강 토지매매명문**(金萬江土地賣買明文), 김만연(金萬淵). <1장. 한자+이두. 조선 필사 이두 자료. 제주시 일도 이동규 구장. 제주시 일도 2동 제주민속자연사박물관 소장. 호남권 한국학자료센터 홈페이지 원문 이미지와 텍스트 보기. 고창석(2002) 참고>

1755-02-17. **질자 신태성 토지매매명문**(姪子辛兌成土地賣買明文), 숙부(叔父). <1장. 한자+이두. 조선 필사 이두 자료. 전남 영광군 입석 영월 신씨 소장. 한국학중앙연구원 장서각 한국고문서자료관 홈페이지 원문 이미지와 텍스트 보기. 한국정신

---

[437] '자근노'는 '자근노미(者斤老未, 者斤老味)'의 잘못이다.

문화연구원 편(1996) 참고>

1755-02-20. **왕응신·왕득신 초사**(王應臣·王得臣招辭), 왕응신·왕득신. <1장. 점련문서. 한자+이두. 조선 필사 이두 자료. 경북 성주 명곡 벽진 이씨 완석정 종택 소장. 한국학중앙연구원 장서각 한국고문서자료관 홈페이지 원문 이미지 보기. 한국학중앙연구원 편(2009) 참고>

1755-02-29. **홍삼남 토지매매명문**(洪三南土地賣買明文), 정수대(鄭秀大). <1장. 한자+이두. 조선 필사 이두 자료. 전남 해남 연동 해남 윤씨 녹우당 소장. 한국학중앙연구원 장서각 한국고문서자료관 홈페이지 원문 이미지와 텍스트 보기. 박병호(1974ㄱ), 한국정신문화연구원 편(1986), 이재수(2003), 김소은(2004) 참고>

1755-02-00. **경주 옥산서원 당중완의**(慶州玉山書院堂中完議), 옥산서원 당중. <1장. 한자+이두. 조선 필사 이두 자료. 경북 경주시 안강읍 옥산서원 소장. 한국학자료센터 영남권역센터 홈페이지 원문 이미지와 텍스트 보기. 이병훈(2016) 참고>

1755-02-00. **속오군 김립 등 의송**(束伍軍金立等議送), 김립 등. <1장. 한자+이두. 조선 필사 이두 자료. 경남 함안 두릉 순흥 안씨 소장. 한국학중앙연구원 장서각 한국고문서자료관 홈페이지 원문 이미지 보기. 한국학중앙연구원 편(2006) 참고>

1755-02-00. **이정록 소지**(李鼎祿所志), 이정록. <1장. 점련문서. 한자+이두. 조선 필사 이두 자료. 경북 성주 벽진 이씨 완석정 종택 소장. 한국학중앙연구원 장서각 한국고문서자료관 홈페이지 원문 이미지 보기. 한국학중앙연구원 편(2009) 참고>

1755-02-00~1762-11-25(乙亥~壬午).「병자 4월 본시초등록(**丙子四月本寺草謄錄**)」, 종부시(宗簿寺) 편(編). <1책. 34장. 표제는 '尺字謄錄'. 필사본. 한자+이두. 이두 자료. 서울대학교 규장각 한국학연구원 홈페이지 원문 이미지 보기>

1755-03-01. **노 담이 배지**(奴談伊牌旨), 황(黃). <1장. 점련문서. 한자+이두. 조선 필사 이두 자료. 전남 해남 연동 해남 윤씨 녹우당 소장. 한국학중앙연구원 장서각 한국고문서자료관 홈페이지 원문 이미지와 텍스트 보기. 박병호(1974ㄱ), 한국정신문화연구원 편(1986), 이재수(2003), 김소은(2004) 참고>

1755-03-08. **노 선위 토지매매명문**(奴善位土地賣買明文),[438] 담이(談伊). <1장. 점련문

서. 한자+이두. 조선 필사 이두 자료. 전남 해남 연동 해남 윤씨 녹우당 소장. 한국학중앙연구원 장서각 한국고문서자료관 홈페이지 원문 이미지와 텍스트 보기. 박병호(1974ㄱ), 한국정신문화연구원 편(1986), 이재수(2003), 김소은(2004) 참고>

1755-03-21. **이희성 토지매매명문**(李希誠土地賣買明文), 김시룡(金時龍). <1장. 한자+이두. 조선 필사 이두 자료. 경북 경주시 안강읍 옥산리 여주 이씨 독락당 소장. 한국학중앙연구원 장서각 한국고문서자료관 홈페이지 원문 이미지 보기. 한국정신문화연구원 편(2003) 참고>

1755-03-27. **별고자 세남 토지매매명문**(別庫子世男土地賣買明文), 홍용선(洪龍善). <1장. 한자+이두. 조선 필사 이두 자료. 경북 경주시 내남면 이조리 경주 최씨·용산서원 소장. 한국학중앙연구원 장서각 한국고문서자료관 홈페이지 원문 이미지 보기. 한국정신문화연구원 편(2000) 참고>

1755-04-07. **용산서원 재임 서목**(龍山書院齋任書目) 1, 용산서원. <1장. 한자+이두. 조선 필사 이두 자료. 경북 경주시 내남면 이조리 경주 최씨·용산서원 소장. 한국학중앙연구원 장서각 한국고문서자료관 홈페이지 원문 이미지 보기. 한국정신문화연구원 편(2000) 참고>

1755-04-24. **김유재 토지매매명문**(金有才土地賣買明文), 이 생원 댁 노 말봉(李生員宅奴㐹奉). <1장. 한자+이두. 조선 필사 이두 자료. 전북 임실군 오수 삼계강사 소장. 호남권 한국학자료센터 홈페이지 원문 이미지와 텍스트 보기. 박병호(1974ㄱ), 최승희(1989), 정구복 외(1999) 참고>

1755-04-00. **광주 이 씨가 입안**(廣州李氏家立案), 칠곡부(漆谷府). <1장. 점련문서. 한자+이두. 조선 필사 이두 자료. 경북 칠곡 석전 광주 이씨 소장. 한국학중앙연구원 장서각 한국고문서자료관 홈페이지 원문 이미지 보기. 한국학중앙연구원 편(2009) 참고>

---

[438] 한국학중앙연구원 장서각 한국고문서자료관 홈페이지에서는 '1755년 노(奴) 담이(談伊) 토지매매명문(土地賣買明文)'으로 표시하였다. 노 담이가 상전을 대신하여 노 선위에게 토지를 방매하면서 작성해 준 명문이다.

한국어의 한자 및 한문 표기 자료의 목록과 서지 3 -18세기- **419**

1755-04-00. **이 생원 댁 노 천태 소지**(李生員宅奴千太所志), 천태. <1장. 점련문서. 한자+이두. 조선 필사 이두 자료. 경북 칠곡 석전 광주 이씨 소장. 한국학중앙연구원 장서각 한국고문서자료관 홈페이지 원문 이미지 보기. 한국학중앙연구원 편(2009) 참고>

1755-04-00. **차노 어인노미 초사**(差奴於仁老味招辭), 어인노미. <1장. 점련문서. 한자+이두. 조선 필사 이두 자료. 경북 칠곡 석전 광주 이씨 소장. 한국학중앙연구원 장서각 한국고문서자료관 홈페이지 원문 이미지 보기. 한국학중앙연구원 편(2009) 참고>

1755-04-00. **화발·돌산 초사**(禾發·乭山招辭), 화발·돌산. <1장. 점련문서. 한자+이두. 조선 필사 이두 자료. 경북 칠곡 석전 광주 이씨 소장. 한국학중앙연구원 장서각 한국고문서자료관 홈페이지 원문 이미지 보기. 한국학중앙연구원 편(2009) 참고>

1755-05-01. **용산서원 재임 서목**(龍山書院齋任書目) 2, 용산서원. <1장. 한자+이두. 조선 필사 이두 자료. 경북 경주시 내남면 이조리 경주 최씨·용산서원 소장. 한국학중앙연구원 장서각 한국고문서자료관 홈페이지 원문 이미지 보기. 한국정신문화연구원 편(2000) 참고>

1755-05-04. **용산서원 재임 서목**(龍山書院齋任書目) 3, 용산서원. <1장. 한자+이두. 조선 필사 이두 자료. 경북 경주시 내남면 이조리 경주 최씨·용산서원 소장. 한국학중앙연구원 장서각 한국고문서자료관 홈페이지 원문 이미지 보기. 한국정신문화연구원 편(2000) 참고>

1755-05-06. **정택조 별급문기**(鄭宅祚別給文記) 1, 정택조. <1장. 한자+이두. 조선 필사 이두 자료. 경기도 양주 사릉 해주 정씨 종가 소장. 한국학중앙연구원 장서각 한국고문서자료관 홈페이지 원문 이미지 보기>

1755-05-06. **정택조 별급문기**(鄭宅祚別給文記) 2, 정택조. <1장. 한자+이두. 조선 필사 이두 자료. 경기도 양주 사릉 해주 정씨 종가 소장. 한국학중앙연구원 장서각 한국고문서자료관 홈페이지 원문 이미지 보기>

1755-05-09. **용산서원 재임 서목**(龍山書院齋任書目) 4, 용산서원. <1장. 한자+이두. 조선 필사 이두 자료. 경북 경주시 내남면 이조리 경주 최씨·용산서원 소장. 한국

학중앙연구원 장서각 한국고문서자료관 홈페이지 원문 이미지 보기. 한국정신문화연구원 편(2000) 참고>

1755-05-15. **용산서원 재임 서목**(龍山書院齋任書目) 5, 용산서원. <1장. 한자+이두. 조선 필사 이두 자료. 경북 경주시 내남면 이조리 경주 최씨·용산서원 소장. 한국학중앙연구원 장서각 한국고문서자료관 홈페이지 원문 이미지 보기. 한국정신문화연구원 편(2000) 참고>

1755-05-21. **전령**(傳令),[439] 경주부. <1장. 한자+이두. 조선 필사 이두 자료. 경북 경주시 내남면 이조리 경주 최씨·용산서원 소장. 한국학중앙연구원 장서각 한국고문서자료관 홈페이지 원문 이미지 보기. 한국정신문화연구원 편(2000) 참고>

1755-06-02. **용산서원 재임 서목**(龍山書院齋任書目) 6, 용산서원. <1장. 한자+이두. 조선 필사 이두 자료. 경북 경주시 내남면 이조리 경주 최씨·용산서원 소장. 한국학중앙연구원 장서각 한국고문서자료관 홈페이지 원문 이미지 보기. 한국정신문화연구원 편(2000) 참고>

1755-06-02. **장수륜 계**(張壽崙啓), 장수륜. <1장. 한자+이두. 조선 필사 이두 자료. 구미 옥산 인동 장씨 여헌 종택 소장. 한국학중앙연구원 장서각 한국고문서자료관 홈페이지 원문 이미지 보기. 한국학중앙연구원 편(2005) 참고>

1755-06-27. **유학 김광서 토지매매명문**(幼學金光瑞土地賣買明文), 김광해(金光海). <1장. 한자+이두. 조선 필사 이두 자료. 전남 구례군 토지면 오미리 문화 류씨 운조루 소장. 한국학중앙연구원 장서각 한국고문서자료관 홈페이지 원문 이미지와 텍스트 보기. 한국정신문화연구원 편(1998) 참고>

1755-06-29~1778-윤6-07(乙亥~戊戌). 「기우제등록(**祈雨祭謄錄**)」 6, 예조(禮曹) 편(編). <1책. 123장. 필사본. 한자+이두. 이두 자료. 서울대학교 규장각 한국학연구원 홈페이지 낙질본 6책(1, 3, 4, 6, 7, 8) 원문 이미지 보기> <1636-04-14~1661-윤7-04(1)>

1755-06-00. **하진해 등 소지**(河進海等所志), 하진해 등. <1장. 한자+이두. 조선 필사

---

[439] 한국학중앙연구원 장서각 한국고문서자료관 홈페이지에서는 '경주부전령(慶州府傳令)'으로 표시하였다.

이두 자료. 안동 송파 진주 하씨 하위지 후손가 소장. 한국학중앙연구원 고문서자 료관 홈페이지 원문 이미지 보기. 한국정신문화연구원 편(2002) 참고>

1755-07-27. **박증엽 깃급문기**(朴增曄衿給文記), 박증엽. <1장. 한자+이두. 조선 필사 이두 자료. 경남 밀양 신호 밀성 박씨·덕남서원 소장. 한국학중앙연구원 장서각 한국고문서자료관 홈페이지 원문 이미지 보기. 한국정신문화연구원 편(2004) 참 고>

1755-07-00. **하수해 등 소지**(河壽海等所志), 하수해 등. <1장. 한자+이두. 조선 필사 이두 자료. 안동 송파 진주 하씨 하위지 후손가 구장. 한국국학진흥원 소장. 한국 국학진흥원 유교넷 홈페이지 & 한국학중앙연구원 고문서자료관 홈페이지 원문 이미지 보기. 한국정신문화연구원 편(2002) 참고>

1755-08-02. **양계걸 토지매매명문**(梁繼傑土地賣買明文), 홍진원(洪珍源). <1장. 한자 +이두. 조선 필사 이두 자료. 제주시 일도 이동규 구장. 제주시 일도 2동 제주민속 자연사박물관 소장. 호남권 한국학자료센터 홈페이지 원문 이미지와 텍스트 보 기. 고창석(1997, 1998) 참고>

1755-08-00. **백련동민 의송**(白蓮洞民議送), 백련동민. <1장. 점련문서. 한자+이두. 조선 필사 이두 자료. 전남 해남 연동 해남 윤씨 녹우당 소장. 한국학중앙연구원 장서각 한국고문서자료관 홈페이지 원문 이미지와 텍스트 보기. 한국정신문화연 구원 편(1983, 1986), 최승희(1989), 김경숙(2002) 참고>

1755-09-15. **박 씨 별급문기**(朴氏別給文記), 박 씨. <1장. 한자+이두. 조선 필사 이두 자료. 경남 합천 용연서원 소장. 한국학중앙연구원 장서각 한국고문서자료관 홈 페이지 원문 이미지 보기. 한국정신문화연구원 편(1996) 참고>

1755-10-17. **권 생원 댁 노 숭업 토지매매명문**(權生員宅奴崇業土地賣買明文), 박태고 (朴太古). <1장. 한자+이두. 조선 필사 이두 자료. 경북 예천군 용문면 대제리 원동 권씨 춘우재 고택 구장. 한국국학진흥원 소장. 한국학자료센터 영남권역센 터 홈페이지 원문 이미지와 텍스트 보기. 김성갑(2013) 참고>

1755-11-14. **신함의 토지매매명문**(辛咸意土地賣買明文), 김종재(金宗才). <1장. 한자 +이두. 조선 필사 이두 자료. 전남 영광군 입석 영월 신씨 소장. 한국학중앙연구 원 장서각 한국고문서자료관 홈페이지 원문 이미지와 텍스트 보기. 한국정신문화

연구원 편(1996) 참고>

1755-11-16. **하명상 차첩**(河命祥差帖), 진주목(晉州牧). <1장. 한자+이두. 조선 필사 이두 자료. 경남 진주시 운문 진양 하씨 소장. 한국학중앙연구원 장서각 한국고문서자료관 홈페이지 원문 이미지 보기. 한국정신문화연구원 편(2001) 참고>

1755-11-30. **출신 이시화 토지매매명문**(出身李時華土地賣買明文), 김지환(金之煥). <1장. 한자+이두. 조선 필사 이두 자료. 전남 구례군 토지면 오미리 문화 류씨 운조루 소장. 한국학중앙연구원 장서각 한국고문서자료관 홈페이지 원문 이미지와 텍스트 보기. 한국정신문화연구원 편(1998) 참고>

1755-12-13. **권 생원 댁 노 한정 토지매매명문**(權生員宅奴汗丁土地賣買明文), 황귀발(黃貴發). <1장. 한자+이두. 조선 필사 이두 자료. 경북 예천군 용문면 대제리 원동 권씨 춘우재 고택 구장. 한국국학진흥원 소장. 한국학자료센터 영남권역센터 홈페이지 원문 이미지와 텍스트 보기. 김성갑(2013) 참고>

1755-12-16. **승 성관 토지매매명문**(僧性寬土地賣買明文), 최덕항(崔德恒). <1장. 한자+이두. 조선 필사 이두 자료. 전남 구례군 토지면 오미리 문화 류씨 운조루 소장. 한국학중앙연구원 장서각 한국고문서자료관 홈페이지 원문 이미지와 텍스트 보기. 한국정신문화연구원 편(1998) 참고>

1755-12-17~1756-02-29. 「선원보략수정의궤(璿源譜略修正儀軌)」, 종부시(宗簿寺). <1책. 28장. 필사본. 표제는 '英宗 丙子 全羅道 璿源譜略修正儀軌'. 한자+이두. 조선 필사 이두 자료. 한국학중앙연구원 장서각 소장. 한국학중앙연구원 장서각 한국학자료센터 홈페이지 원문 이미지와 텍스트 보기> <1919-03-00(改修)>

1755-12-26. **김우성 토지매매명문**(金右成土地賣買明文), 위안(爲安). <1장. 한자+이두. 조선 필사 이두 자료. 전북 임실군 오수 삼계강사 소장. 호남권 한국학자료센터 홈페이지 원문 이미지와 텍스트 보기. 박병호(1974ㄱ), 최승희(1989), 정구복 외(1999) 참고>

1755-12-00. **속오군 김립·이필 등 등장**(束伍軍金立·李必等等狀), 김립 등. <1장. 한자+이두. 조선 필사 이두 자료. 경남 함안 두릉 순흥 안씨 소장. 한국학중앙연구원 장서각 한국고문서자료관 홈페이지 원문 이미지 보기. 한국학중앙연구원 편(2006) 참고>

1755-00-00. **노 삼선 배지**(奴三先牌旨), 전(H). <1장. 한자+이두. 조선 필사 이두 자료. 아산 선교 장흥 임씨 구장. 한국학중앙연구원 장서각 소장. 한국학중앙연구원 장서각 한국고문서자료관 홈페이지 원문 이미지 보기. 한국학중앙연구원 편(2008) 참고>

1755-00-00.「선원보략수정시종부시의궤(璿源譜略修正時宗簿寺儀軌)」,[440] 종부시 편. <1책. 51장. 필사본. 표제는 '(英宗 乙亥年 全羅道上)璿源譜略修正時宗簿寺儀軌'. 권수제는 '(乾隆二十年乙亥四月 日)璿源譜略修正時宗簿寺儀軌'. 한자+이두. 조선 필사 이두 자료. 한국학중앙연구원 디지털장서각 홈페이지 'K2-3852' 원문 이미지와 텍스트 보기>

1755-00-00.「선원보략수정시종부시의궤(璿源譜略修正時宗簿寺儀軌)」, 종부시 편. <1책. 54장. 필사본. 표제는 '(乙亥)璿源譜略修正儀軌'. 권수제는 '(乾隆二十年乙亥四月 日)璿源譜略修正時宗簿寺儀軌'. 한자+이두. 조선 필사 이두 자료. 서울대학교 규장각 한국학연구원 의궤 종합정보 홈페이지 '奎14053' 원문 이미지 보기>

1755-00-00.「우마양저염역병치료방(牛馬羊猪染疫病治療方)」<필사본. 수의서. 최현배(1961), 김두종(1966), 심재완·조규설(1966), 안병희(1977ㄴ), 홍윤표(1982), 채인숙(1986), 김신근 편저(1987), 최범훈(1988), 손병태(1989), 이은규(1997ㄱ, 1998, 2004, 2022), 김영진·김병성(2000), 임홍빈 역주(2009), 박성종(2011) 참고> <이본: 1525-00-00(활자본) 이본 참고> <영인본: 임홍빈 역주(2009)에 영인본 수록>

1755-00-00.「상시봉원도감의궤(上諡封園都監儀軌)」[441] 상·하(上·下), 상시봉원도감 편. <2책. 188장+165장. 필사본. 원표지의 표제지는 결락. 권수제는 '(乾隆二十年乙亥六月初二日)上諡封園都監儀軌'. 한자+이두. 조선 필사 이두 자료. 국립중앙박물관 외규장각 의궤 홈페이지 '외규190~191' 원문 이미지와 텍스트 보기>

1755-00-00.「상시봉원도감의궤(上諡封園都監儀軌)」[442] 상시봉원도감 편. <1책. 160

---

440 한국학중앙연구원 디지털장서각 홈페이지에서는 서명을 '선원보략수정의궤(璿源譜略修正儀軌)'로 적었다.
441 국립중앙박물관 외규장각 의궤 홈페이지에서는 서명을 권수제와는 달리 '경혜인빈상시봉원도감의궤(敬惠仁嬪上諡封園都監儀軌)'로 적었다.
442 서울대학교 규장각 한국학연구원 의궤 종합정보 홈페이지에서는 서명을 '인빈상시봉원도감의궤

장. 필사본. 표제는 '(乾隆二十年乙亥六月 日 江華府上)上諡封園都監儀軌'. 한자+이두. 조선 필사 이두 자료. 서울대학교 규장각 한국학연구원 의궤 종합정보 홈페이지 '奎13493' 원문 이미지와 텍스트 보기>

1755-00-00. 「전라도무주적상산성봉 안국조어첩개수의궤(**全羅道茂朱赤裳山城奉安國朝御牒改修儀軌**)」,[443] 종부시(宗簿寺) 편. <1책. 5장. 필사본. 표제는 '赤裳山城國朝御牒落張改修儀軌'. 권수제는 '(乾隆二十年)全羅道茂朱赤裳山城奉安國朝御牒改修儀軌'. 한자+이두. 조선 필사 이두 자료. 서울대학교 규장각 한국학연구원 의궤 종합정보 홈페이지 '奎14152' 원문 이미지와 텍스트 보기>

1755-00-00. 「존숭도감의궤(**尊崇都監儀軌**)」 상·하, 의궤청(儀軌廳) 편(編). <2책. 199장+86장. 필사본. 한자+이두. 조선 필사 이두 자료. 한국학중앙연구원 디지털장서각 홈페이지 'K2-2841' 원문 이미지 보기>

1755-00-00. 「존숭도감의궤(**尊崇都監儀軌**)」 상·하, 존숭도감 편(編). <2책. 119장+172장. 필사본. 상권의 표제는 '尊崇都監儀軌(上卷)'. 권수제는 '(乾隆二十年乙亥十二月 日)尊崇都監儀軌'. 한자+이두. 조선 필사 이두 자료. 한국학중앙연구원 디지털장서각 홈페이지 'K2-2842' 원문 이미지 보기>

1755-00-00. 「풍양구 궐유지 비석수립의궤(**豊壤舊 闕遺址 碑石竪立儀軌**)」,[444] 예조(禮曹) 편. <1책. 39장. 필사본. 표제는 '豊壤竪立碑石儀軌'. 한자+이두. 조선 필사 이두 자료. 서울대학교 규장각 한국학연구원 의궤 종합정보 홈페이지 '奎14263' 원문 이미지와 텍스트 보기>

1755-00-00. 「풍양구 궐유지 비석수립의궤(**豊壤舊 闕遺址 碑石竪立儀軌**)」,[445] 예조(禮曹) 편. <1책. 44장. 필사본. 원표지의 표제지 결락. 권수제는 '(乙亥正月 日)豊壤

(仁嬪上諡封園稻笒儀軌)'로 적었다.

[443] 서울대학교 규장각 한국학연구원 의궤 종합정보 홈페이지에서는 서명을 '적성산성봉안국조어첩개수의궤(赤裳山城奉安國朝御牒改修儀軌)'로 적었다.

[444] 서울대학교 규장각 한국학연구원 의궤 종합정보 홈페이지에서는 서명을 '풍양구궐유지비석수립의궤(豊壤舊闕遺址碑石竪立儀軌)'로 붙여 썼다.

[445] 국립중앙박물관 외규장각 의궤 홈페이지에서는 서명을 권수제와는 달리 '풍양구궐유지비석수립의궤(豊壤舊闕遺址碑石竪立儀軌)'로 붙여 썼다.

舊闕遺址. 碑石竪立儀軌'. 한자+이두. 조선 필사 이두 자료. 국립중앙박물관 외규장각 의궤 홈페이지 '외규189' 원문 이미지와 텍스트 보기>

1755-00-00. 「후릉 현릉 광릉 경릉 창릉 선릉 정릉 표석영건청의궤(**厚陵 顯陵 光陵 敬陵 昌陵 宣陵 靖陵表石營建廳儀軌**)」,[446] 후릉 현릉 광릉 경릉 창릉 선릉 정릉표석영건청 편. <1책. 274장. 필사본. 원표지의 표제지는 결락. 권수제는 '(甲戌十二月 日)厚陵 顯陵 光陵 敬陵 昌陵 宣陵 靖陵表石營建廳儀軌'. 한자+이두. 조선 필사 이두 자료. 국립중앙박물관 외규장각 의궤 홈페이지 '외규188' 원문 이미지와 텍스트 보기>

1756년

<병자(丙子), 영조 32년, 건륭 21년>

1756-01-04. **김만려 토지매매명문**(金萬礪土地賣買明文), 권성■(權聖■). <1장. 한자+이두. 조선 필사 이두 자료. 경북 예천군 용문면 대제리 원동 권씨 춘우재 고택 구장. 한국국학진흥원 소장. 한국학자료센터 영남권역센터 홈페이지 원문 이미지와 텍스트 보기. 김성갑(2013) 참고>

1756-01-05. **고자 용이 배지**(庫子龍伊牌旨), 용원 당중(龍院堂中). <1장. 한자+이두. 조선 필사 이두 자료. 경북 경주시 내남면 이조리 경주 최씨·용산서원 소장. 한국학중앙연구원 장서각 한국고문서자료관 홈페이지 원문 이미지 보기. 한국정신문화연구원 편(2000) 참고>

1756-01-09. **이이탄 토지매매명문**(李貳坦土地賣買明文),[447] 신태서(辛兌瑞). <1장. 한자+이두. 조선 필사 이두 자료. 전남 영광군 입석 영월 신씨 소장. 한국학중앙연구원 장서각 한국고문서자료관 홈페이지 원문 이미지와 텍스트 보기. 한국정신문

---

[446] 국립중앙박물관 외규장각 의궤 홈페이지에서는 서명을 권수제와는 달리 '후릉현릉광릉경릉창릉선릉정릉표석영건청의궤(厚陵顯陵光陵敬陵昌陵宣陵靖陵表石營建廳儀軌)'로 붙여 썼다.

[447] 한국학중앙연구원 장서각 한국고문서자료관 홈페이지에서는 '이(李) 토지매매명문(土地賣買明文)'으로 표시하였다.

화연구원 편(1996) 참고>

1756-01-11. **임상현 토지매매명문**(林尙玄土地賣買明文), 임휘서(林彙瑞). <1장. 한자＋이두. 조선 필사 이두 자료. 경남 거창 갈계 은진 임씨 소장. 한국학중앙연구원 장서각 한국고문서자료관 홈페이지 원문 이미지 보기>

1756-01-17. **최한주 토지매매명문**(崔漢柱土地賣買明文), 최■명(崔■明). <1장. 한자＋이두. 조선 필사 이두 자료. 전남 구례군 토지면 오미리 문화 류씨 운조루 소장. 한국학중앙연구원 장서각 한국고문서자료관 홈페이지 원문 이미지와 텍스트 보기. 한국정신문화연구원 편(1998) 참고>

1756-01-18. **한 생원 댁 노 개남 토지매매명문**(韓生員宅奴介男土地賣買明文), 심열(心悅). <1장. 한자＋이두. 조선 필사 이두 자료. 일본 경도대학 가와이문고 소장. 고려대학교 해외한국학자료센터 홈페이지 원문 이미지와 텍스트 보기>

1756-02-04. **송계첨원 토지매매명문**(松契僉員土地賣買明文), 임종현(任宗顯). <1장. 한자＋이두. 조선 필사 이두 자료. 전북 장수군 침곡 충주 박씨가 소장. 호남권 한국학자료센터 홈페이지 원문 이미지와 텍스트 보기. 최승희(1989), 이재수(2003), 채현경(2011ㄱ) 참고>

1756-02-17. **유통천 댁 노비 천술 토지매매명문**(柳通川宅奴婢天㳶土地賣買明文), 양인 권후읍시(良人權後邑是). <1장. 한자＋이두. 조선 필사 이두 자료. 경북 안동시 수곡면 전주 류씨 삼산 종가 구장. 대구 수성구 만촌동 전주 류씨 종가 소장. 한국학자료센터 영남권역센터 홈페이지 원문 이미지와 텍스트 보기. 최승희(1989), 이재수(2003), 전경목(2010) 참고>

1756-02-24. **승 청탄 토지매매명문**(僧淸坦土地賣買明文), 보식(寶湜). <1장. 한자＋이두. 조선 필사 이두 자료. 전남 구례군 토지면 오미리 문화 류씨 운조루 소장. 한국학중앙연구원 장서각 한국고문서자료관 홈페이지 원문 이미지와 텍스트 보기. 한국정신문화연구원 편(1998) 참고>

1756-02-26. **최 씨가 완문**(崔氏家完文), 언양현(彦陽縣). <1장. 한자＋이두. 조선 필사 이두 자료. 경북 경주시 내남면 이조리 경주 최씨·용산서원 소장. 한국학중앙연구원 장서각 한국고문서자료관 홈페이지 원문 이미지 보기. 한국정신문화연구원 편(2000) 참고>

1756-02-29. **오촌 조카 이시화 토지매매명문**(五寸姪李時華土地賣買明文), 정승조(鄭昇朝). <1장. 한자+이두. 조선 필사 이두 자료. 전남 구례군 토지면 오미리 문화류씨 운조루 소장. 한국학중앙연구원 장서각 한국고문서자료관 홈페이지 원문 이미지와 텍스트 보기. 한국정신문화연구원 편(1998) 참고>

1756-02-00. **내수사 입안**(內需司立案), 내수사. <1장. 한자+이두. 조선 필사 이두 자료. 한국학중앙연구원 장서각 소장. 한국학중앙연구원 장서각 한국고문서자료관 홈페이지 원문 이미지 보기. 한국정신문화연구원 편(1992) 참고>

1756-03-04. **박점찬 토지매매명문**(朴占贊土地賣買明文), 김명이(金明伊). <1장. 한자+이두. 조선 필사 이두 자료. 경북 예천군 감천면 강릉 유씨 벌방 종가 구장. 한국국학진흥원 소장. 한국학자료센터 영남권역센터 홈페이지 원문 이미지와 텍스트 보기. 김성갑(2013) 참고>

1756-03-04. **이종서 토지매매명문**(李宗緖土地賣買明文), 이홍준(李弘俊). <1장. 한자+이두. 조선 필사 이두 자료. 전남 함평군 함평 이씨 이건풍 구장. 목포대학교 도서문화연구원 소장. 호남권 한국학자료센터 홈페이지 원문 이미지와 텍스트 보기. 최승희(1989) 참고>

1756-03-25. **상전 토지매매명문**(上典土地賣買明文), 원백(元百). <1장. 한자+이두. 조선 필사 이두 자료. 경남 밀양 신호 밀성 박씨·덕남서원 소장. 한국학중앙연구원 장서각 한국고문서자료관 홈페이지 원문 이미지 보기. 한국정신문화연구원 편(2004) 참고>

1756-03-2■. **유학 이우전 토지매매명문**(幼學李宇傳土地賣買明文), 유학 남원만(幼學南遠萬). <1장. 한자+이두. 조선 필사 이두 자료. 영해 인량 재령 이씨 우계 종택 구장. 한국국학진흥원 소장. 한국학자료센터 영남권역센터 홈페이지 원문 이미지와 텍스트 보기>

1756-03-00. **보은현감 송익흠 정사**(報恩縣監宋益欽呈辭) 1, 송익흠. <1장. 한자+이두. 조선 필사 이두 자료. 대전 회덕 은진 송씨 동춘당 후손가 구장. 대전시립박물관 소장. 한국학중앙연구원 장서각 한국고문서자료관 홈페이지 원문 이미지 보기. 한국학중앙연구원 편(2006) 참고>

1756-03-00. **속오군 김립·김태삼 등 등장**(束伍軍金立金太三等等狀), 김립·김태삼 등.

<1장. 한자+이두. 조선 필사 이두 자료. 경남 함안 두릉 순흥 안씨 소장. 한국학중앙연구원 장서각 한국고문서자료관 홈페이지 원문 이미지 보기. 한국학중앙연구원 편(2006) 참고>

1756-04-01~1759-01-15(丙子~己卯). 「종친부등록(宗親府謄錄)」, 종친부(宗親府) 편(編). <1책(1/12. 奎13007-v.1-12). 51장. 필사본. 한자+이두. 조선 필사 이두 자료. 서울대학교 규장각 한국학연구원 홈페이지 원문 이미지 보기> <1789-03-00~1794-06-14(2/12), 1854-07-00~1861-10-00(3/12), 1861-10-00~1864-02-03(4/12), 1863-12-08~1866-02-01(5/12), 1866-02-02~1868-06-23(6/12), 1868-06-29~1871-05-23(7/12), 1871-06-02~1875-09-30(8/12), 1875-10-01~1881-02-05(9/12), 1881-04-01~1889-01-29(10/12), 1889-02-01~1895-03-25(11/12), 1882-08-00~1909-04-00(12/12)>

1756-04-03. **유학 김구복 토지매매명문**(幼學金九福土地賣買明文), 류덕항(柳德恒). <1장. 점련문서. 한자+이두. 조선 필사 이두 자료. 전남 해남 연동 해남 윤씨 녹우당 소장. 한국학중앙연구원 장서각 한국고문서자료관 홈페이지 원문 이미지와 텍스트 보기. 박병호(1974ㄱ), 김태영(1983), 한국정신문화연구원 편(1983, 1986), 최승희(1989) 참고>

1756-04-04. **이시화 토지매매명문**(李時華土地賣買明文), 최인관(崔寅寬). <1장. 한자+이두. 조선 필사 이두 자료. 전남 구례군 토지면 오미리 문화 류씨 운조루 소장. 한국학중앙연구원 장서각 한국고문서자료관 홈페이지 원문 이미지와 텍스트 보기. 한국정신문화연구원 편(1998) 참고>

1756-04-06. **이홍직 토지매매명문**(李弘直土地賣買明文), 이홍눌(李弘訥). <1장. 한자+이두. 조선 필사 이두 자료. 경북 안동시 법흥동 고성 이씨 탑동 종가 구장. 한국국학진흥원 소장. 한국학자료센터 영남권역센터 홈페이지 원문 이미지와 텍스트 보기. 박병호(1974ㄱ), 최승희(1989), 이재수(2003), 이수건 외(2004), 진경목(2010) 참고>

1756-04-07. **김덕민 토지매매명문**(金德旻土地賣買明文), 김덕령(金德岭).[448] <1장. 한자+이두. 조선 필사 이두 자료. 전남 영암 밀양 김씨 김상회 소장. 호남권 한국학

---

[448] 호남권 한국학자료센터 홈페이지에서는 '金德{止+令}'으로 잘못 표시하였다.

자료센터 홈페이지 원문 이미지와 텍스트 보기. 최승희(1989) 참고>

1756-04-09. **종질 손응구 토지매매명문**(從姪孫應九土地賣買明文), 이형환(李亨煥). <1장. 한자+이두. 조선 필사 이두 자료. 경북 경주시 양동 경주 손씨 송첨 종택 소장. 한국학중앙연구원 장서각 한국고문서자료관 홈페이지 원문 이미지 보기. 이수건(1979), 이수건 편(1981), 영남대학교 인문과학연구소 편(1990), 한국정신문화연구원 편(1997) 참고>

1756-04-14. **하명상 초료첩**(河命祥草料帖), 관찰사(觀察使). <1장. 한자+이두. 조선 필사 이두 자료. 경남 진주시 운문 진양 하씨 소장. 한국학중앙연구원 장서각 한국고문서자료관 홈페이지 원문 이미지 보기. 한국정신문화연구원 편(2001) 참고>

1756-04-20. **적장 정록항 토지매매명문**(嫡長丁彔恒土地賣買明文), 정원창(丁元昌). <1장. 한자+이두. 조선 필사 이두 자료. 전남 영광군 입석 영월 신씨 소장. 한국학중앙연구원 장서각 한국고문서자료관 홈페이지 원문 이미지와 텍스트 보기. 한국정신문화연구원 편(1996) 참고>

1756-04-26~1783-07-02(丙子~癸卯).「치제등록(**致祭謄錄**)」제2, 예조(禮曹) 편(編). <1책. 219장. 전3책. 필사본. 필사 시기 미상. 한자+이두. 조선 필사 이두 자료. 서울대학교 규장각 한국학연구원 홈페이지 원문 이미지 보기> <1724-04-05~1734-06-26(제1), 1795-04-03~1815-02-04(제3)>

1756-04-27. **유 씨 노비 천술 토지매매명문**(柳氏奴婢天述土地賣買明文), 일옥(日玉). <1장. 한자+이두. 조선 필사 이두 자료. 경북 안동시 수곡면 전주 류씨 삼산 종가 구장. 대구 수성구 만촌동 전주 류씨 종가 소장. 한국학자료센터 영남권역센터 홈페이지 원문 이미지와 텍스트 보기. 최승희(1989), 이재수(2003), 전경목(2010) 참고>

1756-04-30. **장남추 토지매매명문**(張南樞土地賣買明文), 김필경(金必慶). <1장. 한자+이두. 조선 필사 이두 자료. 전남 영광군 입석 영월 신씨 소장. 한국학중앙연구원 장서각 한국고문서자료관 홈페이지 원문 이미지와 텍스트 보기. 한국정신문화연구원 편(1996) 참고>

1756-05-06. **용산서원 재임 서목**(龍山書院齋任書目) 1, 용산서원. <1장. 한자+이두.

조선 필사 이두 자료. 경북 경주시 내남면 이조리 경주 최씨·용산서원 소장. 한국학중앙연구원 장서각 한국고문서자료관 홈페이지 원문 이미지 보기. 한국정신문화연구원 편(2000) 참고>

1756-05-00. **남처도 소지**(南處道所志), 남처도. <1장. 한자+이두. 조선 필사 이두 자료. 경남 밀양 사촌 의령 남씨 침류정 소장. 한국학중앙연구원 장서각 한국고문서자료관 홈페이지 원문 이미지 보기. 한국정신문화연구원 편(2004) 참고>

1756-06-27. **유학 신태성 노비매매명문**(幼學辛兌成奴婢賣買明文), 신태윤(辛兌潤). <1장. 한자+이두. 조선 필사 이두 자료. 전남 영광군 입석 영월 신씨 소장. 한국학중앙연구원 장서각 한국고문서자료관 홈페이지 원문 이미지와 텍스트 보기. 한국정신문화연구원 편(1996) 참고>

1756-07-07. **용산서원 재임 서목**(龍山書院齋任書目) 2, 용산서원. <1장. 한자+이두. 조선 필사 이두 자료. 경북 경주시 내남면 이조리 경주 최씨·용산서원 소장. 한국학중앙연구원 장서각 한국고문서자료관 홈페이지 원문 이미지 보기. 한국정신문화연구원 편(2000) 참고>

1756-07-15. **용산서원 재임 서목**(龍山書院齋任書目) 3, 용산서원. <1장. 한자+이두. 조선 필사 이두 자료. 경북 경주시 내남면 이조리 경주 최씨·용산서원 소장. 한국학중앙연구원 장서각 한국고문서자료관 홈페이지 원문 이미지 보기. 한국정신문화연구원 편(2000) 참고>

1756-07-15. **유득재 토지매매명문**(柳得才土地賣買明文), 김만해(金萬海). <1장. 한자+이두. 조선 필사 이두 자료. 서산 대교 경주 김씨 소장. 한국학중앙연구원 장서각 한국고문서자료관 홈페이지 원문 이미지 보기. 한국학중앙연구원 편(2007) 참고>

1756-07-00. **속오군 김태삼 등 등장**(束伍軍金太三等等狀), 김태삼 등. <1장. 한자+이두. 조선 필사 이두 자료. 경남 함안 두릉 순흥 안씨 소장. 한국학중앙연구원 장서각 한국고문서자료관 홈페이지 원문 이미지 보기. 한국학중앙연구원 편(2006) 참고>

1756-08-00. **보은현감 송익흠 정사**(報恩縣監宋 益欽呈辭) 2, 송익흠. <1장. 한자+이두. 조선 필사 이두 자료. 대전 회덕 은진 송씨 동춘당 후손가 구장. 대전시립박물

관 소장. 한국학중앙연구원 장서각 한국고문서자료관 홈페이지 원문 이미지 보기. 한국학중앙연구원 편(2006) 참고>

1756-08-00. **예조 입안**(禮曺[449]立案), 예조. <1장. 한자+이두. 조선 필사 이두 자료. 군포 속달 동래 정씨 정난종 종가 구장. 한국학중앙연구원 장서각 소장. 한국학중앙연구원 장서각 한국고문서자료관 홈페이지 원문 이미지 보기. 한국학중앙연구원 편(2010) 참고>

1756-09-00. **안응진·안응구 등 소지**(安應珍安應球等所志), 안응진·안응구. <1장. 한자+이두. 조선 필사 이두 자료. 경남 함안 두릉 순흥 안씨 소장. 한국학중앙연구원 장서각 한국고문서자료관 홈페이지 원문 이미지 보기. 한국학중앙연구원 편(2006) 참고>

1756-09-00. **안응진·안응찬 등 소지**(安應珍安應瓚等所志) 1, 안응진·안응찬. <1장. 한자+이두. 조선 필사 이두 자료. 경남 함안 두릉 순흥 안씨 소장. 한국학중앙연구원 장서각 한국고문서자료관 홈페이지 원문 이미지 보기. 한국학중앙연구원 편(2006) 참고>

1756-09-00. **안응진·안응찬 등 소지**(安應珍安應瓚等所志) 2, 안응진·안응찬. <1장. 한자+이두. 조선 필사 이두 자료. 경남 함안 두릉 순흥 안씨 소장. 한국학중앙연구원 장서각 한국고문서자료관 홈페이지 원문 이미지 보기. 한국학중앙연구원 편(2006) 참고>

1756-10-13. **김득추 토지매매명문**(金得秋土地賣買明文), 임성하(林成厦). <1장. 한자+이두. 조선 필사 이두 자료. 전북 부안군 우반 부안 김씨 구장. 전북 부안군 우동 세덕각 소장. 호남권 한국학자료센터 홈페이지 & 한국학중앙연구원 장서각 한국고문서자료관 홈페이지 원문 이미지와 텍스트 보기. 박병호(1974ㄱ), 한국정신문화연구원 편(1983, 1998), 이재수(2003), 한국학중앙연구원 편(2017) 참고>

1756-10-00. **김시성 소지**(金始成所志), 김시성. <1장. 한자+이두. 조선 필사 이두 자료. 안동 천전 의성 김씨 재산 종택 소장. 한국학중앙연구원 장서각 한국고문서자료관 홈페이지 원문 이미지 보기. 한국정신문화연구원 편(1989) 참고>

---

[449] 문서에서는 '禮曹'가 아닌 '禮曺'로 적었다.

1756-11-12. **이갑증 노비매매명문**(李甲曾奴婢賣買明文), 이서규(李瑞圭). <1장. 한자+이두. 조선 필사 이두 자료. 전북 남원 둔덕 전주 이씨가 구장. 전북대학교 박물관 소장. 호남권 한국학자료센터 홈페이지 원문 이미지와 텍스트 보기. 전북대학교 박물관 편(1990), 전경목(1993), 최연숙(2005) 참고>

1756-11-12. **이세득 토지매매명문**(李世得土地賣買明文), 금(琴). <1장. 한자+이두. 조선 필사 이두 자료. 경북 안동시 오천 광산 김씨 후조당 소장. 한국학중앙연구원 장서각 한국고문서자료관 홈페이지 원문 이미지와 텍스트 보기. 박병호(1974ㄱ), 한국정신문화연구원 편(1982) 참고>

1756-11-15.[450] **남궁최 초사**(南宮最招辭), 남궁최. <1장. 한자+이두. 조선 필사 이두 자료. 전북 남원 둔덕 전주 이씨가 구장. 전북대학교 박물관 소장. 호남권 한국학자료센터 홈페이지 원문 이미지와 텍스트 보기. 전북대학교 박물관 편(1990), 전경목(1993), 최연숙(2005) 참고>

1756-11-15. **이갑증 초사**(李甲曾招辭), 이갑증. <1장. 한자+이두. 조선 필사 이두 자료. 전북 남원 둔덕 전주 이씨가 구장. 전북대학교 박물관 소장. 호남권 한국학자료센터 홈페이지 원문 이미지와 텍스트 보기. 전북대학교 박물관 편(1990), 전경목(1993), 최연숙(2005) 참고>

1756-11-15. **이서규 등 초사**(李瑞圭等招辭), 이서규 등. <1장. 한자+이두. 조선 필사 이두 자료. 전북 남원 둔덕 전주 이씨가 구장. 전북대학교 박물관 소장. 호남권 한국학자료센터 홈페이지 원문 이미지와 텍스트 보기. 전북대학교 박물관 편(1990), 전경목(1993), 최연숙(2005) 참고>

1756-11-15. **이서규 초사**(李瑞圭招辭), 이서규. <1장. 한자+이두. 조선 필사 이두 자료. 전북 남원 둔덕 전주 이씨가 구장. 전북대학교 박물관 소장. 호남권 한국학자료센터 홈페이지 원문 이미지와 텍스트 보기. 전북대학교 박물관 편(1990), 전경목(1993), 최연숙(2005) 참고>

1756-11-30. **토지매매명문**(土地賣買明文),[451] 승 체유(僧体維). <1장. 한자+이두. 조

---

450 호남권 한국학자료센터 홈페이지에서는 '1754년 남궁최(南宮最) 초사(招辭)'로 잘못 표시하였다.
451 한국학자료센터 영남권역센터 홈페이지에서는 '승(僧) 체유(体維) 방매 토지매매명문'으로 표시

선 필사 이두 자료. 경북 예천군 용문면 대제리 원동 권씨 춘우재 고택 구장. 한국국학진흥원 소장. 한국학자료센터 영남권역센터 홈페이지 원문 이미지와 텍스트 보기. 김성갑(2013) 참고>

1756-11-30. **토지매매명문**(土地賣買明文),⁴⁵² 장찰관(張察官). <1장. 한자+이두. 조선 필사 이두 자료. 경북 예천군 용문면 대제리 원동 권씨 춘우재 고택 구장. 한국국학진흥원 소장. 한국학자료센터 영남권역센터 홈페이지 원문 이미지와 텍스트 보기. 김성갑(2013) 참고>

1756-11-00. **보은현감 송익흠 정사**(報恩縣監宋 益欽呈辭) 3, 송익흠. <1장. 한자+이두. 조선 필사 이두 자료. 대전 회덕 은진 송씨 동춘당 후손가 구장. 대전시립박물관 소장. 한국학중앙연구원 장서각 한국고문서자료관 홈페이지 원문 이미지 보기. 한국학중앙연구원 편(2006) 참고>

1756-11-00. **보은현감 송익흠 정사**(報恩縣監宋 益欽呈辭) 4, 송익흠. <1장. 한자+이두. 조선 필사 이두 자료. 대전 회덕 은진 송씨 동춘당 후손가 구장. 대전시립박물관 소장. 한국학중앙연구원 장서각 한국고문서자료관 홈페이지 원문 이미지 보기. 한국학중앙연구원 편(2006) 참고>

1756-11-00. **하섭 초사**(河渉招辭), 하섭. <1장. 한자+이두. 조선 필사 이두 자료. 전북 남원 둔덕 전주 이씨가 구장. 전북대학교 박물관 소장. 호남권 한국학자료센터 홈페이지 원문 이미지와 텍스트 보기. 전북대학교 박물관 편(1990), 전경목(1993), 최연숙(2005) 참고>

1756-12-11. **유학 문덕홍 토지매매명문**(幼學文德洪土地賣買明文), 강택인(姜宅仁). <1장. 한자+이두. 조선 필사 이두 자료. 전남 구례군 토지면 오미리 문화 류씨 운조루 소장. 한국학중앙연구원 장서각 한국고문서자료관 홈페이지 원문 이미지와 텍스트 보기. 한국정신문화연구원 편(1998) 참고>

1756-12-14. **출신 이시화 토지매매명문**(出身李時華土地賣買明文), 화엄사 승(華嚴寺

하였다.

452 한국학자료센터 영남권역센터 홈페이지에서는 '장찰관(張察官) 방매 토지매매명문'으로 표시하였다.

僧). <1장. 한자+이두. 조선 필사 이두 자료. 전남 구례군 토지면 오미리 문화 류씨 운조루 소장. 한국학중앙연구원 장서각 한국고문서자료관 홈페이지 원문 이미지와 텍스트 보기. 한국정신문화연구원 편(1998) 참고>

1756-12-15. **유진휴 토지매매명문**(柳震休土地賣買明文), 김훈(金勛). <1장. 한자+이두. 조선 필사 이두 자료. 경북 안동시 수곡면 전주 류씨 삼산 종가 구장. 대구 수성구 만촌동 전주 류씨 종가 소장. 한국학자료센터 영남권역센터 홈페이지 원문 이미지와 텍스트 보기. 최승희(1989), 이재수(2003), 전경목(2010) 참고>

1756-12-20. **승 성인 토지매매명문**(僧性仁土地賣買明文), 체안(體安). <1장. 한자+이두. 조선 필사 이두 자료. 경북 경주시 내남면 이조리 경주 최씨·용산서원 소장. 한국학중앙연구원 장서각 한국고문서자료관 홈페이지 원문 이미지 보기. 한국정신문화연구원 편(2000) 참고>

1756-12-21. **권성통 토지매매명문**(權聖通土地賣買明文), 권계도(權啓度). <1장. 한자+이두. 조선 필사 이두 자료. 경북 예천군 용문면 대제리 원동 권씨 춘우재 고택 구장. 한국국학진흥원 소장. 한국학자료센터 영남권역센터 홈페이지 원문 이미지와 텍스트 보기. 김성갑(2013) 참고>

1756-12-22. **권복 토지매매명문**(權卜土地賣買明文), 권 씨. <1장. 한자+이두. 조선 필사 이두 자료. 경북 예천군 용문면 대제리 원동 권씨 춘우재 고택 구장. 한국국학진흥원 소장. 한국학자료센터 영남권역센터 홈페이지 원문 이미지와 텍스트 보기. 김성갑(2013) 참고>

1756-12-00. **속오군 김립 등 등장**(束伍軍金立等等狀), 김립 등. <1장. 한자+이두. 조선 필사 이두 자료. 경남 함안 두릉 순흥 안씨 소장. 한국학중앙연구원 장서각 한국고문서자료관 홈페이지 원문 이미지 보기. 한국학중앙연구원 편(2006) 참고>

1756-■■-■■. **풍약·검독 등 등장**(風約檢督等等狀), 풍약·검독 등. <1장. 한자+이두. 조선 필사 이두 자료. 전남 구례군 토지면 오미리 문화 류씨 운조루 소장. 한국학중앙연구원 장서각 한국고문서자료관 홈페이지 원문 이미지와 텍스트 보기. 한국정신문화연구원 편(1998) 참고>

1756-00-00. 「국조어첩 팔고조도 선원보략수정시종부시의궤(**國朝御牒 八高祖圖 璿**

源譜略修正時宗簿寺儀軌)」,⁴⁵³ 종부시. <1책. 32장. 필사본. 표제는 '(丙子 江華)璿源譜略修正儀軌'. 권수제는 '(乾隆二十一年丙子正月初九日)國朝御牒 八高祖圖 璿源譜略修正時宗簿寺儀軌'. 한자+이두. 조선 필사 이두 자료. 서울대학교 규장각 한국학연구원 의궤 종합정보 홈페이지 '奎14057' 원문 이미지와 텍스트 보기>

1756-00-00. 「국조어첩 팔고조도 선원보략수정시종부시의궤(國朝御牒 八高祖圖 璿源譜略修正時宗簿寺儀軌)」,⁴⁵⁴ 종부시 편. <1책. 29장. 필사본. 표제는 '(英宗 丙子 全羅道)璿源譜略修正時宗簿寺儀軌'. 권수제는 '(乾隆二十一年丙子正月初九日)國朝御牒 八高祖圖 璿源譜略修正時宗簿寺儀軌'. 한자+이두. 조선 필사 이두 자료. 한국학중앙연구원 디지털장서각 홈페이지 'K2-3853' 원문 이미지와 텍스트 보기>

1756-00-00. **동임 토지매매명문**(洞任土地賣買明文), 김경석(金慶錫). <1장. 한자+이두. 조선 필사 이두 자료. 안동 천전 의성 김씨 재산 종택 소장. 한국학중앙연구원 장서각 한국고문서자료관 홈페이지 원문 이미지 보기. 한국정신문화연구원 편(1990) 참고>

1756-00-00. **이우방 토지매매명문**(李宇芳土地賣買明文), 남휘만(南彙萬). <1장. 한자+이두. 조선 필사 이두 자료. 영해 인량 재령 이씨 충효당 구장. 한국국학진흥원 소장. 한국학중앙연구원 장서각 한국고문서자료관 홈페이지 원문 이미지와 텍스트 보기>

1756-00-00. 「존숭도감의궤(**尊崇都監儀軌**)」⁴⁵⁵ 상(上)·하(下), 존숭도감 편. <2책. 111장+134장. 필사본. 상권의 표제는 '(乙亥十二月 日 五臺山上)尊崇都監儀軌(上)'. 권수제는 '(乾隆二十年乙亥十二月 日)尊崇都監儀軌'. 한자+이두. 조선 필사 이두 자료. 서울대학교 규장각 한국학연구원 의궤 종합정보 홈페이지 '奎14890', '奎13269' 원문 이미지와 텍스트 보기>

---

453 서울대학교 규장각 한국학연구원 의궤 종합 정보 홈페이지에서는 서명을 '국조어첩팔고조도선원보략수정시종부시의궤(國朝御牒八高祖圖璿源譜略修正時宗簿寺儀軌)'로 붙여 썼다.

454 한국학중앙연구원 디지털장서각 홈페이지에서는 서명을 '선원보략수정의궤(璿源譜略修正儀軌)'로 적었다.

455 서울대학교 규장각 한국학연구원 의궤 종합정보 홈페이지에서는 서명을 표제나 권수제와는 달리 '인원왕후숙빈영조정성왕후존숭도감의궤(仁元王后淑嬪英祖貞聖王后尊崇都監儀軌)'로 적었다.

1756-00-00. 「찬수청의궤(纂修廳儀軌)」,[456] 찬수청 편. <1책. 49장. 필사본. 표제는 '(禮曺上 乾隆二十年乙亥十二月 日)纂修廳儀軌'. 권수제는 '(乾隆二十年乙亥六月 日)纂修廳儀軌'. 한자+이두. 조선 필사 이두 자료. 서울대학교 규장각 한국학연구원 의궤 종합정보 홈페이지 '奎14206' 원문 이미지와 텍스트 보기>

1757년

<정축(丁丑), 영조 33년, 건륭 22년>

1757-01-04. **차돌 토지매매명문**(次乭土地賣買明文), 강승돌(姜升乭). <1장. 한자+이두. 조선 필사 이두 자료. 경북 안동시 주촌 진성 이씨 경류정 소장. 한국학중앙연구원 장서각 한국고문서자료관 홈페이지 원문 이미지와 텍스트 보기. 한국정신문화연구원 편(1999) 참고>

1757-01-11. **유학 진한형 토지매매명문**(幼學陳漢亨土地賣買明文), 연순(演淳). <1장. 한자+이두. 조선 필사 이두 자료. 전남 구례군 토지면 오미리 문화 류씨 운조루 소장. 한국학중앙연구원 장서각 한국고문서자료관 홈페이지 원문 이미지와 텍스트 보기. 한국정신문화연구원 편(1998) 참고>

1757-01-25. **박희지 토지매매명문**(朴喜志土地賣買明文), 박명주(朴命周). <1장. 한자+이두. 조선 필사 이두 자료. 영해 도곡 무안 박씨 무의공 종택 소장. 한국학중앙연구원 고문서자료관 홈페이지 원문 이미지 보기. 한국학중앙연구원 편(2008) 참고>

1757-01-25. **초재 토지매매명문**(椒 齋土地賣買明文), 박명주(朴命周). <1장. 한자+이두. 조선 필사 이두 자료. 영해 도곡 무안 박씨 무의공 종택 소장. 한국학중앙연구원 고문서자료관 홈페이지 원문 이미지 보기. 한국학중앙연구원 편(2008) 참고>

1757-02-06. **국탄 토지매매명문**(國坦土地賣買明文), 서도윤(徐道潤). <1장. 한자+이

---

[456] 서울대학교 규장각 한국학연구원 의궤 종합정보 홈페이지에서는 서명을 표제나 권수제와는 달리 '천의소감찬수청의궤(闡義昭鑑纂修廳儀軌)'로 적었다.

두. 조선 필사 이두 자료. 대구광역시 동구 둔산동 경주 최씨 백불암 종중 구장. 안동대학교 박물관 소장. 한국학자료센터 영남권역센터 홈페이지 원문 이미지와 텍스트 보기. 박병호(1974ㄱ), 최승희(1989), 이재수(2003), 이수건 외(2004) 참고>

1757-02-15. **남붕숙 깃급문기**(南鵬翻衿給文記), 남붕숙. <1장. 한자+이두. 조선 필사 이두 자료. 경남 밀양 사촌 의령 남씨 침류정 소장. 한국학중앙연구원 장서각 한국고문서자료관 홈페이지 원문 이미지 보기. 한국정신문화연구원 편(2004) 참고>

1757-02-17. **강위구 토지매매명문**(姜渭龜土地賣買明文), 장중재(張重載). <1장. 한자+이두. 조선 필사 이두 자료. 제주 어도내산 진주 강씨가 구장. 제주 한림 강우석 소장. 호남권 한국학자료센터 홈페이지 원문 이미지와 텍스트 보기. 이재수(2003), 오창명(2007) 참고>

1757-02-20. **이명룡 가사매매명문**(李命龍家舍賣買明文), 이택함(李宅咸). <1장. 한자+이두. 조선 필사 이두 자료. 전남 함평군 함평 이씨 이건풍 구장. 목포대학교 도서문화연구원 소장. 호남권 한국학자료센터 홈페이지 원문 이미지와 텍스트 보기. 최승희(1989) 참고>

1757-03-12. **이인훤 혜민서 약재 공인권 매매명문**(李寅煊惠民署藥材貢人權賣買明文), 김 씨(金氏). <1장. 한자+이두. 조선 필사 이두 자료. 일본 경도대학 가와이문고 소장. 고려대학교 해외한국학자료센터 홈페이지 원문 이미지와 텍스트 보기>

1757-03-13. **최종대 토지매매명문**(崔宗岱土地賣買明文), 최승휴(崔承休). <1장. 한자+이두. 조선 필사 이두 자료. 경북 경주시 내남면 이조리 경주 최씨·용산서원 소장. 한국학중앙연구원 장서각 한국고문서자료관 홈페이지 원문 이미지 보기. 한국정신문화연구원 편(2000) 참고>

1757-03-00. 「송야평천방도감완의(松夜坪川防都監完議)」 <1책. 17장. 필사본. '松夜坪川防完議', '官傳令' 등을 합철. 한자+이두. 조선 필사 이두 자료. 안동 송파 진주 하씨 하위지 후손가 소장. 한국학중앙연구원 고문서자료관 홈페이지 원문 이미지 보기. 한국정신문화연구원 편(2002) 참고>

1757-03-00. **하용국 등 소지**(河龍國等所志), 하용국 등. <1장. 한자+이두. 조선 필사 이두 자료. 안동 송파 진주 하씨 하위지 후손가 소장. 한국학중앙연구원 고문서자

료관 홈페이지 원문 이미지 보기. 한국정신문화연구원 편(2002) 참고>

1757-03-00~1757-06-00(丁丑). 「인원왕후진향등록(仁元王后進香謄錄)」, 종친부(宗親府) 편(編). <1책. 23장. 필사본. 한자+이두. 조선 필사 이두 자료. 서울대학교 규장각 한국학연구원 홈페이지 원문 이미지 보기> <영인본: 「각사등록」 53(국사편찬위원회, 1992)>

1757-04-13. **이개재 등 토지매매명문**(李介才等土地賣買明文) 1, 김유재(金有才). <1장. 한자+이두. 조선 필사 이두 자료. 전북 임실군 오수 삼계강사 소장. 호남권 한국학자료센터 홈페이지 원문 이미지와 텍스트 보기. 박병호(1974ㄱ), 최승희(1989), 정구복 외(1999) 참고>

1757-04-13. **이개재 등 토지매매명문**(李介才等土地賣買明文) 2, 태귀(太貴). <1장. 한자+이두. 조선 필사 이두 자료. 전북 임실군 오수 삼계강사 소장. 호남권 한국학자료센터 홈페이지 원문 이미지와 텍스트 보기. 박병호(1974ㄱ), 최승희(1989), 정구복 외(1999) 참고>

1757-04-23. **김차운 토지매매명문**(金次雲土地賣買明文), 사노 우명복(私奴禹命福). <1장. 한자+이두. 조선 필사 이두 자료. 경기도 양주 사릉 해주 정씨 종가 소장. 한국학중앙연구원 장서각 한국고문서자료관 홈페이지 원문 이미지 보기>

1757-05-00. **유삼수·안택주·안중구 등 의송**(柳參壽安宅柱安重玖等議送), 유삼수·안택주·안중구 등. <1장. 한자+이두. 조선 필사 이두 자료. 경남 함안 두릉 순흥 안씨 소장. 한국학중앙연구원 장서각 한국고문서자료관 홈페이지 원문 이미지 보기. 한국학중앙연구원 편(2006) 참고>

1757-06-01. **이희성 토지매매명문**(李希誠土地賣買明文), 이희겸(李希謙). <1장. 한자+이두. 조선 필사 이두 자료. 경북 경주시 안강읍 옥산리 여주 이씨 독락당 소장. 한국학중앙연구원 장서각 한국고문서자료관 홈페이지 원문 이미지 보기. 한국정신문화연구원 편(2003) 참고>

1757-06-18. **노 예산 토지매매명문**(奴禮山土地賣買明文), 최(崔). <1장. 한자+이두. 조선 필사 이두 자료. 전남 구례군 토지면 오미리 문화 류씨 운조루 소장. 한국학중앙연구원 장서각 한국고문서자료관 홈페이지 원문 이미지와 텍스트 보기. 한국정신문화연구원 편(1998) 참고>

1757-06-20. **백상봉 토지매매명문**(白上奉土地賣買明文), 답주 노 예산(畓主奴禮山). <1장. 한자+이두. 조선 필사 이두 자료. 전남 구례군 토지면 오미리 문화 류씨 운조루 소장. 한국학중앙연구원 장서각 한국고문서자료관 홈페이지 원문 이미지 와 텍스트 보기. 한국정신문화연구원 편(1998) 참고>

1757-06-00. **속오군 김천세 등 등장**(束伍軍金千世等等狀), 김천세 등. <1장. 한자+이 두. 조선 필사 이두 자료. 경남 함안 두릉 순흥 안씨 소장. 한국학중앙연구원 장서각 한국고문서자료관 홈페이지 원문 이미지 보기. 한국학중앙연구원 편 (2006) 참고>

1757-07-04. **변태희 토지매매명문**(卞泰禧土地賣買明文), 고 강명원 처 이 씨(故康命源 妻李氏). <1장. 한자+이두. 조선 필사 이두 자료. 일본 경도대학 가와이문고 소장. 고려대학교 해외한국학자료센터 홈페이지 원문 이미지와 텍스트 보기>

1757-08-19~1781-02-05(丁丑~辛丑). 「선청등록(宣廳謄錄)」, 선전관청(宣傳官廳) 편 (編). <1책. 13장. 필사본. 한자+이두. 조선 필사 이두 자료. 서울대학교 규장각 한국학연구원 홈페이지 원문 이미지 보기>

1757-08-23. **용산서원 재임 서목**(龍山書院齋任書目), 용산서원. <1장. 점련문서. 한자 +이두. 조선 필사 이두 자료. 경북 경주시 내남면 이조리 경주 최씨·용산서원 소장. 한국학중앙연구원 장서각 한국고문서자료관 홈페이지 원문 이미지 보기. 한국정신문화연구원 편(2000) 참고>

1757-08-23. **용산서원 품목**(龍山書院稟目), 용산서원. <1장. 점련문서. 한자+이두. 조선 필사 이두 자료. 경북 경주시 내남면 이조리 경주 최씨·용산서원 소장. 한국 학중앙연구원 장서각 한국고문서자료관 홈페이지 원문 이미지 보기. 한국정신문 화연구원 편(2000) 참고>

1757-08-00. **안응장·안택인 소지**(安應璋安宅仁所志), 안응장·안택인. <1장. 한자+ 이두. 조선 필사 이두 자료. 경남 함안 두릉 순흥 안씨 소장. 한국학중앙연구원 장서각 한국고문서자료관 홈페이지 원문 이미지 보기. 한국학중앙연구원 편 (2006) 참고>

1757-10-28. **이구응 차정첩**(李龜應差定帖), 이조(吏曹). <1장. 한자+이두. 조선 필사 이두 자료. 진성 이씨 상계 종택 구장. 한국국학진흥원 소장. 한국국학진흥원

유교넷 홈페이지 원문 이미지 보기>

1757-10-28. **하건 등 화회문기**(河鍵等和會文記), 하건 등. <1장. 한자+이두. 조선 필사 이두 자료. 경남 진주시 단목 진양 하씨 창주 후손가 소장. 한국학중앙연구원 장서각 한국고문서자료관 홈페이지 원문 이미지 보기. 한국정신문화연구원 편(2000) 참고>

1757-10-■■. **이 씨 별급문기**(李氏別給文記), 이 씨. <1장. 한자+이두. 조선 필사 이두 자료. 안동 천전 의성 김씨 재산 종택 소장. 한국학중앙연구원 장서각 한국고문서자료관 홈페이지 원문 이미지 보기. 한국정신문화연구원 편(1990) 참고>

1757-11-12. **윤명기 토지매매명문**(尹明起土地賣買明文), 조석귀(趙石貴). <1장. 한자+이두. 조선 필사 이두 자료. 일본 경도대학 가와이문고 소장. 고려대학교 해외한국학자료센터 홈페이지 원문 이미지와 텍스트 보기>

1757-11-13. **최 별제댁[457] 노 석이 가사매매명문**(崔別提宅奴石已家舍賣買明文),[458] 설봉(鑷奉). <1장. 한자+이두. 조선 필사 이두 자료. 한국학중앙연구원 장서각 한국고문서자료관 홈페이지 원문 이미지 보기. 한국정신문화연구원 편(1992) 참고>

1757-11-20. **최종점 토지매매명문**(崔宗漸土地賣買明文), 최종현(崔宗現). <1장. 한자+이두. 조선 필사 이두 자료. 경북 경주시 내남면 이조리 경주 최씨·용산서원 소장. 한국학중앙연구원 장서각 한국고문서자료관 홈페이지 원문 이미지 보기. 한국정신문화연구원 편(2000) 참고>

1757-11-27. **윤이효 토지매매명문**(尹以孝土地賣買明文), 이택한(李宅漢). <1장. 한자+이두. 조선 필사 이두 자료. 순천 월등 목천 장씨가 구장. 전북대학교 박물관 소장. 호남권 한국학자료센터 홈페이지 원문 이미지와 텍스트 보기. 최승희(1989), 정구복 외(1999), 이재수(2003) 참고>

1757-12-06. **손세구 토지매매명문**(孫世九土地賣買明文), 황필징(黃必徵). <1장. 한자+이두. 조선 필사 이두 자료. 경북 경주시 양동 경주 손씨 송첨 종택 소장. 한국학

---

457 별제(別提)는 조선 시대에 각 관아에 속한 정6품과 종6품의 벼슬이다(「표준국어대사전」).
458 한국학중앙연구원 장서각 한국고문서자료관 홈페이지에서는 '최별제**택**노(崔別提宅奴) 석이(石已) 가사매매명문(家舍賣買明文)'으로 표시하였다.

중앙연구원 장서각 한국고문서자료관 홈페이지 원문 이미지 보기. 이수건(1979), 이수건 편(1981), 영남대학교 인문과학연구소 편(1990), 정구복·안승준(1997), 한국정신문화연구원 편(1997) 참고>

1757-12-10. **강응기 토지매매명문**(姜應期土地賣買明文), 홍석구(洪碩九). <1장. 한자+이두. 조선 필사 이두 자료. 제주 장전리 진주 강씨 강태복가 소장. 호남권 한국학자료센터 홈페이지 원문 이미지와 텍스트 보기. 고창석(2000, 2002) 참고>

1757-12-18.[459] **용산서원 재임 서목**(龍山書院齋任書目), 용산서원. <1장. 한자+이두. 조선 필사 이두 자료. 경북 경주시 내남면 이조리 경주 최씨·용산서원 소장. 한국학중앙연구원 장서각 한국고문서자료관 홈페이지 원문 이미지 보기. 한국정신문화연구원 편(2000) 참고>

1757-12-00. **박현중 등 소지**(朴顯重等所志), 박현중 등. <1장. 한자+이두. 조선 필사 이두 자료. 부여 은산 함양 박씨 소장. 한국학중앙연구원 고문서자료관 홈페이지 원문 이미지 보기. 한국정신문화연구원 편(2000) 참고>

1757-00-00. 「국장도감도청의궤(**國葬都監都廳儀軌**)」[460] 상·하, 국장도감 편. <2책. 236장+236장. 필사본. 상권의 표제는 '(丁丑年 五臺山上)國葬都監都廳儀軌(上)'. 권수제는 '(乾隆二十二年丁丑二月 日)國葬都監都廳儀軌'. 한자+이두. 조선 필사 이두 자료. 서울대학교 규장각 한국학연구원 의궤 종합정보 홈페이지 '奎13589' 원문 이미지와 텍스트 보기>

1757-00-00. 「국장도감도청의궤(**國葬都監都廳儀軌**)」[461] 상·하, 국장도감 편. <2책. 226장+197장. 필사본. 상권의 표제는 '(丁丑年 五臺山上)國葬都監儀軌(上)'. 권수제는 '(乾隆二十二年丁丑三月 日)國葬都監都廳儀軌'. 한자+이두. 조선 필사 이두 자료. 서울대학교 규장각 한국학연구원 의궤 종합정보 홈페이지 '奎13557', '奎13558'

---

459 용산서원은 1807년 서원 철폐령으로 철거되었다가 1924년 다시 건립되었다. 장서각 한국고문서 자료관 홈페이지에서는 정축년(丁丑年)을 1757년(영조 33) 또는 1817년(순조 17)로 추정하였는데 여기에서는 서원을 철거하기 이전인 1757년으로 보기로 한다. 1548-01-09. 주)349 참고.

460 서울대학교 규장각 한국학연구원 의궤 종합정보 홈페이지에서는 서명을 '정성왕후국장도감의궤(貞聖王后國葬都監儀軌)'로 적었다.

461 서울대학교 규장각 한국학연구원 의궤 종합정보 홈페이지에서는 상권의 서명을 '인원왕후국장도감의궤상(仁元王后國葬都監儀軌上)'으로 적었다.

원문 이미지와 텍스트 보기>

1757-00-00. 「국장도감도청의궤(國葬都監都廳儀軌)」[462] 상·하, 국장도감 편. <2책. 209장+200장. 표제는 '明陵國葬都監都廳儀軌'. 권수제는 '(乾隆二十二年丁丑三月 日)國葬都監都廳儀軌'. 한자+이두. 조선 필사 이두 자료. 국립중앙박물관 외규장각 의궤 홈페이지 '외규200~201' 원문 이미지와 텍스트 보기>

1757-00-00. 「국장도감의궤(國葬都監儀軌)」[463] 상·하, 국장도감 편(編). <2책. 영본. 필사본. 표제는 '(丁丑年 五臺山上)國葬都監儀軌'. 상권 권수제는 '(乾隆二十二年丁丑三月 日)國葬都監都廳儀軌'. 하권 권수제는 '(乾隆二十二年丁丑三月 日)國葬都監二房儀軌'. 한자+이두. 조선 필사 이두 자료. 서울대학교 규장각 한국학연구원 홈페이지 '奎13557' & '奎13558' 원문 이미지와 텍스트 보기>

1757-00-00. 「국장도감의궤(國葬都監儀軌)」[464] 하(下), 국장도감 편. <1책. 245장. 필사본. 표제는 '弘陵國葬都監儀軌(下)'. 한자+이두. 조선 필사 이두 자료. 국립중앙박물관 외규장각 의궤 홈페이지 '외규195' 원문 이미지와 텍스트 보기>

1757-00-00. 「빈전도감의궤(殯殿都監儀軌)」[465] 상(上), 빈전도감 편. <1책. 174장. 필사본. 표제는 '(乾隆二十二年丁丑二月 日 貞聖王后 五臺山上)殯殿都監儀軌(上)'. 권수제는 '殯殿都監儀軌'. 한자+이두. 조선 필사 이두 자료. 서울대학교 규장각 한국학연구원 의궤 종합정보 홈페이지 '奎13590의1' 원문 이미지와 텍스트 보기>

1757-00-00. 「빈전도감의궤(殯殿都監儀軌)」[466] 상(上), 빈전도감 편. <1책. 174장. 필사본. 표제는 '(乾隆二十二年丁丑三月 日 仁元王后 五臺山上)殯殿都監儀軌(上)'. 권수

---

[462] 국립중앙박물관 외규장각 의궤 홈페이지에서는 서명을 표제나 권수제와는 달리 '인원왕후국장도감의궤(仁元王后國葬都監儀軌)'로 적었다.

[463] 서울대학교 규장각 한국학연구원 홈페이지에서는 상·하 2책의 서명을 모두 '[仁元王后]國葬都監二房儀軌 [인원왕후]국장도감이방의궤'로 적었다.

[464] 국립중앙박물관 외규장각 의궤 홈페이지에서는 서명을 표제와는 달리 '정성왕후국장도감의궤(하)(貞聖王后國葬都監儀軌(下))'로 적었다

[465] 서울대학교 규장각 한국학연구원 의궤 종합정보 홈페이지에서는 서명을 '정성왕후빈전도감의궤(貞聖王后殯殿都監儀軌)'로 적었다.

[466] 서울대학교 규장각 한국학연구원 의궤 종합정보 홈페이지에서는 서명을 '인원왕후빈전도감의궤(仁元王后殯殿都監儀軌)'로 적었다.

제는 '殯殿都監儀軌'. 한자+이두. 조선 필사 이두 자료. 서울대학교 규장각 한국학
연구원 의궤 종합 정보 홈페이지 '奎13559의1' 원문 이미지와 텍스트 보기>

1757-00-00.「빈전도감의궤(殯殿都監儀軌)」,⁴⁶⁷ 빈전도감 편. <1책. 174장. 필사본.
표제와 권수제는 '殯殿都監儀軌'. 한자+이두. 조선 필사 이두 자료. 국립중앙박물
관 외규장각 의궤 홈페이지 '외규193' 원문 이미지와 텍스트 보기>

1757-00-00.「빈전도감의궤(殯殿都監儀軌)」,⁴⁶⁸ 빈전도감 편. <1책. 179장. 필사본.
표제와 권수제는 '殯殿都監儀軌'. 한자+이두. 조선 필사 이두 자료. 국립중앙박물
관 외규장각 의궤 홈페이지 '외규198' 원문 이미지와 텍스트 보기>

1757-00-00.「산릉도감의궤(山陵都監儀軌)」⁴⁶⁹ 상(上)·하(下), 산릉도감 편. <2책. 168
장+186장. 필사본. 상권의 표제는 '(乾隆二十二年丁丑二月 日 五臺山上 貞聖王后)
弘陵山陵都監儀軌(上)'. 권수제는 '(乾隆二十二年丁丑二月 日)山陵都監儀軌(上)'. 한자
+이두. 조선 필사 이두 자료. 서울대학교 규장각 한국학연구원 의궤 종합정보
홈페이지 '奎13591' 원문 이미지와 텍스트 보기>

1757-00-00.「산릉도감의궤(山陵都監儀軌)」,⁴⁷⁰ 상(上)·하(下), 산릉도감 편. <2책.
149장+148장. 필사본. 상권의 표제는 '(乾隆二十二年丁丑三月 日 五臺山上)仁元王后 明陵
山陵都監儀軌(上)'. 권수제는 '(乾隆二十二年丁丑三月 日)山陵都監儀軌(上)'. 한자+이
두. 조선 필사 이두 자료. 서울대학교 규장각 한국학연구원 의궤 종합정보 홈페이
지 '奎13560' 원문 이미지와 텍스트 보기>

1757-00-00.「산릉도감의궤(山陵都監儀軌)」⁴⁷¹ 상·하(上·下), 산릉도감 편. <2책. 146

---

467 국립중앙박물관 외규장각 의궤 홈페이지에서는 서명을 표제나 권수제와는 달리 '정성왕후빈전
도감의궤(貞聖王后殯殿都監儀軌)'로 적었다.

468 국립중앙박물관 외규장각 의궤 홈페이지에서는 서명을 표제나 권수제와는 달리 '인원왕후빈전
도감의궤(仁元王后殯殿都監儀軌)'로 적었다.

469 서울대학교 규장각 한국학연구원 의궤 종합정보 홈페이지에서는 서명을 '정성왕후홍릉산릉도감
의궤(貞聖王后弘陵山陵都監儀軌)'로 적었다.

470 서울대학교 규장각 한국학연구원 의궤 종합정보 홈페이지에서는 상권의 서명을 '인원왕후명릉
산릉도감의궤(仁元王后明陵山陵都監儀軌)'로 적었다.

471 국립중앙박물관 외규장각 의궤 홈페이지에서는 서명을 표제나 권수제와는 달리 '인원왕후명릉
산릉도감의궤(仁元王后明陵山陵都監儀軌)'로 적었다.

444

장+152장. 필사본. 표제는 '明陵山陵都監儀軌(上)'. 권수제는 '(乾陵二十二年丁丑三月 日)山陵都監儀軌(上)'. 한자+이두. 조선 필사 이두 자료. 국립중앙박물관 외규장각 의궤 홈페이지 '외규196~197' 원문 이미지와 텍스트 보기>

1757-00-00. 「산릉도감의궤(山陵都監儀軌)」[472] 하(下), 산릉도감 편. <1책. 187장. 필사본. 표제는 '弘陵山陵都監儀軌(下)'. 권수제는 '(乾陵二十二年丁丑二月 日)山陵都監儀軌(下)'. 한자+이두. 조선 필사 이두 자료. 국립중앙박물관 외규장각 의궤 홈페이지 '외규192' 원문 이미지와 텍스트 보기>

1757-00-00. 「선원보략수정시의궤(璿源譜略修正時儀軌)」, 종부시(宗簿寺) 편. <1책. 23장. 필사본. 표제는 '(丁丑江華)璿源譜略修正時儀軌'. 권수제는 '(乾隆二十二年)璿源譜略修正時'. 한자+이두. 조선 필사 이두 자료. 서울대학교 규장각 한국학연구원 의궤 종합정보 홈페이지 '奎14060' 원문 이미지 보기>

1757-00-00. 「선원보략수정시경상도의궤(璿源譜略修正時慶尙道儀軌)」, 종부시(宗簿寺) 편. <1책. 6장. 필사본. 표제는 '(丁丑慶尙道)璿源譜略修正時儀軌'. 권수제는 '(乾隆二十二年)璿源譜略修正時慶尙道儀軌'. 한자+이두. 조선 필사 이두 자료. 서울대학교 규장각 한국학연구원 의궤 종합정보 홈페이지 '奎14061' 원문 이미지와 텍스트 보기>

1757-00-00. 「선원보략수정시전라도적상산성봉안의궤(璿源譜略修正時全羅道赤裳山城奉 安儀軌)」,[473] 종부시(宗簿寺) 편. <1책. 13장. 필사본. 표제는 '(英宗 丁丑 全羅道)璿源譜略修正儀軌'. 권수제는 '(乾隆二十二年丁丑八月二十二日)璿源譜略修正時全羅道赤裳山城奉 安儀軌'. 한자+이두. 조선 필사 이두 자료. 한국학중앙연구원 디지털장서각 홈페이지 원문 이미지와 텍스트 보기>

1757-00-00. 「선원보략수정의궤(璿源譜略修正儀軌)」, 종부시(宗簿寺) 편. <1책. 13장. 필사본. 표제는 '(英宗 丁丑 全羅道)璿源譜略修正儀軌'. 한자+이두. 조선 필사 이두 자료. 한국학중앙연구원 장서각 한국학자료센터 홈페이지 원문 이미지와

---

[472] 국립중앙박물관 외규장각 의궤 홈페이지에서는 서명을 표제나 권수제와는 달리 '정성왕후홍릉산릉도감의궤(하)(貞聖王后弘陵山陵都監儀軌(下))'로 적었다.

[473] 한국학중앙연구원 디지털장서각 홈페이지에서는 서명을 '선원보략수정시전라도적상산성봉안의궤(璿源譜略修正時全羅道赤裳山城奉安儀軌)'로 붙여 썼다.

텍스트 보기>

1757-00-00. 「선원보략자본시수정의궤(璿源譜略自本寺修正儀軌)」, 종부시(宗簿寺) 편. <1책. 15장. 필사본. 표제는 '(江原道 丁丑)璿源譜略修正儀軌'. 권수제는 '(乾隆二十二年丁丑八月二十二日)璿源譜略自本寺修正儀軌'. 한자+이두. 조선 필사 이두 자료. 서울대학교 규장각 한국학연구원 의궤 종합정보 홈페이지 '奎14062' 원문 이미지 보기>

1757-00-00. **안응징·안택인 등 소지**(安應徵·安宅仁等所志), 안응징·안택인 등. <1장. 한자+이두. 조선 필사 이두 자료. 경남 함안 두릉 순흥 안씨 소장. 한국학중앙연구원 장서각 한국고문서자료관 홈페이지 원문 이미지 보기. 한국학중앙연구원 편(2006) 참고>

1757-00-00. 「열성어제이정갱간시자본시수정의궤(列聖御製釐正更刊時自本寺修正儀軌)」, 종부시(宗簿寺) 편. <1책. 14장. 필사본. 표제는 '(丙子本寺修正)列聖御製更刊時儀軌'. 권수제는 '列聖御製釐正更刊時自本寺修正儀軌'. 한자+이두. 조선 필사 이두 자료. 서울대학교 규장각 한국학연구원 의궤 종합정보 홈페이지 '奎14201' 원문 이미지 보기>

1757-00-00. 「정성왕후국휼의궤(貞聖王后國恤儀軌)」, 예조(禮曹) 편(編). <1책. 50장. 필사본. 개장한 표지의 표제는 '貞聖王后國恤儀軌'. 한자+이두. 조선 필사 이두 자료. 한국학중앙연구원 디지털장서각 홈페이지 'K2-3008' 원문 이미지와 텍스트 보기>

1757-00-00. 「혼전도감의궤(魂殿都監儀軌)」,[474] 혼전도감 편. <1책. 185장. 필사본. 표제와 권수제는 '魂殿都監儀軌'. 한자+이두. 조선 필사 이두 자료. 국립중앙박물관 외규장각 의궤 홈페이지 '외규194' 원문 이미지와 텍스트 보기>

1757-00-00. 「혼전도감의궤(魂殿都監儀軌)」[475] 하(下), 혼전도감 편. <1책. 182장. 필사본. 표제는 '(乾隆二十二年丁丑二月 日 貞聖王后 五臺山上)魂殿都監儀軌(下)'. 권수

---

[474] 국립중앙박물관 외규장각 의궤 홈페이지에서는 서명을 표제와 권수제와는 달리 '정성왕후혼전도감의궤(貞聖王后魂殿都監儀軌)'로 적었다.

[475] 서울대학교 규장각 한국학연구원 의궤 종합정보 홈페이지에서는 서명을 '정성왕후혼전도감의궤(貞聖王后魂殿都監儀軌)'로 적었다.

제는 '魂殿都監儀軌'. 한자+이두. 조선 필사 이두 자료. 서울대학교 규장각 한국학연구원 의궤 종합정보 홈페이지 '奎13590의2' 원문 이미지와 텍스트 보기>

1757-00-00. 「혼전도감의궤(魂殿都監儀軌)」,[476] 혼전도감 편. <1책. 177장. 필사본. 표제와 권수제는 '魂殿都監儀軌'. 한자+이두. 조선 필사 이두 자료. 국립중앙박물관 외규장각 의궤 홈페이지 '외규199' 원문 이미지와 텍스트 보기>

1757-00-00. 「혼전도감의궤(魂殿都監儀軌)」[477] 하(下), 혼전도감 편. <1책. 167장. 필사본. 표제는 '(乾隆二十二年丁丑三月 日 仁元王后 五臺山上)魂殿都監儀軌(下)'. 권수제는 '魂殿都監儀軌'. 한자+이두. 조선 필사 이두 자료. 서울대학교 규장각 한국학연구원 의궤 종합정보 홈페이지 '奎13559의2' 원문 이미지와 텍스트 보기>

1758년

<무인(戊寅), 영조 34년, 건륭 23년>

1758-01-03. **박함 완의**(朴諴完議), 박함. <1장. 한자+이두. 조선 필사 이두 자료. 경남 밀양 신호 밀성 박씨·덕남서원 소장. 한국학중앙연구원 장서각 한국고문서자료관 홈페이지 원문 이미지 보기. 한국정신문화연구원 편(2004) 참고>

1758-01-05. **최도전 토지매매명문**(崔道傳土地賣買明文), 최진악(崔鎭岳). <1장. 한자+이두. 조선 필사 이두 자료. 전북 부안 석동 류절재 소장. 호남권 한국학자료센터 홈페이지 원문 이미지와 텍스트 보기. 박병호(1974ㄱ), 최승희(1989), 이재수(2003) 참고>

1758-01-19. **가선 변태희 토지매매명문**(嘉善卞泰禧土地賣買明文), 김시집(金始集). <1장. 한자+이두. 조선 필사 이두 자료. 일본 경도대학 가와이문고 소장. 고려대학교 해외한국학자료센터 홈페이지 원문 이미지와 텍스트 보기>

---

[476] 국립중앙박물관 외규장각 의궤 홈페이지에서는 서명을 표제나 권수제와는 다른 '인원왕후혼전도감의궤(仁元王后魂殿都監儀軌)'로 적었다.

[477] 서울대학교 규장각 한국학연구원 의궤 종합정보 홈페이지에서는 서명을 '인원왕후혼전도감의궤(仁元王后魂殿都監儀軌)'로 적었다.

1758-02-01. **별고 자매 명문**(別庫自賣明文), 비영(飛永). <1장. 한자+이두. 조선 필사 이두 자료. 경북 경주시 내남면 이조리 경주 최씨·용산서원 소장. 한국학중앙연구원 장서각 한국고문서자료관 홈페이지 원문 이미지 보기. 한국정신문화연구원 편(2000) 참고>

1758-02-06. **유 승지댁**[478] **노비 천술 토지매매명문**(柳承旨宅奴婢千述土地賣買明文), 권태문(權泰文). <1장. 한자+이두. 조선 필사 이두 자료. 경북 안동시 수곡면 전주 류씨 삼산 종가 구장. 대구광역시 수성구 만촌동 전주 류씨 종가 소장. 한국학자료센터 영남권역센터 홈페이지 원문 이미지와 텍스트 보기. 최승희(1989), 이재수(2003), 전경목(2010) 참고>

1758-02-09. **유학 안홍리 토지매매명문**(幼學安弘履土地賣買明文), 최경갑(崔慶甲). <1장. 한자+이두. 조선 필사 이두 자료. 일본 경도대학 가와이문고 소장. 고려대학교 해외한국학자료센터 홈페이지 원문 이미지와 텍스트 보기>

1758-02-10. **조도인 토지매매명문**(趙道仁土地賣買明文), 허 씨(許氏). <1장. 한자+이두. 조선 필사 이두 자료. 전남 구례군 토지면 오미리 문화 류씨 운조루 소장. 한국학중앙연구원 장서각 한국고문서자료관 홈페이지 원문 이미지와 텍스트 보기. 한국정신문화연구원 편(1998) 참고>

1758-02-19. **용산서원 재임 서목**(龍山書院齋任書目) 1, 용산서원. <1장. 한자+이두. 조선 필사 이두 자료. 경북 경주시 내남면 이조리 경주 최씨·용산서원 소장. 한국학중앙연구원 장서각 한국고문서자료관 홈페이지 원문 이미지 보기. 한국정신문화연구원 편(2000) 참고>

1758-02-24. **문중 첨위**[479] **명문**(門中僉位明文),[480] 답주 문질 권성봉(畓主門侄權聖鳳). <1장. 한자+이두. 조선 필사 이두 자료. 경북 예천군 용문면 대제리 원동 권씨 춘우재 고택 구장. 한국국학진흥원 소장. 한국학자료센터 영남권역센터 홈페이지 원문 이미지와 텍스트 보기. 김성갑(2013) 참고>

---

[478] 승지(承旨)는 조선 시대에 왕명의 출납을 맡아보던 승정원에 속한 정3품의 당상관이다(「표준국어대사전」).
[479] 첨위(僉位)는 '여러분'을 문어적으로 이르는 말이다(「표준국어대사전」).
[480] 한국학자료센터 영남권역센터 홈페이지에서는 '권성봉(權聖鳳) 명문'으로 표시하였다.

1758-02-27. **김후차 토지매매명문**(金厚差土地賣買明文), 김극래(金克來). <1장. 한자+이두. 조선 필사 이두 자료. 경북 안동시 주촌 진성 이씨 경류정 소장. 한국학중앙연구원 장서각 한국고문서자료관 홈페이지 원문 이미지와 텍스트 보기. 한국정신문화연구원 편(1999) 참고>

1758-03-01. **용산서원 재임 서목**(龍山書院齋任書目) 2, 용산서원. <1장. 한자+이두. 조선 필사 이두 자료. 경북 경주시 내남면 이조리 경주 최씨·용산서원 소장. 한국학중앙연구원 장서각 한국고문서자료관 홈페이지 원문 이미지 보기. 한국정신문화연구원 편(2000) 참고>

1758-03-04. **김항종 토지매매명문**(金恒鍾土地賣買明文), 김대옥(金大玉). <1장. 한자+이두. 조선 필사 이두 자료. 전북 부안군 우반 부안 김씨 구장. 전북 부안군 우동 세덕각 소장. 호남권 한국학자료센터 홈페이지 & 한국학중앙연구원 장서각 한국고문서자료관 홈페이지 원문 이미지와 텍스트 보기. 박병호(1974ㄱ), 한국정신문화연구원 편(1983, 1998), 이재수(2003), 한국학중앙연구원 편(2017) 참고>

1758-03-25. **모 깃급문기**(母衿給文記), 재주 모(財主母). <1장. 한자+이두. 조선 필사 이두 자료. 안동 천전 의성 김씨 재산 종택 소장. 한국학중앙연구원 장서각 한국고문서자료관 홈페이지 원문 이미지 보기. 한국정신문화연구원 편(1990) 참고>

1758-03-00. **속오군 김천세 등 등장**(束伍軍金千卋等等狀), 김천세 등. <1장. 한자+이두. 조선 필사 이두 자료. 경남 함안 두릉 순흥 안씨 소장. 한국학중앙연구원 장서각 한국고문서자료관 홈페이지 원문 이미지 보기. 한국학중앙연구원 편(2006) 참고>

1758-04-08. **송안군 재사 토지매매명문**(松安君齋舍土地賣買明文), 장걸이(張乞伊). <1장. 한자+이두. 조선 필사 이두 자료. 경북 안동시 주촌 진성 이씨 경류정 구장. 서울역사박물관 소장. 장서각 한국고문서자료관 홈페이지 원문 이미지와 텍스트 보기. 한국정신문화연구원 편(1999) 참고>

1758-04-00. **이희근 등 소지**(李希謹等所志), 이희근 등. <1장. 한자+이두. 조선 필사 이두 자료. 경북 경주시 안강읍 옥산리 여주 이씨 독락당 소장. 한국학중앙연구원 장서각 한국고문서자료관 홈페이지 원문 이미지 보기. 한국정신문화연구원 편(2003) 참고>

1758-05-03. **강위구 토지매매명문**(姜渭龜土地賣買明文), 강윤성(姜胤聖). <1장. 한자 +이두. 조선 필사 이두 자료. 제주 어도내산 진주 강씨가 구장. 제주 한림 강우석 소장. 호남권 한국학자료센터 홈페이지 원문 이미지와 텍스트 보기. 이재수(2003), 오창명(2007) 참고>

1758-07-18. **강위구 불망기**(姜渭龜不忘記), 권재원(權才元). <1장. 한자+이두. 조선 필사 이두 자료. 제주 어도내산 진주 강씨가 구장. 제주 한림 강우석 소장. 호남권 한국학자료센터 홈페이지 원문 이미지와 텍스트 보기. 최승희(1989), 고창석(2000, 2002) 참고>

1758-07-00~1828-03-00.「수교등록(受敎謄錄)」, 예조(禮曹) 편(編). <1책. 9장. 필사본. 한자+이두. 조선 필사 이두 자료. 서울대학교 규장각 한국학연구원 홈페이지 원문 이미지와 텍스트 보기>

1758-08-16. **이 진사 댁 노 찬상 토지매매명문**(李進士宅奴贊尙土地賣買明文), 박필창(朴弼昌). <1장. 한자+이두. 조선 필사 이두 자료. 경북 안동시 법흥동 고성 이씨 탑동 종가 구장. 한국국학진흥원 소장. 한국학자료센터 영남권역센터 홈페이지 원문 이미지와 텍스트 보기. 박병호(1974ㄱ), 최승희(1989), 이재수(2003), 이수건 외(2004), 전경목(2010) 참고>

1758-10-00. **속오군 이필·김천세 등 등장**(束伍軍李必金千世等等狀), 이필·김천세 등. <1장. 한자+이두. 조선 필사 이두 자료. 경남 함안 두릉 순흥 안씨 소장. 장서각 한국고문서자료관 홈페이지 원문 이미지 보기. 한국학중앙연구원 장서각 편(2006) 참고>

1758-10-00~1759-02-00.「동영장계등록(東營狀啓謄錄)」, 강원도감영(江原道監營) 편(編). <1책. 필사본. 한자+이두. 조선 필사 이두 자료. 한국학중앙연구원 디지털장서각 홈페이지 'K2-3309' 원문 이미지와 텍스트 보기>

1758-11-15. **송덕산 토지매매명문**(宋德山土地賣買明文), 서문곤(西門坤). <1장. 한자+이두. 조선 필사 이두 자료. 전북 장수 화양 흥학당 소장. 호남권 한국학자료센터 홈페이지 원문 이미지와 텍스트 보기. 최승희(1989), 이재수(2003), 채현경(2011ㄱ) 참고>

1758-11-17. **변 동지댁[481] 노 엇금 토지매매명문**(卞同知宅奴旕金土地賣買明文), 자근

동이(者斤同伊). <1장. 한자+이두. 조선 필사 이두 자료. 일본 경도대학 가와이문고 소장. 고려대학교 해외한국학자료센터 홈페이지 원문 이미지와 텍스트 보기>

1758-11-24. **유학 이의송 토지매매명문**(幼學李 宜松土地賣買明文), 이장회(李璋晦). <1장. 한자+이두. 조선 필사 이두 자료. 전남 구례군 토지면 오미리 문화 류씨 운조루 소장. 한국학중앙연구원 장서각 한국고문서자료관 홈페이지 원문 이미지와 텍스트 보기. 한국정신문화연구원 편(1998) 참고>

1758-11-00. **노 자근동이 배지**(奴者斤同伊牌旨), 정(鄭). <1장. 한자+이두. 조선 필사 이두 자료. 일본 경도대학 가와이문고 소장. 고려대학교 해외한국학자료센터 홈페이지 원문 이미지와 텍스트 보기>

1758-12-16. **유 씨 댁 노 운필 토지매매명문**(柳氏宅奴雲必土地賣買明文),[482] 홍술이(洪述伊). <1장. 한자+이두. 조선 필사 이두 자료. 전주 유씨 근암 고택 구장. 한국국학진흥원 소장. 한국국학진흥원 유교넷 홈페이지 원문 이미지 보기>

1758-12-26. **이인훤 혜민서 약재 공인권 매매명문**(李寅煊惠民署藥材貢人權賣買明文), 차 씨(車氏). <1장. 한자+이두. 조선 필사 이두 자료. 일본 경도대학 가와이문고 소장. 고려대학교 해외한국학자료센터 홈페이지 원문 이미지와 텍스트 보기>

1758-12-27. **양덕우 토지매매명문**(梁德遇土地賣買明文) 1, 정신만(鄭信萬). <1장. 한자+이두. 조선 필사 이두 자료. 전남 구례군 토지면 오미리 문화 류씨 운조루 소장. 한국학중앙연구원 장서각 한국고문서자료관 홈페이지 원문 이미지와 텍스트 보기. 한국정신문화연구원 편(1998) 참고>

1758-12-27. **양덕우 토지매매명문**(梁德遇土地賣買明文) 2, 정신만(鄭信萬). <1장. 한자+이두. 조선 필사 이두 자료. 전남 구례군 토지면 오미리 문화 류씨 운조루 소장. 한국학중앙연구원 장서각 한국고문서자료관 홈페이지 원문 이미지와 텍스트 보기. 한국정신문화연구원 편(1998) 참고>

1758-12-00. **고상묵 소지**(高尙默所志), 고상묵. <1장. 한자+이두. 조선 필사 이두

---

[481] 동지(同知)는 조선 시대에 중추부에 속한 종2품 벼슬이다(「표준국어대사전」).
[482] 한국국학진흥원 유교넷 홈페이지에서는 문서명을 '1758년 홍술이가 논을 유씨 댁의 노비인 운필에게 팔았음을 증명하는 전답명문'으로 표시하였다.

자료. 전북 부안 청호 효충사 소장. 호남권 한국학자료센터 홈페이지 원문 이미지와 텍스트 보기. 박병호(1974ㄱ), 최승희(1989), 정구복 외(1999) 참고>

1758-12-00. **행군수 윤 첩정**(行郡守尹牒呈), 행군수. <1장. 한자+이두. 조선 필사 이두 자료. 경남 함안 두릉 순흥 안씨 소장. 한국학중앙연구원 장서각 한국고문서 자료관 홈페이지 원문 이미지 보기. 한국학중앙연구원 편(2006) 참고>

1758-00-00. 「농포집(農圃集)」, 정문부(鄭文孚). <초간본. 7권 4책. 목판본. 정문부의 현손 정상점(鄭相點)이 간행한 시문집. 조선 이두 자료. 서울대학교 규장각 한국학연구원 권2 소장> <이본: 1890-00-00(9대손 정혁교(鄭奕敎) 중간본. 7권 4책. 목활자본. 서울대학교 규장각 한국학연구원 홈페이지 권2-3 원문 이미지 보기)>

1758-00-00. 「선원보략수정경상도의궤(璿源譜略修正慶尙道儀軌)」, 종부시(宗簿寺) 편. <1책. 7장. 필사본. 표제는 '(戊寅慶尙道)璿源譜略修正時儀軌'. 권수제는 '(乾隆二十三年戊寅三月 日)璿源譜略修正慶尙道儀軌'. 한자+이두. 조선 필사 이두 자료. 서울대학교 규장각 한국학연구원 의궤 종합정보 홈페이지 '奎14063' 원문 이미지와 텍스트 보기>

1758-00-00. 「선원보략수정본청의궤(璿源譜略修正本廳儀軌)」, 종부시(宗簿寺) 편. <1책. 18장. 필사본. 표제는 '(本廳上 戊寅 英宗三十四年)璿源譜略修正儀軌'. 권수제는 '(乾隆三十三年戊寅三月 日)璿源譜略修正本廳儀軌'. 한자+이두. 조선 필사 이두 자료. 서울대학교 규장각 한국학연구원 의궤 종합정보 홈페이지 '奎14065' 원문 이미지 보기>

1758-00-00. 「선원보략수정봉안의궤(璿源譜略修正奉安儀軌)」,[483] 종부시(宗簿寺) 편. <1책. 18장. 필사본. 표제는 '(戊寅江陵五臺山奉 安件)璿源譜略修正儀軌'. 권수제는 '(乾隆二十三年戊寅三月 日)璿源譜略修正奉安儀軌'. 한자+이두. 조선 필사 이두 자료. 서울대학교 규장각 한국학연구원 의궤 종합정보 홈페이지 '奎14066' 원문 이미지와 텍스트 보기>

1758-00-00. 「선원보략수정시강화봉안의궤(璿源譜略修正時江華奉 安儀軌)」,[484] 종

---

[483] 서울대학교 규장각 한국학연구원 의궤 종합정보 홈페이지에서는 서명을 '선원보략수정의궤(璿源譜略修正儀軌)'로 적었다.

부시(宗簿寺) 편. <1책. 14장. 필사본. 표제는 '(戊寅年 江華)璿源譜略修正儀軌'. 권수제는 '(乾隆二十三年戊寅三月 日)璿源譜略修正時江華奉 安儀軌'. 한자+이두. 조선 필사 이두 자료. 서울대학교 규장각 한국학연구원 의궤 종합정보 홈페이지 '奎14064' 원문 이미지 보기>

1758-00-00.[485] 「선원보략수정전라도무주적상산봉안의궤(**璿源譜略修正全羅道茂朱赤裳山 奉 安儀軌**)」,[486] 종부시(宗簿寺) 편. <1책. 13장. 필사본. 표제는 '(戊寅 全羅道)璿源譜略修正儀軌'. 권수제는 '(乾隆二十三年戊寅三月 日)璿源譜略修正全羅道茂朱赤裳山 奉 安儀軌'. 한자+이두. 조선 필사 이두 자료. 한국학중앙연구원 장서각 한국학자료센터 홈페이지 'K2-3858' 원문 이미지와 텍스트 보기>

1758-00-00. 「열성지장수정시본시의궤(**列聖誌狀修正時本寺儀軌**)」, 교서관(校書館) 편. <1책. 8장. 필사본. 표제는 '(本廳丁丑)列聖誌狀修正儀軌'. 권수제는 '(乾隆二十二年丁丑十二月十九日)列聖誌狀修正時本寺儀軌'. 한자+이두. 조선 필사 이두 자료. 서울대학교 규장각 한국학연구원 의궤 종합정보 홈페이지 원문 이미지 보기>

1759년

<기묘(己卯), 영조 35년, 건륭 24년>

1759-01-09. **구복인 토지매매명문**(丘福仁土地賣買明文),[487] 전주 김익수(田主金益壽). <1장. 한자+이두. 조선 필사 이두 자료. 경북 영양군 일월면 도계리 영양향교 소장. 한국학자료센터 영남권역센터 홈페이지 원문 이미지와 텍스트 보기. 영남

---

484 서울대학교 규장각 한국학연구원 의궤 종합정보 홈페이지에서는 서명을 '선원보략수정시강화봉안의궤(璿源譜略修正時江華奉安儀軌)'로 붙여 썼다.
485 한국학중앙연구원 디지털장서각 홈페이지의 '기본정보'에서는 '작성시기'를 '1755(영조 31년)'으로 적었다.
486 한국학중앙연구원 디지털장서각 홈페이지에서는 서명을 '선원보략수정의궤(璿源譜略修正儀軌)'로 적었다.
487 한국학자료센터 영남권역센터 홈페이지에서는 '영양향교(英陽鄕校) 토지매매명문(土地賣買明文)'으로 표시하였다.

대학교 민족문화연구소 편(1992) 참고>

1759-01-16. **유학 이의송 토지매매명문**(幼學李宜松土地賣買明文), 이시화(李時華). <1장. 한자+이두. 조선 필사 이두 자료. 전남 구례군 토지면 오미리 문화 류씨 운조루 소장. 한국학중앙연구원 장서각 한국고문서자료관 홈페이지 원문 이미지와 텍스트 보기. 한국정신문화연구원 편(1998) 참고>

1759-01-21. **용산서원 재임 서목**(龍山書院齋任書目) 1, 용산서원. <1장. 한자+이두. 조선 필사 이두 자료. 경북 경주시 내남면 이조리 경주 최씨·용산서원 소장. 한국학중앙연구원 장서각 한국고문서자료관 홈페이지 원문 이미지 보기. 한국정신문화연구원 편(2000) 참고>

1759-01-28. **용산서원 재임 서목**(龍山書院齋任書目) 2, 용산서원. <1장. 한자+이두. 조선 필사 이두 자료. 경북 경주시 내남면 이조리 경주 최씨·용산서원 소장. 한국학중앙연구원 장서각 한국고문서자료관 홈페이지 원문 이미지 보기. 한국정신문화연구원 편(2000) 참고>

1759-01-00. **속오군 김천세 등 등장**(束伍軍金千世等等狀), 김천세 등. <1장. 한자+이두. 조선 필사 이두 자료. 경남 함안 두릉 순흥 안씨 소장. 한국학중앙연구원 장서각 한국고문서자료관 홈페이지 원문 이미지 보기. 한국학중앙연구원 편(2006) 참고>

1759-02-07. **용산서원 재임 서목**(龍山書院齋任書目) 3, 용산서원. <1장. 한자+이두. 조선 필사 이두 자료. 경북 경주시 내남면 이조리 경주 최씨·용산서원 소장. 한국학중앙연구원 장서각 한국고문서자료관 홈페이지 원문 이미지 보기. 한국정신문화연구원 편(2000) 참고>

1759-02-16. **김이채 토지매매명문**(金以彩土地賣買明文), 문동량(文東樑). <1장. 한자+이두. 조선 필사 이두 자료. 전북대학교 박물관 소장. 호남권 한국학자료센터 홈페이지 원문 이미지와 텍스트 보기>

1759-02-16. **승 법순 토지매매명문**(僧法淳土地賣買明文), 법선(法禪). <1장. 한자+이두. 조선 필사 이두 자료. 경북 안동시 주촌 진성 이씨 경류정 구장. 서울역사박물관 소장. 한국학중앙연구원 장서각 한국고문서자료관 홈페이지 원문 이미지와 텍스트 보기. 한국정신문화연구원 편(1999) 참고>

1759-02-17. **용산서원 재임 서목**(龍山書院齋任書目) 4, 용산서원. <1장. 한자+이두. 조선 필사 이두 자료. 경북 경주시 내남면 이조리 경주 최씨·용산서원 소장. 한국학중앙연구원 장서각 한국고문서자료관 홈페이지 원문 이미지 보기. 한국정신문화연구원 편(2000) 참고>

1759-03-04. **천방도감 서목**(川防都監書目), 천방도감. <1장. 한자+이두. 조선 필사 이두 자료. 안동 송파 진주 하씨 하위지 후손가 소장. 한국학중앙연구원 고문서자료관 홈페이지 원문 이미지 보기. 한국정신문화연구원 편(2002) 참고>

1759-03-07. **승 곽신 토지매매명문**(僧郭信土地賣買明文), 손광익(孫光益). <1장. 한자+이두. 조선 필사 이두 자료. 남원·구례 삭녕 최씨 구장. 한국학중앙연구원 장서각 한국고문서자료관 홈페이지 원문 이미지 보기. 한국정신문화연구원 편(2004) 참고>

1759-03-00. **하채륜 소지 초**(河采崙所志草), 하채륜. <1장. 한자+이두. 조선 필사 이두 자료. 경남 진주시 운문 진양 하씨 소장. 한국학중앙연구원 장서각 한국고문서자료관 홈페이지 원문 이미지 보기. 한국정신문화연구원 편(2001) 참고>

1759-04-27. **현지 토지매매명문**(玄之土地賣買明文), 육제태(陸齊泰). <1장. 한자+이두. 조선 필사 이두 자료. 전북 부안 석동 류절재 소장. 호남권 한국학자료센터 홈페이지 원문 이미지와 텍스트 보기. 박병호(1974ㄱ), 최승희(1989), 이재수(2003) 참고>

1759-04-00. **이 승지댁 묘노 귀만 소지**(李承旨宅墓奴貴萬所志) 1, 귀만. <1장. 한자+이두. 조선 필사 이두 자료. 예산 한곡 한산 이씨 수당 고택 소장. 한국학중앙연구원 장서각 한국고문서자료관 홈페이지 원문 이미지 보기. 한국정신문화연구원 편(2002) 참고>

1759-05-19. **강위구 차정첩**(姜渭龜差定帖), 제주목(濟州牧). <1장. 한자+이두. 조선 필사 이두 자료. 제주 어도내산 진주 강씨가 구장. 제주 한림 강우석 소장. 호남권 한국학자료센터 홈페이지 원문 이미지와 텍스트 보기. 최승희(1989), 고창석(2002) 참고>

1759-05-28. **이수홍 분재기**(李守弘分財記),[488] 이수홍. <1장. 한자+이두. 조선 필사 이두 자료. 경북 안동시 도산면 의촌리 은졸재 고택 구장. 한국국학진흥원 소장.

한국학자료센터 영남권역센터 홈페이지 원문 이미지와 텍스트 보기>

1759-06-27. **역리 강찬봉 토지매매명문**(驛吏姜贊奉土地賣買明文), 개남(介男). <1장. 한자+이두. 조선 필사 이두 자료. 경북 안동시 오천 광산 김씨 후조당 소장. 한국학중앙연구원 장서각 한국고문서자료관 홈페이지 원문 이미지와 텍스트 보기. 한국정신문화연구원 편(1982) 참고>

1759-06-00. **노 개남 배지**(奴介男牌旨), 상전(上典). <1장. 한자+이두. 조선 필사 이두 자료. 경북 안동시 오천 광산 김씨 후조당 소장. 한국학중앙연구원 장서각 한국고문서자료관 홈페이지 원문 이미지와 텍스트 보기. 한국정신문화연구원 편(1982) 참고>

1759-06-00. **서후 송야 평민인 등장**(西後松夜坪民人等狀),[489] 서후면 송야리 평민인. <1장. 한자+이두. 조선 필사 이두 자료. 안동 송파 진주 하씨 하위지 후손가 소장. 한국학중앙연구원 장서각 한국고문서자료관 홈페이지 원문 이미지 보기. 한국정신문화연구원 편(2002) 참고>

1759-08-00. **동종면 원당리 거 임가산 댁 사음 최만억 입지**(東終面圓堂里居任嘉山宅舍音崔萬億立旨), 양근군수(楊根郡守). <1장. 한자+이두. 조선 필사 이두 자료. 아산 선교 장흥 임씨 구장. 한국학중앙연구원 장서각 한국고문서자료관 홈페이지 원문 이미지 보기. 한국학중앙연구원 편(2008) 참고>

1759-08-00. **이문환 등 소지**(李文煥等所志), 이문환 등. <1장. 한자+이두. 조선 필사 이두 자료. 영해 인량 재령 이씨 충효당 구장. 한국국학진흥원 소장. 한국학중앙연구원 장서각 한국고문서자료관 홈페이지 원문 이미지와 텍스트 보기>

1759-08-00. **현내 선교리 임 생원 댁 노 복금 입지**(縣內船橋里任生員宅奴卜金立旨), 아산현감(牙山縣監). <1장. 한자+이두. 조선 필사 이두 자료. 아산 선교 장흥 임씨 구장. 한국학중앙연구원 장서각 한국고문서자료관 홈페이지 원문 이미지 보기. 한국학중앙연구원 편(2008) 참고>

---

[488] 한국학자료센터 영남권역센터 홈페이지에서는 '자(子) 이세술(李世述) 분재기(分財記)'로 표시하였다.
[489] 한국학중앙연구원 장서각 한국고문서자료관 홈페이지에서는 '송야민인(松夜民人) 등 증장(等狀)'으로 표시하였다.

1759-09-00. **김범남 계후입안**(金範南繼後立案), 예조(禮曹). <1장. 한자+이두. 조선 필사 이두 자료. 안동 천전 의성 김씨 제산 종택 소장. 한국학중앙연구원 장서각 한국고문서자료관 홈페이지 원문 이미지 보기. 한국정신문화연구원 편(1990) 참고>

1759-10-26. **오촌 숙 신상관 토지매매명문**(五寸叔辛象觀土地賣買明文), 이행민(李行敏). <1장. 한자+이두. 조선 필사 이두 자료. 전남 영광군 입석 영월 신씨 소장. 한국학중앙연구원 장서각 한국고문서자료관 홈페이지 원문 이미지와 텍스트 보기. 한국정신문화연구원 편(1996) 참고>

1759-10-29. **죽전동 송계회 토지매매명문**(竹田洞松契會土地賣買明文), 백대구(白大龜). <1장. 한자+이두. 조선 필사 이두 자료. 전북 장수군 침곡 충주 박씨가 소장. 호남권 한국학자료센터 홈페이지 원문 이미지와 텍스트 보기. 박병호(1974ㄱ), 최승희(1989), 이재수(2003) 참고>

1759-11-18. **모친 안동 권씨 분재기**(母親安東權氏分財記),[490] 모친 안동 권씨. <1장. 한자+이두. 조선 필사 이두 자료. 의성 김씨 검제 용암 문중 구장. 한국국학진흥원 소장. 한국국학진흥원 유교넷 홈페이지 원문 이미지와 텍스트 보기>

1759-11-00. **고상묵 소지**(高尙默所志), 고상묵. <1장. 한자+이두. 조선 필사 이두 자료. 전북 부안 청호 효충사 소장. 호남권 한국학자료센터 홈페이지 원문 이미지와 텍스트 보기. 박병호(1974ㄱ), 최승희(1989), 정구복 외(1999) 참고>

1759-11-00. **이 승지댁 묘노 귀만 소지**(李承旨宅墓奴貴萬所志) 2, 귀만. <1장. 한자+이두. 조선 필사 이두 자료. 예산 한곡 한산 이씨 수당 고택 소장. 한국학중앙연구원 장서각 한국고문서자료관 홈페이지 원문 이미지 보기. 한국정신문화연구원 편(2002) 참고>

1759-12-01. **용산서원 재임 서목**(龍山書院齋任書目) 5, 용산서원. <1장. 한자+이두. 조선 필사 이두 자료. 경북 경주시 내남면 이조리 경주 최씨·용산서원 소장. 한국학중앙연구원 장서각 한국고문서자료관 홈페이지 원문 이미지 보기. 한국정신문

---

[490] 한국국학진흥원 유교넷 홈페이지에서는 문서명을 '1759년 모친 안동 권씨가 자녀에게 준 분재기'로 표시하였다.

화연구원 편(2000) 참고>

1759-12-04. **권성용 토지매매명문**(權聖容土地賣買明文), 권사시(權思始). <1장. 한자+이두. 조선 필사 이두 자료. 경북 예천군 용문면 대제리 원동 권씨 춘우재 고택 구장. 한국국학진흥원 소장. 한국학자료센터 영남권역센터 홈페이지 원문 이미지와 텍스트 보기. 김성갑(2013) 참고>

1759-12-08. **김세태 토지매매명문**(金世太土地賣買明文), 이정국(伊正國). <1장. 한자+이두. 조선 필사 이두 자료. 경북 예천군 용문면 대제리 원동 권씨 춘우재 고택 구장. 한국국학진흥원 소장. 한국학자료센터 영남권역센터 홈페이지 원문 이미지와 텍스트 보기. 김성갑(2013) 참고>

1759-12-10. **승 벽령 토지매매명문**(僧碧岺土地賣買明文), 이(李). <1장. 한자+이두. 조선 필사 이두 자료. 경북 안동시 주촌 진성 이씨 경류정 구장. 서울역사박물관 소장. 장서각 한국고문서자료관 홈페이지 원문 이미지와 텍스트 보기. 한국정신문화연구원 편(1999) 참고>

1759-12-18. **문족 신태형 토지매매명문**(門族辛兌亨土地賣買明文), 신갑수(辛甲壽). <1장. 한자+이두. 조선 필사 이두 자료. 전남 영광군 입석 영월 신씨 소장. 한국학중앙연구원 장서각 한국고문서자료관 홈페이지 원문 이미지와 텍스트 보기. 한국정신문화연구원 편(1996) 참고>

1759-12-27. **용산서원 재임 서목**(龍山書院齋任書目) 6, 용산서원. <1장. 한자+이두. 조선 필사 이두 자료. 경북 경주시 내남면 이조리 경주 최씨·용산서원 소장. 한국학중앙연구원 장서각 한국고문서자료관 홈페이지 원문 이미지 보기. 한국정신문화연구원 편(2000) 참고>

1759-12-00. **남노성 소지**(南老星所志), 남노성. <1장. 한자+이두. 조선 필사 이두 자료. 경남 밀양 사촌 의령 남씨 침류정 소장. 한국학중앙연구원 장서각 한국고문서자료관 홈페이지 원문 이미지 보기. 한국정신문화연구원 편(2004) 참고>

1759-00-00. 「가례도감도청의궤(**嘉禮都監都廳儀軌**)」,[491] 가례도감 편. <1책. 151장.

---

[491] 한국학중앙연구원 디지털장서각 홈페이지에서는 서명을 '[영조정순왕후]가례도감의례[英祖貞純王后]嘉禮都監儀軌]'로 적었다.

필사본. 표제는 '(乾隆二十四年己卯六月 日 英宗三十五年)嘉禮都監儀軌'. 권수제는 '(乾隆二十四年己卯六月 日)嘉禮都監都廳儀軌'. 한자+이두. 조선 필사 이두 자료. 한국학중앙연구원 디지털장서각 홈페이지 'K2-2591' 원문 이미지와 텍스트 보기>

1759-00-00. 「가례도감도청의궤(嘉禮都監都廳儀軌)」[492] 상(上)·하(下), 가례도감 편. <2책. 152장+139장. 필사본. 상권의 표제는 '(己卯六月 日 太白山城上)嘉禮都監儀軌(上)'. 권수제는 '(乾隆二十四年己卯六月 日)嘉禮都監都廳儀軌'. 한자+이두. 조선 필사 이두 자료. 서울대학교 규장각 한국학연구원 의궤 종합정보 홈페이지 '奎13102' 원문 이미지와 텍스트 보기>

1759-00-00. 「가례도감의궤(嘉禮都監都廳儀軌)」,[493] 가례도감 편. <2책. 199장+95장. 필사본. 표제는 '己卯謄錄'. 권수제는 '(乾隆二十四年己卯六月 日)嘉禮都監儀軌'. 한자+이두. 조선 필사 이두 자료. 한국학중앙연구원 디지털장서각 홈페이지 'K2-2594' 원문 이미지와 텍스트 보기>

1759-00-00. 「가례도감의궤(嘉禮都監儀軌)」, 가례도감 편. <1책. 48장. 필사본. 표제는 '嘉禮都監儀軌'. 한자+이두. 조선 필사 이두 자료. 한국학중앙연구원 디지털장서각 홈페이지 'K2-4755' 원문 이미지 보기>

1759-00-00. 「가례도감의궤(嘉禮都監儀軌)」[494] 상·하, 가례도감 편. <표제는 '嘉禮都監儀軌'. 권수제는 '(乾隆二十四年己卯六月 日)嘉禮都監儀軌'. 한자+이두. 조선 필사 이두 자료. 국립중앙박물관 외규장각 의궤 홈페이지 '외규203~204' 원문 이미지와 텍스트 보기>

1759-00-00. 「관서양역실총(關西良役實總)」, 평안 감영(平安監營)편(編). <1책. 101장(낙장본). 무신자본. 한자+이두. 이두 자료. 서울대학교 규장각 한국학연구원 의궤 종합정보 홈페이지 원문 보기> <영인본:「각사등록」40(평안도편 12)(국사편

---

[492] 서울대학교 규장각 한국학연구원 의궤 종합정보 홈페이지에서는 서명을 표제나 권수제와는 달리 '영조정순왕후가례도감의궤(英祖貞純王后嘉禮都監儀軌)'로 적었다.

[493] 한국학중앙연구원 디지털장서각 홈페이지에서는 서명을 '[영조정순왕후]가례도감의례[英祖貞純王后]嘉禮都監儀軌]'로 적었다.

[494] 국립중앙박물관 외규장각 의궤 홈페이지에서는 서명을 표제나 권수제와는 달리 '영조정순왕후가례도감의궤(英祖貞純王后嘉禮都監儀軌)'로 적었다.

찬위원회, 1990)>

1759-00-00.「대악후보(大樂後譜)」, 서명응(徐命膺). <7권 7책. 악보. 보물 제1291호. 국립국악원 소장>

1759-00-00.「부묘도감도청의궤(祔 廟都監都廳儀軌)」,[495] 부묘도감 편. <1책. 167장. 필사본. 표제는 '(乾隆二十四年己卯五月 日 仁元王后 太白山上)祔 廟都監儀軌'. 권수제는 '(乾隆二十四年己卯四月 日)祔 廟都監都廳儀軌'. 한자+이두. 조선 필사 이두 자료. 서울대학교 규장각 한국학연구원 의궤 종합정보 홈페이지 '奎13561' 원문 이미지와 텍스트 보기>

1759-00-00.「부묘도감도청의궤(祔 廟都監都廳儀軌)」,[496] 부묘도감 편. <1책. 170장. 필사본. 원표지의 표제지는 결락. 권수제는 '(乾隆二十四年己卯五月 日)祔 廟都監都廳儀軌'. 한자+이두. 조선 필사 이두 자료. 국립중앙박물관 외규장각 의궤 홈페이지 '외규202' 원문 이미지와 텍스트 보기>

1759-00-00.「부묘도감도청의궤(祔 廟都監都廳儀軌)」,[497] 부묘도감 편. <1책. 168장. 필사본. 개장한 표지의 표제는 '(乾隆二十四年己卯四月 日)宗廟都監儀軌'. 권수제는 '(乾隆二十四年己卯四月 日)祔 廟都監都廳儀軌'. 한자+이두. 조선 필사 이두 자료. 한국학중앙연구원 디지털장서각 홈페이지 'K2-2237' 원문 이미지와 텍스트 보기>

1759-00-00.「부묘도감도청의궤(祔 廟都監都廳儀軌)」,[498] 부묘도감 편. <1책. 168장. 필사본. 표제는 '(乾隆二十四年己卯五月 日 英宗三十五年)宗 廟都監儀軌(全)'. 권수제는 '(乾隆二十四年己卯四月 日)祔 廟都監都廳儀軌'. 한자+이두. 조선 필사 이두 자료. 한국학중앙연구원 디지털장서각 홈페이지 'K2-2238' 원문 이미지와 텍스트 보기>

1759-00-00.「사직서등록(社稷署謄錄)」, 사직서 편. <1책. 54장. 필사본. 한자+이두.

---

[495] 서울대학교 규장각 한국학연구원 의궤 종합정보 홈페이지에서는 서명을 '인원왕후부묘도감의궤(仁元王后祔廟都監儀軌)'로 적었다.

[496] 국립중앙박물관 외규장각 의궤 홈페이지에서는 서명을 권수제와는 달리 '인원왕후부묘도감의궤(仁元王后祔廟都監儀軌)'로 적었다.

[497] 한국학중앙연구원 디지털장서각 홈페이지에서는 서명을 '[인원왕후]부묘도감의궤[(仁元王后)祔廟都監儀軌]'로 적었다.

[498] 한국학중앙연구원 디지털장서각 홈페이지에서는 서명을 '[인원왕후]부묘도감의궤[(仁元王后)祔廟都監儀軌]'로 적었다.

조선 필사 이두 자료. 한국학중앙연구원 장서각 소장. 장서각 한국학자료센터 홈페이지 원문 이미지 보기>

1759-00-00. 「선원보략본시수정의궤(璿源譜略本寺修正儀軌)」, 종부시(宗簿寺) 편. <1책. 24장. 필사본. 표제는 '己卯 本寺 英宗三十五年璿源譜略修正後儀軌'. 권수제는 '(乾隆二十四年六月 日)璿源譜略本寺修正儀軌'. 한자+이두. 조선 필사 이두 자료. 서울대학교 규장각 한국학연구원 의궤 종합정보 홈페이지 '奎14067' 원문 이미지와 텍스트 보기>

1759-00-00. 「선원보략본시수정의궤(璿源譜略本寺修正儀軌)」, 종부시(宗簿寺) 편. <1책. 9장. 필사본. 표제는 '己卯慶尙道璿源譜略修正時儀軌'. 권수제는 '(乾隆二十四年六月 日)璿源譜略本寺修正儀軌'. 한자+이두. 조선 필사 이두 자료. 서울대학교 규장각 한국학연구원 의궤 종합정보 홈페이지 '奎14068' 원문 이미지 보기>

1759-00-00. 「선원보략수정 강원도 강릉 오대산 봉안의궤(璿源譜略修正江原道江陵五臺山奉 安儀軌)」,[499] 종부시(宗簿寺) 편. <1책. 13장. 필사본. 표제는 '(江陵五臺山奉安件己卯璿源譜略修正儀軌'. 권수제는 '(乾隆二十四年六月 日)璿源譜略修正江原道江陵五臺山奉 安儀軌'. 한자+이두. 조선 필사 이두 자료. 서울대학교 규장각 한국학연구원 의궤 종합정보 홈페이지 '奎14069' 원문 이미지 보기>

1759-00-00. 「어제과폐이정윤음(御製科弊釐正綸音)」, 영조(英祖) 찬(撰). <1책. 9장. 금속활자본. 무신자본. 표제는 '科制綸音'. 과거의 폐해를 고치려는 영조의 윤음. 조선 인쇄 이두 자료. 국립중앙도서관 홈페이지 & 서울대학교 규장각 한국학연구원 홈페이지 원문 이미지 보기>

1759-00-00. 「왕비가례등록(王妃嘉禮謄錄)」, 예조(禮曹). <1책. 46장. 필사본. 한자+이두. 조선 필사 이두 자료. 한국학중앙연구원 장서각 한국학자료센터 홈페이지 & 한국학중앙연구원 한국학 디지털 아카이브 홈페이지 원문 이미지와 텍스트 보기>

1759-00-00. 「인원왕후국휼초등록(仁元王后國恤草謄錄)」 <1책. 157장. 필사본. 표

---

[499] 서울대학교 규장각 한국학연구원 의궤 종합정보 홈페이지에서는 서명을 '선원보략수정강원도강릉오대산봉안의궤(璿源譜略修正江原道江陵五臺山奉安儀軌)'로 붙여 썼다.

제는 '仁元王后謄錄'. 한자+이두. 조선 필사 이두 자료. 한국학중앙연구원 장서각 한국학자료센터 홈페이지 원문 이미지 보기>

1759-00-00. 「정성왕후국휼초등록(貞聖王后國恤草謄錄)」 <1책. 152장. 필사본. 표제는 '貞聖王后國恤謄錄'. 한자+이두. 조선 필사 이두 자료. 한국학중앙연구원 장서각 한국학자료센터 홈페이지 원문 이미지 보기>

1759-00-00. 「책례도감의궤(冊禮都監儀軌)」,[500] 책례도감 편. <1책. 125장. 필사본. 표제는 '(己卯 五臺山上)冊禮都監儀軌'. 권수제는 '(乾隆二十四年己卯六月 日)冊禮都監儀軌'. 한자+이두. 조선 필사 이두 자료. 서울대학교 규장각 한국학연구원 의궤 종합정보 홈페이지 '奎13113' 원문 이미지와 텍스트 보기>

1759-00-00. 「책례도감의궤(冊禮都監儀軌)」,[501] 책례도감 편. <1책. 119장. 필사본. 표제는 '冊禮都監儀軌'. 목록제는 '王世孫冊禮都監儀軌目錄'. 권수제는 '(乾隆二十四年己卯六月 日)冊禮都監儀軌'. 한자+이두. 조선 필사 이두 자료. 국립중앙박물관 외규장각 의궤 홈페이지 '외규205' 원문 이미지와 텍스트 보기>

1759-00-00 추정. 「동몽선습(童蒙先習)」, 박세무(朴世茂)·민제인(閔齊仁)[502] 공술(共述), 한성부: 춘방(春坊). <기묘 신간 춘방 장판. 1책. 23장. 목판본. 어제 서문과 우암 송시열의 발문 수록. 대자 한문+소자 한자 구결. 한자 초학서「천자문」을 익힌 다음 학습하는 한문 초학서. 서울대학교 규장각 한국학연구원 홈페이지 원문 이미지 보기> <이본: 1543-00-00(평안도 감영본)>

1760년

<경진(庚辰), 영조 36년, 건륭 25년>

---

[500] 서울대학교 규장각 한국학연구원 의궤 종합정보 홈페이지에서는 서명을 표제나 권수제와는 달리 '정조왕세손책례도감의궤(正祖王世孫冊禮都監儀軌)'로 적었다.

[501] 국립중앙박물관 외규장각 의궤 홈페이지에서는 서명을 표제나 권수제와는 달리 '정조왕세손책례도감의궤(正祖王世孫冊禮都監儀軌)'로 적었다.

[502] 권문해(權文海)의 「대동운부군옥(大東韻府群玉)」과 김휴(金烋)의 「해동문헌총록(海東文獻總錄)」에서는 김안국(金安國, 1478년~1543년)을 「동문선습」의 저자로 보고 있다.

1760-01-01. **양천강 토지매매명문**(梁千江土地賣買明文), 손현구(孫賢九). <1장. 한자
+이두. 조선 필사 이두 자료. 경북 경주시 양동 경주 손씨 송첨 종택 소장. 한국학
중앙연구원 장서각 한국고문서자료관 홈페이지 원문 이미지 보기. 이수건(1979),
이수건 편(1981), 영남대학교 인문과학연구소 편(1990), 정구복·안승준(1997), 한
국정신문화연구원 편(1997) 참고>

1760-01-26. **장형 김선자 토지매매명문**(長兄金善資土地賣買明文), 김필만(金弼萬).
<1장. 한자+이두. 조선 필사 이두 자료. 전남 구례군 토지면 오미리 문화 류씨
운조루 소장. 한국학중앙연구원 장서각 한국고문서자료관 홈페이지 원문 이미지
와 텍스트 보기. 한국정신문화연구원 편(1998) 참고>

1760-01-29. **박함 토지매매명문**(朴諴土地賣買明文), 이추(李樞). <1장. 한자+이두. 조
선 필사 이두 자료. 경남 밀양 신호 밀성 박씨·덕남서원 소장. 한국학중앙연구원
장서각 한국고문서자료관 홈페이지 원문 이미지 보기. 한국정신문화연구원 편
(2004) 참고>

1760-01-29. **용산서원 사림 서목**(龍山書院士林書目) 1, 용산서원. <1장. 한자+이두.
조선 필사 이두 자료. 경북 경주시 내남면 이조리 경주 최씨·용산서원 소장. 한국
학중앙연구원 장서각 한국고문서자료관 홈페이지 원문 이미지 보기. 한국정신문
화연구원 편(2000) 참고>

1760-02-04. **전시벽 선혜청 공사지 공인권 매매명문**(田時闢宣惠廳公事紙貢人權賣買
明文), 선혜청 공사지계(宣惠廳公事紙契). <1장. 한자+이두. 조선 필사 이두 자료.
일본 경도대학 가와이문고 소장. 고려대학교 해외한국학자료센터 홈페이지 원문
이미지와 텍스트 보기>

1760-02-08. **종계회중 토지매매명문**(宗稧會中土地賣買明文), 최종(崔琮). <1장. 한자
+이두. 조선 필사 이두 자료. 남원·구례 삭녕 최씨 구장. 한국학중앙연구원 장서
각 한국고문서자료관 홈페이지 원문 이미지 보기. 한국정신문화연구원 편(2004)
참고>

1760-02-13. **용산서원 사림 서목**(龍山書院士林書目) 2, 용산서원. <1장. 한자+이두.
조선 필사 이두 자료. 경북 경주시 내남면 이조리 경주 최씨·용산서원 소장. 한국
학중앙연구원 장서각 한국고문서자료관 홈페이지 원문 이미지 보기. 한국정신문

화연구원 편(2000) 참고>

1760-02-15. **김덕수 토지매매명문**(金德水土地賣買明文), 양갈암회(梁乫岩回). <1장. 한자+이두. 조선 필사 이두 자료. 해남 노송 김해 김씨 노송사 소장. 한국학중앙연구원 장서각 한국고문서자료관 홈페이지 & 호남권 한국학자료센터 홈페이지 원문 이미지와 텍스트 보기. 최승희(1989), 한국정신문화연구원 편(1998) 참고>

1760-02-15. **김상대 토지매매명문**(金尙大土地賣買明文0, 김익성(金益聲). <1장. 한자+이두. 조선 필사 이두 자료. 경북 경주시 내남면 이조리 경주 최씨·용산서원 소장. 한국학중앙연구원 장서각 한국고문서자료관 홈페이지 원문 이미지 보기. 한국정신문화연구원 편(2000) 참고>

1760-02-15. **처부 남 씨 별급문기**(妻父南氏別給文記), 처부 남 씨. <1장. 한자+이두. 조선 필사 이두 자료. 영해 인량 재령 이씨 충효당 구장. 한국국학진흥원 소장. 한국학중앙연구원 장서각 한국고문서자료관 홈페이지 원문 이미지와 텍스트 보기. 한국정신문화연구원 편(1997) 참고>

1760-02-23. **김재평 토지매매명문**(金再平土地賣買明文), 이덕률(李德律). <1장. 한자+이두. 조선 필사 이두 자료. 경북 안동시 하회 풍산 류씨 충효당 소장. 한국학중앙연구원 장서각 한국고문서자료관 홈페이지 원문 이미지와 텍스트 보기. 한국정신문화연구원 편(1994) 참고>

1760-02-27. **변 동지댁 노 엇금 토지매매 사급입안**(卞同知宅奴旕金土地賣買斜給立案), 한성부(漢城府). <1장. 한자+이두. 조선 필사 이두 자료. 일본 경도대학 가와이문고 소장. 고려대학교 해외한국학자료센터 홈페이지 원문 이미지와 텍스트 보기>

1760-02-27. **엇금 입안 요청 소지**(旕金立案要請所志), 엇금. <1장. 한자+이두. 조선 필사 이두 자료. 일본 경도대학 가와이문고 소장. 고려대학교 해외한국학자료센터 홈페이지 원문 이미지와 텍스트 보기>

1760-02-00. **고상묵 소지**(高尙默所志) 1, 고상묵. <1장. 한자+이두. 조선 필사 이두 자료. 전북 부안 청호 효충사 소장. 호남권 한국학자료센터 홈페이지 원문 이미지와 텍스트 보기. 박병호(1974ㄱ), 최승희(1989), 정구복 외(1999) 참고>

1760-02-00. **영장[503] 이수풍 전령**(營將李遂豊傳令),[504] 해서 순사(海西巡使). <1장. 한

자+이두. 조선 필사 이두 자료. 경북 성주 명곡 벽진 이씨 완석정 종택 소장. 한국학중앙연구원 장서각 한국고문서자료관 홈페이지 원문 이미지 보기. 한국학중앙연구원 편(2009) 참고>

1760-03-02. **용산서원 재임 서목**(龍山書院齋任書目) 1, 용산서원. <1장. 한자+이두. 조선 필사 이두 자료. 경북 경주시 내남면 이조리 경주 최씨·용산서원 소장. 한국학중앙연구원 장서각 한국고문서자료관 홈페이지 원문 이미지 보기. 한국정신문화연구원 편(2000) 참고>

1760-03-03. **노 개덕 토지매매명문**(奴介德土地賣買明文), 노 강이(奴姜伊). <1장. 한자+이두. 조선 필사 이두 자료. 전북 임실군 오수 삼계강사 소장. 호남권 한국학자료센터 홈페이지 원문 이미지와 텍스트 보기. 박병호(1974ㄱ), 최승희(1989), 정구복 외(1999) 참고>

1760-03-13. **변태희 토지매매 사급입안**(卞泰禧土地賣買斜給立案), 한성부(漢城府). <1장. 한자+이두. 조선 필사 이두 자료. 일본 경도대학 가와이문고 소장. 고려대학교 해외한국학자료센터 홈페이지 원문 이미지와 텍스트 보기>

1760-03-13. **재주 김시집 초사**(財主金始集招辭), 김시집. <1장. 한자+이두. 조선 필사 이두 자료. 일본 경도대학 가와이문고 소장. 고려대학교 해외한국학자료센터 홈페이지 원문 이미지와 텍스트 보기>

1760-03-13. **증인 정덕조·필집 변의서 초사**(證人鄭德祖筆執卞義瑞招辭), 증인 정덕조·필집 변의서. <1장. 한자+이두. 조선 필사 이두 자료. 일본 경도대학 가와이문고 소장. 고려대학교 해외한국학자료센터 홈페이지 원문 이미지와 텍스트 보기>

1760-03-22. **용산서원 사림 서목**(龍山書院士林書目) 3, 용산서원. <1장. 한자+이두. 조선 필사 이두 자료. 경북 경주시 내남면 이조리 경주 최씨·용산서원 소장. 한국학중앙연구원 장서각 한국고문서자료관 홈페이지 원문 이미지 보기. 한국정신문화연구원 편(2000) 참고>

---

503 영장(營將)은 조선 시대에 둔 각 진영의 으뜸 벼슬이다(「표준국어대사전」).
504 한국학중앙연구원 장서각 한국고문서자료관 홈페이지에서는 '해서순사(海西巡使) 전령(傳令)'으로 표시하였다.

1760-04-07. **용산서원 사림 서목**(龍山書院士林書目) 4, 용산서원. <1장. 한자+이두. 조선 필사 이두 자료. 경북 경주시 내남면 이조리 경주 최씨·용산서원 소장. 한국학중앙연구원 장서각 한국고문서자료관 홈페이지 원문 이미지 보기. 한국정신문화연구원 편(2000) 참고>

1760-04-09. **김막남 토지매매명문**(金莫南土地賣買明文), 김태호(金兌浩). <1장. 한자+이두. 조선 필사 이두 자료. 전남 여수 좌수영박물관 소장. 호남권 한국학자료센터 홈페이지 원문 이미지와 텍스트 보기. 최승희(1989) 참고>

1760-04-18. **윤온양 댁 노 차중 토지매매명문**(尹溫陽宅奴次中土地賣買明文), 안 생원 댁 노(安生員宅奴). <1장. 한자+이두. 조선 필사 이두 자료. 일본 경도대학 가와이문고 소장. 고려대학교 해외한국학자료센터 홈페이지 원문 이미지와 텍스트 보기>

1760-04-22. **용산서원 사림 서목**(龍山書院士林書目) 5, 용산서원. <1장. 한자+이두. 조선 필사 이두 자료. 경북 경주시 내남면 이조리 경주 최씨·용산서원 소장. 한국학중앙연구원 장서각 한국고문서자료관 홈페이지 원문 이미지 보기. 한국정신문화연구원 편(2000) 참고>

1760-04-00. **강찬봉 토지매매명문**(姜贊奉土地賣買明文), 이세득(李世得). <1장. 한자+이두. 조선 필사 이두 자료. 경북 안동시 오천 광산 김씨 후조당 소장. 한국학중앙연구원 장서각 한국고문서자료관 홈페이지 원문 이미지와 텍스트 보기. 한국정신문화연구원 편(1982) 참고>

1760-04-00. **고상묵 소지**(高尙默所志) 2, 고상묵. <1장. 한자+이두. 조선 필사 이두 자료. 전북 부안 청호 효충사 소장. 호남권 한국학자료센터 홈페이지 원문 이미지와 텍스트 보기. 박병호(1974ㄱ), 최승희(1989), 정구복 외(1999) 참고>

1760-05-17. **이희성 토지매매명문**(李希誠土地賣買明文), 이희심(李希諶). <1장. 한자+이두. 조선 필사 이두 자료. 경북 경주시 안강읍 옥산리 여주 이씨 독락당 소장. 한국학중앙연구원 장서각 한국고문서자료관 홈페이지 원문 이미지 보기. 한국정신문화연구원 편(2003) 참고>

1760-06-23. **최만 토지매매명문**(崔萬土地賣買明文), 박만성(朴萬成). <1장. 한자+이두. 조선 필사 이두 자료. 전북 부안 석동 류절재 소장. 호남권 한국학자료센터

홈페이지 원문 이미지와 텍스트 보기. 박병호(1974ㄱ), 최승희(1989), 이재수(2003) 참고>

1760-07-20. **용산서원 재임 서목**(龍山書院齋任書目) 2, 용산서원. <1장. 한자+이두. 조선 필사 이두 자료. 경북 경주시 내남면 이조리 경주 최씨·용산서원 소장. 한국학중앙연구원 장서각 한국고문서자료관 홈페이지 원문 이미지 보기. 한국정신문화연구원 편(2000) 참고>

1760-09-01. **용산서원 재임 서목**(龍山書院齋任書目) 3, 용산서원. <1장. 한자+이두. 조선 필사 이두 자료. 경북 경주시 내남면 이조리 경주 최씨·용산서원 소장. 한국학중앙연구원 장서각 한국고문서자료관 홈페이지 원문 이미지 보기. 한국정신문화연구원 편(2000) 참고>

1760-09-29. **권응중 불망기**(權應中不忘記), 권응중. <1장. 한자+이두. 조선 필사 이두 자료. 안동 금계 의성 김씨 학봉 종가 소장. 한국학중앙연구원 장서각 한국고문서자료관 홈페이지 원문 이미지와 텍스트 보기. 한국정신문화연구원 편(1990) 참고>

1760-10-26. **오촌 질 신■경 토지매매명문**(五寸侄辛■慶土地賣買明文), 신경■(辛景■). <1장. 한자+이두. 조선 필사 이두 자료. 전남 영광군 입석 영월 신씨 소장. 한국학중앙연구원 장서각 한국고문서자료관 홈페이지 원문 이미지와 텍스트 보기. 한국정신문화연구원 편(1996) 참고>

1760-10-00. **김득문 모 박 씨 소지**(金得文母朴氏所志), 김득문 모 박 씨. <1장. 한자+이두. 조선 필사 이두 자료. 전북 부안군 우반 부안 김씨 구장. 전북 부안군 우동 세덕각 소장. 호남권 한국학자료센터 홈페이지 & 한국학중앙연구원 장서각 한국고문서자료관 홈페이지 원문 이미지와 텍스트 보기. 박병호(1974ㄱ), 한국정신문화연구원 편(1983, 1998), 이재수(2003), 한국학중앙연구원 편(2017) 참고>

1760-10-00. **김득문 모 과녀 박 씨 의송**(金得文母寡女朴氏議送), 김득문 모 과녀 박 씨. <1장. 한자+이두. 조선 필사 이두 자료. 전북 부안군 우반 부안 김씨 구장. 전북 부안군 우동 세덕각 소장. 호남권 한국학자료센터 홈페이지 원문 이미지와 텍스트 보기. 전경목(2001), 전경목 외(2006) 참고>

1760-11-24. **권 생원 댁 노 덕순 토지매매명문**(權生員宅奴德順土地賣買明文), 이 생원

댁 노 돌이(李生員宅奴乭伊). <1장. 한자+이두. 조선 필사 이두 자료. 경북 예천군 용문면 대제리 원동 권씨 춘우재 고택 구장. 한국국학진흥원 소장. 한국학자료센터 영남권역센터 홈페이지 원문 이미지와 텍스트 보기. 김성갑(2013) 참고>

1760-11-27. **윤덕희 등 화회문기**(尹德熙等和會文記), 윤덕희 등. <1장. 점련문서. 한자+이두. 조선 필사 이두 자료. 전남 해남 연동 해남 윤씨 녹우당 소장. 한국학중앙연구원 장서각 한국고문서자료관 홈페이지 원문 이미지와 텍스트 보기. 한국정신문화연구원 편(1986) 참고>

1760-12-10. **김연정 등 토지매매명문**(金延禎等土地賣買明文), 김덕성(金德星). <1장. 한자+이두. 조선 필사 이두 자료. 보성 능묵 장흥 임씨가 구장. 전북대학교 박물관 소장. 호남권 한국학자료센터 홈페이지 원문 이미지와 텍스트 보기. 최승희(1989), 이재수(2003) 참고>

1760-12-11. **동생형 김선귀 토지매매명문**(同生兄金善貴土地賣買明文), 김필형(金弼亨). <1장. 한자+이두. 조선 필사 이두 자료. 전남 구례군 토지면 오미리 문화 류씨 운조루 소장. 장서각 한국고문서자료관 홈페이지 원문 이미지와 텍스트 보기. 한국정신문화연구원 편(1998) 참고>

1760-12-17. **계유사 류세휴 토지매매명문**(稧有司柳世休土地賣買明文), 류세원(柳世源). <1장. 한자+이두. 조선 필사 이두 자료. 경북 안동시 수곡면 전주 류씨 수곡파 대야 고택 구장. 한국국학진흥원 소장. 한국학자료센터 영남권역센터 홈페이지 원문 이미지와 텍스트 보기>

1760-12-17. **양인 손룡 토지매매명문**(良人孫龍土地賣買明文), 사노 삼인(私奴三仁). <1장. 한자+이두. 조선 필사 이두 자료. 경북 안동시 수곡면 전주 류씨 수곡파 대야 고택 구장. 한국국학진흥원 소장. 한국학자료센터 영남권역센터 홈페이지 원문 이미지와 텍스트 보기>

1760-12-17~1765-02-26(庚辰~乙酉). 「통신사등록(**通信使謄錄**)」, 第12, 예조(禮曹) 편(編). <1책/전14책. 184장. 필사본. 한자+이두. 조선 필사 이두 자료. 조선에서 일본에 보낸 통신사에 관한 기록. 서울대학교 규장각 한국학연구원 홈페이지 원문 이미지 보기>

1760-12-21. **각선 토지매매명문**(覺禪土地賣買明文),[505] 유보(有寶). <1장. 한자+이두.

조선 필사 이두 자료. 경북 안동시 하회 풍산 류씨 충효당 소장. 한국학중앙연구원 장서각 한국고문서자료관 홈페이지 & 한국국학진흥원 유교넷 홈페이지 원문 이미지와 텍스트 보기. 한국정신문화연구원 편(1994) 참고>

1760-12-22. **최용진 토지매매명문**(崔龍辰土地賣買明文), 곽승(郭僧). <1장. 한자+이두. 조선 필사 이두 자료. 남원·구례 삭녕 최씨 구장. 한국학중앙연구원 장서각 한국고문서자료관 홈페이지 원문 이미지 보기. 한국정신문화연구원 편(2004) 참고>

1760-12-00. **이갑증 발괄**(李甲曾白活), 이갑증. <1장. 한자+이두. 조선 필사 이두 자료. 전북 남원 둔덕 전주 이씨가 구장. 전북대학교 박물관 소장. 호남권 한국학 자료센터 홈페이지 원문 이미지와 텍스트 보기. 박병호(1974ㄱ), 최승희(1989), 정구복 외(1999) 참고>

1760-12-00. **진주 강씨 문중 등장**(晋州姜氏門中等狀), 진주 강씨 문중. <1장. 한자+이두. 조선 필사 이두 자료. 제주 어도내산 진주 강씨가 구장. 제주 한림 강우석 소장. 호남권 한국학자료센터 홈페이지 원문 이미지와 텍스트 보기. 최승희(1989), 전경목(1997), 김경숙(2012) 참고>

1760-12-■■. **유복원 토지매매명문**(兪復遠土地賣買明文), 안세위(安世位). <1장. 한자+이두. 조선 필사 이두 자료. 제주 장전리 진주 강씨 강태복가 소장. 호남권 한국학자료센터 홈페이지 원문 이미지와 텍스트 보기. 최승희(1989), 고창석(2002) 참고>

1760-■■-■■. **유보 토지매매명문**(有寶土地賣買明文), 반한업(磻漢業). <1장. 한자+이두. 조선 필사 이두 자료. 경북 안동시 하회 풍산 류씨 충효당 소장. 한국학중앙연구원 장서각 한국고문서자료관 홈페이지 원문 이미지와 텍스트 보기. 한국정신문화연구원 편(1994) 참고>

1760-00-00. 「국조어첩 선원보략수정시교정청의궤(**國朝御牒 璿源譜略修正時校正廳儀軌**)」,[506] 교정청 편. <1책. 47장. 필사본. 표제는 '(庚辰 校正廳 英宗三十六年)璿源譜

---

[505] 한국국학진흥원 유교넷 홈페이지에서는 문서명을 '1760년(영조 36) 12월 21일, 답주(畓主) 승려 유보(有寶)가 작선(覺禪) 앞으로 발급한 매매명문(賣買明文)'으로 표시하였다.

略修正儀軌'. 권수제는 '(乾隆二十五年庚辰正月二十三日)國朝御牒 璿源譜略修正時校正廳儀軌'. 한자+이두. 조선 필사 이두 자료. 서울대학교 규장각 한국학연구원 의궤 종합정보 홈페이지 '奎14070' 원문 이미지와 텍스트 보기>

1760-00-00. 「왕세손가례등록(王世孫嘉禮謄錄)」, 예조(禮曹). <1책. 88장. 필사본. 한자+이두. 조선 필사 이두 자료. 한국학중앙연구원 장서각 한국학자료센터 홈페이지 원문 이미지와 텍스트 보기>

1760-00-00. 「외암유고(巍巖遺稿)」, 이간(李柬, 1677년~1727년) 저(著). <16권 8책. 목판본. 한자+이두. 조선 인쇄 이두 자료. 서울대학교 규장각 한국학연구원 소장. 한국고전종합DB 홈페이지 원문 이미지와 텍스트 보기>

1760-00-00~1800-00-00. 「일성록(日省錄)」, 규장각(奎章閣) 편(編). <676책. 필사본. '정조 17년(1793) 3월 하' 1책 낙질본. 한자+이두. 조선 필사 이두 자료. 국보 제153호. 서울대학교 규장각 한국학연구원 홈페이지 '奎12811' 원문 이미지와 텍스트 보기> <영인본: 「일성록」(서울대학교 규장각 한국학연구원, 2013)> <① 1760-00-00~1800-00-00(676책. '奎12811') ② 1792-00-00~1800-00-00(2책. 별책. '奎12812') ③ 1800-00-00~1834-00-00(637책. '奎12813') ④ 1834-00-00~1849-00-00(199책. '奎12814') ⑤ 1849-00-00~1863-00-00(220책. '奎12815') ⑥ 1863-00-00~1907-00-00(562책. '奎12816')>

1761년

<신사(辛巳), 영조 37년, 건륭 26년>

1761-01-06. **구복인 토지매매명문**(丘伏仁土地賣買明文),[507] 영양향교(英陽鄕校). <1장. 한자+이두. 조선 필사 이두 자료. 경북 영양군 일월면 도계리 영양향교 소장.

---

506 서울대학교 규장각 한국학연구원 의궤 종합정보 홈페이지에서는 서명을 '국조어첩선원보략수정시교정청의궤(國朝御牒璿源譜略修正時校正廳儀軌)'로 붙여 썼다.

507 한국학자료센터 영남권역센터 홈페이지에서는 '영양향교(英陽鄕校) 토지매매명문(土地賣買明文)'으로 표시하였다.

한국학자료센터 영남권역센터 홈페이지 원문 이미지와 텍스트 보기. 영남대학교 민족문화연구소 편(1992) 참고>

1761-01-14. **권성우 토지매매명문**(權聖遇土地賣買明文), 권상도(權象度). <1장. 한자+이두. 조선 필사 이두 자료. 경북 예천군 용문면 대제리 원동 권씨 춘우재 고택 구장. 한국국학진흥원 소장. 한국학자료센터 영남권역센터 홈페이지 원문 이미지와 텍스트 보기. 김성갑(2013) 참고>

1761-01-15. **김득천 토지매매명문**(金得天土地賣買明文), 최이덕지(崔已德只). <1장. 점련문서. 한자+이두. 조선 필사 이두 자료. 전북 부안군 우반 부안 김씨 구장. 전북 부안군 우동 세덕각 소장. 한국학중앙연구원 장서각 한국고문서자료관 홈페이지 & 호남권 한국학자료센터 홈페이지 원문 이미지와 텍스트 보기. 박병호(1974ㄱ), 한국정신문화연구원 편(1983, 1998), 최승희(1989), 전경목(2001), 한국학중앙연구원 편(2017) 참고>

1761-01-16. **권중위 토지매매명문**(權重威土地賣買明文), 김연경(金延景). <1장. 한자+이두. 조선 필사 이두 자료. 경북 예천군 용문면 대제리 원동 권씨 춘우재 고택 구장. 한국국학진흥원 소장. 한국학자료센터 영남권역센터 홈페이지 원문 이미지와 텍스트 보기. 김성갑(2013) 참고>

1761-01-16. **별고유사 최종현 토지매매명문**(別庫有司崔宗現土地賣買明文), 최종찬(崔宗贊). <1장. 한자+이두. 조선 필사 이두 자료. 경북 경주시 내남면 이조리 경주 최씨·용산서원 소장. 한국학중앙연구원 장서각 한국고문서자료관 홈페이지 원문 이미지 보기. 한국정신문화연구원 편(2000) 참고>

1761-01-00. **향교 수노 배지**(鄕校首奴牌旨),[508] 영양향교(英陽鄕校). <1장. 한자+이두. 조선 필사 이두 자료. 경북 영양군 일월면 도계리 영양향교 소장. 한국학자료센터 영남권역센터 홈페이지 원문 이미지와 텍스트 보기. 영남대학교 민족문화연구소 편(1992) 참고>

1761-02-07. **최주진 별급문기**(崔周鎭別給文記), 조모 조 씨. <1장. 한자+이두. 조선 필사 이두 자료. 대구 동구 둔산동 경주 최씨 백불암 종중 구장. 안동대학교 박물

---

[508] 한국학자료센터 영남권역센터 홈페이지에서는 '영양향교(英陽鄕校) 배지(牌旨)'로 표시하였다.

관 소장. 한국학자료센터 영남권역센터 홈페이지 원문 이미지와 텍스트 보기. 이수건(1981), 최승희(1989), 문숙자(2004) 참고>

1761-02-15. **유복원 토지매매명문**(兪復遠土地賣買明文), 성취인(成取仁). <1장. 한자+이두. 조선 필사 이두 자료. 제주 장전리 진주 강씨 강태복가 소장. 호남권 한국학자료센터 홈페이지 원문 이미지와 텍스트 보기. 고창석(1998, 2002) 참고>

1761-03-02. **김득문 노비매매명문**(金得文奴婢賣買明文), 김약문(金約文). <1장. 점련문서. 한자+이두. 조선 필사 이두 자료. 전북 부안군 우반 부안 김씨 구장. 전북 부안군 우동 세덕각 소장. 한국학중앙연구원 장서각 한국고문서자료관 홈페이지 & 호남권 한국학자료센터 홈페이지 원문 이미지와 텍스트 보기. 박병호(1974ㄱ), 한국정신문화연구원 편(1983, 1998), 최승희(1989), 전경목(2001), 한국학중앙연구원 편(2017) 참고>

1761-03-02. **김득문 입안**(金得文立案), 전라도 만경현(全羅道萬頃縣). <1장. 점련문서. 한자+이두. 조선 필사 이두 자료. 전북 부안군 우반 부안 김씨 구장. 전북 부안군 우동 세덕각 소장. 한국학중앙연구원 장서각 한국고문서자료관 홈페이지 & 호남권 한국학자료센터 홈페이지 원문 이미지와 텍스트 보기. 박병호(1974ㄱ), 한국정신문화연구원 편(1983, 1998), 최승희(1989), 전경목(2001), 한국학중앙연구원 편(2017) 참고>

1761-03-03. **용태우 토지매매명문**(龍笞雨土地賣買明文), 용택빈(龍澤彬). <1장. 한자+이두. 조선 필사 이두 자료. 전북대학교 박물관 소장. 호남권 한국학자료센터 홈페이지 원문 이미지와 텍스트 보기. 박병호(1974ㄱ), 최승희(1989), 이재수(2003), 박준호(2004), 전경목 외(2006) 참고>

1761-03-12. **강후경 토지매매명문**(姜後慶土地賣買明文), 답주 이억선(畓主伊億先). <1장. 한자+이두. 조선 필사 이두 자료. 제주시 제주교육박물관 소장. 사이버 제주교육박물관 홈페이지 원문 이미지와 텍스트 보기>

1761-03-20. **증조모 풍양 조씨 별급문기**(曾祖母豊壤趙氏別給文記), 증조모 풍양 조씨. <1장. 한자+이두. 조선 필사 이두 자료. 경북 칠곡 석전 광주 이씨 소장. 한국학중앙연구원 장서각 한국고문서자료관 홈페이지 원문 이미지 보기. 한국학중앙연구원 편(2009) 참고>

1761-03-27. **이일만 토지매매명문**(李日萬土地賣買明文), 김후채(金後采). <1장. 한자 +이두. 조선 필사 이두 자료. 경북 안동시 주촌 진성 이씨 경류정 소장. 한국학중 앙연구원 장서각 한국고문서자료관 홈페이지 원문 이미지와 텍스트 보기. 한국정 신문화연구원 편(1999) 참고>

1761-03-00. **김득문 소지**(金得文所志), 김득문. <1장. 점련문서. 한자+이두. 조선 필 사 이두 자료. 전북 부안군 우반 부안 김씨 구장. 전북 부안군 우동 세덕각 소장. 한국학중앙연구원 장서각 한국고문서자료관 홈페이지 & 호남권 한국학자료센터 홈페이지 원문 이미지와 텍스트 보기. 박병호(1974ㄱ), 한국정신문화연구원 편 (1983, 1998), 최승희(1989), 전경목(2001), 한국학중앙연구원 편(2017) 참고>

1761-03-00. **김방혁·유근운 초사**(金邦赫柳根運招辭), 김방혁·유근운. <1장. 점련문 서. 한자+이두. 조선 필사 이두 자료. 전북 부안군 우반 부안 김씨 구장. 전북 부안군 우동 세덕각 소장. 한국학중앙연구원 장서각 한국고문서자료관 홈페이지 & 호남권 한국학자료센터 홈페이지 원문 이미지와 텍스트 보기. 박병호(1974ㄱ), 한국정신문화연구원 편(1983, 1998), 최승희(1989), 전경목(2001), 한국학중앙연구 원 편(2017) 참고>

1761-03-00. **김약문 초사**(金約文招辭), 김약문. <1장. 점련문서. 한자+이두. 조선 필 사 이두 자료. 전북 부안군 우반 부안 김씨 구장. 전북 부안군 우동 세덕각 소장. 한국학중앙연구원 장서각 한국고문서자료관 홈페이지 & 호남권 한국학자료센터 홈페이지 원문 이미지와 텍스트 보기. 박병호(1974ㄱ), 한국정신문화연구원 편 (1983, 1998), 최승희(1989), 전경목(2001), 한국학중앙연구원 편(2017) 참고>

1761-03-00. **사노 순발 소지**(私奴順發所志), 순발. <1장. 한자+이두. 조선 필사 이두 자료. 경북 경주시 내남면 이조리 경주 최씨·용산서원 소장. 한국학중앙연구원 장서각 한국고문서자료관 홈페이지 원문 이미지 보기. 한국정신문화연구원 편 (2000) 참고>

1761-05-07. **김태재 토지매매명문**(金太才土地賣買明文), 김이채(金以彩). <1장. 한자 +이두. 조선 필사 이두 자료. 전북대학교 박물관 소장. 호남권 한국학자료센터 홈페이지 원문 이미지와 텍스트 보기>

1761-05-10. **정택조 등 완의**(鄭宅祚等完議), 정택조 등. <1장. 한자+이두. 조선 필사

이두 자료. 경기도 양주 사릉 해주 정씨 종가 소장. 한국학중앙연구원 장서각 한국고문서자료관 홈페이지 원문 이미지 보기>

1761-05-12. **강위구 차정첩**(姜渭龜差定帖), 제주목(濟州牧). <1장. 한자+이두. 조선 필사 이두 자료. 제주 어도내산 진주 강씨가 구장. 제주 한림 강우석 소장. 호남권 한국학자료센터 홈페이지 원문 이미지와 텍스트 보기. 최승희(1989), 고창석(2002) 참고>

1761-05-00. **이조 사노 순발 소지**(伊助私奴順發所志), 순발. <1장. 한자+이두. 조선 필사 이두 자료. 경북 경주시 내남면 이조리 경주 최씨·용산서원 소장. 한국학중앙연구원 장서각 한국고문서자료관 홈페이지 원문 이미지 보기. 한국정신문화연구원 편(2000) 참고>

1761-06-02. **용산서원 재임 서목**(龍山書院齋任書目) 1, 용산서원. <1장. 한자+이두. 조선 필사 이두 자료. 경북 경주시 내남면 이조리 경주 최씨·용산서원 소장. 한국학중앙연구원 장서각 한국고문서자료관 홈페이지 원문 이미지 보기. 한국정신문화연구원 편(2000) 참고>

1761-06-17. **용산서원 재임 서목**(龍山書院齋任書目) 2, 용산서원. <1장. 한자+이두. 조선 필사 이두 자료. 경북 경주시 내남면 이조리 경주 최씨·용산서원 소장. 한국학중앙연구원 장서각 한국고문서자료관 홈페이지 원문 이미지 보기. 한국정신문화연구원 편(2000) 참고>

1761-06-18. **용산서원 재임 서목**(龍山書院齋任書目) 3, 용산서원. <1장. 한자+이두. 조선 필사 이두 자료. 경북 경주시 내남면 이조리 경주 최씨·용산서원 소장. 한국학중앙연구원 장서각 한국고문서자료관 홈페이지 원문 이미지 보기. 한국정신문화연구원 편(2000) 참고>

1761-07-09. **이제화 허여문기**(李齊華許與文記), 이제화. <1장. 한자+이두. 조선 필사 이두 자료. 부여 은산 함양 박씨 소장. 한국학중앙연구원 고문서자료관 홈페이지 원문 이미지 보기. 한국정신문화연구원 편(2000) 참고>

1761-07-17. **용산서원 재임 서목**(龍山書院齋任書目) 4, 용산서원. <1장. 한자+이두. 조선 필사 이두 자료. 경북 경주시 내남면 이조리 경주 최씨·용산서원 소장. 한국학중앙연구원 장서각 한국고문서자료관 홈페이지 원문 이미지 보기. 한국정신문

화연구원 편(2000) 참고>

1761-07-30. **박정순 조흘첩**(朴鼎淳照訖帖), 시관(試官). <1장. 한자+이두. 조선 필사 이두 자료. 경남 밀양 신호 밀성 박씨·덕남서원 소장. 한국학중앙연구원 장서각 한국고문서자료관 홈페이지 원문 이미지 보기. 최승희(1989), 한국정신문화연구원 편(2004) 참고>

1761-08-01. **용산서원 재임 서목**(龍山書院齋任書目) 5, 용산서원. <1장. 한자+이두. 조선 필사 이두 자료. 경북 경주시 내남면 이조리 경주 최씨·용산서원 소장. 한국학중앙연구원 장서각 한국고문서자료관 홈페이지 원문 이미지 보기. 한국정신문화연구원 편(2000) 참고>

1761-08-07. **용산서원 재임 서목**(龍山書院齋任書目) 6, 용산서원. <1장. 한자+이두. 조선 필사 이두 자료. 경북 경주시 내남면 이조리 경주 최씨·용산서원 소장. 한국학중앙연구원 장서각 한국고문서자료관 홈페이지 원문 이미지 보기. 한국정신문화연구원 편(2000) 참고>

1761-10-16. **비 순화 토지매매명문**(婢順化土地賣買明文), 기시채(奇始采). <1장. 한자+이두. 조선 필사 이두 자료. 전남 장성군 행주 기씨 금강 종가 소장. 호남권 한국학자료센터 홈페이지 원문 이미지와 텍스트 보기. 이재수(2003), 이수건 외(2004) 참고>

1761-12-18. **용산서원 재임 서목**(龍山書院齋任書目) 7, 용산서원. <1장. 한자+이두. 조선 필사 이두 자료. 경북 경주시 내남면 이조리 경주 최씨·용산서원 소장. 한국학중앙연구원 장서각 한국고문서자료관 홈페이지 원문 이미지 보기. 한국정신문화연구원 편(2000) 참고>

1761-12-27. **최중창 혜민서 약재 공인권 매매명문**(崔重昌惠民署藥材貢人權賣買明文), 장 씨(張氏). <1장. 한자+이두. 조선 필사 이두 자료. 일본 경도대학 가와이문고 소장. 고려대학교 해외한국학자료센터 홈페이지 원문 이미지와 텍스트 보기>

1761-1■-00. **고 생원 노 길복 소지**(高生員宅奴吉卜所志), 길복. <1장. 한자+이두. 조선 필사 이두 자료. 전북 부안 청호 효충사 소장. 호남권 한국학자료센터 홈페이지 원문 이미지와 텍스트 보기. 박병호(1974ㄱ), 최승희(1989), 정구복 외(1999) 참고>

1761-00-00. **권성봉 토지매매명문**(權聖鳳土地賣買明文), 권석(權碩). <1장. 한자+이두. 조선 필사 이두 자료. 경북 예천군 용문면 대제리 원동 권씨 춘우재 고택 구장. 한국국학진흥원 소장. 한국학자료센터 영남권역센터 홈페이지 원문 이미지와 텍스트 보기. 김성갑(2013) 참고>

1761-00-00(또는 1760년 무렵) 추정.「성호사설(**星湖僿說**)」, 이익(李瀷, 1681년~1763년). <30권 30책. 필사본. 한자+이두. 백과사전적인 전서. 국립중앙도서관 낙질본 소장. 한국고전종합DB 홈페이지 원문 텍스트 보기. 박형익(2012) 참고> <활자본: ① 1915-00-00.「성호사설유선」(조선고서간행회) ② 1929-00-00.「성호사설유선」(문광서림. 국립중앙도서관 홈페이지 원문 이미지 보기) ③ 1967-00-00.「성호사설」(경희출판사 영인본)>

1761-00-00. '이문(**吏文**)',「전율통보(典律通補)」, 구윤명(具允明). <초고본. 권6 '별편(別編)'에 130개 이두 목록 수록. 이두+한글 독음. 이두 자료집. 서울대학교 규장각 한국학연구원 '奎4306' 소장. 안병희(1984, 1992ㄱ), 오창명(2017) 참고> <이본: ① 1786-00-00(필사본. 활자체로 정서했으나 간행되지는 않았다. 서울대학교 규장각 한국학연구원 '奎1377' 소장) ② 필사 시기 미상(국립중앙도서관 '古朝31-203' & '한古朝93-48' 소장)> <영인본: 서울대학교 규장각(1998) '奎1377' 상하 2권>

1761-00-00. **촌민 소지**(村民所志), 촌민. <1장. 한자+이두. 조선 필사 이두 자료. 경북 경주시 양동 경주 손씨 송첨 종택 소장. 장서각 한국고문서자료관 홈페이지 원문 이미지 보기>

1762년

<임오(壬午), 영조 38년, 건륭 27년>

1762-01-07. **권성훈 토지매매명문**(權聖勛土地賣買明文), 권성복(權聖復). <1장. 한자+이두. 조선 필사 이두 자료. 경북 예천군 용문면 대제리 원동 권씨 춘우재 고택 구장. 한국국학진흥원 소장. 한국학자료센터 영남권역센터 홈페이지 원문 이미지

와 텍스트 보기. 김성갑(2013) 참고>

1762-01-14. **용태우 토지매매명문**(龍台雨土地賣買明文), 전주 동성 삼촌 용(田主同姓 三寸龍). <1장. 한자+이두. 조선 필사 이두 자료. 전북대학교 박물관 소장. 호남권 한국학자료센터 홈페이지 원문 이미지와 텍스트 보기. 박병호(1974ㄱ), 최승희(1989), 이재수(2003), 박준호(2004), 전경목 외(2006) 참고>

1762-01-24. **고자 막남 토지매매명문**(庫子莫男土地賣買明文), 이국만(李國萬). <1장. 한자+이두. 조선 필사 이두 자료. 경북 경주시 내남면 이조리 경주 최씨·용산서원 소장. 한국학중앙연구원 장서각 한국고문서자료관 홈페이지 원문 이미지 보기. 한국정신문화연구원 편(2000) 참고>

1762-01-28. **이 진사 댁 노 찬상 토지매매명문**(李進士宅奴贊尙土地賣買明文), 김태구(金台龜). <1장. 한자+이두. 조선 필사 이두 자료. 경북 안동시 법흥동 고성 이씨 탑동 종가 구장. 한국국학진흥원 소장. 한국학자료센터 영남권역센터 홈페이지 원문 이미지와 텍스트 보기. 박병호(1974ㄱ), 최승희(1989), 이재수(2003), 이수건 외(2004), 전경목(2010) 참고>

1762-02-02. **용산서원 재임 서목**(龍山書院齋任書目) 1, 용산서원. <1장. 한자+이두. 조선 필사 이두 자료. 경북 경주시 내남면 이조리 경주 최씨·용산서원 소장. 한국학중앙연구원 장서각 한국고문서자료관 홈페이지 원문 이미지 보기. 한국정신문화연구원 편(2000) 참고>

1762-02-17. **태전 토지매매명문**(泰顚土地賣買明文), 하위천(河渭天). <1장. 한자+이두. 조선 필사 이두 자료. 순천 월등 목천 장씨가 구장. 전북대학교 박물관 소장. 호남권 한국학자료센터 홈페이지 원문 이미지와 텍스트 보기. 정구복 외(1999), 이재수(2003) 참고>

1762-02-22. **임성기 토지매매명문**(林星起土地賣買明文), 임재천(林載天). <1장. 한자+이두. 조선 필사 이두 자료. 전북 임실군 오수 삼계강사 소장. 호남권 한국학자료센터 홈페이지 원문 이미지와 텍스트 보기. 박병호(1974ㄱ), 최승희(1989), 정구복 외(1999) 참고>

1762-02-27. **남노성 노비매매명문**(南老星奴婢賣買明文), 김중성(金重成). <1장. 한자+이두. 조선 필사 이두 자료. 경남 밀양 사촌 의령 남씨 침류정 소장. 한국학중앙

연구원 장서각 한국고문서자료관 홈페이지 원문 이미지 보기. 한국정신문화연구원 편(2004) 참고>

1762-02-29. **권성화 토지매매명문**(權聖和土地賣買明文) 1, 권이경(權以慶). <1장. 한자+이두. 조선 필사 이두 자료. 경북 예천군 용문면 대제리 원동 권씨 춘우재 고택 구장. 한국국학진흥원 소장. 한국학자료센터 영남권역센터 홈페이지 원문 이미지와 텍스트 보기. 김성갑(2013) 참고>

1762-03-03. **박찬성 토지매매명문**(朴贊成土地賣買明文), 윤계주(尹戒周). <1장. 한자+이두. 조선 필사 이두 자료. 일본 경도대학 가와이문고 소장. 고려대학교 해외한국학자료센터 홈페이지 원문 이미지와 텍스트 보기>

1762-03-05. **출신 이시화 토지매매명문**(出身李時華土地賣買明文), 오덕옥(吳德沃). <1장. 한자+이두. 조선 필사 이두 자료. 전남 구례군 토지면 오미리 문화 류씨 운조루 소장. 한국학중앙연구원 장서각 한국고문서자료관 홈페이지 원문 이미지와 텍스트 보기. 한국정신문화연구원 편(1998) 참고>

1762-03-11. **정택조 별급문기**(鄭宅祚別給文記), 정택조. <1장. 한자+이두. 조선 필사 이두 자료. 경기도 양주 사릉 해주 정씨 종가 소장. 한국학중앙연구원 장서각 한국고문서자료관 홈페이지 이미지 보기>

1762-03-21. **족형 토지매매명문**(族兄土地賣買明文),[509] 기헌조(奇憲祚). <1장. 한자+이두. 조선 필사 이두 자료. 전남 장성군 행주 기씨 금강 종가 소장. 호남권 한국학자료센터 홈페이지 원문 이미지와 텍스트 보기. 이재수(2003), 이수건 외(2004) 참고>

1762-03-22~1762-07-16(乾隆 27년 壬午). 「통신사청래차왜평여방접대등록(**通信使請來差倭平如房接待謄錄**)」, 접위관(接慰官) 부사과(副司果) 정창성(鄭昌聖). <1책. 40장. 東萊府接待謄錄」(奎18108-v.6). 필사본. 표제는 '(壬午七月 日)通信使請來差倭平如房接待謄錄'. 한자+이두. 이두 자료. 서울대학교 규장각 한국학연구원 홈페이지 원문 이미지 보기> <영인본:「각사등록」 13(경상도편 3)(국사편찬위원회,

---

509 호남권 한국학자료센터 홈페이지에서는 '기헌조(奇憲祚) 방매(放賣) 토지매매명문(土地賣買明文)'으로 표시하였다.

1984)> <1653-11-17~1654-01-09(「東萊府接待謄錄」(奎18108-v.1))>

1762-03-29. **박기민 토지매매명문**(朴起敏土地賣買明文), 박귀봉(朴貴鳳). <1장. 한자+이두. 조선 필사 이두 자료. 순천 월등 목천 장씨가 구장. 전북대학교 박물관 소장. 호남권 한국학자료센터 홈페이지 원문 이미지와 텍스트 보기. 최승희(1989), 정구복 외(1999), 이재수(2003) 참고>

1762-04-27. **노 후망 토지매매명문**(奴厚望土地賣買明文), 이 생원 댁 노 여상(李生員宅奴余尙). <1장. 한자+이두. 조선 필사 이두 자료. 전북 임실군 오수 삼계강사 소장. 호남권 한국학자료센터 홈페이지 원문 이미지와 텍스트 보기. 박병호(1974ㄱ), 최승희(1989), 정구복 외(1999) 참고>

1762-04-00. **남노성 입안**(南老星立案), 밀양부(密陽府). <1장. 한자+이두. 조선 필사 이두 자료. 경남 밀양 사촌 의령 남씨 침류정 소장. 한국학중앙연구원 장서각 한국고문서자료관 홈페이지 원문 이미지 보기. 한국정신문화연구원 편(2004) 참고>

1762-08-00. **하국진 소지**(河國鎭所志), 하국진. <1장. 한자+이두. 조선 필사 이두 자료. 경남 진주시 운문 진양 하씨 소장. 한국학중앙연구원 장서각 한국고문서자료관 홈페이지 원문 이미지 보기. 한국정신문화연구원 편(2001) 참고>

1762-10-00. **남노성 등 소지**(南老星等所志), 남노성 등. <1장. 한자+이두. 조선 필사 이두 자료. 경남 밀양 사촌 의령 남씨 침류정 소장. 한국학중앙연구원 장서각 한국고문서자료관 홈페이지 원문 이미지 보기. 한국정신문화연구원 편(2004) 참고>

1762-11-03. **김광찬 토지매매명문**(金光燦土地賣買明文), 이세엽(李世曄). <1장. 한자+이두. 조선 필사 이두 자료. 안동 금계 의성 김씨 학봉 종가 소장. 한국학중앙연구원 장서각 한국고문서자료관 홈페이지 원문 이미지와 텍스트 보기. 한국정신문화연구원 편(1990) 참고>

1762-11-24. **용산서원 재임 서목**(龍山書院齋任書目) 2, 용산서원. <1장. 한자+이두. 조선 필사 이두 자료. 경북 경주시 내남면 이조리 경주 최씨·용산서원 소장. 한국학중앙연구원 장서각 한국고문서자료관 홈페이지 원문 이미지 보기. 한국정신문화연구원 편(2000) 참고>

1762-11-29. **이명생 토지매매명문**(李明生土地賣買明文), 조경견(趙慶見). <1장. 한자
+이두. 조선 필사 이두 자료. 전남 구례군 토지면 오미리 문화 류씨 운조루 소장.
한국학중앙연구원 장서각 한국고문서자료관 홈페이지 원문 이미지와 텍스트 보
기. 한국정신문화연구원 편(1998) 참고>

1762-12-10. **김선 토지매매명문**(金先土地賣買明文), 정태부(鄭泰富). <1장. 한자+이
두. 조선 필사 이두 자료. 영해 인량 재령 이씨 충효당 구장. 한국국학진흥원
소장. 한국학중앙연구원 장서각 한국고문서자료관 홈페이지 원문 이미지와 텍스
트 보기. 한국정신문화연구원 편(1997) 참고>

1762-12-15. **박동필 토지매매명문**(朴東必土地賣買明文), 유덕민(柳德敏). <1장. 한자
+이두. 조선 필사 이두 자료. 전북 부안군 우반 부안 김씨 구장. 전북 부안군
우동 세덕각 소장. 한국학중앙연구원 장서각 한국고문서자료관 홈페이지 원문
이미지와 텍스트 보기>

1762-12-18. **권봉태 토지매매명문**(權奉太土地賣買明文), 권점돌(權占乭). <1장. 한자
+이두. 조선 필사 이두 자료. 경북 안동시 수곡면 전주 류씨 수곡파 대야 고택
구장. 한국국학진흥원 소장. 한국학자료센터 영남권역센터 홈페이지 원문 이미지
와 텍스트 보기>

1762-12-18. **노비 도치 토지매매명문**(奴婢都致土地賣買明文), 남연삼(南連三). <1장.
한자+이두. 조선 필사 이두 자료. 대구광역시 수성구 만촌동 전주 류씨 종가
소장. 한국학자료센터 영남권역센터 홈페이지 원문 이미지와 텍스트 보기. 최승
희(1989), 이재수(2003), 전경목(2010) 참고>

1762-12-19. **권성화 토지매매명문**(權聖和土地賣買明文) 2, 박성성(朴成性). <1장. 한
자+이두. 조선 필사 이두 자료. 경북 예천군 용문면 대제리 원동 권씨 춘우재
고택 구장. 한국국학진흥원 소장. 한국학자료센터 영남권역센터 홈페이지 원문
이미지와 텍스트 보기. 김성갑(2013) 참고>

1762-■■-■■. **남노성 소지**(南老星所志), 남노성. <1장. 한자+이두. 조선 필사 이두
자료. 경남 밀양 사촌 의령 남씨 침류정 소장. 한국학중앙연구원 장서각 한국고문
서자료관 홈페이지 원문 이미지 보기. 한국정신문화연구원 편(2004) 참고>

1762-■■-■■. **박내운·성언추 초사**(朴乃雲成彦樞招辭), 박내운·성언추. <1장. 한자

+이두. 조선 필사 이두 자료. 경남 밀양 사촌 의령 남씨 침류정 소장. 한국학중앙연구원 장서각 한국고문서자료관 홈페이지 원문 이미지 보기. 한국정신문화연구원 편(2004) 참고>

1762-00-00.「가례청도청의궤(嘉禮廳都廳儀軌)」,[510] 가례청 편. <1책. 95장. 필사본. 개장한 표지의 표제는 '嘉禮都監儀軌(王世孫·正祖)(全)'. 권수제는 '(乾隆二十七年壬午二月 日)嘉禮廳都廳儀軌'. 한자+이두. 조선 필사 이두 자료. 한국학중앙연구원 디지털장서각 홈페이지 'K2-2602' 원문 이미지와 텍스트 보기>

1762-00-00.「가례청도청의궤(嘉禮廳都廳儀軌)」[511] 상(上)·하(下), 책례도감(冊禮都監) 편. <2책. 95장+138장. 필사본. 상권의 표제는 '(壬午二月 日 太白山上)嘉禮廳儀軌(上)'. 권수제는 '(乾隆二十七年壬午二月 日)嘉禮都廳儀軌'. 한자+이두. 조선 필사 이두 자료. 서울대학교 규장각 한국학연구원 의궤 종합정보 홈페이지 '奎13114' 원문 이미지와 텍스트 보기>

1762-00-00.[512] 「구봉선생집(龜峯先生集)」, 송익필(宋翼弼, 1534년~1599년) 저(著). 손자 김상성(金相𡏄) 편집·간행. <11권 5책. 목판본. 한자+이두. 조선 인쇄 이두 자료. 서울대학교 규장각 한국학연구원 홈페이지 '奎4076' 원문 이미지 보기. 한국고전종합DB 홈페이지 원문 이미지와 텍스트 보기> <이본: ① 1622-00-00「비선구봉선생시집(批選龜峯先生詩集)」(초간본. 5권 1책. 목판본. 심종직(沈宗直) 간행) ② 1910-00-00(목활자본. 서울대학교 규장각 한국학연구원 '가람古819.52-So58g' 원문 이미지 보기)>

1762-00-00. **김중성 초사**(金重成招辭), 김중성. <1장. 한자+이두. 조선 필사 이두 자료. 경남 밀양 사촌 의령 남씨 침류정 소장. 한국학중앙연구원 장서각 한국고문서자료관 홈페이지 원문 이미지 보기. 한국정신문화연구원 편(2004) 참고>

---

510 한국학중앙연구원 디지털장서각 홈페이지에서는 서명을 '[정조효의왕후]가례청의궤[正祖孝懿王后]嘉禮廳儀軌]'로 적었다.

511 서울대학교 규장각 한국학연구원 의궤 종합정보 홈페이지에서는 서명을 '정조효의왕후가례청의궤(正祖孝懿王后嘉禮廳儀軌)'로 적었다.

512 서울대학교 규장각 한국학연구원 홈페이지에서는 '간행 연도'를 1720년으로 적었으며, 한국고전종합DB 홈페이지에서는 1762년으로 적었다.

1762-00-00. 「묘소도감의궤(墓所都監儀軌)」[513] 상(上)·하(下), 묘소도감 편. <2책. 112장+136장. 필사본. 상권의 표제는 '(乾隆二十七年壬午閏五月 日 五臺山上 思悼世子) 墓所都監儀軌(上)'. 권수제는 '(乾隆二十七年壬午閏五月 日)墓所都監儀軌(上)'. 한자+이두. 조선 필사 이두 자료. 서울대학교 규장각 한국학연구원 의궤 종합정보 홈페이지 '奎13607' 원문 이미지와 텍스트 보기>

1762-00-00. 「묘소도감의궤(墓所都監儀軌)」[514] 하(下), 묘소도감 편. <1책. 136장. 필사본. 표제는 '墓所都監儀軌(下)'. 권수제는 '(乾隆二十七年壬午閏五月 日)墓所都監儀軌(下)'. 한자+이두. 조선 필사 이두 자료. 국립중앙박물관 외규장각 의궤 홈페이지 '외규206' 원문 이미지와 텍스트 보기>

1762-00-00 「빈궁도감의궤(殯宮都監儀軌)」[515] 하(下), 빈궁도감 편. <1책. 87장. 필사본. 표제는 '殯宮魂宮都監儀軌(下)'. 권수제는 '殯宮都監三房儀軌'. 한자+이두. 조선 필사 이두 자료. 국립중앙박물관 외규장각 의궤 홈페이지 '외규207' 원문 이미지와 텍스트 보기>

1762-00-00. 「빈궁혼궁양도감의궤(殯宮魂宮兩都監儀軌)」[516] 상(上)·하(下), 빈궁혼궁도감 편. <2책. 98장+86장. 필사본. 상권의 표제는 '(乾隆二十七年壬午十月 日 思悼世子 五臺山上)殯宮魂宮都監儀軌(上)'. 권수제는 '殯宮魂宮兩都監儀軌'. 한자+이두. 조선 필사 이두 자료. 서울대학교 규장각 한국학연구원 의궤 종합정보 홈페이지 원문 이미지와 텍스트 보기>

1762-00-00. 「예장도감도청의궤(禮葬都監都廳儀軌)」[517] 상(上)·하(下), 예장도감 편.

---

[513] 서울대학교 규장각 한국학연구원 의궤 종합정보 홈페이지에서는 서명을 '사도세자묘소도감의궤(思悼世子墓所都監儀軌)'로 적었다.

[514] 국립중앙박물관 외규장각 의궤 홈페이지에서는 서명을 표제나 권수제와는 달리 '사도세자묘소도감의궤(하)(思悼世子墓所都監儀軌(下))'로 적었다.

[515] 국립중앙박물관 외규장각 의궤 홈페이지에서는 서명을 표제나 권수제와는 달리 '사도세자빈궁혼궁도감의궤(하)(思悼世子殯宮魂宮都監儀軌(下))'로 적었다.

[516] 서울대학교 규장각 한국학연구원 의궤 종합정보 홈페이지에서는 서명을 '사도세자빈궁혼궁도감의궤(思悼世子殯宮魂宮都監儀軌)'로 적었다.

[517] 서울대학교 규장각 한국학연구원 의궤 종합정보 홈페이지에서는 서명을 '사도세자예장도감의궤(思悼世子禮葬都監儀軌)'로 적었다.

<2책. 120장+89장. 필사본. 상권의 표제는 '(壬午年 思悼世子 五臺山上)禮葬都監儀軌 上)'. 권수제는 '(乾隆二十七年壬午閏五月 日)禮葬都監都廳儀軌'. 한자+이두. 어휘 표기. 조선 필사 이두 자료. 서울대학교 규장각 한국학연구원 의궤 종합정보 홈페이지 '奎13605' 원문 이미지와 텍스트 보기>

1762-00-00. 「황단종 향의궤(皇壇從 享儀軌)」,[518] 편자 미상. <1책. 19장. 표제는 '皇壇從享儀軌'. 권수제는 '皇壇從 享儀軌'. 어휘 표기 자료. 서울대학교 규장각 한국학연구원 의궤 종합정보 홈페이지 '奎14316' 원문 이미지와 텍스트 보기>

1763년

<계미(癸未), 영조 39년, 건륭 28년>

1763-01-04. **용산서원 재임 서목**(龍山書院齋任書目) 1, 용산서원. <1장. 한자+이두. 조선 필사 이두 자료. 경북 경주시 내남면 이조리 경주 최씨·용산서원 소장. 한국학중앙연구원 장서각 한국고문서자료관 홈페이지 원문 이미지 보기. 한국정신문화연구원 편(2000) 참고>

1763-01-10. **임진현 토지매매명문**(林鎭賢土地賣買明文), 이득성(李得成). <1장. 한자+이두. 조선 필사 이두 자료. 일본 경도대학 가와이문고 소장. 고려대학교 해외한국학자료센터 홈페이지 원문 이미지와 텍스트 보기>

1763-01-13. **사노 삼인 토지매매명문**(私奴三仁土地賣買明文), 양인 심국태(良人沈國太). <1장. 한자+이두. 조선 필사 이두 자료. 경북 안동시 수곡면 전주 류씨 수곡파 대야 고택 구장. 한국국학진흥원 소장. 한국학자료센터 영남권역센터 홈페이지 원문 이미지와 텍스트 보기>

1763-01-14. **이동무·이동채 토지매매명문**(李東茂李東采土地賣買明文), 이동무·이동채. <1장. 한자+이두. 조선 필사 이두 자료. 전남 함평군 함평 이씨 이건풍 구장.

---

[518] 서울대학교 규장각 한국학연구원 의궤 종합정보 홈페이지에서는 서명을 '황단종향의궤(皇壇從享儀軌)'로 붙여 썼다.

목포대학교 도서문화연구원 소장. 호남권 한국학자료센터 홈페이지 원문 이미지 와 텍스트 보기. 최승희(1989) 참고>

1763-01-15. **용산서원 재임 서목**(龍山書院齋任書目) 2, 용산서원. <1장. 한자+이두. 조선 필사 이두 자료. 경북 경주시 내남면 이조리 경주 최씨·용산서원 소장. 한국학중앙연구원 장서각 한국고문서자료관 홈페이지 원문 이미지 보기. 한국정신문화연구원 편(2000) 참고>

1763-01-19. **이원세 토지매매명문**(李元世土地賣買明文), 희광(希光). <1장. 한자+이두. 조선 필사 이두 자료. 전남 구례군 토지면 오미리 문화 류씨 운조루 소장. 한국학중앙연구원 장서각 한국고문서자료관 홈페이지 원문 이미지와 텍스트 보기. 한국정신문화연구원 편(1998) 참고>

1763-01-20. **출신 이시화 토지매매명문**(出身李時華土地賣買明文), 조도제(趙道濟). <1장. 한자+이두. 조선 필사 이두 자료. 전남 구례군 토지면 오미리 문화 류씨 운조루 소장. 한국학중앙연구원 장서각 한국고문서자료관 홈페이지 원문 이미지 와 텍스트 보기. 한국정신문화연구원 편(1998) 참고>

1763-02-08. **사노 대절금 토지매매명문**(私奴大卩金土地賣買明文), 정막남(鄭莫南). <1장. 한자+이두. 조선 필사 이두 자료. 경북 경주시 안강읍 옥산리 여주 이씨 독락당 소장. 한국학중앙연구원 장서각 한국고문서자료관 홈페이지 원문 이미지 보기. 한국정신문화연구원 편(2003) 참고>

1763-02-10. **주우인 토지매매명문**(周遇仁土地賣買明文), 차맹대(車孟大). <1장. 한자+이두. 조선 필사 이두 자료. 대구광역시 동구 둔산동 경주 최씨 백불암 종중 구장. 안동대학교 박물관 소장. 한국학자료센터 영남권역센터 홈페이지 원문 이 미지와 텍스트 보기. 박병호(1974ㄱ), 최승희(1989), 이재수(2003), 이수건 외(2004) 참고>

1763-02-12. **여서 유천매 토지매매명문**(女婿柳川枚土地賣買明文), 김 씨(金氏). <1장. 한자+이두. 조선 필사 이두 자료. 전남 구례군 토지면 오미리 문화 류씨 운조루 소장. 한국학중앙연구원 장서각 한국고문서자료관 홈페이지 원문 이미지와 텍스 트 보기. 한국정신문화연구원 편(1998) 참고>

1763-02-21~1762-07-16(乾隆 28년 癸未). 「통신사호행차왜등여향접대등록(**通信使**

護行差倭藤如鄕接待謄錄)」, 접위관(接慰官) 도사(都事) 한선(韓渲). <1책. 40장. 東萊府接待謄錄」(奎18108-v.7). 필사본. 표제는 '(癸未八月 日)通信使護行差倭藤如鄕接待謄錄'. 한자+이두. 이두 자료. 서울대학교 규장각 한국학연구원 홈페이지 원문 이미지 보기> <영인본:「각사등록」13(경상도편 3)(국사편찬위원회, 1984)> <1653-11-17~1654-01-09(「東萊府接待謄錄」(奎18108-v.1))>

1763-02-■■. **연금 토지매매명문**(連金土地賣買明文), 정수일(鄭守日). <1장. 한자+이두. 조선 필사 이두 자료. 전남 해남 연동 해남 윤씨 녹우당 소장. 한국학중앙연구원 장서각 한국고문서자료관 홈페이지 원문 이미지와 텍스트 보기. 한국정신문화연구원 편(1986) 참고>

1763-03-03. **임경일 토지매매명문**(任鏡一土地賣買明文), 유학 김봉상(幼學金鳳祥). <1장. 한자+이두. 조선 필사 이두 자료. 보성 능묵 장흥 임씨가 구장. 전북대학교 박물관 소장. 호남권 한국학자료센터 홈페이지 원문 이미지와 텍스트 보기. 최승희(1989), 이재수(2003) 참고>

1763-03-09. **양좌동 동민 완의**(良佐洞洞民完議), 양좌동 동민. <1장. 한자+이두. 조선 필사 이두 자료. 경북 경주시 양동 경주 손씨 송첨 종택 소장. 한국학중앙연구원 장서각 한국고문서자료관 홈페이지 원문 이미지 보기>

1763-03-10. **암회 토지매매명문**(岩回土地賣買明文), 덕술(德戌). <1장. 한자+이두. 조선 필사 이두 자료. 안동 천전 의성 김씨 재산 종택 소장. 한국학중앙연구원 장서각 한국고문서자료관 홈페이지 원문 이미지와 텍스트 보기. 한국정신문화연구원 편(1990) 참고>

1763-04-07. **유학 양제명 토지매매명문**(幼學梁濟溟土地賣買明文), 김진광(金珎光). <1장. 한자+이두. 조선 필사 이두 자료. 전남 구례군 토지면 오미리 문화 류씨 운조루 소장. 한국학중앙연구원 장서각 한국고문서자료관 홈페이지 원문 이미지와 텍스트 보기. 한국정신문화연구원 편(1998) 참고>

1763-04-12. **최윤제 토지매매명문**(崔崙齊土地賣買明文) <1장. 한자+이두. 조선 필사 이두 자료. 순천 월등 목천 장씨가 구장. 전북대학교 박물관 소장. 호남권 한국학자료센터 홈페이지 원문 이미지와 텍스트 보기. 최승희(1989), 정구복 외(1999), 이재수(2003) 참고>

1763-05-15. **향교 고직 배지**(鄕校庫直牌旨),[519] 영양향교(英陽鄕校). <1장. 한자+이두. 조선 필사 이두 자료. 경북 영양군 일월면 도계리 영양향교 소장. 한국학자료센터 영남권역센터 홈페이지 원문 이미지와 텍스트 보기. 영남대학교 민족문화연구소 편(1992) 참고>

1763-05-18. **구복인 토지매매명문**(丘福仁土地賣買明文),[520] 영양향교(英陽鄕校). <1장. 한자+이두. 조선 필사 이두 자료. 경북 영양군 일월면 도계리 영양향교 소장. 한국학자료센터 영남권역센터 홈페이지 원문 이미지와 텍스트 보기. 영남대학교 민족문화연구소 편(1992) 참고>

1763-07-29. **한창맹 토지매매명문**(韓昌孟土地賣買明文), 양도찬(梁道贊). <1장. 한자+이두. 조선 필사 이두 자료. 제주시 일도 이동규 구장. 제주시 일도 2동 제주민속자연사박물관 소장. 호남권 한국학자료센터 홈페이지 원문 이미지와 텍스트 보기. 고창석(1997, 1998) 참고>

1763-10-15. **용산서원 완문**(龍山書院完文), 경주부(慶州府). <1장. 한자+이두. 조선 필사 이두 자료. 경북 경주시 내남면 이조리 경주 최씨·용산서원 소장. 한국학중앙연구원 장서각 한국고문서자료관 홈페이지 원문 이미지 보기. 한국정신문화연구원 편(2000) 참고>

1763-10-17. **양인 김치문 토지매매명문**(良人金致文土地賣買明文), 양인 김술(良人金述). <1장. 한자+이두. 조선 필사 이두 자료. 경북 안동시 수곡면 전주 류씨 수곡파 대야 고택 구장. 한국국학진흥원 소장. 한국학자료센터 영남권역센터 홈페이지 원문 이미지와 텍스트 보기>

1763-10-00. **박증욱 등 등장**(朴增旭等等狀), 박증욱 등. <1장. 한자+이두. 조선 필사 이두 자료. 경남 밀양 신호 밀성 박씨·덕남서원 소장. 한국학중앙연구원 장서각 한국고문서자료관 홈페이지 원문 이미지 보기. 한국정신문화연구원 편(2004) 참고>

---

[519] 한국학자료센터 영남권역센터 홈페이지에서는 '영양향교(英陽鄕校) 배지(牌旨)'로 표시하였다.
[520] 한국학자료센터 영남권역센터 홈페이지에서는 '영양향교(英陽鄕校) 토지매매명문(土地賣買明文)'으로 표시하였다.

1763-12-15. **박동필 토지매매명문**(朴東必土地賣買明文), 유덕민(柳德敏). <1장. 한자+이두. 조선 필사 이두 자료. 전북 부안군 우반 부안 김씨 구장. 전북 부안군 우동 세덕각 소장. 장서각 한국고문서자료관 홈페이지 원문 이미지와 텍스트 보기>

1764년

<갑신(甲申), 영조 40년, 건륭 29년>

1764-01-17. **개대 토지매매명문**(介代土地賣買明文), 김오동(金五童). <1장. 한자+이두. 조선 필사 이두 자료. 안동 천전 의성 김씨 재산 종택 소장. 한국학중앙연구원 장서각 한국고문서자료관 홈페이지 원문 이미지와 텍스트 보기. 한국정신문화연구원 편(1990) 참고>

1764-01-19. **허차성 토지매매명문**(許次成土地賣買明文), 양 조이(梁召史). <1장. 한자+이두. 조선 필사 이두 자료. 제주 장전리 진주 강씨 강태복가 소장. 호남권 한국학자료센터 홈페이지 원문 이미지와 텍스트 보기. 최승희(1989), 고창석(2000) 참고>

1764-01-00. **김 생원 댁 노 삼의 소지**(金生員宅奴三儀所志), 삼의. <1장. 한자+이두. 조선 필사 이두 자료. 전북 부안군 우반 부안 김씨 구장. 전북 부안군 우동 세덕각 소장. 한국학중앙연구원 장서각 한국고문서자료관 홈페이지 원문 이미지와 텍스트 보기. 한국정신문화연구원 편(1983, 1998), 전경목(2001), 전경목 외(2006) 참고>

1764-01-00. **김해준 소지**(金海俊所志) 1, 김해준. <1장. 한자+이두. 조선 필사 이두 자료. 전남 구례군 토지면 오미리 문화 류씨 운조루 소장. 한국학중앙연구원 장서각 한국고문서자료관 홈페이지 원문 이미지와 텍스트 보기. 한국정신문화연구원 편(1998) 참고>

1764-01-00. **김해준 소지**(金海俊所志) 2, 김해준. <1장. 한자+이두. 조선 필사 이두 자료. 전남 구례군 토지면 오미리 문화 류씨 운조루 소장. 한국학중앙연구원 장서

각 한국고문서자료관 홈페이지 원문 이미지와 텍스트 보기. 한국정신문화연구원 편(1998) 참고>

1764-01-00. **노 삼의 소지**(奴三儀所志), 삼의. <1장. 한자+이두. 조선 필사 이두 자료. 전북 부안군 우반 부안 김씨 구장. 전북 부안군 우동 세덕각 소장. 한국학중앙연구원 장서각 한국고문서자료관 홈페이지 원문 이미지와 텍스트 보기. 한국정신문화연구원 편(1983, 1998), 한국학중앙연구원 편(2017) 참고>

1764-02-07. **전험필 토지매매명문**(田驗必土地賣買明文), 김덕문(金德文). <1장. 한자+이두. 조선 필사 이두 자료. 경북 봉화군 명호면 도천리 안동 김씨 해헌 고택 구장. 한국국학진흥원 소장. 한국학자료센터 영남권역센터 홈페이지 원문 이미지와 텍스트 보기. 박병호(1974ㄱ), 최승희(1989), 이재수(2003), 이수건 외(2004) 참고>

1764-02-08. **노 유월금 배지**(奴六月金牌旨), 조(趙). <1장. 한자+이두. 조선 필사 이두 자료. 전남 구례군 토지면 오미리 문화 류씨 운조루 소장. 한국학중앙연구원 장서각 한국고문서자료관 홈페이지 원문 이미지와 텍스트 보기. 한국정신문화연구원 편(1998) 참고>

1764-02-08. **용산별고 고자 막남 토지매매명문**(龍山別庫庫子莫男土地賣買明文), 성인(性仁). <1장. 한자+이두. 조선 필사 이두 자료. 경북 경주시 내남면 이조리 경주 최씨·용산서원 소장. 한국학중앙연구원 장서각 한국고문서자료관 홈페이지 원문 이미지 보기. 박병호(1974ㄱ), 한국정신문화연구원 편(2000), 이재수(2003), 김소은(2004) 참고>

1764-02-17. **김광서 토지매매명문**(金光瑞土地賣買明文), 유월(六月). <1장. 한자+이두. 조선 필사 이두 자료. 전남 구례군 토지면 오미리 문화 류씨 운조루 소장. 한국학중앙연구원 장서각 한국고문서자료관 홈페이지 원문 이미지와 텍스트 보기. 한국정신문화연구원 편(1998) 참고>

1764-02-17. **재종숙 류화현 토지매매명문**(再從叔柳和鉉土地賣買明文), 류택원(柳宅源). <1장. 한자+이두. 조선 필사 이두 자료. 경북 안동시 수곡면 전주 류씨 수곡파 대야 고택 구장. 한국국학진흥원 소장. 한국학자료센터 영남권역센터 홈페이지 원문 이미지와 텍스트 보기>

1764-02-22. **유학 문우덕 토지매매명문**(幼學文友德土地賣買明文), 이우룡(李宇龍). <1장. 한자+이두. 조선 필사 이두 자료. 전남 구례군 토지면 오미리 문화 류씨 운조루 소장. 한국학중앙연구원 장서각 한국고문서자료관 홈페이지 원문 이미지와 텍스트 보기. 한국정신문화연구원 편(1998) 참고>

1764-02-00.「경기전영정후면가배등록(慶基殿影幀加褙謄錄)」, 예조(禮曹). <1책. 18장. 필사본. 한자+이두. 조선 필사 이두 자료. 한국학중앙연구원 장서각 소장. 한국학중앙연구원 한국학 디지털 아카이브 홈페이지 원문 이미지와 텍스트 보기>

1764-03-07. **권세걸 토지매매명문**(權世傑土地賣買明文), 권만(權萬). <1장. 한자+이두. 조선 필사 이두 자료. 영해 인량 재령 이씨 충효당 소장. 한국학중앙연구원 장서각 한국고문서자료관 홈페이지 원문 이미지 보기. 한국학중앙연구원 편(2008) 참고>

1764-03-09. **강봉휴 토지매매명문**(姜鳳休土地賣買明文), 강윤성(姜胤聖). <1장. 한자+이두. 조선 필사 이두 자료. 제주 어도내산 진주 강씨가 구장. 제주 한림 강우석 소장. 호남권 한국학자료센터 홈페이지 원문 이미지와 텍스트 보기. 이재수(2003), 오창명(2007) 참고>

1764-03-10. **조윤섭 가사매매명문**(曹允燮家舍賣買明文), 이상훈(李象勳). <1장. 한자+이두. 조선 필사 이두 자료. 전남 보성 박실 제주 양씨가 구장. 원광대학교 박물관 소장. 호남권 한국학자료센터 홈페이지 원문 이미지와 텍스트 보기. 박병호(1974ㄱ), 최승희(1989), 이재수(2003) 참고>

1764-03-21. **권성봉 토지매매명문**(權聖鳳土地賣買明文), 권중설(權重卨). <1장. 한자+이두. 조선 필사 이두 자료. 경북 예천군 용문면 대제리 원동 권씨 춘우재 고택 구장. 한국국학진흥원 소장. 한국학자료센터 영남권역센터 홈페이지 원문 이미지와 텍스트 보기. 김성갑(2013) 참고>

1764-03-30. **박사현 토지매매명문**(朴思賢土地賣買明文), 박징현(朴徵賢). <1장. 한자+이두. 조선 필사 이두 자료. 경남 합천 용연서원 소장. 한국학중앙연구원 장서각 한국고문서자료관 홈페이지 원문 이미지 보기. 한국정신문화연구원 편(1996) 참고>

1764-03-00. **김해준 소지**(金海俊所志) 3, 김해준. <1장. 한자+이두. 조선 필사 이두 자료. 전남 구례군 토지면 오미리 문화 류씨 운조루 소장. 한국학중앙연구원 장서각 한국고문서자료관 홈페이지 원문 이미지와 텍스트 보기. 한국정신문화연구원 편(1998) 참고>

1764-04-15. **박용경 토지매매명문**(朴龍慶土地賣買明文), 김선행(金善行). <1장. 한자+이두. 조선 필사 이두 자료. 안동 천전 의성 김씨 제산 종택 소장. 한국학중앙연구원 장서각 한국고문서자료관 홈페이지 원문 이미지와 텍스트 보기. 한국정신문화연구원 편(1990) 참고>

1764-04-00. **문겸 황덕빈 차첩**(文謙黃德彬差帖), 예문관(藝文館). <1장. 한자+이두. 조선 필사 이두 자료. 부여·강화·영주 창원 황씨 소장. 한국학중앙연구원 장서각 한국고문서자료관 홈페이지 원문 이미지와 텍스트 보기. 한국정신문화연구원 편(1990) 참고>

1764-05-00. **이명유 소지**(李明儒所志), 이명유. <1장. 한자+이두. 조선 필사 이두 자료. 상주 연안 이씨 이만부 종가 소장. 한국학중앙연구원 장서각 한국고문서자료관 홈페이지 원문 이미지 보기>

1764-07-00. **진주 강씨 문중 등장**(晉州姜氏門中等狀), 진주 강씨 문중. <1장. 한자+이두. 조선 필사 이두 자료. 제주 어도내산 진주 강씨가 구장. 제주 한림 강우석 소장. 호남권 한국학자료센터 홈페이지 원문 이미지와 텍스트 보기. 최승희(1989), 전경목(1997), 김경숙(2012) 참고>

1764-08-26. **첩정**(牒呈),[521] 기장현(機張縣). <1장. 한자+이두. 조선 필사 이두 자료. 경남 진주시 운문 진양 하씨 소장. 한국학중앙연구원 장서각 한국고문서자료관 홈페이지 원문 이미지 보기. 한국정신문화연구원 편(2001) 참고>

1764-08-27. **경상좌도 병마절도사**(慶尙左道兵馬節度使), 경상좌도 병영. <1장. 점련문서. 1장. 한자+이두. 조선 필사 이두 자료. 경남 진주시 운문 진양 하씨 소장. 한국학중앙연구원 장서각 한국고문서자료관 홈페이지 원문 이미지 보기. 한국정

---

[521] 한국학중앙연구원 장서각 한국고문서자료관 홈페이지에서는 '기장현감 송 첩정(機張縣監宋牒呈)'으로 표시하였다.

신문화연구원 편(2001) 참고>

1764-09-00. **김해준 의송**(金海俊議送), 김해준. <1장. 한자+이두. 조선 필사 이두 자료. 전남 구례군 토지면 오미리 문화 류씨 운조루 소장. 한국학중앙연구원 장서각 한국고문서자료관 홈페이지 원문 이미지와 텍스트 보기. 한국정신문화연구원 편(1998) 참고>

1764-10-17~1765-04-20.「청연군주가례등록(清衍郡主嘉禮謄錄)」, 예조(禮曹) 편(編). <1책. 58장. 필사본. 한자+이두. 조선 필사 이두 자료. 한국학중앙연구원 장서각 한국학자료센터 홈페이지 & 한국학중앙연구원 한국학 디지털 아카이브 홈페이지 'K2-2727' 원문 이미지와 텍스트 보기>

1764-11-02. **양인 권업 토지매매명문**(良人權業土地賣買明文),[522] 답주 양인 천봉(畓主良人千奉). <1장. 한자+이두. 조선 필사 이두 자료. 풍산 김씨 영감 댁 구장. 한국국학진흥원 소장. 한국국학진흥원 유교넷 홈페이지 원문 이미지와 텍스트 보기>

1764-11-10. **기철상 분재기**(奇喆相分財記), 기철상. <1장. 한자+이두. 조선 필사 이두 자료. 전남 장성군 고산서원 소장. 호남권 한국학자료센터 홈페이지 원문 이미지와 텍스트 보기>

1764-11-10. **기태상 분재기**(奇台相分財記), 기태상. <1장. 한자+이두. 조선 필사 이두 자료. 전남 장성군 고산서원 소장. 호남권 한국학자료센터 홈페이지 원문 이미지와 텍스트 보기>

1764-11-10. **명찬 토지매매명문**(命贊土地賣買明文), 이일만(李日萬). <1장. 한자+이두. 조선 필사 이두 자료. 경북 안동시 주촌 진성 이씨 경류정 구장. 서울역사박물관 소장. 한국학중앙연구원 장서각 한국고문서자료관 홈페이지 원문 이미지와 텍스트 보기. 한국정신문화연구원 편(1999) 참고>

1764-11-11. **과부 황 씨 분재기**(寡婦黃氏分財記),[523] 과부 황 씨. <1장. 한자+이두. 조선 필사 이두 자료. 전남 영암 밀양 김씨 김상회 소장. 호남권 한국학자료센터

---

[522] 한국국학진흥원 유교넷 홈페이지에서는 문서명을 '풍산김씨 영감댁 을해년 11월에 답주양인 천봉과 량인 권업 사이에 작성된 명문(明文) [10388]'로 표시하였다.

[523] 호남권 한국학자료센터 홈페이지에서는 '황씨(黃氏) 5남매 분재기(分財記)'로 표시하였다.

홈페이지 원문 이미지와 텍스트 보기. 최승희(1989) 참고>

1764-11-11. **박의돌 토지매매명문**(朴義乭土地賣買明文), 이덕률(李德律). <1장. 한자+이두. 조선 필사 이두 자료. 경북 안동시 하회 풍산 류씨 충효당 소장. 한국학중앙연구원 장서각 한국고문서자료관 홈페이지 원문 이미지와 텍스트 보기. 한국정신문화연구원 편(1994) 참고>

1764-11-26. **권 생원 댁 노 귀발 토지매매명문**(權生員宅奴貴發土地賣買明文), 승 여청(僧汝聽). <1장. 한자+이두. 조선 필사 이두 자료. 경북 예천군 용문면 대제리 원동 권씨 춘우재 고택 구장. 한국국학진흥원 소장. 한국학자료센터 영남권역센터 홈페이지 원문 이미지와 텍스트 보기. 김성갑(2013) 참고>

1764-11-26. **양원발 토지매매명문**(梁元發土地賣買明文), 김덕완(金德完). <1장. 한자+이두. 조선 필사 이두 자료. 제주 장전리 진주 강씨 강태복가 소장. 호남권 한국학자료센터 홈페이지 원문 이미지와 텍스트 보기. 고창석(1997, 2002) 참고>

1764-11-00. **병조 이관**(兵曹移關), 병조. <1장. 점련문서. 한자+이두. 조선 필사 이두 자료. 경남 진주시 운문 진양 하씨 소장. 한국학중앙연구원 장서각 한국고문서자료관 홈페이지 원문 이미지 보기. 한국정신문화연구원 편(2001) 참고>

1764-12-09. **김득문 토지매매명문**(金得文土地賣買明文), 송수(宋洙). <1장. 한자+이두. 조선 필사 이두 자료. 전북 부안군 우반 부안 김씨 구장. 전북 부안군 우동 세덕각 소장. 한국학중앙연구원 장서각 한국고문서자료관 홈페이지 원문 이미지와 텍스트 보기. 박병호(1974ㄱ), 이재수(2003) 참고>

1764-12-13. **이선이 토지매매명문**(李善伊土地賣買明文), 임성기(林星起). <1장. 한자+이두. 조선 필사 이두 자료. 전북 임실군 오수 삼계강사 소장. 호남권 한국학자료센터 홈페이지 원문 이미지와 텍스트 보기. 박병호(1974ㄱ), 최승희(1989), 정구복 외(1999) 참고>

1764-12-19. **동강서원 별고 토지매매명문**(東江書院別庫土地賣買明文), 양천강(梁千江). <1장. 한자+이두. 조선 필사 이두 자료. 경북 경주시 양동 경주 손씨 송첨 종택 소장. 한국학중앙연구원 장서각 한국고문서자료관 홈페이지 원문 이미지 보기. 이수건(1979), 이수건 편(1981), 영남대학교 인문과학연구소 편(1990), 정구복·안승준(1997), 한국정신문화연구원 편(1997) 참고>

1764-12-23. **선이 토지매매명문**(善伊土地賣買明文), 이 생원 댁 노 태선(李生員宅奴太善). <1장. 한자+이두. 조선 필사 이두 자료. 전북 임실군 오수 삼계강사 소장. 호남권 한국학자료센터 홈페이지 원문 이미지와 텍스트 보기. 박병호(1974ㄱ), 최승희(1989), 정구복 외(1999) 참고>

1764-12-23. **우반 대동계 토지매매명문**(愚磻大同契土地賣買明文), 김천수(金天壽). <1장. 한자+이두. 조선 필사 이두 자료. 전북 부안군 우반 부안 김씨 구장. 전북 부안군 우동 세덕각 소장. 한국학중앙연구원 장서각 한국고문서자료관 홈페이지 & 호남권 한국학자료센터 홈페이지 원문 이미지와 텍스트 보기. 박병호(1974ㄱ), 한국정신문화연구원 편(1983, 1998), 이재수(2003), 한국학중앙연구원 편(2017) 참고>

1764-00-00. **기일상 분재기**(奇日相分財記), 기일상. <1장. 한자+이두. 조선 필사 이두 자료. 전남 장성군 고산서원 소장. 호남권 한국학자료센터 홈페이지 원문 이미지와 텍스트 보기>

1764-00-00. **김윤태 토지매매명문**(金允兌土地賣買明文),[524] 김걸(金乞). <1장. 한자+이두. 조선 필사 이두 자료. 경북 안동시 법흥동 고성 이씨 탑동 종가 구장. 한국국학진흥원 소장. 한국국학진흥원 유교넷 홈페이지 원문 이미지 보기>

1764-00-00. 「선원보략수정본청의궤(**璿源譜略修正本廳儀軌**)」, 교정청(校正廳) 편. <1책. 21장. 필사본. 표제는 '(甲申 慶尙道)璿源譜略修正儀軌'. 권수제는 '(乾隆二十九年甲申二月 日)璿源譜略修正本廳儀軌'. 한자+이두. 조선 필사 이두 자료. 서울대학교 규장각 한국학연구원 의궤 종합정보 홈페이지 '奎14072' 원문 이미지와 텍스트 보기>

1764-00-00. 「선원보략수정의궤(**璿源譜略修正儀軌**)」, 종부시 교정청(宗簿寺校正廳) 편(編). <1책. 20장. 필사본. 표제는 '(英宗 甲申)璿源譜略修正儀軌'. 권수제는 '(乾隆二十九年甲申二月 日)璿源譜略修正儀軌'. 한자+이두. 조선 필사 이두 자료. 한국학중앙연구원 디지털장서각 홈페이지 'K2-3855' 원문 이미지 보기>

---

524 한국국학진흥원 유교넷 홈페이지에서는 문서명을 '1764년 김걸이 김윤태에게 땅을 매도한 사실을 증명하는 전답매매문기'로 표시하였다.

1764-00-00. 「수은묘영건청의궤(垂恩廟營建廳儀軌)」, 수은묘영건청 편. <1책. 195장. 필사본. 표제는 '垂恩廟■■廳儀軌'. 권수제는 '(乾隆二十九年甲申正月 日)垂恩廟營建廳儀軌'. 한자+이두. 조선 필사 이두 자료. 국립중앙박물관 외규장각 의궤 홈페이지 '외규208' 원문 이미지와 텍스트 보기>

1764-00-00. 「수은묘영건청의궤(垂恩廟營建廳儀軌)」, 영건청 편. <1책. 195장. 필사본. 표제는 '(乾隆二十九年十月 日 禮曹上)垂恩廟營建廳儀軌'. 권수제는 '(乾隆二十九年甲申正月 日)垂恩廟營建廳儀軌'. 한자+이두. 조선 필사 이두 자료. 서울대학교 규장각 한국학연구원 의궤 종합정보 홈페이지 '奎13631' 원문 이미지와 텍스트 보기>

1764-00-00. 「중수도감의궤(重修都監儀軌)」,[525] 중수도감 편. <1책. 74장. 필사본. 표제는 '(乾隆二十九年甲申三正 日儀軌單 禮曹上)健元陵丁字閣重修都監'. 권수제는 '(乾隆二十九年甲申二月 日)重修都監儀軌'. 한자+이두. 조선 필사 이두 자료. 서울대학교 규장각 한국학연구원 의궤 종합정보 홈페이지 원문 이미지와 텍스트 보기>

1764-00-00. 「중수도감의궤(重修都監儀軌)」,[526] 중수도감 편. <1책. 78장. 필사본. 표제는 '健元陵 丁字閣重修都監儀軌'. 권수제는 '(乾隆二十九年甲申二月 日)重修都監儀軌'. 한자+이두. 조선 필사 이두 자료. 국립중앙박물관 외규장각 의궤 홈페이지 '외규209' 원문 이미지와 텍스트 보기>

1765년

<을유(乙酉), 영조 41년, 건륭 30년>

1765-01-01~1765-12-26(乙酉)「건륭 30년 을유 정월 일 전객사초일기(乾隆三十年乙酉正月 日 典客司抄日記)」16, 예조(禮曹) 전객사(典客司) 편(編). <1책(16/99). 112

---

[525] 서울대학교 규장각 한국학연구원 의궤 종합정보 홈페이지에서는 서명을 표제나 권수제와는 달리 '태조건원릉중수도감의궤(太祖健元陵重修都監儀軌)'로 적었다.

[526] 국립중앙박물관 외규장각 의궤 홈페이지에서는 서명을 표제나 권수제와는 달리 '태조건원릉정자각중수도감의궤(太祖健元陵丁字閣重修都監儀軌)'로 적었다.

장. 표제는 '典客司日記'. 필사본. 한자+이두. 조선 필사 이두 자료. 서울대학교 규장각 한국학연구원 홈페이지 원문 이미지 보기> <1640-01-22~1641-12-23(1)>

1765-01-19. **강위적 토지매매명문**(姜渭適土地賣買明文), 최익담(崔益淡). <1장. 한자+이두. 조선 필사 이두 자료. 남원·구례 삭녕 최씨 구장. 한국학중앙연구원 장서각 한국고문서자료관 홈페이지 원문 이미지 보기. 한국정신문화연구원 편(2004) 참고>

1765-01-20. **강시양 차첩**(姜時揚差帖), 제주목(濟州牧). <1장. 한자+이두. 조선 필사 이두 자료. 제주 어도내산 진주 강씨가 구장. 제주 한림 강우석 소장. 호남권 한국학자료센터 홈페이지 원문 이미지와 텍스트 보기. 고창석(2000, 2002) 참고>

1765-01-25. **강대옹 토지매매명문**(姜大翁土地賣買明文) 1, 김형일(金衡鎰). <1장. 한자+이두. 조선 필사 이두 자료. 제주 장전리 진주 강씨 강태복가 소장. 호남권 한국학자료센터 홈페이지 원문 이미지와 텍스트 보기. 최승희(1989), 고창석(2002) 참고>

1765-01-30. **출신 이시화 토지매매명문**(出身李時華土地賣買明文), 이광신(李光新). <1장. 한자+이두. 조선 필사 이두 자료. 전남 구례군 토지면 오미리 문화 류씨 운조루 소장. 한국학중앙연구원 장서각 한국고문서자료관 홈페이지 원문 이미지와 텍스트 보기. 한국정신문화연구원 편(1998) 참고>

1765-01-■■. **■■복 토지매매명문**(■■福土地賣買明文), 김벽골(金禾一古里). <1장. 한자+이두. 조선 필사 이두 자료. 해남 노송 김해 김씨 노송사 소장. 한국학중앙연구원 장서각 한국고문서자료관 홈페이지 & 호남권 한국학자료센터 홈페이지 원문 이미지와 텍스트 보기. 최승희(1989), 한국정신문화연구원 편(1998), 조정곤(2013) 참고>

1765-02-06. **이만재 토지매매명문**(李萬才土地賣買明文), 박속댁산(朴束{大+丁}山). <1장. 한자+이두. 조선 필사 이두 자료. 전북 장수 화양 흥학당 소장. 호남권 한국학자료센터 홈페이지 원문 이미지와 텍스트 보기. 박병호(1974ㄱ), 최승희(1989), 이재수(2003) 참고>

1765-02-15. **별고 유사 최종백 토지매매명문**(別庫有司崔宗佰土地賣買明文), 최당(崔

聘). <1장. 한자+이두. 조선 필사 이두 자료. 경북 경주시 내남면 이조리 경주 최씨·용산서원 소장. 한국학중앙연구원 장서각 한국고문서자료관 홈페이지 원문 이미지 보기. 박병호(1974ㄱ), 한국정신문화연구원 편(2000), 이재수(2003), 김소은(2004) 참고>

1765-02-15. **유학 손명구 토지매매명문**(幼學孫鳴九土地賣買明文), 조상구(趙相龜). <1장. 한자+이두. 조선 필사 이두 자료. 경북 경주시 내남면 이조리 경주 최씨·용산서원 소장. 한국학중앙연구원 장서각 한국고문서자료관 홈페이지 원문 이미지 보기. 박병호(1974ㄱ), 한국정신문화연구원 편(2000), 이재수(2003), 김소은(2004) 참고>

1765-02-26. **산인 신헌 토지매매명문**(山人信憲土地賣買明文), 윤유복(尹有福). <1장. 한자+이두. 조선 필사 이두 자료. 해남 노송 김해 김씨 노송사 소장. 한국학중앙연구원 장서각 한국고문서자료관 홈페이지 & 호남권 한국학자료센터 홈페이지 원문 이미지와 텍스트 보기. 최승희(1989), 한국정신문화연구원 편(1998), 조정곤(2013) 참고>

1765-윤2-06. **유한홍 노비매매명문**(劉漢弘奴婢賣買明文), 노광일(盧光一). <1장. 한자+이두. 조선 필사 이두 자료. 경북 예천군 감천면 강릉 유씨 벌방 종가 구장. 한국국학진흥원 소장. 한국학자료센터 영남권역센터 홈페이지 원문 이미지와 텍스트 보기. 김성갑(2013) 참고>

1765-03-11. **승 인혜 토지매매명문**(僧印惠土地賣買明文), 백상봉(白相奉). <1장. 한자+이두. 조선 필사 이두 자료. 전남 구례군 토지면 오미리 문화 류씨 운조루 소장. 한국학중앙연구원 장서각 한국고문서자료관 홈페이지 원문 이미지와 텍스트 보기. 한국정신문화연구원 편(1998) 참고>

1765-03-25. **김한경 토지매매명문**(金漢鏡土地賣買明文), 이세현(李世現). <1장. 한자+이두. 조선 필사 이두 자료. 제주시 일도 이동규 구장. 제주시 일도 2동 제주민속자연사박물관 소장. 호남권 한국학자료센터 홈페이지 원문 이미지와 텍스트 보기. 고창석(1997, 1998) 참고>

1765-03-00. **유한홍 초사**(劉漢弘招辭)[527] 1, 유한홍. <1장. 한자+이두. 조선 필사 이두 자료. 경북 예천군 감천면 강릉 유씨 벌방 종가 구장. 한국국학진흥원 소장. 한국

학자료센터 영남권역센터 홈페이지 원문 이미지와 텍스트 보기. 최연숙(2013) 참고>

1765-03-■■. **권상리 별급문기**(權相履別給文記), 권상리. <1장. 한자+이두. 조선 필사 이두 자료. 안동 천전 의성 김씨 재산 종택 소장. 한국학중앙연구원 장서각 한국고문서자료관 홈페이지 원문 이미지 보기. 한국정신문화연구원 편(1990) 참고>

1765-06-09. **박필혁 토지매매명문**(朴必赫土地賣買明文), 박시흥(朴時興). <1장. 한자+이두. 조선 필사 이두 자료. 경북 영주시 문수면 수도리 반남 박씨 오헌 고택 구장. 한국국학진흥원 소장. 한국학자료센터 영남권역센터 홈페이지 원문 이미지와 텍스트 보기. 김성갑(2013) 참고>

1765-06-10. **전령**(御營大將傳令),[528] 어영대장. <1장. 한자+이두. 조선 필사 이두 자료. 아산 선교 장흥 임씨 구장. 한국학중앙연구원 장서각 한국고문서자료관 홈페이지 원문 이미지 보기. 한국학중앙연구원 편(2008) 참고>

1765-06-11. **종손 이태운·고모부 홍약한·계부 이동무 화회문기**(宗孫李泰運姑母夫洪若漢季父李東茂和會文記), 이태운·홍약한·이동무. <1장. 한자+이두. 조선 필사 이두 자료. 경북 칠곡 석전 광주 이씨 소장. 한국학중앙연구원 장서각 한국고문서자료관 홈페이지 원문 이미지 보기. 한국학중앙연구원 편(2009) 참고>

1765-06-16. **권성보 토지매매명문**(權聖輔土地賣買明文), 권중위(權重威). <1장. 한자+이두. 조선 필사 이두 자료. 경북 예천군 용문면 대제리 원동 권씨 춘우재 고택 구장. 한국국학진흥원 소장. 한국학자료센터 영남권역센터 홈페이지 원문 이미지와 텍스트 보기. 김성갑(2013) 참고>

1765-06-00. **박시흥 서실 입지**(朴時興閪失立旨), 박시흥. <1장. 한자+이두. 조선 필사 이두 자료. 경북 영주시 문수면 수도리 반남 박씨 오헌 고택 구장. 한국국학진흥원 소장. 한국학자료센터 영남권역센터 홈페이지 원문 이미지와 텍스트 보기>

---

527 한국학자료센터 영남권역센터 홈페이지에서는 '유한홍(劉漢弘) 노비매매 관련 초사(招辭)'로 표시하였다.

528 한국학중앙연구원 장서각 한국고문서자료관 홈페이지에서는 '어영대장 전령(御營大將傳令)'으로 표시하였다.

1765-07-01. **용산서원 재임 서목**(龍山書院齋任書目), 용산서원. <1장. 한자+이두. 조선 필사 이두 자료. 경북 경주시 내남면 이조리 경주 최씨·용산서원 소장. 한국학중앙연구원 장서각 한국고문서자료관 홈페이지 원문 이미지 보기>

1765-07-06. **강대웅 토지매매명문**(姜大翁土地賣買明文) 2, 양원도(梁元道). <1장. 한자+이두. 조선 필사 이두 자료. 제주 장전리 진주 강씨 강태복가 소장. 호남권 한국학자료센터 홈페이지 원문 이미지와 텍스트 보기. 최승희(1989), 고창석(2002) 참고>

1765-07-19. **용택우 토지매매명문**(龍澤雨土地賣買明文), 용택빈(龍澤彬). <1장. 한자+이두. 조선 필사 이두 자료. 순천 월등 목천 장씨가 구장. 전북대학교 박물관 소장. 호남권 한국학자료센터 홈페이지 원문 이미지와 텍스트 보기>

1765-08-08. **고 생원 댁 노 원단 토지매매명문**(高生員宅奴元丹土地賣買明文), 조 조이(曺召史). <1장. 한자+이두. 조선 필사 이두 자료. 전남 구례군 토지면 오미리 문화 류씨 운조루 소장. 한국학중앙연구원 장서각 한국고문서자료관 홈페이지 원문 이미지와 텍스트 보기. 한국정신문화연구원 편(1998) 참고>

1765-08-10. **허차성 토지매매명문**(許次成土地賣買明文), 양 조이(梁召史). <1장. 한자+이두. 조선 필사 이두 자료. 제주 장전리 진주 강씨 강태복가 소장. 호남권 한국학자료센터 홈페이지 원문 이미지와 텍스트 보기. 최승희(1989), 고창석(2002) 참고>

1765-08-17. **천방도감 첩정**(川防都監牒呈), 천방도감. <1장. 한자+이두. 조선 필사 이두 자료. 안동 송파 진주 하씨 하위지 후손가 소장. 한국학중앙연구원 장서각 한국고문서자료관 홈페이지 원문 이미지 보기. 한국정신문화연구원 편(2002) 참고>

1765-09-15. **윤정리 가사매매명문**(尹貞理家舍賣買明文), 최응록(崔應祿). <1장. 한자+이두. 조선 필사 이두 자료. 한국학중앙연구원 장서각 소장. 한국학중앙연구원 장서각 한국고문서자료관 홈페이지 원문 이미지와 텍스트 보기. 한국정신문화연구원 편(1992) 참고>

1765-10-11. **김해일 토지매매명문**(金海日土地賣買明文), 김태휘(金泰輝). <1장. 한자+이두. 조선 필사 이두 자료. 전남 구례군 토지면 오미리 문화 류씨 운조루 소장.

한국학중앙연구원 장서각 한국고문서자료관 홈페이지 원문 이미지와 텍스트 보기. 한국정신문화연구원 편(1998) 참고>

1765-10-00. 「경현당수작시등록(景賢堂受爵時謄錄)」, 경현당(景賢堂) 편(編). <1책. 139장. 필사본. 한자+이두.[529] 조선 필사 이두 자료. 서울대학교 규장각 한국학연구원 의궤 종합정보 홈페이지 원문 이미지와 텍스트 보기>

1765-10-00. **유운 소지**(柳澐所志), 유운. <1장. 한자+이두. 조선 필사 이두 자료. 경북 안동시 하회 풍산 류씨 충효당 소장. 한국학중앙연구원 장서각 한국고문서자료관 홈페이지 원문 이미지와 텍스트 보기. 한국정신문화연구원 편(1994) 참고>

1765-10-00. **진주 강씨 문중 등장**(晉州姜氏門中等狀), 진주 강씨 문중. <1장. 한자+이두. 조선 필사 이두 자료. 제주 어도내산 진주 강씨가 구장. 제주 한림 강우석 소장. 호남권 한국학자료센터 홈페이지 원문 이미지와 텍스트 보기. 최승희(1989), 전경목(1997), 김경숙(2012) 참고>

1765-11-16. **유용허 토지매매명문**(柳墉許土地賣買明文), 양현유(梁顯緌). <1장. 한자+이두. 조선 필사 이두 자료. 전북 장수 화양 흥학당 소장. 호남권 한국학자료센터 홈페이지 원문 이미지와 텍스트 보기. 최승희(1989), 이재수(2003), 채현경(2011ㄱ) 참고>

1765-11-13. **희역리 점삼 토지매매명문**(回驛吏占三土地賣買明文),[530] 양인 일암회(良人日巖回). <1장. 한자+이두. 조선 필사 이두 자료. 경북 예천 임씨 금양파 금포 고택 구장. 한국국학진흥원 소장. 한국국학진흥원 유교넷 홈페이지 원문 이미지와 텍스트 보기>

1765-11-18. **유용 토지매매명문**(柳墉土地賣買明文) 1, 최이첨(崔爾瞻). <1장. 한자+이두. 조선 필사 이두 자료. 전북 장수 화양 흥학당 소장. 호남권 한국학자료센터 홈페이지 원문 이미지와 텍스트 보기. 박병호(1974ㄱ), 최승희(1989), 이재수(2003)

---

[529] 서울대학교 규장각 한국학연구원 의궤 종합정보 홈페이지에서는 '표기문자'를 '한자'로 잘못 표시하였다.

[530] 한국국학진흥원 유교넷 홈페이지에서는 문서명을 '1765년 일암회가 점삼에게 밭을 팔았음을 증명하는 전답매매문기'로 표시하였다.

참고>

1765-11-18. **유용 토지매매명문**(柳墉土地賣買明文) 2, 최이효(崔爾孝). <1장. 한자+이두. 조선 필사 이두 자료. 전북 장수군 화양 흥학당 소장. 호남권 한국학자료센터 홈페이지 원문 이미지와 텍스트 보기. 박병호(1974ㄱ), 최승희(1989), 이재수(2003) 참고>

1765-12-13. **박필효 토지매매명문**(朴弼孝土地賣買明文), 기태신(奇泰臣). <1장. 한자+이두. 조선 필사 이두 자료. 전남 장성군 행주 기씨 금강 종가 소장. 호남권 한국학자료센터 홈페이지 원문 이미지와 텍스트 보기. 이재수(2003), 이수건 외(2004) 참고>

1765-12-19. **권성봉 토지매매명문**(權聖鳳土地賣買明文), 권성순(權聖順). <1장. 한자+이두. 조선 필사 이두 자료. 경북 예천군 용문면 대제리 원동 권씨 춘우재 고택 구장. 한국국학진흥원 소장. 한국학자료센터 영남권역센터 홈페이지 원문 이미지와 텍스트 보기. 김성갑(2013) 참고>

1765-12-20. **이광익 토지매매명문**(爾光翊土地賣買明文), 김시정(金始正). <1장. 한자+이두. 조선 필사 이두 자료. 영해 인량 재령 이씨 충효당 구장. 한국국학진흥원 소장. 한국학중앙연구원 장서각 한국고문서자료관 홈페이지 원문 이미지와 텍스트 보기. 한국정신문화연구원 편(1997) 참고>

1765-12-24. **노 만태 토지매매명문**(奴萬泰土地賣買明文), 치위(致爲). <1장. 한자+이두. 조선 필사 이두 자료. 전남 구례군 토지면 오미리 문화 류씨 운조루 소장. 한국학중앙연구원 장서각 한국고문서자료관 홈페이지 원문 이미지와 텍스트 보기. 한국정신문화연구원 편(1998) 참고>

1765-00-00. 「경현당 수작시등록(**景賢堂 受爵時謄錄**)」,[531] 홍상한(洪象漢). <1책. 139장. 필사본. 표제는 확인할 수 없다. 권수제는 '(乾隆三十年乙酉十月 日)景賢堂 受爵時謄錄'. 한자+이두.[532] 조선 필사 이두 자료. 서울대학교 규장각 한국학연구원

---

[531] 서울대학교 규장각 한국학연구원 의궤 종합정보 홈페이지에서는 서명을 '경현당수작시등록(景賢堂受爵時謄錄)'로 붙여 썼다.

[532] 서울대학교 규장각 한국학연구원 의궤 종합정보 홈페이지의 '형태사항' '표기문자'에서는 '한자'로 잘못 적었다.

의궤 종합정보 홈페이지 '奎12925' 원문 이미지 보기>

1765-00-00. 「경현당 수작시등록(景賢堂 受爵時謄錄)」533 1~2, 의궤청(儀軌廳) 편(編). <2책. 70장+81장. 필사본. 개장한 권1의 표제는 '(英廟乙酉)受爵儀軌(一)'. 권수제는 '(乾隆三十年乙酉十月 日)景賢堂 受爵時謄錄'. 한자+이두. 조선 필사 이두 자료. 서울대학교 규장각 한국학연구원 의궤 종합정보 홈페이지 '奎14361' 원문 이미지와 텍스트 보기>

1765-00-00. 「선전관청등록(宣傳官廳謄錄)」, 선전관청 편(編). <1책. 44장. 필사본. 표제는 '奉命啓錄'. 한자+이두. 조선 필사 이두 자료. 서울대학교 규장각 한국학연구원 홈페이지 원문 이미지 보기>

1765-00-00. **유한홍 초사**(劉漢弘招辭)534 2, 유한홍. <1장. 한자+이두. 조선 필사 이두 자료. 경북 예천군 감천면 강릉 유씨 벌방 종가 구장. 한국국학진흥원 소장. 한국학자료센터 영남권역센터 홈페이지 원문 이미지와 텍스트 보기. 최연숙(2013) 참고>

1765-00-00. 「화길옹주가례등록(和吉翁主嘉禮謄錄)」, 예조(禮曹). <1책. 53장. 필사본. 한자+이두. 조선 필사 이두 자료. 한국학중앙연구원 장서각 한국학자료센터 홈페이지 원문 이미지와 텍스트 보기>

1766년

<병술(丙戌), 영조 42년, 건륭 31년>

1766-01-06. **도산서원 노비매매명문**(陶山書院奴婢賣買明文),535 덕산(德山). <1장. 한

---

533 서울대학교 규장각 한국학연구원 의궤 종합정보 홈페이지에서는 서명을 권수제와는 달리 '수작시의궤(受爵時儀軌)'로 적었다.

534 한국학자료센터 영남권역센터 홈페이지에서는 '유한홍(劉漢弘) 노비매매 관련 초사(招辭)'로 표시하였다.

535 한국국학진흥원 유교넷 홈페이지에서는 문서명을 '1766년 덕산이 상전댁 노비를 도산서원에 매매한다는 노비매매문기'로 표시하였다.

자+이두. 조선 필사 이두 자료. 경북 안동시 도산서원 구장. 한국국학진흥원 소장. 한국국학진흥원 유교넷 홈페이지 원문 이미지와 텍스트 보기>

1766-01-09. **용택우 토지매매명문**(龍澤雨土地賣買明文), 용광수(龍光水). <1장. 한자+이두. 조선 필사 이두 자료. 전북대학교 박물관 소장. 호남권 한국학자료센터 홈페이지 원문 이미지와 텍스트 보기. 박병호(1974ㄱ), 최승희(1989), 이재수(2003), 박준호(2004), 전경목 외(2006) 참고>

1766-01-15. **한량 정태세 토지매매명문**(閑良鄭太歲土地賣買明文), 민재경(閔再炅). <1장. 한자+이두. 조선 필사 이두 자료. 전남 해남 연동 해남 윤씨 녹우당 소장. 한국학중앙연구원 장서각 한국고문서자료관 홈페이지 원문 이미지와 텍스트 보기. 한국정신문화연구원 편(1986) 참고>

1766-01-17. **이시화 토지매매명문**(李時華土地賣買明文), 고덕문(高德文). <1장. 한자+이두. 조선 필사 이두 자료. 전남 구례군 토지면 오미리 문화 류씨 운조루 소장. 한국학중앙연구원 장서각 한국고문서자료관 홈페이지 원문 이미지와 텍스트 보기. 한국정신문화연구원 편(1998) 참고>

1766-01-27. **노 귀재 토지매매명문**(奴貴才土地賣買明文), 만태(萬泰). <1장. 한자+이두. 조선 필사 이두 자료. 전남 구례군 토지면 오미리 문화 류씨 운조루 소장. 한국학중앙연구원 장서각 한국고문서자료관 홈페이지 원문 이미지와 텍스트 보기. 한국정신문화연구원 편(1998) 참고>

1766-02-04. **강시양 차정첩**(姜時揚差定帖) 1, 제주목(濟州牧). <1장. 한자+이두. 조선 필사 이두 자료. 제주 어도내산 진주 강씨가 구장. 제주 한림 강우석 소장. 호남권 한국학자료센터 홈페이지 원문 이미지와 텍스트 보기. 고창석(2000, 2002) 참고>

1766-02-10. **이선 토지매매명문**(李善土地賣買明文), 사노 학석(私奴鶴石). <1장. 한자+이두. 조선 필사 이두 자료. 전북 임실군 오수 삼계강사 소장. 호남권 한국학자료센터 홈페이지 원문 이미지와 텍스트 보기. 박병호(1974ㄱ), 최승희(1989), 정구복 외(1999) 참고>

1766-03-09. **김금이작지 토지매매명문**(金金伊㐌之土地賣買明文),[536] 최윤재(崔崙齋).

---

[536] 호남권 한국학자료센터 홈페이지에서는 '김금이쟈ㄱ지(金金伊{者/ㄱ}之'로 잘못 입력하였다.

〈1장. 한자+이두. 조선 필사 이두 자료. 순천 월등 목천 장씨가 구장. 전북대학교 박물관 소장. 호남권 한국학자료센터 홈페이지 원문 이미지와 텍스트 보기. 최승희(1989), 정구복 외(1999), 이재수(2003) 참고〉

1766-03-09. **전령**(傳令),[537] 대장(大將). 〈1장. 한자+이두. 조선 필사 이두 자료. 경남 진주시 운문 진양 하씨 소장. 한국학중앙연구원 장서각 한국고문서자료관 홈페이지 원문 이미지 보기. 한국정신문화연구원 편(2001) 참고〉

1766-03-22. **이용서 소지**(李龍瑞所志), 이용서. 〈1장. 한자+이두. 조선 필사 이두 자료. 경북 안동시 주촌 진성 이씨 경류정 구장. 서울역사박물관 소장. 한국학중앙연구원 장서각 한국고문서자료관 홈페이지 원문 이미지와 텍스트 보기. 한국정신문화연구원 편(1999) 참고〉

1766-05-01. **용산서원 재임 서목**(龍山書院齋任書目) 1, 용산서원. 〈1장. 한자+이두. 조선 필사 이두 자료. 경북 경주시 내남면 이조리 경주 최씨·용산서원 소장. 한국학중앙연구원 장서각 한국고문서자료관 홈페이지 원문 이미지 보기〉

1766-05-28. **김덕오 분재기**(金德五分財記),[538] 김덕오. 〈1장. 한자+이두. 조선 필사 이두 자료. 해남 노송 김해 김씨 노송사 소장. 한국학중앙연구원 장서각 한국고문서자료관 홈페이지 & 호남권 한국학자료센터 홈페이지 원문 이미지와 텍스트 보기. 최승희(1989), 한국정신문화연구원 편(1998), 조정곤(2013) 참고〉

1766-06-02. **용산서원 재임 서목**(龍山書院齋任書目) 2, 용산서원. 〈1장. 한자+이두. 조선 필사 이두 자료. 경북 경주시 내남면 이조리 경주 최씨·용산서원 소장. 한국학중앙연구원 장서각 한국고문서자료관 홈페이지 원문 이미지 보기〉

1766-06-03. **용산서원 사림 서목**(龍山書院士林書目), 용산서원. 〈1장. 한자+이두. 조선 필사 이두 자료. 경북 경주시 내남면 이조리 경주 최씨·용산서원 소장. 한국학중앙연구원 장서각 한국고문서자료관 홈페이지 원문 이미지 보기〉

1766-06-26. **강시양 차정첩**(姜時揚差定帖) 2, 제주목(濟州牧). 〈1장. 한자+이두. 조선

---

[537] 한국학중앙연구원 장서각 한국고문서자료관 홈페이지에서는 '대장전령(大將傳令)'으로 표시하였다.

[538] 한국학중앙연구원 장서각 한국고문서자료관 홈페이지에서는 '김덕오(金德五) 허여명문(許與明文)'으로 표시하였다.

필사 이두 자료. 제주 어도내산 진주 강씨가 구장. 제주 한림 강우석 소장. 호남권 한국학자료센터 홈페이지 원문 이미지와 텍스트 보기. 고창석(2000, 2002) 참고>

1766-06-26. **강시양 차정첩**(姜時揚差定帖) 3, 제주목(濟州牧). <1장. 한자+이두. 조선 필사 이두 자료. 제주 어도내산 진주 강씨가 구장. 제주 한림 강우석 소장. 호남권 한국학자료센터 홈페이지 원문 이미지와 텍스트 보기. 고창석(2000, 2002) 참고>

1766-07-02. **강시양 차정첩**(姜時揚差定帖) 4, 제주목(濟州牧). <1장. 한자+이두. 조선 필사 이두 자료. 제주 어도내산 진주 강씨가 구장. 제주 한림 강우석 소장. 호남권 한국학자료센터 홈페이지 원문 이미지와 텍스트 보기. 고창석(2000, 2002) 참고>

1766-07-18. **충청도 관찰사 관**(忠淸道觀察使關), 충청도. <1장. 한자+이두. 조선 필사 이두 자료. 예산 한곡 한산 이씨 수당 고택 소장. 한국학중앙연구원 장서각 한국고문서자료관 홈페이지 원문 이미지 보기. 한국정신문화연구원 편(2002) 참고>

1766-08-22. **옥산서원 서목**(玉山書院書目), 옥산서원. <1장. 한자+이두. 조선 필사 이두 자료. 경북 경주시 안강읍 옥산리 여주 이씨 독락당 소장. 한국학중앙연구원 장서각 한국고문서자료관 홈페이지 원문 이미지 보기. 한국정신문화연구원 편 (2003) 참고>

1766-08-26. **윤 생원 댁 노 돌쇠 곽전 문기**(尹生員宅奴乭金藿田文記), 박인걸(朴仁傑). <1장. 한자+이두. 조선 필사 이두 자료. 전남 해남 연동 해남 윤씨 녹우당 소장. 한국학중앙연구원 장서각 한국고문서자료관 홈페이지 원문 이미지와 텍스트 보기. 한국정신문화연구원 편(1983, 1986), 최승희(1989) 참고>

1766-08-00. **손국제 등 소지**(孫國濟等所志),[539] 손국제 등. <1장. 한자+이두. 조선 필사 이두 자료. 경북 경주시 양동 경주 손씨 송첨 종택 소장. 한국학중앙연구원 장서각 한국고문서자료관 홈페이지 원문 이미지 보기>

1766-08-00. **이춘권 등 소지**(李春權等所志), 이춘권 등. <1장. 한자+이두. 조선 필사 이두 자료. 경북 안동시 주촌 진성 이씨 경류정 구장. 서울역사박물관 소장. 한국학중앙연구원 장서각 한국고문서자료관 홈페이지 원문 이미지와 텍스트 보기.

---

539 한국학중앙연구원 장서각 한국고문서자료관 홈페이지에서는 '손국제(孫國濟) 등(等) 27명(名) 소지(所志)'로 표시하였다.

한국정신문화연구원 편(1999) 참고>

1766-09-24. **강시양 차정첩**(姜時揚差定帖) 5, 제주목(濟州牧). <1장. 한자+이두. 조선 필사 이두 자료. 제주 어도내산 진주 강씨가 구장. 제주 한림 강우석 소장. 호남권 한국학자료센터 홈페이지 원문 이미지와 텍스트 보기. 고창석(2000, 2002) 참고>

1766-09-00. **고상묵 소지**(高尙默所志), 고상묵. <1장. 한자+이두. 조선 필사 이두 자료. 전북 부안 청호 효충사 소장. 호남권 한국학자료센터 홈페이지 원문 이미지와 텍스트 보기. 박병호(1974ㄱ), 최승희(1989), 정구복 외(1999) 참고>

1766-11-19. **김효완 토지매매명문**(金孝完土地賣買明文), 노운성(盧雲星). <1장. 한자+이두. 조선 필사 이두 자료. 부여 은산 함양 박씨 소장. 한국학중앙연구원 고문서자료관 홈페이지 원문 이미지 보기. 한국정신문화연구원 편(2000) 참고>

1766-11-00. **이희성 등 소지**(李希誠等所志) 1, 이희성 등. <1장. 한자+이두. 조선 필사 이두 자료. 경북 경주시 안강읍 옥산리 여주 이씨 독락당 소장. 한국학중앙연구원 장서각 한국고문서자료관 홈페이지 원문 이미지 보기. 한국정신문화연구원 편(2003) 참고>

1766-11-00. **제위 전답 정송 문기**(祭位田畓定送文記), 김태주(金泰柱). <1장. 한자+이두. 조선 필사 이두 자료. 서산 대교 경주 김씨 소장. 한국학중앙연구원 장서각 한국고문서자료관 홈페이지 원문 이미지 보기. 한국학중앙연구원 편(2007) 참고>

1766-12-28. **승 종찰 토지매매명문**(僧宗察土地賣買明文), 정형태(鄭亨泰). <1장. 한자+이두. 조선 필사 이두 자료. 경북 경주시 내남면 이조리 경주 최씨·용산서원 소장. 한국학중앙연구원 장서각 한국고문서자료관 홈페이지 원문 이미지 보기. 박병호(1974ㄱ), 이재수(2003), 김소은(2004) 참고>

1766-12-29. **신갑수 등 완의**(辛甲壽等完議), 신갑수 등. <1장. 한자+이두. 조선 필사 이두 자료. 전남 영광군 입석 영월 신씨 소장. 한국학중앙연구원 장서각 한국고문서자료관 홈페이지 원문 이미지와 텍스트 보기. 한국정신문화연구원 편(1996) 참고>

1766-12-00. **강시양 소지**(姜時揚所志), 강시양. <1장. 한자+이두. 조선 필사 이두 자료. 제주 어도내산 진주 강씨가 구장. 제주 한림 강우석 소장. 호남권 한국학자

료센터 홈페이지 원문 이미지와 텍스트 보기. 박병호(1974ㄱ), 최승희(1989), 정구복 외(1999) 참고>

1766-12-00. **이희성 등 소지**(李希誠等所志) 2, 이희성 등. <1장. 한자+이두. 조선 필사 이두 자료. 경북 경주시 안강읍 옥산리 여주 이씨 독락당 소장. 한국학중앙연구원 장서각 한국고문서자료관 홈페이지 원문 이미지 보기. 한국정신문화연구원 편(2003) 참고>

1766-00-00. 「논어합부(論語合部)」 <필사본. 조선 필사 구결 자료. 최범훈(1972) 참고>

1766-00-00. 「청선군주가례등록(淸璿郡主嘉禮謄錄)」, 예조(禮曹). <1책. 51장. 필사본. 한자+이두. 조선 필사 이두 자료. 한국학중앙연구원 장서각 소장. 한국학중앙연구원 장서각 한국학자료센터 홈페이지 & 한국학중앙연구원 한국학 디지털 아카이브 홈페이지 원문 이미지와 텍스트 보기>

1767년

<정해(丁亥), 영조 43년, 건륭 32년>

1767-01-01~1867-08-01(丁亥~丁卯).[540] 「금위영거동등록(禁衛營擧動謄錄)」 1~5, 금위영 편. <5책. 한자+이두. 조선 필사 이두 자료. 한국학중앙연구원 한국학 디지털 아카이브 홈페이지 원문 이미지와 텍스트 보기>

1767-01-13. **승 금성 토지매매명문**(僧錦性土地賣買明文), 김선이(金先伊). <1장. 한자+이두. 조선 필사 이두 자료. 경북 예천군 용문면 대제리 원동 권씨 춘우재 고택 구장. 한국학자료센터 영남권역센터 홈페이지 원문 이미지와 텍스트 보기. 김성갑(2013) 참고>

1767-01-14. **김수욱 토지매매명문**(金守旭土地賣買明文), 신경조(辛景祚). <1장. 한자

---

540 한국학중앙연구원 한국학 디지털 아카이브 홈페이지에서는 간행년(서기력)을 '1767-1866'으로 잘못 표시하였다.

+이두. 조선 필사 이두 자료. 전남 영광군 입석 영월 신씨 소장. 한국학중앙연구원 장서각 한국고문서자료관 홈페이지 원문 이미지와 텍스트 보기. 한국정신문화연구원 편(1996) 참고>

1767-01-22. **원노 세남 자매 명문**(院奴世男自賣明文), 한순재(韓順才). <1장. 한자+이두. 조선 필사 이두 자료. 경북 경주시 내남면 이조리 경주 최씨·용산서원 소장. 한국학중앙연구원 장서각 한국고문서자료관 홈페이지 원문 이미지 보기>

1767-01-27. **유학 박중림 토지매매명문**(幼學朴重林土地賣買明文), 김태정(金泰鼎). <1장. 한자+이두. 조선 필사 이두 자료. 남원·구례 삭녕 최씨 구장. 한국학중앙연구원 장서각 한국고문서자료관 홈페이지 원문 이미지 보기. 한국정신문화연구원 편(2004) 참고>

1767-01-27. **이 씨가 노 김명삼 토지매매명문**(李氏家奴金明三土地賣買明文), 손쾌흥(孫快興). <1장. 한자+이두. 조선 필사 이두 자료. 경북 경주시 안강읍 옥산리 여주 이씨 장산서원·치암 종택 구장. 한국학중앙연구원 장서각 한국고문서자료관 홈페이지 원문 이미지 보기. 한국정신문화연구원 편(2003) 참고>

1767-02-01. **이규대 토지매매명문**(李奎大土地賣買明文), 이종서(李宗緖). <1장. 한자+이두. 조선 필사 이두 자료. 전남 함평군 함평 이씨 이건풍 구장. 목포대학교 도서문화연구원 소장. 호남권 한국학자료센터 홈페이지 원문 이미지와 텍스트 보기. 최승희(1989) 참고>

1767-02-08. **생원 태갑 토지매매명문**(生員泰甲土地賣買明文), 양성원(梁聖源). <1장. 한자+이두. 조선 필사 이두 자료. 전남 영광군 입석 영월 신씨 소장. 한국학중앙연구원 장서각 한국고문서자료관 홈페이지 원문 이미지와 텍스트 보기. 한국정신문화연구원 편(1996) 참고>

1767-02-13. **옥산서원 완의**(玉山書院完議), 옥산서원 당중(堂中). <1장. 한자+이두. 조선 필사 이두 자료. 경북 경주시 안강읍 옥산서원 소장. 한국학자료센터 영남권역센터 홈페이지 원문 이미지와 텍스트 보기. 이병훈(2016) 참고>

1767-02-19. **장학 토지매매명문**(藏學土地賣買明文), 진성규(陳聖規). <1장. 한자+이두. 조선 필사 이두 자료. 전남 구례군 토지면 오미리 문화 류씨 운조루 소장. 한국학중앙연구원 장서각 한국고문서자료관 홈페이지 원문 이미지와 텍스트 보

ㄱ. 한국정신문화연구원 편(1998) 참고>

1767-02-22. **박 생원 댁 노 선립 토지매매명문**(朴生員宅奴善立土地賣買明文), 김 조이 (金召史). <1장. 한자+이두. 조선 필사 이두 자료. 전남 구례군 토지면 오미리 문화 류씨 운조루 소장. 한국학중앙연구원 장서각 한국고문서자료관 홈페이지 원문 이미지와 텍스트 보기. 한국정신문화연구원 편(1998) 참고>

1767-02-00. **전령**(傳令),[541] 기보 좌방어사(畿輔左防禦使). <1장. 한자+이두. 조선 필사 이두 자료. 경북 성주 명곡 벽진 이씨 완석정 종택 소장. 한국학중앙연구원 장서각 한국고문서자료관 홈페이지 원문 이미지 보기. 한국학중앙연구원 편 (2009) 참고>

1767-03-27. **초재 유사 박사주 토지매매명문**(椒齋有司朴師周土地賣買明文) 1, 박계주 (朴啓周). <1장. 한자+이두. 조선 필사 이두 자료. 영해 도곡 무안 박씨 무의공 종택 소장. 한국학중앙연구원 고문서자료관 홈페이지 원문 이미지 보기. 박병호 (1974ㄱ), 최승희(1989), 이재수(2003), 정구복(2005), 한국학중앙연구원 편(2008) 참고>

1767-03-27. **초재 유사 박사주 토지매매명문**(椒齋有司朴師周土地賣買明文) 2, 박명주 (朴命周). <1장. 한자+이두. 조선 필사 이두 자료. 영해 도곡 무안 박씨 무의공 종택 소장. 한국학중앙연구원 고문서자료관 홈페이지 원문 이미지 보기. 박병호 (1974ㄱ), 이재수(2003), 한국학중앙연구원 편(2008) 참고>

1767-05-27. **황간현 서목**(黃澗縣書目),[542] 황간현. <1장. 한자+이두. 조선 필사 이두 자료. 경북 안동시 하회 풍산 류씨 충효당 구장. 한국국학진흥원 소장. 한국학중앙 연구원 장서각 한국고문서자료관 홈페이지 & 한국국학진흥원 유교넷 홈페이지 원문 이미지와 텍스트 보기. 한국정신문화연구원 편(1994) 참고>

1767-05-00. **김숭 등 등장**(金嵩等等狀), 김숭 등. <1장. 한자+이두. 조선 필사 이두 자료. 경북 안동시 오천 광산 김씨 후조당 소장. 한국학중앙연구원 장서각 한국고

---

[541] 한국학중앙연구원 장서각 한국고문서자료관 홈페이지에서는 '기보좌방어사(畿輔左防禦使) 전령 (傳令)'으로 표시하였다.

[542] 한국국학진흥원 유교넷 홈페이지에서는 문서명을 '1767년(영조 43) 5월 27일 충청도 황간 현감 류운(柳澐)이 정해준(鄭海峻)의 처분에 관하여 올린 서목'으로 표시하였다.

문서자료관 홈페이지 원문 이미지와 텍스트 보기. 한국정신문화연구원 편(1982) 참고>

1767-05-00. **박증욱 등 등장**(朴增旭等等狀), 박증욱 등. <1장. 한자+이두. 조선 필사 이두 자료. 경남 밀양 신호 밀성 박씨·덕남서원 소장. 한국학중앙연구원 장서각 한국고문서자료관 홈페이지 원문 이미지 보기. 한국정신문화연구원 편(2004) 참고>

1767-06-30. **기 생원 가사매매명문**(奇生員家舍賣買明文), 유학 김안의(幼學金安義). <1장. 한자+이두. 조선 필사 이두 자료. 전남 장성군 행주 기씨 금강 종가 소장. 호남권 한국학자료센터 홈페이지 원문 이미지와 텍스트 보기. 김재문(1986), 이수건 외(2004) 참고>

1767-07-15 이후 기입 추정. 「기성대사청택법보은문(**箕城大師請擇法報恩文**)」, 기성대사(箕城大師) 찬(撰), 경상도 밀양(密陽): 화악산(華岳山) 봉천사(鳳泉寺) 운주암(雲住庵) 개간(開刊). <1책. 45장. 목판본. 본문 일부에 생획토 기입. 조선 묵서 구결 자료. 국립중앙도서관 홈페이지 원문(청구기호: 한古朝21-137) 보기>

1767-07-15 이후 기입 추정. 「청택법보은문(**請擇法報恩文**)」, 기성대사(箕城大師) 찬(撰), 경상도 밀양(密陽): 화악산(華岳山) 봉천사(鳳泉寺) 운주암(雲住庵) 개간(開刊). <1책. 45장. 목판본. 본문에 생획토 기입. 조선 묵서 구결 자료. 국립중앙도서관 홈페이지 원문 이미지 보기>

1767-윤7-00. **강봉휴 소지**(姜鳳休所志), 강봉휴. <1장. 한자+이두. 조선 필사 이두 자료. 제주 어도내산 진주 강씨가 구장. 제주 한림 강우석 소장. 호남권 한국학자료센터 홈페이지 원문 이미지와 텍스트 보기. 오창명(2007) 참고>

1767-09-11~1772-12-27(丁亥~壬辰). 「진상등록(**進上謄錄**)」 제17, 예조(禮曹) 편(編). <1책(1/6). 장. 필사본. 필사 시기 미상. 한자+이두. 조선 필사 이두 자료. 서울대학교 규장각 한국학연구원 홈페이지 낙질본(第17-20, 第24-25) 원문 이미지 보기> <1774-01-01~1778-01-01(제18), 1778-01-01~1783-12-12(제19), 1784-01-01~1791-12-29(제20), 1794-01-01~1810-12-27(제24), 1811-01-01~1817-12-29(제25)>

1767-10-12. **최 씨가 완문**(崔氏家完文), 언양현(彦陽縣). <1장. 한자+이두. 조선 필사 이두 자료. 경북 경주시 내남면 이조리 경주 최씨·용산서원 소장. 한국학중앙연구

원 장서각 한국고문서자료관 홈페이지 원문 이미지 보기>

1767-10-26. **이종악 회문**(李宗岳回文), 이종악. <1장. 한자+이두. 조선 필사 이두 자료. 경북 안동시 법흥동 고성 이씨 임청각 구장. 한국학중앙연구원 장서각 소장. 한국학중앙연구원 장서각 한국고문서자료관 홈페이지 원문 이미지 보기. 한국정신문화연구원 편(2000) 참고>

1767-10-00. **유학 문몽량 등 소지**(幼學文夢良等所志), 문몽량 등. <1장. 한자+이두. 조선 필사 이두 자료. 영암 장암 남평 문씨 소장. 한국학중앙연구원 장서각 한국고문서자료관 홈페이지 원문 이미지와 텍스트 보기>

1767-11-15. **출신 이시화 토지매매명문**(出身李時華土地賣買明文), 왕석하(王錫廈). <1장. 한자+이두. 조선 필사 이두 자료. 전남 구례군 토지면 오미리 문화 류씨 운조루 소장. 한국학중앙연구원 장서각 한국고문서자료관 홈페이지 원문 이미지와 텍스트 보기. 한국정신문화연구원 편(1998) 참고>

1767-12-27. **한량 유명기 토지매매명문**(閑良兪命起土地賣買明文), 정태세(鄭太世). <1장. 한자+이두. 조선 필사 이두 자료. 전남 해남 연동 해남 윤씨 녹우당 소장. 한국학중앙연구원 장서각 한국고문서자료관 홈페이지 원문 이미지와 텍스트 보기. 박병호(1974ㄱ), 김태영(1983), 한국정신문화연구원 편(1983, 1986), 최승희(1989) 참고>

1767-■■-05. **이규대 가사매매명문**(李奎大家舍賣買明文), 이택함(李宅咸). <1장. 한자+이두. 조선 필사 이두 자료. 전남 함평군 함평 이씨 이건풍 구장. 목포대학교 도서문화연구원 소장. 호남권 한국학자료센터 홈페이지 원문 이미지와 텍스트 보기. 최승희(1989) 참고>

1767-00-00.「은언군은신군관례의궤(恩彥君恩信君冠禮儀軌)」, 예조(禮曹) 편(編). <1책. 91장. 필사본. 표제는 '(恩信君冠禮同)恩彥君冠婚禮儀軌'. '(乾隆三十二年丁亥十一月 日)恩彥君恩信君冠禮儀軌 目錄'이 있다. 한자+이두. 조선 필사 이두 자료. 한국학중앙연구원 디지털장서각 홈페이지 원문 이미지와 텍스트 보기>

1767-00-00「장종수견의궤(藏種 受繭儀軌)」,[543] 예조(禮曹) 편. <1책. 26장. 필사본.

---

[543] 서울대학교 규장각 한국학연구원 의궤 종합정보 홈페이지에서는 서명을 '장종수견의궤(藏種受繭

필사본. 표제는 '(乾隆三十二年丁亥五月 日)英祖妃 貞純后受繭儀軌'. 권수제는 '(乾隆三十二年丁亥五月 日)藏種 受繭儀軌'. 한자+이두. 조선 필사 이두 자료. 서울대학교 규장각 한국학연구원 의궤 종합정보 홈페이지 '奎14544' 원문 이미지와 텍스트 보기>

1767-00-00.「친경의궤(**親耕儀軌**)」, 예조(禮曹) 편(編). <1책. 71장. 필사본. 표제는 '(乾隆三十二年丁亥二月 日 英宗四十二年)親耕儀軌(全)'. '(乾隆三十二年丁亥二月 日)親耕儀軌 目錄'이 있다. 한자+이두. 조선 필사 이두 자료. 한국학중앙연구원 디지털장서각 홈페이지 'K2-2905' 원문 이미지와 텍스트 보기>

1767-00-00.「친경의궤(**親耕儀軌**)」, 예조(禮曹) 편(編). <1책. 71장. 필사본. 권수제는 '(乾隆三十二年丁亥二月 日)親耕儀軌'. 한자+이두. 조선 필사 이두 자료. 서울대학교 규장각 한국학연구원 의궤 종합정보 홈페이지 '奎14541' 원문 이미지와 텍스트 보기>

1767-00-00.「친잠의궤(**親蠶儀軌**)」, 예조(禮曹) 편(編). <1책. 103장. 필사본. 표제는 '(乾隆三十二年丁亥三月 日 英宗四十二年)親蠶儀軌'. '(乾隆三十二年丁亥三月 日)親蠶儀軌 目錄'이 있다. 한자+이두. 조선 필사 이두 자료. 한국학중앙연구원 디지털장서각 홈페이지 'K2-2906' 원문 이미지와 텍스트 보기>

1767-00-00.「친잠의궤(**親蠶儀軌**)」, 예조(禮曹) 편(編). <1책. 104장. 필사본. 표제는 '(鼎足山城史庫上)親蠶儀軌'. 권수제는 '(乾隆三十二年丁亥三月 日)親蠶儀軌'. 한자+이두. 조선 필사 이두 자료. 서울대학교 규장각 한국학연구원 의궤 종합정보 홈페이지 '奎14543' 원문 이미지와 텍스트 보기>

1768년

<무자(戊子), 영조 44년, 건륭 33년>

1768-01-01~1768-12-00(戊子)「균역청등록(**均役廳謄錄**)」, 균역청(均役廳) 편(編). <1

儀軌)'로 붙여 썼다.

책(전14책). 16장. 필사본. 한자+이두. 이두 자료. 서울대학교 규장각 한국학연구원 홈페이지 낙질본 원문 이미지 보기>

1768-01-02~17-1768-12-12(戊子). 「무자년금영등록(戊子年 禁營謄錄)」, 금위영(禁衛營) 편(編). <1책(8/15. 낙질본). 107장. 필사본. 한자+이두. 이두 자료. 서울대학교 규장각 한국학연구원 홈페이지 원문 이미지 보기> <1682-02-29~1682-10-09(1/15)>

1768-01-18. **박환동 토지매매명문**(朴煥東土地賣買明文), 기영소(奇永紹). <1장. 점련 문서. 한자+이두. 조선 필사 이두 자료. 전남 장성군 행주 기씨 금강 종가 소장. 호남권 한국학자료센터 홈페이지 원문 이미지와 텍스트 보기. 김재문(1986), 이수건 외(2004) 참고>

1768-01-27. **최창우 토지매매명문**(崔昌佑土地賣買明文), 우창재(禹昌截). <1장. 한자+이두. 조선 필사 이두 자료. 전남 구례군 토지면 오미리 문화 류씨 운조루 소장. 한국학중앙연구원 장서각 한국고문서자료관 홈페이지 원문 이미지와 텍스트 보기. 한국정신문화연구원 편(1998) 참고>

1768-01-29. **이 생원 재노 용각 토지매매명문**(李生員齋奴龍角土地賣買明文), 이시덕(李時德). <1장. 한자+이두. 조선 필사 이두 자료. 영해 인량 재령 이씨 충효당 소장. 한국학중앙연구원 장서각 한국고문서자료관 홈페이지 원문 이미지 보기. 한국학중앙연구원 편(2008) 참고>

1768-01-00. **김약룡 결송입안**(金若龍決訟立案), 안동부(安東府). <1장. 한자+이두. 조선 필사 이두 자료. 경북 안동시 오천 광산 김씨 후조당 소장. 한국학중앙연구원 장서각 한국고문서자료관 홈페이지 원문 이미지와 텍스트 보기. 한국정신문화연구원 편(1982) 참고>

1768-02-02. **양인 류 생원 댁 노 수명 토지매매명문**(良人柳生員宅奴守命土地賣買明文), 김원태(金遠太). <1장. 한자+이두. 조선 필사 이두 자료. 경북 안동시 수곡면 전주 류씨 수곡파 대야 고택 구장. 한국국학진흥원 소장. 한국학자료센터 영남권역센터 홈페이지 원문 이미지와 텍스트 보기>

1768-02-10. **제위 전답 정송 문기**(祭位田畓定送文記), 김헌주(金獻柱). <1장. 한자+이두. 조선 필사 이두 자료. 서산 대교 경주 김씨 소장. 한국학중앙연구원 장서각

한국고문서자료관 홈페이지 원문 이미지 보기. 한국학중앙연구원 편(2007) 참고>

1768-02-12. **강논돌 토지매매명문**(姜論乭土地賣買明文), 류거태(柳渠泰). <1장. 한자＋이두. 조선 필사 이두 자료. 일본 경도대학 가와이문고 소장. 고려대학교 해외한국학자료센터 홈페이지 원문 이미지와 텍스트 보기>

1768-02-15. **황익렬 토지매매명문**(黃翼烈土地賣買明文), 최지현(崔智賢). <1장. 한자＋이두. 조선 필사 이두 자료. 남원·구례 삭녕 최씨 구장. 한국학중앙연구원 장서각 한국고문서자료관 홈페이지 원문 이미지 보기. 한국정신문화연구원 편(2004) 참고>

1768-02-16. **동강서원 별고 고자 정만석 토지매매명문**(東江書院別庫庫子鄭萬石土地賣買明文), 장동형(蔣東衡). <1장. 한자＋이두. 조선 필사 이두 자료. 경북 경주시 양동 경주 손씨 송첨 종택 소장. 한국학중앙연구원 장서각 한국고문서자료관 홈페이지 원문 이미지 보기. 이수건(1979), 이수건 편저(1981), 영남대학교 인문과학연구소 편(1990), 정구복·안승준(1997), 한국정신문화연구원 편(1997) 참고>

1768-02-17. **손 생원 노 계덕 토지매매명문**(孫生員奴戒德土地賣買明文), 신중기(申重紀). <1장. 한자＋이두. 조선 필사 이두 자료. 경북 경주시 양동 경주 손씨 송첨 종택 소장. 한국학중앙연구원 장서각 한국고문서자료관 홈페이지 원문 이미지 보기. 이수건(1979), 이수건 편저(1981), 영남대학교 인문과학연구소 편(1990), 정구복·안승준(1997), 한국정신문화연구원 편(1997) 참고>

1768-02-00. **이경·이양 등 소지**(李坰李壤等所志), 이경·이양 등. <1장. 한자＋이두. 조선 필사 이두 자료. 충남 공주시 전주 이씨 숭선군파 종가 소장. 한국학중앙연구원 장서각 한국고문서자료관 홈페이지 원문 이미지 보기>

1768-02-00. **이경·이양 등 의송**(李坰李壤等議送), 이경·이양 등. <1장. 한자＋이두. 조선 필사 이두 자료. 충남 공주시 전주 이씨 숭선군파 종가 소장. 한국학중앙연구원 장서각 한국고문서자료관 홈페이지 원문 이미지 보기>

1768-03-01. **장태운 토지매매명문**(張泰雲土地賣買明文), 김하보(金夏寶). <1장. 한자＋이두. 조선 필사 이두 자료. 영해 인량 재령 이씨 충효당 구장. 한국국학진흥원 소장. 한국학중앙연구원 장서각 한국고문서자료관 홈페이지 원문 이미지와 텍스

트 보기. 한국정신문화연구원 편(1997) 참고>

1768-03-17. **박필문 토지매매명문**(朴㻶文土地賣買明文), 강위적(姜渭適). <1장. 한자 +이두. 조선 필사 이두 자료. 남원·구례 삭녕 최씨 구장. 한국학중앙연구원 장서 각 소장. 한국학중앙연구원 장서각 한국고문서자료관 홈페이지 원문 이미지 보기. 한국정신문화연구원 편(2004) 참고>

1768-03-22. **황간현 서목**(黃澗縣書目) 1, 황간현. <1장. 한자+이두. 조선 필사 이두 자료. 경북 안동시 하회 풍산 류씨 충효당 소장. 한국학중앙연구원 장서각 한국고 문서자료관 홈페이지 원문 이미지와 텍스트 보기. 한국정신문화연구원 편(1994) 참고>

1768-03-26. **승 재환 토지매매명문**(僧再還土地賣買明文), 곽세문(郭世文). <1장. 한자 +이두. 조선 필사 이두 자료. 경북 경주시 양동 경주 손씨 송첨 종택 소장. 한국학 중앙연구원 장서각 한국고문서자료관 홈페이지 원문 이미지 보기. 이수건(1979), 이수건 편저(1981), 영남대학교 인문과학연구소 편(1990), 정구복·안승준(1997), 한국정신문화연구원 편(1997) 참고>

1768-03-00. **이희성 등 소지**(李希誠等所志) 1, 이희성 등. <1장. 한자+이두. 조선 필사 이두 자료. 경북 경주시 안강읍 옥산리 여주 이씨 독락당 소장. 한국학중앙연 구원 장서각 한국고문서자료관 홈페이지 원문 이미지 보기. 한국정신문화연구원 편(2003) 참고>

1768-03-00. **이희성 등 소지**(李希誠等所志) 2, 이희성 등. <1장. 한자+이두. 조선 필사 이두 자료. 경북 경주시 안강읍 옥산리 여주 이씨 독락당 소장. 한국학중앙연 구원 장서각 한국고문서자료관 홈페이지 원문 이미지 보기. 한국정신문화연구원 편(2003) 참고>

1768-04-01. **용산서원 재임 서목**(龍山書院齋任書目), 용산서원. <1장. 한자+이두. 조선 필사 이두 자료. 경북 경주시 내남면 이조리 경주 최씨·용산서원 소장. 한국 학중앙연구원 장서각 한국고문서자료관 홈페이지 원문 이미지 보기. 한국정신문 화연구원 편(2000) 참고>

1768-04-07. **김택연 토지매매명문**(金宅淵土地賣買明文), 최원삼(崔瑗三). <1장. 한자 +이두. 조선 필사 이두 자료. 전북 임실군 오수 삼계강사 소장. 호남권 한국학자

료센터 홈페이지 원문 이미지와 텍스트 보기. 박병호(1974ㄱ), 최승희(1989), 정구복 외(1999) 참고>

1768-04-21. **김금봉 토지매매명문**(金金奉土地賣買明文), 강일재(强一才). <1장. 한자+이두. 조선 필사 이두 자료. 남원·구례 삭녕 최씨 구장. 한국학중앙연구원 장서각 한국고문서자료관 홈페이지 원문 이미지 보기. 한국정신문화연구원 편(2004) 참고>

1768-05-09. **이정환 토지매매명문**(李廷煥土地賣買明文), 김택연(金宅淵). <1장. 한자+이두. 조선 필사 이두 자료. 전북 임실군 오수 삼계강사 소장. 호남권 한국학자료센터 홈페이지 원문 이미지와 텍스트 보기. 박병호(1974ㄱ), 최승희(1989), 정구복 외(1999) 참고>

1768-05-11. **이성량 등 소지**(李成樑等所志) 1, 이성량. <1장. 한자+이두. 조선 필사 이두 자료. 경북 경주시 안강읍 옥산리 여주 이씨 독락당 소장. 한국학중앙연구원 장서각 한국고문서자료관 홈페이지 원문 이미지 보기. 한국정신문화연구원 편(2003) 참고>

1768-05-00. **독락당 호노 소지**(獨樂堂戶奴所志), 독락당. <1장. 한자+이두. 조선 필사 이두 자료. 경북 경주시 안강읍 옥산리 여주 이씨 독락당 소장. 한국학중앙연구원 장서각 한국고문서자료관 홈페이지 원문 이미지 보기. 한국정신문화연구원 편(2003) 참고>

1768-05-00. **이희성 등 소지**(李希誠等所志) 3, 이희성 등. <1장. 한자+이두. 조선 필사 이두 자료. 경북 경주시 안강읍 옥산리 여주 이씨 독락당 소장. 한국학중앙연구원 장서각 한국고문서자료관 홈페이지 원문 이미지 보기. 한국정신문화연구원 편(2003) 참고>

1768-05-00. **이희성 등 소지**(李希誠等所志) 4, 이희성 등. <1장. 한자+이두. 조선 필사 이두 자료. 경북 경주시 안강읍 옥산리 여주 이씨 독락당 소장. 한국학중앙연구원 장서각 한국고문서자료관 홈페이지 원문 이미지 보기. 한국정신문화연구원 편(2003) 참고>

1768-07-15. **민 씨 양자문서**(閔氏養子文書), 생모 고 김동언 처 민 씨(生母故金東彥妻閔氏). <1장. 한자+이두. 조선 필사 이두 자료. 전북 부안군 우반 부안 김씨 구장.

전북 부안군 우동 세덕각 소장. 호남권 한국학자료센터 홈페이지 원문 이미지와 텍스트 보기. 박병호(1974ㄱ), 최승희(1989), 전경목(2001) 참고>

1768-07-00. **이성량 등 소지**(李成樑等所志) 2, 이성량. <1장. 한자+이두. 조선 필사 이두 자료. 경북 경주시 안강읍 옥산리 여주 이씨 독락당 소장. 한국학중앙연구원 장서각 한국고문서자료관 홈페이지 원문 이미지 보기. 한국정신문화연구원 편(2003) 참고>

1768-07-00. **정언복 차첩**(鄭彦復差帖), 충훈부(忠勳府). <1장. 첩련문서. 한자+이두. 조선 필사 이두 자료. 군포 속달 동래 정씨 정난종 종가 구장. 한국학중앙연구원 장서각 한국고문서자료관 홈페이지 원문 이미지 보기. 한국학중앙연구원 편(2010) 참고>

1768-08-15. **고이대 토지매매명문**(高以大土地賣買明文), 노댁악지(魯宅惡只). <1장. 한자+이두. 조선 필사 이두 자료. 전남 순천 황전 경주 정씨가 구장. 광주광역시 이정옥 소장. 호남권 한국학자료센터 홈페이지 원문 이미지와 텍스트 보기. 최승희(1989) 참고>

1768-08-25. **황간현 서목**(黃澗縣書目) 2, 황간현. <1장. 한자+이두. 조선 필사 이두 자료. 경북 안동시 하회 풍산 류씨 충효당 소장. 한국학중앙연구원 장서각 한국고문서자료관 홈페이지 원문 이미지와 텍스트 보기. 한국정신문화연구원 편(1994) 참고>

1768-09-11. **강봉휴 토지매매명문**(姜鳳休土地賣買明文), 강여상(姜汝尙). <1장. 한자+이두. 조선 필사 이두 자료. 제주 어도내산 진주 강씨가 구장. 제주 한림 강우석 소장. 호남권 한국학자료센터 홈페이지 원문 이미지와 텍스트 보기. 고창석(2000) 참고>

1768-09-00. **김득문 처 나 씨 계후입안**(金得文妻羅氏繼後立案), 예조(禮曹). <1장. 한자+이두. 조선 필사 이두 자료. 전북 부안군 우반 부안 김씨 구장. 전북 부안군 우동 세덕각 소장. 한국학중앙연구원 장서각 한국고문서자료관 홈페이지 원문 이미지와 텍스트 보기. 한국정신문화연구원 편(1983, 1998), 한국학중앙연구원 편(2017) 참고>

1768-09-00. **나 씨 입안**(羅氏立案), 예조(禮曹). <1장. 한자+이두. 조선 필사 이두

자료. 전북 부안군 우반 부안 김씨 구장. 전북 부안군 우동 세덕각 소장. 한국학중앙연구원 장서각 한국고문서자료관 홈페이지 원문 이미지와 텍스트 보기. 박병호(1974ㄱ), 최승희(1989), 전경목(2001) 참고>

1768-10-19. **모 남 씨 3남 3녀 분재기**(母南氏三男三女分財記), 모 남 씨. <1장. 한자+이두. 조선 필사 이두 자료. 경북 안동시 풍산읍 오미리 풍산 김씨 허백당 종택 구장. 한국국학진흥원 소장. 한국학자료센터 영남권역센터 홈페이지 원문 이미지와 텍스트 보기>

1768-10-20. **유학 양제명 토지매매명문**(幼學梁濟溟土地賣買明文), 마 조이(馬召史). <1장. 한자+이두. 조선 필사 이두 자료. 전남 구례군 토지면 오미리 문화 류씨 운조루 소장. 한국학중앙연구원 장서각 한국고문서자료관 홈페이지 원문 이미지와 텍스트 보기. 한국정신문화연구원 편(1998) 참고>

1768-11-04. **조세만 토지매매명문**(曹世萬土地賣買明文), 김시성(金始聲). <1장. 한자+이두. 조선 필사 이두 자료. 일본 경도대학 가와이문고 소장. 고려대학교 해외한국학자료센터 홈페이지 원문 이미지와 텍스트 보기>

1768-11-13. **이시화 토지매매명문**(李時華土地賣買明文), 양제명(梁濟溟). <1장. 한자+이두. 조선 필사 이두 자료. 전남 구례군 토지면 오미리 문화 류씨 운조루 소장. 한국학중앙연구원 장서각 한국고문서자료관 홈페이지 원문 이미지와 텍스트 보기. 한국정신문화연구원 편(1998) 참고>

1768-11-18. **관문**(關文) 2, 병조(兵曹), 이한풍(李漢豊) 사(寫). <1장. 점련문서. 한자+이두. 조선 필사 이두 자료. 여주 이씨 소장. 한국학중앙연구원 한국학 디지털 아카이브 홈페이지 원문 이미지와 텍스트 보기>

1768-11-19. **류취원 토지매매명문**(柳就源土地賣買明文), 김유신(金有臣). <1장. 한자+이두. 조선 필사 이두 자료. 경북 안동시 수곡면 전주 류씨 수곡파 대야 고택 구장. 한국국학진흥원 소장. 한국학자료센터 영남권역센터 홈페이지 원문 이미지와 텍스트 보기>

1768-11-00. **정 음성댁 노 차운 소지**(鄭陰城宅奴次云所志) 1, 차운. <1장. 한자+이두. 조선 필사 이두 자료. 경기도 양주 사릉 해주 정씨 종가 소장. 한국학중앙연구원 장서각 한국고문서자료관 홈페이지 원문 이미지 보기>

1768-11-00. **정 음성댁 노 차운 소지**(鄭陰城宅奴次云所志) 2, 차운. <1장. 한자+이두. 조선 필사 이두 자료. 경기도 양주 사릉 해주 정씨 종가 소장. 한국학중앙연구원 장서각 한국고문서자료관 홈페이지 원문 이미지 보기>

1768-11-00. **황인천 댁 노 오봉 소지**(黃仁川宅奴五奉所志), 오봉. <1장. 한자+이두. 조선 필사 이두 자료. 부여·강화·영주 창원 황씨 소장. 한국학중앙연구원 장서각 한국고문서자료관 홈페이지 원문 이미지와 텍스트 보기. 한국정신문화연구원 편(1990) 참고>

1768-12-13. **윤도서 입사 문기**(尹道緒立嗣文記), 윤덕현(尹德顯). <1장. 한자+이두. 조선 필사 이두 자료. 전남 해남 연동 해남 윤씨 녹우당 소장. 한국학중앙연구원 장서각 한국고문서자료관 홈페이지 원문 이미지와 텍스트 보기. 한국정신문화연구원 편(1986) 참고>

1768-12-20. **이원세 토지매매명문**(李元世土地賣買明文), 마 씨(馬氏). <1장. 한자+이두. 조선 필사 이두 자료. 전남 구례군 토지면 오미리 문화 류씨 운조루 소장. 한국학중앙연구원 장서각 한국고문서자료관 홈페이지 원문 이미지와 텍스트 보기. 한국정신문화연구원 편(1998) 참고>

1768-12-21. **강석구 차첩**(姜碩龜差帖), 이조(吏曹). <1장. 한자+이두. 조선 필사 이두 자료. 경북 김천 진주 강씨 학암 강석귀 종택 소장. 한국학중앙연구원 고문서자료관 홈페이지 원문 이미지 보기>

1768-12-21. **윤 생원 댁 노 성재 토지매매명문**(尹生員宅奴成才土地賣買明文), 홍득중(洪得重). <1장. 한자+이두. 조선 필사 이두 자료. 전남 해남 연동 해남 윤씨 녹우당 소장. 한국학중앙연구원 장서각 한국고문서자료관 홈페이지 원문 이미지와 텍스트 보기. 박병호(1974ㄱ), 김태영(1983), 한국정신문화연구원 편(1983, 1986), 최승희(1989) 참고>

1768-12-22. **하덕진 별급문기**(河德鎭別給文記), 하덕진. <1장. 한자+이두. 조선 필사 이두 자료. 경남 진주시 운문 진양 하씨 소장. 한국학중앙연구원 장서각 한국고문서자료관 홈페이지 원문 이미지 보기. 한국정신문화연구원 편(2001) 참고>

1768-12-26. **윤엇남 토지매매명문**(尹旕男土地賣買明文), 김시성(金始聲). <1장. 한자+이두. 조선 필사 이두 자료. 일본 경도대학 가와이문고 소장. 고려대학교 해외한

국학자료센터 홈페이지 원문 이미지와 텍스트 보기>

1768-12-00. **강시양 소지**(姜時揚所志), 강시양. <1장. 한자+이두. 조선 필사 이두 자료. 제주 어도내산 진주 강씨가 구장. 제주 한림 강우석 소장. 호남권 한국학자료센터 홈페이지 원문 이미지와 텍스트 보기. 박병호(1974ㄱ), 최승희(1989), 정구복 외(1999) 참고>

1768-00-00. 「헌릉석물중수도감의궤(獻陵石物重修都監儀軌)」, 중수도감. <1책. 53장. 필사본. 한자+이두. 조선 필사 이두 자료. 서울대학교 규장각 한국학연구원 의궤 종합정보 홈페이지 '奎13896-1'(원문 이미지 없음) 참고>

1768-00-00~1779-00-00 사이 추정. **김정렬 남매 분급문기**(金鼎烈男妹分給文記), 김정렬. <1장. 한자+이두. 조선 필사 이두 자료. 전북 부안군 우반 부안 김씨 구장. 전북 부안군 우동 세덕각 소장. 한국학중앙연구원 장서각 한국고문서자료관 홈페이지 원문 이미지와 텍스트 보기>

1769년

<기축(己丑), 영조 45년, 건륭 34년>

1769-01-01~1769-12-28(己丑). 「기축년전객사일기(己丑年 典客司日記)」 17, 예조(禮曹) 전객사(典客司) 편(編). <1책(17/99). 85장. 필사본. 한자+이두. 조선 필사 이두 자료. 서울대학교 규장각 한국학연구원 홈페이지 원문 이미지 보기> <1640-01-22~1641-12-23(1)>

1769-01-06. **박영대 토지매매명문**(朴英大土地賣買明文), 김중택(金重宅). <1장. 한자+이두. 조선 필사 이두 자료. 전북대학교 박물관 소장. 호남권 한국학자료센터 홈페이지 원문 이미지와 텍스트 보기>

1769-01-15. **용산서원 재임 서목**(龍山書院齋任書目) 1, 용산서원. <1장. 한자+이두. 조선 필사 이두 자료. 경북 경주시 내남면 이조리 경주 최씨·용산서원 소장. 한국학중앙연구원 장서각 한국고문서자료관 홈페이지 원문 이미지 보기. 한국정신문화연구원 편(2000) 참고>

1769-01-22. **양수정 토지매매명문**(梁水廷土地賣買明文), 유천매(柳千枚). <1장. 한자
+이두. 조선 필사 이두 자료. 전남 구례군 토지면 오미리 문화 류씨 운조루 소장.
한국학중앙연구원 장서각 한국고문서자료관 홈페이지 원문 이미지와 텍스트 보
기. 한국정신문화연구원 편(1998) 참고>

1769-01-27. **김응감 토지매매명문**(金應鑑土地賣買明文), 김응현(金應鉉). <1장. 한자
+이두. 조선 필사 이두 자료. 경북 안동시 오천 광산 김씨 후조당 소장. 한국학중
앙연구원 장서각 한국고문서자료관 홈페이지 원문 이미지와 텍스트 보기. 한국정
신문화연구원 편(1982) 참고>

1769-01-30. **강영완 토지매매명문**(姜永完土地賣買明文), 장영한(張永漢). <1장. 한자
+이두. 조선 필사 이두 자료. 제주 장전리 진주 강씨 강태복가 소장. 호남권 한국
학자료센터 홈페이지 원문 이미지와 텍스트 보기. 최승희(1989), 고창석(2002) 참
고>

1769-02-01. **용산서원 재임 서목**(龍山書院齋任書目) 2, 용산서원. <1장. 한자+이두.
조선 필사 이두 자료. 경북 경주시 내남면 이조리 경주 최씨·용산서원 소장. 한국
학중앙연구원 장서각 한국고문서자료관 홈페이지 원문 이미지 보기. 한국정신문
화연구원 편(2000) 참고>

1769-02-07. **옥매 토지매매명문**(玉梅土地賣買明文), 월섬(月暹). <1장. 한자+이두. 조
선 필사 이두 자료. 경북 안동시 법흥동 고성 이씨 탑동 종가 구장. 한국국학진흥
원 소장. 한국학자료센터 영남권역센터 홈페이지 원문 이미지와 텍스트 보기.
박병호(1974ㄱ), 최승희(1989), 이재수(2003), 이수건 외(2004), 전경목(2010) 참고>

1769-02-12. **양유봉 토지매매명문**(梁有奉土地賣買明文), 성관(性寬). <1장. 한자+이
두. 조선 필사 이두 자료. 전남 구례군 토지면 오미리 문화 류씨 운조루 소장.
한국학중앙연구원 장서각 한국고문서자료관 홈페이지 원문 이미지와 텍스트 보
기. 한국정신문화연구원 편(1998) 참고>

1769-02-13. **모덕삼 토지매매명문**(牟德三土地賣買明文), 이만백(李萬伯). <1장. 한자
+이두. 조선 필사 이두 자료. 경북 경주시 양동 경주 손씨 송첨 종택 소장. 장서각
한국고문서자료관 홈페이지 원문 이미지 보기. 이수건(1979), 이수건 편저(1981),
영남대학교 인문과학연구소 편(1990), 정구복·안승준(1997), 한국정신문화연구원

장서각 편(1997) 참고>

1769-02-20. **장남추 토지매매명문**(張南樞土地賣買明文), 신식(辛植). <1장. 한자+이두. 조선 필사 이두 자료. 전남 영광군 입석 영월 신씨 소장. 한국학중앙연구원 장서각 한국고문서자료관 홈페이지 원문 이미지와 텍스트 보기. 한국정신문화연구원 편(1996) 참고>

1769-02-21. **한인혜 토지매매명문**(韓印惠土地賣買明文), 양수정(梁水廷). <1장. 한자+이두. 조선 필사 이두 자료. 전남 구례군 토지면 오미리 문화 류씨 운조루 소장. 한국학중앙연구원 장서각 한국고문서자료관 홈페이지 원문 이미지와 텍스트 보기. 한국정신문화연구원 편(1998) 참고>

1769-02-24. **현문 토지매매명문**(顯文土地賣買明文), 오촌숙(五寸叔). <1장. 한자+이두. 조선 필사 이두 자료. 경북 안동시 주촌 진성 이씨 경류정 구장. 서울역사박물관 소장. 한국학중앙연구원 장서각 한국고문서자료관 홈페이지 원문 이미지와 텍스트 보기. 한국정신문화연구원 편(1999) 참고>

1769-02-00. **이성량 등 소지**(李成樑等所志), 이성량 등. <1장. 한자+이두. 조선 필사 이두 자료. 경북 경주시 안강읍 옥산리 여주 이씨 독락당 소장. 한국학중앙연구원 장서각 한국고문서자료관 홈페이지 원문 이미지 보기. 한국정신문화연구원 편(2003) 참고>

1769-02-00. **이성량 소지**(李成樑所志), 이성량. <1장. 한자+이두. 조선 필사 이두 자료. 경북 경주시 안강읍 옥산리 여주 이씨 독락당 소장. 한국학중앙연구원 장서각 한국고문서자료관 홈페이지 원문 이미지 보기. 한국정신문화연구원 편(2003) 참고>

1769-03-18. **용산서원 재임 서목**(龍山書院齋任書目) 3, 용산서원. <1장. 한자+이두. 조선 필사 이두 자료. 경북 경주시 내남면 이조리 경주 최씨·용산서원 소장. 한국학중앙연구원 장서각 한국고문서자료관 홈페이지 원문 이미지 보기. 한국정신문화연구원 편(2000) 참고>

1769-03-20. **질녀 토지매매명문**(姪女土地賣買明文), 경하(擎夏). <1장. 한자+이두. 조선 필사 이두 자료. 경북 경주시 안강읍 옥산리 여주 이씨 장산서원·치암 종택 구장. 한국학중앙연구원 장서각 소장. 한국학중앙연구원 장서각 한국고문서자료

관 홈페이지 원문 이미지 보기. 한국정신문화연구원 편(2003) 참고>

1769-03-25. **윤동원 토지매매명문**(尹東遠土地賣買明文), 유한동(兪漢東). <1장. 한자+이두. 조선 필사 이두 자료. 전남 해남 연동 해남 윤씨 녹우당 소장. 한국학중앙연구원 장서각 한국고문서자료관 홈페이지 원문 이미지와 텍스트 보기. 박병호(1974ㄱ), 한국정신문화연구원 편(1986), 이재수(2003), 김소은(2004) 참고>

1769-03-28. 「명릉익릉주산앵봉사태처보토등록(明陵翼陵主山鸎峰沙汰處補土謄錄)」, 예조(禮曹) 편(編). <1책. 54장. 필사본. 한자+이두. 조선 필사 이두 자료. 서울대학교 규장각 한국학연구원 홈페이지 원문 이미지 보기>

1769-04-00. **상인 이종한 의송**(喪人李宗漢議送), 이종한. <1장. 한자+이두. 조선 필사 이두 자료. 경북 안동시 법흥동 고성 이씨 탑동 종가 구장. 한국국학진흥원 소장. 한국학자료센터 영남권역센터 홈페이지 원문 이미지와 텍스트 보기>

1769-05-01. **용산서원 재임 서목**(龍山書院齋任書目) 4, 용산서원. <1장. 한자+이두. 조선 필사 이두 자료. 경북 경주시 내남면 이조리 경주 최씨·용산서원 소장. 한국학중앙연구원 장서각 한국고문서자료관 홈페이지 원문 이미지 보기. 한국정신문화연구원 편(2000) 참고>

1769-05-07. **용산서원 재임 서목**(龍山書院齋任書目) 5, 용산서원. <1장. 한자+이두. 조선 필사 이두 자료. 경북 경주시 내남면 이조리 경주 최씨·용산서원 소장. 한국학중앙연구원 장서각 한국고문서자료관 홈페이지 원문 이미지 보기. 한국정신문화연구원 편(2000) 참고>

1769-06-26. **강시양 차정첩**(姜時揚差定帖), 제주목(濟州牧). <1장. 한자+이두. 조선 필사 이두 자료. 제주 어도내산 진주 강씨가 구장. 제주 한림 강우석 소장. 호남권 한국학자료센터 홈페이지 원문 이미지와 텍스트 보기. 최승희(1989), 고창석(2002) 참고>

1769-06-00 이후 기입 추정. 「범망경보살계(梵網經菩薩戒)」 1, 경상좌도 안동 천등산(慶尙左道安東天燈山): 봉정사(鳳停寺). <중간본. 개판본. 1책. 16장. 목판본. 본문에 생획토 기입. 불교 서적. 조선 묵서 구결 자료. 경남 고성군 연화산 옥천사 보장각 소장. 한국학중앙연구원 장서각 한국고문서자료관 홈페이지 원문 이미지와 텍스트 보기>

1769-08-13. **이조문 토지매매명문**(李祖文土地賣買明文), 이회(李會). <1장. 한자+이두. 조선 필사 이두 자료. 경북 경주시 안강읍 옥산리 여주 이씨 독락당 소장. 한국학중앙연구원 장서각 한국고문서자료관 홈페이지 원문 이미지 보기. 한국정신문화연구원 편(2003) 참고>

1769-08-15. **첩정**(牒呈),[544] 거창도호부사(居昌都護府使). <1장. 한자+이두. 조선 필사 이두 자료. 원주시 무릉박물관 소장. 한국학자료센터 강원권역센터 홈페이지 원문 이미지 보기. 최승희(1989), 송철호(2008), 김완호(2012) 참고>

1769-08-00. **숭선군방 노 호치 소지**(崇善君房奴好致所志), 호치. <1장. 한자+이두. 조선 필사 이두 자료. 충남 공주시 전주 이씨 숭선군파 종가 소장. 한국학중앙연구원 장서각 한국고문서자료관 홈페이지 원문 이미지 보기>

1769-10-01. **용산서원 재임 서목**(龍山書院齋任書目) 6, 용산서원. <1장. 한자+이두. 조선 필사 이두 자료. 경북 경주시 내남면 이조리 경주 최씨·용산서원 소장. 한국학중앙연구원 장서각 한국고문서자료관 홈페이지 원문 이미지 보기. 한국정신문화연구원 편(2000) 참고>

1769-10-01. **용산서원 재임 서목**(龍山書院齋任書目) 7, 용산서원. <1장. 한자+이두. 조선 필사 이두 자료. 경북 경주시 내남면 이조리 경주 최씨·용산서원 소장. 한국학중앙연구원 장서각 한국고문서자료관 홈페이지 원문 이미지 보기. 한국정신문화연구원 편(2000) 참고>

1769-10-00. **강시양 소지**(姜時揚所志) 1, 강시양. <1장. 한자+이두. 조선 필사 이두 자료. 제주 어도내산 진주 강씨가 구장. 제주 한림 강우석 소장. 호남권 한국학자료센터 홈페이지 원문 이미지와 텍스트 보기. 박병호(1974ㄱ), 최승희(1989), 정구복 외(1999) 참고>

1769-10-00. **강시양 소지**(姜時揚所志) 2, 강시양. <1장. 한자+이두. 조선 필사 이두 자료. 제주 어도내산 진주 강씨가 구장. 제주 한림 강우석 소장. 호남권 한국학자료센터 홈페이지 원문 이미지와 텍스트 보기. 박병호(1974ㄱ), 최승희(1989), 정구

---

[544] 한국학자료센터 강원권역센터 홈페이지에서는 '거창도호부사(居昌郡護府使) 첩정(牒呈)'으로 표시하였다.

복 외(1999) 참고>

1769-11-01. **용산서원 재임 서목**(龍山書院齋任書目) 8, 용산서원. <1장. 한자+이두. 조선 필사 이두 자료. 경북 경주시 내남면 이조리 경주 최씨·용산서원 소장. 한국학중앙연구원 장서각 한국고문서자료관 홈페이지 원문 이미지 보기. 한국정신문화연구원 편(2000) 참고>

1769-11-■■. **첩정**(牒呈),[545] 안동대도호부(安東大都護府). <1장. 한자+이두. 조선 필사 이두 자료. 경북 안동시 법흥동 고성 이씨 탑동 종가 구장. 한국국학진흥원 소장. 한국학자료센터 영남권역센터 홈페이지 원문 이미지와 텍스트 보기>

1769-12-06. **고영달 토지매매명문**(高永達土地賣買明文), 김팽수(金彭守). <1장. 한자+이두. 조선 필사 이두 자료. 전남 순천 황전 경주 정씨가 구장. 광주광역시 이정옥 소장. 호남권 한국학자료센터 홈페이지 원문 이미지와 텍스트 보기. 최승희(1989) 참고>

1769-12-15. **김양보 토지매매명문**(金良輔土地賣買明文), 김응현(金應鉉). <1장. 한자+이두. 조선 필사 이두 자료. 경북 안동시 오천 광산 김씨 후조당 소장. 한국학중앙연구원 장서각 한국고문서자료관 홈페이지 원문 이미지와 텍스트 보기. 한국정신문화연구원 편(1982) 참고>

1769-12-17. **김덕현 토지매매명문**(金德玄土地賣買明文), 박필문(朴弼文). <1장. 한자+이두. 조선 필사 이두 자료. 남원·구례 삭녕 최씨 구장. 한국학중앙연구원 장서각 한국고문서자료관 홈페이지 원문 이미지 보기. 한국정신문화연구원 편(2004) 참고>

1769-12-20. **문중첨 토지매매명문**(門中僉土地賣買明文),[546] 권치도(權致度). <1장. 한자+이두. 조선 필사 이두 자료. 경북 예천군 용문면 대제리 원동 권씨 춘우재 고택 구장. 한국국학진흥원 소장. 한국학자료센터 영남권역센터 홈페이지 원문 이미지와 텍스트 보기. 김성갑(2013) 참고>

---

[545] 한국학자료센터 영남권역센터 홈페이지에서는 '안동부사(安東府使) 첩정(牒呈) 초본'으로 표시하였다.

[546] 한국학자료센터 영남권역센터 홈페이지에서는 '권치도(權致度) 방매 토지매매명문'으로 표시하였다.

1769-12-24. **양계휘 토지매매명문**(梁啓暉土地賣買明文), 송연희(宋延禧). <1장. 한자+이두. 조선 필사 이두 자료. 전북 장수군 화양 흥학당 소장. 호남권 한국학자료센터 홈페이지 원문 이미지와 텍스트 보기. 박병호(1974ㄱ), 최승희(1989), 이재수(2003) 참고>

1770년

<경인(庚寅), 영조 46년, 건륭 35년>

1770-01-01~1770-12-00(庚寅). 「경인년전객사일기(庚寅年 典客司日記)」 18, 예조(禮曹) 전객사(典客司) 편(編). <1책(18/99). 135장. 필사본. 한자+이두. 조선 필사 이두 자료. 서울대학교 규장각 한국학연구원 홈페이지 원문 이미지 보기> <1640-01-22~1641-12-23(1)>

1770-01-04. **당질 류굉원 토지매매명문**(堂姪柳굉源土地賣買明文), 류인현(柳仁鉉). <1장. 한자+이두. 조선 필사 이두 자료. 경북 안동시 수곡면 전주 류씨 수곡파 대야 고택 구장. 한국국학진흥원 소장. 한국학자료센터 영남권역센터 홈페이지 원문 이미지와 텍스트 보기>

1770-01-12. **임경일 토지매매명문**(任鏡一土地賣買明文), 김연정(金延禎). <1장. 한자+이두. 조선 필사 이두 자료. 보성 능묵 장흥 임씨가 구장. 전북대학교 박물관 소장. 호남권 한국학자료센터 홈페이지 원문 이미지와 텍스트 보기. 최승희(1989), 이재수(2003) 참고>

1770-01-22. **남주영 토지매매명문**(南主永土地賣買明文), 오댁자미(吳츅者未). <1장. 한자+이두. 조선 필사 이두 자료. 전북대학교 박물관 소장. 호남권 한국학자료센터 홈페이지 원문 이미지와 텍스트 보기. 박병호(1974ㄱ), 이재수(2003) 참고>

1770-01-29. **승 선용 토지매매명문**(僧宣用土地賣買明文), 이계(李癸). <1장. 한자+이두. 조선 필사 이두 자료. 경북 경주시 내남면 이조리 경주 최씨·용산서원 소장. 한국학중앙연구원 장서각 한국고문서자료관 홈페이지 원문 이미지 보기. 박병호(1974ㄱ), 한국정신문화연구원 편(2000), 이재수(2003), 김소은(2004) 참고>

1770-02-11. **윤 생원 노 순이 토지매매명문**(尹生員奴順伊土地賣買明文), 여재(汝才). <1장. 한자+이두. 조선 필사 이두 자료. 전남 해남 연동 해남 윤씨 녹우당 소장. 한국학중앙연구원 장서각 한국고문서자료관 홈페이지 원문 이미지와 텍스트 보기. 박병호(1974ㄱ), 김태영(1983), 한국정신문화연구원 편(1983, 1986), 최승희(1989) 참고>

1770-02-16. **강창위 토지매매명문**(姜昌渭土地賣買明文), 이덕재(李德才). <1장. 한자+이두. 조선 필사 이두 자료. 경남 합천 용연서원 소장. 한국학중앙연구원 장서각 한국고문서자료관 홈페이지 원문 이미지 보기. 한국정신문화연구원 편(1996) 참고>

1770-02-18. **용산서원 재임 서목**(龍山書院齋任書目) 1, 용산서원. <1장. 한자+이두. 조선 필사 이두 자료. 경북 경주시 내남면 이조리 경주 최씨·용산서원 소장. 한국학중앙연구원 장서각 한국고문서자료관 홈페이지 원문 이미지 보기>

1770-02-28. **기봉 토지매매명문**(己奉土地賣買明文), 전논소다지(田論所多只). <1장. 한자+이두. 조선 필사 이두 자료. 전북 부안군 우반 부안 김씨 구장. 전북 부안군 우동 세덕각 소장. 한국학중앙연구원 장서각 한국고문서자료관 홈페이지 원문 이미지와 텍스트 보기>

1770-02-28. **김 생원 댁 노 기봉 토지매매명문**(金生員宅奴己奉土地賣買明文), 전논소다지(田論所多只). <1장. 한자+이두. 조선 필사 이두 자료. 전북 부안군 우반 부안 김씨 구장. 전북 부안군 우동 세덕각 소장. 호남권 한국학자료센터 홈페이지 원문 이미지와 텍스트 보기. 박병호(1974ㄱ), 이재수(2003) 참고>

1770-02-00. **노 여재 배지**(老汝才牌旨), 이(李). <1장. 한자+이두. 조선 필사 이두 자료. 전남 해남 연동 해남 윤씨 녹우당 소장. 한국학중앙연구원 장서각 한국고문서자료관 홈페이지 원문 이미지와 텍스트 보기. 박병호(1974ㄱ), 김태영(1983), 한국정신문화연구원 편(1983, 1986), 최승희(1989) 참고>

1770-03-04. **신 생원 노 원태 토지매매명문**(辛生員奴元太土地賣買明文), 장한규(張漢揆). <1장. 한자+이두. 조선 필사 이두 자료. 전남 영광군 입석 영월 신씨 소장. 한국학중앙연구원 장서각 한국고문서자료관 홈페이지 원문 이미지와 텍스트 보기. 한국정신문화연구원 편(1996) 참고>

1770-03-04. **신함우 토지매매명문**(辛函右土地賣買明文),[547] 박상우(朴尙右). <1장. 한자+이두. 조선 필사 이두 자료. 전남 영광군 입석 영월 신씨 소장. 한국학중앙연구원 장서각 한국고문서자료관 홈페이지 원문 이미지와 텍스트 보기. 한국정신문화연구원 편(1996) 참고>

1770-03-06. **고직 정만석 토지매매명문**(庫直鄭萬石土地賣買明文), 배백돌(裵白乭). <1장. 한자+이두. 조선 필사 이두 자료. 경북 경주시 양동 경주 손씨 송첨 종택 소장. 한국학중앙연구원 장서각 한국고문서자료관 홈페이지 원문 이미지 보기. 이수건(1979), 이수건 편저(1981), 영남대학교 인문과학연구소 편(1990), 정구복·안승준(1997), 한국정신문화연구원 편(1997) 참고>

1770-03-15. **용산서원 재임 서목**(龍山書院齋任書目) 2, 용산서원. <1장. 한자+이두. 조선 필사 이두 자료. 경북 경주시 내남면 이조리 경주 최씨·용산서원 소장. 한국학중앙연구원 장서각 한국고문서자료관 홈페이지 원문 이미지 보기>

1770-03-18. **강시양 분재기**(姜時揚分財記), 강시양. <1장. 한자+이두. 조선 필사 이두 자료. 제주 어도내산 진주 강씨가 구장. 제주 한림 강우석 소장. 호남권 한국학자료센터 홈페이지 원문 이미지와 텍스트 보기. 최승희(1989) 참고>

1770-03-21. **유학 민대열 토지매매명문**(幼學閔大烈土地賣買明文), 진 조이(陳召史). <1장. 한자+이두. 조선 필사 이두 자료. 전남 해남 연동 해남 윤씨 녹우당 소장. 한국학중앙연구원 장서각 한국고문서자료관 홈페이지 원문 이미지와 텍스트 보기. 박병호(1974ㄱ), 김태영(1983), 한국정신문화연구원 편(1983, 1986), 최승희(1989) 참고>

1770-04-03. **용산서원 재임 서목**(龍山書院齋任書目) 3, 용산서원. <1장. 한자+이두. 조선 필사 이두 자료. 경북 경주시 내남면 이조리 경주 최씨·용산서원 소장. 한국학중앙연구원 장서각 한국고문서자료관 홈페이지 원문 이미지 보기>

1770-04-07. **이희성 별급문기**(李希誠別給文記), 이희성. <1장. 한자+이두. 조선 필사 이두 자료. 경북 경주시 안강읍 옥산리 여주 이씨 독락당 소장. 한국학중앙연구원

---

[547] 한국학중앙연구원 장서각 한국고문서자료관 홈페이지에서는 '신함(辛函) 토지매매명문(土地賣買明文)'으로 표시하였다.

장서각 한국고문서자료관 홈페이지 원문 이미지 보기. 한국정신문화연구원 편 (2003) 참고>

1770-04-18. **김석하 토지매매명문**(金錫夏土地賣買明文), 박경석(朴慶錫). <1장. 한자 +이두. 조선 필사 이두 자료. 일본 경도대학 가와이문고 소장. 고려대학교 해외한 국학자료센터 홈페이지 원문 이미지와 텍스트 보기>

1770-04-20. **신함부 토지매매명문**(辛咸僕土地賣買明文),[548] 신 조이(申召史). <1장. 한 자+이두. 조선 필사 이두 자료. 전남 영광군 입석 영월 신씨 소장. 한국학중앙연 구원 장서각 한국고문서자료관 홈페이지 원문 이미지와 텍스트 보기. 한국정신문 화연구원 편(1996) 참고>

1770-04-25. **유우량 토지매매명문**(劉遇良土地賣買明文), 박산남(朴山南). <1장. 한자 +이두. 조선 필사 이두 자료. 순천 월등 목천 장씨가 구장. 전북대학교 박물관 소장. 호남권 한국학자료센터 홈페이지 원문 이미지와 텍스트 보기. 최승희(1989), 정구복 외(1999), 이재수(2003) 참고>

1770-05-17. **정급 토지매매명문**(鄭圾土地賣買明文), 강현(姜玹). <1장. 한자+이두. 조 선 필사 이두 자료. 전북대학교 박물관 소장. 호남권 한국학자료센터 홈페이지 원문 이미지와 텍스트 보기. 최승희(1989), 정구복 외(1999), 이재수(2003) 참고>

1770-05-00. **김 생원 댁 노 엇남이 의송**(金生員宅奴旕南伊議送), 엇남이. <1장. 한자+ 이두. 조선 필사 이두 자료. 전북 부안군 우반 부안 김씨 구장. 전북 부안군 우동 세덕각 소장. 호남권 한국학자료센터 홈페이지 원문 이미지와 텍스트 보기. 전경 목(2001), 전경목 외(2006) 참고>

1770-05-00. **남노성 소지**(南老星所志), 남노성. <1장. 한자+이두. 조선 필사 이두 자료. 경남 밀양 사촌 의령 남씨 침류정 소장. 한국학중앙연구원 장서각 한국고문 서자료관 홈페이지 원문 이미지 보기. 한국정신문화연구원 편(2004) 참고>

1770-05-00. **이서중 등 소지**(李敍中等所志),[549] 이서중 등. <1장. 한자+이두. 조선

---

[548] 한국학중앙연구원 장서각 한국고문서자료관 홈페이지에서는 '신함의(辛咸儀) 토지매매명문(土地 賣買明文)'으로 표시하였다.

[549] 한국학중앙연구원 장서각 한국고문서자료관 홈페이지에서는 '이서중(李敍中) 등(等) 130여명(餘 名) 소지(所志)'로 표시하였다.

필사 이두 자료. 경북 경주시 양동 경주 손씨 송첨 종택 소장. 한국학중앙연구원 장서각 한국고문서자료관 홈페이지 원문 이미지 보기>

1770-06-14. **강시양 차정첩**(姜時揚差定帖), 제주목(濟州牧). <1장. 한자+이두. 조선 필사 이두 자료. 제주 어도내산 진주 강씨가 구장. 제주 한림 강우석 소장. 호남권 한국학자료센터 홈페이지 원문 이미지와 텍스트 보기. 최승희(1989), 고창석(2002) 참고>

1770-06-18. **기태온 노비매매명문**(奇泰溫奴婢賣買明文), 박진휴(朴振休). <1장. 한자+이두. 조선 필사 이두 자료. 전남 장성군 행주 기씨 금강 종가 소장. 호남권 한국학자료센터 홈페이지 원문 이미지와 텍스트 보기. 이재수(2003), 이수건 외 (2004) 참고>

1770-06-27. **양인 권석창 토지매매명문**(良人權碩昌土地賣買明文),[550] 양인 박태명(良人朴泰明). <1장. 한자+이두. 조선 필사 이두 자료. 경북 안동시 안동 권씨 이우당 종택 구장. 한국국학진흥원 소장. 한국국학진흥원 유교넷 홈페이지 원문 이미지와 텍스트 보기. 한국정신문화연구원 편(1994) 참고>

1770-08-17. **강대옹 토지매매명문**(姜大翁土地賣買明文), 강덕주(姜德周). <1장. 한자+이두. 조선 필사 이두 자료. 제주 장전리 진주 강씨 강태복가 소장. 호남권 한국학자료센터 홈페이지 원문 이미지와 텍스트 보기. 최승희(1989), 고창석(2002) 참고>

1770-08-17. **강대옹 토지매매명문**(姜大翁土地賣買明文), 강응주(姜應周). <1장. 한자+이두. 조선 필사 이두 자료. 제주 장전리 진주 강씨 강태복가 소장. 호남권 한국학자료센터 홈페이지 원문 이미지와 텍스트 보기. 최승희(1989), 고창석(2002) 참고>

1770-08-22. **용산서원 재임 서목**(龍山書院齋任書目) 4, 용산서원. <1장. 한자+이두. 조선 필사 이두 자료. 경북 경주시 내남면 이조리 경주 최씨·용산서원 소장. 한국학중앙연구원 장서각 한국고문서자료관 홈페이지 원문 이미지 보기>

---

550 한국국학진흥원 유교넷 홈페이지에서는 문서명을 '1770년 박태명**가** 권석창에게 논을 팔았음을 증명하는 매매계약서'로 표시하였다.

1770-08-00. 「증보문헌비고(增補文獻備考)」, 서명응(徐命膺) 외. <어휘 표기 자료. 「동국문헌비고」의 증보판. 권243 '예문고2 역대 저술'에 박세채는 중국에는 없는 경서 구결과 석의는 설총에서 출발하여 포은 정몽주, 양촌 권근에서 이루어졌다고 한 내용을 찾아볼 수 있다.> <이본: ① 1790-00-00(「증보문헌비고」 재편찬. 간행되지 못함) ② 1908-00-00(박용대 외 찬집 「증보문헌비고」 50책 간행. 서울대학교 규장각 한국학연구원 홈페이지 원문 이미지와 텍스트 보기. 박형익(2012: 304-308) 참고)>

1770-09-06. **부 분깃문기**(父分衿文記),[551] 부(父). <1장. 한자+이두. 조선 필사 이두 자료. 경북 성주군 월항면 대산리 성산 이씨 응와 종택 구장. 한국국학진흥원 소장. 한국학자료센터 영남권역센터 홈페이지 원문 이미지와 텍스트 보기>

1770-09-17. **용산서원 재임 서목**(龍山書院齋任書目) 5, 용산서원. <1장. 한자+이두. 조선 필사 이두 자료. 경북 경주시 내남면 이조리 경주 최씨·용산서원 소장. 한국학중앙연구원 장서각 한국고문서자료관 홈페이지 원문 이미지 보기>

1770-10-00. **최각 소지**(崔珏所志), 최각. <1장. 한자+이두. 조선 필사 이두 자료. 경북 경주시 내남면 이조리 경주 최씨·용산서원 소장. 한국학중앙연구원 장서각 한국고문서자료관 홈페이지 원문 이미지 보기>

1770-11-22. **유학 서진웅 노비매매명문**(幼學徐震雄奴婢賣買明文), 유학 김광현(幼學金光鉉). <1장. 한자+이두. 조선 필사 이두 자료. 경남 산청군 신등면 단계리 상산 김씨 김인섭 후손가 구장. 안동대학교 박물관 소장. 한국학자료센터 영남권역센터 홈페이지 원문 이미지와 텍스트 보기. 박병호(1974ㄱ), 최승희(1989) 참고>

1770-11-00. **박 노 석봉 소지**(朴奴石奉所志), 석봉. <1장. 한자+이두. 조선 필사 이두 자료. 영해 도곡 무안 박씨 무의공 종택 소장. 한국학중앙연구원 고문서자료관 홈페이지 원문 이미지 보기. 박병호(1974ㄱ), 이재수(2003), 한국학중앙연구원 편(2008) 참고>

---

551 한국학자료센터 영남권역센터 홈페이지에서는 '세 딸에게 주는 분깃문기(分衿文記)'로 표시하였다.

1770-11-00. **이 생원 노 봉일 토지매매명문**(李生員奴奉日土地賣買明文), 김선이(金先伊). <1장. 한자+이두. 조선 필사 이두 자료. 영해 인량 재령 이씨 충효당 구장. 한국국학진흥원 소장. 한국학중앙연구원 장서각 한국고문서자료관 홈페이지 원문 이미지와 텍스트 보기. 한국정신문화연구원 편(1997) 참고>

1770-12-06. **유 생원 댁 노 복남 토지매매명문**(劉生員宅奴福男土地賣買明文), 박점찬(朴占贊). <1장. 한자+이두. 조선 필사 이두 자료. 경북 예천군 감천면 강룡 유씨 벌방 종가 구장. 한국국학진흥원 소장. 한국학자료센터 영남권역센터 홈페이지 원문 이미지와 텍스트 보기. 김성갑(2013) 참고>

1770-12-07. **동강서원 고자 정만석 노비매매명문**(東江書院庫子鄭萬石奴婢賣買明文), 손시삼(孫始三). <1장. 한자+이두. 조선 필사 이두 자료. 경북 경주시 양동 경주 손씨 송첨 종택 소장. 한국학중앙연구원 장서각 한국고문서자료관 홈페이지 원문 이미지 보기>

1770-12-15. **이수복 토지매매명문**(李綏福土地賣買明文), 이효발(李孝發). <1장. 한자+이두. 조선 필사 이두 자료. 경북 안동시 주촌 진성 이씨 경류정 구장. 서울역사박물관 소장. 한국학중앙연구원 장서각 한국고문서자료관 홈페이지 원문 이미지와 텍스트 보기. 한국정신문화연구원 편(1999) 참고>

1770-12-00. **동강서원 고자 입안**(東江書院庫子立案), 하양현(河陽縣). <1장. 점련문서. 한자+이두. 조선 필사 이두 자료. 경북 경주시 양동 경주 손씨 송첨 종택 소장. 한국학중앙연구원 장서각 한국고문서자료관 홈페이지 원문 이미지 보기>

1770-12-00. **손시삼 초사**(孫始三招辭), 손시삼. <1장. 점련문서. 한자+이두. 조선 필사 이두 자료. 경북 경주시 양동 경주 손씨 송첨 종택 소장. 한국학중앙연구원 장서각 한국고문서자료관 홈페이지 원문 이미지 보기. 한국정신문화연구원 편(1997) 참고>

1770-12-00. **오두엄·권달삼·김덕엽 초사**(吳斗奄權達三金德燁招辭), 오두엄·권달삼·김덕엽. <1장. 점련문서. 한자+이두. 조선 필사 이두 자료. 경북 경주시 양동 경주 손씨 송첨 종택 소장. 장서각 한국고문서자료관 홈페이지 원문 이미지 보기. 한국정신문화연구원 편(1997) 참고>

1770-00-00. 「반계수록(**磻溪隧錄**)」, 유형원(柳馨遠). <26권 13책. 목판본. 한자+이두.

유형원이 1652년부터 쓰기 시작하여 1670년에 완성하였다. 1770년 왕의 명령에 따라 경상감영에서 관찰사 이미(李瀰)가 주관하여 간행하였다. 국가의 운영과 개혁에 관한 견해를 제시한 책. 서울대학교 규장각 한국학연구원 소장> <이본: ① 1783-00-00(중간본. 목판본) ② 동국문화사(1954) 영인>

1770-00-00. 「영건청의궤(營建廳儀軌)」,[552] 영건청 편. <1책. 71장. 필사본. 표제는 '(乾隆三十五年庚寅十一月 儀軌單 禮曹上)貞陵表石營建儀軌'. 권수제는 '(乾隆三十五年庚寅九月 日)營建廳儀軌'. 한자+이두. 조선 필사 이두 자료. 서울대학교 규장각 한국학연구원 의궤 종합정보 홈페이지 '奎13499' 원문 이미지와 텍스트 보기>

1770-00-00. 「종묘의궤속록(宗廟儀軌續錄)」, 편자 미상. <1책. 121장. 필사본. 표제는 '(庚寅二月至添錄 英宗)宗廟儀軌續錄'. '宗廟儀軌續錄凡例'로 시작. 한자+이두. 조선 필사 이두 자료. 한국학중앙연구원 디지털장서각 홈페이지 'K2-2203' 원문 이미지와 텍스트 보기>

1770-00-00. 「청천집(青泉集)」, 신유한(申維翰, 1681년~1752년) 저(著). <6권 3책. 시문집. 한자+이두. 서울대학교 규장각 한국학연구원 소장. 한국고전종합DB 홈페이지 원문 이미지와 텍스트 보기>

1771년

<신묘(辛卯), 영조 47년, 건륭 36년>

1771-01-04~1771-12-28(辛卯). 「신묘년전객사일기(辛卯年 典客司日記)」 19, 예조(禮曹) 전객사(典客司) 편(編). <1책(19/99). 131장. 필사본. 한자+이두. 조선 필사 이두 자료. 서울대학교 규장각 한국학연구원 홈페이지 원문 이미지 보기> <1640-01-22~1641-12-23(1)>

1771-01-07. **용산서원 재임 서목**(龍山書院齋任書目) 1, 용산서원. <1장. 한자+이두.

---

[552] 서울대학교 규장각 한국학연구원 의궤 종합정보 홈페이지에서는 서명을 표제나 권수제와는 달리 '신덕왕후정릉영건청의궤(神德王后貞陵營建廳儀軌)'로 적었다.

조선 필사 이두 자료. 경북 경주시 내남면 이조리 경주 최씨·용산서원 소장. 한국학중앙연구원 장서각 한국고문서자료관 홈페이지 원문 이미지 보기>

1771-01-11. **이효삼 토지매매명문**(李孝三土地賣買明文), 안명설(安明卨). <1장. 한자+이두. 조선 필사 이두 자료. 경북 안동시 주촌 진성 이씨 경류정 구장. 서울역사박물관 소장. 한국학중앙연구원 장서각 한국고문서자료관 홈페이지 원문 이미지와 텍스트 보기. 한국정신문화연구원 편(1999) 참고>

1771-01-11. **이효삼 토지매매명문**(李孝三土地賣買明文), 안성(安宬). <1장. 한자+이두. 조선 필사 이두 자료. 경북 안동시 주촌 진성 이씨 경류정 구장. 서울역사박물관 소장. 한국학중앙연구원 장서각 한국고문서자료관 홈페이지 원문 이미지와 텍스트 보기. 한국정신문화연구원 편(1999) 참고>

1771-01-17. **김성득 토지매매명문**(金聖得土地賣買明文), 김세휘(金世輝). <1장. 한자+이두. 조선 필사 이두 자료. 순천 월등 목천 장씨가 구장. 전북대학교 박물관 소장. 호남권 한국학자료센터 홈페이지 원문 이미지와 텍스트 보기. 최승희(1989), 정구복 외(1999), 이재수(2003) 참고>

1771-01-17. **모덕삼 토지매매명문**(牟德三土地賣買明文), 김시삼(金是三). <1장. 한자+이두. 조선 필사 이두 자료. 경북 경주시 양동 경주 손씨 송첨 종택 소장. 한국학중앙연구원 장서각 한국고문서자료관 홈페이지 원문 이미지 보기. 한국정신문화연구원 편(1997) 참고>

1771-02-04. **종질 증필 토지매매명문**(從姪增苾土地賣買明文),[553] 종숙 주익(從叔周翼). <1장. 한자+이두. 조선 필사 이두 자료. 경북 안동시 주촌 진성 이씨 경류정 구장. 서울역사박물관 소장. 한국학중앙연구원 장서각 한국고문서자료관 홈페이지 원문 이미지와 텍스트 보기. 한국정신문화연구원 편(1999) 참고>

1771-02-18. **강봉휴 토지매매명문**(姜鳳休土地賣買明文) 1, 장중재(張重載). <1장. 한자+이두. 조선 필사 이두 자료. 제주 어도내산 진주 강씨가 구장. 제주 한림 강우석 소장. 호남권 한국학자료센터 홈페이지 원문 이미지와 텍스트 보기. 이재수

---

553 한국학중앙연구원 장서각 한국고문서자료관 홈페이지에서는 '비명(備命) 토지매매명문(土地賣買明文)'으로 잘못 표시하였다.

(2003), 오창명(2007) 참고>

1771-02-25. **강봉휴 토지매매명문**(姜鳳休土地賣買明文) 2, 강봉현(姜鳳賢). <1장. 한자+이두. 조선 필사 이두 자료. 제주 어도내산 진주 강씨가 구장. 제주 한림 강우석 소장. 호남권 한국학자료센터 홈페이지 원문 이미지와 텍스트 보기. 이재수(2003), 오창명(2007) 참고>

1771-02-30. **곽자근노 토지매매명문**(郭者斤老土地賣買明文), 장한영(張漢英). <1장. 한자+이두. 조선 필사 이두 자료. 순천 월등 목천 장씨가 구장. 전북대학교 박물관 소장. 호남권 한국학자료센터 홈페이지 원문 이미지와 텍스트 보기. 최승희(1989), 정구복 외(1999), 이재수(2003) 참고>

1771-03-03. **노 명금 배지**(奴命金牌旨), 상전 권(上典權). <1장. 한자+이두. 조선 필사 이두 자료. 영해 인량 재령 이씨 충효당 구장. 한국국학진흥원 소장. 한국학중앙연구원 장서각 한국고문서자료관 홈페이지 원문 이미지와 텍스트 보기. 한국정신문화연구원 편(1997) 참고>

1771-03-03. **장태운 토지매매명문**(張泰雲土地賣買明文) 1, 명금(命金). <1장. 한자+이두. 조선 필사 이두 자료. 영해 인량 재령 이씨 충효당 구장. 한국국학진흥원 소장. 한국학중앙연구원 장서각 한국고문서자료관 홈페이지 원문 이미지와 텍스트 보기. 한국정신문화연구원 편(1997) 참고>

1771-03-04. **용산서원 재임 서목**(龍山書院齋任書目) 2, 용산서원. <1장. 한자+이두. 조선 필사 이두 자료. 경북 경주시 내남면 이조리 경주 최씨·용산서원 소장. 한국학중앙연구원 장서각 한국고문서자료관 홈페이지 원문 이미지 보기>

1771-03-07. **용산서원 재임 서목**(龍山書院齋任書目) 3, 용산서원. <1장. 한자+이두. 조선 필사 이두 자료. 경북 경주시 내남면 이조리 경주 최씨·용산서원 소장. 한국학중앙연구원 장서각 한국고문서자료관 홈페이지 원문 이미지 보기>

1771-03-13. **박대희 장흥고 공상지 공인권 매매명문**(朴大禧長興庫供上紙貢人權賣買明文), 최수천(崔壽天). <1장. 한자+이두. 조선 필사 이두 자료. 일본 경도대학 가와이문고 소장. 고려대학교 해외한국학자료센터 홈페이지 원문 이미지와 텍스트 보기>

1771-03-15. **용산서원 재임 서목**(龍山書院齋任書目) 4, 용산서원. <1장. 한자+이두.

조선 필사 이두 자료. 경북 경주시 내남면 이조리 경주 최씨·용산서원 소장. 한국학중앙연구원 장서각 한국고문서자료관 홈페이지 원문 이미지 보기>

1771-03-18. **용산서원 재임 서목**(龍山書院齋任書目) 5, 용산서원. <1장. 한자+이두. 조선 필사 이두 자료. 경북 경주시 내남면 이조리 경주 최씨·용산서원 소장. 한국학중앙연구원 장서각 한국고문서자료관 홈페이지 원문 이미지 보기>

1771-04-01. **초재 유사 박창주 토지매매명문**(椒齋有司朴昌周土地賣買明文), 박세주(朴世周). <1장. 한자+이두. 조선 필사 이두 자료. 영해 도곡 무안 박씨 무의공 종택 소장. 한국학중앙연구원 고문서자료관 홈페이지 원문 이미지 보기. 박병호(1974ㄱ), 이재수(2003), 한국학중앙연구원 편(2008) 참고>

1771-04-03. **부 통례원 인의 권 별급문기**(父通禮院引儀權別給文記), 부 통례원 인의 권. <1장. 한자+이두. 조선 필사 이두 자료. 경북 안동시 주촌 진성 이씨 경류정 소장. 한국학중앙연구원 장서각 한국고문서자료관 홈페이지 원문 이미지와 텍스트 보기. 한국정신문화연구원 편(1999) 참고>

1771-04-15. **최 생원 댁 산지기 토지매매명문**(崔生員宅山直土地賣買明文), 김암종금(金岩宗金). <1장. 한자+이두. 조선 필사 이두 자료. 전북 부안 석동 류절재 소장. 호남권 한국학자료센터 홈페이지 원문 이미지와 텍스트 보기. 박병호(1974ㄱ), 최승희(1989), 이재수(2003) 참고>

1771-07-07. **용산서원 재임 서목**(龍山書院齋任書目) 6, 용산서원. <1장. 한자+이두. 조선 필사 이두 자료. 경북 경주시 내남면 이조리 경주 최씨·용산서원 소장. 한국학중앙연구원 장서각 한국고문서자료관 홈페이지 원문 이미지 보기>

1771-07-14. **전령**(傳令), 향교 도색(鄕校都色). <1장. 한자+이두. 조선 필사 이두 자료. 경북 경주시 내남면 이조리 경주 최씨·용산서원 소장. 한국학중앙연구원 장서각 한국고문서자료관 홈페이지 원문 이미지 보기>

1771-07-15. **용산서원 재임 서목**(龍山書院齋任書目) 7, 용산서원. <1장. 한자+이두. 조선 필사 이두 자료. 경북 경주시 내남면 이조리 경주 최씨·용산서원 소장. 한국학중앙연구원 장서각 한국고문서자료관 홈페이지 원문 이미지 보기>

1771-07-22. **강봉휴 토지매매명문**(姜鳳休土地賣買明文) 3, 강진호(姜振豪). <1장. 한자+이두. 조선 필사 이두 자료. 제주 어도내산 진주 강씨가 구장. 제주 한림 강우

석 소장. 호남권 한국학자료센터 홈페이지 원문 이미지와 텍스트 보기. 이재수(2003), 오창명(2007) 참고>

1771-08-16. **오대유 분재기**(吳大有分財記),[554] 오대유. <1장. 한자+이두. 조선 필사 이두 자료. 영암 아산사 구장. 광주 해주 오씨 오철환 소장. 호남권 한국학자료센터 홈페이지 원문 이미지 보기. 최승희(1989) 참고>

1771-08-17. **강봉휴 토지매매명문**(姜鳳休土地賣買明文) 4, 문차흥(文次興). <1장. 한자+이두. 조선 필사 이두 자료. 제주 어도내산 진주 강씨가 구장. 제주 한림 강우석 소장. 호남권 한국학자료센터 홈페이지 원문 이미지와 텍스트 보기. 이재수(2003), 오창명(2007) 참고>

1771-08-00. **이태운 노 덕상 소지**(李泰運奴德上所志), 덕상. <1장. 한자+이두. 조선 필사 이두 자료. 경북 칠곡 석전 광주 이씨 구장. 한국학중앙연구원 장서각 소장. 한국학중앙연구원 장서각 한국고문서자료관 홈페이지 원문 이미지 보기. 한국학중앙연구원 편(2009) 참고>

1771-08-00. **정 음성댁 노 차운 소지**(鄭陰城宅奴次云所志), 차운. <1장. 한자+이두. 조선 필사 이두 자료. 경기도 양주 사릉 해주 정씨 종가 소장. 한국학중앙연구원 장서각 한국고문서자료관 홈페이지 이미지 보기>

1771-10-21. **문중 완의**(門中完議),[555] 손시명(孫是楔) 등(等). <1장. 한자+이두. 조선 필사 이두 자료. 경북 경주시 양동 경주 손씨 송첨 종택 소장. 한국학중앙연구원 장서각 한국고문서자료관 홈페이지 원문 이미지 보기. 한국정신문화연구원 편(1997) 참고>

1771-11-01. **김한경 명문**(金漢鏡明文), 오융서(吳隆胥). <1장. 한자+이두. 조선 필사 이두 자료. 제주시 일도 이동규 구장. 제주시 일도 2동 제주민속자연사박물관 소장. 호남권 한국학자료센터 홈페이지 원문 이미지와 텍스트 보기. 고창석(1997, 2002) 참고>

---

[554] 호남권 한국학자료센터 홈페이지에서는 '오대유(吳大有) 장손(長孫)과 5남매 분재기(分財記)'로 표시했다.

[555] 한국학중앙연구원 장서각 한국고문서자료관 홈페이지에서는 '손시명(孫是{木+贊}) 등(等) 32명(名) 完議'로 표시하였다.

1771-11-04. **노 안선 배지**(奴安先牌旨), 상전 이(上典李). <1장. 한자+이두. 조선 필사 이두 자료. 영해 인량 재령 이씨 충효당 구장. 한국국학진흥원 소장. 한국학중앙연구원 장서각 한국고문서자료관 홈페이지 원문 이미지와 텍스트 보기. 한국정신문화연구원 편(1997) 참고>

1771-11-04. **장태운 토지매매명문**(張泰雲土地賣買明文) 2, 안선(安先). <1장. 한자+이두. 조선 필사 이두 자료. 영해 인량 재령 이씨 충효당 구장. 한국국학진흥원 소장. 한국학중앙연구원 장서각 한국고문서자료관 홈페이지 원문 이미지와 텍스트 보기. 한국정신문화연구원 편(1997) 참고>

1771-11-04. **장태운 토지매매명문**(張泰雲土地賣買明文) 3, 안선(安先). <1장. 한자+이두. 조선 필사 이두 자료. 영해 인량 재령 이씨 충효당 구장. 한국국학진흥원 소장. 한국학중앙연구원 장서각 한국고문서자료관 홈페이지 원문 이미지와 텍스트 보기. 한국정신문화연구원 편(1997) 참고>

1771-11-21. **박종대 산지매매명문**(朴宗大山地賣買明文), 강필룡(姜弼龍)·강필량(姜弼良). <1장. 한자+이두. 조선 필사 이두 자료. 전남 보성군 용문 낭주 최씨가 구장. 광주광역시 이정옥 소장. 호남권 한국학자료센터 홈페이지 원문 이미지와 텍스트 보기. 최승희(1989), 정구복 외(1999) 참고>

1771-11-00. **김옥 소지**(金垤所志), 김옥. <1장. 한자+이두. 조선 필사 이두 자료. 전북 부안군 우반 부안 김씨 구장. 전북 부안군 우동 세덕각 소장. 한국학중앙연구원 장서각 한국고문서자료관 홈페이지 원문 이미지와 텍스트 보기. 한국정신문화연구원 장서각 편(1983, 1998), 한국학중앙연구원 편(2017) 참고>

1771-11-00. **김옥·김석 등 소지**(金垤金㶊等所志), 김옥·김석 등. <1장. 한자+이두. 조선 필사 이두 자료. 전북 부안군 우반 부안 김씨 구장. 전북 부안군 우동 세덕각 소장. 호남권 한국학자료센터 홈페이지 원문 이미지와 텍스트 보기. 박병호(1974ㄱ), 최승희(1981), 한국정신문화연구원 편(1983, 1998), 전경목(2001), 정구복(2002) 참고>

1771-11-00. **오중창·최직현 등 발괄**(吳重昌崔稷賢等白活), 오중창·최직현. <1장. 한자+이두. 조선 필사 이두 자료. 남원·구례 삭녕 최씨 구장. 한국학중앙연구원 장서각 한국고문서자료관 홈페이지 원문 이미지 보기. 한국정신문화연구원 편

(2004) 참고>

1771-12-09. **강봉휴 토지매매명문**(姜鳳休土地賣買明文) 5, 고 조이(高召史). <1장. 한자+이두. 조선 필사 이두 자료. 제주 어도내산 진주 강씨가 구장. 제주 한림 강우석 소장. 호남권 한국학자료센터 홈페이지 원문 이미지와 텍스트 보기. 이재수(2003), 오창명(2007) 참고>

1771-12-10. **권진호 토지매매명문**(權震浩土地賣買明文), 박환동(朴煥東). <1장. 한자+이두. 조선 필사 이두 자료. 전남 장성군 행주 기씨 금강 종가 소장. 호남권 한국학자료센터 홈페이지 원문 이미지와 텍스트 보기. 김재문(1986), 이수건 외 (2004) 참고>

1771-12-11. **강봉휴 토지매매명문**(姜鳳休土地賣買明文) 6, 문중무(文重武). <1장. 한자+이두. 조선 필사 이두 자료. 제주 어도내산 진주 강씨가 구장. 제주 한림 강우석 소장. 호남권 한국학자료센터 홈페이지 원문 이미지와 텍스트 보기. 이재수(2003), 오창명(2007) 참고>

1771-12-12. **최 생원 댁 종계 고직 류원남 토지매매명문**(崔生員宅宗稧庫直劉遠男土地賣買明文), 김금봉(金金奉). <1장. 한자+이두. 조선 필사 이두 자료. 남원·구례 삭녕 최씨 구장. 한국학중앙연구원 장서각 소장. 한국학중앙연구원 장서각 한국고문서자료관 홈페이지 원문 이미지 보기. 한국정신문화연구원 편(2004) 참고>

1771-12-24. **송연세 토지매매명문**(宋延世土地賣買明文) 1, 유학 박응채(幼學朴應采). <1장. 한자+이두. 조선 필사 이두 자료. 전북 장수군 화양 흥학당 소장. 호남권 한국학자료센터 홈페이지 원문 이미지와 텍스트 보기. 박병호(1974ㄱ), 최승희(1989), 이재수(2003) 참고>

1771-12-24. **송연세 토지매매명문**(宋延世土地賣買明文) 2, 유학 박응채(幼學朴應采). <1장. 한자+이두. 조선 필사 이두 자료. 전북 장수군 화양 흥학당 소장. 호남권 한국학자료센터 홈페이지 원문 이미지와 텍스트 보기. 박병호(1974ㄱ), 최승희(1989), 이재수(2003) 참고>

1771-12-24. **송연세 토지매매명문**(宋延世土地賣買明文) 3, 유학 송연성(幼學宋延喊). <1장. 한자+이두. 조선 필사 이두 자료. 전북 장수군 화양 흥학당 소장. 호남권 한국학자료센터 홈페이지 원문 이미지와 텍스트 보기. 박병호(1974ㄱ), 최승희

(1989), 이재수(2003) 참고>

1771-12-28. **고성 이씨 문중 완의**(固城李氏門中完議), 고성 이씨 문중. <1장. 한자+이두. 조선 필사 이두 자료. 경북 안동시 법흥동 고성 이씨 탑동 종가 구장. 한국국학진흥원 소장. 한국학자료센터 영남권역센터 홈페이지 원문 이미지와 텍스트 보기>

1771-00-00. 「선원보략수정교정청의궤(**璿源譜略修正校正廳儀軌**)」, 교정청 편. <1책. 27장. 필사본. 표제는 '(辛卯設廳 英宗四十七年)璿源譜略修正儀軌'. 권수제는 '(乾隆三十六年辛卯十一月 日)璿源譜略修正校正廳儀軌'. 한자+이두. 조선 필사 이두 자료. 서울대학교 규장각 한국학연구원 의궤 종합정보 홈페이지 '奎14078' 원문 이미지와 텍스트 보기>

1771-00-00. 「선원보략수정의궤(**璿源譜略修正儀軌**)」, 종부시 교정청(宗簿寺校正廳) 편(編). <1책. 8장. 필사본. 표제는 '(英宗 辛卯本寺修正)璿源譜略修正儀軌'. 권수제는 '(乾隆三十六年辛卯十一月初二日)璿源譜略修正儀軌'. 한자+이두. 조선 필사 이두 자료. 한국학중앙연구원 디지털장서각 홈페이지 'K2-3856' 원문 이미지와 텍스트 보기>

1771-00-00. 「위판조성도감의궤(**位版造成都監儀軌**)」,[556] 조성도감 편. <1책. 83장. 필사본. 표제는 '(乾隆三十六年辛卯十二月 日 禮曹上)位版造成都監儀軌'. 목록제는 '(乾隆三十六年辛卯十月 日)位版造成都監儀軌目錄'. 한자+이두. 조선 필사 이두 자료. 서울대학교 규장각 한국학연구원 의궤 종합정보 홈페이지 '奎14250' 원문 이미지와 텍스트 보기>

1772년

<임진(壬辰), 영조 48년, 건륭 37년>

---

[556] 서울대학교 규장각 한국학연구원 의궤 종합정보 홈페이지에서는 서명을 표제나 권수제와는 달리 '국조시조위판조성도감의궤(國朝始祖位版造成都監儀軌)'로 적었다.

1772-01-05~1772-12-29(壬辰). 「임진년 전객사일기(壬辰年 典客司日記)」 20, 예조(禮曹) 전객사(典客司) 편(編). <1책(20/99). 158장. 필사본. 한자+이두. 조선 필사 이두 자료. 서울대학교 규장각 한국학연구원 홈페이지 원문 이미지 보기> <1640-01-22~1641-12-23(1)>

1772-01-11. **노 사량 토지매매명문**(奴士良土地賣買明文), 김상엄(金尙嚴). <1장. 한자+이두. 조선 필사 이두 자료. 경북 경주시 양동 경주 손씨 송첨 종택 소장. 한국학중앙연구원 장서각 한국고문서자료관 홈페이지 원문 이미지 보기. 한국정신문화연구원 편(1997) 참고>

1772-01-17. **용산서원 유사 서목**(龍山書院有司書目) 1, 용산서원. <1장. 한자+이두. 조선 필사 이두 자료. 경북 경주시 내남면 이조리 경주 최씨·용산서원 소장. 한국학중앙연구원 장서각 한국고문서자료관 홈페이지 원문 이미지 보기>

1772-01-19. **유학 이기진 토지매매명문**(幼學李基鎭土地賣買明文), 심무(沈鶩). <1장. 한자+이두. 조선 필사 이두 자료. 전남 영광군 입석 영월 신씨 소장. 한국학중앙연구원 장서각 한국고문서자료관 홈페이지 원문 이미지와 텍스트 보기. 한국정신문화연구원 편(1996) 참고>

1772-01-21. **용산서원 유사 서목**(龍山書院有司書目) 2, 용산서원. <1장. 한자+이두. 조선 필사 이두 자료. 경북 경주시 내남면 이조리 경주 최씨·용산서원 소장. 한국학중앙연구원 장서각 한국고문서자료관 홈페이지 원문 이미지 보기>

1772-01-27. **노 덕상 배지**(奴德尙牌旨), 이(李). <1장. 한자+이두. 조선 필사 이두 자료. 경북 칠곡 석전 광주 이씨 구장. 한국학중앙연구원 장서각 한국고문서자료관 홈페이지 원문 이미지 보기. 한국학중앙연구원 편(2009) 참고>

1772-01-27. **용산서원 사림 서목**(龍山書院士林書目), 용산서원. <1장. 한자+이두. 조선 필사 이두 자료. 경북 경주시 내남면 이조리 경주 최씨·용산서원 소장. 한국학중앙연구원 장서각 한국고문서자료관 홈페이지 원문 이미지 보기>

1772-02-03. **이희성 노비매매명문**(李希誠奴婢賣買明文), 이심(李諶). <1장. 점련문서. 한자+이두. 조선 필사 이두 자료. 경북 경주시 안강읍 옥산리 여주 이씨 독락당 소장. 한국학중앙연구원 장서각 한국고문서자료관 홈페이지 원문 이미지 보기. 한국정신문화연구원 편(2003) 참고>

1772-02-04. **최 생원 댁 종계 고직 류원남 토지매매명문**(崔生員宅宗稧庫直劉遠男土地賣買明文), 박중림(樸重林). <1장. 한자+이두. 조선 필사 이두 자료. 남원·구례 삭녕 최씨 구장. 한국학중앙연구원 장서각 소장. 한국학중앙연구원 장서각 한국고문서자료관 홈페이지 원문 이미지 보기. 한국정신문화연구원 편(2004) 참고>

1772-02-07. **용산서원 재임 서목**(龍山書院齋任書目) 1, 용산서원. <1장. 한자+이두. 조선 필사 이두 자료. 경북 경주시 내남면 이조리 경주 최씨·용산서원 소장. 한국학중앙연구원 장서각 한국고문서자료관 홈페이지 원문 이미지 보기>

1772-02-10. **최박 토지매매명문**(崔樸土地賣買明文), 나제토(羅齊土). <1장. 한자+이두. 조선 필사 이두 자료. 전북 부안 석동 류절재 소장. 호남권 한국학자료센터 홈페이지 원문 이미지와 텍스트 보기. 박병호(1974ㄱ), 최승희(1989), 정구복 외 (1999) 참고>

1772-02-14. **김태관 토지매매명문**(金兌觀土地賣買明文), 박거구리(朴去句里). <1장. 한자+이두. 조선 필사 이두 자료. 전남 영광군 입석 영월 신씨 소장. 한국학중앙연구원 장서각 한국고문서자료관 홈페이지 원문 이미지와 텍스트 보기. 한국정신문화연구원 편(1996) 참고>

1772-02-15. **이 생원 댁 노 엇남 토지매매명문**(李生員宅奴㫈男土地賣買明文), 구가쇠(九加金). <1장. 한자+이두. 조선 필사 이두 자료. 경기도 용인시 오산 해주 오씨 추탄 종가 구장. 한국학중앙연구원 장서각 한국고문서자료관 홈페이지 원문 이미지와 텍스트 보기. 한국정신문화연구원 편(1998) 참고>

1772-02-21. **별고자 박종양 토지매매명문**(別庫子朴宗陽土地賣買明文), 종찰(宗察). <1장. 한자+이두. 조선 필사 이두 자료. 경북 경주시 내남면 이조리 경주 최씨·용산서원 소장. 한국학중앙연구원 장서각 한국고문서자료관 홈페이지 원문 이미지 보기>

1772-02-26. **사노 명재 토지매매명문**(私奴命才土地賣買明文), 지섬(至暹). <1장. 한자+이두. 조선 필사 이두 자료. 경북 안동시 주촌 진성 이씨 경류정 소장. 한국학중앙연구원 장서각 한국고문서자료관 홈페이지 원문 이미지와 텍스트 보기. 한국정신문화연구원 편(1999) 참고>

1772-02-26. **임상현 토지매매명문**(林尚玄土地賣買明文), 임우린(林宇麟). <1장. 한자

+이두. 조선 필사 이두 자료. 경남 거창 갈계 은진 임씨 소장. 한국학중앙연구원 장서각 한국고문서자료관 홈페이지 원문 이미지 보기>

1772-02-27. **이동언 토지매매명문**(李東彦土地賣買明文), 권이모(權以模). <1장. 한자+이두. 조선 필사 이두 자료. 영해 인량 재령 이씨 충효당 구장. 한국국학진흥원 소장. 한국학중앙연구원 장서각 한국고문서자료관 홈페이지 원문 이미지와 텍스트 보기. 한국정신문화연구원 편(1997) 참고>

1772-02-29. **심돌 토지매매명문**(沈乭土地賣買明文), 명재(命才). <1장. 한자+이두. 조선 필사 이두 자료. 경북 안동시 주촌 진성 이씨 경류정 소장. 한국학중앙연구원 장서각 한국고문서자료관 홈페이지 원문 이미지와 텍스트 보기. 한국정신문화연구원 편(1999) 참고>

1772-03-08. **채흥제 토지매매명문**(蔡興濟土地賣買明文), 전천일(全天一). <1장. 한자+이두. 조선 필사 이두 자료. 순천 월등 목천 장씨가 구장. 전북대학교 박물관 소장. 호남권 한국학자료센터 홈페이지 원문 이미지와 텍스트 보기. 박병호(1974ㄱ), 이재수(2003) 참고>

1772-03-13. **김한경 명문**(金漢鏡明文) 1, 오융서(吳隆胥). <1장. 한자+이두. 조선 필사 이두 자료. 제주시 일도 이동규 구장. 제주시 일도 2동 제주민속자연사박물관 소장. 호남권 한국학자료센터 홈페이지 원문 이미지와 텍스트 보기. 고창석(1997, 1998) 참고>

1772-03-26. **승 재환 토지매매명문**(僧再還土地賣買明文) 1, 허성걸(許聖杰). <1장. 한자+이두. 조선 필사 이두 자료. 경북 경주시 양동 경주 손씨 송첨 종택 소장. 한국학중앙연구원 장서각 한국고문서자료관 홈페이지 원문 이미지 보기. 한국정신문화연구원 편(1997) 참고>

1772-03-00. **이 생원 댁 노 덕상 소지**(李生員宅奴德上所志), 덕상. <1장. 한자+이두. 조선 필사 이두 자료. 경북 칠곡 석전 광주 이씨 구장. 한국학중앙연구원 장서각 한국고문서자료관 홈페이지 원문 이미지 보기. 한국학중앙연구원 편(2009) 참고>

1772-04-02. **최 씨 토지매매명문**(崔氏土地賣買明文), 김광려(金光礪). <1장. 한자+이두. 조선 필사 이두 자료. 전북 부안군 우반 부안 김씨 구장. 전북 부안군 우동

세덕각 소장. 호남권 한국학자료센터 홈페이지 원문 이미지와 텍스트 보기>

1772-04-15. **이희성 입안**(李希誠立案), 의흥군(義興郡). <1장. 점련문서. 한자+이두. 조선 필사 이두 자료. 경북 경주시 안강읍 옥산리 여주 이씨 독락당 소장. 한국학중앙연구원 장서각 한국고문서자료관 홈페이지 원문 이미지 보기. 한국정신문화연구원 편(2003) 참고>

1772-04-21 추정. **고직 주인 서목**(庫直主人書目), 고직 주인. <1장. 한자+이두. 조선 필사 이두 자료. 남원·구례 삭녕 최씨 구장. 한국학중앙연구원 장서각 한국고문서자료관 홈페이지 원문 이미지 보기. 한국정신문화연구원 편(2004) 참고>

1772-04-00. **이희성 소지**(李希誠所志), 이희성. <1장. 점련문서. 한자+이두. 조선 필사 이두 자료. 경북 경주시 안강읍 옥산리 여주 이씨 독락당 소장. 한국학중앙연구원 장서각 한국고문서자료관 홈페이지 원문 이미지 보기. 한국정신문화연구원 편(2003) 참고>

1772-05-00. **하국진 소지**(河國鎭所志), 하국진. <1장. 한자+이두. 조선 필사 이두 자료. 경남 진주시 운문 진양 하씨 소장. 한국학중앙연구원 장서각 한국고문서자료관 홈페이지 원문 이미지 보기. 한국정신문화연구원 편(2001) 참고>

1772-07-03. **김한경 명문**(金漢鏡明文) 2, 김만택(金萬澤). <1장. 한자+이두. 조선 필사 이두 자료. 제주시 일도 이동규 구장. 제주시 일도 2동 제주민속자연사박물관 소장. 호남권 한국학자료센터 홈페이지 원문 이미지와 텍스트 보기. 고창석(1997, 1998) 참고>

1772-07-20. **최식 가사매매명문**(崔植家舍賣買明文), 최진오(崔鎭五). <1장. 한자+이두. 조선 필사 이두 자료. 전북 부안 취성재 소장. 호남권 한국학자료센터 홈페이지 원문 이미지와 텍스트 보기. 최승희(1989), 정구복 외(1999), 이재수(2003) 참고>

1772-08-08. **강봉휴 토지매매명문**(姜鳳休土地賣買明文), 고인문(高仁文). <1장. 한자+이두. 조선 필사 이두 자료. 제주 어도내산 진주 강씨가 구장. 제주 한림 강우석 소장. 호남권 한국학자료센터 홈페이지 원문 이미지와 텍스트 보기. 이재수(2003), 오창명(2007) 참고>

1772-08-15. **전령**(傳令),[557] 경주부(慶州府). <1장. 한자+이두. 조선 필사 이두 자료.

경북 경주시 내남면 이조리 경주 최씨·용산서원 소장. 한국학중앙연구원 장서각 한국고문서자료관 홈페이지 원문 이미지 보기>

1772-08-16. **승 재환 토지매매명문**(僧再還土地賣買明文) 2, 적인(寂印). <1장. 한자+이두. 조선 필사 이두 자료. 경북 경주시 양동 경주 손씨 송첨 종택 소장. 한국학중앙연구원 장서각 한국고문서자료관 홈페이지 원문 이미지 보기. 한국정신문화연구원 편(1997) 참고>

1772-08-16. **승 재환 토지매매명문**(僧再還土地賣買明文) 3, 적인(寂印). <1장. 한자+이두. 조선 필사 이두 자료. 경북 경주시 양동 경주 손씨 송첨 종택 소장. 한국학중앙연구원 장서각 한국고문서자료관 홈페이지 원문 이미지 보기. 한국정신문화연구원 편(1997) 참고>

1772-08-17. **강시양 차정첩**(姜時揚差定帖), 제주목(濟州牧). <1장. 한자+이두. 조선 필사 이두 자료. 제주 어도내산 진주 강씨가 구장. 제주 한림 강우석 소장. 호남권 한국학자료센터 홈페이지 원문 이미지와 텍스트 보기. 최승희(1989), 고창석(2002) 참고>

1772-08-17. **호장 문 씨 첩정**(戶長文氏牒呈), 호장 문 씨. <1장. 한자+이두. 조선 필사 이두 자료. 제주 어도내산 진주 강씨가 구장. 제주 한림 강우석 소장. 호남권 한국학자료센터 홈페이지 원문 이미지와 텍스트 보기. 박병호(1974ㄱ), 최승희(1989), 전경목(2001) 참고>

1772-08-00. **강시양 소지**(姜時揚所志), 강시양. <1장. 한자+이두. 조선 필사 이두 자료. 제주 어도내산 진주 강씨가 구장. 제주 한림 강우석 소장. 호남권 한국학자료센터 홈페이지 원문 이미지와 텍스트 보기. 박병호(1974ㄱ), 최승희(1989), 정구복 외(1999) 참고>

1772-11-01. **민 생원 댁 노 원종 토지매매명문**(閔生員宅奴元從土地賣買明文),[558] 이순손(李順孫). <1장. 한자+이두. 조선 필사 이두 자료. 전남 구례군 토지면 오미리

---

557 한국학중앙연구원 장서각 한국고문서자료관 홈페이지에서는 '경주부(慶州府) 전령(傳令)'으로 표시하였다.

558 한국학중앙연구원 장서각 한국고문서자료관 홈페이지의 원문 텍스트에는 '元反'으로 되어 있다.

문화 류씨 운조루 소장. 한국학중앙연구원 장서각 한국고문서자료관 홈페이지 원문 이미지와 텍스트 보기. 한국정신문화연구원 편(1998) 참고>

1772-11-08 추정. **경주부 관**(慶州府關), 경주부(慶州府). <1장. 한자+이두. 조선 필사 이두 자료. 경북 경주시 내남면 이조리 경주 최씨·용산서원 소장. 한국학중앙연구원 장서각 한국고문서자료관 홈페이지 원문 이미지 보기>

1772-11-21. **강귀암회 토지매매명문**(姜貴岩回土地賣買明文), 대성(大性). <1장. 한자+이두. 조선 필사 이두 자료. 경북 안동시 주촌 진성 이씨 경류정 소장. 한국학중앙연구원 장서각 한국고문서자료관 홈페이지 원문 이미지와 텍스트 보기. 한국정신문화연구원 편(1999) 참고>

1772-12-02. **이홍도 토지매매명문**(李弘道土地賣買明文), 이홍간(李弘幹). <1장. 한자+이두. 조선 필사 이두 자료. 경북 안동시 법흥동 고성 이씨 탑동 종가 구장. 한국국학진흥원 소장. 한국학자료센터 영남권역센터 홈페이지 원문 이미지와 텍스트 보기. 박병호(1974ㄱ), 최승희(1989), 이재수(2003), 김성갑(2013) 참고>

1772-12-22. **용산서원 재임 서목**(龍山書院齋任書目) 2, 용산서원. <1장. 한자+이두. 조선 필사 이두 자료. 경북 경주시 내남면 이조리 경주 최씨·용산서원 소장. 한국학중앙연구원 장서각 한국고문서자료관 홈페이지 원문 이미지 보기>

1772-00-00.「가례의궤(**嘉禮儀軌**)」, 예조(禮曹). <1책. 73장. 필사본. 표제는 '淸豊縣主吉禮儀軌'. 한자+이두. 조선 필사 이두 자료. 한국학중앙연구원 장서각 소장. 한국학중앙연구원 장서각 한국학자료센터 홈페이지 원문 이미지와 텍스트 보기>

1772-00-00.「명릉수도소준등록(**明陵水道疏濬謄錄**)」, 예조(禮曹). <1책. 6장. 필사본. 한자+이두. 조선 필사 이두 자료. 한국학중앙연구원 장서각 소장. 한국학중앙연구원 장서각 한국학자료센터 홈페이지 원문 이미지와 텍스트 보기>

1772-00-00「상시도감의궤(**上 諡都監儀軌**)」상·하, 육상궁 상시도감(毓祥宮上諡都監) 편. <2권 2책. 한자+이두. 조선 필사 이두 자료. 한국학중앙연구원 장서각 한국학자료센터 홈페이지 원문 이미지와 텍스트 보기>

1772-00-00.「상시도감의궤(**上 諡都監儀軌**)」,[559] 상시도감 편. <1책. 120장. 필사본. 표제는 '(乾隆三十七年壬辰八月 日 五臺山上)上 諡都監儀軌(全)'. 목록제는 '(乾隆三十

七年壬辰八月 日)上 諡都監儀軌目錄'. 한자+이두. 조선 필사 이두 자료. 서울대학교 규장각 한국학연구원 의궤 종합정보 홈페이지 '奎13491' 원문 이미지와 텍스트 보기>

1772-00-00. 「상시도감의궤(上 諡都監儀軌)」, 상시도감 편. <1책. 120장. 필사본. 표제는 '(八月 日 英宗四十八年)上 諡都監儀軌'. '(乾隆三十七年壬辰八月 日)上 諡都監儀軌目錄'으로 시작한다. 한자+이두. 조선 필사 이두 자료. 한국학중앙연구원 디지털장서각 홈페이지 'K2-3065' 원문 이미지 보기>

1772-00-00. 「상시도감의궤(上 諡都監儀軌)」, 상시도감 편. <2책. 75장+86장. 필사본. 표제는 '上 諡都監儀軌上'. 목록제는 '(乾隆三十七年壬辰八月 日)上 諡都監儀軌目錄'. 한자+이두. 조선 필사 이두 자료. 한국학중앙연구원 디지털장서각 홈페이지 'K2-3066' 원문 이미지와 텍스트 보기>

1772-00-00. 「상호도감의궤(上 號都監儀軌)」, 존호도감(尊號都監) 편(編). <1책. 209장. 필사본. 표제는 '(乾隆三十七年壬辰十月 日 英宗四十八年)上號都監儀軌(全)'. '(乾隆三十七年壬辰十月 日)上 號都監儀軌目錄'으로 시작. 한자+이두. 조선 필사 이두 자료. 한국학중앙연구원 디지털장서각 홈페이지 'K2-2808' 원문 이미지와 텍스트 보기>

1772-00-00. 「선원보략수정의궤(璿源譜略修正儀軌)」, 종부시(宗簿寺) 편. <1책. 4장. 필사본. 한국학중앙연구원 장서각 한국학자료센터 홈페이지 & 한국학중앙연구원 한국학 디지털 아카이브 홈페이지 원문 이미지와 텍스트 보기>

1772-00-00. 「선원보략수정의궤(璿源譜略修正儀軌)」, 종부시(宗簿寺) 편. <1책. 7장. 필사본. 표제는 '(辛卯十一月)璿源譜略修正儀軌'. 권수제는 '(乾隆三十六年辛卯十一月 日)璿源譜略修正儀軌'. 한자+이두. 조선 필사 이두 자료. 서울대학교 규장각 한국학연구원 의궤 종합정보 홈페이지 '奎14076' 원문 이미지와 텍스트 보기>

1772-00-00. 「월당선생집(月塘先生集)」, 강석기(姜碩期, 1580년~1643년) 저(著). <원집 8권+별집 2권. 5책. 활자본. 예각인서체자본. 한자+이두. 문집. 서울대학교

---

559 서울대학교 규장각 한국학연구원 의궤 종합정보 홈페이지에서는 서명을 표제나 권수제와는 달리 '숙빈상시도감의궤(淑嬪上諡都監儀軌)'로 붙여 썼다.

규장각 한국학연구원 '奎6741' 소장. 한국고전종합DB 홈페이지 원문 이미지와 텍스트 보기>

1772-00-00. **이심 초사**(李諶招辭), 이심. <1장. 점련문서. 한자+이두. 조선 필사 이두 자료. 경북 경주시 안강읍 옥산리 여주 이씨 독락당 소장. 한국학중앙연구원 장서각 한국고문서자료관 홈페이지 원문 이미지 보기. 한국정신문화연구원 편(2003) 참고>

1772-00-00. 「진전중수영건청의궤(**眞殿重修營建廳儀軌**)」,[560] 중수 영건청(重修營建廳) 편. <1책. 55장. 필사본. 표제는 '眞殿重修營建廳儀軌'. 권수제는 '(乾隆三十七年壬辰六月 日)眞殿重修營建廳儀軌'. 한자+이두. 조선 필사 이두 자료. 서울대학교 규장각 한국학연구원 의궤 종합정보 홈페이지 '奎14237' 원문 이미지 보기>

1772-00-00. 「진전중수영건청의궤(**眞殿重修營建廳儀軌**)」, 선공감(繕工監) 편(編). <1책. 70장. 필사본. 표제는 '永禧殿重修儀軌'. 한국학중앙연구원 장서각 소장. 한국학중앙연구원 한국학 디지털 아카이브 홈페이지 원문 이미지와 텍스트 보기>

1772-00-00. 「청근현주가례의궤(**淸瑾縣主嘉禮儀軌**)」, 예조(禮曹) 편(編). <1책. 73장. 필사본. 한자+이두. 조선 필사 이두 자료. 한국학중앙연구원 장서각 'K2-2725' 소장. 한국학중앙연구원 한국학 디지털 아카이브 홈페이지 원문 이미지와 텍스트 보기>

1772-00-00. **희근·손환구 초사**(希謹孫煥九招辭), 희근·손환구. <1장. 점련문서. 한자+이두. 조선 필사 이두 자료. 경북 경주시 안강읍 옥산리 여주 이씨 독락당 소장. 한국학중앙연구원 장서각 한국고문서자료관 홈페이지 원문 이미지 보기. 한국정신문화연구원 편(2003) 참고>

1773년

<계사(癸巳), 영조 49년, 건륭 38년>

---

[560] 서울대학교 규장각 한국학연구원 의궤 종합정보 홈페이지에서는 서명을 표제나 권수제와는 달리 '진전중수도감의궤(眞殿重修都監儀軌)'로 적었다.

1773-01-02~1773-12-25(癸巳). 「판적사계사년등록(版籍司癸巳年謄錄)」, 호조(戶曹) 판적사(版籍司) 편(編). <1책. 62장. 필사본. 표제는 '乾隆三十八年 版籍司癸巳謄錄'. 한자+이두. 조선 필사 이두 자료. 서울대학교 규장각 한국학연구원 홈페이지 원문 이미지 보기>

1773-01-04. **이주원 등 완문**(李周遠等完文),[561] 이주원 등. <1장. 한자+이두. 조선 필사 이두 자료. 영해 인량 재령 이씨 충효당 소장. 한국학중앙연구원 장서각 한국고문서자료관 홈페이지 원문 이미지 보기. 한국학중앙연구원 편(2008) 참고>

1773-01-05. **용산서원 재임 서목**(龍山書院齋任書目) 1, 용산서원. <1장. 한자+이두. 조선 필사 이두 자료. 경북 경주시 내남면 이조리 경주 최씨·용산서원 소장. 한국학중앙연구원 장서각 한국고문서자료관 홈페이지 원문 이미지 보기. 한국정신문화연구원 편(2000) 참고>

1773-01-06. **임만귀 토지매매명문**(林萬貴土地賣買明文), 강귀암회(姜貴岩回). <1장. 한자+이두. 조선 필사 이두 자료. 경북 안동시 주촌 진성 이씨 경류정 소장. 한국학중앙연구원 장서각 한국고문서자료관 홈페이지 원문 이미지와 텍스트 보기. 한국정신문화연구원 편(1999) 참고>

1773-01-06~1773-12-29(癸巳). 「계사년전객사일기(癸巳年 典客司日記)」 21, 예조(禮曹) 전객사(典客司) 편(編). <1책(21/99). 93장. 필사본. 한자+이두. 조선 필사 이두 자료. 서울대학교 규장각 한국학연구원 홈페이지 원문 이미지 보기> <1640-01-22~1641-12-23(1)>

1773-01-10. **이운백 토지매매명문**(李雲白土地賣買明文), 김귀태(金貴太). <1장. 한자+이두. 조선 필사 이두 자료. 경북 안동시 주촌 진성 이씨 경류정 소장. 한국학중앙연구원 장서각 한국고문서자료관 홈페이지 원문 이미지와 텍스트 보기. 한국정신문화연구원 편(1999) 참고>

1773-01-25. **강봉휴 토지매매명문**(姜鳳休土地賣買明文), 장중재(張中載). <1장. 한자+이두. 조선 필사 이두 자료. 제주 어도내산 진주 강씨가 구장. 제주 한림 강우석

---

[561] 한국학중앙연구원 장서각 한국고문서자료관 홈페이지에서는 '완문(完文)'으로 표시하였다.

소장. 호남권 한국학자료센터 홈페이지 원문 이미지와 텍스트 보기. 이재수(2003), 오창명(2007) 참고>

1773-01-25. **안명일 분깃문기**(安命一分衿文記), 홍석문(洪錫文). <1장. 한자+이두. 조선 필사 이두 자료. 전남 보성군 용문 낭주 최씨가 구장. 광주광역시 이정옥 소장. 호남권 한국학자료센터 홈페이지 원문 이미지와 텍스트 보기. 최승희(1989) 참고>

1773-01-2■. **최 생원 댁 생원파 고지기 순령 토지매매명문**(崔生員宅生員派庫直順令土地賣買明文), 박귀남(朴貴男). <1장. 한자+이두. 조선 필사 이두 자료. 전북 부안 석동 류절재 소장. 호남권 한국학자료센터 홈페이지 원문 이미지와 텍스트 보기. 박병호(1974ㄱ), 최승희(1989), 이재수(2003) 참고>

1773-02-08. **전 별장 권 토지매매명문**(前別將權土地賣買明文), 권수(權秀). <1장. 한자+이두. 조선 필사 이두 자료. 경북 안동시 주촌 진성 이씨 경류정 소장. 한국학중앙연구원 장서각 한국고문서자료관 홈페이지 원문 이미지와 텍스트 보기. 한국정신문화연구원 편(1999) 참고>

1773-02-14. **박종대 산지매매명문**(朴宗大山地賣買明文), 강귀삼(姜貴三)·강만삼(姜萬三). <1장. 한자+이두. 조선 필사 이두 자료. 전남 보성군 용문 낭주 최씨가 구장. 광주광역시 이정옥 소장. 호남권 한국학자료센터 홈페이지 원문 이미지와 텍스트 보기. 최승희(1989), 정구복 외(1999) 참고>

1773-02-15. **김복원 토지매매명문**(金福元土地賣買明文), 김석(金灊). <1장. 한자+이두. 조선 필사 이두 자료. 전북 부안군 우반 부안 김씨 구장. 전북 부안군 우동 세덕각 소장. 호남권 한국학자료센터 홈페이지 & 한국학중앙연구원 장서각 한국고문서자료관 홈페이지 원문 이미지와 텍스트 보기. 한국정신문화연구원 편(1983, 1998), 한국학중앙연구원 편(2017) 참고>

1773-02-16. **용산서원 사림 서목**(龍山書院士林書目) 1, 용산서원. <1장. 한자+이두. 조선 필사 이두 자료. 경북 경주시 내남면 이조리 경주 최씨·용산서원 소장. 한국학중앙연구원 장서각 한국고문서자료관 홈페이지 원문 이미지 보기. 한국정신문화연구원 편(2000) 참고>

1773-02-25. **한량 정일의 토지매매명문**(閑良鄭日意土地賣買明文), 민영렬(閔英烈).

<1장. 한자+이두. 조선 필사 이두 자료. 전남 해남 연동 해남 윤씨 녹우당 소장. 한국학중앙연구원 장서각 한국고문서자료관 홈페이지 원문 이미지와 텍스트 보기. 박병호(1974ㄱ), 김태영(1983), 한국정신문화연구원 편(1983, 1986), 최승희(1989) 참고>

1773-03-01. **용산서원 사림 서목**(龍山書院士林書目) 2, 용산서원. <1장. 한자+이두. 조선 필사 이두 자료. 경북 경주시 내남면 이조리 경주 최씨·용산서원 소장. 한국학중앙연구원 장서각 한국고문서자료관 홈페이지 원문 이미지 보기. 한국정신문화연구원 편(2000) 참고>

1773-03-24. **조부 별급문기**(祖父別給文記), 조부. <1장. 한자+이두. 조선 필사 이두 자료. 영해 인량 재령 이씨 충효당 소장. 한국학중앙연구원 장서각 한국고문서자료관 홈페이지 원문 이미지 보기. 한국학중앙연구원 편(2008) 참고>

1773-03-00. **김정렬 소지**(金鼎烈所志), 김정렬. <1장. 한자+이두. 조선 필사 이두 자료. 전북 부안군 우반 부안 김씨 소장. 호남권 한국학자료센터 홈페이지 원문 이미지 보기. 한국정신문화연구원 편(1983, 1998), 한국학중앙연구원 편(2017) 참고>

1773-03-00. **최호·최련·최경 등 소지**(崔珚崔璉崔璟等所志), 최호·최련·최경 등. <1장. 한자+이두. 조선 필사 이두 자료. 남원·구례 삭녕 최씨 구장. 한국학중앙연구원 장서각 한국고문서자료관 홈페이지 원문 이미지 보기. 한국정신문화연구원 편(2004) 참고>

1773-03-■■. **별고 유사 최종범 토지매매명문**(別庫有司崔宗範土地賣買明文) 최종건(崔宗乾). <1장. 한자+이두. 조선 필사 이두 자료. 경북 경주시 내남면 이조리 경주 최씨·용산서원 소장. 한국학중앙연구원 장서각 한국고문서자료관 홈페이지 원문 이미지 보기. 한국정신문화연구원 편(2000) 참고>

1773-윤3-16. **이병규 토지매매명문**(李炳圭土地賣買明文), 최여길(崔與吉). <1장. 한자+이두. 조선 필사 이두 자료. 전북 임실군 오수 삼계강사 소장. 호남권 한국학자료센터 홈페이지 원문 이미지와 텍스트 보기. 박병호(1974ㄱ), 최승희(1989), 정구복 외(1999) 참고>

1773-04-00. **노 성재 배지**(奴成才牌旨), 윤(尹). <1장. 한자+이두. 조선 필사 이두

자료. 전남 해남 연동 해남 윤씨 녹우당 소장. 한국학중앙연구원 장서각 한국고문
서자료관 홈페이지 원문 이미지와 텍스트 보기. 박병호(1974ㄱ), 한국정신문화연
구원 편(1983, 1986), 최승희(1989) 참고>

1773-04-00. **이유원 별급문기**(李猷遠別給文記), 이유원. <1장. 한자+이두. 조선 필사
이두 자료. 영해 인량 재령 이씨 충효당 소장. 한국학중앙연구원 장서각 한국고문
서자료관 홈페이지 원문 이미지 보기. 한국학중앙연구원 편(2008) 참고>

1773-05-14. **백련동 이정 노 엇쇠 토지매매명문**(白蓮洞里正奴㪌金土地賣買明文), 윤
생원 노 답주 성재(尹生員奴畓主星才). <1장. 한자+이두. 조선 필사 이두 자료.
전남 해남 연동 해남 윤씨 녹우당 소장. 한국학중앙연구원 장서각 한국고문서자
료관 홈페이지 원문 이미지와 텍스트 보기. 박병호(1974ㄱ), 김태영(1983), 한국정
신문화연구원 편(1983, 1986), 최승희(1989) 참고>

1773-05-15. **용산서원 재임 서목**(龍山書院齋任書目) 2, 용산서원. <1장. 한자+이두.
조선 필사 이두 자료. 경북 경주시 내남면 이조리 경주 최씨·용산서원 소장. 한국
학중앙연구원 장서각 한국고문서자료관 홈페이지 원문 이미지 보기. 한국정신문
화연구원 편(2000) 참고>

1773-07-24. **이경 분재기**(李坰分財記), 이경. <1장. 한자+이두. 조선 필사 이두 자료.
충남 공주시 전주 이씨 숭선군파 종가 소장. 한국학중앙연구원 장서각 한국고문
서자료관 홈페이지 원문 이미지 보기>

1773-10-22. **이보환 재사 납상 명문**(李寶煥齋舍納上明文), 이보환. <1장. 한자+이두.
조선 필사 이두 자료. 영해 인량 재령 이씨 충효당 구장. 한국국학진흥원 소장.
한국학자료센터 영남권역센터 홈페이지 & 한국국학진흥원 유교넷 홈페이지 원
문 이미지와 텍스트 보기>

1773-11-13. **정필한 토지매매명문**(鄭必汗土地賣買明文), 김성재(金成才). <1장. 한자
+이두. 조선 필사 이두 자료. 서산 대교 경주 김씨 소장. 한국학중앙연구원 장서
각 한국고문서자료관 홈페이지 원문 이미지 보기. 한국학중앙연구원 편(2007)
참고>

1773-11-27. **박송악 토지매매명문**(朴松岳土地賣買明文), 강찬봉(姜贊奉). <1장. 한자
+이두. 조선 필사 이두 자료. 경북 안동시 오천 광산 김씨 후조당 소장. 한국학중

앙연구원 장서각 한국고문서자료관 홈페이지 원문 이미지와 텍스트 보기. 박병호(1974ㄱ), 한국정신문화연구원 편(1982), 최승희(1989) 참고>

1773-11-00. **김선행 소지**(金善行所志), 김선행. <1장. 한자+이두. 조선 필사 이두 자료. 안동 천전 의성 김씨 재산 종택 소장. 한국학중앙연구원 장서각 한국고문서자료관 홈페이지 원문 이미지 보기. 한국정신문화연구원 편(1989) 참고>

1773-12-11. **김시흥 토지매매명문**(金時興土地賣買明文), 백치삼(白致三). <1장. 한자+이두. 조선 필사 이두 자료. 전남 화순 내서 흥성 장씨가 구장. 광주광역시 이정옥 소장. 호남권 한국학자료센터 홈페이지 원문 이미지와 텍스트 보기. 최승희(1989), 정구복 외(1999) 참고>

1773-12-20. **최 생원 댁 노 정돌 토지매매명문**(崔生員宅奴正乭土地賣買明文), 김만필(金萬必). <1장. 한자+이두. 조선 필사 이두 자료. 대구광역시 동구 둔산동 경주 최씨 백불암 종중 구장. 안동대학교 박물관 소장. 한국학자료센터 영남권역센터 홈페이지 원문 이미지와 텍스트 보기. 박병호(1974ㄱ), 최승희(1989), 이재수(2003), 이수건 외(2004) 참고>

1773-12-26. **김한명 토지매매명문**(金漢明土地賣買明文), 박사득(朴思得). <1장. 한자+이두. 조선 필사 이두 자료. 제주시 일도 이동규 구장. 제주시 일도 2동 제주민속자연사박물관 소장. 호남권 한국학자료센터 홈페이지 원문 이미지와 텍스트 보기. 고창석(1997, 1998) 참고>

1773-00-00.「상호도감의궤(上 號都監儀軌)」,[562] 상호도감 편. <1책. 205장. 필사본. 표제는 '(乾隆三十七年壬辰十月 日 五臺山上)上 號都監儀軌(全)'. 권수제는 '(乾隆十七年壬辰十月 日)上 號都監儀軌'. 한자+이두. 조선 필사 이두 자료. 서울대학교 규장각 한국학연구원 의궤 종합정보 홈페이지 '奎13265' 원문 이미지와 텍스트 보기>

1773-00-00.「상호도감의궤(上 號都監儀軌)」[563] 상(上)·하(下), 상호도감 편. <2책.

---

[562] 서울대학교 규장각 한국학연구원 의궤 종합정보 홈페이지에서는 서명을 표제나 권수제와는 달리 '현종명성왕후영조정성왕후정순왕후상호도감의궤(顯宗明聖王后英祖貞聖王后貞純王后上號都監儀軌)'로 적었다.

[563] 서울대학교 규장각 한국학연구원 의궤 종합정보 홈페이지에서는 서명을 표제나 권수제와는 달리 '현종명성왕후영조정성왕후정순왕후상호도감의궤(顯宗明聖王后英祖貞聖王后貞純王后上號都

142장+140장. 필사본. 상권의 표제는 '上 號都監儀軌(上)'. 권수제는 '(乾隆三十七年壬辰十月 日)上 號都監儀軌'. 한자+이두. 조선 필사 이두 자료. 서울대학교 규장각 한국학연구원 의궤 종합정보 홈페이지 '奎13296' 원문 이미지와 텍스트 보기>

1773-00-00. 「선원보략수정본청의궤(璿源譜略修正本廳儀軌)」, 종부시(宗簿寺) 편. <1책. 20장. 필사본. 표제는 '(壬辰八月 本寺)璿源譜略修正儀軌'. 권수제는 '(乾隆三十七年壬辰八月 日)璿源譜略修正本廳儀軌'. 한자+이두. 조선 필사 이두 자료. 서울대학교 규장각 한국학연구원 의궤 종합정보 홈페이지 '奎14079' 원문 이미지 보기>

1773-00-00. 「선원보략수정시교정청의궤(璿源譜略修正時校正廳儀軌)」, 교정청(校正廳) 편. <1책. 16장. 필사본. 표제는 '(校正廳 壬辰十一月 英宗四十八年)璿源譜略修正儀軌'. 권수제는 '(乾隆三十七年壬辰十一月)璿源譜略修正時校正廳儀軌'. 한자+이두. 조선 필사 이두 자료. 서울대학교 규장각 한국학연구원 의궤 종합정보 홈페이지 '奎14080' 원문 이미지 보기>

1773-00-00. 「선원보략수정의궤(璿源譜略修正儀軌)」, 종부시(宗簿寺) 편. <1책. 6장. 필사본. 표제는 '(壬辰八月)璿源譜略修正儀軌'. 권수제는 '(乾隆三十七年壬辰八月 日)璿源譜略修正儀軌'. 한자+이두. 조선 필사 이두 자료. 서울대학교 규장각 한국학연구원 의궤 종합정보 홈페이지 '奎14081' 원문 이미지와 텍스트 보기>

1773-00-00. 「은전군가례등록(恩全君嘉禮謄錄)」, 예조(禮曹). <1책. 48장. 필사본. 한자+이두. 조선 필사 이두 자료. 한국학중앙연구원 장서각 한국학자료센터 홈페이지 & 한국학중앙연구원 한국학 디지털 아카이브 홈페이지 원문 이미지와 텍스트 보기>

1773-00-00. **첨사 행산산진 병마첨절제사 임재대 보장 초**(僉使行蒜山鎭兵馬僉節制使任載大報狀抄),[564] 임재대. <1장. 한자+이두. 조선 필사 이두 자료. 아산 선교 장흥 임씨 구장. 한국학중앙연구원 장서각 한국고문서자료관 홈페이지 원문 이미지 보기. 한국학중앙연구원 편(2008) 참고>

監儀軌'로 적었다.

[564] 이 목록에서 처음으로 등장하는 보장이다. 보장은 하급 관청의 관리가 상급 관청의 관리에게 보내는 보고서이다.

1774년

<갑오(甲午), 영조 50년, 건륭 39년>

1774-01-01~1778-01-01(甲午~戊戌).「진상등록(**進上謄錄**)」제18, 예조(禮曹) 편(編). <1책(2/6). 101장. 필사본. 한자+이두. 조선 필사 이두 자료. 서울대학교 규장각 한국학연구원 홈페이지 낙질본(第17-20, 第24-25) 원문 이미지 보기> <1767-09-11~1772-12-27(제17)>

1774-01-02~1774-12-29(甲午).「갑오년 전객사일기(**甲午年 典客司日記**)」22, 예조(禮曹) 전객사(典客司) 편(編). <1책(22/99). 85장. 필사본. 한자+이두. 조선 필사 이두 자료. 서울대학교 규장각 한국학연구원 홈페이지 원문 이미지 보기> <1640-01-22~1641-12-23(1)>

1774-01-06. **우■■ 토지매매명문**(禹■■土地賣買明文), 윤선(尹先). <1장. 한자+이두. 조선 필사 이두 자료. 경북 안동시 하회 풍산 류씨 충효당 소장. 한국학중앙연구원 장서각 한국고문서자료관 홈페이지 원문 이미지와 텍스트 보기. 한국정신문화연구원 편(1994) 참고>

1774-01-19. **박상곤 분재기**(朴尙坤分財記), 박상곤. <1장. 한자+이두. 조선 필사 이두 자료. 고령 도진 고령 박씨 소윤공·문연재 소장. 한국학중앙연구원 장서각 한국고문서자료관 홈페이지 원문 이미지 보기>

1774-01-19. **승 석훈 토지매매명문**(僧碩欣土地賣買明文), 장재운(張載運). <1장. 한자+이두. 조선 필사 이두 자료. 경북 안동시 주촌 진성 이씨 경류정 소장. 한국학중앙연구원 장서각 한국고문서자료관 홈페이지 원문 이미지와 텍스트 보기. 한국정신문화연구원 편(1999) 참고>

1774-01-20. **별고 유사 최각 토지매매명문**(別庫有司崔珏土地賣買明文), 최종로(崔宗老). <1장. 한자+이두. 조선 필사 이두 자료. 경북 경주시 내남면 이조리 경주 최씨·용산서원 소장. 한국학중앙연구원 장서각 한국고문서자료관 홈페이지 원문 이미지 보기. 박병호(1974ㄱ), 한국정신문화연구원 편(2000), 이재수(2003), 김소은(2004) 참고>

1774-01-21. **유학 이경철 토지매매명문**(幼學李景喆土地賣買明文), 추수경(秋水敬). <1장. 한자+이두. 조선 필사 이두 자료. 전남 구례군 토지면 오미리 문화 류씨 운조루 소장. 한국학중앙연구원 장서각 한국고문서자료관 홈페이지 원문 이미지 와 텍스트 보기. 한국정신문화연구원 편(1998) 참고>

1774-01-22. **족제 류충원 토지매매명문**(族弟柳忠源土地賣買明文), 류회원(柳會源). <1장. 한자+이두. 조선 필사 이두 자료. 경북 안동시 수곡면 전주 류씨 수곡파 대야 고택 구장. 한국국학진흥원 소장. 한국학자료센터 영남권역센터 홈페이지 원문 이미지와 텍스트 보기>

1774-01-25. **족숙 류택휴 토지매매명문**(族叔柳宅休土地賣買明文), 류규문(柳奎文). <1장. 한자+이두. 조선 필사 이두 자료. 경북 안동시 수곡면 전주 류씨 수곡파 대야 고택 구장. 한국국학진흥원 소장. 한국학자료센터 영남권역센터 홈페이지 원문 이미지와 텍스트 보기>

1774-01-27. **용산서원 재임 서목**(龍山書院齋任書目) 1, 용산서원. <1장. 한자+이두. 조선 필사 이두 자료. 경북 경주시 내남면 이조리 경주 최씨·용산서원 소장. 한국 학중앙연구원 장서각 한국고문서자료관 홈페이지 원문 이미지 보기. 한국정신문 화연구원 편(2000) 참고>

1774-01-29. **김덕수 토지매매명문**(金德水土地賣買明文), 양악암회(梁惡岩回). <1장. 한자+이두. 조선 필사 이두 자료. 해남 노송 김해 김씨 노송사 소장. 한국학중앙 연구원 장서각 한국고문서자료관 홈페이지 & 호남권 한국학자료센터 홈페이지 원문 이미지와 텍스트 보기. 한국정신문화연구원 편(1998), 최승희(1989), 조정곤 (2013) 참고>

1774-01-29. **족숙 류충원 토지매매명문**(族叔柳忠源土地賣買明文), 우사열(禹思說). <1장. 한자+이두. 조선 필사 이두 자료. 경북 안동시 수곡면 전주 류씨 수곡파 대야 고택 구장. 한국국학진흥원 소장. 한국학자료센터 영남권역센터 홈페이지 원문 이미지와 텍스트 보기>

1774-01-00. **김선행 소지**(金善行所志), 김선행. <1장. 한자+이두. 조선 필사 이두 자료. 안동 천전 의성 김씨 재산 종택 소장. 한국학중앙연구원 장서각 한국고문서 자료관 홈페이지 원문 이미지 보기. 한국정신문화연구원 편(1989) 참고>

1774-02-06. **족형 류충원 토지매매명문**(族兄柳忠源土地賣買明文), 류취원(柳就源). <1장. 한자+이두. 조선 필사 이두 자료. 경북 안동시 수곡면 전주 류씨 수곡파 대야 고택 구장. 한국국학진흥원 소장. 한국학자료센터 영남권역센터 홈페이지 원문 이미지와 텍스트 보기>

1774-02-07. **강봉휴 토지매매명문**(姜鳳休土地賣買明文), 양연하(梁連夏). <1장. 한자+이두. 조선 필사 이두 자료. 제주 어도내산 진주 강씨가 구장. 제주 한림 강우석 소장. 호남권 한국학자료센터 홈페이지 원문 이미지와 텍스트 보기. 이재수(2003), 오창명(2007) 참고>

1774-02-10. **고 생원 노 소회 토지매매명문**(高生員奴所回土地賣買明文), 김 씨(金氏). <1장. 한자+이두. 조선 필사 이두 자료. 전북 부안군 우반 부안 김씨 소장. 호남권 한국학자료센터 홈페이지 원문 이미지와 텍스트 보기. 박병호(1974ㄱ), 이재수(2003) 참고>

1774-02-10. **노 소회 토지매매명문**(奴所回土地賣買明文), 김 씨(金氏). <1장. 한자+이두. 조선 필사 이두 자료. 전북 부안군 우반 부안 김씨 소장. 호남권 한국학자료센터 홈페이지 원문 이미지와 텍스트 보기>

1774-02-25. **문장 권정옥 등 토지매매명문**(門長權正玉等土地賣買明文), 권중인(權重寅). <1장. 한자+이두. 조선 필사 이두 자료. 경북 예천군 용문면 대제리 원동 권씨 춘우재 고택 구장. 한국국학진흥원 소장. 한국학자료센터 영남권역센터 홈페이지 원문 이미지와 텍스트 보기. 김성갑(2013) 참고>

1774-02-28. **강시양 토지매매명문**(姜時揚土地賣買明文), 고 조이(高召史). <1장. 한자+이두. 조선 필사 이두 자료. 제주 어도내산 진주 강씨가 구장. 제주 한림 강우석 소장. 호남권 한국학자료센터 홈페이지 원문 이미지와 텍스트 보기. 고창석(1998), 이재수(2003), 오창명(2007) 참고>

1774-02-00. **이 생원 노 덕상 소지**(李生員奴德尙所志), 덕상. <1장. 점련문서. 한자+이두. 조선 필사 이두 자료. 경북 칠곡 석전 광주 이씨 구장. 한국학중앙연구원 장서각 한국고문서자료관 홈페이지 원문 이미지 보기. 한국학중앙연구원 편(2009) 참고>

1774-03-16. **박중엽 토지매매명문**(朴重燁土地賣買明文), 기즙(奇澱). <1장. 한자+이

두. 조선 필사 이두 자료. 전남 장성군 행주 기씨 금강 종가 소장. 호남권 한국학자료센터 홈페이지 원문 이미지와 텍스트 보기. 김재문(1986), 이재수(2003), 이수건 외(2004) 참고>

1774-04-01. **낙안군수 유이주 첩정**(樂安郡守柳爾胄牒呈), 낙안군. <1장. 점련문서. 한자+이두. 조선 필사 이두 자료. 전남 구례군 토지면 오미리 문화 류씨 운조루 소장. 한국학중앙연구원 장서각 한국고문서자료관 홈페이지 원문 이미지와 텍스트 보기. 한국정신문화연구원 편(1998) 참고>

1774-04-09. **강시찬 토지매매명문**(姜時贊土地賣買明文), 최 씨(崔氏). <1장. 한자+이두. 조선 필사 이두 자료. 제주 어도내산 진주 강씨가 구장. 제주 한림 강우석 소장. 호남권 한국학자료센터 홈페이지 원문 이미지와 텍스트 보기. 최승희(1989), 정구복 외(1999), 이재수(2003) 참고>

1774-04-21. **전라도 관찰사 겸 순찰사 관**(全羅道觀察使兼巡察使關) 1, 전라도. <1장. 점련문서. 한자+이두. 조선 필사 이두 자료. 전남 구례군 토지면 오미리 문화 류씨 운조루 소장. 한국학중앙연구원 장서각 한국고문서자료관 홈페이지 원문 이미지와 텍스트 보기. 한국정신문화연구원 편(1998) 참고>

1774-04-21. **전라도 관찰사 겸 순찰사 관**(全羅道觀察使兼巡察使關) 2, 전라도. <1장. 점련문서. 한자+이두. 조선 필사 이두 자료. 전남 구례군 토지면 오미리 문화 류씨 운조루 소장. 한국학중앙연구원 장서각 한국고문서자료관 홈페이지 원문 이미지와 텍스트 보기. 한국정신문화연구원 편(1998) 참고>

1774-05-00. 「병와 선생 문집(**甁窩先生文集**)」, 이형상(李衡祥, 1653년~1733년) 저(著). <초간본. 18권 9책. 목판본. '병와집(甁窩集)'이라고도 한다. 한자+이두. 서울대학교 규장각 한국학연구원 '奎7120' 소장. 한국학중앙연구원 디지털장서각 홈페이지 원문 이미지 보기>

1774-06-15. **강봉휴 차정첩**(姜鳳休差定帖), 제주목(濟州牧). <1장. 한자+이두. 조선 필사 이두 자료. 제주 어도내산 진주 강씨가 구장. 제주 한림 강우석 소장. 호남권 한국학자료센터 홈페이지 원문 이미지와 텍스트 보기. 최승희(1989), 고창석(2000), 고창석 외(2004) 참고>

1774-10-04. **용산서원 재임 서목**(龍山書院齋任書目) 2, 용산서원. <1장. 한자+이두.

조선 필사 이두 자료. 경북 경주시 내남면 이조리 경주 최씨·용산서원 소장. 한국학중앙연구원 장서각 한국고문서자료관 홈페이지 원문 이미지 보기. 한국정신문화연구원 편(2000) 참고>

1774-10-06. **이용기 토지매매명문**(李龍己土地賣買明文), 홍재■(洪載■). <1장. 한자+이두. 조선 필사 이두 자료. 경북 경주시 양동 경주 손씨 송첨 종택 소장. 한국학중앙연구원 장서각 한국고문서자료관 홈페이지 원문 이미지 보기. 한국정신문화연구원 편(1997) 참고>

1774-10-07. **윤계주 토지매매명문**(尹繼周土地賣買明文), 윤취화(尹就化). <1장. 한자+이두. 조선 필사 이두 자료. 일본 경도대학 가와이문고 소장. 고려대학교 해외한국학자료센터 홈페이지 원문 이미지와 텍스트 보기>

1774-10-10. **권 생원 댁 노 덕순 토지매매명문**(權生員宅奴德順土地賣買明文), 이시이(李屎伊). <1장. 한자+이두. 조선 필사 이두 자료. 경북 예천군 용문면 대제리 원동 권씨 춘우재 고택 구장. 한국국학진흥원 소장. 한국학자료센터 영남권역센터 홈페이지 원문 이미지와 텍스트 보기. 김성갑(2013) 참고>

1774-10-28. **강종이 장흥고 공상지 공인권 매매명문**(康宗伊長興庫供上紙貢人權賣買明文), 김재연(金在淵). <1장. 한자+이두. 조선 필사 이두 자료. 일본 경도대학 가와이문고 소장. 고려대학교 해외한국학자료센터 홈페이지 원문 이미지와 텍스트 보기>

1774-11-15. **김환규 토지매매명문**(金煥奎土地賣買明文), 김대려(金大呂). <1장. 한자+이두. 조선 필사 이두 자료. 전북 부안군 우반 부안 김씨 소장. 호남권 한국학자료센터 홈페이지 원문 이미지와 텍스트 보기. 박병호(1974ㄱ), 이재수(2003) 참고>

1774-11-20. **김득열 토지매매명문**(金得說土地賣買明文), 천암회(千岩回). <1장. 한자+이두. 조선 필사 이두 자료. 경북 안동시 주촌 진성 이씨 경류정 소장. 한국학중앙연구원 장서각 한국고문서자료관 홈페이지 원문 이미지와 텍스트 보기. 한국정신문화연구원 편(1999) 참고>

1774-12-07. **종주 토지매매명문**(宗周土地賣買明文),[565] 이홍집(李弘執). <1장. 한자+이두. 조선 필사 이두 자료. 경북 안동시 법흥동 고성 이씨 탑동 종가 구장. 한국국

학진흥원 소장. 한국국학진흥원 유교넷 홈페이지 원문 이미지 보기>

1774-12-17. **류 노 수명 토지매매명문**(柳奴守命土地賣買明文), 이정랑(李正娘). <1장. 한자+이두. 조선 필사 이두 자료. 경북 안동시 수곡면 전주 류씨 수곡파 대야 고택 구장. 한국국학진흥원 소장. 한국학자료센터 영남권역센터 홈페이지 원문 이미지와 텍스트 보기>

1774-12-17. **조순덕 토지매매명문**(曹順德土地賣買明文), 윤명기(尹明記). <1장. 한자+이두. 조선 필사 이두 자료. 일본 경도대학 가와이문고 소장. 고려대학교 해외한국학자료센터 홈페이지 원문 이미지와 텍스트 보기>

1774-12-19. **김일태 토지매매명문**(金日泰土地賣買明文), 윤대이(尹大而). <1장. 한자+이두. 조선 필사 이두 자료. 일본 경도대학 가와이문고 소장. 고려대학교 해외한국학자료센터 홈페이지 원문 이미지와 텍스트 보기>

1774-12-19. **용산서원 재임 서목**(龍山書院齋任書目) 3, 용산서원. <1장. 한자+이두. 조선 필사 이두 자료. 경북 경주시 내남면 이조리 경주 최씨·용산서원 소장. 한국학중앙연구원 장서각 한국고문서자료관 홈페이지 원문 이미지 보기. 한국정신문화연구원 편(2000) 참고>

1774-12-26. **백련동 국정 노 애금 토지매매명문**(白蓮洞國正奴愛金土地賣買明文), 정일의(鄭日議). <1장. 한자+이두. 조선 필사 이두 자료. 전남 해남 연동 해남 윤씨 녹우당 소장. 한국학중앙연구원 장서각 한국고문서자료관 홈페이지 원문 이미지와 텍스트 보기. 박병호(1974ㄱ), 한국정신문화연구원 편(1983, 1986), 이재수(2003), 김소은(2004) 참고>

1774-■■-■■. **용산서원 도색 정대준 토지매매명문**(龍山書院都色丁大俊土地賣買明文), 한익형(韓益炯). <1장. 한자+이두. 조선 필사 이두 자료. 경북 경주시 내남면 이조리 경주 최씨·용산서원 소장. 한국학중앙연구원 장서각 한국고문서자료관 홈페이지 원문 이미지 보기. 박병호(1974ㄱ), 한국정신문화연구원 편(2000), 이재수(2003), 김소은(2004) 참고>

---

565 한국국학진흥원 유교넷 홈페이지에서는 문서명을 '1774년 이홍집이 종주에게 땅을 매도한 사실을 증명하는 전답매매문기'로 표시하였다.

1774-00-00. 「야촌 선생 문집(野村先生文集)」, 손만웅(孫萬雄, 1643년~1712년) 저(著) <초본. 4책. 필사본. 한자+이두. 계명대학교 동산도서관 '811.081 손만웅ㅇ' 소장> <이본: 1890-00-00 무렵 추정(초간본. 목활자본. 국립중앙도서관, 연세대학교 학술정보원, 고려대학교 중앙도서관, 서울대학교 규장각 한국학연구원 '古 3428-352' 소장. 한국고전종합DB 홈페이지 원문 이미지와 텍스트 보기> <이본: 1890-00-00 무렵(6권 3책. 고려대학교 중앙도서관 'D1-A1522' 소장>

1774-00-00. 「영희전의장제기등물등록(永禧殿儀仗祭器等物謄錄)」, 예조. <1책. 28장. 필사본. 한자+이두. 조선 필사 이두 자료. 한국학중앙연구원 장서각 한국학자료센터 홈페이지 원문 이미지 보기>

1775년

<을미(乙未), 영조 51년, 건륭 40년>

1775-01-09~1775-12-29(乙未). 「을미년전객사일기(乙未年 典客司日記)」 23, 예조(禮曹) 전객사(典客司) 편(編). <1책(23/99). 133장. 필사본. 한자+이두. 조선 필사 이두 자료. 서울대학교 규장각 한국학연구원 홈페이지 원문 이미지 보기> <1640-01-22~1641-12-23(1)>

1775-01-17. **양녀 김랑 토지매매명문**(良女金郎土地賣買明文), 집심(執心). <1장. 한자+이두. 조선 필사 이두 자료. 경북 안동시 주촌 진성 이씨 경류정 소장. 한국학중앙연구원 장서각 한국고문서자료관 홈페이지 원문 이미지와 텍스트 보기. 한국정신문화연구원 편(1999) 참고>

1775-01-19. **강봉휴 차정첩**(姜鳳休差定帖), 제주목(濟州牧). <1장. 한자+이두. 조선 필사 이두 자료. 제주 어도내산 진주 강씨가 구장. 제주 한림 강우석 소장. 호남권 한국학자료센터 홈페이지 원문 이미지와 텍스트 보기. 최승희(1989), 고창석(2000) 참고>

1775-01-27. **유사 최종준 토지매매명문**(有司崔宗峻土地賣買明文), 최종정(崔宗鼎). <1장. 한자+이두. 조선 필사 이두 자료. 경북 경주시 내남면 이조리 경주 최씨·용

산서원 소장. 한국학중앙연구원 장서각 한국고문서자료관 홈페이지 원문 이미지 보기. 박병호(1974ㄱ), 한국정신문화연구원 편(2000), 이재수(2003), 김소은(2004) 참고>

1775-01-30. **장지준 토지매매명문**(張志俊土地賣買明文), 강우주(姜遇周). <1장. 한자+이두. 조선 필사 이두 자료. 순천 월등 목천 장씨 구장, 전북대학교 박물관 소장. 호남권 한국학자료센터 홈페이지 원문 이미지와 텍스트 보기. 박병호(1974ㄱ), 이재수(2003) 참고>

1775-01-00. **경상도 관찰사 관**(慶尙道觀察使關), 경상도 대구부(慶尙道大邱府). <1장. 첩련문서. 한자+이두. 조선 필사 이두 자료. 경북 칠곡 석전 광주 이씨 구장. 한국학중앙연구원 장서각 한국고문서자료관 홈페이지 원문 이미지 보기. 한국학중앙연구원 편(2009) 참고>

1775-02-01. **강봉휴 토지매매명문**(姜鳳休土地賣買明文) 1, 고선웅(高先雄). <1장. 한자+이두. 조선 필사 이두 자료. 제주 어도내산 진주 강씨가 구장. 제주 한림 강우석 소장. 호남권 한국학자료센터 홈페이지 원문 이미지와 텍스트 보기. 이재수(2003), 오창명(2007) 참고>

1775-02-01. **용산서원 재임 서목**(龍山書院齋任書目) 1, 용산서원. <1장. 한자+이두. 조선 필사 이두 자료. 경북 경주시 내남면 이조리 경주 최씨·용산서원 소장. 한국학중앙연구원 장서각 한국고문서자료관 홈페이지 원문 이미지 보기. 한국정신문화연구원 편(2000) 참고>

1775-02-04. **김삭불이 토지매매명문**(金朔不伊土地賣買明文), 김태관(金泰棺). <1장. 한자+이두. 조선 필사 이두 자료. 전남 영광군 입석 영월 신씨 소장. 한국학중앙연구원 장서각 한국고문서자료관 홈페이지 원문 이미지와 텍스트 보기. 한국정신문화연구원 편(1996) 참고>

1775-02-06. **경주부윤 서목**(慶州府尹書目), 경주부(慶州府). <1장. 첩련문서. 한자+이두. 조선 필사 이두 자료. 경북 경주시 안강읍 옥산리 여주 이씨 독락당 소장. 한국학중앙연구원 장서각 한국고문서자료관 홈페이지 원문 이미지 보기. 한국정신문화연구원 편(2003) 참고>

1775-02-06. **경주부윤 첩보**(慶州府尹牒報) 1, 경주부(慶州府). <1장. 첩련문서. 한자+

이두. 조선 필사 이두 자료. 경북 경주시 안강읍 옥산리 여주 이씨 독락당 소장. 한국학중앙연구원 장서각 한국고문서자료관 홈페이지 원문 이미지 보기. 한국정신문화연구원 편(2003) 참고>

1775-02-07. **정태우 토지매매명문**(鄭泰佑土地賣買明文), 황수장(黃壽章). <1장. 한자+이두. 조선 필사 이두 자료. 대구 동구 둔산동 경주 최씨 백불암 종중 구장. 안동대학교 박물관 소장. 한국학자료센터 영남권역센터 홈페이지 원문 이미지와 텍스트 보기. 박병호(1974ㄱ), 최승희(1989), 이재수(2003), 이수건 외(2004) 참고>

1775-02-10. **박중엽 가사매매명문**(朴重燁家舍賣買明文), 박필효(朴弼孝). <1장. 한자+이두. 조선 필사 이두 자료. 전남 장성군 행주 기씨 금강 종가 소장. 호남권 한국학자료센터 홈페이지 원문 이미지와 텍스트 보기. 김재문(1986), 이재수(2003), 이수건 외(2004) 참고>

1775-02-11. **문중 계유사 유욱란 토지매매명문**(門中契有司劉郁蘭土地賣買明文) 1, 유시웅(劉時雄). <1장. 한자+이두. 조선 필사 이두 자료. 경북 예천군 감천면 강릉 유씨 벌방 종가 구장. 한국국학진흥원 소장. 한국학자료센터 영남권역센터 홈페이지 원문 이미지와 텍스트 보기. 김성갑(2013) 참고>

1775-02-11. **문중 계유사 유욱란 토지매매명문**(門中契有司劉郁蘭土地賣買明文) 2, 유만복(劉萬福). <1장. 한자+이두. 조선 필사 이두 자료. 경북 예천군 감천면 강릉 유씨 벌방 종가 구장. 한국국학진흥원 소장. 한국학자료센터 영남권역센터 홈페이지 원문 이미지와 텍스트 보기. 김성갑(2013) 참고>

1775-02-15. **이희심 등 원정**(李希諶等原情), 이희심. <1장, 점련문서. 한자+이두. 조선 필사 이두 자료. 경북 경주시 안강읍 옥산리 여주 이씨 독락당 소장. 한국학중앙연구원 장서각 한국고문서자료관 홈페이지 원문 이미지 보기. 한국정신문화연구원 편(2003) 참고>

1775-02-17. **경주부윤 첩보**(慶州府尹牒報) 2, 경주부(慶州府). <1장. 점련문서. 한자+이두. 조선 필사 이두 자료. 경북 경주시 안강읍 옥산리 여주 이씨 독락당 소장. 한국학중앙연구원 장서각 한국고문서자료관 홈페이지 원문 이미지 보기. 한국정신문화연구원 편(2003) 참고>

1775-02-23. **이정 노 엇쇠 토지매매명문**(里正奴旕金土地賣買明文), 윤 생원 댁 노 돌

덕(尹生員宅奴乭德). <1장. 한자+이두. 조선 필사 이두 자료. 전남 해남 연동 해남 윤씨 녹우당 소장. 한국학중앙연구원 장서각 한국고문서자료관 홈페이지 원문 이미지와 텍스트 보기. 박병호(1974ㄱ), 김태영(1983), 한국정신문화연구원 편(1983, 1986), 최승희(1989) 참고>

1775-02-30. **서희득 토지매매명문**(徐希得土地賣買明文), 김정봉(金丁奉). <1장. 한자+이두. 조선 필사 이두 자료. 전북 부안군 우반 부안 김씨 세덕각 소장. 호남권 한국학자료센터 홈페이지 원문 이미지와 텍스트 보기. 박병호(1974ㄱ), 이재수(2003) 참고>

1775-02-00. **노 돌덕 배지**(奴乭德牌旨), 윤(尹). <1장. 한자+이두. 조선 필사 이두 자료. 전남 해남 연동 해남 윤씨 녹우당 소장. 한국학중앙연구원 장서각 한국고문서자료관 홈페이지 원문 이미지와 텍스트 보기. 박병호(1974ㄱ), 한국정신문화연구원 편(1983, 1986), 최승희(1989) 참고>

1775-03-15. **송팔갑 토지매매명문**(宋八甲土地賣買明文), 김양운(金良運). <1장. 한자+이두. 조선 필사 이두 자료. 전북 부안군 우반 부안 김씨 세덕각 소장. 호남권 한국학자료센터 홈페이지 & 장서각 한국고문서자료관 홈페이지 원문 이미지와 텍스트 보기. 박병호(1974ㄱ), 한국정신문화연구원 편(1983, 1998), 이재수(2003), 한국학중앙연구원 편(2017) 참고>

1775-03-17. **용산서원 재임 서목**(龍山書院齋任書目) 2, 용산서원. <1장. 한자+이두. 조선 필사 이두 자료. 경북 경주시 내남면 이조리 경주 최씨·용산서원 소장. 한국학중앙연구원 장서각 한국고문서자료관 홈페이지 원문 이미지 보기. 한국정신문화연구원 편(2000) 참고>

1775-03-28. **채명원 토지매매명문**(蔡命元土地賣買明文), 곽자근노(郭者斤老). <1장. 한자+이두. 조선 필사 이두 자료. 순천 월등 목천 장씨 구장, 전북대학교 박물관 소장. 호남권 한국학자료센터 홈페이지 원문 이미지와 텍스트 보기. 최승희(1989), 정구복 외(1999), 이재수(2003) 참고>

1775-03-29. **박상기 토지매매명문**(朴相起土地賣買明文), 박경신(朴景新). <1장. 한자+이두. 조선 필사 이두 자료. 일본 경도대학 가와이문고 소장. 고려대학교 해외한국학자료센터 홈페이지 원문 이미지와 텍스트 보기>

1775-04-09. **정어자미 토지매매명문**(鄭於者味土地賣買明文), 우발(右發). <1장. 한자
+이두. 조선 필사 이두 자료. 경북 경주시 내남면 이조리 경주 최씨·용산서원
소장. 한국학중앙연구원 장서각 한국고문서자료관 홈페이지 원문 이미지 보기.
박병호(1974ㄱ), 한국정신문화연구원 편(2000), 이재수(2003), 김소은(2004) 참고>
1775-04-15. **노 봉석 토지매매명문**(奴奉石土地賣買明文), 김운석(金云石). <1장. 한자
+이두. 조선 필사 이두 자료. 경북 경주시 양동 경주 손씨 송첨 종택 소장. 한국학
중앙연구원 장서각 한국고문서자료관 홈페이지 원문 이미지 보기. 한국정신문화
연구원 편(1997) 참고>
1775-04-21. **이 생원 댁 노 토지매매명문**(李生員宅奴土地賣買明文), 박거골이(朴去骨
伊). <1장. 한자+이두. 조선 필사 이두 자료. 전남 영광군 입석 영월 신씨 소장.
한국학중앙연구원 장서각 한국고문서자료관 홈페이지 원문 이미지와 텍스트 보
기. 한국정신문화연구원 편(1996) 참고>
1775-04-27. **강봉휴 토지매매명문**(姜鳳休土地賣買明文) 2, 문천도(文千道). <1장. 한
자+이두. 조선 필사 이두 자료. 제주 어도내산 진주 강씨가 구장. 제주 한림 강우
석 소장. 호남권 한국학자료센터 홈페이지 원문 이미지와 텍스트 보기. 이재수
(2003), 오창명(2007) 참고>
1755-04-30. **김알 토지매매명문**(金䛇土地賣買明文), 김응감(金應鑑). <1장. 한자+이
두. 조선 필사 이두 자료. 경북 안동시 오천 광산 김씨 후조당 소장. 한국학중앙연
구원 장서각 한국고문서자료관 홈페이지 원문 이미지와 텍스트 보기. 박병호
(1974ㄱ), 한국정신문화연구원 편(1982), 최승희(1989) 참고>
1755-04-00. **기동상 등 소지**(奇東相等所志) 1, 기동상 등. <1장. 한자+이두. 조선
필사 이두 자료. 전남 장성군 행주 기씨 금강 종가 소장. 호남권 한국학자료센터
홈페이지 원문 이미지와 텍스트 보기>
1775-05-15. 「광명실서책치부(光明室書冊置簿)」, 도산서원. <1책. 도산서원 소장>
1775-06-14~1775-윤10-29(乙未). 「좌포청등록(左捕廳謄錄)」, 포도청(捕盜廳) 편(編).
<1책(1/18책). 14장. 필사본. 한자+이두. 고선 필사 이두 자료. 서울대학교 규장각
한국학연구원 홈페이지 낙질본 '奎15145' 원문 이미지 보기> <1807-01-13~
1808-03-06(2/18), 1818-03-21~1819-12-00(3/18), 1820-10-24~1824-03-00(4/18), 1843-

03-07~1844-08-23(5/18), 1844-08-23~1845-12-29(6/18), 1850-12-20~1850-12-00(7/18), 1851-09-23~1851-10-27(8/18), 1853-10-02~1855-08-18(9/18), 1855-08-29~1861-01-10(10/18), 1862-11-27~1865-04-12(11/18), 1861-03-06~1862-11-26(12/18), 1865-06-00~1866-04-11(13/18), 1866-04-00~1869-07-29(14/18), 1866-11-19~1869-09-04(15/18), 1869-09-08~1871-12-00(16/18), 1877-10-15~1880-05-27(17/18), 1881-04-26~1884-11-17(18/18)>

1775-07-29. **용산서원 재임 서목**(龍山書院齋任書目) 3, 용산서원. <1장. 한자+이두. 조선 필사 이두 자료. 경북 경주시 내남면 이조리 경주 최씨·용산서원 소장. 한국학중앙연구원 장서각 한국고문서자료관 홈페이지 원문 이미지 보기. 한국정신문화연구원 편(2000) 참고>

1755-07-00. **기동상 등 소지**(奇東相等所志) 2, 기동상 등. <1장. 한자+이두. 조선 필사 이두 자료. 전남 장성군 행주 기씨 금강 종가 소장. 호남권 한국학자료센터 홈페이지 원문 이미지와 텍스트 보기>

1775-08-12. **용산서원 사림 서목**(龍山書院士林書目), 용산서원. <1장. 한자+이두. 조선 필사 이두 자료. 경북 경주시 내남면 이조리 경주 최씨·용산서원 소장. 한국학중앙연구원 장서각 한국고문서자료관 홈페이지 원문 이미지 보기>

1775-08-15. **이희성 깃급문기**(李希誠衿給文記) 1, 이희성. <1장. 한자+이두. 조선 필사 이두 자료. 경북 경주시 안강읍 옥산리 여주 이씨 독락당 소장. 한국학중앙연구원 장서각 한국고문서자료관 홈페이지 원문 이미지 보기. 한국정신문화연구원 편(2003) 참고>

1775-08-19. **이희성 깃급문기**(李希誠衿給文記) 2, 이희성. <1장. 한자+이두. 조선 필사 이두 자료. 경북 경주시 안강읍 옥산리 여주 이씨 독락당 소장. 한국학중앙연구원 장서각 한국고문서자료관 홈페이지 원문 이미지 보기. 한국정신문화연구원 편(2003) 참고>

1755-08-00. **김시의 소지**(金始義所志), 김시의. <1장. 한자+이두. 조선 필사 이두 자료. 안동 천전 의성 김씨 제산 종택 소장. 한국학중앙연구원 장서각 한국고문서자료관 홈페이지 원문 이미지 보기. 한국정신문화연구원 편(1989) 참고>

1775-08-00. **이원복 등 소지**(伊元馥等所志), 이원복 등. <1장. 한자+이두. 조선 필사

이두 자료. 경북 안동시 법흥동 고성 이씨 탑동 종가 구장. 한국국학진흥원 소장. 한국학자료센터 영남권역센터 홈페이지 원문 이미지와 텍스트 보기>

1755-10-10. **김일태 분재기**(金日泰分財記),[566] 김일태. <1장. 한자+이두. 조선 필사 이두 자료. 일본 경도대학 가와이문고 소장. 고려대학교 해외한국학자료센터 홈페이지 원문 이미지와 텍스트 보기>

1755-10-15. **문무심 토지매매명문**(文武心土地賣買明文),[567] 승 각선(僧覺禪). <1장. 한자+이두. 조선 필사 이두 자료. 경북 안동시 하회 풍산 류씨 충효당 구장. 한국국학진흥원 소장. 한국국학진흥원 유교넷 홈페이지 원문 이미지 보기>

1755-10-00. **광산 김씨 입지**(光山金氏立旨), 예안현(禮安縣). <1장. 한자+이두. 조선 필사 이두 자료. 경북 안동시 오천 광산 김씨 후조당 소장. 한국학중앙연구원 장서각 한국고문서자료관 홈페이지 원문 이미지와 텍스트 보기. 박병호(1974ㄱ), 한국정신문화연구원 편(1982), 최승희(1989) 참고>

1775-10-00. **회인현감 안정복 정사**(懷仁縣監安鼎福呈辭), 안정복. <1장. 한자+이두. 조선 필사 이두 자료. 경기도 광주 기곡 광주 안씨 순암 종가 소장. 한국학중앙연구원 장서각 한국고문서자료관 홈페이지 원문 이미지와 텍스트 보기. 한국정신문화연구원 편(1990) 참고>

1775-11-26. **남여장 토지매매명문**(南呂張土地賣買明文), 김복창(金福昌). <1장. 한자+이두. 조선 필사 이두 자료. 남원·구례 삭녕 최씨 구장. 한국학중앙연구원 장서각 한국고문서자료관 홈페이지 원문 이미지 보기. 한국정신문화연구원 편(2004) 참고>

1775-11-29. **강응신 토지매매명문**(姜應新土地賣買明文), 김형근(金亨斤). <1장. 한자+이두. 조선 필사 이두 자료. 제주 장전리 진주 강씨 강태복가 소장. 호남권 한국학자료센터 홈페이지 원문 이미지와 텍스트 보기. 박병호(1974ㄱ) 참고>

1775-12-02. **문장 최여익 완의**(門長崔與翼完議), 최여익. <1장. 한자+이두. 조선 필사

---

[566] 고려대학교 해외한국학자료센터 홈페이지에서는 '여서(女壻) 윤명기(尹明記) 분재기(分財記)'로 표시하였다.

[567] 한국국학진흥원 유교넷 홈페이지에서는 문서명을 '1775년(영조 51) 10월 15일, 답주(畓主) 승려인 각선(覺禪)이 문무심(文武心) 앞으로 발급한 매매명문(賣買明文)'으로 표시하였다.

이두 자료. 남원·구례 삭녕 최씨 구장. 한국학중앙연구원 장서각 한국고문서자료관 홈페이지 원문 이미지 보기. 한국정신문화연구원 편(2004) 참고>

1775-12-15. **김대원 토지매매명문**(金大元土地賣買明文), 김양보(金良輔). <1장. 한자+이두. 조선 필사 이두 자료. 경북 안동시 오천 광산 김씨 후조당 소장. 한국학중앙연구원 장서각 한국고문서자료관 홈페이지 원문 이미지와 텍스트 보기. 박병호(1974ㄱ), 한국정신문화연구원 편(1982), 최승희(1989) 참고>

1775-12-19. **경상도 관찰사 관 초**(慶尙道觀察使關草), 경주부(慶州府). <1장. 한자+이두. 조선 필사 이두 자료. 경북 경주시 내남면 이조리 경주 최씨·용산서원 소장. 한국학중앙연구원 장서각 한국고문서자료관 홈페이지 원문 이미지 보기>

1775-12-27. **재사 표문**(齋舍表文), 이국량(李國樑). <1장. 한자+이두. 조선 필사 이두 자료. 경북 안동시 주촌 진성 이씨 경류정 소장. 한국학중앙연구원 장서각 한국고문서자료관 홈페이지 원문 이미지와 텍스트 보기. 한국정신문화연구원 편(1999) 참고>

1775-00-00 이후 추정. 「삼경사서정문(**三經四書正文**)」, 존현각(尊賢閣) 교정(校正), 비서각(秘書閣) 신전(新鐫), 운향각(芸香閣) 활인(活印). <'奎中 561' 10권 6책. 주서(朱書) 구결 기입. '奎中 569'에는 묵서 구결 기입. '一簑古 181.1-Sa44' 권5에 묵서 구결 기입, 권6에는 묵서 구결과 남서(藍書) 구결 기입, 권7에는 주서 구결 기입. 묵서 구결, 주서 구결, 남서 구결 자료. 서울대학교 규장각 한국학연구원 원문 이미지 보기>

1776년

<병신(丙申), 영조 52년, 건륭 41년>

1776-01-04. **배성겸 불망기**(裵聖謙不忘記), 배성겸. <1장. 한자+이두. 조선 필사 이두 자료. 경남 함안 두릉 순흥 안씨 소장. 한국학중앙연구원 장서각 한국고문서자료관 홈페이지 원문 이미지 보기. 한국학중앙연구원 편(2006) 참고>

1776-01-04~1776-12-29(丙申). 「병신년 전객사일기(**丙申年 典客司日記**)」 24, 예조(禮

曹) 전객사(典客司) 편(編). <1책(24/99). 161장. 필사본. 한자+이두. 조선 필사 이두 자료. 서울대학교 규장각 한국학연구원 홈페이지 원문 이미지 보기> <1640-01-22~1641-12-23(1)>

1776-01-06. **동생 토지매매명문**(同生土地賣買明文), 이충강(李忠江). <1장. 한자+이두. 조선 필사 이두 자료. 안동 천전 의성 김씨 재산 종택 소장. 한국학중앙연구원 장서각 한국고문서자료관 홈페이지 원문 이미지 보기. 한국정신문화연구원 편(1990) 참고>

1776-01-07. **정 조이 토지매매명문**(鄭召史土地賣買明文),[568] 채명원(蔡命元). <1장. 한자+이두. 조선 필사 이두 자료. 순천 월등 목천 장씨 구장, 전북대학교 박물관 소장. 호남권 한국학자료센터 홈페이지 원문 이미지와 텍스트 보기. 최승희(1989), 정구복 외(1999), 이재수(2003) 참고>

1776-01-08. **재사 표문**(齋舍表文), 국량(國樑). <1장. 한자+이두. 조선 필사 이두 자료. 경북 안동시 주촌 진성 이씨 경류정 구장. 서울역사박물관 소장. 한국학중앙연구원 장서각 한국고문서자료관 홈페이지 원문 이미지와 텍스트 보기. 한국정신문화연구원 편(1999) 참고>

1776-01-11. **김한경 토지매매명문**(金漢鏡土地賣買明文),[569] 양계걸(梁戒傑). <1장. 한자+이두. 조선 필사 이두 자료. 제주시 일도 이동규 구장. 제주시 일도 2동 제주민속자연사박물관 소장. 호남권 한국학자료센터 홈페이지 원문 이미지와 텍스트 보기. 고창석(1997, 1998) 참고>

1776-01-17. **이행 토지매매명문**(李杏土地賣買明文), 김용기(金龍紀). <1장. 한자+이두. 조선 필사 이두 자료. 경북 경주시 양동 경주 손씨 송첨 종택 소장. 한국학중앙연구원 장서각 한국고문서자료관 홈페이지 원문 이미지 보기. 한국정신문화연구원 편(1997) 참고>

1776-01-17. **태영 토지매매명문**(台榮土地賣買明文), 김암회(金岩回). <1장. 한자+이

---

[568] 호남권 한국학자료센터 홈페이지에서는 '채명원(蔡命元) 방매(放賣) 토지매매명문(土地賣買明文)'으로 표시하였다.

[569] 호남권 한국학자료센터 홈페이지에서는 '김한경(金漢鏡) 명문(明文)'으로 표시하였다.

두. 조선 필사 이두 자료. 안동 천전 의성 김씨 재산 종택 소장. 한국학중앙연구원 장서각 한국고문서자료관 홈페이지 원문 이미지 보기. 한국정신문화연구원 편(1990) 참고>

1776-01-29. **노 애환 토지매매명문**(奴愛還土地賣買明文), 박일복(朴日福). <1장. 한자+이두. 조선 필사 이두 자료. 경북 경주시 양동 경주 손씨 송첨 종택 소장. 한국학중앙연구원 장서각 한국고문서자료관 홈페이지 원문 이미지 보기. 한국정신문화연구원 편(1997) 참고>

1776-01-00. **안응징·안응로 등 소지**(安應徵安應璐等所志) 1, 안응징·안응로 등. <1장. 한자+이두. 조선 필사 이두 자료. 경남 함안 두릉 순흥 안씨 소장. 한국학중앙연구원 장서각 한국고문서자료관 홈페이지 원문 이미지 보기. 한국학중앙연구원 편(2006) 참고>

1776-01-00. **안응징·안응로 등 소지**(安應徵安應璐等所志) 2, 안응징·안응로 등. <1장. 한자+이두. 조선 필사 이두 자료. 경남 함안 두릉 순흥 안씨 소장. 한국학중앙연구원 장서각 한국고문서자료관 홈페이지 원문 이미지 보기. 한국학중앙연구원 편(2006) 참고>

1776-02-03~1905-02-20(丙申~乙巳). 「수교등록(**受敎謄錄**)」, 이존경(李存敬) 편(編). <1책. 77장. 필사본. 한자+이두. 이두 자료. 서울대학교 규장각 한국학연구원 홈페이지 원문 이미지 보기>

1776-02-09. **만석·석돌 배지**(萬石碩乭牌旨), 별고(別庫). <1장. 한자+이두. 조선 필사 이두 자료. 경북 경주시 양동 경주 손씨 송첨 종택 소장. 한국학중앙연구원 장서각 한국고문서자료관 홈페이지 원문 이미지 보기. 한국정신문화연구원 편(1997) 참고>

1776-02-17. **용산서원 별치 유사 김 서방 토지매매명문**(龍山書院別置有司金書房土地賣買明文), 보명(寶明). <1장. 한자+이두. 조선 필사 이두 자료. 경북 경주시 내남면 이조리 경주 최씨·용산서원 소장. 한국학중앙연구원 장서각 한국고문서자료관 홈페이지 원문 이미지 보기. 한국정신문화연구원 편(2000) 참고>

1776-02-1■. **손 생원 댁 노 기남 토지매매명문**(孫生員宅奴已男土地賣買明文),[570] 정만석(鄭萬石). <1장. 한자+이두. 조선 필사 이두 자료. 경북 경주시 양동 경주

손씨 송첨 종택 소장. 한국학중앙연구원 장서각 한국고문서자료관 홈페이지 원문 이미지 보기. 한국정신문화연구원 편(1997) 참고>

1776-02-25. **용산서원 재임 서목**(龍山書院齋任書目) 1, 용산서원. <1장. 한자+이두. 조선 필사 이두 자료. 경북 경주시 내남면 이조리 경주 최씨·용산서원 소장. 한국학중앙연구원 장서각 한국고문서자료관 홈페이지 원문 이미지 보기. 한국정신문화연구원 편(2000) 참고>

1776-02-00. **안응진·안응징 등 소지**(安應珍安應徵等所志) 1, 안응진·안응징 등. <1장. 한자+이두. 조선 필사 이두 자료. 경남 함안 두릉 순흥 안씨 소장. 한국학중앙연구원 장서각 한국고문서자료관 홈페이지 원문 이미지 보기. 한국학중앙연구원 편(2006) 참고>

1776-02-■■. **계유사 유욱란 토지매매명문**(契有司劉郁蘭土地賣買明文), 유학 안덕준(幼學安德峻). <1장. 한자+이두. 조선 필사 이두 자료. 경북 예천군 감천면 강릉 유씨 벌방 종가 구장. 한국국학진흥원 소장. 한국학자료센터 영남권역센터 홈페이지 원문 이미지와 텍스트 보기. 김성갑(2013) 참고>

1776-03-05~1780-08-24(丙申~庚子). 「병신등록(**丙申謄錄**)」, 선전관청(宣傳官廳) 편(編). <1책. 17장. 필사본. 한자+이두. 이두 자료. 서울대학교 규장각 한국학연구원 홈페이지 원문 이미지 보기>

1776-03-24. **이치수 토지매매명문**(李致脩土地賣買明文), 하호(河浩). <1장. 한자+이두. 조선 필사 이두 자료. 순천 월등 목천 장씨 구장, 전북대학교 박물관 소장. 호남권 한국학자료센터 홈페이지 원문 이미지와 텍스트 보기. 박병호(1974ㄱ), 이재수(2003) 참고>

1776-04-03. **김첨호 토지매매명문**(金僉好土地賣買明文),[571] 김수강(金守江)·이성호(李聖好). <1장. 한자+이두. 조선 필사 이두 자료. 경북 안동시 법흥동 고성 이씨 탑동 종가 구장. 한국국학진흥원 소장. 한국국학진흥원 유교넷 홈페이지 원문

---

[570] 한국학중앙연구원 장서각 한국고문서자료관 홈페이지에서는 '정만석(鄭萬石) 토지매매명문(土地賣買明文)'으로 표시하였다.

[571] 한국국학진흥원 유교넷 홈페이지에서는 문서명을 '1776년 김수강, 이성호가 김첨호에게 땅을 매도한 사실을 증명하는 전답매매문기'로 표시하였다.

이미지 보기>

1776-04-19. **배성겸 초사**(裵聖謙招辭), 배성겸. <1장. 한자+이두. 조선 필사 이두 자료. 경남 함안 두릉 순흥 안씨 소장. 한국학중앙연구원 장서각 한국고문서자료관 홈페이지 원문 이미지 보기. 한국학중앙연구원 편(2006) 참고>

1776-04-20. **김명이 토지매매명문**(金命伊土地賣買明文), 김랑(金郞). <1장. 한자+이두. 조선 필사 이두 자료. 경북 안동시 주촌 진성 이씨 경류정 소장. 한국학중앙연구원 장서각 한국고문서자료관 홈페이지 원문 이미지와 텍스트 보기. 한국정신문화연구원 편(1999) 참고>

1776-04-00. **안응진·안응징 등 소지**(安應珍安應徵等所志) 2, 안응진·안응징 등. <1장. 한자+이두. 조선 필사 이두 자료. 경남 함안 두릉 순흥 안씨 소장. 한국학중앙연구원 장서각 한국고문서자료관 홈페이지 원문 이미지 보기. 한국학중앙연구원 편(2006) 참고>

1776-05-25. **박성건 토지매매명문**(朴聖建土地賣買明文), 윤명기(尹明記). <1장. 한자+이두. 조선 필사 이두 자료. 일본 경도대학 가와이문고 소장. 고려대학교 해외한국학자료센터 홈페이지 원문 이미지와 텍스트 보기>

1776-05-00. **안응진·안응로 등 소지**(安應珍安應璐等所志), 안응진·안응로 등. <1장. 한자+이두. 조선 필사 이두 자료. 경남 함안 두릉 순흥 안씨 소장. 한국학중앙연구원 장서각 한국고문서자료관 홈페이지 원문 이미지 보기. 한국학중앙연구원 편(2006) 참고>

1776-05-00. **안응진·안응징 등 소지**(安應珍安應徵等所志) 3, 안응진·안응징 등. <1장. 한자+이두. 조선 필사 이두 자료. 경남 함안 두릉 순흥 안씨 소장. 한국학중앙연구원 장서각 한국고문서자료관 홈페이지 원문 이미지 보기. 한국학중앙연구원 편(2006) 참고>

1776-06-00 추정. **고 통덕랑 오언첨 처 안 씨 소지**(故通德郞吳彦瞻妻安氏所志), 오언첨 처 안 씨. <1장. 한자+이두. 조선 필사 이두 자료. 경기도 용인시 오산 해주 오씨 추탄 종가 구장. 한국학중앙연구원 장서각 소장. 한국학중앙연구원 장서각 한국고문서자료관 홈페이지 원문 이미지와 텍스트 보기. 한국정신문화연구원 편(1998) 참고>

1776-06-00 추정. **전 도사 오언사 소지**(前都事吳彥思所志), 오언사. <1장. 한자+이두. 조선 필사 이두 자료. 경기도 용인시 오산 해주 오씨 추탄 종가 구장. 한국학중앙연구원 장서각 한국고문서자료관 홈페이지 원문 이미지와 텍스트 보기. 한국정신문화연구원 편(1998) 참고>

1776-07-23. **용산서원 재임 서목**(龍山書院齋任書目) 2, 용산서원. <1장. 한자+이두. 조선 필사 이두 자료. 경북 경주시 내남면 이조리 경주 최씨·용산서원 소장. 한국학중앙연구원 장서각 한국고문서자료관 홈페이지 원문 이미지 보기. 한국정신문화연구원 편(2000) 참고>

1776-08-01~1787-11-04(丙申~丁未). 「금영거동등록(**禁營擧動謄錄**)」, 금위영(禁衛營) 편(編). <1책. 154장. 필사본. 한자+이두. 조선 필사 이두 자료. 서울대학교 규장각 한국학연구원 홈페이지 원문 이미지 보기>

1776-08-04. **강시양 전령**(姜時揚傳令) 1, 제주목(濟州牧). <1장. 한자+이두. 조선 필사 이두 자료. 제주 어도내산 진주 강씨가 구장. 제주 한림 강우석 소장. 호남권 한국학자료센터 홈페이지 원문 이미지와 텍스트 보기. 최승희(1989), 고창석(2002) 참고>

1776-08-16. **강응신 토지매매명문**(姜應新土地賣買明文), 고한익(高漢翊). <1장. 한자+이두. 조선 필사 이두 자료. 제주 장전리 진주 강씨 강태복가 소장. 호남권 한국학자료센터 홈페이지 원문 이미지와 텍스트 보기. 최승희(1989), 고창석(2002) 참고>

1776-08-20. **기종상 분재기**(奇宗相分財記), 기종상. <1장. 한자+이두. 조선 필사 이두 자료. 전남 장성군 행주 기씨 금강 종가 소장. 호남권 한국학자료센터 홈페이지 원문 이미지와 텍스트 보기>

1776-08-20. **종택 토지매매명문**(宗宅土地賣買明文), 문중(門中). <1장. 한자+이두. 조선 필사 이두 자료. 영해 도곡 무안 박씨 무의공 종택 소장. 한국학중앙연구원 고문서자료관 홈페이지 원문 이미지 보기. 박병호(1974ㄱ), 이재수(2003), 한국학중앙연구원 편(2008) 참고>

1776-08-27. **강시양 전령**(姜時揚傳令) 2, 제주목(濟州牧). <1장. 한자+이두. 조선 필사 이두 자료. 제주 어도내산 진주 강씨가 구장. 제주 한림 강우석 소장. 호남권

한국학자료센터 홈페이지 원문 이미지와 텍스트 보기. 고창석(2002) 참고>

1776-09-00. **안응로·안택인 등 소지**(安應璐安宅仁等所志), 안응로·안택인 등. <1장. 한자+이두. 조선 필사 이두 자료. 경남 함안 두릉 순흥 안씨 소장. 한국학중앙연구원 장서각 한국고문서자료관 홈페이지 원문 이미지 보기. 한국학중앙연구원 편(2006) 참고>

1776-09-00. **안응진·안응징 등 소지**(安應珍安應徵等所志) 4, 안응진·안응징 등. <1장. 한자+이두. 조선 필사 이두 자료. 경남 함안 두릉 순흥 안씨 소장. 한국학중앙연구원 장서각 한국고문서자료관 홈페이지 원문 이미지 보기. 한국학중앙연구원 편(2006) 참고>

1776-09-00. **이홍원 차첩**(李弘源差帖) 1, 이조(吏曹). <1장. 한자+이두. 조선 필사 이두 자료. 제천 한수 연안 이씨 소장. 한국학중앙연구원 장서각 한국고문서자료관 홈페이지 원문 이미지 보기. 한국정신문화연구원 편(2001) 참고>

1776-09-00~1777-05-00. 「경모궁악기조성청의궤(**景慕宮樂器造成廳儀軌**)」,[572] 악기조성청(樂器造成廳) 편. <1책. 필사본. 표제는 '(乾隆四十二年丁酉六月 日禮曹上)景慕宮樂器造成廳儀軌'. 권수제는 '(乾隆四十二年 月 日)景慕宮樂器造成廳儀軌'. 한자+이두. 서울대학교 규장각 한국학연구원 의궤 종합정보 홈페이지 '奎14265' 원문 이미지와 텍스트 보기> <영인본: 「한국음악학자료총서」 23(국립국악원, 1996)>

1776-10-26. **이희심 등 소지**(李希諶等所志), 이희심 등. <1장. 한자+이두. 조선 필사 이두 자료. 경북 경주시 안강읍 옥산리 여주 이씨 독락당 소장. 한국학중앙연구원 장서각 한국고문서자료관 홈페이지 원문 이미지 보기. 한국정신문화연구원 편(2003) 참고>

1776-11-12. **여몽룡 토지매매명문**(呂夢龍土地賣買明文), 노한위(盧漢位). <1장. 점련문서. 한자+이두. 조선 필사 이두 자료. 전남 구례군 토지면 오미리 문화 류씨 운조루 소장. 한국학중앙연구원 장서각 한국고문서자료관 홈페이지 원문 이미지와 텍스트 보기. 한국정신문화연구원 편(1998) 참고>

---

[572] 서울대학교 규장각 한국학연구원 홈페이지에서는 서명을 '樂器造成廳儀軌 악기조성청의궤'로 적었다.

1776-11-15. **용산서원 재임 서목**(龍山書院齋任書目) 3, 용산서원. <1장. 한자+이두. 조선 필사 이두 자료. 경북 경주시 내남면 이조리 경주 최씨·용산서원 소장. 한국학중앙연구원 장서각 한국고문서자료관 홈페이지 원문 이미지 보기. 한국정신문화연구원 편(2000) 참고>

1776-11-00. **무작이 소지**(戊作伊所志), 무작이. <1장. 한자+이두. 조선 필사 이두 자료. 경북 안동시 하회 풍산 류씨 충효당 소장. 한국학중앙연구원 장서각 한국고문서자료관 홈페이지 원문 이미지와 텍스트 보기. 한국정신문화연구원 편(1994) 참고>

1776-11-00. **불개 소지**(不介所志), 불개. <1장. 한자+이두. 조선 필사 이두 자료. 경북 안동시 하회 풍산 류씨 충효당 구장. 한국국학진흥원 소장. 한국국학진흥원 유교넷 홈페이지 원문 이미지 보기. 한국정신문화연구원 편(1994) 참고>

1776-11-00. **안웅징·안웅리 등 소지**(安應徵安應理等所志), 안웅징·안웅리 등. <1장. 한자+이두. 조선 필사 이두 자료. 경남 함안 두릉 순흥 안씨 소장. 한국학중앙연구원 장서각 한국고문서자료관 홈페이지 원문 이미지 보기. 한국학중앙연구원 편(2006) 참고>

1776-12-10. **고막선 토지매매명문**(高莫先土地賣買明文), 고 조이(高召史). <1장. 한자+이두. 조선 필사 이두 자료. 제주 장전리 진주 강씨 강태복가 소장. 호남권 한국학자료센터 홈페이지 원문 이미지와 텍스트 보기. 최승희(1989), 고창석(2002) 참고>

1776-12-16. **권 생원 댁 노 순선 토지매매명문**(權生員宅奴順先土地賣買明文), 이악창(李岳昌). <1장. 한자+이두. 조선 필사 이두 자료. 경북 예천군 용문면 대제리 원동 권씨 춘우재 고택 구장. 한국국학진흥원 소장. 한국학자료센터 영남권역센터 홈페이지 원문 이미지와 텍스트 보기. 김성갑(2013) 참고>

1776-12-16. **진갑손 토지매매명문**(晋甲孫土地賣買明文), 조덕후(趙德厚). <1장. 한자+이두. 조선 필사 이두 자료. 전남 순천 황전 경주 정씨가 구장. 광주광역시 이정옥 소장. 호남권 한국학자료센터 홈페이지 원문 이미지와 텍스트 보기. 최승희(1989) 참고>

1776-12-00. **반구정 최 노 명복 소지**(盤龜亭崔奴命卜所志), 명복. <1장. 한자+이두.

조선 필사 이두 자료. 경북 경주시 내남면 이조리 경주 최씨·용산서원 소장. 한국학중앙연구원 장서각 한국고문서자료관 홈페이지 원문 이미지 보기. 한국정신문화연구원 편(2000) 참고>

1776-12-00. **안응징 등 소지**(安應徵等所志), 안응징 등. <1장. 한자+이두. 조선 필사 이두 자료. 경남 함안 두릉 순흥 안씨 소장. 한국학중앙연구원 장서각 한국고문서자료관 홈페이지 원문 이미지 보기. 한국학중앙연구원 편(2006) 참고>

1776-12-00. **이홍원 차첩**(李弘源差帖) 2, 이조(吏曹). <1장. 한자+이두. 조선 필사 이두 자료. 제천 한수 연안 이씨 소장. 한국학중앙연구원 장서각 한국고문서자료관 홈페이지 원문 이미지 보기. 한국정신문화연구원 편(2001) 참고>

1776-12-00. **정 음성댁 노 만상 소지**(鄭陰城宅奴萬尙所志), 만상. <1장. 한자+이두. 조선 필사 이두 자료. 경기도 양주 사릉 해주 정씨 종가 소장. 한국학중앙연구원 장서각 한국고문서자료관 홈페이지 원문 이미지 보기>

1776-00-00. 「개건도감의궤(**改建都監儀軌**)」, 의궤청(儀軌廳) 편(編). <1책. 136장. 필사본. 표제는 '(乾隆四十一年丙申十月 日 景慕宮)改建都監儀軌'. '(乾隆四十一年丙申十月 日)景慕宮改建都監儀軌 座目'이 있다. 한자+이두. 조선 필사 이두 자료. 한국학중앙연구원 디지털장서각 홈페이지 'K2-3556' 원문 이미지와 텍스트 보기>

1776-00-00. 「국장도감도청의궤(**國葬都監都廳儀軌**)」[573] 상(上)·하(下), 국장도감 편. <2책. 317장+306장. 필사본. 상권의 표제는 '(丙申年 五臺山上)國葬都監都廳儀軌 上'. 권수제는 '(乾隆四十一年丙申三月 日)國葬都監都廳儀軌'. 한자+이두. 조선 필사 이두 자료. 서울대학교 규장각 한국학연구원 의궤 종합정보 홈페이지 '奎13581' 원문 이미지와 텍스트 보기>

1776-00-00. 「빈전도감의궤(**殯殿都監儀軌**)」,[574] 빈전도감 편. <1책. 226장. 필사본. 표제는 '(乾隆四十一年丙申三月 日 五臺山上 英宗大王)殯殿都監儀軌'. 권수제는 '殯殿都監儀軌'. 한자+이두. 어휘 표기. 조선 필사 이두 자료. 서울대학교 규장각 한국학연구

---

[573] 서울대학교 규장각 한국학연구원 의궤 종합정보 홈페이지에서는 서명을 표제나 권수제와는 달리 '영조국장도감의궤(英祖國朝都監儀軌)'로 적었다.

[574] 서울대학교 규장각 한국학연구원 의궤 종합정보 홈페이지에서는 서명을 표제나 권수제와는 달리 '영조빈전도감의궤(英祖殯殿都監儀軌)'로 적었다.

원 의궤 종합정보 홈페이지 '奎13584의1' 원문 이미지와 텍스트 보기>

1776-00-00. 「산릉도감의궤(山陵都監儀軌)」[575] 상(上)·하(下), 산릉도감 편. <2책. 162장+193장. 필사본. 상권의 표제는 '(乾隆四十一年丙申三月 日 五臺山上 英宗大王) 山陵都監儀軌(上)'. 권수제는 '(乾隆四十一年丙申三月 日)山陵都監儀軌(上)'. 목록제는 '(乾隆四十一年丙申三月 日 元陵)山陵都監儀軌目錄'. 한자+이두. 조선 필사 이두 자료. 서울대학교 규장각 한국학연구원 의궤 종합정보 홈페이지 '奎13586' 원문 이미지와 텍스트 보기>

1776-00-00. 「상시봉원도감의궤(上 諡封 園都監儀軌)」,[576] 상시봉원도감 편. <1책. 155장. 필사본. 표제는 '(丙申年 太白山上)上 諡封 園都監儀軌(全)'. 권수제는 '(乾隆四十一年丙申三月 日)上 諡封 園都監儀軌'. 한자+이두. 조선 필사 이두 자료. 서울대학교 규장각 한국학연구원 의궤 종합정보 홈페이지 '奎13337' 원문 이미지와 텍스트 보기>

1776-00-00. 「상익봉원도감의궤(上諡封園都監儀軌)」, 국장도감(國葬都監) 편. <1책. 156장. 필사본. 표제는 '上諡封園都監儀軌'. '(乾隆四十一年丙申三月 日)上 諡封園都監儀軌目錄'으로 시작한다. 한자+이두. 조선 필사 이두 자료. 한국학중앙연구원 디지털장서각 홈페이지 'K2-3070' 원문 이미지와 텍스트 보기>

1776-00-00. 「선원보략수정시의궤(璿源譜略修正時儀軌)」,[577] 종부시(宗簿寺) 편. <1책. 22장. 필사본. 표제는 '(丙申本寺 英祖五十二年)璿源譜略修正儀軌'. 권수제는 '(乾隆四十一年丙申正月 日)璿源譜略修正時儀軌'. 한자+이두. 조선 필사 이두 자료. 서울대학교 규장각 한국학연구원 의궤 종합정보 홈페이지 '奎14085' 원문 이미지와 텍스트 보기>

1776-00-00. 「영종대왕국휼등록(英宗大王國恤謄錄)」 곤(坤), 장생전(長生殿). <1책.

---

[575] 서울대학교 규장각 한국학연구원 의궤 종합정보 홈페이지에서는 서명을 표제나 권수제와는 달리 '영조원릉산릉도감의궤(英祖元陵山陵都監儀軌)'로 적었다.

[576] 서울대학교 규장각 한국학연구원 의궤 종합정보 홈페이지에서는 서명을 표제나 권수제와는 달리 '장헌세자상시봉원도감의궤(莊獻世子上諡封園都監儀軌)'로 적었다.

[577] 서울대학교 규장각 한국학연구원 의궤 종합정보 홈페이지에서는 서명을 권수제와는 달리 '선원보략수정의궤(璿源譜略修正儀軌)'로 적었다.

53장. 필사본. 한자+이두. 조선 필사 이두 자료. 한국학중앙연구원 장서각 한국학자료센터 홈페이지 & 한국학중앙연구원 한국학 디지털 아카이브 홈페이지 원문 이미지와 텍스트 보기>

1776-00-00. 「영종대왕국휼등록(英宗大王國恤謄錄)」, 예조 전향사(禮曹典享司) 편. <1책. 62장. 필사본. 한자+이두. 조선 필사 이두 자료. 한국학중앙연구원 장서각 한국학자료센터 홈페이지 원문 이미지와 텍스트 보기>

1776-00-00. **이홍원 차첩**(李弘源差帖) 3, 이조(吏曹) 편. <1장. 한자+이두. 조선 필사 이두 자료. 제천 한수 연안 이씨 소장. 한국학중앙연구원 장서각 한국고문서자료관 홈페이지 원문 이미지 보기. 한국정신문화연구원 편(2001) 참고>

1776-00-00. **이홍원 차첩**(李弘源差帖) 4, 이조(吏曹) 편. <1장. 한자+이두. 조선 필사 이두 자료. 제천 한수 연안 이씨 소장. 한국학중앙연구원 장서각 한국고문서자료관 홈페이지 원문 이미지 보기. 한국정신문화연구원 편(2001) 참고>

1776-00-00. 「추숭도감의궤(追崇都監儀軌)」, 추숭자함(追崇者檻) 편(編). <1책. 199장. 필사본. 표제는 '(乾隆四十一年丙申三月 日 正宗元年)追 崇都監儀軌'. 권수제는 '(乾隆四十一年丙申三月 日)追 崇都監儀軌'. 한자+이두. 어휘 자료. 조선 필사 이두 자료. 한국학중앙연구원 디지털장서각 홈페이지 'K2-2850' 원문 이미지와 텍스트 보기>

1776-00-00. 「혼전도감의궤(魂殿都監儀軌)」,[578] 혼전도감. <1책. 251장. 필사본. 표제는 '(乾隆 四十一年丙申三月 日 五臺山上 英宗大王)魂殿都監儀軌'. 권수제는 '魂殿都監儀軌'. 한자+이두. 조선 필사 이두 자료. 서울대학교 규장각 한국학연구원 의궤종합정보 홈페이지 '奎13584의2' 원문 이미지와 텍스트 보기>

1776-00-00 이전 추정. 「연려실기술(練藜室記述)」, 이긍익(李肯翊). <필사본. 역사서. 서울대학교 규장각 한국학연구원 홈페이지 19세기 초반(순조 연간: 1800년~1834년) 필사본 8책과 28책 원문 이미지 보기> <활자본: ① 1912-00-00~1916-00-00 (조선광문회 발행. 국립중앙도서관 홈페이지 원문 이미지 보기) ② 1913-00-00(조

---

[578] 서울대학교 규장각 한국학연구원 의궤 종합정보 홈페이지에서는 서명을 표제나 권수제와는 달리 '영조혼전도감의궤(英祖魂殿都監儀軌)'로 적었다.

선고서간행회 발행. 국립중앙도서관 소장)>

1776-00-00(또는 1777-00-00) 추정.「연조귀감(掾曹龜鑑)」, 이진흥 편. <1책. 한자+이두. 1982년 서강대학교 인문과학연구소 국학 자료 제2집 영인(864쪽)> <이본: 19세기(목판본)>

1776-00-00~1800-00-00(또는 1801-00-00).「심리록(審理錄)」, 홍인호(洪仁浩) 정조(正祖) 명편. <16책. 필사본. 한자+이두. 판례집. 서울대학교 규장각 한국학연구원 홈페이지 '古5120-12' & '古1770' 원문 이미지 보기> <활자본: 법제처(1968) 2책. 이두 해설 수록>

1777년

<정유(丁酉), 정조(正祖) 1년, 건륭 42년>

1777-01-02~1777-12-23(丁酉).「정유년 전객사일기(丁酉年 典客司日記)」 25, 예조(禮曹) 전객사(典客司) 편(編). <1책(25/99). 196장. 필사본. 한자+이두. 이두 자료. 서울대학교 규장각 한국학연구원 홈페이지 원문 이미지 보기> <1640-01-22~1641-12-23(1)>

1777-01-06. **강시양 전령**(姜時揚傳令) 1, 제주목(濟州牧). <1장. 한자+이두. 조선 필사 이두 자료. 제주 어도내산 진주 강씨가 구장. 제주 한림 강우석 소장. 호남권 한국학자료센터 홈페이지 원문 이미지와 텍스트 보기. 고창석(2002) 참고>

1777-01-06. **용산 고자 명창 토지매매명문**(龍山庫子明昌土地賣買明文), 김복련(金福連). <1장. 한자+이두. 조선 필사 이두 자료. 경북 경주시 내남면 이조리 경주 최씨·용산서원 소장. 한국학중앙연구원 장서각 한국고문서자료관 홈페이지 원문 이미지 보기. 한국정신문화연구원 편(2000) 참고>

1777-01-07. **강시양 전령**(姜時揚傳令) 2, 제주목(濟州牧). <1장. 한자+이두. 조선 필사 이두 자료. 제주 어도내산 진주 강씨가 구장. 제주 한림 강우석 소장. 호남권 한국학자료센터 홈페이지 원문 이미지와 텍스트 보기. 고창석(2002) 참고>

1777-01-07. **강시양 전령**(姜時揚傳令) 3, 제주목(濟州牧). <1장. 한자+이두. 조선 필

사 이두 자료. 제주 어도내산 진주 강씨가 구장. 제주 한림 강우석 소장. 호남권 한국학자료센터 홈페이지 원문 이미지와 텍스트 보기. 고창석(2002) 참고>

1777-01-08. **이국량 토지매매명문**(李國樑土地賣買明文), 이몽서(李夢瑞). <1장. 한자+이두. 조선 필사 이두 자료. 경북 안동시 주촌 진성 이씨 경류정 소장. 한국학중앙연구원 장서각 한국고문서자료관 홈페이지 원문 이미지와 텍스트 보기. 한국정신문화연구원 편(1999) 참고>

1777-01-09. **족제 류충원 토지매매명문**(族弟柳忠源土地賣買明文), 류항원(柳恒源). <1장. 한자+이두. 조선 필사 이두 자료. 경북 안동시 수곡면 전주 류씨 수곡파 대야 고택 구장. 한국국학진흥원 소장. 한국학자료센터 영남권역센터 홈페이지 원문 이미지와 텍스트 보기>

1777-01-11. **유복 토지매매명문**(有福土地賣買明文) 1, 안후김이(安後金伊). <1장. 한자+이두. 조선 필사 이두 자료. 안동 천전 의성 김씨 제산 종택 소장. 한국학중앙연구원 장서각 한국고문서자료관 홈페이지 원문 이미지 보기. 한국정신문화연구원 편(1990) 참고>

1777-01-11. **유복 토지매매명문**(有福土地賣買明文) 2, 신완석(申完石). <1장. 한자+이두. 조선 필사 이두 자료. 안동 천전 의성 김씨 제산 종택 소장. 한국학중앙연구원 장서각 한국고문서자료관 홈페이지 원문 이미지 보기. 한국정신문화연구원 편(1990) 참고>

1777-01-15. **강시양 전령**(姜時揚傳令) 4, 제주목(濟州牧). <1장. 한자+이두. 조선 필사 이두 자료. 제주 어도내산 진주 강씨가 구장. 제주 한림 강우석 소장. 호남권 한국학자료센터 홈페이지 원문 이미지와 텍스트 보기. 고창석(2002) 참고>

1777-01-15. **문 생원 노 삭부 토지매매명문**(文生員宅奴朔不土地賣買明文), 양동해(梁東海). <1장. 한자+이두. 조선 필사 이두 자료. 전남 구례군 토지면 오미리 문화 류씨 운조루 소장. 한국학중앙연구원 장서각 한국고문서자료관 홈페이지 원문 이미지와 텍스트 보기. 한국정신문화연구원 편(1998) 참고>

1777-01-16. **이삼철 토지매매명문**(李三鐵土地賣買明文), 삭불이(朔不伊). <1장. 한자+이두. 조선 필사 이두 자료. 일본 경도대학 가와이문고 소장. 고려대학교 해외한국학자료센터 홈페이지 원문 이미지와 텍스트 보기>

1777-01-20. **안익수 선혜청 공사지 공인권 매매명문**(安益受宣惠廳公事紙貢人權賣買明文), 전시벽(田時闢). <1장. 한자+이두. 조선 필사 이두 자료. 일본 경도대학 가와이문고 소장. 고려대학교 해외한국학자료센터 홈페이지 원문 이미지와 텍스트 보기>

1777-01-21. **진해현감 서목**(鎭海縣監書目),[579] 진해현감. <1장. 한자+이두. 조선 필사 이두 자료. 경남 함안 두릉 순흥 안씨 소장. 한국학중앙연구원 장서각 한국고문서자료관 홈페이지 원문 이미지 보기. 한국학중앙연구원 편(2006) 참고>

1777-01-24. **강시양 전령**(姜時揚傳令) 5, 제주목(濟州牧). <1장. 한자+이두. 조선 필사 이두 자료. 제주 어도내산 진주 강씨가 구장. 제주 한림 강우석 소장. 호남권 한국학자료센터 홈페이지 원문 이미지와 텍스트 보기. 고창석(2002) 참고>

1777-01-24. **노 명삼 토지매매명문**(奴明三宅土地賣買明文),[580] 임상삼(林尙三). <1장. 한자+이두. 조선 필사 이두 자료. 경북 경주시 안강읍 옥산리 여주 이씨 장산서원·치암 종택 구장. 한국학중앙연구원 장서각 소장. 한국학중앙연구원 장서각 한국고문서자료관 홈페이지 원문 이미지 보기. 한국정신문화연구원 편(2003) 참고>

1777-01-29. **승 두웅 토지매매명문**(僧斗雄土地賣買明文), 황일신(黃一臣). <1장. 한자+이두. 조선 필사 이두 자료. 전남 보성 박실 제주 양씨가 구장. 원광대학교 박물관 소장. 호남권 한국학자료센터 홈페이지 원문 이미지와 텍스트 보기. 박병호(1974ㄱ), 최승희(1989), 이재수(2003) 참고>

1777-01-29. **승인 치망 토지매매명문**(僧人致望土地賣買明文), 심돌(沈乭). <1장. 한자+이두. 조선 필사 이두 자료. 경북 안동시 주촌 진성 이씨 경류정 소장. 한국학중앙연구원 장서각 한국고문서자료관 홈페이지 원문 이미지와 텍스트 보기. 한국정신문화연구원 편(1999) 참고>

1777-01-00. **권후경 분재기**(權厚經分財記), 권후경. <1장. 한자+이두. 조선 필사 이

---

[579] 한국학중앙연구원 장서각 한국고문서자료관 홈페이지에서는 '행진해현감(行鎭海縣監) 이(李) 서목(書目)'으로 표시하였다.

[580] 한국학중앙연구원 장서각 한국고문서자료관 홈페이지에서는 '이씨가(李氏家) 노(奴) 명삼(明三) 토지매매명문(土地賣買明文)'으로 표시하였다.

두 자료. 전남 고창 읍내 안동 권씨가 소장. 호남권 한국학자료센터 홈페이지 원문 이미지와 텍스트 보기. 최승희(1981), 전북향토문화연구회 편(1993), 정구복 외(1999) 참고>

1777-01-00. **안응찬·안응로 등 소지**(安應贊安應璐等所志), 안응찬·안응로 등. <1장. 한자+이두. 조선 필사 이두 자료. 경남 함안 두릉 순흥 안씨 소장. 한국학중앙연구원 장서각 한국고문서자료관 홈페이지 원문 이미지 보기. 한국학중앙연구원 편(2006) 참고>

1777-01-00. **이홍원 차첩**(李弘源差帖) 1, 이조(吏曹). <1장. 한자+이두. 조선 필사 이두 자료. 제천 한수 연안 이씨 소장. 한국학중앙연구원 장서각 한국고문서자료관 홈페이지 원문 이미지 보기. 한국정신문화연구원 편(2001) 참고>

1777-01-00. **진해현감 첩정**(鎭海縣監牒보), 진해현(鎭海縣). <1장. 한자+이두. 조선 필사 이두 자료. 경남 함안 두릉 순흥 안씨 소장. 한국학중앙연구원 장서각 한국고문서자료관 홈페이지 원문 이미지 보기. 한국학중앙연구원 편(2006) 참고>

1777-01-00. **첩정**(牒보) <1장. 한자+이두. 조선 필사 이두 자료. 경남 함안 두릉 순흥 안씨 소장. 한국학중앙연구원 장서각 한국고문서자료관 홈페이지 원문 이미지 보기. 한국학중앙연구원 편(2006) 참고>

1777-02-01. **송림동장 황문의 다짐**(松林洞長黃文儀侉音), 황문의. <1장. 한자+이두. 조선 필사 이두 자료. 경북 경주시 내남면 이조리 경주 최씨·용산서원 소장. 한국학중앙연구원 장서각 한국고문서자료관 홈페이지 원문 이미지 보기. 한국정신문화연구원 편(2000) 참고>

1777-02-03. **삼상좌 깃급도문기**(三上佐衿給都文記), 삼상좌. <1장. 한자+이두. 조선 필사 이두 자료. 전남 구례군 토지면 오미리 문화 류씨 운조루 소장. 한국학중앙연구원 장서각 한국고문서자료관 홈페이지 원문 이미지와 텍스트 보기. 한국정신문화연구원 편(1998) 참고>

1777-02-11. **권 생원 댁 고직 귀발 토지매매명문**(權生員宅庫直貴發土地賣買明文), 조체득(趙體得). <1장. 한자+이두. 조선 필사 이두 자료. 경북 예천군 용문면 대제리 원동 권씨 춘우재 고택 구장. 한국국학진흥원 소장. 한국학자료센터 영남권역센터 홈페이지 원문 이미지와 텍스트 보기. 김성갑(2013) 참고>

1777-02-16. **이동옥 토지매매명문**(李東玉土地賣買明文), 김상갑(金尙甲). <1장. 한자+이두. 조선 필사 이두 자료. 전남 영광군 입석 영월 신씨 소장. 한국학중앙연구원 장서각 한국고문서자료관 홈페이지 원문 이미지와 텍스트 보기. 한국정신문화연구원 편(1996) 참고>

1777-02-20. **김순이 토지매매명문**(金順伊土地賣買明文), 김 생원 댁 노 유남(金生員宅奴有男). <1장. 한자+이두. 조선 필사 이두 자료. 전남 보성 박실 제주 양씨가 구장. 원광대학교 박물관 소장. 호남권 한국학자료센터 홈페이지 원문 이미지와 텍스트 보기. 박병호(1974ㄱ), 최승희(1989), 이재수(2003) 참고>

1777-02-20. **반병득 토지매매명문**(潘丙得土地賣買明文), 정민(丁民). <1장. 한자+이두. 조선 필사 이두 자료. 경북 안동시 주촌 진성 이씨 경류정 소장. 한국학중앙연구원 장서각 한국고문서자료관 홈페이지 원문 이미지와 텍스트 보기. 한국정신문화연구원 편(1999) 참고>

1777-02-23. **연동대계 토지매매명문**(蓮洞大契土地賣買明文), 순이(順伊). <1장. 한자+이두. 조선 필사 이두 자료. 전남 해남 연동 해남 윤씨 녹우당 소장. 한국학중앙연구원 장서각 한국고문서자료관 홈페이지 원문 이미지와 텍스트 보기. 박병호(1974ㄱ), 김태영(1983), 한국정신문화연구원 편(1983, 1986), 최승희(1989) 참고>

1777-02-26. **봉일 토지매매명문**(奉日土地賣買明文), 이동복(李東馥). <1장. 한자+이두. 조선 필사 이두 자료. 영해 인량 재령 이씨 충효당 구장. 한국국학진흥원 소장. 한국학중앙연구원 장서각 한국고문서자료관 홈페이지 원문 이미지와 텍스트 보기. 한국정신문화연구원 편(1997) 참고>

1777-02-27. **망곡동임 전령**(網谷洞任傳令),[581] 관부(官府). <1장. 한자+이두. 조선 필사 이두 자료. 경남 함안 두릉 순흥 안씨 소장. 한국학중앙연구원 장서각 한국고문서자료관 홈페이지 원문 이미지 보기. 한국학중앙연구원 편(2006) 참고>

1777-02-00. **김 씨 노 유남 배지**(金氏奴有男牌旨),[582] 상전 김 씨(上典金氏). <1장. 한자

---

[581] 한국학중앙연구원 장서각 한국고문서자료관 홈페이지에서는 '관부(官府) 전령(傳令)'으로 표시하였다.
[582] 호남권 한국학자료센터 홈페이지에서는 '김씨(金氏) 노(奴) 유남(有男) 패지(牌旨)'로 표시하였다.

+이두. 조선 필사 이두 자료. 전남 보성 박실 제주 양씨가 구장. 원광대학교 박물관 소장. 호남권 한국학자료센터 홈페이지 원문 이미지와 텍스트 보기. 박병호(1974ㄱ), 최승희(1989), 이재수(2003) 참고>

1777-02-00. **노 순이 배지**(奴順伊牌旨), 윤(尹). <1장. 한자+이두. 조선 필사 이두 자료. 전남 해남 연동 해남 윤씨 녹우당 소장. 한국학중앙연구원 장서각 한국고문서자료관 홈페이지 원문 이미지와 텍스트 보기. 박병호(1974ㄱ), 김태영(1983), 한국정신문화연구원 편(1983, 1986), 최승희(1989) 참고>

1777-02-00. **안응로·안응리 등 소지**(安應璐安應理等所志) 1, 안응로·안응리 등. <1장. 한자+이두. 조선 필사 이두 자료. 경남 함안 두릉 순흥 안씨 소장. 한국학중앙연구원 장서각 한국고문서자료관 홈페이지 원문 이미지 보기. 한국학중앙연구원 편(2006) 참고>

1777-02-00. **안응로·안응리 등 소지**(安應璐安應理等所志) 2, 안응로·안응리 등. <1장. 한자+이두. 조선 필사 이두 자료. 경남 함안 두릉 순흥 안씨 소장. 한국학중앙연구원 장서각 한국고문서자료관 홈페이지 원문 이미지 보기. 한국학중앙연구원 편(2006) 참고>

1777-03-07. **승 모훤 토지매매명문**(僧慕暄土地賣買明文), 새수(璽守). <1장. 한자+이두. 조선 필사 이두 자료. 전남 해남 연동 해남 윤씨 녹우당 소장. 한국학중앙연구원 장서각 한국고문서자료관 홈페이지 원문 이미지와 텍스트 보기. 박병호(1974ㄱ), 김태영(1983), 한국정신문화연구원 편(1983, 1986), 최승희(1989) 참고>

1777-03-09. **북면 집강 전령**(北面執綱傳令),[583] 관부(官府). <1장. 한자+이두. 조선 필사 이두 자료. 경남 함안 두릉 순흥 안씨 소장. 한국학중앙연구원 장서각 한국고문서자료관 홈페이지 원문 이미지 보기. 한국학중앙연구원 편(2006) 참고>

1777-03-16. **이후량 토지매매명문**(李厚良土地賣買明文), 득수(得水). <1장. 점련문서. 한자+이두. 조선 필사 이두 자료. 전남 장성군 행주 기씨 금강 종가 소장. 호남권 한국학자료센터 홈페이지 원문 이미지와 텍스트 보기. 이재수(2003), 이수건 외

---

[583] 한국학중앙연구원 장서각 한국고문서자료관 홈페이지에서는 '관부(官府) 전령(傳令)'으로 표시하였다.

(2004) 참고>

1777-03-27. **이정관 토지매매명문**(李廷觀土地賣買明文), 채흥제(蔡興濟). <1장. 한자 +이두. 조선 필사 이두 자료. 순천 월등 목천 장씨 구장. 전북대학교 박물관 소장. 호남권 한국학자료센터 홈페이지 원문 이미지와 텍스트 보기. 최승희(1989), 정구복 외(1999), 이재수(2003) 참고>

1777-03-28. **노 명삼 토지매매명문**(奴明三土地賣買明文),[584] 이자근노미(李自斤老未).[585] <1장. 한자+이두. 조선 필사 이두 자료. 경북 경주시 안강읍 옥산리 여주 이씨 장산서원·치암 종택 구장. 한국학중앙연구원 장서각 한국고문서자료관 홈페이지 원문 이미지 보기. 한국정신문화연구원 편(2003) 참고>

1777-03-00. **안 모 소지**(安某所志), 안 모. <1장. 한자+이두. 조선 필사 이두 자료. 경남 함안 두릉 순흥 안씨 소장. 한국학중앙연구원 장서각 한국고문서자료관 홈페이지 원문 이미지 보기. 한국학중앙연구원 편(2006) 참고>

1777-03-00. **안택인·안택수 등 소지**(安宅仁安宅修等所志), 안택인·안택수 등. <1장. 한자+이두. 조선 필사 이두 자료. 경남 함안 두릉 순흥 안씨 소장. 한국학중앙연구원 장서각 한국고문서자료관 홈페이지 원문 이미지 보기. 한국학중앙연구원 편(2006) 참고>

1777-03-00. **유림 윤수 등 소지**(儒林尹綏等所志),[586] 유림 윤수 등. <1장. 한자+이두. 조선 필사 이두 자료. 파평 윤씨 야성군파 천평 문중 우암 종택 구장. 한국국학진흥원 소장. 한국국학진흥원 유교넷 홈페이지 원문 이미지 보기>

1777-04-01. **조 생원 댁 노 돌금 토지매매명문**(曺生員宅奴乭金土地賣買明文),[587] 남주

---

[584] 한국학중앙연구원 장서각 한국고문서자료관 홈페이지에서는 '이씨가(李氏家) 노(奴) 명삼(明三) 토지매매명문(土地賣買明文)'으로 표시하였다.

[585] 한국학중앙연구원 장서각 한국고문서자료관 홈페이지에서는 '이작은노미(李自阝老未)'로 잘못 표시하였다.

[586] 한국국학진흥원 유교넷 홈페이지에서는 문서명을 '1777년(정조 1) 3월 강원도 울진현 유림(儒林) 윤수(尹綏) 등이 몽천서재(蒙泉書齋)의 당원(黨員)인 윤사긍(尹思兢)을 할명(割名)하겠다고 성주에게 올린 소지(所志)'로 표시하였다.

[587] 호남권 한국학자료센터 홈페이지에서는 '노(奴) 돌금(乭金) 토지매매명문(土地賣買明文)'으로 표시하였다.

영(南主永). <1장. 한자+이두. 조선 필사 이두 자료. 전북대학교 박물관 소장. 호남권 한국학자료센터 홈페이지 원문 이미지와 텍스트 보기. 박병호(1974ㄱ), 이재수(2003) 참고>

1777-04-13. **반노 두남 토지매매명문**(班奴豆南土地賣買明文), 박엇남(朴旕南). <1장. 한자+이두. 조선 필사 이두 자료. 전북 부안군 우반 부안 김씨 세덕각 소장. 호남권 한국학자료센터 홈페이지 & 한국학중앙연구원 장서각 한국고문서자료관 홈페이지 원문 이미지와 텍스트 보기. 박병호(1974ㄱ), 한국정신문화연구원 편(1983, 1998), 이재수(2003), 한국학중앙연구원 편(2017) 참고>

1777-05-11. **조매종 토지매매명문**(趙每宗土地賣買明文), 이국량(李國樑). <1장. 한자+이두. 조선 필사 이두 자료. 경북 안동시 주촌 진성 이씨 경류정 소장. 한국학중앙연구원 장서각 한국고문서자료관 홈페이지 원문 이미지와 텍스트 보기. 한국정신문화연구원 편(1999) 참고>

1777-05-15. **김 생원 댁 노 달이 토지매매명문**(金生員宅奴達伊土地賣買明文) 서희득(徐希得). <1장. 한자+이두. 조선 필사 이두 자료. 전북 부안군 우반 부안 김씨 세덕각 소장. 호남권 한국학자료센터 홈페이지 원문 이미지와 텍스트 보기. 박병호(1974ㄱ), 이재수(2003) 참고>

1777-05-15. **■■남 토지매매명문**(■■男土地賣買明文), 서희득(徐希得). <1장. 한자+이두. 조선 필사 이두 자료. 전북 부안군 우반 부안 김씨 세덕각 소장. 호남권 한국학자료센터 홈페이지 & 한국학중앙연구원 장서각 한국고문서자료관 홈페이지 원문 이미지와 텍스트 보기>

1777-05-24. **노 명삼댁 토지매매명문**(奴明三宅土地賣買明文),[588] 이자근노미(李自斤者未).[589] <1장. 한자+이두. 조선 필사 이두 자료. 경북 경주시 안강읍 옥산리 여주 이씨 장산서원·치암 종택 구장. 한국학중앙연구원 장서각 한국고문서자료관 홈페이지 원문 이미지 보기. 한국정신문화연구원 편(2003) 참고>

---

[588] 한국학중앙연구원 장서각 한국고문서자료관 홈페이지에서는 '이씨가(李氏家) 노(奴) 명삼(明三) 토지매매명문(土地賣買明文)'으로 표시하였다.

[589] 한국학중앙연구원 장서각 한국고문서자료관 홈페이지에서는 '이작은노미(李自߈老未)'로 표시하였다.

1777-05-00. **안응진·안응로 등 소지**(安應珍安應璐等所志), 안응진·안응로 등. <1장. 한자+이두. 조선 필사 이두 자료. 경남 함안 두릉 순흥 안씨 소장. 한국학중앙연구원 장서각 한국고문서자료관 홈페이지 원문 이미지 보기. 한국학중앙연구원 편(2006) 참고>

1777-05-00. **유림 윤동관 등 소지**(儒林尹東寬等所志),[590] 유림 윤동관 등. <1장. 한자+이두. 조선 필사 이두 자료. 파평 윤씨 야성군파 천평 문중 우암 종택 구장. 한국국학진흥원 소장. 한국국학진흥원 유교넷 홈페이지 원문 이미지 보기>

1777-05-00. **이홍원 차첩**(李弘源差帖) 2, 이조(吏曹). <1장. 한자+이두. 조선 필사 이두 자료. 제천 한수 연안 이씨 소장. 한국학중앙연구원 장서각 한국고문서자료관 홈페이지 원문 이미지 보기. 한국정신문화연구원 편(2001) 참고>

1777-05-00. **이홍원 차첩**(李弘源差帖) 3, 이조(吏曹). <1장. 한자+이두. 조선 필사 이두 자료. 제천 한수 연안 이씨 소장. 한국학중앙연구원 장서각 한국고문서자료관 홈페이지 원문 이미지 보기. 한국정신문화연구원 편(2001) 참고>

1777-06-20. **화민 유홍원 소지**(化民柳弘源所志),[591] 화민 유홍원. <1장. 한자+이두. 조선 필사 이두 자료. 전주 류씨 함벽당 종택 구장. 한국국학진흥원 소장. 한국국학진흥원 유교넷 홈페이지 원문 이미지 보기>

1777-06-00. **유림 윤적 등 소지**(儒林尹積等所志),[592] 유림 윤적 등. <1장. 한자+이두. 조선 필사 이두 자료. 파평 윤씨 야성군파 천평 문중 우암 종택 구장. 한국국학진흥원 소장. 한국국학진흥원 유교넷 홈페이지 원문 이미지 보기>

1777-06-00. **유림 윤즙 등 소지**(儒林尹緝等所志),[593] 유림 윤즙 등. <1장. 한자+이두.

---

[590] 한국국학진흥원 유교넷 홈페이지에서는 문서명을 '1777년(정조 1) 5월 강원도 울진현 유림(儒林) 윤동관(尹東寬) 등 26명이 윤사긍(尹思兢)이 몽천서당 앞에 보를 쌓는 일 때문에 겸성주(兼城主)에게 올린 소지(所志)'로 표시하였다.

[591] 한국국학진흥원 유교넷 홈페이지에서는 문서명을 '1777년 유홍원이 성주에게 질병으로 부름에 응하지 못해 양해를 구하며 올린 소지'로 표시하였다.

[592] 한국국학진흥원 유교넷 홈페이지에서는 문서명을 '1777년(정조 1) 3월 강원도 울진현 몽천서당(蒙泉書堂)의 유림(儒林) 윤적(尹積) 등이 윤사긍(尹思兢)이 서당 앞에 보를 쌓는 일 때문에 성주에게 올린 소지(所志)'로 표시하였다.

[593] 한국국학진흥원 유교넷 홈페이지에서는 문서명을 '1777년(정조 1) 3월 강원도 울진현 몽천서당

조선 필사 이두 자료. 파평 윤씨 야성군파 천평 문중 우암 종택 구장. 한국국학진흥원 소장. 한국국학진흥원 유교넷 홈페이지 원문 이미지 보기>

1777-06-00. **이홍원 차첩**(李弘源差帖) 4, 이조(吏曹). <1장. 한자+이두. 조선 필사 이두 자료. 제천 한수 연안 이씨 소장. 한국학중앙연구원 장서각 한국고문서자료관 홈페이지 원문 이미지 보기. 한국정신문화연구원 편(2001) 참고>

1777-06-00. **이홍원 차첩**(李弘源差帖) 5, 이조(吏曹). <1장. 한자+이두. 조선 필사 이두 자료. 제천 한수 연안 이씨 소장. 한국학중앙연구원 장서각 한국고문서자료관 홈페이지 원문 이미지 보기. 한국정신문화연구원 편(2001) 참고>

1777-07-25. **노 봉일 토지매매명문**(奴奉日土地賣買明文), 탁봉(濯奉). <1장. 한자+이두. 조선 필사 이두 자료. 영해 인량 재령 이씨 충효당 구장. 한국국학진흥원 소장. 한국학자료센터 영남권역센터 홈페이지 원문 이미지와 텍스트 보기>

1777-07-00. **이봉년 등 소지**(李鳳年等所志), 이봉년 등. <1장. 한자+이두. 조선 필사 이두 자료. 경북 경주시 안강읍 옥산리 여주 이씨 독락당 소장. 한국학중앙연구원 장서각 한국고문서자료관 홈페이지 원문 이미지 보기. 한국정신문화연구원 편(2003) 참고>

1777-07-00. **이학년 등 소지**(李鶴年等所志), 이학년 등. <1장. 한자+이두. 조선 필사 이두 자료. 경북 경주시 안강읍 옥산리 여주 이씨 독락당 소장. 한국학중앙연구원 장서각 한국고문서자료관 홈페이지 원문 이미지 보기. 한국정신문화연구원 편(2003) 참고>

1777-07-00. **이홍원 차첩**(李弘源差帖) 6, 이조(吏曹). <1장. 한자+이두. 조선 필사 이두 자료. 제천 한수 연안 이씨 소장. 한국학중앙연구원 장서각 한국고문서자료관 홈페이지 원문 이미지 보기. 한국정신문화연구원 편(2001) 참고>

1777-08-07. **김이경 토지매매명문**(金以慶土地賣買明文), 박경춘(朴慶春). <1장. 한자+이두. 조선 필사 이두 자료. 일본 경도대학 가와이문고 소장. 고려대학교 해외한국학자료센터 홈페이지 원문 이미지와 텍스트 보기>

(蒙泉書堂)의 유림(儒林) 윤즙(尹緝) 등이 윤사긍(尹思兢)이 서당 앞에 보를 쌓는 일 때문에 성주에게 올린 소지(所志)'로 표시하였다.

1777-08-20. **용산서원 재임 서목**(龍山書院齋任書目), 용산서원. <1장. 한자+이두. 조선 필사 이두 자료. 경북 경주시 내남면 이조리 경주 최씨·용산서원 소장. 한국학중앙연구원 장서각 한국고문서자료관 홈페이지 원문 이미지 보기. 한국정신문화연구원 편(2000) 참고>

1777-08-00. **군수 류이주 전령**(前郡守柳爾胄傳令)[594] 1, 호남겸사(湖南兼使). <1장. 한자+이두. 조선 필사 이두 자료. 전남 구례군 토지면 오미리 문화 류씨 운조루 소장. 한국학중앙연구원 장서각 한국고문서자료관 홈페이지 원문 이미지와 텍스트 보기. 한국정신문화연구원 편(1998) 참고>

1777-09-00. **군수 류이주 전령**(郡守柳爾胄傳令)[595] 2, 호남겸사(湖南兼使). <1장. 한자+이두. 조선 필사 이두 자료. 전남 구례군 토지면 오미리 문화 류씨 운조루 소장. 한국학중앙연구원 장서각 한국고문서자료관 홈페이지 원문 이미지와 텍스트 보기. 한국정신문화연구원 편(1998) 참고>

1777-09-00. **이홍원 차첩**(李弘源差帖) 7, 이조(吏曹). <1장. 한자+이두. 조선 필사 이두 자료. 제천 한수 연안 이씨 소장. 한국학중앙연구원 장서각 한국고문서자료관 홈페이지 원문 이미지 보기. 한국정신문화연구원 편(2001) 참고>

1777-09-00. **정 음성댁 노 무응송 소지**(鄭陰城宅奴無應松所志), 무응송. <1장. 한자+이두. 조선 필사 이두 자료. 경기도 양주 사릉 해주 정씨 종가 소장. 한국학중앙연구원 장서각 한국고문서자료관 홈페이지 이미지 보기>

1777-10-01. **군수 류이주 전령**(郡守柳爾胄傳令)[596] 3, 호남겸사(湖南兼使). <1장. 한자+이두. 조선 필사 이두 자료. 전남 구례군 토지면 오미리 문화 류씨 운조루 소장. 한국학중앙연구원 장서각 한국고문서자료관 홈페이지 원문 이미지와 텍스트 보기. 한국정신문화연구원 편(1998) 참고>

---

594 한국학중앙연구원 장서각 한국고문서자료관 홈페이지에서는 '호남겸사(湖南兼使) 전령(傳令)'으로 표시하였다.

595 한국학중앙연구원 장서각 한국고문서자료관 홈페이지에서는 '호남겸사(湖南兼使) 전령(傳令)'으로 표시하였다.

596 한국학중앙연구원 장서각 한국고문서자료관 홈페이지에서는 '호남겸사(湖南兼使) 전령(傳令)'으로 표시하였다.

1777-10-02. **정 주부댁**[597] **노 연금 가사매매명문**(鄭主簿宅奴軟金家舍賣買明文), 덕봉(德奉). <1장. 한자+이두. 조선 필사 이두 자료. 일본 경도대학 가와이문고 소장. 고려대학교 해외한국학자료센터 홈페이지 원문 이미지와 텍스트 보기>

1777-10-00. **이조 관**(吏曹關),[598] 호조(戶曹). <1장. 점련문서. 한자+이두. 조선 필사 이두 자료. 전남 구례군 토지면 오미리 문화 류씨 운조루 소장. 한국학중앙연구원 장서각 한국고문서자료관 홈페이지 원문 이미지와 텍스트 보기. 한국정신문화연구원 편(1998) 참고>

1777-10-00. **이홍원 차첩**(李弘源差帖) 8, 이조(吏曹). <1장. 한자+이두. 조선 필사 이두 자료. 제천 한수 연안 이씨 소장. 한국학중앙연구원 장서각 한국고문서자료관 홈페이지 원문 이미지 보기. 한국정신문화연구원 편(2001) 참고>

1777-10-00. **이홍원 차첩**(李弘源差帖) 9, 이조(吏曹). <1장. 한자+이두. 조선 필사 이두 자료. 제천 한수 연안 이씨 소장. 한국학중앙연구원 장서각 한국고문서자료관 홈페이지 원문 이미지 보기. 한국정신문화연구원 편(2001) 참고>

1777-11-12. **권중인 토지매매명문**(權重寅土地賣買明文), 권중기(權重機). <1장. 한자+이두. 조선 필사 이두 자료. 경북 예천군 용문면 대제리 원동 권씨 춘우재 고택 구장. 한국국학진흥원 소장. 한국학자료센터 영남권역센터 홈페이지 원문 이미지와 텍스트 보기. 김성갑(2013) 참고>

1777-11-16. **한매동 토지매매명문**(韓賣東土地賣買明文), 김경대(金慶大). <1장. 한자+이두. 조선 필사 이두 자료. 일본 경도대학 가와이문고 소장. 고려대학교 해외한국학자료센터 홈페이지 원문 이미지와 텍스트 보기>

1777-11-18. **황덕장 토지매매명문**(黃德章土地賣買明文), 강덕창(姜德昌). <1장. 한자+이두. 조선 필사 이두 자료. 대전시 무수동 안동 권씨 유회당 종택 소장. 한국학중앙연구원 장서각 한국고문서자료관 홈페이지 원문 이미지 보기. 한국학중앙연구원 편(2007) 참고>

---

597 주부(主簿)는 조선 시대에 각 아문의 문서와 부적을 주관하던 종6품 벼슬이다(『표준국어대사전』).
598 한국학중앙연구원 장서각 한국고문서자료관 홈페이지에서는 '호조(戶曹) 관(關)'으로 표시하였다.

1777-11-21. **최 씨 문중 노 변을지 토지매매명문**(崔氏門中奴卞乙之土地賣買明文), 정 씨(鄭氏). <1장. 한자+이두. 조선 필사 이두 자료. 전북 부안 석동 류절재 소장. 호남권 한국학자료센터 홈페이지 원문 이미지와 텍스트 보기. 최승희(1989), 김소은(2004) 참고>

1777-11-25. **노 돌산 토지매매명문**(奴乭山土地賣買明文), 김 조이(金召史). <1장. 한자+이두. 조선 필사 이두 자료. 전북 부안군 우반 부안 김씨 세덕각 소장. 한국학중앙연구원 장서각 한국고문서자료관 홈페이지 원문 이미지와 텍스트 보기. 한국정신문화연구원 장서각 편(1983, 1998), 한국학중앙연구원 편(2017) 참고>

1777-11-00. **호조 관**(戶曹關),⁵⁹⁹ 병조(兵曹). <1장. 한자+이두. 조선 필사 이두 자료. 전남 구례군 토지면 오미리 문화 류씨 운조루 소장. 한국학중앙연구원 장서각 한국고문서자료관 홈페이지 원문 이미지와 텍스트 보기. 한국정신문화연구원 편(1998) 참고>

1777-12-00. **기태온 소지**(奇泰溫所志), 기태온. <1장. 한자+이두. 조선 필사 이두 자료. 전남 장성군 행주 기씨 금강 종가 소장. 호남권 한국학자료센터 홈페이지 원문 이미지와 텍스트 보기>

1777-12-00. **안응징·안응찬 등 소지**(安應徵安應贊等所志), 안응징·안응찬 등. <1장. 한자+이두. 조선 필사 이두 자료. 경남 함안 두릉 순흥 안씨 소장. 한국학중앙연구원 장서각 한국고문서자료관 홈페이지 원문 이미지 보기. 한국학중앙연구원 편(2006) 참고>

1777-00-00. 「경모궁개건도감의궤(**景慕宮改建都監儀軌**)」, 개건도감 편. <1책. 138장. 필사본. 표제는 '(乾隆四十一年丙申十月 日 禮曹上)景慕宮 改建都監儀軌'. 권수제는 '(乾隆四十一年丙申十月 日)景慕宮改建都監儀軌'. 한자+이두. 조선 필사 이두 자료. 서울대학교 규장각 한국학연구원 의궤 종합정보 홈페이지 '奎13633' 원문 이미지와 텍스트 보기>

1777-00-00. 「경모궁악기조성청의궤(**景慕宮樂器造成廳儀軌**)」, 악기조성청 편. <1

---

599 한국학중앙연구원 장서각 한국고문서자료관 홈페이지에서는 '병조(兵曹) 관(關)'으로 표시하였다.

책. 112장. 필사본. 표제는 '(乾隆四十二年丁酉六月 日禮曹上)景慕宮樂器造成廳 儀軌'. 권수제는 '(乾隆四十二年 月 日)景慕宮樂器造成廳儀軌'. 한자+이두. 조선 필사 이두 자료. 서울대학교 규장각 한국학연구원 의궤 종합정보 홈페이지 '奎14265' 원문 이미지와 텍스트 보기>

1777-00-00. 「추숭도감의궤(追崇都監儀軌)」,[600] 추숭·상시도감(追崇上諡都監) 편. <1책. 196장. 필사본. 표제는 '(丙申年 太白山上)追崇都監都儀軌(全)'. 권수제는 '(乾隆四十一年丙申三月 日)追崇都監儀軌'. 한자+이두. 조선 필사 이두 자료. 서울대학교 규장각 한국학연구원 의궤 종합정보 홈페이지 '奎13327' 원문 이미지와 텍스트 보기>

1777-00-00~1800-00-00. 「경모궁의궤(景慕宮儀軌)」 1~3, 의궤청(儀軌廳). <4권 3책. 필사본. 한자+이두. 조선 필사 이두 자료. 한국학중앙연구원 한국학 디지털 아카이브 홈페이지 원문 이미지와 텍스트 보기>

1777-00-00~1800-00-00. 「영희전의궤(永禧殿儀軌)」, 통예원(通禮院). <1책. 5장. 필사본. 한자+이두. 조선 필사 이두 자료. 한국학중앙연구원 한국학 디지털 아카이브 홈페이지 원문 이미지 보기>

1777-00-00~1881-00-00. 「금위영서대등록(禁衛營瑞臺謄錄)」 1-3, 금위영. <3책. 필사본. 한자+이두. 조선 필사 이두 자료. 한국학중앙연구원 한국학 디지털 아카이브 홈페이지 원문 이미지와 텍스트 보기>

1778년

<무술(戊戌), 정조 2년, 건륭 43년>

1778-01-01~1783-12-12(戊戌~癸卯). 「진상등록(進上謄錄)」 제19, 예조(禮曹) 편(編). <1책(3/6). 123장. 필사본. 필사 시기 미상. 한자+이두. 조선 필사 이두 자료. 서울

---

[600] 서울대학교 규장각 한국학연구원 의궤 종합정보 홈페이지에서는 서명을 표제나 권수제와는 달리 '진종추숭도감의궤(眞宗追崇都監儀軌)'로 적었다.

대학교 규장각 한국학연구원 홈페이지 낙질본(第17-20, 第24-25) 원문 이미지 보기> <1767-09-11~1772-12-27(제17)>

1778-01-06~1778-12-27(戊戌). 「무술년 전객사일기(戊戌年 典客司日記)」 26, 예조(禮曹) 전객사(典客司) 편(編). <1책(26/99). 138장. 필사본. 한자+이두. 조선 필사 이두 자료. 서울대학교 규장각 한국학연구원 홈페이지 원문 이미지 보기>

1778-01-21. **용산서원 재임 서목**(龍山書院齋任書目) 1, 용산서원. <1장. 한자+이두. 조선 필사 이두 자료. 경북 경주시 내남면 이조리 경주 최씨·용산서원 소장. 한국학중앙연구원 장서각 한국고문서자료관 홈페이지 원문 이미지 보기. 한국정신문화연구원 편(2000) 참고>

1778-01-21. **종계 유사 최적현 토지매매명문**(宗稧有司崔迪賢土地賣買明文), 두현(斗賢). <1장. 한자+이두. 조선 필사 이두 자료. 남원·구례 삭녕 최씨 구장. 한국학중앙연구원 장서각 한국고문서자료관 홈페이지 원문 이미지 보기. 한국정신문화연구원 편(2004) 참고>

1778-01-26. **재종제 토지매매명문**(再從弟土地賣買明文), 박징상(朴徵相). <1장. 한자+이두. 조선 필사 이두 자료. 영해 도곡 무안 박씨 무의공 종택 소장. 한국학중앙연구원 고문서자료관 홈페이지 원문 이미지 보기. 박병호(1974ㄱ), 최승희(1989), 이재수(2003), 정구복(2005), 한국학중앙연구원 편(2008) 참고>

1778-01-00. **안응진·안응징 등 소지**(安應珍安應徵等所志) 1, 안응진·안응징 등. <1장. 한자+이두. 조선 필사 이두 자료. 경남 함안 두릉 순흥 안씨 소장. 한국학중앙연구원 장서각 한국고문서자료관 홈페이지 원문 이미지 보기. 한국학중앙연구원 편(2006) 참고>

1778-01-00. **이희성 소지**(李希誠所志) 1, 이희성. <1장. 한자+이두. 조선 필사 이두 자료. 경북 경주시 안강읍 옥산리 여주 이씨 독락당 소장. 한국학중앙연구원 장서각 한국고문서자료관 홈페이지 원문 이미지 보기. 한국정신문화연구원 편(2003) 참고>

1778-01-00. **이희성 소지**(李希誠所志) 2, 이희성. <1장. 한자+이두. 조선 필사 이두 자료. 경북 경주시 안강읍 옥산리 여주 이씨 독락당 소장. 한국학중앙연구원 장서각 한국고문서자료관 홈페이지 원문 이미지 보기. 한국정신문화연구원 편(2003)

참고>

1778-02-02. **용산서원 재임 서목**(龍山書院齋任書目) 2, 용산서원. <1장. 한자+이두. 조선 필사 이두 자료. 경북 경주시 내남면 이조리 경주 최씨·용산서원 소장. 한국학중앙연구원 장서각 한국고문서자료관 홈페이지 원문 이미지 보기. 한국정신문화연구원 편(2000) 참고>

1778-02-10. **김삼봉 토지매매명문**(金三奉土地賣買明文), 윤연산(尹連山). <1장. 한자+이두. 조선 필사 이두 자료. 일본 경도대학 가와이문고 소장. 고려대학교 해외한국학자료센터 홈페이지 원문 이미지와 텍스트 보기>

1778-02-15. **백련동 대동계 차지 윤억 토지매매명문**(白蓮洞大同契次知尹億土地賣買明文), 염 생원 댁 노 철산(廉生員宅奴鐵山). <1장. 한자+이두. 조선 필사 이두 자료. 전남 해남 연동 해남 윤씨 녹우당 소장. 한국학중앙연구원 장서각 한국고문서자료관 홈페이지 원문 이미지와 텍스트 보기. 박병호(1974ㄱ), 김태영(1983), 한국정신문화연구원 편(1983, 1986), 최승희(1989) 참고>

1778-02-16. **별치 유사 박지민 토지매매명문**(別置有司朴之敏土地賣買明文), 최박(崔璞) 등(等). <1장. 한자+이두. 조선 필사 이두 자료. 경북 경주시 내남면 이조리 경주 최씨·용산서원 소장. 한국학중앙연구원 장서각 한국고문서자료관 홈페이지 원문 이미지 보기. 한국정신문화연구원 편(2000) 참고>

1778-02-20. **이 생원 노 봉일 토지매매명문**(李生員奴奉逸土地賣買明文), 장만경(張萬敬). <1장. 한자+이두. 조선 필사 이두 자료. 영해 인량 재령 이씨 충효당 구장. 한국국학진흥원 소장. 한국학자료센터 영남권역센터 홈페이지 원문 이미지와 텍스트 보기. 한국정신문화연구원 편(1997) 참고>

1778-02-20. **이우음조 토지매매명문**(李于音棗土地賣買明文),[601] 김춘동(金春東). <1장. 한자+이두. 조선 필사 이두 자료. 해남 노송 김해 김씨 노송사 소장. 한국학중앙연구원 장서각 한국고문서자료관 홈페이지 & 호남권 한국학자료센터 홈페이지 원문 이미지와 텍스트 보기. 최승희(1989), 한국정신문화연구원 편(1998), 조정

---

[601] 한국학중앙연구원 장서각 한국고문서자료관 홈페이지에서는 '이우음조(李于音棗)'로 표시하였고, 호남권 한국학자료센터 홈페이지에서는 '이음동(李于音束)'으로 표시하였다.

곤(2013) 참고>

1778-02-26. **신인술 토지매매명문**(申仁術土地賣買明文), 김(金). <1장. 한자+이두. 조선 필사 이두 자료. 안동 천전 의성 김씨 제산 종택 소장. 한국학중앙연구원 장서각 한국고문서자료관 홈페이지 원문 이미지 보기. 한국정신문화연구원 편(1990) 참고>

1778-02-00. **강봉휴 소지**(姜鳳休所志), 강봉휴. <1장. 한자+이두. 조선 필사 이두 자료. 제주 어도내산 진주 강씨가 구장. 제주 한림 강우석 소장. 호남권 한국학자료센터 홈페이지 원문 이미지와 텍스트 보기. 오창명(2007) 참고>

1778-02-00. **김낙일 소지**(金洛一所志), 김낙일. <1장. 한자+이두. 조선 필사 이두 자료. 해남 노송 김해 김씨 노송사 소장. 한국학중앙연구원 장서각 한국고문서자료관 홈페이지 & 호남권 한국학자료센터 홈페이지 원문 이미지와 텍스트 보기. 최승희(1989), 한국정신문화연구원 편(1998) 참고>

1778-03-04. **차노 당감 배지**(差奴當甘牌旨), 이(李). <1장. 한자+이두. 조선 필사 이두 자료. 전남 영광군 입석 영월 신씨 소장. 한국학중앙연구원 장서각 한국고문서자료관 홈페이지 원문 이미지와 텍스트 보기. 한국정신문화연구원 편(1996) 참고>

1778-03-20. **강흥복 토지 상환 명문**(姜興復土地相換明文), 진주 최용득(田主崔龍得). <1장. 한자+이두. 조선 필사 이두 자료. 제주시 제주교육박물관 소장. 사이버 제주교육박물관 홈페이지 원문 이미지와 텍스트 보기>

1778-03-23. **임지희 토지매매명문**(林之熙土地賣買明文), 윤동원(尹東遠). <1장. 한자+이두. 조선 필사 이두 자료. 전남 해남 연동 해남 윤씨 녹우당 소장. 한국학중앙연구원 장서각 한국고문서자료관 홈페이지 원문 이미지와 텍스트 보기. 박병호(1974ㄱ), 한국정신문화연구원 편(1986), 이재수(2003), 김소은(2004) 참고>

1778-03-24. **강시양 차정첩**(姜時揚差定帖), 제주목(濟州牧). <1장. 한자+이두. 조선 필사 이두 자료. 제주 어도내산 진주 강씨가 구장. 제주 한림 강우석 소장. 호남권 한국학자료센터 홈페이지 원문 이미지와 텍스트 보기. 최승희(1989), 고창석(2002) 참고>

1778-03-24. **강시양 첩정**(姜時揚牒呈),[602] 제주목(濟州牧). <1장. 한자+이두. 조선 필사 이두 자료. 제주 어도내산 진주 강씨가 구장. 제주 한림 강우석 소장. 호남권

한국학자료센터 홈페이지 원문 이미지와 텍스트 보기. 박병호(1974ㄱ), 최승희(1989), 전경목(2001) 참고>

1778-03-26. **호노 계 토지매매명문**(戶奴戒土地賣買明文), 권봉돌이(權奉乭伊). <1장. 한자+이두. 조선 필사 이두 자료. 경북 경주시 양동 경주 손씨 송첨 종택 소장. 한국학중앙연구원 장서각 한국고문서자료관 홈페이지 원문 이미지 보기>

1778-03-00. **기태온 소지**(奇泰溫所志), 기태온. <1장. 한자+이두. 조선 필사 이두 자료. 전남 장성군 행주 기씨 금강 종가 소장. 호남권 한국학자료센터 홈페이지 원문 이미지와 텍스트 보기. 김경숙(2012) 참고>

1778-03-00. **남도식 등 소지**(南道軾等所志),[603] 남도식 등. <1장. 한자+이두. 조선 필사 이두 자료. 파평 윤씨 야성군파 천평 문중 우암 종택 구장. 한국국학진흥원 소장. 한국국학진흥원 유교넷 홈페이지 원문 이미지 보기>

1778-03-00. **안응진·안응징 등 소지**(安應珍安應徵等所志) 2, 안응진·안응징 등. <1장. 한자+이두. 조선 필사 이두 자료. 경남 함안 두릉 순흥 안씨 소장. 한국학중앙연구원 장서각 한국고문서자료관 홈페이지 원문 이미지 보기. 한국학중앙연구원 편(2006) 참고>

1778-03-00. **안응찬·안응로 등 소지**(安應贊安應璐等所志), 안응찬·안응로 등. <1장. 한자+이두. 조선 필사 이두 자료. 경남 함안 두릉 순흥 안씨 소장. 한국학중앙연구원 장서각 한국고문서자료관 홈페이지 원문 이미지 보기. 한국학중앙연구원 편(2006) 참고>

1778-04-00. **노 철산 배지**(奴鐵山牌旨), 염(廉). <1장. 한자+이두. 조선 필사 이두 자료. 전남 해남 연동 해남 윤씨 녹우당 소장. 한국학중앙연구원 장서각 한국고문서자료관 홈페이지 원문 이미지와 텍스트 보기. 박병호(1974ㄱ), 김태영(1983), 한국정신문화연구원 편(1983, 1986), 최승희(1989) 참고>

1778-04-00. **이홍원 차첩**(李弘源差帖) 1, 이조(吏曹). <1장. 한자+이두. 조선 필사

---

[602] 호남권 한국학자료센터 홈페이지에서는 '호장(戶長) 박(朴)의 첩정(牒呈)'으로 표시하였다.
[603] 한국국학진흥원 유교넷 홈페이지에서는 문서명을 '1778년(정조 2) 3월 남도식(南道軾) 등 86명이 강원도 울진현 성주에게 유사진(尹思進)을 조정에 천거해줄 것을 청하는 소지(所志)'로 표시하였다.

이두 자료. 제천 한수 연안 이씨 소장. 한국학중앙연구원 장서각 한국고문서자료관 홈페이지 원문 이미지 보기. 한국정신문화연구원 편(2001) 참고>

1778-05-00. **이홍원 차첩**(李弘源差帖) 2, 이조(吏曹). <1장. 한자+이두. 조선 필사 이두 자료. 제천 한수 연안 이씨 소장. 한국학중앙연구원 장서각 한국고문서자료관 홈페이지 원문 이미지 보기. 한국정신문화연구원 편(2001) 참고>

1778-05-00. **이홍원 차첩**(李弘源差帖) 3, 이조(吏曹). <1장. 한자+이두. 조선 필사 이두 자료. 제천 한수 연안 이씨 소장. 한국학중앙연구원 장서각 한국고문서자료관 홈페이지 원문 이미지 보기. 한국정신문화연구원 편(2001) 참고>

1778-06-22. **용산서원 재임 서목**(龍山書院齋任書目) 3, 용산서원. <1장. 한자+이두. 조선 필사 이두 자료. 경북 경주시 내남면 이조리 경주 최씨·용산서원 소장. 한국학중앙연구원 장서각 한국고문서자료관 홈페이지 원문 이미지 보기. 한국정신문화연구원 편(2000) 참고>

1778-06-00. **이홍원 차첩**(李弘源差帖) 4, 이조(吏曹). <1장. 한자+이두. 조선 필사 이두 자료. 제천 한수 연안 이씨 소장. 한국학중앙연구원 장서각 한국고문서자료관 홈페이지 원문 이미지 보기. 한국정신문화연구원 편(2001) 참고>

1778-윤6-00. **이홍원 차첩**(李弘源差帖) 5, 이조(吏曹). <1장. 한자+이두. 조선 필사 이두 자료. 제천 한수 연안 이씨 소장. 한국학중앙연구원 장서각 한국고문서자료관 홈페이지 원문 이미지 보기. 한국정신문화연구원 편(2001) 참고>

1778-07-08. **기태온 토지매매명문**(奇泰溫土地賣買明文), 기태신(奇泰臣). <1장. 한자+이두. 조선 필사 이두 자료. 전남 장성군 행주 기씨 금강 종가 소장. 호남권 한국학자료센터 홈페이지 원문 이미지와 텍스트 보기. 이재수(2003), 이수건 외(2004) 참고>

1778-07-08. **행주 기씨 문중 토지매매명문**(幸州奇氏門中土地賣買明文), 기동상(奇東相). <1장. 한자+이두. 조선 필사 이두 자료. 전남 장성군 행주 기씨 금강 종가 소장. 호남권 한국학자료센터 홈페이지 원문 이미지와 텍스트 보기. 이재수(2003), 이수건 외(2004) 참고>

1778-07-17. **이희근 토지매매명문**(李希謹土地賣買明文), 이희겸(李希謙). <1장. 한자+이두. 조선 필사 이두 자료. 경북 경주시 안강읍 옥산리 여주 이씨 장산서원·치

암 종택 구장. 한국학중앙연구원 장서각 한국고문서자료관 홈페이지 원문 이미지 보기. 한국정신문화연구원 편(2003) 참고>

1778-07-24. **배흥겸 초사**(裵興謙招辭), 배흥겸. <1장. 한자+이두. 조선 필사 이두 자료. 함안 두릉 순흥 안씨 소장. 한국학중앙연구원 장서각 한국고문서자료관 홈페이지 원문 이미지 보기. 한국학중앙연구원 편(2006) 참고>

1778-07-00. **이홍원 차첩**(李弘源差帖) 6, 이조(吏曹). <1장. 한자+이두. 조선 필사 이두 자료. 제천 한수 연안 이씨 소장. 한국학중앙연구원 장서각 한국고문서자료관 홈페이지 원문 이미지 보기. 한국정신문화연구원 편(2001) 참고>

1778-07-00. **화민 신태기 등 소지**(化民辛兌基等所志), 신태기 등. <1장. 한자+이두. 조선 필사 이두 자료. 전남 영광군 입석 영월 신씨 소장. 한국학중앙연구원 장서각 한국고문서자료관 홈페이지 원문 이미지와 텍스트 보기. 한국정신문화연구원 편(1996) 참고>

1778-08-00. **영장 류이주 전령**(營將柳爾冑傳令), 영남겸사(嶺南兼使). <1장. 한자+이두. 조선 필사 이두 자료. 전남 구례군 토지면 오미리 문화 류씨 운조루 소장. 한국학중앙연구원 장서각 한국고문서자료관 홈페이지 원문 이미지와 텍스트 보기. 한국정신문화연구원 편(1998) 참고>

1778-08-00. **이홍원 차첩**(李弘源差帖) 7, 이조(吏曹). <1장. 한자+이두. 조선 필사 이두 자료. 제천 한수 연안 이씨 소장. 한국학중앙연구원 장서각 한국고문서자료관 홈페이지 원문 이미지 보기. 한국정신문화연구원 편(2001) 참고>

1778-10-01. **족제 단 토지매매명문**(族弟檀土地賣買明文), 경침(景沈). <1장. 한자+이두. 조선 필사 이두 자료. 전남 영광군 입석 영월 신씨 소장. 한국학중앙연구원 장서각 한국고문서자료관 홈페이지 원문 이미지와 텍스트 보기. 한국정신문화연구원 편(1996) 참고>

1778-10-30. **강응신 토지매매명문**(姜應新土地賣買明文), 양기령(梁起岭). <1장. 한자+이두. 조선 필사 이두 자료. 제주 장전리 진주 강씨 강태복가 소장. 호남권 한국학자료센터 홈페이지 원문 이미지와 텍스트 보기. 최승희(1989), 고창석(2002) 참고>

1778-10-00. **김연 소지**(金淵所志), 김연. <1장. 한자+이두. 조선 필사 이두 자료.

전북 부안군 우반 부안 김씨 세덕각 소장. 호남권 한국학자료센터 홈페이지 원문 이미지와 텍스트 보기. 박병호(1974ㄱ), 최승희(1989), 전경목(2001), 정구복(2002), 이재수(2003) 참고>

1778-11-02. **송연보 토지매매명문**(宋延補土地賣買明文), 유학 송연세(幼學宋延世). <1장. 한자+이두. 조선 필사 이두 자료. 전북 장수군 화양 흥학당 소장. 호남권 한국학자료센터 홈페이지 원문 이미지와 텍스트 보기. 박병호(1974ㄱ), 최승희(1989), 이재수(2003) 참고>

1778-11-04. **김태옥 토지매매명문**(金泰玉土地賣買明文), 강석재(姜石才). <1장. 한자+이두. 조선 필사 이두 자료. 전남 보성 박실 제주 양씨가 구장. 원광대학교 박물관 소장. 호남권 한국학자료센터 홈페이지 원문 이미지와 텍스트 보기. 박병호(1974ㄱ), 이재수(2003) 참고>

1778-11-10. **김옥 분급문기**(金{沃+土}分給文記), 김옥. <1장. 한자+이두. 조선 필사 이두 자료. 전북 부안군 우반 부안 김씨 세덕각 소장. 한국정신문화연구원 편(1983, 1998), 한국학중앙연구원 편(2017) 참고>

1778-11-12. **김정렬 토지매매명문**(金鼎烈土地賣買明文), 김제열(金濟烈). <1장. 한자+이두. 조선 필사 이두 자료. 전북 부안군 우반 부안 김씨 세덕각 소장. 한국정신문화연구원 편(1983, 1998), 한국학중앙연구원 편(2017) 참고>

1778-11-13. **권성봉 토지매매명문**(權聖鳳土地賣買明文), 권성통(權聖通). <1장. 한자+이두. 조선 필사 이두 자료. 경북 예천군 용문면 대제리 원동 권씨 춘우재 고택 구장. 한국국학진흥원 소장. 한국학자료센터 영남권역센터 홈페이지 원문 이미지와 텍스트 보기. 김성갑(2013) 참고>

1778-11-15. **계원 유사 박리회 토지매매명문**(稧員有司朴履繪土地賣買明文), 유학 박시추(幼學朴時秋). <1장. 한자+이두. 조선 필사 이두 자료. 경북 영주시 문수면 수도리 반남 박씨 오헌 고택 구장. 한국국학진흥원 소장. 한국학자료센터 영남권역센터 홈페이지 원문 이미지와 텍스트 보기. 김성갑(2013) 참고>

1778-11-15. **질아 덕유 토지매매명문**(姪兒德裕土地賣買明文), 단(檀). <1장. 한자+이두. 조선 필사 이두 자료. 전남 영광군 입석 영월 신씨 소장. 한국학중앙연구원 장서각 한국고문서자료관 홈페이지 원문 이미지와 텍스트 보기. 한국정신문화연

구원 편(1996) 참고>

1778-11-16. **장중태 토지매매명문**(張仲泰土地賣買明文), 조매종(趙梅宗). <1장. 한자+이두. 조선 필사 이두 자료. 경북 안동시 주촌 진성 이씨 경류정 소장. 한국학중앙연구원 장서각 한국고문서자료관 홈페이지 원문 이미지와 텍스트 보기. 한국정신문화연구원 편(1999) 참고>

1778-11-25. **김 생원 댁 노 돌산 토지매매명문**(金生員宅奴乭山土地賣買明文), 김 조이(金召史). <1장. 한자+이두. 조선 필사 이두 자료. 전북 부안군 우반 부안 김씨 세덕각 소장. 호남권 한국학자료센터 홈페이지 원문 이미지와 텍스트 보기. 박병호(1974ㄱ), 이재수(2003) 참고>

1778-11-26. **별고 유사 최숙 토지매매명문**(別庫有司崔璹土地賣買明文), 최종항(崔宗恒). <1장. 한자+이두. 조선 필사 이두 자료. 경북 경주시 내남면 이조리 경주 최씨·용산서원 소장. 한국학중앙연구원 장서각 한국고문서자료관 홈페이지 원문 이미지 보기. 박병호(1974ㄱ), 한국정신문화연구원 편(2000), 이재수(2003), 김소은(2004) 참고>

1778-11-26. **손 생원 댁 계노 토지매매명문**(孫生員宅契奴土地賣買明文), 김시삼(金是三). <1장. 한자+이두. 조선 필사 이두 자료. 경북 경주시 양동 경주 손씨 송첨종택 소장. 한국학중앙연구원 장서각 한국고문서자료관 홈페이지 원문 이미지 보기. 이수건(1979), 이수건 편저(1981), 영남대학교 인문과학연구소 편(1990), 정구복·안승준(1997), 한국정신문화연구원 편(1997) 참고>

1778-11-29. **박성근 토지매매명문**(朴成近土地賣買明文), 조순덕(曹順德). <1장. 한자+이두. 조선 필사 이두 자료. 일본 경도대학 가와이문고 소장. 고려대학교 해외한국학자료센터 홈페이지 원문 이미지와 텍스트 보기>

1778-11-00. **기명상 소지**(奇命相所志), 기명상. <1장. 한자+이두. 조선 필사 이두 자료. 전남 장성군 행주 기씨 금강 종가 소장. 호남권 한국학자료센터 홈페이지 원문 이미지와 텍스트 보기>

1778-12-15. **작산 섬학소 유사 이 진사 토지매매명문**(鵲山贍學所有司李進士土地賣買明文), 이귀종(李貴宗). <1장. 한자+이두. 조선 필사 이두 자료. 경북 안동시 주촌 진성 이씨 경류정 소장. 한국학중앙연구원 장서각 한국고문서자료관 홈페이지

원문 이미지와 텍스트 보기. 한국정신문화연구원 편(1999) 참고>

1778-12-16. **권 생원 댁 노 자근남 토지매매명문**(權生員宅奴者斤男土地賣買明文), 도다지(刀多之). <1장. 한자+이두. 조선 필사 이두 자료. 경북 예천군 용문면 대제리 원동 권씨 춘우재 고택 구장. 한국국학진흥원 소장. 한국학자료센터 영남권역센터 홈페이지 원문 이미지와 텍스트 보기. 김성갑(2013) 참고>

1778-12-22. **김형옥 토지매매명문**(金衡玉土地賣買明文), 김알(金斡). <1장. 한자+이두. 조선 필사 이두 자료. 경북 안동시 오천 광산 김씨 후조당 소장. 한국학중앙연구원 장서각 한국고문서자료관 홈페이지 원문 이미지와 텍스트 보기. 박병호(1974ㄱ), 한국정신문화연구원 편(1982), 최승희(1989) 참고>

1778-12-00. **강시양 소지**(姜時揚所志) 1, 강시양. <1장. 한자+이두. 조선 필사 이두 자료. 제주 어도내산 진주 강씨가 구장. 제주 한림 강우석 소장. 호남권 한국학자료센터 홈페이지 원문 이미지와 텍스트 보기. 전경목(2001), 유지영(2004), 전경목 외(2006) 참고>

1778-12-00. **강시양 소지**(姜時揚所志) 2, 강시양. <1장. 한자+이두. 조선 필사 이두 자료. 제주 어도내산 진주 강씨가 구장. 제주 한림 강우석 소장. 호남권 한국학자료센터 홈페이지 원문 이미지와 텍스트 보기. 최승희(1989) 참고>

1778-00-00. 「경종대왕수정실록의궤(**景宗大王修正實錄儀軌**)」, 춘추관(春秋館) 편. <1책. 16장. 필사본. 표제는 '修正實錄儀軌'. 한자+이두. 조선 필사 이두 자료. 한국학중앙연구원 한국학 디지털 아카이브 홈페이지 원문 이미지와 텍스트 보기>

1778-00-00. 「동사강목(**東史綱目**)」, 안정복(安鼎福). <20권 20책. 필사본. 역사서. 국립중앙도서관, 서울대학교 규장각 한국학연구원, 한국학중앙연구원 디지털 아카이브 홈페이지 원문 이미지 보기>

1778-00-00. 「부묘도감도청의궤(**祔 廟都監都廳儀軌**)」,[604] 부묘도감 편. <1책. 304장. 필사본. 표제는 '(乾隆四十三年戊戌五月 日 正宗二年)祔 廟都監儀軌'. 권수제는 '(乾隆四十

---

[604] 한국학중앙연구원 디지털장서각 홈페이지에서는 서명을 '[영종대왕정성왕후]부묘도감의궤[英宗大王貞聖王后]祔廟都監儀軌)'로 적었다.

三年戊戌五月 日)祔 廟都監都廳儀軌'. 한자+이두. 조선 필사 이두 자료. 한국학중앙연구원 디지털장서각 홈페이지 'K2-2239' 원문 이미지와 텍스트 보기>

1778-00-00.「부묘도감도청의궤(祔 廟都監都廳儀軌)」, 부묘도감 편. <1책. 353장. 필사본. 개장한 표지의 표제는 '(戊戌五月 日 宗廟 署上)祔廟都監儀軌'. 권수제는 '(乾隆四十三年戊戌五月 日)祔 廟都監都廳儀軌'. 한자+이두. 조선 필사 이두 자료. 한국학중앙연구원 디지털장서각 홈페이지 'K2-4769' 원문 이미지 보기>

1778-00-00.「부묘도감의궤(祔 廟都監儀軌)」,[605] 부묘도감 편. <1책. 288장. 필사본. 표제는 '(戊戌五月 日 赤裳山城上 太白山)祔 廟都監儀軌(全)'. 권수제는 '(乾隆四十三年戊戌五月 日)祔 廟都監都廳儀軌'. 한자+이두. 조선 필사 이두 자료. 서울대학교 규장각한국학연구원 의궤 종합정보 홈페이지 '奎13587' 원문 이미지와 텍스트 보기>

1778-00-00. **소지 초**(所志抄) <1장. 한자+이두. 조선 필사 이두 자료. 전남 영광군 입석 영월 신씨 소장. 한국학중앙연구원 장서각 한국고문서자료관 홈페이지 원문 이미지와 텍스트 보기. 한국정신문화연구원 편(1996) 참고>

1778-00-00.「영정이봉등록(影幀移奉謄錄)」, 예조(禮曹). <1책. 36장. 필사본. 한자+이두. 조선 필사 이두 자료. 한국학중앙연구원 한국학 디지털 아카이브 홈페이지 원문 이미지와 텍스트 보기>

1778-00-00.「존숭도감도청의궤(尊崇都監都廳儀軌)」,[606] 존숭도감 편. <1책. 101장. 필사본. 표제는 '(戊戌五月 日 太白山上)尊崇都監儀軌(全)'. 권수제는 '(乾隆四十三年戊戌五月 日)尊崇都監都廳儀軌'. 한자+이두. 조선 필사 이두 자료. 서울대학교 규장각한국학연구원 의궤 종합정보 홈페이지 '奎13306' 원문 이미지와 텍스트 보기>

1778-00-00.「존숭도감도청의궤(尊崇都監都廳儀軌)」, 존숭도감 편. <1책. 101장. 필사본. 권수제는 '(乾隆四十三年戊戌五月 日)尊崇都監都廳儀軌'. 한자+이두. 조선 필사 이두 자료. 한국학중앙연구원 디지털장서각 홈페이지 'K2-2833' 원문 이미지와 텍스트 보기>

---

605 서울대학교 규장각 한국학연구원 의궤 종합정보 홈페이지에서는 서명을 표제나 권수제와는 달리 '영조정성왕후진종효순왕후부묘도감의궤(英祖貞聖王后眞宗孝純王后祔廟都監儀軌)'로 적었다.

606 서울대학교 규장각 한국학연구원 의궤 종합정보 홈페이지에서는 서명을 표제나 권수제와는 달리 '정순왕후존숭도감의궤(貞純王后尊崇都監儀軌)'로 적었다.

1778-00-00. 「진호도감도청의궤(進號都監都廳儀軌)」,⁶⁰⁷ 진호도감. <1책. 90장. 필사본. 표제는 '(戊戌五月 日 太白山上)進號都監儀軌(全)'. 권수제는 '(乾隆四十三年戊戌五月 日)進號都監都廳儀軌'. 한자+이두. 조선 필사 이두 자료. 서울대학교 규장각 한국학연구원 의궤 종합정보 홈페이지 '奎13307' 원문 이미지와 텍스트 보기>

1778-00-00. 「진호도감의궤(進號都監儀軌)」,⁶⁰⁸ 진호도감 편. <1책. 94장. 필사본. 표제는 '(乾隆四十三年戊戌五月 日 正宗二年)進號都監儀軌(全)'. '(乾隆四十三年戊戌五月 日)進號都監儀軌目錄'으로 시작한다. 한자+이두. 조선 필사 이두 자료. 한국학중앙연구원 디지털장서각 홈페이지 'K2-2846' 원문 이미지와 텍스트 보기>

1778-00-00. 「책례도감도청의궤(冊禮都監都廳儀軌)」,⁶⁰⁹ 책례도감 편. <1책. 91장. 필사본. 표제는 '(戊戌五月 日 太白山上)冊禮都監儀軌(全)'. 권수제는 '(乾隆四十三年戊戌五月 日)冊禮都監都廳儀軌'. 한자+이두. 조선 필사 이두 자료. 서울대학교 규장각 한국학연구원 의궤 종합정보 홈페이지 '奎13116' 원문 이미지와 텍스트 보기>

1778-00-00. 「책례도감의궤(冊禮都監儀軌)」, 선공감(繕工監) 편(編). <1책. 90장. 필사본. 표제는 '(乾隆四十三年戊戌五月 日 正宗二年)冊禮都監儀軌(全)'. '(乾隆四十三年戊戌五月 日)冊禮都監儀軌目錄'으로 시작한다. 한자+이두. 조선 필사 이두 자료. 한국학중앙연구원 디지털장서각 홈페이지 'K2-4824' 원문 이미지와 텍스트 보기>

1778-00-00. **최승원 등 소지**(崔昇遠等所志),⁶¹⁰ 최승원 등. <1장. 한자+이두. 조선 필사 이두 자료. 파평 윤씨 야성군파 천평 문중 우암 종택 구장. 한국국학진흥원 소장. 한국국학진흥원 유교넷 홈페이지 원문 이미지 보기>

1778-00-00. 「친행각양의등록(親行各樣儀謄錄)」, 예조(禮曹). <1책. 67장. 필사본. 한

---

607 서울대학교 규장각 한국학연구원 의궤 종합정보 홈페이지에서는 서명을 표제나 권수제와는 달리 혜빈진호도감의궤(惠嬪進號都監儀軌)'로 적었다.

608 한국학중앙연구원 디지털장서각 홈페이지에서는 서명을 '진호도감도청의궤(進號都監都廳儀軌)'로 적었다.

609 서울대학교 규장각 한국학연구원 의궤 종합정보 홈페이지에서는 서명을 표제나 권수제와는 달리 '효의왕후책례도감의궤(孝懿王后冊禮都監儀軌)'로 적었다.

610 한국국학진흥원 유교넷 홈페이지에서는 문서명을 '1778년(정조 2) 강원도 울진현에 거주하는 최승원(崔昇遠) 등 36명이 윤사진(尹思進)을 조정에 천거해 달라고 관찰사에 올린 소지(所志)'로 표시하였다.

자+이두. 이두 자료. 한국학중앙연구원 장서각 한국학자료센터 홈페이지 원문 이미지와 텍스트 보기>

1779년

<기해(己亥), 정조 3년, 건륭 44년>

1779-01-01~1883-02-29. 「내각일력(內閣日曆)」, 규장각(奎章閣) 편(編). <1,249책. 필사본. 한자+이두. 조선 필사 이두 자료. 규장각 일기. 서울대학교 규장각 한국학연구원 홈페이지 '奎13030' 원문 이미지와 텍스트 보기>

1779-01-02~1779-12-29(정조 3년 己亥). 「의금부등록(義禁府謄錄)」, 의금부(義禁府) 편(編). <1책(5/6). 123장. 필사본. 표제는 '義禁府謄錄'. 한자+이두. 조선 필사 이두 자료. 서울대학교 규장각 한국학연구원 홈페이지 원문 이미지 보기> <영인본: 「각사등록」 73(4-6)(국사편찬위원회, 1994)> <1635-02-09~1635-12-14(1/6)>

1779-01-05. **별치 고자 명창 토지매매명문**(別置庫子明昌土地賣買明文), 막남(莫男). <1장. 한자+이두. 조선 필사 이두 자료. 경북 경주시 내남면 이조리 경주 최씨·용산서원 소장. 한국학중앙연구원 장서각 한국고문서자료관 홈페이지 원문 이미지 보기. 박병호(1974ㄱ), 한국정신문화연구원 편(2000), 이재수(2003), 김소은(2004) 참고>

1779-01-06. **유술호 토지매매명문**(柳述浩土地賣買明文), 고만혁(高萬赫). <1장. 한자+이두. 조선 필사 이두 자료. 전남 구례군 토지면 오미리 문화 류씨 운조루 소장. 한국학중앙연구원 장서각 한국고문서자료관 홈페이지 원문 이미지와 텍스트 보기. 한국정신문화연구원 편(1998) 참고>

1779-01-08. **김주곤 노비매매명문**(金柱崑奴婢賣買明文), 이민배(李敏培). <1장. 한자+이두. 조선 필사 이두 자료. 안동 금계 의성 김씨 학봉 종가 소장. 한국학중앙연구원 장서각 한국고문서자료관 홈페이지 원문 이미지와 텍스트 보기. 한국정신문화연구원 편(1990) 참고>

1779-01-11~1779-12-25(己亥). 「기해년 전객사일기(己亥年 典客司日記)」 27, 예조(禮

曹) 전객사(典客司) 편(編). <1책(27/99). 153장. 필사본. 한자+이두. 조선 필사 이두 자료. 서울대학교 규장각 한국학연구원 홈페이지 원문 이미지 보기>

1779-01-12. **강시양 전령**(姜時揚傳令) 1, 제주목(濟州牧). <1장. 한자+이두. 조선 필사 이두 자료. 제주 어도내산 진주 강씨가 구장. 제주 한림 강우석 소장. 호남권 한국학자료센터 홈페이지 원문 이미지와 텍스트 보기. 고창석(2002) 참고>

1779-01-15. **백련동 이정 토지매매명문**(白蓮洞里正土地賣買明文), 조여우(曺如右). <1장. 한자+이두. 조선 필사 이두 자료. 전남 해남 연동 해남 윤씨 녹우당 소장. 한국학중앙연구원 장서각 한국고문서자료관 홈페이지 원문 이미지와 텍스트 보기. 박병호(1974ㄱ), 김태영(1983), 한국정신문화연구원 편(1983, 1986), 최승희(1989) 참고>

1779-01-16. **서태갑 토지매매명문**(徐太甲土地賣買明文), 강계헌(康戒軒). <1장. 한자+이두. 조선 필사 이두 자료. 경남 합천 용연서원 소장. 한국학중앙연구원 장서각 한국고문서자료관 홈페이지 원문 이미지 보기. 한국정신문화연구원 편(1996) 참고>

1779-01-19. **의인 이 음성댁 노 계상 토지매매명문**(宜仁李陰城宅奴季上土地賣買明文), 신만취(辛晚翠). <1장. 한자+이두. 조선 필사 이두 자료. 경북 안동시 도산면 의촌리 은졸재 고택 구장. 한국국학진흥원 소장. 한국학자료센터 영남권역센터 홈페이지 원문 이미지와 텍스트 보기>

1779-01-24. **종중 삼보 정휘 토지매매명문**(宗中三宝丁輝土地賣買明文), 김상귀(金尙貴). <1장. 한자+이두. 조선 필사 이두 자료. 남원·구례 삭녕 최씨 구장. 한국학중앙연구원 장서각 한국고문서자료관 홈페이지 원문 이미지 보기. 한국정신문화연구원 편(2004) 참고>

1779-01-29. **노 마당 토지매매명문**(奴亇堂土地賣買明文), 정 조이(鄭召史). <1장. 한자+이두. 조선 필사 이두 자료. 순천 월등 목천 장씨 구장. 전북대학교 박물관 소장. 호남권 한국학자료센터 홈페이지 원문 이미지와 텍스트 보기. 박병호(1974ㄱ), 이재수(2003) 참고>

1779-01-30. **배해방 토지매매명문**(裵海方土地賣買明文), 김만년(金萬年). <1장. 한자+이두. 조선 필사 이두 자료. 경북 안동시 주촌 진성 이씨 경류정 소장. 한국학중

앙연구원 장서각 한국고문서자료관 홈페이지 원문 이미지와 텍스트 보기. 한국정신문화연구원 편(1999) 참고>

1779-02-06. **강봉휴 토지매매명문**(姜俸休土地賣買明文) 1, 고세선(高世善). <1장. 한자+이두. 조선 필사 이두 자료. 제주 어도내산 진주 강씨가 구장. 제주 한림 강우석 소장. 호남권 한국학자료센터 홈페이지 원문 이미지와 텍스트 보기. 이재수(2003), 오창명(2007) 참고>

1779-02-16. **김정렬 남매 화회문기**(金鼎烈男妹和會文記), 김정렬 등. <1장. 한자+이두. 조선 필사 이두 자료. 전북 부안군 우반 부안 김씨 세덕각 소장. 한국학중앙연구원 장서각 한국고문서자료관 홈페이지 원문 이미지와 텍스트 보기. 한국정신문화연구원 편(1983, 1998), 한국학중앙연구원 편(2017) 참고>

1779-02-16. **김정렬 분재기**(金鼎烈分財記), 김정렬. <1장. 한자+이두. 조선 필사 이두 자료. 전북 부안군 우반 부안 김씨 세덕각 소장. 호남권 한국학자료센터 홈페이지 원문 이미지와 텍스트 보기. 박병호(1974ㄱ), 최승희(1989), 전경목(2001) 참고>

1779-02-16. **수노 우선 배지**(首奴禹先牌旨), 서원 당중(書院堂中). <1장. 한자+이두. 조선 필사 이두 자료. 경북 경주시 내남면 이조리 경주 최씨·용산서원 소장. 한국학중앙연구원 장서각 한국고문서자료관 홈페이지 원문 이미지 보기. 한국정신문화연구원 편(2000) 참고>

1779-02-26. **임귀흥 토지매매명문**(林貴興土地賣買明文), 임만귀(林萬貴). <1장. 한자+이두. 조선 필사 이두 자료. 경북 안동시 주촌 진성 이씨 경류정 소장. 한국학중앙연구원 장서각 한국고문서자료관 홈페이지 원문 이미지와 텍스트 보기. 한국정신문화연구원 편(1999) 참고>

1779-03-01. **적장 이봉 토지매매명문**(嫡長李鳳土地賣買明文), 신경록(辛景祿). <1장. 한자+이두. 조선 필사 이두 자료. 전남 영광군 입석 영월 신씨 소장. 한국학중앙연구원 장서각 한국고문서자료관 홈페이지 원문 이미지와 텍스트 보기. 한국정신문화연구원 편(1996) 참고>

1779-03-07. **이립 토지매매명문**(李岦土地賣買明文), 변륵(卞玏). <1장. 한자+이두. 조선 필사 이두 자료. 경북 경주시 안강읍 옥산리 여주 이씨 독락당 소장. 한국학중앙연구원 장서각 한국고문서자료관 홈페이지 원문 이미지 보기. 한국정신문화연

구원 편(2003) 참고>

1779-03-12. **이봉태 토지매매명문**(李奉太土地賣買明文),[611] 한태량(韓太梁). <1장. 한자+이두. 조선 필사 이두 자료. 의성 김씨 지촌 종택 구장. 한국국학진흥원 소장. 한국국학진흥원 유교넷 홈페이지 원문 이미지 보기>

1779-03-12. **한태업 토지매매명문**(韓太業土地賣買明文), 이봉태(李奉太). <1장. 한자+이두. 조선 필사 이두 자료. 안동 천전 의성 김씨 제산 종택 소장. 한국학중앙연구원 장서각 한국고문서자료관 홈페이지 원문 이미지 보기. 한국정신문화연구원 편(1990) 참고>

1779-03-18. **주복래 토지매매명문**(朱福來土地賣買明文), 서태갑(徐太甲). <1장. 한자+이두. 조선 필사 이두 자료. 경남 합천 용연서원 소장. 한국학중앙연구원 장서각 한국고문서자료관 홈페이지 원문 이미지 보기. 한국정신문화연구원 편(1996) 참고>

1779-03-26. **이 생원 댁 노 맹삼 토지매매명문**(李生員宅奴孟三土地賣買明文),[612] 남중로(南重老). <1장. 한자+이두. 조선 필사 이두 자료. 경북 안동시 법흥동 고성 이씨 탑동 종가 구장. 한국국학진흥원 소장. 한국국학진흥원 유교넷 홈페이지 원문 이미지 보기>

1779-04-06. **담사리 초사**(淡沙里招辭), 담사리. <1장 점련문서. 한자+이두. 조선 필사 이두 자료. 경북 경주시 내남면 이조리 경주 최씨·용산서원 소장. 한국학중앙연구원 장서각 한국고문서자료관 홈페이지 원문 이미지 보기. 박병호(1974ㄱ), 한국정신문화연구원 편(2000), 최연숙(2005) 참고>

1779-04-06. **묘위전화소문기질**(墓位田火燒文記秩), 경주부(慶州府). <1장. 점련문서. 한자+이두. 조선 필사 이두 자료. 경북 경주시 내남면 이조리 경주 최씨·용산서원 소장. 한국학중앙연구원 장서각 한국고문서자료관 홈페이지 원문 이미지 보기. 박병호(1974ㄱ), 한국정신문화연구원 편(2000), 최연숙(2005) 참고>

---

[611] 한국국학진흥원 유교넷 홈페이지에서는 문서명을 '의성김씨 지촌종택 1779년에 답 이봉태와 한태량 사이에 작성된 명문(明文)(田畓賣買文書)[06531]'로 표시하였다.

[612] 한국국학진흥원 유교넷 홈페이지에서는 문서명을 '1779년 남중로가 이생원댁 보니 맹삼에게 땅을 매도한 사실을 증명하는 전답매매문기'로 표시하였다.

1779-04-06. **최종형 등 입안**(崔宗衡等立案), 경주부(慶州府). <1장. 점련문서. 한자+이두. 조선 필사 이두 자료. 경북 경주시 내남면 이조리 경주 최씨·용산서원 소장. 한국학중앙연구원 장서각 한국고문서자료관 홈페이지 원문 이미지 보기. 박병호(1974ㄱ), 한국정신문화연구원 편(2000), 최연숙(2005) 참고>

1779-04-00. **화민 최종형 등 소지**(化民崔宗衡等所志), 화민 최종형 등. <1장. 점련문서. 한자+이두. 조선 필사 이두 자료. 경북 경주시 내남면 이조리 경주 최씨·용산서원 소장. 한국학중앙연구원 장서각 한국고문서자료관 홈페이지 원문 이미지 보기. 박병호(1974ㄱ), 한국정신문화연구원 편(2000), 최연숙(2005) 참고>

1779-05-15. **노 돌이 토지매매명문**(奴乭伊土地賣買明文),[613] 전주 노 명금(田主奴命金). <1장. 한자+이두. 조선 필사 이두 자료. 경북 포항시 북구 기북면 오덕리 개인 소장. 한국학자료센터 영남권역센터 홈페이지 원문 이미지와 텍스트 보기>

1779-05-27. **박 생원 댁 노 환복 토지매매명문**(朴生員宅奴還卜土地賣買明文), 김효완(金孝完). <1장. 한자+이두. 조선 필사 이두 자료. 부여 은산 함양 박씨 소장. 한국학중앙연구원 고문서자료관 홈페이지 원문 이미지 보기. 한국정신문화연구원 편(2000) 참고>

1779-06-18. **김명순 군기시 약환 공인권 매매명문**(金命純軍器寺藥丸貢人權賣買明文), 왕한장(王漢章). <1장. 한자+이두. 조선 필사 이두 자료. 일본 경도대학 가와이문고 소장. 고려대학교 해외한국학자료센터 홈페이지 원문 이미지와 텍스트 보기>

1779-06-29. **이인훤 혜민서 약재 공인권 매매명문**(李寅烜惠民署藥材貢人權賣買明文), 김세정(金世禎). <1장. 한자+이두. 조선 필사 이두 자료. 일본 경도대학 가와이문고 소장. 고려대학교 해외한국학자료센터 홈페이지 원문 이미지와 텍스트 보기>

1779-06-00. **양명노 차첩**(梁平老差帖), 만호(萬戶). <1장. 한자+이두. 조선 필사 이두 자료. 전남 신안 제주 양씨 양민석 소장. 호남권 한국학자료센터 홈페이지 원문 이미지와 텍스트 보기. 최승희(1989) 참고>

1779-07-04. **강시양 전령**(姜時揚傳令) 2, 제주목(濟州牧). <1장. 한자+이두. 조선 필

---

[613] 한국학자료센터 영남권역센터 홈페이지에서는 '1779년(정조) 5월 15일 작성된 토지매매문서'로 표시하였다.

사 이두 자료. 제주 어도내산 진주 강씨가 구장. 제주 한림 강우석 소장. 호남권 한국학자료센터 홈페이지 원문 이미지와 텍스트 보기. 고창석(2002) 참고>

1779-07-06. **계증 토지매매명문**(契中土地賣買明文), 이희근(李希謹). <1장. 한자+이두. 조선 필사 이두 자료. 경북 경주시 안강읍 옥산리 여주 이씨 장산서원·치암 종택 구장. 한국학중앙연구원 장서각 한국고문서자료관 홈페이지 원문 이미지 보기. 한국정신문화연구원 편(2003) 참고>

1779-07-10. **이효재 토지매매명문**(李孝才土地賣買明文), 김치옥(金致玉). <1장. 한자+이두. 조선 필사 이두 자료. 전남 구례군 토지면 오미리 문화 류씨 운조루 소장. 한국학중앙연구원 장서각 한국고문서자료관 홈페이지 원문 이미지와 텍스트 보기. 한국정신문화연구원 편(1998) 참고>

1779-07-18. **강봉휴 토지매매명문**(姜俸休土地賣買明文) 2, 강윤성(姜胤聖). <1장. 한자+이두. 조선 필사 이두 자료. 제주 어도내산 진주 강씨가 구장. 제주 한림 강우석 소장. 호남권 한국학자료센터 홈페이지 원문 이미지와 텍스트 보기. 이재수(2003), 오창명(2007) 참고>

1779-07-18. **유학 유하육 토지매매명문**(幼學柳夏焴土地賣買明文), 문우덕(文友德). <1장. 한자+이두. 조선 필사 이두 자료. 전남 구례군 토지면 오미리 문화 류씨 운조루 소장. 한국학중앙연구원 장서각 한국고문서자료관 홈페이지 원문 이미지와 텍스트 보기. 한국정신문화연구원 편(1998) 참고>

1779-07-20. **이삼 토지매매명문**(李三土地賣買明文), 설한재(薛漢才). <1장. 한자+이두. 조선 필사 이두 자료. 경북 경주시 양동 경주 손씨 송첨 종택 소장. 한국학중앙연구원 장서각 한국고문서자료관 홈페이지 원문 이미지 보기. 이수건(1979), 이수건 편저(1981), 영남대학교 인문과학연구소 편(1990), 정구복·안승준(1997), 한국정신문화연구원 편(1997) 참고>

1779-07-26. **유학 유술호 토지매매명문**(幼學柳述浩土地賣買明文), 유하정(柳夏情). <1장. 한자+이두. 조선 필사 이두 자료. 전남 구례군 토지면 오미리 문화 류씨 운조루 소장. 한국학중앙연구원 장서각 한국고문서자료관 홈페이지 원문 이미지와 텍스트 보기. 한국정신문화연구원 편(1998) 참고>

1779-10-06. **이희모 토지매매명문**(李希謨土地賣買明文) 1, 황기(黃琦). <1장. 한자+

이두. 조선 필사 이두 자료. 경북 경주시 안강읍 옥산리 여주 이씨 장산서원·치암 종택 구장. 한국학중앙연구원 장서각 소장. 한국학중앙연구원 장서각 한국고문서 자료관 홈페이지 원문 이미지 보기. 한국정신문화연구원 편(2003) 참고>

1779-10-17. **이붕이 토지매매명문**(李朋伊土地賣買明文), 문무심(文武心). <1장. 한자 +이두. 조선 필사 이두 자료. 경북 안동시 하회 풍산 류씨 충효당 소장. 한국학중 앙연구원 장서각 한국고문서자료관 홈페이지 원문 이미지와 텍스트 보기. 한국정 신문화연구원 편(1994) 참고>

1779-11-05.[614] **이 진사 토지매매명문**(李進士土地賣買明文) 1, 금태명(琴泰鳴). <1장. 한자+이두. 조선 필사 이두 자료. 경북 안동시 주촌 진성 이씨 경류정 소장. 한국 학중앙연구원 장서각 한국고문서자료관 홈페이지 원문 이미지와 텍스트 보기. 한국정신문화연구원 편(1999) 참고>

1779-11-08. **박현동 등 등장**(朴顯東等等狀), 박현동 등. <1장. 한자+이두. 조선 필사 이두 자료. 전남 영암군 군서면 죽정서원 소장. 호남권 한국학자료센터 홈페이지 원문 이미지보기. 최승희(1989) 참고>

1779-11-12. **김정렬 토지매매명문**(金鼎烈土地賣買明文) 1, 김제열(金濟烈). <1장. 한 자+이두. 조선 필사 이두 자료. 전북 부안군 우반 부안 김씨 세덕각 소장. 호남권 한국학자료센터 홈페이지 원문 이미지와 텍스트 보기. 박병호(1974ㄱ), 이재수 (2003) 참고>

1779-11-00. **이우 소지**(李寓所志), 이우. <1장. 한자+이두. 조선 필사 이두 자료. 예산 한곡 한산 이씨 수당 고택 소장. 한국학중앙연구원 장서각 한국고문서자료 관 홈페이지 원문 이미지 보기. 한국정신문화연구원 편(2002) 참고>

1779-12-06. **이희모 토지매매명문**(李希謨土地賣買明文) 2, 손안구(孫安九). <1장. 한 자+이두. 조선 필사 이두 자료. 경북 경주시 안강읍 옥산리 여주 이씨 장산서원· 치암 종택 구장. 한국학중앙연구원 장서각 한국고문서자료관 홈페이지 원문 이미 지 보기. 한국정신문화연구원 편(2003) 참고>

1779-12-11. **이 진사 토지매매명문**(李進士土地賣買明文) 2, 금태명(琴泰鳴). <1장. 한

---

614 한국학중앙연구원 장서각 한국고문서자료관 홈페이지에서는 '기해12월11일'로 잘못 적었다.

자+이두. 조선 필사 이두 자료. 경북 안동시 주촌 진성 이씨 경류정 소장. 한국학중앙연구원 장서각 한국고문서자료관 홈페이지 원문 텍스트 보기. 한국정신문화연구원 편(1999) 참고>

1779-12-19. **노 사량 토지매매명문**(奴士良土地賣買明文), 김운석(金雲石). <1장. 한자+이두. 조선 필사 이두 자료. 경북 경주시 양동 경주 손씨 송첨 종택 소장. 한국학중앙연구원 장서각 한국고문서자료관 홈페이지 원문 이미지 보기. 이수건(1979), 이수건 편저(1981), 영남대학교 인문과학연구소 편(1990), 정구복·안승준(1997), 한국정신문화연구원 편(1997) 참고>

1779-12-21. **문중 유사 남육만 토지매매명문**(門中有司南育萬土地賣買明文), 김명열(金命說). <1장. 한자+이두. 조선 필사 이두 자료. 경북 영덕군 영해면 괴시리 영양 남씨 괴시파 영감댁 구장. 한국국학진흥원 소장. 한국학자료센터 영남권역센터 홈페이지 원문 이미지와 텍스트 보기>

1779-12-22. **김정렬 토지매매명문**(金鼎烈土地賣買明文) 2, 김세성(金世聲). <1장. 한자+이두. 조선 필사 이두 자료. 전북 부안군 우반 부안 김씨 세덕각 소장. 호남권 한국학자료센터 홈페이지 원문 이미지와 텍스트 보기. 박병호(1974ㄱ), 이재수(2003) 참고>

1779-12-22. **김정렬 토지매매명문**(金鼎烈土地賣買明文) 3, 김세성(金世聲). <1장. 한자+이두. 조선 필사 이두 자료. 전북 부안군 우반 부안 김씨 세덕각 소장. 호남권 한국학자료센터 홈페이지 원문 이미지와 텍스트 보기. 한국정신문화연구원 편(1983, 1998), 한국학중앙연구원 편(2017) 참고>

1779-12-26. **이 생원 댁 재사 토지매매명문**(李生員宅齋舍土地賣買明文), 이순득(李順得). <1장. 한자+이두. 조선 필사 이두 자료. 경북 안동시 주촌 진성 이씨 경류정 소장. 한국학중앙연구원 장서각 한국고문서자료관 홈페이지 원문 텍스트 보기. 한국정신문화연구원 편(1999) 참고>

1779-12-27. **강봉휴 토지매매명문**(姜俸休土地賣買明文) 3, 양진보(梁進寶). <1장. 한자+이두. 조선 필사 이두 자료. 제주 어도내산 진주 강씨가 구장. 제주 한림 강우석 소장. 호남권 한국학자료센터 홈페이지 원문 이미지와 텍스트 보기. 이재수(2003), 오창명(2007) 참고>

1779-00-00. 「궁원의인(宮園儀引)」, 정조(正祖) 명편(命編). <1책. 34장. 필사본. 한자+이두. 조선 필사 이두 자료. 한국학중앙연구원 한국학 디지털 아카이브 홈페이지 원문 이미지와 텍스트 보기>

1779-00-00. 「동소만록(桐巢漫錄)」, 남하정(南夏正). <2권+부록. 2책. 필사본. 1379년부터 1740년대까지 이야기를 시대 순서로 적은 정국 동향과 붕당에 관한 책. 서울대학교 규장각 한국학연구원 소장> <이본: 1779-00-00 무렵(박사정(朴思正) 개편)>

1779-00-00. 「선원보략수정의궤(璿源譜略修正儀軌)」, 종부시(宗簿寺) 편. <1책. 19장. 필사본. 표제는 '己亥本寺 正宗三年 璿源譜略修正儀軌'. 권수제는 '(乾隆四十四年十二月 日)璿源譜略修正儀軌'. 한자+이두. 조선 필사 이두 자료. 서울대학교 규장각 한국학연구원 의궤 종합정보 홈페이지 원문 이미지와 텍스트 보기>

1779-00-00. 「예장의궤(禮葬儀軌)」, 예장도감(禮葬都監). <1책. 33장. 필사본. 표제는 '仁淑元嬪宮禮葬儀軌'. 한자+이두. 조선 필사 이두 자료. 한국학중앙연구원 장서각 한국학자료센터 홈페이지 원문 이미지와 텍스트 보기>

1779-00-00. **우동산 소지**(禹同山所志), 우동산. <1장. 한자+이두. 조선 필사 이두 자료. 경북 안동시 하회 풍산 류씨 충효당 소장. 한국학중앙연구원 장서각 한국학자료센터 홈페이지 원문 이미지 보기. 한국정신문화연구원 편(1994) 참고>

1779-00-00. 「인숙원빈궁예장의궤(仁淑元嬪宮禮葬儀軌)」, 장생전(長生殿). <1책. 33장. 필사본. 개장한 표지의 표제는 '仁淑元嬪宮禮葬儀軌'. 권수제는 '仁淑元嬪宮禮葬儀軌'. 한자+이두. 조선 필사 이두 자료. 한국학중앙연구원 디지털장서각 홈페이지 'K2-2998' 원문 이미지와 텍스트 보기>

1780년

<경자(庚子), 정조 4년, 건륭 45년>

1780-01-03~1780-12-30(庚子). 「전객사일기(典客司日記)」 28, 예조(禮曹) 전객사(典客司) 편(編). <1책(28/99). 203장. 필사본. 한자+이두. 조선 필사 이두 자료. 서울대

학교 규장각 한국학연구원 홈페이지 원문 이미지 보기> <1640-01-22~1641-12-23(1)>

1780-01-11. **강봉휴 차정첩**(姜鳳休差定帖), 제주목(濟州牧). <1장. 한자+이두. 조선 필사 이두 자료. 제주 어도내산 진주 강씨가 구장. 제주 한림 강우석 소장. 호남권 한국학자료센터 홈페이지 원문 이미지와 텍스트 보기. 최승희(1989), 고창석(2000) 참고>

1780-01-19. **권 생원 댁 노 귀발 토지매매명문**(權生員宅奴貴發土地賣買明文), 김귀봉(金貴奉). <1장. 한자+이두. 조선 필사 이두 자료. 경북 예천군 용문면 대제리 원동 권씨 춘우재 고택 구장. 한국국학진흥원 소장. 한국학자료센터 영남권역센터 홈페이지 원문 이미지와 텍스트 보기. 김성갑(2013) 참고>

1780-01-19. **권 생원 댁 노 복지 토지매매명문**(權生員宅奴福只土地賣買明文), 양인 김적(良人金迪). <1장. 한자+이두. 조선 필사 이두 자료. 경북 예천군 용문면 대제리 원동 권씨 춘우재 고택 구장. 한국국학진흥원 소장. 한국학자료센터 영남권역센터 홈페이지 원문 이미지와 텍스트 보기. 김성갑(2013) 참고>

1780-01-27. **손 생원 댁 노 토지매매명문**(孫生員宅奴土地賣買明文), 인천(仁天). <1장. 한자+이두. 조선 필사 이두 자료. 경북 경주시 양동 경주 손씨 송첨 종택 소장. 한국학중앙연구원 장서각 한국고문서자료관 홈페이지 원문 이미지 보기. 이수건(1979), 이수건 편저(1981), 영남대학교 인문과학연구소 편(1990), 정구복·안승준(1997), 한국정신문화연구원 편(1997) 참고>

1780-01-29. **유 영장댁 노 토지매매명문**(柳營將宅奴土地賣買明文), 노한위(盧漢位). <1장. 한자+이두. 조선 필사 이두 자료. 전남 구례군 토지면 오미리 문화 류씨 운조루 소장. 한국학중앙연구원 장서각 한국고문서자료관 홈페이지 원문 이미지와 텍스트 보기. 한국정신문화연구원 편(1998) 참고>

1780-02-03. **김정렬 토지매매명문**(金鼎烈土地賣買明文), 최직(崔樴). <1장. 한자+이두. 조선 필사 이두 자료. 전북 부안군 우반 부안 김씨 세덕각 소장. 호남권 한국학자료센터 홈페이지 원문 이미지와 텍스트 보기. 한국정신문화연구원 편(1983, 1998), 한국학중앙연구원 편(2017) 참고>

1780-02-04. **김맹득 토지매매명문**(金孟得土地賣買明文), 김석록(金碩祿). <1장. 한자

+이두. 조선 필사 이두 자료. 전남 보성 박실 제주 양씨가 구장. 원광대학교 박물관 소장. 호남권 한국학자료센터 홈페이지 원문 이미지와 텍스트 보기. 박병호(1974ㄱ), 이재수(2003) 참고>

1780-02-06. **윤유복 토지매매명문**(尹有福土地賣買明文), 신헌(信憲). <1장. 한자+이두. 조선 필사 이두 자료. 해남 노송 김해 김씨 노송사 소장. 한국학중앙연구원 장서각 한국고문서자료관 홈페이지 & 호남권 한국학자료센터 홈페이지 원문 이미지와 텍스트 보기. 최승희(1989), 한국정신문화연구원 편(1998), 조정곤(2013) 참고>

1780-02-06. **이달행 토지매매명문**(李達行土地賣買明文), 이국량(李國樑). <1장. 한자+이두. 조선 필사 이두 자료. 경북 안동시 주촌 진성 이씨 경류정 구장. 서울역사박물관 소장. 한국학중앙연구원 장서각 한국고문서자료관 홈페이지 원문 텍스트 보기. 한국정신문화연구원 편(1999) 참고>

1780-03-04. **유학 공재창 토지매매명문**(幼學孔再昌土地賣買明文), 계좌상(契座上). <1장. 한자+이두. 조선 필사 이두 자료. 전남 구례군 토지면 오미리 문화 류씨 운조루 소장. 한국학중앙연구원 장서각 한국고문서자료관 홈페이지 원문 이미지와 텍스트 보기. 한국정신문화연구원 편(1998) 참고>

1780-03-16. **유학 남궁참 토지매매명문**(幼學南宮昌土地賣買明文), 유광호(柳光浩). <1장. 한자+이두. 조선 필사 이두 자료. 전남 구례군 토지면 오미리 문화 류씨 운조루 소장. 한국학중앙연구원 장서각 한국고문서자료관 홈페이지 원문 이미지와 텍스트 보기. 한국정신문화연구원 편(1998) 참고>

1780-03-00. **박현동 등 의송**(朴顯東等議送), 박현동 등. <1장. 한자+이두. 조선 필사 이두 자료. 전남 영암군 군서면 죽정서원 소장. 호남권 한국학자료센터 홈페이지 원문 이미지 보기. 최승희(1989) 참고>

1780-03-00. **이국량 소지**(李國樑所志), 이국량. <1장. 한자+이두. 조선 필사 이두 자료. 경북 안동시 주촌 진성 이씨 경류정 소장. 한국학중앙연구원 장서각 한국고문서자료관 홈페이지 원문 텍스트 보기. 한국정신문화연구원 편(1999) 참고>

1780-05-28. **김시흥 토지매매명문**(金時興土地賣買明文), 이수린(李洙麟). <1장. 한자+이두. 조선 필사 이두 자료. 전남 화순 내서 흥성 장씨가 구장. 광주광역시 이정

옥 소장. 호남권 한국학자료센터 홈페이지 원문 이미지와 텍스트 보기. 최승희 (1989), 정구복 외(1999) 참고>

1780-05-00. **이진택 차첩**(李鎭宅差帖), 이조(吏曹). <1장. 한자+이두. 조선 필사 이두 자료. 경북 경주시 소정리 경주 이씨 소장. 한국학중앙연구원 장서각 한국고문서 자료관 홈페이지 원문 텍스트 보기. 한국정신문화연구원 편(2002) 참고>

1780-06-00. 윤사진 등 소지(尹思進等所志),[615] 윤사진 등. <1장. 한자+이두. 조선 필사 이두 자료. 파평 윤씨 야성군파 천평 문중 우암 종택 구장. 한국국학진흥원 소장. 한국국학진흥원 유교넷 홈페이지 원문 이미지 보기>

1780-10-16. **변종항 등 소지**(邊宗恒等所志), 변종항 등. <1장. 한자+이두. 조선 필사 이두 자료. 전남 장성군 행주 기씨 금강 종가 소장. 호남권 한국학자료센터 홈페이지 원문 이미지와 텍스트 보기>

1780-10-00. **고응주 등 소지**(高應舟等所志), 고응주 등. <1장. 한자+이두. 조선 필사 이두 자료. 전북 부안 청호 효충사 소장. 호남권 한국학자료센터 홈페이지 원문 이미지와 텍스트 보기. 최승희(1989), 김경숙(2002), 심재우(2013) 참고>

1780-11-05. **포돌 토지매매명문**(抱乭土地賣買明文), 조숙돌(趙叔乭). <1장. 한자+이두. 조선 필사 이두 자료. 경북 안동시 주촌 진성 이씨 경류정 소장. 한국학중앙연구원 장서각 한국고문서자료관 홈페이지 원문 이미지와 텍스트 보기. 한국정신문화연구원 편(1999) 참고>

1780-11-11. **김순택 토지매매명문**(金順澤土地賣買明文), 이동신(李東新). <1장. 한자+이두. 조선 필사 이두 자료. 전남 영광군 입석 영월 신씨 소장. 한국학중앙연구원 장서각 한국고문서자료관 홈페이지 원문 이미지와 텍스트 보기. 한국정신문화연구원 편(1996) 참고>

1780-11-16. **권 생원 댁 노 연돌 토지매매명문**(權生員宅奴連乭土地賣買明文), 전금성(全錦性). <1장. 한자+이두. 조선 필사 이두 자료. 경북 예천군 용문면 대제리 원동 권씨 춘우재 고택 구장. 한국국학진흥원 소장. 한국학자료센터 영남권역센

---

[615] 한국국학진흥원 유교넷 홈페이지에서는 문서명을 '1780년(정조 4) 6월에 몽천정사(蒙泉精舍)에서 윤사진(尹思進) 등 유림(儒林) 105명이 강원도 울진현 성주에게 올린 소지(所志)'로 표시하였다.

터 홈페이지 원문 이미지와 텍스트 보기. 김성갑(2013) 참고>

1780-11-22. **강시양 전령**(姜時揚傳令), 제주목(濟州牧). <1장. 한자+이두. 조선 필사 이두 자료. 제주 어도내산 진주 강씨가 구장. 제주 한림 강우석 소장. 호남권 한국학자료센터 홈페이지 원문 이미지와 텍스트 보기. 고창석(2002) 참고>

1780-11-00. **김시전 소지**(金始全所志), 김시전. <1장. 한자+이두. 조선 필사 이두 자료. 안동 천전 의성 김씨 제산 종택 소장. 한국학중앙연구원 장서각 한국고문서자료관 홈페이지 원문 이미지 보기. 한국정신문화연구원 편(1989) 참고>

1780-11-00. **박정현 등 등장**(朴鼎鉉等等狀), 박정현 등. <1장. 한자+이두. 조선 필사 이두 자료. 경남 밀양 신호 밀성 박씨·덕남서원 소장. 한국학중앙연구원 장서각 한국고문서자료관 홈페이지 원문 이미지 보기. 한국정신문화연구원 편(2004) 참고>

1780-12-07. **이 생원 댁 노 용봉 토지매매명문**(李生員宅奴用奉土地賣買明文), 박용서(朴龍瑞). <1장. 한자+이두. 조선 필사 이두 자료. 전남 구례군 토지면 오미리 문화 류씨 운조루 소장. 한국학중앙연구원 장서각 한국고문서자료관 홈페이지 원문 이미지와 텍스트 보기. 한국정신문화연구원 편(1998) 참고>

1780-12-00. **석봉 소지**(石奉所志), 석봉. <1장. 한자+이두. 조선 필사 이두 자료. 영해 도곡 무안 박씨 무의공 종택 소장. 한국학중앙연구원 고문서자료관 홈페이지 원문 이미지 보기>

1780-00-00. **김시전 소지 초**(金始全所志草), 김시전. <1장. 한자+이두. 조선 필사 이두 자료. 안동 천전 의성 김씨 제산 종택 소장. 한국학중앙연구원 장서각 한국고문서자료관 홈페이지 원문 이미지 보기. 한국정신문화연구원 편(1989) 참고>

1781년

<신축(辛丑), 정조 5년, 건륭 46년>

1781-01-02~1781-12-11(辛丑).「신축년 전객사일기(辛丑年 典客司日記)」29, 예조(禮曹) 전객사(典客司) 편(編). <1책(29/99). 126장. 필사본. 한자+이두. 조선 필사 이두

자료. 서울대학교 규장각 한국학연구원 홈페이지 원문 이미지 보기> <1640-01-22~1641-12-23(1)>

1781-01-12. **이 생원 댁 노 선이 토지매매명문**(李生員宅奴先伊土地賣買明文), 최봉재(崔奉才). <1장. 한자+이두. 조선 필사 이두 자료. 남원·구례 삭녕 최씨 구장. 한국학중앙연구원 장서각 한국고문서자료관 홈페이지 원문 이미지 보기. 한국정신문화연구원 편(2004) 참고>

1781-01-18. **김정렬 토지매매명문**(金鼎烈土地賣買明文) 1, 김환규(金煥奎). <1장. 한자+이두. 조선 필사 이두 자료. 전북 부안군 우반 부안 김씨 세덕각 소장. 한국학중앙연구원 장서각 한국고문서자료관 홈페이지 & 호남권 한국학자료센터 홈페이지 원문 이미지와 텍스트 보기. 박병호(1974ㄱ), 한국정신문화연구원 편(1983, 1998), 이재수(2003), 한국학중앙연구원 편(2017) 참고>

1781-01-30. **종택 토지매매명문**(宗宅土地賣買明文), 문중(門中). <1장. 한자+이두. 조선 필사 이두 자료. 영해 도곡 무안 박씨 무의공 종택 소장. 한국학중앙연구원 장서각 한국고문서자료관 홈페이지 원문 이미지 보기. 한국학중앙연구원 편(2008) 참고>

1781-02-01. **재사 학계 토지매매명문**(齋舍學禊土地賣買明文), 이막삼(李莫三). <1장. 한자+이두. 조선 필사 이두 자료. 경북 안동시 주촌 진성 이씨 경류정 소장. 한국학중앙연구원 장서각 한국고문서자료관 홈페이지 원문 이미지와 텍스트 보기. 한국정신문화연구원 편(1999) 참고>

1781-02-16. **유학 정천규 토지매매명문**(幼學鄭天逵土地賣買明文), 정봉양(鄭鳳陽). <1장. 점련문서. 한자+이두. 조선 필사 이두 자료. 경북 경주시 내남면 이조리 경주 최씨·용산서원 소장. 한국학중앙연구원 장서각 한국고문서자료관 홈페이지 원문 이미지 보기. 박병호(1974ㄱ), 한국정신문화연구원 편(2000), 이재수(2003), 김소은(2004) 참고>

1781-02-19. **재사 표문**(齋舍表文), 이종수(李宗守). <1장. 한자+이두. 조선 필사 이두 자료. 경북 안동시 주촌 진성 이씨 경류정 소장. 한국학중앙연구원 장서각 한국고문서자료관 홈페이지 원문 이미지와 텍스트 보기. 한국정신문화연구원 편(1999) 참고>

1781-02-19. **재사위 토지매매명문**(齋舍位土地賣買明文), 이종수(李宗守). <1장. 한자+이두. 조선 필사 이두 자료. 경북 안동시 주촌 진성 이씨 경류정 소장. 한국학중앙연구원 장서각 한국고문서자료관 홈페이지 원문 이미지와 텍스트 보기. 한국정신문화연구원 편(1999) 참고>

1781-02-00. **김 진사 댁 노 자룡 소지**(金進士宅奴自龍所志), 자룡. <1장. 한자+이두. 조선 필사 이두 자료. 전북 부안군 우반 부안 김씨 세덕각 소장. 한국학중앙연구원 장서각 한국고문서자료관 홈페이지 & 호남권 한국학자료센터 홈페이지 원문 이미지와 텍스트 보기. 한국정신문화연구원 편(1983, 1998), 전경목(2001), 전경목 외(2006), 한국학중앙연구원 편(2017) 참고>

1781-02-00. **조영록 소지**(趙榮祿所志) 1, 조영록. <1장. 한자+이두. 조선 필사 이두 자료. 전남 강진 한양 조씨 조경철 소장. 호남권 한국학자료센터 홈페이지 원문 이미지와 텍스트 보기. 최승희(1989) 참고>

1781-03-11. **박상경 토지매매명문**(朴尙卿土地賣買明文), 남정위(南丁位). <1장. 한자+이두. 조선 필사 이두 자료. 남원·구례 삭녕 최씨 구장. 한국학중앙연구원 장서각 소장. 한국학중앙연구원 장서각 한국고문서자료관 홈페이지 원문 이미지 보기. 한국정신문화연구원 편(2004) 참고>

1781-03-15. **별치 고자 명삼 토지매매명문**(別置庫子命三土地賣買明文), 성갑(成甲). <1장. 한자+이두. 조선 필사 이두 자료. 경북 경주시 내남면 이조리 경주 최씨·용산서원 소장. 한국학중앙연구원 장서각 한국고문서자료관 홈페이지 원문 이미지 보기. 박병호(1974ㄱ), 한국정신문화연구원 편(2000), 이재수(2003), 김소은(2004) 참고>

1781-03-15. **별치 고자 토지매매명문**(別置庫子土地賣買明文), 유화을이(有化乙伊). <1장. 한자+이두. 조선 필사 이두 자료. 경북 경주시 내남면 이조리 경주 최씨·용산서원 소장. 한국학중앙연구원 장서각 한국고문서자료관 홈페이지 원문 이미지 보기. 박병호(1974ㄱ), 한국정신문화연구원 편(2000), 이재수(2003), 김소은(2004) 참고>

1781-03-16. **신함위 토지매매명문**(辛咸位土地賣買明文), 백사원(白師元). <1장. 한자+이두. 조선 필사 이두 자료. 전남 영광군 입석 영월 신씨 소장. 한국학중앙연구

원 장서각 한국고문서자료관 홈페이지 원문 이미지와 텍스트 보기. 한국정신문화연구원 편(1996) 참고>

1781-03-18. **조윤제 토지매매명문**(曹允濟土地賣買明文), 이정관(李廷觀). <1장. 한자+이두. 조선 필사 이두 자료. 순천 월등 목천 장씨 구장, 전북대학교 박물관 소장. 호남권 한국학자료센터 홈페이지 원문 이미지와 텍스트 보기. 최승희(1989), 정구복 외(1999), 이재수(2003) 참고>

1781-04-03. **송규일 토지매매명문**(宋奎一土地賣買明文), 송이길(宋履吉). <1장. 한자+이두. 조선 필사 이두 자료. 전북 부안군 우반 부안 김씨 세덕각 소장. 한국학중앙연구원 장서각 한국고문서자료관 홈페이지 & 호남권 한국학자료센터 홈페이지 원문 이미지와 텍스트 보기. 박병호(1974ㄱ), 한국정신문화연구원 편(1983, 1998), 이재수(2003), 한국학중앙연구원 편(2017) 참고>

1781-04-00. **김낙일 소지**(金洛一所志), 김낙일. <1장. 한자+이두. 조선 필사 이두 자료. 해남 노송 김해 김씨 노송사 소장. 한국학중앙연구원 장서각 한국고문서자료관 홈페이지 & 호남권 한국학자료센터 홈페이지 원문 이미지와 텍스트 보기. 최승희(1989), 한국정신문화연구원 편(1998) 참고>

1781-04-00. **동민 이효재 등 소지**(洞民李孝才等所志), 이효재. <1장. 한자+이두. 조선 필사 이두 자료. 전남 구례군 토지면 오미리 문화 류씨 운조루 소장. 한국학중앙연구원 장서각 한국고문서자료관 홈페이지 원문 이미지와 텍스트 보기. 한국정신문화연구원 편(1998) 참고>

1781-05-11. **동강서원 별고직 전순삼 토지매매명문**(東江書院別庫直全舜三土地賣買明文), 람 조이(咸召史). <1장. 한자+이두. 조선 필사 이두 자료. 경북 경주시 양동 경주 손씨 송첨 종택 소장. 한국학중앙연구원 장서각 한국고문서자료관 홈페이지 참고>

1781-05-16. **동강서원 재임 이 서목**(東江書院齋任李書目), 재임 이(齋任李). <1장. 한자+이두. 조선 필사 이두 자료. 경북 경주시 양동 경주 손씨 송첨 종택 소장. 한국학중앙연구원 장서각 한국고문서자료관 홈페이지 원문 이미지 보기>

1781-05-20. **설문욱 토지매매명문**(薛文郁土地賣買明文), 황석공(黃錫工). <1장. 한자+이두. 조선 필사 이두 자료. 남원·구례 삭녕 최씨 구장. 한국학중앙연구원 장서

각 한국고문서자료관 홈페이지 원문 이미지 보기. 한국정신문화연구원 편(2004) 참고>

1781-05-24. **유정화 등 소지**(柳挺和等所志), 유정화. <1장. 한자+이두. 조선 필사 이두 자료. 함양 안의 밀양 박씨 박명부 종가 소장. 한국학중앙연구원 고문서자료관 홈페이지 원문 이미지 보기>

1781-07-20. **김이공 가사매매명문**(金履恭家舍賣買明文), 정유(鄭瑜). <1장. 한자+이두. 조선 필사 이두 자료. 일본 경도대학 가와이문고 소장. 고려대학교 해외한국학자료센터 홈페이지 원문 이미지와 텍스트 보기>

1781-07-00. **기태온 등 소지**(奇泰溫等所志), 기태온 등. <1장. 한자+이두. 조선 필사 이두 자료. 전남 장성군 행주 기씨 금강 종가 소장. 호남권 한국학자료센터 홈페이지 원문 이미지와 텍스트 보기>

1781-09-26. **강응신 전령**(姜應新傳令), 제주목(濟州牧). <1장. 한자+이두. 조선 필사 이두 자료. 제주 장전리 진주 강씨 강태복가 소장. 호남권 한국학자료센터 홈페이지 원문 이미지와 텍스트 보기. 고창석(2002) 참고>

1781-09-00. **강봉휴 차정첩**(姜鳳休差定帖), 제주목(濟州牧). <1장. 한자+이두. 조선 필사 이두 자료. 제주 어도내산 진주 강씨가 구장. 제주 한림 강우석 소장. 호남권 한국학자료센터 홈페이지 원문 이미지와 텍스트 보기. 최승희(1989), 고창석(2000) 참고>

1781-09-00. **조영록 소지**(趙榮祿所志) 2, 조영록. <1장. 한자+이두. 조선 필사 이두 자료. 전남 강진 한양 조씨 조경철 소장. 호남권 한국학자료센터 홈페이지 원문 이미지와 텍스트 보기. 최승희(1989) 참고>

1781-10-20. **삼촌 숙모 장 씨 토지매매명문**(三寸叔母張氏土地賣買明文),[616] 이종락(伊宗洛). <1장. 한자+이두. 조선 필사 이두 자료. 경북 안동시 법흥동 고성 이씨 탑동 종가 구장. 한국국학진흥원 소장. 한국학자료센터 영남권역센터 홈페이지 & 한국국학진흥원 유교넷 홈페이지 원문 이미지와 텍스트 보기. 박병호(1974ㄱ),

---

616 한국국학진흥원 유교넷 홈페이지에서는 문서명을 '1718년 이종락이 장씨에게 땅을 매도한 사실을 증명하는 전답매매문기'로 표시하였다.

이재수(2003), 최승희(1989), 김성갑(2013) 참고>

1781-10-00. **황 참봉댁[617] 노 오봉 소지**(黃參奉宅奴五鳳所志), 오봉. <1장. 한자+이두. 조선 필사 이두 자료. 부여·강화·영주 창원 황씨 소장. 한국학중앙연구원 장서각 한국고문서자료관 홈페이지 원문 이미지와 텍스트 보기. 한국정신문화연구원 편(1990) 참고>

1781-11-05. **유생 강후주 토지매매명문**(儒生姜後周土地賣買明文), 전주 노 전립(田主 奴全立). <1장. 한자+이두. 조선 필사 이두 자료. 제주시 제주교육박물관 소장. 사이버 제주교육박물관 홈페이지 원문 이미지와 텍스트 보기>

1781-11-08. **선득갑계 토지매매명문**(宣得甲契土地賣買明文), 윤형권(尹衡權). <1장. 한자+이두. 조선 필사 이두 자료. 보성 택촌 죽산 안씨 은봉 종가 소장. 호남권 한국학자료센터 홈페이지 원문 이미지와 텍스트 보기. 김태영(1983), 김현영 (2003) 참고>

1781-11-12. **승 선정 토지매매명문**(僧先丁土地賣買明文), 배선삼(裵善三). <1장. 한자 +이두. 조선 필사 이두 자료. 경북 경주시 안강읍 옥산리 여주 이씨 장산서원·치 암 종택 구장. 한국학중앙연구원 장서각 소장. 한국학중앙연구원 장서각 한국고 문서자료관 홈페이지 원문 이미지 보기. 한국정신문화연구원 편(2003) 참고>

1781-11-26. **류 노 수명 토지매매명문**(柳奴守命土地賣買明文), 권점업(權占業). <1장. 한자+이두. 조선 필사 이두 자료. 경북 안동시 수곡면 전주 류씨 수곡파 대야 고택 구장. 한국국학진흥원 소장. 한국학자료센터 영남권역센터 홈페이지 원문 이미지와 텍스트 보기>

1781-12-06. **백악지 토지매매명문**(白惡只土地賣買明文), 이효재(李孝才). <1장. 한자 +이두. 조선 필사 이두 자료. 전남 구례군 토지면 오미리 문화 류씨 운조루 소장. 한국학중앙연구원 장서각 한국고문서자료관 홈페이지 원문 이미지와 텍스트 보 기. 한국정신문화연구원 편(1998) 참고>

1781-12-16. **유혼 토지매매명문**(劉焜土地賣買明文), 유태일(劉泰日). <1장. 한자+이 두. 조선 필사 이두 자료. 경북 예천군 감천면 강릉 유씨 벌방 종가 구장. 한국국학

---

617 참봉(參奉)은 조선 시대에 여러 관아에 둔 종9품 벼슬이다(「표준국어대사전」).

진흥원 소장. 한국학자료센터 영남권역센터 홈페이지 원문 이미지와 텍스트 보기. 김성갑(2013) 참고>

1781-12-25. **김정렬 토지매매명문**(金鼎烈土地賣買明文) 2, 송규일(宋奎一). <1장. 한자+이두. 조선 필사 이두 자료. 전북 부안군 우반 부안 김씨 세덕각 소장. 한국학중앙연구원 장서각 한국고문서자료관 홈페이지 & 호남권 한국학자료센터 홈페이지 원문 이미지와 텍스트 보기. 박병호(1974ㄱ), 한국정신문화연구원 편(1983, 1998), 이재수(2003), 한국학중앙연구원 편(2017) 참고>

1781-12-25. **이인숙 토지매매명문**(伊寅夙土地賣買明文), 정래학(鄭來學). <1장. 한자+이두. 조선 필사 이두 자료. 경북 안동시 주촌 진성 이씨 경류정 소장. 한국학중앙연구원 장서각 한국고문서자료관 홈페이지 원문 이미지와 텍스트 보기. 한국정신문화연구원 편(1999) 참고>

1781-12-25. **작산 이 토지매매명문**(鵲山李土地賣買明文), 정재강(鄭在綱). <1장. 한자+이두. 조선 필사 이두 자료. 경북 안동시 주촌 진성 이씨 경류정 소장. 한국학중앙연구원 장서각 한국고문서자료관 홈페이지 원문 이미지와 텍스트 보기. 한국정신문화연구원 편(1999) 참고>

1781-12-26. **이■덕 토지매매명문**(李■德土地賣買明文), 정규후(鄭奎垕) 등. <1장. 한자+이두. 조선 필사 이두 자료. 전남 함평군 함평 이씨 이건풍 구장. 목포대학교 도서문화연구원 소장. 호남권 한국학자료센터 홈페이지 원문 이미지와 텍스트 보기. 최승희(1989) 참고>

1781-12-28. **안 생원 노 백금 토지매매명문**(安生員奴百金土地賣買明文), 김덕필(金德弼). <1장. 한자+이두. 조선 필사 이두 자료. 전북 남원 안터 순흥 안씨 사제당 종가 구장. 한국학중앙연구원 장서각 한국고문서자료관 홈페이지 원문 이미지 보기. 한국학중앙연구원 편(2010) 참고>

1781-12-28. **영장 류이주 전령**(營將柳爾冑傳令),[618] 겸사(兼使). <1장. 한자+이두. 조선 필사 이두 자료. 전남 구례군 토지면 오미리 문화 류씨 운조루 소장. 한국학중

---

[618] 한국학중앙연구원 장서각 한국고문서자료관 홈페이지에서는 '호남겸사(湖南兼使) 전령(傳令)'으로 표시하였다. 그리고 문서의 발급자는 '호남겸사(湖南兼使)'로 표시하였다.

앙연구원 장서각 한국고문서자료관 홈페이지 원문 이미지와 텍스트 보기. 한국정신문화연구원 편(1998) 참고>

1781-00-00. 「경종개수실록(景宗改修實錄)」 <5권 3책. 어휘 표기 자료. 1997년에 유네스코 세계기록유산으로 등록. 정족산, 태백산 소장>

1781-00-00. 「경종대왕수정실록의궤(景宗大王修正實錄儀軌)」, <1책. 16장. 필사본. 표제는 '(景宗朝)修正實錄儀軌'. 권수제는 '(乾隆四十三年戊戌二月 日)景宗大王修正實錄儀軌'. 한자+이두. 조선 필사 이두 자료. 한국학중앙연구원 디지털장서각 홈페이지 'K2-3691' 원문 이미지와 텍스트 보기>

1781-00-00. 「경종대왕수정실록의궤(景宗大王修正實錄儀軌)」,[619] 실록청(實錄廳) 편(編). <1책. 16장. 필사본. 표제는 '(景宗朝)修正實錄儀軌'. 권수제는 '(乾隆四十三年戊戌二月 日)景宗大王修正實錄儀軌'. 한자+이두. 조선 필사 이두 자료. 서울대학교 규장각 한국학연구원 의궤 종합정보 홈페이지 '奎14169' 원문 이미지와 텍스트 보기>

1781-00-00. 「문신강제절목(文臣講製節目)」, 김종수(金鍾秀) 등 수명 찬정(受命撰定). <1책. 16장. 정유자본. 한자+이두. 조선 인쇄 이두 자료. 서울대학교 규장각 한국학연구원 홈페이지 원문 이미지 보기>

1781-00-00. 「영종대왕실록청의궤(英宗大王實錄廳儀軌)」 상·하, 실록청 편. <2책. 105장+120장. 필사본. 표제는 '(英宗朝)實錄廳儀軌'. 권수제는 '(乾隆四十一年丙申七月 日)英宗大王實錄廳儀軌'. 한자+이두. 조선 필사 이두 자료. 한국학중앙연구원 디지털장서각 홈페이지 'K2-3772' 원문 이미지와 텍스트 보기>

1781-00-00. 「영종대왕실록청의궤(英宗大王實錄廳儀軌)」[620] 상(上)·하(下), 실록청 편. <2책. 103장+119장. 필사본. 상권의 표제는 '(英宗朝)實錄廳儀軌 上'. 권수제는 '(乾隆四十一年丙申七月 日)英宗大王實錄廳儀軌'. 한자+이두. 조선 필사 이두 자료. 서울대학교 규장각 한국학연구원 의궤 종합정보 홈페이지 '奎14171' 원문 이미지

---

[619] 서울대학교 규장각 한국학연구원 의궤 종합정보 홈페이지에서는 서명을 '경종수정실록의궤(景宗修正實錄儀軌)'로 적었다.

[620] 서울대학교 규장각 한국학연구원 홈페이지에서는 서명을 '영조실록청의궤(英祖實錄廳儀軌)'로 적었다.

와 텍스트 보기>

1781-00-00. 「영종실록(英宗實錄)」,[621] 실록청(實錄廳) 편. <127권 83책. 현종실록자본. 1724년 8월부터 1776년 3월까지 영조 재위 기간의 역사. 어휘 표기 자료. 1997년에 유네스코 세계기록유산으로 등록. 국보 제151-1호. 서울대학교 규장각 한국학연구원 홈페이지 원문 이미지 보기>

1781-00-00. 「추관지(秋官志)」, 박일원(朴一源) 편. <10권 10책. 필사본. 형조 등록. 서울대학교 규장각 한국학연구원 홈페이지 원문 이미지 보기>

1782년

<임인(壬寅), 정조 6년, 건륭 47년>

1782-01-04. **강응신 전령**(姜應新傳令) 1, 제주목(濟州牧). <1장. 한자+이두. 조선 필사 이두 자료. 제주 장전리 진주 강씨 강태복가 소장. 호남권 한국학자료센터 홈페이지 원문 이미지와 텍스트 보기. 최승희(1989), 고창석(2002) 참고>

1782-01-09. **강응신 전령**(姜應新傳令) 2, 제주목(濟州牧). <1장. 한자+이두. 조선 필사 이두 자료. 제주 장전리 진주 강씨 강태복가 소장. 호남권 한국학자료센터 홈페이지 원문 이미지와 텍스트 보기. 최승희(1989), 고창석(2002) 참고>

1782-01-10~1782-12-30(壬寅). 「임인년 전객사일기(壬寅年 典客司日記)」 30, 예조(禮曹) 전객사(典客司) 편(編). <1책(30/99). 132장. 필사본. 한자+이두. 조선 필사 이두 자료. 서울대학교 규장각 한국학연구원 홈페이지 원문 이미지 보기> <1640-01-22~1641-12-23(1)>

1782-01-20. **말녀 서 강흥복 별급문기**(末女 胥 姜興復別給文記), 재주 모 변 씨(財主母邊氏). <1장. 한자+이두. 조선 필사 이두 자료. 제주시 제주교육박물관 소장. 사이버 제주교육박물관 홈페이지 원문 이미지와 텍스트 보기>

1782-01-20. **안처신 명문**(安處信明文), 수석 최익경(首席崔翼景) 등. <1장. 한자+이

---

[621] 서울대학교 규장각 한국학연구원 홈페이지에서는 서명을 '영조실록(英祖實錄)'으로 적었다.

두. 조선 필사 이두 자료. 일본 경도대학 가와이문고 소장. 고려대학교 해외한국학자료센터 홈페이지 원문 이미지와 텍스트 보기>

1782-01-26. **강맹주 토지매매명문**(姜孟周土地賣買明文), 임귀흥(林貴興). <1장. 한자+이두. 조선 필사 이두 자료. 경북 안동시 주촌 진성 이씨 경류정 소장. 한국학중앙연구원 장서각 한국고문서자료관 홈페이지 원문 이미지와 텍스트 보기. 한국정신문화연구원 편(1999) 참고>

1782-01-30. **권성봉 토지매매명문**(權聖鳳土地賣買明文), 권중기(權重機). <1장. 한자+이두. 조선 필사 이두 자료. 경북 예천군 용문면 대제리 원동 권씨 춘우재 고택 구장. 한국국학진흥원 소장. 한국학자료센터 영남권역센터 홈페이지 원문 이미지와 텍스트 보기. 김성갑(2013) 참고>

1782-01-30. **이희백 토지매매명문**(李希白土地賣買明文), 이희용(李希龍). <1장. 한자+이두. 조선 필사 이두 자료. 경북 경주시 안강읍 옥산리 여주 이씨 장산서원·치암 종택 구장. 한국학중앙연구원 장서각 소장. 한국학중앙연구원 장서각 한국고문서자료관 홈페이지 원문 이미지 보기. 한국정신문화연구원 편(2003) 참고>

1782-01-00. **용인현 입안**(龍仁縣立案),[622] 용인 현감(龍仁縣監). <1장. 한자+이두. 조선 필사 이두 자료. 경기도 용인시 오산 해주 오씨 추탄 종가 구장. 한국학중앙연구원 장서각 한국고문서자료관 홈페이지 원문 이미지와 텍스트 보기. 한국정신문화연구원 편(1998) 참고>

1782-02-06. **기관 남명신 토지매매명문**(記官南溟新土地賣買明文),[623] 한량 채택귀(閑良蔡澤龜). <1장. 한자+이두. 조선 필사 이두 자료. 경북 영양군 영양읍 삼지리 한양 조씨 하담 고택 구장. 한국국학진흥원 소장. 한국학자료센터 영남권역센터 홈페이지 원문 이미지와 텍스트 보기. 박병호(1974ㄱ), 최승희(1989), 이재수(2003) 참고>

1782-02-07. **이정설 토지매매명문**(李廷卨土地賣買明文), 이유용(李有用) <1장. 한자

---

[622] 한국학중앙연구원 장서각 한국고문서자료관 홈페이지에서는 '입안(立案)'으로 표시하였다.
[623] 한국학자료센터 영남권역센터 홈페이지에서는 '채택귀(蔡澤龜) 토지매매명문(土地賣買明文)'으로 잘못 표시하였다.

+이두. 조선 필사 이두 자료. 전남 보성 박실 제주 양씨가 구장. 원광대학교 박물관 소장. 호남권 한국학자료센터 홈페이지 원문 이미지와 텍스트 보기. 박병호(1974ㄱ), 이재수(2003) 참고>

1782-02-09. **동현사 유사 김운종 토지매매명문**(洞賢司有司金運鍾土地賣買明文),[624] 유사 최성운(有司崔盛運). <1장. 한자+이두. 조선 필사 이두 자료. 전북 부안 취성재 소장. 호남권 한국학자료센터 홈페이지 원문 이미지와 텍스트 보기. 최승희(1989), 정구복 외(1999), 이재수(2003) 참고>

1782-02-09. **조 생원 댁 노 천석 토지매매명문**(趙生員宅奴千石土地賣買明文), 김매의(金賣依). <1장. 한자+이두. 조선 필사 이두 자료. 일본 경도대학 가와이문고 소장. 고려대학교 해외한국학자료센터 홈페이지 원문 이미지와 텍스트 보기>

1782-02-13.[625] **김이운 토지매매명문**(金利運土地賣買明文), 김종철(金宗喆). <1장. 한자+이두. 조선 필사 이두 자료. 안동 천전 의성 김씨 제산 종택 구장. 한국국학진흥원 소장. 한국학중앙연구원 장서각 한국고문서자료관 홈페이지 & 한국국학진흥원 유교넷 홈페이지 원문 이미지와 텍스트 보기. 한국정신문화연구원 편(1990) 참고>

1782-02-15. **작산학계 유사 토지매매명문**(鵲山學稧有司土地賣買明文), 강맹주(姜孟周). <1장. 한자+이두. 조선 필사 이두 자료. 경북 안동시 주촌 진성 이씨 경류정 소장. 한국학중앙연구원 장서각 한국고문서자료관 홈페이지 원문 텍스트 보기. 한국정신문화연구원 편(1999) 참고>

1782-02-18. **기태온 유훈문기**(奇泰溫遺訓文記), 기태온. <1장. 한자+이두. 조선 필사 이두 자료. 전남 장성군 행주 기씨 금강 종가 소장. 호남권 한국학자료센터 홈페이지 원문 이미지와 텍스트 보기. 이수건 외(2004) 참고>

1782-02-21. **노 정중 토지매매명문**(奴丁仲土地賣買明文), 승 유징(僧有澄). <1장. 한자+이두. 조선 필사 이두 자료. 전남 장성군 행주 기씨 금강 종가 소장. 호남권

---

[624] 호남권 한국학자료센터 홈페이지에서는 '김운종(김운종) 토지매매명문(土地賣買明文)'으로 표시하였다. 그리고 '안내 정보'에서는 '동현사 유사 최식이 유학 김운종이 소유한 대전을 매득하면서'로 잘못 설명하였다.

[625] 한국국학진흥원 유교넷 홈페이지의 '기사 본문'에서는 '二月三日'로 잘못 표시하였다.

한국학자료센터 홈페이지 원문 이미지와 텍스트 보기. 김재문(1986), 이수건 외 (2004) 참고>

1782-02-29. **이희모 토지매매명문**(李希謨土地賣買明文), 이희악(李希諤). <1장. 한자+이두. 조선 필사 이두 자료. 경북 경주시 안강읍 옥산리 여주 이씨 장산서원·치암 종택 구장. 한국학중앙연구원 장서각 한국고문서자료관 홈페이지 원문 이미지 보기. 한국정신문화연구원 편(2003) 참고>

1782-03-25. **조명윤 선혜청 공사지 공인권 매매명문**(趙命胤宣惠廳公事紙貢人權賣買明文), 안익수(安益受). <1장. 한자+이두. 조선 필사 이두 자료. 일본 경도대학 가와이문고 소장. 고려대학교 해외한국학자료센터 홈페이지 원문 이미지와 텍스트 보기>

1782-04-03~1811-09-27(正祖朝 壬寅~純祖朝 辛未). 「각릉수개등록(**各陵修改謄錄**)」 第21(17), 예조(禮曹) 전향사(典享司) 편(編). <전21책. 1책. 70장. 필사본. 한자+이두. 조선 필사 이두 자료. 서울대학교 규장각 한국학연구원 홈페이지 원문 이미지 보기> <1636-05-02~1644-08-10(仁祖 14년 崇禎 9년 丙子~甲申) 第1(1)>

1782-05-07~1842-06-07(壬寅~壬寅). 「기우제등록(**祈雨祭謄錄**)」 7, 예조(禮曹) 편(編). <1책. 62장. 필사본. 한자+이두. 조선 필사 이두 자료. 서울대학교 규장각 한국학연구원 홈페이지 낙질본 6책 원문(1, 3, 4, 6, 7, 8) 이미지 보기> <1636-04-14~1661-윤7-04(丙子~辛丑) 1>

1782-06-00. **박양한 등 등장**(朴良漢等等狀), 박양한 등. <1장. 한자+이두. 조선 필사 이두 자료. 전남 영암군 군서면 죽정서원 소장. 호남권 한국학자료센터 홈페이지 원문 이미지보기. 최승희(1989) 참고>

1782-07-00. **이원필 소지**(李元馝所志), 이원필. <1장. 한자+이두. 조선 필사 이두 자료. 경북 안동시 법흥동 고성 이씨 탑동 종가 구장. 한국국학진흥원 소장. 한국학자료센터 영남권역센터 홈페이지 원문 이미지와 텍스트 보기>

1782-08-13~1782-11-14. 「임인 원춘도밀 계·평안도밀 계·함경도밀 계(**壬寅 原春道密 啓·平安道密 啓·咸鏡道密 啓**)」, 의금부(義禁府) 편(編). <1책. 64장. 필사본. 표제는 '壬寅 原春道密 啓·平安道密 啓·咸鏡道密 啓'. 한자+이두. 강원도 관찰사 신 김희 밀계(江原道觀察使臣金憙密 啓)와 평안도 관찰사 신 서호수 밀계(平安道觀

察使臣徐浩修密啓) 그리고 함경도 관찰사 신 서유녕 밀계(咸鏡道觀察使臣徐有寧密啓)가 수록되어 있다. 이두 자료. 서울대학교 규장각 한국학연구원 홈페이지 원문 이미지 보기> <영인본:「각사등록」80(의금부 편)(국사편찬위원회, 1995)>

1782-08-00. **정동교 차첩**(鄭東敎差帖) <1장. 한자+이두. 조선 필사 이두 자료. 안성 보체 동래 정씨 정홍순 종가 소장. 한국학중앙연구원 장서각 한국고문서자료관 원문 이미지 보기>

1782-10-11. **김응정 토지매매명문**(金應鼎土地賣買明文), 태영(太榮). <1장. 한자+이두. 조선 필사 이두 자료. 안동 천전 의성 김씨 재산 종택 소장. 한국학중앙연구원 장서각 한국고문서자료관 홈페이지 원문 이미지와 텍스트 보기. 한국정신문화연구원 편(1990) 참고>

1782-10-17. **승 쾌학 토지매매명문**(僧快學土地賣買明文), 박상경(朴尙慶). <1장. 한자+이두. 조선 필사 이두 자료. 남원·구례 삭녕 최씨 구장. 한국학중앙연구원 장서각 한국고문서자료관 홈페이지 원문 이미지 보기. 한국정신문화연구원 편(2004) 참고>

1782-10-19. **김영복 토지매매명문**(金永復土地賣買明文), 과부 김 씨(寡婦金氏). <1장. 한자+이두. 조선 필사 이두 자료. 전북 부안군 우반 부안 김씨 세덕각 소장. 한국학중앙연구원 장서각 한국고문서자료관 홈페이지 & 호남권 한국학자료센터 홈페이지 원문 이미지와 텍스트 보기. 박병호(1974ㄱ), 한국정신문화연구원 편(1983, 1998), 이재수(2003), 한국학중앙연구원 편(2017) 참고>

1782-10-20. **조모 진주 류 씨 분재기**(祖母晉州柳氏分財記),[626] 조모 진주 류 씨. <1장. 한자+이두. 조선 필사 이두 자료. 경북 예천군 용문면 대제리 원동 권씨 춘우재 고택 구장. 한국국학진흥원 소장. 한국학자료센터 영남권역센터 홈페이지 원문 이미지와 텍스트 보기>

1782-11-19. **태로 칠제 토지매매명문**(泰老七弟土地賣買明文), 태갑(泰甲). <1장. 한자+이두. 조선 필사 이두 자료. 제천 한수 연안 이씨 소장. 한국학중앙연구원 장서

---

[626] 한국학자료센터 영남권역센터 홈페이지에서는 '손(孫) 신쾌종(申快宗) 깃부문기(衿付文記)'로 표시하였다.

각 한국고문서자료관 홈페이지 원문 이미지 보기. 한국정신문화연구원 편(2001) 참고>

1782-11-27. **유학 권성봉 노비매매명문**(幼學權聖鳳奴婢賣買明文), 신쾌종(申快宗). <1장. 한자+이두. 조선 필사 이두 자료. 경북 예천군 용문면 대제리 원동 권씨 춘우재 고택 구장. 한국국학진흥원 소장. 한국학자료센터 영남권역센터 홈페이지 원문 이미지와 텍스트 보기. 문숙자(2010) 참고>

1782-11-00. **김돈 외 등장**(金墪外等狀), 김돈 외. <1장. 한자+이두. 조선 필사 이두 자료. 경북 안동시 오천 광산 김씨 후조당 소장. 한국학중앙연구원 장서각 한국고문서자료관 홈페이지 원문 이미지와 텍스트 보기. 한국정신문화연구원 편(1982) 참고>

1782-11-00. **윤굉 등 소지**(允恅等所志), 윤굉 등. <1장. 한자+이두. 조선 필사 이두 자료. 전남 해남 연동 해남 윤씨 녹우당 소장. 한국학중앙연구원 장서각 한국고문서자료관 홈페이지 원문 이미지와 텍스트 보기. 한국정신문화연구원 편(1986) 참고>

1782-11-00. **윤굉 등장**(允恅等狀), 윤굉. <1장. 한자+이두. 조선 필사 이두 자료. 전남 해남 연동 해남 윤씨 녹우당 소장. 한국학중앙연구원 장서각 한국고문서자료관 홈페이지 원문 이미지와 텍스트 보기. 한국정신문화연구원 편(1986) 참고>

1782-12-06. **용덕손 토지매매명문**(龍德孫土地賣買明文), 용귀손(龍貴孫). <1장. 한자+이두. 조선 필사 이두 자료. 순천 월등 목천 장씨 구장, 전북대학교 박물관 소장. 호남권 한국학자료센터 홈페이지 원문 이미지와 텍스트 보기. 최승희(1989), 정구복 외(1999), 이재수(2003), 박준호(2004), 전경목 외(2006) 참고>

1782-12-15. **작산학계 토지매매명문**(鵲山學稧土地賣買明文), 산직 치건(山直致建). <1장. 한자+이두. 조선 필사 이두 자료. 경북 안동시 주촌 진성 이씨 경류정 소장. 한국학중앙연구원 장서각 한국고문서자료관 홈페이지 원문 이미지와 텍스트 보기. 한국정신문화연구원 편(1999) 참고>

1782-12-24. **최 생원 댁 노 장복 토지매매명문**(崔生員宅奴長卜土地賣買明文), 강논돌(姜論乭). <1장. 한자+이두. 조선 필사 이두 자료. 일본 경도대학 가와이문고 소장. 고려대학교 해외한국학자료센터 홈페이지 원문 이미지와 텍스트 보기>

1782-12-26. **권■■ 토지매매명문**(權■■土地賣買明文),[627] 최진태(崔進泰).[628] <1장. 한자+이두. 조선 필사 이두 자료. 안동 천전 의성 김씨 지촌 종택 구장. 한국국학진흥원 소장. 한국국학진흥원 유교넷 홈페이지 원문 이미지 보기>

1782-12-30. **김진명 토지매매명문**(金鎭命土地賣買明文), 서석남(徐石南). <1장. 한자+이두. 조선 필사 이두 자료. 전남 보성 박실 제주 양씨가 구장. 원광대학교 박물관 소장. 호남권 한국학자료센터 홈페이지 원문 이미지와 텍스트 보기. 박병호(1974ㄱ), 이재수(2003) 참고>

1782-12-00. **윤굉 등 의송**(允恔等議送) 1, 윤굉 등. <1장. 한자+이두. 조선 필사 이두 자료. 전남 해남 연동 해남 윤씨 녹우당 소장. 한국학중앙연구원 장서각 한국고문서자료관 홈페이지 원문 이미지와 텍스트 보기. 한국정신문화연구원 편(1986) 참고>

1782-12-00. **윤굉 등 의송**(允恔等議送) 2, 윤굉 등. <1장. 한자+이두. 조선 필사 이두 자료. 전남 해남 연동 해남 윤씨 녹우당 소장. 한국학중앙연구원 장서각 한국고문서자료관 홈페이지 원문 이미지와 텍스트 보기. 한국정신문화연구원 편(1986) 참고>

1782-12-00. **해남 유학 김낙일 고강 입격첩**(海南幼學金洛一考講入格帖),[629] 겸사(兼使). <1장. 한자+이두. 조선 필사 이두 자료. 해남 노송 김해 김씨 노송사 소장. 한국학중앙연구원 장서각 한국고문서자료관 홈페이지 원문 이미지와 텍스트 보기>

1782-■■-■■. **■■■ 토지매매명문**(■■■土地賣買明文),[630] 신윤득(愼閏得). <1장. 한자+이두. 조선 필사 이두 자료. 전남 보성 박실 제주 양씨가 구장. 원광대학교

627　한국국학진흥원 유교넷 홈페이지에서는 문서명을 '의성김씨 지촌종택 1782년에 최진태와 권(결) 사이에 작성된 명문(明文)(都地賣買文書)[0669]'로 표시하였다.
628　한국국학진흥원 유교넷 홈페이지 '해제'에서는 '매수인은 최진태'로 잘못 설명하였다.
629　한국학중앙연구원 장서각 한국고문서자료관 홈페이지에서는 '전라도관찰사(全羅道觀察使) 고강 입격첩(考講入格帖)'으로 표시하였다. 그리고 원문 이미지와 텍스트가 동일하지 않다.
630　문서의 일부가 결락되어 작성 시기와 매입자를 알 수 없다. 호남권 한국학자료센터 홈페이지에서는 '신윤득(愼閏得) 방매(放賣) 토지매매명문(土地賣買明文)'으로 표시하였다.

박물관 소장. 호남권 한국학자료센터 홈페이지 원문 이미지와 텍스트 보기. 박병호(1974ㄱ), 이재수(2003) 참고>

1782-00-00. 「보감감인청의궤(寶鑑監印廳儀軌)」,[631] 감인청 편. <1책. 190장. 필사본. 목록 앞부분 일부 결락. 개장한 표지의 표제는 '國朝寶鑑印廳儀軌'. '(乾隆四十七年 壬寅十二月 日)寶鑑監印廳儀軌'가 있다. 한자+이두. 조선 필사 이두 자료. 한국학중앙연구원 디지털장서각 홈페이지 'K2-3684' 원문 이미지와 텍스트 보기>

1782-00-00. 「첩초(牒草)」, 개령현(開寧縣) 편(編). <1책. 49장. 필사본. 한자+이두. 이두 자료. 서울대학교 규장각 한국학연구원 홈페이지 원문 이미지 보기> <영인본:「각사등록」51(경상도 보유편3)(국사편찬위원회, 1991)>

1782-00-00 이후 기입 추정.「유호서대소민인등윤음(諭湖西大小民人等綸音)」, 정조(正祖) 찬(撰). <1책. 11장. 임진자본. 한문+묵서 구결 기입 그리고 순한글 언해문. 본문에 묵서 생획토 구결 자료. 서울대학교 규장각 한국학연구원 홈페이지 원문 이미지 보기>

1782-00-00 이후 기입 추정.「효경대의(孝經大義)」, 동정(董鼎) 주(註). <47장. 정유자본(丁酉字本). 한문+생획토 그리고 한글+한자 필사한 종이를 두주로 붙임. 본문에 생획토 기입. 한글 자료 및 묵서 구결 자료. 국립중앙도서관 홈페이지 원문 이미지 보기>

1782-00-00~1899-04-07.「조경단수호절목등초(肇慶壇守護節目謄抄)」, 종정원(宗正院) 편(編). <1책. 필사본. 한자+이두. 한국학중앙연구원 디지털장서각 홈페이지 'K2-4922' 원문 이미지와 텍스트 보기>

1783년

<계묘(癸卯), 정조 7년, 건륭 48년>

---

[631] 한국학중앙연구원 디지털장서각 홈페이지에서는 서명을 '국조보감감인청의궤(國朝寶鑑監印廳儀軌)'로 적었다.

1783-01-01~1783-12-28(癸卯). 「계묘년 전객사일기(癸卯年 典客司日記)」 31, 예조(禮曹) 전객사(典客司) 편(編). <1책(31/99). 194장. 필사본. 한자+이두. 조선 필사 이두 자료. 서울대학교 규장각 한국학연구원 홈페이지 원문 이미지 보기> <1640-01-22~1641-12-23(1)>

1783-01-03. **안처항 처 김 씨 허여명문**(安處恒妻金氏許與明文), 안처항 처 김 씨. <1장. 한자+이두. 조선 필사 이두 자료. 전남 보성 죽산 안씨가 구장. 광주광역시 이정옥 소장. 호남권 한국학자료센터 홈페이지 원문 이미지와 텍스트 보기. 최승희(1989) 참고>

1783-01-06. **처남 승 쾌학 토지매매명문**(妻男僧快學土地賣買明文), 손재위(孫在爲). <1장. 한자+이두. 조선 필사 이두 자료. 남원·구례 삭녕 최씨 구장. 한국학중앙연구원 장서각 한국고문서자료관 홈페이지 원문 이미지 보기. 한국정신문화연구원 편(2004) 참고>

1783-01-15. **김귀득 토지매매명문**(金貴得土地賣買明文),[632] 이한수(李漢壽). <1장. 한자+이두. 조선 필사 이두 자료. 경북 안동시 법흥동 고성 이씨 탑동 종가 구장. 한국국학진흥원 소장. 한국국학진흥원 유교넷 홈페이지 원문 이미지 보기>

1783-01-24. **임하창 토지매매명문**(林夏昌土地賣買明文), 박태수(朴泰水). <1장. 한자+이두. 조선 필사 이두 자료. 전남 보성 박실 제주 양씨가 구장. 원광대학교 박물관 소장. 호남권 한국학자료센터 홈페이지 원문 이미지와 텍스트 보기. 박병호(1974ㄱ), 최승희(1989), 이재수(2003) 참고>

1783-01-26. **산인 권범 토지매매명문**(山人卷凡土地賣買明文), 곽재흥(郭再興). <1장. 한자+이두. 조선 필사 이두 자료. 남원·구례 삭녕 최씨 구장. 한국학중앙연구원 장서각 한국고문서자료관 홈페이지 원문 이미지 보기. 한국정신문화연구원 편(2004) 참고>

1783-01-27. **손 문중 김만삼 토지매매명문**(孫門中金萬三土地賣買明文), 이용기(李龍己). <1장. 한자+이두. 조선 필사 이두 자료. 경북 경주시 양동 경주 손씨 송첨

---

[632] 한국국학진흥원 유교넷 홈페이지에서는 문서명을 '1783년 이한수가 김귀득에게 땅을 매도한 사실을 증명하는 전답매매문기'로 표시하였다.

종택 소장. 한국학중앙연구원 장서각 한국고문서자료관 홈페이지 원문 이미지 보기. 이수건(1979), 이수건 편저(1981), 영남대학교 인문과학연구소 편(1990), 정구복·안승준(1997), 한국정신문화연구원 편(1997) 참고>

1783-01-00. **화민 권성봉 입안신청소지**(化民權聖鳳立案申請所志), 권성봉. <1장. 점련문서. 한자+이두. 조선 필사 이두 자료. 경북 예천군 용문면 대제리 원동 권씨 춘우재 고택 구장. 한국국학진흥원 소장. 한국학자료센터 영남권역센터 홈페이지 원문 이미지와 텍스트 보기>

1783-01-■■. **■■■ 토지매매명문**(■■■土地賣買明文),[633] 답주 승 두걸(畓主僧斗乞). <1장. 한자+이두. 조선 필사 이두 자료. 경북 안동시 법흥동 고성 이씨 탑동 종가 구장. 한국국학진흥원 소장. 한국학자료센터 영남권역센터 홈페이지 원문 이미지와 텍스트 보기. 박병호(1974ㄱ), 최승희(1989), 이재수(2003), 김성갑(2013) 참고>

1783-02-04. **노 계찬 토지매매명문**(奴戒贊土地賣買明文), 이별룡(李別龍). <1장. 한자+이두. 조선 필사 이두 자료. 경북 경주시 양동 경주 손씨 송첨 종택 소장. 한국학중앙연구원 장서각 한국고문서자료관 홈페이지 원문 이미지 보기. 이수건(1979), 이수건 편저(1981), 영남대학교 인문과학연구소 편(1990), 정구복·안승준(1997), 한국정신문화연구원 편(1997) 참고>

1783-02-06. **계노 계찬 토지매매명문**(契奴戒贊土地賣買明文), 모순만(牟順萬). <1장. 한자+이두. 조선 필사 이두 자료. 경북 경주시 양동 경주 손씨 송첨 종택 소장. 한국학중앙연구원 장서각 한국고문서자료관 홈페이지 원문 이미지 보기. 한국정신문화연구원 편(1997) 참고>

1783-02-08. **유영장 댁 노 용남 토지매매명문**(柳榮將宅奴龍南土地賣買明文),[634] 산인 장학(山人蔣學). <1장. 한자+이두. 조선 필사 이두 자료. 전남 구례군 토지면 오미리 문화 류씨 운조루 소장. 한국학중앙연구원 장서각 한국고문서자료관 홈페이지

---

[633] 한국학자료센터 영남권역센터 홈페이지에서는 '두걸(斗乞) 토지매매명문(土地賣買明文)'으로 잘못 표시하였다.
[634] 한국학중앙연구원 장서각 한국고문서자료관 홈페이지에서는 '유**용**장댁(柳**龍**將宅)'으로 잘못 적었다.

원문 이미지와 텍스트 보기. 한국정신문화연구원 편(1998) 참고>

1783-02-10. **노 용남 토지매매명문**(奴龍男土地賣買明文), 답주 노 정봉(畓主奴廷奉).[635] <1장. 한자+이두. 조선 필사 이두 자료. 전남 구례군 토지면 오미리 문화 류씨 운조루 소장. 한국학중앙연구원 장서각 한국고문서자료관 홈페이지 원문 이미지와 텍스트 보기. 한국정신문화연구원 편(1998) 참고>

1783-02-20. **노 선립 토지매매명문**(奴先立土地賣買明文), 상전 박(上典朴). <1장. 한자+이두. 조선 필사 이두 자료. 전남 구례군 토지면 오미리 문화 류씨 운조루 소장. 한국학중앙연구원 장서각 한국고문서자료관 홈페이지 원문 이미지와 텍스트 보기. 한국정신문화연구원 편(1998) 참고>

1783-02-25. **유용천 댁 노 용남 토지매매명문**(柳龍川宅奴龍男土地賣買明文) 1, 박 생원 노 선립(朴生員奴先立). <1장. 한자+이두. 조선 필사 이두 자료. 전남 구례군 토지면 오미리 문화 류씨 운조루 소장. 한국학중앙연구원 장서각 한국고문서자료관 홈페이지 원문 이미지와 텍스트 보기. 한국정신문화연구원 편(1998) 참고>

1783-02-28. **기태온 토지매매명문**(奇泰溫土地賣買明文), 기태범(奇泰範). <1장. 한자+이두. 조선 필사 이두 자료. 전남 장성군 행주 기씨 금강 종가 소장. 호남권 한국학자료센터 홈페이지 원문 이미지와 텍스트 보기. 김재문(1986), 이수건 외 (2004) 참고>

1783-02-00. **노 정봉 배지**(奴廷奉牌旨), 상전 김(上典金). <1장. 한자+이두. 조선 필사 이두 자료. 전남 구례군 토지면 오미리 문화 류씨 운조루 소장. 한국학중앙연구원 장서각 한국고문서자료관 홈페이지 원문 이미지와 텍스트 보기. 한국정신문화연구원 편(1998) 참고>

1783-02-00. **이희모 소지**(李希謨所志), 이희모. <1장. 한자+이두. 조선 필사 이두 자료. 경북 경주시 안강읍 옥산리 여주 이씨 장산서원·치암 종택 구장. 한국학중앙연구원 장서각 한국고문서자료관 홈페이지 원문 이미지 보기. 한국정신문화연구원 편(2003) 참고>

---

635 한국학중앙연구원 장서각 한국고문서자료관 홈페이지의 '원문 텍스트'에서는 '廷華'로 잘못 적었다.

1783-03-15. **가선대부 승 채원 토지매매명문**(嘉善大夫僧采元土地賣買明文), 이덕삼(李德三). <1장. 한자+이두. 조선 필사 이두 자료. 전남 구례군 토지면 오미리 문화 류씨 운조루 소장. 한국학중앙연구원 장서각 한국고문서자료관 홈페이지 원문 이미지와 텍스트 보기. 한국정신문화연구원 편(1998) 참고>

1783-03-19. **유학 권성익 토지매매명문**(幼學權聖翊土地賣買明文), 황경한(黃景漢). <1장. 한자+이두. 조선 필사 이두 자료. 경북 예천군 용문면 대제리 원동 권씨 춘우재 고택 구장. 한국국학진흥원 소장. 한국학자료센터 영남권역센터 홈페이지 원문 이미지와 텍스트 보기. 김성갑(2013) 참고>

1783-03-27. **변치한 토지매매명문**(邊致翰土地賣買明文), 김이공(金履恭). <1장. 한자+이두. 조선 필사 이두 자료. 일본 경도대학 가와이문고 소장. 고려대학교 해외한국학자료센터 홈페이지 원문 이미지와 텍스트 보기>

1783-04-15. **청송부 ■업 토지매매명문**(靑松府■業土地賣買明文),[636] 이봉태(李奉太). <1장. 한자+이두. 조선 필사 이두 자료. 안동 천전 의성 김씨 지촌 종택 구장. 한국국학진흥원 소장. 한국국학진흥원 유교넷 홈페이지 원문 이미지 보기>

1783-04-22. **강봉휴 차정첩**(姜鳳休差定帖), 제주목(濟州牧). <1장. 한자+이두. 조선 필사 이두 자료. 제주 어도내산 진주 강씨가 구장. 제주 한림 강우석 소장. 호남권 한국학자료센터 홈페이지 원문 이미지와 텍스트 보기. 최승희(1989), 고창석(2000), 고창석 외(2004) 참고>

1783-04-22. **강봉휴 첩정**(姜鳳休牒呈), 호장 임(戶長任). <1장. 한자+이두. 조선 필사 이두 자료. 제주 어도내산 진주 강씨가 구장. 제주 한림 강우석 소장. 호남권 한국학자료센터 홈페이지 원문 이미지와 텍스트 보기. 박병호(1974ㄱ), 최승희(1989) 참고>

1783-04-■5. **■시 토지매매명문**(■屎土地賣買明文), 이봉태(李奉太). <1장. 한자+이두. 조선 필사 이두 자료. 안동 천전 의성 김씨 지촌 종택 구장. 한국국학진흥원

---

[636] 한국국학진흥원 유교넷 홈페이지에서는 문서명을 '의성김씨 지촌종택 1783년 에 답주 이봉태와 청송부 (결)업 사이에 작성된 명문(明文)(田畓매매문서)[06533]'으로 표시하였다. '해제'에서는 매수인은 이봉태(李奉太), 집필자는 '이유복(李有福)'으로 잘못 적었다.

소장. 한국학중앙연구원 장서각 한국고문서자료관 홈페이지 원문 이미지 보기. 한국정신문화연구원 편(1990) 참고>

1783-04-00. **경주사림 서목**(慶州士林書目), 경주사림. <1장. 한자+이두. 조선 필사 이두 자료. 경북 경주시 안강읍 옥산리 여주 이씨 독락당 소장. 한국학중앙연구원 장서각 한국고문서자료관 홈페이지 원문 이미지 보기. 한국정신문화연구원 편(2003) 참고>

1783-05-22. **강봉휴 전령**(姜鳳休傳令), 제주목(濟州牧). <1장. 한자+이두. 조선 필사 이두 자료. 제주 어도내산 진주 강씨가 구장. 제주 한림 강우석 소장. 호남권 한국학자료센터 홈페이지 원문 이미지와 텍스트 보기. 박병호(1974ㄱ), 최승희 (1989) 참고>

1783-윤5-24. 관(關), 호조(戶曹). <1장. 한자+이두. 조선 필사 이두 자료. 경기도 용인시 오산 해주 오씨 추탄 종가 구장. 한국학중앙연구원 장서각 한국고문서자료관 홈페이지 원문 이미지와 텍스트 보기. 한국정신문화연구원 편(1998) 참고>

1783-06-22~1784-06-30. 「기영장계등록(畿營狀啓謄錄)」, 경기도감영(京畿道監營) 편(編). <불분권 6책. 필사본. 한자+이두. 조선 필사 이두 자료. 한국학중앙연구원 디지털장서각 홈페이지 원문 이미지와 텍스트 보기>

1783-06-29. **유용천 댁 노 용남 토지매매명문**(柳龍川宅奴龍男土地賣買明文) 2, 신태망 (辛兌望). <1장. 한자+이두. 조선 필사 이두 자료. 전남 구례군 토지면 오미리 문화 류씨 운조루 소장. 한국학중앙연구원 장서각 한국고문서자료관 홈페이지 원문 이미지와 텍스트 보기. 한국정신문화연구원 편(1998) 참고>

1783-07-19. **용안현감 첩정**(龍安縣監牒呈) 1, 용안현감 윤(尹). <1장. 첩련문서. 한자+이두. 조선 필사 이두 자료. 대전시 무수동 안동 권씨 유회당 종택 소장. 한국학중앙연구원 장서각 한국고문서자료관 홈페이지 원문 이미지 보기. 한국학중앙연구원 편(2007) 참고>

1783-07-19. **용안현감 첩정**(龍安縣監牒呈) 2, 용안현감 윤(尹). <1장. 첩련문서. 한자+이두. 조선 필사 이두 자료. 대전시 무수동 안동 권씨 유회당 종택 소장. 한국학중앙연구원 장서각 한국고문서자료관 홈페이지 원문 이미지 보기. 한국학중앙연구원 편(2007) 참고>

1783-07-19. **전라도 관찰사 겸 순찰사 관**(全羅道觀察使兼巡察使關) 1, 병조(兵曹). <1장. 점련문서. 한자+이두. 조선 필사 이두 자료. 대전시 무수동 안동 권씨 유회당 종택 소장. 한국학중앙연구원 장서각 한국고문서자료관 홈페이지 원문 이미지 보기. 한국학중앙연구원 편(2007) 참고>

1783-07-19. **전라도 관찰사 겸 순찰사 관**(全羅道觀察使兼巡察使關) 2, 호조(戶曹). <1장. 점련문서. 한자+이두. 조선 필사 이두 자료. 대전시 무수동 안동 권씨 유회당 종택 소장. 한국학중앙연구원 장서각 한국고문서자료관 홈페이지 원문 이미지 보기. 한국학중앙연구원 편(2007) 참고>

1783-07-00. **윤효관 노 노미 소지**(尹孝寬奴老味所志), 노미. <1장. 한자+이두. 조선 필사 이두 자료. 전남 강진 해남 윤씨 윤동기 구장. 목포대학교 박물관 소장. 호남권 한국학자료센터 홈페이지 원문 이미지와 텍스트 보기. 최승희(1989) 참고>

1783-08-02. **유운복 가사매매명문**(劉運復家舍賣買明文), 안시정(安時禎). <1장. 한자+이두. 조선 필사 이두 자료. 일본 경도대학 가와이문고 소장. 고려대학교 해외한국학자료센터 홈페이지 원문 이미지와 텍스트 보기>

1783-08-18~1783-09-06(癸卯). 「원자아지씨안태등록(元子阿只氏安 胎謄錄)」, 편자 미상. <1책. 7장. 필사본. 권수제는 '(乾隆四十八年九月 日慶尙道醴泉郡)元子阿只氏安 胎謄錄'. 한자+이두. 조선 필사 이두 자료. 서울대학교 규장각 한국학연구원 홈페이지 '奎13977' 원문 이미지와 텍스트 보기>

1783-08-00. **예조 계후입안**(禮曹繼後立案), 판서(判書) 등. <1장. 한자+이두. 조선 필사 이두 자료. 경북 성주군 초전면 월곡 1리 벽진 이씨 명암 고택 구장. 한국국학진흥원 소장. 한국학자료센터 영남권역센터 홈페이지 원문 이미지와 텍스트 보기. 김성갑(2013) 참고>

1783-09-00. **예조 입안**(禮曹立案), 판서(判書) 등. <1장. 한자+이두. 조선 필사 이두 자료. 전남 보성 죽산 안씨가 구장. 광주광역시 이정옥 소장. 호남권 한국학자료센터 홈페이지 원문 이미지와 텍스트 보기. 최승희(1989) 참고>

1783-10-27. **사촌 동생 김서원 별급문기**(四寸弟金瑞元別給文記),[637] 김서원. <1장. 한자+이두. 조선 필사 이두 자료. 경북 경주시 양동 경주 손씨 송첨 종택 소장.

한국학중앙연구원 장서각 한국고문서자료관 홈페이지 원문 이미지 보기. 한국정신문화연구원 편(1997) 참고>

1783-10-00. **안민수 등 소지**(安敏修等所志),[638] 안민수 등. <1장. 한자+이두. 조선 필사 이두 자료. 경북 안동시 갈전 순흥 안씨 소장. 한국학중앙연구원 장서각 한국고문서자료관 홈페이지 원문 이미지 보기. 한국정신문화연구원 편(1999) 참고>

1783-10-00. **이유룡 소지**(李猶龍所志), 이유룡. <1장. 한자+이두. 조선 필사 이두 자료. 경북 성주군 초전면 월곡 1리 벽진 이씨 명암 고택 구장. 한국국학진흥원 소장. 한국학자료센터 영남권역센터 홈페이지 원문 이미지와 텍스트 보기, 김성갑(2013) 참고>

1783-11-03. **허구 토지매매명문**(許俅土地賣買明文), 여방철(呂方喆). <1장. 한자+이두. 조선 필사 이두 자료. 전남 구례군 토지면 오미리 문화 류씨 운조루 소장. 한국학중앙연구원 장서각 한국고문서자료관 홈페이지 원문 이미지와 텍스트 보기. 한국정신문화연구원 편(1998) 참고>

1783-11-07. **강위룡 토지매매명문**(姜渭龍土地賣買明文), 최규석(崔圭錫). <1장. 한자+이두. 조선 필사 이두 자료. 남원·구례 삭녕 최씨 구장. 한국학중앙연구원 장서각 한국고문서자료관 홈페이지 원문 이미지 보기. 한국정신문화연구원 편(2004) 참고>

1783-11-08. **김낙일 차첩**(金洛一差帖), 이조(吏曹). <1장. 한자+이두. 조선 필사 이두 자료. 해남 노송 김해 김씨 노송사 소장. 한국학중앙연구원 장서각 한국고문서자료관 홈페이지 & 호남권 한국학자료센터 홈페이지 원문 이미지와 텍스트 보기. 최승희(1989), 조정곤(2013) 참고>

1783-11-11. **유 생원 댁 노 운삼 토지매매명문**(柳生員宅奴雲三土地賣買明文), 박수근(朴守根). <1장. 한자+이두. 조선 필사 이두 자료. 전남 구례군 토지면 오미리

---

[637] 한국학중앙연구원 장서각 한국고문서자료관 홈페이지에서는 '사촌(四寸) 김서원(金瑞元) 별급문기(別給文記)'로 표시하였다.

[638] 한국학중앙연구원 장서각 한국고문서자료관 홈페이지에서는 '안민수(安敏修), 극수(克修) 등 소지(所志)'로 표시하였다.

문화 류씨 운조루 소장. 한국학중앙연구원 장서각 한국고문서자료관 홈페이지 원문 이미지와 텍스트 보기. 한국정신문화연구원 편(1998) 참고>

1783-11-00. 관(關), 호조(戶曹). <1장. 점련문서. 한자+이두. 조선 필사 이두 자료. 대전시 무수동 안동 권씨 유회당 종택 소장. 한국학중앙연구원 장서각 한국고문서자료관 홈페이지 원문 이미지 보기. 한국학중앙연구원 편(2007) 참고>

1783-11-00. **신흥빈 토지매매명문**(辛興彬土地賣買明文), 김기찬(金己贊). <1장. 점련문서. 한자+이두. 조선 필사 이두 자료. 전남 영광군 입석 영월 신씨 소장. 한국학중앙연구원 장서각 한국고문서자료관 홈페이지 원문 이미지와 텍스트 보기. 한국정신문화연구원 편(1996) 참고>

1783-12-16. **김진기 토지매매명문**(金進起土地賣買明文), 이성재(李聖才). <1장. 한자+이두. 조선 필사 이두 자료. 안동 천전 의성 김씨 지촌 종택 구장. 한국국학진흥원 소장. 한국학중앙연구원 장서각 한국고문서자료관 홈페이지 원문 이미지와 텍스트 보기. 한국정신문화연구원 편(1990) 참고>

1783-12-24. **남삼이 토지매매명문**(南三伊土地賣買明文), 남봉재(南奉載). <1장. 한자+이두. 조선 필사 이두 자료. 영해 인량 재령 이씨 충효당 구장. 한국국학진흥원 소장. 한국학중앙연구원 장서각 한국고문서자료관 홈페이지 원문 이미지와 텍스트 보기. 한국정신문화연구원 편(1997) 참고>

1783-00-00. 「감인청의궤(監印廳儀軌)」,[639] 감인청 편. <1책. 190장. 필사본. 표제는 '(乾隆四十八年癸卯三月 日 奎章閣上)■■寶鑑監印廳儀軌'. 권수제는 '(乾隆四十七年壬寅十二月 日)監印廳儀軌'. 한자+이두. 조선 필사 이두 자료. 서울대학교 규장각 한국학연구원 의궤 종합정보 홈페이지 '奎14189' 원문 이미지와 텍스트 보기>

1783-00-00. 「개수도감의궤(改修都監儀軌)」,[640] 개수도감 편. <1책. 50장. 필사본. 표제는 '(禮曹上 乾隆四十八年癸卯九月 日)元陵改修都監儀軌'. 권수제는 '(乾隆四十八年癸卯八月 日)改修都監儀軌'. 한자+이두. 조선 필사 이두 자료. 서울대학교 규장각

---

[639] 서울대학교 규장각 한국학연구원 의궤 종합정보 홈페이지에서는 서명을 '국조보감감인청의궤(國朝寶鑑監印廳儀軌)'로 적었다.

[640] 서울대학교 규장각 한국학연구원 의궤 종합정보 홈페이지에서는 서명을 표제와 권수제와는 달리 '영조원릉개수도감의궤(英祖元陵改修都監儀軌)'로 적었다.

한국학연구원 의궤 종합정보 홈페이지 '奎13601' 원문 이미지와 텍스트 보기>

1783-00-00. 「국조보감감인청의궤(國朝寶鑑監印廳儀軌)」, 감인청. <1책. 190장. 필사본. 한자+이두. 조선 필사 이두 자료. 한국학중앙연구원 한국학 디지털 아카이브 홈페이지 원문 이미지와 텍스트 보기>

1783-00-00. **권성봉 노비매매 사급입안**(權聖鳳奴婢賣買斜給立案), 예천 군수(醴泉郡守). <1장. 점련문서. 한자+이두. 조선 필사 이두 자료. 경북 예천군 용문면 대제리 원동 권씨 춘우재 고택 구장. 한국국학진흥원 소장. 한국학자료센터 영남권역센터 홈페이지 원문 이미지와 텍스트 보기>

1783-00-00. **비주 신쾌종 초사**(婢主申快宗招辭), 신쾌종. <1장. 점련문서. 한자+이두. 조선 필사 이두 자료. 경북 예천군 용문면 대제리 원동 권씨 춘우재 고택 구장. 한국국학진흥원 소장. 한국학자료센터 영남권역센터 홈페이지 원문 이미지와 텍스트 보기>

1783-00-00. 「선원보략수정의궤(璿源譜略修正儀軌)」, 교정청(校正廳) 편(編). <1책. 60장. 필사본. 표제는 '(■■癸卯 正宗六年)璿源譜略修正儀軌'. 권수제는 '(乾隆四十八年癸卯五月 日)璿源譜略修正儀軌'. 한자+이두. 조선 필사 이두 자료. 서울대학교 규장각 한국학연구원 의궤 종합정보 홈페이지 '奎14087' 원문 이미지와 텍스트 보기>

1783-00-00. 「왕대비전가상 존호 경모궁추상 존호 혜경궁가상 존호도감의궤(王大妃殿加上 尊號 景慕宮追上 尊號 惠慶宮加上 尊號都監儀軌)」,[641] <1책. 264장. 필사본. '王大妃殿加上 尊號 景慕宮追上 尊號 惠慶宮加上 尊號都監儀軌目錄'이 있다. 한자+이두. 조선 필사 이두 자료. 한국학중앙연구원 디지털장서각 홈페이지 'K2-2809' 원문 이미지와 텍스트 보기>

1783-00-00. 「왕대비전가상 존호 경모궁추상 존호 혜경궁가상 존호도감의궤(王大妃殿加上 尊號 景慕宮追上 尊號 惠慶宮加上 尊號都監儀軌)」,[642] 존호도감 편. <1책.

---

[641] 한국학중앙연구원 디지털장서각 홈페이지에서는 서명을 '상호도감의궤(上號都監儀軌)'로 적었다.

[642] 서울대학교 규장각 한국학연구원 의궤 종합정보 홈페이지에서는 서명을 표제나 권수제와는 달리 '정순왕후장헌세자혜빈존호도감의궤(貞純王后莊獻世子惠嬪尊號都監儀軌)'로 적었다.

263장. 필사본. 표제는 '(乾隆四十六年癸卯三月 日 江華府上)上 號都監儀軌(全)'. 권수제는 '(乾隆四十八年癸卯三月 日)王大妃殿加上 尊號 景慕宮追上 尊號 惠慶宮加上 尊號都監儀軌'. 한자+이두. 조선 필사 이두 자료. 서울대학교 규장각 한국학연구원 의궤 종합정보 홈페이지 '奎13311' 원문 이미지와 텍스트 보기>

1783-00-00. 「윤음(綸音)」, 정조(正祖) 찬(撰). <1책. 82장. 정유자판. 권두 15장 필사+중간 4장 목판 포함. 한자+이두. 조선 인쇄 이두 자료. 한국학중앙연구원 장서각 소장. 한국학중앙연구원 한국학 디지털 아카이브 홈페이지 원문 이미지 보기>

1783-00-00. 「자휼전칙(字恤典則)」, <1책. 15장. 계묘 활인 중외장판(癸卯活印 中外藏板). 활자본. 한자+이두 & 한글 번역본 'ᄌᆞ휼뎐측'. 법령집. 국립중앙도서관 홈페이지 원문 이미지 보기>

1783-00-00. **정관휘 차첩**(鄭觀輝差帖), 이조(吏曹). <1장. 한자+이두. 조선 필사 이두 자료. 양주 안흥 광주 정씨 소장. 한국학중앙연구원 장서각 한국고문서자료관 홈페이지 원문 이미지 보기. 한국정신문화연구원 편(2004) 참고>

1783-00-00. **증인 유학 신후·필집 유학 권응련 초사**(證人幼學申煦筆執幼學權應璉招辭),[643] 신후·권응련. <1장. 점련문서. 한자+이두. 조선 필사 이두 자료. 경북 예천군 용문면 대제리 원동 권씨 춘우재 고택 구장. 한국국학진흥원 소장. 한국학자료센터 영남권역센터 홈페이지 원문 이미지와 텍스트 보기>

1784년

<갑진(甲辰), 정조 8년, 건륭 49년>

1784-01-01~1784-12-28(甲辰). 「전객사일기(典客司日記)」 32, 예조(禮曹) 전객사(典客司) 편(編). <1책(32/99). 174장. 필사본. 한자+이두. 조선 필사 이두 자료. 서울대학교 규장각 한국학연구원 홈페이지 원문 이미지 보기> <1640-01-22~1641-

---

[643] 한국학자료센터 영남권역센터 홈페이지에서는 '증인 신후(申煦), 필집 권응련(權應璉) 초사(招辭)'로 표시하였다.

12-23(1)>

1784-01-01~1791-12-29(甲辰~辛亥). 「진상등록(進上謄錄)」 제20, 예조(禮曹) 편(編). <1책(4/6). 135장. 필사본. 필사 시기 미상. 한자+이두. 조선 필사 이두 자료. 서울대학교 규장각 한국학연구원 홈페이지 낙질본(第17-20, 第24-25) 원문 이미지 보기> <1767-09-11~1772-12-27(제17)>

1784-01-07. **남윤성 입후 명문**(南胤星立後明文),[644] 김 씨(金氏). <1장. 한자+이두. 조선 필사 이두 자료. 경남 밀양 사촌 의령 남씨 침류정 소장. 한국학중앙연구원 장서각 한국고문서자료관 홈페이지 원문 이미지 보기. 한국정신문화연구원 편(2004) 참고>

1784-01-10. **재유사 최경석 토지매매명문**(齋有司崔景錫土地賣買明文),[645] 유학 채희국(幼學蔡姬國). <1장. 한자+이두. 조선 필사 이두 자료. 대구광역시 동구 둔산동 경주 최씨 백불암 종중 구장. 안동대학교 박물관 소장. 한국학자료센터 영남권역센터 홈페이지 원문 이미지와 텍스트 보기. 박병호(1974ㄱ), 최승희(1989), 이재수(2003), 이수건 외(2004) 참고>

1784-01-15. **용산서원 도색 김영우 자매 명문**(龍山書院都色金永佑自賣明文), 노 막남(奴莫男). <1장. 한자+이두. 조선 필사 이두 자료. 경북 경주시 내남면 이조리 경주 최씨·용산서원 소장. 한국학중앙연구원 장서각 한국고문서자료관 홈페이지 원문 이미지 보기. 한국정신문화연구원 편(2000) 참고>

1784-01-18. **작산 유사 토지매매명문**(鵲山有司土地賣買明文), 장성관(張聖觀). <1장. 한자+이두. 조선 필사 이두 자료. 경북 안동시 주촌 진성 이씨 경류정 구장. 서울역사박물관 소장. 한국학중앙연구원 장서각 한국고문서자료관 홈페이지 원문 이미지와 텍스트 보기. 한국정신문화연구원 편(1999) 참고>

1784-01-23. **박문정 토지매매명문**(朴文廷土地賣買明文), 조해명(趙海明). <1장. 한자+이두. 조선 필사 이두 자료. 순천 월등 목천 장씨 구장. 전북대학교 박물관 소장.

---

[644] 이 목록에서 처음으로 등장하는 입후 명문이다. 입후 명문은 사적으로 작성한 입양 문서이다.
[645] 한국학자료센터 영남권역센터 홈페이지에서는 '**최석경**(崔景錫) 토지매매명문(土地賣買明文)'으로 잘못 적었다.

호남권 한국학자료센터 홈페이지 원문 이미지와 텍스트 보기. 최승희(1989), 정구복 외(1999), 이재수(2003) 참고>

1784-01-29. **재사 유사 토지매매명문**(齋舍有司土地賣買明文), 전주 사노 명재(田主私奴命才). <1장. 한자+이두. 조선 필사 이두 자료. 경북 안동시 주촌 진성 이씨 경류정 소장. 한국학중앙연구원 장서각 한국고문서자료관 홈페이지 원문 이미지와 텍스트 보기. 한국정신문화연구원 편(1999) 참고>

1784-01-30. **이 생원 전노 지압회 토지매매명문**(李生員前奴?岩回土地賣買明文),[646] 신인대(申因大). <1장. 한자+이두. 조선 필사 이두 자료. 경북 안동시 주촌 진성 이씨 경류정 소장. 한국학중앙연구원 장서각 한국고문서자료관 홈페이지 원문 이미지와 텍스트 보기. 한국정신문화연구원 편(1999) 참고>

1784-01-00. **남처중 처 조 씨 입안**(南處中妻曹氏立案), 예조(禮曹). <1장. 한자+이두. 조선 필사 이두 자료. 경남 밀양 사촌 의령 남씨 침류정 소장. 한국학중앙연구원 장서각 한국고문서자료관 홈페이지 원문 이미지 보기. 한국정신문화연구원 편(2004) 참고>

1784-01-00. **화민 남윤성 소지**(化民南胤星所志), 남윤성. <1장. 한자+이두. 조선 필사 이두 자료. 경남 밀양 사촌 의령 남씨 침류정 소장. 한국학중앙연구원 장서각 한국고문서자료관 홈페이지 원문 이미지 보기. 한국정신문화연구원 편(2004) 참고>

1784-02-05. **손연수 토지매매명문**(孫延壽土地賣買明文) 1, 답주 남자 정노미(畓主南者仃老味). <1장. 한자+이두. 조선 필사 이두 자료. 해남 노송 김해 김씨 노송사 소장. 한국학중앙연구원 장서각 한국고문서자료관 홈페이지 & 호남권 한국학자료센터 홈페이지 원문 이미지와 텍스트 보기. 최승희(1989), 한국정신문화연구원 편(1998), 조정곤(2013) 참고>

1784-02-06. **유사 손성복 토지매매명문**(有司孫星福土地賣買明文), 손성동(孫星東). <1장. 한자+이두. 조선 필사 이두 자료. 경북 경주시 양동 경주 손씨 송첨 종택

---

[646] 한국학중앙연구원 장서각 한국고문서자료관 홈페이지에서는 '이생원(李生員) 토지매매명문(土地賣買明文)'으로 잘못 표시하였다.

소장. 한국학중앙연구원 장서각 한국고문서자료관 홈페이지 원문 이미지 보기. 이수건(1979), 이수건 편저(1981), 영남대학교 인문과학연구소 편(1990), 정구복·안승준(1997), 한국정신문화연구원 편(1997) 참고>

1784-02-06. **유학 손순구 토지매매명문**(幼學孫純九土地賣買明文), 박운재(朴雲才). <1장. 한자+이두. 조선 필사 이두 자료. 경북 경주시 양동 경주 손씨 송첨 종택 소장. 한국학중앙연구원 장서각 한국고문서자료관 홈페이지 원문 이미지 보기. 이수건(1979), 이수건 편저(1981), 영남대학교 인문과학연구소 편(1990), 정구복·안승준(1997), 한국정신문화연구원 편(1997) 참고>

1784-02-07. **유용천 노 집이 토지매매명문**(柳龍川奴集伊土地賣買明文), 이봉(二奉). <1장. 한자+이두. 조선 필사 이두 자료. 전남 구례군 토지면 오미리 문화 류씨 운조루 소장. 한국학중앙연구원 장서각 한국고문서자료관 홈페이지 원문 이미지와 텍스트 보기. 한국정신문화연구원 편(1998) 참고>

1784-02-12. **삼종숙 류원충 토지매매명문**(三從叔柳忠源土地賣買明文), 류상휴(柳象休). <1장. 한자+이두. 조선 필사 이두 자료. 경북 안동시 수곡면 전주 류씨 수곡파 대야 고택 구장. 한국국학진흥원 소장. 한국학자료센터 영남권역센터 홈페이지 원문 이미지와 텍스트 보기>

1784-02-13. **최만상 토지매매명문**(崔萬尙土地賣買明文), 권일록(權日彔). <1장. 한자+이두. 조선 필사 이두 자료. 안동 천전 의성 김씨 지촌 종택 구장. 한국국학진흥원 소장. 한국학중앙연구원 장서각 한국고문서자료관 홈페이지 원문 이미지와 텍스트 보기. 한국정신문화연구원 편(1990) 참고>

1784-02-28. **동강서원 고자 토지매매명문**(東江書院庫子土地賣買明文), 김덕재(金德才). <1장. 한자+이두. 조선 필사 이두 자료. 경북 경주시 양동 경주 손씨 송첨 종택 소장. 한국학중앙연구원 장서각 한국고문서자료관 홈페이지 원문 이미지 보기. 한국정신문화연구원 편(1997) 참고>

1784-02-00. **화민 남윤성 등 소지**(化民南胤星等所志), 남윤성 등. <1장. 한자+이두. 조선 필사 이두 자료. 경남 밀양 사촌 의령 남씨 침류정 소장. 한국학중앙연구원 장서각 한국고문서자료관 홈페이지 원문 이미지 보기. 한국정신문화연구원 편(2004) 참고>

1784-03-02. **선순흥 토지매매명문**(宣順興土地賣買明文) 1, 김시흥(金時興). <1장. 한자+이두. 조선 필사 이두 자료. 전남 화순 흥성 장씨가 구장. 광주광역시 이정옥 소장. 호남권 한국학자료센터 홈페이지 원문 이미지와 텍스트 보기. 최승희(1989), 정구복 외(1999) 참고>

1784-03-04. **분돌 배지**(分乭牌旨), 김(金). <1장. 한자+이두. 조선 필사 이두 자료. 경북 안동시 주촌 진성 이씨 경류정 소장. 한국학중앙연구원 장서각 한국고문서자료관 홈페이지 원문 이미지와 텍스트 보기. 한국정신문화연구원 편(1999) 참고>

1784-03-07. **남붕숙 처 박 씨 분재기**(南鵬翻妻朴氏分財記),[647] 남붕숙 처 박 씨. <1장. 한자+이두. 조선 필사 이두 자료. 경남 밀양 사촌 의령 남씨 침류정 소장. 한국학중앙연구원 장서각 한국고문서자료관 홈페이지 원문 이미지 보기. 한국정신문화연구원 편(2004) 참고>

1784-03-08. **손연수 토지매매명문**(孫延壽土地賣買明文) 2, 답주 이명선(畓主李明先). <1장. 한자+이두. 조선 필사 이두 자료. 해남 노송 김해 김씨 노송사 소장. 한국학중앙연구원 장서각 한국고문서자료관 홈페이지 & 호남권 한국학자료센터 홈페이지 원문 이미지와 텍스트 보기. 최승희(1989), 한국정신문화연구원 편(1998), 조정곤(2013) 참고>

1784-03-15. **유학 이철원 토지매매명문**(幼學李澈源土地賣買明文), 문덕희(文德熹). <1장. 한자+이두. 조선 필사 이두 자료. 전남 구례군 토지면 오미리 문화 류씨 운조루 소장. 한국학중앙연구원 장서각 한국고문서자료관 홈페이지 원문 이미지와 텍스트 보기. 한국정신문화연구원 편(1998) 참고>

1784-03-00. **사노 우음동 소지**(私奴于音同所志), 우음동. <1장. 한자+이두. 조선 필사 이두 자료. 경북 경주시 내남면 이조리 경주 최씨·용산서원 소장. 한국학중앙연구원 장서각 한국고문서자료관 홈페이지 원문 이미지 보기. 한국정신문화연구원 편(2000) 참고>

1784-04-01. **오 서방 댁 토지매매명문**(吳書房宅土地賣買明文), 조길진(趙吉鎭). <1장.

---

[647] 이 목록에서 처음으로 등장하는 분재기이다. 분재기는 가정에서 작성한 상속 문서이다.

한자+이두+한글. 조선 필사 이두와 한글 자료. 경기도 용인시 오산 해주 오씨 추탄 종가 구장. 한국학중앙연구원 장서각 소장. 한국학중앙연구원 장서각 한국 고문서자료관 홈페이지 원문 이미지와 텍스트 보기. 한국정신문화연구원 편(1998) 참고>

1784-04-00. **최국한 첩 김 조이 의송**(崔國翰妾金召史議送), 김 조이. <1장. 한자+이 두. 조선 필사 이두 자료. 경북 경주시 내남면 이조리 경주 최씨·용산서원 소장. 한국학중앙연구원 장서각 한국고문서자료관 홈페이지 원문 이미지 보기. 한국정 신문화연구원 편(2000) 참고>

1784-04-00. **화민 신원묵 등 소지**(化民辛元默等所志) 1, 화민 신원묵 등. <1장. 한자+ 이두. 조선 필사 이두 자료. 전남 영광군 입석 영월 신씨 소장. 한국학중앙연구원 장서각 한국고문서자료관 홈페이지 원문 이미지와 텍스트 보기. 한국정신문화연 구원 편(1996) 참고>

1784-05-20. **김진길 노비매매명문**(金鎭吉奴婢賣買明文), 남종악(南宗嶽). <1장. 한자 +이두. 조선 필사 이두 자료. 전북 고창군 장두 광산 김씨가 소장. 호남권 한국학 자료센터 홈페이지 원문 이미지와 텍스트 보기. 최승희(1989), 전경목(1997), 이수 건 외(2004) 참고>

1784-06-13. **김득창 토지매매명문**(金得昌土地賣買明文), 박영대(朴瑛大). <1장. 한자 +이두. 조선 필사 이두 자료. 전북대학교 박물관 소장. 호남권 한국학자료센터 홈페이지 원문 이미지와 텍스트 보기>

1784-06-19. **강봉휴 토지매매명문**(姜鳳休土地賣買明文) 1, 고문익(高文益). <1장. 한 자+이두. 조선 필사 이두 자료. 제주 어도내산 진주 강씨가 구장. 제주 한림 강우 석 소장. 호남권 한국학자료센터 홈페이지 원문 이미지와 텍스트 보기. 이재수 (2003), 오창명(2007) 참고>

1784-07-01~1784-12-00(甲辰). 「금영등록(**禁營謄錄**)」, 금위영(禁衛營) 편(編). <1책 (9/15. 낙질본). 129장. 필사본. 한자+이두. 조선 필사 이두 자료. 서울대학교 규장 각 한국학연구원 홈페이지 원문 이미지 보기> <1682-02-29~1682-10-09(1/15)>

1784-07-00. **금춘 의송**(今春議送), 금춘. <1장. 한자+이두. 조선 필사 이두 자료. 경북 경주시 내남면 이조리 경주 최씨·용산서원 소장. 한국학중앙연구원 장서각

한국고문서자료관 홈페이지 원문 이미지 보기. 한국정신문화연구원 편(2000) 참고>

1784-07-00.[648] **김진길 소지**(金鎭吉所志), 김진길. <1장. 한자+이두. 조선 필사 이두 자료. 전북 고창군 장두 광산 김씨가 소장. 호남권 한국학자료센터 홈페이지 원문 이미지와 텍스트 보기. 최승희(1989), 전경목(1997), 이수건 외(2004) 참고>

1784-07-00. **김진길 입안**(金鎭吉立案), 전라도 무장현(全羅道茂長縣). <1장. 한자+이두. 조선 필사 이두 자료. 전북 고창군 장두 광산 김씨가 소장. 호남권 한국학자료센터 홈페이지 원문 이미지와 텍스트 보기. 최승희(1989), 전경목(1997), 이수건 외(2004) 참고>

1784-07-00. **남종악 초사**(南宗嶽招辭), 남종악. <1장. 한자+이두. 조선 필사 이두 자료. 전북 고창군 장두 광산 김씨가 소장. 호남권 한국학자료센터 홈페이지 원문 이미지와 텍스트 보기. 최승희(1989), 전경목(1997), 이수건 외(2004) 참고>

1784-07-00. **남종한 등 초사**(南宗漢等招辭), 남종한 등. <1장. 한자+이두. 조선 필사 이두 자료. 전북 고창군 장두 광산 김씨가 소장. 호남권 한국학자료센터 홈페이지 원문 이미지와 텍스트 보기. 최승희(1989), 전경목(1997), 이수건 외(2004) 참고>

1784-09-22. **■■ 배지**(■■牌旨),[649] 상전 권(上典權). <1장. 점련문서. 한자+이두. 조선 필사 이두 자료. 경북 예천군 용문면 대제리 원동 권씨 춘우재 고택 구장. 한국국학진흥원 소장. 한국학자료센터 영남권역센터 홈페이지 원문 이미지와 텍스트 보기>

1784-09-00. **유 생원 댁 노 후초이 묘위전 입지**(劉生員宅奴厚初伊墓位田立旨), 문경현(聞慶縣). <1장. 한자+이두. 조선 필사 이두 자료. 경북 예천군 감천면 강릉 유씨 벌방 종가 구장. 한국국학진흥원 소장. 한국학자료센터 영남권역센터 홈페이지 원문 이미지와 텍스트 보기. 최연숙(2005) 참고>

1784-09-00. **화민 신원묵 등 소지**(化民辛元默等所志) 2, 화민 신원묵 등. <1장. 한자+

---

648 호남권 한국학자료센터 홈페이지 '안내 정보'에서는 2월로 적었고, '원문 텍스트에서는 七月로 적었다. 노비를 매입한 시기가 5월이고, 소지는 매입 이후에 입안을 받기 위해 작성하므로 여기에서는 7월로 적었다.

649 한국학자료센터 영남권역센터 홈페이지에서는 '상전(上典) 권(權) 배지(牌旨)'로 표시하였다.

이두. 조선 필사 이두 자료. 전남 영광군 입석 영월 신씨 소장. 한국학중앙연구원 장서각 한국고문서자료관 홈페이지 원문 이미지와 텍스트 보기. 한국정신문화연구원 편(1996) 참고>

1784-09-00. **화민 신원묵 등 소지**(化民辛元默等所志) 3, 화민 신원묵 등. <1장. 한자+이두. 조선 필사 이두 자료. 전남 영광군 입석 영월 신씨 소장. 한국학중앙연구원 장서각 한국고문서자료관 홈페이지 원문 이미지와 텍스트 보기. 한국정신문화연구원 편(1996) 참고>

1784-10-20. **박정순 별급문기**(朴鼎淳別給文記), 박정순. <1장. 한자+이두. 조선 필사 이두 자료. 경남 밀양 신호 밀성 박씨·덕남서원 소장. 한국학중앙연구원 장서각 한국고문서자료관 홈페이지 원문 이미지 보기. 최승희(1989), 문숙자(2000), 정구복(2003), 한국정신문화연구원 편(2004) 참고>

1784-10-22. **유학 신사량 토지매매명문**(幼學申思良土地賣買明文), 이 씨(李氏). <1장. 한자+이두. 조선 필사 이두 자료. 전북대학교 박물관 소장. 호남권 한국학자료센터 홈페이지 원문 이미지와 텍스트 보기. 박병호(1974ㄱ), 이재수(2003) 참고>

1784-10-00. **이유춘 등 소지**(李有春等所志) 1, 이유춘 등. <1장. 한자+이두. 조선 필사 이두 자료. 영광 함안 이씨 이기태 구장. 영광농업기술센터 소장. 호남권 한국학자료센터 홈페이지 원문 이미지와 텍스트 보기. 최승희(1989), 국립민속박물관 편(1991), 전경목 외(2006) 참고>

1784-10-00. **이유춘 등 소지**(李有春等所志) 2, 이유춘 등. <1장. 한자+이두. 조선 필사 이두 자료. 영광 함안 이씨 이기태 구장. 영광농업기술센터 소장. 호남권 한국학자료센터 홈페이지 원문 이미지와 텍스트 보기. 최승희(1989), 전경목 외(2006) 참고>

1784-11-04. 고목(告目) 145, 예방 양성직(禮房梁聖直). <1장. 한자+이두. 조선 필사 이두 자료. 한국학중앙연구원 장서각 소장. 한국학중앙연구원 한국학 디지털 아카이브 홈페이지 원문 이미지와 텍스트 보기>

1784-11-05. **전령**(傳令) 149, 사(使). <1장. 한자+이두. 조선 필사 이두 자료. 한국학중앙연구원 장서각 소장. 한국학중앙연구원 한국학 디지털 아카이브 홈페이지 원문 이미지와 텍스트 보기>

1784-11-05. **전령**(傳令) 150, 사(使). <1장. 한자+이두. 조선 필사 이두 자료. 한국학중앙연구원 장서각 소장. 한국학중앙연구원 한국학 디지털 아카이브 홈페이지 원문 이미지와 텍스트 보기>

1784-11-05. **전령**(傳令) 152, 사(使). <1장. 한자+이두. 조선 필사 이두 자료. 한국학중앙연구원 장서각 소장. 한국학중앙연구원 한국학 디지털 아카이브 홈페이지 원문 이미지와 텍스트 보기>

1784-11-06. **이희대 토지매매명문**(李希大土地賣買明文), 권성룡(權成龍). <1장. 한자+이두. 조선 필사 이두 자료. 전북대학교 박물관 소장. 호남권 한국학자료센터 홈페이지 원문 이미지와 텍스트 보기. 최승희(1989), 정구복 외(1999), 이재수(2003) 참고>

1784-11-13. **유 생원 댁 노 용봉 토지매매명문**(柳生員宅奴龍奉土地賣買明文), 복태(卜太). <1장. 한자+이두. 조선 필사 이두 자료. 전남 구례군 토지면 오미리 문화 류씨 운조루 소장. 한국학중앙연구원 장서각 한국고문서자료관 홈페이지 원문 이미지와 텍스트 보기. 한국정신문화연구원 편(1998) 참고>

1784-11-20. **유학 권성봉 토지매매명문**(幼學權聖鳳土地賣買明文), 박문녕(朴文寧). <1장. 점련문서. 한자+이두. 조선 필사 이두 자료. 경북 예천군 용문면 대제리 원동 권씨 춘우재 고택 구장. 한국국학진흥원 소장. 한국학자료센터 영남권역센터 홈페이지 원문 이미지와 텍스트 보기. 김성갑(2013) 참고>

1784-11-28. **고목**(告目) 147, 풍헌[650] 김(風憲 金). <1장. 한자+이두. 조선 필사 이두 자료. 한국학중앙연구원 장서각 소장. 한국학중앙연구원 한국학 디지털 아카이브 홈페이지 원문 이미지와 텍스트 보기>

1784-11-00. **이의수 소지**(李宜秀所志), 이의수. <1장. 한자+이두. 조선 필사 이두 자료. 경북 안동시 법흥동 고성 이씨 임청각 구장. 한국학중앙연구원 장서각 한국고문서자료관 홈페이지 원문 이미지 보기. 한국정신문화연구원 편(2000) 참고>

1784-12-06. ■■ **배지**(■■牌旨), 상전 조(上典趙). <1장. 점련문서. 한자+이두. 조선 필사 이두 자료. 전남 구례군 토지면 오미리 문화 류씨 운조루 소장. 한국학중앙연

---

650 풍헌은 조선 시대에 면, 리의 일을 맡았던 향소직의 명칭이다.

구원 장서각 한국고문서자료관 홈페이지 원문 이미지와 텍스트 보기. 한국정신문화연구원 편(1998) 참고>

1784-12-10. **송지복 토지매매명문**(宋之福土地賣買明文), 유학 김약기(幼學金若器). <1장. 한자+이두. 조선 필사 이두 자료. 보성 능묵 장흥 임씨가 구장. 전북대학교 박물관 소장. 호남권 한국학자료센터 홈페이지 원문 이미지와 텍스트 보기. 최승희(1989), 이재수(2003) 참고>

1784-12-11. **유성호 토지매매명문**(柳星浩土地賣買明文), 민부화(閔復華). <1장. 한자+이두. 조선 필사 이두 자료. 전남 구례군 토지면 오미리 문화 류씨 운조루 소장. 한국학중앙연구원 장서각 한국고문서자료관 홈페이지 원문 이미지와 텍스트 보기. 한국정신문화연구원 편(1998) 참고>

1784-12-11. **호노 경술 토지매매명문**(戶奴庚戌土地賣買明文), 중정(仲丁). <1장. 한자+이두. 조선 필사 이두 자료. 영해 인량 재령 이씨 충효당 구장. 한국국학진흥원 소장. 한국학중앙연구원 장서각 한국고문서자료관 홈페이지 원문 이미지와 텍스트 보기. 한국정신문화연구원 편(1997) 참고>

1784-12-20. **김순채 토지매매명문**(金順采土地賣買明文), 이수원(李水元). <1장. 한자+이두. 조선 필사 이두 자료. 전남 구례군 토지면 오미리 문화 류씨 운조루 소장. 한국학중앙연구원 장서각 한국고문서자료관 홈페이지 원문 이미지와 텍스트 보기. 한국정신문화연구원 편(1998) 참고>

1784-12-26. **선순흥 토지매매명문**(宣順興土地賣買明文) 2, 장한좌(張漢佐). <1장. 한자+이두. 조선 필사 이두 자료. 전남 화순 홍성 장씨가 구장. 광주광역시 이정옥 소장. 호남권 한국학자료센터 홈페이지 원문 이미지와 텍스트 보기. 최승희(1989), 정구복 외(1999) 참고>

1784-12-26. **선순흥 토지매매명문**(宣順興土地賣買明文) 3, 장한좌(張漢佐). <1장. 한자+이두. 조선 필사 이두 자료. 전남 화순 홍성 장씨가 구장. 광주광역시 이정옥 소장. 호남권 한국학자료센터 홈페이지 원문 이미지와 텍스트 보기. 최승희(1989), 정구복 외(1999) 참고>

1784-12-26. **장한신 토지매매명문**(張漢臣土地賣買明文) 1, 강석로(姜錫老). <1장. 한자+이두. 조선 필사 이두 자료. 전남 화순 홍성 장씨가 구장. 광주광역시 이정옥

소장. 호남권 한국학자료센터 홈페이지 원문 이미지와 텍스트 보기. 최승희(1989), 정구복 외(1999) 참고>

1784-12-26. **장한신 토지매매명문**(張漢臣土地賣買明文) 2, 강석로(姜錫老). <1장. 한자+이두. 조선 필사 이두 자료. 전남 화순 홍성 장씨가 구장. 광주광역시 이정옥 소장. 호남권 한국학자료센터 홈페이지 원문 이미지와 텍스트 보기. 최승희(1989), 정구복 외(1999) 참고>

1784-12-28. **장 생원 주계댁 노 복만 토지매매명문**(張生員酒稽宅奴福萬土地賣買明文), 김후중(金厚重). <1장. 한자+이두. 조선 필사 이두 자료. 남원·구례 삭녕 최씨 구장. 한국학중앙연구원 장서각 한국고문서자료관 홈페이지 원문 이미지 보기. 한국정신문화연구원 편(2004) 참고>

1784-■■-10. **유사 최현 토지매매명문**(有司崔玹土地賣買明文), 최종박(崔宗薄). <1장. 한자+이두. 조선 필사 이두 자료. 경북 경주시 내남면 이조리 경주 최씨·용산서원 소장. 한국학중앙연구원 장서각 한국고문서자료관 홈페이지 원문 이미지 보기. 박병호(1974ㄱ), 한국정신문화연구원 편(2000), 이재수(2003), 김소은(2004) 참고>

1784-■■-16. **강봉휴 토지매매명문**(姜鳳休土地賣買明文) 2, 문신도(文信道). <1장. 한자+이두. 조선 필사 이두 자료. 제주 어도내산 진주 강씨가 구장. 제주 한림 강우석 소장. 호남권 한국학자료센터 홈페이지 원문 이미지와 텍스트 보기. 고창석(2002), 이재수(2003), 오창명(2007) 참고>

1784-00-00. 「경모궁의궤(**景慕宮儀軌**)」 권지1~권지3, 교정청(校正廳) 편(編). <4권 3책. 88장+44장+53장. 필사본. 권1의 표제는 '景慕宮儀軌一'. 권수제는 '景慕宮儀軌'. 한자+이두. 조선 필사 이두 자료. 서울대학교 규장각 한국학연구원 의궤 종합정보 홈페이지 '奎113632' 원문 이미지와 텍스트 보기>

1784-00-00. 「상호도감의궤(**上號都監儀軌**)」 상(上)·하(下), <2책. 필사본. 한자+이두. 조선 필사 이두 자료. 한국학중앙연구원 장서각 소장. 한국학중앙연구원 한국학 디지털 아카이브 홈페이지 원문 이미지와 텍스트 보기>

1784-00-00. 「선원보략수정의궤(**璿源譜略修正儀軌**)」, 종부시(宗薄寺) 편(編). <1책. 22장. 필사본. 표제는 '(本寺 甲辰八月 正宗八年)璿源譜略修正儀軌'. 권수제는 '(乾隆四十

九年甲辰八月 日)璿源譜略修正儀軌'. 한자+이두. 조선 필사 이두 자료. 서울대학교 규장각 한국학연구원 의궤 종합정보 홈페이지 '奎14089' 원문 이미지와 텍스트 보기>

1784-00-00.「선원보략수정의궤(**璿源譜略修正儀軌**)」, 종부시(宗簿寺) 편(編). <1책. 23장. 필사본. 표제는 '(本寺 甲辰十月 正宗八年)璿源譜略修正儀軌'. 권수제는 '(乾隆四十九年甲辰十月 日)璿源譜略修正儀軌'. 한자+이두. 조선 필사 이두 자료. 서울대학교 규장각 한국학연구원 의궤 종합정보 홈페이지 '奎14088' 원문 이미지와 텍스트 보기>

1784-00-00.「영종대왕 정성왕후추상 존호 왕대비전가상 존호 경모궁추상 존호 혜경궁가상 존호도감의궤(**英宗大王 貞聖王后追上 尊號 王大妃殿加上 尊號 景慕宮追上 尊號 惠慶宮加上 尊號都監儀軌**)」,[651] 존호도감(尊號都監) 편(編). <2책. 181장+421장. 필사본. 표제는 '(乾隆四十九年甲辰七月 日正宗八年)上號都監儀軌'. '(乾隆四十九年甲辰七月 日)英宗大王 貞聖王后追上 尊號 王大妃殿加上 尊號 景慕宮追上 尊號 惠慶宮加上 尊號都監儀軌目錄'으로 시작한다. 한자+이두. 조선 필사 이두 자료. 한국학중앙연구원 디지털장서각 홈페이지 'K2-2810' 원문 이미지와 텍스트 보기>

1784-00-00.「영종대왕 정성왕후추상 존호 왕대비전가상 존호 경모궁추상 존호 혜경궁가상 존호도감의궤(**英宗大王 貞聖王后追上 尊號 王大妃殿加上 尊號 景慕宮追上 尊號 惠慶宮加上 尊號都監儀軌**)」,[652] 상(上), 상호도감 편. <1책. 180장. 필사본. 원표지의 표제지는 결락. 권수제는 '(乾隆四十九年甲辰七月 日)英宗大王 貞聖王后追上 尊號 王大妃殿加上 尊號 景慕宮追上 尊號 惠慶宮加上 尊號都監儀軌'. 한자+이두. 조선 필사 이두 자료. 국립중앙박물관 외규장각 의궤 홈페이지 '외규210' 원문 이미지와 텍스트 보기>

---

651 한국학중앙연구원 디지털장서각 홈페이지에서는 서명을 '상호도감의궤(上號都監儀軌)'로 적었다.

652 국립중앙박물관 외규장각 의궤 홈페이지에서는 서명을 표제나 권수제와는 달리 '영조정성왕후정순왕후장헌세자혜빈존호도감의궤(상)(英祖貞聖王后貞純王后莊獻世子惠嬪尊號都監儀軌(上))'으로 적었다.

1784-00-00. 「영종대왕 정성왕후추상 존호 왕대비전가상 존호 경모궁추상 존호 혜경궁가상 존호도감의궤(英宗大王 貞聖王后追上 尊號 王大妃殿加上 尊號 景慕宮追上 尊號 惠慶宮加上 尊號都監儀軌)」,[653] 상호도감 편. <2책. 180장+208장. 필사본. 표제는 '(乾隆四十九年甲辰七月 日 太白山上 號都監儀軌(上)'. 권수제는 '(乾隆四十九年甲辰七月 日)英宗大王 貞聖王后追上 尊號 王大妃殿加上 尊號 景慕宮追上 尊號 惠慶宮加上 尊號都監儀軌'. 한자+이두. 조선 필사 이두 자료. 서울대학교 규장각 한국학연구원 의궤 종합정보 홈페이지 '奎13297' 원문 이미지와 텍스트 보기>

1784-00-00. 「왕세자책례도감의궤(王世子冊禮都監儀軌)」,[654] 책례도감 편. <1책. 198장. 필사본. 표제는 '冊禮悼歌儀軌'. 권수제는 '(乾隆四十九年甲辰八月 日)王世子冊禮都監儀軌'. 한자+이두. 조선 필사 이두 자료. 국립중앙박물관 외규장각 의궤 홈페이지 '외규211' 원문 이미지와 텍스트 보기>

1784-00-00. 「왕세자책례도감의궤(王世子冊禮都監儀軌)」,[655] 책례도감 편. <1책. 196장. 필사본. 표제는 '(乾隆四十九年甲辰八月 日 五臺山上)冊禮都監儀軌(全)'. 권수제는 '(乾隆四十九年甲辰八月 日)王世子冊禮都監儀軌'. 한자+이두. 조선 필사 이두 자료. 서울대학교 규장각 한국학연구원 의궤 종합정보 홈페이지 '奎13200' 원문 이미지와 텍스트 보기>

1784-00-00. 「종묘의궤속록(宗廟儀軌續錄)」, 의궤청 편. <1책. 146장. 필사본. 개장한 표지의 표제는 '(肅宗 丙戌 始 英宗 辛丑 至)宗廟儀軌續錄'. '宗廟儀軌續錄凡例'로 시작한다. 한자+이두. 조선 필사 이두 자료. 한국학중앙연구원 디지털장서각 홈페이지 'K2-2202' 원문 이미지와 텍스트 보기>

---

[653] 서울대학교 규장각 한국학연구원 의궤 종합정보 홈페이지에서는 서명을 표제나 권수제와는 달리 '영조정성왕후정순왕후장헌세자혜빈존호도감의궤(英祖貞聖王后貞純王后莊獻世子惠嬪尊號都監儀軌)'로 적었다.

[654] 국립중앙박물관 외규장각 의궤 홈페이지에서는 서명을 표제나 권수제와는 달리 '문효세자책례도감의궤(文孝世子冊禮都監軌)'로 적었다.

[655] 서울대학교 규장각 한국학연구원 의궤 종합정보 홈페이지에서는 서명을 표제나 권수제와는 달리 '문효세자책례도감의궤(文孝世子冊禮都監儀軌)'로 적었다.

1785년

<을사(乙巳), 정조 9년, 건륭 50년>

1785-01-06~1785-12-00(乙巳).「전객사일기(**典客司日記**)」33, 예조(禮曹) 전객사(典客司) 편(編). <1책(33/99). 127장. 필사본. 한자+이두. 조선 필사 이두 자료. 서울대학교 규장각 한국학연구원 홈페이지 원문 이미지 보기> <1640-01-22~1641-12-23(1)>

1785-01-09. **계 유사 손성락 토지매매명문**(契有司孫星洛土地賣買明文), 손성수(孫星壽). <1장. 한자+이두. 조선 필사 이두 자료. 경북 경주시 양동 경주 손씨 송첨종택 소장. 한국학중앙연구원 장서각 한국고문서자료관 홈페이지 원문 이미지 보기. 이수건(1979), 이수건 편저(1981), 영남대학교 인문과학연구소 편(1990), 정구복·안승준(1997), 한국정신문화연구원 편(1997) 참고>

1785-01-16. **이인화 토지매매명문**(李寅和土地賣買明文), 이인서(李麟瑞). <1장. 한자+이두. 조선 필사 이두 자료. 경북 안동시 주촌 진성 이씨 경류정 소장. 한국학중앙연구원 장서각 한국고문서자료관 홈페이지 원문 이미지와 텍스트 보기. 한국정신문화연구원 편(1999) 참고>

1785-01-20. **김 생원 댁 노 두남 토지매매명문**(金生員宅奴豆男土地賣買明文), 유학 상봉(幼學尙鳳). <1장. 한자+이두. 조선 필사 이두 자료. 전북 부안군 우반 부안 김씨 세덕각 소장. 한국학중앙연구원 장서각 한국고문서자료관 홈페이지 & 호남권 한국학자료센터 홈페이지 원문 이미지와 텍스트 보기. 박병호(1974ㄱ), 한국정신문화연구원 편(1983, 1998), 이재수(2003), 한국학중앙연구원 편(2017) 참고>

1785-01-00. **강봉휴 소지**(姜鳳休所志), 강봉휴. <1장. 한자+이두. 조선 필사 이두 자료. 제주 어도내산 진주 강씨가 구장. 제주 한림 강우석 소장. 호남권 한국학자료센터 홈페이지 원문 이미지와 텍스트 보기. 오창명(2007) 참고>

1785-02-15. **한유량 토지매매명문**(韓留良土地賣買明文), 임성갑(林成甲). <1장. 한자+이두. 조선 필사 이두 자료. 전북 동학혁명기념관 소장. 호남권 한국학자료센터 홈페이지 원문 이미지와 텍스트 보기. 박병호(1974ㄱ), 이재수(2003) 참고>

1785-02-18. **토지매매명문**(土地賣買明文),[656] 김내곤(金乃坤). <1장. 한자+이두. 조선 필사 이두 자료. 전남 영광 마산 경주 이씨가 구장. 진안 용담호미술관 소장. 호남권 한국학자료센터 홈페이지 원문 이미지와 텍스트 보기. 박병호(1974ㄱ), 최승희(1989), 이재수(2003) 참고>

1785-02-19. **손쾌흥 토지매매명문**(孫快興土地賣買明文), 김기현(金己賢). <1장. 한자+이두. 조선 필사 이두 자료. 경북 경주시 안강읍 옥산리 여주 이씨 장산서원·치암 종택 구장. 한국학중앙연구원 장서각 한국고문서자료관 홈페이지 원문 이미지 보기. 한국정신문화연구원 편(2003) 참고>

1785-02-22. **입안**(立案), 광주부(廣州府). <1장. 한자+이두. 조선 필사 이두 자료. 경기도 용인시 오산 해주 오씨 추탄 종가 구장. 한국학중앙연구원 장서각 소장. 한국학중앙연구원 장서각 한국고문서자료관 홈페이지 원문 이미지와 텍스트 보기. 한국정신문화연구원 편(1998) 참고>

1785-02-00. **양윤백 소지**(梁潤伯所志), 양윤백. <1장. 한자+이두. 조선 필사 이두 자료. 전남 화순 능주 제주 양씨가 구장. 광주광역시 이정옥 소장. 호남권 한국학자료센터 홈페이지 원문 이미지와 텍스트 보기. 최승희(1989) 참고>

1785-02-00. **최경두 소지**(崔慶斗所志), 최경두. <1장. 한자+이두. 조선 필사 이두 자료. 경북 경주시 내남면 이조리 경주 최씨·용산서원 소장. 한국학중앙연구원 장서각 한국고문서자료관 홈페이지 원문 이미지 보기>

1785-02-00. **황득중 예조 입안**(黃得中禮曹立案), 예조. <1장. 한자+이두. 조선 필사 이두 자료. 남원 대곡 장수 황씨 문중 소장. 호남권 한국학자료센터 홈페이지 원문 이미지와 텍스트 보기. 최승희(1989), 김경숙(2002) 참고>

1785-03-09. **김 주서댁[657] 노 일선 토지매매명문**(金注書宅奴日先土地賣買明文), 정수일(鄭壽逸). <1장. 한자+이두. 조선 필사 이두 자료. 해남 노송 김해 김씨 노송사 소장. 호남권 한국학자료센터 홈페이지 원문 이미지와 텍스트 보기. 최승희(1989),

---

[656] 호남권 한국학자료센터 홈페이지에서는 '김내곤(金乃坤) 방매(放賣) 토지매매명문(土地賣買明文)'으로 표시하였다. 매입자의 이름은 기재되어 있지 않다.

[657] 주서(注書)는 조선 시대에 승정원에 속한 정7품 벼슬이다(「표준국어대사전」).

조정곤(2013) 참고>

1785-03-11. **생원 신 토지매매명문**(生員辛土地賣買明文), 김순택(金順澤). <1장. 한자+이두. 조선 필사 이두 자료. 전남 영광군 입석 영월 신씨 소장. 한국학중앙연구원 장서각 한국고문서자료관 홈페이지 원문 이미지와 텍스트 보기. 한국정신문화연구원 편(1996) 참고>

1785-03-12. **김중태 토지매매명문**(金仲太土地賣買明文), 김태춘(金太春). <1장. 한자+이두. 조선 필사 이두 자료. 경북 안동시 수곡면 전주 류씨 수곡파 대야 고택 구장. 한국국학진흥원 소장. 한국학자료센터 영남권역센터 홈페이지 원문 이미지와 텍스트 보기>

1785-03-15. **여방좌 토지매매명문**(呂邦佐土地賣買明文), 공도창(孔道昌). <1장. 한자+이두. 조선 필사 이두 자료. 전남 구례군 토지면 오미리 문화 류씨 운조루 소장. 한국학중앙연구원 장서각 한국고문서자료관 홈페이지 원문 이미지와 텍스트 보기. 한국정신문화연구원 편(1998) 참고>

1785-04-01. **거접소 고자 만암 토지매매명문**(居接所庫子萬岩土地賣買明文), 우발(又發). <1장. 한자+이두. 조선 필사 이두 자료. 경북 경주시 내남면 이조리 경주 최씨·용산서원 소장. 한국학중앙연구원 장서각 한국고문서자료관 홈페이지 원문 이미지 보기. 박병호(1974ㄱ), 한국정신문화연구원 편(2000), 이재수(2003), 김소은(2004) 참고>

1785-04-02. **노 귀봉 토지매매명문**(奴貴奉土地賣買明文), 김몽삼(金夢三). <1장. 한자+이두. 조선 필사 이두 자료. 경북 경주시 양동 경주 손씨 송첨 종택 소장. 한국학중앙연구원 장서각 한국고문서자료관 홈페이지 원문 이미지 보기. 이수건(1979), 이수건 편저(1981), 영남대학교 인문과학연구소 편(1990), 정구복·안승준(1997), 한국정신문화연구원 편(1997) 참고>

1785-04-11. **유학 신의묵 토지매매명문**(幼學辛詣默土地賣買明文), 이동옥(李東玉). <1장. 한자+이두. 조선 필사 이두 자료. 전남 영광군 입석 영월 신씨 소장. 한국학중앙연구원 장서각 한국고문서자료관 홈페이지 원문 이미지와 텍스트 보기. 한국정신문화연구 편(1996) 참고>

1785-04-11~1787-05-21(乙巳~丁未). 「경상감영관첩(**慶尙監營關牒**)」, 비변사(備邊司)

편(編). <1책. 41장. 필사본. 표제는 '慶尙監營關牒'. 한자+이두. 조선 필사 이두 자료. 서울대학교 규장각 한국학연구원 홈페이지 원문 이미지 보기> <영인본: 「각사등록」 13(경상도편 3)(국사편찬위원회, 1984)>

1785-04-00. **이희성 소지**(李嬉誠所志), 이희성. <1장. 한자+이두. 조선 필사 이두 자료. 경북 경주시 안강읍 옥산리 여주 이씨 독락당 소장. 한국학중앙연구원 장서각 한국고문서자료관 홈페이지 원문 이미지 보기. 한국정신문화연구원 편(2003) 참고>

1785-07-17. **최치항 장흥고 공상지 공인권 매매명문**(崔致恒長興庫供上紙貢人權賣買明文), 신성범(申聖範). <1장. 한자+이두. 조선 필사 이두 자료. 일본 경도대학 가와이문고 소장. 고려대학교 해외한국학자료센터 홈페이지 원문 이미지와 텍스트 보기>

1785-07-20. **윤손 토지매매명문**(允孫土地賣買明文), 이선적(李先迪). <1장. 한자+이두. 조선 필사 이두 자료. 상주 연안 이씨 이만부 종가 소장. 한국학중앙연구원 장서각 한국고문서자료관 홈페이지 원문 이미지 보기>

1785-08-18. **유용천 댁 노 업이 토지매매명문**(柳龍川宅奴業伊土地賣買明文) 1, 김경위(金慶渭). <1장. 한자+이두. 조선 필사 이두 자료. 전남 구례군 토지면 오미리 문화 류씨 운조루 소장. 한국학중앙연구원 장서각 한국고문서자료관 홈페이지 원문 이미지와 텍스트 보기. 한국정신문화연구원 편(1998) 참고>

1785-08-27. **유용천 댁 노 업이 토지매매명문**(柳龍川宅奴業伊土地賣買明文) 2, 박필재(朴必才). <1장. 한자+이두. 조선 필사 이두 자료. 전남 구례군 토지면 오미리 문화 류씨 운조루 소장. 한국학중앙연구원 장서각 한국고문서자료관 홈페이지 원문 이미지와 텍스트 보기. 한국정신문화연구원 편(1998) 참고>

1785-08-00. **이광두 등 소지**(李光斗等所志), 이광두 등. <1장. 한자+이두. 조선 필사 이두 자료. 전남 장성군 행주 기씨 금강 종가 소장. 호남권 한국학자료센터 홈페이지 원문 이미지와 텍스트 보기>

1785-08-00~1796-03-09(乙巳~丙辰). 「종친부등록(宗親府謄錄)」, 종친부(宗親府) 편(編). <1책(1/2). 49장. 필사본. 한자+이두. 조선 필사 이두 자료. 서울대학교 규장각 한국학연구원 홈페이지 원문 이미지 보기> <1860-11-30~1863-04-03(2/2)>

1785-09-14. **박성협 토지매매명문**(朴性洽土地賣買明文), 박영수(朴永秀). <1장. 한자+이두. 조선 필사 이두 자료. 전북 임실군 청웅 밀양 박씨가 소장. 호남권 한국학자료센터 홈페이지 원문 이미지와 텍스트 보기. 최승희(1989), 이재수(2003), 채현경(2011ㄱ) 참고>

1785-09-19. **유학 고응두 토지매매명문**(幼學高應斗土地賣買明文), 이붕운(李鵬運). <1장. 한자+이두. 조선 필사 이두 자료. 전남 구례군 토지면 오미리 문화 류씨 운조루 소장. 한국학중앙연구원 장서각 한국고문서자료관 홈페이지 원문 이미지와 텍스트 보기. 한국정신문화연구원 편(1998) 참고>

1785-10-02~1786-03-07.[658] 「(재실수개부) 영릉보토등록(齋室修改附 英陵補土謄錄)」, 예조(禮曹) 전향사(典享司) 편(編). <1책. 32장. 필사본. 한자+이두. 조선 필사 이두 자료. 서울대학교 규장각 한국학연구원 홈페이지 원문 이미지 보기>

1785-10-26. **이취선 완의**(李就善完議), 이취선. <1장. 한자+이두. 조선 필사 이두 자료. 경북 경주시 안강읍 옥산리 여주 이씨 독락당 소장. 한국학중앙연구원 장서각 한국고문서자료관 홈페이지 원문 이미지 보기. 한국정신문화연구원 편(2003) 참고>

1785-12-08. **강응신 토지매매명문**(姜應新土地賣買明文), 현 조이(玄召史). <1장. 한자+이두. 조선 필사 이두 자료. 제주 장전리 진주 강씨 강태복가 소장. 호남권 한국학자료센터 홈페이지 원문 이미지와 텍스트 보기. 최승희(1989), 고창석(2002) 참고>

1785-12-11. **홍 생원 댁 노 수동 토지매매명문**(洪生員宅奴水同土地賣買明文), 박대길(朴大吉). <1장. 한자+이두. 조선 필사 이두 자료. 일본 경도대학 가와이문고 소장. 고려대학교 해외한국학자료센터 홈페이지 원문 이미지와 텍스트 보기>

1785-12-18. **윤 해주댁 노 차검 토지매매명문**(尹海州宅奴次巾土地賣買明文), 윤명규(尹命奎). <1장. 한자+이두. 조선 필사 이두 자료. 일본 경도대학 가와이문고 소장.

---

[658] 서울대학교 규장각 한국학연구원 홈페이지 '영릉 보토 등록'의 '자료 소개'에는 1786년 2월 27일부터 3월 4일까지의 기록으로 설명하였다. 그리고 편자 미상으로 되어 있지만 여기에서는 관할 부서인 예조 전향사에서 편찬한 것으로 보았다.

고려대학교 해외한국학자료센터 홈페이지 원문 이미지와 텍스트 보기>

1785-12-25. **강시양 전령**(姜時揚傳令), 제주목(濟州牧). <1장. 한자+이두. 조선 필사 이두 자료. 제주 어도내산 진주 강씨가 구장. 제주 한림 강우석 소장. 호남권 한국학자료센터 홈페이지 원문 이미지와 텍스트 보기. 고창석(2002) 참고>

1785-12-25. **용산서원 사림 서목**(龍山書院士林書目), 용산서원. <1장. 한자+이두. 조선 필사 이두 자료. 경북 경주시 내남면 이조리 경주 최씨·용산서원 소장. 한국학중앙연구원 장서각 한국고문서자료관 홈페이지 원문 이미지 보기>

1785-12-26. **노 신방 토지매매명문**(奴信方土地賣買明文), 장중태(張重泰). <1장. 한자+이두. 조선 필사 이두 자료. 경북 안동시 주촌 진성 이씨 경류정 소장. 한국학중앙연구원 장서각 한국고문서자료관 홈페이지 원문 이미지와 텍스트 보기. 한국정신문화연구원 편(1999) 참고>

1785-12-00. **유용천 댁 노 업이 토지매매명문**(柳龍川宅奴業伊土地賣買明文) 3, 백악지(白惡只). <1장. 한자+이두. 조선 필사 이두 자료. 전남 구례군 토지면 오미리 문화 류씨 운조루 소장. 한국학중앙연구원 장서각 한국고문서자료관 홈페이지 원문 이미지와 텍스트 보기. 한국정신문화연구원 편(1998) 참고>

1785-00-00.[659] 「대전통편(**大典通編**)」, 김치인(金致仁) 등 봉칙(奉勅) 찬(纂), 선정(宣政) 편(編) <6권 5책. 목판본. 조선 인쇄 이두 자료. 국립중앙도서관, 한국학중앙연구원 장서각, 서울대학교 규장각 한국학연구원 홈페이지 원문 이미지 보기>

1785-00-00. 「종묘의궤속록(**宗廟儀軌續錄**)」, 의궤청(儀軌廳) 편(編). <1책. 111장. 필사본. 표제는 '乙巳續錄 正宗宗廟儀軌'.[660] '宗廟儀軌續錄凡例'로 시작한다. 한자+이두. 조선 필사 이두 자료. 한국학중앙연구원 디지털장서각 홈페이지 'K2-2196' 원문 이미지와 텍스트 보기>

1785-00-00 이후 추정. 「유서필지(**儒胥必知**)」, 편저자 미상. <1책. 목판본. 공문서 작성 편람. 부록으로 '이두휘편(吏頭彙編) 수록. 박형익(2004ㄱ), 오창명(2017) 참

---

659 서울대학교 규장각 한국학연구원 홈페이지에서는 '간행년대 : 1784'로 적었다.
660 한국학중앙연구원 디지털장서각 홈페이지 '상세정보'의 '서지사항'에서 표지 서명은 '宗廟儀軌續錄'으로 잘못 적었다.

고> <이본: ① 1860-00-00(경신 맹춘 경중 개간본. 국립중앙도서관 '古朝31 7-2' 소장) ② 1872-00-00(임신 중동 완서(壬申仲冬完西) 중간본. 1책. 52장. 목판본. 서울대학교 규장각 한국학연구원 홈페이지 원문 이미지 보기) ③ 1892-00-00(임진 중동 완서 중간본. 서울대학교 규장각 한국학연구원 '想白古031-Y98a' 소장) ④ 19세기 이후. (1책. 52장. 목판본. 서울대학교 규장각 한국학연구원 홈페이지 원문 이미지 보기) ⑤ 1901-00-00. 「신식유서필지(新式儒胥必知)」(1책. 43장. 목판본. 신촌자(愼村子) 황필수(黃泌秀)가 갑오개혁 이후 국한문 혼용체를 사용함에 따라 새로운 서식 용례를 모아 편집한 책. '이두휘편'은 없다. 한자+이두 & 한자+한글토. 국립중앙도서관 & 서울대학교 규장각 한국학연구원 홈페이지 원문 이미지 보기) ⑥ 1906-04-00(병오 완서계 신판)>

1786년

<병오(丙午), 정조 10년, 건륭 51년>

1786-01-01~1787-12-24(丙午~丁未). 「제등록(祭謄錄)」, 편자 미상. <1책(1/7). 144장. 필사본. 한자+이두. 조선 필사 이두 자료. 서울대학교 규장각 한국학연구원 홈페이지 원문 이미지 보기> <1800-01-01~1801-12-24(2/7), 1804-01-01~1805-12-15(3/7), 1814-01-01~1815-12-21(4/7), 1818-01-01~1819-12-24(5/7), 1822-01-01~1823-12-26(6/7), 1845-01-01~1846-11-16(7/7)>

1786-01-07.[661] **이 씨가 노 춘분 자매 명문**(李氏家奴春分自賣明文), 홍복남(洪福男). <1장. 한자+이두. 조선 필사 이두 자료. 경북 경주시 안강읍 옥산리 여주 이씨 장산서원·치암 종택 구장. 한국학중앙연구원 장서각 한국고문서자료관 홈페이지 원문 이미지 보기. 한국정신문화연구원 편(2003) 참고>

1786-01-10. **김정하 토지매매명문**(金鼎夏土地賣買明文), 김이하(金履夏). <1장. 한자+이두. 조선 필사 이두 자료. 전북 부안군 우반 부안 김씨 세덕각 소장. 호남권

---

661 한국학중앙연구원 장서각 한국고문서자료관 홈페이지에서는 '간행년대 : 1784'로 적었다.

한국학자료센터 홈페이지 원문 이미지와 텍스트 보기. 박병호(1974ㄱ), 이재수 (2003) 참고>

1786-01-10.[662] **승 원잠 토지매매명문**(僧圓岑土地賣買明文), 이금재(李今載). <1장. 한자+이두. 조선 필사 이두 자료. 해남 노송 김해 김씨 노송사 소장. 한국학중앙연구원 장서각 한국고문서자료관 홈페이지 & 호남권 한국학자료센터 홈페이지 원문 이미지와 텍스트 보기. 최승희(1989), 한국정신문화연구원 편(1998), 조정곤(2013) 참고>

1786-01-10. **정하 토지매매명문**(鼎夏土地賣買明文), 이하(履夏). <1장. 한자+이두. 조선 필사 이두 자료. 전북 부안군 우반 부안 김씨 세덕각 소장. 한국학중앙연구원 장서각 한국고문서자료관 홈페이지 원문 이미지와 텍스트 보기>

1786-01-15. **이희성 깃급문기**(李希誠衿給文記), 이희성. <1장. 한자+이두. 조선 필사 이두 자료. 경북 경주시 안강읍 옥산리 여주 이씨 독락당 소장. 한국학중앙연구원 장서각 한국고문서자료관 홈페이지 원문 이미지 보기. 한국정신문화연구원 편(2003) 참고>

1786-01-17. **이희모 노비매매명문**(李希謨奴婢賣買明文), 신광락(申光洛). <1장. 한자+이두. 조선 필사 이두 자료. 경북 경주시 안강읍 옥산리 여주 이씨 장산서원·치암 종택 구장. 한국학중앙연구원 장서각 소장. 한국학중앙연구원 장서각 한국고문서자료관 홈페이지 원문 이미지 보기. 한국정신문화연구원 편(2003) 참고>

1786-01-20. **박함 처 손 씨 깃급문기**(朴諴妻孫氏衿給文記), 박함 처 손 씨. <1장. 한자+이두. 조선 필사 이두 자료. 경남 밀양 신호 밀성 박씨·덕남서원 소장. 한국학중앙연구원 장서각 한국고문서자료관 홈페이지 원문 이미지 보기. 최승희(1989), 문숙자(2000), 정구복(2003), 한국정신문화연구원 편(2004) 참고>

1786-01-22 이후 필사 추정. 「정조병오소회등록(正祖丙午所懷謄錄)」. 승정원(承政院) 편(編). <3책. 필사본. 한자+이두. 1786년 1월 22일 조참(朝參) 때에 백관들의 진언 내용을 기록. 조선 필사 이두 자료. 서울대학교 규장각 한국학연구원 홈페이지 원문 이미지 보기>

---

662 한국학중앙연구원 장서각 한국고문서자료관 홈페이지에서는 '간행년대 : 1784'로 적었다.

1786-02-01. **이인화 토지매매명문**(李寅和土地賣買明文), 이성백(李星白). <1장. 한자+이두. 조선 필사 이두 자료. 경북 안동시 주촌 진성 이씨 경류정 소장. 한국학중앙연구원 장서각 한국고문서자료관 홈페이지 원문 이미지와 텍스트 보기. 한국정신문화연구원 편(1999) 참고>

1786-02-04. **노 용봉 댁 토지매매명문**(奴用奉宅土地賣買明文), 박수근(朴守根). <1장. 한자+이두. 조선 필사 이두 자료. 전남 구례군 토지면 오미리 문화 류씨 운조루 소장. 한국학중앙연구원 장서각 한국고문서자료관 홈페이지 원문 이미지와 텍스트 보기. 한국정신문화연구원 편(1998) 참고>

1786-02-05. **김한경 토지매매명문**(金漢鏡土地賣買明文), 강계화(姜繼華). <1장. 한자+이두. 조선 필사 이두 자료. 제주시 일도 이동규 구장. 제주시 일도 2동 제주민속자연사박물관 소장. 호남권 한국학자료센터 홈페이지 원문 이미지와 텍스트 보기. 고창석(1997, 1998) 참고>

1786-02-07. **유사 손열구 토지매매명문**(有司孫烈九土地賣買明文), 손성한(孫星漢). <1장. 한자+이두. 조선 필사 이두 자료. 경북 경주시 양동 경주 손씨 송첨 종택 소장. 한국학중앙연구원 장서각 한국고문서자료관 홈페이지 원문 이미지 보기. 이수건(1979), 이수건 편저(1981), 영남대학교 인문과학연구소 편(1990), 정구복·안승준(1997), 한국정신문화연구원 편(1997) 참고>

1786-02-08. **이현문 토지매매명문**(李顯文土地賣買明文), 이현윤(李玄胤). <1장. 한자+이두. 조선 필사 이두 자료. 경북 안동시 주촌 진성 이씨 경류정 소장. 한국학중앙연구원 장서각 한국고문서자료관 홈페이지 원문 이미지와 텍스트 보기. 한국정신문화연구원 편(1999) 참고>

1786-02-13. **김복한 등 삼 남매 화호문서**(金復漢等三男妹和好文書), 김복한 등. <1장. 한자+이두. 조선 필사 이두 자료. 경남 산청군 신등면 단계리 상산 김씨 김인섭 후손가 구장. 안동대학교 박물관 소장. 한국학자료센터 영남권역센터 홈페이지 원문 이미지와 텍스트 보기. 이수건(1981), 최승희(1989), 문숙자(2004) 참고>

1786-02-19. **이 씨가 노 명삼 토지매매명문**(李氏家奴明三土地賣買明文), 선준(善俊). <1장. 한자+이두. 조선 필사 이두 자료. 경북 경주시 안강읍 옥산리 여주 이씨 장산서원·치암 종택 구장. 한국학중앙연구원 장서각 한국고문서자료관 홈페이

지 원문 이미지 보기. 한국정신문화연구원 편(2003) 참고>

1786-02-20. **박동환 토지매매명문**(朴束鐶土地賣買明文), 이 생원 댁 노 승남(李生員宅奴升南). <1장. 한자+이두. 조선 필사 이두 자료. 전남 보성 박실 제주 양씨가 구장. 원광대학교 박물관 소장. 호남권 한국학자료센터 홈페이지 원문 이미지와 텍스트 보기. 박병호(1974ㄱ), 이재수(2003) 참고>

1786-02-27. **권성익 토지매매명문**(權聖翊土地賣買明文), 권성복(權聖復). <1장. 점련문서. 한자+이두. 조선 필사 이두 자료. 경북 예천군 용문면 대제리 원동 권씨 춘우재 고택 구장. 한국국학진흥원 소장. 한국학자료센터 영남권역센터 홈페이지 원문 이미지와 텍스트 보기. 김성갑(2013) 참고>

1786-02-29. **유학 정효달 토지매매명문**(幼學鄭孝達土地賣買明文), 이철원(李澈源). <1장. 한자+이두. 조선 필사 이두 자료. 전남 구례군 토지면 오미리 문화 류씨 운조루 소장. 한국학중앙연구원 장서각 한국고문서자료관 홈페이지 원문 이미지와 텍스트 보기. 한국정신문화연구원 편(1998) 참고>

1786-02-30. **오 서방댁 노 대성 토지매매명문**(吳書房宅奴大成土地賣買明文), ■■■. <1장. 점련문서. 한자+이두. 조선 필사 이두 자료. 경기도 용인시 오산 해주 오씨 추탄 종가 구장. 한국학중앙연구원 장서각 소장. 한국학중앙연구원 장서각 한국고문서자료관 홈페이지 원문 이미지와 텍스트 보기. 한국정신문화연구원 편(1998) 참고>

1786-03-03. **영해 도호부사 해유첩정**(寧海都護府使解由牒呈), 이인섭(李寅燮). <1장. 한자+이두. 조선 필사 이두 자료. 춘천 남양 홍씨 소장. 한국학자료센터 강원권역센터 홈페이지 원문 이미지와 텍스트 보기. 최승희(1989), 박준호(2016) 참고>

1786-03-14. **서정환 토지매매명문**(徐廷職土地賣買明文), 박동필(朴束必). <1장. 한자+이두. 조선 필사 이두 자료. 전북 부안군 우반 부안 김씨 세덕각 소장. 한국학중앙연구원 장서각 한국고문서자료관 홈페이지 & 호남권 한국학자료센터 홈페이지 원문 이미지와 텍스트 보기. 박병호(1974ㄱ), 한국정신문화연구원 편(1983, 1998), 이재수(2003), 한국학중앙연구원 편(2017) 참고>

1786-03-15. **박순재 토지매매명문**(朴順才土地賣買明文), 김한원(金漢元). <1장. 한자+이두. 조선 필사 이두 자료. 해남 노송 김해 김씨 노송사 소장. 호남권 한국학자

료센터 홈페이지 원문 이미지와 텍스트 보기. 최승희(1989), 조정곤(2013) 참고>

1786-03-20. **김재일 차첩**(金載一差帖) 1, 이조(吏曹). <1장. 한자+이두. 조선 필사 이두 자료. 해남 노송 김해 김씨 노송사 소장. 호남권 한국학자료센터 홈페이지 원문 이미지와 텍스트 보기. 최승희(1989), 조정곤(2013) 참고>

1786-03-20. **박수근 토지매매명문**(朴水根土地賣買明文), 이덕준(李德俊). <1장. 한자+이두. 조선 필사 이두 자료. 전남 구례군 토지면 오미리 문화 류씨 운조루 소장. 한국학중앙연구원 장서각 한국고문서자료관 홈페이지 원문 이미지와 텍스트 보기. 한국정신문화연구원 편(1998) 참고>

1786-03-00. **노 천석 배지**(奴千石牌旨),[663] 상전 조(上典趙). <1장. 한자+이두. 조선 필사 이두 자료. 일본 경도대학 가와이문고 소장. 고려대학교 해외한국학자료센터 홈페이지 원문 이미지와 텍스트 보기>

1786-03-00. **양윤백 소지**(梁潤伯所志), 양윤백. <1장. 한자+이두. 조선 필사 이두 자료. 전남 화순 능주 제주 양씨가 구장. 광주광역시 이정옥 소장. 호남권 한국학자료센터 홈페이지 원문 이미지와 텍스트 보기. 최승희(1989) 참고>

1786-04-18. **신 생원 노 함평금 토지매매명문**(辛生員奴咸平金土地賣買明文), 김광옥(金光玉). <1장. 한자+이두. 조선 필사 이두 자료. 전남 영광군 입석 영월 신씨 소장. 한국학중앙연구원 장서각 한국고문서자료관 홈페이지 원문 이미지와 텍스트 보기. 한국정신문화연구원 편(1996) 참고>

1786-05-00. **화민 신치묵 등 소지**(化民辛致默等所志), 신치묵 등. <1장. 한자+이두. 조선 필사 이두 자료. 전남 영광군 입석 영월 신씨 소장. 한국학중앙연구원 장서각 한국고문서자료관 홈페이지 원문 이미지와 텍스트 보기. 한국정신문화연구원 편(1996) 참고>

1786-07-22. **유학 류덕호 토지매매명문**(幼學柳德浩土地賣買明文), 정효달(鄭孝達). <1장. 한자+이두. 조선 필사 이두 자료. 전남 구례군 토지면 오미리 문화 류씨 운조루 소장. 한국학중앙연구원 장서각 한국고문서자료관 홈페이지 원문 이미지와 텍스트 보기. 한국정신문화연구원 편(1998) 참고>

---

663 고려대학교 해외한국학자료센터 홈페이지에서는 '노(奴) 천석(千石) 패자(牌子)'로 표시하였다.

1786-07-24. **강종 선혜청 공사지 공인권 매매명문**(康宗宣惠廳公事紙貢人權賣買明文), 조명윤(趙明胤). <1장. 한자+이두. 조선 필사 이두 자료. 일본 경도대학 가와이문고 소장. 고려대학교 해외한국학자료센터 홈페이지 원문 이미지와 텍스트 보기>

1786-07-00. **중군 유이주 소지**(中軍柳爾冑所志), 유이주. <1장. 한자+이두. 조선 필사 이두 자료. 전남 구례군 토지면 오미리 문화 류씨 운조루 소장. 한국학중앙연구원 장서각 한국고문서자료관 홈페이지 원문 이미지와 텍스트 보기. 한국정신문화연구원 편(1998) 참고>

1786-08-17. **구봉서원 노비매매명문**(九峰書院奴婢賣買明文), 박한대(朴漢大). <1장. 한자+이두. 조선 필사 이두 자료. 영해 도곡 무안 박씨 무의공 종택 소장. 한국학중앙연구원 장서각 한국고문서자료관 홈페이지 원문 이미지 보기. 한국학중앙연구원 편(2008) 참고>

1786-08-24. **돌산 배지**(乭山牌旨),[664] 상전 김(上典金). <1장. 점련문서. 한자+이두. 조선 필사 이두 자료. 전북 부안군 우반 부안 김씨 세덕각 소장. 한국학중앙연구원 장서각 한국고문서자료관 홈페이지 & 호남권 한국학자료센터 홈페이지 원문 이미지와 텍스트 보기. 박병호(1974ㄱ), 한국정신문화연구원 편(1983, 1998), 최승희(1989), 전경목(2001), 한국학중앙연구원 편(2017) 참고>

1786-08-25. **한덕규 노비매매명문**(韓德奎奴婢賣買明文), 김돌산(金乭山). <1장. 점련문서. 한자+이두. 조선 필사 이두 자료. 전북 부안군 우반 부안 김씨 세덕각 소장. 한국학중앙연구원 장서각 한국고문서자료관 홈페이지 & 호남권 한국학자료센터 홈페이지 원문 이미지와 텍스트 보기. 박병호(1974ㄱ), 한국정신문화연구원 편(1983, 1998), 최승희(1989), 전경목(2001), 한국학중앙연구원 편(2017) 참고>

1786-08-26. **김돌산 초사**(金乭山招辭), 김돌산. <1장. 한자+이두. 조선 필사 이두 자료. 전북 부안군 우반 부안 김씨 세덕각 소장. 한국학중앙연구원 장서각 한국고문서자료관 홈페이지 & 호남권 한국학자료센터 홈페이지 원문 이미지와 텍스트 보기. 박병호(1974ㄱ), 최승희(1989), 전경목(2001) 참고>

1786-08-26. **노 용운 배지**(奴龍雲牌旨), 김(金). <1장. 점련문서. 한자+이두. 조선 필

---

[664] 호남권 한국학자료센터 홈페이지에서는 '김씨(金氏) 패지(牌旨)'로 표시하였다.

사 이두 자료. 전북 부안군 우반 부안 김씨 세덕각 소장. 한국학중앙연구원 장서각 한국고문서자료관 홈페이지 원문 이미지와 텍스트 보기. 한국정신문화연구원 편(1983, 1998), 한국학중앙연구원 편(2017) 참고>

1786-08-26. **홍이재 초사**(洪已才招辭),[665] 홍이재. <1장. 점련문서. 한자+이두. 조선 필사 이두 자료. 전북 부안군 우반 부안 김씨 세덕각 소장. 한국학중앙연구원 장서각 한국고문서자료관 홈페이지 & 호남권 한국학자료센터 홈페이지 원문 이미지와 텍스트 보기. 박병호(1974ㄱ), 한국정신문화연구원 편(1983, 1998), 최승희(1989), 전경목(2001), 한국학중앙연구원 편(2017) 참고>

1786-08-00. **경상도 현풍현 향청 향안설립초정규등초**(慶尙道玄風縣鄕廳鄕案設立初正規謄草), 현풍현 향청. <2장. 한자+이두. 조선 필사 이두 자료. 대구 달성군 현풍면 상리 현풍향교 구장. 영남대학교 민족문화연구소 소장. 한국학자료센터 영남권역센터 홈페이지 원문 이미지와 텍스트 보기>

1786-08-00. **한덕규 소지**(韓德奎所志), 한덕규. <1장. 점련문서. 한자+이두. 조선 필사 이두 자료. 전북 부안군 우반 부안 김씨 세덕각 소장. 한국학중앙연구원 장서각 한국고문서자료관 홈페이지 & 호남권 한국학자료센터 홈페이지 원문 이미지와 텍스트 보기. 박병호(1974ㄱ), 한국정신문화연구원 편(1983, 1998), 최승희(1989), 전경목(2001), 한국학중앙연구원 편(2017) 참고>

1786-08-00. **한덕규 입안**(韓德奎立案), 부안현(扶安縣). <1장. 점련문서. 한자+이두. 조선 필사 이두 자료. 전북 부안군 우반 부안 김씨 세덕각 소장. 한국학중앙연구원 장서각 한국고문서자료관 홈페이지 & 호남권 한국학자료센터 홈페이지 원문 이미지와 텍스트 보기. 박병호(1974ㄱ), 한국정신문화연구원 편(1983, 1998), 최승희(1989), 전경목(2001), 한국학중앙연구원 편(2017) 참고>

1786-10-06~1787-12-26(丙午~丁未). 「통신사등록(**通信使謄錄**)」, 第13, 예조(禮曹) 편(編). <1책/전14책. 56장. 필사본. 필사 시기 미상. 한자+이두. 이두 자료. 조선에서

---

[665] 한국학중앙연구원 장서각 한국고문서자료관 홈페이지의 '원문 텍스트'와 '번역문'에서는 '홍기재(洪已才)'로 표시하였다. 호남권 한국학자료센터 홈페이지에서는 '홍기재(洪已才) 초사(招辭)'로 표시하였다.

일본에 보낸 통신사에 관한 기록. 서울대학교 규장각 한국학연구원 홈페이지 원문 이미지 보기>

1786-10-28. **박인 별묘 완문**(朴諲別廟完文), 박인. <1책. 11장. 한자+이두. 조선 필사 이두 자료. 경남 밀양 신호 밀성 박씨·덕남서원 소장. 한국학중앙연구원 장서각 한국고문서자료관 홈페이지 원문 이미지 보기. 박병련·정수환(2004), 한국정신문 화연구원 편(2004) 참고>

1786-11-06. **장한신 탄장 문기**(張漢臣炭場文記), 송정환(宋挺煥). <1장. 한자+이두. 조선 필사 이두 자료. 전남 화순 내서 흥성 장씨가 구장. 광주광역시 이정옥 소장. 호남권 한국학자료센터 홈페이지 원문 이미지와 텍스트 보기. 최승희(1989) 참 고>

1786-11-12. **김상철 토지매매명문**(金尙喆土地賣買明文), 김천손(金千孫). <1장. 한자 +이두. 조선 필사 이두 자료. 전남 보성 박실 제주 양씨가 구장. 원광대학교 박물 관 소장. 호남권 한국학자료센터 홈페이지 원문 이미지와 텍스트 보기. 최승희 (1989), 정구복 외(1999). 이재수(2003) 참고>

1786-11-16. **유용천 댁 노 업이 토지매매명문**(柳龍川宅奴業伊土地賣買明文) 1, 고응두 (高應斗). <1장. 한자+이두. 조선 필사 이두 자료. 전남 구례군 토지면 오미리 문화 류씨 운조루 소장. 한국학중앙연구원 장서각 한국고문서자료관 홈페이지 원문 이미지와 텍스트 보기. 한국정신문화연구원 편(1998) 참고>

1786-11-20. **유용천 댁 노 업이 토지매매명문**(柳龍川宅奴業伊土地賣買明文) 2, 여방좌 (呂邦佐). <1장. 한자+이두. 조선 필사 이두 자료. 전남 구례군 토지면 오미리 문화 류씨 운조루 소장. 한국학중앙연구원 장서각 한국고문서자료관 홈페이지 원문 이미지와 텍스트 보기. 한국정신문화연구원 편(1998) 참고>

1786-12-03. **이사봉 토지매매명문**(李士鳳土地賣買明文), 쇠변음중(衰卞音中).[666] <1 장. 한자+이두. 조선 필사 이두 자료. 전북 부안군 우반 부안 김씨 세덕각 소장. 한국학중앙연구원 장서각 한국고문서자료관 홈페이지 & 호남권 한국학자료센터 홈페이지 원문 이미지와 텍스트 보기. 박병호(1974ㄱ), 한국정신문화연구원 편

---

[666] 호남권 한국학자료센터 홈페이지에서는 '배마음중(褒亇音中)'으로 표시하였다.

(1983, 1998), 이재수(2003), 한국학중앙연구원 편(2017) 참고>

1786-12-04. **김운성 토지매매명문**(金雲成土地賣買明文), 옥재(玉才). <1장. 한자+이두. 조선 필사 이두 자료. 아산 선교 장흥 임씨 구장. 한국학중앙연구원 장서각 소장. 한국학중앙연구원 장서각 한국고문서자료관 홈페이지 원문 이미지 보기. 한국학중앙연구원 편(2008) 참고>

1786-12-15. **김대련 토지매매명문**(金大鍊土地賣買明文), 이인만(李仁萬). <1장. 한자+이두. 조선 필사 이두 자료. 일본 경도대학 가와이문고 소장. 고려대학교 해외한국학자료센터 홈페이지 원문 이미지와 텍스트 보기>

1786-12-17. **박준채 토지매매명문**(朴俊采土地賣買明文), 이종술(李宗述). <1장. 한자+이두. 조선 필사 이두 자료. 해남 노송 김해 김씨 노송사 소장. 한국학중앙연구원 장서각 한국고문서자료관 홈페이지 & 호남권 한국학자료센터 홈페이지 원문 이미지와 텍스트 보기. 최승희(1989), 한국학중앙연구원 편(1998), 조정곤(2013) 참고>

1786-12-20. **김재일 차첩**(金載一差帖), 이조(吏曹). <1장. 한자+이두. 조선 필사 이두 자료. 해남 노송 김해 김씨 노송사 소장. 호남권 한국학자료센터 홈페이지 원문 이미지와 텍스트 보기>

1786-12-20. **유황 토지매매명문**(劉煌土地賣買明文), ■■■. <1장. 한자+이두. 조선 필사 이두 자료. 경북 예천군 감천면 강릉 유씨 벌방 종가 구장. 한국국학진흥원 소장. 한국학자료센터 영남권역센터 홈페이지 원문 이미지와 텍스트 보기. 김성갑(2013) 참고>

1786-12-00. **노 옥재 배지**(奴玉才牌旨), 유(柳). <1장. 한자+이두. 조선 필사 이두 자료. 아산 선교 장흥 임씨 구장. 한국학중앙연구원 장서각 한국고문서자료관 홈페이지 원문 이미지 보기. 한국학중앙연구원 편(2008) 참고>

1786-12-00. **화민 신수묵 등 소지**(化民辛修默等所志), 신수묵 등. <1장. 한자+이두. 조선 필사 이두 자료. 전남 영광군 입석 영월 신씨 소장. 한국학중앙연구원 장서각 한국고문서자료관 홈페이지 원문 이미지와 텍스트 보기. 한국정신문화연구원 편(1996) 참고>

1786-00-00. 「문효세자묘소도감의궤(**文孝世子墓所都監儀軌**)」, 묘소도감 편. <2책.

146장+112장. 필사본. 상권의 표제는 '(乾隆五十一年丙午九月 日 江華府上)文孝世子墓所都監儀軌(上)'. 권수제는 '文孝世子墓所都監儀軌'. 한자+이두. 조선 필사 이두 자료. 서울대학교 규장각 한국학연구원 의궤 종합정보 홈페이지 '奎13925' 원문 이미지와 텍스트 보기>

1786-00-00. 「문효세자묘소도감의궤(文孝世子墓所都監儀軌)」 상·하, 묘소도감 편. <2책. 147장+110장. 필사본. 표제는 '文孝世子墓所都監儀軌'. 권수제는 '文孝世子墓所都監儀軌'. 한자+이두. 조선 필사 이두 자료. 국립중앙박물관 외규장각 의궤 홈페이지 '외규212~213' 원문 이미지와 텍스트 보기>

1786-00-00. 「문효세자빈궁혼궁도감의궤(文孝世子殯宮魂宮都監儀軌)」, 상·하, 빈궁혼궁도감 편. <2책. 157장+198장. 필사본. 상권의 표제는 '(乾隆五十一年丙午五月 日 江華府上)文孝世子殯宮魂宮都監儀軌'. 한자+이두. 조선 필사 이두 자료. 서울대학교 규장각 한국학연구원 의궤 종합정보 홈페이지 '奎13923' 원문 이미지 보기>

1786-00-00. 「문효세자빈궁혼궁도감의궤(文孝世子殯宮魂宮都監儀軌)」, 상·하, 빈궁도감·혼궁도감 편. <2책. 157장+195장. 필사본. 상권 원표지의 표제지 결락. 권수제는 '文孝世子殯宮魂宮都監儀軌'. 한자+이두. 조선 필사 이두 자료. 국립중앙박물관 외규장각 의궤 홈페이지 '외규214~215' 원문 이미지와 텍스트 보기>

1786-00-00. 「문효세자상등록(文孝世子喪謄錄)」, 예조(禮曹) 편(編). <1책. 29장. 필사본. 한자+이두. 조선 필사 이두 자료. 서울대학교 규장각 한국학연구원 홈페이지 '奎18180' 원문 이미지 보기>>

1786-00-00. 「문효세자상등록(文孝世子喪謄錄)」, 예조(禮曹). <2권 1책. 133장. 필사본. 한자+이두. 조선 필사 이두 자료. 한국학중앙연구원 장서각 소장. 한국학중앙연구원 장서각 한국학자료센터 홈페이지 & 한국학중앙연구원 한국학 디지털 아카이브 홈페이지 원문 이미지와 텍스트 보기>

1786-00-00. 「선원보략개장의궤(璿源譜略改張儀軌)」, 종부시(宗簿寺). <1책. 5장. 필사본. 표제는 '(丙午 本寺 正宗十年)璿源譜略修正儀軌'. 권수제는 '(乾隆五十一年丙午八月 日)璿源譜略改張儀軌'. 한자+이두. 조선 필사 이두 자료. 서울대학교 규장각 한국학연구원 의궤 종합정보 홈페이지 '奎14090' 원문 이미지와 텍스트 보기>

1786-00-00. 「예장도감도청의궤(禮葬都監都廳儀軌)」,[667] 상·하, 예장도감 편. <2책. 218장+224장. 필사본. 상권의 표제는 '(丙午年 江華府上)文孝世子禮葬都監儀軌(上)'. 권수제는 '(乾隆五十一年丙午 月 日)禮葬都監都廳儀軌'. 한자+이두. 어휘 표기. 조선 필사 이두 자료. 서울대학교 규장각 한국학연구원 의궤 종합정보 홈페이지 '奎13921' 원문 이미지와 텍스트 보기>

1786-00-00. 「예장도감도청의궤(禮葬都監都廳儀軌)」,[668] 상·하, 예장도감 편. <2책. 201장+224장. 필사본. 상권의 표제는 '(■~)■葬都監儀軌'. 하권의 표제는 '文孝世子禮葬都監儀軌(下)'. 권수제는 '(乾隆五十一年丙午 月 日)禮葬都監都廳儀軌'. 한자+이두. 조선 필사 이두 자료. 국립중앙박물관 외규장각 의궤 홈페이지 '외규 216~217' 원문 이미지와 텍스트 보기>

1786-00-00. 「전율통보(典律通補)」, 구윤명(具允明) 편(編). <6권 5책. 필사본. 권4 '이문(吏文)'에 130여개의 이두 표제항 수록. 이두 학습서. 「경국대전」, 「속대전」, 「대전통편」, 「대명률」을 종합하여 수정하고 보완한 법전. 국립중앙도서관 홈페이지, 서울대학교 규장각 한국학연구원 홈페이지 '奎貴1377' 원문 이미지 보기. 남풍현(1998, 2000: 46), 오창명(2017) 참고.> <이본: 1761-00-00(초본)> <영인본: 「규장각 자료 총서(법전편)」(서울대학교 규장각, 1998)>

1786-00-00. 「정조병오소회등록(正祖丙午所懷謄錄)」, 승정원(承政院) 편(編) <3책. 필사본. 한자+이두. 조선 필사 이두 자료. 서울대학교 규장각 한국학연구원 홈페이지 '奎 15050' 원문 이미지와 텍스트 보기>

1786-00-00~1863-00-00. 「국휼등록(國恤謄錄)」 <2책. 필사본. 한자+이두. 조선 필사 이두 자료. 한국학중앙연구원 장서각 한국학자료센터 홈페이지 참고>

667　서울대학교 규장각 한국학연구원 의궤 종합정보 홈페이지에서는 서명을 '문효세자예장도감의궤(文孝世子禮葬都監儀軌)'로 적었다.
668　국립중앙박물관 외규장각 의궤 홈페이지에서는 서명을 표제나 권수제와는 달리 '문효세자예장도감의궤(文孝世子禮葬都監儀軌)'로 적었다.

1787년

<정미(丁未), 정조 11년, 건륭 52년>

1787-01-01~1787-12-29. 「결속색등록(**結束色謄錄**)」, 병조(兵曹) 편(編). <1책(1/전 107책). 177장. 필사본. 표제는 '(乾隆五十二年丁未結束色謄錄'. 한자+이두. 조선 필사 이두 자료. 서울대학교 규장각 한국학연구원 홈페이지 원문 이미지 보기>

1787-01-01~1891-00-00. 「결속색등록(**結束色謄錄**)」, 병조(兵曹) 편(編). <107책. 필사본. 낙질본. 한자+이두. 서울대학교 규장각 한국학연구원 홈페이지 奎 12928' 원문 이미지와 텍스트 보기. 1792년(건륭 57년), 1811년(가경 16년) 하, 1816년(가경 21년), 1817년(가경 22년), 1824년(도광 4년), 1831년(도광 11년), 1871년(동치 10년), 1885년(광서 11년) 없음>

1787-01-02. **이성화 토지매매명문**(李聖和土地賣買明文), 이동주(李東柱). <1장. 한자+이두. 조선 필사 이두 자료. 전남 화순 내서 홍성 장씨가 구장. 광주광역시 이정옥 소장. 호남권 한국학자료센터 홈페이지 원문 이미지와 텍스트 보기. 최승희(1989), 정구복 외(1999) 참고>

1787-01-05. **용산서원 사림 서목**(龍山書院士林書目), 용산서원. <1장. 한자+이두. 조선 필사 이두 자료. 경북 경주시 내남면 이조리 경주 최씨·용산서원 소장. 한국학중앙연구원 장서각 한국고문서자료관 홈페이지 원문 이미지 보기. 한국정신문화연구원 편(2000) 참고>

1787-01-06. **유용천 댁 토지매매명문**(柳龍川宅土地賣買明文) 1, 김지각(金之珏). <1장. 한자+이두. 조선 필사 이두 자료. 전남 구례군 토지면 오미리 문화 류씨 운조루 소장. 한국학중앙연구원 장서각 한국고문서자료관 홈페이지 원문 이미지와 텍스트 보기. 한국정신문화연구원 편(1998) 참고>

1787-01-08~1787-12-00(丁未). 「정미년 전객사일기(**丁未年 典客司日記**)」 34, 예조(禮曹) 전객사(典客司) 편(編). <1책(34/99). 144장. 필사본. 한자+이두. 조선 필사 이두 자료. 서울대학교 규장각 한국학연구원 홈페이지 원문 이미지 보기> <1640-01-22~1641-12-23(1)>

1787-01-10. **가창재사 토지매매명문**(可倉齋舍土地賣買明文), 정태돌(鄭太乭). <1장. 한자+이두. 조선 필사 이두 자료. 경북 안동시 주촌 진성 이씨 경류정 소장. 한국학중앙연구원 장서각 한국고문서자료관 홈페이지 원문 이미지와 텍스트 보기. 한국정신문화연구원 편(1999) 참고>

1787-01-10. **유사 손용구 토지매매명문**(有司孫容九土地賣買明文), 손성구(孫聲九). <1장. 한자+이두. 조선 필사 이두 자료. 경북 경주시 양동 경주 손씨 송첨 종택 소장. 한국학중앙연구원 장서각 한국고문서자료관 홈페이지 원문 이미지 보기. 이수건(1979), 이수건 편저(1981), 영남대학교 인문과학연구소 편(1990), 정구복·안승준(1997), 한국정신문화연구원 편(1997) 참고>

1787-01-10~1789-04-26(丁未~己酉). 「문희묘영건청등록(**文禧廟營建廳謄錄**)」, 예조(禮曹) 편(編). <1책. 172장(채색 도판 포함).⁶⁶⁹ 필사본. 한자+이두. 조선 필사 이두 자료. 서울대학교 규장각 한국학연구원 홈페이지 원문 이미지 보기>

1787-01-16. **유학 동성 구촌 질 토지매매명문**(幼學同姓九寸姪土地賣買明文),⁶⁷⁰ 이희백(李希白). <1장. 한자+이두. 조선 필사 이두 자료. 경북 경주시 안강읍 옥산리 여주 이씨 장산서원·치암 종택 구장. 한국학중앙연구원 장서각 한국고문서자료관 홈페이지 원문 이미지 보기. 한국정신문화연구원 편(2003) 참고>

1787-01-25. **상하계 유사 토지매매명문**(上下契有司土地賣買明文) 1, 오대유(吳大裕). <1장. 한자+이두. 조선 필사 이두 자료. 전남 나주시 회진 나주 임씨 창계 후손가 소장. 한국학중앙연구원 장서각 한국고문서자료관 홈페이지 원문 이미지 보기>

1787-01-26. **유사 손종훈 토지매매명문**(有司孫鍾勳土地賣買明文) 1, 손순구(孫純九). <1장. 한자+이두. 조선 필사 이두 자료. 경북 경주시 양동 경주 손씨 송첨 종택 소장. 한국학중앙연구원 장서각 한국고문서자료관 홈페이지 원문 이미지 보기. 이수건(1979), 이수건 편저(1981), 영남대학교 인문과학연구소 편(1990), 정구복·안승준(1997), 한국정신문화연구원 편(1997) 참고>

---

669 서울대학교 규장각 한국학연구원 홈페이지에는 185장으로 적었다. 발행 연도는 1787년으로 잘못 표시하였다.

670 한국학중앙연구원 장서각 한국고문서자료관 홈페이지에서는 '구촌(九寸) 질(姪) 토지매매명문(土地賣買明文)'으로 표시하였다.

1787-01-27. **노 사량 토지매매명문**(奴士良土地賣買明文), 이별룡(李別龍). <1장. 한자
+이두. 조선 필사 이두 자료. 경북 경주시 양동 경주 손씨 송첨 종택 소장. 한국학
중앙연구원 장서각 한국고문서자료관 홈페이지 원문 이미지 없음. 이수건(1979),
이수건 편저(1981), 영남대학교 인문과학연구소 편(1990), 정구복·안승준(1997),
한국정신문화연구원 편(1997) 참고>

1787-01-00. **박춘만 소지**(朴春萬所志), 박춘만. <1장. 한자+이두. 조선 필사 이두
자료. 경북 봉화 꽃내 무안 박씨 회이당 박한 종가 소장. 한국학중앙연구원 장서각
한국고문서자료관 홈페이지 원문 이미지 보기>

1787-01-00. **조악연 소지**(趙岳然所志), 조악연. <1장. 한자+이두. 조선 필사 이두
자료. 경북 상주 낙동 풍양 조씨 양진당 소장. 한국학중앙연구원 장서각 한국고문
서자료관 홈페이지 원문 이미지 보기>

1787-02-02. **이험봉 토지매매명문**(李험奉土地賣買明文), 득금(得金). <1장. 한자+이
두. 조선 필사 이두 자료. 춘천 김현식 소장. 한국학자료센터 강원권역센터 홈페이
지 원문 이미지 보기. 최승희(1989), 전경목(2010), 김성갑(2013), 박준호(2016) 참
고>

1787-02-02. **작산 유사 이윤덕 토지매매명문**(鵲山有司李潤德土地賣買明文), 이현문
(李顯文). <1장. 한자+이두. 조선 필사 이두 자료. 경북 안동시 주촌 진성 이씨
경류정 소장. 한국학중앙연구원 장서각 한국고문서자료관 홈페이지 원문 이미지
와 텍스트 보기. 한국정신문화연구원 편(1999) 참고>

1787-02-03. **유학 황 분재기**(幼學黃分財記),[671] 유학 황. <1장. 한자+이두. 조선 필사
이두 자료. 전남 보성 박실 제주 양씨가 구장. 원광대학교 박물관 소장. 호남권
한국학자료센터 홈페이지 원문 이미지와 텍스트 보기. 박병호(1974ㄱ) 참고>

1787-02-06. **유사 손종훈 토지매매명문**(有司孫鍾勳土地賣買明文) 2, 손성복(孫星福).
<1장. 한자+이두. 조선 필사 이두 자료. 경북 경주시 양동 경주 손씨 송첨 종택
소장. 한국학중앙연구원 장서각 한국고문서자료관 홈페이지 원문 이미지 보기.
이수건(1979), 이수건 편저(1981), 영남대학교 인문과학연구소 편(1990), 정구복·

---

671 호남권 한국학자료센터 홈페이지에서는 '김두삼(金斗參) 분재기(分財記)'로 표시하였다.

안승준(1997), 한국정신문화연구원 편(1997) 참고>

1787-02-07. **통덕랑 유덕호 토지매매명문**(通德郞柳德浩土地賣買明文), 강무(姜斌). <1장. 한자+이두. 조선 필사 이두 자료. 전남 구례군 토지면 오미리 문화 류씨 운조루 소장. 한국학중앙연구원 장서각 한국고문서자료관 홈페이지 원문 이미지와 텍스트 보기. 한국정신문화연구원 편(1998) 참고>

1787-02-09. **토지매매명문**(土地賣買明文),[672] 박미득(朴美得). <1장. 한자+이두. 조선 필사 이두 자료. 경북 예천군 감천면 강릉 유씨 벌방 종가 구장. 한국국학진흥원 소장. 한국학자료센터 영남권역센터 홈페이지 원문 이미지와 텍스트 보기. 김성갑(2013) 참고>

1787-02-15. **김낙일 노비매매명문**(金洛一奴婢賣買明文), 유학 윤유항(幼學尹愉恒). <1장. 한자+이두. 조선 필사 이두 자료. 해남 노송 김해 김씨 노송사 소장. 한국학중앙연구원 장서각 한국고문서자료관 홈페이지 & 호남권 한국학자료센터 홈페이지 원문 이미지와 텍스트 보기. 최승희(1989), 한국정신문화연구원 편(1998), 조정곤(2013) 참고>

1787-02-19. **박도계 초사**(朴道計招辭), 박도계. <1장. 한자+이두. 조선 필사 이두 자료. 경북 상주 낙동 풍양 조씨 양진당 소장. 한국학중앙연구원 장서각 한국고문서자료관 홈페이지 원문 이미지 보기>

1787-02-20. **정만채 초사**(鄭萬采招辭) 1, 정만채. <1장. 한자+이두. 조선 필사 이두 자료. 경북 상주 낙동 풍양 조씨 양진당 소장. 한국학중앙연구원 장서각 한국고문서자료관 홈페이지 원문 이미지 보기>

1787-02-21. **유용천 댁 토지매매명문**(柳龍川宅土地賣買明文) 2, 김지호(金之瑚). <1장. 한자+이두. 조선 필사 이두 자료. 전남 구례군 토지면 오미리 문화 류씨 운조루 소장. 한국학중앙연구원 장서각 한국고문서자료관 홈페이지 원문 이미지와 텍스트 보기. 한국정신문화연구원 편(1998) 참고>

1787-02-29. **안시흥 토지매매명문**(安時興土地賣買明文), 이정음동(李丁音同). <1장.

---

[672] 한국학자료센터 영남권역센터 홈페이지에서는 '박미득(朴美得) 방매(放賣) 토지매매명문(土地賣買明文)'으로 표시하였다.

한자+이두. 조선 필사 이두 자료. 해남 노송 김해 김씨 노송사 소장. 한국학중앙연구원 장서각 한국고문서자료관 홈페이지 & 호남권 한국학자료센터 홈페이지 원문 이미지와 텍스트 보기. 최승희(1989), 한국정신문화연구원 편(1998), 조정곤(2013) 참고>

1787-02-00. **조석검 등 등장**(趙錫儉等等狀) 1, 조석검 등. <1장. 한자+이두. 조선 필사 이두 자료. 경북 상주 낙동 풍양 조씨 양진당 소장. 한국학중앙연구원 장서각 한국고문서자료관 홈페이지 원문 이미지 보기>

1787-03-01. **정만채 초사**(鄭萬采招辭), 정만채. <1장. 한자+이두. 조선 필사 이두 자료. 경북 상주 낙동 풍양 조씨 양진당 소장. 한국학중앙연구원 장서각 한국고문서자료관 홈페이지 원문 이미지 보기>

1787-03-08. **김태삼 노비매매명문**(金泰三奴婢賣買明文), 곽천근(郭天根). <1장. 점련문서. 한자+이두. 조선 필사 이두 자료. 경북 경주시 안강읍 옥산리 여주 이씨 장산서원·치암 종택 구장. 한국학중앙연구원 장서각 한국고문서자료관 홈페이지 원문 이미지 보기. 한국정신문화연구원 편(2003) 참고>

1787-03-12. **장산재 유사 토지매매명문**(章山齋有司土地賣買明文), 이희당(李希讜). <1장. 한자+이두. 조선 필사 이두 자료. 경북 경주시 안강읍 옥산리 여주 이씨 독락당 소장. 한국학중앙연구원 장서각 한국고문서자료관 홈페이지 원문 이미지 보기. 한국정신문화연구원 편(2003) 참고>

1787-03-21. **승 채원 토지매매명문**(僧采元土地賣買明文), 박수진(朴水振). <1장. 한자+이두. 조선 필사 이두 자료. 전남 구례군 토지면 오미리 문화 류씨 운조루 소장. 한국학중앙연구원 장서각 한국고문서자료관 홈페이지 원문 이미지와 텍스트 보기. 한국정신문화연구원 편(1998) 참고>

1787-03-00. **곽천근 초사**(郭天根招辭), 곽천근. <1장. 점련문서. 한자+이두. 조선 필사 이두 자료. 경북 경주시 안강읍 옥산리 여주 이씨 장산서원·치암 종택 구장. 한국학중앙연구원 장서각 한국고문서자료관 홈페이지 원문 이미지 보기. 한국정신문화연구원 편(2003) 참고>

1787-03-00. **곽천옥 초사**(郭天玉招辭), 곽천옥. <1장. 점련문서. 한자+이두. 조선 필사 이두 자료. 경북 경주시 안강읍 옥산리 여주 이씨 장산서원·치암 종택 구장.

한국학중앙연구원 장서각 한국고문서자료관 홈페이지 원문 이미지 보기. 한국정신문화연구원 편(2003) 참고>

1787-03-00. **김재일 차첩**(金載一差帖), 이조(吏曹). <1장. 한자+이두. 조선 필사 이두 자료. 해남 노송 김해 김씨 노송사 소장. 한국학중앙연구원 장서각 한국고문서자료관 홈페이지 & 호남권 한국학자료센터 홈페이지 원문 이미지와 텍스트 보기. 최승희(1989), 한국정신문화연구원 편(1998), 조정곤(2013) 참고>

1787-03-00. **김태삼 소지**(金泰三所志), 김태삼. <1장. 점련문서. 한자+이두. 조선 필사 이두 자료. 경북 경주시 안강읍 옥산리 여주 이씨 장산서원·치암 종택 구장. 한국학중앙연구원 장서각 한국고문서자료관 홈페이지 원문 이미지 보기. 한국정신문화연구원 편(2003) 참고>

1787-03-00(또는 1847-03-00 추정). **노봉서원 완문**(露峯書院完文), 예조(禮曹). <1장. 한자+이두. 조선 필사 이두 자료. 남원·구례 삭녕 최씨 구장. 한국학중앙연구원 장서각 한국고문서자료관 홈페이지 원문 이미지 보기. 한국정신문화연구원 편(2004) 참고>

1787-03-00. **이성백·이국교 소지**(李星白李國僑所志), 이성백·이국교. <1장. 한자+이두. 조선 필사 이두 자료. 경북 안동시 주촌 진성 이씨 경류정 소장. 한국학중앙연구원 장서각 한국고문서자료관 홈페이지 원문 이미지와 텍스트 보기. 한국정신문화연구원 편(1999) 참고>

1787-03-00. **전세팔 차첩**(全世八差帖), 전남 순창군(全南淳昌郡). <1장. 한자+이두. 조선 필사 이두 자료. 전남 순창군 좌부 천안 전씨가 구장. 순창장류박물관 소장. 호남권 한국학자료센터 홈페이지 원문 이미지와 텍스트 보기. 박병호(1974ㄱ), 최승희(1989), 전경목 외(2006) 참고>

1787-03-00. **전태삼 입안**(全泰三立案), 경주부(慶州府). <1장. 점련문서. 한자+이두. 조선 필사 이두 자료. 경북 경주시 안강읍 옥산리 여주 이씨 장산서원·치암 종택 구장. 한국학중앙연구원 장서각 소장. 한국학중앙연구원 장서각 한국고문서자료관 홈페이지 원문 이미지 보기. 한국정신문화연구원 편(2003) 참고>

1787-04-15. **윤 해주댁 노 세재 토지매매명문**(尹海洲宅奴世才土地賣買明文) 1, 천돌(千乭). <1장. 한자+이두. 조선 필사 이두 자료. 일본 경도대학 가와이문고 소장.

고려대학교 해외한국학자료센터 홈페이지 원문 이미지와 텍스트 보기>

1787-04-15. **윤 해주댁 노 세재 토지매매명문**(尹海洲宅奴世才土地賣買明文) 2, 이삼철(李三鐵). <1장. 한자+이두. 조선 필사 이두 자료. 일본 경도대학 가와이문고 소장. 고려대학교 해외한국학자료센터 홈페이지 원문 이미지와 텍스트 보기>

1787-04-17. **손연수 토지매매명문**(孫延壽土地賣買明文), 금동이(金同伊). <1장. 한자+이두. 조선 필사 이두 자료. 해남 노송 김해 김씨 노송사 소장. 한국학중앙연구원 장서각 한국고문서자료관 홈페이지 & 호남권 한국학자료센터 홈페이지 원문 이미지와 텍스트 보기. 최승희(1989), 한국정신문화연구원 편(1998), 조정곤(2013) 참고>

1787-04-00. **노 천돌 배지**(奴千乭牌旨),[673] 상전 한(上典韓). <1장. 한자+이두. 조선 필사 이두 자료. 일본 경도대학 가와이문고 소장. 고려대학교 해외한국학자료센터 홈페이지 원문 이미지와 텍스트 보기>

1787-05-20. **상하계 유사 토지매매명문**(上下契有司土地賣買明文) 2, 김효동(金孝同). <1장. 한자+이두. 조선 필사 이두 자료. 전남 나주시 회진 나주 임씨 창계 후손가 소장. 한국학중앙연구원 장서각 한국고문서자료관 홈페이지 원문 이미지 보기>

1787-06-11. **유학 유덕호 토지매매명문**(幼學柳德浩土地賣買明文), 양중거(梁重擧). <1장. 한자+이두. 조선 필사 이두 자료. 전남 구례군 토지면 오미리 문화 류씨 운조루 소장. 한국학중앙연구원 장서각 한국고문서자료관 홈페이지 원문 이미지와 텍스트 보기. 한국정신문화연구원 편(1998) 참고>

1787-06-19. **김광렴 등 초사**(金光濂等招辭), 김광렴 등. <1장. 한자+이두. 조선 필사 이두 자료. 경북 상주 낙동 풍양 조씨 양진당 소장. 한국학중앙연구원 장서각 한국고문서자료관 홈페이지 원문 이미지 보기>

1787-06-22. **김상철 토지매매명문**(金尙喆土地賣買明文), 김판응(金判應). <1장. 한자+이두. 조선 필사 이두 자료. 전남 보성 박실 제주 양씨가 구장. 원광대학교 박물관 소장. 호남권 한국학자료센터 홈페이지 원문 이미지와 텍스트 보기. 최승희(1989), 정구복 외(1999), 이재수(2003) 참고>

---

673 고려대학교 해외한국학자료센터 홈페이지에서는 '노(奴) 천돌(千乭) 패지(牌旨)'로 표시하였다.

1787-07-15. **유용천 댁 노 업이 토지매매명문**(柳龍川宅奴業伊土地賣買明文), 채원(采元). <1장. 한자+이두. 조선 필사 이두 자료. 전남 구례군 토지면 오미리 문화 류씨 운조루 소장. 한국학중앙연구원 장서각 한국고문서자료관 홈페이지 원문 이미지와 텍스트 보기. 한국정신문화연구원 편(1998) 참고>

1787-07-21. **김광렴 초사**(金光濂招辭), 김광렴. <1장. 한자+이두. 조선 필사 이두 자료. 경북 상주 낙동 풍양 조씨 양진당 소장. 한국학중앙연구원 장서각 한국고문서자료관 홈페이지 원문 이미지 보기>

1787-07-00. **조석검 등 등장**(趙錫儉等等狀) 2, 조석검 등. <1장. 한자+이두. 조선 필사 이두 자료. 경북 상주 낙동 풍양 조씨 양진당 소장. 한국학중앙연구원 장서각 한국고문서자료관 홈페이지 원문 이미지 보기>

1787-08-06~1840-07-15. 「장서전장기(**藏書傳掌記**)」외,[674] 도산서원. <1책. 도산서원 소장>

1787-08-22. **문사학 가사매매명문**(文思學家舍賣買明文), 조윤섭(曹允燮). <1장. 한자+이두. 조선 필사 이두 자료. 전남 보성 박실 제주 양씨가 구장. 원광대학교 박물관 소장. 호남권 한국학자료센터 홈페이지 원문 이미지와 텍스트 보기. 박병호(1974ㄱ), 최승희(1989), 이재수(2003) 참고>

1787-08-00. **김상성 소지**(金相誠所志), 김상성. <1장. 한자+이두. 조선 필사 이두 자료. 전북 부안군 우반 부안 김씨 세덕각 소장. 한국학중앙연구원 장서각 한국고문서자료관 홈페이지 & 호남권 한국학자료센터 홈페이지 원문 이미지와 텍스트 보기. 박병호(1974ㄱ), 한국정신문화연구원 편(1983, 1998), 최승희(1989), 전경목(2001), 정구복(2002), 한국학중앙연구원 편(2017) 참고>

1787-10-09. **김시복 선혜청 공사지 공인권 매매명문**(金時福宣惠廳公事紙貢人權賣買明文), 강종(康宗). <1장. 한자+이두. 조선 필사 이두 자료. 일본 경도대학 가와이 문고 소장. 고려대학교 해외한국학자료센터 홈페이지 원문 이미지와 텍스트 보기>

1787-10-15. **갈천관 분재기**(曷千官分財記), 갈천관. <1장. 한자+이두. 조선 필사 이

---

[674] 최우경, 2021, 안동 도산서원 광명실의 장서 관리, 「안동학」 20, 한국국학진흥원, 61-62 참고

두 자료. 일본 경도대학 가와이문고 소장. 고려대학교 해외한국학자료센터 홈페이지 원문 이미지와 텍스트 보기>

1787-10-16. **백점봉 토지매매명문**(白占奉土地賣買明文), 갈득삼(曷得三). <1장. 한자+이두. 조선 필사 이두 자료. 일본 경도대학 가와이문고 소장. 고려대학교 해외한국학자료센터 홈페이지 원문 이미지와 텍스트 보기>

1787-10-24. **갈득삼 토지매매명문**(曷得三土地賣買明文), 김대련(金大鍊). <1장. 한자+이두. 조선 필사 이두 자료. 일본 경도대학 가와이문고 소장. 고려대학교 해외한국학자료센터 홈페이지 원문 이미지와 텍스트 보기>

1787-10-29. **조방간 토지매매명문**(趙芳間土地賣買明文), 과부 김 씨(寡婦金氏). <1장. 한자+이두. 조선 필사 이두 자료. 경북 예천군 용문면 대제리 원동 권씨 춘우재 고택 구장. 한국국학진흥원 소장. 한국학자료센터 영남권역센터 홈페이지 원문 이미지와 텍스트 보기. 김성갑(2013) 참고>

1787-11-10. **이순배 토지매매명문**(李順培土地賣買明文), 윤치흥(尹致興). <1장. 한자+이두. 조선 필사 이두 자료. 전북대학교 박물관 소장. 호남권 한국학자료센터 홈페이지 원문 이미지와 텍스트 보기>

1787-11-14. **강태남 토지매매명문**(姜太男土地賣買明文), 김명복(金明福). <1장. 한자+이두. 조선 필사 이두 자료. 전북 부안군 우반 부안 김씨 세덕각 소장. 한국학중앙연구원 장서각 한국고문서자료관 홈페이지 원문 이미지와 텍스트 보기. 한국정신문화연구원 편(1983, 1998), 한국학중앙연구원 편(2017) 참고>

1787-11-14. **유학 문창욱 토지매매명문**(幼學文昌郁土地賣買明文), 남궁참(南宮㐭). <1장. 한자+이두. 조선 필사 이두 자료. 전남 구례군 토지면 오미리 문화 류씨 운조루 소장. 한국학중앙연구원 장서각 한국고문서자료관 홈페이지 원문 이미지와 텍스트 보기. 한국정신문화연구원 편(1998) 참고>

1787-11-20. **유 부사댁 노 용남 토지매매명문**(柳府使宅奴龍男土地賣買明文), 양덕우(梁德遇). <1장. 한자+이두. 조선 필사 이두 자료. 전남 구례군 토지면 오미리 문화 류씨 운조루 소장. 한국학중앙연구원 장서각 한국고문서자료관 홈페이지 원문 이미지와 텍스트 보기. 한국정신문화연구원 편(1998) 참고>

1787-11-20. **유학 김■길 시장문기**(幼學金■吉柴場文記),[675] 유학 김원복(幼學金元福).

<1장. 한자+이두. 조선 필사 이두 자료. 전북 고창군 장두 광산 김씨가 소장. 호남권 한국학자료센터 홈페이지 원문 이미지와 텍스트 보기. 박병호(1974ㄱ), 최승희(1989), 이재수(2003) 참고>

1787-11-22. **계장 신치묵 토지매매명문**(稧長辛致默土地賣買明文), 신우곤(辛佑坤). <1장. 한자+이두. 조선 필사 이두 자료. 전남 영광군 입석 영월 신씨 소장. 한국학중앙연구원 장서각 한국고문서자료관 홈페이지 원문 이미지와 텍스트 보기. 한국정신문화연구원 편(1996) 참고>

1787-11-29. **주복래 토지매매명문**(朱福來土地賣買明文), 서태갑(徐太甲). <1장. 한자+이두. 조선 필사 이두 자료. 경남 합천 용연서원 소장. 한국학중앙연구원 장서각 한국고문서자료관 홈페이지 원문 이미지 보기. 한국정신문화연구원 편(1996) 참고>

1787-12-10. **박세림 토지매매명문**(朴世林土地賣買明文), 김일석(金一錫). <1장. 한자+이두. 조선 필사 이두 자료. 경남 합천 용연서원 소장. 한국학중앙연구원 장서각 한국고문서자료관 홈페이지 원문 이미지 보기. 한국정신문화연구원 편(1996) 참고>

1787-12-12. **류 생원 댁 노 수명 토지매매명문**(柳生員宅奴守命土地賣買明文), 김원흥(金遠興). <1장. 한자+이두. 조선 필사 이두 자료. 경북 안동시 수곡면 전주 류씨 수곡파 대야 고택 구장. 한국국학진흥원 소장. 한국학자료센터 영남권역센터 홈페이지 원문 이미지와 텍스트 보기>

1787-12-16. **박■■ 토지매매명문**(朴■■土地賣買明文),[676] 유학 김하용(幼學金河溶). <1장. 한자+이두. 조선 필사 이두 자료. 경북 예천군 용문면 대제리 원동 권씨 춘우재 고택 구장. 한국국학진흥원 소장. 한국학자료센터 영남권역센터 홈페이지 원문 이미지와 텍스트 보기. 김성갑(2013) 참고>

1787-12-17. **승 두곤 토지매매명문**(僧斗困土地賣買明文), 김태암회(金太岩回). <1장.

---

675 호남권 한국학자료센터 홈페이지에서는 '김원복(金元福) 방매(放賣) 시장문기(柴場文記)'로 표시하였다.

676 한국학자료센터 영남권역센터 홈페이지에서는 '김하용(金河溶) 방매 토지매매명문'으로 표시했다.

한자+이두. 조선 필사 이두 자료. 경북 안동시 주촌 진성 이씨 경류정 소장. 한국학중앙연구원 장서각 한국고문서자료관 홈페이지 원문 이미지와 텍스트 보기. 한국정신문화연구원 편(1999) 참고>

1787-12-20.[677] **김낙일 차첩**(金洛一差帖), 이조(吏曹). <1장. 한자+이두. 조선 필사 이두 자료. 해남 노송 김해 김씨 노송사 소장. 한국학중앙연구원 장서각 한국고문서자료관 홈페이지 & 호남권 한국학자료센터 홈페이지 원문 이미지와 텍스트 보기. 최승희(1989), 한국정신문화연구원 편(1998), 조정곤(2013) 참고>

1787-12-30. **윤창효 사 남매 분재기**(尹昌孝四男妹分財記), 윤창효. <1장. 한자+이두. 조선 필사 이두 자료. 전남 해남군 해남 윤씨 윤상현 구장. 무안 여흥 민씨 민종기 소장. 호남권 한국학자료센터 홈페이지 원문 이미지 보기. 최승희(1989) 참고>

1787-00-00. 「선원보략개장세보의궤(璿源譜畧改張洗補儀軌)」, 종부시(宗簿寺) 편(編). <1책. 16장. 필사본. 표제는 '(丁未 本寺改張洗補 正宗十一年)璿源譜畧修正儀軌'. 권수제는 '(乾隆五十二年丁未正月 日)璿源譜畧改張洗補儀軌'. 한자+이두. 조선 필사 이두 자료. 서울대학교 규장각 한국학연구원 의궤 종합정보 홈페이지 '奎 14091' 원문 이미지 보기>

1787-00-00. 「왕대비전가상 존호도감의궤(王大妃殿加上 尊號都監儀軌)」,[678] 존호도감 편. <1책. 115장. 필사본. 표제는 확인할 수 없다. 권수제는 '(乾隆五十二年丁未正月 日)王大妃殿加上 尊號都監儀軌'. '上 號都監儀軌目錄'으로 시작한다. 한자+이두. 조선 필사 이두 자료. 한국학중앙연구원 디지털장서각 홈페이지 'K2-2811' 원문 이미지와 텍스트 보기>

1787-00-00. 「왕대비전가상 존호도감의궤(王大妃殿加上 尊號都監儀軌)」,[679] 존호도감 편. <1책. 113장. 필사본. 표제는 '(乾隆五十二年丁未正月 日 五臺山上)上 號都監儀軌(全)'. 권수제는 '(乾隆五十二年丁未正月 日)王大妃殿加上 尊號都監儀軌'. 한자+이두.

---

677 장서각 한국고문서자료관 홈페이지의 '원문텍스트'에서는 '3월 15일'로 잘못 표시하였다.
678 한국학중앙연구원 디지털장서각 홈페이지에서는 서명을 '상호도감의궤(上號都監儀軌)'로 적었다.
679 서울대학교 규장각 한국학연구원 의궤 종합정보 홈페이지에서는 서명을 표제나 권수제와는 달리 '정순왕후가상존호도감의궤(貞純王后加上尊號都監儀軌)'로 적었다.

조선 필사 이두 자료. 서울대학교 규장각 한국학연구원 의궤 종합정보 홈페이지 '奎13314' 원문 이미지 보기>

1787-00-00. 「왕대비전가상 존호도감의궤(王大妃殿加上 尊號都監儀軌)」,[680] 존호도감 편. <1책. 113장. 필사본. 표제지 결락. 권수제는 '(乾隆五十二年丁未正月 日)王大妃殿加上 尊號都監儀軌'. 한자+이두. 조선 필사 이두 자료. 국립중앙박물관 외규장각 의궤 홈페이지 '외규218' 원문 이미지와 텍스트 보기>

1788년

<무신(戊申), 정조 12년, 건륭 53년>

1788-01-01~1788-12-24. 「결속색등록(結束色謄錄)」, 병조(兵曹) 편(編). <1책(2). 132장. 필사본. 필사 시기 미상. 한자+이두. 조선 필사 이두 자료. 서울대학교 규장각 한국학연구원 홈페이지 1787년~1891년 낙질본 107책(1792년(건륭 57년), 1811년(가경 16년) 하, 1816년(가경 21년), 1817년(가경 22년), 1824년(도광 4년), 1831(도광 11년), 1871(동치 10년), 1885년(광서 11년) 없음) 원문 이미지 보기>

1788-01-02~1788-12-00(戊申). 「전객사일기(典客司日記)」 35, 예조(禮曹) 전객사(典客司) 편(編). <1책(35/99). 141장. 필사본. 한자+이두. 조선 필사 이두 자료. 서울대학교 규장각 한국학연구원 홈페이지 원문 이미지 보기> <1640-01-22~1641-12-23(1)>

1788-01-07. **봉화 위■ 유사 토지매매명문**(奉化位■有司土地賣買明文),[681] 답주 유(畓主柳). <1장. 한자+이두. 조선 필사 이두 자료. 경북 안동시 하회 풍산 류씨 충효당 소장. 한국학중앙연구원 장서각 한국학자료센터 홈페이지 원문 이미지 보기. 한국정신문화연구원 편(1994) 참고>

---

[680] 국립중앙박물관 외규장각 의궤 홈페이지에서는 서명을 권수제와는 달리 '정순왕후가상존호도감의궤(貞純王后加上尊號都監儀軌)'로 적었다.

[681] 한국학중앙연구원 장서각 한국학자료센터 홈페이지에서는 '유(柳) 토지매매명문(土地賣買明文)'로 잘못 표시하였다. 또 문서 발급자와 수취자도 잘못 표시하였다.

1788-01-16. **박종항 산지매매명문**(朴宗恒山地賣買明文), 염종봉(廉宗鳳). <1장. 한자 +이두. 조선 필사 이두 자료. 전남 보성 용문 낭주 최씨가 구장. 광주광역시 이정옥 소장. 호남권 한국학자료센터 홈페이지 원문 이미지와 텍스트 보기. 최승희(1989), 정구복 외(1999) 참고>

1788-01-19. **김정하 토지매매명문**(金鼎夏土地賣買明文), 이동귀(李東龜). <1장. 한자 +이두. 조선 필사 이두 자료. 전북 부안군 우반 부안 김씨 세덕각 소장. 한국학중앙연구원 장서각 한국고문서자료관 홈페이지 & 호남권 한국학자료센터 홈페이지 원문 이미지와 텍스트 보기. 박병호(1974ㄱ), 한국정신문화연구원 편(1983, 1998), 이재수(2003), 한국학중앙연구원 편(2017) 참고>

1788-01-27. **유사 손성한 토지매매명문**(有司孫星漢土地賣買明文), 손열구(孫烈九). <1장. 한자+이두. 조선 필사 이두 자료. 경북 경주시 양동 경주 손씨 송첨 종택 소장. 한국학중앙연구원 장서각 한국고문서자료관 홈페이지 원문 이미지 보기. 한국정신문화연구원 편(1997) 참고>

1788-01-00. **강봉휴 전령**(姜鳳休傳令), 제주목(濟州牧). <1장. 한자+이두. 조선 필사 이두 자료. 제주 어도내산 진주 강씨가 구장. 제주 한림 강우석 소장. 호남권 한국학자료센터 홈페이지 원문 이미지와 텍스트 보기. 박병호(1974ㄱ), 최승희(1989) 참고>

1788-01-00. **손성덕 등 소지**(孫星德等所志),[682] 손성덕 등. <1장. 한자+이두. 조선 필사 이두 자료. 경북 경주시 양동 경주 손씨 송첨 종택 소장. 한국학중앙연구원 장서각 한국고문서자료관 홈페이지 원문 이미지 보기>

1788-02-05. **강재명 토지매매명문**(姜在明土地賣買明文), 박필철(朴弼哲). <1장. 한자 +이두. 조선 필사 이두 자료. 제주 어도내산 진주 강씨가 구장. 제주 한림 강우석 소장. 호남권 한국학자료센터 홈페이지 원문 이미지와 텍스트 보기. 이재수(2003), 오창명(2007) 참고>

1788-02-07. **유사 손성열 토지매매명문**(有司孫星說土地賣買明文), 손종만(孫鍾萬).

---

[682] 한국학중앙연구원 장서각 한국고문서자료관 홈페이지에서는 '손성덕(孫星德) 등(等) 100여명(餘名) 소지(所志)'로 표시하였다.

<1장. 한자+이두. 조선 필사 이두 자료. 경북 경주시 양동 경주 손씨 송첨 종택 소장. 한국학중앙연구원 장서각 한국고문서자료관 홈페이지 원문 이미지 보기. 한국정신문화연구원 편(1997) 참고>

1788-02-12. **강숭 토지매매명문**(姜崇土地賣買明文), 태질돌(太叱乭). <1장. 한자+이두. 조선 필사 이두 자료. 경북 안동시 주촌 진성 이씨 경류정 소장. 한국학중앙연구원 장서각 한국고문서자료관 홈페이지 원문 이미지와 텍스트 보기. 한국정신문화연구원 편(1999) 참고>

1788-02-15. **용산서원 사림 서목**(龍山書院士林書目) 1, 용산서원. <1장. 한자+이두. 조선 필사 이두 자료. 경북 경주시 내남면 이조리 경주 최씨·용산서원 소장. 한국학중앙연구원 장서각 한국고문서자료관 홈페이지 원문 이미지 보기. 한국정신문화연구원 편(2000) 참고>

1788-02-19. **장산재 토지매매명문**(章山齋土地賣買明文), 이희백(李希白). <1장. 한자+이두. 조선 필사 이두 자료. 경북 경주시 안강읍 옥산리 여주 이씨 독락당 소장. 한국학중앙연구원 장서각 한국고문서자료관 홈페이지 원문 이미지 보기. 한국정신문화연구원 편(2003) 참고>

1788-02-20. **노 상이 토지매매명문**(奴尙佃土地賣買明文), 박 생원 댁 노 점복(朴生員宅奴占卜). <1장. 한자+이두. 조선 필사 이두 자료. 전남 구례군 토지면 오미리 문화 류씨 운조루 소장. 한국학중앙연구원 장서각 한국고문서자료관 홈페이지 원문 이미지와 텍스트 보기. 한국정신문화연구원 편(1998) 참고>

1788-02-00. **안인업 소지**(安仁業所志), 안인업. <1장. 한자+이두. 조선 필사 이두 자료. 경남 진주시 운문 진양 하씨 소장. 한국학중앙연구원 장서각 한국고문서자료관 홈페이지 원문 이미지 보기. 한국정신문화연구원 편(2001) 참고>

1788-03-06. **유지철 가사매매명문**(柳之喆家舍賣買明文), 이관휘(李觀輝). <1장. 한자+이두. 조선 필사 이두 자료. 일본 경도대학 가와이문고 소장. 고려대학교 해외한국학자료센터 홈페이지 원문 이미지와 텍스트 보기>

1788-03-13. **오영성 토지상환명문**(吳永聖土地相換明文), 오경상(吳景祥). <1장. 한자+이두. 조선 필사 이두 자료. 제주시 일도 이동규 구장. 제주시 일도 2동 제주민속자연사박물관 소장. 호남권 한국학자료센터 홈페이지 원문 이미지와 텍스트 보

기. 고창석(1997, 1998) 참고>

1788-03-00. **기태온 등 소지**(奇泰溫等所志) 1, 기태온 등. <1장. 한자+이두. 조선 필사 이두 자료. 전남 장성군 행주 기씨 금강 종가 소장. 호남권 한국학자료센터 홈페이지 원문 이미지와 텍스트 보기. 김경숙(2008), 국사편찬위원회 편(2009) 참고>

1788-03-00. **기태온 등 소지**(奇泰溫等所志) 2, 기태온 등. <1장. 한자+이두. 조선 필사 이두 자료. 전남 장성군 행주 기씨 금강 종가 소장. 호남권 한국학자료센터 홈페이지 원문 이미지와 텍스트 보기. 김경숙(2008), 국사편찬위원회 편(2009) 참고>

1788-03-00. **이학년 소지**(李鶴年所志), 이학년. <1장. 한자+이두. 조선 필사 이두 자료. 경북 경주시 안강읍 옥산리 여주 이씨 독락당 소장. 한국학중앙연구원 장서각 한국고문서자료관 홈페이지 원문 이미지 보기. 한국정신문화연구원 편(2003) 참고>

1788-04-20. **김 생원 토지매매명문**(金生員土地賣買明文), 김일신(金日新). <1장. 한자+이두. 조선 필사 이두 자료. 전남 영암 밀양 김씨 김상회 소장. 호남권 한국학자료센터 홈페이지 원문 이미지와 텍스트 보기. 최승희(1989) 참고>

1788-04-26. **유 영장댁 노 석철 토지매매명문**(柳營將宅奴石哲土地賣買明文), 김촉삼(金蜀三). <1장. 한자+이두. 조선 필사 이두 자료. 전남 구례군 토지면 오미리 문화 류씨 운조루 소장. 한국학중앙연구원 장서각 한국고문서자료관 홈페이지 원문 이미지와 텍스트 보기. 한국정신문화연구원 편(1998) 참고>

1788-05-15. **용산 고자 토지매매명문**(龍山庫子土地賣買明文), 정지효(鄭志孝). <1장. 한자+이두. 조선 필사 이두 자료. 경북 경주시 내남면 이조리 경주 최씨·용산서원 소장. 한국학중앙연구원 장서각 한국고문서자료관 홈페이지 원문 이미지 보기. 한국정신문화연구원 편(2000) 참고>

1788-05-20. **기태온 토지매매명문**(奇泰溫土地賣買明文), 기태제(奇泰齊). <1장. 한자+이두. 조선 필사 이두 자료. 전남 장성군 행주 기씨 금강 종가 소장. 호남권 한국학자료센터 홈페이지 원문 이미지와 텍스트 보기. 김재문(1986), 이수건 외(2004) 참고>

1788-06-27. **김시대 노비매매명문**(金始大奴婢賣買明文), 안석일(安錫一). <1장. 점련 문서. 한자+이두. 조선 필사 이두 자료. 안동 천전 의성 김씨 지촌 종택 구장. 한국국학진흥원 소장. 한국학중앙연구원 장서각 한국고문서자료관 홈페이지 원문 이미지와 텍스트 보기. 한국정신문화연구원 편(1989) 참고>

1788-07-02. **낙천사 헌납문기**(洛川祠獻納文記), 김종유(金宗儒). <1장. 한자+이두. 조선 필사 이두 자료. 경북 안동시 오천 광산 김씨 후조당 소장. 한국학중앙연구원 장서각 한국고문서자료관 홈페이지 원문 이미지와 텍스트 보기. 한국정신문화연구원 편(1982) 참고>

1788-07-00. 「건륭 53년 7월 일 해서지칙정례(**乾隆五十三年七月 日海西支勅定例**)」, 황해 감영(黃海監營) 편(編). <1책. 159장. 필사본. 한자+이두. 조선 필사 이두 자료. 서울대학교 규장각 한국학연구원 홈페이지 원문 이미지 보기> <영인본: 「각사등록」 55(황해도 보유편)(국사편찬위원회, 1991)>

1788-08-00. **역천서원 재임 첩정**(嶧川書院齋任牒呈)[683] 1, 역천 재임 임(嶧川齋任林). <1장. 한자+이두. 조선 필사 이두 자료. 경남 거창 갈계 은진 임씨 소장. 한국학중 앙연구원 장서각 한국고문서자료관 홈페이지 원문 이미지 보기>

1788-10-11. 「효창묘외안청계산정계금표안(**孝昌墓外案淸溪山定界禁標案**)」, 예조(禮 曹). <1책. 4장. 필사본. 한자+이두. 조선 필사 이두 자료. 한국학중앙연구원 장서 각 소장. 한국학중앙연구원 한국학 디지털 아카이브 홈페이지 원문 이미지와 텍스트 보기>

1788-10-15. **유인호 토지매매명문**(柳仁浩土地賣買明文), 유천호(柳天浩). <1장. 한자 +이두. 조선 필사 이두 자료. 전남 구례군 토지면 오미리 문화 류씨 운조루 소장. 한국학중앙연구원 장서각 한국고문서자료관 홈페이지 원문 이미지와 텍스트 보 기. 한국정신문화연구원 편(1998) 참고>

1788-10-00. **역천서원 재임 첩정**(嶧川書院齋任牒呈)[684] 2, 역천 재임 정(嶧川齋任鄭).

---

[683] 한국학중앙연구원 장서각 한국고문서자료관 홈페이지에서는 '역천재임(嶧川齋任) 첩정(牒呈)'으 로 표시하였다.

[684] 장서각 한국고문서자료관 홈페이지에서는 '역천재임(嶧川齋任) 첩정(牒呈)'으로 표시하였다.

<1장. 한자+이두. 조선 필사 이두 자료. 경남 거창 갈계 은진 임씨 소장. 한국학중 앙연구원 장서각 한국고문서자료관 홈페이지 원문 이미지 보기>

1788-10-00. **이방직·조태운 등 등장**(李邦直趙台運等等狀), 이방직·조태운 등. <1장. 한자+이두. 조선 필사 이두 자료. 함안 두릉 순흥 안씨 소장. 한국학중앙연구원 장서각 한국고문서자료관 홈페이지 원문 이미지 보기. 한국학중앙연구원 편(2006) 참고>

1788-11-21. **이희모 토지매매명문**(李希謨土地賣買明文), 이강(李壃). <1장. 한자+이두. 조선 필사 이두 자료. 경북 경주시 안강읍 옥산리 여주 이씨 장산서원·치암종택 구장. 한국학중앙연구원 장서각 소장. 한국학중앙연구원 장서각 한국고문서자료관 홈페이지 원문 이미지 보기. 한국정신문화연구원 편(2003) 참고>

1788-12-10. **종조부 별급문기**(從祖父別給文記),[685] 종조부. <1장. 한자+이두. 조선 필사 이두 자료. 제주 어도내산 진주 강씨가 구장. 제주 한림 강우석 소장. 호남권 한국학자료센터 홈페이지 원문 이미지와 텍스트 보기. 박병호(1974ㄱ), 최승희(1989), 오창명(2007) 참고>

1788-12-15. **용산서원 사림 서목**(龍山書院士林書目) 2, 용산서원. <1장. 한자+이두. 조선 필사 이두 자료. 경북 경주시 내남면 이조리 경주 최씨·용산서원 소장. 한국학중앙연구원 장서각 한국고문서자료관 홈페이지 원문 이미지 보기. 한국정신문화연구원 편(2000) 참고>

1788-12-28. **가창재사 토지매매명문**(可倉齋舍土地賣買明文), 권중만(權重萬). <1장. 한자+이두. 조선 필사 이두 자료. 경북 안동시 주촌 진성 이씨 경류정 구장. 서울역사박물관 소장. 한국학중앙연구원 장서각 한국고문서자료관 홈페이지 원문 이미지와 텍스트 보기. 한국정신문화연구원 편(1999) 참고>

1788-1■-29. **김재일 차첩**(金載一差帖), 이조(吏曹). <1장. 한자+이두. 조선 필사 이두 자료. 해남 노송 김해 김씨 노송사 소장. 한국학중앙연구원 장서각 한국고문서자료관 홈페이지 & 호남권 한국학자료센터 홈페이지 원문 이미지와 텍스트 보기. 최승희(1989), 한국정신문화연구원 편(1998), 조정곤(2013) 참고>

---

[685] 호남권 한국학자료센터 홈페이지에서는 '강재명(姜在明) 별급문기(別給文記)'로 표시하였다.

1788-00-00. 「평안도내각읍민고정례절목(平安道內各邑民庫定例節目)」, 평안 감영(平安監營). <1책. 92장. 필사본. 한자+이두. 조선 필사 이두 자료. 서울대학교 규장각 한국학연구원 홈페이지 원문 이미지 보기>

1788-00-00 이후 추정. 「봉행록(奉行錄)」 권지1, 장진부(長津府) 편(編). <1책. 68장. 필사본. 한자+이두. 조선 필사 이두 자료. 서울대학교 규장각 한국학연구원 홈페이지 원문 이미지 보기>

1789년

<기유(己酉), 정조 13년, 건륭 54년>

1789-01-04. **부 이태운 별급문기**(父李泰運別給文記), 이태운. <1장. 한자+이두. 조선 필사 이두 자료. 경북 칠곡 석전 광주 이씨 구장. 한국학중앙연구원 장서각 한국고문서자료관 홈페이지 원문 이미지 보기. 한국학중앙연구원 편(2009) 참고>

1789-01-04~1789-12-30. 「결속색등록(結束色謄錄)」, 병조(兵曹) 편(編). <1책(3). 233장. 필사본. 필사 시기 미상. 한자+이두. 조선 필사 이두 자료. 서울대학교 규장각 한국학연구원 홈페이지 1787년~1891년 낙질본 107책(1792년(건륭 57년), 1811년(가경 16년) 하, 1816년(가경 21년), 1817년(가경 22년), 1824년(도광 4년), 1831(도광 11년), 1871(동치 10년), 1885년(광서 11년) 없음) 원문 이미지 보기>

1789-01-04~1790-04-00(己酉~庚戌). 「전객사일기(典客司日記)」 36, 예조(禮曹) 전객사(典客司) 편(編). <1책(36/99). 151장. 필사본. 한자+이두. 조선 필사 이두 자료. 서울대학교 규장각 한국학연구원 홈페이지 원문 이미지 보기> <1640-01-22~1641-12-23(1)>

1789-01-08. **용산서원 재임 서목**(龍山書院齋任書目), 용산서원. <1장. 한자+이두. 조선 필사 이두 자료. 경북 경주시 내남면 이조리 경주 최씨·용산서원 소장. 한국학중앙연구원 장서각 한국고문서자료관 홈페이지 원문 이미지 보기. 한국정신문화연구원 편(2000) 참고>

1787-01-10~1789-04-26(丁未~乙酉). 「문희묘영건청등록(文禧廟營建廳謄錄)」, 편자

미상. <1책. 171장. 필사본. 한자+이두. 조선 필사 이두 자료. 서울대학교 규장각 한국학연구원 홈페이지 원문 이미지 보기>

1789-01-15. **유학 강지택 토지매매명문**(幼學姜之澤土地賣買明文), 문창욱(文昌郁). <1장. 한자+이두. 조선 필사 이두 자료. 전남 구례군 토지면 오미리 문화 류씨 운조루 소장. 한국학중앙연구원 장서각 한국고문서자료관 홈페이지 원문 이미지와 텍스트 보기. 한국정신문화연구원 편(1998) 참고>

1789-02-16 추정. **서원 비부 귀삼 소지**(書院婢夫貴三所志), 귀삼. <1장. 한자+이두. 조선 필사 이두 자료. 경북 경주시 내남면 이조리 경주 최씨·용산서원 소장. 한국학중앙연구원 장서각 한국고문서자료관 홈페이지 원문 이미지 보기. 한국정신문화연구원 편(2000) 참고>

1789-02-26. **수리색 권직형 토지매매명문**(修理色權直亨土地賣買明文), 반수한(班首韓). <1장. 한자+이두. 조선 필사 이두 자료. 전남 구례군 토지면 오미리 문화 류씨 운조루 소장. 한국학중앙연구원 장서각 한국고문서자료관 홈페이지 원문 이미지와 텍스트 보기. 한국정신문화연구원 편(1998) 참고>

1789-02-26. **용산서원 수노 자매 명문**(龍山書院首奴自賣明文), 귀삼이(貴三伊). <1장. 한자+이두. 조선 필사 이두 자료. 경북 경주시 내남면 이조리 경주 최씨·용산서원 소장. 한국학중앙연구원 장서각 한국고문서자료관 홈페이지 원문 이미지 보기. 한국정신문화연구원 편(2000) 참고>

1789-02-30. **학계 토지매매명문**(學稧土地賣買明文), 심후읍(沈後邑). <1장. 한자+이두. 조선 필사 이두 자료. 경북 안동시 주촌 진성 이씨 경류정 구장. 서울역사박물관 소장. 한국학중앙연구원 장서각 한국고문서자료관 홈페이지 원문 이미지와 텍스트 보기. 한국정신문화연구원 편(1999) 참고>

1789-02-00. **광주 거 유학 민 오태진 소지**(廣州居幼學民吳泰晋所志), 오태진. <1장. 한자+이두. 조선 필사 이두 자료. 경기도 용인시 오산 해주 오씨 추탄 종가 구장. 한국학중앙연구원 장서각 한국고문서자료관 홈페이지 원문 이미지와 텍스트 보기. 한국정신문화연구원 편(1998) 참고>

1789-02-00. **입안**(立案), 예조(禮曹). <1장. 한자+이두. 조선 필사 이두 자료. 전남 구례군 토지면 오미리 문화 류씨 운조루 소장. 한국학중앙연구원 장서각 한국고

문서자료관 홈페이지 원문 이미지와 텍스트 보기. 한국정신문화연구원 편(1998) 참고>

1789-03-02. **토지매매명문**(土地賣買明文), 안사인(安士仁). <1장. 한자+이두. 조선 필사 이두 자료. 해남 노송 김해 김씨 노송사 소장. 호남권 한국학자료센터 홈페이지 원문 이미지와 텍스트 보기. 최승희(1989), 조정곤(2013) 참고>

1789-03-09. **이 씨 토지매매명문**(李氏土地賣買明文), 강몽기(姜夢己). <1장. 한자+이두. 조선 필사 이두 자료. 해남 노송 김해 김씨 노송사 소장. 한국학중앙연구원 장서각 한국고문서자료관 홈페이지 원문 이미지와 텍스트 보기. 한국정신문화연구원 편(1998) 참고>

1789-03-15. **박순재 토지매매명문**(朴順才土地賣買明文), 김한원(金漢元). <1장. 한자+이두. 조선 필사 이두 자료. 해남 노송 김해 김씨 노송사 소장. 한국학중앙연구원 장서각 한국고문서자료관 홈페이지 원문 이미지와 텍스트 보기. 한국정신문화연구원 편(1998) 참고>

1789-03-17. **산인 쾌학 토지매매명문**(山人快學土地賣買明文), 답주 산인 재심(畓主山人再心). <1장. 한자+이두. 조선 필사 이두 자료. 남원·구례 삭녕 최씨 구장. 한국학중앙연구원 장서각 한국고문서자료관 홈페이지 원문 이미지 보기. 한국정신문화연구원 편(2004) 참고>

1789-03-29. **김광렴 초사**(金光濂招辭) 1, 김광렴. <1장. 한자+이두. 조선 필사 이두 자료. 경북 상주 낙동 풍양 조씨 양진당 소장. 장서각 한국고문서자료관 홈페이지 원문 이미지 보기>

1789-03-00. **최이석 계후 입안**(崔頤錫繼後立案), 예조(禮曹). <1장. 한자+이두. 조선 필사 이두 자료. 남원·구례 삭녕 최씨 구장. 한국학중앙연구원 장서각 한국고문서자료관 홈페이지 원문 이미지 보기. 한국정신문화연구원 편(2004) 참고>

1789-03-00~1794-06-14(己酉~甲寅). 「종친부등록(**宗親府謄錄**)」, 종친부(宗親府) 편(編). <1책(2/12. 奎13007-v.1-12). 79장. 필사본. 한자+이두. 조선 필사 이두 자료. 서울대학교 규장각 한국학연구원 홈페이지 원문 이미지 보기> <1756-04-01~1759-01-15(1/12)>

1789-04-09. **계장 토지매매명문**(楔丈土地賣買明文), 이동옥(李東玉). <1장. 한자+이

두. 조선 필사 이두 자료. 전남 영광군 입석 영월 신씨 소장. 한국학중앙연구원 장서각 한국고문서자료관 홈페이지 원문 이미지와 텍스트 보기. 한국정신문화연구원 편(1996) 참고>

1789-04-11. **박태룡 토지매매명문**(朴泰龍土地賣買明文), 박남규(朴南奎). <1장. 한자＋이두. 조선 필사 이두 자료. 전남 구례군 토지면 오미리 문화 류씨 운조루 소장. 한국학중앙연구원 장서각 한국고문서자료관 홈페이지 원문 이미지와 텍스트 보기. 한국정신문화연구원 편(1998) 참고>

1789-04-22. **김주서 댁 노 일선 토지매매명문**(金注書宅奴一先土地賣買明文),[686] 손봉방(孫逢方). <1장. 한자＋이두. 조선 필사 이두 자료. 해남 노송 김해 김씨 노송사 소장. 한국학중앙연구원 장서각 한국고문서자료관 홈페이지 & 호남권 한국학자료센터 홈페이지 원문 이미지와 텍스트 보기. 최승희(1989), 한국정신문화연구원 편(1998), 조정곤(2013) 참고>

1789-05-02. **유용천 댁 노 업이 토지매매명문**(柳龍川宅奴業伊土地賣買明文), 권직형(權直衡). <1장. 한자＋이두. 조선 필사 이두 자료. 전남 구례군 토지면 오미리 문화 류씨 운조루 소장. 한국학중앙연구원 장서각 한국고문서자료관 홈페이지 원문 이미지와 텍스트 보기. 한국정신문화연구원 편(1998) 참고>

1789-05-04. **조세관 토지매매명문**(趙世官土地賣買明文), 최 생원 댁 노 장복(崔生員宅奴長卜). <1장. 한자＋이두. 조선 필사 이두 자료. 일본 경도대학 가와이문고 소장. 고려대학교 해외한국학자료센터 홈페이지 원문 이미지와 텍스트 보기>

1789-05-15. **유 부사 댁 노 용남 토지매매명문**(柳府使宅奴龍男土地賣買明文), 황추성(黃秋成). <1장. 한자＋이두. 조선 필사 이두 자료. 전남 구례군 토지면 오미리 문화 류씨 운조루 소장. 한국학중앙연구원 장서각 한국고문서자료관 홈페이지 원문 이미지와 텍스트 보기. 한국정신문화연구원 편(1998) 참고>

1789-05-18. **이립 등 완문**(李立等完文), 경주부(慶州府). <1장. 한자＋이두. 조선 필사 이두 자료. 경북 경주시 안강읍 옥산리 여주 이씨 독락당 소장. 한국학중앙연구원

---

[686] 한국학중앙연구원 장서각 한국고문서자료관 홈페이지에서는 '김주서 토지매매명문(金注書土地賣買明文)'으로 잘못 표시하였다.

장서각 한국고문서자료관 홈페이지 원문 이미지 보기. 한국정신문화연구원 편(2003) 참고>

1789-05-27. **모달겸 차첩**(牟達兼差帖), 이조(吏曹). <1장. 한자+이두. 조선 필사 이두 자료. 함평 함평 모씨 모정원 소장. 호남권 한국학자료센터 홈페이지 원문 이미지와 텍스트 보기. 최승희(1989) 참고>

1789-05-29. **김광렴 초사**(金光濂招辭) 2, 김광렴. <1장. 한자+이두. 조선 필사 이두 자료. 경북 상주 낙동 풍양 조씨 양진당 소장. 한국학중앙연구원 장서각 한국고문서자료관 홈페이지 원문 이미지 보기>

1789-05-00. **이종영 소지**(李宗榮所志), 이종영. <1장. 한자+이두. 조선 필사 이두 자료. 영해 인량 재령 이씨 충효당 구장. 한국국학진흥원 소장. 한국학중앙연구원 장서각 한국고문서자료관 홈페이지 원문 이미지와 텍스트 보기. 한국정신문화연구원 편(1997) 참고>

1789-윤5-10. **최치준 가사매매명문**(崔致俊家舍賣買明文), 유지철(柳之喆). <1장. 한자+이두. 조선 필사 이두 자료. 일본 경도대학 가와이문고 소장. 고려대학교 해외한국학자료센터 홈페이지 원문 이미지 보기>

1789-06-30. **최중건 군기시 약환 공인권 매매 명문**(崔重健軍器寺藥丸貢人權賣買明文), 김명순(金命純). <1장. 한자+이두. 조선 필사 이두 자료. 일본 경도대학 가와이문고 소장. 고려대학교 해외한국학자료센터 홈페이지 원문 이미지와 텍스트 보기>

1789-07-12~1789-12-06(己酉).「천원등록(遷園謄錄)」 상(上)·하(下), 원소도감(園所都監) 편(編). <2책. 87장+105장. 필사본. 한자+이두. 이두 자료. 서울대학교 규장각 한국학연구원 홈페이지 '奎12933' 원문 이미지와 텍스트 보기>

1789-07-19. **김수경 토지매매명문**(金壽鏡土地賣買明文), 김관하(金觀夏). <1장. 한자+이두. 조선 필사 이두 자료. 전북 부안군 우반 부안 김씨 세덕각 소장. 한국학중앙연구원 장서각 한국고문서자료관 홈페이지 & 호남권 한국학자료센터 홈페이지 원문 이미지와 텍스트 보기. 박병호(1974ㄱ), 한국정신문화연구원 편(1983, 1998), 이재수(2003), 한국학중앙연구원 편(2017) 참고>

1789-07-00. **반구정 완의**(伴鷗亭完議), 반구정. <1장. 한자+이두. 조선 필사 이두

자료. 경북 안동시 법흥동 고성 이씨 임청각 구장. 한국학중앙연구원 장서각 소장. 한국학중앙연구원 장서각 한국고문서자료관 홈페이지 원문 이미지 보기. 한국정신문화연구원 편(2000) 참고>

1789-08-07. **강시양 전령**(姜時揚傳令), 제주목(濟州牧). <1장. 한자+이두. 조선 필사 이두 자료. 제주 어도내산 진주 강씨가 구장. 제주 한림 강우석 소장. 호남권 한국학자료센터 홈페이지 원문 이미지와 텍스트 보기>

1789-08-26. **송후득 토지매매명문**(宋厚得土地賣買明文),[687] 조 씨 노비 험종(趙氏奴婢 驗宗). <1장. 한자+이두. 조선 필사 이두 자료. 경북 예천 임씨 금양파 금포 고택 구장. 한국국학진흥원 소장. 한국국학진흥원 유교넷 홈페이지 원문 이미지와 텍스트 보기>

1789-09-25. **해유 이관**(解由移關),[688] 호조(戶曹). <1장. 한자+이두. 조선 필사 이두 자료. 춘천 남영 홍씨가 소장. 한국학자료센터 강원권역센터 홈페이지 원문 이미지 보기. 최승희(1989), 오영교·유재춘·엄찬호(2004), 박준호(2016), 조미은(2018) 참고>

1789-09-27. **김군집 토지매매명문**(金君執土地賣買明文) 1, 쾌학(快學). <1장. 한자+이두. 조선 필사 이두 자료. 남원·구례 삭녕 최씨 구장. 한국학중앙연구원 장서각 한국고문서자료관 홈페이지 원문 이미지 보기. 한국정신문화연구원 편(2004) 참고>

1789-10-17. **김군집 토지매매명문**(金君執土地賣買明文) 2, 쾌학(快學). <1장. 한자+이두. 조선 필사 이두 자료. 남원·구례 삭녕 최씨 구장. 한국학중앙연구원 장서각 한국고문서자료관 홈페이지 원문 이미지 보기. 한국정신문화연구원 편(2004) 참고>

1789-11-10. **계장 신태성 토지매매명문**(稧丈辛兌成土地賣買明文), 정달천(丁達天). <1장. 한자+이두. 조선 필사 이두 자료. 전남 영광군 입석 영월 신씨 소장. 한국학

---

[687] 한국국학진흥원 유교넷 홈페이지에서는 문서명을 '1789년 험종이 송후득에게 밭을 팔았음을 증명하는 전답매매문기'로 표시하였다.

[688] 한국학자료센터 강원권역센터 홈페이지에서는 '호조(戶曹) 해유이관(解由移關)'으로 표시하였다.

중앙연구원 장서각 한국고문서자료관 홈페이지 원문 이미지와 텍스트 보기. 한국정신문화연구원 편(1996) 참고>

1789-11-12. **박세림 토지매매명문**(朴世林土地賣買明文), 박치림(朴致林). <1장. 한자+이두. 조선 필사 이두 자료. 경남 합천 용연서원 소장. 한국학중앙연구원 장서각 한국고문서자료관 홈페이지 원문 이미지 보기. 한국정신문화연구원 편(1996) 참고>

1789-11-21. **종계장 오촌숙 신태성 시장 문기**(宗稧丈五寸叔辛兌成柴場文記), 신희묵(辛希默). <1장. 한자+이두. 조선 필사 이두 자료. 전남 영광군 입석 영월 신씨 소장. 한국학중앙연구원 장서각 한국고문서자료관 홈페이지 원문 이미지와 텍스트 보기. 한국정신문화연구원 편(1996) 참고>

1789-11-00. **박한량 초사**(朴漢良招辭), 박한량. <1장. 점련문서. 한자+이두. 조선 필사 이두 자료. 안동 천전 의성 김씨 지촌 종택 구장. 한국국학진흥원 소장. 한국학중앙연구원 장서각 한국고문서자료관 홈페이지 원문 이미지와 텍스트 보기. 한국정신문화연구원 편(1989) 참고>

1789-11-00. **안석일 초사**(安錫一招辭), 안석일. <1장. 점련문서. 한자+이두. 조선 필사 이두 자료. 안동 천전 의성 김씨 지촌 종택 구장. 한국국학진흥원 소장. 한국학중앙연구원 장서각 한국고문서자료관 홈페이지 원문 이미지와 텍스트 보기. 한국정신문화연구원 편(1989) 참고>

1789-11-00. **유학 김시대 입지**(幼學金始大立旨),[689] 예천군(醴泉郡). <1장. 점련문서. 한자+이두. 조선 필사 이두 자료. 안동 천전 의성 김씨 지촌 종택 구장. 한국국학진흥원 소장. 한국학중앙연구원 장서각 한국고문서자료관 홈페이지 원문 이미지와 텍스트 보기. 한국정신문화연구원 편(1989) 참고>

1789-12-01. **최의 토지매매명문**(崔嶷土地賣買明文), 정택흥(鄭澤興). <1장. 한자+이두. 조선 필사 이두 자료. 전북 부안군 우반 부안 김씨 세덕각 소장. 한국학중앙연구원 장서각 한국고문서자료관 홈페이지 원문 이미지와 텍스트 보기. 한국정신문

---

[689] 한국학중앙연구원 장서각 한국고문서자료관 홈페이지에서는 '예천군(醴泉郡) 입지(立旨)'로 표시하였다. 발급인은 김시대, 수취인은 예천군으로 적었다.

화연구원 편(1983, 1998), 한국학중앙연구원 편(2017) 참고>

1789-12-24. **홍석주 토지매매명문**(洪錫疇土地賣買明文), 박준채(朴俊埰). <1장. 한자+이두. 조선 필사 이두 자료. 해남 노송 김해 김씨 노송사 소장. 한국학중앙연구원 장서각 한국고문서자료관 홈페이지 원문 이미지와 텍스트 보기. 한국정신문화연구원 편(1998) 참고>

1789-12-25. **박준채 등 초사**(朴俊埰等招辭), 박준채 등. <1장. 한자+이두. 조선 필사 이두 자료. 해남 노송 김해 김씨 노송사 소장. 호남권 한국학자료센터 홈페이지 원문 이미지와 텍스트 보기. 최승희(1989), 조정곤(2013) 참고>

1789-12-25. **홍석주 입안**(洪錫疇立案),[690] 해남현(海南縣). <1장. 한자+이두. 조선 필사 이두 자료. 해남 노송 김해 김씨 노송사 소장. 호남권 한국학자료센터 홈페이지 원문 이미지와 텍스트 보기. 최승희(1989), 조정곤(2013) 참고>

1789-12-00. **강봉휴 토지매매명문**(姜鳳休土地賣買明文), 오형운(吳亨運). <1장. 한자+이두. 조선 필사 이두 자료. 제주 어도내산 진주 강씨가 구장. 제주 한림 강우석 소장. 호남권 한국학자료센터 홈페이지 원문 이미지와 텍스트 보기. 이재수(2003), 오창명(2007) 참고>

1789-12-00. **홍석주 소지**(洪錫疇所志), 홍석주. <1장. 점련문서. 한자+이두. 조선 필사 이두 자료. 해남 노송 김해 김씨 노송사 소장. 한국학중앙연구원 장서각 한국고문서자료관 홈페이지 & 호남권 한국학자료센터 홈페이지 원문 이미지와 텍스트 보기. 최승희(1989), 한국정신문화연구원 편(1998), 조정곤(2013) 참고>

1789-12-00. **홍석주 입안**(洪錫疇立案), 화원목(花源牧).[691] <1장. 한자+이두. 조선 필사 이두 자료. 해남 노송 김해 김씨 노송사 소장. 한국학중앙연구원 장서각 한국고문서자료관 홈페이지 & 호남권 한국학자료센터 홈페이지 원문 이미지와 텍스트 보기. 최승희(1989), 한국정신문화연구원 편(1998) 참고>

1789-■■-06. **김취득 토지매매명문**(金就得土地賣買明文), 성복택(聖福宅). <1장. 한자+이두. 조선 필사 이두 자료. 경북 안동시 법흥동 고성 이씨 탑동 종가 구장.

---

690 호남권 한국학자료센터 홈페이지에서는 '해남현(海南縣) 입안(立案)'으로 표시하였다.
691 호남권 한국학자료센터 홈페이지에서는 '화원목(花源牧) 입지(立旨)'로 표시하였다.

한국국학진흥원 소장. 한국학자료센터 영남권역센터 홈페이지 원문 이미지와 텍스트 보기. 박병호(1974ㄱ), 최승희(1989), 이재수(2003), 이수건 외(2004) 참고>

1789-00-00. 나려이두(羅麗吏讀), 「고금석림(古今釋林)」 권지40 부록, 이의봉(李義鳳, 1733년~1801년). <40권 20책. 필사본. 권지40 부록에 172여개의 이두 수록. 이두학습서. 국립중앙도서관 협약도서관 홈페이지 '奎12253' 원문 이미지 보기. 서울대학교 규장각 한국학연구원 등 소장. 김태균(1968ㄱ), 배대온(1993, 2003), 남풍현(1998, 2000: 46), 고정의(2003), 오창명(2017) 참고> <영인본: 아세아문화사(1977) 4권>

1789-00-00. 「선원보략개장세보의궤(璿源譜畧改張洗補儀軌)」, 종부시(宗簿寺) 편(編). <1책. 16장. 필사본. 표제는 '(丁未 本寺改張洗補 正宗十一年)璿源譜畧修正儀軌'. 권수제는 '(乾隆五十二年丁未正月 日)璿源譜畧改張洗補儀軌'. 한자+이두. 조선 필사 이두 자료. 서울대학교 규장각 한국학연구원 의궤 종합정보 홈페이지 '奎14091' 원문 이미지 보기>

1789-00-00. 「선원보략수정의궤(璿源譜略修正儀軌)」, 종부시(宗簿寺) 편(編). <1책. 9장. 필사본. 표제는 '(本寺 己酉十月 正宗十三年)璿源譜略修正儀軌'. 권수제는 '(乾隆五十四年己酉十月 日)璿源譜略修正儀軌'. 한자+이두. 조선 필사 이두 자료. 서울대학교 규장각 한국학연구원 의궤 종합정보 홈페이지 '奎14092' 원문 이미지 보기>

1789-00-00. 「영우원천봉도감일방의궤(永祐園遷奉都監一房儀軌)」,[692] 천봉도감 편. <1책. 142장. 필사본. 표제는 '■■園遷奉都監儀軌(四)'. 권수제는 '(乾隆五十四年己酉十月 日)永祐園遷奉都監一房儀軌'. 한자+이두. 조선 필사 이두 자료. 국립중앙박물관 외규장각 의궤 홈페이지 '외규221' 원문 이미지와 텍스트 보기>

1789-00-00. 「영우원천봉등록(永祐園遷奉謄錄)」, 예조(禮曹). <2책. 필사본. 한자+이두. 조선 필사 이두 자료. 한국학중앙연구원 장서각 소장. 한국학중앙연구원 한국학 디지털 아카이브 홈페이지 원문 이미지 보기>

---

[692] 국립중앙박물관 외규장각 의궤 홈페이지에서는 서명을 표제나 권수제와는 달리 '장헌세자영우원천봉도감의궤(4)(莊獻世子永祐園遷奉都監儀軌(四))'로 적었다.

1789-00-00. 「영우원천봉도감도청의궤(永祐園遷奉都監都廳儀軌)」,[693] 1~7, 천봉도감 편. <7책. 필사본. 권1의 표제는 '(乾隆五十四年己酉十月 日 江華上)永祐園遷奉都監儀軌(一)'. 권수제는 '(乾隆五十四年己酉十月 日)永祐園遷奉都監都廳儀軌'. 한자+이두. 조선 필사 이두 자료. 서울대학교 규장각 한국학연구원 의궤 종합정보 홈페이지 '奎13624' 원문 이미지 보기>

1789-00-00. 「장생전등록(長生殿謄錄)」, 장생전. <1책. 38장. 필사본. 한자+이두. 조선 필사 이두 자료. 한국학중앙연구원 장서각 한국학자료센터 홈페이지 원문 이미지 보기>

1789-00-00. 「천원의궤(遷 園儀軌)」[694] 天·地·人, 천원도감 편. <3책. 49장+46장+54장. 필사본. 권1의 표제는 '顯隆園儀軌(天)'. 권수제는 '(乾隆五十四年己酉七月 日)遷園儀軌'. 한자+이두. 조선 필사 이두 자료. 서울대학교 규장각 한국학연구원 의궤 종합정보 홈페이지 '奎13629' 원문 이미지 보기>

1789-00-00. 「현륭원 원소도감의궤(顯隆園 園所都監儀軌)」[695] 상·하, 원소도감 편. <2책. 264장+204장. 필사본. 상권의 표제는 '(乾隆五十四年己酉七月 日 江華)顯隆園園所都監儀軌(上)'. 권수제는 '顯隆園 園所都監儀軌(上)'. 한자+이두. 조선 필사 이두 자료. 서울대학교 규장각 한국학연구원 의궤 종합정보 홈페이지 '奎13628' 원문 이미지 보기>

1789-00-00. 「현릉원 원소도감의궤(顯陵園 園所都監儀軌)」[696] 상(上), 원소도감 편. <1책. 267장. 필사본. 표제는 '顯陵園園所都監儀軌(上)'. 권수제는 '顯陵園 園所都監儀軌(上)'. 한자+이두. 조선 필사 이두 자료. 국립중앙박물관 외규장각 의궤 홈페이지 '외규220' 원문 이미지와 텍스트 보기>

---

[693] 서울대학교 규장각 한국학연구원 의궤 종합정보 홈페이지에서는 서명을 표제나 권수제와는 달리 '장헌세자영우원천봉도감의궤(莊獻世子永祐園遷奉都監儀軌)'로 적었다.

[694] 서울대학교 규장각 한국학연구원 의궤 종합정보 홈페이지에서는 서명을 '장헌세자현륭원천원의궤(莊獻世子顯隆園遷園儀軌)'로 적었다.

[695] 서울대학교 규장각 한국학연구원 의궤 종합정보 홈페이지에서는 서명을 표제나 권수제와는 달리 '장헌세자현륭원원소도감의궤(莊獻世子顯隆園園所都監儀軌)'로 적었다.

[696] 국립중앙박물관 외규장각 의궤 홈페이지에서는 서명을 표제나 권수제와는 달리 '장헌세자현륭원원소도감의궤(상)(莊獻世子顯陵園園所都監儀軌(上))'으로 적었다.

1789-00-00.「효창묘내안우·만산정계금표안(孝昌墓內案牛·滿山定界禁標案)」, 예조(禮曹). <1책. 3장. 필사본. 한자+이두. 조선 필사 이두 자료. 한국학중앙연구원 장서각 소장. 한국학중앙연구원 한국학 디지털 아카이브 홈페이지 원문 이미지와 텍스트 보기>

1790년

<경술(庚戌), 정조 14년, 건륭 55년>

1790-01-01~1790-12-14.「결속색등록(結束色謄錄)」, 병조(兵曹) 편(編). <1책(4). 144장. 필사본. 필사 시기 미상. 한자+이두. 조선 필사 이두 자료. 서울대학교 규장각 한국학연구원 홈페이지 1787년~1891년 낙질본 107책(1792년(건륭 57년), 1811년(가경 16년) 하, 1816년(가경 21년), 1817년(가경 22년), 1824년(도광 4년), 1831(도광 11년), 1871(동치 10년), 1885년(광서 11년) 없음) 원문 이미지 보기>

1790-01-01~1790-12-24(庚戌).「전객사일기(典客司日記)」37, 예조(禮曹) 전객사(典客司) 편(編). <1책(37/99). 96장. 필사본. 한자+이두. 조선 필사 이두 자료. 서울대학교 규장각 한국학연구원 홈페이지 원문 이미지 보기> <1640-01-22~1641-12-23(1)>

1790-01-15. **학계 유사 토지매매명문**(學稧有司土地賣買明文), 김진재(金振才). <1장. 한자+이두. 조선 필사 이두 자료. 경북 안동시 주촌 진성 이씨 경류정 구장. 서울역사박물관 소장. 한국학중앙연구원 장서각 한국고문서자료관 홈페이지 원문 이미지와 텍스트 보기. 한국정신문화연구원 편(1999) 참고>

1790-01-16. **류수원 토지매매명문**(柳壽源土地賣買明文),[697] 류기문(柳起文). <1장. 한자+이두. 조선 필사 이두 자료. 경북 안동시 수곡면 전주 류씨 수곡파 참판공파 구장. 한국국학진흥원 소장. 한국국학진흥원 유교넷 홈페이지 원문 이미지 보

---

[697] 한국국학진흥원 유교넷 홈페이지에서는 문서명을 '1790년 손자 류기문이 류수원에게 논을 매도한 사실을 증명한 전답매매문기'로 표시하였다.

기>

1790-01-21. **이팽득 토지매매명문**(李彭得土地賣買明文) 1, 홍 생원 노 득만(洪生員奴 得萬). <1장. 한자+이두. 조선 필사 이두 자료. 일본 경도대학 가와이문고 소장. 고려대학교 해외한국학자료센터 홈페이지 원문 이미지와 텍스트 보기>

1790-01-22. **김룡 토지매매명문**(金龍土地賣買明文), 권조언(權朝彦). <1장. 한자+이두. 조선 필사 이두 자료. 경북 예천군 용문면 대제리 원동 권씨 춘우재 고택 구장. 한국국학진흥원 소장. 한국학자료센터 영남권역센터 홈페이지 원문 이미지와 텍스트 보기. 김성갑(2013) 참고>

1790-01-22. **박태근 토지매매명문**(朴泰根土地賣買明文), 양계점(梁啓漸). <1장. 한자+이두. 조선 필사 이두 자료. 전북 장수군 침곡 충주 박씨가 소장. 호남권 한국학자료센터 홈페이지 원문 이미지와 텍스트 보기. 박병호(1974ㄱ), 최승희(1989), 이재수(2003) 참고>

1790-01-25. **이팽득 토지매매명문**(李彭得土地賣買明文) 2, 한매동(韓賣東). <1장. 한자+이두. 조선 필사 이두 자료. 일본 경도대학 가와이문고 소장. 고려대학교 해외한국학자료센터 홈페이지 원문 이미지와 텍스트 보기>

1790-01-26. **노봉서원 유사 김수묵·최득조 토지매매명문**(露峰書院有司金壽默崔得祚土地賣買明文), 설수방(薛樹邦). <1장. 한자+이두. 조선 필사 이두 자료. 남원·구례 삭녕 최씨 구장. 한국학중앙연구원 장서각 소장. 한국학중앙연구원 장서각 한국고문서자료관 홈페이지 원문 이미지 보기. 한국정신문화연구원 편(2004) 참고>

1790-01-27. **계장 신의묵 토지매매명문**(稧丈辛誼默土地賣買明文), 이득채(李得采). <1장. 한자+이두. 조선 필사 이두 자료. 전남 영광군 입석 영월 신씨 소장. 한국학중앙연구원 장서각 한국고문서자료관 홈페이지 원문 이미지와 텍스트 보기. 한국정신문화연구원 편(1996) 참고>

1790-01-28. **승 감환 토지매매명문**(僧甘還土地賣買明文), 이삼(李三). <1장. 한자+이두. 조선 필사 이두 자료. 경주 양동 경주 손씨 송첨 종택 소장. 한국학중앙연구원 장서각 한국고문서자료관 홈페이지 원문 이미지 보기. 이수건(1979), 이수건 편저(1981), 영남대학교 인문과학연구소 편(1990), 정구복·안승준(1997), 한국정신문

화연구원 편(1997) 참고>

1790-02-12. **유학 이중조 격쟁 원정 및 형조 초기**(幼學李重祖擊錚原情刑曹草記), 이중조. <1장. 한자+이두. 조선 필사 이두 자료. 경북 안동시 일직면 망호리 한산 이씨 소산 종가 구장. 한국국학진흥원 소장. 한국학자료센터 영남권역센터 홈페이지 원문 이미지와 텍스트 보기>

1790-02-16. **임득환 토지매매명문**(林得瑍土地賣買明文), 백점봉(白占奉). <1장. 한자+이두. 조선 필사 이두 자료. 일본 경도대학 가와이문고 소장. 고려대학교 해외한국학자료센터 홈페이지 원문 이미지와 텍스트 보기>

1790-02-20. **이필한 토지매매명문**(李弼漢土地賣買明文), 박태룡(朴泰龍). <1장. 한자+이두. 조선 필사 이두 자료. 전남 구례군 토지면 오미리 문화 류씨 운조루 소장. 한국학중앙연구원 장서각 한국고문서자료관 홈페이지 원문 이미지와 텍스트 보기. 한국정신문화연구원 편(1998) 참고>

1790-02-00. **이종락·이의수 소지**(李宗洛李宜秀所志), 이종락·이의수. <1장. 한자+이두. 조선 필사 이두 자료. 경북 안동시 법흥동 고성 이씨 임청각 구장. 한국학중앙연구원 장서각 한국고문서자료관 홈페이지 원문 이미지 보기. 한국정신문화연구원 편(2000) 참고>

1790-03-03. **남집 토지매매명문**(南{火+集}土地賣買明文), 종형 남익(從兄南{火+益}). <1장. 한자+이두. 조선 필사 이두 자료. 경기도 김포시 의령 남씨 서윤공 남두장 후손가 소장. 한국학중앙연구원 장서각 한국고문서자료관 홈페이지 원문 이미지 보기>

1790-03-09. **노 일선 토지매매명문**(奴日先土地賣買明文), 정수일(鄭壽逸). <1장. 한자+이두. 조선 필사 이두 자료. 해남 노송 김해 김씨 노송사 소장. 한국학중앙연구원 장서각 한국고문서자료관 홈페이지 원문 이미지와 텍스트 보기. 한국정신문화연구원 편(1998) 참고>

1790-03-15. **이희모 토지매매명문**(李希謨土地賣買明文), 이희용(李希龍). <1장. 한자+이두. 조선 필사 이두 자료. 경북 경주시 안강읍 옥산리 여주 이씨 장산서원·치암 종택 구장. 한국학중앙연구원 장서각 소장. 한국학중앙연구원 장서각 한국고문서자료관 홈페이지 원문 이미지 보기. 한국정신문화연구원 편(2003) 참고>

1790-04-10. **유학 한희조 토지매매명문**(幼學韓熙祚土地賣買明文), 신천묵(辛天默). <1장. 한자+이두. 조선 필사 이두 자료. 전남 영광군 입석 영월 신씨 소장. 한국학중앙연구원 장서각 한국고문서자료관 홈페이지 원문 이미지와 텍스트 보기. 한국정신문화연구원 편(1996) 참고>

1790-04-15. **산직 윤명숙 배지**(山直尹明叔牌旨),[698] 이 씨(李氏). <1장. 한자+이두. 조선 필사 이두 자료. 경북 경주시 안강읍 옥산리 여주 이씨 장산서원·치암 종택 구장. 한국학중앙연구원 장서각 한국고문서자료관 홈페이지 원문 이미지 보기. 한국정신문화연구원 편(2003) 참고>

1790-04-00. 「고성관완문(**固城官完文**)」, 고성군(固城郡). <1책. 6장. 필사본. 한자+이두. 조선 필사 이두 자료. 경남 고성군 옥천사 보장각 소장. 한국학중앙연구원 장서각 한국고문서자료관 홈페이지 원문 이미지 보기>

1790-04-00. **진주 강씨 문중 등장**(晉州姜氏門中等狀), 강봉휴 등(姜鳳休等). <1장. 한자+이두. 조선 필사 이두 자료. 제주 어도내산 진주 강씨가 구장. 제주 한림 강우석 소장. 호남권 한국학자료센터 홈페이지 원문 이미지와 텍스트 보기. 오창명(2007) 참고>

1790-05-11. **족숙 유충원 토지매매명문**(族叔柳忠源土地賣買明文),[699] 족질 유강휴(族姪柳康休). <1장. 한자+이두. 조선 필사 이두 자료. 전주 유씨 근암 고택 구장. 한국국학진흥원 소장. 한국국학진흥원 유교넷 홈페이지 원문 이미지 보기>

1790-06-00. 「원자아기씨안태등록(**元子阿只氏安胎謄錄**)」 1, 예조(禮曹). <1책. 7장. 필사본. 한자+이두. 조선 필사 이두 자료. 한국학중앙연구원 장서각 한국학자료센터 홈페이지 원문 이미지와 텍스트 보기>

1790-06-00. 「원자아기씨안태등록(**元子阿只氏安胎謄錄**)」 2, 예조(禮曹). <1책. 19장. 필사본. 한자+이두. 조선 필사 이두 자료. 한국학중앙연구원 장서각 한국학자료센터 홈페이지 원문 이미지와 텍스트 보기>

---

[698] 한국학중앙연구원 장서각 한국고문서자료관 홈페이지에서는 '김명숙(金明叔) 배지(牌旨)'로 표시하였다.

[699] 한국국학진흥원 유교넷 홈페이지에서는 문서명을 '1790년 유강휴가 논을 족숙 유충원에게 판다는 전답명문(田畓明文)'으로 표시하였다.

1790-07-10. **유학 정최우 토지매매명문**(幼學丁最佑土地賣買明文), 한희조(韓熙祚). <1장. 한자+이두. 조선 필사 이두 자료. 전남 영광군 입석 영월 신씨 소장. 한국학중앙연구원 장서각 한국고문서자료관 홈페이지 원문 이미지와 텍스트 보기. 한국정신문화연구원 편(1996) 참고>

1790-07-00. **강응채 등 소지**(張應彩等所志),[700] 장응채 등. <1장. 한자+이두. 조선 필사 이두 자료. 파평 윤씨 야성군파 천평 문중 우암 종택 구장. 한국국학진흥원 소장. 한국국학진흥원 유교넷 홈페이지 원문 이미지 보기>

1790-08-00. **이희모 소지**(李希謨所志), 이희모. <1장. 한자+이두. 조선 필사 이두 자료. 경북 경주시 안강읍 옥산리 여주 이씨 장산서원·치암 종택 구장. 한국학중앙연구원 장서각 한국고문서자료관 홈페이지 원문 이미지 보기. 한국정신문화연구원 편(2003) 참고>

1790-09-22. **김일룡 토지매매명문**(金日龍土地賣買明文),[701] 방남주(方南柱). <1장. 한자+이두. 조선 필사 이두 자료. 창녕 조씨 지산 종택 구장. 한국국학진흥원 소장. 한국국학진흥원 유교넷 홈페이지 원문 이미지 보기>

1790-10-19. **장한신 토지매매명문**(張漢臣土地賣買明文) 1, 김재원(金在元). <1장. 한자+이두. 조선 필사 이두 자료. 전남 화순 내서 흥성 장씨가 구장. 광주광역시 이정옥 소장. 호남권 한국학자료센터 홈페이지 원문 이미지와 텍스트 보기. 최승희(1989), 정구복 외(1999) 참고>

1790-10-26. **박 생원 토지매매명문**(朴生員土地賣買明文), 주봉래(朱鳳來). <1장. 한자+이두. 조선 필사 이두 자료. 경남 합천 용연서원 소장. 한국학중앙연구원 장서각 한국고문서자료관 홈페이지 원문 이미지 보기. 한국정신문화연구원 편(1996) 참고>

1790-10-00. **강봉휴 전령**(姜鳳休傳令), 제주목(濟州牧). <1장. 한자+이두. 조선 필사

---

[700] 한국국학진흥원 유교넷 홈페이지에서는 문서명을 '1790년(정조 14) 7월에 강원도 울진현의 장응채(張應彩) 등이 윤사진(尹思進)을 조정에 천거해 달라고 성주에게 올린 소지(所志)'로 표시하였다.

[701] 한국국학진흥원 유교넷 홈페이지에서는 문서명을 '1790년 방남주가 김일룡에게 밭을 매도한 사실을 증명하는 전답매매문기'로 표시하였다.

이두 자료. 제주 어도내산 진주 강씨가 구장. 제주 한림 강우석 소장. 호남권 한국학자료센터 홈페이지 원문 이미지와 텍스트 보기. 박병호(1974ㄱ), 최승희(1989), 이재수(2003) 참고>

1790-11-03. **상하계하 유사 오획골 토지매매명문**(上下契下有司吳䯒骨土地賣買明文), 박(朴). <1장. 한자+이두. 조선 필사 이두 자료. 전남 나주시 회진 나주 임씨 창계 후손가 소장. 한국학중앙연구원 장서각 한국고문서자료관 홈페이지 원문 이미지 보기. 한국정신문화연구원 편(2003) 참고>

1790-11-10. **하일호 별급문기**(河一浩別給文記), 하일호. <1장. 한자+이두. 조선 필사 이두 자료. 경남 진주시 단목 진양 하씨 창주 후손가 소장. 한국학중앙연구원 장서각 한국고문서자료관 홈페이지 원문 이미지 보기. 한국정신문화연구원 편(2002) 참고>

1790-11-17. **토지매매명문**(土地賣買明文), 노 순복(奴順卜). <1장. 한자+이두. 조선 필사 이두 자료. 일본 경도대학 가와이문고 소장. 고려대학교 해외한국학자료센터 홈페이지 원문 이미지와 텍스트 보기>

1790-11-00. **노 말룡 배지**(奴末龍牌旨), 상전 박(上典朴). <1장. 한자+이두. 조선 필사 이두 자료. 전남 나주시 회진 나주 임씨 창계 후손가 소장. 한국학중앙연구원 장서각 한국고문서자료관 홈페이지 원문 이미지 보기. 한국정신문화연구원 편(2003) 참고>

1790-11-00. **화민 이치유 등 발괄**(化民李致攸等白活),[702] 이치유 등. <1장. 한자+이두. 조선 필사 이두 자료. 전북 남원 둔덕 전주 이씨가 구장. 전북대학교 박물관 소장. 호남권 한국학자료센터 홈페이지 원문 이미지와 텍스트 보기. 박병호(1974ㄱ), 최승희(1989), 정구복 외(1999) 참고>

1790-12-01. **유학 최억 토지매매명문**(幼學崔嶷土地賣買明文), 정택흥(鄭澤興). <1장. 한자+이두. 조선 필사 이두 자료. 전북 부안군 우반 부안 김씨 세덕각 소장. 호남권 한국학자료센터 홈페이지 원문 이미지와 텍스트 보기. 박병호(1974ㄱ), 이재수(2003) 참고>

---

702 호남권 한국학자료센터 홈페이지에서는 '이치유(李致攸) 발괄(白活)'로 표시하였다.

1790-12-08. **장한신 토지매매명문**(張漢臣土地賣買明文) 2, 이일후(李一厔). <1장. 한자+이두. 조선 필사 이두 자료. 전남 화순 내서 흥성 장씨가 구장. 광주광역시 이정옥 소장. 호남권 한국학자료센터 홈페이지 원문 이미지와 텍스트 보기. 최승희(1989), 정구복 외(1999) 참고>

1790-12-18. **유학 김정렬 토지매매명문**(幼學金鼎烈土地賣買明文),[703] 유학 정택흥(幼學鄭澤興). <1장. 한자+이두. 조선 필사 이두 자료. 전북 부안군 우반 부안 김씨 세덕각 소장. 호남권 한국학자료센터 홈페이지 원문 이미지와 텍스트 보기. 박병호(1974ㄱ), 이재수(2003) 참고>

1790-12-24. **완문**(完文), 전남 구례현(全南求禮縣). <1장. 한자+이두. 조선 필사 이두 자료. 전남 구례군 토지면 오미리 문화 류씨 운조루 소장. 한국학중앙연구원 장서각 한국고문서자료관 홈페이지 원문 이미지와 텍스트 보기. 한국정신문화연구원 편(1998) 참고>

1790-12-26. **노 귀삼 토지매매명문**(奴貴三土地賣買明文), 박송악(朴松岳). <1장. 한자+이두. 조선 필사 이두 자료. 경북 안동시 오천 광산 김씨 후조당 소장. 한국학중앙연구원 장서각 한국고문서자료관 홈페이지 원문 이미지와 텍스트 보기. 박병호(1974ㄱ), 한국정신문화연구원 편(1982), 최승희(1989) 참고>

1790-12-28. **용산서원 재임 서목**(龍山書院齋任書目), 용산서원. <1장. 한자+이두. 조선 필사 이두 자료. 경북 경주시 내남면 이조리 경주 최씨·용산서원 소장. 한국학중앙연구원 장서각 한국고문서자료관 홈페이지 원문 이미지 보기. 한국정신문화연구원 편(2000) 참고>

1790-12-00. **노 시월운 배지**(奴十月雲牌旨), 상전 박(上典朴). <1장. 한자+이두. 조선 필사 이두 자료. 전남 나주시 회진 나주 임씨 창계 후손가 소장. 한국학중앙연구원 장서각 한국고문서자료관 홈페이지 원문 이미지 보기. 한국정신문화연구원 편(2003) 참고>

1790-00-00. 「**광제비급**(廣濟秘笈)」, 이경화(李景華). <4권 4책. 목판본. '석음의(釋音

---

[703] 호남권 한국학자료센터 홈페이지에서는 '김정렬(金鼎烈) 토지매매명문(土地賣買明文)'으로 표시하였다.

義)'와 본문 상단에는 한자+한글로 적은 어휘가 있다(예: 鮇誕 메역의 춤, 예실 근). 향약명. 의서. 서울대학교 규장각 한국학연구원 홈페이지 낙장본 '古7608-1' 원문 이미지 보기. 차웅석·박찬국(1997), 이은규(2017, 2022) 참고>

1790-00-00. 「무예도보통지(武藝圖譜通志)」, 이덕무(李德懋) 외 공편. <4권 4책. 목판본. '무예통지, 무예도보, 무예보'라고도 한다. 「무예제보(武藝諸譜)」(1598)과 「무예신보(武藝新譜)」(1759)를 보완한 무예서. 서울대학교 규장각 한국학연구원 홈페이지 원문 이미지 보기>

1790-00-00. 「문희묘영건청등록(文禧廟營建廳謄錄)」, 영건청(營建廳) 편(編). <1책. 67장. 필사본. 표제는 '(乾隆五十四年四月 日 江華上)文禧廟營建廳謄錄(全)'. 권수제는 '文禧廟營建廳謄錄'. 한자+이두.[704] 조선 필사 이두 자료. 서울대학교 규장각 한국학연구원 의궤 종합정보 홈페이지 '奎13926' 원문 이미지 보기>

1790-00-00. 「문희묘영건청등록(文禧廟營建廳謄錄)」, 문희묘영건청 편. <1책. 173장. 필사본. 표제는 '文禧廟營建廳謄錄(全)'. 권수제는 '文禧廟營建廳謄錄'. 한자+이두. 조선 필사 이두 자료. 국립중앙박물관 외규장각 의궤 홈페이지 '외규219' 원문 이미지와 텍스트 보기>

1790-00-00. 「선원보략수정의궤(璿源譜畧修正儀軌)」, 종부시(宗簿寺) 편(編). <1책. 14장. 필사본. 표제는 '(本寺 庚戌十月 正宗朝)璿源譜略修正儀軌'. 권수제는 '(乾隆五十年庚戌九月 日)璿源譜畧修正儀軌'. 한자+이두. 조선 필사 이두 자료. 서울대학교 규장각 한국학연구원 의궤 종합정보 홈페이지 '奎14093' 원문 이미지 보기>

1790-00-00. 「충청도보은현원자아기씨안태등록(忠淸道報恩縣元子阿只氏安胎謄錄)」, 보은현. <1책. 7장. 필사본. 한자+이두. 조선 필사 이두 자료. 한국학중앙연구원 장서각 소장. 한국학중앙연구원 한국학 디지털 아카이브 홈페이지 원문 이미지와 텍스트 보기>

---

704 서울대학교 규장각 한국학연구원 의궤 종합정보 홈페이지의 '형태사항' '표기문자'에서는 '한자'로 잘못 적었다.

1791년

<신해(辛亥), 정조 15년, 건륭 56년>

1791-01-01~1791-12-26(辛亥). 「경술년 전객사일기(庚戌年 典客司日記)」 38, 예조(禮曹) 전객사(典客司) 편(編). <1책(38/99). 96장. 필사본. 한자+이두. 조선 필사 이두 자료. 서울대학교 규장각 한국학연구원 홈페이지 원문 이미지 보기> <1640-01-22~1641-12-23(1)>

1791-01-01~1791-12-30. 「건륭 56년 신해 결속색등록(乾隆五十六年辛亥 結束色謄錄)」, 병조(兵曹) 편(編). <1책(5). 123장. 필사본. 한자+이두. 조선 필사 이두 자료. 서울대학교 규장각 한국학연구원 홈페이지 1787년~1891년 낙질본 107책(1792년(건륭 57년), 1811년(가경 16년) 하, 1816년(가경 21년), 1817년(가경 22년), 1824년(도광 4년), 1831(도광 11년), 1871(동치 10년), 1885년(광서 11년) 없음) 원문 이미지 보기>

1791-01-07. **고직 배지**(庫直牌旨),[705] 작산정사(鵲山精舍). <1장. 한자+이두. 조선 필사 이두 자료. 경북 안동시 주촌 진성 이씨 경류정 소장. 한국학중앙연구원 장서각 한국고문서자료관 홈페이지 원문 이미지와 텍스트 보기. 한국정신문화연구원 편(1999) 참고>

1791-01-10. **상하계 하유사 토지매매명문**(上下契下有司土地賣買明文), 박(朴). <1장. 한자+이두. 조선 필사 이두 자료. 전남 나주시 회진 나주 임씨 창계 후손가 소장. 한국학중앙연구원 장서각 한국고문서자료관 홈페이지 원문 이미지 보기. 한국정신문화연구원 편(2003) 참고>

1791-01-11. **서촌 이 생원 댁 문중 유사 주 토지매매명문**(西村李生員宅門中有司主土地賣買明文),[706] 작산정사 고직 심후읍(鵲山精舍庫直沈後邑). <1장. 한자+이두. 조

---

[705] 한국학중앙연구원 장서각 한국고문서자료관 홈페이지에서는 '작산정사(鵲山精舍) 배지(牌旨)'로 표시하였다.

[706] 한국학중앙연구원 장서각 한국고문서자료관 홈페이지에서는 '작산정사(鵲山精舍) 직후읍(直後邑) 토지매매명문(土地賣買明文)'으로 잘못 표시하였다.

선 필사 이두 자료. 경북 안동시 주촌 진성 이씨 경류정 소장. 한국학중앙연구원 장서각 한국고문서자료관 홈페이지 원문 이미지와 텍스트 보기. 한국정신문화연구원 편(1999) 참고>

1791-01-12. **김동재 수기**(金東才手記), 김동재. <1장. 한자+이두. 조선 필사 이두 자료. 전남 영광군 입석 영월 신씨 소장. 한국학중앙연구원 장서각 한국고문서자료관 홈페이지 원문 이미지와 텍스트 보기. 한국정신문화연구원 편(1996) 참고>

1791-01-12. **풍헌 문보**(風憲文報),[707] 풍헌 신태성(風憲辛兌成). <1장. 점련문서. 한자+이두. 조선 필사 이두 자료. 전남 영광군 입석 영월 신씨 소장. 한국학중앙연구원 장서각 한국고문서자료관 홈페이지 원문 이미지와 텍스트 보기. 한국정신문화연구원 편(1996) 참고>

1791-01-12. **풍헌 서목**(風憲書目),[708] 풍헌 신태성(風憲辛兌成). <1장. 점련문서. 한자+이두. 조선 필사 이두 자료. 전남 영광군 입석 영월 신씨 소장. 한국학중앙연구원 장서각 한국고문서자료관 홈페이지 원문 이미지와 텍스트 보기. 한국정신문화연구원 편(1996) 참고>

1791-01-19. **이세춘 토지매매명문**(李世春土地賣買明文), 유사 이정복(有司李貞福). <1장. 한자+이두. 조선 필사 이두 자료. 경북 안동시 주촌 진성 이씨 경류정 소장. 한국학중앙연구원 장서각 한국고문서자료관 홈페이지 원문 이미지와 텍스트 보기. 한국정신문화연구원 편(1999) 참고>

1791-01-21. **예안 이 생원 토지매매명문**(禮安李生員土地賣買明文) 1, 김악지(金惡只). <1장. 한자+이두. 조선 필사 이두 자료. 경북 안동시 주촌 진성 이씨 경류정 소장. 한국학중앙연구원 장서각 한국고문서자료관 홈페이지 원문 이미지와 텍스트 보기. 한국정신문화연구원 편(1999) 참고>

1791-01-22. **박분동 토지매매명문**(朴盆同土地賣買明文), 김덕수(金德守). <1장. 한자+이두. 조선 필사 이두 자료. 해남 노송 김해 김씨 노송사 소장. 한국학중앙연구

---

[707] 한국학중앙연구원 장서각 한국고문서자료관 홈페이지에서는 '풍헌(風憲) 신(辛) 문보(文報)'로 표시하였다.

[708] 한국학중앙연구원 장서각 한국고문서자료관 홈페이지에서는 '풍헌(風憲) 신(辛) 서목(書目)'으로 표사허였다.

원 장서각 한국고문서자료관 홈페이지 & 호남권 한국학자료센터 홈페이지 원문 이미지와 텍스트 보기. 최승희(1989), 한국정신문화연구원 편(1998), 조정곤(2013) 참고>

1791-01-26. **강응신 토지매매명문**(姜應新土地賣買明文), 허차성(許次成). <1장. 한자+이두. 조선 필사 이두 자료. 제주 장전리 진주 강씨 강태복가 소장. 호남권 한국학자료센터 홈페이지 원문 이미지와 텍스트 보기. 최승희(1989), 고창석(2002) 참고>

1791-01-27. **강봉휴 토지매매명문**(姜鳳休土地賣買明文), 오광원(吳光遠). <1장. 한자+이두. 조선 필사 이두 자료. 제주 어도내산 진주 강씨가 구장. 제주 한림 강우석 소장. 호남권 한국학자료센터 홈페이지 원문 이미지와 텍스트 보기. 이재수(2003), 오창명(2007) 참고>

1791-01-29. **유학 신의묵 토지매매명문**(幼學辛詣默土地賣買明文), 이동옥(李東玉). <1장. 한자+이두. 조선 필사 이두 자료. 전남 영광군 입석 영월 신씨 소장. 한국학중앙연구원 장서각 한국고문서자료관 홈페이지 원문 이미지와 텍스트 보기. 한국정신문화연구원 편(1996) 참고>

1791-01-00. **신수묵 등 소지**(辛修默等所志), 신수묵 등. <1장. 점련문서. 한자+이두. 조선 필사 이두 자료. 전남 영광군 입석 영월 신씨 소장. 한국학중앙연구원 장서각 한국고문서자료관 홈페이지 원문 이미지와 텍스트 보기. 한국정신문화연구원 편(1996) 참고>

1791-02-03. **윤재녕 댁 노 세촌 토지매매명문**(尹載寧宅奴世寸土地賣買明文), 이팽득(李彭得). <1장. 한자+이두. 조선 필사 이두 자료. 일본 경도대학 가와이문고 소장. 고려대학교 해외한국학자료센터 홈페이지 원문 이미지와 텍스트 보기>

1791-02-07. **예안 이 생원 토지매매명문**(禮安李生員土地賣買明文) 2, 사노 심돌(私奴沈乭). <1장. 한자+이두. 조선 필사 이두 자료. 경북 안동시 주촌 진성 이씨 경류정 소장. 한국학중앙연구원 장서각 한국고문서자료관 홈페이지 원문 이미지와 텍스트 보기. 한국정신문화연구원 편(1999) 참고>

1791-02-11. **최덕린 토지매매명문**(崔德獜土地賣買明文), 한동권(韓東權). <1장. 한자+이두. 조선 필사 이두 자료. 전북 임실군 지사 협계태 씨가 소장. 호남권 한국학

자료센터 홈페이지 원문 이미지와 텍스트 보기. 박병호(1974ㄱ), 최승희(1989), 이재수(2003) 참고>

1791-02-15. **이성백 토지매매명문**(李星白土地賣買明文), 종질 이국필(從姪李國弼). <1장. 한자+이두. 조선 필사 이두 자료. 경북 안동시 주촌 진성 이씨 경류정 구장. 서울역사박물관 소장. 한국학중앙연구원 장서각 한국고문서자료관 홈페이지 원문 이미지와 텍스트 보기. 한국정신문화연구원 편(1999) 참고>

1791-02-18. **김종수 토지매매명문**(金宗壽土地賣買明文), 김주시(金柱時). <1장. 한자+이두. 조선 필사 이두 자료. 안동 금계 의성 김씨 학봉 종가 소장. 한국학중앙연구원 장서각 한국고문서자료관 홈페이지 원문 이미지와 텍스트 보기. 한국정신문화연구원 편(1990) 참고>

1791-02-30.[709] **의계 토지매매명문**(義稧土地賣買明文), 김종수(金宗壽). <1장. 한자+이두. 조선 필사 이두 자료. 안동 금계 의성 김씨 학봉 종가 소장. 한국학중앙연구원 장서각 한국고문서자료관 홈페이지 원문 이미지와 텍스트 보기. 한국정신문화연구원 편(1990) 참고>

1791-02-00. **박양덕 등 의송**(朴良德等議送), 박양덕 등. <1장. 한자+이두. 조선 필사 이두 자료. 전남 영암군 군서면 죽정서원 소장. 호남권 한국학자료센터 홈페이지 원문 이미지보기. 최승희(1989) 참고>

1791-03-06. **김진택 토지매매명문**(金振澤土地賣買明文), 진갑손(晋甲孫). <1장. 한자+이두. 조선 필사 이두 자료. 전남 순천 황전 경주 정씨가 구장. 광주광역시 이정옥 소장. 호남권 한국학자료센터 홈페이지 원문 이미지와 텍스트 보기. 최승희(1989) 참고>

1791-03-09. **이 씨 토지매매명문**(李氏土地賣買明文), 강몽기(姜夢己). <1장. 한자+이두. 조선 필사 이두 자료. 해남 노송 김해 김씨 노송사 소장. 한국학중앙연구원 장서각 한국고문서자료관 홈페이지 & 호남권 한국학자료센터 홈페이지 원문 이미지와 텍스트 보기. 최승희(1989), 한국정신문화연구원 편(1998), 조정곤(2013) 참고>

---

[709] 2월 30일은 없으나 원문 그대로 인용하였다.

1791-03-11. **별묘소 토지매매명문**(別廟所土地賣買明文), 예안 문중(禮安門中). <1장. 한자+이두. 조선 필사 이두 자료. 경북 안동시 주촌 진성 이씨 경류정 소장. 한국학중앙연구원 장서각 한국고문서자료관 홈페이지 원문 이미지와 텍스트 보기. 한국정신문화연구원 편(1999) 참고>

1791-03-27. **이흥치 토지매매명문**(李興致土地賣買明文), 정국태(鄭國泰). <1장. 한자+이두. 조선 필사 이두 자료. 경북 예천군 용문면 대제리 원동 권씨 춘우재 고택 구장. 한국국학진흥원 소장. 한국학자료센터 영남권역센터 홈페이지 원문 이미지와 텍스트 보기. 김성갑(2013) 참고>

1791-03-00. **유종춘 차첩**(柳宗春差帖), 이조(吏曹). <1장. 한자+이두. 조선 필사 이두 자료. 경북 안동시 하회 풍산 류씨 충효당 소장. 한국학중앙연구원 장서각 한국학자료센터 홈페이지 원문 이미지 보기. 한국정신문화연구원 편(1994) 참고>

1791-04-01. **이희성 토지매매명문**(李希誠土地賣買明文) 1, 이희경(李希慶). <1장. 한자+이두. 조선 필사 이두 자료. 경북 경주시 안강읍 옥산리 여주 이씨 독락당 소장. 한국학중앙연구원 장서각 한국고문서자료관 홈페이지 원문 이미지 보기. 한국정신문화연구원 편(2003) 참고>

1791-04-01. **이희성 토지매매명문**(李希誠土地賣買明文) 2, 이희백(李希白). <1장. 한자+이두. 조선 필사 이두 자료. 경북 경주시 안강읍 옥산리 여주 이씨 독락당 소장. 한국학중앙연구원 장서각 한국고문서자료관 홈페이지 원문 이미지 보기. 한국정신문화연구원 편(2003) 참고>

1791-05-09. **상전 주 토지매매명문**(上典主土地賣買明文), 노 득손(奴得孫). <1장. 한자+이두. 조선 필사 이두 자료. 전남 구례군 토지면 오미리 문화 류씨 운조루 소장. 한국학중앙연구원 장서각 한국고문서자료관 홈페이지 원문 이미지와 텍스트 보기. 한국정신문화연구원 편(1998) 참고>

1791-05-00. **공진표 도장문기**(孔震杓導掌文記),[710] 내수사(內需司). <1장. 한자+이두. 조선 필사 이두 자료. 안산 부곡 진주 류씨 경성당 소장. 한국학중앙연구원 장서각

---

[710] 한국학중앙연구원 한국학 디지털 아카이브 홈페이지에서는 '도장관련문서(導掌關聯文書)'로 표시하였다.

한국고문서자료관 홈페이지 & 한국학중앙연구원 한국학 디지털 아카이브 홈페이지 원문 이미지와 텍스트 보기. 최승희(1989), 한국정신문화연구원 편(2000) 참고>

1791-06-17. **강중창 토지매매명문**(姜仲昌土地賣買明文),[711] 권은손(權殷孫). <1장. 한자+이두. 조선 필사 이두 자료. 경북 안동시 법흥동 고성 이씨 탑동 종가 구장. 한국국학진흥원 소장. 한국국학진흥원 유교넷 홈페이지 원문 이미지 보기>

1791-06-00. **호조 해유문서**(戶曹解由文書),[712] 호조(戶曹). <1장. 한자+이두. 조선 필사 이두 자료. 해남 노송 김해 김씨 노송사 소장. 한국학중앙연구원 장서각 한국고문서자료관 홈페이지 & 호남권 한국학자료센터 홈페이지 원문 이미지와 텍스트 보기. 최승희(1989), 한국정신문화연구원 편(1998), 정구복 외(1999) 참고>

1791-06-00. **휘릉 참봉 해유문서**(徽陵參奉解由文書),[713] 휘릉 참봉. <1장. 한자+이두. 조선 필사 이두 자료. 해남 노송 김해 김씨 노송사 소장. 한국학중앙연구원 장서각 한국고문서자료관 홈페이지 & 호남권 한국학자료센터 홈페이지 원문 이미지와 텍스트 보기. 최승희(1989), 한국정신문화연구원 편(1998), 정구복 외(1999) 참고>

1791-07-07. **강봉휴 토지상환명문**(姜鳳休土地相換明文), 김 씨(金氏). <1장. 한자+이두. 조선 필사 이두 자료. 제주 어도내산 진주 강씨가 구장. 제주 한림 강우석 소장. 호남권 한국학자료센터 홈페이지 원문 이미지와 텍스트 보기. 이재수(2003), 오창명(2007) 참고>

1791-07-13. **김낙일 토지매매명문**(金洛一土地賣買明文), 이동술(李東述). <1장. 한자+이두. 조선 필사 이두 자료. 해남 노송 김해 김씨 노송사 소장. 한국학중앙연구원 장서각 한국고문서자료관 홈페이지 & 호남권 한국학자료센터 홈페이지 원문 이미지와 텍스트 보기. 최승희(1989), 한국정신문화연구원 편(1998), 조정곤(2013)

---

[711] 한국국학진흥원 유교넷 홈페이지에서는 문서명을 '1791년 권은손이 강중창에게 땅을 매도한 사실을 증명하는 전답매매문기'로 표시하였다.
[712] 한국학중앙연구원 장서각 한국고문서자료관 홈페이지에서는 '호조(戶曹) 관(關)'으로 표시하였다.
[713] 한국학중앙연구원 장서각 한국고문서자료관 홈페이지에서는 '휘릉참보(徽陵參奉) 첩정(牒呈)'으로 표시하였다.

참고>

1791-10-10. **박복선 토지매매명문**(朴福善土地賣買明文) 1, 김군집(金君執). <1장. 한자+이두. 조선 필사 이두 자료. 남원·구례 삭녕 최씨 구장. 한국학중앙연구원 장서각 한국고문서자료관 홈페이지 원문 이미지 보기. 한국정신문화연구원 편(2004) 참고>

1791-10-14. **비부 양순필 수기**(婢夫梁順弼手記), 양순필. <1장. 한자+이두. 조선 필사 이두 자료. 전북 부안군 우반 부안 김씨 세덕각 소장. 한국학중앙연구원 장서각 한국고문서자료관 홈페이지 & 호남권 한국학자료센터 홈페이지 원문 이미지와 텍스트 보기. 박병호(1974ㄱ), 한국정신문화연구원 편(1983, 1998), 최승희(1989), 전경목(2001), 한국학중앙연구원 편(2017) 참고>

1791-10-17. **박복선 토지매매명문**(朴福善土地賣買明文) 2, 김군집(金君執). <1장. 한자+이두. 조선 필사 이두 자료. 남원·구례 삭녕 최씨 구장. 한국학중앙연구원 장서각 한국고문서자료관 홈페이지 원문 이미지 보기. 한국정신문화연구원 편(2004) 참고>

1791-11-12. **양시원 시장문기**(梁時元柴場文記), 김명철(金明喆). <1장. 한자+이두. 조선 필사 이두 자료. 전남 영광군 입석 영월 신씨 소장. 한국학중앙연구원 장서각 한국고문서자료관 홈페이지 원문 이미지와 텍스트 보기. 한국정신문화연구원 편(1996) 참고>

1791-11-16. **박 생원 토지매매명문**(朴生員土地賣買明文), 주복래(朱福來). <1장. 한자+이두. 조선 필사 이두 자료. 경남 합천 용연서원 소장. 한국학중앙연구원 장서각 한국고문서자료관 홈페이지 원문 이미지 보기. 한국정신문화연구원 편(1996) 참고>

1791-11-21. **신 생원 댁 노 시원 토지매매명문**(辛生員宅奴時元土地賣買明文), 김령옥(金靈玉). <1장. 한자+이두. 조선 필사 이두 자료. 전남 영광군 입석 영월 신씨 소장. 한국학중앙연구원 장서각 한국고문서자료관 홈페이지 원문 이미지와 텍스트 보기. 한국정신문화연구원 편(1996) 참고>

1791-11-27. **삼종숙 류충원 토지매매명문**(三從叔柳忠源土地賣買明文),[714] 류택휴(柳宅休). <1장. 한자+이두. 조선 필사 이두 자료. 경북 안동시 수곡면 전주 류씨

수곡파 대야 고택 구장. 한국국학진흥원 소장. 한국학자료센터 영남권역센터 홈페이지 & 한국국학진흥원 유교넷 홈페이지 원문 이미지와 텍스트 보기>

1791-11-00. **겸전라도 관찰사 감결**(兼全羅道觀察使甘結), 겸전라도 관찰사. <1장. 한자+이두. 조선 필사 이두 자료. 전북 군산 읍내 임피향교 소장. 호남권 한국학자료센터 홈페이지 원문 이미지와 텍스트 보기. 박병호(1974ㄱ), 최승희(1989), 전경목(2001), 정구복(2002) 참고>

1791-12-14. **유덕호 토지매매명문**(柳德浩土地賣買明文), 조종득(趙宗得). <1장. 한자+이두. 조선 필사 이두 자료. 전남 구례군 토지면 오미리 문화 류씨 운조루 소장. 한국학중앙연구원 장서각 한국고문서자료관 홈페이지 원문 이미지와 텍스트 보기. 한국정신문화연구원 편(1998) 참고>

1791-12-16. **유학 정최우 토지매매명문**(幼學丁最佑土地賣買明文), 한종(韓宗). <1장. 한자+이두. 조선 필사 이두 자료. 전남 영광군 입석 영월 신씨 소장. 한국학중앙연구원 장서각 한국고문서자료관 홈페이지 원문 이미지와 텍스트 보기. 한국정신문화연구원 편(1996) 참고>

1791-12-18. **유삼수 댁 노 업이 토지매매명문**(柳三水宅奴業伊土地賣買明文), 김광서(金光瑞). <1장. 한자+이두. 조선 필사 이두 자료. 전남 구례군 토지면 오미리 문화 류씨 운조루 소장. 한국학중앙연구원 장서각 한국고문서자료관 홈페이지 원문 이미지와 텍스트 보기. 한국정신문화연구원 편(1998) 참고>

1791-12-19. **단동 동장 수본**(丹洞洞長手本), 단동 동장. <1장. 한자+이두. 조선 필사 이두 자료. 경남 진주시 단목 진양 하씨 창주 후손가 소장. 한국학중앙연구원 장서각 한국고문서자료관 홈페이지 원문 이미지 보기. 한국정신문화연구원 편(2000) 참고>

1791-12-20. **사죽 집강 서목**(沙竹執綱書目), 사주 집강. <1장. 한자+이두. 조선 필사 이두 자료. 경남 진주시 단목 진양 하씨 창주 후손가 소장. 한국학중앙연구원 장서각 한국고문서자료관 홈페이지 원문 이미지 보기. 한국정신문화연구원 편

---

714 한국국학진흥원 유교넷 홈페이지에서는 문서명을 '1791년 삼종질 류택휴가 삼종숙 류충원에게 창고를 매도한 사실을 증명하는 전답매매문기'로 표시하였다.

(2000) 참고>

1791-12-29. **노 복성 토지매매명문**(奴卜成土地賣買明文), 태재(太才). <1장. 한자+이두. 조선 필사 이두 자료. 전남 구례군 토지면 오미리 문화 류씨 운조루 소장. 한국학중앙연구원 장서각 한국고문서자료관 홈페이지 원문 이미지와 텍스트 보기. 한국정신문화연구원 편(1998) 참고>

1791-12-00. **곽재창 군기시 약환 공인권 매매명문**(郭再昌軍器寺藥丸貢人權賣買明文), 최중건(崔重健). <1장. 한자+이두. 조선 필사 이두 자료. 일본 경도대학 가와이문고 소장. 고려대학교 해외한국학자료센터 홈페이지 원문 이미지와 텍스트 보기>

1791-12-00. **김지각 소지**(金之玨所志), 김지각. <1장. 한자+이두. 조선 필사 이두 자료. 전남 구례군 토지면 오미리 문화 류씨 운조루 소장. 한국학중앙연구원 장서각 한국고문서자료관 홈페이지 원문 이미지와 텍스트 보기. 한국정신문화연구원 편(1998) 참고>

1791-12-00. **용산서원 사림 문보**(龍山書院士林文報), 용산서원. <1장. 한자+이두. 조선 필사 이두 자료. 경북 경주시 내남면 이조리 경주 최씨·용산서원 소장. 한국학중앙연구원 장서각 한국고문서자료관 홈페이지 원문 이미지 보기. 한국정신문화연구원 편(2000) 참고>

1791-12-■■. **김중혁 토지매매명문**(金重赫土地賣買明文), 삼종제 김한성(三從弟金漢成). <1장. 한자+이두. 조선 필사 이두 자료. 전북대학교 박물관 소장. 호남권 한국학자료센터 홈페이지 원문 이미지와 텍스트 보기. 박병호(1974ㄱ), 이재수(2003) 참고>

1791-00-00. 「고산유고(**孤山遺稿**)」, 윤선도(尹善道, 1587년~1671년) 저(著). <6권 6책. 목판본. 한자+이두. 시문집. 서울대학교 규장각 한국학연구원 홈페이지 원문 이미지 보기> <이본: 1798-00-00(전라감사 서정수 개편 간행. 서울대학교 규장각 한국학연구원 홈페이지 원문 이미지 보기)>

1792년

<임자(壬子), 정조 16년, 건륭 57년>

1792-01-01~1792-12-30(壬子).「전객사일기(典客司日記)」39, 예조(禮曹) 전객사(典客司) 편(編). <1책(39/99). 118장. 필사본. 한자+이두. 조선 필사 이두 자료. 서울대학교 규장각 한국학연구원 홈페이지 원문 이미지 보기> <1640-01-22~1641-12-23(1)>

1792-01-10. **노림서원 섬학 유사 정중광·이종해 토지매매명문**(魯林書院瞻學有司鄭重光李宗楷土地賣買明文),[715] 유학 김시영(幼學金是瑛). <1장. 한자+이두. 조선 필사 이두 자료. 경북 안동시 오천 광산 김씨 후조당 소장. 한국학중앙연구원 장서각 한국고문서자료관 홈페이지 원문 이미지와 텍스트 보기. 한국정신문화연구원 편(1982) 참고>

1792-01-12. **김 생원 댁 노 득위 토지매매명문**(金生員宅奴得爲土地賣買明文), 송 생원 댁 노 엇금(宋生員宅奴旕金). <1장. 한자+이두. 조선 필사 이두 자료. 전북 부안군 우반 부안 김씨 세덕각 소장. 한국학중앙연구원 장서각 한국고문서자료관 홈페이지 원문 이미지와 텍스트 보기. 박병호(1974ㄱ), 한국정신문화연구원 편(1983, 1998), 한국학중앙연구원 편(2017) 참고>

1792-01-16. **홍석■ 토지매매명문**(洪錫■土地賣買明文), 이진광(李震光). <1장. 한자+이두. 조선 필사 이두 자료. 해남 노송 김해 김씨 노송사 소장. 한국학중앙연구원 장서각 한국고문서자료관 홈페이지 & 호남권 한국학자료센터 홈페이지 원문 이미지와 텍스트 보기. 최승희(1989), 한국정신문화연구원 편(1998), 조정곤(2013) 참고>

1792-01-19. **금학산 재사 유사 토지매매명문**(金鳥山齋舍有司土地賣買明文),[716] 이광복(李光福). <1장. 한자+이두. 조선 필사 이두 자료. 안동 천전 의성 김씨 지촌 종택 구장. 한국국학진흥원 소장. 한국학중앙연구원 장서각 한국고문서자료관

---

[715] 한국학중앙연구원 장서각 한국고문서자료관 홈페이지에서는 '유사(有司) 정중광(鄭重光) 외 토지매매명문(土地賣買明文)'으로 표시하였다.

[716] 한국학중앙연구원 장서각 한국고문서자료관 홈페이지에서는 '**김산조**산재사유사(金山鳥山齋舍有司) 토지매매명문(土地賣買明文)'으로 잘못 표시하였다. 한국국학진흥원 유교넷 홈페이지에서는 문서명을 '의성김씨 지촌종택 1792년에 답주 이광복과 금학산**제**사유사 사이에 작성된 명문(明文)(田畓賣買文書)[06535]'로 잘못 적었다.

홈페이지 & 한국국학진흥원 유교넷 홈페이지 원문 이미지와 텍스트 보기. 한국정신문화연구원 편(1990) 참고>

1792-01-20. **권 생원 댁 재사 노 귀석 토지매매명문**(權生員宅齋舍奴貴石土地賣買明文),⁷¹⁷ 유학 유열빙(幼學柳悅聘). <1장. 한자+이두. 조선 필사 이두 자료. 경북 안동시 안동 권씨 이우당 종택 구장. 한국국학진흥원 소장. 한국국학진흥원 유교넷 홈페이지 원문 이미지 보기>

1792-01-20. **김재호 토지매매명문**(金再湖土地賣買明文), 홍계득(洪季得). <1장. 한자+이두+한글. 조선 필사 이두 & 한글 자료. 전남 영광군 입석 영월 신씨 소장. 한국학중앙연구원 장서각 한국고문서자료관 홈페이지 원문 이미지와 텍스트 보기. 한국정신문화연구원 편(1996) 참고>

1792-01-20. **이정설 토지매매명문**(李廷卨土地賣買明文) 1, 김의택(金宜澤). <1장. 한자+이두. 조선 필사 이두 자료. 전남 보성 박실 제주 양씨가 구장. 원광대학교 박물관 소장. 호남권 한국학자료센터 홈페이지 원문 이미지와 텍스트 보기. 최승희(1989), 전북향토문화연구회 편(1993), 정구복 외(1999) 참고>

1792-01-20. **이정설 토지매매명문**(李廷卨土地賣買明文) 2, 김원서(金元瑞). <1장. 한자+이두. 조선 필사 이두 자료. 전남 보성 박실 제주 양씨가 구장. 원광대학교 박물관 소장. 호남권 한국학자료센터 홈페이지 원문 이미지와 텍스트 보기. 최승희(1989), 전북향토문화연구회 편(1993), 정구복 외(1999) 참고>

1792-01-23. **김종규 토지매매명문**(金宗湀土地賣買明文), 이상하(李相遐). <1장. 한자+이두. 조선 필사 이두 자료. 전남 나주시 회진 나주 임씨 창계 후손가 소장. 한국학중앙연구원 장서각 한국고문서자료관 홈페이지 원문 이미지 보기. 한국정신문화연구원 편(2003) 참고>

1792-01-26. **김 생원 댁 노 석산 토지매매명문**(金生員宅奴石山土地賣買明文), 서정환(徐廷巘). <1장. 한자+이두. 조선 필사 이두 자료. 전북 부안군 우반 부안 김씨 세덕각 소장. 호남권 한국학자료센터 홈페이지 원문 이미지와 텍스트 보기. 박병

---

717 한국국학진흥원 유교넷 홈페이지에서는 문서명을 '1792년 유빙열가 귀석에게 논을 팔았음을 증명하는 매매계약서'로 표시하였다.

호(1974ㄱ), 이재수(2003) 참고>

1792-01-26. **석산 토지매매명문**(石山土地賣買明文), 서정환(徐廷爀). <1장. 한자+이두. 조선 필사 이두 자료. 전북 부안군 우반 부안 김씨 세덕각 소장. 한국학중앙연구원 장서각 한국고문서자료관 홈페이지 원문 이미지와 텍스트 보기. 한국정신문화연구원 편(1983, 1998), 한국학중앙연구원 편(2017) 참고>

1792-01-29. **서윤수 토지매매명문**(徐允修土地賣買明文), 한성운(韓星雲). <1장. 한자+이두. 조선 필사 이두 자료. 전북대학교 박물관 소장. 호남권 한국학자료센터 홈페이지 원문 이미지와 텍스트 보기. 최승희(1989), 정구복 외(1999), 이재수(2003) 참고>

1792-02-04. **강동기 토지매매명문**(姜東起土地賣買明文), 박사성(朴士成). <1장. 한자+이두. 조선 필사 이두 자료. 제주 장전리 진주 강씨 강태복가 소장. 호남권 한국학자료센터 홈페이지 원문 이미지와 텍스트 보기. 최승희(1989), 고창석(2002) 참고>

1792-02-05. **이석용 토지매매명문**(李碩龍土地賣買明文), 유학 이성노(幼學李性魯). <1장. 한자+이두. 조선 필사 이두 자료. 전북 진안 개화 전주 이씨가 소장. 호남권 한국학자료센터 홈페이지 원문 이미지와 텍스트 보기. 최승희(1989), 이재수(2003), 채현경(2011ㄱ) 참고>

1792-02-10. **윤재령 댁 노 세재 토지매매명문**(尹在岭宅奴世才土地賣買明文) 1, 박경춘(朴景春). <1장. 한자+이두. 조선 필사 이두 자료. 일본 경도대학 가와이문고 소장. 고려대학교 해외한국학자료센터 홈페이지 원문 이미지와 텍스트 보기>

1792-02-16. **■■■ 토지매매명문**(■■■土地賣買明文), 박분동(朴盆同). <1장. 한자+이두. 조선 필사 이두 자료. 해남 노송 김해 김씨 노송사 소장. 호남권 한국학자료센터 홈페이지 원문 이미지와 텍스트 보기. 최승희(1989), 조정곤(2013) 참고>

1792-02-21. **명의 토지매매명문**(明義土地賣買明文), 채열(采悅). <1장. 한자+이두. 조선 필사 이두 자료. 경북 안동시 주촌 진성 이씨 경류정 소장. 한국학중앙연구원 장서각 한국고문서자료관 홈페이지 원문 이미지와 텍스트 보기. 한국정신문화연구원 편(1999) 참고>

1792-02-25. **박경춘 토지매매명문**(朴慶春土地賣買明文), 박경석(朴慶錫). <1장. 한자

+이두. 조선 필사 이두 자료. 일본 경도대학 가와이문고 소장. 고려대학교 해외한 국학자료센터 홈페이지 원문 이미지와 텍스트 보기>

1792-02-28. **양인 주지만 토지매매명문**(良人朱之萬土地賣買明文),[718] 김 생원 댁 노 귀태(金生員宅奴貴太). <1장. 한자+이두. 조선 필사 이두 자료. 경북 안동시 풍산 읍 오미리 풍산 김씨 허백당 종택 구장. 한국국학진흥원 소장. 한국국학진흥원 유교넷 홈페이지 원문 이미지와 텍스트 보기>

1792-02-28. **양인 주지만 토지매매명문**(良人朱之萬土地賣買明文),[719] 계중 성상 만돌 (稧中城上萬乭). <1장. 한자+이두. 조선 필사 이두 자료. 경북 안동시 풍산읍 오미 리 풍산 김씨 허백당 종택 구장. 한국국학진흥원 소장. 한국국학진흥원 유교넷 홈페이지 원문 이미지와 텍스트 보기>

1792-02-00. **양근군수 송계래 정사**(陽根郡守宋啓來呈辭) 1, 송계래. <1장. 한자+이 두. 조선 필사 이두 자료. 대전 회덕 은진 송씨 동춘당 후손가 구장. 대전시립박물 관 소장. 한국학중앙연구원 장서각 한국고문서자료관 홈페이지 원문 이미지 보 기. 한국학중앙연구원 편(2006) 참고>

1792-02-00. **임광식 등 등장**(林光植等等狀), 임광식 등. <1장. 한자+이두. 조선 필사 이두 자료. 경남 거창 갈계 은진 임씨 소장. 한국학중앙연구원 장서각 한국고문서 자료관 홈페이지 원문 이미지 보기. 한국학중앙연구원 편(2005) 참고>

1792-03-01. **김수건 토지매매명문**(金壽健土地賣買明文), 원자근쇠(元者斤金). <1장. 한자+이두. 조선 필사 이두 자료. 일본 경도대학 가와이문고 소장. 고려대학교 해외한국학자료센터 홈페이지 원문 이미지와 텍스트 보기>

1792-03-15. **강재명 토지매매명문**(姜在明土地賣買明文), 양삼문(梁三文). <1장. 한자 +이두. 조선 필사 이두 자료. 제주 어도내산 진주 강씨가 구장. 제주 한림 강우석 소장. 호남권 한국학자료센터 홈페이지 원문 이미지와 텍스트 보기. 이재수(2003), 오창명(2007) 참고>

---

[718] 한국국학진흥원 유교넷 홈페이지에서는 문서명을 '풍산김씨 영감댁 임자년 2월에 전주 김생원댁 노 귀태와 양인 주지만 사이에 작성된 명문(明文)[10402]'로 표시하였다.

[719] 한국국학진흥원 유교넷 홈페이지에서는 문서명을 '풍산김씨 영감댁 임자년 2월에 전주 만돌과 양인 주지만 사이에 작성된 명문(明文)[10401]'로 표시하였다.

1792-03-18. **호노 경술 토지매매명문**(戶奴庚戌土地賣買明文), 남삼이(南三伊). <1장. 한자+이두. 조선 필사 이두 자료. 경북 영해 인량 재령 이씨 충효당 구장. 한국국학진흥원 소장. 한국학중앙연구원 장서각 한국고문서자료관 홈페이지 원문 이미지와 텍스트 보기. 한국정신문화연구원 편(1997) 참고>

1792-03-27. **정 생원 최삼 토지매매명문**(丁生員最三土地賣買明文),[720] 장치상(張致祥). <1장. 한자+이두. 조선 필사 이두 자료. 전남 영광군 입석 영월 신씨 소장. 한국학중앙연구원 장서각 한국고문서자료관 홈페이지 원문 이미지와 텍스트 보기. 한국정신문화연구원 편(1996) 참고>

1792-03-00. **양근군수 송계래 정사**(陽根郡守宋啓來呈辭) 2, 송계래. <1장. 한자+이두. 조선 필사 이두 자료. 대전 회덕 은진 송씨 동춘당 후손가 구장. 대전시립박물관 소장. 한국학중앙연구원 장서각 한국고문서자료관 홈페이지 원문 이미지 보기. 한국학중앙연구원 편(2006) 참고>

1792-03-00. **양근군수 송계래 정사**(陽根郡守宋啓來呈辭) 3, 송계래. <1장. 한자+이두. 조선 필사 이두 자료. 대전 회덕 은진 송씨 동춘당 후손가 구장. 대전시립박물관 소장. 한국학중앙연구원 장서각 한국고문서자료관 홈페이지 원문 이미지 보기. 한국학중앙연구원 편(2006) 참고>

1792-03-00. **역천 재임 첩정**(嶧川齋任牒呈), 역천 재임. <1장. 한자+이두. 조선 필사 이두 자료. 경남 거창 갈계 은진 임씨 소장. 한국학중앙연구원 장서각 한국고문서자료관 홈페이지 원문 이미지 보기. 한국학중앙연구원 편(2005) 참고>

1792-04-05. **윤재령 댁 노 세재 토지매매명문**(尹在岭宅奴世才土地賣買明文) 2, 김이경(金以慶). <1장. 한자+이두. 조선 필사 이두 자료. 일본 경도대학 가와이문고 소장. 고려대학교 해외한국학자료센터 홈페이지 원문 이미지와 텍스트 보기>

1792-04-06. **과부 김 씨 분재기**(寡婦金氏分財記), 과부 김 씨. <1장. 한자+이두. 조선 필사 이두 자료. 전북대학교 박물관 소장. 호남권 한국학자료센터 홈페이지 원문 이미지와 텍스트 보기>

---

[720] 한국학중앙연구원 장서각 한국고문서자료관 홈페이지에서는 '생원(生員) 정(丁) 토지매매명문(土地賣買明文)'으로 표시하였다.

1792-04-10. **사노 장업 토지매매명문**(私奴張業土地賣買明文), 석남(石南). <1장. 한자 +이두. 조선 필사 이두 자료. 경북 예천군 용문면 대제리 원동 권씨 춘우재 고택 구장. 한국국학진흥원 소장. 한국학자료센터 영남권역센터 홈페이지 원문 이미지 와 텍스트 보기. 김성갑(2013) 참고>

1792-04-16. **토지매매명문**(土地賣買明文),[721] 김시영(金是瑛). <1장. 한자+이두. 조선 필사 이두 자료. 경북 안동시 오천 광산 김씨 후조당 소장. 한국학중앙연구원 장서각 한국고문서자료관 홈페이지 원문 이미지와 텍스트 보기. 박병호(1974ㄱ), 한국정신문화연구원 편(1982), 최승희(1989) 참고>

1792-04-24. **김한경 토지매매명문**(金漢鏡土地賣買明文), 이광훈(李光勛). <1장. 한자 +이두. 조선 필사 이두 자료. 제주시 일도 이동규 구장. 제주시 일도 2동 제주민속 자연사박물관 소장. 호남권 한국학자료센터 홈페이지 원문 이미지와 텍스트 보기. 고창석(1997, 1998) 참고>

1792-04-27. **역리 강감엄 토지매매명문**(驛吏姜甘嚴土地賣買明文),[722] 김(金). <1장. 한 자+이두. 조선 필사 이두 자료. 경북 예천 임씨 금양파 금포 고택 구장. 한국국학 진흥원 소장. 한국국학진흥원 유교넷 홈페이지 원문 이미지와 텍스트 보기>

1792-05-22. **이희모 토지매매명문**(李希謨土地賣買明文), 이희악(李希諤). <1장. 한자 +이두. 조선 필사 이두 자료. 경북 경주시 안강읍 옥산리 여주 이씨 장산서원·치 암 종택 구장. 한국학중앙연구원 장서각 한국고문서자료관 홈페이지 원문 이미지 보기. 한국정신문화연구원 편(2003) 참고>

1792-06-17. **류 씨 노 ■■ 토지매매명문**(柳氏奴■■土地賣買明文),[723] 홍태(洪太). <1 장. 한자+이두. 조선 필사 이두 자료. 경북 안동시 수곡면 전주 류씨 수곡파 대야 고택 구장. 한국국학진흥원 소장. 한국국학진흥원 유교넷 홈페이지 원문 이미지

---

[721] 한국학중앙연구원 장서각 한국고문서자료관 홈페이지에서는 '김시영(金是瑛) 방매 토지매매명 문(土地賣買明文)'으로 표시하였다. 문서에서는 매입자를 적지 않았다.

[722] 한국국학진흥원 유교넷 홈페이지에서는 문서명을 '1792년 김 아무개가 강감엄에게 밭을 팔았음 을 증명하는 전답매매문기'로 표시하였다.

[723] 한국국학진흥원 유교넷 홈페이지에서는 문서명을 '1792년 홍태가 논을 매도한 사실을 증명하는 전답매매문기'로 표시하였다.

보기>

1792-06-24. **권성봉 토지매매명문**(權聖鳳土地賣買明文) 1, 권성천(權聖天). <1장. 한자+이두. 조선 필사 이두 자료. 경북 예천군 용문면 대제리 원동 권씨 춘우재 고택 구장. 한국국학진흥원 소장. 한국학자료센터 영남권역센터 홈페이지 원문 이미지와 텍스트 보기. 김성갑(2013) 참고>

1792-06-24. **권성봉 토지매매명문**(權聖鳳土地賣買明文) 2, 권성천(權聖天). <1장. 한자+이두. 조선 필사 이두 자료. 경북 예천군 용문면 대제리 원동 권씨 춘우재 고택 구장. 한국국학진흥원 소장. 한국학자료센터 영남권역센터 홈페이지 원문 이미지와 텍스트 보기. 김성갑(2013) 참고>

1792-07-00. **장기향교 책지 급 잡물가 첨급 절목**(長鬐鄕校冊紙及雜物價添給節目), 장기향교. <한자+이두. 조선 필사 이두 자료. 경북 포항시 남구 장기면 읍내리 장기향교 소장. 한국학자료센터 영남권역센터 홈페이지 원문 이미지와 텍스트 보기. 영남대학교 민족문화연구소 편(1992) 참고>

1792-09-16. **문장 최여길 완의**(門長崔與吉完議), 최여길. <1장. 한자+이두. 조선 필사 이두 자료. 남원·구례 삭녕 최씨 구장. 한국학중앙연구원 장서각 한국고문서자료관 홈페이지 원문 이미지 보기. 한국정신문화연구원 편(2004) 참고>

1792-09-19. **강재명 노비매매명문**(姜在明奴婢賣買明文), 조진수(趙進秀). <1장. 한자+이두. 조선 필사 이두 자료. 제주 어도내산 진주 강씨가 구장. 제주 한림 강우석 소장. 호남권 한국학자료센터 홈페이지 원문 이미지와 텍스트 보기. 최승희(1989), 오창명(1994), 고창석(1998) 참고>

1792-10-12. **김덕성 토지매매명문**(金德成土地賣買明文), 옥두채(玉斗彩). <1장. 한자+이두. 조선 필사 이두 자료. 전북대학교 박물관 소장. 호남권 한국학자료센터 홈페이지 원문 이미지와 텍스트 보기>

1792-10-12. **박세림 토지매매명문**(朴世林土地賣買明文), 박방현(朴芳賢). <1장. 한자+이두. 조선 필사 이두 자료. 경남 합천 용연서원 소장. 한국학중앙연구원 장서각 한국고문서자료관 홈페이지 원문 이미지 보기. 한국정신문화연구원 편(1996) 참고>

1792-10-12. **윤복동 토지매매명문**(尹福同土地賣買明文), 임용득(林用得). <1장. 한자

+이두. 조선 필사 이두 자료. 대전·청양 안동 김씨 삼당 후손가 소장. 한국학중앙연구원 장서각 한국고문서자료관 홈페이지 원문 이미지 보기. 박병호(1974ㄱ), 한국정신문화연구원 편(2003) 참고>

1792-10-15. **신성수 토지매매명문**(申聖洙土地賣買明文), 유학 엄각(幼學嚴珏). <1장. 한자+이두. 조선 필사 이두 자료. 전남 순천 월등 목천 장씨가 구장. 전북대학교 박물관 소장. 호남권 한국학자료센터 홈페이지 원문 이미지와 텍스트 보기. 최승희(1989), 정구복 외(1999), 이재수(2003) 참고>

1792-10-00. **이희섭 소지**(李希燮所志), 이희섭. <1장. 한자+이두. 조선 필사 이두 자료. 경북 경주시 안강읍 옥산리 여주 이씨 장산서원·치암 종택 구장. 한국학중앙연구원 장서각 한국고문서자료관 홈페이지 원문 이미지 보기. 한국정신문화연구원 편(2003) 참고>

1792-11-06. **송사옥 토지매매명문**(宋土郁土地賣買明文) 1, 유학 김득창(幼學金得昌). <1장. 한자+이두. 조선 필사 이두 자료. 전북대학교 박물관 소장. 호남권 한국학자료센터 홈페이지 원문 이미지와 텍스트 보기>

1792-11-06. **송사옥 토지매매명문**(宋土郁土地賣買明文) 2, 유학 김만평(幼學金萬平). <1장. 한자+이두. 조선 필사 이두 자료. 전북대학교 박물관 소장. 호남권 한국학자료센터 홈페이지 원문 이미지와 텍스트 보기>

1792-11-09. **강응신 토지매매명문**(姜應新土地賣買明文) 1, 양 조이(梁召史). <1장. 한자+이두. 조선 필사 이두 자료. 제주 장전리 진주 강씨 강태복가 소장. 호남권 한국학자료센터 홈페이지 원문 이미지와 텍스트 보기. 최승희(1989), 고창석(2002) 참고>

1792-11-09. **홍여성 토지매매명문**(洪汝成土地賣買明文),[724] 강윤귀(康胤貴). <1장. 한자+이두. 조선 필사 이두 자료. 제주시 일도 이동규 구장. 제주시 일도 2동 제주민속자연사박물관 소장. 호남권 한국학자료센터 홈페이지 원문 이미지와 텍스트 보기. 고창석(1997, 1998) 참고>

1792-11-13. **김무암 토지매매명문**(金戊嚴土地賣買明文), 김시영(金是瑛). <1장. 한자

---

[724] 호남권 한국학자료센터 홈페이지에서는 '1792년 홍여성(洪汝成) 명문(明文)'으로 표시하였다.

+이두. 조선 필사 이두 자료. 경북 안동시 오천 광산 김씨 후조당 소장. 한국학중앙연구원 장서각 한국고문서자료관 홈페이지 원문 이미지와 텍스트 보기. 박병호(1974ㄱ), 한국정신문화연구원 편(1982), 최승희(1989) 참고>

1792-11-16. **권명복 토지매매명문**(權命福土地賣買明文),[725] 권성장(權聖長). <1장. 한자+이두. 조선 필사 이두 자료. 경북 안동시 법흥동 고성 이씨 탑동 종가 구장. 한국국학진흥원 소장. 한국국학진흥원 유교넷 홈페이지 원문 이미지 보기>

1792-11-17. **용덕손 토지매매명문**(龍德孫土地賣買明文), 답주 조(畓主祖). <1장. 한자+이두. 조선 필사 이두 자료. 전북대학교 박물관 소장. 호남권 한국학자료센터 홈페이지 원문 이미지와 텍스트 보기. 박병호(1974ㄱ), 최승희(1989), 이재수(2003), 박준호(2004), 전경목 외(2006) 참고>

1792-11-19. **이순득 토지매매명문**(李順得土地賣買明文), 반정득(潘丁得). <1장. 한자+이두. 조선 필사 이두 자료. 경북 안동시 주촌 진성 이씨 경류정 소장. 한국학중앙연구원 장서각 한국고문서자료관 홈페이지 원문 이미지와 텍스트 보기. 한국정신문화연구원 편(1999) 참고>

1792-11-27. **조진수·김귀택·문도징 초사**(趙進秀金貴澤文道澄招辭), 조진수·김귀택·문도징. <1장. 한자+이두. 조선 필사 이두 자료. 제주 어도내산 진주 강씨가 구장. 제주 한림 강우석 소장. 호남권 한국학자료센터 홈페이지 원문 이미지와 텍스트 보기. 최연숙(2005) 참고>

1792-11-29. ■■ **진태 토지매매명문**(■■辰太土地賣買明文),[726] 복이(福伊). <1장. 한자+이두. 조선 필사 이두 자료. 경북 영주시 문수면 수도리 반남 박씨 오헌 고택 구장. 한국국학진흥원 소장. 한국학자료센터 영남권역센터 홈페이지 원문 이미지와 텍스트 보기. 김성갑(2013) 참고>

1792-11-00. **강재명 소지**(姜在明所志), 강재명. <1장. 한자+이두. 조선 필사 이두 자료. 제주 어도내산 진주 강씨가 구장. 제주 한림 강우석 소장. 호남권 한국학자

---

[725] 한국국학진흥원 유교넷 홈페이지에서는 문서명을 '1792년 권성장이 권명**복**에게 땅을 매도한 사실을 증명하는 전답매매문기'로 잘못 표시하였다. '수급자'는 '권명복 權命**福**'으로 적었다.

[726] 한국학자료센터 영남권역센터 홈페이지에서는 '박노(朴奴) 진태(辰太) 토지매매명문(土地賣買明文)'으로 표시하였다. '辰太' 앞부분은 결락되어 읽을 수 없다.

료센터 홈페이지 원문 이미지와 텍스트 보기. 최승희(1989), 고창석(1996) 참고>

1792-11-00. **강재명 입안**(姜在明立案), 제주목(濟州牧). <1장. 한자+이두. 조선 필사 이두 자료. 제주 어도내산 진주 강씨가 구장. 제주 한림 강우석 소장. 호남권 한국학자료센터 홈페이지 원문 이미지와 텍스트 보기. 최승희(1989), 고창석 (1996, 2000) 참고>

1792-12-09. **족장 토지매매명문**(族丈土地賣買明文), 신영진(辛永鎭). <1장. 한자+이 두. 조선 필사 이두 자료. 전남 영광군 입석 영월 신씨 소장. 한국학중앙연구원 장서각 한국고문서자료관 홈페이지 원문 이미지와 텍스트 보기. 한국정신문화연 구원 편(1996) 참고>

1792-12-13. **종형 이시영 토지매매명문**(從兄李始榮土地賣買明文), 전주 자필집 김광 초(田主自筆執金光礎). <1장. 한자+이두. 필사 이두 자료. 제주교육박물관 소장. 사이버 제주교육박물관 홈페이지 원문 이미지와 텍스트 보기>

1792-12-15. **권의겸 토지매매명문**(權義謙土地賣買明文), 김시영(金是瑛). <1장. 한자 +이두. 조선 필사 이두 자료. 경북 안동시 오천 광산 김씨 후조당 소장. 한국학중 앙연구원 장서각 한국고문서자료관 홈페이지 원문 이미지와 텍스트 보기. 박병호 (1974ㄱ), 한국정신문화연구원 편(1982), 최승희(1989) 참고>

1792-12-16.[727] **승 탄옥 토지매매명문**(僧綻玉土地賣買明文),[728] 승 승훈(僧勝訓). <1장. 한자+이두. 조선 필사 이두 자료. 안동 천전 의성 김씨 지촌 종택 구장. 한국국학 진흥원 소장. 장서각 한국고문서자료관 홈페이지 & 한국국학진흥원 유교넷 홈페 이지 원문 이미지와 텍스트 보기. 한국정신문화연구원 편(1990) 참고>

1792-12-19. **강응신 토지매매명문**(姜應新土地賣買明文) 2, 허영발(許永發). <1장. 한 자+이두. 조선 필사 이두 자료. 제주 장전리 진주 강씨 강태복가 소장. 호남권 한국학자료센터 홈페이지 원문 이미지와 텍스트 보기. 최승희(1989), 고창석

---

[727] 한국국학진흥원 유교넷 홈페이지 '기사본문'에서는 '十二月六日'로 잘못 적었다.
[728] 한국국학진흥원 유교넷 홈페이지에서는 문서명을 '의성김씨 지촌종택 1792년 답주 승 승훈과 승 탄옥 사이에 작성된 명문(明文)(田畓賣買文書)[06536]'으로 표시하였다. 장서각 한국고문서자 료관 홈페이지에서는 문서명을 '1792년 **종옥**(從玉) 토지매매명문(土地賣買明文)'으로 표시하였는 데, '원문텍스트'에서는 '綻玉(탄옥)'으로 적었다.

(2002) 참고>

1792-12-26. **이한평 토지매매명문**(李汗平土地賣買明文),[729] 이한평. <1장. 한자+이두. 조선 필사 이두 자료. 화재로 논문서가 소실되어 이것을 증빙하기 위하여 작성한 문서. 안동 천전 의성 김씨 지촌 종택 구장. 한국국학진흥원 소장. 한국국학진흥원 유교넷 홈페이지 원문 이미지와 텍스트 보기>

1792-12-27. **강봉휴 토지매매명문**(姜鳳休土地賣買明文), 변 씨(邊氏). <1장. 한자+이두. 조선 필사 이두 자료. 제주 어도내산 진주 강씨가 구장. 제주 한림 강우석 소장. 호남권 한국학자료센터 홈페이지 원문 이미지와 텍스트 보기. 이재수(2003), 오창명(2007) 참고>

1792-12-27. **유학 이수남 토지매매명문**(幼學李壽南土地賣買明文), 박종송(朴宗宋). <1장. 한자+이두. 조선 필사 이두 자료. 전남 구례군 토지면 오미리 문화 류씨 운조루 소장. 한국학중앙연구원 장서각 한국고문서자료관 홈페이지 원문 이미지와 텍스트 보기. 한국정신문화연구원 편(1998) 참고>

1792-12-28. **유학 시장 문기**(幼學柴場文記), 유학 오상준(幼學吳相準). <1장. 점련문서. 한자+이두. 조선 필사 이두 자료. 전남 영광군 입석 영월 신씨 소장. 한국학중앙연구원 장서각 한국고문서자료관 홈페이지 원문 이미지와 텍스트 보기. 한국정신문화연구원 편(1996) 참고>

1792-12-00. **김중창 토지매매명문**(金重昌土地賣買明文), 전성선(全性善). <1장. 한자+이두. 조선 필사 이두 자료. 일본 경도대학 가와이문고 소장. 고려대학교 해외한국학자료센터 홈페이지 원문 이미지 보기>

1792-■■-■■. **■■■ 토지매매명문**(■■■土地賣買明文),[730] 김출중(金出中). <1장. 한자+이두. 조선 필사 이두 자료. 전남 함평군 함평 이씨 이건풍 구장. 목포대학교 도서문화연구원 소장. 호남권 한국학자료센터 홈페이지 원문 이미지와 텍스트 보기. 최승희(1989) 참고>

---

[729] 한국국학진흥원 유교넷 홈페이지에서는 문서명을 '의성김씨 지촌종택 1792년에 납주 자필 이한평과 이한평 사이에 작성된 명문(明文)(田畓賣買文書)[06537]'로 표시하였다.

[730] 호남권 한국학자료센터 홈페이지에서는 '김출중(金出中) 방매(放賣) 토지매매명문(土地賣買明文)'으로 표시하였다.

1792-00-00. **노 득위 배지**(奴得爲牌旨),⁷³¹ 상전 김(上典金). <1장. 한자+이두. 조선 필사 이두 자료. 전북 부안군 우반 부안 김씨 세덕각 소장. 호남권 한국학자료센터 홈페이지 원문 이미지와 텍스트 보기. 박병호(1974ㄱ), 최승희(1989), 전경목(2001) 참고>

1792-00-00~1800-00-00.「일성록(日省錄)」, 규장각(奎章閣) 편(編). <2책. 필사본. '표제는 '日省錄別編'. 한자+이두. 조선 필사 이두 자료. 국보 제153호. 서울대학교 규장각 한국학연구원 홈페이지 '奎12812' 원문 이미지와 텍스트 보기> <① 1760-00-00~1800-00-00(676책. '奎12811') ② 1792-00-00~1800-00-00(2책. 별책. '奎12812') ③1800-00-00~1834-00-00(637책. '奎12813') ④ 1834-00-00~1849-00-00(199책. '奎12814') ⑤ 1849-00-00~1863-00-00(220책. '奎12815') ⑥ 1863-00-00~1907-00-00(562책. '奎12816')>

1793년

<계축(癸丑), 정조 17년, 건륭 58년>

1793-01-01~1793-12-14(癸丑).「전객사일기(典客司日記)」40, 예조(禮曹) 전객사(典客司) 편(編). <1책(40/99). 119장. 필사본. 한자+이두. 조선 필사 이두 자료. 서울대학교 규장각 한국학연구원 홈페이지 원문 이미지 보기> <1640-01-22~1641-12-23(1)>

1793-01-04. **이희섭 분급문기**(李希燮分給文記), 이희섭. <1장. 한자+이두. 조선 필사 이두 자료. 경북 경주시 안강읍 옥산리 여주 이씨 장산서원·치암 종택 구장. 한국학중앙연구원 장서각 소장. 한국학중앙연구원 장서각 한국고문서자료관 홈페이지 원문 이미지 보기. 한국정신문화연구원 편(2003) 참고>

1793-01-04~1793-12-26.「결속색등록(結束色謄錄)」, 병조(兵曹) 편(編). <1책(6). 110장. 필사본. 한자+이두. 이두 자료. 서울대학교 규장각 한국학연구원 홈페이지

---

731 호남권 한국학자료센터 홈페이지에서는 '김생원댁(金生員宅) 패지(牌旨)'로 표시하였다.

1787년~1891년 낙질본 107책(1792년(건륭 57년), 1811년(가경 16년) 하, 1816년 (가경 21년), 1817년(가경 22년), 1824년(도광 4년), 1831년(도광 11년), 1871년(동치 10년), 1885년(광서 11년) 없음) 원문 이미지 보기>

1793-01-07. **정래부·이정복 등 토지매매명문**(鄭來復李貞福等土地賣買明文), 이석주 (李錫周). <1장. 한자+이두. 조선 필사 이두 자료. 경북 안동시 주촌 진성 이씨 경류정 소장. 한국학중앙연구원 장서각 한국고문서자료관 홈페이지 원문 이미지 와 텍스트 보기. 한국정신문화연구원 편(1999) 참고>

1793-01-08. **김정하 토지매매명문**(金鼎夏土地賣買明文), 이동필(李東苾).[732] <1장. 한 자+이두. 조선 필사 이두 자료. 전북 부안군 우반 부안 김씨 세덕각 소장. 한국학 중앙연구원 장서각 한국고문서자료관 홈페이지 & 호남권 한국학자료센터 홈페 이지 원문 이미지와 텍스트 보기. 박병호(1974ㄱ), 한국정신문화연구원 편(1983, 1998), 이재수(2003), 한국학중앙연구원 편(2017) 참고>

1793-01-11. **강응신 토지매매명문**(姜應新土地賣買明文), 고 조이(高召史). <1장. 한자 +이두. 조선 필사 이두 자료. 제주 장전리 진주 강씨 강태복가 소장. 호남권 한국 학자료센터 홈페이지 원문 이미지와 텍스트 보기. 최승희(1989), 고창석(2002) 참 고>

1793-01-12~1876-00-00. 「금위영요람(**禁衛營要覽**)」, 금위영 편(編). <5책. 필사본. 한자+이두. 조선 필사 이두 자료. 한국학중앙연구원 디지털장서각 홈페이지 'K2-3298' 원문 이미지와 텍스트 보기>

1793-01-13. **득손 자매문기**(得孫自賣文記), 득손. <1장. 점련문서. 한자+이두. 조선 필사 이두 자료. 경북 안동시 오천 광산 김씨 후조당 소장. 한국학중앙연구원 장서각 한국고문서자료관 홈페이지 원문 이미지와 텍스트 보기. 한국정신문화연 구원 편(1982) 참고>

1793-01-16. **권성복 토지매매명문**(權聖復土地賣買明文), 권사언(權士彦). <1장. 한자 +이두. 조선 필사 이두 자료. 경북 예천군 용문면 대제리 원동 권씨 춘우재 고택

---

732 한국학중앙연구원 장서각 한국고문서자료관 홈페이지에서는 발급자를 '**김동필**(金東苾)'로 잘못 표시했다.

구장. 한국국학진흥원 소장. 한국학자료센터 영남권역센터 홈페이지 원문 이미지와 텍스트 보기. 김성갑(2013) 참고>

1793-01-17. **강윤재 토지매매명문**(姜允才土地賣買明文), 이뭉치(李無應致). <1장. 한자+이두. 조선 필사 이두 자료. 경북 예천군 용문면 대제리 원동 권씨 춘우재 고택 구장. 한국국학진흥원 소장. 한국학자료센터 영남권역센터 홈페이지 원문 이미지와 텍스트 보기. 김성갑(2013) 참고>

1793-01-17. **윤성은 고목**(尹聖殷告目) 윤성은. <1장. 한자+이두. 조선 필사 이두 자료. 대전시 무수동 안동 권씨 유회당 종택 소장. 한국학중앙연구원 장서각 한국고문서자료관 홈페이지 원문 이미지 보기. 한국학중앙연구원 편(2007) 참고>

1793-01-19. **상하계 하유사 오획골 토지매매명문**(上下稧下有司吳畵骨土地賣買明文), 김 생원 댁 노 봉용(金生員宅奴奉用). <1장. 한자+이두. 조선 필사 이두 자료. 전남 나주시 회진 나주 임씨 창계 후손가 소장. 한국학중앙연구원 장서각 한국고문서자료관 홈페이지 원문 이미지 보기. 한국정신문화연구원 편(2003) 참고>

1793-01-19. **이녹손 토지매매명문**(李祿孫土地賣買明文), 승 수성(僧守誠). <1장. 한자+이두. 조선 필사 이두 자료. 경북 고령군 대가야읍 본관 1리 홍와 고택 구장. 한국국학진흥원 소장. 한국학자료센터 영남권역센터 홈페이지 원문 이미지와 텍스트 보기. 김성갑(2013) 참고>

1793-01-25. **강승주 토지매매명문**(姜承周土地賣買明文), 김환득(金還得). <1장. 한자+이두. 조선 필사 이두 자료. 경북 안동시 주촌 진성 이씨 경류정 소장. 한국학중앙연구원 장서각 한국고문서자료관 홈페이지 원문 이미지와 텍스트 보기. 한국정신문화연구원 편(1999) 참고>

1793-01-00. **노 봉용 배지**(奴奉用牌旨), 상전 김(上典金). <1장. 한자+이두. 조선 필사 이두 자료. 전남 나주시 회진 나주 임씨 창계 후손가 소장. 한국학중앙연구원 장서각 한국고문서자료관 홈페이지 원문 이미지 보기. 한국정신문화연구원 편(2003) 참고>

1793-02-02. **김정렬 토지매매명문**(金鼎烈土地賣買明文), 김복영(金福永). <1장. 한자+이두. 조선 필사 이두 자료. 전북 부안군 우반 부안 김씨 세덕각 소장. 한국학중앙연구원 장서각 한국고문서자료관 홈페이지 & 호남권 한국학자료센터 홈페이

지 원문 이미지와 텍스트 보기. 박병호(1974ㄱ), 한국정신문화연구원 편(1983, 1998), 이재수(2003), 한국학중앙연구원 편(2017) 참고>

1793-02-06. **김인택 고목**(金仁澤告目) 1, 김인택. <1장. 한자+이두. 조선 필사 이두 자료. 대전시 무수동 안동 권씨 유회당 종택 소장. 한국학중앙연구원 장서각 한국고문서자료관 홈페이지 원문 이미지 보기. 한국학중앙연구원 편(2007) 참고>

1793-02-12. **김흥수 고목**(金興洙告目) 1, 김흥수. <1장. 한자+이두. 조선 필사 이두 자료. 대전시 무수동 안동 권씨 유회당 종택 소장. 한국학중앙연구원 장서각 한국고문서자료관 홈페이지 원문 이미지 보기. 한국학중앙연구원 편(2007) 참고>

1793-02-12. **윤자산 댁 노 세재 토지매매명문**(尹子山宅奴世才土地賣買明文), 복산(卜山). <1장. 한자+이두. 조선 필사 이두 자료. 일본 경도대학 가와이문고 소장. 고려대학교 해외한국학자료센터 홈페이지 원문 이미지 보기>

1793-02-15. **김인협 고목**(金仁協告目) 1, 김인협. <1장. 한자+이두. 조선 필사 이두 자료. 대전시 무수동 안동 권씨 유회당 종택 소장. 한국학중앙연구원 장서각 한국고문서자료관 홈페이지 원문 이미지 보기. 한국학중앙연구원 편(2007) 참고>

1793-02-19. **김흥수 고목**(金興洙告目) 2, 김흥수. <1장. 한자+이두. 조선 필사 이두 자료. 대전시 무수동 안동 권씨 유회당 종택 소장. 한국학중앙연구원 장서각 한국고문서자료관 홈페이지 원문 이미지 보기. 한국학중앙연구원 편(2007) 참고>

1793-02-26. **김인협 고목**(金仁協告目) 2, 김인협. <1장. 한자+이두. 조선 필사 이두 자료. 대전시 무수동 안동 권씨 유회당 종택 소장. 한국학중앙연구원 장서각 한국고문서자료관 홈페이지 원문 이미지 보기. 한국학중앙연구원 편(2007) 참고>

1793-02-27. **김인협 고목**(金仁協告目) 3, 김인협. <1장. 한자+이두. 조선 필사 이두 자료. 대전시 무수동 안동 권씨 유회당 종택 소장. 한국학중앙연구원 장서각 한국고문서자료관 홈페이지 원문 이미지 보기. 한국학중앙연구원 편(2007) 참고>

1793-02-27. **나봉의 고목**(羅鳳儀告目) 1, 나봉의. <1장. 한자+이두. 조선 필사 이두 자료. 대전시 무수동 안동 권씨 유회당 종택 소장. 한국학중앙연구원 장서각 한국고문서자료관 홈페이지 원문 이미지 보기. 한국학중앙연구원 편(2007) 참고>

1793-02-28. **김인협 고목**(金仁協告目) 4, 김인협. <1장. 한자+이두. 조선 필사 이두 자료. 대전시 무수동 안동 권씨 유회당 종택 소장. 한국학중앙연구원 장서각 한국

고문서자료관 홈페이지 원문 이미지 보기. 한국학중앙연구원 편(2007) 참고>

1793-02-28. **김 생원 댁 노 유삼 토지매매명문**(金生員宅奴有三土地賣買明文),[733] 한량 이덕손(閑良李德孫). <1장. 한자+이두. 조선 필사 이두 자료. 안동 천전 의성 김씨 지촌 종택 구장. 한국국학진흥원 소장. 한국학중앙연구원 장서각 한국고문서자료관 홈페이지 원문 이미지와 텍스트 보기. 한국정신문화연구원 편(1990) 참고>

1793-02-29. **김인협 고목**(金仁協告目) 5, 김인협. <1장. 한자+이두. 조선 필사 이두 자료. 대전시 무수동 안동 권씨 유회당 종택 소장. 한국학중앙연구원 장서각 한국고문서자료관 홈페이지 원문 이미지 보기. 한국학중앙연구원 편(2007) 참고>

1793-02-30.[734] **김인택 고목**(金仁澤告目) 2, 김인택. <1장. 한자+이두. 조선 필사 이두 자료. 대전시 무수동 안동 권씨 유회당 종택 소장. 한국학중앙연구원 장서각 한국고문서자료관 홈페이지 원문 이미지 보기. 한국학중앙연구원 편(2007) 참고>

1793-02-00. **이진하 상서**(李鎭夏上書), 이진하. <1장. 한자+이두. 조선 필사 이두 자료. 전남 나주시 회진 나주 임씨 창계 후손가 소장. 한국학중앙연구원 장서각 한국고문서자료관 홈페이지 원문 이미지 보기. 한국정신문화연구원 편(2003) 참고>

1793-03-01. **김흥수 고목**(金興洙告目) 3, 김흥수. <1장. 한자+이두. 조선 필사 이두 자료. 대전시 무수동 안동 권씨 유회당 종택 소장. 한국학중앙연구원 장서각 한국고문서자료관 홈페이지 원문 이미지 보기. 한국학중앙연구원 편(2007) 참고>

1793-03-01. **유학 변시원 토지매매명문**(幼學邊始元土地賣買明文),[735] 권경언(權慶彦). <1장. 한자+이두. 조선 필사 이두 자료. 경북 예천군 용문면 대제리 원동 권씨 춘우재 고택 구장. 한국국학진흥원 소장. 한국학자료센터 영남권역센터 홈페이지 원문 이미지와 텍스트 보기. 김성갑(2013) 참고>

1793-03-02. **김흥수 고목**(金興洙告目) 4, 김흥수. <1장. 한자+이두. 조선 필사 이두

---

[733] 한국학중앙연구원 장서각 한국고문서자료관 홈페이지에서는 '1793년 유삼(有三) 토지매매문 (土地賣買明文)'으로 표시하였다.

[734] 원문 그대로 인용하였다.

[735] 한국학자료센터 영남권역센터 홈페이지에서는 '1793년 변시원(邊始元) 토지매매명문'으로 표시 하였다.

자료. 대전시 무수동 안동 권씨 유회당 종택 소장. 한국학중앙연구원 장서각 한국고문서자료관 홈페이지 원문 이미지 보기. 한국학중앙연구원 편(2007) 참고>

1793-03-04. **박필 토지매매명문**(朴必土地賣買明文), 사노 점태(私奴占太). <1장. 한자+이두. 조선 필사 이두 자료. 경북 안동시 주촌 진성 이씨 경류정 소장. 한국학중앙연구원 장서각 한국고문서자료관 홈페이지 원문 이미지와 텍스트 보기. 한국정신문화연구원 편(1999) 참고>

1793-03-07. **유■■ 토지매매명문**(柳■■土地賣買明文),[736] 전주 금(田主琴). <1장. 한자+이두. 조선 필사 이두 자료. 경북 안동시 오천 광산 김씨 후조당 소장. 한국학중앙연구원 장서각 한국고문서자료관 홈페이지 원문 이미지와 텍스트 보기. 한국정신문화연구원 편(1982) 참고>

1793-03-10. **김인택 고목**(金仁澤告目) 3, 김인택. <1장. 한자+이두. 조선 필사 이두 자료. 대전시 무수동 안동 권씨 유회당 종택 소장. 한국학중앙연구원 장서각 한국고문서자료관 홈페이지 원문 이미지 보기. 한국학중앙연구원 편(2007) 참고>

1793-03-11. **이태영 토지매매명문**(李泰永土地賣買明文), 손영업(孫永業). <1장. 한자+이두. 조선 필사 이두 자료. 안동 천전 의성 김씨 지촌 종택 구장. 한국국학진흥원 소장. 한국학중앙연구원 장서각 한국고문서자료관 홈페이지 원문 이미지와 텍스트 보기. 한국정신문화연구원 편(1990) 참고>

1793-03-13. **김인택 고목**(金仁澤告目) 4, 김인택. <1장. 한자+이두. 조선 필사 이두 자료. 대전시 무수동 안동 권씨 유회당 종택 소장. 한국학중앙연구원 장서각 한국고문서자료관 홈페이지 원문 이미지 보기. 한국학중앙연구원 편(2007) 참고>

1793-03-22. **나봉의 고목**(羅鳳儀告目) 2, 나봉의. <1장. 한자+이두. 조선 필사 이두 자료. 대전시 무수동 안동 권씨 유회당 종택 소장. 한국학중앙연구원 장서각 한국고문서자료관 홈페이지 원문 이미지 보기. 한국학중앙연구원 편(2007) 참고>

1793-03-27. **유명덕 고목**(柳命德告目) 1, 유명덕. <1장. 한자+이두. 조선 필사 이두 자료. 대전시 무수동 안동 권씨 유회당 종택 소장. 한국학중앙연구원 장서각 한국

---

[736] 한국학중앙연구원 장서각 한국고문서자료관 홈페이지에서는 '1793년 유모(柳某) 토지매매명문(土地賣買明文)'으로 표시하였다.

고문서자료관 홈페이지 원문 이미지 보기. 한국학중앙연구원 편(2007) 참고>

1793-03-28. **유명덕 고목**(柳命德告目) 2, 유명덕. <1장. 한자+이두. 조선 필사 이두 자료. 대전시 무수동 안동 권씨 유회당 종택 소장. 한국학중앙연구원 장서각 한국고문서자료관 홈페이지 원문 이미지 보기. 한국학중앙연구원 편(2007) 참고>

1793-03-29. **권강언 토지매매명문**(權綱彦土地賣買明文), 권■■. <1장. 한자+이두. 조선 필사 이두 자료. 경북 예천군 용문면 대제리 원동 권씨 춘우재 고택 구장. 한국국학진흥원 소장. 한국학자료센터 영남권역센터 홈페이지 원문 이미지와 텍스트 보기. 김성갑(2013) 참고>

1793-03-29. **장지선 고목**(張志善告目), 장지선. <1장. 한자+이두. 조선 필사 이두 자료. 대전시 무수동 안동 권씨 유회당 종택 구장. 대전 선사박물관 소장. 한국학중앙연구원 장서각 한국고문서자료관 홈페이지 원문 이미지 보기. 한국학중앙연구원 편(2007) 참고>

1793-04-12. **형 토지매매명문**(兄土地賣買明文), 이희형(李希詗). <1장. 한자+이두. 조선 필사 이두 자료. 경북 경주시 안강읍 옥산리 여주 이씨 장산서원·치암 종택 구장. 한국학중앙연구원 장서각 소장. 한국학중앙연구원 장서각 한국고문서자료관 홈페이지 원문 이미지 보기. 한국정신문화연구원 편(2003) 참고>

1793-04-17. **유학 이희 토지매매명문**(幼學李希土地賣買明文), 유학 이희대(幼學李希大). <1장. 한자+이두. 조선 필사 이두 자료. 경북 경주시 안강읍 옥산리 여주 이씨 장산서원·치암 종택 구장. 한국학중앙연구원 장서각 소장. 한국학중앙연구원 장서각 한국고문서자료관 홈페이지 원문 이미지 보기. 한국정신문화연구원 편(2003) 참고>

1793-04-20. **사노 장업 토지매매명문**(私奴張業土地賣買明文) 1, 권(權). <1장. 한자+이두. 조선 필사 이두 자료. 경북 예천군 용문면 대제리 원동 권씨 춘우재 고택 구장. 한국국학진흥원 소장. 한국학자료센터 영남권역센터 홈페이지 원문 이미지와 텍스트 보기. 김성갑(2013) 참고>

1793-05-01. **사노 장업 토지매매명문**(私奴張業土地賣買明文) 2, 김 씨 노 손돌(金氏奴孫乭). <1장. 한자+이두. 조선 필사 이두 자료. 경북 예천군 용문면 대제리 원동 권씨 춘우재 고택 구장. 한국국학진흥원 소장. 한국학자료센터 영남권역센터 홈

페이지 원문 이미지와 텍스트 보기. 김성갑(2013) 참고>

1793-05-13. **이희모 가사매매명문**(李希謨家舍賣買明文), 손완구(孫完九). <1장. 한자+이두. 조선 필사 이두 자료. 경북 경주시 안강읍 옥산리 여주 이씨 장산서원·치암 종택 구장. 한국학중앙연구원 장서각 소장. 한국학중앙연구원 장서각 한국고문서자료관 홈페이지 원문 이미지 보기. 한국정신문화연구원 편(2003) 참고>

1793-05-00. **강응신 차정**(姜應新差定), 제주목(濟州牧). <1장. 한자+이두. 조선 필사 이두 자료. 제주 장전리 진주 강씨 강태복가 소장. 호남권 한국학자료센터 홈페이지 원문 이미지와 텍스트 보기>

1793-06-18. **유이주 장자 구처기**(柳爾冑長子區處記), 유이주. <1장. 한자+이두. 조선 필사 이두 자료. 전남 구례군 토지면 오미리 문화 류씨 운조루 소장. 한국학중앙연구원 장서각 한국고문서자료관 홈페이지 원문 이미지와 텍스트 보기. 한국정신문화연구원 편(1998) 참고>

1793-06-18. **유이주 차자 구처기**(柳爾冑次子區處記), 유이주. <1장. 한자+이두. 조선 필사 이두 자료. 전남 구례군 토지면 오미리 문화 류씨 운조루 소장. 한국학중앙연구원 장서각 한국고문서자료관 홈페이지 원문 이미지와 텍스트 보기. 한국정신문화연구원 편(1998) 참고>

1793-07-00. **고산현감 송계래 정사**(高山縣監宋啓來呈辭) 1, 송계래. <1장. 한자+이두. 조선 필사 이두 자료. 대전 회덕 은진 송씨 동춘당 후손가 구장. 대전시립박물관 소장. 한국학중앙연구원 장서각 한국고문서자료관 홈페이지 원문 이미지 보기. 한국학중앙연구원 편(2006) 참고>

1793-08-09. **이사공 선혜청 공사지 공인권 매매명문**(李思恭宣惠廳公事紙貢人權賣買明文), 김시복(金時福). <1장. 한자+이두. 조선 필사 이두 자료. 일본 경도대학 가와이문고 소장. 고려대학교 해외한국학자료센터 홈페이지 원문 이미지 보기>

1793-08-18. **유이주 가사전민도문기**(柳爾冑家舍田民都文記), 유이주. <1장. 한자+이두. 조선 필사 이두 자료. 전남 구례군 토지면 오미리 문화 류씨 운조루 소장. 한국학중앙연구원 장서각 한국고문서자료관 홈페이지 원문 이미지와 텍스트 보기. 한국정신문화연구원 편(1998) 참고>

1793-08-00. **고산현감 송계래 정사**(高山縣監宋啓來呈辭) 2, 송계래. <1장. 한자+이

두. 조선 필사 이두 자료. 대전 회덕 은진 송씨 동춘당 후손가 구장. 대전시립박물관 소장. 한국학중앙연구원 장서각 한국고문서자료관 홈페이지 원문 이미지 보기. 한국학중앙연구원 편(2006) 참고>

1793-09-13. **유학 공인환 수기**(幼學孔燐煥手記), 공인환. <1장. 한자+이두. 조선 필사 이두 자료. 경북 경주시 내남면 이조리 경주 최씨·용산서원 소장. 한국학중앙연구원 장서각 한국고문서자료관 홈페이지 원문 이미지 보기. 한국정신문화연구원 편(2000) 참고>

1793-10-15. **용산서원 완문**(龍山書院完文), 토포사(討捕使). <1장. 한자+이두. 조선 필사 이두 자료. 경북 경주시 내남면 이조리 경주 최씨·용산서원 소장. 한국학중앙연구원 장서각 한국고문서자료관 홈페이지 원문 이미지 보기. 한국정신문화연구원 편(2000) 참고>

1793-10-16. **이자산 댁 토지매매명문**(李慈山宅土地賣買明文), 계원(契員). <1장. 한자+이두. 조선 필사 이두 자료. 경북 성주 명곡 벽진 이씨 완석정 종택 소장. 한국학중앙연구원 장서각 한국고문서자료관 홈페이지 원문 이미지 보기. 한국학중앙연구원 편(2009) 참고>

1793-11-05. **풍헌 임홍원 서목**(風憲林弘遠書目) 1, 풍헌. <1장. 한자+이두. 조선 필사 이두 자료. 전남 나주시 회진 나주 임씨 창계 후손가 소장. 한국학중앙연구원 장서각 한국고문서자료관 홈페이지 원문 이미지 보기. 한국정신문화연구원 편(2003) 참고>

1793-11-29. **나주목사 전령**(羅州牧使傳令), 나주목(羅州牧). <1장. 한자+이두. 조선 필사 이두 자료. 전남 나주시 회진 나주 임씨 창계 후손가 소장. 한국학중앙연구원 장서각 한국고문서자료관 홈페이지 원문 이미지 보기. 최승희(1989), 한국정신문화연구원 편(2003) 참고>

1793-11-30. **강봉휴 토지매매명문**(姜鳳休土地賣買明文), 김귀택(金貴澤). <1장. 한자+이두. 조선 필사 이두 자료. 제주 어도내산 진주 강씨가 구장. 제주 한림 강우석 소장. 호남권 한국학자료센터 홈페이지 원문 이미지와 텍스트 보기. 오성찬(1994), 이재수(2003), 오창명(2007) 참고>

1793-11-00.[737] **예조 입안**(禮曹立案),[738] 예조(禮曹). <1장. 한자+이두. 조선 필사 이두

자료. 한국국학진흥원 소장. 한국국학진흥원 유교넷 홈페이지 원문 이미지 보기>

1793-12-01. **풍헌 임홍원 서목**(風憲林弘遠書目) 2, 풍헌. <1장. 한자+이두. 조선 필사 이두 자료. 전남 나주시 회진 나주 임씨 창계 후손가 소장. 한국학중앙연구원 장서각 한국고문서자료관 홈페이지 원문 이미지 보기. 한국정신문화연구원 편 (2003) 참고>

1793-12-03. **정철손 토지매매명문**(鄭喆孫土地賣買明文), 유학 정환욱(幼學鄭煥旭). <1장. 한자+이두. 조선 필사 이두 자료. 전북대학교 박물관 소장. 호남권 한국학 자료센터 홈페이지 원문 이미지와 텍스트 보기. 최승희(1989), 정구복 외(1999), 이재수(2003) 참고>

1793-12-07.[739] **박영손 토지매매명문**(朴英孫土地賣買明文),[740] 김득강(金得江). <1장. 한자+이두. 조선 필사 이두 자료. 경북 안동시 법흥동 고성 이씨 탑동 종가 구장. 한국국학진흥원 소장. 한국국학진흥원 유교넷 홈페이지 원문 이미지 보기>

1793-12-16.[741] **문중 첨 표문**(門中僉表文),[742] 권준(權遵) 등. <1장. 한자+이두. 조선 필사 이두 자료. 경북 안동시 안동 권씨 이우당 종택 구장. 한국국학진흥원 소장. 한국국학진흥원 유교넷 홈페이지 원문 이미지와 텍스트 보기>

1793-12-16. **신 생원 댁 노 수원 시장문기**(辛生員宅奴水元柴場文記), 서팽석(徐彭石). <1장. 한자+이두. 조선 필사 이두 자료. 전남 영광군 입석 영월 신씨 소장. 한국학중앙연구원 장서각 한국고문서자료관 홈페이지 원문 이미지와 텍스트 보기. 한국정신문화연구원 편(1996) 참고>

---

737 한국국학진흥원 유교넷 홈페이지 '해제'에서는 '12월에 작성한'으로 잘못 적었다.
738 한국국학진흥원 유교넷 홈페이지에서는 문서명을 '고익주가 고치영을 양자로 맞아들이기 위해 합의한 입안'으로 표시하였다.
739 한국국학진흥원 유교넷 홈페이지의 '해제'에서는 '12월 11일'로 잘못 적었다.
740 한국국학진흥원 유교넷 홈페이지에서는 문서명을 '1793년 김득강이 박영손에게 땅을 매도한 사실을 증명하는 전답매매문기'로 표시하였다.
741 한국국학진흥원 유교넷 홈페이지의 '해제'에서는 '11월 16일에 작성했다'고 잘못 적었다.
742 한국국학진흥원 유교넷 홈페이지에서는 문서명을 '1793년 권준 등 6명 등이 문중 여러 어른들에게 종가 소유의 땅을 매매함을 알리는 표문'으로 표시하였다.

1793-12-20. **이희성 별급문기**(李希誠別給文記), 이희성. <1장. 한자+이두. 조선 필사 이두 자료. 경북 경주시 안강읍 옥산리 여주 이씨 독락당 소장. 한국학중앙연구원 장서각 한국고문서자료관 홈페이지 원문 이미지 보기. 한국정신문화연구원 편(2003) 참고>

1793-12-22. **김중익 고목**(金重檍告目), 김중익. <1장. 한자+이두. 조선 필사 이두 자료. 대전시 무수동 안동 권씨 유회당 종택 소장. 한국학중앙연구원 장서각 한국고문서자료관 홈페이지 원문 이미지 보기. 한국학중앙연구원 편(2007) 참고>

1793-00-00. **김유기 차정첩**(金裕己差定帖), 이조(吏曹). <1장. 한자+이두. 조선 필사 이두 자료. 대전·청양 안동 김씨 삼당 후손가 소장. 한국학중앙연구원 장서각 한국고문서자료관 홈페이지 원문 이미지 보기. 한국정신문화연구원 편(2003) 참고>

1793-00-00. **이달서 등 계**(李達瑞等啓), 이달서 등. <1장. 한자+이두. 조선 필사 이두 자료. 경북 안동시 법흥동 고성 이씨 임청각 구장. 한국학중앙연구원 장서각 소장. 한국학중앙연구원 장서각 한국고문서자료관 홈페이지 원문 이미지 보기. 한국정신문화연구원 편(2000) 참고>

1793-00-00.「제반식례(諸般式例)」, 이완기(李完基) 찬(撰). <1책. 28장. 필사본. 한자+이두. 조선 필사 이두 자료. 한국학중앙연구원 장서각 소장. 한국학중앙연구원 한국학 디지털 아카이브 홈페이지 원문 이미지와 텍스트 보기>

1793-00-00.「종묘의궤별록(宗廟儀軌別錄)」,[743] 의궤청(儀軌廳) 편(編). <1책. 20장, 필사본. 개장한 표지의 표제는 '(正宗癸丑別錄)宗廟儀軌'. '宗廟儀軌別錄目錄'으로 시작한다. 한자+이두. 조선 필사 이두 자료. 한국학중앙연구원 디지털장서각 홈페이지 'K2-5210' 원문 이미지와 텍스트 보기>

1793-00-00.「종묘의궤속록(宗廟儀軌續錄)」,[744] 종묘서(宗廟署) 편(編). <1책. 82장. 필사본. 표제는 '(正宗癸丑續錄)宗廟儀軌'. '宗廟儀軌續錄凡例'로 시작한다. 한자+이

---

[743] 한국학중앙연구원 디지털장서각 홈페이지 서명을 '종묘의궤(宗廟儀軌)'로 적었다.
[744] 한국학중앙연구원 디지털장서각 홈페이지 '상세정보'의 '서지사항'에서는 '표지 서명은 '宗廟儀軌'이고 권수제가 따로 없으므로 서명은 표지 서명을 근거로 하였다.'고 설명하면서 서명은 표제와 다르게 '宗廟儀軌續錄'으로 적었다.

두. 조선 필사 이두 자료. 한국학중앙연구원 디지털장서각 홈페이지 'K2-2197' 원문 이미지와 텍스트 보기>

1794년

<갑인(甲寅), 정조 18년, 건륭 59년>

1794-01-01~1794-12-16(甲寅). 「갑인년 전객사일기(甲寅年 典客司日記)」 41, 예조(禮曹) 전객사(典客司) 편(編). <1책(41/99). 86장. 필사본. 한자+이두. 조선 필사 이두 자료. 서울대학교 규장각 한국학연구원 홈페이지 원문 이미지 보기> <1640-01-22~1641-12-23(1)>

1794-01-01~1794-12-29. 「건륭 59년 갑인 결속색등록(乾隆五十九年甲寅 結束色謄錄)」, 병조(兵曹) 편(編). <1책(7). 142장. 필사본. 필사 시기 미상. 한자+이두. 조선 필사 이두 자료. 서울대학교 규장각 한국학연구원 홈페이지 1787년~1891년 낙질본 107책(1792년(건륭 57년), 1811년(가경 16년) 하, 1816년(가경 21년), 1817년(가경 22년), 1824년(도광 4년), 1831년(도광 11년), 1871년(동치 10년), 1885년(광서 11년) 없음) 원문 이미지 보기>

1794-01-01~1810-12-27(丙寅~庚午). 「진상등록(進上謄錄)」 제24, 예조(禮曹) 편(編). <1책(5/6). 108장. 필사본. 필사 시기 미상. 한자+이두. 조선 필사 이두 자료. 서울대학교 규장각 한국학연구원 홈페이지 낙질본(第17-20, 第24-25) 원문 이미지 보기> <1767-09-11~1772-12-27(제17)>

1794-01-19. **김정하 토지매매명문**(金鼎夏土地賣買明文), 김수량(金壽良). <1장. 한자+이두. 조선 필사 이두 자료. 전북 부안군 우반 부안 김씨 세덕각 소장. 한국학중앙연구원 장서각 한국고문서자료관 홈페이지 & 호남권 한국학자료센터 홈페이지 원문 이미지와 텍스트 보기. 박병호(1974ㄱ), 한국정신문화연구원 편(1983, 1998), 이재수(2003), 한국학중앙연구원 편(2017) 참고>

1794-01-26.[745] **이 생원 댁 호노 소돌만 토지매매명문**(李生員宅戶奴小乭萬土地賣買明文),[746] 전답주 계선(田畓主戒先). <1장. 한자+이두. 조선 필사 이두 자료. 영양

남씨 난고 종택 구장. 한국국학진흥원 소장. 한국국학진흥원 유교넷 홈페이지 원문 이미지 보기>

1794-01-27. **용덕손 토지매매명문**(龍德孫土地賣買明文), 용천동(龍天動). <1장. 한자+이두. 조선 필사 이두 자료. 전북대학교 박물관 소장. 호남권 한국학자료센터 홈페이지 원문 이미지와 텍스트 보기. 박병호(1974ㄱ), 최승희(1989), 이재수(2003), 박준호(2004), 전경목 외(2006) 참고>

1794-01-00. 「현륭원행행절목(**顯隆園幸行節目**)」, 편자 미상. <1책. 126장. 필사본. 한자+이두. 조선 필사 이두 자료. 서울대학교 규장각 한국학연구원 홈페이지 '奎12209의7' 원문 이미지와 텍스트 보기>

1794-02-10. **박원숙 토지매매명문**(朴元叔土地賣買明文), 이 조이(李召史). <1장. 한자+이두. 조선 필사 이두 자료. 전남 영광 마산 경주 이씨가 구장. 진안 용담호미술관 소장. 호남권 한국학자료센터 홈페이지 원문 이미지와 텍스트 보기. 박병호(1974ㄱ), 최승희(1989), 이재수(2003) 참고>

1794-02-10. **이삼 토지매매명문**(李三土地賣買明文),[747] 주지만(朱之萬). <1장. 한자+이두. 조선 필사 이두 자료. 경북 안동시 풍산읍 오미리 풍산 김씨 영감 댁 구장. 한국국학진흥원 소장. 한국국학진흥원 유교넷 홈페이지 원문 이미지와 텍스트 보기>

1794-03-10. **윤신계 댁 노 금복 토지매매명문**(尹薪癸宅奴今福土地賣買明文) 1, 박삼동(朴三同). <1장. 한자+이두. 조선 필사 이두 자료. 일본 경도대학 가와이문고 소장. 고려대학교 해외한국학자료센터 홈페이지 원문 이미지 보기>

1794-03-10. ■■■ **토지매매명문**(■■■土地賣買明文), 김덕손(金德孫). <1장. 한자+이두. 조선 필사 이두 자료. 경북 안동시 오천 광산 김씨 후조당 소장. 한국학중앙

---

745 한국국학진흥원 유교넷 홈페이지 '해제'에서는 '5월 206일 호노(戶奴) 소돌이(小乭伊)에게'로 잘못 적었다.

746 한국국학진흥원 유교넷 홈페이지에서는 문서명을 '영양남씨 나노종택 건륭 59년에 밭주인 계선과 이생원댁 호노 소돌마 사이에 작성된 토지매매문기[11054]'로 표시하였다.

747 한국국학진흥원 유교넷 홈페이지에서는 문서명을 '충산김씨 영감댁 계축년 2월에 전주 주지만과 이삼처 사이에 작성된 명문(明文) [10403]'으로 표시하였다.

연구원 장서각 한국고문서자료관 홈페이지 원문 이미지와 텍스트 보기. 한국정신문화연구원 편(1982) 참고>

1794-03-11. **유학 임도 토지매매명문**(幼學林燾土地賣買明文), 유학 김■■(幼學金■■). <1장. 한자+이두. 조선 필사 이두 자료. 전북 임실 둔덕 평택 임씨가 소장. 호남권 한국학자료센터 홈페이지 원문 이미지와 텍스트 보기. 최승희(1989), 이재수(2003) 참고>

1794-03-12. **윤신계 댁 노 금복 토지매매명문**(尹薪癸宅奴今福土地賣買明文) 2, 조세관(趙世官). <1장. 한자+이두. 조선 필사 이두 자료. 일본 경도대학 가와이문고 소장. 고려대학교 해외한국학자료센터 홈페이지 원문 이미지 보기>

1794-03-13. **이영채 토지매매명문**(李英彩土地賣買明文), 구만욱(具萬郁). <1장. 한자+이두. 조선 필사 이두 자료. 전남 영광군 입석 영월 신씨 소장. 한국학중앙연구원 장서각 한국고문서자료관 홈페이지 원문 이미지와 텍스트 보기. 한국정신문화연구원 편(1996) 참고>

1794-03-16. **족인 가사매매명문**(族人家舍賣買明文),[748] 최한(崔漢). <1장. 한자+이두. 조선 필사 이두 자료. 대구 칠계 경주 최씨 백불암 종중 구장. 안동대학교 박물관 소장. 한국학자료센터 영남권역센터 홈페이지 원문 이미지와 텍스트 보기. 박병호(1974ㄱ), 최승희(1989), 이재수(2003), 이수건 외(2004) 참고>

1794-03-19. **장 씨 토지매매명문**(張氏土地賣買明文), 이동신(李東信). <1장. 한자+이두. 조선 필사 이두 자료. 전남 영광군 입석 영월 신씨 소장. 한국학중앙연구원 장서각 한국고문서자료관 홈페이지 원문 이미지와 텍스트 보기. 한국정신문화연구원 편(1996) 참고>

1794-04-15. **송사욱 토지매매명문**(宋士郁土地賣買明文), 송규욱(宋圭郁). <1장. 한자+이두. 조선 필사 이두 자료. 전북대학교 박물관 소장. 호남권 한국학자료센터 홈페이지 원문 이미지와 텍스트 보기>

1794-04-00. **이희형 등 상서**(李希詗等上書), 이희형. <1장. 한자+이두. 조선 필사

---

[748] 한국학자료센터 영남권역센터 홈페이지에서는 '최한(崔漢) 가사매매명문(家舍賣買明文)'으로 표시하였다.

이두 자료. 경북 경주시 안강읍 옥산리 여주 이씨 독락당 소장. 한국학중앙연구원 장서각 한국고문서자료관 홈페이지 원문 이미지 보기. 한국정신문화연구원 편(2003) 참고>

1794-05-00. **박한대·박희영·박사주 등 소지**(朴漢大朴熙寧朴師周等所志), 박한대·박희영·박사주 등. <1장. 한자+이두. 조선 필사 이두 자료. 경북 영해 도곡 무안 박씨 무의공 종택 소장. 한국학중앙연구원 장서각 한국고문서자료관 홈페이지 원문 이미지 보기. 한국학중앙연구원 편(2008) 참고>

1794-06-17. **전주 류씨 문중 노 ■■ 토지매매명문**(全州柳氏門中奴■■土地賣買明文), 홍태(洪太). <1장. 한자+이두. 조선 필사 이두 자료. 경북 안동시 수곡면 전주 류씨 수곡파 대야 고택 구장. 한국국학진흥원 소장. 한국학자료센터 영남권역센터 홈페이지 원문 이미지와 텍스트 보기>

1794-06-22. **양득희 토지매매명문**(楊得熙土地賣買明文), 박일봉(朴日奉). <1장. 한자+이두. 조선 필사 이두 자료. 전북 순창 구미 남원 양씨가 소장. 호남권 한국학자료센터 홈페이지 원문 이미지와 텍스트 보기. 박병호(1974ㄱ), 최승희(1989), 정구복 외(1999) 참고>

1794-07-00. **임홍원 상서**(林鴻遠上書), 임홍원. <1장. 한자+이두. 조선 필사 이두 자료. 전남 나주시 회진 나주 임씨 창계 후손가 소장. 한국학중앙연구원 장서각 한국고문서자료관 홈페이지 원문 이미지 보기. 한국정신문화연구원 편(2003) 참고>

1794-08-23. **김 좌랑 노 일선 토지매매명문**(金佐郞奴日先土地賣買明文), 전주 댁 노 괴봉(田主宅奴怪奉). <1장. 한자+이두. 조선 필사 이두 자료. 해남 노송 김해 김씨 노송사 소장. 한국학중앙연구원 장서각 한국고문서자료관 홈페이지 & 호남권 한국학자료센터 홈페이지 원문 이미지와 텍스트 보기. 최승희(1989), 한국정신문화연구원 편(1998), 조정곤(2013) 참고>

1794-08-00. **고산현감 송계래 정사**(高山縣監宋啓來呈辭), 송계래. <1장. 한자+이두. 조선 필사 이두 자료. 대전 회덕 은진 송씨 동춘당 후손가 구장. 대전시립박물관 소장. 한국학중앙연구원 장서각 한국고문서자료관 홈페이지 원문 이미지 보기. 한국학중앙연구원 편(2006) 참고>

1794-08-00. **김 생원 댁 노 석산 소지**(金生員宅奴石山所志), 석산. <1장. 한자+이두. 조선 필사 이두 자료. 전북 부안군 우반 부안 김씨 세덕각 소장. 호남권 한국학자료센터 홈페이지 원문 이미지와 텍스트 보기. 전경목(2001), 전경목 외(2006) 참고>

1794-08-00. **노 석산 소지**(奴石山所志), 석산. <1장. 한자+이두. 조선 필사 이두 자료. 전북 부안군 우반 부안 김씨 세덕각 소장. 한국학중앙연구원 장서각 한국고문서자료관 홈페이지 원문 이미지와 텍스트 보기. 한국정신문화연구원 편(1983, 1998), 한국학중앙연구원 편(2017) 참고>

1794-08-00. **류이좌 첩**(柳台佐帖),[749] 이조(吏曹). <1장. 한자+이두. 조선 필사 이두 자료. 풍산 류씨 하회마을 북촌 댁 화경당 구장. 한국국학진흥원 소장. 한국국학진흥원 유교넷 홈페이지 원문 이미지 보기>

1794-09-02. **박현진 수기**(朴顯晋手記), 박현진. <1장. 한자+이두. 조선 필사 이두 자료. 남원·구례 삭녕 최씨 구장. 한국학중앙연구원 장서각 소장. 한국학중앙연구원 장서각 한국고문서자료관 홈페이지 원문 이미지 보기. 한국정신문화연구원 편(2004) 참고>

1794-09-14. **이협성 해유문서**(李協聖解由文書), 관찰사(觀察使). <1장. 한자+이두. 조선 필사 이두 자료. 전북 익산 왕궁 이인승 소장. 호남권 한국학자료센터 홈페이지 원문 이미지와 텍스트 보기. 박병호(1974ㄱ), 최승희(1989), 정구복 외(1999) 참고>

1794-09-00. **경상도 영양현 등출쇄마 절목**(慶尙道英陽縣謄出刷馬節目), 경상도 영양현. <18장. 한자+이두. 조선 필사 이두 자료. 경북 영양군 일월면 도계리 영양향교 구장. 영남대학교 민족문화연구소 소장. 한국학자료센터 영남권역센터 홈페이지 원문 이미지와 텍스트 보기. 영남대학교 민족문화연구소 편(1992) 참고>

1794-10-00. **조덕린 완문**(趙德潾完文),[750] 관(官). <1장. 한자+이두. 조선 필사 이두 자료. 경북 영양군 일월면 주곡리 한양 조씨 옥천 종택 구장. 한국국학진흥원

---

[749] 한국국학진흥원 유교넷 홈페이지에서는 문서명을 '이조(吏曹)에서 건륭(乾隆) 59년(1794) 8월 류이좌(柳台佐)를 권지승문원부정자(權知承文院副正字)로 임명하면서 내린 첩(帖)'으로 표시하였다.

[750] 한국학자료센터 영남권역센터 홈페이지에서는 '조덕린(趙德潾) 분묘 묘지기 잡역 면제 완문(完文)'으로 표시하였다.

소장. 한국학자료센터 영남권역센터 홈페이지 원문 이미지와 텍스트 보기>

1794-11-24. **강봉휴 토지매매명문**(姜鳳休土地賣買明文), 양진원(梁進遠). <1장. 한자+이두. 조선 필사 이두 자료. 제주 어도내산 진주 강씨가 구장. 제주 한림 강우석 소장. 호남권 한국학자료센터 홈페이지 원문 이미지와 텍스트 보기. 오성찬(1994), 이재수(2003), 오창명(2007) 참고>

1794-11-27. **토지매매명문**(土地賣買明文),[751] 전주 최한(田主崔漢). <1장. 한자+이두. 조선 필사 이두 자료. 대구 칠계 경주 최씨 백불암 종중 구장. 안동대학교 박물관 소장. 한국학자료센터 영남권역센터 홈페이지 원문 이미지와 텍스트 보기. 박병호(1974ㄱ), 최승희(1989), 이재수(2003), 이수건 외(2004) 참고>

1794-11-29. **윤자산 댁 노 세재 토지매매명문**(尹子山宅奴世才土地賣買明文), 이 생원 댁 노 태산(李生員宅奴太山). <1장. 한자+이두. 조선 필사 이두 자료. 일본 경도대학 가와이문고 소장. 고려대학교 해외한국학자료센터 홈페이지 원문 이미지 보기>

1794-11-00. **이승연 소지**(李承延所志), 이승연. <1장. 한자+이두. 조선 필사 이두 자료. 상주 연안 이씨 이만부 종가 소장. 한국학중앙연구원 장서각 한국고문서자료관 홈페이지 원문 이미지 보기>

1794-11-00. **충의위 손선 등장**(忠義衛孫銑等狀), 손선. <1장. 한자+이두. 조선 필사 이두 자료. 경주 양동 경주 손씨 송첨 종택 소장. 한국학중앙연구원 장서각 한국고문서자료관 홈페이지 원문 이미지 보기. 최승희(1989), 한국정신문화연구원 편(1997) 참고>

1794-12-06. **장한신 토지매매명문**(張漢臣土地賣買明文), 김홍좌(金弘佐). <1장. 한자+이두. 조선 필사 이두 자료. 전남 화순 내서 홍성 장씨가 구장. 광주광역시 이정옥 소장. 호남권 한국학자료센터 홈페이지 원문 이미지와 텍스트 보기. 최승희(1989), 정구복 외(1999) 참고>

1794-12-08. **이명록 토지매매명문**(李命祿土地賣買明文), 주경량(朱敬亮). <1장. 한자

---

[751] 한국학자료센터 영남권역센터 홈페이지에서는 '최한(崔漢) 토지매매명문(土地賣買明文)'으로 표시하였다.

+이두. 조선 필사 이두 자료. 전북 진안 개화 전주 이씨가 소장. 호남권 한국학자료센터 홈페이지 원문 이미지와 텍스트 보기. 최승희(1989), 이재수(2003), 채현경(2011ㄱ) 참고>

1794-12-10~1796-03-29(甲寅~丙辰). 「원행을묘정리의궤(園幸乙卯整理儀軌)」 1~7, 정조(正祖) 명편(命編). <정리자본. 권수(卷首) 제외 부편 포함 낙질본 7책. 표제와 판심제는 '整理儀軌'. 한자+이두. 이두 자료. 서울대학교 규장각 한국학연구원 홈페이지 낙질본 원문 이미지 보기> <영인본: 「규장각 자료 총서 금호 시리즈 의궤편」(서울대학교 규장각, 1994)>

1794-12-18. 김 생원 댁 노 석산 토지매매명문(金生員宅奴石山土地賣買明文), 이사봉(李士鳳). <1장. 한자+이두. 조선 필사 이두 자료. 전북 부안군 우반 부안 김씨 세탁각 소장. 한국학중앙연구원 장서각 한국고문서자료관 홈페이지 & 호남권 한국학자료센터 홈페이지 원문 이미지와 텍스트 보기. 박병호(1974ㄱ), 한국정신문화연구원 편(1983, 1998), 이재수(2003), 한국학중앙연구원 편(2017) 참고>

1794-12-19. 신 생원 시장문기(辛生員柴場文記),[752] 양시원(梁時元). <1장. 한자+이두. 조선 필사 이두 자료. 전남 영광군 입석 영월 신씨 소장. 한국학중앙연구원 장서각 한국고문서자료관 홈페이지 원문 이미지와 텍스트 보기. 한국정신문화연구원 편(1996) 참고>

1794-12-21. 강봉휴 표문(姜鳳休表文), 강봉우(姜鳳羽). <1장. 한자+이두. 조선 필사 이두 자료. 제주 어도내산 진주 강씨가 구장. 제주 한림 강우석 소장. 호남권 한국학자료센터 홈페이지 원문 이미지와 텍스트 보기. 김재문(1986) 참고>

1794-12-00. 박희영 등 소지(朴熙寧等所志), 박희영 등. <1장. 한자+이두. 조선 필사 이두 자료. 영해 도곡 무안 박씨 무의공 종택 소장. 한국학중앙연구원 장서각 한국고문서자료관 홈페이지 원문 이미지 보기. 한국학중앙연구원 편(2008) 참고>

1794-00-00. 「특교정식(特敎定式)」, 예조(禮曹) 편(編). <1책. 112장. 필사본. 한자+이

---

[752] 한국학중앙연구원 장서각 한국고문서자료관 홈페이지에서는 '생원(生員) 신(辛) 시장문기(柴場文記)'로 표시하였다.

두. 조선 필사 이두 자료. 법제서. 서울대학교 규장각 한국학연구원 홈페이지 '古951.009-T296' 원문 이미지와 텍스트 보기>

1794-00-00~1890-00-00. 「함흥영흥양본궁춘추봉과등록(咸興永興兩本宮春秋封裹謄錄)」, 규장각(奎章閣) 편(編). <5책. 필사본. 한자+이두. 조선 필사 이두 자료. 서울대학교 규장각 한국학연구원 홈페이지 '奎1969' 원문 이미지와 텍스트 보기>

1794-00-00 이후 기입 추정. 「근사록(近思錄)」, 송나라 주희(朱熹)·송나라 여조겸(呂祖謙) 공저(共著). <14권 4책. 목판본. 본문에 생획토 기입. 조선 묵서 구결 자료. 국립중앙도서관 홈페이지 원문 이미지 보기>

1794-00-00 이후 기입 추정. 「대학장구보유(大學章句補遺)」, 이언적(李彦迪) 저. <1책 54장. 목판본. 본문 일부에 생획토 기입. 조선 묵서 구결 자료. 국립중앙도서관 홈페이지 원문 이미지 보기>

1794-00-00 이후 기입 추정. 「주서백선(朱書百選)」, 정조(正祖) 편(編). <6권 2책. 정유자본. 본문에 생획토 기입. 조선 묵서 구결 자료. 국립중앙도서관 홈페이지 원문 이미지 보기>

1794-00-00 이후 추정. 「서계집록(書啓輯錄)」, 편자 미상. <9책. 필사본. 표제 없음. 한자+이두. 어사(御使)들의 서계를 집록한 책. 조선 필사 이두 자료. 서울대학교 규장각 한국학연구원 홈페이지 원문 이미지 보기>

1795년

<을묘(乙卯), 정조 19년, 건륭 60년>

1795-01-01~1795-11-27(乙卯). 「전객사일기(典客司日記)」 42, 예조(禮曹) 전객사(典客司) 편(編). <1책(42/99). 86장. 필사본. 한자+이두. 조선 필사 이두 자료. 서울대학교 규장각 한국학연구원 홈페이지 원문 이미지 보기> <1640-01-22~1641-12-23(1)>

1795-01-03. **강재명 노비매매명문**(姜在明奴婢賣買明文) 1, 강봉서(姜鳳瑞). <1장. 한자+이두. 조선 필사 이두 자료. 제주 어도내산 진주 강씨가 구장. 제주 한림 강우

석 소장. 호남권 한국학자료센터 홈페이지 원문 이미지와 텍스트 보기. 최승희(1989), 고창석(1998) 참고>

1795-01-07. **별비소 유사 토지매매명문**(別備所有司土地賣買明文), 김귀선(金貴先). <1장. 한자+이두. 조선 필사 이두 자료. 경북 안동시 주촌 진성 이씨 경류정 구장. 서울역사박물관 소장. 한국학중앙연구원 장서각 한국고문서자료관 홈페이지 원문 이미지와 텍스트 보기. 한국정신문화연구원 편(1999) 참고>

1795-01-08. **강재명 노비매매명문**(姜在明奴婢賣買明文) 2, 정태교(鄭泰僑). <1장. 한자+이두. 조선 필사 이두 자료. 제주 어도내산 진주 강씨가 구장. 제주 한림 강우석 소장. 호남권 한국학자료센터 홈페이지 원문 이미지와 텍스트 보기. 최승희(1989), 고창석(1998) 참고>

1795-01-20. **강대옹 토지매매명문**(姜大翁土地賣買明文) 1, 진주 강 씨(田主姜氏). <1장. 한자+이두. 조선 필사 이두 자료. 제주 장전리 진주 강씨 강태복가 소장. 호남권 한국학자료센터 홈페이지 원문 이미지와 텍스트 보기. 최승희(1989), 고창석(2002) 참고>

1795-01-21. **송안군 묘직 김귀선 토지매매명문**(松安君墓直金貴先土地賣買明文),[753] 광흥사 승 추익(廣興寺僧秋益). <1장. 한자+이두. 조선 필사 이두 자료. 경북 안동시 주촌 진성 이씨 경류정 소장. 한국학중앙연구원 장서각 한국고문서자료관 홈페이지 원문 이미지와 텍스트 보기. 한국정신문화연구원 편(1999) 참고>

1795-01-28. **■■■ 토지매매명문**(■■■土地賣買明文), 유학 김시공(幼學金是工). <1장. 한자+이두. 조선 필사 이두 자료. 경북 안동시 오천 광산 김씨 후조당 소장. 한국학중앙연구원 장서각 한국고문서자료관 홈페이지 원문 이미지와 텍스트 보기. 박병호(1974ㄱ), 한국정신문화연구원 편(1982), 최승희(1989) 참고>

1795-02-06. **김덕팔 토지매매명문**(金德八土地賣買明文), 백순재(白順才).[754] <1장. 한자+이두. 조선 필사 이두 자료. 전남 구례군 토지면 오미리 문화 류씨 운조루

---

[753] 한국학중앙연구원 장서각 한국고문서자료관 홈페이지에서는 '1795년 김귀선(金貴先) 토지매매명문(土地賣買明文)'으로 표시하였다.

[754] 한국학중앙연구원 장서각 한국고문서자료관 홈페이지 '작성주체'에서는 '백순촌(白順寸)'으로 표시하였다.

소장. 한국학중앙연구원 장서각 한국고문서자료관 홈페이지 원문 이미지와 텍스트 보기. 한국정신문화연구원 편(1998) 참고>

1795-02-06. **노은■ 토지매매명문**(老隱■土地賣買明文), 한태업(韓泰業). <1장. 한자+이두. 조선 필사 이두 자료. 안동 천전 의성 김씨 지촌 종택 구장. 한국국학진흥원 소장. 한국학중앙연구원 장서각 한국고문서자료관 홈페이지 & 한국국학진흥원 유교넷 홈페이지 원문 이미지와 텍스트 보기. 한국정신문화연구원 편(1990) 참고>

1795-02-17. **유학 장전 토지매매명문**(幼學張瀍土地賣買明文), 장란(張瀾). <1장. 한자+이두. 조선 필사 이두 자료. 전남 구례군 토지면 오미리 문화 류씨 운조루 소장. 한국학중앙연구원 장서각 한국고문서자료관 홈페이지 원문 이미지와 텍스트 보기. 한국정신문화연구원 편(1998) 참고>

1795-02-19. **김낙일 토지매매명문**(金洛一土地賣買明文), 답주 유학 내종제 박몽곤(畓主幼學內從弟朴夢坤). <1장. 한자+이두. 조선 필사 이두 자료. 해남 노송 김해 김씨 노송사 소장. 한국학중앙연구원 장서각 한국고문서자료관 홈페이지 & 호남권 한국학자료센터 홈페이지 원문 이미지와 텍스트 보기. 최승희(1989), 한국정신문화연구원 편(1998), 조정곤(2013) 참고>

1795-02-19. **박일남 토지매매명문**(朴一南土地賣買明文), 박순봉(朴順奉). <1장. 한자+이두. 조선 필사 이두 자료. 해남 노송 김해 김씨 노송사 소장. 한국학중앙연구원 장서각 한국고문서자료관 홈페이지 & 호남권 한국학자료센터 홈페이지 원문 이미지와 텍스트 보기. 최승희(1989), 한국정신문화연구원 편(1998), 조정곤(2013) 참고>

1795-02-21. **김 생원 댁 노 석산 토지매매명문**(金生員宅奴石山土地賣買明文) 1, 이의랑(李儀良). <1장. 한자+이두. 조선 필사 이두 자료. 전북 부안군 우반 부안 김씨 세덕각 소장. 한국학중앙연구원 장서각 한국고문서자료관 홈페이지 & 호남권 한국학자료센터 홈페이지 원문 이미지와 텍스트 보기. 박병호(1974ㄱ), 한국정신문화연구원 편(1983, 1998), 이재수(2003), 한국학중앙연구원 편(2017) 참고>

1795-02-22. **강응신 토지매매명문**(姜應新土地賣買明文) 1, 이처귀(李處貴). <1장. 한자+이두. 조선 필사 이두 자료. 제주 장전리 진주 강씨 강태복가 소장. 호남권

한국학자료센터 홈페이지 원문 이미지와 텍스트 보기. 최승희(1989), 고창석(2002) 참고>

1795-02-26. **김시일 토지매매명문**(金始一土地賣買明文), 삼촌 숙부 김진복(三寸叔父 金鎭福). <1장. 한자+이두. 조선 필사 이두 자료. 전남 보성 박실 제주 양씨가 구장. 원광대학교 박물관 소장. 호남권 한국학자료센터 홈페이지 원문 이미지와 텍스트 보기. 박병호(1974ㄱ), 이재수(2003) 참고>

1795-윤2-26. **이 이유휘 고목**(吏李有徽告目), 이유휘. <1장. 한자+이두. 조선 필사 이두 자료. 전남 나주시 회진 나주 임씨 창계 후손가 소장. 한국학중앙연구원 장서각 한국고문서자료관 홈페이지 원문 이미지 보기. 한국정신문화연구원 편(2003) 참고>

1795-윤2-00. **박희복 소지**(朴熙復所志), 박희복. <1장. 한자+이두. 조선 필사 이두 자료. 영해 도곡 무안 박씨 무의공 종택 소장. 한국학중앙연구원 장서각 한국고문서자료관 홈페이지 원문 이미지 보기. 한국학중앙연구원 편(2008) 참고>

1795-윤2-00. **박희영·박희하·박사주 등 소지**(朴熙寧朴熙夏朴師周等所志), 박희영·박희하·박사 등. <1장. 한자+이두. 조선 필사 이두 자료. 영해 도곡 무안 박씨 무의공 종택 소장. 한국학중앙연구원 장서각 한국고문서자료관 홈페이지 원문 이미지 보기. 한국학중앙연구원 편(2008) 참고>

1795-03-01. **용산서원 완문**(龍山書院完文), 우후(虞候). <1장. 한자+이두. 조선 필사 이두 자료. 경북 경주시 내남면 이조리 경주 최씨·용산서원 소장. 한국학중앙연구원 장서각 한국고문서자료관 홈페이지 원문 이미지 보기. 한국정신문화연구원 편(2000) 참고>

1795-03-01. **용산서원 완문**(龍山書院完文), 좌병영(左兵營). <1장. 한자+이두. 조선 필사 이두 자료. 경북 경주시 내남면 이조리 경주 최씨·용산서원 소장. 한국학중앙연구원 장서각 한국고문서자료관 홈페이지 원문 이미지 보기. 한국정신문화연구원 편(2000) 참고>

1795-03-04. **강봉휴 토지매매명문**(姜鳳休土地賣買明文) 1, 홍인천(洪仁千). <1장. 한자+이두. 조선 필사 이두 자료. 제주 어도내산 진주 강씨가 구장. 제주 한림 강우석 소장. 호남권 한국학자료센터 홈페이지 원문 이미지와 텍스트 보기. 오성찬

(1994), 이재수(2003), 오창명(2007) 참고>

1795-03-05. **강봉휴 토지매매명문**(姜鳳休土地賣買明文) 2, 강시흥(姜時興). <1장. 한자+이두. 조선 필사 이두 자료. 제주 어도내산 진주 강씨가 구장. 제주 한림 강우석 소장. 호남권 한국학자료센터 홈페이지 원문 이미지와 텍스트 보기. 오성찬(1994), 이재수(2003), 오창명(2007) 참고>

1795-03-08. **산인 이환 토지매매명문**(山人理還土地賣買明文),[755] 이동춘(李同春). <1장. 한자+이두. 조선 필사 이두 자료. 전남 보성군 용문 낭주 최씨가 구장. 광주광역시 이정옥 소장. 호남권 한국학자료센터 홈페이지 원문 이미지와 텍스트 보기. 최승희(1989), 정구복 외(1999) 참고>

1795-03-19. **강재명 노비매매명문**(姜在明奴婢賣買明文) 3, 김초영(金初英). <1장. 한자+이두. 조선 필사 이두 자료. 제주 어도내산 진주 강씨가 구장. 제주 한림 강우석 소장. 호남권 한국학자료센터 홈페이지 원문 이미지와 텍스트 보기. 최승희(1989), 고창석(1998) 참고>

1795-03-00. **김 생원 노 호동 소지**(金生員奴虎童所志), 호동. <1장. 한자+이두. 조선 필사 이두 자료. 전북 부안군 우반 부안 김씨 세덕각 소장. 한국학중앙연구원 장서각 한국고문서자료관 홈페이지 & 호남권 한국학자료센터 홈페이지 원문 이미지와 텍스트 보기. 한국정신문화연구원 편(1983, 1998), 전경목(2001), 전경목 외(2006), 한국학중앙연구원 편(2017) 참고>

1795-03-00. **박희영·박사주·박세주 등 소지**(朴熙寧朴師周朴世周等所志), 박희영·박사주·박세주 등. <1장. 한자+이두. 조선 필사 이두 자료. 영해 도곡 무안 박씨 무의공 종택 소장. 한국학중앙연구원 장서각 한국고문서자료관 홈페이지 원문 이미지 보기. 한국학중앙연구원 편(2008) 참고>

1795-04-03~1815-02-04(乙卯~乙亥).「치제등록(**致祭謄錄**)」제3, 예조(禮曹) 편(編). <1책. 165장. 전3책. 필사본. 필사 시기 미상. 한자+이두. 조선 필사 이두 자료. 서울대학교 규장각 한국학연구원 홈페이지 원문 이미지 보기> <1724-04-05~

---

[755] 호남권 한국학자료센터 홈페이지에서는 '이환(理還) 토지매매명문(土地賣買明文)'으로 표시하였다.

1734-06-26(甲辰~甲寅) 제1, 1756-04-26~1783-07-02(丙子~癸卯) 제2>

1795-04-04. **권감 토지매매명문**(權堪土地賣買明文), 권세병(權世秉). <1장. 한자+이두. 조선 필사 이두 자료. 대전시 무수동 안동 권씨 유회당 종택 소장. 한국학중앙연구원 장서각 한국고문서자료관 홈페이지 원문 이미지 보기. 한국학중앙연구원 편(2007) 참고>

1795-04-10. **권 노 장업 토지매매명문**(權奴長業土地賣買明文), 문중 동장 권 등(門中洞長權等). <1장. 한자+이두. 조선 필사 이두 자료. 경북 예천군 용문면 대제리 원동 권씨 춘우재 고택 구장. 한국국학진흥원 소장. 한국학자료센터 영남권역센터 홈페이지 원문 이미지와 텍스트 보기. 김성갑(2013) 참고>

1795-04-12. **김성집·송복흥 초사**(金星集宋復興招辭), 김성집·송복흥. <1장. 한자+이두. 조선 필사 이두 자료. 제주 어도내산 진주 강씨가 구장. 제주 한림 강우석 소장. 호남권 한국학자료센터 홈페이지 원문 이미지와 텍스트 보기. 최연숙(2005), 이정수·김희호(2008) 참고>

1795-04-12. **김초영 초사**(金初英招辭), 김초영. <1장. 한자+이두. 조선 필사 이두 자료. 제주 어도내산 진주 강씨가 구장. 제주 한림 강우석 소장. 호남권 한국학자료센터 홈페이지 원문 이미지와 텍스트 보기. 최연숙(2005), 이정수·김희호(2008) 참고>

1795-04-17. **선혜청 공사지 공인권 매매명문**(宣惠廳公事紙貢人權賣買明文),[756] 이사공(李思恭). <1장. 한자+이두. 조선 필사 이두 자료. 일본 경도대학 가와이문고 소장. 고려대학교 해외한국학자료센터 홈페이지 원문 이미지 보기>

1795-04-00. **강봉휴 소지**(姜鳳休所志) 1, 강봉휴. <1장. 한자+이두. 조선 필사 이두 자료. 제주 어도내산 진주 강씨가 구장. 제주 한림 강우석 소장. 호남권 한국학자료센터 홈페이지 원문 이미지와 텍스트 보기. 오창명(2007) 참고>

1795-04-00. **강재명 소지**(姜在明所志), 강재명. <1장. 한자+이두. 조선 필사 이두

---

[756] 고려대학교 해외한국학자료센터 홈페이지에서는 '이사공(李思恭) 방매 선혜청(宣惠廳) 공사지(公事紙) 공인권(貢人權) 매매명문(賣買明文)'으로 표시하였다. 매입자 이름을 적는 부분은 공백으로 남겨져 있다.

자료. 제주 어도내산 진주 강씨가 구장. 제주 한림 강우석 소장. 호남권 한국학자료센터 홈페이지 원문 이미지와 텍스트 보기. 최승희(1989), 고창석(1996, 2000) 참고>

1795-04-00. **강재명 입안**(姜在明立案) 1, 제주목(濟州牧). <1장. 한자+이두. 조선 필사 이두 자료. 제주 어도내산 진주 강씨가 구장. 제주 한림 강우석 소장. 호남권 한국학자료센터 홈페이지 원문 이미지와 텍스트 보기. 최승희(1989), 고창석(1996) 참고>

1795-04-■■. **유학 오응진 토지매매명문**(幼學吳應眞土地賣買明文), 유학 조계천(幼學曹啓天). <1장. 한자+이두. 조선 필사 이두 자료. 전북대학교 박물관 소장. 호남권 한국학자료센터 홈페이지 원문 이미지와 텍스트 보기. 박병호(1974ㄱ), 이재수(2003) 참고>

1795-05-03~1795-12-30. 「건륭 60년 을묘 결속색등록(**乾隆六十年乙卯 結束色謄錄**)」, 병조(兵曹) 편(編). <1책(8). 104장. 필사본. 필사 시기 미상. 한자+이두. 조선 필사 이두 자료. 서울대학교 규장각 한국학연구원 홈페이지 1787년~1891년 낙질본 107책(1792년(건륭 57년), 1811년(가경 16년) 하, 1816년(가경 21년), 1817년(가경 22년), 1824년(도광 4년), 1831(도광 11년), 1871(동치 10년), 1885년(광서 11년) 없음) 원문 이미지 보기>

1795-05-15. **정태교 초사**(鄭泰僑招辭), 정태교. <1장. 한자+이두. 조선 필사 이두 자료. 제주 어도내산 진주 강씨가 구장. 제주 한림 강우석 소장. 호남권 한국학자료센터 홈페이지 원문 이미지와 텍스트 보기. 최연숙(2005), 이정수·김희호(2008) 참고>

1795-05-20. **박채빈·돌매 초사**(朴采賓㐌每招辭), 박채빈·돌매. <1장. 점련문서. 한자+이두. 조선 필사 이두 자료. 경북 안동시 오천 광산 김씨 후조당 소장. 한국학중앙연구원 장서각 한국고문서자료관 홈페이지 원문 이미지와 텍스트 보기. 박병호(1974ㄱ), 한국정신문화연구원 편(1982), 최승희(1989) 참고>

1795-05-20. **별심 초사**(別心招辭), 별심. <1장. 점련문서. 한자+이두. 조선 필사 이두 자료. 경북 안동시 오천 광산 김씨 후조당 소장. 한국학중앙연구원 장서각 한국고문서자료관 홈페이지 원문 이미지와 텍스트 보기. 한국정신문화연구원 편(1982)

참고>

1795-05-00. **강봉휴 입안**(姜鳳休立案), 제주목(濟州牧). <1장. 한자+이두. 조선 필사 이두 자료. 제주 어도내산 진주 강씨가 구장. 제주 한림 강우석 소장. 호남권 한국학자료센터 홈페이지 원문 이미지와 텍스트 보기. 최승희(1989), 고창석 (2000) 참고>

1795-05-00. **강재명 입안**(姜在明立案) 2, 제주목(濟州牧). <1장. 한자+이두. 조선 필사 이두 자료. 제주 어도내산 진주 강씨가 구장. 제주 한림 강우석 소장. 호남권 한국학자료센터 홈페이지 원문 이미지와 텍스트 보기. 최승희(1989), 고창석 (1996, 2000) 참고>

1795-05-00.「옥천사절목(**玉泉寺節目**)」1, 진주 통영(晋州統營). <1책. 10장. 필사본. 표제는 '備邊司節目'. 한자+이두. 조선 필사 이두 자료. 경남 고성 옥천사 보장각 소장. 한국학중앙연구원 장서각 한국고문서자료관 홈페이지 원문 이미지 보기>

1795-05-00. **유근현 소지**(柳謹鉉所志), 유근현. <1장. 점련문서. 한자+이두. 조선 필사 이두 자료. 경북 안동시 오천 광산 김씨 후조당 소장. 한국학중앙연구원 장서각 한국고문서자료관 홈페이지 원문 이미지와 텍스트 보기. 한국정신문화연구원 편(1982) 참고>

1795-05-00. **유근현 입안**(柳謹鉉立案), 신녕현(新寧縣). <1장. 점련문서. 한자+이두. 조선 필사 이두 자료. 경북 안동시 오천 광산 김씨 후조당 소장. 한국학중앙연구원 장서각 한국고문서자료관 홈페이지 원문 이미지와 텍스트 보기. 한국정신문화연구원 편(1982) 참고>

1795-08-01. **구철연 토지매매명문**(具哲連土地賣買明文), 이상신(李尙信). <1장. 한자+이두. 조선 필사 이두 자료. 전남 보성 박실 제주 양씨가 구장. 원광대학교 박물관 소장. 호남권 한국학자료센터 홈페이지 원문 이미지와 텍스트 보기. 김건우(2008), 정수환·이헌창(2008), 채현경(2011ㄱ, 2011ㄴ) 참고>

1795-08-23. **각관 공형 노문**(各官公兄路文), 풍기 서리(豊基書吏). <1장. 한자+이두. 조선 필사 이두 자료. 양주 안흥 광주 정씨 소장. 한국학중앙연구원 장서각 한국고문서자료관 홈페이지 원문 이미지 보기. 한국정신문화연구원 편(2004) 참고>

1795-08-00. **박희영 등 소지**(朴熙寧等所志), 박희영 등. <1장. 한자+이두. 조선 필사

이두 자료. 영해 도곡 무안 박씨 무의공 종택 소장. 한국학중앙연구원 장서각 한국고문서자료관 홈페이지 원문 이미지 보기. 한국학중앙연구원 편(2008) 참고>

1795-08-00. **박희영·박희복·박사주 등 소지**(朴熙寧朴熙復朴師周等所志), 박희영·박희복·박사주 등. <1장. 한자+이두. 조선 필사 이두 자료. 영해 도곡 무안 박씨 무의공 종택 소장. 한국학중앙연구원 장서각 한국고문서자료관 홈페이지 원문 이미지 보기. 한국학중앙연구원 편(2008) 참고>

1795-09-07. **강대옹 토지매매명문**(姜大翁土地賣買明文), 강영완(姜永完). <1장. 한자+이두. 조선 필사 이두 자료. 제주 장전리 진주 강씨 강태복가 소장. 호남권 한국학자료센터 홈페이지 원문 이미지와 텍스트 보기. 최승희(1989), 고창석(2002) 참고>

1795-09-07. **이종영 노비매매명문**(李宗榮奴婢賣買明文), 이우량(李宇亮). <1장. 한자+이두. 조선 필사 이두 자료. 경북 영해 인량 재령 이씨 충효당 구장. 한국국학진흥원 소장. 한국학중앙연구원 장서각 한국고문서자료관 홈페이지 원문 이미지와 텍스트 보기. 한국정신문화연구원 편(1997) 참고>

1795-09-13. **경주 옥산서원 유생 손응익 등 상서**(慶州玉山書院儒生孫應翼等上書), 손응익 등. <1장. 한자+이두. 조선 필사 이두 자료. 경북 경주시 안강읍 옥산서원 소장. 한국학자료센터 영남권역센터 홈페이지 원문 이미지와 텍스트 보기. 이수환(2001) 참고>

1795-09-21. **유학 정시환 토지매매명문**(幼學定時煥土地賣買明文), 유학 선필묵(幼學宣必黙). <1장. 한자+이두. 조선 필사 이두 자료. 전북대학교 박물관 소장. 호남권 한국학자료센터 홈페이지 원문 이미지와 텍스트 보기. 최승희(1989), 정구복 외(1999), 이재수(2003) 참고>

1795-09-00. 「옥천사절목(玉泉寺節目)」 2, 진주 통영(晋州統營). <8장. 필사본. 한자+이두. 조선 필사 이두 자료. 경남 고성 옥천사 보장각 소장. 장서각 한국고문서자료관 홈페이지 원문 이미지 보기>

1795-09-00. 「옥천사절목(玉泉寺節目)」 3, 진주 통영(晋州統營). <6장. 필사본. 한자+이두. 조선 필사 이두 자료. 경남 고성 옥천사 보장각 소장. 장서각 한국고문서자

료관 홈페이지 원문 이미지 보기>

1795-09-00. **정충사 완문**(旌忠祠完文), 예조(禮曹). <1장. 한자+이두. 조선 필사 이두 자료. 남원 대곡 장수 황씨 문중 소장. 호남권 한국학자료센터 홈페이지 원문 이미지와 텍스트 보기. 최승희(1989), 김경숙(2002) 참고>

1795-10-06. **첩정**(牒呈),[757] 이광흡(李光翕). <1장. 한자+이두. 조선 필사 이두 자료. 경북 영해 인량 재령 이씨 존재파 면운재 구장. 한국국학진흥원 소장. 한국국학진흥원 유교넷 홈페이지 원문 이미지 보기>

1795-10-11. **유학 이유성 토지매매명문**(幼學李儒誠土地賣買明文), 안성언(安性彦). <1장. 한자+이두. 조선 필사 이두 자료. 전남 보성군 택촌 죽산 안씨 은봉 종가 소장. 호남권 한국학자료센터 홈페이지 원문 이미지와 텍스트 보기>

1795-10-00. **김숭철 소지**(金崇喆所志), 김숭철. <1장. 한자+이두. 조선 필사 이두 자료. 안동 천전 의성 김씨 지촌 종택 소장. 한국학중앙연구원 장서각 한국고문서자료관 홈페이지 원문 이미지 보기. 한국정신문화연구원 편(1989) 참고>

1795-10-00~1881-09-00. 「어영청전령등록(御營廳傳令謄錄)」, 어영청. <2책. 필사본. 한자+이두. 조선 필사 이두 자료. 한국학중앙연구원 장서각 소장. 한국학중앙연구원 한국학 디지털 아카이브 홈페이지 'K2-3358' 원문 이미지와 텍스트 보기>

1795-11-07. **권 생원 댁 노 장수 토지매매명문**(權生員宅奴長守土地賣買明文), 전주 강윤재(田主姜允才). <1장. 한자+이두. 조선 필사 이두 자료. 경북 예천군 용문면 대제리 원동 권씨 춘우재 고택 구장. 한국국학진흥원 소장. 한국학자료센터 영남권역센터 홈페이지 원문 이미지와 텍스트 보기. 김성갑(2013) 참고>

1795-11-18. **이 생원 댁 노 막석이 토지매매명문**(李生員宅奴莫石伊土地賣買明文),[758] 천명화(千明華). <1장. 한자+이두. 조선 필사 이두 자료. 경북 경주시 안강읍 옥산리 여주 이씨 장산서원·치암 종택 구장. 한국학중앙연구원 장서각 한국고문서자

---

[757] 한국국학진흥원 유교넷 홈페이지에서는 '을묘년 이광흡이 관청에 명을 따르기 어렵다며 올린 첩정'으로 표시하였다.

[758] 한국학중앙연구원 장서각 한국고문서자료관 홈페이지에서는 '이씨가(李氏家) 노(奴) 막석이(莫石伊) 토지매매명문(土地賣買明文)'으로 표시하였다.

료관 홈페이지 원문 이미지 보기. 한국정신문화연구원 편(2003) 참고>

1795-11-19. **송치운 토지매매명문**(宋致雲土地賣買明文), 배중인(裵重仁). <1장. 한자＋이두. 조선 필사 이두 자료. 경북 안동시 안동 권씨 이우당 종택 구장. 한국국학진흥원 소장. 한국학자료센터 영남권역센터 홈페이지 원문 이미지와 텍스트 보기. 박병호(1974ㄱ) 최승희(1989), 이재수(2003). 이수건 외(2004) 참고>

1795-11-27. **박태두 토지매매명문**(朴泰斗土地賣買明文), 박정관(朴廷寬). <1장. 한자＋이두. 조선 필사 이두 자료. 전북 장수군 침곡 충주 박씨가 소장. 호남권 한국학자료센터 홈페이지 원문 이미지와 텍스트 보기. 최승희(1989), 이재수(2003), 채현경(2011ㄱ) 참고>

1795-11-30. **김 생원 댁 노 석산 토지매매명문**(金生員宅奴石山土地賣買明文) 2, 김 생원 댁 노 득위(金生員宅奴德爲). <1장. 한자＋이두. 조선 필사 이두 자료. 전북 부안군 우반 부안 김씨 세덕각 소장. 한국학중앙연구원 장서각 한국고문서자료관 홈페이지 & 호남권 한국학자료센터 홈페이지 원문 이미지와 텍스트 보기. 박병호(1974ㄱ), 한국정신문화연구원 편(1983, 1998), 이재수(2003), 한국학중앙연구원 편(2017) 참고>

1795-11-00. **강봉휴 소지**(姜鳳休所志) 2, 강봉휴. <1장. 한자＋이두. 조선 필사 이두 자료. 제주 어도내산 진주 강씨가 구장. 제주 한림 강우석 소장. 호남권 한국학자료센터 홈페이지 원문 이미지와 텍스트 보기. 박병호(1974ㄱ), 정구복 외(1997), 김경숙(2008) 참고>

1795-11-00. **정배 죄인 송계래 정사**(定配罪人宋啓來呈辭), 송계래. <1장. 한자＋이두. 조선 필사 이두 자료. 대전 회덕 은진 송씨 동춘당 후손가 구장. 대전시립박물관 소장. 한국학중앙연구원 장서각 한국고문서자료관 홈페이지 원문 이미지 보기. 한국학중앙연구원 편(2006) 참고>

1795-11-00. **진주 강씨 문중 등장**(晋州姜氏門中等狀), 강봉휴 등(姜鳳休等). <1장. 한자＋이두. 조선 필사 이두 자료. 제주 어도내산 진주 강씨가 구장. 제주 한림 강우석 소장. 호남권 한국학자료센터 홈페이지 원문 이미지와 텍스트 보기. 오창명(2007) 참고>

1795-12-08. **이성용 토지매매명문**(李成龍土地賣買明文) 1, 유학 이명록(幼學李命祿).

<1장. 한자+이두. 조선 필사 이두 자료. 전북 진안 개화 전주 이씨가 소장. 호남권 한국학자료센터 홈페이지 원문 이미지와 텍스트 보기. 최승희(1989), 이재수(2003), 채현경(2011ㄱ) 참고>

1795-12-08. **이성용 토지매매명문**(李成龍土地賣買明文) 2, 유학 최진건(幼學崔震乾). <1장. 한자+이두. 조선 필사 이두 자료. 전북 진안 개화 전주 이씨가 소장. 호남권 한국학자료센터 홈페이지 원문 이미지와 텍스트 보기. 최승희(1989), 이재수(2003), 채현경(2011ㄱ) 참고>

1795-12-16. **조한국 토지매매명문**(趙漢國土地賣買明文), 조한갈(趙漢葛). <1장. 한자+이두. 조선 필사 이두 자료. 부여 은산 함양 박씨 소장. 한국학중앙연구원 고문서자료관 홈페이지 원문 이미지 보기. 한국정신문화연구원 편(2000) 참고>

1795-12-17. **송형춘 토지매매명문**(宋馨春土地賣買明文), 박백득(朴伯得). <1장. 한자+이두. 조선 필사 이두 자료. 전북대학교 박물관 소장. 호남권 한국학자료센터 홈페이지 원문 이미지와 텍스트 보기>

1795-12-28. **유학 김해운 토지매매명문**(幼學金海運土地賣買明文), 유학 권진수(幼學權進洙). <1장. 한자+이두. 조선 필사 이두 자료. 안동 천전 의성 김씨 지촌 종택 소장. 한국학중앙연구원 장서각 한국고문서자료관 홈페이지 원문 이미지 보기. 한국정신문화연구원 편(1990) 참고>

1795-12-00. **경상도 장기현 산직 쇄마 이폐 절목**(慶尙道長鬐縣山直刷馬釐弊節目), 장기현. <한자+이두. 조선 필사 이두 자료. 경북 포항시 남구 장기면 읍내리 장기향교 구장. 영남대학교 민족문화연구소 소장. 한국학자료센터 영남권역센터 홈페이지 원문 이미지와 텍스트 보기. 영남대학교 민족문화연구소 편(1992) 참고>

1795-■■-25. **강웅신 토지매매명문**(姜應新土地賣買明文) 2, 강영완(姜永完). <1장. 한자+이두. 조선 필사 이두 자료. 제주 장전리 진주 강씨 강태복가 소장. 호남권 한국학자료센터 홈페이지 원문 이미지와 텍스트 보기. 최승희(1989), 고창석(2002) 참고>

1795-00-00. 「선원보략수정의궤(**璿源譜略修正儀軌**)」, 종부시(宗簿寺) 편. <1책. 21장. 필사본. 표제는 '(■寅 乙卯 本寺 正宗十八年)璿源譜略修正儀軌'. 권수제는 '(乾隆五十九年甲寅十二月 日)璿源譜略修正儀軌'. 한자+이두. 조선 필사 이두 자료. 서

울대학교 규장각 한국학연구원 의궤 종합정보 홈페이지 '奎14094' 원문 이미지 보기>

1795-00-00.「영흥본궁의식(永興本宮儀式)」, 편자 미상. <을묘 맹하 함영 간인본(乙卯孟夏咸營刊印本). 1책. 113장. 목판본. 한자+이두. 조선 인쇄 이두 자료. 서울대학교 규장각 한국학연구원 홈페이지 원문 이미지 보기>

1795-00-00.「영흥본궁정례(永興本宮定例)」, 편자 미상. <1책. 91장. 필사본. 표제는 '永興本宮儀式'. 한자+이두. 조서 필사 이두 자료. 서울대학교 규장각 한국학연구원 홈페이지 원문 이미지 보기>

1795-00-00.「옥천사묵방암견역절목(玉泉寺默芳菴蠲役節目)」, 진주목(晋州牧). <1책. 8장. 필사본. 표제는 '默芳菴蠲役節目'. 한자+이두. 조선 필사 이두 자료. 경남 고성 옥천사 보장각 소장. 장서각 한국고문서자료관 홈페이지 원문 이미지 보기>

1795-00-00.「왕대비전가상 존호 경모궁추상 존호 혜경궁가상 존호도감의궤(王大妃殿加上 尊號 景慕宮追上 尊號 惠慶宮加上 尊號都監儀軌)」,[759] 존호도감(尊號都監) 편(編). <1책. 115장. 필사본. '(乾隆六十年乙卯正月 日)王大妃殿加上 尊號 景慕宮追上 尊號 惠慶宮加上 尊號都監儀軌目錄'으로 시작한다. 한자+이두. 조선 필사 이두 자료. 한국학중앙연구원 디지털장서각 홈페이지 'K2-2812' 원문 이미지와 텍스트 보기>

1795-00-00.「왕대비전가상 존호 경모궁추상 존호 혜경궁가상 존호도감의궤(王大妃殿加上 尊號 景慕宮追上 尊號 惠慶宮加上 尊號都監儀軌)」[760] 상·하, 상호도감(上號都監) 편. <2책. 148+169장. 필사본. 상권의 표제는 '(乾隆六十年乙卯正月 日 太白山城上)上 號都監儀軌上'. 권수제는 '(乾隆六十年乙卯正月 日)王大妃殿加上 尊號 景慕宮追上 尊號 惠慶宮加上 尊號都監儀軌'. 한자+이두. 조선 필사 이두 자료. 서울대학교 규장각 한국학연구원 의궤 종합정보 홈페이지 '奎13316' 원문 이미지 보기>

---

[759] 한국학중앙연구원 디지털장서각 홈페이지에서는 서명을 '상호도감의궤(上號都監儀軌)'로 적었다.

[760] 서울대학교 규장각 한국학연구원 의궤 종합정보 홈페이지에서는 서명을 표제나 권수제와는 달리 '정순왕후장헌세자혜빈존호도감의궤(貞純王后莊獻世子惠嬪尊號都監儀軌)'로 적었다.

1795-00-00. 「청장관전서(青莊館全書)」, 이덕무(李德懋) 저, 이광규(李光葵) 편집. <71권 33책. 필사본. 이덕무의 저술을 모아 그의 아들 이광규가 엮은 전집. 서울대학교 규장각 한국학연구원 & 캘리포니아 대학교 아사미문고 낙질본 소장. 서울대학교 규장각 한국학연구원 홈페이지 55권 25책 낙질본 원문 이미지 보기> <영인본: 「한국문집총간」(V. 257~259)(민족문화추진회 영인, 2000)>

1795-00-00. 「함흥본궁의식(咸興本宮儀式)」, 편자 미상. <1책. 93장. 필사본. 한자+이두. 조선 필사 이두 자료. 서울대학교 규장각 한국학연구원 홈페이지 '奎14267' 원문 이미지 보기>

1795-00-00. 「함흥본궁의식(咸興本宮儀式)」, 편자 미상. <을묘 맹하 함영 간인본(乙卯孟夏咸營刊印本). 1책. 114장. 목판본. 한자+이두. 이두 자료. 서울대학교 규장각 한국학연구원 홈페이지 '奎14295' 원문 이미지 보기>

1795-00-00 추정. 「사군지(四郡志)」, 유득공(柳得恭) 편찬·서유구(徐有榘) 교정, 필사. <한사군의 역사서. 지명과 방언 자료. 1910년 조선고서간행회에서 활자본으로 간행>

1796년

<병진(丙辰), 정조 20년, 가경(嘉慶) 1년>

1796-01-01~1796-12-27. 「전객사일기(典客司日記)」 43, 예조(禮曹) 전객사(典客司) 편(編). <1책(43/99). 128장. 필사본. 한자+이두. 조선 필사 이두 자료. 서울대학교 규장각 한국학연구원 홈페이지 원문 이미지 보기>

1796-01-01~1796-12-30. 「결속색등록(結束色謄錄)」, 병조(兵曹) 편(編). <1책(9). 159장. 필사본. 필사 시기 미상. 한자+이두. 조선 필사 이두 자료. 서울대학교 규장각 한국학연구원 홈페이지 1787년~1891년 낙질본 107책(1792년(건륭 57년), 1811년(가경 16년) 하, 1816년(가경 21년), 1817년(가경 22년), 1824년(도광 4년), 1831(도광 11년), 1871년(동치 10년), 1885년(광서 11년) 없음) 원문 이미지 보기>

1796-01-19. **박치대 토지매매명문**(朴致大土地賣買明文), 강상필(姜尙弼). <1장. 한자

+이두. 조선 필사 이두 자료. 경남 합천 용연서원 소장. 한국학중앙연구원 장서각 한국고문서자료관 홈페이지 원문 이미지 보기. 한국정신문화연구원 편(1996) 참고>

1796-01-00. **박희영·박희철·박세주 등 소지**(朴凞寧朴熙喆朴世周等所志), 박희영·박희철·박세주 등. <1장. 한자+이두. 조선 필사 이두 자료. 영해 도곡 무안 박씨 무의공 종택 소장. 한국학중앙연구원 장서각 한국고문서자료관 홈페이지 원문 이미지 보기. 한국학중앙연구원 편(2008) 참고>

1796-02-05. **박성위 토지매매명문**(朴成煒土地賣買明文), 6촌 박성인(六寸朴成仁). <1장. 한자+이두. 조선 필사 이두 자료. 원주시 무릉박물관 소장. 한국학자료센터 강원권역센터 홈페이지 원문 이미지 보기. 최승희(1989), 정수환(2010), 김세민(2013), 김영란(2017) 참고>

1796-02-12. **남유로 토지매매명문**(南有魯土地賣買明文),[761] 이달(李達). <1장. 한자+이두. 조선 필사 이두 자료. 영양 남씨 난고 종택 구장. 한국국학진흥원 소장. 한국국학진흥원 유교넷 홈페이지 원문 이미지와 텍스트 보기>

1796-02-14. **용산서원 토지매매명문**(龍山書院土地賣買明文), 김달용(金達龍). <1장. 한자+이두. 조선 필사 이두 자료. 경북 경주시 내남면 이조리 경주 최씨·용산서원 소장. 한국학중앙연구원 장서각 한국고문서자료관 홈페이지 원문 이미지 보기. 한국정신문화연구원 편(2000) 참고>

1796-02-28. **강봉휴 토지매매명문**(姜鳳休土地賣買明文), 강우한(姜友汗). <1장. 한자+이두. 조선 필사 이두 자료. 제주 어도내산 진주 강씨가 구장. 제주 한림 강우석 소장. 호남권 한국학자료센터 홈페이지 원문 이미지와 텍스트 보기. 오성찬(1994), 이재수(2003), 오창명(2007) 참고>

1796-02-00. **박희영·박사주·박세주 등 소지**(朴凞寧朴師周朴世周等所志), 박희영·박사주·박세주 등. <1장. 한자+이두. 조선 필사 이두 자료. 영해 도곡 무안 박씨 무의공 종택 소장. 한국학중앙연구원 장서각 한국고문서자료관 홈페이지 원문

---

[761] 한국국학진흥원 유교넷 홈페이지에서는 문서명을 '영양남씨 난고종택 건륭 61년에 밭주인 이달과 남유로 사이에 작성된 토지매매문기[11057]'로 표시하였다.

이미지 보기. 한국학중앙연구원 편(2008) 참고>

1796-02-00. **정 음성댁 노 수재 발괄**(鄭陰城宅奴首才白活), 수재. <1장. 한자+이두. 조선 필사 이두 자료. 경기도 양주 사릉 해주 정씨 종가 소장. 한국학중앙연구원 장서각 한국고문서자료관 홈페이지 원문 이미지 보기>

1796-03-02. **최담현·최구현 통문**(崔聃賢崔球賢通文), 최담현·최구현. <1장. 한자+이두. 조선 필사 이두 자료. 남원·구례 삭녕 최씨 구장. 한국학중앙연구원 장서각 소장. 한국학중앙연구원 장서각 한국고문서자료관 홈페이지 원문 이미지 보기. 한국정신문화연구원 편(2004) 참고>

1796-03-04. **용산서원 병조 완문**(龍山書院兵曹完文), 병조. <1장. 한자+이두. 조선 필사 이두 자료. 경북 경주시 내남면 이조리 경주 최씨·용산서원 소장. 한국학중앙연구원 장서각 한국고문서자료관 홈페이지 원문 이미지 보기. 한국정신문화연구원 편(2000) 참고>

1796-03-09. **장자근자 토지매매명문**(張者斤者土地賣買明文), 구철련(具哲連). <1장. 한자+이두. 조선 필사 이두 자료. 전남 보성 박실 제주 양씨가 구장. 원광대학교 박물관 소장. 호남권 한국학자료센터 홈페이지 원문 이미지와 텍스트 보기. 김건우(2008), 정수환·이헌창(2008), 채현경(2011ㄱ, 2011ㄴ) 참고>

1796-03-09. **조형■ 시장문기**(趙亨■柴場文記), 동몽 방귀남(童蒙房貴男)·칠촌숙 한량 방주문(七寸叔閑良房周文). <1장. 한자+이두. 조선 필사 이두 자료. 전남 강진 한양 조씨 조경철 소장. 호남권 한국학자료센터 홈페이지 원문 이미지와 텍스트 보기. 최승희(1989) 참고>

1796-03-27. **용산서원 예조 완문**(龍山書院禮曹完文), 예조. <1장. 한자+이두. 조선 필사 이두 자료. 경북 경주시 내남면 이조리 경주 최씨·용산서원 소장. 한국학중앙연구원 장서각 한국고문서자료관 홈페이지 원문 이미지 보기. 한국정신문화연구원 편(2000) 참고>

1796-03-00. **이병수 처 동래 정씨 계후입안**(李秉洙妻東萊鄭氏繼後立案), 예조(禮曹). <1장. 한자+이두. 조선 필사 이두 자료. 충남 공주시 전주 이씨 숭선군파 종가 소장. 한국학중앙연구원 장서각 한국고문서자료관 홈페이지 원문 이미지 보기>

1796-03-00. **조영조 등 상서**(趙英祚等上書), 조영조 등. <1장. 한자+이두. 조선 필사

이두 자료. 전북 담양군 모현관 소장. 호남권 한국학자료센터 홈페이지 원문 이미지와 텍스트 보기. 최승희(1989), 정구복 외(1999) 참고>

1796-04-16. **진정은 토지매매명문**(晋廷殷土地賣買明文), 최의관(崔宜觀). <1장. 한자+이두. 조선 필사 이두 자료. 전북 임실군 지사 협계태 씨가 소장. 호남권 한국학자료센터 홈페이지 원문 이미지와 텍스트 보기. 박병호(1974ㄱ), 최승희(1989), 이재수(2003) 참고>

1796-04-17. **유학 유덕호 토지매매명문**(幼學柳德浩土地賣買明文) 1, 유학 장활(幼學張潏). <1장. 한자+이두. 조선 필사 이두 자료. 전남 구례군 토지면 오미리 문화 류씨 운조루 소장. 한국학중앙연구원 장서각 한국고문서자료관 홈페이지 원문 이미지와 텍스트 보기. 한국정신문화연구원 편(1998) 참고>

1796-04-17. **유학 유덕호 토지매매명문**(幼學柳德浩土地賣買明文) 2, 유학 장활(幼學張潏). <1장. 한자+이두. 조선 필사 이두 자료. 전남 구례군 토지면 오미리 문화 류씨 운조루 소장. 한국학중앙연구원 장서각 한국고문서자료관 홈페이지 원문 이미지와 텍스트 보기. 한국정신문화연구원 편(1998) 참고>

1796-04-29. **금학산 재사 유사주 댁 토지매매명문**(金鶴山齋舍有司主宅土地賣買明文),[762] 승 탄옥(僧綻玉). <1장. 한자+이두. 조선 필사 이두 자료. 안동 천전 의성 김씨 지촌 종택 소장. 한국학중앙연구원 장서각 한국고문서자료관 홈페이지 & 한국국학진흥원 유교넷 홈페이지 원문 이미지 보기. 한국정신문화연구원 편(1990) 참고>

1796-04-00. **이경춘 등 상서**(李景春等上書), 이경춘 등. <1장. 한자+이두. 조선 필사 이두 자료. 전북 완주군 비봉 반곡서원 소장. 호남권 한국학자료센터 홈페이지 원문 이미지와 텍스트 보기. 박병호(1974ㄱ), 최승희(1989) 참고>

1796-05-00. **강응신 차정**(姜應新差定), 제주목(濟州牧). <1장. 한자+이두. 조선 필사

---

[762] 한국국학진흥원 유교넷 홈페이지에서는 문서명을 '의성김씨 지촌종택 1796년 답 자필 승 탄옥과 금학산재사유사 사이에 작성된 명문(明文(田畓賣買文書)[06541]'로 표시하였으며, 매도자는 '승 탄옥(僧綻玉)'으로 적었다. 그런데 장서각 한국고문서자료관 홈페이지에서는 '김필산재사시주댁(金㻶山齋舍司主宅) 토지매매명문(土地賣買明文)'로 표시하였으며, 매도자는 '승 종옥(僧從玉)'으로 적었다.

이두 자료. 제주 장전리 진주 강씨 강태복가 소장. 호남권 한국학자료센터 홈페이지 원문 이미지와 텍스트 보기. 최승희(1989) 참고>

1796-06-06. **이희모 토지매매명문**(李希謨土地賣買明文), 이립(李岦). <1장. 한자+이두. 조선 필사 이두 자료. 경북 경주시 안강읍 옥산리 여주 이씨 장산서원·치암 종택 구장. 한국학중앙연구원 장서각 소장. 한국학중앙연구원 장서각 한국고문서 자료관 홈페이지 원문 이미지 보기. 한국정신문화연구원 편(2003) 참고>

1796-08-20. **김 진사 댁 직노 권악 토지매매명문**(金進士宅直奴權岳土地賣買明文),[763] 양인 임덕수(良人林德守). <1장. 한자+이두. 조선 필사 이두 자료. 경북 안동시 풍산읍 오미리 풍산 김씨 영감 댁 구장. 한국국학진흥원 소장. 한국국학진흥원 유교넷 홈페이지 원문 이미지 보기>

1796-08-00. **진주 강씨 문중 등장**(晋州姜氏門中等狀), 진주 강씨 문중. <1장. 한자+이두. 조선 필사 이두 자료. 제주 어도내산 진주 강씨가 구장. 제주 한림 강우석 소장. 호남권 한국학자료센터 홈페이지 원문 이미지와 텍스트 보기. 최승희(1989), 전경목(1997), 김경숙(2012) 참고>

1796-10-00. **박희영·박희철·박사주 등 소지**(朴熙寧朴熙喆朴師周等所志), 박희영·박희철·박사주 등. <1장. 한자+이두. 조선 필사 이두 자료. 영해 도곡 무안 박씨 무의공 종택 소장. 한국학중앙연구원 장서각 한국고문서자료관 홈페이지 원문 이미지 보기. 한국학중앙연구원 편(2008) 참고>

1796-11-16. **강재명 허급문기**(姜在明許給文記), 강봉서(姜鳳瑞). <1장. 한자+이두. 조선 필사 이두 자료. 제주 어도내산 진주 강씨가 구장. 제주 한림 강우석 소장. 호남권 한국학자료센터 홈페이지 원문 이미지와 텍스트 보기. 오성찬(1994), 오창명(2007) 참고>

1796-11-17. **김유련 토지매매명문**(金幼鍊土地賣買明文), 금상희(琴象熙). <1장. 점련 문서. 한자+이두. 조선 필사 이두 자료. 경북 안동시 오천 광산 김씨 후조당 소장. 장서각 한국고문서자료관 홈페이지 원문 이미지와 텍스트 보기. 박병호(1974ㄱ),

---

[763] 한국국학진흥원 유교넷 홈페이지에서는 문서명을 '풍산김씨 영감댁 가경 원년에 진주양인 임덕수와 김진사댁 직노 권악 사이에 작성된 명문(明文) [10375]'로 표시하였다.

한국정신문화연구원 편(1982), 최승희(1989) 참고>

1796-11-26. **유덕호 토지매매명문**(柳德浩土地賣買明文), 유만구(柳萬龜). <1장. 한자+이두. 조선 필사 이두 자료. 전남 구례군 토지면 오미리 문화 류씨 운조루 소장. 한국학중앙연구원 장서각 한국고문서자료관 홈페이지 원문 이미지와 텍스트 보기. 한국정신문화연구원 편(1998) 참고>

1796-11-00. **강봉휴 차정첩**(姜鳳休差定帖), 제주목(濟州牧). <1장. 한자+이두. 조선 필사 이두 자료. 제주 어도내산 진주 강씨가 구장. 제주 한림 강우석 소장. 호남권 한국학자료센터 홈페이지 원문 이미지와 텍스트 보기. 최승희(1989), 고창석(2000) 참고>

1796-12-06. **박영곤 토지매매명문**(朴永坤土地賣買明文), 박 진사 댁 노 팽동(朴進士宅奴彭同). <1장. 한자+이두. 조선 필사 이두 자료. 전남 나주시 나주 정씨 정문찬 소장. 호남권 한국학자료센터 홈페이지 원문 이미지와 텍스트 보기. 최승희(1989), 국립민속박물관 편(1991) 참고>

1796-12-06. **정영신 배지**(鄭英臣牌旨), 박 진사(朴進士). <1장. 한자+이두. 조선 필사 이두 자료. 전남 나주시 나주 정씨 정문찬 소장. 호남권 한국학자료센터 홈페이지 원문 이미지와 텍스트 보기. 최승희(1989), 국립민속박물관 편(1991) 참고>

1796-12-10. **김 진사 댁 노 말부리 토지매매명문**(金進士宅奴{末+乙}夫里土地賣買明文),[764] 금군 권정삼(禁軍權丁三). <1장. 한자+이두. 조선 필사 이두 자료. 경북 안동시 풍산읍 오미리 풍산 김씨 영감 댁 구장. 한국국학진흥원 소장. 한국국학진흥원 유교넷 홈페이지 원문 이미지와 텍스트 보기>

1796-12-17. **유재업 토지매매명문**(劉載業土地賣買明文),[765] 유귀주(劉龜周). <1장. 한자+이두. 조선 필사 이두 자료. 경북 예천군 감천면 강릉 유씨 벌방 종가 구장. 한국국학진흥원 소장. 한국학자료센터 영남권역센터 홈페이지 원문 이미지와 텍스트 보기. 김성갑(2013) 참고>

---

[764] 한국국학진흥원 유교넷 홈페이지에서는 문서명을 '풍산김씨 영감댁 가경 원년에 답주 금군 권정삼과 김진사댁 노 (末+乙)부리 사이에 작성된 명문(明文) [1039]'로 표시하였다.

[765] 한국학자료센터 영남권역센터 홈페이지에서는 '문중(門中) 계유사(契有司) 유욱란(劉郁蘭) 토지매매명문(土地賣買明文)'으로 표시하였다.

1796-12-21. **용산서원 사림 서목**(龍山書院士林書目), 용산서원. <1장. 한자+이두. 조선 필사 이두 자료. 경북 경주시 내남면 이조리 경주 최씨·용산서원 소장. 한국학중앙연구원 장서각 한국고문서자료관 홈페이지 원문 이미지 보기. 한국정신문화연구원 편(2000) 참고>

1796-00-00. **김준기 차첩**(金俊起差帖), 강화부(江華府). <1장. 한자+이두. 조선 필사 이두 자료. 전북 부안군 우반 부안 김씨 세덕각 소장. 한국학중앙연구원 장서각 한국고문서자료관 홈페이지 원문 이미지와 텍스트 보기. 한국정신문화연구원 편(1983, 1998), 한국학중앙연구원 편(2017) 참고>

1796-00-00. **위백규 소지**(魏伯珪所志), 위백규. <1장. 한자+이두. 조선 필사 이두 자료. 전남 장흥 방촌 존재 후손가 소장. 호남권 한국학자료센터 홈페이지 원문 이미지 보기. 최승희(1989) 참고>

1796-00-00 이후 기입 추정. 「묘법연화경(**妙法蓮華經**)」<1책. 61장. 목판본. 본문에 생획토 기입. 본문이 끝난 뒤쪽 1장에 생획토와 한글 필사(예: ㄱ익). 조선 묵서 구결 자료. 국립중앙도서관 홈페이지 원문 이미지 보기>

1796-00-00 이후 기입 추정. 「오경백선(**五經百選**)」, 정조(正祖) 편(編). <5권 5책. 필사본. 본문에 생획토 기입. 묵서 구결 자료. 서울대학교 규장각 한국학연구원 홈페이지 '古貴1321-3-v.1-5'의 원문 이미지 보기> <영인본:「규장각자료총서(유학편)」(서울대학교 규장각, 2000)>

1796-00-00 이후 정조(1752년~1800년) 말년 무렵 추정. 「경정선생속집(**敬亭先生續集**)」, 이민성(李民宬) 저. <4권. 목판본. '경정집(敬亭集)'이라고도 한다. 조선 이두 자료. 한국고전종합DB 홈페이지 원문 보기. 한국학중앙연구원 장서각, 연세대학교 도서관 등 소장> <이본: 1664-00-00 무렵> <영인본:「한국문집총간」76(한국고전번역원)>

1797년

<정사(丁巳), 정조 21년, 가경 2년>

1797-01-01~1797-12-14. 「결속색등록(結束色謄錄)」, 병조(兵曹) 편(編). <1책(10). 122장. 필사본. 한자+이두. 조선 필사 이두 자료. 서울대학교 규장각 한국학연구원 홈페이지 1787년~1891년 낙질본 107책(1792년(건륭 57년), 1811년(가경 16년) 하, 1816년(가경 21년), 1817년(가경 22년), 1824년(도광 4년), 1831(도광 11년), 1871년(동치 10년), 1885년(광서 11년) 없음) 원문 이미지 보기>

1797-01-01~1797-12-21(丁巳). 「전객사일기(典客司日記)」 44, 예조(禮曹) 전객사(典客司) 편(編). <1책(44/99). 101장. 필사본. 한자+이두. 조선 필사 이두 자료. 서울대학교 규장각 한국학연구원 홈페이지 원문 이미지 보기>

1797-01-01~1797-12-30(丁巳). 「금영등록(禁營謄錄)」, 금위영(禁衛營) 편(編). <1책(10/15. 낙질본). 93장. 필사본. 한자+이두. 조선 필사 이두 자료. 서울대학교 규장각 한국학연구원 홈페이지 원문 이미지 보기> <1682-02-29~1682-10-09(1/15)>

1797-01-12. **위도립 노비매매명문**(魏道立奴婢賣買明文), 위치극(魏致極). <1장. 한자+이두. 조선 필사 이두 자료. 전남 장흥 방촌 존재 후손가 소장. 호남권 한국학자료센터 홈페이지 원문 이미지 보기. 최승희(1989), 정구복 외(1999), 전경목 외(2006) 참고>

1797-01-13. **임홍원 계**(林弘遠啓), 임홍원. <1장. 한자+이두. 조선 필사 이두 자료. 전남 나주시 회진 나주 임씨 창계 후손가 소장. 한국학중앙연구원 장서각 한국고문서자료관 홈페이지 원문 이미지 보기. 한국정신문화연구원 편(2003) 참고>

1797-01-27. **강집양 노비매매명문**(姜執壤奴婢賣買明文), 노주 박근수(奴主朴根秀). <1장. 한자+이두. 조선 필사 이두 자료. 제주시 제주교육박물관 소장. 사이버 제주교육박물관 홈페이지 원문 이미지와 텍스트 보기>

1797-01-00. **김성온 등 소지**(金性溫等所志), 김성온 등. <1장. 한자+이두. 조선 필사 이두 자료. 전북 고창·고부 광산 김씨 소장. 한국학중앙연구원 고문서자료관 홈페이지 원문 이미지 보기. 한국학중앙연구원 편(2009) 참고>

1797-02-10. **권덕추 수표**(權德樞手標), 권덕추. <1장. 한자+이두. 조선 필사 이두 자료. 전남 장성군 행주 기씨 금강 종가 소장. 호남권 한국학자료센터 홈페이지 원문 이미지와 텍스트 보기. 김재문(1986), 이재수(2003) 참고>

1797-02-11. **김구월금 토지매매명문**(金九月金土地賣買明文), 유학 강여문(幼學姜與

文). <1장. 한자+이두. 조선 필사 이두 자료. 전남 구례군 토지면 오미리 문화 류씨 운조루 소장. 한국학중앙연구원 장서각 한국고문서자료관 홈페이지 원문 이미지와 텍스트 보기. 한국정신문화연구원 편(1998) 참고>

1797-02-25. **몽천정사 소임 첩정**(蒙泉精舍所任牒呈),[766] 몽천정사 소임. <1장. 한자+이두. 조선 필사 이두 자료. 파평 윤씨 야성군파 친평 문중 우암 종택 구장. 한국국학진흥원 소장. 한국국학진흥원 유교넷 홈페이지 원문 이미지 보기>

1797-02-29. **기지일 토지매매명문**(奇志一土地賣買明文), 양시철(梁時澈). <1장. 한자+이두. 조선 필사 이두 자료. 전남 장성군 고산서원 소장. 호남권 한국학자료센터 홈페이지 원문 이미지와 텍스트 보기. 이수건 외(2004) 참고>

1797-02-00. **노 동이 소지**(奴同伊所志), 동이. <1장. 한자+이두. 조선 필사 이두 자료. 양주 안흥 광주 정씨 소장. 한국학중앙연구원 장서각 한국고문서자료관 홈페이지 원문 이미지 보기. 한국정신문화연구원 편(2004) 참고>

1797-02-00. **유복삼 원정**(柳復三原情), 유복삼. <1장. 한자+이두. 조선 필사 이두 자료. 곡성 선산 유씨 연운당 소장. 호남권 한국학자료센터 홈페이지 원문 이미지와 텍스트 보기>

1797-02-00. 「제물등록(**祭物謄錄**)」, 예조(禮曹). <2권 2책. 필사본. 한자+이두. 조선 필사 이두 자료. 한국학중앙연구원 장서각 한국학자료센터 홈페이지 & 한국학중앙연구원 한국학 디지털 아카이브 홈페이지 원문 이미지와 텍스트 보기>

1797-04-10. **노 봉석 토지매매명문**(奴奉石土地賣買明文), 찬옥(贊玉). <1장. 한자+이두. 조선 필사 이두 자료. 경주 양동 경주 손씨 송첨 종택 소장. 한국학중앙연구원 장서각 한국고문서자료관 홈페이지 원문 이미지 보기. 이수건(1979), 이수건 편저(1981), 영남대학교 인문과학연구소 편(1990), 정구복·안승준(1997), 한국정신문화연구원 편(1997) 참고>

1797-05-06. **이봉언 수표**(李鳳彦手標), 이봉언. <1장. 한자+이두. 조선 필사 이두 자료. 경남 거창 갈계 은진 임씨 소장. 한국학중앙연구원 장서각 한국고문서자료

---

[766] 한국국학진흥원 유교넷 홈페이지에서는 문서명을 '1797년(정조 21) 2월 25일에 몽천정사(蒙泉精舍) 소임(所任)이 강원도 울진현령에게 올린 첩정(牒呈)'으로 표시하였다.

관 홈페이지 원문 이미지 보기. 한국학중앙연구원 편(2005) 참고>

1797-05-21. **장산서원 완문**(章山書院完文), 진영(鎭營). <1장. 점련문서. 한자+이두. 조선 필사 이두 자료. 경북 경주시 안강읍 옥산리 여주 이씨 독락당 소장. 한국학중앙연구원 장서각 한국고문서자료관 홈페이지 원문 이미지 보기. 한국정신문화연구원 편(2003) 참고>

1797-06-00(가경 2년 丁巳).「지장보살본원경(**地藏菩薩本願經**)[767]」, 법등(法燈) 인(咽), 경상도 함양(慶尙道咸陽): 벽송암(碧松菴) 간판(刊板) 이진(移鎭) 안의현(安義縣) 영각사(靈覺寺). <영각사 이진본. 3권 1책. 77장. 목판본. 표제는 '地藏經'. '현토지장경(懸吐地藏經)', '지장경(地藏經)', '지장본원경(地藏本願經)'이라고도 한다. 대부분 정자 구결인데 약체자 구결(생획토)도 있다. 대자 한자+소자 구결 그리고 한자+왼쪽에 한글 한자음 병기(28ㄱ~29ㄴ). 대자 한자 본문에 소자 정자 구결(예: 爲古, 爲尼, 乎代 등)을 인쇄. 인쇄 구결 자료. 한글 자료. 불교 서적. 서울대학교 규장각 한국학연구원, 동국대학교 중앙도서관, 한양대학교 백남학술정보관, 일본 동경대학 오구라문고 소장. 국립중앙도서관 홈페이지와 서울대학교 규장각 한국학연구원 홈페이지 '古1730-48' & '古1730-48A'의 원문 이미지 보기. 남풍현(1999: 86-88) 참고> <이본: 1340-00-00(충청도 계룡산 동학사 간행본. 현존 최고본) 참고>

1797-06-00 이후 기입 추정.「범망경노사나불설심지법문품보살계본(**梵網經盧舍那佛說心地法門品菩薩戒本**)」, 구마라집(鳩摩羅什) 역(譯), 혜인(慧因) 주(註), 경상우도(慶尙右道) 함양(咸陽): 벽송암(碧松菴) 개간(開刊). <1책. 138장. 목판본. 본문에 생획토 기입. 불교 서적. 조선 묵서 구결 자료. 국립중앙도서관 홈페이지 원문 이미지 보기>

1797-06-00 이후 기입 추정.「수보살계법(**受菩薩戒法**)」, 영명(永明) 연수(延壽) 외 공편(共編), 경상우도(慶尙右道) 함양(咸陽): 벽송암(碧松菴) 개간(開刊). <1책. 49장. 목판본. 한문 본문에 생획토 기입. 불교 서적. 묵서 구결 자료. 국립중앙도서관 홈페이지 원문 이미지 보기>

---

767 서울대학교 규장각 한국학연구원 홈페이지에서는 책명을 '地藏經 지장경'으로 표시하였다.

1797-07-07. **이진옥 가사매매명문**(李鎭玉家舍賣買明文), 최치준 처 이 씨(崔致俊妻李氏). <1장. 한자+이두. 조선 필사 이두 자료. 일본 경도대학 가와이문고 소장. 고려대학교 해외한국학자료센터 홈페이지 원문 이미지 보기>

1797-07-24~1802-04-06. 「기양문적(岐陽門籍)」, 연기군(燕岐郡) 편(編). <2책. 필사본. 한자+이두. 조선 필사 이두 자료. 서울대학교 규장각 한국학연구원 홈페이지 원문 이미지 보기>

1797-07-00. **윤영진 차첩**(尹永鎭差帖), 이조(吏曹). <1장. 한자+이두. 조선 필사 이두 자료. 논산 노성 파평 윤씨 명재 종가 소장. 한국학중앙연구원 장서각 한국고문서 자료관 홈페이지 원문 이미지와 텍스트 보기. 한국정신문화연구원 편(1989) 참고>

1797-07-00. 「충훈부등급(忠勳府謄給)」, 김철동 등 편(金哲同等編). <1책. 7장. 필사본. 표제는 '계하사목(啓下事目). 한자+이두. 조선 필사 이두 자료. 서울대학교 규장각 한국학연구원 홈페이지 원문 이미지와 텍스트 보기>

1797-08-16. **강우인 토지매매명문**(姜遇仁土地賣買明文), 양 조이(梁召史). <1장. 한자+이두. 조선 필사 이두 자료. 제주 장전리 진주 강씨 강태복가 소장. 호남권 한국학자료센터 홈페이지 원문 이미지와 텍스트 보기. 최승희(1989), 고창석(2002) 참고>

1797-08-30. **이협성 전령**(李協聖傳令), 좌영장(左營將). <1장. 한자+이두. 조선 필사 이두 자료. 전북 익산 왕궁 이인승 소장. 호남권 한국학자료센터 홈페이지 원문 이미지와 텍스트 보기. 박병호(1974ㄱ), 최승희(1989), 정구복 외(1999) 참고>

1797-08-00. **김정하 소지**(金鼎夏所志), 김정하. <1장. 한자+이두. 조선 필사 이두 자료. 전북 부안군 우반 부안 김씨 세덕각 소장. 한국학중앙연구원 장서각 한국고 문서자료관 홈페이지 원문 이미지와 텍스트 보기. 한국정신문화연구원 편(1983, 1998), 한국학중앙연구원 편(2017) 참고>

1797-08-00. **김정하 의송**(金鼎夏議送), 김정하. <1장. 한자+이두. 조선 필사 이두 자료. 전북 부안군 우반 부안 김씨 세덕각 소장. 호남권 한국학자료센터 홈페이지 원문 이미지와 텍스트 보기. 한국정신문화연구원 편(1998), 전경목(2001), 전경목 외(2006) 참고>

1797-08-00. **안익수 소지**(安益修所志), 안익수. <1장. 한자+이두. 조선 필사 이두 자료. 경북 안동시 갈전 순흥 안씨 소장. 한국학중앙연구원 장서각 한국고문서자료관 홈페이지 원문 이미지 보기. 한국정신문화연구원 편(1999) 참고>

1797-10-13. **유덕호 토지매매명문**(柳德浩土地賣買明文), 유학 고종설(幼學高宗說). <1장. 한자+이두. 조선 필사 이두 자료. 전남 구례군 토지면 오미리 문화 류씨 운조루 소장. 한국학중앙연구원 장서각 한국고문서자료관 홈페이지 원문 이미지와 텍스트 보기. 한국정신문화연구원 편(1998) 참고>

1797-10-13. **재사 토지매매명문**(齋舍土地賣買明文), 황명찬(黃命贊). <1장. 한자+이두. 조선 필사 이두 자료. 경북 안동시 주촌 진성 이씨 경류정 소장. 한국학중앙연구원 장서각 한국고문서자료관 홈페이지 원문 이미지와 텍스트 보기. 한국정신문화연구원 편(1999) 참고>

1797-10-19. **이동지 댁 노 어질동 토지매매명문**(李同知宅奴於叱同土地賣買明文), 귀돌(貴乭). <1장. 한자+이두. 조선 필사 이두 자료. 제천 한수 연안 이씨 소장. 한국학중앙연구원 장서각 한국고문서자료관 홈페이지 원문 이미지 보기. 한국정신문화연구원 편(2001) 참고>

1797-10-00. **노 귀돌 배지**(奴貴乭牌旨), 상전 신상인(上典申喪人). <1장. 한자+이두. 조선 필사 이두 자료. 제천 한수 연안 이씨 소장. 한국학중앙연구원 장서각 한국고문서자료관 홈페이지 원문 이미지 보기. 한국정신문화연구원 편(2001) 참고>

1797-11-03. **유학 신추 토지매매명문**(幼學辛樞土地賣買明文), 유학 서광보(幼學徐光輔). <1장. 한자+이두. 조선 필사 이두 자료. 전남 영광군 입석 영월 신씨 소장. 한국학중앙연구원 장서각 한국고문서자료관 홈페이지 원문 이미지와 텍스트 보기. 한국정신문화연구원 편(1996) 참고>

1797-11-20. **권 생원 댁 노 장악 토지매매명문**(權生員宅奴張岳土地賣買明文), 박 생원 댁 노 석재(朴生員宅奴石才). <1장. 한자+이두. 조선 필사 이두 자료. 경북 예천군 용문면 대제리 원동 권씨 춘우재 고택 구장. 한국국학진흥원 소장. 한국학자료센터 영남권역센터 홈페이지 원문 이미지와 텍스트 보기. 김성갑(2013) 참고>

1797-11-24. **유재업 토지매매명문**(劉載業土地賣買明文), 김태수(金泰秀). <1장. 한자+이두. 조선 필사 이두 자료. 경북 예천군 감천면 강릉 유씨 벌방 종가 구장.

한국국학진흥원 소장. 한국학자료센터 영남권역센터 홈페이지 원문 이미지와 텍스트 보기. 김성갑(2013) 참고>

1797-12-10. **이돈덕 초지 매매 명문**(李敦德招地賣買明文), 박경남(朴慶南). <1장. 한자+이두. 조선 필사 이두 자료. 전남 함평군 함평 이씨 이건풍 구장. 목포대학교 도서문화연구원 소장. 호남권 한국학자료센터 홈페이지 원문 이미지와 텍스트 보기. 최승희(1989) 참고>

1797-12-10. **이세정 수기**(李世廷手記), 이세정.[768] <1장. 한자+이두. 조선 필사 이두 자료. 김포 의령 남씨 서윤공 남두장 후손가 소장. 한국학중앙연구원 장서각 한국고문서자료관 홈페이지 원문 이미지 보기>

1797-12-20. **방업동 토지매매명문**(房業東土地賣買明文), 김귀재(金貴載). <1장. 한자+이두. 조선 필사 이두 자료. 남원·구례 삭녕 최씨 구장. 한국학중앙연구원 장서각 소장. 한국학중앙연구원 장서각 한국고문서자료관 홈페이지 원문 이미지 보기. 한국정신문화연구원 편(2004) 참고>

1797-12-29. **윤 씨 분재기**(尹氏分財記), 윤 씨. <1장. 한자+이두. 조선 필사 이두 자료. 경남 합천 용연서원 소장. 한국학중앙연구원 장서각 한국고문서자료관 홈페이지 원문 이미지 보기. 한국정신문화연구원 편(1996) 참고>

1797-12-00. **강응신 차정**(姜應新差定), 제주목(濟州牧). <1장. 한자+이두. 조선 필사 이두 자료. 제주 장전리 진주 강씨 강태복가 소장. 호남권 한국학자료센터 홈페이지 원문 이미지와 텍스트 보기>

1797-00-00. 「병학지남(兵學指南)」, 정조(正祖) 명편(命編): 강영(岡營). <5권 1책. 목판본. 한문+순한글 언해문. 본문에 한글 토 기입. 두주 생획토 묵서 기입. 조선 묵서 구결 자료. 서울대학교 규장각 한국학연구원 홈페이지 원문 이미지 보기>

1797-00-00. 「원행을묘정리의궤(園行乙卯整理儀軌)」, 정리도감(整理都監) 편(編). <4책/전8책. 금속활자 정리자판. 정조(正祖) 명편(命編). 표제는 '整理儀軌'. 권수제는 '園行乙卯整理儀軌'. 한자+이두. 조선 인쇄 이두 자료. 한국학중앙연구원 디지털

---

[768] 한국학중앙연구원 디지털장서각 홈페이지에서는 수취인은 '남집(南火+集)', 발급자는 '李世延 이세연'으로 적었다.

장서각 홈페이지 'K2-2897' 원문 이미지 보기>

1797-00-00. 「원행을묘정리의궤(**園行乙卯整理儀軌**)」, 정리도감(整理都監) 편(編). <8책. 금속활자 정리자판. 정조(正祖) 명편(命編). 표제는 '整理儀軌'. 권수제는 '園行乙卯整理儀軌'. 한자+이두. 조선 인쇄 이두 자료. 한국학중앙연구원 디지털장서각 홈페이지 'K2-2898' 원문 이미지 보기>

1797-00-00. 「원행을묘정리의궤(**園幸乙卯整理儀軌**)」, 정리소(整理所) 편(編). <8책. 활자본. 정리자본. 수권(首卷)의 표제는 '擇日 座目 圖式整理儀軌(卷首)'. 권수제는 '園幸乙卯整理儀軌(卷首)'. 한자+이두. 조선 인쇄 이두 자료. 서울대학교 규장각 한국학연구원 의궤 종합정보 홈페이지 '奎14532' 원문 이미지 보기>

1797-00-00. 「원행을묘정리의궤(**園行乙卯整理儀軌**)」, 정리도감(整理都監) 편. <9권 8책. 금속활자본. 한자+이두. 조선 인쇄 이두 자료. 미국 버클리대학교 동아시아도서관 소장. 고려대학교 해외한국학자료센터 홈페이지 참고>

1797-00-00. 「현륭원등록(**顯隆園謄錄**)」, 현륭원 원소(園所). <1책. 91장. 필사본. 한자+이두. 조선 필사 이두 자료. 한국학중앙연구원 장서각 한국학자료센터 홈페이지 원문 이미지와 텍스트 보기>

1797-00-00 이후 기입 추정. 「도서과목병입사기(**都序科目幷入私記**)」, 조선 석(釋) 유일(有一) 찬(撰). <1책. 34장. 목판본. 표제는 '都序記'. 본문에 생획토 기입. 조선 묵서 구결 자료. 서울대학교 규장각 한국학연구원 홈페이지 원문 이미지 보기>

1797-00-00 이후 기입 추정. 「법집별행록절요병입사기(**法集別行錄節要幷入私記**)」, 고려 지눌(知訥, 1158년~1210년) 찬(撰), 지리산 신흥사(神興寺) 개간(開刊). <목판본. 본문에 생획토 기입. 불교 서적. 조선 묵서 구결 자료. 한국민족문화대백과사전 홈페이지 참고>

1797-00-00 이후 기입 추정. 「지장보살본원경(**地藏菩薩本願經**)」 <1797년 간행본에 각필의 구절부(句切符), 권점, 호가 기입되어 있는 자료. 불교 서적. 정재영 외 옮김(2016) 참고>

1798년

<무오(戊午), 정조 22년, 가경 3년>

1798-01-01~1798-12-22. 「결속색등록(**結束色謄錄**)」, 병조(兵曹) 편(編). <1책(11). 137장. 필사본. 필사 시기 미상. 한자+이두. 조선 필사 이두 자료. 서울대학교 규장각 한국학연구원 홈페이지 1787년~1891년 낙질본 107책(1792년(건륭 57년), 1811년(가경 16년) 하, 1816년(가경 21년), 1817년(가경 22년), 1824년(도광 4년), 1831(도광 11년), 1871(동치 10년), 1885년(광서 11년) 없음) 원문 이미지 보기>

1798-01-02. **김돌손 토지매매명문**(金乭孫土地賣買明文), 권홍이(權紅伊). <1장. 한자+이두. 조선 필사 이두 자료. 경북 안동시 오천 광산 김씨 후조당 소장. 한국학중앙연구원 장서각 한국고문서자료관 홈페이지 원문 이미지와 텍스트 보기. 박병호(1974ㄱ), 한국정신문화연구원 편(1982), 최승희(1989) 참고>

1798-01-07. **홍성 장씨 분재기**(興城張氏分財記), 홍성 장씨. <1장. 한자+이두. 조선 필사 이두 자료. 전남 화순 내서 홍성 장씨가 구장. 광주광역시 이정옥 소장. 호남권 한국학자료센터 홈페이지 원문 이미지와 텍스트 보기. 최승희(1989), 정구복 외(1999) 참고>

1798-01-09. **유학 토지매매명문**(幼學土地賣買明文),[769] 성회원(成會源). <1장. 한자+이두. 조선 필사 이두 자료. 전남 보성 옥암 죽산 안씨가 구장. 광주광역시 이정옥 소장. 호남권 한국학자료센터 홈페이지 원문 이미지와 텍스트 보기. 최승희(1989) 참고>

1798-01-09~1798-12-23(戊午). 「무오년 전객사일기(**戊午年 典客司日記**)」 45, 예조(禮曹) 전객사(典客司) 편(編). <1책(45/99). 90장. 필사본. 한자+이두. 조선 필사 이두 자료. 서울대학교 규장각 한국학연구원 홈페이지 원문 이미지 보기> <1640-01-22~1641-12-23(1)>

---

[769] 호남권 한국학자료센터 홈페이지에서는 '성회원(成會源) 방매(放賣) 토지매매명문(土地賣買明文)'으로 표시하였다.

1798-01-11. **경주인 오성흡 고목**(京主人吳聖洽告目) 1, 경주인. <1장. 한자+이두. 조선 필사 이두 자료. 전남 나주시 회진 나주 임씨 창계 후손가 소장. 한국학중앙연구원 장서각 한국고문서자료관 홈페이지 원문 이미지 보기. 한국정신문화연구원 편(2003) 참고>

1798-01-12. **경주인 오성흡 고목**(京主人吳聖洽告目) 2, 경주인. <1장. 한자+이두. 조선 필사 이두 자료. 전남 나주시 회진 나주 임씨 창계 후손가 소장. 한국학중앙연구원 장서각 한국고문서자료관 홈페이지 원문 이미지 보기. 한국정신문화연구원 편(2003) 참고>

1798-01-20. **노 회금 배지**(奴晦金牌旨), 상전 신(上典辛). <1장. 점련문서. 한자+이두. 조선 필사 이두 자료. 전남 영광군 입석 영월 신씨 소장. 한국학중앙연구원 장서각 한국고문서자료관 홈페이지 원문 이미지와 텍스트 보기. 한국정신문화연구원 편(1996) 참고>

1798-01-20. **신계원 박사근 토지매매명문**(新稧員朴思根土地賣買明文), 회금(晦金). <1장. 점련문서. 한자+이두. 조선 필사 이두 자료. 전남 영광군 입석 영월 신씨 소장. 한국학중앙연구원 장서각 한국고문서자료관 홈페이지 원문 이미지와 텍스트 보기. 한국정신문화연구원 편(1996) 참고>

1798-01-21. **노 취봉 배지**(奴取奉牌旨), 상전 최(上典崔). <1장. 한자+이두. 조선 필사 이두 자료. 남원·구례 삭녕 최씨 구장. 한국학중앙연구원 장서각 소장. 한국학중앙연구원 장서각 한국고문서자료관 홈페이지 원문 이미지 보기. 한국정신문화연구원 편(2004) 참고>

1798-01-24. **조진한 토지매매명문**(趙鎭漢土地賣買明文), 이의손(李義孫). <1장. 한자+이두. 조선 필사 이두 자료. 경북 경주시 내남면 이조리 경주 최씨·용산서원 소장. 한국학중앙연구원 장서각 한국고문서자료관 홈페이지 원문 이미지 보기. 한국정신문화연구원 편(2000) 참고>

1798-01-26. **경주인 오성흡 고목**(京主人吳聖洽告目) 3, 경주인. <1장. 한자+이두. 조선 필사 이두 자료. 전남 나주시 회진 나주 임씨 창계 후손가 소장. 한국학중앙연구원 장서각 한국고문서자료관 홈페이지 원문 이미지 보기. 한국정신문화연구원 편(2003) 참고>

1798-01-27. **이여화 토지매매명문**(李汝華土地賣買明文), 유학 변익정(幼學邊益靖). <1장. 한자+이두. 조선 필사 이두 자료. 경북 예천군 용문면 대제리 원동 권씨 춘우재 고택 구장. 한국국학진흥원 소장. 한국학자료센터 영남권역센터 홈페이지 원문 이미지와 텍스트 보기. 김성갑(2013) 참고>

1798-01-28. **노미운미 토지매매명문**(魯未云未土地賣買明文), 박원숙(朴元叔). <1장. 한자+이두. 조선 필사 이두 자료. 전남 영광 마산 경주 이씨가 구장. 진안 용담호 미술관 소장. 호남권 한국학자료센터 홈페이지 원문 이미지와 텍스트 보기. 박병호(1974ㄱ), 최승희(1989), 이재수(2003) 참고>

1798-01-00. **용산서원 사림 첩정**(龍山書院士林牒呈), 용산서원. <1장. 한자+이두. 조선 필사 이두 자료. 경북 경주시 내남면 이조리 경주 최씨·용산서원 소장. 한국학중앙연구원 장서각 한국고문서자료관 홈페이지 원문 이미지 보기. 한국정신문화연구원 편(2000) 참고>

1798-01-00.[770] **유학 윤협 등 소지**(幼學尹埉等所志),[771] 윤협 등. <1장. 한자+이두. 조선 필사 이두 자료. 파평 윤씨 야성군파 천평 문중 우암 종택 구장. 한국국학진흥원 소장. 한국국학진흥원 유교넷 홈페이지 원문 이미지 보기>

1798-02-02. **경주인 오성흡 고목**(京主人吳聖洽告目) 4, 경주인. <1장. 한자+이두. 조선 필사 이두 자료. 전남 나주시 회진 나주 임씨 창계 후손가 소장. 한국학중앙연구원 장서각 한국고문서자료관 홈페이지 원문 이미지 보기. 한국정신문화연구원 편(2003) 참고>

1798-02-07. **강릉 유씨 문중 재사 매매명문**(江陵劉氏門中齋舍賣買明文), 동성 지친 유운도(同姓至親劉運道). <1장. 한자+이두. 조선 필사 이두 자료. 경북 예천군 감천면 강릉 유씨 벌방 종가 구장. 한국국학진흥원 소장. 한국학자료센터 영남권역센터 홈페이지 원문 이미지와 텍스트 보기. 김성갑(2013) 참고>

1798-02-12. **경주인 오성흡 고목**(京主人吳聖洽告目) 5, 경주인. <1장. 한자+이두.

---

770 한국국학진흥원 유교넷 홈페이지에서는 '2월'로 잘못 표시하였다.
771 한국국학진흥원 유교넷 홈페이지에서는 문서명을 '1798년(정조 22) 2월에 윤협(尹埉) 등 13명이 강원도 울진현령에게 몽천서원의 제기(祭器)를 훔친 남중횡(南重鈜)을 처벌해 달라는 내용으로 올린 소지(所志)'로 표시하였다.

조선 필사 이두 자료. 전남 나주시 회진 나주 임씨 창계 후손가 소장. 한국학중앙연구원 장서각 한국고문서자료관 홈페이지 원문 이미지 보기. 한국정신문화연구원 편(2003) 참고>

1798-02-13. **김계백 토지매매명문**(金戒白土地賣買明文), 김시영(金是瑛). <1장. 한자+이두. 조선 필사 이두 자료. 경북 안동시 오천 광산 김씨 후조당 소장. 한국학중앙연구원 장서각 한국고문서자료관 홈페이지 원문 이미지와 텍스트 보기. 박병호(1974ㄱ), 한국정신문화연구원 편(1982), 최승희(1989) 참고>

1798-02-18. **천돌이 토지매매명문**(千乭伊土地賣買明文), 김병남(金丙男). <1장. 한자+이두. 조선 필사 이두 자료. 경북 영해 인량 재령 이씨 충효당 구장. 한국국학진흥원 소장. 한국학중앙연구원 장서각 한국고문서자료관 홈페이지 원문 이미지와 텍스트 보기. 한국정신문화연구원 편(1997) 참고>

1798-02-27. **경주인 오성흡 고목**(京主人吳聖洽告目) 6, 경주인. <1장. 한자+이두. 조선 필사 이두 자료. 전남 나주시 회진 나주 임씨 창계 후손가 소장. 한국학중앙연구원 장서각 한국고문서자료관 홈페이지 원문 이미지 보기. 한국정신문화연구원 편(2003) 참고>

1798-03-09. **종유 최공 토지매매명문**(宗有崔珙土地賣買明文), 최익효(崔翊孝). <1장. 한자+이두. 조선 필사 이두 자료. 남원·구례 삭녕 최씨 구장. 한국학중앙연구원 장서각 소장. 한국학중앙연구원 장서각 한국고문서자료관 홈페이지 원문 이미지 보기. 한국정신문화연구원 편(2004) 참고>

1798-03-12. **경주인 오성흡 고목**(京主人吳聖洽告目) 7, 경주인. <1장. 한자+이두. 조선 필사 이두 자료. 전남 나주시 회진 나주 임씨 창계 후손가 소장. 한국학중앙연구원 장서각 한국고문서자료관 홈페이지 원문 이미지 보기. 한국정신문화연구원 편(2003) 참고>

1798-03-23. **경주인 오성흡 고목**(京主人吳聖洽告目) 8, 경주인. <1장. 한자+이두. 조선 필사 이두 자료. 전남 나주시 회진 나주 임씨 창계 후손가 소장. 한국학중앙연구원 장서각 한국고문서자료관 홈페이지 원문 이미지 보기. 한국정신문화연구원 편(2003) 참고>

1798-04-03. **이희모 토지매매명문**(李希謨土地賣買明文), 이희용(李希龍). <1장. 한자

+이두. 조선 필사 이두 자료. 경북 경주시 안강읍 옥산리 여주 이씨 장산서원·치암 종택 구장. 한국학중앙연구원 장서각 소장. 한국학중앙연구원 장서각 한국고문서자료관 홈페이지 원문 이미지 보기. 한국정신문화연구원 편(2003) 참고>

1798-04-04. **강재명 토지매매명문**(姜在明土地賣買明文), 임도정(任道廷). <1장. 한자+이두. 조선 필사 이두 자료. 제주 어도내산 진주 강씨가 구장. 제주 한림 강우석 소장. 호남권 한국학자료센터 홈페이지 원문 이미지와 텍스트 보기. 오성찬(1994), 이재수(2003), 오창명(2007) 참고>

1798-04-06. **양천현령 임홍원 서목**(陽川縣令林弘遠書目) 1, 양천현령. <1장. 한자+이두. 조선 필사 이두 자료. 전남 나주시 회진 나주 임씨 창계 후손가 소장. 한국학중앙연구원 장서각 한국고문서자료관 홈페이지 원문 이미지 보기. 한국정신문화연구원 편(2003) 참고>

1798-04-22. **경주인 오성흡 고목**(京主人吳聖洽告目) 9, 경주인. <1장. 한자+이두. 조선 필사 이두 자료. 전남 나주시 회진 나주 임씨 창계 후손가 소장. 한국학중앙연구원 장서각 한국고문서자료관 홈페이지 원문 이미지 보기. 한국정신문화연구원 편(2003) 참고>

1798-04-00. **박성협 소지**(朴性洽所志), 박성협. <1장. 한자+이두. 조선 필사 이두 자료. 전북 임실군 청웅 밀양 박씨가 소장. 호남권 한국학자료센터 홈페이지 원문 이미지와 텍스트 보기. 최승희(1989), 김경숙(2002) 참고>

1798-05-21. **원고직 금손이 토지매매명문**(院庫直金孫伊土地賣買明文), 취봉(吹奉). <1장. 한자+이두. 조선 필사 이두 자료. 남원·구례 삭녕 최씨 구장. 한국학중앙연구원 장서각 한국고문서자료관 홈페이지 원문 이미지 보기. 한국정신문화연구원 편(2004) 참고>

1798-05-24. **장한국 가사매매명문**(張漢國家舍賣買明文), 이진옥(李鎭玉). <1장. 한자+이두. 조선 필사 이두 자료. 일본 경도대학 가와이문고 소장. 고려대학교 해외한국학자료센터 홈페이지 원문 이미지 보기>

1798-05-00. **강응신 차정**(姜應新差定) 1, 제주목(濟州牧). <1장. 한자+이두. 조선 필사 이두 자료. 제주 장전리 진주 강씨 강태복가 소장. 호남권 한국학자료센터 홈페이지 원문 이미지와 텍스트 보기>

1798-06-16. **원경신 가사매매명문**(元敬身家舍賣買明文), 변무신(邊戊申). <1장. 한자+이두. 조선 필사 이두 자료. 일본 경도대학 가와이문고 소장. 고려대학교 해외한국학자료센터 홈페이지 원문 이미지 보기>

1798-07-00. **강응신 차정**(姜應新差定) 2, 제주목(濟州牧). <1장. 한자+이두. 조선 필사 이두 자료. 제주 장전리 진주 강씨 강태복가 소장. 호남권 한국학자료센터 홈페이지 원문 이미지와 텍스트 보기>

1798-07-00. **노 어질동 배지**(奴於叱東牌旨), 상전 이(上典李). <1장. 한자+이두. 조선 필사 이두 자료. 제천 한수 연안 이씨 소장. 한국학중앙연구원 장서각 한국고문서자료관 홈페이지 원문 이미지 보기. 한국정신문화연구원 편(2001) 참고>

1798-07-00. **이무안 댁 노 덕금 토지매매명문**(李務安宅奴德金土地賣買明文), 노 엇동(奴筵同). <1장. 한자+이두. 조선 필사 이두 자료. 제천 한수 연안 이씨 소장. 한국학중앙연구원 장서각 한국고문서자료관 홈페이지 원문 이미지 보기. 한국정신문화연구원 편(2001) 참고>

1798-08-05. **경주인 오성흡 고목**(京主人吳聖洽告目) 10, 경주인. <1장. 한자+이두. 조선 필사 이두 자료. 전남 나주시 회진 나주 임씨 창계 후손가 소장. 한국학중앙연구원 장서각 한국고문서자료관 홈페이지 원문 이미지 보기. 한국정신문화연구원 편(2003) 참고>

1798-08-00. **임상현 등 상서**(林尙玄等上書) 1, 임상현 등. <1장. 한자+이두. 조선 필사 이두 자료. 경남 거창 갈계 은진 임씨 소장. 한국학중앙연구원 장서각 한국고문서자료관 홈페이지 원문 이미지 보기. 한국학중앙연구원 편(2005) 참고>

1798-08-00. **임상현 등 상서**(林尙玄等上書) 2, 임상현 등. <1장. 한자+이두. 조선 필사 이두 자료. 경남 거창 갈계 은진 임씨 소장. 한국학중앙연구원 장서각 한국고문서자료관 홈페이지 원문 이미지 보기. 한국학중앙연구원 편(2005) 참고>

1798-08-00. **임상현 등 상서**(林尙玄等上書) 3, 임상현 등. <1장. 한자+이두. 조선 필사 이두 자료. 경남 거창 갈계 은진 임씨 소장. 한국학중앙연구원 장서각 한국고문서자료관 홈페이지 원문 이미지 보기. 한국학중앙연구원 편(2005) 참고>

1798-09-11. **경주인 오성흡 고목**(京主人吳聖洽告目) 11, 경주인. <1장. 한자+이두. 조선 필사 이두 자료. 전남 나주시 회진 나주 임씨 창계 후손가 소장. 한국학중앙

연구원 장서각 한국고문서자료관 홈페이지 원문 이미지 보기. 한국정신문화연구원 편(2003) 참고>

1798-09-18. **경주인 오성흡 고목**(京主人吳聖洽告目) 12, 경주인. <1장. 한자+이두. 조선 필사 이두 자료. 전남 나주시 회진 나주 임씨 창계 후손가 소장. 한국학중앙연구원 장서각 한국고문서자료관 홈페이지 원문 이미지 보기. 한국정신문화연구원 편(2003) 참고>

1798-10-04. **순오 토지매매명문**(順捂土地賣買明文), 이태악지(李太惡只). <1장. 한자+이두. 조선 필사 이두 자료. 전북 부안 석동 류절재 소장. 호남권 한국학자료센터 홈페이지 원문 이미지와 텍스트 보기. 박병호(1974ㄱ), 최승희(1989), 이재수(2003) 참고>

1798-10-18. **족숙 유학 기주택 토지매매명문**(族叔幼學奇柱宅土地賣買明文),[772] 족질 유학 기진(族姪幼學奇珍). <1장. 한자+이두. 조선 필사 이두 자료. 전남 장성군 행주 기씨 금강 종가 소장. 호남권 한국학자료센터 홈페이지 원문 이미지와 텍스트 보기. 이재수(2003), 이수건 외(2004) 참고>

1798-10-18~1815-03-10(戊午~乙亥).「서계등록(**書啓謄錄**)」전(全), 감대청(感戴廳) 편(編). <1책. 7장. 필사본. 한자+이두. 조선 필사 이두 자료. 서울대학교 규장각 한국학연구원 홈페이지 원문 이미지 보기>

1798-11-04. **양천현령 임홍원 서목**(陽川縣令林弘遠書目) 2, 양천현령. <1장. 한자+이두. 조선 필사 이두 자료. 전남 나주시 회진 나주 임씨 창계 후손가 소장. 한국학중앙연구원 장서각 한국고문서자료관 홈페이지 원문 이미지 보기. 한국정신문화연구원 편(2003) 참고>

1798-11-11. **용산서원 재임 서목**(龍山書院齋任書目) 1, 용산서원. <1장. 한자+이두. 조선 필사 이두 자료. 경북 경주시 내남면 이조리 경주 최씨·용산서원 소장. 한국학중앙연구원 장서각 한국고문서자료관 홈페이지 원문 이미지 보기. 한국정신문화연구원 편(2000) 참고>

---

[772] 호남권 한국학자료센터 홈페이지에서는 '기주(奇柱) 토지매매명문(土地賣買明文)'으로 잘못 표시하였다.

1798-11-11. **유학 박항춘 토지매매명문**(幼學朴恒春土地賣買明文), 유학 송지환(幼學 宋志煥). <1장. 한자+이두. 조선 필사 이두 자료. 전북대학교 박물관 소장. 호남권 한국학자료센터 홈페이지 원문 이미지와 텍스트 보기>

1798-11-14. **재궁 별청 유사 최알 토지매매명문**(齋宮別廳有司崔䛆土地賣買明文), 최진하(崔鎭夏). <1장. 한자+이두. 조선 필사 이두 자료. 전북 부안 석동 류절재 소장. 호남권 한국학자료센터 홈페이지 원문 이미지와 텍스트 보기. 박병호(1974ㄱ), 최승희(1989), 이재수(2003) 참고>

1798-11-16. **서성운 토지매매명문**(徐聖運土地賣買明文), 박영곤(朴永坤). <1장. 한자+이두. 조선 필사 이두 자료. 전남 나주시 나주 정씨 정문찬 소장. 호남권 한국학자료센터 홈페이지 원문 이미지와 텍스트 보기. 최승희(1989), 국립민속박물관 편(1991) 참고>

1798-11-18. **임훈재 토지매매명문**(任勛材土地賣買明文), 임인원(任仁源). <1장. 한자+이두. 조선 필사 이두 자료. 전남 보성군 능묵리 장흥 임씨가 구장. 전북대학교 박물관 소장. 호남권 한국학자료센터 홈페이지 원문 이미지와 텍스트 보기. 최승희(1989), 이재수(2003) 참고>

1798-11-20. **용산서원 재임 서목**(龍山書院齋任書目) 2, 용산서원. <1장. 한자+이두. 조선 필사 이두 자료. 경북 경주시 내남면 이조리 경주 최씨·용산서원 소장. 한국학중앙연구원 장서각 한국고문서자료관 홈페이지 원문 이미지 보기. 한국정신문화연구원 편(2000) 참고>

1798-11-29. **유루 유사 권승언 토지매매명문**(遺漏有司權昇彦土地賣買明文), 종제 권한언(從弟權漢彦). <1장. 한자+이두. 조선 필사 이두 자료. 경북 예천군 용문면 대제리 원동 권씨 춘우재 고택 구장. 한국국학진흥원 소장. 한국학자료센터 영남권역센터 홈페이지 원문 이미지와 텍스트 보기. 김성갑(2013) 참고>

1798-11-30. **김성택 토지매매명문**(金聲澤土地賣買明文), 문기주(文基周). <1장. 한자+이두. 조선 필사 이두 자료. 전남 보성 박실 제주 양씨가 구장. 원광대학교 박물관 소장. 호남권 한국학자료센터 홈페이지 원문 이미지와 텍스트 보기. 박병호(1974ㄱ), 최승희(1989), 이재수(2003) 참고>

1798-11-00. **김진길 소지**(金鎭吉所志), 김진길. <1장. 한자+이두. 조선 필사 이두

자료. 전북 고창군 장두 광산 김씨가 소장. 호남권 한국학자료센터 홈페이지 원문 이미지와 텍스트 보기. 최승희(1989), 전경목(1997), 이수건 외(2004) 참고>

1798-11-00. **재임 김·최 서목**(齋任金崔書目), 재임 김·최. <1장. 한자+이두. 조선 필사 이두 자료. 남원·구례 삭녕 최씨 구장. 한국학중앙연구원 장서각 한국고문서 자료관 홈페이지 원문 이미지 보기. 한국정신문화연구원 편(2004) 참고>

1798-12-02. **정소남 토지매매명문**(丁小男土地賣買明文), 김덕팔(金德八). <1장. 한자+이두. 조선 필사 이두 자료. 전남 구례군 토지면 오미리 문화 류씨 운조루 소장. 한국학중앙연구원 장서각 한국고문서자료관 홈페이지 원문 이미지와 텍스트 보기. 한국정신문화연구원 편(1998) 참고>

1798-12-15. **수노 임적 토지매매명문**(首奴任迪土地賣買明文), 가대주 비부 정소남(家垈主婢夫丁小男). <1장. 한자+이두. 조선 필사 이두 자료. 전남 구례군 토지면 오미리 문화 류씨 운조루 소장. 한국학중앙연구원 장서각 한국고문서자료관 홈페이지 원문 이미지와 텍스트 보기. 한국정신문화연구원 편(1998) 참고>

1798-12-28. **송안군 정사 토지매매명문**(松安君精舍土地賣買明文), 박계간(朴桂幹). <1장. 한자+이두. 조선 필사 이두 자료. 경북 안동시 주촌 진성 이씨 경류정 구장. 서울역사박물관 소장. 한국학중앙연구원 장서각 한국고문서자료관 홈페이 지 원문 이미지와 텍스트 보기. 한국정신문화연구원 편(1999) 참고>

1798-12-30. **자여 유역 하리 한재신 등 고목**(自如留驛下吏韓再信等告目),[773] 한재신 등. <1장. 한자+이두. 조선 필사 이두 자료. 해남 노송 김해 김씨 노송사 소장. 한국학중앙연구원 장서각 한국고문서자료관 홈페이지 & 호남권 한국학자료센터 홈페이지 원문 이미지와 텍스트 보기. 최승희(1989), 한국정신문화연구원 편(1998), 정구복 외(1999), 조정곤(2013) 참고>

1798-12-00. **양중하 준호구**(梁重厦准戶口), 제주목(濟州牧). <1장. 한자+이두. 필사 이두 자료. 제주교육박물관 소장. 사이버 제주교육박물관 홈페이지 원문 이미지 와 텍스트 보기>

1798-12-00. **양천현령 임홍원 서목**(陽川縣令林弘遠書目) 3, 양천현령. <1장. 한자+이

---

[773] 호남권 한국학자료센터 홈페이지에서는 '한재신(韓再信) 등 고목(告目)'으로 표시하였다.

두. 조선 필사 이두 자료. 전남 나주시 회진 나주 임씨 창계 후손가 소장. 한국학중앙연구원 장서각 한국고문서자료관 홈페이지 원문 이미지 보기. 한국정신문화연구원 편(2003) 참고>

1798-00-00. **송윤손 준호구**(宋允孫準戶口), 전라도 전주부(全羅道全州府). <1장. 한자+이두. 조선 필사 이두 자료. 전북 전주시 구이 인의 송씨가 구장. 전북 전주시 전동 송종열가 소장. 최홍기(1975) 참고>

1798-00-00 추정. '이두(里讀)', 「재물보(才物譜)」, 이만영(李晩永). <8권 4책. 필사본. 2책 권3의 '인보(人譜) 二'의 끝에 38개 '이두(里讀)'와 한글 독음 수록. 한국백과사전. 유서. 이두 학습서. 국립중앙도서관 홈페이지 '한고朝91-23' 원문 이미지 보기. 오창명(2017) 참고> <이본: ① 필사 시기 미상(서울대학교 규장각 한국학연구원 홈페이지 필사본 4책 원문 이미지 보기) ② 1835-00-00~1849-00-00(헌종 연간) 사이(한국학중앙연구원 장서각 홈페이지 「재물보 만물보(才物譜 萬物譜)」 필사본 1책 원문 이미지 보기) ③ 1956-00-00(서울대학교 부속박물관 4권 1책 유인본 발행. 서울대학교 규장각 한국학연구원 원문 이미지 보기)> <영인본: 아세아문화사(1980)>

1799년

<기미(己未), 정조 23년, 가경 4년>

1799-01-01~1799-12-22. 「결속색등록(結束色謄錄)」, 병조(兵曹) 편(編). <1책(12). 171장. 필사본. 필사 시기 미상. 한자+이두. 조선 필사 이두 자료. 서울대학교 규장각 한국학연구원 홈페이지 1787년~1891년 낙질본 107책(1792년(건륭 57년), 1811년(가경 16년) 하, 1816년(가경 21년), 1817년(가경 22년), 1824년(도광 4년), 1831년(도광 11년), 1871년(동치 10년) 없음) 원문 이미지 보기>

1799-01-01~1799-12-00(己未). 「전객사일기(典客司日記)」 46, 예조(禮曹) 전객사(典客司) 편(編). <1책(46/99). 111장. 필사본. 한자+이두. 조선 필사 이두 자료. 서울대학교 규장각 한국학연구원 홈페이지 원문 이미지 보기> <1640-01-22~1641-

12-23(1)>

1799-01-16. **계정 댁 노 시종 토지매매명문**(溪亭宅奴時同土地賣買明文), 박음산(朴又音山).⁷⁷⁴ <1장. 한자+이두. 조선 필사 이두 자료. 경북 경주시 안강읍 옥산리 여주 이씨 독락당 소장. 한국학중앙연구원 장서각 한국고문서자료관 홈페이지 원문 이미지 보기. 한국정신문화연구원 편(2003) 참고>

1799-01-17. **경기감사 감결**(京畿監司甘結), 경기감사. <1장. 한자+이두. 조선 필사 이두 자료. 전남 나주시 회진 나주 임씨 창계 후손가 소장. 한국학중앙연구원 장서각 한국고문서자료관 홈페이지 원문 이미지 보기. 한국정신문화연구원 편(2003) 참고>

1799-01-17. **이 생원 댁 노 장춘 토지매매명문**(李生員宅奴長春土地賣買明文), 박동환(朴東鍰). <1장. 한자+이두. 조선 필사 이두 자료. 전남 보성 박실 제주 양씨가 구장. 원광대학교 박물관 소장. 호남권 한국학자료센터 홈페이지 원문 이미지와 텍스트 보기. 박병호(1974ㄱ), 이재수(2003) 참고>

1799-01-22~1800-01-27(己未~庚申).「칙사등록(**勅使謄錄**)」第10, 예조(禮曹) 편(編). <1책. 41+25장. 필사본. 필사 시기 미상. 한자+이두. 조선 필사 이두 자료. 서울대학교 규장각 한국학연구원 홈페이지 원문 이미지 보기> <1637-06-20~1643-12-14(丁丑~癸未) 第1>

1799-01-27. **향교 고목**(鄕校告目), 향교. <1장. 한자+이두. 조선 필사 이두 자료. 경남 거창 갈계 은진 임씨 소장. 한국학중앙연구원 장서각 한국고문서자료관 홈페이지 원문 이미지 보기. 한국학중앙연구원 편(2005) 참고>

1799-01-00. **양천읍리 문장**(陽川邑吏文狀), 양천읍리. <1장. 한자+이두. 조선 필사 이두 자료. 전남 나주시 회진 나주 임씨 창계 후손가 소장. 한국학중앙연구원 장서각 한국고문서자료관 홈페이지 원문 이미지 보기. 한국정신문화연구원 편(2003) 참고>

1799-02-01. **이상헌 토지매매명문**(李象獻土地賣買明文), 이상구(李象九). <1장. 한자

---

774 한국학중앙연구원 장서각 한국고문서자료관 홈페이지 '작성주체'에서는 '발급: 음산(音山)'으로 잘못 적었다.

+이두. 조선 필사 이두 자료. 전남 보성 박실 제주 양씨가 구장. 원광대학교 박물관 소장. 호남권 한국학자료센터 홈페이지 원문 이미지와 텍스트 보기. 박병호(1974ㄱ), 이재수(2003) 참고>

1799-02-02. **전 군수 이홍원 시장문기**(前郡守李弘源柴場文記) 1, 박대영(朴大永). <1장. 한자+이두. 조선 필사 이두 자료. 제천 한수 연안 이씨 소장. 한국학중앙연구원 장서각 한국고문서자료관 홈페이지 원문 이미지 보기. 한국정신문화연구원 편(2001) 참고>

1799-02-07. **유학 이원 토지매매명문**(幼學李愿土地賣買明文), 유학 김처권(幼學金處權). <1장. 한자+이두. 조선 필사 이두 자료. 경북 고령군 대가야읍 본관 1리 홍와 고택 구장. 한국국학진흥원 소장. 한국학자료센터 영남권역센터 홈페이지 원문 이미지와 텍스트 보기. 김성갑(2013) 참고>

1799-02-11. **재종제 이상현 노비매매명문**(再從弟李相玄奴婢賣買明文),[775] 재종형 이상발(再從兄李相發). <1장. 한자+이두. 조선 필사 이두 자료. 영해 인량 재령 이씨 우계 종택 구장. 한국국학진흥원 소장. 한국학자료센터 영남권역센터 홈페이지 원문 이미지와 텍스트 보기>

1799-02-13. **이석형 토지매매명문**(李錫衡土地賣買明文), 양상형(梁相亨). <1장. 한자+이두. 조선 필사 이두 자료. 전북 익산 마동 창녕 조씨가 소장. 호남권 한국학자료센터 홈페이지 원문 이미지와 텍스트 보기. 박병호(1974ㄱ), 최승희(1989), 이재수(2003) 참고>

1799-02-17. **김일손 토지매매명문**(金日孫土地賣買明文), 김시영(金是瑛). <1장. 한자+이두. 조선 필사 이두 자료. 경북 안동시 오천 광산 김씨 후조당 소장. 한국학중앙연구원 장서각 한국고문서자료관 홈페이지 원문 이미지와 텍스트 보기. 박병호(1974ㄱ), 한국정신문화연구원 편(1982), 최승희(1989) 참고>

1799-02-26. **김 좌랑댁 노 일선 토지매매명문**(金佐郎宅奴日先土地賣買明文),[776] 답주

---

[775] 한국학자료센터 영남권역센터 홈페이지에서는 '재종**재**(再從弟)'로 잘못 적었다.
[776] 한국학중앙연구원 장서각 한국고문서자료관 홈페이지에서는 '노(奴) 일선(日先) 토지매매명문(土地賣買明文)'으로 표시하였다.

양인 손생 남자(㐭主良人孫生男子). <1장. 한자+이두. 조선 필사 이두 자료. 해남 노송 김해 김씨 노송사 소장. 한국학중앙연구원 장서각 한국고문서자료관 홈페이지 & 호남권 한국학자료센터 홈페이지 원문 이미지와 텍스트 보기. 최승희(1989), 한국정신문화연구원 편(1998), 조정곤(2013) 참고>

1799-02-00. **한익수 토지매매명문**(韓益秀土地賣買明文), 이명춘(李明春). <1장. 한자+이두. 조선 필사 이두 자료. 일본 경도대학 가와이문고 소장. 고려대학교 해외한국학자료센터 홈페이지 원문 이미지 보기>

1799-03-06. **토지매매명문**(土地賣買明文),[777] 홍익경(洪益景). <1장. 한자+이두. 조선 필사 이두 자료. 해남 노송 김해 김씨 노송사 소장. 호남권 한국학자료센터 홈페이지 원문 이미지와 텍스트 보기. 최승희(1989), 조정곤(2013) 참고>

1799-03-07. **유덕호 토지매매명문**(柳德浩土地賣買明文), 장전(張瀍). <1장. 한자+이두. 조선 필사 이두 자료. 전남 구례군 토지면 오미리 문화 류씨 운조루 소장. 한국학중앙연구원 장서각 한국고문서자료관 홈페이지 원문 이미지와 텍스트 보기. 한국정신문화연구원 편(1998) 참고>

1799-03-00. **남국신 등장**(南國臣等狀), 남국신. <1장. 한자+이두. 조선 필사 이두 자료. 경남 밀양 사촌 의령 남씨 침류정 소장. 한국학중앙연구원 장서각 한국고문서자료관 홈페이지 원문 이미지 보기. 한국정신문화연구원 편(2004) 참고>

1799-04-29. **유한강 수표**(柳漢康手標), 유한강. <1장. 한자+이두. 조선 필사 이두 자료. 경남 거창 갈계 은진 임씨 소장. 한국학중앙연구원 장서각 한국고문서자료관 홈페이지 원문 이미지 보기. 한국학중앙연구원 편(2005) 참고>

1799-04-00. **임상현 상서**(林尙玄上書), 임상현. <1장. 한자+이두. 조선 필사 이두 자료. 경남 거창 갈계 은진 임씨 소장. 한국학중앙연구원 장서각 한국고문서자료관 홈페이지 원문 이미지 보기. 한국학중앙연구원 편(2005) 참고>

1799-05-03. **임 씨 분재기**(任氏分財記), 임 씨. <1장. 한자+이두. 조선 필사 이두 자료. 전북 부안군 우반 부안 김씨 세덕각 소장. 호남권 한국학자료센터 홈페이지

---

[777] 호남권 한국학자료센터 홈페이지에서는 '홍익경(洪益景) 방매(放賣) 토지매매명문(土地賣買明文)'으로 표시하였다.

원문 이미지와 텍스트 보기. 박병호(1974ㄱ), 최승희(1989), 전경목(2001) 참고>

1799-05-07. **옥산서원 통문**(玉山書院通文), 옥산서원. <1장. 한자+이두. 조선 필사 이두 자료. 경북 경주시 내남면 이조리 경주 최씨·용산서원 소장. 한국학중앙연구원 장서각 한국고문서자료관 홈페이지 원문 이미지 보기. 한국정신문화연구원 편(2000) 참고>

1799-05-00. **김상직 등 상서**(金尙直等上書), 김상직 등. <1장. 한자+이두. 조선 필사 이두 자료. 전북 고창·고부 광산 김씨 소장. 한국학중앙연구원 고문서자료관 홈페이지 원문 이미지 보기. 한국학중앙연구원 편(2009) 참고>

1799-06-00. **경상도 남해현 절목 책**(慶尙道南海縣節目冊), 경상도 남해현. <3장. 한자+이두. 조선 필사 이두 자료. 경남 남해군 남면 율곡사 소장. 한국학자료센터 영남권역센터 홈페이지 원문 이미지와 텍스트 보기>

1799-07-00. **임응율 등 상서**(林應律等上書) 1, 임응율 등. <1장. 한자+이두. 조선 필사 이두 자료. 경남 거창 갈계 은진 임씨 소장. 한국학중앙연구원 장서각 한국고문서자료관 홈페이지 원문 이미지 보기. 한국학중앙연구원 편(2005) 참고>

1799-07-00. **임응율 등 상서**(林應律等上書) 2, 임응율 등. <1장. 한자+이두. 조선 필사 이두 자료. 경남 거창 갈계 은진 임씨 소장. 한국학중앙연구원 장서각 한국고문서자료관 홈페이지 원문 이미지 보기. 한국학중앙연구원 편(2005) 참고>

1799-07-00. **정덕일 등 상서**(鄭德一等上書), 정덕일 등. <1장. 한자+이두. 조선 필사 이두 자료. 경남 거창 갈계 은진 임씨 소장. 한국학중앙연구원 장서각 한국고문서자료관 홈페이지 원문 이미지 보기. 한국학중앙연구원 편(2005) 참고>

1799-08-12. **박동환 토지매매명문**(朴東鍰土地賣買明文), 묘심(妙心). <1장. 한자+이두. 조선 필사 이두 자료. 전남 보성 박실 제주 양씨가 구장. 원광대학교 박물관 소장. 호남권 한국학자료센터 홈페이지 원문 이미지와 텍스트 보기. 박병호(1974ㄱ), 최승희(1989), 이재수(2003) 참고>

1799-09-00. **경리장 등 상서**(慶履章等上書), 경리장 등. <1장. 한자+이두. 조선 필사 이두 자료. 경남 거창 갈계 은진 임씨 소장. 한국학중앙연구원 장서각 한국고문서자료관 홈페이지 원문 이미지 보기. 한국학중앙연구원 편(2005) 참고>

1799-09-00. **곽용 등 상서**(郭鎔等上書), 곽용 등. <1장. 한자+이두. 조선 필사 이두

자료. 경남 거창 갈계 은진 임씨 소장. 한국학중앙연구원 장서각 한국고문서자료관 홈페이지 원문 이미지 보기. 한국학중앙연구원 편(2005) 참고>

1799-09-00. **김상성 소지**(金相誠所志), 김상성. <1장. 한자+이두. 조선 필사 이두 자료. 전북 부안군 우반 부안 김씨 세덕각 소장. 한국학중앙연구원 장서각 한국고문서자료관 홈페이지 & 호남권 한국학자료센터 홈페이지 원문 이미지와 텍스트 보기. 박병호(1974ㄱ), 한국정신문화연구원 편(1983, 1998), 최승희(1989), 전경목(2001), 정구복(2002), 한국학중앙연구원 편(2017) 참고>

1799-09-00. **어유원 등 상서**(漁有源等上書), 어여원 등. <1장. 한자+이두. 조선 필사 이두 자료. 경남 거창 갈계 은진 임씨 소장. 한국학중앙연구원 장서각 한국고문서자료관 홈페이지 원문 이미지 보기. 한국학중앙연구원 편(2005) 참고>

1799-10-09. **승려 행밀 토지매매명문**(僧侶幸密土地賣買明文), 정국태(鄭國泰). <1장. 한자+이두. 조선 필사 이두 자료. 경북 예천군 용문면 대제리 원동 권씨 춘우재 고택 구장. 한국국학진흥원 소장. 한국학자료센터 영남권역센터 홈페이지 원문 이미지와 텍스트 보기. 김성갑(2013) 참고>

1799-10-00. **충훈부 전령**(忠勳府傳令), 충훈부. <1장. 한자+이두. 조선 필사 이두 자료. 경북 안동시 하회 풍산 류씨 충효당 소장. 한국학중앙연구원 장서각 한국학자료센터 홈페이지 원문 이미지 보기. 한국정신문화연구원 편(1994) 참고>

1799-11-07. **전 군수 이홍원 시장문기**(前郡守李弘源柴場文記) 2, 박대영(朴大永). <1장. 한자+이두. 조선 필사 이두 자료. 제천 한수 연안 이씨 소장. 한국학중앙연구원 장서각 한국고문서자료관 홈페이지 원문 이미지 보기. 한국정신문화연구원 편(2001) 참고>

1799-11-07. **전 군수 이홍원 시장문기**(前郡守李弘源柴場文記) 3, 박대영(朴大永). <1장. 한자+이두. 조선 필사 이두 자료. 제천 한수 연안 이씨 소장. 한국학중앙연구원 장서각 한국고문서자료관 홈페이지 원문 이미지 보기. 한국정신문화연구원 편(2001) 참고>

1799-11-18. **이 노 맹창 토지매매명문**(李奴孟昌土地賣買明文), 김백창(金伯昌). <1장. 한자+이두. 조선 필사 이두 자료. 경북 안동시 법흥동 고성 이씨 탑동 종가 구장. 한국국학진흥원 소장. 한국학자료센터 영남권역센터 홈페이지 원문 이미지와

텍스트 보기. 박병호(1974ㄱ), 최승희(1989), 이재수(2003), 이수건 외(2004)>

1799-11-18. **진유철 토지매매명문**(陳有喆土地賣買明文), 진광석(陳光碩). <1장. 한자+이두. 조선 필사 이두 자료. 전북대학교 박물관 소장. 호남권 한국학자료센터 홈페이지 원문 이미지와 텍스트 보기. 박병호(1974ㄱ), 이재수(2003) 참고>

1799-12-02. **이덕창 토지매매명문**(李德昌土地賣買明文), 전두삼(前斗三). <1장. 한자+이두. 조선 필사 이두 자료. 안동 천전 의성 김씨 지촌 종택 소장. 한국학중앙연구원 장서각 한국고문서자료관 홈페이지 원문 이미지 보기. 한국정신문화연구원 편(1990) 참고>

1799-12-07. **등촉계 토지매매명문**(燈燭契土地賣買明文), 이덕창(李德昌). <1장. 한자+이두. 조선 필사 이두 자료. 안동 천전 의성 김씨 지촌 종택 소장. 한국학중앙연구원 장서각 한국고문서자료관 홈페이지 원문 이미지 보기. 한국정신문화연구원 편(1990) 참고>

1799-12-08. **비주 이상발 초사**(婢主李相發招辭), 이상발. <1장. 한자+이두. 조선 필사 이두 자료. 영해 인량 재령 이씨 우계 종택 구장. 한국국학진흥원 소장. 한국학자료센터 영남권역센터 홈페이지 원문 이미지와 텍스트 보기>

1799-12-08. **이상현 노비매매입안**(李相玄奴婢賣買立案), 영해부(寧海府). <1장. 한자+이두. 조선 필사 이두 자료. 영해 인량 재령 이씨 우계 종택 구장. 한국국학진흥원 소장. 한국학자료센터 영남권역센터 홈페이지 원문 이미지와 텍스트 보기>

1799-12-08. **필집 전규석 초사**(筆執田圭錫招辭), 전규석. <1장. 한자+이두. 조선 필사 이두 자료. 영해 인량 재령 이씨 우계 종택 구장. 한국국학진흥원 소장. 한국학자료센터 영남권역센터 홈페이지 원문 이미지와 텍스트 보기>

1799-12-13. **박태림 토지매매명문**(朴台林土地賣買明文), 박봉왕(朴鳳旺). <1장. 한자+이두. 조선 필사 이두 자료. 경남 합천 용연서원 소장. 한국학중앙연구원 장서각 한국고문서자료관 홈페이지 원문 이미지 보기. 한국정신문화연구원 편(1996) 참고>

1799-12-17.[778] **충주 박씨 문중 유학 토지매매명문**(忠州朴氏門中幼學土地賣買明文),[779]

---

[778] 호남권 한국학자료센터 홈페이지에서는 '2월 17일'로 잘못 적었다.

박정관(朴廷寬). <1장. 한자+이두. 조선 필사 이두 자료. 전북 장수군 침곡 충주 박씨가 소장. 호남권 한국학자료센터 홈페이지 원문 이미지와 텍스트 보기. 최승희(1989), 이재수(2003), 채현경(2011ㄱ) 참고>

1799-12-00. **김성은 상서**(金性溵上書), 김성은. <1장. 한자+이두. 조선 필사 이두 자료. 전북 고창·고부 광산 김씨 소장. 한국학중앙연구원 고문서자료관 홈페이지 원문 이미지 보기. 한국학중앙연구원 편(2009) 참고>

1799-12-00. **김시의 소지**(金始義所志), 김시의. <1장. 한자+이두. 조선 필사 이두 자료. 안동 천전 의성 김씨 지촌 종택 소장. 한국학중앙연구원 장서각 한국고문서자료관 홈페이지 원문 이미지 보기. 한국정신문화연구원 편(1990) 참고>

1799-12-00. **이정란 등급**(李廷鸞謄給), 예조(禮曹). <1장. 한자+이두. 조선 필사 이두 자료. 전북 익산 왕궁 이인승 소장. 호남권 한국학자료센터 홈페이지 원문 이미지와 텍스트 보기. 박병호(1974ㄱ), 최승희(1989), 정구복 외(1999) 참고>

1799-12-00. **이효직 등 소지**(李孝職等所志), 이효직 등. <1장. 한자+이두. 조선 필사 이두 자료. 경북 안동시 주촌 진성 이씨 경류정 구장. 서울역사박물관 소장. 한국학중앙연구원 장서각 한국고문서자료관 홈페이지 원문 이미지와 텍스트 보기. 한국정신문화연구원 편(1999) 참고>

1799-12-00. **인량 화민 이상현 입안 신청 소지**(仁良化民李相玄立案申請所志), 이상현. <1장. 한자+이두. 조선 필사 이두 자료. 영해 인량 재령 이씨 우계 종택 구장. 한국국학진흥원 소장. 한국학자료센터 영남권역센터 홈페이지 원문 이미지와 텍스트 보기>

1799-12-00. **임석규 등 등장**(林碩奎等等狀) 1, 임석규 등. <1장. 한자+이두. 조선 필사 이두 자료. 경남 거창 갈계 은진 임씨 소장. 한국학중앙연구원 장서각 한국고문서자료관 홈페이지 원문 이미지 보기. 한국학중앙연구원 편(2005) 참고>

1799-12-00. **임석규 등 등장**(林碩奎等等狀) 2, 임석규 등. <1장. 한자+이두. 조선 필사 이두 자료. 경남 거창 갈계 은진 임씨 소장. 한국학중앙연구원 장서각 한국고

---

779 호남권 한국학자료센터 홈페이지에서는 '박정관(朴廷寬) 방매(放賣) 토지매매명문(土地賣買明文)'으로 표시하였다.

문서자료관 홈페이지 원문 이미지 보기. 한국학중앙연구원 편(2005) 참고>

1799-00-00. **김이익 상소**(金履翼上疏), 김이익. <1장. 한자+이두. 조선 필사 이두 자료. 경기도 양평군 양평읍 양근리 안동 김씨 노가재 후손가 소장. 한국학중앙연구원 장서각 한국고문서자료관 홈페이지 원문 이미지 보기. 한국정신문화연구원 편(2003) 참고>

1799-00-00. **양천현령 임홍원 서목**(陽川縣令林弘遠書目), 양천현령. <1장. 한자+이두. 조선 필사 이두 자료. 전남 나주시 회진 나주 임씨 창계 후손가 소장. 한국학중앙연구원 장서각 한국고문서자료관 홈페이지 원문 이미지 보기. 한국정신문화연구원 편(2003) 참고>

1799-00-00. 「예조등록(禮曹謄錄)」, 예조. <1책. 10장. 필사본. 한자+이두. 조선 필사 이두 자료. 한국학중앙연구원 장서각 소장. 한국학중앙연구원 한국학 디지털 아카이브 홈페이지 원문 이미지 보기>

1799-00-00. 「예조등록(禮曹謄錄)」, 예조. <1책. 22장. 필사본. 한자+이두. 조선 필사 이두 자료. 한국학중앙연구원 장서각 한국학자료센터 홈페이지 원문 이미지 보기>

1799-00-00. **이위 등 발괄**(李㕦等白活), 이위 등. <1장. 한자+이두. 조선 필사 이두 자료. 전북 남원 둔덕 전주 이씨가 구장. 전북대학교 박물관 소장. 호남권 한국학자료센터 홈페이지 원문 이미지와 텍스트 보기. 박병호(1974ㄱ), 최승희(1989), 정구복 외(1999) 참고>

1799-00-00. 「제중신편(濟衆新編)」, 강명길(康命吉) 봉교찬(奉敎撰). <5책. 목판본. 권지8 '약성가(藥性歌)'의 약물명은 향약명 자료. 서울대학교 규장각 한국학연구원 홈페이지, 한국학중앙연구원 디지털장서각 원문 이미지 보기. 이정화(2010), 이은규(2022) 참고>

1799-00-00. 「종부시등록(宗簿寺謄錄)」, 종부시(宗簿寺) 편(編). <1책. 37장. 필사본. 한자+이두. 조선 필사 이두 자료. 서울대학교 규장각 한국학연구원 홈페이지 원문 이미지 보기>

1799-00-00. 토지매매문기(土地賣買文記) 3 <조선 필사 이두 자료. 「이두집성」(조선총독부 중추원, 1937: 31) 참고>

1800년

<경신(庚申), 정조 24년, 가경 5년>

1800-01-01~1800-12-23(庚申). 「전객사일기(**典客司日記**)」 47, 예조(禮曹) 전객사(典客司) 편(編). <1책(47/99). 106장. 필사본. 한자+이두. 조선 필사 이두 자료. 서울대학교 규장각 한국학연구원 홈페이지 원문 이미지 보기> <1640-01-22~1641-12-23(1)>

1800-01-01~1800-12-29. 「결속색등록(**結束色謄錄**)」, 병조(兵曹) 편(編). <1책(13). 206장. 필사본. 필사 시기 미상. 한자+이두. 이두 자료. 서울대학교 규장각 한국학연구원 홈페이지 원문 이미지 보기> <1787년~1891년 낙질본 107책(1792년(건륭 57년), 1811년(가경 16년) 하, 1816년(가경 21년), 1817년(가경 22년), 1824년(도광 4년), 1831(도광 11년), 1871(동치 10년), 1885년(광서 11년) 없음>

1800-01-01~1801-12-24(庚申~辛酉). 「제등록(**祭謄錄**)」, 편자 미상. <1책(2/7). 112장. 필사본. 필사 시기 미상. 한자+이두. 조선 필사 이두 자료. 서울대학교 규장각 한국학연구원 홈페이지 원문 이미지 보기> <1786-01-01~1787-12-24(1/7)>

1800-01-03. **김유성 토지매매명문**(金有成土地賣買明文), 김낙득(金樂得). <1장. 한자+이두. 조선 필사 이두 자료. 전북 임실면 천내 경주 김씨가 구장. 전북대학교 박물관 소장. 호남권 한국학자료센터 홈페이지 원문 이미지와 텍스트 보기>

1800-01-16. **전 군수 이홍원 토지매매명문**(前郡守李弘源土地賣買明文), 박대영(朴大永). <1장. 한자+이두. 조선 필사 이두 자료. 제천 한수 연안 이씨 소장. 한국학중앙연구원 장서각 한국고문서자료관 홈페이지 원문 이미지 보기. 한국정신문화연구원 편(2001) 참고>

1800-02-01. **유학 최증효 토지매매명문**(幼學崔曾孝土地賣買明文), 권창언(權昌彥). <1장. 한자+이두. 조선 필사 이두 자료. 남원·구례 삭녕 최씨 구장. 한국학중앙연구원 장서각 한국고문서자료관 홈페이지 원문 이미지 보기. 한국정신문화연구원 편(2004) 참고>

1800-02-05. **문중 토지매매명문**(門中土地賣買明文),[780] 이기문(李基文). <1장. 한자+

이두. 조선 필사 이두 자료. 전북대학교 박물관 소장. 호남권 한국학자료센터 홈페이지 원문 이미지와 텍스트 보기. 박병호(1974ㄱ), 이재수(2003) 참고>

1800-02-07. **김복삼 토지매매명문**(金福三土地賣買明文),[781] 임한우(林汗右). <1장. 한자+이두. 조선 필사 이두 자료. 경북 예천 임씨 금양파 금포 고택 구장. 한국국학진흥원 소장. 한국국학진흥원 유교넷 홈페이지 원문 이미지와 텍스트 보기>

1800-02-15. **용산서원 재임 서목**(龍山書院齋任書目) 1, 용산서원. <1장. 한자+이두. 조선 필사 이두 자료. 경북 경주시 내남면 이조리 경주 최씨·용산서원 소장. 한국학중앙연구원 장서각 한국고문서자료관 홈페이지 원문 이미지 보기. 한국정신문화연구원 편(2000) 참고>

1800-02-27. **토지매매명문**(土地賣買明文),[782] 산승 초활(山僧初活). <1장. 한자+이두. 조선 필사 이두 자료. 대구 칠계 경주 최씨 백불암 종중 구장. 안동대학교 박물관 소장. 한국학자료센터 영남권역센터 홈페이지 원문 이미지와 텍스트 보기. 박병호(1974ㄱ), 최승희(1989), 이재수(2003), 이수건 외(2004) 참고>

1800-02-00. **김시의 소지**(金始義所志) 1, 김시의. <1장. 한자+이두. 조선 필사 이두 자료. 안동 천전 의성 김씨 지촌 종택 소장. 한국학중앙연구원 장서각 한국고문서자료관 홈페이지 원문 이미지 보기. 한국정신문화연구원 편(1989) 참고>

1800-02-00. **용산서원 사림 서목**(龍山書院士林書目) 1, 용산서원. <1장. 한자+이두. 조선 필사 이두 자료. 경북 경주시 내남면 이조리 경주 최씨·용산서원 소장. 한국학중앙연구원 장서각 한국고문서자료관 홈페이지 원문 이미지 보기. 한국정신문화연구원 편(2000) 참고>

1800-03-11. **안지 노비매매명문**(安祉奴婢賣買明文), 남도의(南道毅). <1장. 점련문서. 한자+이두. 조선 필사 이두 자료. 경북 경주시 안강읍 옥산리 여주 이씨 장산서

---

[780] 호남권 한국학자료센터 홈페이지에서는 '이기문(李基文) 방매 토지매매명문(土地賣買明文)'으로 표시하였다.

[781] 한국국학진흥원 유교넷 홈페이지에서는 문서명을 '1800년 임한우가 김복삼에게 논을 팔았음을 증명하는 전답매매문기'로 표시하였다.

[782] 한국학자료센터 영남권역센터 홈페이지에서는 '승(僧) 초활(初活) 토지매매명문(土地賣買明文)'으로 표시하였다. 초활은 매도자이고, 매수자는 미상이다.

원·치암 종택 구장. 한국학중앙연구원 장서각 한국고문서자료관 홈페이지 원문 이미지 보기. 한국정신문화연구원 편(2003) 참고>

1800-03-17. **이희모 토지매매명문**(李希謨土地賣買明文), 이희언(李希言). <1장. 점련 문서. 한자+이두. 조선 필사 이두 자료. 경북 경주시 안강읍 옥산리 여주 이씨 장산서원·치암 종택 구장. 한국학중앙연구원 장서각 소장. 한국학중앙연구원 장서각 한국고문서자료관 홈페이지 원문 이미지 보기. 한국정신문화연구원 편(2003) 참고>

1800-03-20. **박치무 토지매매명문**(朴致茂土地賣買明文), 유학 최익삼(幼學崔益三). <1장. 한자+이두. 조선 필사 이두 자료. 전북 임실군 지사 협계태 씨가 소장. 호남권 한국학자료센터 홈페이지 원문 이미지와 텍스트 보기. 최승희(1989), 정수환·이헌창(2008), 채현경(2011ㄱ) 참고>

1800-03-26. **김득만 토지매매명문**(金得萬土地賣買明文), 김삼봉(金三奉). <1장. 한자+이두. 조선 필사 이두 자료. 일본 경도대학 가와이문고 소장. 고려대학교 해외한국학자료센터 홈페이지 원문 이미지 보기>

1800-03-00. **고영기 소지**(高永基所志), 고영기. <1장. 한자+이두. 조선 필사 이두 자료. 전북 부안 청호 효충사 소장. 호남권 한국학자료센터 홈페이지 원문 이미지와 텍스트 보기. 박병호(1974ㄱ), 최승희(1989), 정구복 외(1999) 참고>

1800-03-00. **노봉서원 재임 서목**(露峯書院齋任書目), 노봉서원. <1장. 한자+이두. 조선 필사 이두 자료. 남원·구례 삭녕 최씨 구장. 한국학중앙연구원 장서각 한국고문서자료관 홈페이지 원문 이미지 보기. 한국정신문화연구원 편(2004) 참고>

1800-03-00. **유상조 정사**(柳相祖呈辭), 유상조. <1장. 한자+이두. 조선 필사 이두 자료. 경북 안동시 하회 풍산 류씨 충효당 소장. 한국학중앙연구원 장서각 한국학자료센터 홈페이지 원문 이미지 보기. 한국정신문화연구원 편(1994) 참고>

1800-03-00. **진주 강씨 문중 등장**(晋州姜氏門中等狀), 진주 강씨 문중. <1장. 한자+이두. 조선 필사 이두 자료. 제주 어도내산 진주 강씨가 구장. 제주 한림 강우석 소장. 호남권 한국학자료센터 홈페이지 원문 이미지와 텍스트 보기. 최승희(1989), 전경목(1997), 김경숙(2012) 참고>

1800-04-01. **용산서원 재임 서목**(龍山書院齋任書目) 2, 용산서원. <1장. 한자+이두.

조선 필사 이두 자료. 경북 경주시 내남면 이조리 경주 최씨·용산서원 소장. 한국학중앙연구원 장서각 한국고문서자료관 홈페이지 원문 이미지 보기. 한국정신문화연구원 편(2000) 참고>

1800-04-23. **무장현감 첩정**(茂長縣監牒呈), 무장현감. <1장. 한자+이두. 조선 필사 이두 자료. 전남 영광군 입석 영월 신씨 소장. 한국학중앙연구원 장서각 한국고문서자료관 홈페이지 원문 이미지와 텍스트 보기. 한국정신문화연구원 편(1996) 참고>

1800-04-00. **김 찰방 댁 토지매매명문**(金察訪宅土地賣買明文), 홍석주(洪錫疇). <1장. 한자+이두. 조선 필사 이두 자료. 해남 노송 김해 김씨 노송사 소장. 호남권 한국학자료센터 홈페이지 원문 이미지와 텍스트 보기. 최승희(1989), 조정곤(2013) 참고>

1800-05-02. **박섬도 토지매매명문**(朴暹道土地賣買明文) 1, 김복석(金福石)·김복손(金福孫). <1장. 한자+이두. 조선 필사 이두 자료. 경북 안동시 오천 광산 김씨 후조당 소장. 한국학중앙연구원 장서각 한국고문서자료관 홈페이지 원문 이미지와 텍스트 보기. 박병호(1974ㄱ), 한국정신문화연구원 편(1982), 최승희(1989) 참고>

1800-05-02. **박섬도 토지매매명문**(朴暹道土地賣買明文) 2, 김복손(金福孫). <1장. 한자+이두. 조선 필사 이두 자료. 경북 안동시 오천 광산 김씨 후조당 소장. 한국학중앙연구원 장서각 한국고문서자료관 홈페이지 원문 이미지와 텍스트 보기. 박병호(1974ㄱ), 한국정신문화연구원 편(1982), 최승희(1989) 참고>

1800-05-00. **남도의 초사**(南道毅招辭), 남도의. <1장. 점련문서. 한자+이두. 조선 필사 이두 자료. 경북 경주시 안강읍 옥산리 여주 이씨 장산서원·치암 종택 구장. 한국학중앙연구원 장서각 소장. 한국학중앙연구원 장서각 한국고문서자료관 홈페이지 원문 이미지 보기. 한국정신문화연구원 편(2003) 참고>

1800-05-00. **안지 입안**(安祉立案), 예천군(醴泉郡). <1장. 점련문서. 한자+이두. 조선 필사 이두 자료. 경북 경주시 안강읍 옥산리 여주 이씨 장산서원·치암 종택 구장. 한국학중앙연구원 장서각 한국고문서자료관 홈페이지 원문 이미지 보기. 한국정신문화연구원 편(2003) 참고>

1800-05-00. **이정흡·이강아 초사**(李廷洽李江牙招辭), 이정흡·이강아. <1장. 점련문

서. 한자+이두. 조선 필사 이두 자료. 경북 경주시 안강읍 옥산리 여주 이씨 장산 서원·치암 종택 구장. 한국학중앙연구원 장서각 한국고문서자료관 홈페이지 원문 이미지 보기. 한국정신문화연구원 편(2003) 참고>

1800-05-00. **최호범 토지매매명문**(崔虎範土地賣買明文), 이준철(李俊喆). <1장. 점련 문서. 한자+이두. 조선 필사 이두 자료. 전남 장성군 행주 기씨 금강 종가 소장. 호남권 한국학자료센터 홈페이지 원문 이미지와 텍스트 보기. 이재수(2003), 이수건 외(2004) 참고>

1800-06-26~1874-08-21.[783] 「명릉등록 속(明陵謄錄 續)」, 예조(禮曹) 편(編). <1책. 28장. 필사본. 한자+이두. 한국학중앙연구원 디지털장서각 홈페이지 'K2-2303' 원문 이미지와 텍스트 보기>

1800-09-07. **배도인 수표**(裵道仁手標), 배도인. <1장. 한자+이두. 조선 필사 이두 자료. 전북대학교 박물관 소장. 호남권 한국학자료센터 홈페이지 원문 이미지와 텍스트 보기. 박병호(1974ㄱ), 이재수(2003) 참고>

1800-09-13. **유학 정득언 토지매매명문**(幼學丁得彦土地賣買明文), 유학 이덕환(幼學李德煥). <1장. 한자+이두. 조선 필사 이두 자료. 전남 순천 월등 목천 장씨가 구장. 전북대학교 박물관 소장. 호남권 한국학자료센터 홈페이지 원문 이미지와 텍스트 보기. 최승희(1989), 정구복 외(1999), 이재수(2003) 참고>

1800-09-26. **최준현 수기**(崔俊賢手記), 최준현. <1장. 한자+이두. 조선 필사 이두 자료. 남원·구례 삭녕 최씨 구장. 한국학중앙연구원 장서각 한국고문서자료관 홈페이지 원문 이미지 보기. 한국정신문화연구원 편(2004) 참고>

1800-09-00. **최익효·최일효 소지**(崔翊孝崔一孝所志), 최익효·최일효. <1장. 한자+이두. 조선 필사 이두 자료. 남원·구례 삭녕 최씨 구장. 한국학중앙연구원 장서각 한국고문서자료관 홈페이지 원문 이미지 보기. 한국정신문화연구원 편(2004) 참고>

1800-10-12. **신명달 수표**(辛名達手標), 신명달. <1장. 한자+이두. 조선 필사 이두

---

783 한국학중앙연구원 장서각 한국학자료센터 홈페이지 '안내정보'에서는 1800년 이후 1874년까지의 기록으로 적었으나 한국학중앙연구원 디지털장서각 홈페이지에서는 '1807년 이후'로 적었다.

자료. 대전시 무수동 안동 권씨 유회당 종택 소장. 한국학중앙연구원 장서각 한국고문서자료관 홈페이지 원문 이미지 보기. 한국학중앙연구원 편(2007) 참고>

1800-10-28. **이일부리 토지매매명문**(李日夫里土地賣買明文), 김대복(金大福). <1장. 한자+이두. 조선 필사 이두 자료. 경북 안동시 법흥동 고성 이씨 탑동 종가 구장. 한국국학진흥원 소장. 한국학자료센터 영남권역센터 홈페이지 원문 이미지와 텍스트 보기. 박병호(1974ㄱ), 최승희(1989), 이재수(2003), 이수건 외(2004) 참고>

1800-10-00. **김상운 소지**(金商運所志), 김상운. <1장. 한자+이두. 조선 필사 이두 자료. 안동 천전 의성 김씨 지촌 종택 소장. 한국학중앙연구원 장서각 한국고문서자료관 홈페이지 원문 이미지 보기. 한국정신문화연구원 편(1989) 참고>

1800-10-00. **남국신 등장**(南國臣等狀), 남국신. <1장. 한자+이두. 조선 필사 이두 자료. 경남 밀양 사촌 의령 남씨 침류정 소장. 한국학중앙연구원 장서각 한국고문서자료관 홈페이지 원문 이미지 보기. 한국정신문화연구원 편(2004) 참고>

1800-10-00. **최익효 소지**(崔翊孝所志), 최익효. <1장. 한자+이두. 조선 필사 이두 자료. 남원·구례 삭녕 최씨 구장. 한국학중앙연구원 장서각 한국고문서자료관 홈페이지 원문 이미지 보기. 한국정신문화연구원 편(2004) 참고>

1800-11-13. **차첩**(差帖), 이조(吏曹). <1장. 한자+이두. 조선 필사 이두 자료. 한국학중앙연구원 장서각 소장. 한국학중앙연구원 한국학 디지털 아카이브 홈페이지 원문 이미지와 텍스트 보기>

1800-11-30. **이영채 토지매매명문**(李英彩土地賣買明文), 구봉욱(具鳳郁). <1장. 한자+이두. 조선 필사 이두 자료. 전남 영광군 입석 영월 신씨 소장. 한국학중앙연구원 장서각 한국고문서자료관 홈페이지 원문 이미지와 텍스트 보기. 한국정신문화연구원 편(1996) 참고>

1800-12-02. **유학 유덕호 토지매매명문**(幼學柳德浩土地賣買明文), 유학 고수관(幼學高守瓘). <1장. 한자+이두. 조선 필사 이두 자료. 전남 구례군 토지면 오미리 문화 류씨 운조루 소장. 한국학중앙연구원 장서각 한국고문서자료관 홈페이지 원문 이미지와 텍스트 보기. 한국정신문화연구원 편(1998) 참고>

1800-12-07. **용산서원 사림 서목**(龍山書院士林書目) 2, 용산서원. <1장. 한자+이두. 조선 필사 이두 자료. 경북 경주시 내남면 이조리 경주 최씨·용산서원 소장. 한국

학중앙연구원 장서각 한국고문서자료관 홈페이지 원문 이미지 보기. 한국정신문화연구원 편(2000) 참고>

1800-12-24. **용산서원 사림 서목**(龍山書院士林書目) 3, 용산서원. <1장. 한자+이두. 조선 필사 이두 자료. 경북 경주시 내남면 이조리 경주 최씨·용산서원 소장. 한국학중앙연구원 장서각 한국고문서자료관 홈페이지 원문 이미지 보기. 한국정신문화연구원 편(2000) 참고>

1800-12-28. **유학 진상철 토지매매명문**(幼學陳相喆土地賣買明文), 장두구(張斗玖). <1장. 한자+이두. 조선 필사 이두 자료. 전남 구례군 토지면 오미리 문화 류씨 운조루 소장. 한국학중앙연구원 장서각 한국고문서자료관 홈페이지 원문 이미지와 텍스트 보기. 한국정신문화연구원 편(1998) 참고>

1800-12-00. **곽용 등 상서**(郭鎔等上書), 곽용. <1장. 한자+이두. 조선 필사 이두 자료. 경남 거창 갈계 은진 임씨 소장. 한국학중앙연구원 장서각 한국고문서자료관 홈페이지 원문 이미지 보기. 한국학중앙연구원 편(2005) 참고>

1800-■■-16. **강시양 유언**(姜時揚遺言), 강시양. <1장. 한자+이두. 조선 필사 이두 자료. 제주 어도내산 진주 강씨가 구장. 제주 한림 강우석 소장. 호남권 한국학자료센터 홈페이지 원문 이미지와 텍스트 보기>

1800-00-00. 「건릉산릉도감의궤(健陵山陵都監儀軌)」[784] 상·하, 산릉도감 편. <2책. 194장+219장. 필사본. 상권의 표제는 '(嘉慶五年庚申六月日 五臺山上)正祖大王健陵山陵都監儀軌(上)'. 권수제는 '健陵山陵都監儀軌(上)'. 한자+이두. 조선 필사 이두 자료. 서울대학교 규장각 한국학연구원 의궤 종합정보 홈페이지 '奎13640' 원문 이미지 보기>

1800-00-00. 「국장도감의궤(國葬都監儀軌)」[785] 1~4, 국장도감 편. <4책. 필사본. 권1의 표제는 '(嘉慶五年庚申六月日 五臺山史庫上 正宗大王)國葬都監儀軌(一)'. 권수제는 '(嘉慶五年庚申六月日)國葬都監儀軌'. 한자+이두. 조선 필사 이두 자료. 서울대학교 규장

---

[784] 서울대학교 규장각 한국학연구원 의궤 종합정보 홈페이지에서는 서명을 표제나 권수제와는 달리 '정조건릉산릉도감의궤(正祖健陵山陵都監儀軌)'로 적었다.

[785] 서울대학교 규장각 한국학연구원 의궤 종합정보 홈페이지에서는 서명을 표제나 권수제와는 달리 '정조국장도감의궤(正祖國葬都監儀軌)'로 적었다.

각 한국학연구원 의궤 종합 정보 홈페이지 원문 이미지 보기>

1800-00-00. **김시의 소지**(金始義所志) 2, 김시의. <1장. 한자+이두. 조선 필사 이두 자료. 안동 천전 의성 김씨 지촌 종택 소장. 한국학중앙연구원 장서각 한국고문서자료관 홈페이지 원문 이미지 보기. 한국정신문화연구원 편(1989) 참고>

1800-00-00. **예방 양신표·별감 한 소지**(禮房梁信杓別監韓所志), 예방 양신표·별감 한. <1장. 한자+이두. 조선 필사 이두 자료. 남원·구례 삭녕 최씨 구장. 한국학중앙연구원 장서각 한국고문서자료관 홈페이지 원문 이미지 보기. 한국정신문화연구원 편(2004) 참고>

1800-00-00. 「왕세자관례책저도감의궤(王世子冠禮冊儲都監儀軌)」,[786] 책례도감(冊禮都監) 편. <1책. 154장. 필사본. 표제는 '嘉慶五年庚申閏四月 日 太白山上冠禮冊儲都監儀軌'. 권수제는 '王世子冠禮冊儲都監儀軌'. 한자+이두. 조선 필사 이두 자료. 서울대학교 규장각 한국학연구원 의궤 종합정보 홈페이지 '奎13119' 원문 이미지 보기>

1800-00-00. **이경유 소지**(李敬儒所志), 이경유. <1장. 한자+이두. 조선 필사 이두 자료. 상주 연안 이씨 이만부 종가 소장. 한국학중앙연구원 장서각 한국고문서자료관 홈페이지 원문 이미지 보기>

1800-00-00. 「정종대왕빈전혼전도감의궤(正宗大王殯殿魂殿都監儀軌)」,[787] 상·중·하, 빈전혼전도감 편. <3책. 180장+196장+251장. 필사본. 상권의 표제는 '嘉慶五年庚申六月 日 五臺山上正宗大王 殯殿魂殿都監(上)'. 권수제는 '正宗大王殯殿魂殿都監儀軌'. 한자+이두. 조선 필사 이두 자료. 서울대학교 규장각 한국학연구원 의궤 종합정보. 홈페이지 '奎13637' 원문 이미지와 텍스트 보기>

1800-00-00. 「정종대왕 실록산절청의궤(正宗大王 實錄刪節廳儀軌)」, 춘추관(春秋館). <1책. 136장. 필사본. 표제는 '實錄廳儀軌'. 한자+이두. 조선 필사 이두 자료. 한국학중앙연구원 장서각 소장. 한국학중앙연구원 한국학 디지털 아카이브 홈페

---

[786] 서울대학교 규장각 한국학연구원 의궤 종합정보 홈페이지에서는 서명을 표제나 권수제와는 달리 '순조관례책저도감의궤(純祖冠禮冊儲都監儀軌)'로 적었다.

[787] 서울대학교 규장각 한국학연구원 의궤 종합정보 홈페이지에서는 서명을 표제나 권수제와는 달리 '정조빈전혼전도감의궤(正祖殯殿魂殿都監儀軌)'로 적었다.

이지 원문 이미지와 텍스트 보기>

1800-00-00. 「종묘의궤(宗廟儀軌)」, 종묘서(宗廟署). <3책. 필사본. 한자+이두. 조선 필사 이두 자료. 한국학중앙연구원 장서각 한국학자료센터 홈페이지 원문 이미지와 텍스트 보기>

1800-00-00. 「충익부위등급사절(忠翊府爲膽給事節)」, 김임완(金壬完) 등편(等編). <1책. 7장. 필사본. 표제는 '계하사목(啓下事目). 한자+이두. 조선 필사 이두 자료. 서울대학교 규장각 한국학연구원 홈페이지 원문 텍스트 보기>

1800-00-00~1802-00-00. 「정종대왕국휼등록(正宗大王國恤謄錄)」, 예조 전향사(禮曹 典享司). <1책. 72장. 필사본. 한자+이두. 조선 필사 이두 자료. 한국학중앙연구원 장서각 소장. 한국학중앙연구원 한국학 디지털 아카이브 홈페이지 원문 이미지와 텍스트 보기>

1800-00-00~1834-00-00 사이 추정. 「검안(檢案)」, 편자 미상. <7책. 필사본. 한자+이두. 조선 필사 이두 자료. 서울대학교 규장각 한국학연구원 홈페이지 '奎4268' 원문 이미지 보기>

1800-00-00~1834-00-00. 「일성록(日省錄)」, 규장각(奎章閣) 편(編). <637책. 필사본. 한자+이두. 조선 필사 이두 자료. 국보 제153호. 서울대학교 규장각 한국학연구원 홈페이지 '奎12813' 원문 이미지와 텍스트 보기> <① 1760-00-00~1800-00-00(676책. '奎12811') ② 1792-00-00~1800-00-00(2책. 별책. '奎12812') ③1800-00-00~1834-00-00(637책. '奎12813') ④ 1834-00-00~1849-00-00(199책. '奎12814') ⑤ 1849-00-00~1863-00-00(220책. '奎12815') ⑥ 1863-00-00~1907-00-00(562책. '奎12816')>

1800-00-00~1861-12-25(嘉慶 3년 庚申~咸豊 11년 辛酉). 「칙사의주등록(勅使儀註謄錄)」, 예조(禮曹) 편(編). <1책. 105장. 필사본. 한자+이두. 이두 자료. 서울대학교 규장각 한국학연구원 홈페이지 원문 이미지 보기>

1800-00-00 이후 추정. 「강주변정휘편(江州邊情彙編)」, 편자 미상. <1책. 72장. 필사본. 한자+이두. 조선 필사 이두 자료. 서울대학교 규장각 한국학연구원 홈페이지 원문 이미지 보기>

18세기

18세기 중반. 「서책질(書冊秩)」, 도산서원. <1책. 도산서원 구장. 한구국학진흥원 원문 이미지 보기>

18세기 후반. 영상 원인손 초상화(領相 元仁孫 肖像畵) <각필 밑그림. 일본 천리대학(天理大學) 도서관 소장. 남풍현(2014ㄴ: 493) 참고>

18세기 후반 추정. 「동상기(東廂記)」, 편저자 미상. <1책. 필사본. 희곡. 한국학중앙연구원 디지털장서각 홈페이지 '동상기서(東廂奇書)' 원문 이미지 보기>

18세기 후반~19세기 전반 사이 추정. 「이문잡례(吏文襍例)」, 편저자 미상. <1책. 14장. 목판본. 이두+한글. 약 190개의 이두 수록. 문서 서식집. 이두 학습서. 일본 도쿄대학 동양문고(東洋文庫) 'V11-2-105' 소장. 국립중앙도서관 복사본 '古 3116-6' 소장. 홍순혁(1948), 김태균(1968ㄱ), 배대온(1993, 2003), 남풍현(1998, 2000: 46), 김홍석(1999), 고정의(2003), 전경목 외(2006), 장경준(2007ㄴ), 오창명(2017) 참고> <이본: 필사 시기 미상.「공사항용록(公私恒用錄)」에 수록. 필사본. 일본 동경대학 오구라문고 소장) <영인본: 아세아문화사(1975)>

18세기.[788] 「명릉등록(明陵謄錄)」 천(天)·지(地)·인(人), 예조(禮曹) 편(編). <3책. 필사본. 표제는 '明陵謄錄'. 한자+이두. 한국학중앙연구원 디지털장서각 홈페이지 'K2-2302' 원문 이미지 보기>

18세기. 「양방금단(良方金丹)」, 편저자 미상. <2책. 96장+110장. 필사본. 한자+한글. 향약명. 서울대학교 규장각 한국학연구원 홈페이지 '奎7842' 원문 이미지 보기>

18세기. 「죽하집(竹下集)」, 김익(金熤, 1723년~1790년) 지(著). <20권 10책. 필사본. 한자+이두. 서울대학교 규장각 한국학연구원 '古3428-258' 소장. 한국고전종합DB 홈페이지 원문 이미지와 텍스트 보기>

---

788 한국학중앙연구원 디지털장서각 홈페이지에서는 필사년 미상으로 적었다.

18세기 추정. 「관양집(冠陽集)」, 이광덕(李匡德, 1690년~1748년) 저(著). <19권 4책. 필사본. 한자+이두. 조선 필사 이두 자료. 시문집. 서울대학교 규장각 한국학연구원 홈페이지 '奎12449' 원문 이미지 보기. 한국고전종합DB 홈페이지 원문 이미지와 텍스트 보기>

18세기 추정(또는 숙종~정조 사이). 「대동야승(大東野乘)」, <72권 72책. 필사본. 한자+이두. 야사, 소화, 만록, 수필 등을 모아 엮은 종합서. 「용재총화(慵齋叢話)」, '광해조일기(光海朝日記)' 등 59종 수록> <활자본: ① 1909~1911 사이(조선고서간행회. 13책) ② 1968-00-00(4책) ③ 1971(민족문화추진회 원문+번역본 17책)>

18세기 추정. 「정속언해(正俗諺解)」, 김안국(金安國) 언해, 경상도 <일사문고 소장본. 1권 1책. 54장. 1행 21자. 목판본. 한자+한자 정자 구결, 언해문은 한글만으로 적음. 경상도 관찰사 김안국이 풍속을 바로 잡기 위해 중국 왕일암(王逸庵)의 「정속편(正俗篇)」 본문에 구결을 달고 한국어로 번역한 내용을 한글로 적어 간행한 책이다. 유교 서적. 서울대학교 규장각 한국학연구원 소장. 서울대학교 규장각 한국학연구원 홈페이지 낙장본 원문 이미지 보기. 서재극(1976), 박병채(1978), 안병희(1979) 참고> <이본: ① 1518-00-00(초간본) ② 17세기 후반 추정(규장각 소장본. 1행 21자. 홍문각(1984) 영인) ③ 1792-00-00 추정(일사문고 소장본. 평안도 간행. 1행 16자. 홍문각(1984) 영인)> ④ 18세기 추정(가람문고 소장본. 32장. 1행 21자) ⑤ 18세기 추정(유탁일 소장본. 1행 21자)>

18세기 추정. 「정원공첩(定原公牒)」, 편자 미상. <1책. 97장. 필사본. 전국의 큰 사건의 내용을 기록한 책. 한문+이두. 조선 필사 이두 자료. 국립중앙도서관 홈페이지 '古6635-11' 원문 이미지 보기>

18세기 추정. 「주일재집(主一齋集)」, 유후장(柳後章, 1650년~1706년) 저(著). <3책. 필사본. '주일재선생일고(主一齋先生逸稿)'라고도 한다. 유교넷 홈페이지 원문 이미지 보기> <영인본: 1974-00-00(석인본)>

18세기(또는 1800년대 후반, 1870년대 후반) 추정. 「탁지준절(度支準折)」, 탁지부(度支部) 편. <1책. 2+156쪽. 필사본. 왕실, 관청, 지방 감영 등에 필요한 물자의 규격, 용량, 가격 등을 기재한 책. 서울대학교 규장각 한국학연구원, 고려대학교 도서관, 연세대학교 국학자료실(마이크로필름 '貴107' & 「사학회지」 8~10집(민

영규, 1965)), 단국대학교, 일본 천리대 등 소장. 서울대학교 규장각 한국학연구원 홈페이지 원문 이미지 보기. 황금연(2002), 이헌창(2007) 참고>

18세기 기입 추정. 「공성가어(孔聖家語)」, 명나라 오가모(吳嘉謨) 집교(集校). <8권 3책. 금속활자본. 각필 사선 부호 자료. 건국대학교 상허도서관 '181.222오11ㄱ2' 소장. 한국학중앙연구원 디지털장서각 홈페이지 필사본 원문 이미지 보기. 남풍현(2014ㄴ: 491) 참고>

18세기~19세기 초반 추정. 「기첩(箕牒)」 1~5, 평양 감영(平壤監營) 편(編). <5책. 필사본. 한자+이두. 조선 필사 이두 자료. 서울대학교 규장각 한국학연구원 홈페이지 원문 이미지 보기>

18세기 이후 추정. 「송제(訟題)」, 함경도 이원현(利原縣) 편(篇). <1책. 32장. 필사본. 한자+이두. 조선 필사 이두 자료. 이원 현감의 판결 내용. 서울대학교 규장각 한국학연구원 홈페이지 원문 이미지 보기>

18세기 이후 추정. 승원가(僧元歌), 나옹화상(懶翁和尙). <필사본. 전편 409구. 14세기 후반에 나옹화상(1320년~1376년)이 지은 이두로 표기한 불교 가사인데 18세기 이후에 문자화되어 전한다. 김종우(1971), 이상보(1980), 남풍현(2009: 65) 참고>

18세기 이후 추정. 「약헌집(約軒集)」, 송징은(宋徵殷, 1652년~1720년) 저(著). <14권 7책. 예각 인서체자본. 한자+이두. 시문집. 한국고전종합DB 홈페이지 원문 이미지와 텍스트 보기> <영인본: 「한국문집총간」 163-164(민족문화추진회, 1996)>

한국어의 한자 및 한문 표기 자료의 목록과 서지 3
-18세기-

초판 1쇄 인쇄 2025년 12월 1일
초판 1쇄 발행 2025년 12월 8일

지은이 박형익
펴낸이 이대현
편집 이태곤 권분옥 임애정 강윤경
디자인 안혜진 최선주 김다윤 | **마케팅** 박태훈
펴낸곳 도서출판 역락 | **등록** 1999년 4월 19일 제303-2002-000014호
주소 서울시 서초구 동광로46길 6-6 문창빌딩 2층(우06589)
전화 02-3409-2060(편집부), 2058(영업부) | **팩스** 02-3409-2059
전자우편 youkrack@hanmail.net | **홈페이지** www.youkrackbooks.com

ISBN 979-11-7396-201-1 94710
       979-11-7396-206-6 (세트)

정가는 뒤표지에 있습니다.
파본은 구입처에서 교환해 드립니다.